AF270310

COMENTARIO MACARTHUR DEL NUEVO TESTAMENTO

1 Y 2 CORINTIOS

COMENTARIO MACARTHUR

DEL

NUEVO TESTAMENTO

1 Y 2 CORINTIOS

John MacArthur

EDITORIAL PORTAVOZ

Título del original: *The MacArthur New Testament Commentary: 1 Corinthians,* © 1984 por John MacArthur y publicado por The Moody Bible Institute of Chicago / Moody Publishers, 820 N. LaSalle Boulevard, Chicago, IL 60610. Traducido con permiso.

Título del original: *The MacArthur New Testament Commentary: 2 Corinthians,* © 2003 por John MacArthur y publicado por Moody Publishers, 820 N. LaSalle Boulevard, Chicago, IL 60610. Traducido con permiso.

Edición en castellano: *Comentario MacArthur del Nuevo Testamento: 1 y 2 Corintios* © 2015 por Editorial Portavoz, filial de Kregel Publications, Grand Rapids, Michigan 49505. Todos los derechos reservados.

Traducción: Daniel Andrés Díaz Pachón

EDITORIAL PORTAVOZ
2450 Oak Industrial Drive NE
Grand Rapids, Michigan 49505 USA
Visítenos en: www.portavoz.com

ISBN 978-0-8254-1578-4

3 4 5 6 7 / 29 28 27 26 25 24

Impreso en China
Printed in China

I CORINTIOS

Contenido

Prólogo 9

Introducción 11

1. Llamados a ser santos (1:1-3) 15

2. Los beneficios de ser un santo (1:4-9) 23

3. Divisiones y conflictos en la iglesia (1:10-17) 41

4. La locura de Dios – parte 1 (1:18-25) 55

5. La locura de Dios – parte 2 (1:26-2:5) 71

6. Entendamos la sabiduría de Dios (2:6-16) 81

7. Cristianos carnales (3:1-9) 89

8. El juicio de las obras de los creyentes (3:10-17) 99

9. Cómo eliminar la división (3:18-23) 111

10. Los verdaderos siervos de Dios (4:1-5) 119

11. Orgullo y humildad (4:6-13) 129

12. Las marcas de un padre espiritual (4:14-21) 139

13. Inmoralidad en la iglesia (5:1-13) 149

14. Prohibidos los pleitos (6:1-11) 163

15. Libertad cristiana y libertad sexual (6:12-20) 175

16. Casarse o no casarse (7:1-7) 185

17. Directrices divinas para el matrimonio (7:8-16) 193

18. Los cristianos y la revolución social (7:17-24) 203

19. Razones para permanecer soltero (7:25-40) 211

20. Los límites de la libertad cristiana (8:1-13) 223

21. Apoyemos al hombre de Dios (9:1-14) 237

22. Niéguese a usar su libertad cristiana (9:15-27) 245

23. El peligro del exceso de confianza (10:1-13) 257

24. La verdad acerca de la idolatría (10:14-22) 275

25. Usemos la libertad para la gloria de Dios (10:23-11:1) 287

26. La subordinación e igualdad de la mujer (11:2-16) 295

27. La celebración de la Cena del Señor (11:17-34) 311

28. El trasfondo y la prueba de los dones espirituales falsos (12:1-3) . 325

29. La fuente y propósito de los dones espirituales (12:4-7) 337

30. Diversidad de los dones espirituales (12:8-11) 345
31. Unificados y diversificados (12:12-19). 359
32. Interdependencia, no independencia (12:20-31). 369
33. La preeminencia del amor (13:1-3). 381
34. Las cualidades del amor – parte 1 (13:4-5). 393
35. Las cualidades del amor – parte 2 (13:6-7). 407
36. La permanencia del amor (13:8-13) 415
37. La posición del don de lenguas (14:1-19) 427
38. El propósito y el procedimiento del don de lenguas (14:20-28) 439
39. El procedimiento para la profecía (14:29-40) 449
40. Las evidencias de la resurrección de Cristo (15:1-11). 457
41. Las importancia de la resurrección corporal
    (15:12-19) 469
42. El plan de la resurrección (15:20-28) 479
43. Los incentivos de la resurrección (15:29-34). 487
44. Nuestros cuerpos de resurrección (15:35-49) 497
45. La victoria sobre la muerte (15:50-58) 509
46. En lo tocante a la ofrenda (16:1-4) 519
47. Hagamos la obra del Señor a su manera (16:5-12). 529
48. Principios para una vida cristiana eficaz (16:13-14) 543
49. Las señales de amor en el compañerismo (16:15-24) 551
    Bibliografía. 565

Prólogo

Predicar en el ámbito expositivo a través del Nuevo Testamento sigue significando para mí una gratificante comunión divina. Mi meta ha sido siempre tener una profunda comunión con el Señor al entender su Palabra, y a partir de esa experiencia explicar a su pueblo lo que significa cierto pasaje. En las palabras de Nehemías 8:8, me esfuerzo en "poner sentido" a cada pasaje con el fin de que puedan verdaderamente escuchar a Dios hablar, y que al hacerlo tengan la posibilidad de responderle.

Obviamente, el pueblo de Dios necesita entender a Dios, y eso requiere un conocimiento de su Palabra de verdad (2 Ti. 2:15), así como el hecho de permitir que esa palabra more en abundancia dentro de cada uno de nosotros (Col. 3:16). Por lo tanto, el ímpetu predominante de mi ministerio consiste en contribuir de alguna forma a que la Palabra viviente de Dios sea viva y actual para su pueblo. Esta es una aventura siempre renovadora.

Esta serie de comentarios del Nuevo Testamento refleja la búsqueda de ese objetivo que precisamente consiste en explicar y aplicar las Escrituras a nuestra vida. Algunos comentarios son sobre todo lingüísticos, otros eminentemente teológicos y otros fundamentalmente homiléticos. El que usted tiene en sus manos es básicamente explicativo o expositivo. No es técnico en el sentido de la lingüística, pero también trata aspectos lingüísticos cuando eso resulta de ayuda para la interpretación adecuada. No trata de abarcar todos los temas de la teología, pero se enfoca en las doctrinas más importantes presentes en cada texto y en la manera como se relacionan con las Escrituras en su conjunto. No es primariamente homilético, aunque cada unidad de pensamiento se trata por lo general como un capítulo, con un bosquejo claro y un flujo lógico de pensamiento. La mayoría de las verdades se ilustran y aplican con el respaldo de otras porciones de las Escrituras. Tras establecer el contexto de un pasaje, me he esforzado en seguir de cerca el desarrollo y razonamiento del escritor.

Mi oración es que cada lector pueda alcanzar un entendimiento pleno de lo que el Espíritu Santo está diciendo por medio de esta parte de su Palabra, de manera que su revelación pueda morar en la mente de cada uno de los creyentes trayendo como resultado mayor obediencia y fidelidad, para la gloria de nuestro gran Dios.

Introducción

Corinto es hoy un pequeño pueblo de escasa relevancia aparte de su importancia histórica; pero en tiempos del Nuevo Testamento era una ciudad floreciente, próspera y estratégicamente ubicada.

Grecia está dividida geográficamente en dos partes. La parte sur, el Peloponeso, está unida a la del norte mediante un istmo bastante angosto, de menos de siete kilómetros de ancho. En el lado occidental se encontraba el Golfo de Corinto y la ciudad portuaria de *Lechaeum* (Lequeo) y en el oriental estaba el Golfo Sarónico y la ciudad portuaria de Cencrea. A mitad del itsmo, hacia el sur, está Corinto, situada en una meseta dominante. En tiempos antiguos todo el tráfico entre el norte y el sur, aun el que iba y venía de Atenas, tenía que pasar por Corinto.

Las travesías marítimas alrededor del Peloponeso ocupaban mucho tiempo y eran muy peligrosas. Eran tan arriesgadas que los navegantes tenían un dicho: "Un marinero nunca hace un viaje alrededor de Malea (el cabo en el extremo sur de la península) hasta que no hace su testamento". Por esta razón, la mayoría de los capitanes, preferían llevar sus naves por tierra sobre rodillos para cruzar el istmo pasando directamente a Corinto. Este procedimiento era más rápido, económico y mucho más seguro que navegar 400 kilómetros alrededor de la península. En efecto, el istmo llegó a ser conocido como *dialcos*, que significa "el lugar para cruzar arrastrando". Corinto se beneficiaba del tráfico en todas direcciones y, por consiguiente, se convirtió en un centro comercial muy importante.

Hoy un canal —imaginado por Perisander en el siglo VI a.C., iniciado por el emperador romano Nerón en el siglo I d.C., pero que no llegó a completarse hasta finales del siglo XIX— conecta los dos golfos a ambos lados del istmo, facilitando muchísimo el tráfico marítimo.

Corinto tuvo también mucho éxito como un centro de entretenimiento. Los dos grandes acontecimientos atléticos del aquel tiempo eran los juegos olímpicos y los ístmicos, y Corinto era la sede de los últimos, que se llamaban así por haberse originado y jugarse en el istmo de Corinto.

Los romanos destruyeron Corinto en el año 146 a.C. y cien años más tarde la reconstruyó Julio César. Al principio era una colonia romana, poblada principalmente por romanos, y finalmente se convirtió en la capital de la provincia romana de Acaya. Debido a su ubicación pronto llegó a ser de nuevo un centro mercantil muy importante, lo que dio como resultado una población cosmopolita, compuesta de griegos, funcionarios y negociantes romanos, de personas de países orientales y también muchos judíos.

A semejanza de muchas ciudades griegas, Corinto tenía una acrópolis (literalmente, "la ciudad alta"), llamada Acrocorinto, que se usaba como un lugar de defensa y de adoración pagana. Desde su cumbre se podía divisar Atenas en los días claros, a unos setenta y dos kilómetros de distancia. Situada sobre un montículo rocoso de más de 650 metros de altura, Acrocorinto era suficientemente grande como albergar a toda la población de Corinto y sus alrededores agrícolas en tiempos de asedio. Contaba también con un famoso templo dedicado a Afrodita, la diosa del amor. El templo normalmente albergaba como a mil sacerdotisas, prostitutas rituales, que cada noche descendían a Corinto y se ofrecían a los numerosos viajeros extranjeros y a los hombres del lugar.

La ciudad se destacaba aun en el mundo pagano por su corrupción moral, a tal punto que en el griego clásico *corinthiazesthai* ("comportarse como un corintio") llegó a representar la inmoralidad y libertinaje más obscenos. El nombre de la ciudad se convirtió en sinónimo de depravación moral. En esta carta a la iglesia allí, Pablo menciona algunos de los pecados característicos de la ciudad: fornicación (*porneia*, de donde procede el término pornografía), idolatría, adulterio, afeminación, homosexualidad, robos, codicia, borracheras, calumnias (hablar de forma abusiva) y estafadores (6:9-10).

Algunos de los creyentes corintios habían sido culpables de practicar esos pecados antes de su conversión y habían sido lavados (6:11). Otros en la iglesia, sin embargo, todavía vivían en inmoralidad, algunos involucrados en pecados peores que los mencionados, pecados que Pablo les recuerda que ni siquiera los cometen los gentiles paganos, tales como el incesto (5:1).

FUNDACIÓN DE LA IGLESIA DE CORINTO

Pablo llegó Corinto por primera vez durante su segundo viaje misionero. Había estado predicando y trabajando en las ciudades griegas / macedonias por un tiempo. Salió de Filipos (donde ministró por primera vez en Europa) y pasó a Tesalónica, Berea, Atenas y luego a Corinto (Hch.16:11–18:1).

Al llegar a Corinto, Pablo se encontró con Aquila y Priscila, judíos que habían sido expulsados de Roma, quienes trabajaban, como Pablo, haciendo tiendas. Se quedó con ellos por un tiempo y comenzó a predicar regularmente en la sinagoga cada sábado. Silas y Timoteo llegaron de Macedonia y lo ayudaron, y a medida que Pablo intensificó la predicación, también aumentó la resistencia al mensaje. No obstante, muchos corintios y también judíos comenzaron pronto a creer en Cristo. Aun Crispo, el dirigente de la sinagoga, creyó en el Señor junto con toda su familia (Hch. 18:8).

Pablo continuó ministrando en Corinto durante un año y medio (Hch. 18:11). La oposición judía se hizo tan fuerte que fue llevado ante un tribunal romano. Sin embargo, dado que las acusaciones eran puramente de carácter religioso, el procónsul Galión se negó a juzgar el caso. Después de quedarse allí un poco más de tiempo, Pablo salió de Corinto junto con Priscila y Aquila y se marcharon a Éfeso. Dejó a sus amigos allí y él regresó a Palestina (Hch. 18:12-22).

El segundo líder de la iglesia corintia fue Apolos. Un convertido judío muy elocuente, natural de Alejandría, que llegó a Éfeso y comenzó a predicar mientras que Aquila y Priscila se encontraban allí. Aunque era "poderoso en las Escrituras", tenía algunas deficiencias doctrinales en cuya corrección Aquila y Priscila jugaron un papel decisivo. Cuando él se propuso predicar en Acaya, la iglesia efesia no solo lo animó, sino que le dio una carta de recomendación, y así es como comenzó a ministrar en Corinto como su siguiente pastor (Hch. 18:24–19:1).

En algún momento entre la salida de Pablo de Corinto y su escrito que hoy conocemos como Primera a los Corintios, Pablo escribió a la iglesia otra carta (1 Co. 5:9), a la que nos referimos comúnmente como la epístola perdida. Era también de carácter correctivo.

LOS PROBLEMAS DE LA IGLESIA

La iglesia de Corinto tenía muchos problemas serios, uno de los cuales era la proliferación de facciones. Después de que Apolos ministrara por un tiempo en Corinto, algunos de los creyentes desarrollaron una lealtad especial hacia él. Comenzaron a surgir las fricciones entre ellos y los que permanecían leales a Pablo. Otros eran leales a Pedro (Cefas, su nombre arameo) y existía otro grupo que se identificaba a sí mismo como los que solo pertenecían a Cristo. El apóstol reprendió fuertemente a todos ellos por pelear y por tener semejantes divisiones espirituales (1:10-13; 3:1-9).

Su problema más serio era, sin embargo, no separarse a sí mismos de la manera mundana de vivir de la sociedad que los rodeaba. Ellos no podían entender, y quizás no querían entenderlo, el principio de "no améis al mundo, ni las cosas que están en el mundo" (1 Jn. 2:15). No querían "descorintianizarse". En su anterior carta, perdida para nosotros, Pablo los había advertido expresamente: "No se relacionen con personas inmorales" (1 Co. 5:9). Algunos de los cristianos pensaron que quería decir que no se relacionaran con los incrédulos que eran inmorales. Pero los individuos sexualmente corrompidos, los codiciosos, los estafadores y los idólatras a los que se refería Pablo eran personas miembros de la iglesia que se negaban a dejar las prácticas libertinas o que habían vuelto a caer en el estilo de vida de Corinto (5:9-11). Los creyentes fieles no debían asociarse con personas así. En efecto, a esos creyentes perversos había que excluirlos de la comunión con el fin de purificar la iglesia (5:13).

A semejanza de muchos cristianos hoy día, los creyentes corintios tenían gran dificultad en no imitar a la sociedad incrédula y corrompida que los rodeaba. Ellos por lo general lograban estar moralmente un poco por encima del mundo, pero iban hacia abajo, en la misma dirección que el mundo. Querían estar en el reino de Dios al tiempo que mantenían un pie en el reino de este mundo. Querían disfrutar de las bendiciones de la nueva vida, pero se aferraban a los placeres de la antigua. Querían tener lo que pensaban era lo mejor de ambos mundos, pero Pablo les advirtió claramente que eso era imposible (6:9-10).

Los corintios tenían confundidos estos principios. Continuaban relacionándose con miembros de la iglesia que eran pecadores abierta y arrogantemente, de cuyo compañerismo deberían haberse apartado. Y, por el otro lado, imitaban a sus vecinos incrédulos, aunque rehusaban relacionarse con ellos con el fin de darles testimonio.

Sin embargo, no carecían de recursos espirituales (1:5-7) y tenían una gran potencialidad para el poder y la bendición espiritual. Pablo anhelaba ver cumplidas esas posibilidades. Así era la iglesia a la que el apóstol escribió.

BREVE BOSQUEJO DE PRIMERA CORINTIOS

El llamamiento y los beneficios de la santidad (1:1-9)
Errores y problemas en la iglesia (1:10–16:4) relacionados con:
    La unidad (1:10–3:23)
    La condición de siervos (4:1-21)
    La moralidad (5:1–6:20)
    El matrimonio (7:1-40)
    La libertad (8:1–11:1)
    Los hombres y las mujeres en la iglesia (11:2-16)
    La Cena del Señor (11:17-34)
    Los dones espirituales (12–14)
    La resurrección (15)
    La mayordomía (16:1-4)
Planes personales y saludos (16:5-24)

Llamados a ser santos (1:1-3)   1

Pablo, llamado a ser apóstol de Jesucristo por la voluntad de Dios, y el hermano Sóstenes, a la iglesia de Dios que está en Corinto, a los santificados en Cristo Jesús, llamados a ser santos con todos los que en cualquier lugar invocan el nombre de nuestro Señor Jesucristo, Señor de ellos y nuestro: Gracia y paz a vosotros, de Dios nuestro Padre y del Señor Jesucristo. (1:1-3)

Hoy día acostumbramos a que los que firman pongan sus nombres al final de la carta, los antiguos griegos los ponían al comienzo, permitiendo así que los lectores identificaran inmediatamente al autor. En una carta conjunta, se daban también los nombres de los otros involucrados en enviar el mensaje. **Pablo** siempre ponía su nombre al comienzo de sus cartas y a menudo mencionaba a otros líderes de la iglesia que, en algún grado o en otro, se unían a él en escribir. En 1 Corintios menciona a **Sóstenes**, y en 2 Corintios a Timoteo (2 Co. 1:1; cp Fil. 1:1; Col. 1:1; 1 Ts. 1:1; 2 Ts. 1:1; Flm. 1).

A continuación se ponía el nombre del destinatario, la persona o personas a quienes se enviaba la carta, que en esta epístola era **la iglesia de Dios que está en Corinto**. Luego venían a menudo las palabras de saludo o bendición, como en el v. 3. Pablo usó esa triple salutación en todas sus cartas del Nuevo Testamento.

Pablo también generalmente se refería a sí mismo como un **apóstol**, no con la intención de identidad, es decir, para distinguirse a sí mismo de otros Pablos en la iglesia o sencillamente informar a sus lectores de su posición, sino para indicar desde el principio que estaba escribiendo ante todo como un enviado del Señor. Su apostolado establecía su autoridad. Aun en sus cartas a Timoteo, su asociado más íntimo y un "verdadero hijo en la fe" (1 Ti. 1:2), Pablo llama la atención a su apostolado (1 Ti. 1:1; 2 Ti. 1:1). Los únicos casos en los que no lo hace son en el encabezamiento de Filipenses, las cartas a los Tesalonicenses y Filemón.

Su descripción de sí mismo como un **apóstol de Jesucristo por la voluntad de Dios** no era una manifestación de orgullo o glorificación de sí mismo. No estaba alardeando de su posición de autoridad, como hacen a veces algunos oradores y escritores con sus títulos y logros. Glorificarse a sí mismo era lo último que Pablo tenía en mente. Más adelante en esta misma epístola se refiere a sí mismo como "el más pequeño de los apóstoles, que no soy digno de ser llamado apóstol, porque perseguí a la iglesia de Dios" (15:9).

A veces, sin embargo, es importante establecer el derecho que uno tiene a hablar con autoridad acerca de una materia. Una persona, por ejemplo, que no tiene estudios reconocidos en medicina, ni capacitación, ni experiencia, nunca va a conseguir que lo escuchen en una conferencia de medicina. Las credenciales de la persona van a dar cierta indicación de si lo que tiene que decir va a ser tomado seriamente o no. Pablo no mencionó su apostolado con el fin de ganar honores como un individuo, sino para ser respetado como un maestro de la Palabra de Dios. Él no era un apóstol por decisión propia, ni siquiera por nombramiento de una iglesia, sino por llamamiento divino: **por la voluntad de Dios**. Quería establecer desde el principio que lo que él tenía que decir lo decía basado en la autoridad de Dios. Esto era muy necesario, puesto que su mensaje era tan correctivo.

CINCO RAZONES POR LAS QUE PABLO
REAFIRMA SU APOSTOLADO

Creo que hay quizás cinco razones por las que Pablo, a diferencia de otros escritores apostólicos, fue tan cuidadoso en reafirmar su apostolado en estas cartas. Primero, él no era parte del grupo de los doce. No había sido llamado por Jesús durante su ministerio terrenal para pertenecer al círculo íntimo de discípulos que lo acompañaron "comenzando desde el bautismo de Juan hasta el día en el que de entre nosotros fue recibido arriba" (Hch. 1:22). De aquel grupo original, uno (Judas) había quedado descalificado y fue luego reemplazado por Matías (Hch. 1:21-26), quien, aunque identificado mediante echar suertes, fue escogido por Dios (v. 24). Con la elección de Matías el grupo apostólico quedó de nuevo completo. Desde el día de Pentecostés los apóstoles eran claramente la voz autorizada del evangelio. Cuando Pedro pronunció su mensaje en ese día, lo hizo "poniéndose en pie con los once" (Hch. 2:14; cp. v. 37), y la iglesia naciente en Jerusalén se entregó por completo a "la doctrina de los apóstoles" (v. 42). Los apóstoles eran los supremos representantes del Señor en la tierra, y ellos predicaban y enseñaban con su autoridad. Con Cristo como "piedra del ángulo", los apóstoles eran el fundamento de la iglesia (Ef. 2:20).

Por lo que sabemos, Pablo nunca vio o escuchó a Jesús durante ese tiempo. Pablo fue primeramente conocido por la iglesia como un feroz enemigo y perseguidor, "respirando aún amenazas y muerte contra los discípulos del Señor" (Hch. 9:1; cp. 8:1). Él no solo había decidido no ser un seguidor de Cristo, sino que también había decidido oponerse a sus seguidores con todas sus fuerzas. Aun después de su conversión no había forma mediante la cual él pudiera ser considerado retroactivamente uno de los doce. No obstante, él se presentó a sí mismo como un apóstol, basado en las mismas calificaciones fundamentales que tenían los doce. Él también había visto al Cristo resucitado (Hch. 9:3-6, 17; 22:11-15; 1 Co. 9:1; 15:8) y él también, en revelaciones únicas, había sido expresamente escogido por el Señor para ser un apóstol (1 Co. 1:1). Estaba interesado en establecer el hecho de que él era igual a los doce como un maestro fundamental de la verdad revelada.

En segundo lugar, creo que destacó su apostolado debido a sus dificultades con detractores y falsos maestros, quienes lo retaban y acosaban continuamente. Los judaizantes eran particularmente fuertes y persistentes en su oposición a la autoridad y doctrina de Pablo y en cuestionar sus motivos. Aun algunos que afirmaban ser sus amigos se resistían a su liderazgo y cuestionaban su enseñanza. Pablo consideraba tales burlas y persecución como distintivos de su apostolado. "Porque según pienso", decía él, "Dios nos ha exhibido a nosotros los apóstoles como postreros, como a sentenciados a muerte; pues hemos llegado a ser espectáculo al mundo, a los ángeles y a los hombres" (4:9). A pesar de los rechazos, la enseñanza de Pablo era verdadera y fidedigna, porque había recibido de Cristo Jesús su llamamiento divino a ser apóstol.

Tercero, Pablo resaltó su apostolado por causa de su relación con Cristo. Este énfasis era para el beneficio de los demás creyentes. Especialmente los cristianos en Jerusalén habían estado inseguros acerca de la autenticidad de la fe de Pablo. Por haberlo conocido o por haber sabido de él, como Saulo de Tarso, el temible perseguidor de la iglesia, habían tenido dificultades en creer que él pudiera ser ahora un líder cristiano confiable, mucho menos un apóstol (Hch. 9:26). Sus temores estaban, por supuesto, alimentados por las acusaciones y difamaciones de los falsos maestros. No resultaba difícil creer lo peor acerca de él. Los cristianos en otros lugares también tenían recelos. Los judaizantes legalistas, por ejemplo, habían confundido a muchos cristianos en Galacia tanto acerca del evangelio de Pablo (Gá. 1:6; 3:1-5) como de su autoridad para enseñarlo (1:11–2:10). Por tanto, él le recordó cuidadosamente a la iglesia corintia que tenía completa autoridad apostólica para escribirles esta carta, señalándoles que, cuando él estuvo ministrando entre ellos, lo hizo en el poder y sabiduría de Dios (1 Co. 2:1-7).

Cuarto, Pablo hizo hincapié en su apostolado para poner de relieve su especial relación con la misma iglesia de Corinto, la cual era "el sello de su apostolado... en el Señor" (9:2). Se esperaba que ellos especialmente reconocieran su llamamiento y posición. Su misma existencia como un cuerpo de creyentes era una prueba de su derecho a dirigirse a ellos con autoridad divina. Él había sido el instrumento de Dios para llevarlos a la salvación.

Quinto, resaltó su apostolado con el fin de demostrarles su relación especial con Dios como su emisario. Él era un **apóstol de Jesucristo por la voluntad de Dios**. Estaba diciendo en realidad: "Lo que les digo a ustedes es por delegación de Dios. Soy su apóstol, y mi mensaje es un mensaje de Dios para ustedes".

Cuando le pedían al sanedrín, el tribunal supremo judío, que arbitrara en una disputa seria o que diera una interpretación de algo que tenía que ver con la ley o la tradición, éste enviaba su decisión a las partes involucradas mediante un *apostolos*, que a menudo estaban representadas por medio de una sinagoga. En todo lo que se referían al mensaje, el *apostolos* contaba con la completa autoridad del sanedrín. Él no hablaba por sí mismo, sino en nombre del sanedrín. Era algo más que un mensajero; era un emisario, un enviado, un embajador. Pablo era el enviado, el embajador, de Dios (cp. 2 Co. 5:20; Ef. 6:20), el *apostolos* de Dios. Cuando estuvo entre ellos no les había predicado su propio mensaje, sino el mensaje de Dios. Ahora no les estaba escribiendo su propio mensaje, sino el mensaje de Dios.

A la luz de los doce, a la luz de los falsos maestros y a la luz de su relación con Cristo, con la iglesia corintia y con el Dios el Padre, Pablo era un apóstol con todos los derechos. Fue muy cuidadoso en establecer la legitimidad de su apostolado con el fin de establecer la legitimidad de su mensaje.

LOS PROPÓSITOS Y RESPONSABILIDADES DE LOS APÓSTOLES

Dios escogió a los apóstoles para que trabajaran en el establecimiento y formación de la iglesia, después de ese tiempo el apostolado cesó. Cuando los apóstoles fallecieron, el ministerio de apóstol dejó de existir. Fueron elegidos, enviados e investidos con el poder de Dios para aquel período en la historia de la iglesia, que terminó por completo cuando terminó la vida de ellos. Como los fundadores humanos y fundamento de la iglesia, los apóstoles tenían propósitos y responsabilidades específicas.

Primero, como testigos oculares, tenían que predicar el evangelio: el evangelio verdadero, completo y autorizado de la expiación sustitutiva de Cristo mediante su muerte y resurrección y de salvación por la fe en él (1 Co. 1:17-18; cp. 9:14). Su enseñanza era equivalente a la enseñanza de Cristo. Como desarrollaremos en un capítulo posterior, no hay distinción, como algunos intérpretes mantienen, entre lo que Pablo (o Pedro o Santiago o Juan) enseña en el Nuevo Testamento y lo que Dios enseña. La declaración de Pablo en 1 Corintios 7:12 ("yo digo, no el Señor"), por ejemplo, sencillamente indica que Jesús, durante su ministerio terrenal, no dio una enseñanza específica acerca de la materia que se estaba considerando (esto es, que un creyente permaneciera con un cónyuge incrédulo). Como apóstol, Pablo estaba calificado para enseñar en el nombre de Cristo, y su enseñanza era tan autorizada como si la hubiera dicho Cristo con sus propios labios.

Los apóstoles estaban también dedicados a la oración y al ministerio de la Palabra (Hch. 6:4) y a capacitar a los creyentes para el servicio con el fin de edificar el cuerpo de Cristo (Ef. 4:11-12). Por último, tenían que evidenciar su apostolado mediante la realización de milagros (2 Co, 12:12).

Puede que **el hermano Sóstenes** fuera el amanuense, o secretario, de Pablo en el tiempo que escribió esta carta. Sin embargo, el hecho de que su nombre aparezca mencionado en el saludo indica no solo que él escribió la carta, sino que estaba totalmente de acuerdo con Pablo en cuanto a su mensaje.

No hay duda de que este es el mismo Sóstenes que se menciona en Hechos 18, alguien que conoció bien la situación de Corinto. Había sido un líder de la sinagoga en Corinto, probablemente ocupó el lugar de Crispo, el anterior jefe de la sinagoga que se había convertido en creyente (Hch. 18:8). En una ocasión Sóstenes fue golpeado por su participación en llevar a Pablo ante el tribunal civil de Corinto (Hch. 18:12-17). Algunos manuscritos antiguos del texto informan que los judíos lo golpearon y otros manuscritos dicen que fueron los griegos. Si fueron los judíos, no hay duda de que se debió a que no los representó muy bien ante el tribunal. Si fueron los griegos, éstos debieron sentirse molestos porque ocupó el tiempo de su tribunal con un asunto que solo tenía que ver con la religión judía.

Sin embargo, Pablo se refiere ahora a Sóstenes como "el hermano", indicando que algún tiempo después del incidente mencionado o quizá en parte a causa de él, este antiguo oponente del evangelio, como Pablo mismo, se había hecho cristiano. Por haberse convertido probablemente mediante la predicación de Pablo y por haber trabajado con el apóstol en Corinto durante quizás un año o más, Sóstenes era conocido y respetado por los creyentes corintios a quienes ahora escribía junto con Pablo.

SANTIDAD

a la iglesia de Dios que está en Corinto, a los santificados en Cristo Jesús, llamados a ser santos con todos los que en cualquier lugar invocan el nombre de nuestro Señor Jesucristo, Señor de ellos y nuestro. (1:2)

La iglesia a la que Pablo escribía no era la iglesia de los corintios, sino **la iglesia de Dios** que estaba establecida en Corinto. La iglesia es un cuerpo de creyentes que no les pertenece a ellos mismos, o a un líder o grupo, sino a Dios. Los creyentes, ya sean pastores, oficiales o miembros comunes en la iglesia, componen juntos el cuerpo terrenal de Cristo y son llamados a ser sus mayordomos

(Ef. 4:11-13). No nos pertenecemos a nosotros mismos, individual o colectivamente, pues todos hemos sido comprados mediante el precio de la sangre de Cristo (1 Co. 6:20).

POSICIÓN Y PRÁCTICA

Todos los creyentes hemos sido **santificados en Cristo Jesús** y somos **llamados a ser santos**. Un santo, según el término es usado en el Nuevo Testamento, no es un cristiano especialmente piadoso o muy dedicado que ha sido canonizado por un concilio eclesiástico. La palabra griega que traducimos como **santo** es *hagios*, que significa "apartado o separado para". Los creyentes corintios *eran* santos a los ojos de Dios, a pesar de su vida pecaminosa y doctrina distorsionada. Eran santos porque habían sido **santificados** (de *hagiazō*), apartados del pecado, *hechos* santos **en Cristo Jesús**. Según las Escrituras, cada verdadero creyente en Cristo Jesús, ya sea fiel o infiel, bien conocido o desconocido, dirigente o seguidor, es una persona separada, una persona santa. En el sentido bíblico, el creyente menos conocido de hoy es tan santo como el apóstol Pablo. Esa es la posición del creyente en Cristo.

La santidad, en ese sentido de posición, no es una cuestión de buenas obras, de un vivir santo. Como cristianos debemos vivir de manera santa, pero esa forma de vivir santa no nos hace santos. El que nuestra forma de vivir sea santa, es porque, en Cristo, ya *somos* santos y tenemos el consejo y el poder de su Espíritu Santo. Somos santos porque el santificador (el que nos hace santos) ya nos ha santificado en respuesta a que confiamos en Él (He. 2:11). La obra de Cristo, no la nuestra, es la que nos hace santos. Somos "santos mediante llamamiento". Eso se refiere a la eficacia del llamamiento de Dios para salvación (1:24, 26).

Como todos los creyentes, los corintios eran **santos** porque Dios los había llamado a ser santos (cp. Gá. 1:6; Ef. 4:1, 4; Col. 3:15; 1 Ti. 6:12; 1 P. 2:9, 21; 3:9; 2 P. 1:3; Jud. 1). "Somos santificados mediante la ofrenda del cuerpo de Jesucristo hecha una vez para siempre" (He. 10:10; cp. v. 14). Cristo Jesús santifica a los que creen en Él mediante su propia obra de sacrificio en la cruz. Los aparta (el significado de la raíz de *hagiazō*) para Él, los limpia y los perfecciona. Dios provee de santidad por medio de su Hijo. La parte del hombre es pedir santidad mediante la fe en el Hijo (Hch. 26:18). Tenemos una nueva naturaleza, la naturaleza divina, y hemos escapado de la corrupción del mundo, poseyendo todas las cosas relacionadas con la vida y la piedad (2 P. 1:3-4).

La declaración de Pablo de que todos los creyentes corintios eran santos resultaba bastante sorprendente a la luz de las cosas (muy evidente por el resto de la carta) que caracterizaban su forma de vivir. La iglesia corintia estaba muy lejos de ser santa en el sentido en que el término se emplea hoy. Eran particularmente mundanos e inmorales; no obstante, desde el comienzo de la carta Pablo enfatiza que cada uno de ellos que había creído de verdad en Cristo Jesús era salvo y era un santo. No solo todos los santos somos salvos, sino que todos los salvos somos santos. Todo creyente tiene el derecho de llamarse santo a sí mismo. Ninguno de nosotros es digno del título, pero Dios nos declara santos por causa de haber puesto nuestra confianza en su Hijo. Nuestra práctica, nuestro comportamiento en nuestra condición humana, necesita ser conformada a nuestra "santa", nueva y divina naturaleza.

Pablo parece especialmente determinado a hacer que esta verdad quede clara para los corintios. Virtualmente toda la carta de 1 Corintios, desde 1:10 en adelante, tiene que ver con la doctrina y el comportamiento erróneos. Parece como si casi todo error doctrinal y moral imaginable se pudiera encontrar dentro de aquella congregación. A pesar de todo esto, Pablo comienza la carta llamándolos santos. En la práctica eran unos pecadores notorios, pero en cuanto a su posición eran santos. Debemos darnos cuenta de que había algunos en la iglesia que, sin duda alguna, no eran santos para nada, sino incrédulos (16:22).

Es importante que todo cristiano tenga en cuenta la gran diferencia entre su posición y su práctica, cómo lo ve Dios en Cristo y su estado. Dios nos ve como justos, porque nos ve a través de la justicia del Hijo, quien ha ocupado nuestro lugar, y porque nos ha plantado en una nueva naturaleza justa. Sin tener en mente esta verdad tan importante y alentadora, resulta imposible entender claramente 1 Corintios o cualquier otra parte del Nuevo Testamento.

Los presidentes no siempre se comportan presidencialmente, los diplomáticos no siempre actúan diplomáticamente, los reyes no siempre se comportan como tales; pero todavía son presidentes, diplomáticos y reyes. Los cristianos no siempre actuamos como cristianos, pero todavía somos cristianos.

Hace algunos años a un adolescente, cuyo padre era pastor, lo detuvo la policía por robar unos artículos en un centro comercial. Sucedió que cuando el padre recibió el aviso para que acudiera a la comisaría para hacerse cargo de su hijo, se hallaba jugando al golf con algunos líderes de la iglesia. Pensando que era un error, el padre se llevó con él a los otros hombres a la comisaría, donde pasó un gran bochorno. La impresión más profunda que el incidente dejó en la mente del joven fue lo que aquellos hombres le repitieron uno tras otro, y por otros posteriormente: "Con un padre como el que tienes, ¿cómo es posible que hayas hecho esto?", le preguntaron. A pesar de lo humillante y dolorosa que había sido aquella experiencia, el joven sabía que todavía era el hijo de su padre. No había actuado como debería hacerlo un hijo de su padre, pero era todavía un hijo.

Una de las más fuertes reprimendas que podemos recibir como cristianos cuando pecamos es que nos recuerden quién es nuestro Padre. Y recordarnos a nosotros mismos quiénes somos debería ser uno de los frenos más fuertes para no pecar. Recordar nuestra posición puede llevarnos a mejorar nuestra práctica.

Además, Pablo aumenta el sentido de responsabilidad de los corintios al recordarles que estaban vinculados en la vida espiritual **con todos los que en cualquier lugar invocan el nombre de nuestro Señor Jesucristo, Señor de ellos y nuestro.** Agrega esto para avivar su sentido de identidad y de responsabilidad con todos los que han recibido "una fe igualmente preciosa que la nuestra" (2 P. 1:1).

Antes de censurar a los corintios por sus fracasos como cristianos, Pablo les recuerda cuidadosa y amorosamente que ellos *eran* cristianos. Pertenecían a Dios y unos a otros en una comunión de gran alcance. Eso en sí mismo debería haber sido una reprimenda para ellos y sin duda perforaría la conciencia de los que eran espiritualmente sensibles. En 1:2-9 resume su posición y sus bendiciones como creyentes en Cristo Jesús, como hijos de Dios, como santos. "¡Miren lo que son! ¡Miren lo que tienen!" Solo entonces les dice: "Os ruego, pues, hermanos" (1:10).

Gracia y paz a vosotros, de Dios nuestro Padre y del Señor Jesucristo. (1:3)

Pablo usó una forma común de saludo cristiano (cp. Ro. 1:7; Gá. 1:3; Ef. 1:2; 1 P. 1:2; 2 Jn. 3; Ap. 1:4, etc.). **Gracia** es favor y **paz** es uno de sus frutos. Paz (griego *eirēnē*) se usaba como el equivalente del hebreo *shālôm*, que es todavía hoy el saludo judío más común. La paz de la cual habla Pablo aquí es "la paz de Dios, que sobrepasa todo entendimiento" (Fil. 4:7). Es la paz que solo los cristianos podemos tener, porque solo Cristo puede darla (Jn. 14:27). El mundo no tiene ni puede dar esa clase de paz. El saludo "gracia y paz" es apropiado solo de creyente a creyente, porque habla de bendiciones que solo los cristianos poseemos.

Los beneficios de ser un santo (1:4-9)

2

Gracias doy a mi Dios siempre por vosotros, por la gracia de Dios que os fue dada en Cristo Jesús; porque en todas las cosas fuisteis enriquecidos en él, en toda palabra y en toda ciencia; así como el testimonio acerca de Cristo ha sido confirmado en vosotros, de tal manera que nada os falta en ningún don, esperando la manifestación de nuestro Señor Jesucristo; el cual también os confirmará hasta el fin, para que seáis irreprensibles en el día de nuestro Señor Jesucristo. Fiel es Dios, por el cual fuisteis llamados a la comunión con su Hijo Jesucristo nuestro Señor. (1:4-9)

Como estudiamos en el capítulo anterior, Pablo siempre usa la palabra *santo* para referirse a los cristianos, no a los que han muerto sino a los vivos, no a unos pocos sino a todos. Pienso que esta debió ser su palabra favorita para los cristianos, porque la usa en más de sesenta veces en sus cartas. En las palabras iniciales de esta carta (1:2) Pablo aseguraba a los creyentes en Corinto, a pesar de lo inmorales e infieles que eran, que ellos eran santos, junto con todos los que invocan el nombre del Señor Jesucristo.

La intención principal de la carta es la exhortación a una vida pura y santa. Pero el fundamento de Pablo para esta exhortación es el hecho de la santidad de los creyentes, el haber sido santificados por Cristo por haber puesto su confianza en Él. Debido a que han sido declarados santos y han recibido una naturaleza santa, les ruega que actúen santamente. El indicativo "son" es la base para el imperativo "sean", un principio básico enseñado a todo lo largo del Nuevo Testamento. Como el apóstol les escribiría a los creyentes filipenses unos pocos años más tarde, el plan de Dios es que "el que comenzó en vosotros la buena obra, la perfeccionará hasta el día de Jesucristo" (Fil. 1:6) y que el propósito supremo de los que están *en* Cristo debe ser que sean *semejantes* a Cristo: tener su mente, sus actitudes, su manera de pensar y de vivir (2:5; cp. 1 Jn. 2:6).

Después de que Jesús perdonara a la mujer adúltera, sus palabras de despedida para ella fueron: "No peques más" (Jn. 8:11). Le estaba mandando a una mujer que había vivido de manera libertina como prostituta y que la habían sorprendido en el mismo acto de adulterio, que se olvidara de su vida de pecado. Pedirle que cambiara su forma de vivir tan radicalmente nos lleva a pensar que ella había experimentado un cambio no solo en su posición, sino también en su corazón y mente, es decir, en la misma naturaleza de su vida. Es obvio, aunque Juan no lo menciona explícitamente, que la mujer había confiado en Cristo y que era salva. Las instrucciones de Jesús de dejar de pecar, dadas a alguien que no fuera un creyente, habrían sido una burla, puesto que no había manera de que esa persona pudiera obedecer. Jesús le había otorgado a la mujer una nueva vida, y ahora la exhorta a seguir una nueva forma de vivir. Primero le dice: "Ni yo te condeno". Solo después es cuando le dice: "Vete, y no peques más". El Señor le estaba diciendo: "A partir de ahora tu cuenta de pecado no está en contra tuya. Eres santa a mis ojos, a los ojos de Dios. Vete y vive de manera santa".

Esa misma verdad aparece en todo el Nuevo Testamento. Como cristianos, no somos condenados, sino que nos declaran santos. Nuestros pecados quedan perdonados, cancelados para siempre. Y puesto que nuestra naturaleza en Cristo es santa, nuestro vivir debería ser también santo. "Hacer morir, pues, lo terrenal en vosotros: fornicación, impureza, pasiones desordenadas, malos deseos y avaricia, que es idolatría", nos enseña Pablo (Col. 3:5). En otras palabras, nuestra inclinación al mundo, nuestros deseos carnales y mundanos, debemos abandonarlos por completo y considerarlos como si ya no existieran, "porque [hemos] muerto y [nuestra] vida está escondida con Cristo en Dios" (3:3). Unos pocos versículos más adelante el apóstol explica que la razón por la que deben olvidarlos es porque "[revestidos del nuevo hombre], el cual conforme a la imagen del que lo creo se va renovando hasta el conocimiento pleno" (3:9-10). Debido a que ahora nos relacionamos con Dios de una manera única por medio de Cristo, aquellas cosas ya no tienen razón de ser en nuestra vida. Las cosas que no son santas no tienen lugar en una vida santa. No tenemos que mentir, robar, codiciar o cometer cualquier otro pecado, porque todo pecado es inconsecuente con lo que somos en Cristo Jesús. La nueva persona es conformada a la imagen de Cristo. Porque Él es santo, nosotros somos santos. Porque estamos en Cristo, debemos actuar como Cristo. Nunca deberíamos pensar en nada que Él no pensaría, ni decir nada que Él no diría, o hacer algo que Él no haría. Porque Él es santo nuestra vida debe ser santa. Ese es el fundamento de la vida cristiana.

Pablo usa los primeros nueve versículos de 1 Corintios para mostrar a los creyentes quiénes son: santos, santificados. El resto de la carta se edifica sobre este fundamento. "Ustedes *son* santos; por tanto, *actúen* como santos. Vivan una vida acorde con quienes son".

En 1:4-9 Pablo resume los beneficios de vivir en Cristo, de ser un santo. Esos beneficios tienen tres dimensiones. Algunos son pasados, dados en el momento que aceptamos a Cristo como Salvador y Señor. Otros son presentes, que se van realizando en nosotros a medida que vivimos nuestra vida en Él. Otros son futuros, que solo los experimentaremos cuando estemos en el cielo con Él. En el pasado hay gracia, en el presente hay dones, y para el futuro hay garantías. Nuestro pasado ya está solucionado, para nuestro presente hay provisión y nuestro futuro está asegurado.

BENEFICIOS PASADOS DE LA GRACIA

Gracias doy a mi Dios siempre por vosotros, por la gracia de Dios que os fue dada en Cristo Jesús... así como el testimonio acerca de Cristo ha sido confirmado en vosotros. (1:4, 6)

El primer beneficio de ser un santo es la gracia de la salvación. Tanto el **que os fue dada** como el **ha sido confirmado** están ambos en el griego en el tiempo aoristo, indicando una acción completada en un momento particular y definitivo del tiempo. Desde el momento en el que una persona confía en Cristo Jesús, recibe la gracia de Dios y el testimonio de Cristo es confirmado en Él. Una vez que estamos en Cristo es nuestra la gracia de Dios. Pablo está agradecido [**Gracias doy a mi Dios siempre por vosotros**] por los que han recibido la gracia de la salvación. Su pasión era ver a las personas redimidas y su gozo era mayor cuando tal cosa sucedía. Mantiene una perspectiva apropiada pues dirige su acción de gracias a Dios.

Gracia (*charis*) era un saludo cristiano común, que Pablo ya había usado en su saludo en los versículos precedentes. El significado básico de la palabra es "favor", pero en relación con el plan de Dios de salvación de los hombres por medio de su Hijo tiene siempre el sentido especial y distintivo de una bondad y misericordia ofrecida a los pecadores que es inmerecida e impagable. Es un don magnánimo que nadie puede ganar por sí mismo. No hay necesidad de pagarlo y en realidad es imposible hacerlo. La gracia salvadora de Dios es gratuita e inmerecida.

A fin de comprender el verdadero significado e importancia de la gracia de Dios necesitamos entender tres cosas que no pueden coexistir con la gracia: la culpa, la obligación humana y el mérito humano.

LA GRACIA NO PUEDE COEXISTIR CON LA CULPA

Ante todo, la gracia no puede coexistir con la culpa. La gracia provee para el alivio de la culpa. Dios no puede decir: "Soy compasivo y te otorgo la salvación, pero si das un paso en falso te la quitaré". Eso no sería un don de gracia, sino un don legal y condicionado que podríamos vernos privados de él en cuanto que no cumpliéramos con los requerimientos divinos. La gracia no sería gracia si Dios dijera: "Te salvaré si dejas de pecar". Si pudiéramos dejar de pecar no necesitaríamos la gracia, porque nos ganaríamos la salvación, nos haríamos dignos de ella. Si la gracia fuera otorgada y posteriormente retirada en el menor de los grados por causa del pecado, no sería la gracia que se enseña en las Escrituras. La gracia implica un perdón permanente y no merecido. La gracia puede operar solo donde hay pecado. Sin necesidad de perdón no hay necesidad de gracia.

El hombre no puede escapar del pecado ni expiarlo por sí mismo. Es culpable y está totalmente imposibilitado en sí mismo. Debido a que Dios es santo y justo no puede ignorar el pecado. Debe ser castigado y su paga es la muerte (Ro. 6:23). No obstante, ese mismo versículo que declara la paga del pecado anuncia también la manera para quitarlo, su expiación: "Mas la dádiva de Dios es vida eterna en Cristo Jesús Señor nuestro". Mediante su obra en la cruz, Cristo cumplió las demandas de la justicia de Dios al cargar Él mismo con el castigo por nuestros pecados. En esto consistía la suprema provisión de la gracia de Dios. Cuando Cristo Jesús se hizo culpable por nuestro pecado, el precio fue pagado en su muerte. Y una vez que Dios en su gracia actúa soberanamente para perdonar el pecado de una persona en base de su confianza en la obra de su Hijo, esa persona queda libre totalmente y para siempre de la culpa. Está en la gracia, la cual se le dispensa continuamente (Ro. 5:1-3). Toda la culpa queda cancelada y nunca vuelve. La gracia es el don de Dios que anula completa y permanentemente la culpa.

He hablado con cristianos que están tan absolutamente angustiados por causa de la culpa que ya no son capaces de sobrellevar la vida. No pueden aceptar la realidad del perdón. Desde hace mucho han confiando en Cristo como Salvador y han entendido la verdad de la gracia teológica y teóricamente; pero no lo entienden en su sentido práctico. Esto sucede a menudo porque fallan en separar los sentimientos de culpa que resultan del pecado de la condenación final del culpable. El pecado no solo produce sentimientos de culpa, sino también verdadera culpa, porque *somos* culpables por los pecados que hemos cometido. No obstante, esta es la culpa con la que Cristo cargó en la cruz y que anula la gracia de Dios en Cristo. La sentimos y podemos vernos perseguidos por ella (He. 12:3-11), pero nunca seremos condenados por ella. El dolor que sigue al pecado no es una señal de condenación o de rechazo de parte de Dios, pero sí es un recordatorio de que hemos pecado y debería ser un freno para no pecar más.

Es una tragedia tener el beneficio de ser un santo, pero ser incapaz de experimentar su completa bendición por causa de la duda. Con todo, algunos cristianos al parecer no pueden creer que Dios pueda ser tan amoroso. Sin embargo, una gracia incompleta o temporal no sería gracia. Por supuesto que no la podemos ganar, ni nunca la podremos merecer, ni nunca la podremos pagar. Eso es lo que hace que la gracia sea gracia.

¿Qué mayor motivación puede tener un inconverso para hacerse cristiano, y qué mayor consolación puede tener un creyente, que saber que todos los pecados, pasados, presentes y futuros, son perdonados para siempre en Cristo? Que en Cristo toda culpa y todo castigo quedan eliminados de forma permanente. En Él estaremos totalmente libres de culpa y seremos santos por toda la eternidad. Cuando Dios salva, quita definitivamente todo pecado, toda culpa y todo castigo. Eso es gracia.

LA GRACIA NO PUEDE COEXISTIR CON LA OBLIGACIÓN HUMANA

Segundo, la gracia no puede coexistir con la obligación humana. No podemos decir: "Bien, Dios ha sido muy bondadoso conmigo y me ha salvado y ahora yo tengo que corresponder y devolvérselo". La gracia es un don gratuito, no un préstamo. La gracia hace que estemos totalmente en deuda con Dios, pero debido a que el costo es tan elevado nosotros no podemos corresponder con él, y debido a que su gracia es tan grande no necesitamos devolverla. En otras palabras, estamos completamente en deuda, pero no tenemos una deuda. No podemos pagar por nuestra salvación ni antes ni después de ser salvos.

Al considerar la relación de la fe y las obras con la gracia de Dios, Pablo escribe: "Pero al que obra, no se le cuenta el salario como gracia [*charis*], sino como deuda" (Ro. 4:4). Si nosotros fuéramos capaces en algún momento y de alguna manera de ganarnos el perdón de Dios, eso sería como una deuda. Nos lo hubiéramos ganado y Dios nos lo debería. Podemos darle las gracias a nuestro empleador por entregarnos el pago a tiempo y por hacerlo con alegría y buena voluntad, pero no le damos las gracias por pagarnos. Si hemos trabajado con la diligencia debida, nos merecemos el dinero y él está obligado a entregarlo. Al pagar a sus empleados los que ellos han ganado, un jefe no está actuando con gracia, sino sencillamente con honradez y justicia. Si por alguna razón no les paga por el trabajo realizado, los empleados pueden exigir su dinero, porque por derecho le corresponde a todo trabajador.

Sin embargo, la gracia no funciona en razón del principio de las obras y ganancias. Es el don que se da gratuitamente y que no ha podido ser ganado ni merecido. En cuanto al don de Dios por medio de su Hijo, no puede ser ganado ni merecido. El dinero lo podemos ganar o nos lo podemos merecer, pero la gracia de Dios solo puede ser dada.

¿Cómo podemos pagar por lo que no tiene precio? Ofrecerle a Dios el más grande amor, devoción y obediencia no puede ni siquiera acercarse a pagar lo que Él nos ofrece en Cristo Jesús. Intentar hacerlo es como ofrecer unos centavos para pagar la deuda nacional. En comparación con la gracia de Dios nuestros mejores esfuerzos no son más que una miseria.

Lo que hace que el mensaje de Cristo sea tan buenas noticias es que no necesitamos pagar por la salvación. Por sí misma, la verdad de que no podemos ganar la salvación sería una mala noticia, la peor de las noticias, porque nos dejaría completamente sin esperanza. Pero la gracia hace que sea buena noticia, la mejor de las noticias, porque la gracia ha hecho que no sea necesario pagar por la salvación. Nuestras pecaminosas limitaciones hacen que eso sea imposible, la gracia abundante de Dios lo hace innecesario. Dios en Cristo ha pagado por ello, lo único que tenemos que hacer es recibirlo por medio de Él.

Le debemos a Dios nuestro más elevado amor, nuestra más profunda devoción y nuestro más grande servicio como expresiones de gratitud y porque todo lo que somos y tenemos le pertenece, pero no porque estas sean capaces de comprar o pagar en lo más mínimo su amor y su misericordia por nosotros. Lo amamos; pero solo podemos hacerlo en razón de que Él primero "nos amó a nosotros, y envió a su Hijo en propiciación por nuestros pecados" (1 Jn. 4:10). Se lo debemos todo por gratitud, nada le debemos por obligación.

LA GRACIA NO PUEDE COEXISTIR CON EL MÉRITO HUMANO

Tercero, la gracia no puede coexistir con el mérito humano. La gracia no es ofrecida sencillamente a las "buenas" personas. En relación unas con otras y en lo que a la moral se refiere, algunas personas son obviamente mejores que otras. Pero en relación con la justicia de Dios, lo mejor de nosotros es "como trapo de inmundicia" (Is. 64:6). La bondad de una persona, en relación con otras y ciertamente en relación con Dios, no es tenida en cuenta en la gracia de Dios. El mérito, igual que la culpa y la obligación, no tiene parte en la gracia. Jesús, al hablarles a los líderes religiosos y morales judíos, los dejó aturdidos con el hecho de que los cobradores de impuestos (traidores de su propio pueblo y a menudo faltos de honradez) y las prostitutas (los miembros más bajos de la sociedad) entrarían en el reino de Dios por delante de los líderes religiosos (Mt. 21:31-32). Lucas 18:9-14 nos ofrece el relato clásico de un hombre moralmente bueno condenado al infierno y otro moralmente malo encaminado al cielo.

Durante siglos Israel creyó que Dios los había escogido como su pueblo especial del pacto porque ellos eran mejores que otros. Lo creían firmemente, a pesar del hecho de que Dios les había dicho lo contrario desde el principio. "No por ser vosotros más que todos los pueblos os ha querido Jehová y os ha escogido, pues vosotros erais el más insignificante de todos los pueblos; sino por cuanto Jehová os amó, y quiso guardar el juramento que juró a vuestros padres" (Dt. 7:7-8).

Pablo señala que, aunque los judíos tenían muchas bendiciones y muchas ventajas, especialmente como receptores de la revelación especial de Dios mismo, no fueron escogidos porque se lo merecieran. En muchos sentidos carecían de toda clase de mérito (Ro. 2:17–3:20). A los gentiles les hizo la misma advertencia. Ellos no eran mejores, "pues ya hemos acusado a judíos y gentiles, que todos están bajo pecado" (3:9). Entre nosotros podemos distinguir entre los que son humanamente mejores y los que son peores, pero delante de Dios cada persona está *espiritualmente* en la misma condición: pecador y condenado en lo que se refiere a su propio mérito, su propia justicia. "Porque no hay diferencia, por cuanto todos pecaron, y están destituidos de la gloria de Dios" (3:22-23). Pablo reconoció que aun en sí mismo, de hecho especialmente en sí mismo, no había ninguna justicia, ningún mérito delante de Dios. En sus propios ojos él se veía como el primero de los pecadores (1 Ti. 1:15) y "menos que el más pequeño de todos los santos" (Ef. 3:8).

Pero de nuevo la gracia de Dios cambia las malas noticias en buenas. Debido a su gracia no *necesitamos* merecernos la salvación. Pablo se sentía eternamente agradecido **por la gracia de Dios que os fue dada en Cristo Jesús**.

En los últimos años hemos podido ver vívidamente, por medio de revistas, periódicos y la televisión, la terrible situación y angustia en lugares tales como Camboya, Afganistán, América Central y el Medio Oriente. Los cristianos sensibles que viven en un país libre y pacífico no pueden evitar preguntarse: "¿Por qué Señor me has dado a mí tanto? ¿Por qué soy libre para vivir pacíficamente, libre para adorar donde y como quiero, libre para trabajar, libre para criar a mis hijos como mejor entiendo, libre para tener comunión con otros creyentes?" Sabemos que no es porque seamos merecedores de estas bendiciones. Estamos bendecidos por la gracia de Dios y no por alguna otra razón.

TRES RAZONES PARA LA GRACIA DE DIOS

Dios tiene tres razones, tres motivos, para otorgarnos su gracia. Primera, provee la salvación a fin de que los que somos salvos podamos producir buenas obras. Las buenas obras tocan la vida de otros y los ayudan, incluyendo hablarles de la gracia de Dios en Cristo Jesús. Pablo dice en Efesios: "Porque somos hechura suya, creados en Cristo Jesús para buenas obras, las cuales Dios preparó de antemano para que anduviésemos en ellas" (Ef. 2:10). En otra carta él instruye a Tito que Cristo "se dio a sí mismo por nosotros para redimirnos de toda iniquidad y purificar para sí un pueblo propio, celoso de buenas obras" (Tit. 2:14). Más adelante en la epístola explica: "Palabra fiel es esta, y en estas cosas quiero que insistas con firmeza, para que los creen en Dios procuren ocuparse en buenas obras. Estas cosas son buenas y útiles a los hombres" (3:8). Dios nos salva para que hagamos buenas obras porque esas buenas obras benefician a los hombres. Dios quiere que sus hijos toquemos a todo el mundo con su bondad, hecha posible por medio de su Hijo.

Segunda, la gracia salvadora tiene el propósito de bendecir a los creyentes. "Pero Dios, que es rico en misericordia, por su gran amor con que nos amó, aun estando nosotros muertos en pecados, nos dio vida juntamente con Cristo, (por gracia sois salvos) y juntamente con él nos resucitó, y así mismo nos hizo sentar en los lugares celestiales con Cristo Jesús, para mostrar en los siglos venideros las abundantes riquezas de su gracia en su bondad para con nosotros en Cristo Jesús" (Ef. 2:4-7). Dios en su gracia nos salva con el fin de poder derramar sus grandes bendiciones sobre nosotros para siempre.

Tercera, y más importante, Dios nos salva por medio de la gracia con el fin de glorificarse a sí mismo. Nos es dada la gracia "para que la multiforme sabiduría de Dios sea ahora dada a conocer por medio de la iglesia" y para que "a él sea gloria en la iglesia en Cristo Jesús por todas las edades, por los siglos de los siglos" (Ef. 3:10,21). Cristo enseñó que el propósito primario para hacer que nuestra luz alumbre delante de los hombres, lo cual es posible por medio de nuestra salvación, es "glorificar [a nuestro] Padre que está en los cielos" (Mt. 5:16). El propósito primario del mismo Jesús para ir a la cruz, lo cual hizo posible nuestra salvación, era glorificar a su Padre y glorificarse a sí mismo (Jn. 12:28; 17:1, 4-5). La gloria de Dios aparece demostrada claramente en la amorosa y poderosa obra de la salvación.

La salvación llena de gracia del Señor nos es dada con el fin de que los salvos sean canales de bendición para otras personas por medio de las buenas obras, para traer bendiciones sobre los mismos creyentes y sobre todo para glorificarlo a Él. Ofrece su gracia por amor del mundo, por amor de sus hijos y por amor de sí mismo.

así como el testimonio acerca de Cristo ha sido confirmado en vosotros. (1:6)

Recibimos la gracia de Dios cuando el testimonio de Cristo se confirma en nosotros, esto es, se establece, se afirma y se hace sólido. **Testimonio** viene de la palabra griega *marturion*, que significa "testigo", como a veces se la traduce (vea Hch. 1:8). De esta palabra nos viene el término *mártir*. El testimonio de Cristo se establece y confirma en nosotros cuando confiamos en Él como nuestro Señor y Salvador. En ese momento, y para siempre a partir de ese momento, estamos en la gracia de Dios.

En el Nuevo Testamento se usa *marturion* más comúnmente en relación con el evangelio, y primero de todo en su proclamación. El Espíritu Santo llenó de poder a los apóstoles, y continúa haciéndolos con todos los discípulos de Cristo, para ser sus testigos (Hch. 1:8). El propio llamamiento de Pablo estaba centrado en "[testificar] a judíos y gentiles acerca del arrepentimiento para con

Dios, y de la fe en nuestro Señor Jesucristo" (Hch. 20:21; cp. v. 24), ya sea que su testimonio fuera aceptado o no (22:18). El Señor le aseguró a Pablo que no moriría hasta que completara su testimonio acerca de Él, y que el testimonio final sería en Roma (23:11).

El contexto indica que el sentido más profundo de *marturion* (o *marturia*) está, sin embargo, en representar el evangelio mismo, no meramente en su proclamación. El testimonio del cual Pablo aconsejaba a Timoteo era no avergonzarse de "dar testimonio de nuestro Señor" (2 Ti. 1:8), esto es, el evangelio del Señor. Juan nos dice que "este es el testimonio: que Dios nos ha dado vida eterna; y esta vida está en su Hijo" (1 Jn. 5:11). El más grande testimonio no es acerca del mensaje de salvación, sino *es* el mensaje de salvación. No es cuando escuchamos el testimonio acerca de Cristo, sino cuando *tenemos* **el testimonio acerca de Cristo... confirmado en** nosotros, que nos hacemos participantes de la gracia de Dios.

En 1 Corintios 1:4, vemos entonces la oferta divina de la gracia y en 1:6 la respuesta positiva del hombre a la gracia. Cuando una persona acepta por fe la oferta de Dios, la gracia comienza a funcionar. Todo pecado queda perdonado y toda la culpa es cancelada, para siempre. En ese momento Dios comienza a derramar la superabundancia de su bendición y riqueza sobre su nuevo hijo, y no va a cesar en toda la eternidad. Esa es la amplitud de la gracia de Dios.

BENEFICIOS PRESENTES DE LA GRACIA

porque en todas las cosas fuisteis enriquecidos en él, en toda palabra y en toda ciencia;... de tal manera que nada os falta en ningún don. (1:5, 7*a*)

Los primeros beneficios de la gracia para el creyente son establecidos en el pasado, totalmente completados cuando confiamos en Cristo. Otros beneficios son presentes, un atesoramiento continuo de riquezas que recibimos a lo largo de nuestra vida terrenal. En Cristo somos continuamente **enriquecidos** en todo. **En** es una palabra clave en el versículo 5. Somos enriquecidos **en todas las cosas... en él**. *En él* califica a *en todas las cosas*. Es decir, tenemos todo lo que Cristo tiene para darnos, y Él nos da todo lo que necesitamos, aunque a menudo no es todo lo que queremos. Dios nos ha dado "todas las cosas que pertenecen a la vida y a la piedad... por su divino poder" (2 P. 1:3), que es todo lo que un creyente necesita y debería ser todo lo que deseara. En Cristo Jesús "vosotros estáis completos" (Col. 2:10). "Porque todo es [nuestro]" (1 Co. 3:21).

Entre todas las cosas más importantes que tenemos en Cristo están **toda palabra y en toda ciencia**. De nuevo *toda* queda calificada. Contamos con toda palabra y toda ciencia necesarias para llevar a cabo lo que Dios quiere que nosotros hagamos. Siempre seremos capaces de decir lo que Dios quiere que digamos y conocer todo lo que Él quiere que sepamos. Su voluntad es concurrente con su habilitación.

TODA PALABRA

La **palabra** que en particular está aquí en mente es la de decir la verdad de Dios. Dios da a *cada* creyente la capacidad de hablar por Él. No todos tenemos elocuencia, un vocabulario impresionante o una personalidad cautivadora, pero todos disponemos de la misma habilidad necesaria dada por Dios, la misma capacidad, para hablar por Él en la forma única que Él quiere que lo hagamos.

Aparte la falta de santidad, creo que el fallo más común de los cristianos es el de no hablar por su Señor. Las excusas más frecuentes son: "No sé qué decir", "No sé cómo decirlo", "No creo que yo pueda hacerlo". Pablo hace pedazos estas excusas. Somos **enriquecidos en él, en toda palabra y en toda ciencia**. Dar testimonio no es más opcional para los cristianos "comunes" que para los apóstoles. "Recibiréis poder, cuando haya venido sobre vosotros el Espíritu Santo, y me seréis testigos" (Hch. 1:8). Podemos dar testimonio y debemos hacerlo. No tenemos excusas válidas para no dar testimonio de Cristo. *Podemos* hablar, *podemos* testificar, tal como hicieron los de la naciente iglesia. Aquellos santos oraron: "Concede a tus siervos que con denuedo hablen tu palabra" (Hch. 4:29). Dios fue muy diligente en responder y proveerles: "Todos fueron llenos del Espíritu Santo, y hablaban con denuedo la palabra de Dios" (v. 31). Como creyentes, nosotros también tenemos el Espíritu Santo, y Él nos habilitará, como a ellos, para hablar por el Señor con confianza y valentía.

Aunque cada creyente tiene acceso a un testimonio valiente, es evidente que no todos nos aprovechamos de ello. Un testimonio dado con confianza y fidelidad no solo requiere la habilitación divina, sino también nuestra disposición. Pablo pidió a la iglesia efesia: "[Orar] por mí, a fin de que al abrir mi boca me sea dada palabra para dar a conocer con denuedo el misterio del evangelio" (Ef. 6:19). A semejanza de un río del Ártico, nuestra boca está congelada. Nos resulta muy fácil convencernos a nosotros mismos para no hablar a otros acerca del evangelio.

Cuando algunos cristianos llevan a una persona al Señor, se maravillan de que Dios los haya de verdad usado a ellos para que tuviera lugar el milagro del nuevo nacimiento. Se sienten sorprendidos de que *ellos* fueran capaces de dar testimonio con eficacia.

Cuando era un joven seminarista me enviaban a predicar en las estaciones de autobuses. Después de dos semanas decidí que esto no era muy eficaz debido a las muchas distracciones. Las personas que esperaban en línea para adquirir un boleto o los que bajaban o subían a un autobús no prestaban mucha atención. Así que comencé a caminar de un lado a otro de la calle y hablar a las personas individualmente y encontré esta forma de hacerlo mucho más fructífera. Un día cuando otro estudiante y yo estábamos en la calle testificando, nos acercamos a dos jóvenes que se encaminaban a un baile y cada uno se centró en uno de ellos para hablarle. Luego de una breve presentación del evangelio a mi nervioso oyente, le pregunté si quería confesar a Cristo Jesús como su Salvador y Señor y recibirle en su vida, a lo cual él contestó: "Sí". Al principio estaba más sorprendido que contento. ¡El Señor verdaderamente me había usado a mí para llevar a alguien a la salvación! ¡Qué gran bendición es siempre eso!

Muchos años después, luego de mucho adiestramiento y experiencia en proclamar el evangelio, un hombre se me acercó un día a las puertas del templo y me dijo: "Soy judío y quiero saber cómo ser cristiano". Todo lo que necesitaba era contárselo. Después de leer las Escrituras y de orar juntos, él se entregó a Cristo. Aun cuando tenemos la expectativa de que el Señor nos use, no es menos sorprendente y maravilloso cuando lo hace. Ya sea que tengamos experiencia o carezcamos de ella, nuestra disposición a testificar es la clave para que Dios nos use.

Cuando estamos dispuestos a abrir nuestra boca y hablar por el Señor, podemos estar seguros de que Él nos dará lo que es correcto decir. No es que vayamos a poner nuestra mente en neutral, sino que sometemos nuestra mente a Él y Él nos usa como mejor conviene y nos habilita como ha prometido. Necesitamos estar preparados, en conocimiento de la Palabra de Dios, en oración, en limpieza e incluso en técnicas de testimonio. Como le encomendó Pablo a Timoteo: "Procura con diligencia presentarte a Dios aprobado, como obrero que no tiene de qué avergonzarse, que usa bien la palabra de verdad" (2 Ti. 2:15) y debemos "[estar] siempre preparados para presentar defensa con mansedumbre y reverencia ante todo el que os demande razón de la esperanza que hay en nosotros" (1 P. 3:15). Tenemos que ser pacientes, diligentes y amables en nuestra presentación de la fe (2 Ti. 2:24-25). Pero con todo nuestro estudio, fidelidad y oración, solo el Espíritu de Dios puede llevar a una persona a Cristo.

TODA CIENCIA

A pesar de toda su habilitación, Dios no espera que hablemos desde el vacío. Con la provisión de todas las palabras necesarias Él también provee de **toda ciencia** necesaria. No es que vamos a saberlo todo, ni siquiera del evangelio. Ahora conocemos solo "en parte" (1 Co, 13:12). Pero recibimos todo lo que necesitamos para hablar eficazmente por el Señor. Dios nos ha dado suficiente revelación y nos dará suficiente compresión para comunicar su verdad al mundo. Tenemos su Palabra y contamos con su Espíritu para interpretarla. "Cosas que ojo no vio, ni oído oyó, ni han subido en corazón de hombre, son las que Dios ha preparado para los que le aman. Pero Dios nos las reveló a nosotros por el Espíritu; porque el Espíritu todo lo escudriña, aun lo profundo de Dios" (1 Co. 2:9). Tales cosas no son conocibles ni aceptables para el hombre natural, "porque para él son locura, y no las puede entender, porque se han de discernir espiritualmente" (v. 14). Dios "[esconde] estas cosas de los sabios y de los entendidos, y las [revela] a los niños" (Mt. 11:25). Solo a los creyentes les da la luz "del conocimiento de la gloria de Dios en la faz de Jesucristo" (2 Co. 4:6).

Es necesario reclamar y usar el conocimiento que Dios nos provee con el fin de ser eficaces en nuestro testimonio. En Cristo conocemos a Dios, a su Espíritu, su verdad, su revelación y su poder. No obstante, Pablo ora por los efesios para que Dios les "dé espíritu de sabiduría y de revelación en el conocimiento de él" (Ef. 1:17). Ora de igual manera por la iglesia colosense para que sean "llenos del conocimiento de su voluntad en toda sabiduría e inteligencia espiritual... llevando fruto en toda buena obra, y creciendo en el conocimiento de Dios" (Col. 1:9,10). Debemos asimilar el conocimiento que Dios da con el fin de hacerlo verdaderamente nuestro.

Dios nos ha dado a todos palabra, pero debemos abrir nuestra boca a fin de usarla. Dios nos ha dado a todos ciencia, pero debemos hacerla nuestra. Así como fuimos salvos por gracia, también por gracia recibimos dones. Dios nos ha preparado para el reino, "nos hizo aptos para participar de la herencia de los santos en luz" (Col. 1:12).

TODOS LOS DONES

Pablo pasa de las provisiones específicas de palabra y ciencia a la provisión general de Dios de todos los dones que el creyente necesita para servirlo. Al cristiano nada le **falta en ningún don** que necesita para vivir una vida plena y fiel.

Nada os falta está en el tiempo presente y está, por tanto, refiriéndose a los beneficios presentes de creer. A la luz de la corrupción en la iglesia corintia, puede parecer extraño que Pablo declare categóricamente que nada les faltaba. Al contrario de la iglesia en Tesalónica y en Filipos, la iglesia corintia padecía de una falta excepcional de madurez espiritual y de pureza moral. Pero no les faltaba nada, decía Pablo, en dones espirituales. No tenían la misma madurez espiritual y carácter moral que los creyentes en las otras iglesias, pero todos contaban con los mismos recursos.

Pablo estaba hablando de las provisiones de Dios, no del uso de sus provisiones. Dios ya les había provisto de todo y continuaba proveyéndoles de todo, a pesar del hecho de que eran tan infieles y perversos en el uso de los dones y en ser agradecidos por ellos. (Y buscaban dones que no tenían, como veremos en 1 Co. 14.) Parece que el apóstol estaba enfatizando dos cosas en esta declaración. Primera, los creyentes en Corinto, como los creyentes en todo lugar, no necesitaban buscar, y no deberían tratar de buscar, otras bendiciones o dones especiales. Dios ya ha provisto a sus hijos de todo don espiritual que ellos pueden necesitar o tener. Segundo, los creyentes deberían reclamar y comenzar a usar los dones que el Señor ya les ha dado a ellos. Los corintios no carecían de ningún don, solo les faltaba la disposición de usarlos.

La palabra **don** viene del término griego *charisma*, el cual es específicamente un don de gracia, derivado del término para gracia (*charis*) que aparece en los versículos 3-4. Los dones de los que nada les faltaba eran los dones provistos por "la gracia de Dios que os fue dada en Cristo Jesús" (1:4). Las bendiciones en particular de la palabra y ciencia parecen referirse sobre todo a la presentación del evangelio al mundo; los dones generales del versículo 7 parecen referirse primariamente al ministerio dirigido a los creyentes. Los recursos de Dios concedidos a las iglesias son adecuados para alcanzar al mundo y apropiados para edificar la iglesia.

Nuestra palabra *carismático* viene del plural (*charismata*) del término que se usa aquí, y se refiere al otorgamiento de parte de Dios de dones a su pueblo para que ministren a su iglesia. No se refiere a la concesión de dones especiales y extraordinarios para los que son supuestamente más espirituales o más avanzados en la fe, como lo mantienen muchos en lo que es conocido generalmente como el movimiento carismático. Dios dota a todos los creyentes con *charismata*, aunque, como sucede con otras bendiciones, estos son a menudo ignorados o mal usados.

Como creyentes todos tenemos dones espirituales, dados por el Señor desde que nos redimió, y los tenemos de forma tan completa como los necesitamos y podemos tenerlos. Debido a la indiferencia o a la ignorancia puede que nos lleve años reconocerlo y muchos más años desarrollarlos, pero nosotros ya los poseemos. Muchos de nosotros, como los corintios (1 Co. 12:1), desconocemos nuestros dones espirituales y aun el hecho de que los poseemos. Tenemos que reconocer que contamos con dones espirituales y necesitamos identificarlos y usarlos. Necesitamos saber si tenemos el don de enseñanza, de predicación, de exhortación, de administración, de ayudar, de dar, o el que hayamos recibido. Luego debemos ser receptivos al Espíritu para que él nos use para ministrar con los dones que nos ha dado.

Nacemos espiritualmente como lo hacemos físicamente, con todo completo e intacto. No añadimos brazos, piernas u órganos a medida que maduramos físicamente. Estos crecen y se desarrollan, pero no son añadidos. Eso mismo sucede cuando nacemos espiritualmente, estamos subdesarrollados, pero completos. Necesitamos alimento espiritual y ejercicio a fin de crecer, pero no necesitamos, ni nos las van a dar, "partes espirituales" adicionales. Si no crecemos o si retrocedemos, no es porque carezcamos de los recursos de Dios, sino solo porque no los usamos. Cuando un cristiano cae en el pecado, la pereza, el servicio ineficaz o la impureza no es porque le falte algo de parte del Señor. Es porque no se está apropiando de lo que tiene. En Cristo "[estamos] completos" (Col. 2:10). Ya contamos con todo lo que necesitamos para nuestra salud espiritual, vitalidad, crecimiento y reproducción. Un cristiano nunca puede decir: "Necesito esta bendición espiritual o este don o habilidad espiritual". No necesitamos nada más de Dios. Él ya ha dado con fidelidad y abundancia; nos lo ha dado todo. El fracaso no es por culpa de Dios, sino por culpa nuestra. La única falta, el único defecto, es nuestra falta de dedicación para usar los recursos divinos.

BENEFICIOS FUTUROS DE LA GRACIA

esperando la manifestación de nuestro Señor Jesucristo; el cual también os confirmará hasta el fin, para que seáis irreprensibles en el día de nuestro Señor Jesucristo. Fiel es Dios, por el cual fuisteis llamados a la comunión con su Hijo Jesucristo nuestro Señor. (1:7b-9)

La gracia de Dios no solo provee beneficios pasados y presentes, sino también futuros beneficios. Dios nos ha salvado por su gracia. En el presente nos faculta con los dones de su gracia y Él garantiza el cumplimiento final de su gracia. Lo mejor está todavía por venir. Los creyentes fieles no podemos evitar ser escatológicos. Nos sentimos agradecidos por la gracia en el pasado, procuramos ser responsables en el uso de la gracia presente, pero nuestro mayor gozo es mirar hacia la gracia futura. Velamos, esperamos y confiamos en la próxima venida del Señor, su última venida. Tenemos tarea para hacer en la tierra, dones para emplearlos para el Señor. Y mientras Él tenga trabajo para nosotros, "es más necesario" que nosotros nos quedemos; pero entrar en la vida futura y estar con Cristo "es muchísimo mejor" (Fil. 1:23-24) porque nuestro verdadero hogar, nuestra verdadera ciudadanía está en el cielo (3:20). Sentimos constantemente el tirón del mundo venidero. Con anhelo estamos **esperando la manifestación de nuestro Señor Jesucristo**. Esperamos la venida de Jesucristo. Estamos seguros de que viene y sabemos que puede ser pronto.

La palabra griega *apekdechomenous* (**esperando**) significa esperar con anhelante anticipación y también con actividad. No es esperar de forma pasiva y ociosa, como cuando esperamos en una esquina la llegada de un autobús. Implica trabajar mientras esperamos, velamos y confiamos. Sabemos que Dios cuida de los suyos. Esperamos con anhelo, pero no con ansiedad. Vivimos en un mundo sin esperanza, y a menudo lloramos por él, como Jesús lloró por Jerusalén (Lc. 13:34). Pero la desesperanza del mundo no nos priva de nuestra esperanza. Podemos decir con Pablo: "Yo sé a quién he creído, y estoy seguro que es poderoso para guardar mi depósito para aquel día" (2 Ti. 1:12). Es exactamente ese el día que es **la manifestación de nuestro Señor Jesucristo**. La

manifestación se refiere a su revelación sin el velo de humanidad que llevó en su encarnación. En su segunda venida Él se revelará completamente en su esplendor resplandeciente.

Esperamos la venida de nuestro Señor al menos por cinco razones.

SIGNIFICA LA EXALTACIÓN DE CRISTO

La **manifestación de nuestro Señor Jesucristo** le dará la exaltación tan esperada y eternamente merecida. Al fin será coronado "Señor de señores y Rey de reyes" (Ap. 17:14). Él ha estado generalmente descuidado, humillado, despreciado y rechazado durante 2.000 años desde su primera venida. Su segunda venida pondrá fin a eso, porque ante Él "se [doblará] toda rodilla de los que están en los cielos, y en la tierra, y debajo de la tierra" (Fil. 2:10). No vendrá en su segunda venida para cargar con el pecado (He. 9:28), sino en toda su gloria, honor y majestad (Ap. 4:11; 5:12).

SIGNIFICA LA DERROTA DE SATANÁS

El regreso del Señor significará la derrota total, humillación y castigo que Satanás merece, así como Jesucristo merece y recibirá la exaltación. Satanás ya no será más "el príncipe de este mundo" (Jn. 14:30) o "el príncipe de la potestad del aire" (Ef. 2:2). Será atado por mil años, soltado por un poco de tiempo, y luego encadenado y arrojado al lago de fuego por toda la eternidad (Ap. 19:20: 20:10).

SIGNIFICA JUSTICIA PARA LOS MÁRTIRES

El regreso del Señor traerá el castigo de todos los que han perseguido y afligido al pueblo fiel de Dios. En su visión de los juicios sellados, Juan vio "bajo el altar las almas de los que habían sido muertos por causa de la palabra de Dios y por el testimonio que tenían. Y clamaban a gran voz diciendo: ¿Hasta cuándo, Señor, santo y verdadero, no juzgas y vengas nuestra sangre en los que moran en la tierra?" (Ap. 6:9-10). La venganza pertenece al Señor (Dt. 32:35; Ro. 12:19), y cuando el Hijo regrese, Dios tomará venganza, bien merecida y por mucho tiempo demorada. "Porque es justo delante de Dios pagar con tribulación a los que os atribulan, y a vosotros que sois atribulados, daros reposo con nosotros, cuando se manifieste el Señor Jesús desde el cielo con los ángeles de su poder, en llama de fuego" (2 Ts. 1:6-7). Se lo tienen bien merecido.

SIGNIFICA LA MUERTE DE LOS QUE RECHAZAN A CRISTO

La segunda venida de Cristo llevará a la muerte a todos los que le han rechazado. "Cuando se manifieste el Señor Jesús desde el cielo con los ángeles de su poder, en llama de fuego, para dar retribución a los que no conocieron a Dios, ni obedecen al evangelio de nuestro Señor Jesucristo; los cuales sufrirán pena de eterna perdición, excluidos de la presencia del Señor y de la gloria de su poder" (2 Ts. 1:7-9). El Señor viene para juzgar a los que le han odiado y rechazado, porque se lo merecen.

SIGNIFICA EL CIELO PARA LOS QUE CREEN

Para todos los que han creído en el Señor Jesucristo, su venida significará el cielo por toda la eternidad. A diferencia de la derrota de Satanás, de la justicia para los mártires y de la muerte para los que rechazan a Cristo, nuestro don del cielo será algo totalmente inmerecido. Eso se debe a que estamos bajo la gracia de Dios. Por nosotros mismos merecemos la misma suerte que ellos, pero en Cristo hemos recibido perdón, redención, santidad y vida eterna en la presencia de la gloria de nuestro Señor.

Cuando Cristo regrese nos **confirmará** o establecerá, como **irreprensibles** delante de su Padre celestial. Cuando entremos en el cielo no tendremos todos nuestros pecados y defectos apareciendo delante de nosotros para que todos los vean, como a veces escuchamos en la teología popular. Cristo confirmará delante del trono eterno de Dios que nosotros somos ahora irreprensibles. Solo entonces seremos confirmados como irreprochables, hechos irreprochables, *seremos* realmente intachables. Así seremos considerados por toda la eternidad.

Cuando llegue el día del Señor Jesucristo, Él presentará al Padre "una iglesia gloriosa, que no [tendrá] mancha ni arruga ni cosa semejante, sino que [será] santa y sin mancha" (Ef. 5:26-27). La esposa será por siempre "una virgen pura" (2 Co. 11:2).

Estamos seguros de su gracia —pasada, presente y futura— porque **fiel es Dios**. El orden del griego aparece invertido ("fiel es Dios") porque esa forma es más enfática. Dios es fiel en su soberana voluntad: **por el cual fuisteis llamados**. Cuando Dios llama a alguien a la salvación, es fiel a ese llamamiento. De modo que es cierta nuestra futura gloria en la aparición de Cristo, porque "a los que llamó, a éstos también justificó; y a los que justificó, a éstos también glorificó" (Ro. 8:30). Nos ayuda notar que en las epístolas paulinas el llamamiento de Dios aparece siempre como un llamamiento eficaz que produce salvación.

Somos salvos porque Dios quiso que lo fuéramos, y permanecemos salvos porque Dios no cambia de parecer acerca de ese deseo. Nosotros no tuvimos parte en el deseo original de Dios para llamarnos y no podemos hacer nada para cambiarlo. Si Él nos llamó cuando estábamos perdidos y desgraciados, Él ciertamente no dejará de ser fiel a ese llamamiento ahora que estamos **en comunión con su Hijo Jesucristo**. La palabra *koinōnia* (**comunión**) también significa asociación, unidad. Tenemos asegurada la gloria por nuestra unidad con el Hijo amado de Dios. Entramos en el reino por gracia y nos mantendremos en el reino por gracia.

La oración de Pablo por los tesalonicenses fue: "Y el mismo Dios de paz os santifique por completo; y todo vuestro ser, espíritu, alma y cuerpo, sea guardado irreprensible para la venida de nuestro Señor Jesucristo" (1 Ts. 5:23). Era una oración que él sabía con seguridad que sería contestada, una oración no de petición, sino de reconocimiento, como queda claro por el versículo que sigue: "Fiel es el que os llama, el cual también lo hará".

Divisiones y conflictos en la iglesia (1:10-17)

3

Os ruego, pues, hermanos, por el nombre de nuestro Señor Jesucristo, que habléis todos una misma cosa, y que no haya entre vosotros divisiones, sino que estéis perfectamente unidos en una misma mente y en un mismo parecer. Porque he sido informado acerca de vosotros, hermanos míos, por los de Cloé, que hay entre vosotros contiendas. Quiero decir, que cada uno de vosotros dice: Yo soy de Pablo; y yo de Apolos; y yo de Cefas; y yo de Cristo. ¿Acaso está dividido Cristo? ¿Fue crucificado Pablo por vosotros? ¿O fuisteis bautizados en el nombre de Pablo? Doy gracias a Dios de que a ninguno de vosotros he bautizado, sino a Crispo y a Gayo, para que ninguno diga que fuisteis bautizados en mi nombre. También bauticé a la familia de Estéfanas; de los demás, no sé si he bautizado a algún otro. Pues no me envió Cristo a bautizar, sino a predicar el evangelio; no con sabiduría de palabras, para que no se haga vana la cruz de Cristo. (1:10-17)

Una de las razones principales por las que las sectas tienen hoy día tan gran efecto es su unidad. No toleran la discordia. Aunque a menudo es errónea, está mal usada y es totalitaria, tal unidad atrae a muchos que están cansados de la incertidumbre, la ambigüedad y la confusión religiosa.

Pocos de nosotros que llevamos participando en la vida de la iglesia largo tiempo no hemos estado o hemos conocido a una iglesia que se ha dividido o que al menos ha tenido serias discordias. Ese problema ha existido en la iglesia desde los tiempos del Nuevo Testamento. Los creyentes corintios se quedaron cortos en muchos sentidos de las normas de Cristo, y lo primero por lo que Pablo les llamó la atención fue por las rivalidades.

Las peleas son parte de la vida. Crecemos en ellas y alrededor de ellas. Los niños son rápidos en expresar su desagrado cuando no reciben algo que quieren o les quitan algo que les gusta. Los pequeños lloran y pelean porque no se salen con la suya. Discutimos y peleamos por un sonajero, luego por un juguete, luego por un balón, después por un puesto en el equipo de fútbol o en el de chicas animadoras, luego en los negocios, en las reuniones de la APA (Asociación de Padres de Alumnos) o en reuniones políticas. Los amigos se pelean, los esposos también lo hacen, los socios tampoco se quedan atrás, las ciudades pelean e incluso las naciones, y a veces llegan hasta la guerra. La fuente de todas las peleas es la misma: la naturaleza depravada y egoísta del ser humano.

Nada hay que las Escrituras enseñen con más claridad que la verdad que el ser humano es básica y naturalmente un pecador, y que la esencia de su pecaminosidad es su obstinación. La inclinación de toda persona, desde la cuna hasta la sepultura, es ser, hacer y tener lo que quiera. Aun los creyentes se sienten continuamente tentados a volver a la vieja vida de obstinación, egocentrismo y en general de interés propio. En el centro del pecado está el ego, el "Yo". El egocentrismo es la raíz de la depravación humana, depravación en la que todos, excepto Cristo Jesús, hemos nacido desde Adán y Eva. Aun los cristianos somos todavía pecadores, justificados, pero todavía pecadores. Y cuando permitimos que el pecado se salga con la suya en nuestra carne, el conflicto es inevitable. Cuando dos o más personas están empeñadas en hacer lo que les da la gana, muy pronto estarán discutiendo y peleando, porque tarde o temprano sus intereses, preocupaciones y prioridades entrarán en conflicto. No hay posibilidad de que haya armonía en un grupo, aun en un grupo de creyentes, cuyos deseos, metas, propósitos e ideales están generados por su ego.

Al escribir a sus hermanos cristianos, Santiago pregunta: "¿De dónde vienen las guerras y los pleitos entre vosotros? ¿No es de vuestras pasiones, las cuales combaten en vuestros miembros? Codiciáis, y no tenéis; matáis y ardéis de envidia, y no podéis alcanzar; combatís y lucháis" (Stg. 4:1-2). La causa de todos los conflictos, pleitos y peleas es los deseos egoístas.

Lamentablemente, aunque está prohibido por Dios, está totalmente fuera de línea con nuestra naturaleza redimida y está en completa oposición a lo que Cristo quería y oraba para su iglesia, los pleitos se dan entre los creyentes, entre los que han sido llamados a ser uno en el Señor Jesucristo.

Aquello por lo que el Señor se lamenta y se opone, Satanás lo aplaude y lo fomenta. Pocas cosas desmoralizan, desaniman y debilitan más a una iglesia que las discusiones, los pleitos y las riñas entre sus miembros. Pocas cosas socavan más eficazmente su testimonio ante el mundo.

Los pleitos son una realidad en la iglesia porque el egoísmo y otros pecados existen en su seno. Por causa de las discordias el Padre es deshonrado, el Hijo no es considerado, su pueblo queda desmoralizado y desacreditado y el mundo se aparta y se confirma en su incredulidad. La comunión rota priva a los cristianos del gozo y la eficacia, priva a Dios de su gloria y roba al mundo del verdadero testimonio del evangelio. ¡Un precio muy elevado por nuestro egocentrismo!

Entre los muchos pecados y defectos de la iglesia en Corinto, las rivalidades son las que Pablo escogió para tratar lo primero. En la unidad está el gozo del ministerio cristiano y la credibilidad del ministerio cristiano. El Señor oró pidiendo repetidas veces en su oración sacerdotal que su iglesia fuera una (Jn. 17:11, 21-23). La implicación de la unidad en naturaleza y comunión con Dios que Él pidió para sus discípulos eran una unidad "encarnada" en la vida. A continuación de Pentecostés los creyentes que acababan ser llenados de poder estaban en perfecta armonía unos con otros: compartiendo, regocijándose, adorando y dando testimonio juntos, "perseverando unánimes cada día en el templo... alabando a Dios, y teniendo favor con todo el pueblo. Y el Señor añadía cada día a la iglesia los que habían de ser salvos" (Hch. 2:46-47). Su unidad dio mucho fruto en su relación unos con otros, en su testimonio al mundo y en su alabanza y glorificación de Dios.

La primera necesidad de la iglesia corintia era esa clase de armonía. Es también la necesidad de muchas iglesias hoy día. Luego de discutir este asunto, Pablo pasa a la exhortación y a la instrucción que ocupan el resto de la epístola.

En los versículos 10-17 se ocupa de cuatro áreas básicas relacionadas con la unidad: el *ruego* por armonía doctrinal, los *grupos* que eran leales a los hombres, el *principio* de la unidad en Cristo y la *prioridad* de la predicación.

EL RUEGO: ARMONÍA DOCTRINAL

Os ruego, pues, hermanos, por el nombre de nuestro Señor Jesucristo, que habléis todos una misma cosa, y que no haya entre vosotros divisiones, sino que estéis perfectamente unidos en una misma mente y en un mismo parecer. (1:10)

Ruego viene del griego *parakaleō*, de la raíz verbal de *paraklētos*, el "Ayudador" (o Consolador) de Juan 14:16, 26; 15:26; 16:7 y el "Abogado" de 1 Juan 2:1. El significado básico es el de alguien que viene a tu lado con el fin de ayudar. Pablo quería estar al lado de sus hermanos corintios con el fin de ayudar a corregir sus pecados y defectos. Usó la misma palabra al escribir a Filemón. Después de indicar que tenía el derecho de ordenar a Filemón que perdonara a Onésimo y le enviara de regreso para estar con Pablo, el apóstol le dice: "más bien te ruego por amor [*parakaleō*]" (Flm. 9; cp. 10).

De igual manera apela a los corintios. Había sido muy cuidadoso en establecer su autoridad apostólica en el comienzo de la carta; pero ahora apela a ellos como **hermanos**. Al hacerlo así modera la severidad, sin minimizar la seriedad, de la reprensión. Ellos son sus hermanos y hermanos unos de otros, y deben actuar en armonía como hermanos.

Todos han sido "llamados a la comunión con su Hijo Jesucristo nuestro Señor" (1:9) y ahora están siendo amorosamente exhortados **por el nombre de nuestro Señor Jesucristo** a hablar todos **una misma cosa**, a eliminar las **divisiones** y a estar **perfectamente unidos en una misma mente y en un mismo pare-**

cer. Porque eran uno en la comunión con su Señor, deben ser uno en la comunión unos con otros. Su unidad en Cristo Jesús era la base para la apelación de Pablo para que tuvieran unidad entre ellos. Como en otras cartas de Pablo, la identidad de los creyentes con Cristo es la plataforma desde la que lanza su llamamiento a un vivir santo.

El **nombre** de Cristo representa todo lo que Él es, su carácter y voluntad. Orar "en el nombre de Jesús" no es esperar que Dios se doblegue a nuestros deseos y demandas sencillamente porque usamos esa frase. Orar en su nombre es hacerlo de acuerdo con su Palabra y voluntad. Jesús dijo que orásemos diciendo: "Santificado sea tu nombre... Hágase tu voluntad" (Mt. 6:9-10). La Palabra de Cristo, la cual refleja perfectamente su carácter y voluntad, forma la base suprema para todo el comportamiento cristiano. Lo que pensamos, decimos o hacemos es bueno o es malo no primariamente por sus efectos sobre nosotros u otros, sino porque se conforma o no a Cristo y lo honra a Él. Nuestro comportamiento como creyentes tiene su más directa relación con Cristo Jesús. Cuando pecamos, nos quejamos o peleamos, perjudicamos a la iglesia, a sus líderes y a nuestros hermanos creyentes. También levantamos una barrera entre los incrédulos y el evangelio. Pero lo peor de todo es que deshonramos a nuestro Señor.

Cuando los ancianos de la iglesia de Éfeso llegaron a Mileto para encontrarse con Pablo que iba camino de Jerusalén, los amonestó diciendo: "Mirad por vosotros, y por todo el rebaño en que el Espíritu Santo os ha puesto por obispos, para apacentar la iglesia del Señor, la cual él ganó por su propia sangre" (Hch. 20:28). Les estaba diciendo: "Nunca se olviden de quiénes son y de quiénes son ellos. Ustedes pertenecen a Cristo Jesús y son preciosos para Él. Son obispos en representación del Señor".

El énfasis en este pasaje, escrito a una iglesia local, está en la unidad de la asamblea local de creyentes, no es la unidad mística de la iglesia universal, como es el énfasis, por ejemplo, en la carta a los Efesios, que era una epístola general sin referencia local. Tampoco está hablando Pablo de la unidad denominacional. Está diciendo que debería haber unidad dentro de la congregación local, que **habléis todos una misma cosa**.

Ese parece ser un ideal imposible de alcanzar. No obstante, el Señor mismo mandó a sus seguidores: "Sed, pues, vosotros perfectos, como vuestro Padre que está en los cielos es perfecto" (Mt. 5:48), ¿y qué puede haber más humanamente imposible de alcanzar que eso? En el nombre y el poder de Cristo aquel principio es posible. Y también lo es este. Dios no da sus principios sobre la base de la habilidad humana, sino sobre la base de su provisión divina. Él no los acomoda a las limitaciones humanas, mucho menos a las inclinaciones y deseos humanos. No importa cuán imposible pueda parecer la idea, todos los creyentes en una iglesia local debemos estar de acuerdo en cuanto a las cosas de Dios.

En el griego, **habléis todos una misma cosa** quiere decir literalmente que "todos hablen lo mismo". Nada confunde más a los nuevos creyentes o a los incrédulos que están considerando las enseñanzas de Cristo, que escuchar a supuestamente cristianos maduros y bien informados decir cosas conflictivas acerca del evangelio, de la Biblia o de la vida cristiana. Y pocas cosas hay más demoledoras para una iglesia que cada uno tenga sus propias ideas e interpretaciones acerca de la fe o que la congregación esté dividida en facciones, cada una con sus propios puntos de vista.

Para que una iglesia local sea espiritualmente saludable, armoniosa y eficaz, debe haber, sobre todo, unidad doctrinal. La enseñanza de la iglesia no debe ser como una mesa de platos variados donde cada miembro escoge lo que desea. Tampoco debe haber varios grupos, cada uno con sus características propias y dirigentes. Aun si los grupos se llevan bien unos con otros y toleran los puntos de vista de los demás, la confusión doctrinal y la debilidad espiritual son inevitables. Lamentablemente algunas iglesias hoy día, y aun algunos seminarios, tienen esa clase de criterio selectivo doctrinal y ético. Muestran a menudo unidad en el nivel social y organizacional, pero en cuanto a lo doctrinal, ético y espiritual están confundidos y confunden a los demás. No se aferran a ninguna certidumbre, ni siquiera a las certidumbres y absolutos de las Escrituras. No tienen compromisos que los vinculen o sean permanentes. Las personas no contraen compromisos permanentes con creencias temporales. Por supuesto, muchas personas, incluyendo a algunos que profesan ser cristianos, no *quieren* absolutos doctrinales o éticos, sencillamente porque verdades y principios absolutos demandan aceptación y obediencia absolutas.

En lo referente a la verdad de Dios, no pueden darse dos puntos de vista conflictivos que sean a la vez correctos. Es obvio que no podemos saber dogmáticamente lo que no está completa y claramente revelado (Dt. 29:29). Pero Dios no es confuso ni se contradice a sí mismo. Él no está en desacuerdo consigo mismo, y su Palabra no presenta enseñanzas contradictorias. En consecuencia Pablo insiste en que los corintios, y todos los cristianos, tengan unidad doctrinal, no *cualquier clase* de unidad doctrinal, sino unidad que está clara y completamente fundada en la Palabra de Dios. Apela a ellos en **el nombre de nuestro Señor Jesucristo**. Es decir, debe haber acuerdo en Él, en su voluntad, en su Palabra.

Muchas de las facciones en la iglesia corintia, y en algunas partes de la iglesia de hoy, tenían unidad dentro de su propio grupo, pero no con otros creyentes en Cristo Jesús. El llamamiento de Pablo no era para que estuvieran de acuerdo sobre cualquier base, sino sobre la verdad revelada de Dios, dada por y consumada en Cristo Jesús y completada por medio de la enseñanza de sus apóstoles. "Así que, todos los que somos perfectos, esto mismo sintamos; y si otra cosa sentís, esto también os lo revelará Dios. Pero en aquello a que hemos llegado, sigamos una misma regla, sintamos una misma cosa" (Fil. 3:15-16). La norma era la doctrina apostólica que Pablo personalmente les había impartido y la había vivido entre ellos (v. 17), así como la doctrina que les había dado a los corintios era como un "apóstol de Jesucristo por la voluntad de Dios" y "en demostración del Espíritu y en poder" (1 Co. 1:1; 2:4).

La palabra **divisiones** traduce el término griego *schismata,* del que proviene *cisma.* En el sentido físico el significado es "romper o rasgar", esto es, separar, como en Mateo 9:16 "rotura". Metafóricamente significa tener diferentes opiniones, una división de criterios, una disensión. Cuando Jesús se encontraba una vez predicando en Jerusalén las personas que lo escuchaban no podían ponerse de acuerdo sobre quién era Él. Algunas personas pensaban que era el gran profeta, otros que era el Cristo y otras decían que era solo un hombre común que hacía afirmaciones extraordinarias. En consecuencia, Juan nos informa: "Hubo entonces disensión [*cisma*] entre la gente a causa de él" (Jn. 7:43). Hoy todavía hay divisiones por causa de desacuerdos sobre quién es Cristo, incluso entre los que llevan su nombre.

Las divisiones más serias que puede tener una iglesia son las que involucran la doctrina. Al terminar su carta a los Romanos, Pablo les advierte: "Mas os ruego, hermanos, que os fijéis en los que causan divisiones y tropiezos en contra de la doctrina que vosotros habéis aprendido, y que os apartéis de ellos" (Ro. 16:17). Los que enseñan lo que es contrario a las Escrituras no están sirviendo a Cristo, sino a sí mismo y a sus propios intereses. En los asuntos en los que las Escrituras no son explícitas hay lugar para las diferencias de opiniones; pero en las enseñanzas claras de las Escrituras no hay lugar para opiniones diferentes, porque discrepar de las Escrituras es discrepar de Dios. En tales cosas la iglesia debe ser de un mismo sentir.

Creo que hay aun algunas cosas, aunque no estén enseñadas específicamente en las Escrituras, en las que la iglesia debería ser de una misma opinión y sentir cuando los ancianos y pastores han llegado a un acuerdo acerca de ellas. Si no así habrá confusión en la iglesia local y a menudo divisiones y facciones. Los miembros tenderán a apoyar a los maestros y líderes con los que están de acuerdo y no tardarán mucho en parecerse a los corintios, que eran de Pablo, de Apolos, de Pedro o de Cristo (1 Co. 1:12). No había desacuerdo doctrinal entre dichos líderes; la diferencia era de preferencias de personalidad o estilo de parte de los corintios, una especie de concurso de popularidad. Debido a que Pablo los catalogó entre las otras facciones, sabemos que aun los que declaraban que eran solo leales a Cristo eran en realidad solamente leales a sus propias opiniones.

También creo que debe haber acuerdo en el proceso de toma de decisiones del liderazgo de la iglesia local y que sus decisiones deberían ser aceptadas y seguidas por los demás miembros, especialmente por los que, como los maestros, ocupan posiciones de responsabilidad e influencia. Esas decisiones no tienen, por supuesto, la misma autoridad que las Escrituras; pero si son consecuentes con lo que se enseña en ellas y son tomadas en oración, deben ser aceptadas por todos en la iglesia por amor de la armonía y la unidad. En Filipenses 1:27 encontramos una buena palabra de consejo para los que buscan la unidad en el liderazgo y en la práctica de la vida de la iglesia, donde Pablo exhorta a los creyentes a estar "firmes en un mismo espíritu, combatiendo unánimes por la fe del evangelio".

Es evidente que la clave para la unidad en la doctrina y en la toma de decisiones es tener líderes piadosos que están unidos entre ellos en la voluntad del Espíritu. Los hombres que no viven en comunión con el Señor y que no están bien formados en su Palabra no tienen la posibilidad de reconocer la sana doctrina o de ponerse de acuerdo sobre ella ni en la toma sabia de decisiones. Sin conocer la Palabra de Dios no pueden percibir el error, aun cuando quieran hacerlo. La única forma segura de identificar la moneda falsa en comparándola con la que sabemos que es genuina. Solo los hombres bien instruidos en las Escrituras y guiados por el Espíritu son capaces de guiar a una iglesia a la unidad de la verdad y protegerla del error. Si una iglesia no cuenta con esa clase de miembros, ninguna forma de liderazgo actuará espiritualmente. Esos creyentes son hombres de Dios y representan a Cristo Jesús. Cristo dirige la iglesia por medio de ellos y sus decisiones deben ser respetadas e implementadas. Esos hombres son capaces de guiar a la iglesia en la unidad de la fe y de la práctica que el Nuevo Testamento demanda insistentemente (cp. He. 13:7). Son capaces de guiar a una congregación a una perfecta unidad en la misma mente y en el mismo parecer. Pero si ellos no están unidos, las personas tampoco lo estarán.

Perfectamente unidos viene del griego *katartizō*, que se usaba tanto en el griego clásico como en el del Nuevo Testamento para hablar de tales cosas como arreglar redes, huesos, articulaciones dislocadas, utensilios rotos y vestidos desgarrados. El sentido básico es volver a juntar, a unir algo que estaba roto o separado. Los cristianos debemos estar **perfectamente unidos**, tanto internamente (**en una misma mente**) como externamente (**en un mismo parecer**). En nuestra mente individual y entre nosotros mismos debemos ser uno en creencias, normas, actitudes y principios de vida espirituales.

Las epístolas no dicen nada acerca del papel de la congregación en el gobierno de la iglesia, pero sí dicen mucho acerca del papel del liderazgo. "Os rogamos, hermanos, que reconozcáis a los que trabajan entre vosotros, y os presiden en el Señor, y os amonestan; y que los tengáis en mucha estima y amor por causa de su obra. Tened paz entre vosotros" (1 Ts. 5:12-13). Solo cuando su liderazgo funciona bien puede la congregación funcionar bien. Nunca serán perfectos o infalibles, pero esos hombres piadosos son los instrumentos de

Cristo para dirigir y pastorear a su pueblo. Tienen el derecho de dirigir a la congregación y tomar decisiones para ellos en el Señor, y deben ser respetados, amados y seguidos en el Señor. "Obedeced a vuestros pastores", leemos en Hebreos, "y sujetaos a ellos; porque ellos velan por vuestras almas, como quienes han de dar cuenta; para que lo hagan con alegría, y no quejándose, porque esto no os es provechoso" (13:17).

El pueblo de Dios debe seguir, no criticar o cuestionar, a los líderes piadosos que son de una sola mente en la Palabra y en la voluntad de Dios. En el orden de Dios la congregación debe sujetarse a la dirección de sus líderes, así como los hijos deben estar sujetos a la dirección de sus padres. Ese es el camino de Dios.

Ser de **una misma mente... un mismo parecer** elimina la unidad de mala gana o hipócrita. La unidad debe ser genuina. No debemos sencillamente decir lo mismo, mientras guardamos para nosotros nuestros desacuerdos y objeciones, haciendo que la unidad sea solo una apariencia. La unidad que no es de una misma mente y de un mismo parecer no es una verdadera unidad. Los hipócritas pueden añadir número a la congregación pero la privarán de su eficacia. Un miembro que está en fuerte desacuerdo con el liderazgo y prácticas de su iglesia, sin mencionar la doctrina, no puede ser feliz y productivo en su propia vida cristiana ni en ningún servicio positivo para su congregación.

No estoy diciendo que los creyentes tengan que ser simples copias unos de otros. Dios nos ha hecho individuales y únicos. Pero debemos ser de la misma opinión en cuanto a la doctrina cristiana, principios y estilo de vida básico. Los apóstoles mismos eran diferentes entre ellos en cuanto a personalidad, temperamento, habilidades y dones; pero eran de una sola mente en doctrina y prácticas de la iglesia. Cuando surgieron las diferencias de entendimiento e interpretación, lo primero que hicieron fue reconciliar esas diferencias. El ego no tiene lugar, solo la voluntad de Dios.

Cuando, por ejemplo, la controversia judaizante comenzó a ser seria en Antioquía, "se dispuso que subiesen Pablo y Bernabé a Jerusalén, y algunos otros de ellos, a los apóstoles y a los ancianos, para tratar esta cuestión" (Hch. 15:2). En lo que ha terminado por ser conocido como el Concilio de Jerusalén se discutió el asunto, se oró acerca del mismo y se tomó una decisión; y la decisión se puso por escrito para que circulara entre las iglesias afectadas (vv. 6-30). No fue una decisión arbitraria tomada por un grupo de hombres influyentes y persuasivos. Fue tomada por apóstoles y ancianos piadosos en conformidad con la voluntad de Dios revelada y bajo la dirección del Espíritu Santo. Aquellos dirigentes pudieron decir acerca de su decisión: "Porque ha parecido bien al Espíritu Santo, y a nosotros" (v. 28). Podemos estar seguros de que muchos de los judaizantes no estuvieron de acuerdo ni satisfechos, porque el problema siguió plagando a la naciente iglesia durante muchos años. Pero para los creyentes fieles el asunto quedó zanjado y ellos "se regocijaron por la consolación" (v. 31). Esa es la razón por la que las calificaciones de los ancianos son espirituales (1 Ti. 3:1ss; Tit. 1:5ss).

Los pastores ancianos deben tomar decisiones sobre la base de acuerdos unánimes, no sobre la base de dos terceras partes o tres cuartas partes. No deberían tomarse decisiones sin que se sea de una misma mente y de un mismo parecer, no importa cuánto tiempo ocupe. Debido a que el Espíritu Santo tiene una sola voluntad y a causa de que la iglesia debe estar en completa armonía con su voluntad, los líderes deben estar en completa armonía unos con otros en dicha voluntad. La congregación entonces debe someterse a los pastores y ancianos porque tiene confianza en que toman las decisiones bajo la dirección y el poder del Espíritu Santo. Debido a que creen que los pastores y ancianos son uno en el Espíritu, la congregación está dispuesta entonces a ser una con el liderazgo. Pueden tener sus dificultades para llegar a esta clase de unidad, como sucedió en Corinto, pero eso es lo que tenemos aquí ordenado por el Espíritu mismo por medio de Pablo.

La unidad ha sido siempre el plan de Dios para su pueblo y una fuente de bendiciones para ellos. "¡Mirad cuán bueno y cuán delicioso es habitar los hermanos juntos en armonía!" (Sal. 133:1). Al final del gran discurso acerca de la libertad cristiana en su carta a los Romanos, Pablo ora: "Pero el Dios de la paciencia y de la consolación os dé entre vosotros un mismo sentir según Cristo Jesús, para que unánimes, a una voz, glorifiquéis al Dios y Padre de nuestro Señor Jesucristo. Por tanto, recibíos los unos a los otros, como también Cristo nos recibió, para gloria de Dios" (15:5-7). Puesto que Cristo es de un mismo sentir acerca de nosotros, nosotros también debemos ser de un mismo sentir unos con otros. Lucas nos dice que poco después de Pentecostés "la multitud de los que habían creído era de un corazón y un alma" (Hch. 4:32). Pablo anima a los filipenses a que "[completen] su gozo, sintiendo lo mismo, teniendo el mismo amor, unánimes, sintiendo una misma cosa" (2:2). Entre los dones maravillosos de Dios para su pueblo se destacan el ser de un mismo sentir, tener el mismo amor, estar de acuerdo (unánimes), tener el mismo propósito y espíritu.

El *propósito* de la unidad es primero de todo glorificar a Dios. La unidad será siempre una bendición para la congregación y un gozo para sus líderes (He. 13:17), pero está ante todo dirigida a glorificar a Dios. Así como Cristo nos acepta a nosotros para la gloria de Dios, nosotros nos aceptamos unos a otros y la dirección de nuestros dirigentes para su gloria. Debemos, pues, ser siempre "solícitos en guardar la unidad del Espíritu en el vínculo de la paz" (Ef. 4:3).

La *fuente* de la unidad es el Señor mismo. Somos llamados a preservarla y tenemos el potencial de destruirla, pero no tenemos la capacidad de crearla. La unidad de la iglesia ya está establecida por el Espíritu Santo. Nosotros solo podemos conservarla o dañarla. La conservamos "[no haciendo nada] por contienda o por vanagloria; antes bien con humildad, estimando cada uno a los demás como superiores a él mismo" (Fil. 2:3). Si surge un asunto que nosotros sentimos precisa atención, debemos amorosa y cuidadosamente presentar nuestro punto de vista a los involucrados o a los que están en autoridad, pero sin orgullo o contienda. La vanidad y la obstinación son casi siempre la causa de divisiones y facciones en una congregación, y en casi toda otra agrupación humana. Mantenemos la unidad cuando no insistimos en salirnos con la nuestra, evitando las discordias y las peleas, y poniendo el interés de nuestro Señor y de su pueblo por encima de todo lo demás.

LOS GRUPOS: LEALTAD A LOS HOMBRES

Porque he sido informado acerca de vosotros, hermanos míos, por los de Cloé, que hay entre vosotros contiendas. Quiero decir, que cada uno de vosotros dice: Yo soy de Pablo; y yo de Apolos; y yo de Cefas; y yo de Cristo. (1:11-12)

Pablo estuvo ministrando en Corinto durante año y medio. Luego envió a Apolos para que fuera el segundo pastor. Al parecer un grupo de judíos en la iglesia había creído al evangelio mediante el ministerio de Pedro (Cefas). Pronto se comenzaron a desarrollar los grupos bajo el nombre de cada uno de estos líderes. Pablo se enteró acerca de las facciones por medio de los de Cloé, probablemente una persona prominente en la iglesia corintia que había escrito o alguno de su familia que había visitado a Pablo en Éfeso. Los dos primeros grupos tenían cada uno su pastor anterior favorito, el tercero mostraba una fuerte lealtad a Pedro, y el cuarto, el más piadoso y creído en su propia justicia, parecía pensar que tenían un derecho especial en Cristo. Tenían el nombre correcto, pero parece claro por la acusación de Pablo que no tenían el espíritu correcto. Quizás como algunos grupos actuales que hablan de "solo Cristo", aquellos sentían que no necesitaban instructores humanos, a pesar de la provisión específica del Señor de llamar y designar predicadores, maestros y otros líderes humanos para su iglesia (1 Co. 1:1; 12:28; Ef. 4:11; 2 Ti. 1:11; etc.).

Cada grupo se hacía oír en sus opiniones y tenía su propio shibolet, su propio eslogan de identidad y de superioridad implícita. **"Yo soy de Pablo"**, "**y yo de Apolos**", **"y yo de Pedro"** y **"yo de Cristo".** Estos eran los grandes maestros de los primeros años, alrededor de los cuales se reunían las personas y por medio de los cuales recibían el mensaje de salvación. Las personas se aferraban al hombre que los había evangelizado y discipulado, y luego se enfrentaban a los grupos leales a los otros líderes. Sucede a menudo, como ocurrió en la iglesia de Corinto, que los líderes alrededor de quienes se centran estas facciones no son responsables de la división. Muchas veces ni siquiera están conscientes de ello. Sin embargo, cuando los líderes lo saben e incluso alientan los grupos que son leales a ellos, esos líderes son culpables por partida doble. No solo participan en la formación de facciones, sino que permiten que se centre en ellos.

El resultado inevitable de ese espíritu de partido es la contienda, las discordias, las disputas y las riñas: una iglesia dividida. Es natural tener un afecto especial por la persona que nos lleva a Cristo, por el pastor que nos enseña la Palabra por muchos años, por un maestro competente de la escuela dominical o por un anciano o diácono que nos ha aconsejado y consolado. Pero ese afecto resulta equivocado y carnal cuando le permitimos que nos separe de otros en la iglesia o que disminuya nuestra lealtad a los otros líderes. Se convierte entonces en una exclusividad egoísta y obstinada que es la antítesis de la unidad.

La espiritualidad produce humildad y unidad; la carnalidad genera orgullo y división. La única cura para la discordia y la división es la renovación en la espiritualidad. En mi experiencia el medio más eficaz para corregir a las personas contenciosas y facciosas es compartir con ellas pasajes seleccionados de las Escrituras sobre la carnalidad y sus evidencias, y confrontarlos directamente con la causa de su pecado.

EL PRINCIPIO: UNIDAD EN CRISTO

¿Acaso está dividido Cristo? ¿Fue crucificado Pablo por vosotros? ¿O fuisteis bautizados en el nombre de Pablo? (1:13)

El principio central del argumento de Pablo es que los creyentes son uno en Cristo y no deberían hacer nunca nada que trastorne o destruya esa unidad. Ningún líder humano, no importa cuán dotado y eficaz sea, debe tener la lealtad que solo le corresponde al Señor. Pablo comienza su carta estableciendo su autoridad como apóstol; pero no quería tener parte para nada en la facción que llevaba su nombre. Él no había sido **crucificado** por ninguno. Ninguno había sido **bautizado** en su nombre. Su autoridad era delegada, no le pertenecía a él, y su propósito era llevar a las personas a Cristo, no atraerlas hacia él.

Una iglesia cristiana que está dividida es una contradicción. "Pero el que se une al Señor, un espíritu es con él" (1 Co. 6:17). "Porque así como el cuerpo es uno, y tiene muchos miembros, pero todos los miembros del cuerpo, siendo muchos, son un solo cuerpo, así también Cristo. Porque por un solo Espíritu fuimos todos bautizados en un cuerpo, sean judíos o griegos, sean esclavos o libres; y a todos se nos dio a beber de un mismo Espíritu" (1 Co. 12:12-13). "Y así nosotros, siendo muchos, somos un cuerpo en Cristo, y todos miembros los unos de los otros" (Ro. 12:5). "Un cuerpo, y un Espíritu, como fuisteis también llamados en una misma esperanza de vuestra vocación; un Señor, una fe, un bautismo, un Dios y Padre de todos, el cual es sobre todos, y por todos, y en todos" (Ef. 4:4-6). Estar dividido en el cuerpo de Cristo es una violación de nuestra naturaleza redimida y en oposición directa a la voluntad de nuestro Señor. En su más larga oración que tenemos registrada, Jesús intercedió por los que eran suyos y por los que vendrían después, y en ella aparece incluida esta bella apelación a la unidad: "Para que todos sean uno; como tú, oh Padre, en mí, y yo en ti, que también ellos sean uno en nosotros; para que el mundo crea que tú me enviaste. La gloria que me diste, yo les he dado, para que sean uno, así como nosotros somos uno" (Jn. 17:21, 22).

Cuando el pueblo del Señor tiene discordias y disputas y pelean, lo que hacen en desacreditar al Señor delante del mundo, debilitan a su iglesia y lo peor de todo es que entristecen y avergüenza a aquel que los compró, quien murió para hacerlos uno con Él. El Padre es uno, el Hijo es uno, el Espíritu es uno, y la iglesia es una.

LA PRIORIDAD: LA PREDICACIÓN DEL EVANGELIO

Doy gracias a Dios de que a ninguno de vosotros he bautizado, sino a Crispo y a Gayo, para que ninguno diga que fuisteis bautizados en mi nombre. También bauticé a la familia de Estéfanas; de los demás, no sé si he bautizado a algún otro. Pues no me envió Cristo a bautizar, sino a predicar el evangelio; no con sabiduría de palabras, para que no se haga vana la cruz de Cristo. (1:14-17)

Crispo era el dirigente de la sinagoga en Corinto cuando Pablo ministró allí por primera vez y se convirtió mediante la predicación del apóstol. Su conversión inspiró a muchos otros a hacer lo mismo (Hch. 18:8). Puesto que la carta a los Romanos fue escrita desde Corinto, este **Gayo** fue probablemente el hospedador corintio al cual se refiere Pablo en Romanos 16:23. El apóstol estaba agradecido que él solo había bautizado personalmente a esos dos y unos pocos más.

Jesús no bautizó a nadie personalmente (Jn. 4:2). El haber sido bautizado por el Señor mismo hubiera producido de inmediato la tentación irresistible del orgullo y habría hecho que ellos se sintieran especiales, lo hubieran querido ellos o no. Como apóstol, Pablo enfrentaba un peligro parecido. Pero él también enfrentaba otro: el peligro de crear su propia secta, y por esa razón declara: **Doy gracias a Dios... para que ninguno diga que fuisteis bautizados en mi nombre.**

Como ya he mencionado, no hay nada malo en tener un afecto especial por ciertas personas, tales como el que nos bautizó, especialmente si nos convertimos bajo su ministerio. Pero sí que es malo desarrollar un orgullo especial en ese hecho o enorgullecernos de tener una íntima relación con un líder cristiano. Pablo no se sintió halagado porque un grupo corintio afirmaba tener una lealtad especial con él. Se sentía consternado y apenado por la idea, como él ya había dicho: "¿Fue crucificado Pablo por vosotros? ¿O fuisteis bautizados en el nombre de Pablo?" (1:13). "¿Cómo os atrevéis a pensar en mostrar una lealtad hacia mí", estaba él diciendo, "que solo le pertenece al Señor Jesucristo?" Él no quería que se formara una secta en torno a su persona ni de ningún otro líder de la iglesia.

Pablo no estaba seguro del número exacto de creyentes que había bautizado en Corinto. **También bauticé a la familia de Estéfanas; de los demás, no sé si he bautizado a algún otro.** Este comentario nos da una interesante visión acerca de la inspiración de las Escrituras. Como apóstol que escribía la Palabra de Dios, Pablo no cometió errores; pero él no era omnisciente. Dios protegió a sus apóstoles del error con el fin de proteger a su Palabra del error. Pero Pablo no lo sabía todo acerca de Dios ni siquiera de sí mismo, y fue cuidadoso en no afirmar nunca una cosa así. Sabía muy bien lo que Dios revelaba: cosas que él no habría tenido posibilidad de conocer por sí mismo. Lo que podía conocer por sí mismo, tenía la tendencia de olvidarlo. Era como cualquiera de nosotros.

Otra razón por la que Pablo bautizó a tan pocos convertidos era que su llamamiento primario era otro. **Pues no me envió Cristo a bautizar, sino a predicar el evangelio; no con sabiduría de palabras, para que no se haga vana la cruz de Cristo.** No había sido enviado para comenzar una secta de personas bautizadas por él. Jesús lo había comisionado personalmente: "Ponte sobre tus pies; porque para esto he aparecido a ti, para ponerte por ministro y testigo de las cosas que has visto, y de aquellas en que me apareceré a ti, librándote de tu pueblo, y de los gentiles, a quienes ahora te envío, para que abras sus ojos, para que se conviertan de las tinieblas a la luz, y de la potestad de Satanás a Dios; para que reciban, por la fe que es en mí, perdón de pecados y herencia entre los santificados" (Hch. 26:16-18). Su llamamiento era el de predicar el evangelio y llevar a las personas a la unión con Cristo, no a bautizar para formar un grupo a su alrededor.

A medida que cada uno de nosotros tiene las prioridades correctamente establecidas en nuestra vida, estaremos también determinados a servir al Señor en verdad y en unidad, no a vivir en la carnalidad y confusión de la disensión y la división.

La locura de Dios — parte 1 (1:18-25) 4

Porque la palabra de la cruz es locura a los que se pierden; pero a los que se salvan, esto es, a nosotros, es poder de Dios. Pues está escrito: "Destruiré la sabiduría de los sabios, y desecharé el entendimiento de los entendidos". ¿Dónde está el sabio? ¿Dónde está el escriba? ¿Dónde está el disputador de este siglo? ¿No ha enloquecido Dios la sabiduría del mundo? Pues ya que en la sabiduría de Dios, el mundo no conoció a Dios mediante la sabiduría, agradó a Dios salvar a los creyentes por la locura de la predicación. Porque los judíos piden señales, y los griegos buscan sabiduría; pero nosotros predicamos a Cristo crucificado, para los judíos ciertamente tropezadero, y para los gentiles locura; mas para los llamados, así judíos como griegos, Cristo poder de Dios, y sabiduría de Dios. Porque lo insensato de Dios es más sabio que los hombres, y lo débil de Dios es más fuerte que los hombres. (1:18-25)

Primera Corintios 1:18–2:5 continúa tratando con el problema de la división en la iglesia, enfocándose ahora en lo que Pablo llama "lo insensato de Dios" (v. 25). Es un contraste entre la locura de los hombres, que ellos piensan que es sabiduría, y la sabiduría de Dios, que ellos piensan que es locura. Es un contraste entre la verdadera sabiduría de Dios y la supuesta sabiduría del hombre, entre la supuesta locura de Dios y la verdadera insensatez del hombre.

LA INFERIORIDAD DE LA SABIDURÍA HUMANA

Los antiguos griegos eran muy aficionados a la filosofía y habían edificado sobre ella su cultura. Tenían quizás como cincuenta grupos filosóficos o movimientos que se podían identificar, los cuales competían por aceptación e influencia. Cada uno tenía sus puntos de vista acerca del origen del hombre, su significado, destino y relación con los dioses, de los cuales tenían muchos. Algunas de las filosofías contaban con esquemas detallados sobre la organización religiosa, política, social, económica y educacional de la sociedad. Los griegos estaban enamorados de la sabiduría humana. Ellos creían que la filosofía (*philosophia*, "amor a la sabiduría") era lo más importante. La filosofía proveía de una visión, inventada por el hombre, del significado de la vida, los valores, relaciones, propósito y destino. Había tantas filosofías como filósofos, y las personas tendían a agruparse alrededor de su favorito. Discrepaban bastante acerca de cuál filosofía era la más verdadera y más confiable e inevitablemente, se desarrollaban muchas facciones, cada cual con sus propios líderes y partidarios. Sin una norma absoluta sobre la verdad, las ideas sobre el bien y el mal estaban totalmente basadas en la opinión humana.

Lamentablemente muchos de los convertidos corintios llevaron con ellos este espíritu de partidismo filosófico a la iglesia. Algunos de ellos todavía se aferraban a las creencias de su anterior filosofía pagana. No solo estaban divididos en cuanto a los líderes cristianos (1:12), sino también en cuanto a puntos de vista filosóficos. Les costaba desprenderse de su amor por la sabiduría humana. Habían confiado en Cristo y reconocido su redención por gracia por medio de la cruz, pero ellos querían añadir la sabiduría humana a lo que Él había hecho por ellos.

Aunque es cierto que los hombres han identificado mucho que es verdad acerca de la vida, el cristiano no necesita la sabiduría humana. Es innecesaria y, más veces de las que creemos, es engañosa. Cuando sucede que está acertada concordará con las Escrituras y resulta, por tanto, innecesaria. Cuando está equivocada estará en desacuerdo con las Escrituras y, por tanto, induce al error. No tiene nada para ofrecer que sea necesario o confiable. Por naturaleza es especulativa, basada en la visión y conocimiento limitados y falibles del hombre. No es fidedigna y resulta divisiva. "Mirad que nadie os engañe por medio de filosofías y huecas sutilezas, según las tradiciones de los hombres, conforme a los rudimentos del mundo, y no según Cristo" (Col. 2:8).

La intención general de lo que Pablo está diciendo a los corintios tan orientados a la filosofía podemos expresarlo de la siguiente manera: "Desde que ustedes se convirtieron en cristianos, han sido llenos con el Espíritu de Dios y han reconocido las Escrituras como su Palabra, ya no tienen, pues, más necesidad de filosofía. No les sirvió para nada cuando no creían y ciertamente tampoco los ayudará ahora que creen. Abandónenla. No tiene nada que ofrecer, sino confusión y división. Ahora están unidos alrededor de la suprema revelación de Dios en Cristo Jesús. No permitan que las especulaciones humanas los desorienten y dividan".

La sociedad en nuestro tiempo también se siente atraída por varias filosofías. Estas no están por lo general expresadas en sistemas filosóficos tales como los que tenían los griegos, pero son, no obstante, formas humanas de entender el significado de la vida y de los valores y la comprensión de los mismos. El mundo hoy, como en los días de Pablo, se siente cautivado en la admiración y adoración de la opinión humana, de la sabiduría humana, y de los deseos y aspiraciones humanas. Los hombres están tratando continuamente de entender por sí mismos qué es la vida: de dónde viene, a dónde va, qué significa (si significa algo), y qué podemos y debemos hacer acerca de ella (si es que podemos). El hombre moderno se ha hecho dioses de la educación y de la opinión humana. Aunque las ideas humanas están cambiando constantemente, aparecen y desaparecen, probadas y encontradas insuficientes, conflictivas y contradictorias entre ellas, los hombres continúan poniendo su fe en ellas. Mientras que sigan rechazando la autoridad divina, no tienen otra opción.

Como sucedió en el tiempo de Pablo, la iglesia hoy no ha escapado del problema. Nosotros mismos podemos caer presa de las tendencias actuales en el pensamiento humano. Algunos cristianos buscan frenéticamente por valores, significado, guía y ayuda en casi cualquier parte menos en Dios y en su Palabra. O añaden ideas humanas y puntos de vista *a las* Escrituras o tratan de "bautizar" ideas y perspectivas humanas *con* las Escrituras. A veces, estamos más preocupados por las opiniones humanas que por la Palabra de Dios, "usamos" las Escrituras, pero no las creemos, ni confiamos en ellas ni las obedecemos completamente.

Pablo ya había comenzado a atacar el problema en versículos anteriores: "Pues no me envió Cristo a bautizar, sino a predicar el evangelio; no con sabiduría de palabras, para que no se haga vana la cruz de Cristo" (1:17). "sabiduría de palabras" (*sophia logou*) es la traducción literal de la expresión griega o también "sabiduría de doctrina". Pablo fue a predicar la Palabra de Dios (que es el evangelio), no las palabras de los hombres (que es *sophia logou*). Desde 1:18 hasta el final del capítulo 3 continúa demostrando la superioridad de la primera sobre la postrera. En ese pasaje usa *sophia* (sabiduría) 13 veces, refiriéndose a veces a la verdadera sabiduría de Dios (como en 1:24, 30; 2:6-7) y en otras ocasiones a la supuesta sabiduría humana (como en 1:17, 19, 22; 2:4-5). La Palabra de Dios es la única verdadera sabiduría y es toda la sabiduría que es confiable y necesaria. Allí encontramos toda la sabiduría que Dios quiere que tengamos y que necesitamos. No necesita agregados de sabiduría humana, que siempre se queda corta en relación con su Palabra y muy a menudo la contradice y la distorsiona. Las Escrituras se distinguen porque son confiables, suficientes y completas.

La sabiduría humana, tipificada en la filosofía, ha sido siempre una amenaza para la revelación. Martyn Lloyd-Jones ha comentado: "Toda la desviación hacia el modernismo que ha infestado a la iglesia de Dios y casi ha destruido su evangelio vivo puede rastrearse hasta una hora cuando los hombres comenzaron a volverse de la revelación a la filosofía". Pero la confianza en la sabiduría humana que llamamos modernismo no es en absoluto moderna. Comenzó con Adán y Eva, cuando ellos antepusieron su propio juicio al de Dios y estaba en pleno desarrollo en el tiempo de Pablo. Siempre que la sabiduría humana, ya sea un sistema definido de filosofía o no, se mezcla con la revelación divina, la revelación pierde.

La Biblia, por ejemplo, afirma que sus primeros cinco libros fueron escritos por Moisés. Las Escrituras se refieren muchas veces a esos libros como "la ley de Moisés", usando "ley" en su sentido amplio. Sin embargo, los eruditos racionalistas comenzaron en el siglo XVIII y llegaron a su punto más alto cien años más tarde con el desarrollo de la "hipótesis documentaria". No estaban de acuerdo en los detalles, pero la idea principal era que el Pentateuco (los cinco primeros libros) fueron escritos por diferentes autores a lo largo de un período de tiempo. Algunos de estos hombres afirmaron fuertemente que los códigos legales bien desarrollados ni siquiera existían en el tiempo de Moisés y que él de ninguna manera pudo haber escrito *algo* del Pentateuco. (Dicho sea de paso, la arqueología ha demostrado desde hace tiempo que la ley estaba altamente desarrollada en el Cercano Oriente siglos antes de Moisés.) Mantienen incluso que algunas partes del Pentateuco no fueron escritas o terminadas de editar hasta después del exilio babilónico. Dividieron estos libros bíblicos en varias partes, llamadas J, E, D y P (representando las supuestas fuentes de las partes yavística, elohística, deuteronomista y sacerdotal).

Detrás de esa teoría estaba la presuposición de que solo lo que es comprensible para la mente humana (racional) es verdadero y confiable. También estaba detrás la noción específica de la evolución, que entonces estaba en boga entre muchos intelectuales. Razonaban diciendo que, debido a que el hombre y sus ideas evolucionan, aquellas partes del Pentateuco que reflejan relatos y creencias más "primitivos" fueron obviamente escritas antes que otras que son más "avanzadas". Editores posteriores o redactores, lo juntaron todo en su forma presente. Enseñaron que el monoteísmo (la creencia en un solo Dios) no había evolucionado como una teoría de la deidad en el período temprano del Pentateuco, de forma que esa parte de las Escrituras debe fecharse posteriormente. Esa filosofía se convirtió en el juez de la autoridad bíblica, y las Escrituras fueron declaradas poco fidedignas.

El relato de la creación era la parte del Pentateuco que les resulta más difícil de aceptar a los racionalistas. No hay lugar en la evolución para un crecimiento inmediato y completo como es el tipo de creación que se describe en Génesis 1–2. Algunos estudiosos, tratando de combinar alguna forma de creación con alguna clase de evolución, sostenían que Dios lo puso todo en movimiento al crear las materias primas o quizás las formas más primitivas de vida, y que a partir de ahí comenzó la evolución, y Dios incorporaba el alma en el momento oportuno. Pero esa "evolución teísta" o "creacionismo progresivo" también contradice las Escrituras. Impone una filosofía y un proceso en la creación que no permite la interpretación literal de las Escrituras. La revelación se vio de nuevo forzada a inclinarse ante el ego humano.

La psicología es otra forma de sabiduría humana que contradice frecuentemente a la Palabra de Dios o es usada para modificarla o "mejorarla". No es una ciencia exacta o verdadera, sino que es básicamente filosófica. Busca entender y modificar el funcionamiento interno del hombre —su mente, emociones y espíritu— mediante la observación y las teorías humanas. Pero cada forma de psicología tiene una filosofía subyacente y preconcebida que colorea, y en buena medida predetermina, sus métodos e interpretaciones de búsqueda. Al igual que cualquier otra forma de filosofía, ve al hombre y al mundo por medio de los lentes de la razón y de entendimiento humanos. Por su propia naturaleza, la psicología nunca podría haber descubierto y comprendido el pecado, porque el pecado es una transgresión contra Dios, cuya naturaleza y voluntad están totalmente fuera del campo de la psicología. La psicología puede entender las ofensas del hombre contra el hombre y tratar de lidiar con los *sentimientos* de la persona de pecado y culpa. Pero la razón y la sabiduría humanas no pueden de ninguna manera identificar, mucho menos determinar, lo que es el pecado en contra de Dios o dar un remedio para ello. Solo la Palabra de Dios puede identificar el pecado y solo su perdón puede eliminarlo. Debido a que el pecado es una transgresión contra Dios, solo Él puede determinar lo que es el pecado y proveer el perdón correspondiente. La Biblia afirma claramente que el pecado es la razón de todos los problemas del hombre: físicos, mentales, sociales, económicos y espirituales. Por lo tanto, un entendimiento auténtico del pecado está completamente fuera de la esfera de la psicología. Pero Cristo no solo puede eliminar los sentimientos de culpa; también puede cancelar la culpa misma, y en realidad el pecado mismo.

Aun algunos teólogos (ese nombre significa "estudiante o el estudio de Dios") tratan de mejorar la Palabra de Dios mediante su propio entendimiento. Debido a que lo milagroso no entraba en su propia filosofía, el influyente teólogo alemán Rudolph Bultmann, por ejemplo, se propuso "desmitificar" la Biblia, es decir, identificar los supuestos mitos y considerar solo lo que quedaba como la Palabra de Dios. Es decir, decidía por anticipado lo que podía ser o no podía ser Palabra de Dios. Se apoyaba en su propia sabiduría para determinar la sabiduría de Dios. Al hacerlo así trataba de hacer a Dios a su propia imagen humana. Cuando el hombre trata por sí mismo de determinar cómo es Dios, cuál es su voluntad, y qué puede o no puede hacer, la criatura crea meramente un dios imaginario, un ídolo a su propia imagen y para su propia satisfacción egoísta. Cuando se impone de alguna forma la filosofía humana sobre la revelación de Dios, la revelación pierde.

Sin ninguna excepción, la sabiduría humana eleva al hombre y rebaja a Dios. Está siempre al servicio, no importa cuán sincero y objetivo parezca el erudito, de la obstinación, del orgullo, de las inclinaciones carnales e independencia del hombre. Esas son las características básicas del hombre natural, y siempre dirigen y determinan el pensamiento, deseos y conclusiones del hombre natural. La razón por la que al hombre le gustan tanto las filosofías y religiones complejas y elaboradas es porque apelan a su ego humano. Le ofrecen el reto de entender y hacer algo complejo y difícil. Por esa misma razón algunos hombres se burlan del evangelio. Este no les permite ni les da la oportunidad de hacer algo, sino aceptar una fe sencilla en lo que Dios ha hecho. La cruz aplasta el pecado del hombre y machaca también su orgullo. También ofrece liberación del pecado y liberación del orgullo.

Al seguir su propia sabiduría el hombre inevitablemente cambia la verdad de Dios por una mentira y adora a la criatura en vez de al Creador (Ro. 1:25). La sabiduría humana se fundamenta en su propia voluntad y está siempre dirigida hacia el cumplimiento de su propia voluntad. Consecuentemente está siempre en contra de la sabiduría y de la voluntad de Dios. La sabiduría humana ("sabiduría de palabras") hará siempre vana la sabiduría de Dios ("el evangelio" y "la cruz de Cristo") (1 Co. 1:17).

El hombre ha hecho, por supuesto, descubrimientos notables y ha realizado grandes proezas a lo largo de los siglos, especialmente en los últimos cincuenta años. La ciencia y la tecnología han desarrollado numerosos productos, máquinas, instrumentos, medicinas y procedimientos que han contribuido muchísimo al bienestar humano.

Es también cierto que el hacernos cristianos no nos proporciona todas las respuestas para cada cosa, ciertamente no en los campos de la ciencia, de la electrónica, de las matemáticas o en cualquier otra esfera del estudio estrictamente humano. Muchas personas no creyentes tienen más educación, talento, habilidades y experiencia que muchos creyentes. Si necesitamos arreglar nuestro automóvil buscamos al mejor mecánico que podamos encontrar, ya sea cristiano o no. Si necesitamos una intervención quirúrgica vamos al mejor cirujano. Si queremos conseguir una buena educación vamos a la universidad que tiene la mejor facultad en el campo que queremos estudiar.

Mientras tanto que sean usados de manera sabia y apropiada, la medicina, la ciencia y la tecnología pueden ser de gran valor en todos los campos del conocimiento y logros humanos. Los cristianos debemos dar gracias a Dios por ellos.

Pero si lo que queremos son respuestas acerca de la vida —respuestas acerca de dónde venimos, a dónde vamos, por qué estamos aquí, y sobre qué es bueno y qué es malo— el conocimiento humano no nos puede ayudar. Si queremos conocer cuál es el significado y propósito último de la vida humana, y la fuente de la felicidad, del gozo, de la realización y de la paz, tenemos que buscar más allá de lo que las mejores mentes humanas pueden descubrir. Los intentos del hombre por encontrar esas respuestas por sí mismo están condenadas al fracaso. Ni siquiera dispone de los recursos para encontrar las respuestas acerca de sí mismo, mucho menos acerca de Dios. En lo que tiene que ver con las verdades más importantes —las relacionadas con la naturaleza humana, el pecado, Dios, la moralidad, la ética, el mundo del espíritu, la transformación y futuro de la vida humana— la filosofía está en bancarrota.

LA SUPERIORIDAD DE LA SABIDURÍA DE DIOS

Porque la palabra de la cruz es locura a los que se pierden; pero a los que se salvan, esto es, a nosotros, es poder de Dios. (1:18)

Cuando el hombre eleva su propia sabiduría automáticamente intenta rebajar la sabiduría de Dios, que a él le parece que es locura, porque está en conflicto con su propio pensamiento. Que Dios tomara forma humana, fuera crucificado y resucitara con el fin de proveer para el hombre perdón de pecados y entrada al cielo era una idea demasiado simple, insensata y humilde para que el hombre natural la aceptara. Les resultaba inconcebible que un hombre (aun el Hijo de Dios) muriera sobre una pieza de madera en un montículo anónimo en una parte desconocida del mundo y de esa forma determinar el destino de toda persona que hubiera vivido. No dejaba lugar para los méritos humanos, para los logros humanos, para el entendimiento humano o para el orgullo humano. Esta **palabra de la cruz** es **locura** (*moria*). Es una auténtica insensatez, no tiene sentido para los que no creen que confían en su propia sabiduría, para **los que se pierden**. Esa frase es una descripción gráfica de los que rechazan a Cristo, que están en el proceso de ser destruidos en el juicio eterno.

Palabra en el versículo 18 viene del mismo término griego (*logos*) que "palabras" en el versículo 17. Pablo está comparando la palabra del hombre, que refleja la sabiduría humana, con la Palabra de Dios, que refleja la sabiduría divina. En consecuencia **la palabra de la cruz** incluye todo el mensaje y obra del evangelio, el plan y la provisión de Dios para la redención del hombre. En su sentido más amplio se refiere a toda la revelación de Dios, porque su revelación se centra en la cruz. Toda la historia de la revelación de Dios y todo su proceso de redención les parece locura a los que no creen. Y puesto que la obra de Cristo en la cruz es la culminación de la Palabra y de la obra revelada de Dios, rechazar la cruz es rechazar su revelación y, por tanto, perecer.

Cuando Pablo llegó por primera vez a Corinto continuó enfrentando la vorágine de filosofías con las que había lidiado en Atenas (Hch. 17:18-21). Pero él se había propuesto "no saber entre [ellos] cosa alguna sino a Jesucristo, y a éste crucificado" (1 Co. 2:2). La respuesta de algunos en Corinto fue la misma que la de algunos en Atenas: "Pero cuando oyeron lo de la resurrección de los muertos, unos se burlaban" (Hch. 17:32). Pero Pablo no cambió el mensaje para satisfacer a sus oyentes. Los corintios, a semejanza de los atenienses y de otros griegos, tenían más que suficiente filosofía. No necesitan añadir las opiniones de Pablo a las suyas propias, y el apóstol estaba determinado a no darles sus opiniones, sino **la palabra de la cruz**. No les daría ninguna otra cosa que la verdad profundamente sencilla de Dios, pero histórica y objetiva, no otra serie de especulaciones subjetivas y complejas.

La sabiduría humana no puede entender la cruz. Pedro, por ejemplo, no comprendió la cruz cuando oyó a Jesús hablar por primera vez de ella. De hecho, lo que hizo fue "[tomarlo] aparte, comenzó a reconvenirle, diciendo: Señor, ten compasión de ti; en ninguna manera esto te acontezca" (Mt. 16:22). En el entendimiento que Pedro tenía del Mesías no entraba la cruz. Él pensaba que el Mesías establecería pronto un reino terrenal y que todo sería agradable para sus seguidores. Pero la sabiduría de Pedro era contraria a la de Dios, y todo lo que sea contrario a la sabiduría de Dios va a favor de Satanás. La respuesta de Jesús a su discípulo fue rápida y aguda: "¡Quítate de delante de mí, Satanás!; me eres tropiezo, porque no pones la mira en las cosas de Dios, sino en las de los hombres" (v. 23). Cuando los soldados llegaron al huerto para arrestar a Jesús, Pedro todavía no entendía. Él todavía trató de interferir en el plan de Dios. Sacó su espada y le cortó la oreja a uno de los siervo, por lo que Jesús le reprendió de nuevo (Jn. 18:10-11). Solo después de la resurrección y de la ascensión pudo Pedro entender y aceptar la cruz (Hch. 2:23-24; 3:13-15). Él ahora tenía el Espíritu y la sabiduría de Dios y ya no confiaba en la suya propia. Años después escribió: "Quien llevó él mismo nuestros pecados en su cuerpo sobre el madero, para que nosotros estando muertos a los pecados, vivamos a la justicia; y por cuya herida fuisteis sanados" (1 P. 2:24).

Para la mente natural, ya sea judío o gentil, la cruz es locura e inaceptable. **Pero a los que se salvan, esto es, a nosotros, es poder de Dios.** Todos los seres humanos están en el proceso de ser salvos (la presente salvación no está completa hasta la redención del cuerpo, Ro. 8:23; 13:11) o ser destruidos. La visión que tengamos de la cruz determina en qué proceso estamos.

Pablo prosigue (1:19–2:5) dando cinco razones de por qué la sabiduría de Dios es superior a la del hombre: su permanencia, su poder, su paradoja, su propósito y su presentación.

LA PERMANENCIA DE LA SABIDURÍA DE DIOS

Pues está escrito: "Destruiré la sabiduría de los sabios, y desecharé el entendimiento de los entendidos". ¿Dónde está el sabio? ¿Dónde está el escriba? ¿Dónde está el disputador de este siglo? ¿No ha enloquecido Dios la sabiduría del mundo? (1:19-20)

Pablo usa una cita de Isaías 29:14 para resaltar que la sabiduría de los hombres será destruida. La enseñanza de Isaías tendrá su cumplimiento final en los últimos días, cuando desaparecerán todas las filosofías y objeciones de los hombres al evangelio. Cristo reinará sin oposición ni obstáculos como Señor de señores y Rey de reyes (Ap. 17:14), y toda la sabiduría humana se convertirá en cenizas.

No obstante, la profecía tenía también un significado y cumplimiento inmediato, lo cual sirve para ilustrar su futuro y final cumplimiento. Cuando Isaías escribió su profecía, Senaquerib, el rey de Asiria, estaba planificando la conquista de Judá. El Señor le dijo al profeta que no se preocupara o temiera, porque los planes del rey fracasarían. Pero no fracasarían por el poderío del ejército de Judá ni por la estrategia del rey Ezequías y de sus consejeros. "Perecerá la sabiduría de sus sabios, y se desvanecerá la inteligencia de sus entendidos" (Is. 29:14). Judá se salvaría solo por el poder de Dios, no por la ayuda humana. Él destruyó a 185.000 hombres del ejército asirio con solo un ángel (37:36). El relato completo lo encontramos en 2 Reyes 17.

Dios le dijo continuamente a Israel que Él pelearía por ellos. Todo lo que Israel tenía que hacer era confiar y obedecer. Esa es la razón por la que cuando Israel entraba en batalla, un coro cantando las alabanzas del Señor precedía a menudo al ejército.

Todos los seres humanos nos sentimos inclinados a resolver nuestros problemas y pelear nuestras batallas mediante nuestro propio ingenio y poder. Pero el ingenio y el poder humano solo entorpecen la acción divina. Los esfuerzos humanos obstaculizan la obra de Dios. "Hay un camino que al hombre le parece derecho", nos dice Salomón, "pero su fin es camino de muerte" (Pr. 14:12). Una de las cosas que mantiene alejados a muchos de Cristo, alejados de la Biblia y alejados de la salvación es su desacuerdo con el evangelio. Sencillamente no coincide con su forma de pensar. Aun cuando conocen que su propia filosofía o su religión es muy poco estable, ellos a menudo esconden su cabeza en la arena y confían en que suceda lo mejor, en vez de aceptar la Palabra de Dios. Esta es la obstinada ignorancia de la incredulidad que Pablo describe en Romanos 1:18-23. Tales personas, pretendiendo ser sabios, son unos necios.

Jeremías preguntó: "Los sabios se avergonzaron, se espantaron y fueron consternados; he aquí que aborrecieron la palabra de Jehová; ¿y qué sabiduría tienen?" (8:9). Si los hombres rechazan la revelación de Dios, ¿qué verdad les queda, qué clase de sabiduría tienen? No es la "que desciende de lo alto, sino terrenal, animal diabólica" (Stg. 3:15). Por ser terrenal nunca va más allá de lo que el hombre puede ver, tocar y medir. Al ser natural, está basada en los deseos y criterios humanos. Por ser diabólica, su verdadera fuente es Satanás. Esa es la sabiduría humana. "Pero la sabiduría que es de lo alto es primeramente pura, después pacífica, amable, benigna, llena de misericordia y de buenos frutos, sin incertidumbre ni hipocresía" (3:17).

¿Dónde está el sabio? ¿Dónde está el escriba? ¿Dónde está el disputador de este siglo? ¿No ha enloquecido Dios la sabiduría del mundo? (1:20)

Este versículo enseña específicamente que la sabiduría humana no solo no es confiable, sino pasajera. Para continuar con ese pensamiento, Pablo hace varias preguntas, en realidad una en tres partes. En una forma ligeramente diferente cada una de ellas pregunta: "¿Dónde están todos los inteligentes que tienen las respuestas?" ¿Cuánto más cerca está el hombre de la paz que lo estaba hace un siglo o hace un milenio? ¿Cuánto más cerca está de eliminar la pobreza, el hambre, la ignorancia, el crimen, la inmoralidad que lo estaban los hombres en el tiempo de Pablo? Nuestros avances en el conocimiento, en la tecnología y en la comunicación no nos han hecho en realidad avanzar. Los peores explotadores, engañadores y opresores suelen salir de entre los que son más inteligentes e ingeniosos. Somos mucho más instruidos que nuestros antepasados, pero no más morales. Tenemos más medios para ayudarnos unos a otros, pero no somos menos egoístas. Disponemos de más medios de comunicación, pero no nos entendemos mejor unos a otros. Tenemos más psicología y educación y también más delincuencia y guerras. No hemos cambiado. Excepto en encontrar más formas de expresar y excusar nuestra naturaleza humana. A lo largo de la historia la sabiduría humana nunca ha cambiado básicamente ni ha resuelto los problemas básicos del hombre.

Al preguntar por **el sabio** Pablo está parafraseando a Isaías, quien escribió: "¿Dónde están ahora aquellos tus sabios?" (Is. 19:12). El profeta se estaba refiriendo a los sabios de Egipto —los adivinos, los médium y los magos— que siempre prometían, pero nunca daban en realidad buen consejo. "Hicieron errar a Egipto en toda su obra, como tambalea el ebrio en su vómito" (v. 14). **El escriba** probablemente se refería a los asirios, quienes enviaban escribas junto con sus soldados para dejar constancia de los botines que tomaban en las batallas. Pero Dios se preocupó de que no tuvieran nada que anotar, nada que contar o pesar (Is. 33:18).

El disputador de este siglo no parece que tuviera un equivalente en el Antiguo Testamento. **Disputador** era una palabra griega (*suzētētēs*) y se refería a discutir sobre filosofía, a lo cual eran muy aficionados los griegos. "¿Dónde está ahora el disputador?", pregunta Pablo casi sarcásticamente. "¿Adónde os han llevado los hábiles argumentos y la impresionante retórica? ¿Están en mejores condiciones por causa de ellos o sencillamente más autosatisfechos y complacientes? ¿No ven que toda la sabiduría de sus sabios, de sus escribas y disputadores es locura?" Nada realmente ha cambiado. La vida tiene los mismos problemas; los hombres tenemos las mismas luchas.

¿Podía haber escrito el apóstol algo más apropiado para nuestro tiempo? ¿Adónde nos han llevado nuestros grandes pensadores: nuestros filósofos, sociólogos, sicólogos, economistas, científicos y hombres de estado? Nunca antes la humanidad ha estado tan temerosa de la autodestrucción y ha estado tan consciente de su perplejidad, confusión y corrupción. La moderna sabiduría humana ha fallado tanto como lo hizo la antigua sabiduría, excepto que sus fracasos suceden con más rapidez y se extienden mucho más. La vida exterior mejora en lo material, mientras que la interior parece tener proporcionalmente menos sentido. Los asuntos de verdad importantes están sin resolver.

La sabiduría humana ve a veces la causa inmediata de un problema, pero no ve las raíces, que son siempre el pecado. Puede ver que el egoísmo es una causa de injusticia, pero no tiene manera de eliminar el egoísmo. Puede ver que el odio es causa de miseria, de dolor y destrucción, pero no tiene cura para el odio. Puede ver claramente que el hombre no se lleva bien con el hombre, pero no ve que la verdadera razón es que el hombre no se lleva bien con Dios. La sabiduría humana *no puede* ver porque *no tiene* esa capacidad. Mientras tanto que vea como locura la sabiduría de Dios, su propia sabiduría será insensata. En otras palabras, la misma sabiduría humana es parte básica del problema.

La paz, el gozo, la esperanza, la armonía y la hermandad, y cualquier otra aspiración del hombre, quedan fuera de su alcance al seguir su propio camino y pretender conseguirlas por sí mismo. El que ve la cruz como locura está condenado a su propia insensatez.

EL PODER DE LA SABIDURÍA DE DIOS

Pues ya que en la sabiduría de Dios, el mundo no conoció a Dios mediante la sabiduría, agradó a Dios salvar a los creyentes por la locura de la predicación. Porque los judíos piden señales, y los griegos buscan sabiduría; pero nosotros predicamos a Cristo crucificado, para los judíos ciertamente tropezadero, y para los gentiles locura; mas para los llamados, así judíos como griegos, Cristo poder de Dios, y sabiduría de Dios. Porque lo insensato de Dios es más sabio que los hombres, y lo débil de Dios es más fuerte que los hombres. (1:21-25)

A pesar de toda su supuesta sabiduría los hombres nunca han sido capaces de conocer a Dios, mucho menos llegar a tener una relación personal con Él. El aumento en conocimiento y filosofías tiende a incrementar los problemas del hombre, no a resolverlos. El odio aumenta, la incomprensión, los conflictos y las guerras aumentan, la embriaguez aumenta, la delincuencia aumenta, las crisis mentales aumentan y los problemas familiares aumentan. No solo aumentan en número, sino también en extensión y severidad. Cuando más se mira el hombre a sí mismo y más depende de sí mismo, peores se vuelven las situaciones. A medida que aumenta la dependencia de su sabiduría, también crecen sus problemas.

Este es plan de Dios, como indican las palabras **en la sabiduría de Dios**. Dios sabiamente lo establece de esta manera, que el hombre no puede llegar a conocerlo mediante la sabiduría del mundo. El hombre no puede resolver sus problemas porque no reconocerá su origen, que es el pecado, o su solución, que es la salvación. La propia naturaleza pecaminosa del hombre es la causa de sus problemas, y él no puede cambiar su naturaleza. Aunque la naturaleza humana pudiera reconocer el problema no tiene el poder para cambiarlo; pero Dios sí que tiene el poder. **Agradó a Dios salvar a los creyentes por la locura de la predicación.** Él decidió usar lo que la sabiduría del mundo considera como necedad, como **locura**, para salvar a todos los del mundo que sencillamente **crean**. Creer implica aceptación de toda la verdad del evangelio de salvación. Para los que quieran cambiar su sabiduría por la de Él, Dios ofrece transformación, regeneración, nuevo nacimiento y nueva vida por medio del poder de la cruz de Cristo Jesús, su Hijo. Esta "locura" es la única esperanza del hombre.

Cuando la sabiduría humana reconoce su propia bancarrota y el hombre se vuelve en fe a Cristo Jesús, cuya obra salvadora se proclama mediante **la predicación**, puede cambiar su pobreza por riquezas, el pecado por justicia, la desesperanza por esperanza, la muerte por vida. La sencillez del evangelio da lo que la complejidad de la sabiduría humana promete pero que no puede cumplir. "Nadie se engañe a sí mismo; si alguno entre vosotros se cree sabio en este siglo, hágase ignorante, para que llegue a ser sabio" (3:18). Cuando nos humillamos (a los ojos del mundo) ante la cruz, Dios nos levantará a vida eterna.

Aunque estamos rodeados de evidencias de la sabiduría de Dios los hombres preferimos confiar en nuestra propia sabiduría. Los hombres "detienen con injusticia la verdad; porque lo que de Dios se conoce les es manifiesto, pues Dios se lo manifestó. Porque las cosas invisibles de él, su eterno poder y deidad, se hacen claramente visibles desde la creación del mundo, siendo entendidas por medio de las cosas hechas, de modo que no tienen excusa" (Ro. 1:18-20). La sabiduría de los hombres queda totalmente enjuiciada. Nuestra sabiduría no es sencillamente ignorancia de la sabiduría de Dios, sino que la menospreciamos. Nuestra ignorancia es intencionada, porque nos negamos a reconocer lo que es "evidente", lo que es "claramente visible".

Cada vez que una persona mira a una montaña debería pensar en la grandeza de Dios. Cada vez que contempla una puesta de sol debería pensar en la gloria de Dios. Cada vez que una nueva vida aparece en el mundo debería ver en acción la mano creadora de Dios. Sin embargo, un astrónomo puede mirar por un telescopio y ver cien mil estrellas y no ver la grandeza de Dios. Un científico puede mirar por medio de un microscopio en su laboratorio y ver las complejidades de la vida que superan toda descripción y, no obstante, no ver la creación de Dios. Un físico nuclear puede producir mil megatones de destrucción, y con todo no reconocer el poder de Dios.

Cuando Pablo llegó a Atenas se fijó en un altar dedicado "Al Dios no conocido". Luego él declaró a los que estaban a su alrededor en la colina de Marte (el Areópago): "Al que vosotros adoráis, pues, sin conocerle, es a quien yo os anuncio" (Hch. 17:23). Con todo su conocimiento, filosofías y debates habían llegado a reconocer a numerosos dioses, pero no al verdadero Dios. Se habían creado para sí muchos dioses, pero no conocían al Dios que los había creado a ellos. **El mundo no conoció a Dios mediante la sabiduría**.

Dios no *espera* que los hombres vayamos a Él por medio de nuestra sabiduría; Él sabe que no podemos. Pero podemos acudir a Él por medio de *su* sabiduría. **Agradó a Dios salvar a los creyentes por la locura de la predicación.** La palabra **predicación** es el término griego *kērugmatos* y se puede traducir también como "proclamación". No se refiere al acto de comunicar un mensaje, sino al contenido del mensaje. El contenido del mensaje de Dios es el evangelio, "la palabra de la cruz" y "el poder de Dios" (v. 18). El contenido en realidad es Cristo Jesús mismo, quien es "poder de Dios y sabiduría de Dios" (v. 24).

Pablo no está hablando acerca de predicación insensata, de la cual hemos tenido siempre más que suficiente. Está hablando de la predicación que es locura a los ojos del mundo: la verdad sencilla, sin adornos y sin complicaciones de la cruz de Cristo Jesús que no deja lugar para la sabiduría del hombre o para sus obras o gloria. La sabiduría, la obra y la gloria son exclusivamente de Dios. Pero las bendiciones que otorgan pueden ser del hombre.

La salvación no viene por medio de la filosofía, del entendimiento intelectual o de la sabiduría humana, sino por medio de creer. Dios salva **a los creyentes**. Los hombres no podemos "explicarnos" la salvación; solo podemos aceptarla por fe.

Porque los judíos piden señales, y los griegos buscan sabiduría; pero nosotros predicamos a Cristo crucificado, para los judíos ciertamente tropezadero, y para los gentiles locura. (1:22-23)

La incredulidad es siempre la razón básica para no aceptar la voluntad y el camino de Dios, pero la incredulidad se expresa de varias formas. Los **judíos** querían **señales** sobrenaturales antes de creer el evangelio. Los gentiles, representados por los **griegos**, querían pruebas por medio de la **sabiduría** humana, por medio de ideas que ellos podían proponer y debatir.

El deseo de pruebas es muy a menudo una evasión, una excusa para no creer. Jesús realizó milagro tras milagro en el mismo centro del judaísmo, la mayoría de ellos en público. A pesar de ello la mayoría de los que vieron con sus ojos los milagros, las señales sobrenaturales, no creyeron en Él. Jesús sanó a un hombre en Jerusalén que había sido ciego desde su nacimiento y era un mendigo bien conocido en la ciudad. Sin embargo, después de haber sido sanado, algunos de sus vecinos se negaron a creer que era la misma persona, aunque él mismo se los dijo de manera directa (Jn. 9:9). Llevaron a ese hombre ante los fariseos, a los que dio testimonio de su curación milagrosa. Ellos también se negaron a creer la **señal**, incluso con el testimonio adicional de los padres del hombre. Los fariseos creían en lo sobrenatural, pero solo en lo sobrenatural que coincidía con su propio sistema de entendimiento.

En otra ocasión, un grupo de escribas y fariseos se acercaron a Jesús y le pidieron que les diera una señal que probara que Él venía de Dios. Conociendo su insinceridad e hipocresía, Jesús se negó a darles una señal, al menos de la clase que ellos estaban demandando: "La generación mala y adúltera demanda señal; pero señal no le será dada, sino la señal del profeta Jonás", que representaba su crucifixión y resurrección (Mt. 12:38-40). Como demostraron los hechos, la mayoría de los judíos no creyó aunque se les dio la más grande todas las señales.

La mayoría de los judíos del tiempo de Jesús y de Pablo no podían aceptar la idea de un Mesías crucificado. Esto era un **tropezadero** para ellos (cp. Ro. 9:31-33). Para ellos el Mesías vendría con poder y esplendor terrenal y se establecería sobre un trono y reino humanos. Enseñanzas mesiánicas tan claras como las que encontramos en el Salmo 22 e Isaías 53 las explicaban con otro sentido o las ignoraban. Las Escrituras que no se conformaban a sus ideas preconcebidas sencillamente las reinterpretaban o las eludían.

Los **griegos**, por el otro lado, querían pruebas intelectuales, algo que ellos pudieran rumiar y resolver con su propia mente. Ellos tampoco eran sinceros. Como Pablo había descubierto en Atenas, los filósofos griegos no estaban interesados en descubrir la verdad, especialmente la verdad relacionada con Dios. Solo estaban interesados en escuchar y discutir acerca de ideas y problemas nuevos y fascinantes (Hch. 17:21). No estaban interesados en buscar la verdad eterna para creerla, aceptarla y seguirla. La **sabiduría** que ellos buscaban no era la sabiduría divina y eterna, sino la humana y temporal. La sabiduría que buscaban, como queda ilustrada por los filósofos atenienses, no era la verdad divina, sino la novedad intelectual.

Como los judíos, ellos también tenían ideas preconcebidas acerca de lo que un dios podía y no podía hacer, o haría o no haría. Los griegos por lo general creían que la materia era mala y que no todo lo que era espiritual era bueno. Por consiguiente, era inconcebible para ellos que un dios *pudiera* venir a la tierra como hombre. Era aún más inconcebible que Él *quisiera* hacerlo. Para ellos, los dioses eran indiferentes en cuando a los hombres. Eran totalmente apáticos a lo que sucedía en la tierra.

Celso, un filósofo griego del siglo II, que hizo carrera atacando al cristianismo, escribió: "Dios es bueno, bello y feliz, y en Él está lo que es mejor y más bello, si entonces desciende al hombre eso involucra un cambio para Él, un cambio de bueno a malo, de bello a feo, de felicidad a infelicidad, de lo que es lo mejor a lo peor, Dios nunca aceptaría semejante cambio". La idea de la encarnación, para no mencionar la crucifixión, era una completa locura para el pensamiento griego. Para aquellos racionalistas no podía haber nada más absurdo que la idea de un Dios encarnado que se daba a sí mismo para ser crucificado con el fin de asegurar la salvación, la santidad y la vida eterna a un mundo caído.

Los dos grupos mencionados por Pablo aquí son representativos de toda la humanidad incrédula. Ya sea, como el típico judío, que demanda pruebas mediante una señal sobrenatural o, como el típico griego, que quería pruebas de sabiduría natural, los incrédulos van a buscar una excusa para rechazar el evangelio.

Pablo creía profundamente en lo sobrenatural; y era evidentemente muy inteligente. Él era a la vez un naturalista y un racionalista en el mejor de los sentidos. Pero sobre todo era un creyente, un creyente en Dios. El evangelio es tanto sobrenatural como sensible. Pero no puede ser descubierto mediante señales sobrenaturales o apropiarnos de él mediante sabiduría natural aparte de un corazón dispuesto a creer. Solo salva a los que creen.

Pablo estaba dispuesto a predicar solo a Cristo crucificado, la única señal verdadera y la única sabiduría verdadera. Los que no crean esa señal o acepten esa sabiduría no van a aceptar a Dios. Para aquellos que buscan otras señales, la cruz es un **tropezadero** y para los que buscan otra sabiduría es **locura**.

El único mensaje que los cristianos tenemos que proclamar es el mensaje de la cruz: de Dios el Hijo haciéndose hombre, de su muerte para pagar por nuestros pecados y de su resurrección de entre los muertos para que podamos resucitar también a la vida.

mas para los llamados, así judíos como griegos, Cristo poder de Dios, y sabiduría de Dios. Porque lo insensato de Dios es más sabio que los hombres, y lo débil de Dios es más fuerte que los hombres. (1:24-25)

Pablo indica claramente que ha estado usando los términos **judíos** y **griegos** en un sentido general para representar a los judíos y gentiles incrédulos. El llamamiento de Dios a las personas también incluye **así judíos como griegos**. Porque los que creen en su Hijo, el **Cristo** crucificado es a la vez **Cristo poder de Dios y sabiduría de Dios**. Aquel que es un tropezadero para el judío incrédulo es Salvador para el que cree, y aquel que es locura para el gentil incrédulo es Redentor para el que cree.

Al mencionar lo **insensato** y **débil** de Dios el apóstol está hablando, por supuesto, desde la perspectiva del incrédulo. Irónica y trágicamente, la parte del plan de Dios que parece más ridícula e inútil desde el punto de vista natural del hombre muestra en realidad *su más grande* poder y sabiduría.

Pablo también está diciendo que, aun si Dios poseyera alguna clase de necedad, sería **más sabio** que todo lo más sabio del hombre. Y si fuera posible que Dios tuviera alguna debilidad, eso sería **más fuerte** que la mayor fortaleza que el hombre podría obtener.

El poder de Dios es verdadero poder, poder que significa algo y logra algo. No es *de* los hombres, pero es ofrecido *para* los hombres. Es el poder de la salvación del pecado, de la liberación de Satanás, de la vida en la misma presencia de Dios por toda la eternidad.

La locura de Dios — parte 2 (1:26–2:5)

5

Pues mirad, hermanos, vuestra vocación, que no sois muchos sabios según la carne, ni muchos poderosos, ni muchos nobles; sino que lo necio del mundo escogió Dios, para avergonzar a los sabios; y lo débil del mundo escogió Dios, para avergonzar a lo fuerte; y lo vil del mundo y lo menospreciado escogió Dios, y lo que no es, para deshacer lo que es, a fin de que nadie se jacte en su presencia. Mas por él estáis vosotros en Cristo Jesús, el cual nos ha sido hecho por Dios sabiduría, justificación, santificación y redención; para que, como está escrito: El que se gloría, gloríese en el Señor. Así que, hermanos, cuando fui a vosotros para anunciaros el testimonio de Dios, no fui con excelencia de palabras o de sabiduría. Pues me propuse no saber entre vosotros cosa alguna sino a Jesucristo, y a éste crucificado. Y estuve entre vosotros con debilidad, y mucho temor y temblor; y ni mi palabra ni mi predicación fue con palabras persuasivas de humana sabiduría, sino con demostración del Espíritu y de poder, para que vuestra fe no esté fundada en la sabiduría de los hombres, sino en el poder de Dios. (1:26—2:5)

LA SUPERIORIDAD DE LA SABIDURÍA DE DIOS
(CONTINUACIÓN)

LA PARADOJA DE LA SABIDURÍA DE DIOS

Posiblemente Pablo hizo un repaso mental de la membresía de la iglesia corintia al escribir el versículo 26. Les recordó que tenían muy pocos miembros que eran famosos, acaudalados, muy educados, poderosos o influyentes cuando creyeron en el Señor Jesucristo. Es probable que, cuando se hicieron cristianos, perdieran bastante de su prestigio, influencia e ingresos que tenían. **Pues mirad, hermanos, vuestra vocación**, les dijo. Pablo siempre usa el término *vocación* para referirse al llamamiento a la salvación de Dios, el llamamiento eficaz que resulta en redención. "Ustedes saben qué clase de personas eran cuando Dios los llamó de las tinieblas a la luz. Bien saben que Él no les aceptó como sus hijos porque fueran brillantes o ricos, inteligentes o poderosos. Si ustedes eran alguna de estas cosas", le dice, "fueron salvados a pesar de ellas no debido a ellas. Esas cosas eran en realidad piedras de tropiezo que les dificultaba a ustedes, obstáculos entre ustedes y la gracia de Dios". Está dando a entender que deben estar contentos de que **no muchos** eran **sabios según la carne**, **poderosos** o **nobles**. Esas cosas evitan a menudo que las personas tengan ese sentido de necesidad que lleva a la salvación. Si más de ellos hubieran sido **sabios**, **poderosos** o **nobles**, es probable que hubiera sido menor el número de los salvados.

Dios no anda buscando personas sobresalientes para salvar y hacer su obra. No anda buscando millonarios o atletas famosos, artistas o políticos. Su salvación está abierta para ellos como lo está para otros, pero solo sobre la misma base de la fe. Exactamente aquello que los hace estar a la cabeza en el mundo puede ser en realidad lo que los haga estar a la cola en cuanto a Dios. Es el sentimiento de insuficiencia lo que hace que las personas se den cuenta de su necesidad y lo que las lleva a menudo al evangelio.

Jesús oró en una ocasión: "Te alabo, Padre, Señor del cielo y de la tierra, porque escondiste estas cosas de los sabios y de los entendidos, y las revelaste a los niños" (Mt. 11:25). Como deja bien claro el contexto, esta oración fue hecha públicamente como parte de su predicación a la multitud. Se estaba dirigiendo a sus oyentes tanto como a su Padre cuando pronunció estas palabras. Quería que supieran que Dios buscaba solo su fe y nada más. Les estaba advirtiendo que los "sabios y los entendidos" estaban en desventaja en cuanto a lo que se refería a la vida y el entendimiento espiritual. No estaba diciendo que ellos no podían aceptar y creer, sino que el orgullo por sus éxitos y su dependencia de ellos y de sus habilidades los podría alejar del reino. La debilidad y la insuficiencia son el clima en el que se manifiesta la fortaleza de Dios.

La sabiduría divina es una paradoja. En el pensamiento humano, fortaleza es fortaleza, debilidad es debilidad e inteligencia es inteligencia. Pero en la economía de Dios algunas de las cosas que parecen ser las más fuertes son las más débiles, algunas de las cosas que parecen ser las más débiles resultan ser las más fuertes, y algunas de las cosas que aparentemente son las más sabias son las más insensatas. Esta paradoja no es por accidente, sino por designio divino.

Un creyente sencillo, torpe, sin educación ni habilidades pero que ha confiado en Cristo Jesús como su Salvador, que sigue humilde y fielmente al Señor es mucho más sabio que el brillante doctor en filosofía que se burla del evangelio. El creyente sencillo conoce el perdón, el amor, la gracia, la vida, la esperanza, la Palabra de Dios, a Dios mismo. Puede ver la eternidad. Por el otro lado, el doctor en filosofía incrédulo no sabe nada aparte de sus libros, de su propia mente y experiencia. No ve más allá de su propia vida y solo puede ser considerado como un insensato.

A veces, nos sentimos tentados a pensar que sería estupendo si tal atleta famoso, científico ilustre, cantante popular o líder mundial se hiciera cristiano. Pero Jesús no pensó de esa manera cuando eligió a sus discípulos. Algunos serían probablemente bien conocidos en sus círculos locales y quizás algunos de ellos estaban bien económicamente. Pero Jesús no los eligió por su riqueza o influencia, y en el entrenamiento que les dio no trató de sacar provecho de ninguna de estas cosas. Ninguno de ellos tenía algo que era tan grande que no podía dejarlo para seguir a Cristo.

En el año 178 d.C. el filósofo Celso escribió con sorna acerca de los cristianos:

> No permitamos que las personas sin cultura se acerquen, los que no son sabios o sensibles, por todo aquello que consideramos malo; pero si un hombre es ignorante, si un hombre está carente de sentido común y cultura, si alguien es un insensato, dejémosle que con audacia [se haga cristiano]... Los vemos en sus propias casas, con vestiduras de lana, toscos, son los peores, los vulgares, los más incultos... Son como un enjambre de murciélagos o de hormigas que salen de sus nidos, o ranas celebrando un simposio alrededor de un pantano, o lombrices reuniéndose en el fango.

Eso es también lo que mucho del mundo de su tiempo pensaba acerca de los cristianos. La sencillez del evangelio y la humildad de los creyentes fieles es incomprensible para el mundo; les parece que es la más despreciable necedad. El Señor lo planificó de esa manera. **Sino que lo necio del mundo escogió Dios, para avergonzar a los sabios; y lo débil del mundo escogió Dios, para avergonzar a lo fuerte; y lo vil del mundo y lo menospreciado escogió Dios, y lo que no es, para deshacer lo que es.** Es interesante notar que **lo menospreciado** significa, en su raíz, "ser tenido como nada". El griego está aquí en el tiempo perfecto, indicando que lo que era una vez menospreciado continuará siéndolo. De forma que los que pensaban que eran nada en la sociedad seguirán pensando que no lo son. La frase **lo que no es** traduce la expresión más despreciable en el idioma griego. "Ser" lo era todo para los griegos y decirle a alguien que no era nada era el peor de los insultos. Puede que la frase se usara para los esclavos.

El mundo mide la grandeza mediante muchos criterios. A la cabeza está la inteligencia, la riqueza, el prestigio y la posición, cosas que Dios ha determinado poner al final. Dios revela la grandeza de su poder demostrando que los "don nadie" del mundo son sus personas importantes.

Según Dios, el hombre más grande que jamás ha vivido, aparte de Jesús, fue Juan el Bautista. Él no tuvo una educación formal, carecía de entrenamiento en algún oficio o profesión, no contaba con dinero, rango militar, posición política, historial social, no tenía prestigio, ni una apariencia impresionante u oratoria. No obstante, Jesús dijo: "De cierto os digo: Entre los que nacen de mujer no se ha levantado otro mayor que Juan el Bautista" (Mt. 11:11). Este hombre no encajaba en los modelos del mundo, pero sí para Dios. Y lo que él llegó a ser todo se lo debía al poder de Dios.

EL PROPÓSITO DE LA SABIDURÍA DE DIOS

A fin de que nadie se jacte en su presencia. Mas por él estáis vosotros en Cristo Jesús, el cual nos ha sido hecho por Dios sabiduría, justificación, santificación y redención; para que, como está escrito: El que se gloría, gloríese en el Señor. (1:29-31)

El propósito primero y principal de la sabiduría de Dios que produce salvación es el de glorificarlo a Él. **Nadie** tendrá jamás una razón para **[jactarse] en su presencia**. El hombre simple, tonto y débil no puede hacer nada por sí mismo; Dios lo ha hecho todo. "Porque por gracia sois salvos por medio de la fe; y esto no de vosotros, pues es don de Dios; no por obras, para que nadie se gloríe. Porque somos hechura suya" (Ef. 2:8-10).

Dios tiene también un propósito para los que salva. Su propósito para sus redimidos tiene muchos aspectos, cuatro de ellos aparecen mencionados en el versículo 30. Debido a que están **en Cristo Jesús**, reciben la **sabiduría, justificación, santificación y redención** de Dios.

Primero, los creyentes reciben la **sabiduría** de Dios. Ellos no solo son *salvos* por la sabiduría de Dios en vez de por la suya, sino que reciben la sabiduría de Dios para remplazar la suya propia. Los verdaderamente sabios de este mundo no son los que tienen la sabiduría de este mundo, sino la del Señor. Los cristianos podemos decir, sin orgullo ni jactancia, que nos hemos hechos sabios en Cristo Jesús. Permanecemos como un testimonio para todos los tiempos de que Dios en su sabiduría eligió a los pecadores, los débiles, y los insensatos con el fin de hacerlos justos, fuertes y sabios. Dios nos concede su sabiduría para ser Él glorificado, para que pueda verse claramente que la sabiduría que tenemos los cristianos no es nuestra, sino que la obtenemos mediante su poder y gracia.

Los hombres se salvan no por su inteligencia, logros o sabiduría humana. Los que confían en esas cosas nunca recibirán la salvación, la vida y la sabiduría de Dios, porque solo pueden obtenerlas si humildemente reciben lo que su Hijo ha hecho a nuestro favor en la cruz. Jesús dijo: "Yo soy el camino, y la verdad, y la vida; nadie viene al Padre, sino por mí" (Jn. 14:6), y en otra ocasión:

"Si vosotros permaneciereis en mi palabra, seréis verdaderamente mis discípulos; y conoceréis la verdad, y la verdad os hará libres" (8:31-32).

La sabiduría que recibimos de Dios por medio de Cristo Jesús es tanto instantánea como progresiva. En su siguiente carta a los corintios, Pablo escribió: "Porque Dios, que mandó que de las tinieblas resplandeciese la luz, es el que resplandeció en nuestros corazones, para iluminación del conocimiento de la gloria de Dios en la faz de Jesucristo" (2 Co. 4:6). El hacedor y dador de la luz física es también la fuente y dador de la luz espiritual. Lo primero que un creyente aprende es el conocimiento de la gloria de Dios.

La gloria de Dios significa su majestad y grandeza. Pero en su sentido más completo representa todo lo que Dios es: todos sus atributos, toda su naturaleza, la plenitud de su ser divino. Llegamos a conocer personalmente al Creador del universo y a la fuente de toda vida y todo bien.

La sabiduría divina también tiene un aspecto progresivo. El Dios que hemos llegado a conocer por medio de Cristo, lo llegamos a conocer mejor a medida que vivimos por su Espíritu. Pablo oró por los creyentes efesios para que les fuera dado "espíritu de sabiduría y de revelación en el conocimiento de él" (Ef. 1:17). Ellos ya tenían el don inicial de la sabiduría de Dios, que recibieron al creer por primera vez. Pero el apóstol estaba interesado en que continuaran creciendo en su sabiduría y verdad (cp. 2 P. 3:18).

La sabiduría de Dios también tiene un aspecto futuro. En esta misma oración Pablo pide: "alumbrando los ojos de vuestro entendimiento, para que sepáis cuál es la esperanza a que él os ha llamado, y cuáles las riquezas de la gloria de su herencia en los santos" (v. 18). Tanto "esperanza" como "herencia" sugieren cumplimientos futuros de sabiduría y conocimiento. Dios nos ha dado sabiduría, ahora nos está dando sabiduría y finalmente nos dará sabiduría.

La persona del mundo no puede ver o recibir la sabiduría de Dios, la sabiduría que puede demostrarle a Dios mismo, su plan para el mundo y para su pueblo, y la eternidad futura que Él da por medio de su Hijo. Y de ese modo los hombres del mundo viven solo para el momento, para el ahora, sin tener idea de dónde vienen, a dónde van y qué está haciendo aquí. Sin embargo, la persona más sencilla, con menos educación formal, que pone humildemente su vida en las manos de Cristo recibe la verdad acerca de todas estas cosas. Él conoce lo que todos los sabios y filósofos de todos los tiempos no han sido capaces de descubrir o serán capaces de descubrir. Tiene la sabiduría de Dios como uno de los dones preciosos de su Salvador.

Segundo, los creyentes reciben la **justicia** de Dios. Son justificados con Dios y participan de su justicia, de su rectitud. Rectitud significa ser como algo o alguien *debe* ser: el bien como opuesto al mal; lo bueno como opuesto a lo malo, lo impecable como opuesto a lo pecaminoso. Dios es totalmente recto porque es como debe ser. No puede cambiar en su rectitud. Cuando confiamos en su

Hijo, Él nos imparte su justicia. "Mas al que no obra, sino cree en aquel que justifica al impío, su fe le es contada por justicia" (Ro. 4:5). Dios "al que no conoció pecado, por nosotros lo hizo pecado, para que nosotros fuésemos hechos justicia de Dios en él" (2 Co. 5:21). Cuando Dios mira a un cristiano ve a su Hijo y la justicia de su Hijo. Cuando una persona confía en Cristo, su injusticia se cambia por la justicia de Cristo, "la que es por la fe de Cristo, la justicia que es de Dios por la fe" (Fil. 3:9). El hombre nunca ha tenido justicia propia y nunca puede tenerla por sí mismo, es decir, la que se origina en él. La única justicia que puede tener es la que Dios da por medio de su Hijo. Es la única justicia que necesita, porque es la justicia perfecta.

Tercero, los creyentes reciben la **santificación** de Dios. En Cristo somos apartados, hechos santos. En Cristo somos declarados justos y santos. Cuando recibimos la naturaleza de Cristo recibimos su simiente incorruptible, la simiente que no es, ni puede ser, corrompida habitualmente por el pecado. Al estar lo carnal todavía presente, podemos caer en pecado, pero sin regularidad. Al ir madurando espiritualmente mengua la frecuencia del pecado. La justicia que Dios nos acredita judicialmente también llega a ser nuestra en realidad: en santidad, en santificación. Recibimos nueva vida en el Espíritu y comenzamos a andar en el Espíritu (Ro. 8:4-11). A medida que somos transformados a la imagen de Cristo (2 Co. 3:18) comienza a brotar en nosotros el fruto del Espíritu (Gá. 5:22-23). Nuestra nueva naturaleza significa que somos "creados en Cristo para buenas obras", para santidad (Ef. 2:10).

Cuarto, los creyentes reciben la **redención**. Redimir significa pagar el precio. Dios nos ha comprado mediante Cristo del poder del pecado. Cristo ha dado "las arras de nuestra herencia hasta la redención de la posesión adquirida, para alabanza de su gloria" (Ef. 1:14). Pedro nos recuerda que fuimos "rescatados de vuestra vana manera de vivir... no con cosas corruptibles, como oro o plata, sino con la sangre preciosa de Cristo, como de un cordero sin mancha y sin contaminación" (1 P. 1:18-19).

para que, como está escrito: El que se gloría, gloríese en el Señor. (1:31)

Aunque en Cristo hemos recibido la sabiduría, justificación, santificación y redención de Dios, no tenemos ninguna base para el orgullo o la jactancia, porque no merecíamos, ni ganamos o producimos ninguna de ellas. La sabiduría del hombre no puede producir ninguna de estas cosas. Solo puede generar orgullo, incomprensión, conflictos y divisiones. Como Jeremías había escrito cientos años antes de que Pablo lo citara: **"El que se gloría, gloríese en el Señor"**. "Pero lejos esté de mí gloriarme", escribió a los gálatas, "sino en la cruz de nuestro Señor Jesucristo" (Gá. 6:14).

LA PRESENTACIÓN DE LA SABIDURÍA DE DIOS

El espíritu partidista en Corinto fue el resultado de la filosofía, de la sabiduría humana. Los corintios estaban fragmentados en sus creencias y lealtades, porque aquellas eran creencias y lealtades humanas. Pablo les recuerda que cuando él llegó por primera vez a Corinto y les presentó el evangelio no lo hizo con palabras impresionantes de razonamiento humano.

Así que, hermanos, cuando fui a vosotros para anunciaros el testimonio de Dios, no fui con excelencia de palabras o de sabiduría. Pues me propuse no saber entre vosotros cosa alguna sino a Jesucristo, y a éste crucificado. (2:1-2)

Como ya hemos notado, el evangelio de sabiduría, justificación, santificación y redención de Dios no puede obtenerse mediante sabiduría humana. Pablo aquí demuestra que tampoco hay que presentarlo por medio de sabiduría humana. Pablo no llegó a Corinto como un filósofo, sino como un testigo. Fue a **[anunciarles] el testimonio de Dios. Testimonio** *(marturion)* significa exactamente eso: un testimonio o declaración. Una persona solo puede testificar de lo que ha visto, escuchado o experimentado. Un testigo solo declara ante un tribunal lo que él conoce objetiva y personalmente en cuanto a los hechos. No está para especular, imaginar o deducir. Pablo era un testigo de la revelación de Dios, no de su propio entendimiento humano o razonamiento o inclinaciones. La revelación de Dios lo era todo; la sabiduría humana es nada.

No deberíamos ir al templo para escuchar las opiniones del pastor acerca de política, psicología, economía o incluso religión. Debemos acudir para recibir una palabra de parte del Señor *por medio del* pastor. La Palabra de Dios edifica y unifica, las opiniones humanas confunden y dividen.

Pablo les aseguró a los corintios que él no había llegado a ellos con mucha verborrea y opiniones humanas. Les anunció sencillamente el testimonio de Dios y nada más. Algunos años más tarde les aseguró de nuevo: "Antes bien renunciamos a lo oculto y vergonzoso, no andando con astucia, ni adulterando la palabra de Dios, sino por la manifestación de la verdad recomendándonos a toda conciencia humana delante de Dios" (2 Co. 4:2). La tarea primaria, la *única* tarea, del ministerio es manifestar la verdad de Dios.

Pablo advirtió a Timoteo: "Pero el Espíritu dice claramente que en los postreros tiempos algunos apostatarán de la fe, escuchando a espíritus engañadores y a doctrinas de demonios; por la hipocresía de mentirosos que, teniendo cauterizada la conciencia" (1 Ti. 4:1-2). Timoteo debía prestar atención a "ocúpate en la lectura, la exhortación y la enseñanza" (v. 13). Esa era su tarea. Esa es la tarea de todo predicador. Cualquier otro enfoque prostituye el púlpito.

En su segunda carta al joven ministro, Pablo le encarga solemnemente "te encarezco delante de Dios y del Señor Jesucristo... que prediques la palabra"

(2 Ti. 4:1-2). No puedo comprender cómo un hombre que ha sido llamado a ser un ministro de Dios puede hacer otra cosa que no sea predicar la Palabra de Dios y estar listo para hacerlo "a tiempo y fuera de tiempo" (v. 2). Muchas congregaciones, sin embargo, no *quieren* que sus pastores prediquen solo la Palabra. Ellos "no sufrirán la sana doctrina, sino que teniendo comezón de oír, se amontonarán maestros conforme a sus propias concupiscencias" (v. 3). Como ha observado un comentarista: "En tiempos de una fe poco firme, el escepticismo, y la mera especulación curiosa en asuntos de religión, maestros de toda clase se apiñan como las moscas en Egipto. La demanda crea la oferta. Los oyentes invitan y forman a sus propios predicadores. Si las personas desean un becerro para adorarlo, encuentran pronto un ministro que sabe hacer becerros". Algunas personas, incluyendo a algunos cristianos inmaduros, van a ir de iglesia en iglesia buscando el predicador correcto. Desdichadamente su idea de predicación "correcta" no es una exposición bíblica bien sólida, sino observaciones interesantes y sugerencias basadas en la filosofía personal del predicador. Ellos no buscan una palabra de parte de Dios para creerla, sino una palabra de hombre para considerarla.

Cuando Pablo estuvo predicando a los corintios, como cuando predicó en otras partes, se **[propuso] no saber entre vosotros cosa alguna sino a Jesucristo, y a éste crucificado.** No estaba interesado en discutir ideas o puntos de vista humanos, suyas propias o de cualquier otro. Él no proclamaría ninguna otra cosa sino al Cristo Jesús crucificado, resucitado y Redentor de los hombres. No predicaba acerca de Jesús como el maestro perfecto, el ejemplo perfecto o el hombre perfecto, aunque era todas esas cosas. El fundamento de toda su predicación era Jesús como Salvador divino.

Obviamente el apóstol no estaba diciendo que no predicaba o enseñaba nada más que mensajes de evangelización o que exponía solo aquellas partes de las Escrituras que tenían que ver directamente con la expiación hecha por Cristo. Enseñó todo el consejo de Dios, como indica claramente en sus escritos (Hch. 20:27). Ministró en Corinto durante año y medio "enseñándoles la Palabra de Dios" (Hch. 18:11). Pero la cruz de Cristo era, y todavía lo es, la piedra de tropiezo o la locura para los que no creen (1 Co. 1:23), y hasta que una persona acepta la revelación de Dios en la cruz, no importa ninguna otra revelación. La predicación de la cruz fue tan dominante en la naciente iglesia que muchos judíos y gentiles acusaron a los cristianos de adorar a un hombre muerto. Pablo estaba dispuesto a hacer todo el esfuerzo necesario para explicar y clarificar la cruz a fin de que una persona comprendiera el evangelio, pero no diría ni una sola palabra para modificarlo o contradecirlo.

Y estuve entre vosotros con debilidad, y mucho temor y temblor; y ni mi palabra ni mi predicación fue con palabras persuasivas de humana sabiduría,

sino con demostración del Espíritu y de poder, para que vuestra fe no esté fundada en la sabiduría de los hombres, sino en el poder de Dios. (2:3-5)

Debilidad, **temor** y **temblor** no parecen apropiados para Pablo; y no eran apropiados en su sentido habitual. La **debilidad** con la que Pablo había llegado a Corinto era la debilidad del evangelio, que es en realidad el poder de Dios (1 Co. 1:25, 27). En cuanto a **temor** y **temblor** no creo que se estuviera refiriendo a timidez mental o estremecimiento físico. Predicaba con valor, vivió con valentía y aconsejó a otros creyentes a ser valientes en las cosas del Señor (Hch. 13:46; 19:8; Ef. 3:12; 6:19). Usó la expresión con "temor y temblor" en otros varios pasajes, cada uno de los cuales tenía que ver con una profunda preocupación por un asunto importante (2 Co. 7:15; Ef. 6:5; Fil. 2:12).

Pablo llegó a Corinto después de haber sido maltratado y encarcelado en Filipos, de huir de Tesalónica y Berea, y de que se burlaran de él en Atenas (Hch. 16:22-24; 17:10, 13-14, 32). Llegó allí sabiendo que estar "corintianizado" significaba estar moralmente corrompido en extremo. Corinto era el arquetipo del paganismo y de la degeneración moral. Pablo no cambió para nada su mensaje aunque tenía toda razón humana para sentirse desalentado y enfrentaba sin duda toda tentación de Satanás para buscar componendas. Tenía temor y temblaba solo en el sentido de que estaba anhelante de que el evangelio echara raíces de alguna manera incluso en lugares tan poco prometedores como este. No tenía temor por su propia vida o seguridad o porque el evangelio pudiera perder su poder. Tenía solo temor de ser rechazado y de las terribles consecuencias de ese rechazo. También tenía temor de sus propias insuficiencias y pecado que podían debilitar su ministerio (cp. 1 Co. 9:16, 27).

Por tanto, Pablo estaba especialmente determinado a que su **palabra ni mi predicación fue con palabras persuasivas de humana sabiduría**. Las palabras humanas de sabiduría, no importan cuán impresionantes y persuasivas sean, despojarán al evangelio de su poder. Sabía que no había lugar para acciones teatrales calculadas y técnicas de respuestas manipuladas. Muchos han respondido a una apelación emocional, sin un verdadero conocimiento y convicción de Dios. Pablo nunca predicó de esa manera. Sin duda que haciéndolo hubiera conseguido una audiencia más amplia y receptiva, pero sus oyentes habrían quedado en sus pecados y sin un Salvador. Algunos han dicho que el gran predicador Jonatán Edwards leía sus sermones para no sentirse culpable de usar técnicas de persuasión humana y conseguir así una respuesta.

Pablo tenía grandes habilidades naturales, pero no confió en ellas. Ni siquiera las palabras humanas y sabias de un apóstol tenían poder para salvar a una persona. Él no quería que sus oyentes se identificaran con su propia sabiduría, que les hubiera dado otra filosofía, sino con la sabiduría de Dios en Cristo Jesús, que les podía dar vida eterna.

Recuerdo a un pastor que me dijo una vez después de un culto de la mañana: "¿Ve usted a aquel hombre allí? Es uno de mis convertidos". Luego me explicó: "No del Señor, sino mío". Aquel hombre había llegado a ser un discípulo del pastor, pero no un discípulo de Cristo.

John Stott ha escrito: "Parece que la única predicación que Dios honra, por medio de la que su sabiduría y poder son expresados, es la predicación del hombre que está dispuesto a ser débil y tonto".

Los corintios incrédulos, como todos los incrédulos, estaban necesitados de la demostración del Espíritu y del poder, y eso es lo Pablo les había llevado. Eso es todo lo que él había predicado y practicado entre ellos. Solo el Espíritu y el poder de Dios podían liberarlos del pecado y llevarlos a Cristo. Él no quería que ellos tuvieran una nueva filosofía sino una nueva vida.

Carlos Spurgeon dijo:

> El poder del evangelio no está en la elocuencia del predicador, de ser así los hombres serían los que convertirían las almas; tampoco depende de los conocimientos del predicador, pues de esa forma consistiría de sabiduría humana. Podemos predicar hasta que nuestras lenguas se cansen, hasta que se agoten nuestros pulmones y muramos, pero nunca se convertirá un alma a menos que el Espíritu Santo use la Palabra de Dios y dé el poder para convertirla.

Si los corintios hubieran llegado a la fe mediante la **sabiduría de los hombres**, aun en la sabiduría de Pablo, ellos podían haber cambiado intelectualmente, pero no habrían cambiado espiritualmente. Todavía estarían espiritualmente muertos y Pablo no hubiera podido escribirlos como santos y hermanos (1:2, 10). Él no había ido con su propio mensaje, sino que había sido sencillamente un canal del mensaje de Dios. Solo el mensaje de Dios trae con él **el poder de Dios**.

La iglesia no debería tener divisiones basadas en filosofías más de lo que debe tenerlas basadas en individuos. Tenemos que estar unidos alrededor de la sabiduría de Dios, no de la sabiduría humana. Somos uno en Jesucristo y debemos ser uno en su Palabra y en su poder, y en la comunión de los que somos de Él.

Entendamos la sabiduría de Dios (2:6–16)

6

Sin embargo, hablamos sabiduría entre los que han alcanzado madurez; y sabiduría, no de este siglo, ni de los príncipes de este siglo, que perecen. Mas hablamos sabiduría de Dios en misterio, la sabiduría oculta, la cual Dios predestinó antes de los siglos para nuestra gloria, la que ninguno de los príncipes de este siglo conoció; porque si la hubieran conocido, nunca habrían crucificado al Señor de gloria. Antes bien, como está escrito: Cosas que ojo no vio, ni oído oyó, ni han subido en corazón de hombre, son las que Dios ha preparado para los que le aman. Pero Dios nos las reveló a nosotros por el Espíritu; porque el Espíritu todo lo escudriña, aun lo profundo de Dios. Porque ¿quién de los hombres sabe las cosas del hombre, sino el espíritu del hombre que está en él? Así tampoco nadie conoció las cosas de Dios, sino el Espíritu de Dios. Y nosotros no hemos recibido el espíritu del mundo, sino el Espíritu que proviene de Dios, para que sepamos lo que Dios nos ha concedido, lo cual también hablamos, no con palabras enseñadas por sabiduría humana, sino con las que enseña el Espíritu, acomodando lo espiritual a lo espiritual. Pero el hombre natural no percibe las cosas que son del Espíritu de Dios, porque para él son locura, y no las puede entender, porque se han de discernir espiritualmente. En cambio el espiritual juzga todas las cosas; pero él no es juzgado de nadie. Porque ¿quién conoció la mente del Señor? ¿Quién le instruirá? Mas nosotros tenemos la mente de Cristo. (2:6-16)

Esta sección continúa tratando el problema de la desunión en la iglesia de Corinto y en particular la lealtad constante a las filosofías humanas y dirigentes que contribuían a la desunión. La sabiduría humana estaba apartando a los creyentes de la sabiduría divina, y de la unidad y del crecimiento espiritual.

Sin embargo, decía Pablo, **hablamos sabiduría entre los que han alcanzado madurez.** Por ser falsa, la sabiduría humana es un gran obstáculo para el evangelio, la sabiduría divina y verdadera fluye *del* evangelio. Para los creyentes, Cristo es "poder de Dios, y sabiduría de Dios" (1:24). **Madurez** (*teleios*) puede significar "perfecto" o "completo", pero también puede referirse a una persona que es miembro de pleno derecho en un grupo, uno que está completamente iniciado. Pablo usa aquí este término de la misma manera que lo usa en otras formas el escritor de Hebreos (6:1; 10:4) para referirse a la salvación. **Los que han alcanzado madurez** son los que están redimidos y han confiado completamente en Cristo Jesús. El apóstol no está diciendo que él expresa la sabiduría de Dios solo cuando está con creyentes avanzados en la fe, sino solo cuando está entre creyentes que viven de verdad en la fe: los salvados. Los verdaderos creyentes son los únicos entre los cuales el evangelio puede ser sabiduría. Para todos los demás es una piedra de tropiezo o locura (1:23). Obviamente algunos cristianos están más instruidos y son más obedientes a la sabiduría de Dios que otros; pero para cada creyente "hizo sobreabundar para con nosotros en toda sabiduría e inteligencia, dándonos a conocer el misterio de su voluntad, según su beneplácito, el cual se había propuesto en sí mismo" (Ef. 1:8, 9). Mientras que los que rechazan a Cristo escuchan su mensaje como locura, para los creyentes es sabiduría: la sabiduría de Dios.

En 1 Corintios 2:6-16 Pablo enfatiza dos puntos: (1) la verdadera sabiduría no la descubre el ser humano y (2) la verdadera sabiduría la revela Dios.

LA VERDADERA SABIDURÍA NO LA DESCUBRE EL SER HUMANO

Es imposible para una criatura de menor categoría entender a una más avanzada. ¿Cómo puede un organismo vivo entender a otro que es más complejo y avanzado que él? Para que una pulga pueda entender a un perro tiene que ser al menos tan avanzada como el perro. Para que un perro pueda entender a un hombre tiene que ser al menos tan avanzado como un hombre. Pues mucho más grande es la distancia que existe entre el Creador y la criatura. El ser humano puede imaginarse cómo es Dios, y las personas ya cuentan con muchas ideas acerca de Él. Casi todas tienen una opinión acerca de cómo es Dios o cómo no es, o sobre si de verdad Él existe. Pero las opiniones del hombre son irrelevantes, porque nunca pueden ser otra cosa que especulaciones. Con los recursos que cuenta, la criatura no puede bajo ningún concepto comprender a su Creador.

La sabiduría de Dios, la verdad acerca de Él y de su mensaje para el hombre, es una **sabiduría, no de este siglo, ni de los príncipes de este siglo. Siglo** (*aiōnos*) se refiere a un período de tiempo, a una edad histórica. Pablo no estaba hablando solo del período histórico en particular en el cual él vivía, sino de todos los períodos de la historia. Toda la sabiduría humana **[perece]**. Está vacía, es vana, y queda en nada. Ni aun **los príncipes** (*archotōn*, que significa los dirigentes o personas de autoridad) pueden afirmar que la poseen o que están relacionados con ella.

Pablo repite la afirmación de que él de verdad está hablando sabiduría: **Mas hablamos sabiduría de Dios... la sabiduría oculta**. El hombre natural no la conoce ni la entiende, y la considera una locura, porque es **sabiduría... en misterio, la sabiduría oculta**. **Misterio** (*mustērion*) no se refiere a algo extraño y desconcertante, sino aquello que es mantenido en secreto. Dios mantuvo su sabiduría intencionalmente oculta del hombre natural y de su sabiduría humana (cp. Mt. 11:25; 13:10-13).

Para su pueblo, los que son llamados y perfeccionados, **Dios predestinó antes de los siglos** darles su sabiduría por medio de su Hijo **para nuestra gloria**. Antes que comenzara el tiempo, nuestro Padre celestial determinó darnos su sabiduría salvadora que nos llevará en última instancia a nuestra glorificación eterna (Ro. 8:18).

la que ninguno de los príncipes de este siglo conoció; porque si la hubieran conocido, nunca habrían crucificado al Señor de gloria. (2:8)

La crucifixión prueba que **los príncipes de este siglo** no tenían la sabiduría de Dios. **Porque si la hubieran conocido, nunca habrían crucificado al Señor de gloria**. Ni los dirigentes de los judíos, para quienes el evangelio era una piedra de tropiezo, ni para los dirigentes de los gentiles, para quienes era locura, entendieron la divina sabiduría de Dios. En su ignorancia de Dios, en su ignorancia voluntaria, ejecutaron a su Hijo. El propio testimonio de Pablo demuestra esa ignorancia (1 Ti. 1:12-13). Ese es el resultado de la sabiduría humana. A los ojos del mundo, Jesús no era para nada glorioso; pero a los ojos de Dios Él es el **Señor de gloria**. No obstante, todas las

Cosas que ojo no vio, ni oído oyó, ni han subido en corazón de hombre, son las que Dios ha preparado para los que le aman. (2:9-10)

Esa cita libre de Isaías 64:4 y 65:17 se memoriza a menudo; pero también se aplica mal con frecuencia. Pablo no se está refiriendo a las maravillas del cielo, sino a la sabiduría que Dios ha preparado para los creyentes. Lo que trata de decir es que los ojos, oídos y corazones naturales de los hombres no pueden conocer o comprender su sabiduría. Está **preparada** solo **para los que le aman**.

Ni externa ni internamente, ni objetiva ni subjetivamente, puede el hombre descubrir a Dios. Su búsqueda externa es empírica, experimental, representada por el **ojo** y el **oído**, sin importar cuántos instrumentos sofisticados pueda usar.

Nos mostramos igualmente incapaces en nuestro intento de descubrir su verdad subjetivamente, por medio de nuestra mente (**corazón**). El racionalismo no puede entender la verdad de Dios. Los dos recursos humanos más grandes, el empirismo y el racionalismo, su observación y su razón, tampoco sirven para el descubrimiento de la verdad divina. De hecho, al fin terminan siempre poniendo al hombre en contra de la verdad divina. Llevan por último a los hombres a crucificar a Cristo.

Pero la verdad de Dios, el plan de Dios, la sabiduría de Dios, no está oculta de sus hijos. **Son las que Dios ha preparado para los que le aman.**

LA VERDADERA SABIDURÍA LA REVELA DIOS

Para el hombre le resulta tan innecesario como imposible descubrir la verdad de Dios por sí mismo. Lo que el hombre no puede encontrar Dios se lo ha dado. El hombre no puede acercarse a Dios por su cuenta; pero Dios ha venido a él. El Espíritu Santo ha invadido lo más íntimo del hombre y le ha mostrado a Dios, por medio de revelación, inspiración e iluminación.

MEDIANTE REVELACIÓN

Pero Dios nos las reveló a nosotros por el Espíritu; porque el Espíritu todo lo escudriña, aun lo profundo de Dios. Porque ¿quién de los hombres sabe las cosas del hombre, sino el espíritu del hombre que está en él? Así tampoco nadie conoció las cosas de Dios, sino el Espíritu de Dios. (2:10-11)

El Espíritu Santo es el agente de transmisión y comunicación de la Trinidad. El primer paso en su transmisión de la verdad de Dios es la *revelación*. Como miembro de la divinidad, **el Espíritu** conoce la mente de Dios perfectamente. Dios ha usado a los ángeles para muchos servicios asombrosos y maravillosos a favor de los hombres; pero Él no confía la revelación del nuevo pacto a un ángel. **Dios nos... reveló a nosotros** las verdades de su Palabra **por el Espíritu**. El Espíritu Santo es el autor divino de las Escrituras. Él usó a muchos instrumentos humanos, pero el mensaje es suyo por completo. La revelación es la pura Palabra de Dios.

Para ilustrar las calificaciones únicas del Espíritu Santo para la revelación de la Palabra, Pablo compara el conocimiento que el Espíritu tiene de la mente de Dios con el conocimiento que el hombre tiene de su propia mente. Ninguna persona puede conocer a otra persona tan bien como se conoce a sí mismo. Aun entre hombres y mujeres que han vivido como esposos por muchos años, y se han comunicado sus pensamientos, sueños, problemas y gozos, nunca llegan a conocer a su cónyuge tan íntimamente como se conocen a sí mismos. Nuestras **cosas** más íntimas, lo más recóndito de nuestra mente y corazón, solo lo conocemos nosotros mismos.

De manera semejante, solo el propio Espíritu de Dios puede conocerlo íntimamente. Y maravillas de las maravillas, es al **Espíritu de Dios**, aquel que conoce **lo profundo de Dios** y **las cosas de Dios**, a quien Dios ha enviado para que revele su propia sabiduría a los que creen, **a nosotros**.

MEDIANTE INSPIRACIÓN

Y nosotros no hemos recibido el espíritu del mundo, sino el Espíritu que proviene de Dios, para que sepamos lo que Dios nos ha concedido, lo cual también hablamos, no con palabras enseñadas por sabiduría humana, sino con las que enseña el Espíritu, acomodando lo espiritual a lo espiritual. (2:12-13)

El proceso que el Espíritu lleva a cabo de la verdad de Dios lo conocemos como *inspiración*. El hombre no puede descubrir su verdad; solo puede **(recibirla)**. A fin de que sea recibido, primeramente algo debe ser ofrecido. Podemos recibir la verdad de Dios porque es algo que Él **nos ha concedido. El Espíritu que proviene de Dios**, no **el espíritu del mundo** (esto es, la sabiduría humana), nos ha traído la Palabra de Dios, que comprende **lo que Dios nos ha concedido**. La Biblia es el vehículo del Espíritu para traernos la revelación de Dios.

El **nosotros** y el **nos** de los versículos 12-13 (como en los vv. 6-7, 10) no se refieren a los cristianos en general, sino a Pablo mismo. La Palabra de Dios es para todos los creyentes, pero fue *revelada* solo a los apóstoles y a los otros escritores de los libros bíblicos. Solo de esos hombres se puede decir con propiedad que fueron *inspirados*. La promesa de Juan 14:26 ("Mas el Consolador, el Espíritu Santo... él os enseñará todas las cosas, y os recordará todo lo que yo os he dicho") es para el beneficio de todos los creyentes, pero fue dada solo a los apóstoles. Pablo y los otros escritores de las Escrituras no nos dejaron constancia de sus propias ideas e interpretaciones. Nos entregaron lo que Dios les *dio* a ellos. **Hemos recibido... para que sepamos.** El Espíritu usó palabras que los escritores humanos conocían y empleaban, pero Él las seleccionó y las arregló en el orden preciso que quería. La Biblia, por tanto, no es solo la Palabra de Dios, sino las palabras de Dios.

No es sencillamente la "Palabra detrás de las palabras" lo que es de Dios, como mantienen muchos intérpretes liberales y neoortodoxos. "*Toda* la Escritura es inspirada por Dios [lit., 'aliento de Dios']" (2 Ti. 3:16). *Escritura* significa "escritos", y se refiere expresamente a lo que escribieron los hombres escogidos por Dios mediante su revelación e inspiración, no *a todo* a lo que ellos dijeron y escribieron. Se refiere, como Pablo explica, a **lo que Dios nos ha concedido,** a las palabras dadas por Dios para que ellos las registraran.

Cuando Jesús respondió a la primera tentación de Satanás en el desierto, le dijo (citando Dt. 8:3): "No sólo de pan vivirá el hombre, sino de toda palabra que sale de la boca de Dios" (Mt. 4:4). Dios dio su propia Palabra en sus palabras propias. "*Toda* palabra que sale de la boca de Dios" es revelada, inspirada y autorizada. **Lo cual también hablamos, no con palabras enseñadas por sabiduría humana, sino con las que enseña el Espíritu, acomodando lo espiritual a lo espiritual.**

MEDIANTE ILUMINACIÓN

Pero el hombre natural no percibe las cosas que son del Espíritu de Dios, porque para él son locura, y no las puede entender, porque se han de discernir espiritualmente. En cambio el espiritual juzga todas las cosas; pero él no es juzgado de nadie. Porque ¿quién conoció la mente del Señor? ¿Quién le instruirá? Mas nosotros tenemos la mente de Cristo. (2:14-16)

El tercer paso en la transmisión por el Espíritu de la verdad de Dios es el de *iluminación*.

Es posible leer la Biblia —incluso muchas versiones diferentes de la Biblia— y, no obstante, no entenderla. Es posible estudiar la Biblia durante muchos años, memorizar muchas partes de la misma y, a pesar de todo, no entenderla. Los escribas y los fariseos del tiempo de Jesús eran muy instruidos en el Antiguo Testamento, pero no captaron su mensaje central. Fallaron completamente en reconocer al Mesías prometido cuando éste llegó y vivió entre ellos (Jn. 5:37-39). Ellos no creyeron en Jesús porque no creían verdaderamente en Moisés, el gran legislador en quien habían puesto toda su esperanza (vv. 45-47). **No [percibieron] las cosas que son del Espíritu de Dios** porque piensan que esas cosas **son locura.** Debido a que esos hombres no son de Dios, no *pudieron* **[entenderlas], porque se han de discernir espiritualmente.** Aquellos escribas y fariseos, como todos los que rechazan a Dios, viven solo en la esfera del **hombre natural.** No tenían medios ni deseos de entender la naturaleza espiritual de la Palabra de Dios.

El **hombre natural** no puede conocer o entender **las cosas que son del Espíritu de Dios** porque éstas solo se pueden **discernir espiritualmente. Espiritual** está en oposición a **natural**, y se refiere a la capacidad interna del redimido para percibir la verdad de Dios. La Palabra de Dios es valorada espiritualmente, discernida espiritualmente y entendida espiritualmente, y el hombre natural está espiritualmente muerto.

El salmista entendió la necesidad de que Dios iluminara su Palabra. Por eso oró: "Abre mis ojos, y miraré las maravillas de tu ley" (Sal. 119:18). Él sabía que no necesitaba la ayuda de Dios para leer su Palabra, pero sabía que la necesitaba para entenderla.

Martín Lutero dijo: "No podemos entender la Biblia mediante el simple estudio o talento; debemos contar con la presencia del Espíritu Santo".

Juan Calvino escribió: "El testimonio del Espíritu es superior al de la razón. Porque... estas palabras no se enraizarán en el corazón del hombre hasta que no son selladas por el Espíritu".

Alguien ha sugerido que el mejor de los hombres lo único que puede hacer por sí mismo "es roer la corteza de las Escrituras sin llegar a la madera".

Dios debe abrir los ojos de nuestro entendimiento antes de que nosotros podamos realmente conocer e interpretar correctamente su verdad. Su verdad está solo disponible para los que tienen un espíritu regenerado y en los que mora su Espíritu, porque solo el Espíritu puede iluminar las Escrituras. Del mismo modo que el que está físicamente ciego no puede ver el sol, el que está espiritualmente ciego no puede ver al Hijo. Ambos carecen de la apropiada iluminación. Martín Lutero dijo: "El hombre es como una estatua de sal, como la mujer de Lot —es como un tronco o como una piedra, es como una estatua sin vida que no puede usar sus ojos o boca, ni sus sentidos ni su corazón— a menos que sea iluminado, convertido y regenerado por el Espíritu Santo".

El espiritual, por el otro lado, **juzga todas las cosas**. El creyente tiene un Maestro de la verdad que habita en él para iluminarlo en todas las cosas de Dios que necesita entender. Juan escribió: "Pero la unción que vosotros recibisteis de él permanece en vosotros, y no tenéis necesidad de que nadie os enseñe; así como la unción misma os enseña todas las cosas, y es verdadera, y no es mentira, según ella os ha enseñado, permaneced en él" (1 Jn. 2:27). El Espíritu Santo toma la Palabra de Dios, la Palabra que Él ha revelado e inspirado, y la ilumina para aquellos en los que Él mora.

A diferencia de la revelación e inspiración de Dios, que fue dada a los escritores bíblicos, su iluminación es para *todos* los cristianos. Todos podemos discernir correctamente la Palabra de Dios cuando confiamos en el dador de la Palabra.

Debido a que el hombre natural no puede evaluar correctamente la Palabra de Dios tampoco puede juzgar correctamente al pueblo de Dios. **El espiritual**... **no es juzgado por nadie**. Es tan imposible para el mundo entender a los cristianos fieles como les resulta a ellos entender a Dios mismo y a su Palabra. Ellos, por supuesto, *tratan* de juzgar a los creyentes, pero siempre se equivocan. Puede evaluar con exactitud nuestras faltas, defectos y nuestra manera de vivir que no es consecuente con nuestra fe. Si el evangelio mismo es una piedra de tropiezo y una locura para ellos, también lo es la fe basada en el evangelio.

La persona en Cristo será malentendida y maltratada como Cristo lo fue (Jn. 15:20). El mundo se reirá de ellos, se burlará de ellos y aun los matará, como sucede todavía en muchos lugares del mundo. El mundo crucificó a Cristo y crucificará a sus seguidores.

Pablo preguntó: **¿Quién conoció la mente del Señor?** ¿Qué hombre natural piensa los pensamientos de Dios? Ninguno. Los incrédulos quieren corregir a menudo a los creyentes, discutir acerca de las verdades que creemos y seguimos. Pero cuando ellos contradicen la enseñanza de las Escrituras, no están discutiendo con nosotros, sino con Dios, cuyos pensamientos ellos no entienden. Están tratando de **instruirlo** a Él. ¡Qué absurdo!

Sin embargo, como cristianos, Dios nos instruye a nosotros. Estamos en condiciones de entender **todas las cosas** de su Palabra porque **tenemos la mente de Cristo**. Cristo piensa los pensamientos de Dios, entiende la sabiduría de Dios. Nosotros tenemos su **mente** (*nous*). Este término se traduce como "entendimiento" en 14:14, 15, 19. Su uso aquí podemos entenderlo mejor por su empleo en Lucas 24:45 acerca de la revelación de Jesús a sus discípulos en el camino a Emaús: "Entonces les abrió el entendimiento, para que comprendiesen las Escrituras".

La doctrina de la iluminación no significa que nosotros podemos conocerlo y entenderlo todo (Dt. 29:29), que no necesitamos maestros humanos (Ef. 4:11-12), o que el estudio no es dedicación y esfuerzo (2 Ti. 2:15). Quiere decir que las Escrituras pueden ser entendidas por cada cristiano que es diligente y obediente.

Cristianos carnales (3:1-9)

7

De manera que yo, hermanos, no pude hablaros como a espirituales, sino como a carnales, como a niños en Cristo. Os di a beber leche, y no vianda; porque aún no erais capaces, ni sois capaces todavía, porque aún sois carnales; pues habiendo entre vosotros celos, contiendas y disensiones, ¿no sois carnales, y andáis como hombres? Porque diciendo el uno: Yo ciertamente soy de Pablo; y el otro: Yo soy de Apolos, ¿no sois carnales? ¿Qué, pues, es Pablo, y qué es Apolos? Servidores por medio de los cuales habéis creído; y eso según lo que a cada uno concedió el Señor. Yo planté, Apolos regó; pero el crecimiento lo ha dado Dios. Así que ni el que planta es algo, ni el que riega, sino Dios, que da el crecimiento. Y el que planta y el que riega son una misma cosa; aunque cada uno recibirá su recompensa conforme a su labor. Porque nosotros somos colaboradores de Dios, y vosotros sois labranza de Dios, edificio de Dios. (3:1-9)

Michael Green nos habla en su libro *The New Life* (La nueva vida) acerca de un amigo que fue a verlo y le explicó su vida cristiana recientemente redescubierta con palabras semejantes a estas: "Es como un ciclista que, cuando está escalando una larga cuesta, piensa que podrá bajar sin esfuerzo por el otro lado de la cuesta. Pero cuando alcanza la cima se da cuenta de que su tarea solo acaba de comenzar y que la carretera sigue con montes aún más empinados que el que acaba de escalar".

Muchos cristianos han llegado a la misma conclusión. La vida cristiana fiel llega a ser cada vez más difícil y más exigente. Es lo más opuesto a un cómodo descenso cuesta abajo. Cristo resuelve todos nuestros problemas más importantes. Nos da paz, gozo, significado a la vida, propósito, y muchas otras bendiciones de las que nada saben los incrédulos; pero la vida cristiana no es fácil. En muchos sentidos vivir ahora es más exigente que lo era antes de ser salvos.

¿Cómo puede ser eso así? ¿Cómo —cuando tenemos al propio Espíritu de Dios dentro de nosotros, la mente de Cristo y el poder de Dios— puede llegar a ser más difícil hacer lo que es correcto, hacer lo que nuestro Señor quiere que hagamos? Hay dos razones: el mundo y la carne. El primero está fuera de nosotros; la segunda la llevamos en nosotros mismos. Esos son los supremos instrumentos de Satanás para tentar a los creyentes y apartarlos de la fidelidad y victoria.

La promesa de un nuevo pacto en Cristo es la promesa de un nuevo espíritu y un nuevo corazón (Ez. 36:25-27). Cuando una persona se hace cristiana también viene a ser una nueva creación, con una nueva naturaleza, un nuevo ser interior, y una disposición favorable hacia Dios, ninguna de las cuales puede conseguirlas una persona aparte de Cristo (2 P. 1:4; 2 Co. 5:17). A partir de ese momento, hasta que el Señor se lo lleva a su presencia, está nadando en contra de la corriente. Como un salmón que regresa para desovar, descubre que la gravedad y la corriente están siempre en contra suya. Su nuevo corazón lo lleva en una dirección completamente diferente de la que sigue el mundo a su alrededor.

La iglesia ha pensando a menudo acerca de la mundanalidad en términos de baile, tomar bebidas alcohólicas y cosas semejantes. Pero la mundanalidad es algo mucho más profundo que los malos hábitos; es una orientación, una manera de pensar y creer. Básicamente es aceptar las filosofías y sabiduría humanas. Es mirar al mundo —a los dirigentes humanos, a las personas influyentes y populares, a los vecinos, a los asociados y a los compañeros de estudio— para nuestras normas, actitudes y significado de la vida. La mundanalidad es aceptar las definiciones del mundo, las maneras de medir el mundo y las metas del mundo.

El segundo gran obstáculo al que nos enfrentamos los cristianos es la carne. De hecho, la carne es la que produce el puente que usa el mundo para alcanzarnos. Cuando recibimos la naturaleza divina de Cristo, nuestra carne no desaparece. Eso no sucede hasta que no somos glorificados (Ro. 8:18-25). Hasta entonces la carne se continúa resistiendo y oponiendo al nuevo corazón. Pablo nos habla acerca de las luchas en su propia vida:

> *Porque lo que hago, no lo entiendo; pues no hago lo que quiero, sino lo que aborrezco, eso hago... Porque no hago el bien que quiero, sino el mal que no quiero, eso hago... Porque según el hombre interior, me deleito en la ley de Dios; pero veo otra ley en mis miembros, que se rebela contra la ley de mi mente. (Ro. 7:15, 19, 22-23)*

Cuando nacimos físicamente heredamos de Adán la carne con su tendencia al pecado. Cuando nacimos espiritualmente y recibimos un nuevo espíritu y un nuevo corazón, Dios rompió el poder del pecado, inutilizó su habilidad y pagó su pena. Pero la inclinación al mal permanece. La palabra que mejor caracteriza la carne, nuestra humanidad, nuestra naturaleza adánica, es *egoísmo*. El pecado de Adán, como el pecado del tentador cuando él cayó (Is. 14:13), se centró en establecer su propia voluntad e intereses en contra de Dios; y desde entonces ese ha sido el corazón del pecado.

El mundo y la carne están íntimamente relacionados. Los está usando el mismo poder: Satanás, y sirven para el mismo propósito: el mal. Se complementan el uno del otro y son a menudo difíciles de distinguir. Pero no es necesario distinguir con precisión entre ellos, porque ambos son enemigos espirituales y hay que luchar contra ambos con las mismas armas: la Palabra de Dios y el Espíritu de Dios.

Nuestro triunfo final sobre el mundo y la carne es seguro, pero también es segura nuestra lucha continua con ellos en esta vida. Ganaremos la batalla final, pero podemos perder muchas escaramuzas a lo largo del camino.

Los creyentes corintios tenían una lucha especialmente dura contra estos dos enemigos, una lucha que rara vez ganaron. Ellos no estaban dispuestos a romper con el mundo ni con la carne y a menudo sucumbían a ambos. En consecuencia, caían en serios pecados uno tras otro. Casi toda esta epístola tiene que ver con la identificación y corrección de esos pecados.

El pecado de la división estaba muy relacionado con otros pecados. Los pecados se relacionan siempre entre sí. No hay tal cosa como pecados aislados. Un pecado lleva a otro, y el segundo refuerza el primero. Cada pecado es una combinación de pecados, un creyente que peca no puede confinar el mal a una sola dimensión.

Desde 1:18 hasta 2:16 Pablo señala que los corintios estaban divididos por su pecaminosidad, debido a su constante amor por la sabiduría humana. En 3:1-9 el apóstol muestra que estaban también divididos por causa de la carne, debido a que cedían continuamente al mal en su humanidad. Él nos muestra la causa, los síntomas y la cura.

LA CAUSA DE LA DIVISIÓN: LA CARNE

De manera que yo, hermanos, no pude hablaros como a espirituales, sino como a carnales, como a niños en Cristo. Os di a beber leche, y no vianda; porque aún no erais capaces, ni sois capaces todavía, porque aún sois carnales. (3:1-3a)

La causa de la división en la iglesia era algo más que una influencia externa y mundana. Era también interna, carnal. Los corintios habían sucumbido a las presiones del mundo, pero también estaban sucumbiendo a las presiones e incentivos de su propia carne.

Antes de reprenderlos por su inmadurez y pecaminosidad, Pablo les recuerda que les estaba hablando como **hermanos** en la fe. Ese es un término de reconocimiento y de amor. Les recuerda a sus hermanos en Cristo que eran todavía salvos, que su pecado, con todo lo terrible e inexcusable que era, no los privaba de su salvación. Él no trató de minimizar la seriedad de su pecado, pero sí procuró disminuir o prevenir cualquier desaliento que su represión podía, de otra manera, haber causado. Estaba con ellos como un hermano, no sobre ellos como un juez.

No obstante, Pablo no podía hablarles a los corintios como hombres **espirituales**. Ellos habían entrado por la puerta de la fe, pero no habían avanzado mucho más. La mayoría de ellos había recibido a Cristo Jesús hacía un tiempo, pero se estaban comportando como si acabaran de haber nacido. Todavía eran **niños en Cristo**.

El Nuevo Testamento usa la palabra **espiritual** de diferentes maneras. En un sentido neutral significa sencillamente la esfera de las cosas espirituales, en contraste con la esfera de lo físico. Sin embargo, cuando se aplica a los hombres se usa en cuanto a su relación con Dios en una de dos formas: posicional o prácticamente. Los incrédulos no son espirituales en ninguno de los dos sentidos. Ellos no poseen ni un nuevo espíritu ni el Espíritu Santo. Su posición es natural y su práctica es natural. Los creyentes, por el otro lado, son totalmente espirituales en el sentido posicional, porque han recibido un nuevo ser interno que ama a Dios y en ellos mora el Espíritu Santo. Pero en cuanto a la práctica, los creyentes pueden ser también carnales.

En 2:14-15 Pablo contrasta a los creyentes y a los incrédulos, y su uso de "espiritual" en ese contexto se refiere, por tanto, a la espiritualidad posicional. El "hombre natural" (v. 14) es la persona no salva; "el espiritual" (v. 15) es el que es salvo. En el sentido posicional, no hay tal cosa como cristianos no espirituales o cristianos parcialmente espirituales. En este sentido, cada creyente es igual. Este *espiritual* es sinónimo de poseer en el alma la vida de Dios, o como vemos en 2:16, tener la mente de Cristo.

Una persona posicionalmente espiritual es aquella que tiene un corazón nuevo, que el Espíritu Santo mora en ella y la dirige. "Mas vosotros no vivís según la carne, sino según el Espíritu, si es que el Espíritu de Dios mora en vosotros. Y si alguno no tiene el Espíritu de Cristo, no es de él" (Ro. 8:9; cp. v. 14). Cuando confiamos en Cristo Jesús, su Espíritu toma el control nuestra vida y sigue dirigiéndola hasta que morimos. Nos controlará para sus fines supremos, nos sometamos nosotros o no. "Y sabemos que los que aman a Dios, todas las cosas les ayudan a bien, esto es, a los que conforme a su propósito son llamados" (Ro. 8:28). Nuestra resistencia y desobediencia pueden causar muchos desvíos, demoras y dolores innecesarios, pero Él llevará a cabo *su* obra en nosotros. "El que comenzó en vosotros la buena obra, la perfeccionará hasta el día de Jesucristo" (Fil. 1:6).

Sin embargo, prácticamente los cristianos pueden ser de todo menos espirituales. Eso les sucedía a los cristianos corintios. Pablo se dirige a ellos como hermanos, pero les indica claramente que tenía que hablarles al mínimo nivel espiritual. Tenía que hablarles **como a carnales**.

Carnales (*sarkinos*) significa literalmente "carnoso". En este contexto se refiere a la humanidad caída del hombre, a su ser adánico: sus deseos corporales que se manifiestan en rebelión contra Dios, que se glorifica a sí mismo y es propenso al pecado. Como mencionamos arriba, la carne no queda desarraigada cuando somos salvos. En última instancia ya nunca puede dominarnos o destruirnos, pero puede tener una gran influencia sobre nosotros. Esa es la razón por la que anhelamos la redención del cuerpo (Ro. 8:23). La glorificación, en un sentido, será un cambio menor que la justificación. La justificación fue la transformación de nuestro ser interior; la glorificación es la eliminación del ser exterior, que lleva la maldición.

De modo que un cristiano ya no se caracteriza por el pecado; ya nunca más representa su naturaleza básica. Pero todavía es capaz de pecar, y su pecado es tan pecaminoso como el del incrédulo. El pecado es pecado. Cuando un cristiano peca, está dejando prácticamente de ser espiritual, está viviendo en el mismo nivel que los incrédulos. Consecuentemente Pablo se siente compelido a hablarles a los creyentes corintios como si no fueran creyentes.

Quizás para suavizar de alguna manera la represión, los compara con **niños en Cristo**. No es en absoluto un cumplido, pero daba por sentado que verdaderamente pertenecían a Cristo.

Los creyentes corintios eran espiritualmente ignorantes. Pablo los había ministrado durante dieciocho meses, y luego fueron pastoreados por un maestro tan dotado como Apolos. Algunos de ellos estaban relacionados con Pedro y otros aparentemente habían escuchado a Jesús predicar (1:12). Como los "niños" de Hebreos 5:13, no tenían ninguna excusa para no ser maduros. No obstante, eran exactamente lo opuesto. No eran niños porque se acabaran de convertir, sino porque eran inexcusablemente inmaduros.

A los corintios no les faltaba inteligencia. Su problema no era deficiencia mental o falta de enseñanza. No eran ignorantes de la fe porque fueran tontos, sino porque eran carnales. La causa no era mental, sino espiritual. Debido a que habían rehusado abandonar sus caminos y deseos carnales, se habían convertido en lo que Santiago llama "oidor olvidadizo" (Stg. 1:25). Una persona que no usa la información la perderá; y lo espiritual no es una excepción. Las verdades espirituales que olvidamos o que descuidamos las recordamos cada vez menos y son menos significativas (cp. 2 P. 1:12-13). Nada nos lleva más a ignorar la verdad de Dios que no vivirla. Un cristiano que peca se siente incómodo en la luz de Dios. O bien se arrepiente de su comportamiento carnal o bloquea la luz de Dios. Solo cuando desechamos "toda malicia, todo engaño, hipocresía, envidias, y todas las detracciones" —es decir, lo carnal— somos capaces de desear "la leche espiritual no adulterada, para que por ella crezcáis para salvación" (1 P. 2:1-2).

Os di a beber leche, y no vianda; porque aún no erais capaces, ni sois capaces todavía, porque aún sois carnales. (3:2-3a)

Cuando Pablo les predicó por primera vez a los corintios les enseñó las verdades doctrinales más fáciles de digerir, la **leche**. Pero ahora, unos cinco años más tarde, todavía necesitaban que se les alimentara con leche. Todavía no eran capaces de digerir alimento sólido: **vianda**.

Como muchos cristianos hoy día, los corintios parecían estar dispuestos a quedarse con su dieta de leche. Algunas congregaciones no quieren que el pastor se meta "en profundidades". No se sienten amenazados en sus hábitos carnales si, por ejemplo, el pastor predica principalmente mensajes evangelísticos. El evangelismo es clave en la misión de la iglesia, pero es para los incrédulos, no para los creyentes. O la congregación quiere que las Escrituras sean predicadas tan superficialmente que no expongan sus pecados, mucho menos reprenderlos y corregirlos.

No hay ninguna diferencia entre las verdades de una dieta de leche espiritual y una dieta de alimento sólido, excepto en detalle y profundidad. Todas las doctrinas pueden tener tanto elementos de leche como de carne. No es que vamos a aprender continuamente nuevas doctrinas a fin de crecer, sino que vamos a aprender más acerca de las doctrinas que conocemos por años. Un nuevo cristiano puede explicar la expiación, por ejemplo, como "la muerte de Cristo por mis pecados". Por el otro lado, un estudiante de la Palabra de muchos años profundizará en cosas tales como la regeneración, la justificación, la sustitución y la propiciación. Una explicación no será más cierta que la otra; pero la primera será **leche** y la segunda, **vianda**.

Que un predicador o maestro cristiano esté dando solo leche semana tras semana, año tras año, es un crimen en contra de la Palabra de Dios y del Espíritu Santo. No puede hacerse sin descuidar mucho de la Palabra de Dios y sin descuidar la dirección y el poder del Espíritu Santo, que es el Maestro e Iluminador supremo. Es también una tremenda injusticia para los que escuchan, ya sea que estén satisfechos o no con tener solo leche. Hay que estimular el apetito.

Nada es más precioso o maravilloso que un niño pequeño; pero se nos rompe el corazón cuando encontramos a un hombre de veinte años con la mente de un infante. Es un gozo ver a un bebé que actúa como un bebé; pero es una tragedia un adulto que actúa como un bebé. Entristecía sin duda al Espíritu Santo, y también a Pablo, que los cristianos corintios nunca hubieran superado su infancia espiritual. Esta tragedia es inmensamente peor que la de estar física o mentalmente retrasados, los que no son responsables de su condición. El atraso espiritual, sin embargo, es principalmente por causa nuestra. Puede que no hayamos tenido al mejor predicador o maestro, pero todo creyente tiene al Maestro perfecto morando en él, que anhela instruirlo en todas las cosas de Dios (cp. 1 Jn. 2:20, 27). Si no crecemos espiritualmente, la razón es siempre porque somos **carnales**.

Los momentos de crecimiento del creyente son aquellos cuando anda en el Espíritu (Gá. 5:16-17). Es esencial entender que la carnalidad no es un estado absoluto en el que existe el creyente (Ro. 8:4-14), sino una forma de comportamiento que escoge en un momento en el tiempo. Para decirlo de otra manera, un cristiano no es carnal en el sentido de ser, sino en el sentido de comportamiento.

LOS SÍNTOMAS DE LA DIVISIÓN: CELOS Y CONTIENDAS

Pues habiendo entre vosotros celos, contiendas y disensiones, ¿no sois carnales, y andáis como hombres? Porque diciendo el uno: Yo ciertamente soy de Pablo; y el otro: Yo soy de Apolos, ¿no sois carnales? (3:3*b*-4)

Los cristianos inmaduros, carnales, no son nunca el resultado de genes espirituales deficientes o defectos espirituales de nacimiento. Son como son por su propio deseo y voluntad. Uno de los peores y más desalentadores problemas que puede tener una iglesia es una congregación llena de bebés. Cristianos que no crecen porque buscan la satisfacción de sus apetitos carnales.

Debido a que el egoísmo está en el centro del comportamiento carnal, los **celos** y las **contiendas** aparecen siempre en una congregación inmadura. Los celos son la actitud y las contiendas son las acciones resultantes. Los celos hablan de la condición emocional interna, las contiendas son la expresión externa.

Sin embargo, estos dos problemas son meramente representativos de los muchos síntomas de la carne. Los deseos pecaminosos son como el cáncer; tienen muchas formas y efectos en muchas partes de la iglesia y de muchas maneras, todos ellos destructivos. La carnalidad es un mal general que tiene muchas manifestaciones. Corromperá la moral, debilitará las relaciones personales, producirá dudas acerca de Dios y de su Palabra, destruirá la vida de oración y proveerá de terreno fértil para la herejía. Atacará la sana doctrina y el vivir recto, la doctrina correcta y la práctica correcta.

Los celos y las contiendas no son los menores de los síntomas de una vida según la carne. Esos pecados son más destructivos de lo que muchos cristianos parecen pensar. Están muy lejos de ser pecados insignificantes, porque, entre otras cosas, causan división en la iglesia, el cuerpo de Cristo, por quien Él dio su vida. Se encuentran entre las marcas seguras de una humanidad caída, así como la unidad es una de las señales seguras de la transformación divina.

Los celos son una forma grave de egoísmo, envidiando algo que alguien tiene y que quisiéramos tener nosotros. Y el egoísmo es una de las características más evidentes de conducta infantil. La vida de un infante está totalmente centrada en sí mismo y es egoísta. Su única preocupación es su propia comodidad, su hambre, su atención, su sueño. Es típico que un niño viva centrado en sí mismo, pero ya no debería ser típico de un adulto, especialmente de un cristiano adulto. Tener celos y causar contiendas entre los creyentes muestran que somos espiritualmente infantiles, indican una perspectiva carnal.

Las divisiones solo suceden cuando hay egoísmo. Las personas carnales e inmaduras cooperan solo con aquellos líderes y hermanos creyentes con los que están de acuerdo, que les agrandan personalmente o que los adulan. Es imposible evitar las facciones allí donde hay celos y contiendas o cualquier otra forma de carnalidad. Cuando una congregación desarrolla lealtades alrededor de individuos, es un síntoma seguro de inmadurez espiritual y de problemas. Fue un pecado que se desarrollaran facciones alrededor de **Pablo** y **Apolos**, y es un pecado que se desarrollen grupos divisivos alrededor de algún dirigente en la iglesia de hoy. **¿No sois carnales, y andáis como hombres?** Es otra forma de decir: Estáis pensando y actuando en una forma carnal.

LA CURA PARA LAS DIVISIONES: GLORIFICAR A DIOS

¿Qué, pues, es Pablo, y qué es Apolos? Servidores por medio de los cuales habéis creído; y eso según lo que a cada uno concedió el Señor. Yo planté, Apolos regó; pero el crecimiento lo ha dado Dios. Así que ni el que planta es algo, ni el que riega, sino Dios, que da el crecimiento. Y el que planta y el que riega son una misma cosa; aunque cada uno recibirá su recompensa conforme a su labor. Porque nosotros somos colaboradores de Dios, y vosotros sois labranza de Dios, edificio de Dios. (3:5-9)

La cura para las divisiones es apartar nuestros ojos del yo y fijarlos en el Dios a quien todos glorificamos. Cuando nuestra atención se centra en nuestro Señor, como debería ser siempre, ya no habrá tiempo ni ocasión para las divisiones. Cuando nuestra atención está fija en Él no puede estar centrada en nosotros, en dirigentes humanos o en facciones humanas.

Apolos y **Pablo** eran sencillamente **servidores por medio de los cuales habéis creído**. Eran instrumentos, no la fuente, de la salvación. Como Pablo les había recordado antes, él no había muerto por ellos ni habían sido bautizados en su nombre (1:13). Lo mismo era cierto, por supuesto de Apolos o de Pedro, como lo es también de todos los demás ministros del Señor en todos los tiempos. Todos los cristianos, incluyendo hombres tales como aquellos que el Señor usó de forma tan poderosa, son sus **servidores** (*diakonoi*) o ministros. Esta no es la misma palabra que (*doulos*) que traducimos a menudo como "siervo o esclavo" (7:21-23; Ro. 1:1, etc.), que sencillamente significa un obrero de mínima importancia, libre o esclavo. Se usaba a menudo de uno que servía la mesa o lo que llamaríamos hoy un mesero.

En efecto, Pablo estaba diciendo: "Nadie edifica un movimiento alrededor de un sirviente o mesero, o erige monumentos en su honor. Apolos y yo somos solo meseros o sirvientes que el Señor usa como servidores para llevarles alimentos a ustedes. Ustedes no nos complacen insistiendo en honrarnos. Su honor y su gloria están mal dirigidos. Están actuando como personas del mundo, como **meros hombres.** Edifiquen sus monumentos y den sus alabanzas a aquel que prepara el alimento espiritual que nosotros les servimos".

El mundo honra y trata de inmortalizar a grandes hombres porque esos hombres son lo más elevado que ellos conocen. El mundo no puede ver más allá de sí mismo. Pero los cristianos conocen a Dios: el Creador, el sustentador, el Salvador, el Señor del universo y el origen de todas las cosas. Solo Él es digno de honor y gloria. Nosotros somos únicamente sus siervos, sus instrumentos. Si se disponen a honrar a un artista, ustedes no hacen una estatua de sus pinceles o paleta. Pues tiene menos sentido que los cristianos traten de glorificar a los hombres, aunque sean un Apolos o un Pablo, quienes son solo pinceles o paletas en las manos del Señor. Deben ser estimados y amados por su obra (1 Ts. 5:12-13), pero no reverenciados y puestos uno contra otro.

Esos hombres tienen que cumplir un ministerio que Dios les ha dado. Pablo usa una metáfora de la agricultura y reconoce que él **plantó** y **Apolos regó.** Ellos han cumplido bien y fielmente con su tarea. Pero la obra auténtica la hizo el Señor. **Dios** es el **que da el crecimiento.** Ningún hombre, ni siquiera el mejor agricultor o el mejor horticultor, puede darle vida o hacer que crezca físicamente lo que planta. Mucho menos puede una persona, aunque sea un apóstol, darle vida espiritual o crecimiento a una persona. Lo máximo que pueden hacer los hombres en cualquier caso es labrar la tierra, regarla y plantar las semillas. El resto queda en las manos de Dios. **Así que ni el que planta es algo, ni el que riega, sino Dios, que da el crecimiento.** Los instrumentos humanos **son una misma cosa**: herramientas. Toda la honra y la gloria por lo logrado le corresponde a Dios.

Pablo menciona aquí solo dos clases de ministerio, representados por plantar y regar. Su principio, sin embargo, se aplica a todo tipo de ministerio. A nuestros ojos, alguna forma de obra cristiana nos parece más brillante, más importante o más significativa que otras. Pero si Dios ha llamado a una persona a un ministerio, ese es el ministerio más importante que puede tener. Todo el trabajo de Dios es importante. Glorificar una clase de trabajo por encima de otro es tan carnal y divisivo como glorificar a un dirigente por encima de otro.

La parábola de nuestro Señor en Mateo 20:1-16 demuestra la igualdad de nuestros ministerios en el día de la recompensa. Jesús dio esta parábola como una correctivo de los sentimientos de los discípulos de que ellos eran más importantes que otros (19:27-30). Todos heredaremos igualmente la vida eterna prometida, con todas sus bendiciones. Esa es la identidad de nuestra gloria futura.

Y el que planta y el que riega son una misma cosa. Todos los obreros de Dios son uno en Él, y para el Señor debe ir toda la gloria. El reconocimiento de nuestra unidad en el Señor es el único remedio seguro para nuestra tendencia a las divisiones. No deja lugar a la carne y a su celo, disensión y división.

Dios no falla en reconocer la obra fiel de sus siervos. **Cada uno recibirá su recompensa conforme a su labor.** Dios dará "el galardón a [sus] siervos los profetas, a los santos, y a los que temen su nombre, a los pequeños y a los grandes" (Ap. 11:18). Esta es la singularidad de la gloria futura.

Dios recompensa en base de **labor**, no de éxitos o resultados. Un misionero puede trabajar fielmente durante 40 años y ver solo un puñado de convertidos. Otro puede trabajar muchos menos años y ver muchos más convertidos. Jeremías fue uno de los profetas más fieles y dedicados, no obstante, él vio muy pocos resultados en su ministerio. Fue ridiculizado, perseguido y generalmente rechazado junto con el mensaje que predicaba. Jonás, por el otro lado, fue mezquino y poco dispuesto, pero por medio de él Dios ganó a toda la ciudad de Nínive en una breve campaña. Nuestra utilidad y eficacia son puramente por la gracia de Dios (cp. 1 Co. 15:10).

Es apropiado que los siervos de Dios sean apreciados y alentados mientras que ministran en la tierra; pero no debemos glorificarlos, apartarlos o hacerlos el centro de grupos o movimientos especiales.

Pablo y Apolos solo eran **colaboradores de Dios**. No era su propio ministerio en el que estaban trabajando, sino el de Dios. ¡Qué divino compañerismo! Era la iglesia *de Dios* en Corinto, no la de Pablo, de Apolos o de Pedro. Los creyentes allí eran **labranza de Dios, edificio de Dios**, y solo de Él. Y la gloria por toda buena obra hecha allí, o en cualquier parte, le correspondía solo a Él.

El juicio de las obras de los creyentes (3:10–17)

8

Conforme a la gracia de Dios que me ha sido dada, yo como perito arquitecto puse el fundamento, y otro edifica encima; pero cada uno mire cómo sobreedifica. Porque nadie puede poner otro fundamento que el que está puesto, el cual es Jesucristo. Y si sobre este fundamento alguno edificare oro, plata, piedras preciosas, madera, heno, hojarasca, la obra de cada uno se hará manifiesta; porque el día la declarará, pues por el fuego será revelada; y la obra de cada uno cuál sea, el fuego la probará. Si permaneciere la obra de alguno que sobreedificó, recibirá recompensa. Si la obra de alguno se quemare, él sufrirá pérdida, si bien él mismo será salvo, aunque así como por fuego. ¿No sabéis que sois templo de Dios, y que el Espíritu de Dios mora en vosotros? Si alguno destruyere el templo de Dios, Dios le destruirá a él; porque el templo de Dios, el cual sois vosotros, santo es. (3:10-17)

Este pasaje continúa la discusión de Pablo (1:10–3:23) sobre las divisiones en el seno de la iglesia en Corinto; pero su trasfondo más inmediato es la segunda venida del Señor. Pablo muestra cómo el comportamiento mundano y carnal, y la división espiritual que causa, afectan las recompensas que el Señor dará cuando regrese. Siguiendo adelante, discute la paradoja de las recompensas, con su certeza (puesto que todos nosotros no las merecemos) y su singularidad (cada uno es recompensado individualmente). Pablo afirma ambas verdades, mientras que espera la gloria para la resolución final de la paradoja.

La venida del Señor para recompensar a los suyos era una de las grandes motivaciones de Pablo. En un sentido, todo lo que el apóstol hacía estaba motivado por esta verdad. Su objetivo, dentro del objetivo supremo de glorificar a su Dios y Salvador, era el de prepararse a sí mismo para comparecer delante del Señor y poder oírlo decir: "Bien, buen siervo y fiel" (Mt. 25:21, 23). Él escribió a los filipenses: "Una cosa hago: olvidando ciertamente lo que queda atrás, y extendiéndome a lo que está delante, prosigo a la meta, al premio del supremo llamamiento de Dios en Cristo Jesús" (Fil. 3:13-14). No estaba buscando honra y gloria para sí mismo, o que quisiera demostrar que él era mejor que otros cristianos, superándolos en el servicio cristiano. Él deseaba recibir la más alta recompensa de parte del Señor porque eso sería lo que más le agradaría al Señor y demostraría gráficamente su amor lleno de gracia.

En la segunda carta a los Corintios, Pablo menciona tres motivaciones específicas para hacer todo lo mejor que podía por Cristo. Primera, quería agradar al Señor: "Por tanto procuramos también, o ausentes o presentes, serle agradables" (2 Co. 5:9). Segunda, el gran amor de Cristo controlaba todo lo que él hacía (v. 14); todo su ministerio estaba dirigido por su amor a Dios. Y tercera, él sabía que la obra de Cristo estaba consumada, que "por todos murió" (v. 15), y que, por tanto, su ministerio del evangelio sería *siempre* eficaz; no podía fallar. Cristo Jesús había ya terminado toda la obra que se necesitaba hacer para que las personas pudieran ser salvas.

Pablo no era la clase de persona que hace las cosas a medias. Cuando él corría una carrera o peleaba una batalla, lo hacía para ganar, para ganar la corona imperecedera de la recompensa del Señor (1 Co. 9:24-27). No estaba compitiendo con otros creyentes, sino en contra de su propia debilidad, cansancio y pecado. Aunque las palabras específicas todavía no se habían escrito, Pablo tenía siempre presente el conocimiento de que: "He aquí yo vengo [Jesús] pronto, y mi galardón conmigo, para recompensar a cada uno según sea su obra" (Ap. 22:12).

Al hablar de las recompensas de los creyentes, Pablo no está hablando acerca de nuestro juicio de las obras o acerca del juicio de Dios del pecado. Porque todos los creyentes "compareceremos ante el tribunal de Cristo... de manera que cada uno de nosotros dará cuenta a Dios de sí", de modo que no tenemos el derecho de juzgar las obras de los demás (Ro. 14:10-12). Ni siquiera sabemos qué recompensa recibiremos nosotros, mucho menos la que recibirán otros. Quedan, pues, excluidos los juicios ya sean favorables o desfavorables. Ni siquiera contamos con los suficientes elementos de juicio para juzgar a los incrédulos en la iglesia, que son como cizaña entre el trigo (cp. Mt. 13:24-30). Obviamente, debemos reprender el pecado y hablar con el hermano que ha pecado (Mt. 18:15-19; 1 Co. 5:1-13); pero eso es en base de que podemos *ver* dicho pecado. Juzgar los motivos y el derecho al galardón le corresponde solo a Dios, porque solo Él conoce el corazón.

Es tan erróneo elevar muy alto a una persona como denigrarla. Pablo ya había advertido dos veces en esta carta en contra de esa mundana elevación de los dirigentes cristianos, incluyéndolo a él (1 Co. 1:12-13; 3:4-9). Nunca sabemos lo suficiente acerca del corazón de otro y de sus motivos y fidelidad —de hecho, ni siquiera lo suficiente sobre nosotros mismos— como para saber qué recompensas son de verdad merecidas o no. No debemos dedicarnos a juzgar "nada antes de tiempo, hasta que venga el Señor, el cual aclarará también lo oculto de las tinieblas, y manifestará las intenciones de los corazones; y entonces cada uno recibirá su alabanza de Dios" (1 Co. 4:5).

El tema aquí no es tampoco el juicio de Dios sobre el pecado. El "tribunal de Cristo" ante el cual comparecemos todos los creyentes (Ro. 14:10; 2 Co. 5:10) es el griego *bema*, un tribunal. Pero ambos pasajes dejan bien en claro que el juicio en este lugar y en este tiempo no será para condenación del pecado, sino para recompensa de las buenas obras e involucrará a todos los creyentes. Cristo juzgó el pecado sobre la cruz, y debido a nuestra posición en Él nunca seremos condenados por nuestros pecados. Él fue condenado por nosotros (1 Co. 15:3; Gá. 1:4; 1 P. 2:24; etc.). Él pagó el castigo que correspondía a *todos* nuestros pecados (Col. 2:13; 1 Jn. 2:12). Dios ya no tiene ninguna acusación en contra de los que confían en su Hijo, los que son elegidos, y no permitirá que nadie presente acusaciones en contra de ellos (Ro. 8:31-34). "Ahora, pues, ninguna condenación hay para los que están en Cristo Jesús" (Ro. 8:1). Como veremos más tarde, "cada uno recibirá su alabanza de Dios" (1 Co. 4:5).

En 1 Corintios 3:10-17 Pablo cambia la analogía de la agricultura a la arquitectura. Había estado hablando acerca de cómo él había plantado, Apolos había regado y Dios había dado el crecimiento (vv. 6-8). Al final del versículo 9 hace una transición en su metáfora: "Vosotros sois labranza de Dios, edificio de Dios".

Pablo usa la imagen de un edificio para considerar cinco aspectos de la obra del pueblo del Señor en la tierra: el perito arquitecto, el fundamento, los materiales, la prueba y los obreros.

EL PERITO ARQUITECTO: PABLO

Conforme a la gracia de Dios que me ha sido dada, yo como perito arquitecto puse el fundamento, y otro edifica encima; pero cada uno mire cómo sobreedifica. (3:10)

Pablo mismo era el **perito arquitecto** del proyecto corintio. Perito arquitecto es una palabra (*architektōn*) en el griego, y, como podemos imaginar, es el término de donde nos viene *arquitecto*. Pero en el tiempo de Pablo la palabra conllevaba la idea tanto de diseñador como de constructor. Él fue una combinación de arquitecto y constructor.

Como apóstol, la especialidad de Pablo era echar los cimientos. A lo largo de los años desde su conversión, el Señor había usado a Pablo para establecer e instruir a muchas iglesias en toda Asia Menor y en Macedonia y Grecia. Para evitar que alguien pensara que se estaba jactando, comenzó aclarando que su llamamiento y su eficacia eran solo por **la gracia de Dios que** le había **sido dada**. El que fuera un buen constructor fue obra de Dios, no de él. Ya había declarado que "ni el que planta es algo, ni el que riega, sino Dios, que da el crecimiento" (3:7). La misma verdad se aplica a los que echan los cimientos y a los que edifican sobre ellos. Unos pocos años después les diría a los creyentes en Roma: "Porque no osaría hablar sino de lo que Cristo ha hecho por medio de mí" (Ro. 15:18). Su gran éxito como un especialista apostólico de cimientos se debía exclusivamente a Dios. "Por la gracia de Dios soy lo que soy; y su gracia no ha sido en vano para conmigo, antes he trabajado más que todos ellos; pero no yo, sino la gracia de Dios conmigo" (1 Co. 15:10). Trabajó y luchó gracias al poder de Dios (Col. 1:29) y declaró que no había razón para gloriarse, sino en el Señor (1 Co. 1:31). Él no eligió ser un constructor, y mucho menos hacerse él mismo un constructor. Él fue "*hecho* ministro por el don de la gracia de Dios" y se consideraba a sí mismo como "el más pequeño de todos los santos" (Ef. 3:7-8). Animaba a las personas a que no lo alabaran (1 Co. 9:15-16), sino a que oraran por él (Ef. 6:19).

En los dieciocho meses que pasó trabajando entre los corintios (Hch. 18:11) estuvo predicando y enseñando el evangelio y nada más (1 Co. 2:2). De esa forma demostró que era un buen **perito arquitecto**. Esa expresión en este contexto tiene que ver no solo con sabiduría espiritual, sino también con sabiduría práctica, con habilidad. Pablo sabía por qué había sido enviado a Corinto: para edificar los fundamentos de una iglesia allí, y eso es lo que hizo cuidadosa y hábilmente. Contaba con el motivo correcto, el mensaje correcto y el poder correcto.

Empleó también el abordamiento correcto; era ciertamente un sabio estratega. Aunque él era sobre todo el apóstol de los gentiles (Hch. 9:15), iba primero a la sinagoga para predicar, porque el evangelio es primeramente para los judíos (Ro. 1:16). También sabía que los judíos lo escucharían como uno de los suyos, y que los que se convirtieran podían ayudarlo a alcanzar a los gentiles. Los judíos eran su mejor puerta abierta, así como también la pasión de su corazón (cp. Ro. 9:1-3; 10:1). Después de ganar algunos convertidos en la sinagoga y de que a menudo lo echaran de allí, comenzaba a predicar y a ministrar entre los gentiles en la comunidad (Hch. 17:1-4; 18:4-7). Cuidadosa y diligentemente planificaba y echaba unos cimientos sólidos. Los cimientos eran profundos y permanecerían.

Los cimientos son solo la primera parte del proceso de construcción. La tarea de Pablo era establecer los fundamentos apropiados del evangelio, establecer las doctrinas y principios para la creencia y práctica que Dios le había revelado (1 Co. 2:12-13. Era la tarea de establecer los misterios del nuevo pacto (cp. Ef. 3:1-9). Después de su salida, **otro edifica encima**. En el caso de Éfeso, esa persona fue Timoteo (1 Ti. 1:3). En el caso de Corinto, fue Apolos. Pablo nunca sintió celos de los que lo siguieron en el ministerio. Él sabía que, como uno que había echado cimientos, vendrían otros detrás de él para seguir edificando. La mayoría de los corintios, por ejemplo, habían sido bautizados por pastores posteriores. Pablo estaba contento de que fuera así, porque eso les daba a los corintios menos excusas para desarrollar lealtades hacia él (1:14-15).

Sí estaba bastante preocupado, sin embargo, porque los que edificaran sobre los cimientos que él había puesto trabajaran tan fielmente como él lo había hecho. **Pero cada uno mire como sobreedifica**. La forma verbal **sobreedifica** en el griego es el indicativo presente activo, el cual enfatiza una acción continuada. Todos los creyentes van a lo largo de su vida y de su historia edificando sobre Jesucristo.

Cada uno se refiere primeramente a los evangelistas, pastores y maestros que continúan edificando sobre los fundamentos establecidos por los apóstoles. Éstos recibieron la responsabilidad más especial y directa para enseñar la doctrina cristiana. Tiempo después Pablo instruyó a Timoteo de que los hombres que edifican deben ser fieles e idóneos (2 Ti. 2:2).

Pero el contexto nos indica claramente que también hay en mente una aplicación más amplia e inclusiva. Las varias referencias a "cada uno" y "alguno" (vv. 10-18) indican que el principio se aplica a todos los creyentes. Todos nosotros enseñamos el evangelio de alguna forma mediante lo que decimos y hacemos. Ningún cristiano tiene el derecho de ser descuidado en representar al Señor y a su Palabra. Cada creyente está llamado a ser un constructor cuidadoso. Todos tenemos la misma responsabilidad.

EL FUNDAMENTO: JESUCRISTO

Porque nadie puede poner otro fundamento que el que está puesto, el cual es Jesucristo. (3:11)

Pablo era un perito arquitecto cuya tarea primaria, como apóstol, consistía en echar los cimientos del evangelio cristiano. Pero él no diseñó los fundamentos; solo los echó. El único fundamento del cristianismo bíblico es **Jesucristo**. El fundamento no es la ética del Nuevo Testamento, mucho de ella la podemos encontrar en otras religiones. No es tampoco la historia, tradiciones y decisiones de iglesias y dirigentes de iglesias a lo largo de los siglos. Es Jesucristo y solo Él. En un sentido, son todas las Escrituras, porque todas las Escrituras son de Cristo Jesús y acerca de Él. El Antiguo Testamento predijo y preparó para su encarnación. Los evangelios nos cuentan la historia de su ministerio terrenal y Hechos es la historia de su iglesia en los primeros años. Las epístolas son comentarios acerca de su mensaje y obra, y el libro de Apocalipsis es el testimonio final de su reinado y regreso inminente. Lo que Cristo Jesús dijo acerca del Antiguo Testamento es aun más cierto, si eso fuera posible, del Nuevo Testamento: "Escudriñad las Escrituras... ellas son las que dan testimonio de mí" (Jn. 5:39).

Algunos edificadores han tratado de vincular el fundamento del cristianismo a la tradición de la iglesia, otros a las enseñanzas morales del Jesús humano; otros al humanismo ético, y todavía otros a alguna forma de seudociencia o sencillamente un amor sentimental y buenas obras. Pero Jesucristo es el único fundamento de la iglesia y de la vida cristiana. Sin ese fundamento ningún edificio espiritual será de Dios ni permanecerá.

Después de haber sanado al cojo a la puerta del templo y de que la multitud se quedara maravillada, Pedro les predicó un sermón espontáneo. Les explicó con algún detalle cómo Jesús era aquel sobre el que se enfocaba el Antiguo Testamento y era el único por medio del cual podían recibir salvación y vida eterna. Los sacerdotes y los saduceos mandaron arrestar a Pedro y Juan y los metieron en la cárcel. Al día siguiente los dos fueron llevados a la presencia del sumo sacerdote y de un buen número de otros dirigentes religiosos y les ordenaron que dieran una explicación de la predicación y sanidad realizadas. Pedro continuó su mensaje del día anterior, diciéndoles que había sido mediante Jesús de Nazaret, aquel a quien ellos habían crucificado, que Dios había sanado al hombre cojo, y que este mismo Jesús, la piedra rechazada por los edificadores, Dios la había hecho piedra angular de su reino (Hch. 3:1–4:12). Les estaba diciendo que aquellos líderes judíos no podían aceptar el evangelio del reino porque se habían negado a aceptar la piedra angular, el fundamento, del reino: al Señor Jesucristo.

Los supuestos edificadores de Israel, el pueblo escogido de Dios, trataban de edificar un sistema religioso de tradición y obras, pero carecían de fundamento. Construían su casa religiosa sobre la arena (Mt. 7:24-27). El fundamento que había sido revelado en sus Escrituras durante siglos —por Isaías y otros profetas— pero que ellos habían rechazado, como Pedro les recuerda de nuevo (1 P. 2:6-8). Cada filosofía humana, sistema religioso o código de conducta está condenado al fracaso y a la destrucción, porque no tiene fundamento. Solo hay un fundamento y, no importa cómo pueda el hombre enfocarlo, **nadie puede poner otro fundamento que el que está puesto, el cual es Jesucristo.** El reino de Dios está edificado sobre Cristo Jesús, y cada vida individual ("cada uno", v. 10) que agrada a Dios debe edificarse cuidadosamente sobre ese fundamento.

LOS MATERIALES: LAS OBRAS DE LOS CREYENTES

Y si sobre este fundamento alguno edificare oro, plata, piedras preciosas, madera, heno, hojarasca. (3:12)

Los edificios antiguos se edificaban a menudo con metales preciosos y joyas. Ningún cristiano tiene que preocuparse acerca del **fundamento** de su fe, pues está formado por el mármol y granito de la persona y de la obra de Cristo, y es seguro, estable y perfecto. Nuestra preocupación debería ser la de, sea lo que sea que edifiquemos sobre este fundamento, edificar con los mejores materiales. Hay solo un fundamento, pero hay muchos tipos de materiales para levantar el edificio espiritual. Mientras tanto que los creyentes están vivos, *están* edificando. Están edificando una clase de vida, una clase de iglesia, una clase de compañerismo cristiano y servicio. Puede ser una bella estructura o un tugurio, puede ser intencionalmente o por descuido, pero no podemos evitar ser alguien.

Desde los primeros momentos en la historia de la iglesia en Hechos y en las epístolas, y por los relatos de las siete iglesias en Apocalipsis 2–3 hasta nuestros días, ha sido evidente que los cristianos y las congregaciones que ellos formaron son muy diferentes. Desde el principio ha habido, en varios grados y combinaciones, cristianos de **oro** y cristianos de **madera**, iglesias de **plata** e iglesias de **heno**, empresas de **piedras preciosas** y otras que son **hojarasca**.

Los materiales de construcción mencionados en el versículo 12 aparecen en dos categorías, cada una mencionada en un orden de valor descendente. La primera categoría —**oro, plata, piedras preciosas**— representa claramente materiales de alta calidad. La segunda —**madera, heno, hojarasca**— representa con la misma claridad materiales inferiores. El oro nos habla de gran fidelidad, del trabajo hecho para el Señor con el mayor cuidado y habilidad. Hojarasca significa lo opuesto, lo mínimo, lo que sobra.

Los materiales no representan riqueza, talentos u oportunidades. Tampoco representan dones espirituales, todos los cuales son buenos y el Señor se los da a cada creyente como a Él le place (1 Co. 12:11). Los materiales representan respuestas de los creyentes a lo que ellos tienen, cuán bien sirven al Señor con lo que les ha sido dado. En otras palabras, representan nuestras obras. No podemos salvarnos mediante buenas obras y permanecer salvos mediante buenas obras. Pero cada cristiano ha sido creado "en Cristo Jesús para buenas obras, las cuales Dios preparó de antemano para que anduviésemos en ellas" (Ef. 2:10), y se espera que llevemos "fruto en toda buena obra" (Col. 1:10). Las obras no son la fuente de la vida cristiana, pero son las señales.

Cada cristiano es un edificador, y cada cristiano edifica con cierta clase de materiales. Dios quiere que construyamos con los mejores materiales, porque solo los mejores materiales son dignos de Él, son los más eficaces y los que permanecerán.

Es importante notar que los tres primeros materiales son todos valiosos. No hay graduación entre ellos, puesto que algunas piedras preciosas (tales como las perlas) eran consideradas, en el mundo antiguo, como más valiosas que el oro, y la plata podía ser usada para cosas para las que el oro no servía. Las cosas con funciones diferentes pueden ser preciosas por igual (cp. Mt. 13:23).

Solo el Señor puede determinar qué trabajos son de alta calidad y cuáles son de pobre calidad. No nos corresponde a nosotros calificar a los cristianos y la obra que ellos hacen. Lo que Pablo nos está diciendo es que debemos servir siempre al Señor con lo mejor que nos ha dado y dependiendo completamente de Él. Solo Él determina el valor final de la obra de cada creyente.

Si Cristo mismo es el fundamento de nuestra vida, Él también debiera ser el centro de la obra que edificamos sobre dicho fundamento. Esto es, la obra que hacemos debería ser verdaderamente suya, no simple actividad externa o mucha ocupación religiosa. Resulta fácil quedar profundamente involucrado en toda clase de programas, actividades y proyectos de la iglesia que son pura hojarasca. No son programas o proyectos malos, pero sí triviales. La **madera**, el **heno** y la **hojarasca** no son aparentemente cosas pecaminosas, sino sutilmente pecaminosas. Cada una de ellas puede ser útil en edificar algo. Incluso el heno y la paja pueden servir para construir en ocasiones un tejado. Pero cuando son probados por el fuego, los tres materiales del segundo grupo arderán hasta consumirse.

Puede que Pablo tuviera en mente un pensamiento similar en 2 Timoteo 2:20-21: "Pero en una casa grande, no solamente hay utensilios de oro y de plata, sino también de madera y de barro; y unos son para usos honrosos, y otros para usos viles. Así que, si alguno se limpia de estas cosas, será instrumento para honra, santificado, útil al Señor, y dispuesto para toda buena obra".

Edificamos para el Señor y usamos una gran diversidad de materiales para el Señor, en tres formas básicas: mediante nuestros motivos, nuestra conducta y nuestro servicio.

Primero, edificamos mediante nuestros *motivos*. El por qué hacemos una cosa es tan importante como qué hacemos. Una campaña de visitación en el vecindario hecha por compulsión es madera, pero visitar a esas mismas personas por amor de ganarlos para el Señor es oro. Cantar un solo en el templo y estar preocupados de si a los oyentes les gusta nuestra voz es heno, pero cantar para glorificar a Dios es plata. Dar generosamente por deber o por presión de los demás es hojarasca, pero dar generosamente con gozo para la extensión del evangelio y para servir a otros en el nombre del Señor es una piedra preciosa. La obra que en su exterior parece ser oro puede que sea heno a los ojos de Dios. Él "conoce las intenciones de los corazones" (1 Co. 4:5).

Segundo, edificamos mediante nuestra *conducta*. "Porque es necesario que todos nosotros comparezcamos ante el tribunal de Cristo, para que cada uno reciba según lo que haya hecho mientras estaba en el cuerpo, sea bueno o sea malo" (2 Co. 5:10). "Malo" (*phaulos*) es mejor entenderlo aquí en el sentido de "no tiene valor". No produce beneficio. Nuestra conducta, por tanto, puede ser "buena" (*agathos*, "inherentemente buena en calidad"), o "mala", o sencillamente inútil, como la **madera**, el **heno** y la **paja** cuando son probadas por el fuego.

De modo que las cosas que hacemos pueden ser también oro o madera, plata o heno, piedras preciosas u hojarasca.

Tercero, edificamos mediante nuestro *servicio*. La manera en la que usamos los dones espirituales que Dios nos ha dado, la forma en la que ministramos en su nombre, es de suprema importancia en nuestra edificación para Él. En el servicio de Cristo, debemos procurar ser "un instrumento para honra, santificado, útil al Señor".

Hace unos años un hombre joven me dijo que iba a dejar cierto ministerio. La razón que me dio fue: "No estoy haciendo lo que hago mejor. Estoy usando mis habilidades, pero no mis dones espirituales". No había nada malo en la tarea que estaba realizando. En realidad, para otra persona podía ser oro; pero para él era madera, heno u hojarasca, porque estaba haciendo lo que otros pensaban que debía hacer en vez de hacer aquello para lo cual el Señor lo había dotado de forma especial y lo había llamado.

LA PRUEBA: EL FUEGO

la obra de cada uno se hará manifiesta; porque el día la declarará, pues por el fuego será revelada; y la obra de cada uno cuál sea, el fuego la probará. (3:13)

Por lo general los edificios nuevos son inspeccionados cuidadosamente antes de que los ocupen o comiencen a usarlos. Los pueblos, las ciudades y las provincias tienen códigos de construcción que requieren que los edificios cumplan con ciertas condiciones. Dios tiene normas estrictas para lo que construimos para Él en nuestra vida y por medio de ella. Cuando Cristo regrese, la obra de cada creyente será probada en su calidad. El **fuego** es el símbolo de prueba. Del mismo modo que purifica el metal, así el fuego del discernimiento de Dios quemará la escoria y dejará lo que es puro y valioso (cp. Job 23:10; Zac. 13:9; 1 P. 1:17; Ap. 3:18).

Como indican claramente los versículos siguientes (14-15), aquel no será un tiempo de castigo, sino de recompensa. Ni siquiera será condenado el que ha edificado con madera, heno u hojarasca; pero su recompensa dependerá de la calidad de los materiales con los que ha edificado. La madera, el heno y la hojarasca desaparecen cuando entran en contacto con el fuego. No queda nada excepto la ceniza, pues no pueden aguantar la prueba. El oro, la plata y las piedras preciosas, sin embargo, no se quemarán. Aguantarán la prueba y traerán gran recompensa.

LOS OBREROS: TODOS LOS CREYENTES

Si permaneciere la obra de alguno que sobreedificó, recibirá recompensa. Si la obra de alguno se quemare, él sufrirá pérdida, si bien él mismo será salvo,

aunque así como por fuego. ¿No sabéis que sois templo de Dios, y que el Espíritu de Dios mora en vosotros? Si alguno destruyere el templo de Dios, Dios le destruirá a él; porque el templo de Dios, el cual sois vosotros, santo es. (3:14-17)

Dos clases de obreros corresponden a las dos categorías de materiales: Los valiosos y los que no sirven, los constructivos y los que no valen. Hay todavía otro tipo de obrero que no edifica para nada, sino que destruye.

LOS OBREROS CONSTRUCTIVOS

Los creyentes que tienen motivos correctos, conducta apropiada y sirven eficazmente edifican con oro, plata y piedras preciosas. Hacen un trabajo constructivo para el Señor y recibirán la recompensa correspondiente. **Recibirá recompensa**. Esa sencilla y esperanzadora promesa es el mensaje de gozo y gloria eterna. Dios recompensará cualquier servicio que hagamos para su gloria.

Cuando un pastor predica una doctrina bíblica sana y sólida está edificando constructivamente. Cuando un maestro enseña la Palabra de forma completa y consecuente, está edificando con buenos materiales. Cuando un creyente con el don de ayudar se consagra a servir a otros en el nombre del Señor, está edificando con materiales que aguantarán la prueba y le proporcionarán gran recompensa. Cuando la vida de un creyente es santa, y vive adorando y sirviendo a Dios, está viviendo una vida edificada con piedras preciosas.

Las recompensas del Señor para todos sus seguidores fieles serán variadas y maravillosas, y todas serán incorruptibles (1 Co. 9:25). El Nuevo Testamento se refiere a ellas como coronas. Para los que tienen una genuina fe salvadora y son fieles viviendo en esperanza hasta que el Señor vuelva, habrá "la corona de justicia" (2 Ti. 4:7-8). Debido a que los fieles proclaman la verdad, está la promesa de una "corona" para gloriarse (1 Ts. 2:19-20). A causa del servicio de los redimidos, el galardón que recibirán será "la corona incorruptible de gloria" (1 P. 5:4). Todos los que aman al Señor recibirán "la corona de vida" (Stg. 1:12). *La forma verbal que se usa en griego en cada uno de estos casos es el "genitivo de oposición" es decir, la corona que es de justicia, la corona que es para gloriarse, la corona que es de gloria, la corona que es de vida. Todas se refieren a la plenitud de la recompensa prometida al creyente.*

OBREROS QUE TRABAJAN EN VANO

Muchas obras que los cristianos hacen en el nombre del Señor que humanamente son impresionantes y aparentemente bellas y dignas no pasarán la prueba en "aquel día". "Se hará manifiesta" (v. 13), se evidenciará que los materiales que usaron fueron madera, heno u hojarasca. El obrero no perderá su salvación, pero sí perderá una porción de la recompensa que pueda estar esperando. **El mismo será salvo, aunque así como por fuego**. La imagen aquí es la de una persona que pasa por el fuego pero sin quemarse, pero que tienen el olor del humo en su persona, ¡escapando a duras penas! En el día de las recompensas, las cosas malas e inútiles desaparecerán, pero no se perderá la salvación.

Es fácil engañarnos a nosotros mismos pensando que todo lo que hagamos en el nombre del Señor es para su servicio, con tal de que seamos sinceros, diligentes y bien intencionados. Pero lo que a nosotros nos parece oro puede que resulte ser hojarasca, debido a que no hemos evaluado nuestros materiales a la luz de los criterios de Dios: motivos puros, conducta santa y servicio desinteresado.

Debemos ser cuidadosos en no desaprovechar nuestras oportunidades edificando con materiales que no son valiosos, pues podemos terminar siendo obreros inútiles. Pablo advirtió acerca de los materiales que no valen, porque si los usamos nos convertiremos en obreros inútiles. Pablo advirtió a los colosenses: "Nadie os prive de vuestro premio, afectando humildad y culto a los ángeles, entremetiéndose en lo que no ha visto, vanamente hinchado por su propia mente carnal" (Col. 2:18). Cuando confiamos en la sabiduría humana o incluso en visiones sobrenaturales, más bien que en la Palabra de Dios, somos carnales, y seguimos a una "mente carnal". Podemos estar seguros de que cualquier doctrina, principio o práctica desarrollada en base de esos recursos carnales serán inservibles en el mejor de los casos.

OBREROS DESTRUCTIVOS

El tercer grupo de obreros está formado obviamente por incrédulos, porque Dios nunca **destruirá** a los que ha redimido y les ha dado vida eterna. Está compuesto de personas malas, no salvas, que atacan al pueblo y a la obra de Dios. Ese grupo destructivo puede trabajar desde dentro o fuera de la iglesia, destruyendo lo que Dios ha edificado.

Cada creyente es un **templo de Dios**, en el que mora **el Espíritu de Dios**. En consecuencia, la iglesia misma es un templo de Dios, compuesto de todos los elegidos de Dios. Como cada cristiano individual, **es santo**, y el celo de Dios guarda lo que es santo. Bajo el Antiguo Testamento, toda persona, excepto el sumo sacerdote en el día de la expiación, que se atreviera a entrar en el lugar santísimo moriría en el acto. No sería necesario que el pueblo lo sentenciara a muerte; Dios mismo lo mataría. De igual modo Dios tampoco mira amablemente a los que amenazan y profanan a su pueblo santo (cp. Mt. 18:6-10).

Viene el día de las recompensas. Llega tan pronto como Cristo vuelva, porque traerá su galardón con Él (Ap. 22:12). Si estamos viviendo en la tierra para entonces, no nos quedará tiempo para prepararnos. Si sucede que hemos sido llamados para estar con el Señor antes de aquel momento, no habrá oportunidad para prepararse después de haber muerto. Hoy es el tiempo con el que contamos para hacer la obra de Dios en la manera que trae recompensa.

Cómo eliminar la división (3:18–23)

9

Nadie se engañe a sí mismo; si alguno entre vosotros se cree sabio en este siglo, hágase ignorante, para que llegue a ser sabio. Porque la sabiduría de este mundo es insensatez para con Dios; pues escrito está: El prende a los sabios en la astucia de ellos. Y otra vez: El Señor conoce los pensamientos de los sabios, que son vanos. Así que, ninguno se gloríe en los hombres; porque todo es vuestro: sea Pablo, sea Apolos, sea Cefas, sea el mundo, sea la vida, sea la muerte, sea lo presente, sea lo por venir, todo es vuestro, y vosotros de Cristo, y Cristo de Dios. (3.18-23)

Este pasaje continúa con el problema que Pablo ya ha delineado cuidadosamente, el de la división y la desunión. Es típico de Pablo que la solución se encuentra en pensar correctamente. Para ganar y conservar la unidad en la iglesia, debemos tener una visión apropiada de nosotros mismos, de nuestras posesiones y de aquel que es el dueño de todo.

LA VISIÓN APROPIADA DE NOSOTROS MISMOS

Nadie se engañe a sí mismo; si alguno entre vosotros se cree sabio en este siglo, hágase ignorante, para que llegue a ser sabio. Porque la sabiduría de este mundo es insensatez para con Dios; pues escrito está: El prende a los sabios en la astucia de ellos. Y otra vez: El Señor conoce los pensamientos de los sabios, que son vanos. (3:18-20)

Se eliminaría mucha división en la iglesia si algunos individuos no estuvieran tan impresionados con su propia sabiduría. La persona que piensa que es sabia "en este siglo" —esto es, que es sabia en la sabiduría humana contemporánea— lo único que consigue es **[engañarse] a sí mismo**. Todo el que se engaña a sí mismo de esa forma, **hágase ignorante** (*mōros*), es decir, que se identifique con los que reconocen que la humana sabiduría, incluyendo la suya propia, es pura **insensatez** (*mōria*) sin Dios. Esos dos términos griegos proceden de la misma raíz de la que nosotros sacamos *insensato*. La sabiduría humana es insensatez a los ojos de Dios, **para con Dios**. La unidad en la iglesia nunca puede venir sin reconocer que la sabiduría humana es lo que Dios declara que es: **insensatez**. Y la unidad nunca puede producirse sin que los cristianos se hagan ignorantes a los ojos del mundo mediante su conformación a la sabiduría de Dios.

La sabiduría humana que es insensatez es en el área de la verdad espiritual. Pablo no está hablando de tales cosas como los negocios, las matemáticas, la ciencia o la mecánica. Nosotros podemos tener un buen conocimiento en esas áreas sin ninguna iluminación especial de parte de Dios. Cuando la sabiduría humana se convierte en insensatez y vana es en los asuntos que tienen que ver con Dios, la salvación y la verdad espiritual. La sabiduría humana no tiene posibilidad de descubrir y entender las cosas divinas.

Por tanto, los cristianos tampoco tenemos derecho a tener nuestras propias opiniones acerca de las cosas que Dios ha revelado. Cuando los cristianos comenzamos a expresar y seguir nuestras propias ideas acerca del evangelio, la iglesia y la vida cristiana, los santos inevitablemente se comienzan a dividir. Los cristianos no somos más sabios en nuestra carne que los incrédulos. El primer paso para que un cristiano se convierta de verdad en sabio es reconociendo que su propia sabiduría humana es **insensatez**, un reflejo **de la sabiduría de este mundo**, la cual **es insensatez para con Dios.** Es el producto del orgullo intelectual y es el enemigo de la revelación de Dios.

La iglesia debe crear una atmósfera en la que es honrada la Palabra de Dios y se someten a ella, en la que nunca se usan las opiniones humanas para juzgar o calificar la revelación. En todo lo que se refiere a las cosas de Dios, los cristianos debemos someternos totalmente a la enseñanza de las Escrituras y a la iluminación del Espíritu Santo. Solo entonces podemos estar abiertos a la sabiduría de Dios y **[llegar] a ser sabios** de verdad. Una dedicación común a la Palabra de Dios es el unificador básico.

La división es inevitable allí donde la Palabra de Dios no es reconocida como la autoridad suprema. Eso sucede aun en iglesias evangélicas, cuando los pastores y otros líderes sustituyen las verdades de las Escrituras por sus propias ideas. La sustitución rara vez es intencional, pero siempre sucede cuando se descuida la Biblia. Cuando la Biblia no se estudia cuidadosamente tampoco se sigue fielmente. Y allí donde no se sigue habrá división porque no habrá un terreno común para las creencias y las prácticas. Cuando la verdad de las Escrituras no es la única autoridad, las opiniones variadas de los hombres se convierten en la autoridad.

Algunas personas no se sienten satisfechas a menos que puedan expresar sus opiniones en casi cada cosa. Otras no se sienten felices si no están en contra de la mayoría. El orgullo intelectual no puede contentarse con escuchar y admirar; siempre debe hablar y criticar. Por su propia naturaleza, necesita ganar siempre en todos los asuntos. No puede soportar la oposición o la contradicción. Debe justificarse a sí mismo a cualquier precio y es exclusiva. Mira mal a todos los que están en desacuerdo.

El orgullo está siempre en el centro de la sabiduría humana, **la sabiduría de este mundo**, la cual es **insensatez para con Dios**. Resulta difícil enseñar a una persona que piensa que lo sabe todo. El retórico romano Quintiliano dijo de algunos de sus estudiantes: "Llegarían sin duda a ser excelentes estudiosos si no estuvieran tan convencidos de su propia erudición". Un bien conocido proverbio árabe dice: "El que no sabe, y no sabe que no sabe, es un necio. Evítalo. El que no sabe y sabe que no sabe, puede aprender. Enséñalo".

Si una congregación tuviera que tener diez hombres con doctorados, pero que son nominales en su dedicación al Señor y a su Palabra, y otros diez hombres que solo han terminado la escuela secundaria, pero que están totalmente comprometidos con el Señor y empapados de su Palabra, no debería ser difícil decidir qué diez son los más calificados para dirigir la iglesia. Según los criterios de Dios no debería haber duda. Contar con miembros que son inteligentes y están bien formados puede ser de considerable ayuda para una iglesia, pero solo si esas personas que tienen tales habilidades están sometidos a las enseñanzas y criterios de las Escrituras. Cristo dirigirá y unificará su iglesia si cuenta con canales santos y dedicados a su Palabra por medio de los cuales puede dirigir.

Cuando los creyentes miran solo a la psicología, en vez de a la Palabra de Dios, para obtener respuestas para sus problemas matrimoniales o morales, los resultados serán de desastre espiritual. Cuando los hombres de negocios cristianos buscan métodos populares de conveniencia personal, en vez de a los principios de las Escrituras, para determinar su ética de negocios, su vida espiritual y su testimonio quedarán debilitados. Los hombres han hecho grandes avances en la ciencia y en la tecnología, por los cuales debemos estar agradecidos y de los que nos podemos beneficiar; pero en relación con las cosas de Dios y de su plan y voluntad para los hombres, las ideas y el entendimiento humanos se muestran completamente vacías e inútiles.

Los estudiosos de la Biblia y los teólogos liberales de los últimos años del siglo XIX y principios del siglo XX eran hombres brillantes, muy versados en muchas áreas. A menudo estaban en desacuerdo entre ellos acerca de doctrinas e interpretaciones, pero la creencia en la que se mostraban unánimes era en que la Biblia era un libro esencialmente humano. Debido a que la consideraban primariamente humana, aunque quizás de alguna manera influenciada por la dirección divina, se sentían en completa libertad para rechazar o modificar la parte de las Escrituras que no coincidía con su propio punto de vista. A causa de que no creían que las Escrituras se hubieran desarrollado ya para el tiempo de Moisés, llegaron a la conclusión de que él no pudo haber escrito el Pentateuco.

Debido a que no creían en las predicciones sobrenaturales, ellos no creían que el hombre Daniel pudo haber escrito el libro de Daniel, que habla de sucesos que ocurrirían cientos de años después de su muerte. Cuando las Escrituras informaban que Dios dijo o hizo algo que era contrario al concepto acerca de Dios que ellos habían concebido, negaron que Dios dijo o hizo aquello. En el nombre del intelectualismo mutilaron la Palabra de Dios, dejando solo lo que iba bien con sus tendencias personales. También dañaron a buena parte de su iglesia, causando gran confusión, duda, incredulidad y división espiritual. La herencia de aquellos hombres todavía sigue contaminando los seminarios, facultades de teología e iglesias en todo el mundo.

Si las personas elevan su propia sabiduría siempre tendrán una baja opinión de las Escrituras. Pero la verdad más importante es que Dios conoce el valor de la sabiduría propia de esa persona. Es locura, necedad, nada confiable e inútil. Al final Él confundirá a los que se oponen a su Palabra. **El prende a los sabios en la astucia de ellos**. Como Amán, terminan colgados en su propia horca (Est. 7:7-10). Sus planes astutos terminan condenándolos a ellos cuando Dios los atrapa en su propia trampa. **El señor conoce los pensamientos de los sabios, que son vanos**.

La filosofía humana es totalmente inadecuada para llevar al hombre a Dios, para mostrarle cómo ser salvos y cómo vivir. Siempre quedará atrapada en sus propios esquemas, y atrapará a los que confían en ella. El que confía en el entendimiento humano no dispone de un entendimiento correcto de sí mismo. No se da cuenta de que sus opiniones e ideas espirituales, y sus **pensamientos** son **vanos** (*mataios*), vacíos, inútiles.

Una visión apropiada de nosotros mismos, la perspectiva verdadera y piadosa, es la de que aparte de la divina verdad somos unos insensatos con pensamientos vanos. Reconocer esta verdad abre la puerta para la verdadera sabiduría y cierra la puerta de la división.

LA VISIÓN APROPIADA DE OTROS

Así que, ninguno se gloríe en los hombres; porque todo es vuestro: sea Pablo, sea Apolos, sea Cefas. (3:21-22*a*)

Un segundo requisito para vencer la división en la iglesia es tener la opinión correcta sobre los demás. Pablo había hablado fuertemente en contra de lealtades especiales a los dirigentes de la iglesia (1:12-14; 3:4-9), los mismos tres líderes que menciona aquí. Pero ahora el énfasis es diferente. Aunque esos hombres no deberían haber sido elevados o reverenciados, fueron una fuente de gran ayuda y bendición. Fueron enviados a los corintios por el Señor y, por tanto, debían ser escuchados y respetados. Eran maestros de parte de Dios. Enseñaron las mismas verdades de Dios y la intención de Dios es que fueran una fuente de unidad, no de división.

Las divisiones que se habían desarrollado a su alrededor estaban basadas en la atracción a sus personalidades y estilos individuales, su apelación personal a varios corintios. Los miembros de la iglesia comenzaron a **gloriarse** en Pablo o en Pedro (Cefas) o en Apolos, honrando a uno por encima de los otros, y la iglesia quedó dividida.

Debe añadirse que a veces algunos líderes *deberían* ser respetados por encima de otros. Un pastor que predica cuidadosamente la Palabra de Dios y que vive de forma consecuente con lo que predica merece ser respetado y seguido. Por el otro lado, aquel que es descuidado en su predicación y en su vida no merece que lo respeten ni lo sigan. En ambos casos nuestra respuesta debería estar basada en la fidelidad del líder a la Palabra, no en su personalidad o estilo. Si es fiel es digno de ser estimado (1 Ts. 5:12-13).

Hace algunos años hablé en una conferencia a la que asistían personas procedentes de diferentes iglesias: protestantes y católicas, liberales y evangélicas. La serie de mensajes trataban acerca de la ética, basados en Hebreos 13. Cuando comencé a explicar "Obedeced a vuestros pastores, y sujetaos a ellos; porque ellos velan por vuestras almas", recibí algunas respuestas interesantes. Muchos encontraron difícil justificar la idea de obedecer y someterse a sus pastores, y por buenas razones. Los pastores no creían que la Biblia fuera la Palabra de Dios y su vida era consecuente con aquella creencia. Señalé que Hebreos enseña la sumisión a líderes *piadosos*, a los que son fieles a las Escrituras tanto en la enseñanza como en la forma de vivir (He. 13:7, 17).

Los corintios fueron muy afortunados por haber disfrutado del ministerio de tres sobresalientes hombres de Dios, dos de ellos apóstoles. Pedro probablemente no sirvió de forma personal en Corinto, pero algunos de los corintios se habían beneficiado de su ministerio. Cada uno de ellos tenía dones y habilidades especiales que Dios usó para enseñar y guiar a los creyentes. Aquella variedad de liderazgo debió haber enriquecido a la iglesia, no dividirla.

Los cristianos podemos aprender hoy día de muchos buenos maestros y líderes, por medio de la radio y la televisión, los libros y revistas, casetes, conferencias y otros medios. Si estos líderes son bíblicos y piadosos unirán espiritualmente a los que ministran. Nuestra primera responsabilidad tiene que ver con nuestra iglesia local, y nuestra sumisión debería ser primeramente a nuestro pastor. Pero ningún pastor debiera sentirse celoso por las bendiciones espirituales que alguien puede estar proporcionando a los miembros de su congregación. Este era el espíritu de Pablo en las circunstancias tan adversas de las que él hablaba en Filipenses 1:12-18.

Lo que está diciendo Pablo en 3:22a es que debemos regocijarnos y beneficiarnos de *todos* los líderes cristianos fieles que Dios nos envía, **sea Pablo,**

sea Apolos, sea Cefas. Si los corintios hubieran sido cuidadosos en entender y seguir lo que estos tres hombres habían *enseñado*, más bien que, por ejemplo, en su parecido o en cómo hablaban, la iglesia hubiera permanecido unida, no dividida. Necesitaban corregir su punto de vista sobre otros.

LA VISIÓN APROPIADA DE LAS POSESIONES

sea el mundo, sea la vida, sea la muerte, sea lo presente, sea lo por venir, todo es vuestro. (3:22*b*)

Una tercera condición para vencer la división es tener una visión correcta de nuestras posesiones.

Esta frase (v. 22b) continúa la lista de "todo es vuestro" que pertenece a los creyentes (v. 21). No solamente los líderes piadosos, sino también todo lo demás que viene de Dios es nuestro. Como creyentes somos "herederos de Dios y coherederos con Cristo" (Ro. 8:17). Hemos incluso heredado la gloria de Cristo, legada por nuestro mismo Señor (Jn. 17:22). "Y sabemos que a los que aman a Dios, todas las cosas les ayudan a bien, esto es, a los que conforme a su propósito son llamados" (Ro. 8:28).

Sea el mundo, sea la vida, sea la muerte, sea lo presente, sea lo por venir es una expresión totalmente inclusiva. Pablo comienza y termina esta declaración con **todo es vuestro** (cp. 21b). En Cristo, *todas* las cosas son para nuestro bien y para su gloria (2 Co. 4:15).

Especialmente, **el mundo** (*kosmos*) es nuestro, aun ahora. Su enseñanza aquí es que, en el reino milenario y a lo largo de toda la eternidad en los nuevos cielos y en la nueva tierra, poseeremos la tierra en una manera más rica (Mt. 5:5; Ap. 21). Pero aun ahora el universo es una posesión del pueblo de Dios. Es nuestro. Nuestro Padre celestial lo hizo para nosotros. Está todavía en poder del maligno (1 Jn. 5:19), pero un día nos pertenecerá para siempre, no a Satanás.

Joseph Parker nos habla de una experiencia interesante que tuvo en su primer pastorado:

> Comencé mi ministerio en Banbury y mi ventana del piso alto miraba a la vasta propiedad de un hombre acaudalado. Era como si yo realmente la hubiera heredado. Oh, yo no poseía ni un palmo de ella, pero todo era mío. El dueño aparecía por allí una vez al año, pero yo paseaba por ella día tras día.

Cuando heredemos el mundo por completo, con Jesús sentado en su trono, será perfecto, y aun más nuestro. Mientras tanto, este mundo presente ya nos pertenece, con sus maravillas y glorias, sus imperfecciones y desilusiones. El creyente puede apreciar el mundo como el incrédulo no puede. Sabemos de dónde viene, por qué fue hecho, por qué estamos nosotros aquí y cuál será su destino final. Podemos cantar con certidumbre y también con gozo: "Este es el mundo de mi Padre". Y nosotros somos sus herederos.

Toda **la vida** es nuestra; pero por el contexto es evidente que Pablo se está refiriendo primariamente a la vida espiritual, a la vida eterna. En Cristo tenemos vida nueva, una calidad de vida que nunca se manchará, disminuirá o se perderá. La propia vida de Dios está en nosotros ahora. Por medio de Cristo, Dios mora en nosotros (Jn. 14:23), y nosotros participamos en su naturaleza y vida (cp. 2 P. 1:3-4).

Aun **la muerte** es nuestra. El gran enemigo de la humanidad ha sido vencido. Cristo ha conquistado la muerte y por medio de Él nosotros también la hemos conquistado (cp. 1 Co. 15:54-57). A menos que seamos arrebatados, tendremos que pasar por medio de la muerte; pero pasaremos por medio de ella como sus vencedores, no como sus esclavos. Todo lo que la muerte le puede hacer al creyente es entregarlo a Jesús. Nos lleva a la eterna presencia de nuestro Salvador. Por esa razón Pablo podía decir con gran gozo: "Porque para mí el vivir es Cristo, y el morir es ganancia" (Fil. 1:21). Ya sea que permaneciera en la tierra por un poco más de tiempo o que fuera a estar con el Señor, no podía perder. Para los cristianos, la muerte solo puede poner las cosas mejor. Permanecer aquí y terminar la obra que Cristo nos ha dado puede ser "más necesario", pero "partir y estar con Cristo... es muchísimo mejor" (Fil. 1:23-24). Para el pueblo de Dios, esta vida presente es buena, pero la muerte —que nos lleva a la vida eterna— es mejor.

Lo presente es nuestro. Eso abarca todo lo que tenemos o experimentamos en esta vida. Es, de hecho, un sinónimo para esta vida. Incluye lo bueno y lo malo, lo agradable y lo doloroso, las alegrías y las desilusiones, la salud y la enfermedad, el contentamiento y el dolor. En las manos de Dios todo eso nos sirve y nos hace espiritualmente más ricos. "Antes, en todas estas cosas somos más que vencedores por medio de aquel que nos amó"; y debido a que nada "nos podrá separar del amor de Dios, que es en Cristo Jesús Señor nuestro", nada nos puede causar ningún daño real (Ro. 8:37-39). Dios hace que todas las cosas sirvan para nuestro bien (28).

Lo por venir es nuestro. Esta referencia aquí no tiene que ver, si en algo, con el futuro de nuestra vida presente. Eso está incluido bajo **lo presente**, que habla de todo lo que experimentaremos en la tierra. Lo que está por venir son bendiciones celestiales, de las cuales ahora tenemos solo una visión. No obstante, serán las más grandes bendiciones de todas. Esos términos que se traslapan un tanto entrecruzan la realidad de que todo es nuestro para compartir de igual forma la gloria de Dios como sus herederos. Así que, ¿por qué nos dividimos en facciones? Ningún hombre es la fuente de estas herencias, de modo que no hay razón para **"[gloriarse] en los hombres"** (v. 21a).

LA VISIÓN APROPIADA DE AQUEL QUE ES DUEÑO DE TODO

y vosotros de Cristo, y Cristo de Dios. (3:23)

El requisito más importante, con mucho, para vencer la división es tener una visión correcta de nuestro Señor Jesucristo. Él es la fuente de la unión espiritual y la fuente de sanidad para las divisiones. Cuando quitamos nuestros ojos de Él es cuando comienzan las divisiones y cuando los ponemos de nuevo en Él es cuando terminan las divisiones. "Pero el que se une al Señor, un espíritu es con él" (1 Co. 6:17). Todos los creyentes pertenecemos al mismo Señor, y por esa razón nos debemos unos a otros. Por tanto, todo lo que niega nuestra unidad unos con otros niega nuestra unidad con Él (cp. Fil. 2:1-4).

El motivo más grande que podemos tener para mantener la unidad del Espíritu y para evitar la división en la iglesia es saber que todos **somos de Cristo** y que **Cristo** es **de Dios**. Debido a que todos somos de Él, nos pertenecemos unos a otros.

En su oración sacerdotal, nuestro Señor enriquece en gran medida su enseñanza acerca de la unidad. Al hablar de los creyentes, dijo: "Y todo lo mío es tuyo, y lo tuyo mío... para que todos sean uno; como tú, oh Padre, en mí, y yo en ti, que también ellos sean uno en nosotros... Para que sean uno, así como nosotros somos uno. Yo en ellos y tú en mí, para que sean perfectos en unidad" (Jn. 17:10, 21-23).

Estamos vinculados unos a otros en esta unidad eterna con Dios el Padre y Cristo Jesús, y de ese modo unos con otros en ellos. ¿Cómo pueden dividirse personas que están tan profundamente unidas? Comienza cuando fallamos en entender la realidad de nuestra unidad espiritual en aquel que es dueño de todo. Con un dueño y Señor y posesiones comunes, con líderes y maestros comunes, y una dependencia común de las Escrituras, no hay razón para las facciones y la desunión.

Los verdaderos siervos de Dios (4:1-5) **10**

Así, pues, téngannos los hombres por servidores de Cristo, y administradores de los misterios de Dios. Ahora bien, se requiere de los administradores, que cada uno sea hallado fiel. Yo en muy poco tengo el ser juzgado por vosotros, o por tribunal humano; y ni aun yo me juzgo a mí mismo. Porque aunque de nada tengo mala conciencia, no por eso soy justificado; pero el que me juzga es el Señor. Así que, no juzguéis nada antes de tiempo, hasta que venga el Señor, el cual aclarará también lo oculto de las tinieblas, y manifestará las intenciones de los corazones; y entonces cada uno recibirá su alabanza de Dios. (4:1-5)

Un juego popular al que suelen jugar los cristianos es al de evaluar a los pastores. Se usan toda clase de criterios para determinar quién es el más exitoso, el más influyente, el más dotado, el más eficaz. Algunas revistas hacen estudios periódicos y publican informes amplios, calificando cuidadosamente a los pastores por la membresía de la iglesia, asistencia a los cultos de adoración, tamaño del equipo ministerial y escuela dominical, títulos académicos y honorarios, libros y artículos escritos, número de mensajes pronunciados en conferencias y convenciones, etc. A pesar de lo popular que sea esa práctica, es muy ofensiva para Dios.

Primera Corintios 4:1-5 se enfoca en la verdadera naturaleza y en las marcas de los siervos de Dios. Establece las directrices y criterios básicos mediante los cuales los ministros tienen que ministrar y ser evaluados. Trata con la actitud que la congregación debe tener hacia el ministro y cuál debe ser la actitud del ministro hacia sí mismo. En pocas palabras, pone al ministro de Dios en la perspectiva de Dios. Pablo deja bien en claro que la popularidad, la personalidad, los títulos académicos y las estadísticas no juegan ningún papel en la perspectiva del Señor, y que tampoco debe tener parte en la nuestra.

La enseñanza principal de este pasaje todavía tiene que ver con las divisiones sobre diferentes ministros. El mensaje es que los siervos de Dios no deben ser clasificados para nada, por otros o por ellos mismos. Todos los que son fieles a las Escrituras en su predicación y en su vida cristiana deberían ser tratados de igual forma. Cuando hay sana doctrina y santidad personal no hay justificación para clasificar a los siervos de Dios. (Sin embargo, Romanos 16:17 y 1 Timoteo 5:20 señalan que cuando no se dan esos dos requisitos esenciales, sí debe haber evaluación y confrontación.)

Con el fin de ayudarnos a entender el propósito de Dios para sus siervos, Pablo nos da tres características del verdadero ministro, del verdadero siervo de Cristo: su identidad, sus requerimientos y su evaluación.

LA IDENTIDAD DEL MINISTRO

Así, pues, téngannos los hombres por servidores de Cristo, y administradores de los misterios de Dios. (4:1)

Téngannos se está refiriendo a 3:22, a Pablo, Apolos y Cefas, y, por extensión, a todos los demás "ministros" (cp. v. 9). **Los hombres** es una referencia no específica que tiene que ver ante todo con los cristianos. Esto es, "téngannos los cristianos por servidores de Dios". Pero en un sentido amplio se refiere también a los incrédulos, no solo a cómo el mundo debe considerar a los ministros de Dios, sino también a cómo la iglesia debe presentar a los ministros de Dios ante el mundo. Un incrédulo no puede entender las cosas de Dios, porque tienen que discernirse o evaluarse espiritualmente (2:14). Pero los cristianos no deben mostrar criterios mundanos del ministerio ante los incrédulos como tampoco deben hacerlo ante ellos mismos. No tenemos derecho a usar criterios mundanos —tales como la popularidad, personalidad, títulos académicos y estadísticas— para hacer que el evangelio parezca más atractivo. No debemos hacer que el mundo vea a los humildes mensajeros de Dios como algo diferente de lo que Dios mismo ha establecido que sean: **servidores de Cristo, y administradores de los misterios de Dios.**

SERVIDORES DE CRISTO

Servidores (*hupēretēs*) significa literalmente "los remeros de abajo", que originalmente se refería a los esclavos que eran remeros de las galeras, los que remaban bajo el puente de un barco. Eran los esclavos más despreciados y de baja condición. De ese trasfondo el término llegó a referirse a los subordinados de toda clase, a los que estaban bajo la autoridad de otros.

Los ministros cristianos son primeramente y ante todo **servidores de Cristo.** Están subordinados y sujetos a Él en todo. Están llamados a servir a los hombres en el nombre de Cristo; pero no pueden servir correctamente a los hombres a menos que sirvan bien a su Señor. Y no pueden servirlo debidamente a menos que se vean a sí mismos como lo que son: remeros esclavos sin importancia.

Preocuparse ante todo por las necesidades humanas en fallarles a los hombres tanto como a Dios. Un ministro que llega a estar tan ocupado aconsejando y ayudando a su congregación y comunidad que dedica poco tiempo a la Palabra no podrá satisfacer las más profundas necesidades de las personas, porque ha descuidado su más importante recurso para conocer correctamente y satisfacer debidamente esas necesidades. Eso lleva por lo general a comprometer la verdad de Dios por amor de los deseos de las personas. Él debe ser ante todo un servidor de Cristo Jesús, "sirviendo al Señor con toda humildad" (Hch. 20:19). Entonces, y solo entonces, podrá servir bien a las personas.

Pablo, aunque era un apóstol, se consideraba a sí como un *hupēretēs*, un esclavo remero de galera, de su Señor, y quería que todos lo consideraran a él de esa forma, como también a todos los ministros de Dios. Los esclavos de galeras no eran exaltados uno por encima de otro. Tenían un rango común, el más bajo. Hacían el trabajo más duro, sufrían los castigos más crueles, eran despreciados, y en general tenían la existencia menos esperanzadora de todos los esclavos. Como Pablo ya había escrito: "¿Qué, pues, es Pablo, y qué es Apolos? Servidores [*diakonoi*] por medio de los cuales habéis creído; y eso según lo que a cada uno concedió el Señor" (3:5). Un ministro de Cristo solo puede ser útil en la medida que el Señor le da oportunidad y poder: "Así que ni el que planta es algo, ni el que riega, sino Dios, que da el crecimiento" (3:7).

Lucas habla de los "ministros [*hupēretēs*] de la Palabra" que transmiten los testimonios de los testigos oculares de la enseñanza y ministerio de Jesús (Lc. 1:2). Servir a Cristo es servir su Palabra, la cual es la revelación de su voluntad. Un siervo de Cristo debe ser también un siervo (un esclavo de galera) de las Escrituras. Su función es obedecer los mandamientos de Dios como están revelados en su Palabra.

Más adelante en esta epístola Pablo dice: "Pues si anuncio el evangelio, no tengo por qué gloriarme; porque me es impuesta necesidad; y ¡ay de mí si no anunciare el evangelio!" (1 Co. 9:16). Su predicación del evangelio no era motivo para presunción o alabanza; solo estaba cumpliendo con su deber, tal como su Maestro había mandado (Lc. 17:10). No había surgido de Pablo la idea de hacerse cristiano, mucho menos predicar el evangelio. Antes de que el Señor lo confrontara inesperadamente en el camino a Damasco, Pablo (entonces Saulo) estaba muy lejos de querer servir a Cristo (Hch. 9:1-6).

En su segunda carta a los corintios, Pablo describe con algunos detalles a que se asemeja la vida de un ministro de Dios. Puede esperar aflicciones, necesidades, angustia, azotes, cárceles, desvelos y hambre, así como también pureza, conocimiento, paciencia, bondad, el Espíritu Santo, amor, la palabra de verdad y las armas de justicia (2 Co. 6:4-7). El siervo de Dios a veces aparece como un enigma y una paradoja.

> *Por honra y por deshonra, por buena fama y por mala fama; como engañadores, pero veraces; como desconocidos, pero bien conocidos; como moribundos, mas he aquí vivimos; como castigados, mas no muertos; como entristecidos, mas siempre gozosos; como pobres, mas enriqueciendo a muchos; como no teniendo nada, mas poseyéndolo todo. (vv. 8-10)*

El ministro de Dios no puede depender de su presentación ante otras personas. Sus opiniones varían y cambian, y nunca son confiables. La obediencia de un siervo debe estar dedicada solo a su Señor, y su deseo debe ser únicamente el de complacerlo. Pablo buscó hacer solo aquello a lo que el Señor lo había llamado. Su llamamiento era el de predicar la Palabra de Dios (Col. 1:25), tomar la Palabra y pasarla a los demás. En eso él fue fiel.

Los ministros de Dios no están llamados a ser creativos, sino obedientes; no innovadores sino fieles.

ADMINISTRADORES DE LOS MISTERIOS DE DIOS

Los ministros del evangelio son también **administradores de los misterios de Dios**. El término griego para **administrador** (*oikonomos*) significa literalmente mayordomo de los bienes de una familia, una persona que tiene el completo control de una casa familiar. El mayordomo supervisa la propiedad, los campos y los viñedos, las finanzas, los alimentos, y a los otros siervos en nombre del dueño.

Pedro dice que los cristianos están llamados a ser "buenos administradores de la multiforme gracia de Dios" (1 P. 4:10), pero los ministros son mayordomos en una forma especialmente importante. El ministro debe ser "irreprensible, como administrador de Dios" (Tit. 1:7), porque le ha sido confiada la proclamación de **los misterios de Dios**.

Como mencionamos en un capítulo anterior, un misterio (*mustērion*), como se usa en el Nuevo Testamento, es lo que estaba oculto y solo puede ser conocido mediante revelación divina. Como un mayordomo de los misterios de Dios, un ministro toma la Palabra revelada de Dios y la ofrece a toda la familia de Dios. Tiene que ofrecer toda la Palabra de Dios, sin ocultar nada. Pablo pudo decirles a los ancianos de Éfeso: "Nada que fuese útil he rehuido de anunciaros y enseñaros, públicamente y por las casas, testificando a los judíos y a los gentiles... porque no he rehuido anunciaros todo el consejo de Dios" (Hch. 20:20-21, 27). Lo que es útil es "toda la Escritura" (2 Ti. 3:16). La razón por la que muchos cristianos están espiritualmente desnutridos es porque hay demasiados predicadores que proporcionan una dieta desequilibrada de la verdad bíblica. Lo que predican puede ser bíblico, pero no predican todo el "consejo, propósito, de Dios".

Hace algunos años leí en una revista la entrevista que le habían hecho a un bien conocido pastor. Lo esencial de su declaración fue:

> Decidí que el púlpito no tenía que seguir siendo una plataforma de enseñanza, sino un instrumento de terapia espiritual. Ya no predico sermones; creo experiencias. No tengo tiempo para escribir una teología sistemática para dar una sólida base teológica a los que conozco intuitivamente. Lo que creo intuitivamente es correcto. Todo sermón tiene que empezar con el corazón. Si alguna vez me escuchan predicar un sermón en contra del adulterio, sabrán cuál es mi problema. Si alguna vez me escuchan predicar un sermón acerca de la segunda venida de Cristo, sabrán que en eso tengo puesto el corazón. Sucede que no estoy obsesionado con ninguna de esas áreas por lo que nunca voy a predicar sobre ninguna de ellas. No puedo negar ni por escrito ni el público el nacimiento virginal de Cristo o la resurrección física de Cristo o la segunda venida de Cristo; pero cuando hay algo que no lo puedo comprender, lo dejo sencillamente a un lado.

Esa es la descripción de un ministerio totalmente corrompido y pervertido. Los que escuchan a ese hombre no están escuchando todo lo que Dios tiene que decir. Mas que llevar a los hombres a Dios, se está interponiendo entre ellos y Dios. La Palabra de Dios es explícita sobre el adulterio, el nacimiento virginal de Jesús y su segunda venida. No se les pide a los ministros de Dios que entiendan por completo esas verdades, sino que sean completamente fieles acerca de su proclamación. De otra manera serán "como muchos, que medran falsificando la Palabra de Dios" (2 Co. 2:17), vendiendo un evangelio rebajado, una Biblia rebajada, haciéndolos más agradables mediante la eliminación de verdades esenciales. La aceptación de un mensaje así de vendedor ambulante puede ser muy perjudicial.

"Por lo cual, teniendo nosotros este ministerio...", dijo Pablo, "Antes bien renunciamos a lo oculto y vergonzoso, no andando con astucia, ni adulterando la palabra de Dios" (2 Co. 4:1-2). El predicador o el maestro que no presta atención a ciertos pasajes de las Escrituras, o los retuerce para apoyar sus propias ideas y programas, adultera la Palabra de Dios. Las sectas tratan de apoyar sus doctrinas falsas mediante el uso de textos bíblicos fuera de contexto y con interpretaciones que contradicen claramente otros pasajes. Pero la Biblia no es un almacén de textos de prueba para las opiniones de los hombres; es el depósito de la verdad de Dios, de la cual el ministro es un mayordomo. Su preocupación no debe ser la de agradar a sus oyentes u ofrecer sus propios puntos de vista, sino procurar "con diligencia [presentarse] a Dios aprobado, como obrero que no tiene de qué avergonzarse, que usa bien la palabra de verdad" (2 Ti. 2:15).

Un ministro que no estudia la Palabra no puede enseñarla debidamente. No puede manejar con exactitud lo que no conoce. Bajo su cuidado, como observó Milton, "la oveja hambrienta mira y espera, pero no recibe alimento".

LOS REQUERIMIENTOS DEL MINISTRO

Ahora bien, se requiere de los administradores, que cada uno sea hallado fiel. (4:2)

La fidelidad es, con mucho, la cualidad más importante de un buen mayordomo, ser digno de confianza. Se le ha confiado el hogar y las posesiones de su señor; y sin fidelidad lo arruinará todo. Dios quiere sobre todo que sus ministros, sus siervos-**mayordomos**, que sean **fieles**. Dios desea que sus ministros espirituales sean constantemente obedientes a su Palabra, inquebrantables en su compromiso de ser fieles. Él no requiere brillantez o ingeniosidad o creatividad o popularidad. Él puede usar siervos sin esas cualidades, pero solo la fidelidad es absolutamente esencial. **Se requiere**.

Pablo envió a Timoteo a ministrar a los corintios porque este joven ministro era "amado y fiel en el Señor" (1 Co. 4:17). Pablo sabía que era completamente confiable en la predicación y enseñanza de la Palabra de Dios. No tenía que preocuparse de que Timoteo adulterara el evangelio o que los dejara confundidos. Era fiel al llamamiento de Dios, como Pablo mismo quien había "alcanzado misericordia del Señor para ser fiel" (7:25). En el libro de Colosenses Pablo menciona a otros colaboradores que eran notables por su fidelidad. Epafras era un "consiervo amado" y un "fiel ministro de Cristo" (1:7). Tíquico era un "amado hermano y fiel ministro y consiervo en el Señor" (4:7).

La disposición de servir y la mayordomía son inseparables de la fidelidad. Un siervo infiel o un mayordomo en el que no se puede confiar es una contradicción. "¿Quién es, pues, el siervo fiel y prudente, al cual puso su señor sobre su casa para que les dé el alimento a tiempo?", preguntó Jesús. "Bienaventurado aquel siervo al cual, cuando su señor venga, le halle haciendo así" (Mt. 24:45-46). Cuando el Señor regrese, el único requerimiento absoluto mediante el cual juzgará a sus siervos es la fidelidad: ¿Fueron fieles a los mandamientos del Señor?

Dios nos proporciona su Palabra, su Espíritu, sus dones y su poder. Todo lo que el ministro puede aportar es su fidelidad en usar dichos recursos. La obra es exigente, pero es básicamente simple: llevar la Palabra de Dios y alimentar fielmente a su pueblo, dispensando los misterios de Dios, proclamando las verdades ocultas que Él nos ha dado a conocer. No hay ninguna gloria en esto, por lo que no hay razón para calificarnos unos por encima de otros. Lo mejor que puede hacer un ministro es ser fiel, lo cual es cumplir con el requerimiento básico.

LA EVALUACIÓN DEL MINISTRO

Yo en muy poco tengo el ser juzgado por vosotros, o por tribunal humano; y ni aun yo me juzgo a mí mismo. Porque aunque de nada tengo mala conciencia, no por eso soy justificado; pero el que me juzga es el Señor. (4:3-4)

Pablo no estaba jactándose ni poniéndose por encima de otros ministros o por encima de algún otro cristiano. Lo que él estaba diciendo acerca de su propia actitud hacia sí mismo lo debería decir todo ministro y todo cristiano. Deberíamos decir **en muy poco tengo el ser juzgado** cuando vemos que alguien critica o alaba nuestro ministerio o vida cristiana, ya sea que lo hagan otros hermanos cristianos o un **tribunal humano** o cualquiera otro concilio humano. Podemos beneficiarnos mucho del consejo de un amigo sabio y espiritual y aun a veces de las críticas de los incrédulos. Pero ningún ser humano está calificado para determinar la legitimidad, calidad o fidelidad de nuestra obra para el Señor. Ni tampoco estamos calificados para determinarlas por nosotros mismos. Las cuestiones de pecados externos deben ser juzgadas como indica 1 Timoteo 5:19-21. Pero aparte de la disciplina de siervos que han pecado, no podemos hacer un juicio absolutamente exacto de la fidelidad del corazón, de la mente y del cuerpo de ningún siervo de Dios.

Juzgado y **juzgo** vienen de *anakrinō*, que significa "investigar, cuestionar, evaluar". No implica determinar si es culpable o inocente, como la palabra "juzgar" puede indicar, sino "examinar". **Tribunal humano** (*anthrōpinēs hēmeras*) significa literalmente "día humano"; esto es, un día en un tribunal humano. Ningún ser humano o grupo de seres humanos está calificado para examinar y evaluar a los siervos de Dios. Ningún cristiano, y en este contexto especialmente los ministros de Dios, debe estar preocupado acerca de tales evaluaciones. Solo Dios conoce la verdad.

LA EVALUACIÓN DE OTROS

No debemos sentirnos ofendidos cuando las personas nos critican o mostrar falsa modestia cuando nos elogian. Deberíamos decir como Pablo: "Por tanto, nosotros todos, mirando a cara descubierta como en un espejo la gloria del Señor, somos transformados de gloria en gloria en la misma imagen" (2 Co. 3:18). Debemos enfocarnos en nuestro Señor Jesucristo. Sabemos que estamos siendo transformados en su imagen porque Él lo dice, no porque nosotros podamos verlo o porque otros puedan verlo.

Un ministro de Cristo comprensivo no puede ser insensible a los sentimientos, necesidades y opiniones de su pueblo. Debe procurar no serlo. Es alentador recibir una palabra sincera de aprecio después de un sermón, y eso refleja interés espiritual y crecimiento en la vida del oyente. Una palabra de crítica sabia puede ser una corrección necesaria e incluso una bendición. Pero ningún ministro puede permanecer fiel a su llamamiento si permite que su congregación, o algún otro ser humano, decida cuán verdaderos son sus motivos o si él está trabajando dentro de la voluntad del Señor. Debido a que su conocimiento y comprensión de los hechos son imperfectos, sus críticas y elogios son también imperfectos. Con humildad y amor, el ministro de Dios no debe permitirse a sí mismo preocuparse por la evaluación que hacen otros de su ministerio.

SU PROPIA EVALUACIÓN

Tampoco debe permitirse estar preocupado por su propia evaluación de su ministerio. Todos estamos por naturaleza inclinados a elevarnos en nuestra propia mente. Nos miramos en espejos de color de rosa. Aun cuando nos rebajamos a nosotros mismos, especialmente enfrente de otros, a menudo lo que sencillamente buscamos es reconocimiento y elogios. El ministro maduro no confía en su propio juicio en tales cosas más de lo que confía en el juicio de otros. Está de acuerdo con Pablo en que su propia evaluación puede ser tan poco confiable como la de otros.

La introspección espiritual es peligrosa. El pecado conocido debe ser encarado y confesado, y los defectos conocidos hay que orar sobre ellos y procurar superarlos. Pero ningún cristiano, sin importar cuán avanzado esté en la fe, es capaz de evaluar correctamente su propia vida espiritual. Antes de que nos demos cuenta, nos estaremos clasificando a nosotros mismos y descubriremos que estamos dedicando mucho tiempo a pensar solo en nosotros mismos. Esa parcialidad a nuestro favor y la tendencia de la carne hacia su propia auto justificación hace que esa sea una práctica peligrosa.

Pablo no estaba consciente de ningún serio pecado o deficiencia en su propia vida. **De nada tengo mala conciencia** (cp. 2 Co. 1:12). Pero él sabía que podía estar equivocado en esa evaluación; aun como un apóstol podía estar equivocado acerca de su propio corazón. Él también necesitaba recordar que debía tener cuidado cuando pensaba que estaba firme, pues podía caer (1 Co. 10:12). De modo que continuó explicando a los corintios, **no por eso soy justificado**. Pero tampoco permitió que eso le quitara el sueño. No estaba orgulloso de que sabía que no tenía conciencia de nada malo, y no estaba preocupado de que pudiera estar equivocado. Su propia evaluación, favorable o desfavorable, era lo mismo.

La única evaluación que de verdad contaba era la del Señor. **Pero el que me juzga es el Señor**. Solo su examen era el que de verdad importaba. Él seguía el consejo que desde hacía tiempo le había dado a Timoteo: "Procura con diligencia presentarte a Dios aprobado" (2 Ti. 2:15). No estaba interesado en presentarse ante otros para ser aprobado, ni aun su propia aprobación de sí mismo, sino solo la de su Señor.

Un ministro sirve espiritualmente a su pueblo solo cuando es un siervo fiel del Señor y un mayordomo de los misterios de Dios. Y solo Dios es el juez del verdadero valor de ese servicio.

LA EVALUACIÓN DE DIOS

Así que, no juzguéis nada antes de tiempo, hasta que venga el Señor, el cual aclarará también lo oculto de las tinieblas, y manifestará las intenciones de los corazones; y entonces cada uno recibirá su alabanza de Dios. (4:5)

Dios tiene establecido un día cuando **aclarará también lo oculto de las tinieblas, y manifestará las intenciones de los corazones**. Esas dos frases se refieren a las actitudes del hombre interior, el que solo Dios puede ver. El juicio final de toda clase, incluida la evaluación del ministerio de sus siervos, lo hará Él y en su tiempo. El pueblo de Dios, incluidos los ministros, no tienen ningún derecho a **[juzgar] nada antes de tiempo**. Nosotros solo vemos el exterior, lo visible, y no podemos saber qué esta oculto en los recovecos del alma.

Debido a que Pablo habla aquí de que **cada uno recibirá su alabanza**, no creo que **lo oculto de las tinieblas** se refiera a pecados o algo malo, sino sencillamente a cosas que nosotros desconocemos al presente. El pasaje enfatiza que cada creyente recibirá alabanza, sin importar sus obras y motivos, porque "ninguna condenación hay para los que están en Cristo Jesús" (Ro. 8:1). Todos los cristianos tendremos alguna recompensa y alguna alabanza. Solo Dios sabe quién recibirá mucho y quién recibirá poco. Pero una vez que la madera, el heno y la hojarasca han desaparecido en el fuego, el oro, la plata y las piedras preciosas permanecerán y serán eternamente recompensados.

Lo que sí sabemos, sin embargo, es que las recompensas no estarán basadas en los títulos académicos que estén detrás de nuestro nombre, las veces que hayamos predicado y las ofrendas levantadas, los programas que hayamos planificado y dirigido, los libros que hayamos escrito y ni siquiera el número de los convertidos ganados para Cristo por medio de nosotros. Estarán basadas en una sola cosa: **las intenciones** (*boulē*, "pensamientos secretos") **de** [nuestros] **corazones**.

Una de las maravillosas experiencias que tendremos en aquel día será el darnos cuenta de cuántos santos amados, completamente desconocidos para el mundo y quizás difícilmente conocidos para sus hermanos en la fe, recibirán grandes galardones de las manos del Señor, porque sus obras fueron oro, plata y piedras preciosas. Sus corazones fueron puros, sus obras fueron preciosas y su recompensa será grande.

A causa de que Dios recompensará según **las intenciones de los corazones,** nuestro único propósito debiera ser que "si, pues, [comemos] o [bebemos], o [hacemos] otra cosa, [hagámoslo] todo para la gloria de Dios" (1 Co. 10:31). Ese motivo debiera determinar todo lo que pensamos y hacemos.

Es bueno cuando los hermanos en Cristo pueden hablar bien de nosotros con sinceridad. Es bueno cuando nuestras propias conciencias no nos acusan de nada. Pero será indescriptiblemente maravilloso si, en aquel día, nuestro Señor puede decir de nosotros: "Bien, buen siervo y fiel" (Mt. 25:23).

El propósito de Pablo aquí es demostrar que debido a que todos los ministros no son otra cosa que siervos y mayordomos, debido a que ni nosotros, ni ellos pueden evaluar correctamente el valor y el mérito de su ministerio, y debido a que solo Dios puede y dará la estimación apropiada en el futuro día de juicio, no solo es destructivo, sino también ridículo causar divisiones en la iglesia discutiendo sobre quién es el siervo más honroso.

Orgullo y humildad (4:6–13) 11

Pero esto, hermanos, lo he presentado como ejemplo en mí y en Apolos por amor de vosotros, para que en nosotros aprendáis a no pensar más de lo que está escrito, no sea que por causa de uno, os envanezcáis unos contra otros. Porque ¿quién te distingue? ¿o qué tienes que no hayas recibido? Y si lo recibiste, ¿por qué te glorías como si no lo hubieras recibido? Ya estáis saciados, ya estáis ricos, sin nosotros reináis. ¡Y ojalá reinaseis, para que nosotros reinásemos también juntamente con vosotros! Porque según pienso, Dios nos ha exhibido a nosotros los apóstoles como postreros, como a sentenciados a muerte; pues hemos llegado a ser espectáculo al mundo, a los ángeles y a los hombres. Nosotros somos insensatos por amor de Cristo, mas vosotros prudentes en Cristo; nosotros débiles, mas vosotros fuertes; vosotros honorables, mas nosotros despreciados. Hasta esta hora padecemos hambre, tenemos sed, estamos desnudos, somos abofeteados, y no tenemos morada fija. Nos fatigamos trabajando con nuestras propias manos; nos maldicen, y bendecimos; padecemos persecución, y la soportamos. Nos difaman, y rogamos; hemos venido a ser hasta ahora como la escoria del mundo, el desecho de todos. (4:6-13)

Cuando Abraham estaba intercediendo ante el Señor a favor de Sodoma, dijo: "He aquí ahora que he comenzado a hablar a mi Señor, aunque soy polvo y ceniza" (Gn. 18:27). Cuando Jacob temía que Esaú estuviera a punto de atacarlo, oró diciendo: "Menor soy que todas las misericordias y que toda la verdad que has usado para con tu siervo" (Gn. 32:10). Cuando Dios mandó a Moisés que se presentara ante el faraón y le pidiera la liberación de los israelitas, Moisés respondió: "¿Quién soy yo para que vaya a Faraón, y saque de Egipto a los hijos de Israel?" (Éx. 3:11). Gedeón respondió de una forma parecida al llamamiento de Dios de liberar a su pueblo de los madianitas: "Ah, señor mío, ¿con qué salvaré yo a Israel? He aquí que mi familia es pobre en Manasés, y yo el menor en la casa de mi padre" (Jue. 6:15).

Juan el Bautista no podía concebir que él bautizara a Cristo: "Yo necesito ser bautizado por ti, ¿y tú vienes a mí?" (Mt. 3:14). El día anterior Juan había dicho a la multitud: "Yo bautizo con agua; mas en medio de vosotros está uno a quien vosotros no conocéis. Este es el que viene después de mí, el que es antes de mí, del cual yo no soy digno de desatar la correa del calzado" (Jn. 1:26-27). Aun Pedro, siempre tan seguro de sí mismo, después de ser testigo de la pesca milagrosa, dijo: "Apártate de mí, Señor, porque soy hombre pecador" (Lc. 5:8). Pablo sirvió al Señor "con toda humildad" (Hch. 20:19), reconociendo "no que seamos competentes por nosotros mismos para pensar algo como de nosotros mismos, sino que nuestra competencia proviene de Dios" (2 Co. 3:5) y se consideraba a sí mismo "soy menos que el más pequeño de todos los santos" (Ef. 3:8). Los escogidos por Dios siempre han sido humildes.

Cristo Jesús mismo dio en su encarnación el mayor ejemplo de humildad. Pablo dice de Él: "El cual siendo en forma de Dios, no estimó el ser igual a Dios como cosa a que aferrarse, sino que se despojó a sí mismo, tomando forma de siervo, hecho semejante a los hombres; y estando en la condición de hombre, se humilló a sí mismo, haciéndose obediente hasta la muerte, y muerte de cruz" (Fil. 2:6-8). Aun Jesús habló de sí mismo como "manso y humilde de corazón" (Mt. 11:29).

Sin embargo, los cristianos corintios no habían aprendido esa virtud, ni de los santos del Antiguo Testamento, ni de Pablo, ni siquiera del Señor mismo. Pablo enfrenta este problema comparando el pecado de su propio engreimiento con el ejemplo de humildad del apóstol.

EL ORGULLO DE LOS CORINTIOS

Pero esto, hermanos, lo he presentado como ejemplo en mí y en Apolos por amor de vosotros, para que en nosotros aprendáis a no pensar más de lo que está escrito, no sea que por causa de uno, os envanezcáis unos contra otros. Porque ¿quién te distingue? ¿o qué tienes que no hayas recibido? Y si lo recibiste, ¿por qué te glorías como si no lo hubieras recibido? Ya estáis saciados, ya estáis ricos, sin nosotros reináis. ¡Y ojalá reinaseis, para que nosotros reinásemos también juntamente con vosotros! (4:6-8)

Los corintios eran orgullosos y jactanciosos. La causa de sus divisiones —con algunos diciendo que era de Pablo, otros de Apolos y otros de Cefas (1:12; 3:4, 22)— fue básicamente el orgullo. Estaban orgullosos de su sabiduría humana y también de sus dirigentes humanos. Fue este orgullo mundano y carnal lo que causó las serias divisiones que plagaron a la iglesia. Los líderes eran unos siervos del Señor piadosos y humildes, y los corintios tenían muchas razones para sentirse agradecidos porque Dios les había enviado tales hombres. Pero en vez de sentirse agradecidos se hicieron orgullosos.

Hemos visto que en la mayor parte de lo estudiado hasta aquí, Pablo se ha dedicado a enseñarles que no exalten la sabiduría humana, ni a los líderes humanos. **Pero esto, hermanos, lo he presentado como ejemplo en mí y en**

Apolos por amor de vosotros. Pero esto se refiere a las imágenes de los agricultores (3:6-9), constructores (3:10-15) y los siervos-mayordomos (4:1-5), que hablan de los que ministran para el Señor. Pablo les dice a sus **hermanos** corintios que él ha aplicado estas figuras de lenguaje y analogías a sí mismo y a Apolos. La razón es para enseñarles a ellos a que tampoco se exalten a sí mismos: **para que en nosotros aprendáis a no pensar más de lo que está escrito, no sea que por causa de uno, os envanezcáis unos contra otros.** Pablo **(en mí)** y **Apolos** aparecen como ilustraciones de lo que deben ser los verdaderos ministros: servidores y mayordomos humildes (4:1). Los siervos son fieles y mansos, no orgullosos; los mayordomos son confiables y sumisos, no arrogantes. Ningún cristiano debe ser orgulloso ni arrogante.

Los siervos fieles de Dios están para recibir honor y respeto apropiados. Debemos "[reconocer] a los que trabajan entre [nosotros] y [nos] presiden en el Señor, y [nos] amonestan" (1 Ts. 5:12), y los ancianos fieles "sean tenidos por dignos de doble honor, mayormente los que trabajan en predicar y enseñar" (1 Ti. 5:17). Pero deben ser honrados solamente dentro de los límites de las Escrituras. El respeto apropiado se convierte en exaltación indebida cuando pensamos **más de lo que está escrito**. Cuando la gratitud amorosa y la lealtad legítima están contaminadas por el orgullo y el engreimiento, la iglesia de Cristo queda fracturada y debilitada. Lo que Dios quiere que sea un medio de unidad Satanás lo convierte en un medio de división.

Los corintios habían cruzado la línea del respeto que enseñan las Escrituras y habían desarrollado facciones que eran virtualmente sectas. Y como sucede con frecuencia, los líderes fueron exaltados por el interés de los seguidores, no por el interés de los líderes. Los líderes no eran parte de ese proceso de glorificación, sino usados sencillamente como punto de enfoque para el propio orgullo de los corintios. De hecho, habían rechazado el ejemplo humilde dado por sus líderes; por eso Pablo tiene que recordarles su propia humildad y la de Apolos. Las facciones les dieron a los corintios los medios para **[envanecerse] unos contra otros.**

Cuando los israelitas estaban siendo liberados de Egipto, Moisés era claramente el líder. Él se había mantenido firme ante el faraón y había demandado la liberación de su pueblo. Dios había realizado por medio de Moisés los grandes milagros que convencieron finalmente al faraón para que los dejara marchar. Moisés era la cabeza indiscutible de su pueblo. Después de que el Señor envió la unción especial de su Espíritu sobre setenta de los ancianos, dos de ellos, Eldad y Medad, continuaron profetizando en el campamento después de que los demás habían terminado. Cuando le informaron a Moisés de lo que estaban haciendo, su joven ayudante Josué estaba enojado y dijo: "Señor mío Moisés, impídelos". Pero Moisés le respondió: "¿Tienes tú celos por mí? Ojalá todo el pueblo de Jehová fuese profeta, y que Jehová pusiera su espíritu sobre ellos" (Nm. 11:28-29). La lealtad de Josué para con Moisés no estaba bien orientada. Una lealtad equivocada, incluso a hombres fieles de Dios, genera inevitablemente hostilidad hacia otros siervos de Dios. Causa envidia, competencia y división.

Moisés no se exaltó a sí mismo ni permitió que otros lo exaltaran. Esa fue la actitud de Pablo y Apolos. "Si nosotros, apóstoles y ministros de Dios, evitamos exaltarnos a nosotros mismos o que otros nos exalten", les decía Pablo a los corintios, "¿qué razón tenéis para exaltaros a vosotros mismos?" (Una comparación interesante de este texto la podemos encontrar en Hechos 14:8-18.)

La razón era el envanecimiento. **Envanezcáis** (*phusioō*) significa literalmente "hincharse, inflarse". El término se usaba metafóricamente para indicar orgullo, que es tener una opinión muy inflada de uno mismo. Pablo usa esa palabra cuatro veces para describir a los cristianos corintios (vea también 4:18, 19; 5:2) y otras tres veces para advertirlos en contra del orgullo (8:1; 13:4; 2 Co. 12:20). El significado del orgullo es básicamente "yo soy lo que más me importa". Cuando cada uno busca ante todo su propio interés, la comunión y la armonía desaparecen en el proceso.

Un pecado íntimamente relacionado es la jactancia. El orgullo debe presumir, pero eso no es más excusable que ser arrogante. **¿Por qué te glorías?**, preguntaba Pablo. En realidad planteó la pregunta en tres partes. Primera, **¿quién te distingue?** "¿Por qué", dice él, "piensas que tú estás por encima de los demás creyentes en la iglesia? ¿Qué te hace pensar que tu grupo es mejor que los otros? Estás hecho del mismo material que los demás y has sido redimido por el mismo Señor. No eres mejor. No tienes nada de que gloriarte".

En segundo lugar pregunta: **¿o qué tienes que no hayas recibido?** ¿Qué es lo que una persona tiene que, de una forma u otra, no haya recibido? No nos damos a nosotros mismos la vida, ni el alimento, ni el cuidado ni la protección que disfrutamos de niños, ni la educación, los talentos, el país en el que nacimos, la oportunidad de ganarnos la vida, el nivel de inteligencia que tenemos, ni ninguna otra cosa. No importa con cuanta diligencia estudiemos en la escuela, trabajemos en nuestro negocio o profesión, no tendríamos nada excepto lo que el Señor y muchos otros, mediante su mano providencial, nos han dado.

Los cristianos hemos recibido todavía más. Tenemos la salvación, la vida eterna, la presencia de Dios con nosotros, su Palabra, sus dones espirituales, su amor, sus otras innumerables bendiciones, por todo lo cual no hemos hecho nada y nada podemos hacer. Todos estos son dones de la gracia de Dios. No tenemos absolutamente nada bueno que no **[hayamos] recibido** (cp. Stg. 1:17; 1 Cr. 29:11- 16). ¿De qué pueden gloriarse las personas?

Si tenemos un buen pastor, Dios nos lo dio. Si tenemos buenos padres, Dios nos los dio. Si vivimos en un buen país, Dios nos lo dio. Si somos inteligentes y tenemos habilidades creativas, Dios nos lo dio. No tenemos ninguna razón para jactarnos ni como personas ni de las posesiones. No solo los ministros, sino también todos los cristianos, no son otra cosa que mayordomos de Dios. Todo lo que tenemos es un préstamo de parte de Dios, que Él nos ha confiado por un tiempo para usarlo en servirlo a Él.

La tercera pregunta sigue lógicamente, **¿por qué te glorias como si no lo hubieras recibido?** En otras palabras, si poseían solo lo que alguien les había dado, ¿por qué estaban jactándose como si ellos mismos hubieran creado las cosas, o las hubieran ganado? Toda la base para su engreimiento no era otra que una fabricación de su propio orgullo. Nada es más engañoso que el orgullo. Estamos inclinados a creer casi todo acerca de nosotros mismos si es favorable.

Pero Pablo no iba a permitir que los corintios siguieran engañándose. Los despojó de cualquier excusa y desmanteló todas las defensas. Los amaba demasiado como para permitir que Satanás los extraviara y abusara de ellos. El apóstol estaba tan preocupado, y tan determinado a que entendieran la seriedad de su pecado, que terminó su convincente argumento con agudo sarcasmo:

Ya estáis saciados, ya estáis ricos, sin nosotros reináis. ¡Y ojalá reinaseis, para que nosotros reinásemos también juntamente con vosotros! (4:8)

Para desenmascarar su orgullo él sigue acumulando fingidos elogios. Les dice a los creyentes corintios que son grandes y maravillosos. Están saciados de toda cosa buena; son ricos, son como reyes. Lo tienen todo. Están en la cumbre. Excepto por el contexto, los corintios probablemente hubieran tomado en serio las palabras de Pablo en el versículo 8. Eso era exactamente lo que ellos pensaban de sí mismos. Como los laodicenses, ellos pensaban que eran ricos y que no necesitaban nada. Sin embargo, también como los laodicenses eran en realidad unos "[desventurados, miserables, pobres, ciegos y desnudos]" (Ap. 3:17).

Estaban satisfechos de sí mismos y, por tanto, se estaban perdiendo la bendición y la satisfacción de los que tienen "hambre y sed de justicia" (Mt. 5:6). No se sentían inclinados a decir con su anterior pastor: "No que lo haya alcanzado ya, ni que ya sea perfecto" (Fil. 3:12), porque en sus propias mentes *ya lo habían* obtenido. Ya pensaban que estaban reinando, como si ya hubiera comenzado su propio milenio. **Sin nosotros reináis**. Siguiendo con el sarcasmo, Pablo sugiere que han recibido las coronas de Cristo **sin** (chōris, "sin la ayuda de"; cp. Jn. 1:3) la ayuda de él y de Apolos, o de los otros apóstoles.

Pero el sarcasmo termina, y Pablo pasa de la reprimenda a la reflexión. **¡Y ojalá reinaseis, para que nosotros reinásemos también juntamente con vosotros!** Pablo deseaba que realmente fuera el tiempo de la coronación para todos ellos. Si el milenio había de verdad comenzado, tendrían verdadera gloria, y el Señor los estaría haciendo partícipes de ella a todos, y estarían de verdad reinando con Él, y con Pablo y Apolos. Pero esa no era la realidad. Los creyentes corintios no estaban reinando, y no tenían ninguna razón para gloriarse.

LA HUMILDAD DEL APÓSTOL

Porque según pienso, Dios nos ha exhibido a nosotros los apóstoles como postreros, como a sentenciados a muerte; pues hemos llegado a ser espectáculo al mundo, a los ángeles y a los hombres. Nosotros somos insensatos por amor de Cristo, mas vosotros prudentes en Cristo; nosotros débiles, mas vosotros fuertes; vosotros honorables, mas nosotros despreciados. Hasta esta hora padecemos hambre, tenemos sed, estamos desnudos, somos abofeteados, y no tenemos morada fija. Nos fatigamos trabajando con nuestras propias manos; nos maldicen, y bendecimos; padecemos persecución, y la soportamos. Nos difaman, y rogamos; hemos venido a ser hasta ahora como la escoria del mundo, el desecho de todos. (4:9-13)

El Padre había permitido que el Hijo fuera sentenciado a muerte e hicieran de Él un espectáculo. Ahora **Dios nos ha exhibido a nosotros los apóstoles como postreros, como a sentenciados a muerte.** Para el mundo ellos eran maestros sin méritos que enseñaban ideas sin valor, y su contribución a la humanidad era nula. Lo único que se merecían era la muerte. La imagen que vemos aquí es la de las personas que eran llevadas al circo romano, condenadas a morir como criminales. Los últimos que llevaban para morir constituían el momento cumbre. En este caso, Dios permitía que los **apóstoles** fueran un espectáculo a los ojos de los hombres con el fin de mostrar su gloria.

Los versículos 9-13 pueden resumirse con cuatro palabras: espectáculo, insensatos, sufren y escoria. Estas palabras describen la condición de Pablo en contraste con lo que los corintios consideraban que era su condición. Ellos pensaban que lo tenían todo en sí mismos; él sabía que no tenía nada en sí mismo.

ESPECTÁCULO

Cuando un general romano alcanzaba una victoria importante se celebraba con lo que se llamaba un triunfo. El general entraba en la ciudad con gran esplendor militar, a la cabeza de sus oficiales y soldados. Detrás iba un grupo de prisioneros encadenados, con el rey conquistado y sus funcionarios exhibidos de manera bien visible para que todos pudieran verlos y burlarse de ellos. Los prisioneros estaban bajo sentencia de muerte y los llevaban al circo para que lucharan con bestias salvajes. Este es el **espectáculo** al que se refiere Pablo. En la guerra espiritual en la que estaba enzarzado él eran considerado como uno de aquellos cautivos, aquella clase de prisioneros vencidos, **sentenciados a**

muerte. James Moffatt lo traduce así: "Dios quiere que los apóstoles vayamos los últimos a la arena como gladiadores condenados".

Poco después de su transfiguración, Jesús habló a sus discípulos acerca de su ya cercano arresto, muerte y resurrección. Ellos no entendieron de qué estaba hablando; pero en vez de pedirle que se lo explicara, ellos comenzaron a discutir acerca de quién de ellos era mayor. Cuando Jesús les preguntó de qué estaban hablando, ellos comprensiblemente se sintieron avergonzados de contestar:

> *Entonces él se sentó y llamó a los doce, y les dijo: Si alguno quiere ser el primero, será el postrero de todos, y el servidor de todos. Y tomó a un niño, y lo puso en medio de ellos, y tomándolo en sus brazos, les dijo: El que reciba en mi nombre a un niño como este, me recibe a mí; y el que a mí me recibe, no me recibe a mí sino al que me envió. (Mr. 9:35-37)*

La vida de discipulado es la vida de servicio, y la vida de servicio es la vida de la humildad, una vida que intimidaba tanto al mundo que se pone en peligro de muerte (cp. Jn. 10:2).

Durante el reino milenario los doce apóstoles reinarán con Cristo en la tierra. Se sentarán sobre "doce tronos para juzgar a las doce tribus de Israel" (Mt. 19:28). Pero cuando ellos ministraban en la tierra hicieron cualquier cosa menos reinar. Se convirtieron en un **espectáculo al mundo, a los ángeles y a los hombres.** Los ridiculizaron, los escupieron, los encarcelaron, los azotaron, se burlaron de ellos y, por lo general, los trataron como delincuentes. Ellos eran entonces los últimos; pero en el reino venidero de Cristo serán los primeros.

INSENSATOS

Volviendo al sarcasmo, Pablo dice: **Nosotros somos insensatos por amor de Cristo, mas vosotros prudentes en Cristo; nosotros débiles, mas vosotros fuertes; vosotros honorables, mas nosotros despreciados.** "Vosotros todavía pensáis que el evangelio es locura y que sus ministros son insensatos. Estáis avergonzados de ser siervos de Cristo. Queréis gloria, honor y reconocimiento mundano". Los corintios todavía amaban la sabiduría humana. Todavía se sentían tentados a pensar que los predicadores del evangelio eran charlatanes, como lo habían hecho los filósofos atenienses (Hch. 17:18). No podían aguantar ser **insensatos por amor de Cristo**, y pensaron que ellos eran **prudentes, fuertes** y **honorables.**

SUFRIERON

Los apóstoles no solo eran espectáculo e insensatos, sino que también sufrieron por amor de Cristo. **Hasta esta hora padecemos hambre, tenemos sed, estamos desnudos, somos abofeteados, y no tenemos morada fija.** Vivieron en el nivel más bajo de la sociedad. Mientras que los creyentes corintios vivían como reyes, los apóstoles vivían como esclavos. Los apóstoles habían llegado a experimentar personalmente el significado de las palabras de Jesús: "Las zorras tienen guaridas, y las aves del cielo nidos; mas el Hijo del Hombre no tiene dónde recostar su cabeza" (Mt. 8:20).

En su segunda carta a los corintios Pablo nos da una lista de sus sufrimientos en el ministerio:

> *Yo más; en trabajos más abundante; en azotes sin número; en cárceles más; en peligros de muerte muchas veces. De los judíos cinco veces he recibido cuarenta azotes menos uno. Tres veces he sido azotado con varas; una vez apedreado; tres veces he padecido naufragio; una noche y un día he estado como náufrago en alta mar; en caminos muchas veces; en peligros de ríos, peligros de ladrones, peligros de los de mi nación, peligros de los gentiles, peligros en la ciudad, peligros en el desierto, peligros en el mar, peligros entre falsos hermanos; en trabajo y fatiga, en muchos desvelos, en hambre y sed, en muchos ayunos, en frío y en desnudez; y además de otras cosas, lo que sobre mí se agolpa cada día, la preocupación por todas las iglesias. (2 Co. 11:23-28)*

Pablo también se dedicó a **[trabajar]** (*kopiaō*, "a trabajar hasta el agotamiento") **con [sus] propias manos**, un trabajo que los griegos lo consideraban como indigno de ellos. El trabajo manual era propio de los esclavos. Pero Pablo no se avergonzaba de ninguna clase de trato que tuviera que sufrir o de ninguna clase de trabajo que tuviera que realizar por su Señor (cp. Hechos 18:3; 20:34; 1 Ts. 2:9, 2 Ts. 3:8).

Él no estaba resentido ni amargado. **Nos maldicen** (*loidoreō*, "abusan de nosotros con palabras"), **y bendecimos; padecemos persecución, y la soportamos.** Los apóstoles se vieron genuinamente a sí mismos como esclavos de galeras y mayordomos de Cristo. Su preocupación era ser humildes y fieles. No tenían tiempo para resentimientos o celos. Ellos sabían que estaban inmensamente mejor que sus perseguidores. Porque sabían que serían los primeros en el mundo venidero, estaban completamente dispuestos a ser los últimos en este mundo. Esto le dio a Dios la oportunidad de demostrar su poder en su debilidad.

ESCORIA

Hemos venido a ser hasta ahora como la escoria del mundo, el desecho de todos. Es evidente por el versículo siguiente (14) que Pablo estaba todavía contrastándose a sí mismo y a los otros apóstoles con los corintios. Ellos se veían a sí mismos como en la cumbre; los apóstoles se vieron a sí mismos como en lo más bajo.

Escoria y **desecho** son sinónimos y se refiere a las raspaduras o residuos que se limpian de un plato o puchero sucio y que luego se tiran a la basura. Estas palabras se usan por lo general de forma figurativa de los delincuentes más bajos y degradados, que a menudo eran sacrificados en las ceremonias paganas. Esa era la manera en la que el mundo miraba a los apóstoles. Los tenían como escoria y desechos religiosos, y no eran mejores que los delincuentes, y así es como a menudo los trataban.

No les resulta difícil a los creyentes seguir relacionándose bien con el mundo siempre y cuando lo mantengan muy en privado. Si se dedican a predicar, enseñar y vivir seriamente la Palabra de Dios, el mundo se siente ofendido (cp. 2 Ti. 3:12). Se resienten de estar bajo la luz de la verdad. Satanás es el dios de este mundo y el príncipe de las tinieblas. Su reino no puede soportar la luz del evangelio y si le es posible perseguirá y destruirá a todos los que lo promueven y lo viven. El mundo va a intentar anular y hacer desaparecer a todo el que proclama la Palabra con dedicación.

No somos escoria ni basura a los ojos de Dios, pero, no obstante, somos siervos y mayordomos. Por lo tanto, no tenemos ninguna razón de jactarnos de nada, ni ante los ojos de mundo ni ante los de Dios. Por eso el Señor desea que sus siervos tengan un espíritu humilde y obediente que les proporcionará recompensa y gloria. "Humillaos, pues, bajo la poderosa mano de Dios, para que él os exalte cuando fuere tiempo" (1 P. 5:6).

Pablo nos lleva de esa forma a la culminación de la denuncia del espíritu de orgullo, divisiones y facciones de los corintios.

Las marcas de un padre espiritual (4:14–21)

12

No escribo esto para avergonzaros, sino para amonestaros como a hijos míos amados. Porque aunque tengáis diez mil ayos en Cristo, no tendréis muchos padres; pues en Cristo Jesús yo os engendré por medio del evangelio. Por tanto, os ruego que me imitéis. Por esto mismo os he enviado a Timoteo, que es mi hijo amado y fiel en el Señor, el cual os recordará mi proceder en Cristo, de la manera que enseño en todas partes y en todas las iglesias. Mas algunos están envanecidos, como si yo nunca hubiese de ir a vosotros. Pero iré pronto a vosotros, si el Señor quiere, y conoceré, no las palabras, sino el poder de los que andan envanecidos. Porque el reino de Dios no consiste en palabras, sino en poder. ¿Qué queréis? ¿Iré a vosotros con vara, o con amor y espíritu de mansedumbre? (4:14-21)

En esta epístola Pablo ha descrito al líder y al maestro espiritual como un servidor (3:5), un agricultor (3:6), un colaborador de Dios (3:9), un constructor (3:10), un esclavo de galeras ("siervo", 4:1) y un mayordomo. Ahora lo describe como un padre espiritual y se pone él como un ejemplo.

El apóstol ha sido severo, incluso hasta el punto del sarcasmo (4:8-10), en su reprensión de los pecados de los corintios. Ahora les dice por qué ha sido tan duro: los ama como un padre ama a sus hijos. No podía soportar la idea de que ellos se extraviaran de la Palabra de Dios y de la plenitud de la vida cristiana. Él era su padre espiritual y, por tanto, tenía una doble responsabilidad por su bienestar espiritual. Podía decir con Juan: "No tengo yo mayor gozo que este, el oír que mis hijos andan en la verdad" (3 Juan 4; cp. Gá. 4:19; Fil. 1:23-27).

En 1 Corintios 4:14-21 Pablo presenta por implicación y modelo seis características de un padre espiritual fiel: amonesta, ama, ruega, les da ejemplo, enseña y disciplina. Él no menciona específicamente estas características o las presenta en un orden cronológico o de importancia. Están implícitas en lo que dice e ilustran las varias maneras en las que un padre fiel es responsable de sus hijos. Son elementos necesarios en una relación de discipulado eficaz.

AMONESTA

No escribo esto para avergonzaros, sino para amonestaros. (4:14*a*)

Pablo no era severo en su corrección para [**avergonzar**] a los corintios, para que agacharan la cabeza y se encogieran. Tenían mucho de qué avergonzarse y si tomaban en serio las palabras del apóstol no podían evitar sentirse terriblemente mal. Pero el propósito principal de Pablo no era avergonzarlos, eso lo dejaba a su propia conciencia. Su intención era [**amonestarlos**]**,** exhortarlos, suplicarles que se arrepintieran y cambiaran de proceder. No quería destruirlos, sino recuperarlos.

Los padres pueden a veces corregir a un hijo en tal forma que en vez de edificarlo lo derriban. En la carta a los Efesios Pablo advierte: "Padres, no provoquéis a ira a vuestros hijos, sino criadlos en la disciplina y amonestación del Señor" (Ef. 6:4). En el nombre de la disciplina, aun la disciplina cristiana, los padres pueden provocar y abusar de sus hijos en una forma tal que quedan con heridas permanentes. Son a menudo humillados con críticas y castigos, pero rara vez edificados con exhortación y motivación.

Amonestar (*noutheteō*) significa literalmente "poner en la mente", con el propósito de advertir y reprender. Presupone que hay algo equivocado y la intención es corregirlo. El propósito es producir un cambio: en creencia, actitud, hábitos, estilo de vida o en lo que se necesite. En efecto, es una advertencia para cambiar o incurrir en juicio.

Elí era el sumo sacerdote cuando el tabernáculo estaba en Silo; pero no fue un padre muy responsable. Solo cuando ya era muy mayor reprendió el comportamiento y los hábitos tan pecaminosos de sus hijos. Sus hijos Ofni y Finees se hicieron adultos y quedaron totalmente fuera de su control. Ellos abusaron en cuanto a las ofrendas y sacrificios y cometieron adulterio con las mujeres que servían en el tabernáculo. Parece que Elí ni siquiera estaba consciente de lo que estaba sucediendo hasta que los demás se lo dijeron. Las Escrituras nos dicen que la vida de Elí y la de sus hijos terminaron trágicamente a causa de que él no los había amonestado como padre en forma firme y amorosa. Había honrado a sus hijos por encima de Dios y al hacerlo así le falló a Dios y a ellos (1 S. 2–4).

Fallar en amonestar a los hijos espirituales también puede terminar en tragedia. Si somos espiritualmente responsables por la vida de otros creyentes, especialmente si somos nosotros los que los hemos llevado al Señor, habrá ocasiones cuando *debamos* amonestarlos. Como un buen padre espiritual debemos criticar amorosamente creencias erróneas o conductas equivocadas con el propósito de lograr que se corrijan y cambien (vea Mt. 18:15-20; 1 Ts. 5:14). No debemos intimidarlos, humillarlos o juzgarlos con arrogancia espiritual. Un padre amoroso no hace esas cosas. Pero un padre amoroso siempre amonesta, reprende, corrige e incluso disciplina cuando es necesario. Hará todo lo que sea bueno y apropiado para el bienestar de sus hijos. La herramienta para lograrlo es la Palabra de Dios, como se indica en 2 Timoteo 3:16-17.

"Vosotros sois testigos", dijo Pablo a los tesalonicenses, "y Dios también, de cuán santa, justa e irreprensiblemente nos comportamos con vosotros los creyentes; así como también sabéis de qué modo, como el padre a sus hijos, exhortábamos y consolábamos a cada uno de vosotros, y os encargábamos que anduvieseis como es digno de Dios, que os llamó a su reino y gloria" (1 Ts. 2:10-12).

AMA

Como a hijos míos amados. (4:14*b*)

Pablo se había referido varias veces a los corintios como sus hermanos (1:10; 2:1; 3:1), pero ahora los llama sus hijos, lo que representa una relación todavía más íntima. No son meramente hijos, sino **hijos míos amados**, especialmente queridos por su padre espiritual. Queda bien claro por lo que Pablo les ha estado diciendo que no eran obedientes, moralmente rectos, doctrinalmente sanos o maduros. Pero eran amados.

Amados viene del verbo *agapaō*, que habla del amor en su sentido más fuerte y profundo. Es más que amor fraternal (*philia*), un afecto tierno. Es un amor que está determinado y dispuesto, y tiene el propósito de servir al objeto del amor.

Algunos años más tarde Pablo habló de su gran amor por los corintios: "No os seré gravoso, porque no busco lo vuestro, sino a vosotros, pues no deben atesorar los hijos para los padres, sino los padres para los hijos. Y yo con el mayor placer gastaré lo mío, y aun yo mismo me gastaré del todo por amor de vuestras almas" (2 Co. 12:14-15). Los corintios hicieron muy poco por ganarse el amor de Pablo, pero ellos lo tenían en toda su medida. Su amor por ellos lo daba todo y no pedía nada a cambio. Su amor estaba dispuesto al sacrificio, era amplio y estable.

Un padre amoroso quiere *comprender* a sus hijos tan profundamente como sea posible. Quiere saber dónde están heridos con el fin de curarlos. Quiere saber cuándo tienen temor con el fin de ayudarlos a disipar sus temores. Quiere saber en qué áreas son débiles para ayudarlos a que se fortalezcan. Quiere conocer sus necesidades para ayudarlos a satisfacerlas. Pablo amaba a los corintios de esa forma. Los amaba, entendía su situación y sus necesidades.

Un padre amoroso es *bondadoso*. Jesús era "manso y humilde de corazón" (Mt. 11:29) y Pablo procuró tratar a los corintios con "la mansedumbre y ternura de Cristo" (2 Co. 10:1). Los hijos espirituales, como los hijos naturales, crecen lentamente. No nacen ya maduros y deben ser instruidos con amor y bondad, como también con cuidado y a veces con firmeza (cp. 1 Ts. 2:7-8).

Un padre amoroso es también *apasionado*. Cuando los que amamos están en peligro, no podemos evitar estar preocupados. Cuando nuestros hijos eran pequeños me preocupaba cuando salían corriendo a la calle. De modo que les expliqué acerca de los peligros de ser atropellados por un auto. Me desperté a veces en la noche sobresaltado por el sueño de que uno de ellos había sido atropellado por un auto. El amor no puede evitar sentirse a veces intensamente preocupado y ponerse nervioso. Cuanto más están nuestros amados en peligro o amenazados, más intenso y apasionado se hace el amor. Deberíamos tener la misma clase de preocupación por nuestros amados en el Señor, por nuestros hijos en el Señor. El testimonio de Pablo a los ancianos efesios fue que él no había cesado de amonestarlos con lágrimas durante "tres años, de día y de noche" por amor a sus hijos en la fe (Hch. 20:31).

RUEGA

Porque aunque tengáis diez mil ayos en Cristo, no tendréis muchos padres; pues en Cristo Jesús yo os engendré por medio del evangelio. (4:15)

Como ya se ha mencionado, Pablo no está hablando de paternidad espiritual cronológicamente. Como en la paternidad natural, la procreación debe suceder primero antes de que pueda haber amor o amonestación. El hijo tiene que nacer primero antes de comenzar a cuidarlo y entrenarlo.

Pablo ilustra aquí la singularidad de la paternidad. Ningún hijo puede tener más de un padre natural. En la esfera espiritual sucede lo mismo, los corintios tenían **diez mil ayos** en Cristo, pero solo un **padre** espiritual. Pablo era el padre espiritual de la mayoría de ellos. Es importante que notemos que no estaba diciendo que él fuera la fuente de la vida espiritual (cp. Mt. 23:9, una referencia a los dirigentes religiosos judíos que se portaban como si ellos fueran la verdadera fuente de la vida), sino solo la herramienta que Dios usó.

Diez mil (*murios*) el término griego puede representar una cifra específica como lo expresa la versión RVR-1960 o una cifra innumerable. **Ayos** (*paidagōgos*) se refiere a tutores, al instructor que estaba en el hogar, generalmente un esclavo, que era responsable por el entrenamiento básico y el desarrollo moral de los hijos pequeños. No eran maestros en el sentido formal, sino más bien guardianes o ayudadores.

Los corintios, les dice Pablo, podían haber tenido incontables tutores espirituales de varias clases, y todos ellos podían haber sido de gran ayuda en uno u otro sentido. Pero él era de forma única su padre espiritual.

Un padre es, por definición, un hombre que tiene hijos. Es el instrumento de Dios para crear una vida. Un hombre puede ser hombre sin tener hijos e incluso un esposo sin tener hijos. Pero no puede ser padre sin tener hijos. Un cristiano no puede ser un padre espiritual sin que Dios lo use para engendrar hijos espirituales.

Lamentablemente, muchos cristianos nunca se han convertido en padres espirituales. Nunca han generado retoños espirituales. Nunca han llevado a una persona a Cristo, ni la han ayudado a instruirse y crecer en los caminos de Dios. Un cristiano es alguien que ha recibido nueva vida en Cristo y alguien quien una de sus características más importantes es la reproducción espiritual. No obstante, muchos creyentes nunca han reproducido creyentes. En un sentido son una contradicción de lo que es ser un cristiano. Cada creyente debería ser un padre espiritual, un instrumento de Dios para engendrar nuevas vidas para su reino. Eso inicia el proceso de discipulado.

Pablo dejó progenie espiritual en todo lugar que visitó y ministró. Había fundado numerosas iglesias en la provincia de Galacia, y cuando les escribió se dirigió a ellos no solamente como sus hermanos (Gá. 1:11; 4:12), sino también como sus hijos (4:19). Llamó a Timoteo su "verdadero hijo en la fe" (1 Ti. 1:12) y a Tito su "verdadero hijo en la común fe" (Tit. 1:4). Onésimo, el esclavo fugitivo, era el "hijo... a quien había engendrado en [sus] prisiones" (Flm. 10). A todo lugar donde fue llevó personas a Cristo, y de esa forma se convirtió en su padre espiritual.

El apóstol no estaba afirmando que tuviera el poder de la procreación espiritual. **Pues en Cristo Jesús yo os engendré por medio del evangelio**. La fuente de todo nacimiento espiritual es el poder de Dios en Cristo junto con la palabra de Dios. Solo "lo que es nacido del Espíritu, espíritu es" (Jn. 3:6) y "Él, de su voluntad, nos hizo nacer por la palabra de verdad" (Stg. 1:18).

Pero el Señor también ha elegido usar instrumentos humanos como sus testigos (Hch. 1:8), para hacer "discípulos a todas las naciones" (Mt. 28:19). Jesús nos mandó que orásemos: "Rogad, pues, al Señor de la mies, que envíe obreros a su mies" (Mt. 9:38). El fruto de la cosecha está completamente en las manos del Señor, pero Él nos llama a que seamos sus colaboradores en los campos. Charles Hodge dijo: "Porque aunque las multitudes se convierten por el poder del Espíritu mediante la Palabra sin ninguna intervención ministerial, así como el grano da fruto aquí y allá sin intervención de ningún obrero del campo, con todo Dios ha establecido que la cosecha de las almas sea recogida por obreros llamados con ese propósito".

Los cosechadores de Dios se convierten en los padres espirituales de aquellos que ellos "recogen" para el Señor.

DA EJEMPLO

Por tanto, os ruego que me imitéis. Por esto mismo os he enviado a Timoteo,

que es mi hijo amado y fiel en el Señor, el cual os recordará mi proceder en Cristo. (4:16-17*a*)

La enseñanza de un padre no puede ser eficaz si no da un buen ejemplo. Un padre espiritual debe ser un ejemplo para sus hijos espirituales, como Pablo hizo con tanto cuidado. Con confianza, pero sin jactancia, él pudo decir: os **ruego que me imitéis.** No solo podía decir: "Haced lo que os digo", sino también, "Haced como yo hago". El término griego es equivalente a nuestra palabra "imitar", seguir mi ejemplo (cp. Mt. 23:3).

El hogar es uno de los lugares más difíciles para discipular. Cuando discipulamos a los que no pertenecen a nuestra familia, muy a menudo solo nos ven en situaciones ideales, donde resulta fácil actuar como personas espirituales y maduras. Pero nuestros hijos nos ven en todos nuestros estados de humor, en todas nuestras actitudes y acciones. Saben de primera mano si estamos viviendo a la altura de lo que estamos tratando de enseñarles a ellos. Si no es verdad, la mayor parte de nuestra instrucción y amonestación caerá en oídos sordos. Aun si los amamos sinceramente, lo más probable es que nuestros hijos sigan lo que hacemos no lo que decimos. Tener hijos piadosos es un requisito necesario para ser un anciano en la iglesia (1 Ti. 3:4-5) en parte, al menos, porque es una buena evidencia de que él mismo es piadoso. Discipular es algo más que enseñar principios correctos; es también vivir esos principios delante de los que están siendo discipulados (cp. 1 Ti. 4:12).

Pablo tuvo tanto éxito como discipulador que pudo confiar el discipulado de otros a los que él había discipulado. **Por esto mismo os he enviado a Timoteo, que es mi hijo amado y fiel en el Señor, el cual os recordará mi proceder en Cristo. Por esto mismo** se refiere a la meta de hacer que los corintios imiten a Pablo. Para conseguirlo ha enviado a Timoteo. ¡Qué gran idea! Timoteo era tan semejante a Pablo que podía enviarlo como un modelo paulino. El apóstol había hecho un trabajo tan completo como un padre espiritual de Timoteo que podía enviarlo para continuar discipulando a los corintios en su nombre. Él era una réplica. Eso es el arquetipo de formación de hijos espirituales: poder enviarlos para que ocupen el puesto suyo. Cuando somos como Cristo, hay muchas probabilidades de que los que discipulamos lleguen a ser también semejantes a Cristo y ayudar a otros a que lo sean también. Esto obviamente provee de una gran potencialidad de multiplicación en el ministerio. Pablo amaba a Timoteo y lo recomendó como un hijo fiel que llevaría de nuevo a los corintios al modelo de vida de semejanza a Cristo, porque ese era su propio estilo de vida.

ENSEÑA

de la manera que enseño en todas partes y en todas las iglesias. (4:17*b*)

No podemos vivir las verdades que no conocemos o vivir principios de los que nunca hemos oído. Una parte importante del discipulado es enseñar la Palabra de Dios, declarando y explicando sus verdades.

En el caso de la iglesia de los corintios, Pablo ya los había instruido cuidadosamente durante dieciocho meses (Hch. 18:11). Estaban bien basados en la Palabra. La tarea de Timoteo era la de [**recordarles**] lo que Pablo les había enseñado y la manera en la que había vivido entre ellos. Su tarea de discipular era un seguimiento de lo hecho por el apóstol. Pablo había enseñado las mismas verdades en **todas partes y en todas las iglesias**, indicando que se está refiriendo a la doctrina y no a consejos específicos, y la tarea de Timoteo era la de reforzar aquellas grandes y eternas verdades mediante su propia enseñanza y ejemplo.

No es suficiente que enseñemos lo que es correcto; debemos hacerlo de manera comprensible para el que escucha. Debemos dejar a un lado nuestros títulos y logros académicos y jerga teológica y hablar con sencillez y amor la verdad (Ef. 4:15). Si amamos a los que damos testimonio y discipulamos, nuestro objetivo no será el de impresionarlos con nuestros conocimientos, sino ponernos a su nivel y ayudarlos. El obispo John Ryle estaba convencido de que una de las claves del avivamiento del siglo XVIII en Inglaterra fue la sencillez de la predicación de hombres tales como Wesley y Whitefield. Dijo: "No se avergonzaban de crucificar su estilo o sacrificar su reputación de estudiosos. Cumplieron la máxima de Agustín que decía que una llave de madera no es tan atractiva como una de oro, pero si puede abrir la puerta cuando la de oro no puede, resulta mucho más útil". No se necesitan grandes sermones ni hábiles demostraciones homiléticas, sino lo que necesitan es doctrina sana que brote de las Escrituras para contrarrestar la sabiduría humana (cp. 2:1-8).

La enseñanza de Cristo no solo fue el ejemplo supremo de poder y profundidad, sino también de sencillez. Las grandes multitudes a las que predicaba estaban compuestas principalmente de personas comunes y sin instrucción formal. No obstante, "la multitud del pueblo le oía de buena gana" (Mr. 12:37).

DISCIPLINA

Mas algunos están envanecidos, como si yo nunca hubiese de ir a vosotros. Pero iré pronto a vosotros, si el Señor quiere, y conoceré, no las palabras, sino el poder de los que andan envanecidos. Porque el reino de Dios no consiste en palabras, sino en poder. ¿Qué queréis? ¿Iré a vosotros con vara, o con amor y espíritu de mansedumbre? (4:18-21)

Se dan momentos cuando los padres espirituales, como los padres naturales, tienen que disciplinar a sus hijos. Cuando un cristiano cae en la doctrina errónea o en el comportamiento indebido, necesita corrección. Hay que decirle con amor y a la vez con firmeza: "Su testimonio no es lo que debería ser. No está viviendo a la luz de los principios bíblicos que ha aprendido. Necesita cambiar". Confrontaciones así nunca son fáciles, pero son a menudo necesarias.

Algunos de los corintios no solo habían caído en el pecado, sino que se habían **envanecidos** (*phusioō*, "hinchado, inflado") acerca de ello. Al pensar que probablemente no verían nunca más a Pablo, **como si yo nunca hubiese de ir a vosotros**, creyeron que podían hacer lo que mejor les pareciera. Puede que llegaran a hacerse tan arrogantes que creyeran que Pablo no se atrevería a confrontarlos. La iglesia tenía un serio problema con el orgullo y la obstinación, y cuando no estaba presente un líder espiritual fuerte, muchos creyentes caían fácilmente en las antiguas formas de pensar y de funcionar.

Al contrario de lo que ellos esperaban, Pablo les aseguró que tenía el propósito de verlos de nuevo **pronto**. Él sabía que no era bueno hacer planes sin contar con el Señor, por eso añade: **si el Señor quiere**. Más de una vez él había hecho planes para su ministerio que no había podido llevar a cabo. En su segundo viaje misionero Pablo, Silas y Timoteo "intentaron ir a Bitinia, pero el Espíritu no se lo permitió" (Hch. 16:7). El plan de Dios para ellos era que se lanzaran a evangelizar hacia el oeste, en lo que conocemos hoy como Europa, de modo que se encaminaron hacia Macedonia en vez de a Bitinia. Es siempre presuntuoso hacer planes, aun para la obra del Señor, que no estamos dispuestos a someter a su aprobación y posible alteración.

A pesar de que ellos pensaban que quizás Pablo no se atrevería a hacerlo, si él volvía a Corinto lo primero que haría sería poner en evidencia a los que eran tan descarados en su pecado. Descubriría pronto, no las palabras, **sino el poder de los que andan envanecidos**. No permitiría que su actitud pecadora quedara sin corrección. Por amor de ellos, así como por amor del evangelio, no podía dejar de disciplinarlos. Un hijo indisciplinado es el resultado de unos padres que no se interesan mucho por su bienestar. Pablo era un padre espiritual suficientemente amoroso para disciplinar. Esperaba que los corintios siguieran su ejemplo, como él seguía el de Dios: "Porque Jehová al que ama castiga, como el padre al hijo a quien quiere: (Pr. 3:12; cp. He. 12:6; Ap. 3:19).

Aquellos arrogantes pecadores hablaban mucho acerca de su libertad e independencia y derechos, como lo hacen hoy muchos que profesan ser creyentes, que aceptan la filosofía del mundo y les gusta imitar su forma de vivir. Sin duda que ellos pensaban que disponían de buenos argumentos en el caso de que Pablo apareciera por allí. Pero él se dedicaría a verificar su poder espiritual, no sus palabras, el interior no el exterior. Los hijos de Dios deben reflejar el **reino de Dios**, su gobierno y gloria, el cual **no consiste en palabras, sino en poder**. Este es un principio central de gran importancia. La fe que no resulta en una forma de vida recta puede tener muchas palabras para respaldarla, pero no tendrá poder. El verdadero carácter espiritual de una persona no está determinado por sus palabras impresionantes, sino por el poder de su vida (cp. Mt. 7:21-23).

Pablo tenía la esperanza que los descarriados corintios se arrepentirían de su arrogancia y cambiaran antes de que él volviera. Les dio a elegir. **¿Qué queréis? ¿Iré a vosotros con vara, o con amor y espíritu de mansedumbre?** Pablo había indicado con claridad lo que él prefería. No quería avergonzarlos, sino amonestarlos como a hijos que amaba mucho (v. 14). Esa es la marca de un padre piadoso.

Si necesitaba una vara para corregirlos, la usaría. No se estaba refiriendo a una vara literal para golpearlos con ella, sino a una actitud y espíritu de disciplina fuerte y dolorosa. Actuaría enérgicamente contra su orgullo, el pecado que Dios aborrece más. Pero si ellos respondían favorablemente a su carta, los trataría con moderación, paciencia y bondad.

En sus tratos con aquella iglesia caprichosa que él amaba tanto, Pablo demostró los elementos para una disciplina eficaz de los hijos espirituales.

Inmoralidad en la iglesia (5:1–13)   **13**

De cierto se oye que hay entre vosotros fornicación, y tal fornicación cual ni aun se nombra entre los gentiles; tanto que alguno tiene la mujer de su padre. Y vosotros estáis envanecidos. ¿No debierais más bien haberos lamentado, para que fuese quitado de en medio de vosotros el que cometió tal acción? Ciertamente yo, como ausente en cuerpo, pero presente en espíritu, ya como presente he juzgado al que tal cosa ha hecho. En el nombre de nuestro Señor Jesucristo, reunidos vosotros y mi espíritu, con el poder de nuestro Señor Jesucristo, el tal sea entregado a Satanás para destrucción de la carne, a fin de que el espíritu sea salvo en el día del Señor Jesús. No es buena vuestra jactancia. ¿No sabéis que un poco de levadura leuda toda la masa? Limpiaos, pues, de la vieja levadura, para que seáis nueva masa, sin levadura como sois; porque nuestra pascua, que es Cristo, ya fue sacrificada por nosotros. Así que celebremos la fiesta, no con la vieja levadura, ni con la levadura de malicia y de maldad, sino con panes sin levadura, de sinceridad y de verdad.

Os he escrito por carta, que no os juntéis con los fornicarios; no absolutamente con los fornicarios de este mundo, o con los avaros, o con los ladrones, o con los idólatras; pues en tal caso os sería necesario salir del mundo. Más bien os escribí que no os juntéis con ninguno que, llamándose hermano, fuere fornicario, o avaro, o idólatra, o maldiciente, o borracho, o ladrón; con el tal ni aun comáis. Porque ¿qué razón tendría yo para juzgar a los que están fuera? ¿No juzgáis vosotros a los que están dentro? Porque a los que están fuera, Dios juzgará. Quitad, pues, a ese perverso de entre vosotros. (5:1-13)

La ciudad de Corinto del tiempo de Pablo era muy semejante a la sociedad occidental de nuestros días. Las personas estaban muy inclinadas a hacer las cosas como les parecía bien. En nada estaban más decididas que en lo relacionado con la satisfacción de sus apetitos físicos. La permisividad sexual era desenfrenada y entonces, como ahora, la iglesia quedaba afectada.

Todo el capítulo 5 de esta carta está dedicado al problema de la inmoralidad en la iglesia, y buena parte de él específicamente a la inmoralidad sexual. Tan grave como la misma inmoralidad era la tolerancia de la iglesia. Probablemente debido a su orientación filosófica y a su amor por la sabiduría humana ellos racionalizaban el comportamiento de los hermanos creyentes. En este caso no se sintieron inclinados a tomar medidas correctivas. Aun los que no estaban involucrados en la inmoralidad se habían hecho arrogantes acerca del asunto (v. 2), posiblemente citando su "libertad en Cristo" como hacen muchos creyentes hoy. Había muchos en la iglesia que alardeaban arrogantemente de sus vicios.

Este capítulo no está dirigido a los creyentes, o a los "llamados" creyentes (v. 11), que estaban cometiendo estos pecados, sino al resto de la iglesia que se quedaba parada sin hacer nada acerca del asunto. En efecto, de forma arrogante se *negaban* a corregirlo.

Desde 1:10 a 4:21 Pablo había estado lidiando con ciertos tipos de pecado más filosóficos y sicológicos, pecados del intelecto y de la actitud. La división en la iglesia estaba causada primariamente por el espíritu partidista, que se ve en sus varios grupos exclusivistas, y cada grupo pensando que ellos tenían una espiritualidad superior.

El capítulo 5, sin embargo, se enfoca principalmente en los pecados de la carne. Pero esos pecados no carecen de relación con los pecados de la mente y del corazón, porque todos los pecados están relacionados. El pecado en una área siempre nos hace más propensos al pecado en otras áreas. En nuestro tiempo, el aumento de pecados sexuales y de pecados de violencia se compara muy de cerca con el aumento de la educación humanista y de la filosofía amoral, y concuerda con el aumento del orgullo y la autosatisfacción, y con una disminución en el interés por las cosas de Dios.

El propósito de Pablo en este capítulo es enfatizar la disciplina de los miembros de la iglesia que persisten en sus pecados. Nos presenta la necesidad, el método, la razón y la esfera de la disciplina que debería imponerse.

LA NECESIDAD DE DISCIPLINA

De cierto se oye que hay entre vosotros fornicación, y tal fornicación cual ni aun se nombra entre los gentiles; tanto que alguno tiene la mujer de su padre. Y vosotros estáis envanecidos. ¿No debierais más bien haberos lamentado? (5:1-2*a*)

Lo primero que los corintios necesitaban ver era la necesidad de la disciplina. Porque al parecer ellos habían racionalizado o minimizado la inmoralidad en su medio, no veían la necesidad de disciplinar a nadie. El primer paso de Pablo fue demostrarles que la inmoralidad *era* inmoralidad y que eso era serio y no debía tolerarse, algo que ellos ya deberían saber. El hecho de que **se [oye] que hay entre vosotros fornicación**, indica que era de conocimiento común y que debería haber sido tan vergonzoso para ellos como lo fue para Pablo.

La iglesia había sido cuidadosamente instruida por Pablo y otros ministros. Los creyentes corintios tenían un buen conocimiento básico de la doctrina y de la moral cristiana. Pablo ya les había hablado, en otra carta del apóstol que no nos ha llegado, de la necesidad de la disciplina de los creyentes que persistían en el pecado: "Os he escrito por carta, que no os juntéis con los fornicarios" (v. 9). Tristemente, el problema que Pablo trata en este capítulo no era nuevo para los corintios, pero ellos lo estaban tolerando.

La iglesia corintia tenía una reputación general de inmoralidad, y la información le había llegado a Pablo más de una vez. Como acabamos de mencionar, les había escrito previamente acerca de ello. Pero el problema en particular que menciona primero era **tal fornicación cual ni aun se nombra entre los gentiles; tanto que alguno tiene la mujer de su padre**.

Fornicación es el término griego *porneia*, del que nos viene *pornografía*, y se refiere a cualquier actividad sexual ilícita. En este caso era una forma de incesto, porque un hombre estaba viviendo con la esposa de su padre, es decir, su madrastra. La expresión **la mujer de su padre** indica que la mujer no era su madre natural, sino que se había casado con el padre después de que su madre falleciera o se divorciara.

En el Antiguo Testamento aparece claramente que Dios considera incestuosa esa clase de relación. Las relaciones sexuales entre un hombre y su madrastra estaban en la misma categoría como la relación entre él y su madre natural. Cualquiera que fuera culpable de esa u otras "abominaciones" sexuales tenía que ser eliminado de la comunidad (Lv. 18:7-8, 29; cp. Dt. 22:30), lo cual es una referencia a la pena capital. Por medio de Cicerón y otros sabemos que el incesto estaba estrictamente prohibido por la ley romana. Como Pablo indica, **ni aun se nombre entre los gentiles**. Un miembro de la iglesia en Corinto era culpable de un pecado que ni los vecinos paganos lo practicaban o toleraban. El testimonio de la iglesia en Corinto estaba, pues, severamente dañado.

Tres cosas parecen evidentes acerca de esta relación en particular. Primera, el presente de indicativo **tiene** indica que esa actividad pecaminosa la llevaba practicando por un tiempo y que todavía continuaba. No fue algo que sucedió una vez o que duró poco tiempo, sino que era continuo y conocido. Puede que estuvieran viviendo juntos como esposos. Segunda, puesto que no se los acusa de adulterio, la relación entre el hijo y la madrastra probablemente había causado que ella se divorciara del padre. En aquel momento ninguno de los dos estaba legalmente casado. Tercera, debido a que Pablo no pide que se discipline a la mujer, lo que puede indicar que ella no era cristiana. El hombre, por tanto, al ser un creyente, no solo su relación con la mujer era inmoral sino desigual (2 Co. 6:14).

Para Pablo resultaba más escandalosa la actitud tolerante de la iglesia que el mismo pecado. **Y vosotros estáis envanecidos. ¿No debierais más bien haberos lamentado?** Nada parecía ser capaz de vencer su orgullo y jactancia (cp. 1:12; 3:3, 21; 4:6-7, 18). Se sentían tan seguros y satisfechos de sí mismos que disculpaban y racionalizaban el comportamiento más perverso dentro de la congregación. Quizás veían el incesto como una expresión de su libertad cristiana o quizás veían su tolerancia como una expresión de amor cristiano. En cualquier caso, su arrogancia los cegaba para ver la verdad clara de las normas divinas. Quizás se sentían tan seguros como miembros de un partido relacionado con un gran líder espiritual (Pablo, Apolos o Pedro, vea 1:12) que pensaban que podían pecar sin consecuencias.

Debierais más bien haberos lamentado. Una iglesia que no se lamenta por causa del pecado, especialmente del pecado dentro de su propio compañerismo, está al borde del desastre espiritual. Cuando dejamos de escandalizarnos por el pecado perdemos una fuerte defensa de protección contra el mismo. Alexander Pope escribió:

> El vicio es un monstruo con un semblante tan espantoso,
> que en cuanto lo vemos lo aborrecemos;
> no obstante, verlo a menudo, familiarizarnos con su rostro,
> lleva primero a soportarlo, luego a tenerle pena, después a abrazarlo.

Esa fue la manera de proceder de la iglesia corintia. Siguieron con arrogancia sus propios sentimientos y los racionalizaron, en vez de seguir la Palabra de Dios, y pronto se vieron a sí mismos ignorando, y quizás aun justificando, aquel pecado descarado en su medio.

La iglesia de Tiatira era en muchos sentidos una iglesia modelo. Era fuerte en "amor, fe, servicio y paciencia" y crecía en buenas obras. Pero "toleras que esa mujer Jezabel, que se dice profetisa, enseñe y seduzca a mis siervos a fornicar y a comer cosas sacrificadas a los ídolos" (Ap. 2:19-20). Alguien en la iglesia, que afirmaba hablar en nombre de Dios, estaba en realidad llevando a los creyentes a prácticas inmorales. Aunque fue reprendida, rehusó arrepentirse. En consecuencia, ella y otros que participaron en inmoralidades con ella, se convirtieron en objeto del juicio severo de Dios. Aquel castigo estaba destinado a ser una advertencia a todos los cristianos y un recordatorio de las normas rectas de Dios para su pueblo y de que Él conocía sus mentes y corazones (21-23). Dios toma con seriedad la pureza de su iglesia y ordena a sus hijos que lo tomen también con seriedad.

Siempre que no hay arrepentimiento y limpieza del pecado, este aumenta y extiende su infección. Cuando Pablo escribió su siguiente epístola a la iglesia en Corinto, estaba todavía profundamente preocupado acerca de su condición moral y espiritual. "Que cuando vuelva, me humille Dios entre vosotros, y quizá tenga que llorar por muchos de los que antes han pecado, y no se han arrepentido de la inmundicia y fornicación y lascivia que han cometido" (2 Co. 12:21). Debido a que los corintios rehusaron lamentarse, causaron que Pablo se lamentara y que el Espíritu Santo se entristeciera (Ef. 4:30).

Los cristianos no debemos tolerar el pecado dentro de la iglesia menos de lo que debemos tolerarlo dentro de nuestra propia vida. "Pero fornicación y toda inmundicia, o avaricia, ni aun se nombre entre vosotros, como conviene a santos... y no participéis en las obras infructuosas de las tinieblas, sino más bien reprendedlas" (Ef. 5:3, 11). Todos los miembros de la iglesia tenemos la responsabilidad, no solo el pastor y otros líderes, de exponer las prácticas pecaminosas que se den en su seno. Sin pretensiones de superioridad o de husmear, conviene que estemos continuamente vigilantes de toda clase de inmoralidad o pecado que amenace la pureza del cuerpo de Cristo, la iglesia. Debemos reconocer las necesidades de identificación y limpieza del pecado dentro de la iglesia. Cuando se encuentra debiéramos estar en lamento espiritual hasta que se elimine.

EL MÉTODO DE DISCIPLINA

... para que fuese quitado de en medio de vosotros el que cometió tal acción? Ciertamente yo, como ausente en cuerpo, pero presente en espíritu, ya como presente he juzgado al que tal cosa ha hecho. En el nombre de nuestro Señor Jesucristo, reunidos vosotros y mi espíritu, con el poder de nuestro Señor Jesucristo, el tal sea entregado a Satanás para destrucción de la carne, a fin de que el espíritu sea salvo en el día del Señor Jesús. (5:2*b*-5)

Pablo indica con claridad la acción que debería haberse tomado para disciplinar al hombre que se negaba a arrepentirse y abandonar su descarada inmoralidad. Debió haber sido excomulgado, **quitado de en medio de vosotros**.

Jesús estableció el método básico de la disciplina en la iglesia:

Por tanto, si tu hermano peca contra ti, ve y repréndele estando tú y él solos; si te oyere, has ganado a tu hermano. Mas si no te oyere, toma aún contigo a uno o dos, para que en boca de dos o tres testigos conste toda palabra. Si no los oyere a ellos, dilo a la iglesia; y si no oyere a la iglesia, tenle por gentil y publicano. (Mt. 18:15-17)

La disciplina no está reñida con el amor. En realidad es la falta de disciplina la que es inconsecuente con el amor. "Porque el Señor al que ama, disciplina, y azota a todo el que recibe por hijo" (He. 12:6). El Señor disciplina a sus hijos porque los ama, y nosotros disciplinaremos a nuestros hermanos en el Señor si verdaderamente les amamos a Él y a ellos.

Ciertamente yo, como ausente en cuerpo, pero presente en espíritu, ya como presente he juzgado al que tal cosa ha hecho. Pablo invita a la iglesia corintia a que reconozca con él la seriedad del pecado cometido, a reconocer la necesidad de disciplina y a tomar las decisiones apropiadas, como Pablo ya había hecho como si él se encontrara allí. Está diciendo que en su espíritu interior ya había juzgado a la persona pecadora y había afirmado las consecuencias obligatorias.

La iglesia debía reunirse **en el nombre de nuestro Señor Jesucristo... y con el poder de nuestro Señor Jesucristo.** Es decir, que debían reunirse para hacer lo que ellos sabían era la voluntad de Cristo en el asunto, para hacer lo que Él haría si estuviera presente con ellos. Ellos estaban conscientes de los principios que Cristo había enseñado (Mt. 18) y el apóstol instó a los hermanos a que apliquen esos principios. Como el Señor había instruido, la congregación local era responsable de la disciplina. Y cuando una iglesia local actúa en el **nombre** del Señor Jesucristo, esto es, según su Palabra, pueden estar seguros de que están actuando en su **poder.** Es este contexto de su enseñanza acerca de la disciplina de la iglesia que el Señor dijo: "De cierto os digo que todo lo que atéis en la tierra, será atado en el cielo; y todo lo que desatéis en la tierra, será desatado en el cielo" y "si dos de vosotros se pusieren de acuerdo en la tierra acerca de cualquiera cosa que pidieren, les será hecho por mi Padre que está en los cielos. Porque donde están dos o tres congregados en mi nombre, allí estoy yo en medio de ellos" (Mt. 18:18-20). El Señor siempre bendecirá lo que hacemos verdaderamente en su nombre. Si hemos seguido su instrucción de estar seguros de que "en boca de dos o tres testigos conste toda palabra" (v. 16), sabemos que nuestra decisión acerca de si es culpable o inocente (atar o desatar) será de conformidad con el cielo (cp. Ef. 5:25-27). Nunca está la iglesia más en armonía con el cielo y actuando en perfecta concordancia con su Señor que cuando trata con el pecado para mantener la pureza.

Cuando los corintios estuvieran **reunidos** para tomar decisiones de disciplina Pablo estaría con ellos en **espíritu.** El apóstol los había enseñado como pastor, ahora les estaba escribiendo por segunda vez (1 Co. 5:9), y tenía la intención de seguir dándoles su consejo y aliento para que hicieran la voluntad del Señor, aun cuando él no pudiera estar en persona con ellos.

Echar de la comunión de la iglesia a aquel hombre que profesaba ser creyente, excomulgarle, sería equivalente a **[entregarlo] a Satanás para destrucción de la carne.** Satanás es el príncipe de este mundo y entregar un creyente a

Satanás es, por tanto, arrojarlo a su propio mundo, aparte del cuidado y del apoyo del compañerismo cristiano. Esa persona ha perdido su derecho a participar en la iglesia de Cristo Jesús, a la que Él desea mantener pura a toda costa. La palabra **entregado** (*paradidōmi*) es un término fuerte que indica el acto judicial de sentenciar o de entregar para castigo. La sentencia de un creyente que peca persistentemente es entregarlo **a Satanás**. Pablo excomulgó a Himeneo y Alejandro por su tendencia a blasfemar sin arrepentirse de ello. Eran pastores con un falso evangelio; los "[entregó] a Satanás para que aprendan a no blasfemar" (1 Ti. 1:20).

El resultado de dicha disciplina es la **destrucción de la carne**. **Destrucción** (*olethros*) puede referirse incluso a la muerte. Se usa a menudo en relación con el juicio divino sobre el pecado. Pero Satanás no tiene poder sobre el espíritu de los creyentes. Cuando Satanás atacó a Job, solo se le permitió dañar físicamente al hombre de Dios. Podía destruir sus posesiones y afligir su cuerpo, pero no podía destruir su alma. El ser interior del creyente pertenece completamente a Cristo y nosotros tenemos la absoluta seguridad de que Él lo **[salvará] en el día del Señor Jesús**. Pero mientras tanto el creyente que no se arrepiente puede ser entregado en las manos de Satanás para sufrir mucho.

Jesús dejó bien claro que no todos los sufrimientos y aflicciones son el resultado directo del pecado, como no lo fue en el caso de Job. Cuando los discípulos dieron por supuesto que el hombre que había nacido ciego estaba siendo castigo por el pecado, Jesús contestó: "No es que pecó éste, ni sus padres, sino para que las obras de Dios se manifiesten en él" (Jn. 9:2-3). Sin embargo, las Escrituras indican con la misma claridad que la enfermedad puede ser el resultado directo del pecado. Debido a que algunos de los cristianos corintios habían abusado y participado indignamente en la Cena del Señor, Pablo les dijo: "Por lo cual hay muchos enfermos y debilitados entre vosotros, y muchos duermen" (1 Co. 11:30). La debilidad física, la enfermedad e incluso la muerte pueden ser un resultado de persistir en el pecado. Cuando Ananías y Safira mintieron a la iglesia acerca de los beneficios obtenidos por la venta de la propiedad, también le mintieron al Espíritu Santo. Su debilidad los llevó a morir en el acto. "Y vino gran temor sobre toda la iglesia, y sobre todos los que oyeron estas cosas" (Hch. 5:1-11). Debido a que ellos eran creyentes, el Señor se los llevó para que estuvieran con Él, pero no podía permitir que tales debilidades corrompieran la iglesia.

La **destrucción de la carne** indica que el hombre incestuoso de Corinto terminaría muriendo a menos que se arrepintiera de su pecado. No se nos dice nada acerca de la aflicción, enfermedad o circunstancia específicas, pero su cuerpo iba camino de la destrucción en una forma especial de disciplina. Si continuaba pecando, su vida terminaría antes del tiempo en que normalmente hubiera muerto. Si era un verdadero creyente, iría al cielo; pero iría antes de lo esperado. Con el fin de proteger a su iglesia, el Señor tendría que llevárselo antes. Puesto que algunos creyentes se aferran tanto a esta vida a causa de su visión tan limitada del cielo, dicha disciplina mortal serviría como una advertencia de lo que podría sucederles por causa del pecado.

Quizás el hombre se arrepintió. Puede ser que sea él de quien Pablo habla en 2 Corintios diciendo que debieran perdonarlo, consolarlo y afirmarlo con su amor, "para que Satanás no gane ventaja alguna sobre nosotros; pues no ignoramos sus maquinaciones" (2:5-11). Un hermano disciplinado es todavía un hermano y no debe ser nunca menospreciado, aunque no se arrepienta (2 Ts. 3:14-15). Y si se arrepiente, hay que perdonarlo y restaurarlo en amor (Gá. 6:1-2).

LA RAZÓN PARA LA DISCIPLINA

No es buena vuestra jactancia. ¿No sabéis que un poco de levadura leuda toda la masa? Limpiaos, pues, de la vieja levadura, para que seáis nueva masa, sin levadura como sois; porque nuestra pascua, que es Cristo, ya fue sacrificada por nosotros. Así que celebremos la fiesta, no con la vieja levadura, ni con la levadura de malicia y de maldad, sino con panes sin levadura, de sinceridad y de verdad. (5:6-8)

La disciplina a veces debe ser severa porque las consecuencias de no hacerlo son mucho peores. El pecado es una enfermedad espiritual y no permanecerá mucho tiempo aislada. A menos que sea eliminada extenderá su infección hasta que todo el compañerismo de creyentes quede contaminado.

Los corintios tenían problemas en aceptar esa verdad, aunque se les había enseñado desde el principio. Su orgullo los llevaba a ser olvidadizos y negligentes, y Pablo les dice que **no es buena vuestra jactancia**. "Mirad a dónde os ha llevado vuestra arrogancia y jactancia. Debido a que vosotros todavía amáis la sabiduría humana y el reconocimiento humano y las cosas de este mundo, estáis completamente cegados a ese pecado tan descarado que destruirá vuestra iglesia si no lo elimináis". **¿No sabéis que un poco de levadura leuda toda la masa?** En una figura de lenguaje más moderna, les estaba diciendo: "¿No sabéis que una manzana podrida puede destruir a todas las demás en el cesto?"

Dios diagnostica la salud espiritual solo mediante los criterios de su justicia. Nosotros podemos ser personas muy dotadas, muy bendecidas, muy exitosas y muy respetadas, y también muy grandes pecadores. Esa era la condición de la iglesia corintia. Los creyentes allí habían disfrutado del ministerio de Pablo, Apolos y Pedro. Estaban "enriquecidos en él (Cristo), en toda palabra y en toda ciencia", el "testimonio acerca de Cristo ha sido confirmado en vosotros" y "nada os falta en ningún don" (1:5-7). No obstante, eran orgullosos, arrogantes, presumidos e inmorales, aun toleraban pecados, incluido un pecado que los paganos condenaban.

De modo parecido, los escribas y fariseos del tiempo de Cristo se sentían bastante satisfechos con ellos mismos. Amaban "los primeros asientos en las cenas... las salutaciones en las plazas y que los llamen: Rabí, rabí" (Mt. 23:6-7). Pensaban que merecían esos reconocimientos. Pero Jesús pronunció acerca de ellos una serie de "ayes" en los que señala uno tras otros los pecados de los que eran culpables. Los calificó de ciegos e hipócritas. Su orgullo descontrolado los cegaba hasta en los principios espirituales más evidentes, y su arrogancia los llevaba a vivir vidas de constante fingimiento. "¡Serpientes, generación de víboras!", les dijo Jesús, "¿Cómo escaparéis de la condenación del infierno?" (vv. 13-33). Pero semejante orgullo es menos ofensivo en el caso de hipócritas espirituales como los judíos a los que Jesús se dirigía que lo es en la asamblea de creyentes.

Una congregación numerosa, una escuela dominical impresionante, un ministerio activo de visitación y de consejería y toda otra clase de buenos programas no da protección o justificación a una iglesia que no sea fiel en purificarse a sí misma. Cuando el pecado queda sin responder y sin disciplinar porque se acepta de buen grado, o incluso de forma negligente, una iglesia grande estará en riesgo de sufrir una gran calamidad.

En tiempos antiguos, cuando estaban a punto de introducir el pan en el horno, retiraban una pequeña porción y la guardaban. Luego permitían que aquel **poco de levadura** fermentara en agua, y más tarde lo introducían en la siguiente hornada de masa nueva para que se hinchara.

La **levadura** en la ilustración de Pablo, y a lo largo de las Escrituras, representa influencia. Por lo general se refiere a la influencia del mal, aunque en Mateo 13:33 representa la buena influencia del reino de los cielos. En este caso, sin embargo, lo que se tiene en mente es la influencia del mal. **Toda la masa** representa aquí a la iglesia local. Al pecado, si se le da la oportunidad, invadirá a toda la iglesia como hace la levadura con la masa de harina. La naturaleza del pecado es fermentar, corromper y extenderse.

Para los judíos, la levadura había representado también históricamente algo malo del pasado que se traía al presente. Cuando Dios estaba preparando a Israel para que saliera de Egipto, Él los instruyó para que untaran la sangre del cordero en el dintel y postes de la casa a fin de que, cuando el ángel de la muerte pasara durante la última plaga, la muerte no los tocara a ellos y matara a los primogénitos (Éx. 12:23). Y cuando prepararon el pan para su salida de Egipto, a los israelitas no se les permitió que le pusieran levadura. Por una razón, no disponían de tiempo para dejar que la masa se leudara, "porque no habían tenido tiempo ni para prepararse comida" (v. 39). Otra razón era que el pan representaba el sustento de la vida, y la Pascua y el éxodo representaban la liberación de la vida antigua (en Egipto) y la entrada a la nueva vida (en la tierra prometida). La levadura representaba la vida antigua —el estilo de Egipto, el estilo del mundo— que tenían que dejar completamente atrás. En consecuencia, mientras que estaban saliendo de Egipto y durante todas las siguientes celebraciones de la Pascua, el Señor les mandó "no se verá contigo nada leudado" (13:3, 7). Tenían que deshacerse de todo pedacito de levadura.

Del mismo modo, los cristianos tenemos que separarnos de la antigua manera de vivir. No debemos llevar nada de ella a la nueva vida. **Limpiaos, pues, de la vieja levadura, para que seáis nueva masa, sin levadura como sois; porque nuestra pascua, que es Cristo, ya fue sacrificada por nosotros. Limpiaos** se expresa con el uso de una palabra compuesta (*ekkathairō*, "purgar o limpiar completamente") para enfatizar lo completo de la limpieza. Como aparece representado en la Pascua de Egipto, el sacrificio de Cristo Jesús, el Cordero pascual perfecto de Dios, y la aplicación de su sangre a nuestra vida, nos separa completamente del dominio del pecado y del castigo del juicio. Nosotros también debemos eliminar todo lo que pertenece a la antigua forma de vivir que pueda mancharla o impregnarla de nuevo. Así como Israel fue liberado de Egipto como un resultado de la Pascua y tenía que romper por completo con el opresor, así también el creyente debe separarse completamente de la vieja vida, con sus actitudes, criterios y hábitos pecaminosos. Cristo murió para liberarnos de la esclavitud al pecado y llevarnos al sometimiento de la justicia (Ro. 6:19), que es la única libertad verdadera.

David Brainerd, que dedicó su corta vida a servir como misionero entre los nativos de Norteamérica, escribió en su diario:

> Nunca me aparté de Jesús, y de Jesús crucificado, y he encontrado que cuando mi pueblo se aferraba a esta gran doctrina evangélica de Cristo crucificado, no tenía necesidad de instruirlos acerca de la moralidad. He encontrado que uno sigue al otro como el fruto seguro e inevitable... He encontrado que mis indios empiezan a ponerse las vestiduras de santidad y su vida común comienza a santificarse incluso en las cosas pequeñas cuando están poseídos por la doctrina de Cristo y éste crucificado.

Una de las más grandes protecciones contra el pecado que tenemos como cristianos es enfocarnos en el Señor y en el sacrificio que Él hizo por nosotros. Comprender que su muerte por el pecado se aplica a nosotros nos lleva a apartarnos del pecado y a romper completamente con la vieja forma de vivir es entender la obra santificadora de la cruz (vea Tit. 2:11-14). Es imposible estar ocupado con esta verdad y con el pecado al mismo tiempo.

La conclusión de la enseñanza de Pablo es que continuemos celebrando **la fiesta, no con la vieja levadura, ni con la levadura de malicia y de maldad,**

sino con panes sin levadura, de sinceridad y de verdad. La Pascua del Antiguo Testamento se celebraba una vez al año, como un recordatorio de la liberación de Egipto. La celebración cristiana debe ser constante. Cada pensamiento nuestro, cada plan, cada intención debería estar bajo el control de Cristo. Los perfectos **panes sin levadura** que Él desea que comamos son los de **sinceridad y verdad. Sinceridad** es la actitud de honradez e integridad auténticas, de la que resulta la **verdad.** En este contexto, esas dos palabras son sinónimas de pureza, la pureza de la limpieza de la nueva vida en Cristo Jesús, que no deja lugar para **la levadura**, la impureza, de **malicia y de maldad. Malicia** habla de una naturaleza o disposición mala. La perversidad es el acto que manifiesta esa disposición mala. Estamos llamados a celebrar nuestra Pascua en Cristo no con una fiesta anual, sino con una vida constante de devoción a la pureza y al rechazo del pecado.

La disciplina en la iglesia ayuda en esta celebración mediante la eliminación de las impurezas que la contaminarán y la corromperán. Preserva al cuerpo de Cristo de quedar impregnado por el mal.

LA ESFERA DE LA DISCIPLINA

Os he escrito por carta, que no os juntéis con los fornicarios; no absolutamente con los fornicarios de este mundo, o con los avaros, o con los ladrones, o con los idólatras; pues en tal caso os sería necesario salir del mundo. Más bien os escribí que no os juntéis con ninguno que, llamándose hermano, fuere fornicario, o avaro, o idólatra, o maldiciente, o borracho, o ladrón; con el tal ni aun comáis. Porque ¿qué razón tendría yo para juzgar a los que están fuera? ¿No juzgáis vosotros a los que están dentro? Porque a los que están fuera, Dios juzgará. Quitad, pues, a ese perverso de entre vosotros. (5:9-13)

La disciplina que Dios ordena que su iglesia aplique al que no se arrepienta tiene que ser de una cierta clase y debería ser ejercida dentro de ciertos límites. Estos versículos indican algunos tipos de pecado que requieren disciplina y nos explican además cómo debe aplicarse esa disciplina.

En una carta anterior (véase la Introducción) Pablo había mandado a los cristianos corintios **que no [se juntasen] con los fornicarios. No os juntéis** traduce *sunanamignumi*, que literalmente significa "mezclarse con". En esta forma compuesta es más intensa y quiere decir "mantener intimidad, estrecha relación con".

Los creyentes fieles no debemos mantener una estrecha relación con los hermanos creyentes que practican persistentemente graves pecados como los que se mencionan aquí. Si los culpables no escuchan al consejo y advertencia de otros dos o tres hermanos en Cristo y ni aun a toda la iglesia, deben ser echados de la comunión de la iglesia. No debería permitírseles participar en ninguna actividad de la iglesia: cultos de adoración, escuela dominical, clases de estudio bíblico o aun reuniones sociales. Es obvio, y de la mayor importancia, que no se les debería permitir tener ninguna posición de liderazgo. Deberían ser separados completamente de la comunión individual y corporativa con otros cristianos, incluyendo la de comer juntos (v. 11; cp. 2 Ts. 3:6-15).

No se hace ninguna excepción. Debe ser echado, aun si la persona sin arrepentirse es un amigo íntimo o miembro de la familia. Si es un creyente verdadero no perderá su salvación por causa de ese pecado (v. 5), pero sí va a perder la comunicación con sus hermanos en la fe, a fin de que no los contagie con su maldad y para que sufra las consecuencias de su pecado. El dolor de semejante aislamiento puede llevar a la persona al arrepentimiento.

Una iglesia que no disciplina a los miembros que pecan es como la persona que tiene buenas razones para creer que tiene cáncer pero se niega a ir al médico, ya sea porque no quiere encarar el problema o no quiere hacerle frente al tratamiento. Si espera demasiado tiempo todo su organismo quedará infectado con la enfermedad y será demasiado tarde para que el tratamiento surta efecto para su bien. Ninguna iglesia es lo suficientemente saludable como para resistir el contagio del pecado persistente en su medio, del mismo modo que la cesta de manzanas más saludables y nutritivas no pueden resistir los efectos nocivos ni siquiera de una sola manzana podrida. La única solución en ambos casos es la separación.

Los corintios interpretaron mal el consejo anterior de Pablo acerca de asociarse con personas inmorales. **No absolutamente con los fornicarios de este mundo, o con los avaros, o con los ladrones, o con los idólatras; pues en tal caso os sería necesario salir del mundo**, les explicó. Aparentemente la iglesia había cesado de tener comunicación con los inconversos en vez de con los creyentes impenitentes. El apóstol les aclara que hacer eso es imposible a menos que te marches del planeta. Además, el pecado fuera de la iglesia no es ni con mucho tan peligroso para la iglesia como el pecado dentro de su propia membresía. Quizás su respuesta equivocada reflejaba también su disposición a tolerar el pecado en la iglesia. Y su forma de tratar a los inconversos en el mundo puede haber indicado su arrogancia espiritual.

Ese es el mundo en el cual somos testigos, al que somos llamados a llevar el evangelio. No tenemos que conformarnos al mundo (Ro. 12:2), pero debemos estar en el mundo y tener contacto con los inconversos o nunca podremos evangelizarlos. En su oración sacerdotal, el Señor oró: "No ruego que los quites del mundo, sino que los guardes del mal... Como tú me enviaste al mundo, así yo los he enviado al mundo" (Jn. 17:15, 18). Tenemos que ser "irreprensibles y sencillos, hijos de Dios sin mancha en medio de una generación maligna y perversa, en medio de la cual resplandecéis como luminares en el mundo" (Fil.

2:15). Dios quiere que estemos en el mundo a fin de que seamos su sal y su luz (Mt. 5:13-16) y demos testimonio de Él (Hch. 1:8).

Los que **llamándose hermanos** [*onomazō*, "llevar el nombre de"] son una amenaza para el bienestar espiritual de una iglesia y es con esos que no os **juntéis**. No podemos saber quién es y quién no es un verdadero creyente, pero la disciplina hay que administrarla a todo el que profesa ser cristiano. Puesto que nosotros no podemos distinguirlos, la cizaña debe ser tratada como trigo. Todo el que lleva el nombre de Cristo debe sujetarse a la disciplina de la iglesia.

Pablo indica claramente que la excomunión no está limitada solo a los casos de pecado extremo como el de este hombre incestuoso que vivía con su madrastra. Debiera aplicarse a todo el que profesa ser creyente que es **un fornicario, o avaro, o idólatra, o maldiciente, o borracho, o ladrón**.

Aunque los verdaderos creyentes son receptores de una nueva naturaleza —la naturaleza divina, la vida de Dios en el ser interior, un nuevo ser santo— la carne está todavía presente y tiene la posibilidad de toda clase de pecado. El creyente que rehúsa apropiarse de los recursos de la nueva vida y cede a la carne caerá en pautas habituales de maldad tales como los que se mencionan aquí. Los términos griegos que se usan aquí para identificar los pecados son sustantivos, lo que indica *pautas* de comportamiento.

¿Pueden los creyentes desarrollar esas pautas de pecado? La respuesta es sí. En la salvación el castigo por el pecado está pagado y deshecho el dominio del pecado, de modo que no es necesario el sometimiento al mismo, sino voluntario. Los creyentes que *eligen pecar* desarrollarán pautas de pecado a menos que se arrepientan. Pablo dice en 6:9-11 que esas personas no entrarán en el reino (salvación) y les asegura a los corintios que ellos ya no son como ellos. No obstante, en 6:8 les dice que están actuando como ellos. Lo que está diciendo es que en los no creyentes hay una pauta ininterrumpida de pecado que no puede ser dominada. En los creyentes sí se rompe esa pauta ininterrumpida de pecado, cambia la frecuencia y totalidad del pecado. La justicia y la bondad encuentran su lugar y la vida manifiesta virtud. Sin embargo, a causa de nuestra humanidad el pecado romperá a veces la pauta de justicia. Si se persiste en ello, establece una pauta pecaminosa, interrumpiendo las manifestaciones de santidad que proceden de la nueva naturaleza. Esa es la razón por la que hay tantos mandamientos y llamamientos a la obediencia y a la disciplina de la iglesia. El creyente nunca llegará a ser totalmente pecador, pero puede ser suficientemente pecador en ciertos aspectos de su vida como para calificarlo de inconverso.

El pensamiento de Pablo es, al combinar este texto con 6:9-11, que los creyentes pueden actuar como no creyentes, como los que están lejos del reino. No siempre podemos distinguir entre la cizaña y el trigo, o saber si los **llamados hermanos** son genuinos. Tales actos de pecado hacen que el creyente no se distinga del inconverso para el mundo, ni para la iglesia ni siquiera para sí mismo. Toda la seguridad queda perdida (cp. 2 P. 1:5-10; 1 Jn. 2:5). Es esencial darnos cuenta de que en el verdadero creyente el flujo del pecado no será tan ininterrumpido, como en el que no es redimido. Habrá algunos frutos de justicia, porque la nueva naturaleza *debe* manifestarse (Jn. 15:1-8).

La iglesia corintia tenía miembros que practicaban todos esos pecados. Un miembro *fornicario* es el objeto principal de 1 Corintios 5. Queda implícito por 10:24 que algunos eran *avaros*; y otros estaban involucrados en *idolatría* (10:21-22). Aparentemente muchos de ellos eran *difamadores*, o calumniadores, que hablaban mal de los miembros de otros grupos (3:3-4) y que probablemente despreciaron a Timoteo cuando llegó para ministrarlos (16:11). Tenían *borrachos* (11:21) y también *defraudadores* (6:8). Toda la epístola nos recuerda la capacidad pecadora de los creyentes. Todos los que se portaban así tenían que expulsarlos de la congregación a menos que se arrepintieran y cambiaran. Los demás creyentes debían alejarse de ellos en toda situación social que implicara aceptación, y con ellos **ni aun comáis**.

No tenemos la responsabilidad de juzgar a los de fuera. Estamos para darles testimonio, pero no para juzgarlos. Nosotros no podemos castigarlos y ningún remedio alterará el pecado de los impíos. **A los que están fuera, Dios juzgará**. Pero sí tenemos la responsabilidad de juzgar **a los que están dentro**. Debemos, pues, **[quitar]... al perverso de entre [nosotros]**.

La disciplina es difícil, dolorosa y a menudo desgarradora. No es que no debamos amar a los pecadores, sino que debemos amar aun más a Cristo, su iglesia y su Palabra. Nuestro amor por los pecadores no debe ser una tolerancia sentimental, sino un amor correctivo (cp. Pr. 27:6).

No quiere decir esto que todos en la iglesia debemos ser perfectos, porque eso es imposible. Todos caemos en el pecado y tenemos nuestras imperfecciones y defectos. La iglesia es en cierto sentido como un hospital para aquellos que saben que están enfermos. Han confiado en Cristo como Salvador y quieren seguirlo como Señor, llegar a ser como Dios quiere que sean. No son los que reconocen su pecado y tienen hambre de justicia los que tienen que ser excomulgados, sino los que de forma persistente e impenitente continúan en una pauta de pecado acerca de la cual han sido aconsejados y advertidos. Debemos continuar amándolos y orando por ellos a fin de que se arrepientan y vuelvan a una vida de santidad. Si ellos se arrepienten debemos alegre y gozosamente "perdonarlos y consolarlos" y darles de nuevo la bienvenida en la comunión de la iglesia (2 Co. 2:7).

Prohibidos los pleitos (6:1–11)

14

¿Osa alguno de vosotros, cuando tiene algo contra otro, ir a juicio delante de los injustos, y no delante de los santos? ¿O no sabéis que los santos han de juzgar al mundo? Y si el mundo ha de ser juzgado por vosotros, ¿sois indignos de juzgar cosas muy pequeñas? ¿O no sabéis que hemos de juzgar a los ángeles? ¿Cuánto más las cosas de esta vida? Si, pues, tenéis juicios sobre cosas de esta vida, ¿ponéis para juzgar a los que son de menor estima en la iglesia? Para avergonzaros lo digo. ¿Pues qué, no hay entre vosotros sabio, ni aun uno, que pueda juzgar entre sus hermanos, sino que el hermano con el hermano pleitea en juicio, y esto ante los incrédulos? Así que, por cierto es ya una falta en vosotros que tengáis pleitos entre vosotros mismos. ¿Por qué no sufrís más bien el agravio? ¿Por qué no sufrís más bien el ser defraudados? Pero vosotros cometéis el agravio, y defraudáis, y esto a los hermanos. ¿No sabéis que los injustos no heredarán el reino de Dios? No erréis; ni los fornicarios, ni los idólatras, ni los adúlteros, ni los afeminados, ni los que se echan con varones, ni los ladrones, ni los avaros, ni los borrachos, ni los maldicientes, ni los estafadores, heredarán el reino de Dios. Y esto erais algunos; mas ya habéis sido lavados, ya habéis sido santificados, ya habéis sido justificados en el nombre del Señor Jesús, y por el Espíritu de nuestro Dios. (6:1-11)

Los creyentes corintios se sentían tan atraídos por la filosofía humana e insistían tanto en creer y hacer lo que querían que estaban divididos, discutían y eran excepcionalmente inmorales. Sus antiguas formas de pensar y actuar habían invadido de nuevo su vida, y sus pautas de justicia, la expresión del nuevo ser interior en la semejanza de la naturaleza divina, estaban tan deterioradas por su continuo pecar que resultaría difícil distinguir a muchos de ellos de sus vecinos paganos. Este texto revela que había envidias entre ellos, se criticaban y se aprovechaban unos de otros en los negocios y en las finanzas. Estas actitudes llegaron tan lejos que estaban dispuestos a llevarse unos a otros ante los tribunales seculares y paganos. Mostraban sus trapos sucios en público para que todo el mundo los viera.

La situación legal en Corinto era probablemente muy parecida a la de Atenas, donde los litigios eran parte de la vida diaria. Se había convertido en una especie de reto e incluso de entretenimiento. Un antiguo escritor afirmaba que, en cierto modo, cada ateniense era un abogado. Cuando surgía un problema entre dos partes que no podían solucionarlo por sí mismos, el primer recurso era recurrir al arbitraje privado. A cada parte se le asignaba un ciudadano privado como un árbitro desinteresado, y los dos árbitros, junto con otro árbitro neutral trataban de resolver el problema. Si ellos no lo lograban, el caso se enviaba a un tribunal de cuarenta, que asignada un árbitro público a cada parte. Resulta interesante saber que cada ciudadano tenía que servir como árbitro público durante el año sexagésimo de su vida. Si dicho arbitraje público no resolvía el caso, se elevaba a un tribunal superior, compuesto de varios cientos a varios miles de jurados. Cada ciudadano mayor de treinta años estaba sujeto a servir como jurado. De modo que ya fuera como parte de un litigio, como árbitro o como jurado, la mayoría de los ciudadanos se veían regularmente involucrados en algún procedimiento legal de una forma o de otra.

Los creyentes corintios estaban tan acostumbrados a discutir, polemizar y llevarse unos a otros ante los tribunales antes de ser salvos que llevaron con ellos estas actitudes y hábitos egoístas en su nueva vida como cristianos. Eso no solo estaba mal desde la perspectiva espiritual, sino que era prácticamente innecesario.

Durante siglos los judíos habían solucionado sus diferencias de forma privada o en el seno de la sinagoga. Se negaban a llevar sus pleitos ante un tribunal pagano, pues creían que si lo hacían quedaba implícito que Dios, por medio de su propio pueblo y de los principios de las Escrituras, no era competente para resolver sus problemas. El recurrir a los tribunales gentiles lo tenían como una forma de blasfemia. Tanto los gobernantes griegos como romanos habían permitido a los judíos continuar con dicha práctica, aun fuera de Palestina. Bajo la ley romana los judíos podían juzgar virtualmente todo delito y dictar casi toda sentencia, excepto la pena de muerte. Como sabemos por el juicio de Jesús, el sanedrín tenía libertad para encarcelar a Jesús y azotarlo como quisiera, pero necesitaban el permiso de Roma, representado por Pilato, para ejecutarlo.

Debido a que los romanos pensaban que los cristianos eran una secta judía, era probable que los creyentes corintios fueran libres para resolver sus disputas entre ellos. Sin embargo, a causa posiblemente de que no conseguían los resultados favorables que deseaban entre los creyentes cristianos, muchos de ellos preferían demandarse unos a otros en la sinagoga ante jueces judíos o ante los tribunales públicos paganos. Pleitear públicamente era una manifestación de sus actitudes carnales, un poco más de la levadura (5:6-8) que habían llevado con ellos en su nueva vida en Cristo.

Al enfrentar el mal en la iglesia corintia, Pablo menciona tres áreas del malentendido que tenían aquellos creyentes. Mal entendían el rango que ellos tenían en relación con el mundo, la verdadera actitud que debían tener en la relación unos con otros y el verdadero carácter que debían tener en relación con las normas de justicia de Dios.

EL VERDADERO RANGO DE LOS CRISTIANOS

¿Osa alguno de vosotros, cuando tiene algo contra otro, ir a juicio delante de los injustos, y no delante de los santos? ¿O no sabéis que los santos han de juzgar al mundo? Y si el mundo ha de ser juzgado por vosotros, ¿sois indignos de juzgar cosas muy pequeñas? ¿O no sabéis que hemos de juzgar a los ángeles? ¿Cuánto más las cosas de esta vida? Si, pues, tenéis juicios sobre cosas de esta vida, ¿ponéis para juzgar a los que son de menor estima en la iglesia? Para avergonzaros lo digo. ¿Pues qué, no hay entre vosotros sabio, ni aun uno, que pueda juzgar entre sus hermanos, sino que el hermano con el hermano pleitea en juicio, y esto ante los incrédulos? (6:1-6)

Algo contra otro traduce tres palabras griegas (un nombre, un verbo y una preposición) que las usaban por lo común para indicar una demanda judicial. **Injustos** no se refiere al carácter moral, sino a la posición espiritual de aquellos ante quienes los cristianos llevaban sus pleitos. Los árbitros públicos y los jurados no eran personas salvas y, por lo tanto, no justificados o injustos. Los cristianos presentaban sus demandas judiciales unos contra otros ante los incrédulos, y Pablo estaba horrorizado y apenado. Debido a que él ya conocía la respuesta, su pregunta era retórica. Estaba diciendo: "¿Cómo puede suceder esto? ¿Es de verdad cierto que algunos de ustedes se están demandando unos a otros, y que lo están haciendo en público, ante los tribunales paganos?" El verbo *tolmaō* **(osar)** está en tiempo presente, lo que indica una realidad continua.

La preocupación de Pablo no era que los creyentes fueran a recibir un trato injusto en los tribunales públicos. Ellos podían recibir allí juicios tan imparciales como los podían obtener de sus hermanos cristianos. El apóstol estaba preocupado porque ellos demostraban tan escaso respeto por la autoridad y la habilidad de la iglesia para resolver sus propias disputas. Los cristianos son miembros del cuerpo de Cristo y su Espíritu mora en ellos. Los cristianos son **santos**, los santos de Dios, que están "enriquecidos en él" y "nada [les] falta en ningún don" (1:2-7). "¿Cómo", pregunta Pablo, "pueden pensar en sacar sus problemas fuera de la familia para que otros los solucionen?" Todos los recursos de verdad, sabiduría, equidad, justicia, amor, amabilidad, generosidad y compresión están en el pueblo de Dios.

Los cristianos no debemos llevar a otros cristianos ante los tribunales del mundo. Cuando nos sometemos de esta forma a la autoridad del mundo, confesamos que no tenemos acciones ni actitudes rectas. Los creyentes que demandan a otros creyentes están más interesados en venganzas o ganancias que en la unidad del cuerpo y en la gloria de Cristo Jesús. Las disputas entre cristianos deberían ser resueltas por cristianos y entre ellos. Si nosotros como cristianos, con nuestros maravillosos dones y recursos en Cristo, no podemos solucionar una disputa, ¿cómo vamos a esperar que lo hagan los incrédulos? Pablo insiste en que los cristianos *son* capaces de resolver siempre las disputas. **¿O no sabéis que los santos han de juzgar al mundo? Y si el mundo ha de ser juzgado por vosotros, ¿sois indignos de juzgar cosas muy pequeñas?** Si un día se van a sentar en el tribunal supremo de Dios para juzgar al mundo, ¿no están calificados para juzgar los asuntos pequeños de cada día que surgen entre ustedes ahora? Debemos notar que **cosas muy pequeñas** se pueden traducir también como "pequeñas demandas o litigios".

Cuando Cristo regrese para establecer su reino milenario, los creyentes a lo largo de toda la historia serán sus corregentes y se sentarán con Él en su trono (Ap. 3:21; cp. Dn. 7:22). Parte de nuestra responsabilidad como corregentes con Cristo será la de juzgar al mundo. Los apóstoles tendrán una autoridad especial: "os sentaréis sobre doce tronos, para juzgar a las doce tribus de Israel" (Mt. 19:28). Pero cada creyente participará también de alguna manera. "Al que venciere y guardare mis obras hasta el fin, yo le daré autoridad sobre las naciones, y las regirá con vara de hierro, y serán quebradas como vaso de alfarero; como yo también la he recibido de mi Padre" (Ap. 2:26-27).

Si los santos ayudarán un día a regir toda la tierra, ellos son sin duda capaces de gobernarse ahora a sí mismos dentro de la iglesia. El gobierno futuro estará basado en la perfecta adhesión a la Palabra de Dios y a las actitudes piadosas apropiadas, las cuales están disponibles ahora. No habrá entonces principios de sabiduría y de justicia diferentes de los que tenemos revelados ahora en las Escrituras.

Los cristianos corintios, sin embargo, no solo no se estaban gobernando a sí mismos, sino que se estaban convirtiendo en un espectáculo delante de los incrédulos, demostrando su orgullo, su carnalidad, su codicia y amargura delante de todo el mundo, el mundo al cual Cristo los llama para que un día lo ayuden a juzgarlo y a regirlo con justicia.

Los creyentes un día juzgarán aun **a los ángeles**. Las Escrituras no dicen con claridad a qué ángeles juzgaremos. A los ángeles caídos los juzgará el Señor (2 P. 2:4; Jud. 6), pero no se nos dice si los creyentes participarán en ese juicio. El término griego (*krinō*) para **juzgar** puede también significar "reinar o gobernar". Ese sería ciertamente el significado si es que vamos a tener autoridad sobre los santos ángeles, porque ellos no tendrán pecado por el que sean condenados. Uno no puede ser dogmático, pero me inclino a pensar que los creyentes glorificados ayudarán a juzgar a los ángeles caídos y ejercerán algo de autoridad sobre los ángeles santos. Si Cristo fue exaltado por encima de los ángeles (Ef. 1:20-23), si estamos en Él y somos semejantes a Él, y si vamos a reinar con Él, de alguna forma vamos a participar en su autoridad. Sea cual sea la esfera y la extensión de ese juicio o gobierno celestial, la enseñanza de Pablo aquí es la misma: Si vamos a juzgar y reinar sobre el mundo y los ángeles en el siglo venidero, sin duda estamos ahora capacitados, con la dirección de las Escrituras y del Espíritu Santo, a resolver todos los desacuerdos que tengamos entre nosotros.

Si, pues, tenéis juicios sobre cosas de esta vida, ¿ponéis para juzgar a los que son de menor estima en la iglesia? Como se puede ver por las diferentes versiones que tenemos en castellano, el versículo 4 resulta difícil de traducir, y no debemos ser dogmáticos acerca de ello. Pero el sentido básico es claro: Cuando los cristianos tienen peleas y disputas terrenales entre ellos, resulta inconcebible que aquellos que van a reinar eternamente traten de solucionarlas recurriendo a tribunales dirigidos por los incrédulos, por jueces **que son de menor estima en la iglesia**. Si dos o más cristianos no pueden ponerse de acuerdo entre ellos, deberían pedirles a otros hermanos en Cristo que lo resuelvan por ellos y estar dispuestos a aceptar a la decisión. El creyente menos habilitado, que busca el consejo de la Palabra y del Espíritu de Dios, es mucho más competente para solucionar desacuerdos entre hermanos creyentes que el juez más instruido y experimentado, pero que al ser incrédulo desconoce la verdad divina. Puesto que estamos en Cristo, los cristianos estamos por encima del mundo y aun de los ángeles. Al solucionar nuestras propias disputas, damos testimonio al mundo de los recursos con los que contamos y de nuestra unidad, armonía y humildad. Cuando recurrimos a los tribunales públicos, nuestro testimonio es todo lo opuesto.

Pablo se sentía avergonzado del comportamiento de aquellos creyentes que él había discipulado y entre los que había ministrado. Ellos sabían hacer las cosas mejor. **Para avergonzaros lo digo.** Continúa diciendo con una nota de sarcasmo. **¿Pues qué, no hay entre vosotros sabio, ni aun uno, que pueda juzgar entre sus hermanos, sino que el hermano con el hermano pleitea en juicio, y esto ante los incrédulos?** La marca que debería caracterizar más a los hermanos en Cristo es el amor. Juan nos lo dice con absoluta claridad: "Todo aquel que no hace justicia, y que no ama a su hermano, no es de Dios. Porque este es el mensaje que habéis oído desde el principio: Que nos amemos unos a otros" (1 Juan 3:10-11). Sin embargo, el amor no caracterizaba a los hermanos corintios. Se estaban comportando como los inconversos y, como Pablo los recordaría unos pocos capítulos más adelante, un cristiano sin amor es "como metal que resuena, o címbalo que retiñe"; en realidad es "nada" (13:1-2).

En nuestra sociedad resulta a veces inevitable que los pleitos entre cristianos sobre derechos y propiedades terminen en un tribunal secular. Cuando, por ejemplo, un cristiano se enfrenta a una demanda de divorcio, la ley requiere que un tribunal secular intervenga. O en el caso de maltrato o descuido de menores, un padre-madre cristiano puede verse forzado a buscar la protección de un tribunal contra el abuso del cónyuge. Aun en los casos excepcionales, cuando por alguna razón un cristiano se ve a sí mismo metido en pleitos con otro cristiano, su propósito debería ser glorificar a Dios y nunca buscar la ganancia egoísta. La regla general es: No acuda a los tribunales con los hermanos en Cristo, sino solucionen las cosas entre ustedes.

LA VERDADERA ACTITUD DE LOS CRISTIANOS

Así que, por cierto es ya una falta en vosotros que tengáis pleitos entre vosotros mismos. ¿Por qué no sufrís más bien el agravio? ¿Por qué no sufrís más bien el ser defraudados? Pero vosotros cometéis el agravio, y defraudáis, y esto a los hermanos. (6:7-8)

Los cristianos que demandan a sus hermanos cristianos ante los tribunales pierden espiritualmente antes de que se celebre el juicio. El simple hecho de que tengan pleitos es ya señal de **una falta** (*hēttēma*) moral y espiritual, una palabra que indica haber perdido el pleito. El creyente que demanda a otro creyente y lo lleva a los tribunales por la razón que sea siempre pierde el caso ante los ojos de Dios. Ya ha sufrido una derrota espiritual. Es egoísta y ha desacreditado el poder, la sabiduría y la obra de Dios, cuando trata de conseguir lo que quiere mediante el juicio de los inconversos.

La actitud correcta cristiana es la de **[sufrir] más bien el agravio... [sufrir] más bien el ser defraudado** que demandar a un hermano cristiano. Es mucho mejor perder económicamente que perder espiritualmente. Aun cuando sea evidente que tenemos el derecho legal, no tenemos el derecho moral y espiritual de insistir en nuestros derechos legales ante los tribunales públicos. Si un hermano nos ha agraviado en alguna forma, nuestra respuesta debería ser perdonarlo y dejar el resultado del asunto en las manos de Dios. El Señor puede dar o quitar. Él es soberano y tiene su voluntad y propósito en lo que ganamos y en lo que perdemos. Deberíamos aceptarlo con agradecimiento.

Cuando Pedro le preguntó a Jesús cuántas veces tenía que perdonar al hermano que pecara contra él, el Señor le contestó: "setenta veces siete" (Mt. 18:21-22), una cifra que representa un número ilimitado. Para ilustrar el principio, Jesús relató la parábola de los dos deudores. Después que el rey le perdonara a su siervo una suma muy elevada e impagable, aquel hombre se negó a perdonar la pequeña suma que le debía su consiervo, y el rey enfurecido "le entregó a los verdugos". "Así también mi Padre celestial hará con vosotros", dijo Jesús, "si no perdonáis de todo corazón cada uno a su hermano sus ofensas" (vv. 23-35). A causa de que Dios nos ha perdonado en Cristo el gran pecado que cometimos contra Él, ningún cristiano tiene el derecho de no perdonar, especialmente a sus hermanos creyentes. Si él se muestra implacable, el Señor lo entregará para ser escarmentado hasta que se arrepienta o sufra las consecuencias.

Si somos **[agraviados]** o **[defraudados]** debiéramos perdonar y no quedar amargados. Si no podemos convencer al hermano para que las cosas se corrijan, y tampoco escucha a otros hermanos cristianos, estaremos mejor sufriendo la pérdida o la injusticia que presentando una demanda contra él. "No resistáis al que es malo", dijo Jesús, "antes, a cualquiera que te hiera en la mejilla derecha, vuélvele también la otra; y al que quiera ponerte a pleito y quitarte la túnica, déjale también la capa" (Mt. 5:39-40). Al contrario de las normas del mundo, es mejor ser demandado y perder que demandar y ganar. Desde la perspectiva espiritual, es imposible para un cristiano demandar y ganar. Cuando nos perjudican injustamente debemos ponernos en las manos de Dios, quien es capaz de hacer que aquello sirva para nuestro bien y para su gloria.

Un abogado amigo mío dice que a lo largo de los años él ha aconsejado a docenas de cristianos para que retiraran las demandas presentadas unos contra otros. En un noventa por ciento de los casos ha tenido éxito e informa que, sin ninguna excepción, esos creyentes han sido bendecidos. También, sin ninguna excepción, los que insistieron en resolver sus litigios en los tribunales terminaron amargados y resentidos, ya sea que ganaran o perdieran el pleito. Cuando iban a los tribunales siempre perdían espiritualmente.

El Señor conoce las necesidades de sus hijos y va a procurar que tengamos lo que necesitamos. Debemos "[buscar] primeramente el reino de Dios y su justicia, y todas estas cosas os serán añadidas" (Mt. 6:33). La preocupación principal de un cristiano debe ser no proteger sus posesiones o sus derechos, sino proteger su relación con el Señor y con sus hermanos en Cristo.

EL VERDADERO CARÁCTER DE LOS CRISTIANOS

¿No sabéis que los injustos no heredarán el reino de Dios? No erréis; ni los fornicarios, ni los idólatras, ni los adúlteros, ni los afeminados, ni los que se echan con varones, ni los ladrones, ni los avaros, ni los borrachos, ni los maldicientes, ni los estafadores, heredarán el reino de Dios. Y esto erais algunos; mas ya habéis sido lavados, ya habéis sido santificados, ya habéis sido justificados en el nombre del Señor Jesús, y por el Espíritu de nuestro Dios. (6:9-11)

El propósito de Pablo aquí no es darnos una lista de pecados que indicarán que una persona ha perdido su salvación. No existen tales pecados. Aquí nos está dando más bien un catálogo de pecados que son típicos de los no salvos. Personas cuya vida está totalmente caracterizada por semejantes pecados no son salvas y, por tanto, son injustas, sin justificar. Ellas **no heredarán el reino de Dios**, porque no están en una posición correcta con Dios. Están fuera del reino, la esfera de la salvación.

La aplicación a los creyentes es clara: "¿Por qué, entonces", pregunta Pablo a los corintios, "siguen viviendo como los inconversos, como los injustos? ¿Por qué siguen cayendo en la vieja manera de vivir, la vida de la cual Cristo les ha salvado? ¿Por qué siguen las antiguas normas y tienen los motivos viejos, egoístas e impíos? Tienen que vivir separados de los caminos del mundo, no seguirlos. Y específicamente, ¿por qué están acudiendo con sus problemas a los tribunales del mundo?

Un creyente es una nueva creación (2 Co. 5:17), con un nuevo ser interior formado según la naturaleza divina (2 P. 1:4), y ya no tiene una actitud de pecado ininterrumpida. Pero la carne puede llegar a ser dominante en el cristiano desobediente, de modo que él puede tener la apariencia de un inconverso.

El catálogo de pecados de los versículos 9-10 no es exhaustivo, pero esos representan todos los tipos principales de pecado moral, los tipos de pecado que siempre han caracterizado a las sociedades impías y que nunca deberían caracterizar a la sociedad piadosa de los redimidos.

Fornicarios tiene que ver con la inmoralidad sexual en general y con la de las personas solteras en particular. Las Escrituras lo condenan continuamente. Este pecado es característico de nuestra sociedad occidental actual. Aparece representado y exaltado en libros, revistas, películas y la televisión como la norma de la vida humana. Pero la fornicación en cualquier forma es una abominación para Dios y debería serlo para su pueblo. Los que lo practican habitualmente y lo defienden no pueden pertenecer de verdad a Dios, porque los herederos de su **reino** no practican ni defienden habitualmente la inmoralidad sexual. Los verdaderos creyentes pueden caer en ello, pero aparte de cuán involucrados y débiles estén, en lo profundo de su ser reconocen que es malo. (Vea Ro. 7:15-25 para la reflexión de Pablo acerca de este conflicto.)

Idólatras se refiere a los que adoran dioses y sistemas religiosos falsos, no sencillamente a los que se inclinan ante imágenes. Nuestra sociedad nunca ha estado tan sumida y tan enamorada como ahora de las religiones falsas y de las sectas de nuestro tiempo. Ninguna creencia, afirmación o práctica parece ser demasiado extraña para que algunos las sigan.

Adúlteros se refiere específicamente a las personas casadas que se permiten relaciones sexuales fuera del matrimonio. Debido a que el matrimonio es sagrado, ese es un pecado especialmente horrendo a los ojos de Dios. El Antiguo Testamento requería la pena de muerte por esa causa. Además de corromper a los participantes mismos también corrompe a la familia. Profana la relación única y especial establecida por Dios entre un hombre y una mujer e inevitablemente daña a los hijos. Puede que esos sean solos los efectos iniciales.

Los afeminados y **los que se echan con varones** se refieren ambos al intercambio y corrupción de la actividad y relación normales del hombre y de la mujer. Está incluido el transvestismo, el cambio de sexo, la homosexualidad y otras perversiones sexuales. La creación singular de Dios, lo que están creados a su propia imagen y semejanza, "varón y hembra los creó" (Gn. 1:27) y el Señor prohíbe estrictamente que se confundan esos papeles, mucho menos intercambiarlos. "No vestirá la mujer traje de hombre, ni el hombre vestirá ropa de mujer; porque abominación es a Jehová tu Dios cualquiera que esto hace" (Dt. 22:5). Los términos hebreos es ese versículo indican algo más que la ropa e incluye cualquier elemento, utensilio o equipo.

La homosexualidad está condenada a lo largo de las Escrituras. Fue tan característico de Sodoma que el término *sodomía* es un sinónimo de ese pecado. Los sodomitas eran hombres enardecidos en sus pervertidos deseos sexuales, y en una ocasión rodearon la casa de Lot y demandaron que sacara fuera de la casa a los dos ángeles (que habían llegado en forma de hombres) con el fin de tener relaciones sexuales ("para que los conozcamos") con ellos (Gn. 19:4-5). Dios destruyó por completo a Sodoma y Gomorra a causa de que su pecado "se ha agravado en extremo" (18:20). Desde ese momento *sodomía* ha quedado como expresión de perversión sexual. *Sodoma y Gomorra* han quedado como símbolos de corrupción moral. Para los creyentes esos términos también indican el aborrecimiento y juicio de Dios ante la corrupción moral.

En el tiempo de Pablo la homosexualidad llevaba siglos desenfrenada en Grecia y Roma. William Barclay, en su comentario acerca de este pasaje, nos informa que Sócrates fue un homosexual y que probablemente Platón lo fue también. La obra *Simposio sobre el amor* es un tratado en el que se exalta la homosexualidad. Es probable que catorce de los quince primeros emperadores de Roma fueran homosexuales. Nerón, que reinó cerca del tiempo en el que Pablo escribió 1 Corintios, tenía un jovencito llamado Sporis que estaba castrado con el fin de que fuera la "esposa" del emperador, además de su esposa natural. A la muerte del emperador, el joven pasó a Otón, uno de los sucesores de Nerón, para que le sirviera de la misma forma.

La confusión de los papeles sexuales, igual que el adulterio, es especialmente maligno porque ataca a la familia. Corrompe el plan bíblico para la familia, incluyendo las normas de autoridad y sumisión dentro de la familia y de esa forma retarda el paso de la justicia de una generación a otra. Las sociedades más impías de la historia han estado plagadas con perversiones sexuales, y no hay duda de ello porque Satanás está muy resuelto a destruir la familia. Las iglesias que, en el nombre del amor, defienden la homosexualidad y aprueban ministros, "matrimonios" y congregaciones homosexuales no solo pervierten la normas morales de Dios, sino que animan a que sus miembros vivan en pecado. Animar el pecado no tiene parte en el amor. Amar verdaderamente a otros no es hacer lo que ellos quieren, sino hacer lo que Dios quiere. "En esto conocemos que amamos a los hijos de Dios, cuando amamos a Dios, y guardamos sus mandamientos. Pues este es el amor de Dios, que guardemos sus mandamientos" (1 Jn. 5:2-3). Aprobar el pecado nunca es un acto de amor, ni para Dios ni para los que son aprobados sus pecados.

Ladrones y **avaros** tiene que ver con el pecado básico de la codicia. La persona codiciosa desea lo que le pertenece a otros; el ladrón en realidad lo quita. La codicia es una manifestación de egoísmo y, como todo egoísmo, nunca está satisfecho. El codicioso desea más y más. Resulta difícil encontrar en nuestro tiempo a una persona, aun a un cristiano, que se sienta satisfecho con sus ingresos y posesiones. Pero la codicia no es una característica de los herederos del reino de Dios. No tiene lugar en la vida cristiana.

Borrachos se explica por sí mismo. Al igual que los otros pecados mencionados aquí, es casi inevitable encontrarlo como un serio problema allí donde el nombre y la Palabra de Dios son ignoradas o despreciadas. El alcoholismo se extiende hoy incluso a los niños. Cada vez vemos más preadolescentes alcoholizados, como sucede también entre sus mayores. Es inmensurable el daño que el alcohol causa a los individuos y a las familias.

Maldicientes son los que destruyen con su lengua; hieren con palabras. Dios no considera que su pecado sea leve, porque procede de corazones llenos de odio y causan mucha miseria, dolor y desesperación en la vida de los que atacan.

Estafadores son ladrones que roban indirectamente. Se aprovechan injustamente de otros con el fin de promover su propia ganancia económica. La extorsión, el desfalco, la promoción de productos defectuosos y servicios deficientes, la publicidad falsa y otras muchas formas de estafa son tan comunes en nuestro tiempo como lo eran en el tiempo de Pablo.

Y esto erais algunos, continúa diciendo Pablo. La iglesia corintia, como las iglesias hoy, tenía miembros que habían sido fornicarios, adúlteros, ladrones, etcétera. Aunque muchos cristianos nunca han sido culpables de estos pecados en particular, cada cristiano era un pecador antes de ser salvo. Cada cristiano es un ex pecador. Cristo vino con el propósito de salvar a los pecadores (Mt. 9:13). Esa es la gran verdad del cristianismo: nadie ha pecado tan profunda o extensamente que no pueda ser salvada. "Mas cuando el pecado abundó, sobreabundó la gracia" (Ro. 5:20). Pero **algunos** habían dejado de ser así por un tiempo, pero ahora estaban volviendo a su antiguo comportamiento.

Pablo usa **mas** (*alla*, la partícula adversativa griega más fuerte) tres veces para indicar el contraste entre la vida cristiana y la vida mundana que acaba de describir. **Mas ya habéis sido lavados, ya habéis sido santificados, ya habéis**

sido justificados. No afecta en nada lo que fueron antes de ser salvos, pues Dios puede salvar a un pecador de cualquier pecado y de todo pecado; pero sí importa mucho lo que un creyente es después de la salvación. Se espera que viva como corresponde a su limpieza, santificación y justificación. Su vida cristiana tiene que ser pura, santa y justa. La nueva vida produce y requiere una forma de vivir.

Lavados habla de una vida nueva, de regeneración. Jesús "nos salvó, no por obras de justicia que nosotros hubiéramos hecho, sino por su misericordia, por el lavamiento de la regeneración y por la renovación en el Espíritu Santo" (Tit. 3:5). La regeneración es la obra de recreación de Dios. "De modo que si alguno está en Cristo, nueva criatura es; las cosas viejas pasaron; he aquí todas son hechas nuevas" (2 Co. 5:17). "Porque somos hechura suya, creados en Cristo Jesús" (Ef. 2:10). Cuando una persona es lavada por Cristo quiere decir que ha nacido de nuevo (Jn. 3:3-8).

Santificados habla de un nuevo comportamiento. Ser santificado significa ser hecho santo en su interior y ser capaz, en el poder del Espíritu, de vivir exteriormente una vida de justicia. Antes de ser salva la persona no tiene una naturaleza santa ni la capacidad de vivir en santidad. Pero en Cristo recibimos una nueva naturaleza y podemos vivir la nueva clase de vida. El dominio total del pecado queda roto y remplazado por una vida de santidad. Los corintios, a causa de su carnalidad y pecaminosidad, estaban interrumpiendo la obra divina.

Justificados habla de una nueva posición delante de Dios. En Cristo somos revestidos de su justicia y Dios ve ahora en nosotros la justicia de su Hijo en vez de nuestro pecado. La justicia de Cristo se acredita en nuestra cuenta (Ro. 4:22-25). Somos declarados y hechos en la nueva naturaleza justa, santa, inocente y sin culpa porque Dios es el que "justifica al que es de la fe de Jesús" (Ro. 3:26).

Los creyentes corintios habían experimentado transformación **en el nombre del Señor Jesús, y por el Espíritu de nuestro Dios.** El nombre de Dios representa su voluntad, su poder y su obra. Debido al sometimiento voluntario de Jesús a la voluntad del Padre, su muerte en la cruz a nuestro favor y su resurrección de entre los muertos, nos ha provisto de nuestro lavamiento, santificación y justificación.

Una vida regenerada debe producir una forma de vivir transformada. Pablo está diciendo de manera muy fuerte que no era aceptable que algunos creyentes estuvieran comportándose como los de fuera del reino. Estaban actuando con su vieja naturaleza. Dios no los había salvado para eso, sino de eso.

Libertad cristiana y libertad sexual (6:12-20)

15

Todas las cosas me son lícitas, mas no todas convienen; todas las cosas me son lícitas, mas yo no me dejaré dominar de ninguna. Las viandas para el vientre, y el vientre para las viandas; pero tanto al uno como a las otras destruirá Dios. Pero el cuerpo no es para la fornicación, sino para el Señor, y el Señor para el cuerpo. Y Dios, que levantó al Señor, también a nosotros nos levantará con su poder. ¿No sabéis que vuestros cuerpos son miembros de Cristo? ¿Quitaré, pues, los miembros de Cristo y los haré miembros de una ramera? De ningún modo. ¿O no sabéis que el que se une con una ramera, es un cuerpo con ella? Porque dice: Los dos serán una sola carne. Pero el que se une al Señor, un espíritu es con él. Huid de la fornicación. Cualquier otro pecado que el hombre cometa, está fuera del cuerpo; mas el que fornica, contra su propio cuerpo peca. ¿O ignoráis que vuestro cuerpo es templo del Espíritu Santo, el cual está en vosotros, el cual tenéis de Dios, y que no sois vuestros? Porque habéis sido comprados por precio; glorificad, pues, a Dios en vuestro cuerpo y en vuestro espíritu, los cuales son de Dios. (6:12-20)

Pablo nunca se cansaba de hacer resaltar la verdad de la libertad en Cristo. "Estad, pues, firmes en la libertad con que Cristo nos hizo libres, y no estéis otra vez sujetos al yugo de la esclavitud... Porque vosotros, hermanos, a libertad fuisteis llamados" (Gá. 5:1, 13). Él constantemente se regocijó en la "libertad gloriosa de los hijos de Dios" (Ro. 8:21). Los creyentes ya no están "bajo la ley, sino bajo la gracia" (Ro. 6:14). No somos salvos por las obras ni nos mantenemos salvos por las obras. "Porque por gracia sois salvos por medio de la fe; y esto no de vosotros, pues es don de Dios; no por obras, para que nadie se gloríe" (Ef. 2:8-9; cp. Ro, 3:20). "Pero ahora estamos libres de la ley, por haber muerto para aquella en que estábamos sujetos, de modo que sirvamos bajo el régimen nuevo del Espíritu y no bajo el régimen viejo de la letra" (Ro. 7:6).

Somos salvos solo por la gracia de Dios y solo la gracia de Dios nos mantiene salvos. Los cristianos son justificados, considerados justos y santos ante los ojos de Dios (Ro. 4:22-25). "¿Quién", por tanto, "acusará a los escogidos de Dios? Dios es el que justifica" (Ro. 8:33). Un cristiano no puede cometer un pecado que no esté ya cubierto por la gracia de Dios. Ningún pecado puede anular su salvación. Ninguna acusación puede prosperar en contra del creyente. Dios es el tribunal supremo y Él ha declarado que los creyentes son justos. No existe otra posible apelación. Eso decide el asunto.

Pablo enseñó estas verdades muchas veces a la iglesia corintia mientras estuvo entre ellos, pero ellos lo estaban usando como una excusa teológica para pecar. Ignoraron la verdad de "solamente que no uséis la libertad como ocasión para la carne (Gá. 5:13), que sin duda alguna él también se lo había enseñado. Cuando Pablo hablaba de la libertad cristiana fue siempre en relación con la libertad de las obras de justicia —es decir, ganar la salvación mediante buenas obras— ya sea mediante la ley mosaica, las tradiciones fariseas o cualquier otro medio. Los corintios habían pervertido esta verdad para justificar su pecado. Ellos posiblemente usaron el mismo argumento que Pablo anticipó cuando estaba explicando la gracia a la iglesia de Roma: "¿Qué, pues, diremos? ¿Perseveraremos en el pecado para que la gracia abunde?" (Ro. 6:1). Pretendían tener justificación teológica para vivir como querían.

Puede que también tuvieran un argumento filosófico para su pecado, quizás implícito en 6:13: "Las viandas para el vientre, y el vientre para las viandas". Buena parte de la filosofía griega consideraba todo lo físico, incluido el cuerpo, como básicamente malo y, por tanto, carente de valor. No importaba para nada lo que se hiciera con el cuerpo o al cuerpo. El alimento era alimento, el estómago era el estómago y el sexo era el sexo. La actividad sexual era una función biológica como el comer, para usarse como se usaba el alimento, para satisfacer los apetitos. Este argumento suena muy de la actualidad.

Como hacen muchas personas hoy día, los cristianos corintios racionalizaban su pensamiento y hábitos pecaminosos. Eran inteligentes para salir con lo que parecían buenas razones para hacer cosas malas. También vivían en una sociedad que era notoriamente inmoral, una sociedad que, mediante la prostitución en el templo y otras formas, glorificaban en realidad la promiscuidad sexual. Tener relaciones sexuales con una prostituta era algo tan común en Corinto que la práctica llegó a conocerse como "corintianizar". Muchos creyentes se habían involucrado anteriormente en esa inmoralidad, y les resultaba difícil romper con los viejos estilos de vida y muy fácil caer de nuevo en ellos. De la misma forma que les resultaba difícil abandonar su inclinación por la sabiduría humana, su mundanalidad, su orgullo, su espíritu de división y su pasión por las demandas judiciales, también les resultaba difícil dejar la inmoralidad sexual.

En 6:12-20 Pablo muestra tres de los males del pecado sexual: Es dañino para todos los involucrados, controla a los que se entregan a él, y pervierte el propósito de Dios para el cuerpo.

EL PECADO SEXUAL DAÑA

Todas las cosas me son lícitas, mas no todas convienen. (6:12*a*)

La declaración **Todas las cosas... son lícitas** puede que fuera una expresión común de los corintios en aquella sociedad liberada. Pablo lo usa para su propósito aquí agregando **me**, para decir: "Todo pecado que cometo como cristiano es perdonado en Cristo Jesús". Pero ningún pecado es alguna vez correcto o bueno, y ningún pecado produce alguna vez algo recto o bueno. El pecado nunca puede ser provechoso o beneficioso. **Convienen** (*sumpherō*) significa "ser para beneficio". En el sentido de que todos los creyentes son libres y ya no están para nada bajo el dominio de la ley, **todas las cosas son lícitas** para ellos. Pero el precio por hacer ciertas cosas es sumamente elevado, muy improductivo. El pecado nunca trae ganancia, siempre trae pérdida.

El tipo de pecado en particular que Pablo tiene en mente aquí (vv. 13-20) es el pecado sexual. Ningún pecado que una persona cometa tiene en sí mismo más riesgos, problemas y capacidad destructora que el pecado sexual. Ha deshecho más matrimonios, destrozado más hogares, causado más sufrimiento y enfermedad y ha destruido más vidas que el alcohol y las drogas juntos. Lleva a mentir, robar, engañar y matar, y causa también amargura, odio, difamación, chismes y dificultad en perdonar.

Los riesgos y daños del pecado sexual no aparecen en ningún lugar de forma más vívida y convincente que en Proverbios: "Porque los labios de la mujer extraña destilan miel, y su paladar es más blando que el aceite" (Pr. 5:3). La verdad básica se aplica a una prostituta o a cualquier otra mujer que trata de seducir a un hombre. También se aplica a un hombre que trata de seducir a una mujer. La enseñanza es que la atracción sexual es extremadamente tentadora y poderosa. Aparenta ser atractiva, agradable y buena. No promete otra cosa que placer y satisfacción; "mas su fin es amargo como el ajenjo, agudo como espada de dos filos. Sus pies descienden a la muerte; sus pasos conducen al Seol. Sus caminos son inestables; no los conocerás" (vv. 4-6). La primera característica del pecado sexual es el engaño. Nunca da lo que promete. Ofrece gran satisfacción, pero da gran desilusión. Dice que es vida auténtica, pero en realidad es camino de muerte. Las relaciones sexuales ilícitas son siempre "inestables". Nada une a los involucrados excepto la gratificación temporal e impersonal de los impulsos físicos. Ese es un cemento muy pobre. Otra tragedia del pecado sexual es que los involucrados en él no saben que es inestable (v. 6), no se dan cuenta quizás por largo tiempo que su relación no puede durar. Eso los lleva a hundirse cada vez más en el pozo de una relación condenada, lo cual hace que su disolución sea muy penosa y dolorosa.

Sin embargo, los que consideran que toda relación sexual es básicamente mala están tan lejos de la verdad como los que consideran que toda relación sexual es buena y permisible. Dios no está en contra de la relación sexual. Él la creó y la bendijo. Cuando se disfruta exclusivamente dentro del matrimonio, como es la intención del Señor, la relación sexual es bella, satisfactoria y estabilizante. "Sea bendito tu manantial", dicen las Escrituras, "y alégrate con la mujer de tu juventud. Y en su amor recréate siempre" (Pr. 5:18-19).

El consejo de la Biblia para evitar involucrarse sexualmente fuera del matrimonio es sencillo: aléjese todo lo que pueda de las personas y lugares en donde puede verse metido en problemas. "Aleja de ella tu camino, y no te acerques a la puerta de su casa" (Prov. 5:8). Cuando José se vio tentado repetidas veces por la esposa de Potifar, no solo rehusó "acostarse al lado de ella", sino aun "estar con ella" (Gn. 39:10). Cuando ella trató de forzarlo a cometer adulterio con ella y lo asió por su ropa, "él dejó su ropa en las manos de ella, y huyó y salió" (v. 12). No había tiempo para razonamientos o explicaciones, sino para huir. Cuando quedamos atrapados en una situación inevitable como esa, lo más sensato que podemos hacer es salir de allí tan rápidamente como podamos. La pasión no es racional o sensible, y las situaciones sexuales peligrosas deben evitarse o huir de ellas, no discutirlas.

Involucrarse en relaciones sexuales ilícitas lleva a la pérdida de la salud, de las posesiones, del honor y del respeto. Toda persona que continúa en tales pecados no sufre necesariamente todas esas pérdidas, pero esos son los tipos de pérdida que produce persistir en el pecado sexual. El que se entrega a la pasión sexual descubrirá que ha perdido "[sus] años al cruel", y que "los extraños se sacien de tu fuerza, y tus trabajos estén en casa del extraño; y gimas al final, cuando se consuma tu carne y tu cuerpo" (Pr. 5:9-11). "Las aguas hurtadas" de las relaciones sexuales fuera del matrimonio "son dulces, y el pan comido en oculto es sabroso"; pero "allí están los muertos" (Pr. 9:17-18). El pecado sexual no es una ganancia. Nunca trae beneficio y siempre daña.

Dios mira a la inmoralidad sexual con extrema seriedad. A causa de este pecado "cayeron en un día veintitrés mil" (1 Co. 10:8) en Israel. David era un hombre conforme al corazón de Dios y fue usado por el Señor con gran bendición para dirigir a Israel y para escribir las Escrituras; pero no estuvo exento de las consecuencias del pecado. Cometió adulterio con Betsabé y ella quedó embarazada. Él luego hizo arreglos para que el esposo muriera en la guerra y quedarse así con la esposa. "Mas esto que David había hecho, fue desagradable ante los ojos de Jehová" (2 S. 11:27). Dios le dijo a David por medio del profeta Natán que debido a su pecado "ahora no se apartará jamás de tu casa la espada... yo haré levantar el mal sobre ti de tu misma casa" y "el hijo que te ha nacido ciertamente morirá" (12:10-11, 14). David pagó por estos pecados casi cada día del resto de su vida. Varios de sus hijos fueron rebeldes, celosos, egoístas, y su vida familiar fue en su mayor parte un terrible caos.

David se arrepintió de su pecado y fue perdonado. "Jehová ha remitido tu pecado" (12:13), pero el Señor no lo privó de las consecuencias del pecado. Después de aquella experiencia el rey escribió en gratitud el Salmo 51, pero también con gran remordimiento y agonía. Había experimentado el perdón maravilloso y generoso de Dios, pero también llegó a ver lo espantoso de su pecado: "Contra ti, contra ti solo he pecado, y he hecho lo malo delante de tus ojos" (v. 4). La gracia de Dios es gratuita, pero el costo del pecado es elevado.

EL PECADO SEXUAL CONTROLA

Todas las cosas me son lícitas, mas yo no me dejaré dominar de ninguna. (6:12*b*)

Pablo se sentía libre por la gracia de Dios para hacer lo que le agradara, pero se negó a dejarse **dominar por ninguna** cosa, sino por Cristo. No permitiría quedar esclavizado por ningún hábito o costumbre y ciertamente por ningún pecado. "Porque el pecado no se enseñoreará de vosotros; pues no estáis bajo la ley, sino bajo la gracia" (Ro. 6:14).

Ningún pecado esclaviza más que el pecado sexual. Cuando más se entrega la persona a él, más queda controlada. A menudo comienza con pequeñas imprudencias, que llevan a otras mayores y finalmente al vicio flagrante. La progresión en el pecado aparece reflejada en el Salmo 1: "Bienaventurado el varón que no anduvo en consejo de malos, ni estuvo en camino de pecadores, ni en silla de escarnecedores se ha sentado" (v. 1). Cuando nos asociamos por propia voluntad con el pecado, terminamos pronto tolerándolo y practicándolo. Como todos los demás pecados a los que no nos resistimos, los pecados sexuales crecen y al final corrompen y destruyen no solo a los involucrados directamente, sino a muchos inocentes que están cerca.

Los corintios no desconocían los pecados sexuales, y lamentablemente muchos creyentes habían vuelto a caer en ellos. En el nombre de la libertad cristiana habían terminado por quedar controlados por sus propios deseos carnales.

Pablo escribió a los tesalonicenses: "Pues la voluntad de Dios es vuestra santificación; que os apartéis de fornicación; que cada uno de vosotros sepa tener su propia esposa en santidad y honor; no en pasión de concupiscencia, como los gentiles que no conocen a Dios" (1 Ts. 4:3-5). El contexto indica aquí que "esposa" se debe entender más bien como "cuerpo". Todo creyente está llamado a poseer y controlar correctamente su propio cuerpo. Si vivimos en el Espíritu, debemos "hacer morir las obras de la carne" (Ro. 8:13).

No es tan fácil controlarnos a nosotros mismos como a veces pensamos. Muchos se engañan al pensar que están en perfecto control de sus pensamientos y acciones, sencillamente porque siempre hacen lo que quieren. La realidad, sin embargo, es que sus deseos y pasiones les están diciendo qué hacer, y ellos se dejan llevar. No son los dueños de sus deseos, sino son esclavos serviciales. Su carne está controlando su cuerpo.

Pablo mismo da testimonio de que tenía que "[golpear] su cuerpo, y [ponerlo] en servidumbre, no sea que habiendo [él] sido heraldo para otros... venga a ser eliminado" (1 Co. 9:27). Golpear (*hupōpiazō*) significa literalmente "poner un ojo o el rostro morado". A fin de evitar que su cuerpo lo esclavizara, él tenía que esclavizar a su cuerpo. De otro modo podía quedar descalificado, no de la salvación, sino de la vida santa y el servicio fructífero de Dios.

EL PECADO SEXUAL PERVIERTE

El pecado sexual no solo daña y controla, sino que también pervierte. Pervierte especialmente el plan y el propósito de Dios para el cuerpo de sus hijos. El cuerpo de un cristiano es para el Señor; es un miembro de Cristo; es el templo del Espíritu Santo.

EL CUERPO ES PARA EL SEÑOR

Las viandas para el vientre, y el vientre para las viandas; pero tanto al uno como a las otras destruirá Dios. Pero el cuerpo no es para la fornicación, sino para el Señor, y el Señor para el cuerpo. Y Dios, que levantó al Señor, también a nosotros nos levantará con su poder. (6:13-14)

El alimento y el **vientre** fueron creados por Dios el uno para el otro. Su relación es puramente biológica. Es probable que los corintios estuvieran usando esta verdad como una analogía para justificar la inmoralidad sexual. El texto griego dice literalmente: "Las viandas el vientre, el vientre las viandas". Quizás este era un proverbio popular dedicado a celebrar la idea de que "El sexo no es diferente de la comida: el estómago fue hecho para la comida y el cuerpo fue hecho para las relaciones sexuales". Pero Pablo los frena rápidamente. "Es cierto que las viandas y el estómago fueron hechos el uno para el otro", está diciendo, "pero también es verdad que esa relación es estrictamente temporal". Un día, cuando su propósito se haya cumplido, **tanto al uno como a las otras destruirá Dios.** Ese proceso biológico no tiene razón de ser en el estado eterno.

No sucede así con el cuerpo mismo. El cuerpo del creyente está designado por Dios para mucho más que funciones biológicas. **Pero el cuerpo no es para la fornicación, sino para el Señor, y el Señor para el cuerpo.** Pablo tenía en mente un proverbio mejor con esa declaración. El cuerpo está para ser el instrumento del Señor, para su uso y gloria.

Y Dios, que levantó al Señor, también a nosotros nos levantará con su poder. Nuestro cuerpo está diseñado no solo para servir en esta vida, sino también en la venidera. Será un cuerpo transformado, resucitado, glorificado, un cuerpo celestial, pero todavía será nuestro propio cuerpo.

El estómago y el alimento tienen solo una relación horizontal, temporal. Esa relación cesa con la muerte. Pero nuestro cuerpo es más que biología. Los creyentes tienen también una relación espiritual, vertical. Pertenecen a Dios y vivirán para siempre con Él. Esa es la razón por la que Pablo dice: "Mas nuestra ciudadanía está en los cielos, de donde también esperamos al Salvador, al Señor Jesucristo; el cual transformará el cuerpo de la humillación nuestra, para que sea semejante al cuerpo de la gloria suya" (Fil. 3:20-21). Debemos tomar con seriedad el cuidado de este cuerpo porque resucitará en gloria para ser un instrumento que albergue nuestro espíritu puro y eternamente glorioso por toda la eternidad.

EL CUERPO ES UN MIEMBRO DE CRISTO

¿No sabéis que vuestros cuerpos son miembros de Cristo? ¿Quitaré, pues, los miembros de Cristo y los haré miembros de una ramera? De ningún modo. ¿O no sabéis que el que se une con una ramera, es un cuerpo con ella? Porque dice: Los dos serán una sola carne. Pero el que se une al Señor, un espíritu es con él. Huid de la fornicación. Cualquier otro pecado que el hombre cometa, está fuera del cuerpo; mas el que fornica, contra su propio cuerpo peca. (6:15-18)

El cuerpo de los creyentes no solo es *para* el Señor ahora y en el futuro, sino que es *del* Señor, como una parte del propio cuerpo de Cristo, **miembros de Cristo**. Cristo es "cabeza sobre todas las cosas a la iglesia, la cual es su cuerpo, la plenitud de Aquel que todo lo llena en todo" (Ef. 1:22-23). "Así nosotros, siendo muchos, somos un cuerpo en Cristo" (Ro. 12:5). Nosotros somos, en este siglo, el templo vivo y espiritual en el que mora Cristo. Somos su cuerpo, la encarnación de su persona en la iglesia.

Lo que Pablo dice a continuación se infiere lógicamente. Que un cristiano cometa una inmoralidad sexual es hacer que **los miembros de Cristo... miembros de una ramera**. Es usar una parte del propio cuerpo de Cristo en un acto de fornicación o adulterio. La idea es incomprensible para Pablo, como debería serlo para todo creyente. **De ningún modo**, dice Pablo.

Las relaciones sexuales involucran una unión; el hombre y la mujer **serán una sola carne**. Esto indica que el sentido más esencial de la frase **una sola carne** (vea Gn. 2:24; etc.) es la unión sexual. C. S. Lewis dice en *Cartas a un* *diablo novato* que cada vez que un hombre y una mujer entran en una relación sexual se establece entre ellos una unión espiritual la cual debe ser eternamente disfrutada o eternamente tolerada. Dios toma el pecado sexual seriamente porque corrompe y trastorna las relaciones espirituales, tanto humanas como divinas.

Los seguidores de Cristo son **un espíritu con él**. Esa declaración está llena de un significado profundo y de implicaciones maravillosas. Pero para su propósito aquí, Pablo la usa para demostrar que un cristiano que cae en la inmoralidad sexual involucra a su Señor. Toda relación sexual fuera del matrimonio es pecado, pero cuando los creyentes caen en ella es especialmente censurable, porque profana a Cristo Jesús, con quien el creyente es uno (cp. Jn. 14:18-23; 15:4, 7; 17:20-23). Puesto que somos uno en Cristo, y el que comete el pecado sexual es uno con su acompañante, en el razonamiento de Pablo, Cristo queda en una posición inconcebible. Cristo no queda personalmente mancillado con el pecado más de lo que son contaminados los rayos de sol que se reflejan sobre un depósito de basura; pero su reputación si queda empañada por causa de la asociación.

El consejo de Pablo sobre el pecado sexual es el mismo que el de Salomón en el libro de Proverbios. **Huid de la fornicación**. El imperativo presente del griego indica la idea de huir continuamente y seguir huyendo hasta que el peligro ha pasado. Cuando estamos en peligro de semejante inmoralidad, no debemos argumentar, debatir o explicar, y ciertamente tampoco debemos racionalizar. No hay que considerarlo como un reto espiritual que conviene enfrentar, sino como trampa de la que hay que escapar. Debemos alejarnos tanto como podamos.

Pablo no aclara lo que quiere decir con **cualquier otro pecado que el hombre cometa, está fuera del cuerpo; mas el que fornica, contra su propio cuerpo peca**. Creo que está diciendo que, aunque el pecado sexual no es el peor de los pecados, es el más singular en carácter. Surge de dentro del cuerpo buscando su propia gratificación. Domina como ningún otro impulso lo hace y cuando es satisfecho afecta el cuerpo como ningún otro pecado. Tiene una forma propia de destruir el ser interior de la persona como no la tiene ningún otro pecado. Debido a que la intimidad sexual es la unión más profunda entre dos personas, su mal uso corrompe en el nivel humano más profundo. Ese no es un análisis psicológico, sino un hecho divinamente revelado. La inmoralidad sexual es mucho más destructiva que el alcohol, que las drogas y que el crimen.

Hace algunos años una adolescente de dieciséis años vino a mi oficina en completa desesperación. Había caído en tantos pecados sexuales que se sentía profundamente despreciable. No se había mirado a un espejo por meses, porque no podía ni tan siquiera aguantar verse a sí misma, y para mí parecía tener 40 años en vez de 16. Se encontraba al borde del suicidio, sin desear vivir un día más. Tuve el gozo especial de llevarla a Cristo Jesús y ver la transformación que Él llevó a cabo en su vida. Ella me dijo: "Por primera vez en mi vida me siento limpia".

Muchos de los corintios necesitaban de nuevo esa clase de limpieza.

EL CUERPO ES TEMPLO DEL ESPÍRITU SANTO

¿O ignoráis que vuestro cuerpo es templo del Espíritu Santo, el cual está en vosotros, el cual tenéis de Dios, y que no sois vuestros? Porque habéis sido comprados por precio; glorificad, pues, a Dios en vuestro cuerpo y en vuestro espíritu, los cuales son de Dios. (6:19-20)

Como cristianos nuestro cuerpo no nos pertenece. Pablo le puso picante a este versículo al formularlo como una pregunta sarcástica. Somos del Señor, miembros de Cristo, y templos del Espíritu Santo, dado por Dios para que more en nosotros. De modo que Pablo pide que se procure la pureza sexual no solo por la forma en la que los pecados sexuales afectan al cuerpo, sino porque el cuerpo que afectan no le pertenece al creyente. Comprender la realidad de la frase **del Espíritu Santo, el cual está en vosotros, el cual tenéis de Dios** debería darnos tanta dedicación a la pureza como podría hacerlo cualquier otro conocimiento de la verdad divina.

Cometer una inmoralidad sexual en el templo de una iglesia, con todo lo repugnante que eso sería, no sería peor que cometerlo en cualquier otra parte. El pecado se comete dentro del templo de Dios en todo lugar y siempre que la inmoralidad sexual la realizan los creyentes. Cada acto de fornicación, cada acto de adulterio realizado por cristianos, se lleva a cabo en el templo de Dios: sus propios cuerpos. "Porque vosotros sois el templo del Dios viviente" (2 Co. 6:16). La verdad de que los cristianos somos la morada del Espíritu Santo queda claramente enseñada en pasajes tales como Juan 7:38-39; 20:22; Hechos 1:8; Romanos 8:9 y 1 Corintios 12:3. La enseñanza de que Dios envió al Espíritu Santo aparece con claridad en Juan 14:16-17; 15:26 y Hechos 2:17, 33, 38.

Ya no nos pertenecemos a nosotros mismos porque [**hemos**] **sido comprados por precio**. No fuimos "rescatados... con cosas corruptibles, como oro o plata, sino con la sangre preciosa de Cristo, como de un cordero sin mancha y sin contaminación" (1 Co. 1:18-19).

El cuerpo de los cristianos es el templo de Dios y un templo es para adoración. Nuestro cuerpo, por tanto, tiene un propósito supremo: **glorificad, pues, a Dios**. Este es un llamamiento para vivir de tal forma que honremos a Dios, pues solo Él es digno de nuestra obediencia y adoración.

Un amigo mío llevó una vez a un visitante a ver una gran catedral católica en la parte este del país. El visitante quería orar en la capilla de su santo favorito. Al llegar a dicha capilla, se quedó sorprendido al no encontrar velas encendidas. Un anuncio decía: "No adoren aquí, cerrado por limpieza". Los corintios tampoco proveían de un centro de atención divino, de un lugar para que adoraran las almas que buscaban a Dios, debido a que ellos también eran impuros. Eso, les dijo Pablo, tenía que cambiar.

Casarse o no casarse (7:1–7) 16

En cuanto a las cosas de que me escribisteis, bueno le sería al hombre no tocar mujer; pero a causa de las fornicaciones, cada uno tenga su propia mujer, y cada una tenga su propio marido. El marido cumpla con la mujer el deber conyugal, y asimismo la mujer con el marido. La mujer no tiene potestad sobre su propio cuerpo, sino el marido; ni tampoco tiene el marido potestad sobre su propio cuerpo, sino la mujer. No os neguéis el uno al otro, a no ser por algún tiempo de mutuo consentimiento, para ocuparos sosegadamente en la oración; y volved a juntaros en uno, para que no os tiente Satanás a causa de vuestra incontinencia. Mas esto digo por vía de concesión, no por mandamiento. Quisiera más bien que todos los hombres fuesen como yo; pero cada uno tiene su propio don de Dios, uno a la verdad de un modo, y otro de otro. (7:1-7)

Los capítulos 7–11 de 1 Corintios contienen las respuestas de Pablo a las preguntas prácticas que los creyentes corintios le habían hecho por escrito (7:1), en una carta que probablemente fue enviada mediante Estéfanas, Fortunato y Acaico (16:17).

La primera de dichas preguntas tenía que ver con el matrimonio, un área en la que los corintios tenían serios problemas. Al igual que con muchos otros de sus problemas, muchas de sus dificultades matrimoniales eran un reflejo de la sociedad pagana, moralmente corrompida, en la que vivían y de la cual no se habían separado por completo. Esa sociedad toleraba la fornicación, el adulterio, la homosexualidad, la poligamia y el concubinato. Juvenal, el poeta romano (60-140 d.C.), escribió acerca de mujeres que rechazaban su propio sexo: llevaban yelmos, se deleitaban en fiestas de fuerza física y con los pechos al descubierto cazaban cerdos con lanzas. Decía también que usaban los velos de novias de sus muchos matrimonios.

Bajo la ley y costumbres romanas de aquel tiempo, se practicaban cuatro tipos de matrimonio. Los esclavos generalmente eran tratados como animales o muebles. Si un hombre y una mujer esclavos querían casarse, el dueño podía permitirles vivir juntos en lo que se conocía como un *contubernium*, de donde viene nuestra palabra "contubernio", que significa "vivir en compañía". El arreglo duraba tanto como el dueño lo permitía. Tenía todo el derecho a separarlos, juntarlos con otros, o vender a uno u otro. Muchos de los primeros cristianos eran esclavos y algunos habían vivido —quizás seguían viviendo— en esta clase de relación marital.

Llamaban *usus* a un segundo tipo de matrimonio, que era una forma de relación matrimonial consensual mediante la que se reconocía a un hombre y una mujer como esposos después de haber vivido juntos durante un año. Un tercer tipo era el *coemptio in manum*, arreglo mediante el cual un padre vendía a su hija a un marido en perspectiva.

El cuarto tipo de matrimonio era mucho más elevado. Los patricios, los nobles, se casaban en un servicio llamado el *confarreatio*, sobre el que se basa la ceremonia matrimonial cristiana que conocemos hoy. Fue adoptada por la Iglesia Católico Romana y usada con ciertas modificaciones cristianas, y luego pasó al resto de las iglesias cristianas con la Reforma del siglo XVI. La ceremonia original involucraba la participación de ambas familias en los arreglos de la boda, el acompañamiento de los novios por los padrinos, el intercambio de votos, el velo que llevaba la novia, la donación de un anillo (que se ponía en el tercer dedo de la mano izquierda), el ramo de flores nupcial y una torta o pastel de bodas.

El divorcio era común en el Imperio Romano en el tiempo de Pablo, aun entre los que se casaban bajo el *confarreatio*. No era imposible encontrar hombres y mujeres que habían estado casados veinte o más veces. Un movimiento feminista activo y expresivo se había también desarrollado. Algunas mujeres competían con su esposo en los negocios e incluso en fiestas de fuerza física. Muchas no estaban interesadas en ser esposas y madres, y para finales del primer siglo los matrimonios sin hijos eran comunes. Tanto los hombres como las mujeres estaban determinados a vivir su propia vida, sin importar los votos matrimoniales y el compromiso matrimonial adquirido.

La naciente iglesia tenía miembros que habían vivido juntos, y que todavía vivían juntos, bajo las cuatro tipos de matrimonio. También contaban en su seno con los que habían tenido múltiples matrimonios y divorcios. No solo eso, sino que algunos creyentes habían sacado la idea de que ser soltero y célibe era más espiritual que estar casado, y menospreciaban el matrimonio por completo. Quizás alguien estaba enseñando que las relaciones sexuales no eran "espirituales" y que debían abandonarlas totalmente.

La situación resultaba difícil y desconcertante aun para los cristianos maduros. Para los corintios inmaduros era especialmente confusa. La gran pregunta era: "¿Qué hacemos ahora que somos cristianos? ¿Seguimos viviendo juntos como marido y mujer si los dos somos cristianos? ¿Tenemos que divorciarnos si uno de los esposos es inconverso? ¿Debemos buscar ser solteros o quedarnos así?" El caos de posibilidades maritales se prestaba a muchas perplejidades, las cuales Pablo aborda en esta sección de la carta.

En los primeros siete versículos del capítulo 7 Pablo comienza con la pregunta acerca de la soltería. Enseña que el celibato es bueno, que se presta a la tentación, que no es correcto para los casados y que es un don de Dios.

EL CELIBATO ES BUENO

En cuanto a las cosas de que me escribisteis, bueno le sería al hombre no tocar mujer. (7:1)

Tocar mujer era un eufemismo judío común para la relación sexual. La frase se usa en ese sentido en pasajes tales como Génesis 20:6; Rut 2:9 y Proverbios 6:29. Pablo la usa para declarar que es algo bueno para los cristianos no tener relaciones sexuales, es decir, ser soltero, no casarse. No está diciendo, sin embargo, que la soltería es el único estado bueno o que el matrimonio es de alguna forma malo o inferior a la soltería. Solo está diciendo que la soltería, mientras que es celibato, puede ser buena.

Dios mismo declaró en la creación que "no es bueno que el hombre esté solo" (Gn. 2:18). Todas las personas necesitan compañía y Dios estableció el matrimonio para ser, entre otras cosas, el medio más satisfactorio y común de compañía. Dios permitió la soltería y no requirió que todos se casaran bajo el antiguo pacto, pero la tradición judía no solo contemplaba el matrimonio como el estado ideal, sino que miraba a la soltería como una desobediencia a los mandamientos de Dios de "fructificad y multiplicaos; llenad la tierra" (Gn. 1:28).

Es posible que, como un resultado de esto, algunos de los cristianos judíos en Corinto estuvieran presionando a los creyentes gentiles solteros a que se casaran. Por otra parte, algunos de los gentiles, quizás en base de experiencias anteriores que habían tenido, se sentían inclinados a permanecer solteros. A semejanza de lo que los judíos habían hecho con el matrimonio, esos gentiles, reaccionando a los pecados sexuales del pasado, llegaron a mirar al celibato no solo como el estado ideal, sino también como el único estado verdaderamente piadoso. Pablo reconoce que la soltería es **[buena],** honorable y excelente, pero no apoya la afirmación de que sea un estado más espiritual o que sea más aceptable para Dios que el matrimonio.

EL CELIBATO SE PRESTA A LA TENTACIÓN

Pero a causa de las fornicaciones, cada uno tenga su propia mujer, y cada una tenga su propio marido. (7:2)

Pero a causa de las fornicaciones no está dando a entender que todos los cristianos de la iglesia corintia fueran inmorales, aunque sí lo eran muchos de ellos. Pablo está hablando del *peligro* de la fornicación para los que son solteros. Debido a que el deseo sexual queda insatisfecho y puede ser muy fuerte, existe la posibilidad de gran tentación de inmoralidad sexual para los que no están casados, especialmente en sociedades —como la de la antigua Roma y la nuestra— donde la permisividad sexual se practicaba libremente y se glorificaba.

No se puede reducir el matrimonio a ser sencillamente la válvula de escape del impulso sexual. Pablo no está sugiriendo que los cristianos salgan y se busquen una pareja cristiana para evitar caer en el pecado sexual. Él tenía una visión más elevada del matrimonio que eso (vea Ef. 5:22-23). Su propósito aquí es hacer hincapié en la realidad de las tentaciones sexuales de los solteros y reconocer que ellos tienen una salida legítima en el matrimonio. Por tanto, **cada uno tenga su propia mujer, y cada una tenga su propio marido.**

Las Escrituras nos dan numerosas razones para el matrimonio. En primer lugar, el matrimonio es para la *procreación*. Dios mandó a Adán y Eva "fructificad y multiplicaos" (Gn. 1:28). La intención de Dios es que la humanidad se reproduzca a sí misma. El matrimonio es también para el *placer*. Proverbios habla de que el hombre se "[alegre] con la mujer de [su] juventud... sus caricias [le] satisfagan en todo tiempo" (5:18-19) y el Cantar de los Cantares se centra alrededor de las atracciones físicas y placeres del amor marital. El matrimonio es una *asociación*. La mujer fue creada para ser una "ayuda idónea para él" (Gn. 2:18). La amistad entre los esposos es uno de los ingredientes clave de un buen matrimonio. El matrimonio es una *representación* de la iglesia. El esposo tiene que ejercer autoridad y amar a la esposa como Cristo tiene autoridad y ama a la iglesia (Ef. 5:23-32). Por último, el matrimonio es para la *pureza*. Protege de la inmoralidad sexual al satisfacer las necesidades físicas.

Aunque el celibato es bueno, no es superior al matrimonio, y tiene unos peligros y tentaciones que el matrimonio no tiene.

EL CELIBATO NO ES PARA LOS CASADOS

El marido cumpla con la mujer el deber conyugal, y asimismo la mujer con el marido. La mujer no tiene potestad sobre su propio cuerpo, sino el marido; ni tampoco tiene el marido potestad sobre su propio cuerpo, sino la mujer. No os neguéis el uno al otro, a no ser por algún tiempo de mutuo consentimiento, para ocuparos sosegadamente en la oración; y volved a juntaros en uno, para que no os tiente Satanás a causa de vuestra incontinencia. (7:3-5)

Que el celibato es malo para los que están casados debería ser una verdad evidente, pero no lo era para algunos de los creyentes corintios. Debido a su errónea creencia en la superioridad espiritual de la abstinencia total de las relaciones sexuales, algunos miembros de la iglesia lo practicaban incluso dentro del matrimonio. Al parecer algunos esposos sumamente fervientes habían decidido por sí mismos dedicarse completamente a Dios. Al hacer eso, sin embargo, descuidaban o aun negaban la responsabilidad que tenían con sus esposas, especialmente en el área de las relaciones sexuales. Algunas esposas habían hecho lo mismo. Esta práctica de privaciones era probablemente más común cuando el cónyuge no era creyente. Pero Pablo aplica este mandamientos a todos los matrimonios, como queda claro por los versículos 10-17. Los creyentes casados no deben privar a sus cónyuges de la satisfacción sexual, ya sea el cónyuge cristiano o no.

El apóstol no hace ninguna excepción a la instrucción de que **el marido cumpla con la mujer el deber conyugal, y asimismo la mujer con el marido.** Dios considera todo matrimonio como sagrado y a las relaciones sexuales entre los esposos no solo como sagradas, sino también como obligatorias. Pablo deja bien en claro que las relaciones físicas dentro del matrimonio no son sencillamente un privilegio y un placer sino también una obligación. Los maridos y las esposas tienen **el deber** de darse satisfacción sexual el uno al otro. No hay distinción entre los hombres y la mujeres. El marido no tiene en este sentido más derechos que la mujer.

En el versículo 4 Pablo refuerza la reciprocidad de la obligación. **La mujer no tiene potestad sobre su propio cuerpo, sino el marido; ni tampoco tiene el marido potestad sobre su propio cuerpo, sino la mujer.** Dios honra el deseo sexual y su expresión dentro del matrimonio. En efecto, que los esposos cristianos fallen en someterse sexualmente a la **potestad** del cónyuge no da gloria a Dios porque deshonra el matrimonio.

El tiempo presente de *exousiazei* (**tiene potestad sobre**) indica una declaración general que es siempre verdad. La mutua autoridad de los esposos sobre el cuerpo de cónyuge es continua; dura a lo largo de todo el matrimonio. En la esfera normal de la vida, el cuerpo del cristiano es suyo, para cuidarlo y usarlo como un don de Dios. Aunque por supuesto, en el sentido espiritual más profundo pertenece por completo a Dios (Ro. 12:1). Pero en la esfera marital, también le pertenece al cónyuge.

La expresión sexual dentro del matrimonio no es una opción o un extra. Tampoco es, por supuesto, como a veces ha sido considerado, un mal necesario en el que se meten los cristianos solo para procrear hijos. Es mucho más que un acto físico. Dios lo creo para que fuera la expresión y la experiencia del amor en el nivel humano más profundo y para que fuera un lazo bello y profundo de unión entre los esposos.

La intención de Dios es que el matrimonio sea permanente y que la relación sexual dentro del matrimonio sea también permanente. Su plan original para el matrimonio no permitía el divorcio o el celibato. Los cristianos no deben olvidarse del cónyuge inconverso (vv. 12-17) y no deben privar al esposo o esposa de la satisfacción sexual, ya sea este creyente o inconverso. La prohibición es inclusiva: **No os neguéis el uno al otro.** Es un mandamiento enfático. Dios ha establecido y ordenado las relaciones sexuales entre un marido y su mujer.

La única excepción es por un acuerdo mutuo y temporal: **a no ser por algún tiempo de mutuo consentimiento.** Como es el caso del ayuno, si ambos esposos están de acuerdo en abstenerse de la actividad sexual por un tiempo breve para darse oportunidad el uno al otro para la oración intensa, pueden hacerlo. Están implícitas tanto la idea de un **tiempo** específico como el propósito específico de la **oración.** Ambos deberían acordar por anticipado la amplitud del tiempo de separación física y el propósito de la oración.

Dios puede darnos una carga fuerte acerca de una persona o ministerio, una carga que demanda nuestra atención completa y oración concentrada. El luto o una enfermedad seria, por ejemplo, pueden llevarnos a una experiencia así. O quizás hemos caído en un pecado especialmente dañino y necesitamos retirarnos por un tiempo para poner las cosas en orden con el Señor.

Después de que fuera dado el pacto en el Sinaí, el Señor planificó descender y manifestarse a sí mismo a Israel "en una nube espesa, para que el pueblo oiga mientras yo hablo contigo [Moisés]". Como preparación para su llegada, el pueblo tenía que santificarse lavando sus ropas y absteniéndose de las relaciones sexuales durante tres días (Éx. 19:9-15).

Cientos de años más tarde, en respuesta a la extrema maldad de Judá, el Señor mandó:

> *Convertíos a mí con todo vuestro corazón, con ayuno y lloro y lamento... Convertíos a Jehová vuestro Dios... ¿Quién sabe si volverá y se arrepentirá y dejará bendición tras de él...? Reunid al pueblo, santificad la reunión, juntad a los ancianos, congregad a los niños y a los que maman, salga de su cámara el novio, y de su tálamo la novia. (Jl. 2:12-14, 16)*

La necesidad de perdón era tan grande que aun los novios tenían que salir de su cámara nupcial para unirse en el lamento y penitencia nacional.

Cuando Cristo Jesús regrese Él "[derramará] sobre la casa de David, y sobre los moradores de Jerusalén, espíritu de gracia y de oración; y mirarán a mí, a quien traspasaron, y llorarán... afligiéndose por él... Y la tierra lamentará, cada linaje aparte; los descendientes de la casa de David por sí, y sus mujeres por sí" (Zac. 12:10, 12). Se olvidarán de las relaciones sexuales durante aquel tiempo de aflicción.

Pero cuando han pasado esas necesidades espirituales urgentes, las relaciones matrimoniales normales tienen que reanudarse. Parejas **volved a juntaros en uno.**

Es explícita la razón para volverse a juntar: **para que no os tiente Satanás a causa de vuestra incontinencia.** Cuando ha terminado el tiempo de oración intensa, los deseos normales y las tentaciones volverán, a menudo con mayor intensidad. Satanás sabe que los cristianos son especialmente vulnerables luego de una experiencia espiritual cumbre. Puede ser que hayamos bajado la guardia y se nos haya subido el orgullo a la cabeza. O, quizás debido a la experiencia, puede ser que sencillamente no tengamos deseos sexuales por un tiempo. Nuestro cónyuge, por el otro lado, especialmente si él o ella no ha participado en la oración, puede haber desarrollado un fuerte deseo durante la separación. Como una protección para no caer en la tentación nosotros mismos, o hacer que nuestro compañero o compañera caigan en la tentación, hay que reanudar las relaciones sexuales inmediatamente.

A menos que sea por mutuo consentimiento, por una necesidad específica de oración y por un tiempo breve, la abstinencia sexual puede convertirse en una herramienta de Satanás. No debe usarse nunca como una pretensión de superioridad espiritual o como un medio de intimidación o manipulación del cónyuge. El amor físico debe ser una experiencia normal y regular en la que participan igualmente ambos esposos, como un don de Dios.

EL CELIBATO ES UN DON

Mas esto digo por vía de concesión, no por mandamiento. Quisiera más bien que todos los hombres fuesen como yo; pero cada uno tiene su propio don de Dios, uno a la verdad de un modo, y otro de otro. (7:6-7)

No creo que **concesión** sea la mejor traducción. El término griego (*sungnōmē*) significa "pensar lo mismo que otro, tener una opinión, mente o entendimiento común". También puede significar "estar consciente". **Mas esto digo** se refiere a lo que acaba de decirse sobre el matrimonio. Pienso que lo que Pablo estaba diciendo es que él estaba **consciente** de la bondad de ser soltero o célibe, y consciente también de los privilegios y responsabilidades del matrimonio. Sus comentarios **no** tenían la intención de ser un **mandamiento** para que cada creyente se casara. El matrimonio fue instituido por Dios y es la norma para las relaciones de hombre-mujer, y es una gran bendición para la humanidad. Pero no es una exigencia para los creyentes ni para ningún otro. Su intención era: si está soltero eso está bien, y si está casado o se va a casar, quédese en ese estado y cultive las relaciones maritales, porque eso es de Dios. La espiritualidad no queda determinada por el estado matrimonial.

En un sentido, a Pablo le hubiera gustado que todos los creyentes pudieran quedarse sin casar, **fuesen como yo.** Lo dijo a la luz de la gran libertad e independencia que tenía como una persona sola para servir a Cristo; pero él no esperaba que todos los creyentes fueran solteros. No esperaba que todos los que eran entonces solteros se quedaran solteros. Y para los que ya estaban casados sería un error intentar vivir como si fueran solteros, hacerse célibes cuando estaban casados.

Aunque el celibato es bueno para los cristianos que no están casados, es **un don de Dios** que Él no da a cada creyente. Del mismo modo que es un error usar mal un don que tenemos, es también un error tratar de usar un don que no tenemos. Para la persona que no tiene el don del celibato, tratar de practicarlo solo le causa frustración moral y espiritual. Pero para los que tienen ese don de Dios, la soltería, como todos sus dones, en una gran bendición.

Sin embargo, la actitud hoy entre los cristianos acerca de la soltería es a menudo como la de la tradición judía en el tiempo de Pablo. Se ve como una condición de segunda clase. "De ninguna manera", dice el apóstol. Si la soltería es un donde de Dios para esa persona, es la voluntad de Dios que la persona acepte y practique el don. Si esa persona se somete a la voluntad de Dios, puede vivir en soltería toda su vida con perfecto contentamiento y felicidad.

Evidentemente, la soltería tiene muchas ventajas prácticas. Permite mucha más libertad en cuanto a dónde y cómo un creyente sirve al Señor. La persona es libre para moverse como desea o conviene y para establecer su propio programa y horario. Como Pablo señala más adelante en el capítulo, los casados tienen muchas obligaciones y preocupaciones que los no casados no tienen (vv. 32-34).

Rachel Saint sirvió como una misionera soltera entre los indios aucas del Ecuador durante muchos años sin compañía. Derramó su vida y su amor por los indios y encontró en ello una gran realización y bendición.

Jesús les dijo a sus discípulos en una ocasión: "No todos son capaces de recibir esto, sino aquellos a quienes es dado. Pues hay eunucos que nacieron así del vientre de su madre, y hay eunucos que son hechos eunucos por los hombres, y hay eunucos que a sí mismos se hicieron eunucos por causa del reino de los cielos. El que sea capaz de recibir esto que lo reciba" (Mt. 19:11-12).

Tanto Jesús como Pablo dejan bien en claro que Dios no requiere el celibato para todos los creyentes y que solo lo pueden vivir satisfactoriamente aquellos a quienes Dios se lo da.

Pero cada uno tiene su propio don de Dios, uno a la verdad de un modo, y otro de otro. Nuestro propósito debería ser descubrir los dones que Él nos ha dado y usarlos fiel y gozosamente en su servicio, sin envidiar o desdeñar los dones que no tenemos.

Directrices divinas para el matrimonio (7:8-16) **17**

Digo, pues, a los solteros y a las viudas, que bueno les fuera quedarse como yo; pero si no tienen don de continencia, cásense, pues mejor es casarse que estarse quemando. Pero a los que están unidos en matrimonio, mando, no yo, sino el Señor: Que la mujer no se separe del marido; y si se separa, quédese sin casar, o reconcíliese con su marido; y que el marido no abandone a su mujer. Y a los demás yo digo, no el Señor: Si algún hermano tiene mujer que no sea creyente, y ella consiente en vivir con él, no la abandone. Y si una mujer tiene marido que no sea creyente, y él consiente en vivir con ella, no lo abandone. Porque el marido incrédulo es santificado en la mujer, y la mujer incrédula en el marido; pues de otra manera vuestros hijos serían inmundos, mientras que ahora son santos. Pero si el incrédulo se separa, sepárese; pues no está el hermano o la hermana sujeto a servidumbre en semejante caso, sino que a paz nos llamó Dios. Porque ¿qué sabes tú, oh mujer, si quizá harás salvo a tu marido? ¿O qué sabes tú, oh marido, si quizá harás salva a tu mujer? (7:8-16)

En los Estados Unidos hoy uno de cada dos matrimonios termina en divorcio. Se dan casi tantos divorcios como matrimonios cada año. Al amor se le aclama hoy ruidosamente y se le busca mucho, pero en realidad no se lo ve mucho, aun dentro del matrimonio.

Los problemas matrimoniales no son únicos de los tiempos modernos. Han sucedido a todo lo largo de la historia, y eran endémicos en los tiempos del Nuevo Testamento en el Imperio Romano. Como podía esperarse, la iglesia en Corinto estaba muy afligida por este mal. Como ya hemos notado, este capítulo 7 de 1 Corintios está dedicado al matrimonio y a los problemas relacionados con él. Pablo trata aquí con algunos graves errores y comportamiento de los creyentes corintios en relación con la soltería, el celibato y el matrimonio. En los versículos 1-7 establece el principio general de que el matrimonio es la norma para los cristianos, pero que la soltería es buena como un don especial de Dios.

En los versículos 8-16 aplica esa verdad básica a cuatro grupos de creyentes: (1) los que con anterioridad están casados; (2) los que están casados con creyentes; (3) los que están casados con inconversos y quieren permanecer casados; y (4) los que están casados con inconversos y quieren dejar el matrimonio. En la primera situación Dios ofrece una opción; pero no en las otras tres.

DIRECTRICES PARA LOS CRISTIANOS SOLTEROS

Digo, pues, a los solteros y a las viudas, que bueno les fuera quedarse como yo; pero si no tienen don de continencia, cásense, pues mejor es casarse que estarse quemando. (7:8-9)

Estos versículos responden a la pregunta: "¿Pueden volver a casarse los que ya estuvieron casados y se divorciaron antes de ser cristianos?" No cabe duda de que esa era la pregunta clave en la iglesia corintia. Personas anteriormente casadas habían experimentado la salvación en Cristo y preguntaban si ellos tenían ahora el derecho de casarse con otra persona. La respuesta de Pablo aquí es excepcionalmente apropiada para los que quieren conocer sus opciones.

Los **solteros** y las **viudas** eran dos de las categorías de personas solas que se mencionan aquí, pero hay una tercera categoría de personas solas ("vírgenes") que aparece en el versículo 25. Es esencial comprender la distinción entre estos tres grupos. "Vírgenes" (*parthenoi*) se refiere claramente a la persona sola que nunca se ha casado. **Viudas** (*chērais*) son las personas solas que una vez estuvieron casadas pero se vieron separadas de esa relación por la muerte del cónyuge. Eso nos deja con los **solteros.** ¿Quiénes eran estos?

El término **solteros** (*agamos*, "boda o matrimonio", con el prefijo *a*) se emplea solo cuatro veces en el Nuevo Testamento, y las cuatro veces en este capítulo. No necesitamos acudir a ninguna otra parte para entender este término clave. El versículo 32 lo usa en una forma que nos da una pista en cuanto a su significado específico; se refiere sencillamente a la persona que no está casada. El versículo 34 lo usa de una forma más definida: "la doncella y la casada". Partimos del supuesto que Pablo tiene en mente dos grupos diferentes: sean quienes sean los solteros, no son vírgenes. El versículo 8 habla de "a los solteros y a las viudas", de modo que podemos concluir diciendo que los **solteros** no son **viudas.** La idea más clara nos viene por el uso del término en los versículos 10 y 11: "Que la mujer no se separe [divorciarse] del marido; y si se separa, quédese sin casar...". El término **solteros** indica a aquellos que estuvieron previamente casados, pero no son viudas; personas que ahora viven solas, pero no son vírgenes. Por tanto, las mujeres solteras son mujeres divorciadas.

Pablo está hablando a personas que estaban divorciadas antes de acudir a Cristo. Querían saber si tenían el derecho de casarse. Su palabra a ellas es que **bueno les fuera** ahora que son libres del matrimonio **quedarse como yo.** Mediante esa declaración Pablo afirma que él estuvo anteriormente casado. Debido al parecer a que el matrimonio era un requerimiento para pertenecer al sanedrín, al cual Pablo pudo haber pertenecido por un tiempo, debido también a que él había estado tan intensamente dedicado a la tradición farisaica (Gá. 1:14), y a causa de que se refiere una vez a alguien que pudo haber sido la madre de su esposa (Ro. 16:13), inferimos que él estuvo una vez casado. Su declaración aquí dirigida a los anteriormente casados confirma esa idea: **quedarse como yo.** Es probable que él fuera viudo. No se identifica con los vírgenes, sino con los solteros y viudos, esto es, con los que una vez estuvieron casados.

La enseñanza aquí es que los que eran solteros cuando se convirtieron a Cristo sepan que es bueno para ellos quedarse en dicho estado. No hay necesidad de apresurarse al matrimonio. Muchos cristianos bien intencionados no se sienten contentos con ver personas solteras. El impulso para hacer de cupidos y casamenteros puede ser fuerte, pero los cristianos maduros deben resistirlo. El matrimonio no es necesario o superior a la soltería, y limita las posibilidades para servir a Cristo (vv. 32-34).

Uno de los relatos más bellos asociados con el nacimiento y la infancia de Jesús es el de Ana. Cuando María y José llevaron al niño Jesús al templo para presentarlo al Señor y para ofrecer un sacrificio, la profetisa Ana reconoció a Jesús como el Mesías. Como Simeón había hecho un poco antes, "esta, presentándose en la misma hora, daba gracias a Dios, y hablaba del niño a todos los que esperaban la redención en Jerusalén". Su esposo había vivido solo siete años después del matrimonio, y ella había permanecido viuda desde entonces. A la edad de 84 años ella estaba todavía sirviendo fielmente al Señor en el templo, "sirviendo de noche y de día con ayunos y oraciones" (2:21-38). Ella no veía su estado y condición como inferiores y que carecieran de significado. Tenía el don de la soltería y lo usó gozosamente en la obra del Señor.

Más adelante en el capítulo Pablo aconseja a los creyentes a permanecer como están. Quedarse soltero no era nada malo, y casarse o permanecer casado tampoco era malo. Pero "a causa de la necesidad que apremia" que los creyentes corintios experimentaban, parecía mucho mejor quedarse como estaban (7:25-28).

Sin embargo, si un creyente soltero **no [tiene] don de continencia,** esa persona debería procurar [casarse]. Si un cristiano está soltero y no tiene el don de soltería y se siente de forma fuerte la tentación sexual, él o ella debería buscar casarse. **Cásense** en el griego es el imperativo aoristo, lo que indica un fuerte mandamiento. Pablo dice: **Pues mejor es casarse que estarse quemando.** Este término significa "estar ardiendo" y lo entendemos mejor cuando se refiere a una pasión fuerte (cp. Ro. 1:27). Una persona no puede vivir felizmente, mucho menos servirle al Señor, si se siente continuamente ardiendo con deseos sexuales, aun si el deseo nunca termina en inmoralidad sexual. En una sociedad como la corintia, o la nuestra, en la que la inmoralidad era tan aceptada y frecuente, era muy difícil no sucumbir a la tentación.

Creo que una vez que la pareja cristiana decide contraer matrimonio debería hacerlo sin demorarse demasiado. En este tiempo de normas relajadas, de libre expresión y de constantes provocaciones, resulta muy difícil permanecer sexualmente puro. Los problemas prácticos de un matrimonio temprano no son en nada tan serios como el peligro de la inmoralidad.

Decidir acerca del matrimonio es obviamente más difícil para la persona que tiene fuertes deseos sexuales pero no tiene la posibilidad inmediata de un esposo o esposa. Nunca es la voluntad de Dios que los cristianos se casen con inconversos (2 Co. 6:14), pero tampoco es conveniente casarse con el primer creyente dispuesto a decir sí. Aunque puede ser que deseemos mucho casarnos, debemos ser cuidadosos. Los sentimientos fuertes de cualquier clase tienden a nublar el entendimiento y nos hacen vulnerables y descuidados.

Ante este dilema hay varias cosas que los cristianos debieran hacer: Primera, no deberían buscar sencillamente casarse, sino que deberían buscar una persona que puedan amar, confiar y respetar, haciendo que el matrimonio sea la respuesta a ese compromiso de amor. Las personas que solo desean casarse por amor de estar casadas corren el gran riesgo de hacerlo con la persona que no les conviene. Segunda, es bueno estar alerta por la "persona correcta", pero la mejor manera de *encontrar* la persona correcta es *ser* uno la persona correcta. Si los creyentes están bien con Dios y es su voluntad que ellos se casen, Él les enviará la persona apropiada, y nunca demasiado tarde.

Tercera, hasta que aparece la persona correcta, nuestra energía debería dirigirse en direcciones que nos ayudarán más a mantener nuestra mente lejos de la tentación. Dos de las mejores maneras es el servicio espiritual y la actividad física. Debemos procurar evitar escuchar, mirar o estar cerca de cosas que van a estimular la tentación. Debemos programar nuestra mente para enfocarla solo en lo que es bueno y nos ayuda. Debemos ser muy diligentes en seguir la instrucción de Pablo a los filipenses: "Por lo demás, hermanos, todo lo que es verdadero, todo lo honesto, todo lo justo, todo lo puro, todo lo amable, todo lo que es de buen nombre; si hay virtud alguna, si algo digno de alabanza, en esto pensad" (4:8).

Cuarta, conviene que nos demos cuenta de que, hasta que Dios nos da la persona correcta, Él nos proveerá de fortaleza para resistir la tentación. "Pero fiel es Dios, que no os dejará ser tentados más de lo que podéis resistir, sino que dará también juntamente con la tentación la salida, para que podáis soportar" (1 Co. 10:13).

Por último, deberíamos dar gracias al Señor por nuestra situación y estar contentos con ella. La salvación trae consigo el amanecer de un nuevo día, en el cual el matrimonio es una opción "en el Señor" (v. 39).

DIRECTRICES PARA LOS CRISTIANOS CASADOS CON CRISTIANOS

Pero a los que están unidos en matrimonio, mando, no yo, sino el Señor: Que la mujer no se separe del marido; y si se separa, quédese sin casar, o reconcíliese con su marido; y que el marido no abandone a su mujer. (7:10-11)

No se hace aquí ninguna distinción en el tipo de matrimonio involucrado. Como vimos en el último capítulo, al menos se practicaban cuatro formas de arreglo matrimonial en aquel día, que iban desde el *usus* de la ley común hasta el noble *confarreatio*. **Están unidos en matrimonio** abarca cada tipo. Es evidente que por el sentido de **mando** que aparece aquí los dos esposos en el matrimonio eran cristianos (lo cual Pablo nunca hizo con los inconversos) y por el hecho de que en los versículos 12-16 trata específicamente con matrimonios en los que un esposo es un cristiano.

No queda ninguna duda en cuanto a la fuente de la enseñanza que se da aquí: **no yo, sino el Señor.** Jesús había enseñado la verdad durante su ministerio terrenal. Citando Génesis 2:24, Jesús dijo: "Por esto el hombre dejará padre y madre, y se unirá a su mujer, y los dos serán una sola carne", y luego añadió, "por tanto, lo que Dios juntó, no lo separe el hombre" (Mt. 19:5-6). En respuesta a la pregunta de los discípulos, Jesús les explicó que Dios permitió que Moisés consintiera el divorcio solo a causa de "la dureza de vuestro corazón" (vv. 7-8) y que era solo permisible en el caso de adulterio (Mt. 5:31-32). "El Dios de Israel ha dicho que él aborrece el divorcio" declaró Malaquías (Mal. 2:16). El divorcio es contrario al plan de Dios para la humanidad, y cuando Él lo permite en casos de adulterio es solo una concesión de gracia a la parte inocente en un caso de infidelidad irreconciliable. Donde hay arrepentimiento, puede haber restauración.

No sabemos por qué algunos de los corintios querían divorciarse de su cónyuge. A la luz de los versículos 1-7 es probable que algunos de los miembros de la iglesia pensaran que podían vivir una vida más santa y dedicada como célibes y querían divorciarse por esa razón. Algunos probablemente querían dejar a su cónyuge por alguien más deseable, o sencillamente porque no se sentían realizados con la compañía que tenían. Sin embargo, cualesquiera fueran las razones no debían divorciarse. **Que la mujer no se separe del marido** y **que el marido no abandone a su mujer.** Los términos **separe** (*chōrizō*) y **abandone** (*aphiēmi*) en este contexto de las relaciones de hombre-mujer equivalen a divorcio, y tales acciones son prohibidas.

Pablo no estaba discutiendo el divorcio basado en el adulterio, para lo cual Jesús ya había dado respuesta (Mt. 5:32; 19:8-9). Estaba hablando acerca del divorcio por otras causas, incluidas las supuestamente espirituales.

Algunos de los creyentes en Corinto ya se habían divorciado o estaban en el proceso de hacerlo. A esas personas el apóstol les dice: **y si se separa, quédese sin casar, o reconcíliese con su marido.** Si un cristiano se divorcia de otro cristiano, excepto por adulterio, ninguna parte es libre para volver a casarse. Deben permanecer solteros o volver a unirse con su anterior cónyuge. A los ojos de Dios aquella unión nunca ha sido deshecha. Estas no son sugerencias de consejeros, sino mandamientos del Señor.

DIRECTRICES PARA LOS CRISTIANOS CASADOS CON INCONVERSOS QUE QUIEREN SEGUIR CASADOS

Y a los demás yo digo, no el Señor: Si algún hermano tiene mujer que no sea creyente, y ella consiente en vivir con él, no la abandone. Y si una mujer tiene marido que no sea creyente, y él consiente en vivir con ella, no lo abandone. Porque el marido incrédulo es santificado en la mujer, y la mujer incrédula en el marido; pues de otra manera vuestros hijos serían inmundos, mientras que ahora son santos. (7:12-14)

¿Qué podían hacer los cristianos que ya estaban casados con inconversos, aun posiblemente con paganos inmorales e idólatras? ¿Eran libres para divorciarse de la persona con la que estaban unidos en yugo desigual y eran luego libres para permanecer solteros o para casarse con un creyente? Estas eran preguntas sinceras. A la luz de la enseñanza de Pablo de que sus cuerpos eran miembros de Cristo y templos del Espíritu Santo (6:15-20), los cristianos corintios estaban preocupados con razón acerca de sí debían o no seguir unidos en relación marital con un inconverso. Puede que algunos pensaran que semejantes uniones eran como juntar a Cristo y Satanás, y que profanaban al creyente, a los hijos y deshonraban al Señor. El deseo de tener un esposo-esposa cristiano podía ser muy fuerte.

Jesús no había enseñado directamente acerca de ese problema, y por eso Pablo dice: **Y a los demás yo digo, no el Señor.** Eso no es una negación de la inspiración o una indicación de que Pablo está solo dando su propia opinión humana. Solo está diciendo que el Señor no había dado ninguna revelación previa acerca del asunto, pero Pablo la estaba dando ahora. **Si algún hermano tiene mujer que no sea creyente, y ella consiente en vivir con él, no la abandone.**

Los cristianos casados con inconversos no tenían que preocuparse de que ellos, su matrimonio o sus hijos pudieran quedar impuros por el cónyuge inconverso. Por el contrario, lo opuesto era lo cierto. Tanto los hijos como el esposo inconverso quedarían **santificados** por medio del **marido** o **mujer** creyente.

Estar unido en yugo desigual, ser una carne con un inconverso, puede ser frustrante, desalentador e incluso costoso. Pero no tiene por qué hacerlos impuros, puesto que un creyente puede santificar un hogar. En este sentido santificar no se refiere a salvación; de otro modo el cónyuge no estaría hablando de **inconverso.** Se refiere a que es separado, que es el significado básico de **santificar** y de **santo,** términos que vienen de la misma raíz griega. La santificación es matrimonial y familiar, no personal o espiritual. A los ojos de Dios un hogar es separado para Él cuando el marido, la mujer o, por implicación, cualquier otro miembro de la familia, es un cristiano. Ese hogar no es cristiano en el sentido pleno, pero es inmensamente superior al que es totalmente incrédulo. Aun si el cristiano es ridiculizado y perseguido, los inconversos en la familia son bendecidos a causa de aquel creyente. Un cristiano en un hogar bendice todo el hogar. La presencia de Dios en aquel creyente y todas las bendiciones y gracias que fluyen desde el cielo en la vida del creyente se desbordarán y enriquecerán a todos los que estén cerca.

Además, aunque la fe del creyente no puede extenderse para la salvación de otros, sino solo para él, él o ella es a menudo el medio por el cual otros miembros de la familia llegan a conocer al Señor mediante el poder de su testimonio.

Una mujer joven se me acercó después del culto de un domingo por la mañana y me dijo que cuando ella era una niña su abuela era la única cristiana en la familia. La abuelita acostumbraba a hablar del amor de Cristo y daba testimonio a la familia mediante lo que decía y lo que hacía. Finalmente tres de los cuatro nietos llegaron a conocer al Señor, y reconocían que su abuelita había sido la más grande influencia en su decisión por Cristo.

Cuando Dios estaba a punto de destruir Sodoma, Abraham le rogó que perdonara a la ciudad si se encontraban cincuenta justos dentro de ella. "Entonces respondió Jehová: Si hallare en Sodoma cincuenta justos dentro de la ciudad, perdonaré a todo este lugar por amor de ellos" (Gn. 18:26). Cuando no pudieron encontrar los cincuenta, el patriarca redujo el número a cuarenta y cinco, luego a cuarenta, a treinta, a veinte y, por último, a diez. En cada ocasión el Señor estuvo de acuerdo en perdonar la ciudad, pero ni siquiera pudieron encontrar diez justos. Lo importante es que Dios estaba dispuesto a bendecir a tantos impíos por amor de unos pocos de sus hijos fieles que estuvieran en su medio.

Además, Dios mira a la familia como una unidad. Aun si está dividida espiritualmente y la mayoría de sus miembros son inconversos e inmorales, toda la familia queda bendecida por el creyente que vive entre ellos. Por lo tanto, si un cónyuge inconverso está dispuesto a quedarse, el creyente no debe procurar el divorcio.

El cristiano no debe tener temor de que los **hijos** vayan a ser **inmundos,** contaminados por el padre o la madre inconverso. Dios promete que lo opuesto es lo cierto. **De otra manera vuestros hijos serían inmundos** si ambos padres fueran inconversos. Pero el Señor garantiza que la presencia de un padre cristiano protegerá a los hijos. No quiere decir que su salvación esté asegurada, pero que quedan protegidos de algún daño espiritual indebido y que recibirán bendición espiritual. Debido a que participan en los beneficios espirituales del padre o madre creyente, **son santos.** A menudo el testimonio de uno de los padres creyente en esta situación es especialmente eficaz, porque los hijos suelen ver un claro contraste con la vida del padre inconverso, y eso los lleva a la fe salvadora.

DIRECTRICES PARA LOS CRISTIANOS CASADOS CON INCONVERSOS 7:10-11QUE QUIEREN SEPARARSE

Pero si el incrédulo se separa, sepárese; pues no está el hermano o la hermana sujeto a servidumbre en semejante caso, sino que a paz nos llamó Dios. Porque ¿qué sabes tú, oh mujer, si quizá harás salvo a tu marido? ¿O qué sabes tú, oh marido, si quizá harás salva a tu mujer? (7:15-16)

Tertuliano (160-230 d.C.), el teólogo de Cartago, escribió acerca de maridos paganos enojados porque sus esposas cristianas querían besar los huesos de los mártires, abrazar a los cristianos y visitar las casitas de los pobres. Sucedía a menudo que cuando un esposo inconverso quería abandonar el matrimonio el creyente no tenía ningún control de los ingresos. Pero Pablo dice que los cristianos no deberían ni siquiera insistir en que el esposo se quedara si él o ella estaban dispuestos a marcharse. **Pero si el incrédulo se separa, sepárese**. Si el incrédulo inicia el procedimiento del divorcio, el cónyuge cristiano no debe impedirlo. Recordemos que la palabra **separa** (*chōrizō*) se refiere al divorcio.

Pues no está el hermano o la hermana sujeto a servidumbre en semejante caso. A los ojos de Dios el lazo de unión entre un marido y una mujer se deshace solo con la muerte (Ro. 7:2), el adulterio (Mt. 19:9) y cuando un inconverso abandona a su cónyuge. Cuando el lazo, o **servidumbre**, se rompe en alguna de esas formas, un cristiano queda libre para volverse a casar. A lo largo de las Escrituras, siempre que tiene lugar un divorcio legítimo, se dan por supuestas las nuevas nupcias. Cuando el divorcio se permite, se permite volverse a casar. Queda claramente prohibido en el caso en el versículo 11, pero no se prohíbe aquí y en otros textos que tratan con el divorcio por causa de adulterio. Por implicación, el permiso que se da al viudo o viuda para volverse a casar (Ro. 7:3; a causa de que la persona ya es libre del lazo que la unía al fallecido) se puede extender al caso presente, porque el creyente no está unido, **sujeto a servidumbre**.

Dios permite el divorcio en casos tales como el abandono porque **a paz nos llamó Dios**. Si el marido o mujer inconverso no puede tolerar la fe del cónyuge y desea quedar libre de aquella unión, es mejor que se disuelva el matrimonio con el fin de preservar la paz del hijo de Dios. Peleas, conflictos, confusión, críticas y frustración trastornan la armonía y la paz que Dios quiere que tengan sus hijos. Recordemos que esto es una concesión.

"Si es posible", les decía Pablo a los romanos, "en cuanto dependa de vosotros, estad en paz con todos los hombres" (12:18). Pero cuando un inconverso quiere abandonar el matrimonio, la paz ya no depende del cristiano. Muchos cristianos han tratado de mantener un matrimonio unido aun cuando el cónyuge era inconverso y quería el divorcio. Pero ese camino es en contra de la voluntad de Dios. **Si el incrédulo se separa, sepárese**, eso no es un permiso, sino un mandamiento.

Una **mujer** no tiene seguridad de que **salvará** a su **marido** y un **marido** no tiene seguridad de que **salvará** a su **mujer**. A pesar de los motivos y esperanzas, la probabilidad de llevar a su cónyuge a Cristo es mínima. Si el cónyuge permanece en el matrimonio de mala gana o a regañadientes, la probabilidad es menor y la destrucción de la **paz** familiar está asegurada. Por eso el Señor no da opción.

El evangelismo no es razón suficiente para mantener un matrimonio, especialmente si el cónyuge inconverso quiere separarse. El creyente debe dejar que sea Dios el que siga obrando en el corazón del esposo con el mensaje de salvación y que use los instrumentos convenientes para seguir con el llamamiento de fe.

Los cristianos y la revolución social (7:17–24)

18

Pero cada uno como el Señor le repartió, y como Dios llamó a cada uno, así haga; esto ordeno en todas las iglesias. ¿Fue llamado alguno siendo circunciso? Quédese circunciso. ¿Fue llamado alguno siendo incircunciso? No se circuncide. La circuncisión nada es, y la incircuncisión nada es, sino el guardar los mandamientos de Dios. Cada uno en el estado en que fue llamado, en él se quede. ¿Fuiste llamado siendo esclavo? No te dé cuidado; pero también, si puedes hacerte libre, procúralo más. Porque el que en el Señor fue llamado siendo esclavo, liberto es del Señor; asimismo el que fue llamado siendo libre, esclavo es de Cristo. Por precio fuisteis comprados; no os hagáis esclavos de los hombres. Cada uno, hermanos, en el estado en que fue llamado, así permanezca para con Dios. (7:17-24)

Mucho se ha dicho y escrito acerca del papel y de la responsabilidad social de la iglesia. Periódicamente a lo largo de la historia de la iglesia, y de forma muy fuerte en nuestro propio tiempo, las personas han declarado que el cristianismo debiera ser un agente de reforma social externa, aun de revolución si fuera necesario.

La mayoría de cristianos sensibles se han preguntado cómo y hasta qué punto deberían ellos involucrarse, si es que en algo, en promover el cambio social, económico y político. Todas las instituciones humanas y formas de gobierno son imperfectas; algunas son obviamente corruptas, crueles e injustas. Pero, ¿qué van a hacer los cristianos, individual o colectivamente, acerca de los males y abusos en los sistemas civiles y en las prácticas sociales?

Primera Corintios 7:17-24 no es un tratado completo acerca del tema, pero enseña claramente el principio básico que los cristianos debemos tener en cuenta y aplicar en las condiciones civiles y sociales en las que vivimos. El principio es este: Los cristianos deben aceptar de buen grado la situación en la que Dios los ha puesto y estar contentos con servirlo a Él allí. Es un principio contra el que se rebela la naturaleza humana, y Pablo lo declara tres veces en estos ocho versículos, con el fin de que los lectores no lo pasen por alto. No deberíamos estar preocupados por cambiar nuestras circunstancias externas.

SE ESTABLECE EL PRINCIPIO

Pero cada uno como el Señor le repartió, y como Dios llamó a cada uno, así haga; esto ordeno en todas las iglesias. ¿Fue llamado alguno siendo circunciso? Quédese circunciso. ¿Fue llamado alguno siendo incircunciso? No se circuncide. La circuncisión nada es, y la incircuncisión nada es, sino el guardar los mandamientos de Dios. (7:17-19)

Se espera que los cristianos ministremos individual y colectivamente en muchas maneras, incluyendo las formas prácticas y materiales de alimentar a los hambrientos, curar a los enfermos y heridos, y otros servicios semejantes. El cristianismo ha sido con mucho el líder en la construcción de hospitales y orfelinatos, en visitar a los encarcelados, en ayudar a los pobres y en ministrar en otras innumerables formas que se consideran servicios sociales. Pero esos son ministerios que los cristianos hacen como cristianos, no servicios que ellos persuaden a la sociedad para que se realicen.

Cristo expresó claramente que Él no había venido para instigar una revolución social externa, como muchos judíos pensaron que el Mesías llevaría a cabo. Jesús dijo a Pilato: "Mi reino no es de este mundo; si mi reino fuera de este mundo, mis servidores pelearían para que yo no fuera entregado a los judíos; pero mi reino no es de aquí" (Jn. 18:36). La misión de Cristo era la de "buscar y salvar a los que se habían perdido" (Lc. 19:10), y esa es la misión de la iglesia. Cuando el cristianismo se identifica íntimamente con un movimiento social, el mensaje del evangelio corre el peligro de perderse.

Sin embargo, cuando se sigue fielmente el cristianismo bíblico no podemos escapar a los efectos radicales que tiene sobre las personas e instituciones a su alrededor. Pero el propósito primario del evangelio es cambiar personas, no cambiar a la sociedad. Se enfoca sobre el cambio interno, no sobre el externo. Deberíamos estar satisfechos donde Dios nos ha puesto, aceptar **como el Señor le repartió** a cada uno, y ser fieles en la condición en la que **Dios llamó a cada uno.**

Es obvio que el apóstol no está diciendo a los creyentes que se queden en ocupaciones, profesiones o hábitos que son inherentemente inmorales o ilegales. El ladrón no debía seguir robando, la sacerdotisa prostituta no debía continuar en la prostitución o el borracho no debía seguir embriagándose. Tenían que olvidarse de todo lo que fuera pecaminoso. El asunto tiene que ver con que los cristianos estuvieran contentos con las condiciones y situaciones sociales en las que habían conocido la salvación.

En la iglesia corintia prevalecían varias áreas de descontento. Algunos creyentes querían cambiar su estado matrimonial: de solteros a casados, de casados a solteros, o de un cónyuge inconverso a uno creyente. Algunos eran esclavos y querían ser libres. Habían malentendidos, y a menudo abuso, de la verdad de la libertad cristiana, tomándola como si significara hacer lo que les pareciera bien, en vez de libertad para hacer lo que al Señor lo agradaba.

La unidad de la iglesia en Corinto estaba seriamente fracturada. No solo estaban los numerosos grupos y facciones, sino que algunos grupos estaban animando a los que tenían el don de celibato para que se casaran, mientras que otros grupos animaban a los que estaban casados para que se hicieran célibes. Los esclavos estaban irritados bajo su servidumbre y estaban tratando de encontrar justificación espiritual para demandar la libertad. Aunque el evangelio es la antítesis de las normas y valores del mundo, no menosprecia o busca destruir a los gobiernos, sociedades o familias. Más bien donde el evangelio es creído y obedecido, algunos de los resultados más obvios son mejores gobiernos, sociedades y familias.

Pero los cristianos podemos ser cristianos en una dictadura, en una democracia y aun bajo la anarquía. Podemos ser cristianos ya sea que seamos hombre, mujer, niño, casado, soltero, divorciado, judío, gentil, esclavo o libre. Podemos ser cristianos en Rusia o en los Estados Unidos, en Cuba o en China, en Francia o en Japón. No importa lo que seamos o donde estemos, podemos ser cristianos.

Dios no justifica gobiernos corruptos o sociedades inmorales, y serán juzgados en su tiempo y a su manera. Pero el propósito del evangelio de su Hijo Cristo Jesús no es revolucionar instituciones sociales, sino revolucionar corazones. El evangelio está dirigido al corazón humano, no a la sociedad humana. Debido a que los cristianos fieles somos mejores esposos o esposas, mejores amigos, mejores, esclavos o amos, mejores hijos o hijas, y mejores ciudadanos, no podemos evitar contribuir a que la sociedad sea mejor. Pero usar medios naturales para tratar de que la sociedad sea mejor no es nuestro ministerio.

El evangelio puede ser sembrado y echar raíces allí donde hay una persona que escucha y lo acepta, incluso en países o en familias que son paganos, ateos o humanistas, y declaradamente anticristianos. Como dice el dicho, debemos florecer donde somos plantados. Como el **Señor le repartió** y donde Dios **llamó a cada uno, así haga.**

Este principio es universal. No fue dado solo a los corintios tan divididos, polémicos e inmaduros, sino a **todas las iglesias**. El propósito primario de Dios para su iglesia en cada nación es la evangelización, cambiar el mundo por medio de la regeneración espiritual, no las revoluciones sociales.

La primera ilustración que nos da Pablo es la de que el principio general tiene que ver con la identidad de judío o gentil. **¿Fue llamado alguno siendo**

circunciso? Quédese circunciso. En las epístolas, ser **llamado** por Dios (cp. v. 17) siempre se refiere al llamamiento eficaz de la salvación. Cuando un judío es salvo, no debe tratar de hacerse como un gentil.

Esto tenía una aplicación específica. La circuncisión era un bochorno en el mundo romano. Según se dice en los libros de Macabeos, algunos hombres judíos "se habían hecho a sí mismos incircuncisos". Josefo nos cuenta que durante el dominio griego del Mediterráneo oriental, varios siglos antes de Cristo, algunos hombres judíos que buscaban ser aceptados en el seno de la sociedad griega se sometieron a una intervención quirúrgica para aparentar que eran incircuncisos cuando se bañaban o hacían ejercicios en el gimnasio. Literalmente se convirtieron en incircuncisos. En el siglo I d.C., el escritor romano Celso escribió, en su tratado *De re medica VII. 25,* una descripción detallada para el procedimiento quirúrgico para corregir la circuncisión.

La práctica era tan común que se escribió considerable literatura rabínica para enfrentar el problema (e.g., Aboth 3:11; Jerushalmi Peah 1 y 16b; Lamentations Rabbah 1:20). Los judíos que se habían hecho esa operación se hablaba de ellos como los epispásticos, un nombre derivado del término eufemístico *epispaomai,* que significa "cubrir" o "tapar". Ese es el mismo término que Pablo usa aquí para **incircunciso.** Quizás algunos judíos cristianos pensaron que esta era una manera de demostrar que habían roto con el judaísmo.

El significado que el apóstol le da aquí puede ser también figurativo. **Circunciso** e **incircunciso** se usaban comúnmente para representar respectivamente a los judíos y los gentiles. Por extensión, los términos pueden haber estado relacionados con las mujeres, para quienes la circuncisión literal no se usaba. La idea también podía ser que, cuando se hacían cristianos, los judíos no tenían que abandonar su condición de judíos y aparecer como gentiles. Muchas creencias religiosas había que cambiarlas, pero no la identidad racial y cultural como judíos.

El mismo principio se aplica a los gentiles. **¿Fue llamado alguno siendo incircunciso? No se circuncide.** Los gentiles que se convertían a Cristo no tenían por qué hacerse como judíos.

El problema relacionado con la circuncisión no era tan serio en Corinto como lo era en Galacia, donde los judaizantes enseñaban que la circuncisión era necesaria para la salvación (Gá. 5:2-3). En Corinto la práctica puede haber sido vista como una señal de dedicación especial y como un medio de bendición especial. Pero la circuncisión no es necesaria ni para la salvación, ni para la bendición. No tiene ningún significado ni valor espiritual para los cristianos. **La circuncisión nada es, y la incircuncisión nada es.**

Para los judíos que querían aparecer como gentiles o para los gentiles dispuestos a aceptar cosas singularmente judías era algo espiritual y prácticamente erróneo. Era espiritualmente equivocado porque le añadía una forma exterior al evangelio que el Señor no requería y que no tenía ningún mérito ni significado espiritual. Era prácticamente erróneo porque separaba sin necesidad a los creyentes de sus familiares y amigos y hacía que el testimonio a ellos resultara mucho más difícil.

Sino el guardar los mandamientos de Dios. La obediencia es la única señal de fidelidad que el Señor reconoce. La obediencia es a veces costosa, pero es siempre posible. Podemos ser obedientes en todo lugar y en cualquier circunstancia. El asunto es interno.

SE REPITE EL PRINCIPIO

Cada uno en el estado en que fue llamado, en él se quede. ¿Fuiste llamado siendo esclavo? No te dé cuidado; pero también, si puedes hacerte libre, procúralo más. Porque el que en el Señor fue llamado siendo esclavo, liberto es del Señor; asimismo el que fue llamado siendo libre, esclavo es de Cristo. Por precio fuisteis comprados; no os hagáis esclavos de los hombres. Cada uno, hermanos, en el estado en que fue llamado, así permanezca para con Dios. (7:20-24)

Pablo declara por segunda vez el principio de vivir con contentamiento en el estado y condición en el que estaban cuando fueron salvos, ya sea racial o social. El centro de interés del cristiano debiera ser en las cosas sobrenaturales y divinas.

El apóstol nos da ahora otra ilustración, esta vez relacionada con los esclavos. La intención de Pablo no es aprobar la esclavitud o sugerir que esa es una condición tan buena para vivir como es la libertad. Su propósito es que, si una persona es un esclavo todavía es capaz de vivir la vida cristiana. Es todavía tan capaz de obedecer y servir a Cristo en la esclavitud como en la libertad. Ninguna circunstancia, no importa cuán terrible, dolorosa o injusta, nos puede privar de ser un cristiano en todo su sentido.

Un esclavo puede, en efecto, servir a Cristo por medio de su esclavitud, Pablo escribió a los efesios:

> *Siervos, obedeced a vuestros amos terrenales con temor y temblor, con sencillez de vuestro corazón, como a Cristo; no sirviendo al ojo, como los que quieren agradar a los hombres, sino como siervos de Cristo, de corazón haciendo la voluntad de Dios; sirviendo de buena voluntad, como al Señor y no a los hombres, sabiendo que el bien que cada uno hiciere, ése recibirá del Señor, sea siervo o sea libre. (Ef. 6:5-8)*

Pablo enseñó de forma consecuente ese principio. Los esclavos tenían que servir a sus amos con honradez y sinceridad, "como para el Señor y no para los hombres" (Col. 3:23). Los esclavos disponían de una oportunidad única para dar testimonio del Señor. Podían demostrar a sus amos humanos que trabajaban con diligencia y honradez no porque eran forzados a hacerlo, sino porque querían hacerlo, por amor y obediencia a su verdadero Señor y Maestro. Podían demostrar un verdadero contentamiento y paz en medio de la esclavitud, demostrando de esa forma la provisión interna de la salvación.

El libro de Filemón se centra alrededor de Onésimo, el esclavo fugitivo, al que Pablo había llevado a Cristo mientras estaba encarcelado (v. 10). Sucedía que Filemón, el amo de Onésimo, era un cristiano. Era el "amado... colaborador nuestro" como lo describe Pablo y la iglesia de Colosas se reunía en su casa (vv. 1-2). El apóstol hace una apelación fuerte y espiritual a Filemón para que perdone a Onésimo y lo acepte de vuelta, no ya como un esclavo sino como un hermano cristiano (v. 16). No obstante, con todo lo embarazoso que ha sido para ciertos activistas cristianos, Pablo no condena la esclavitud ni cuestiona los derechos legales de Filemón sobre su esclavo. No reclamó igualdad social para Onésimo. De hecho, usó aun la esclavitud como una analogía para la relación del creyente con Dios.

En el Imperio Romano del tiempo de Pablo, quizás el cincuenta por ciento de la población eran esclavos. Pero a diferencia de la mayoría de los esclavos a lo largo de la historia, los esclavos de aquel tiempo eran más educados, más dotados y más instruidos que el promedio de las personas libres. Un alto porcentaje de los médicos, maestros, contadores y otros profesionales eran esclavos. Muchos de ellos vivían con relativa comodidad y eran tratados con respeto. Otros, por supuesto, vivían en constante pobreza y humillación bajo amos crueles y despiadados.

Pablo no hace distinción. Todo esclavo, en cualquier circunstancia, tenía que estar dispuesto a permanecer como estaba. Solo el pecado nos puede privar de servir al Señor, nunca las circunstancias. Por tanto, si nos encontramos en una situación difícil, incómoda y restringida, **no te dé cuidado**, pero sí debemos estar determinados a ser fieles mientras que el Señor quiere que estemos allí.

Luego de haber afirmado ese principio, Pablo deja bien en claro que él no considera que la esclavitud sea el estado más deseable. **Pero también, si puedes hacerte libre, procúralo más.** La libertad es infinitamente mejor que la esclavitud, y un cristiano no es más espiritual por estar en la esclavitud. Si tiene la oportunidad de obtener su libertad, como lo lograron muchos esclavos en tiempos del Nuevo Testamento, al creyente le conviene beneficiarse de ello. Pablo se mostró contento de estar encarcelado y de servir al Señor mientras se encontraba en la cárcel. Él llevó adelante mucho de su ministerio desde una celda; pero cuando lo pusieron en libertad dejó la celda. Si un esclavo cristiano tenía la oportunidad de hacerse libre, **procúralo más**.

Aunque el evangelio no aprueba la eliminación de la esclavitud mediante la revolución social, el evangelio a lo largo de la historia ha dado la libertad a más esclavos que ninguna filosofía, movimiento o sistema político. En el pasado, algunos cristianos, lamentablemente, han apoyado y tratado de justificar la esclavitud. Pero la Biblia no lo hace; y allí donde los cristianos son fieles a las Escrituras, la esclavitud no puede florecer.

Aunque un cristiano sea un esclavo, **liberto es del Señor.** Ningún cautiverio es más terrible y esclavizante que aquel del cual nos ha redimido Cristo. En Él somos libres del pecado, de Satanás, del juicio y de la condenación, del infierno y de la maldición de la ley. Los cristianos hemos sido ya liberados de la esclavitud que verdaderamente importa. En Cristo tenemos la libertad más grande, completa y gloriosa que podamos imaginar. Una persona que **liberto es del Señor** y que va a permanecer así por toda la eternidad, no debiera estar excesivamente preocupada por permanecer en esclavitud humana por unos pocos años.

Pero por si acaso se regodeaban los cristianos que se encontraban físicamente libres, al pensar que ellos estaban más favorecidos por Dios que los esclavos o que su libertad significaba que tenían licencia para hacer lo que quisieran, Pablo les recuerda **asimismo el que fue llamado siendo libre, esclavo es de Cristo.** Nuestra libertad en Cristo no es para *pecar*, sino *del* pecado, no libertad para hacer nuestra propia voluntad, sino para hacer su voluntad. En Cristo somos "libertados del pecado y hechos siervos de Dios" (Ro. 6:22).

Cuando nos enfocamos en nuestra libertad espiritual y en nuestra esclavitud en Dios, nuestra libertad o esclavitud entre los hombres ya no es tan importante, y podemos contemplarlo en la perspectiva correcta y vivir con la actitud correcta. Ya no importa si estamos físicamente sujetos o libres, solo que estamos a la vez espiritualmente sujetos y libres, en la maravillosa paradoja del evangelio.

Debido a que **por precio fuisteis comprados**, nuestra gran preocupación, ya sea que estemos libres o esclavos, debiera ser: **no os hagáis esclavos de los hombres.** Pablo no se está refiriendo aquí a la esclavitud física, sino a la espiritual. Está hablando de hacerse esclavos de las formas de ser y actuar de los hombres, del mundo, de la carne. Esa era la esclavitud en la que habían caído muchos de los creyentes corintios, la esclavitud que había causado sus divisiones y conflictos y su inmadurez e inmoralidad.

Hemos sido comprados con el **precio** inestimable de la "sangre preciosa de Cristo, como de un cordero sin mancha y sin contaminación" (1 P. 1:19). Hemos sido comprados por Dios y pertenecemos a Dios. Debemos procurar no ser **esclavos de los hombres** en lo moral y espiritual, viviendo según sus normas y buscando agradarlos a ellos.

Pablo declara el principio por tercera vez: **Cada uno, hermanos, en el estado en que fue llamado, así permanezca para con Dios.** A causa de que hemos sido salvos (**llamado**), debemos [**permanecer**] en cualquier **estado** en el que nos encontremos ahora. Dios permite que estemos donde estamos y permanecer donde estamos con un propósito. La conversión no es la señal para que una persona deje su condición social, su matrimonio o soltería, su amo humano o sus otras circunstancias. Debemos alejarnos del pecado y de todo lo que estimule el pecado; pero debemos permanecer donde estamos hasta que Dios nos saque de allí.

Razones para permanecer soltero (7:25–40)

En cuanto a las vírgenes no tengo mandamiento del Señor; mas doy mi parecer, como quien ha alcanzado misericordia del Señor para ser fiel. Tengo, pues, esto por bueno a causa de la necesidad que apremia; que hará bien el hombre en quedarse como está. ¿Estás ligado a mujer? No procures soltarte. ¿Estás libre de mujer? No procures casarte. Mas también si te casas, no pecas; y si la doncella se casa, no peca; pero los tales tendrán aflicción de la carne, y yo os la quisiera evitar. Pero esto digo, hermanos: que el tiempo es corto; resta, pues, que los que tienen esposa sean como si no la tuviesen; y los que lloran, como si no llorasen; y los que se alegran, como si no se alegrasen; y los que compran, como si no poseyesen; y los que disfrutan de este mundo, como si no lo disfrutasen; porque la apariencia de este mundo se pasa. Quisiera, pues, que estuvieseis sin congoja. El soltero tiene cuidado de las cosas del Señor, de cómo agradar al Señor; pero el casado tiene cuidado de las cosas del mundo, de cómo agradar a su mujer. Hay asimismo diferencia entre la casada y la doncella. La doncella tiene cuidado de las cosas del Señor, para ser santa así en cuerpo como en espíritu; pero la casada tiene cuidado de las cosas del mundo, de cómo agradar a su marido. Esto lo digo para vuestro provecho; no para tenderos lazo, sino para lo honesto y decente, y para que sin impedimento os acerquéis al Señor.

Pero si alguno piensa que es impropio para su hija virgen que pase ya de edad, y es necesario que así sea, haga lo que quiera, no peca; que se case. Pero el que está firme en su corazón, sin tener necesidad, sino que es dueño de su propia voluntad, y ha resuelto en su corazón guardar a su hija virgen, bien hace. De manera que el que la da en casamiento hace bien, y el que no la da en casamiento hace mejor.

La mujer casada está ligada por la ley mientras su marido vive; pero si su marido muriere, libre es para casarse con quien quiera, con tal que sea en el Señor. Pero a mi juicio, más dichosa será si se quedare así; y pienso que también yo tengo el Espíritu de Dios. (7:25-40)

En su enseñanza acerca del matrimonio y la soltería, Pablo ha dejado bien en claro que ninguno de estos estados es mejor que el otro. La idea católico romana de que los sacerdotes y monjas célibes son necesariamente más devotos a Dios es contraria a esta enseñanza. El estar casado o ser soltero no tiene nada que ver con la espiritualidad. Una persona casada para quien la voluntad de Dios es que esté casada no es más o menos espiritual que una soltera para quien la voluntad de Dios es que sea soltera. La espiritualidad se basa en la obediencia a Dios. De la misma manera que en lo concerniente a la circuncisión, lo que importa es "guardar los mandamientos de Dios" (7:19).

Muchos libros, artículos de revista, conferencias y programas de la actualidad se enfocan en las normas bíblicas para el matrimonio y la familia. Muchos de ellos son excelentes y útiles. Sin embargo, se presta mucha menos atención a lo que dice la Biblia acerca de la soltería. Mucha de la literatura y programas para solteros está dirigido a ayudarlos a "sobrellevar" su estado, y parece reflejar una suposición subyacente de que ser soltero no es del todo normal y que ciertamente no es conveniente.

Admitamos que muchos que viven solteros tienen dificultades porque el pecado es la causa de su soltería y ahora tienen que yacer en la cama vacía que se han preparado ellos mismos. Pero para la persona a la que Dios le ha dado el don de continencia (7:7) ese estado tiene muchas ventajas prácticas. Al seguir respondiendo a las preguntas sobre las que los corintios le habían escrito (7:1), Pablo da seis razones para permanecer soltero: (1) Las presiones del sistema (vv. 25-27); (2) los problemas de la carne (v. 28); (3) lo pasajero que es el mundo (vv. 29-31); (4) las preocupaciones del matrimonio (32-35); (5) las promesas de los padres (vv. 36-38); y (6) la permanencia del matrimonio (vv. 39-40).

LA PRESIÓN DEL SISTEMA

En cuanto a las vírgenes no tengo mandamiento del Señor; mas doy mi parecer, como quien ha alcanzado misericordia del Señor para ser fiel. Tengo, pues, esto por bueno a causa de la necesidad que apremia; que hará bien el hombre en quedarse como está. ¿Estás ligado a mujer? No procures soltarte. ¿Estás libre de mujer? No procures casarte. (7:25-27)

El principio que encontramos aquí es **hará bien... en quedarse como está**, se dirige a los que son **vírgenes** y eso incluye a las mujeres y a los hombres (**el hombre**).

Pablo señala de nuevo (cp. v. 12) que Jesús no había dado enseñanza directa acerca de la bondad de la soltería (**no tengo mandamiento del Señor**), aunque Él alude a ello en Mt. 19:12. No obstante, la enseñanza del apóstol no es menos divina y autorizada. **Mi parecer** (*gnōmē*) puede conllevar las ideas de "juicio, consideración y convicción". Como un apóstol que **ha alcanzado misericordia**

del Señor para ser fiel, la convicción de Pablo era que es mejor para los solteros cristianos permanecer solteros, si tienen ese don de Dios.

Aunque esta perspectiva es autorizada, no se da como algo absoluto o un mandamiento. Es una directriz autorizada, un consejo completamente confiable y se declara dos veces en el versículo 26 que es **bueno** y **hará bien.** Pablo y el Señor están diciendo que la soltería tiene su razón de ser.

La primera razón que Pablo da para permanecer soltero es la presión del sistema, la situación mundial de aquel tiempo, a la que él llama **la necesidad que apremia**. *Ananké* (**apremia**) significa "estrés, tensión, crisis", o veces "los medios de calamidad" (tales como la tortura o la violencia). Algunos sugieren que se está refiriendo al conflicto violento entre la nueva creación en Cristo y el viejo cosmos, el sistema mundial. Cuando una persona se hace cristiana inmediatamente se mete en cierto grado de conflicto con el sistema impío que lo rodea.

La mención, sin embargo, de la necesidad **que apremia** puede también indicar que Pablo tenía en mente un tipo de conflicto más específico y severo. Numerosos cristianos habían sido arrestados, azotados, encarcelados e incluso asesinados por causa del evangelio. Jesús les había advertido a los discípulos que los "[expulsarían] de las sinagogas" y que "viene la hora cuando cualquiera que os mate, pensará que rinde servicio a Dios" (Jn. 16:2).

Parece que Pablo está ya presintiendo la llegada de la terrible persecución romana, la primera de las cuales comenzó bajo Nerón unos diez años después de que el apóstol escribiera 1 Corintios. Aquel emperador refinó la tortura convirtiéndola en un arte diabólico, y su nombre quedó como sinónimo de crueldad sádica. Mandó envolver a los cristianos en pieles de animales y arrojarlos a los perros salvajes para que los despedazaran y devoraran. Otros creyentes fueron vestidos con ropas impregnadas de cera, atados a los árboles y prendidos en fuego, para que se convirtieran en antorchas humanas en su jardín.

Corinto misma proporcionaría uno de los primeros mártires cristianos. Según el libro *Book of Martyrs* [Libro de los mártires], de Foxe, Erasto, el tesorero de la ciudad (Ro. 16:23) y probablemente un convertido de Pablo, murió martirizado.

La persecución es ya de por sí bastante difícil para un soltero, pero los problemas y el dolor se multiplican para el que está casado. Si Pablo hubiera estado casado, su sufrimiento habría aumentado por la preocupación por su familia y por el conocimiento de la preocupación de ellos por él. Ellos hubieran sufrido cada vez que a él lo azotaban, apedreaban o encarcelaban y hubieran estado temiendo constantemente por su vida. ¿Quién hubiera cuidado de ellos en su ausencia? ¿Quién hubiera instruido a sus hijos y consolado a su esposa? Su sufrimiento y sus problemas prácticos habrían aumentado y la eficacia de su ministerio habría disminuido. Los creyentes casados que pasan por medio de agitación social y persecución no pueden escapar a llevar una carga más pesada que los que están solteros.

Sin embargo, para el que ya se encuentra casado, el consejo es **no procures soltarte**. El matrimonio es un compromiso para toda la vida que solo se rompe mediante la muerte, el adulterio o el divorcio por un cónyuge incrédulo. Otros problemas, no importa cuán graves sean, nunca dan base para el divorcio.

Para los que tienen el don de la soltería es, por tanto, mucho más sabio permanecer solteros. **¿Estás libre de mujer? No procures casarte**. "Valora tu soltería como una bendición de parte de Dios", está diciendo Pablo. "Aprovéchate de sus muchas ventajas".

Dios todavía da el don de la soltería a algunos de sus hijos. Muchas señales apuntan a tiempos de conflicto creciente y aun de persecución de los cristianos en nuestro mundo. En Mateo 24 Jesús describió vívidamente la agitación y el terror de los últimos tiempos. Se caracterizará por las guerras, la apostasía, la persecución, los falsos profetas y la tribulación universal. Ya podemos ver el exceso de población, la contaminación, el crimen desenfrenado y la inmoralidad, los falsos profetas y las sectas, la apostasía y la creciente amenaza de guerra mundial. Este siglo puede traernos guerras en muchas partes, conflictos sociales, revoluciones, hambre, enfermedad, persecución, despotismo, desastres naturales, estancamiento económico y depresión.

LOS PROBLEMAS DE LA CARNE

Mas también si te casas, no pecas; y si la doncella se casa, no peca; pero los tales tendrán aflicción de la carne, y yo os la quisiera evitar. (7:28)

Pablo deja de nuevo bien en claro que no es un pecado para un creyente soltero el casarse, con tal de que sea con otro creyente (v. 39; cp. 2 Co. 6:14). Tampoco pecan los que tienen el don de continencia si ellos deciden casarse. De modo que **si te casas**, por la razón que sea, **no pecas**. Lo que quiere decir es que el matrimonio es una opción legítima, pero es bueno considerar primero la opción de quedarse sin casar.

Pero los tales tendrán aflicción de la carne, y yo os la quisiera evitar. El apóstol está dando un consejo práctico, no un mandamiento moral o espiritual. Los creyentes son todavía pecadores y están sujetos a limitaciones y debilidades de la carne. Es ya de por sí difícil para un pecador vivir consigo mismo, más aun con otro pecador. Cuando dos personas están unidas en matrimonio los problemas de la naturaleza humana se multiplican. La vida íntima nos permite ver con más claridad las faltas de nuestro cónyuge, y viceversa. Los hijos de padres cristianos nacen pecadores exactamente como todos los demás niños, y no se hacen seres sin pecado cuando son salvos. Habrá un cierto grado de conflicto entre ellos y con sus padres.

No es que el matrimonio no sea gratificante o que la vida de familia sea una cadena ininterrumpida de dificultades. Una familia amorosa, dedicada y espiritual no solo es una fuente de gran gozo y de fortaleza para sus miembros, sino que también fortalece y bendice a todos los que están a su alrededor. Pablo está sencillamente señalando que el matrimonio puede causar algunos problemas al tiempo que resuelve otros. Dios no lo planificó para que resolviera todas las dificultades personales, emocionales o espirituales. Es evidente que intensifica algunas de ellas.

Aflicción (*thlipsis*) significa literalmente "apretar juntos o bajo presión". El matrimonio presiona a dos personas juntas en la forma más íntima que podemos pensar. Los dos se hacen uno, pero todavía son dos personalidades, dos seres distintos con sus propios gustos y disgustos, con características, emociones, temperamentos y voluntades propias. Cada uno tiene un cierto grado de enojo, egoísmo deshonestidad, orgullo, de olvidos y desconsideración. Eso es así aun en los mejores matrimonios. Cuando uno de los cónyuges es un inconverso, o es inmaduro, egoísta, temperamental o dominante, cada conflicto se agranda.

El matrimonio involucra conflictos, demandas, dificultades, sacrificios y ajustes que la soltería no requiere. El matrimonio está ordenado por Dios y es bueno, santo y gratificante; pero no resuelve todos los problemas. Trae más. El matrimonio nunca debería usarse como una forma de escape, ni aun de la soledad. Muchas personas llevan su soledad al matrimonio, y terminan haciendo que la otra persona se sienta también sola. Y aunque es el medio de Dios para la satisfacción sexual normal, el matrimonio no termina con la tentación a la lujuria y a la inmoralidad. Pablo dice a los que no tienen dominio propio en lo relacionado con la sexualidad que se casen "pues mejor es casarse que estarse quemando" (7:9). Pero aunque hay satisfacción de los deseos físicos, la mente puede ser atraída a la satisfacción ilícita. El matrimonio no corrige los pecados sexuales. Pueden incluso agravarse al añadir otra persona a su lista de personas afligidas. Por supuesto, pueden corregirse mediante el arrepentimiento y el perdón después que una persona se ha casado, pero no serán eliminados *por* el matrimonio. Tampoco es el matrimonio una garantía de que no se repita el pecado sexual. La soltería tiene sus dificultades propias y únicas, pero pueden ser sobrepasadas por las del matrimonio.

LO PASAJERO DEL MUNDO

Pero esto digo, hermanos: que el tiempo es corto; resta, pues, que los que tienen esposa sean como si no la tuviesen; y los que lloran, como si no llorasen; y los que se alegran, como si no se alegrasen; y los que compran, como si

no poseyesen; y los que disfrutan de este mundo, como si no lo disfrutasen; porque la apariencia de este mundo se pasa. (7:29-31)

El foco de este pasaje se encuentra al final del versículo 31: **porque la apariencia de este mundo se pasa. Apariencia** (*schēma*) significa "orden, forma de vida, forma de funcionar o modo de existencia". La forma de funcionar **de este mundo** no es permanente; **se pasa.**

Aunque Dios lo ordenó y bendijo, el matrimonio no es una relación eterna. Al hablar de los ángeles en el cielo, Jesús dijo: "ni se casarán ni se darán en casamiento" (Mt. 22:30). Los matrimonios piadosos se "hacen en el cielo", pero no continuarán en el cielo. El matrimonio desaparecerá con este mundo, porque está solo diseñado para este mundo, no para el venidero. Las sectas que enseñan acerca de matrimonios en el cielo contradicen una de las enseñanzas más claras y específicas del Señor. El matrimonio **se pasa.**

El tiempo (*kairos*) se refiere a un período definido, fijo, establecido; y ese período **es corto,** o se ha acortado de modo que es una cantidad pequeña. La vida humana aun la más larga es breve, "es neblina que se aparece por un poco de tiempo, y luego se desvanece" (Stg. 4:14). "Toda carne es como hierba, y toda la gloria del hombre como flor de la hierba. La hierba se seca, y la flor se cae" (1 P. 1:24; cp. Is. 40:6-8). En tiempos de persecución la vida es a menudo aun más breve.

Para los maridos y las mujeres vivir como **los que tienen esposa sean como si no la tuviesen**, no está enseñando que el matrimonio ya no sea vinculante para los creyentes o que se reducen las responsabilidades maritales. El matrimonio permanece solo durante la vida y, por tanto, es breve como la vida. No obstante, una vida breve y circunstancias difíciles no disminuyen las obligaciones de los esposos. Entre otras cosas las mujeres deben estar sujetas a sus maridos, y los maridos deben amar a sus mujeres como Cristo amó a la iglesia (Ef. 5:22-25, 28, 33; Col. 3:18-19), y ninguno debe privar al otro de sus derechos maritales (1 Co. 7:3-5). La enseñanza de Pablo es que el matrimonio no debe reducir la obligación y devoción del cristiano para con el Señor y su obra. Las responsabilidades del matrimonio no son excusa para flojear en la obra del Señor. Eso es invertir las prioridades.

Hoy resulta cada vez más difícil, debido al fuerte apego a la familia, lograr que los cristianos —incluyendo a los misioneros— se dediquen intensamente a servir al Señor. En muchos casos no quieren separarse de la compañía de la esposa por más de una semana o dos a lo sumo, aunque un ministerio importante necesite más tiempo que ese. Debe haber un equilibrio, un equilibrio bíblico, entre la satisfacción de las necesidades matrimoniales y servir al Señor.

Los afectos esenciales de todos los cristianos, ya sea que estemos casados o solteros, debe ser "poned la mira en las cosas de arriba, no en las de la tierra" (Col. 3:2). "No améis al mundo, ni las cosas que están en el mundo. Si alguno

216

ama al mundo, el amor del Padre no está en él... Y el mundo pasa, y sus deseos; pero el que hace la voluntad de Dios permanece para siempre" (1 Jn. 2:15, 17). Debemos entender la prioridad de lo eterno sobre lo temporal.

Además del matrimonio, Pablo nos da otras cuatro áreas en las que las prioridades y las perspectivas deben estar bien establecidas. La segunda y tercera áreas tienen que ver con las emociones de la tristeza y el gozo. **Y los que lloran** deberían vivir **como si no llorasen; y los que se alegran, como si no se alegrasen.** Las emociones se pueden controlar mejor de lo que a veces pensamos, especialmente para los cristianos. No es que tengamos que ser impasibles y, por supuesto, tampoco duros de corazón o indiferentes. El amor no permite tales actitudes. Pero el amor cristiano es mucho más que emoción; es un acto de la voluntad, no sencillamente una reacción a las circunstancias. El verdadero amor nos ayudará, en realidad, a conservar nuestras emociones en proporción y perspectiva. Cuando un esposo o esposa, un hijo o amigo íntimo fallece, queda enfermo o paralizado, no nos echamos a reír o lo celebramos. Por el otro lado, el cristiano maduro no queda deshecho y pierde toda la esperanza, propósito y motivación.

Con nuestra insistencia en la celebración y la felicidad resulta fácil para los creyentes dejarse llevar por el regocijo por cosas que pronto dejan de ser. A veces un éxito personal, una herencia, una promoción en los negocios nos entusiasma más que una victoria espiritual. Incluso cuando reconocemos que la bendición es del Señor, podemos perder nuestra perspectiva y quedar más controlados por las emociones que por nuestro buen juicio y prioridades espirituales.

La cuarta área de preocupación es la de las finanzas y las posesiones: **y los que compran, como si no poseyesen.** Los cristianos corintios no se encontraban en este caso en un peligro mayor que el que enfrentan los cristianos hoy día. La acumulación de dinero y las cosas que él puede [**comprar**] es una preocupación para muchos cristianos, a quienes en este aspecto no se les puede distinguir del mundo incrédulo que los rodea. Muchos de nosotros estamos más interesados en nuestras cuentas bancarias, casas y autos que en nuestra espiritualidad, más interesados en lo externo que en lo interno. Son sentimos muy apegados a **la apariencia de este mundo** a pesar de que sabemos que **se pasa.**

La quinta área de preocupación es la del placer: **y los que disfrutan de este mundo, como si no lo disfrutasen.** En tiempos de prosperidad, facilidad, permisividad y desmesurada aprobación de nosotros mismos es fácil vivir para el placer. Los placeres que no son inmorales o extravagantes pueden ser todavía mundanos. Más tiempo de ocio y vacación, jubilación anticipada, casas más cómodas y cosas así pueden ocupar tanto nuestro interés y tiempo que descuidamos las cosas del Espíritu.

Ninguna de estas cinco áreas acerca de las que advierte Pablo es inherentemente mala. El matrimonio, la tristeza, el gozo, las posesiones y el placer tienen todos un lugar apropiado en la vida cristiana. En efecto, cada una de ellas es parte de la provisión de Dios para la vida aquí. El ascetismo no solo no se enseña en las Escrituras, sino que está prohibido (Col. 2:18, 23; 1 Ti. 4:3). Pero las relaciones humanas, las emociones, las posesiones y los placeres terminan por ser pecaminosos cuando llegan a dominar el pensamiento y el comportamiento, y especialmente cuando nos distraen de la obra del Señor. Debemos tener el matrimonio en el más alto honor (He. 13:4), y "[gozarnos] con los que se gozan; [llorar] con los que lloran" (Ro. 12:15), y no menospreciar las posesiones terrenales. Nuestro "Padre celestial sabe que [tenemos] necesidad de todas estas cosas" (Mt. 6:32). Pero no debemos valorar excesivamente esas cosas sabiendo que **la apariencia de este mundo se pasa**.

LAS PREOCUPACIONES DEL MATRIMONIO

Quisiera, pues, que estuvieseis sin congoja. El soltero tiene cuidado de las cosas del Señor, de cómo agradar al Señor; pero el casado tiene cuidado de las cosas del mundo, de cómo agradar a su mujer. Hay asimismo diferencia entre la casada y la doncella. La doncella tiene cuidado de las cosas del Señor, para ser santa así en cuerpo como en espíritu; pero la casada tiene cuidado de las cosas del mundo, de cómo agradar a su marido. Esto lo digo para vuestro provecho; no para tenderos lazo, sino para lo honesto y decente, y para que sin impedimento os acerquéis al Señor. (7:32-35)

La cuarta razón para permanecer soltero es las preocupaciones que trae consigo el matrimonio. Porque tanto el marido como la mujer **tiene cuidado de las cosas del mundo.** Están preocupados acerca de las necesidades terrenales que el uno y el otro tienen, como debe ser. El esposo está preocupado **de cómo agradar a su mujer**, y la esposa acerca **de cómo agradar a su marido. El soltero** (aquí *agamos* se usa en su sentido general) **tiene cuidado de las cosas del Señor, de cómo agradar al Señor** y de cómo **ser [santo] así en cuerpo como en espíritu.** Pero la persona casada tiene sus intereses divididos entre lo terrenal y lo celestial, como debe ser.

La mujer no casada, (aquí *agamos* se usa en el sentido de divorciada) **lo mismo que la joven soltera** (en contraste con los que están solos por causa de divorcio) tiene más oportunidades **para ser santa así en cuerpo como en espíritu.** Se usa **santa** aquí en el sentido básico de separación, de ser apartada. Los cristianos que no están casados, ya sea que anteriormente estuvieron casados o nunca se casaron, no son intrínsecamente más justos o fieles que los casados; pero cuentan con más oportunidades, porque tienen menos demandas y obligaciones familiares, para ser más devotos y dedicados a la obra del Señor. No es

218

que el creyente casado tiene sus lealtades espirituales divididas o que el no casado sea más fiel espiritualmente. Muchos creyentes casados son santos en el sentido de vivir muy dedicados al Señor, y muchos creyentes no casados están divididos en sus intereses espirituales. Pero desde la perspectiva práctica, la persona sin casar tiene, tanto **en cuerpo como en espíritu,** más posibilidades de apartarse a sí misma de las cosas de la vida y dedicarse exclusivamente a la obra del Señor que la casada.

Los cristianos casados no deben sentirse culpables por estar casados y los cristianos sin casar no tienen que sentirse compelidos a casarse. El apóstol no está tratando de echar más cargas y preocupaciones a las que ya tienen los casados y tampoco está procurando forzar a los solteros en el molde permanente de ese estado. **Esto lo digo para vuestro provecho; no para tenderos lazo, sino para lo honesto y decente, y para que sin impedimento os acerquéis al Señor**.

El matrimonio no nos priva de cultivar una gran devoción por el Señor y vivir solos no garantiza que lo hagamos. Pero no estar casado tiene menos estorbos y más ventajas. Es más fácil para una persona soltera ser muy determinada en las cosas del Señor. La persona casada no puede elegir. Sus intereses *están* divididos. No puede ser fiel al Señor si es infiel a su familia. "Porque si alguno no provee para los suyos, y mayormente para los de su casa, ha negado la fe, y es peor que un incrédulo" (1 Ti. 5:8). El soltero, sin embargo, puede elegir. Es libre para casarse o no. No está limitado a permanecer soltero. Su elección no es entre lo bueno o lo malo, sino entre lo bueno y lo mejor.

Pablo no estaba poniendo un lazo legalista alrededor del cuello de los cristianos solteros. Ellos no están bajo ninguna obligación de casarse o de quedar solteros. Al aconsejarlos de que permanezcan como están, tenía dos motivos, ambos para su **provecho**. Quería evitarles dificultades (v. 28; cp. v. 32), y quería que **sin impedimento [se acercaran] al Señor**. Es decir, que se dedicaran al Señor completamente (cp. 9:13).

LAS PROMESAS DE LOS PADRES

Pero si alguno piensa que es impropio para su hija virgen que pase ya de edad, y es necesario que así sea, haga lo que quiera, no peca; que se case. Pero el que está firme en su corazón, sin tener necesidad, sino que es dueño de su propia voluntad, y ha resuelto en su corazón guardar a su hija virgen, bien hace. De manera que el que la da en casamiento hace bien, y el que no la da en casamiento hace mejor. (7:36-38)

En la cultura judía, los padres, y especialmente el padre, tenían un papel dominante en decidir con quiénes se casarían sus hijos. Esa misma costumbre general prevalecía en muchas sociedades antiguas, incluida la romana. Algunos historiadores afirman que la decadencia de Roma se debió en parte a la debilitación de la familia causada por la pérdida del control de los padres en el arreglo de los matrimonios. En los tiempos del Nuevo Testamento lo normal eran los arreglos matrimoniales, especialmente para los jóvenes.

A la luz de la enseñanza existente acerca de las ventajas de la soltería, al parecer algunos de los padres en Corinto habían dedicado sus hijas jóvenes al Señor como vírgenes permanentes. Pero cuando las hijas llegaban a la edad de casarse, no hay duda de que muchas de ellas querían casarse, y sus padres se veían metidos en un dilema. ¿Dejarían sin cumplir el voto que habían hecho por la hija? Es muy probable que muchas de las jóvenes no tenían el don de continencia y luchaban con sus deseos de casarse y con sus deseos de agradar a sus padres y al Señor. Este problema estaba entre los mencionados en la carta de la iglesia a Pablo (7:1).

Lo que resalta de nuevo aquí es la opción que tienen los creyentes en relación con el matrimonio. Si el compañero deseado es un cristiano, el matrimonio es siempre permisible. El padre que había hecho el voto de que su hija permanecería soltera con el fin de servir al Señor de forma más dedicada era libre para cambiar de parecer y permitir que se casara si ella insistía en hacerlo. Después de todo, era un voto hecho por otra persona y estaba, por tanto, sujeto a las necesidades espirituales de esa persona. **Si alguno piensa que es impropio para su hija virgen que pase ya de edad, y es necesario que así sea, haga lo que quiera, no peca; que se case.** De igual manera que los no casados no están bajo ninguna restricción (v. 35) y no pecan si se casan (v. 28), tampoco peca un padre por cambiar de parecer sobre el voto que hizo. Hacer el voto está bien; pero si su hija no puede o no quiere seguirlo, tanto ella como el padre son libres para hacer lo que desean. **Y es necesario que así sea** indica que ella realmente está destinada al matrimonio y el padre debe permitirlo.

Pero si el padre **está firme en su corazón,** es decir, que no ha cambiado de parecer en cuanto a su promesa, y no tiene **necesidad** por alguna razón de la hija de cambiar de parecer; y tiene un motivo bueno y puro (**sino que es dueño de su propia voluntad**); y está firmemente decidido a ello (**ha resuelto en su corazón**) puede **guardar a su hija virgen.** Solo la resistencia de la hija al cumplimiento del voto debe hacer que el padre cambie de parecer. No obstante, su firmeza puede animar a que su hija sea también firme en el suyo. Si así lo decide **bien hace.**

Pablo repite la opción: **De manera que el que la da en casamiento hace bien, y el que no la da en casamiento hace mejor.** Como en el caso de los no casados (v. 28), la elección no es entre lo correcto o incorrecto, sino entre lo bueno (**bien**) y lo **mejor.**

LA PERMANENCIA DEL MATRIMONIO

La mujer casada está ligada por la ley mientras su marido vive; pero si su marido muriere, libre es para casarse con quien quiera, con tal que sea en el Señor. Pero a mi juicio, más dichosa será si se quedare así; y pienso que también yo tengo el Espíritu de Dios. (7:39-40)

Esta palabra extra sobre la soltería no es un añadido a la enseñanza de Pablo, como sugieren algunos intérpretes. Se enfoca en la permanencia de la relación matrimonial. La relación no es permanente en el sentido de ser eterna, sino en el sentido de toda la vida en la tierra. Es vinculante todo el tiempo que ambos cónyuges viven. Los discípulos respondieron a esta enseñanza de Jesús diciendo: "Si así es la condición del hombre con su mujer, no conviene casarse" (Mt. 19:10). Aunque los cristianos que tienen el don de continencia son libres para casarse, deben tener en mente que están ligados para el resto de su vida si ellos fallecen antes que su cónyuge. En cualquier caso el creyente **[casado] está [ligado] por la ley mientras su marido** [o mujer] **vive**, lo que a menudo significa una edad avanzada y lejos de los años más productivos para servir al Señor.

Pero si su marido muriere, el creyente **libre es para casarse... con tal que sea en el Señor** (cp. 9:5). Este consejo en particular es para los viudos de ambos sexos. La enseñanza principal es que los creyentes viudos no están obligados a permanecer sin casarse, pero, si se casan, deben hacerlo con otro creyente.

Volverse a casar no es lo ideal; no es lo mejor para cada uno. **Pero a mi juicio, más dichosa será si se quedare así.** Pablo de nuevo (cp. vv. 28, 32, 35) indica con claridad que no está dando un mandamiento, sino un consejo para el beneficio y bendición de los que lo aceptan. Un creyente viudo que tiene el don de Dios para permanecer sin casarse **dichosa será si se quedare así.**

La declaración de Pablo de **pienso que también yo tengo el Espíritu de Dios** no debilita, sino que fortalece lo que enseña. Con un cierto tono de sarcasmo estaba diciendo que él también tenía acceso al Espíritu Santo, una afirmación que al parecer hacían ambos grupos, el que abogaba por solo el celibato y el que defendía el matrimonio solo. Todavía estaba hablando como un "apóstol de Jesucristo por la voluntad de Dios" (1:1). Su mandamiento era el mandamiento de Dios y su consejo era el consejo de Dios.

Los límites de la libertad cristiana (8:1–13)   **20**

En cuanto a lo sacrificado a los ídolos, sabemos que todos tenemos conocimiento. El conocimiento envanece, pero el amor edifica. Y si alguno se imagina que sabe algo, aún no sabe nada como debe saberlo. Pero si alguno ama a Dios, es conocido por él. Acerca, pues, de las viandas que se sacrifican a los ídolos, sabemos que un ídolo nada es en el mundo, y que no hay más que un Dios. Pues aunque haya algunos que se llamen dioses, sea en el cielo, o en la tierra (como hay muchos dioses y muchos señores), para nosotros, sin embargo, sólo hay un Dios, el Padre, del cual proceden todas las cosas, y nosotros somos para él; y un Señor, Jesucristo, por medio del cual son todas las cosas, y nosotros por medio de él.

Pero no en todos hay este conocimiento; porque algunos, habituados hasta aquí a los ídolos, comen como sacrificado a ídolos, y su conciencia, siendo débil, se contamina. Si bien la vianda no nos hace más aceptos ante Dios; pues ni porque comamos, seremos más, ni porque no comamos, seremos menos. Pero mirad que esta libertad vuestra no venga a ser tropezadero para los débiles. Porque si alguno te ve a ti, que tienes conocimiento, sentado a la mesa en un lugar de ídolos, la conciencia de aquel que es débil, ¿no será estimulada a comer de lo sacrificado a los ídolos? Y por el conocimiento tuyo, se perderá el hermano débil por quien Cristo murió. De esta manera, pues, pecando contra los hermanos e hiriendo su débil conciencia, contra Cristo pecáis. Por lo cual, si la comida le es a mi hermano ocasión de caer, no comeré carne jamás, para no poner tropiezo a mi hermano. (8:1-13)

Los capítulos 8 al 10 de 1 Corintios siguen con las respuestas de Pablo a las preguntas que le hicieron mediante la carta que se menciona en 7:1. Los tres capítulos tratan con el problema de las prácticas cuestionables, que en Corinto se centraban alrededor de comer lo que se había sacrificado a los ídolos.

Ese problema específico todavía existe en algunas partes del mundo para cristianos salvados de religiones idólatras. Sin embargo, el problema básico que enfrentaban los corintios es aun un reto para el resto de nosotros. El asunto es: ¿Hasta dónde llega la libertad cristiana en relación con conductas que no están específicamente prohibidas en las Escrituras?

Durante las pasadas generaciones algunos de los más fuertes debates entre los cristianos ultra conservadores y los moderados y liberales se han centrado alrededor de prácticas cuestionables, prácticas que muchos cristianos sienten que son malas, pero que no están específicamente prohibidas en las Escrituras. Algunos de los asuntos clave han sido beber bebidas alcohólicas, fumar, jugar a las cartas, maquillarse, bailar, los deportes en domingo, estilos de música e ir al teatro o a los cines. Una de las razones por las que los cristianos han pasado tanto tiempo discutiendo esos asuntos es que la Biblia no los prohíbe específicamente.

No es que esos y otros muchos asuntos semejantes no sean importantes; pero no podemos hablar de forma autorizada sobre ellos como lo hacemos sobre el robo, el homicidio, la calumnia, el adulterio o la codicia, los cuales las Escrituras claramente prohíben por ser pecado. Tanto el Antiguo como el Nuevo Testamentos mencionan muchas cosas que están prohibidas que los creyentes las hagan. De igual forma ambos Testamentos enseñan muchas cosas que son siempre buenas hacerlas: amar y adorar a Dios, amar a nuestro prójimo, ayudar a los pobres y otras así. Esas cosas específicas son negras o blancas, malas o buenas.

Sin embargo, las Escrituras no mandan, elogian o prohíben muchas formas de conducta. No son ni negras ni blancas, son grises. Esos asuntos pueden que no sean considerados de igual forma en una época o lugar como en otros tiempos o lugares; pero cada época y lugar ha tenido que lidiar con las áreas grises de la vida cristiana. El primer gran concilio de la iglesia cristiana, que encontramos en Hechos 15, fue convocado principalmente para tratar con tales asuntos. Algunos creyentes judíos insistían en que todos los varones gentiles convertidos se circuncidaran (v. 1) y otros sentían temor de cultivar la relación social con creyentes gentiles, especialmente comer juntos, por temor de quebrantar las leyes dietéticas judías. El concilio decidió que los gentiles no tenían por qué circuncidarse (v. 19), pero que los creyentes gentiles se "[apartaran] de las contaminaciones de los ídolos, de fornicación, de ahogado y de sangre" (v. 20). Al seguir estas normas "bien haréis" (v. 29).

Debido a que no podía haber discusión acerca de la pecaminosidad de la fornicación, su mención en esta lista debió ser figurativa, refiriéndose probablemente a los matrimonios no incestuosos de los parientes cercanos. Los judíos tenían enseñanzas muy claras acerca de hasta qué punto se extendía la prohibición de los matrimonios consanguíneos como parte de su identidad única. Las prácticas mencionadas no eran pecaminosas en sí mismas, pero el concilio aconsejó a las iglesias que se abstuvieran de ellas con el fin de evitar ofender innecesariamente a los hermanos judíos quienes tenían fuertes convicciones al respecto.

La libertad cristiana es una verdad central en el Nuevo Testamento. "Si vosotros permaneciereis en mi palabra", dijo Jesús, "seréis verdaderamente mis discípulos; y conoceréis la verdad, y la verdad os hará libres" (Jn. 8:31-32). "Donde está el Espíritu del Señor, allí hay libertad" (2 Co. 3:17). "Estad, pues, firmes, en la libertad con que Cristo nos hizo libres" (Gá. 5:1).

Pero la libertad cristiana no es libertinaje desenfrenado. Nunca es libertad para pecar, y a menudo debería excluir cosas que en sí mismas no son pecado pero que se pueden convertir en pecado o llevar a otros a pecar. Pedro dice: "Como libres, pero no como los que tienen la libertad como pretexto para hacer lo malo, sino como siervos de Dios" (1 P. 2:16).

A menudo se siguen dos extremos comunes en cuanto a las cosas dudosas. Uno es el legalismo; el otro es el libertinaje. El legalismo cree que cada acto, cada hábito, cada tipo de comportamiento es blanco o negro. Los legalistas viven por las normas, no por el Espíritu. Lo clasifican todo en bueno o malo, ya sea que la Biblia lo mencione o no. Desarrollan listas exhaustivas de noes y síes. Hacer las cosas de la lista buena y evitar las cosas de la lista mala es su idea de espiritualidad, sin importar cómo sea la persona en su interior. Su vida está controlada por la ley, no por el Espíritu. Pero privarse de hacer cosas no es espiritualidad; andar en el Espíritu sí que lo es. El legalismo sofoca la libertad, la conciencia, la Palabra y al Espíritu Santo.

El libertinaje es el extremo opuesto. Es semejante al legalismo en que tampoco tiene áreas grises, pero tampoco tiene mucho en negro. Casi todo es blanco; todo es aceptable excepto que esté prohibido en las Escrituras. Sus defensores creen que la libertad cristiana es virtualmente absoluta e incondicional. Entre tanto que su propia conciencia sea libre pueden hacer lo que les plazca. Esa parece haber sido la filosofía del grupo al que Pablo se dirige en 1 Corintios 8. Ellos probablemente estarían de acuerdo con él en que los creyentes deben procurar "tener siempre una conciencia sin ofensa ante Dios y ante los hombres" (Hch. 24:16). Aparte de eso, sin embargo, ellos no querían limitaciones.

Pero Pablo les enseña que puede también ser malo ofender la conciencia de los hermanos creyentes cuando ellos son menos maduros ("débil") y cuando lo que estamos haciendo no es necesariamente un servicio para el Señor.

En respuesta a la pregunta específica acerca del comer carne sacrificada a los ídolos, Pablo da un principio general y universal que puede ser aplicado a todo comportamiento dudoso. Él declara y explica el principio en el capítulo 8; lo ilustra en 9:1–10:13; y lo aplica en 10:14–11:1. El principio es: "Pero mirad que esta libertad vuestra no venga a ser tropezadero para los débiles" (8:9). Antes de ejercer nuestra libertad cristiana en un área no prohibida por las

Escrituras, debiéramos considerar cómo afectará a otros, especialmente a nuestros hermanos creyentes.

En preparación para darles el principio, Pablo responde a tres razones que algunos de los corintios dan para sentirse completamente libres de actuar como les plazca en relación con prácticas no prohibidas específicamente por Dios. Las razones eran: (1) Sabemos que todos tenemos conocimiento; (2) Sabemos que un ídolo no es nada; y (3) Sabemos que la comida no es un problema con Dios. El apóstol está de acuerdo en que cada razón es básicamente válida, pero luego continúa para demostrar que ninguna de esas razones debería ser aplicada a prácticas que podrían hacer que alguien tropezara espiritualmente.

SABEMOS QUE TODOS TENEMOS CONOCIMIENTO

En cuanto a lo sacrificado a los ídolos, sabemos que todos tenemos conocimiento. El conocimiento envanece, pero el amor edifica. Y si alguno se imagina que sabe algo, aún no sabe nada como debe saberlo. Pero si alguno ama a Dios, es conocido por él. (8:1-3)

En cuanto a lo sacrificado a los ídolos es una palabra en griego y puede traducirse sencillamente como "sacrificios ídolos". Los sacrificios eran alimentos ofrecidos, presentados simbólicamente en adoración al dios en cuyo templo se hacía el sacrificio. Este asunto en particular era comer de las viandas que habían sido ofrecidas en esos sacrificios.

Los griegos y los romanos eran politeístas, adoraban a muchos dioses. Tenían un dios, o un grupo de dioses, para cada circunstancia, cada necesidad y cada actividad que tuviera consecuencias. Tenían un dios de la guerra, una diosa del amor, un dios de los viajes, una diosa de la justicia y así otros muchos. También creían en muchos demonios o espíritus malos. Creían que el aire estaba lleno de espíritus malos de toda clase.

El ofrecer sacrificios de alimentos, que era por lo general carne, era de gran importancia con relación a estas dos creencias. Creían que los espíritus malos estaban tratando constantemente de invadir a los seres humanos y que la manera más fácil de conseguirlo era vincularse a sí mismos con el alimento antes de que lo comieran. La única manera de eliminar a los espíritus de los alimentos era sacrificándolo a un dios. El sacrificio, por tanto, servía para dos propósitos: se obtenía el favor del dios y purificaba la carne de la contaminación demoníaca.

Las ofrendas a los ídolos se dividían en tres partes. Una parte era quemada sobre el altar como el sacrificio en sí. La segunda parte era entregada como pago a los sacerdotes que servían en el templo, y la parte restante se la quedaba el que la ofrendaba. Debido al gran número de sacrificios, los sacerdotes no podían comer toda la parte que les correspondía, y vendían en el mercado público lo que no necesitaban. Esta carne era muy estimada porque estaba

226

limpia de espíritus malos, y esa era la carne que se servía en las fiestas y a los invitados.

Comer la carne sacrificada a los ídolos tenía, por tanto, las mismas dos asociaciones para los cristianos, especialmente para los que habían crecido en esa atmósfera religiosa. La carne estaba asociada con los dioses y diosas paganos, pues había sido parte de una ofrenda que se les había hecho, y estaba asociada con la superstición de que había estado una vez contaminada con los espíritus malos.

Era casi imposible para un creyente que tuviera algún contacto con los gentiles el evitar encontrarse con la cuestión de comer carne sacrificada a los ídolos. La mayoría de los acontecimientos sociales, incluyendo bodas, involucraba alguna forma de adoración pagana, y muchas de esas fiestas se celebraban en los templos paganos. Siempre se servía la carne sacrificada al ídolo. Si un familiar se casaba, o un amigo de mucho tiempo daba un banquete, un cristiano se veía en la necesidad de disculparse por no asistir —lo cual no podía hacerse indefinidamente— o tenía que comer del alimento que él sabía había sido parte de una ofrenda a un ídolo.

Algunos creyentes gentiles sensibles evitaban comprar esa carne porque les traía recuerdos de su vida pagana anterior o porque los que los veían comprarla podían pensar que se habían vuelto al paganismo. También muchos creyentes, tanto gentiles como judíos, se resistían a comer en los hogares de gentiles paganos —e incluso en el de algunos cristianos gentiles— porque tenían temor de que los sirviera de esa carne. Ese alimento podía ser doblemente impuro según las leyes dietéticas judías, a las cuales a muchos cristianos judíos les resultaba bastante difícil renunciar.

Por el otro lado, a algunos cristianos eso no los molestaba. Para ellos la carne era carne. Ellos sabían que las deidades paganas no existían y que los espíritus malos no contaminaban los alimentos. Eran maduros, bien fundamentados en la verdad de Dios y su conciencia estaba firme en ese asunto. Ese era el grupo que le dio a Pablo las tres razones para ejercer sin limitación su libertad cristiana.

Las respuestas de Pablo a las razones fueron *dirigidas* a ese grupo de cristianos maduros; pero sus respuestas se *centraban* en el otro grupo. Les dijo a los creyentes maduros que no se enfocaran en su libertad, sino en la guerra espiritual que sostenían los que eran menos maduros. Les estaba diciendo: "No miréis a vuestra libertad; mirad a su necesidad. Vuestra propia libertad debería estar limitada por vuestro amor a los hermanos creyentes. Si los amáis como Dios os invita a que los améis, no usaréis vuestra libertad en ninguna manera que dañe, confunda o debilite su fe".

Pablo resume la primera razón que le habían dado para ejercer su libertad: **Sabemos que todos tenemos conocimiento**. Esta declaración era verdadera pero egoísta. Refleja un sentimiento de superioridad. Los creyentes que afirmaban esto no estaban sugiriendo que eran omniscientes, sino que tenía conocimiento y entendimiento más que suficiente de la Palabra de Dios para saber que los dioses e ídolos paganos no eran verdaderos y que los sacrificios de alimentos que les hacía seguían siendo eso, alimentos. Sabían que comer esa carne no los podía contaminar espiritualmente, que no tenía ningún efecto en su vida cristiana. Se sentían totalmente libres para comer lo que quisieran, sin importar lo que otros pensaran.

El apóstol les recuerda que **el conocimiento envanece.** Aquellos creyentes eran maduros en conocimiento, pero no lo eran en amor. **El amor edifica,** o ayuda a otros a crecer; y que no tenían esa edificación. Eran sólidos en doctrina, pero débiles en amor. Eran fuertes en amor propio, pero débiles en amor fraternal.

De todos los apóstoles, Pablo es el menos probable que sea acusado de denigrar la doctrina, el conocimiento de la Palabra de Dios. Él era el teólogo de los teólogos. "Porque las cosas que se escribieron antes, para vuestra enseñanza se escribieron", les dijo a los romanos (15:4). Oró pidiendo que los creyentes colosenses pudieran ser "llenos del conocimiento de su voluntad en toda sabiduría e inteligencia espiritual" (Col. 1:9) y los anima a "[revestirse] del nuevo, el cual conforme a la imagen del que lo creó [Cristo] se va renovando hasta el conocimiento pleno" (3:10). En la larga lista de maneras en las que su ministerio fue recomendado, Pablo incluye "en ciencia" y "palabra de verdad" (2 Co. 6:4-10). En esa misma carta él elogia a los mismos corintios por su "fe, en palabra, en ciencia" (8:7). El apóstol dice numerosas veces a las iglesias que escribe que no quiere que sean ignorantes acerca de ciertas verdades (Ro. 1:13; 11:25; 1 Co. 10:1; 12:1; 2 Co. 1:8; 1 Ts. 4:13).

El conocimiento de la Palabra de Dios es extremadamente importante. Es imposible creer y obedecer lo que no se conoce. El Señor le dijo a Israel: "Mi pueblo fue destruido, porque le faltó conocimiento. Por cuanto desechaste el conocimiento, yo te echaré del sacerdocio; y porque olvidaste la ley de tu Dios, también yo me olvidaré de tus hijos" (Os. 4:6). Entre otras cosas, Dios es "el que enseña al hombre la ciencia" (Sal. 94:10) La Biblia no concede premios a la ignorancia.

Pero el conocimiento, incluso el de la Palabra de Dios, no es suficiente. Es esencial, mas no es suficiente. Por sí mismo **el conocimiento envanece.** Tener amor pero carecer de conocimiento es lamentable; pero tener conocimiento y carecer de amor es igualmente trágico.

Entre los muchos problemas espirituales de los cristianos corintios estaba la arrogancia, una palabra que Pablo usa seis veces en relación con ellos. Eran orgullosos y satisfechos de sí mismos, tenían conocimiento sin amor. Como el apóstol les recuerda unos capítulos más adelante, la persona que tiene toda clase de habilidades y virtudes, pero no tiene amor "nada" es y "el amor no es jactancioso, no se envanece" (1 Co. 13:1-4).

El conocimiento de que los ídolos no eran reales y que la carne ofrecida a los ídolos no estaba espiritualmente corrompida era un conocimiento y una ayuda verdaderos. Pero eso los llevó a pensar solo en sí mismos; vieron la aplicación que la verdad tenía para ellos, pero nada más. Eran insensibles a cómo podía afectar a los que no tenían "este conocimiento" (1 Co. 8:7). Hacer alarde de la libertad de este conocimiento podía ofender seriamente a otros creyentes; y como Jesús dijo, sería mejor hundirse en los profundo del mar que hacer tropezar a un pequeño de Dios (Mt. 18:6-14).

El cristiano bien equilibrado piensa y actúa en dos formas: conceptual y relacional. Tiene la habilidad de entender las verdades bíblicas y la habilidad de relacionarlas con las personas, con él mismo y con otros. Tiene conocimiento más amor, porque el amor es el medio mediante el cual se comunica la verdad. "Sino que siguiendo la verdad en amor, crezcamos en todo en aquel que es la cabeza, esto es, Cristo" (Ef. 4:15). El conocimiento por sí mismo no trae madurez, sino arrogancia.

La división en la iglesia la pueden causar los problemas de comportamiento como también los problemas de doctrina. Cuando algunos creyentes insisten en ejercer su libertad sin ninguna consideración por los sentimientos y normas de los hermanos creyentes, la iglesia se debilita y frecuentemente se divide.

El amor edifica, y el creyente con conocimiento sin la edificación del amor no es tan maduro como él se siente inclinado a pensar. **Y si alguno se imagina que sabe algo, aún no sabe nada como debe saberlo.** Los ortodoxos sin amor son arrogantes, pero no están edificados. Tienen el conocimiento correcto, pero no el entendimiento correcto.

La persona verdaderamente edificada tiene una cierta idea de lo que todavía le queda por aprender. Alguien ha definido el conocimiento como "el proceso de pasar del estado inconsciente de ignorancia al estado consciente de ignorancia". El ignorante no sabe que no sabe. El que verdaderamente sabe, sabe que no sabe.

Pero si alguno ama a Dios, es conocido por él. Es imposible conocer a Dios y no amarlo. Amar a Dios es la evidencia más importante de una recta relación con Él. Sin amor por Dios, hecho posible gracias a su amor por nosotros (1 Jn. 4:19), no podemos tener un conocimiento correcto de Él, porque no tendremos una relación correcta con Él. Los únicos que conocen a Dios y que son **[conocidos] por él** son los que disfrutan de una relación de amor con Él (Jn. 14:21). El conocimiento es importante, inmensamente importante; pero, como todo lo demás, si amor es nada. Amar y ser amado por Dios es el todo. Pablo dice implícitamente aquí que si alguien es amado por Dios y ama a Dios, él también amará a otros creyentes, a quienes Dios ama (1 Jn. 5:1).

El amor es la clave del comportamiento. Saber lo que no está prohibido no es suficiente. Cuando "no [miramos] cada uno por lo suyo propio, sino cada cual también por los de otros" (Fil. 2:4), nos encontramos en el camino hacia un comportamiento cristiano, amoroso y maduro.

El amor establece los límites de la libertad cristiana.

SABEMOS QUE UN ÍDOLO NO ES NADA

Acerca, pues, de las viandas que se sacrifican a los ídolos, sabemos que un ídolo nada es en el mundo, y que no hay más que un Dios. Pues aunque haya algunos que se llamen dioses, sea en el cielo, o en la tierra (como hay muchos dioses y muchos señores), para nosotros, sin embargo, sólo hay un Dios, el Padre, del cual proceden todas las cosas, y nosotros somos para él; y un Señor, Jesucristo, por medio del cual son todas las cosas, y nosotros por medio de él.

Pero no en todos hay este conocimiento; porque algunos, habituados hasta aquí a los ídolos, comen como sacrificado a ídolos, y su conciencia, siendo débil, se contamina. (8:4-7)

En los versículos 4-6 Pablo declara que está de acuerdo con los corintios que estaban bien instruidos teológicamente. Primero, está de acuerdo en que **sabemos que un ídolo nada es en el mundo**. La piedra, el metal o la madera son auténticos, pero no hay un dios detrás de ellos. La imagen no corresponde a algo que realmente existe. Solo refleja la imaginación del que lo diseña o es la suplantación del demonio que engaña por ese medio (10:20).

Cuando me encontraba en Hawai hace algunos años visité un templo budista. Una señora mayor estaba inclinada ante una estatua metálica de Buda y arrojaba piedrecillas hacia él. Las piedrecillas rodaban como si fueran dados y por la manera en la que caían indicaban buena o mala suerte. Otras personas entraban y llevaban ofrendas de alimentos que dejaban enfrente del ídolo. Tuve un fuerte deseo de decirles: "Allí no hay nada. No hay nada, solo metal". **No hay más que un Dios**.

No es que no haya dioses imaginarios, **aunque haya algunos que se llamen dioses, sea en el cielo, o en la tierra (como hay muchos dioses y muchos señores)**. Algunos son totalmente falsos y algunos son manifestaciones de demonios, pero ninguno son realmente dioses. Los **que se [llaman] dioses** tienen un cierto tipo de realidad, pero no como una deidad.

Pablo enseñó esa verdad a lo largo de su ministerio y fue perseguido a menudo por esa causa. Demetrio, un platero pagano de Éfeso, alborotó a los demás de su oficio, diciendo: "Veis y oís que este Pablo, no solamente en Éfeso, sino en casi toda Asia, ha apartado a muchas gentes con persuasión, diciendo que no son dioses los que se hacen con las manos" (Hch. 19:26). El apóstol estaba de acuerdo con el salmista:

> *Los ídolos de ellos son plata y oro,*
> *Obra de manos de hombres.*
> *Tienen boca, mas no hablan;*
> *Tienen ojos, mas no ve;*
> *Orejas tienen, mas no oyen;*
> *Tienen narices, mas no huelen;*
> *Manos tienen, mas no palpan;*
> *Tienen pies, mas no andan;*
> *No hablan con su garganta.*
> *Semejantes a ellos son los que los hacen,*
> *y cualquiera que confía en ellos. (Sal. 115:4-8)*

Pablo repite la verdad de que **sólo hay un Dios**. Aquel que es **el Padre, del cual proceden todas las cosas, y nosotros somos para él; y un Señor, Jesucristo, por medio del cual son todas las cosas, y nosotros por medio de él.** Hay solo un Dios verdadero. Él ha descendido a nosotros en la persona de su Hijo, **Jesucristo**, y somos llevados al **Padre** por medio de su divino Hijo. Todas las cosas **proceden** del Padre, y todos los creyentes **somos para él**. Todo es **por medio** del Hijo, y todo el que acude al Padre lo hace **por medio** del Hijo. Esta es una clara y poderosa afirmación de la igualdad de esencia de Dios el Padre y del Señor Jesucristo.

Es absolutamente cierto que los ídolos no existen en realidad, y que los llamados dioses no son auténticos, y que el único Dios verdadero es el Dios de las Escrituras revelado en Cristo Jesús. Los cristianos corintios, tan amantes de la libertad, eran ortodoxos en esas doctrinas; pero no llevaban razón en la manera de aplicar estas verdades a la vida diaria. Tenían los conceptos correctos, pero no los aplicaban de forma que los llevaran a las relaciones correctas.

Pablo les recuerda otra verdad, una verdad que supuestamente conocían pero que no la tenían en consideración al ejercer su libertad cristiana. **Pero no en todos hay este conocimiento.** No todos los creyentes eran maduros en su conocimiento y entendimiento de las verdades espirituales. Algunos eran nuevos cristianos, que acababan de salir del paganismo y de sus muchas tentaciones y corrupciones. Todavía imaginaban que los ídolos, aunque malignos, eran reales y que los dioses que los ídolos representaban eran verdaderos. Sabían que solo había un Dios *bueno*, pero quizás no habían llegado a entender completamente la verdad de que solo hay un Dios *verdadero*.

Aun en el supuesto de que ellos entendieran que había solo un Dios verdadero, sus experiencias del paganismo eran tan recientes que rechazaban todo lo que estaba relacionado con él. Participar en alguna forma eran caer en la tentación de volver a practicarlo de nuevo.

Porque algunos, habituados hasta aquí a los ídolos, comen como sacrificado a ídolos, y su conciencia, siendo débil, se contamina. Algunos nuevos convertidos no querían arriesgarse a verse contaminados de nuevo por las influencias diabólicas que por tanto tiempo habían controlado todo lo que ellos pensaban y hacían. Los dioses paganos no eran verdaderos, pero las prácticas perversas asociadas con ellos eran reales y recientes en su mente. Rehuían tener contacto con todo lo que estuviera asociado con su pasado paganismo. Sus conciencias no eran todavía fuertes como para permitirles comer carne ofrecida a los ídolos sin que eso los llevara de nuevo a las anteriores prácticas idolátricas.

Si esas personas, siguiendo el ejemplo de los que tenían más conocimiento, comían de la carne que su conciencia les decía que no comieran, **su conciencia, siendo débil, se contamina.** Aunque el acto en sí no era moral o espiritualmente malo, terminaba siendo malo cuando se hacía en contra de la conciencia. Una conciencia contaminada es aquella que ha sido ignorada o violentada. Una conciencia así produce confusión, resentimiento y sentimiento de culpa. La persona que está dispuesta a violar su conciencia está haciendo lo que piensa que es malo. En su mente ha pecado; y hasta que no entiende completamente que ese acto no es pecado ante los ojos de Dios, debería apartarse de hacerlo. "Pero el que duda sobre lo que come, es condenado, porque no lo hace con fe; y todo lo que no proviene de fe, es pecado" (Ro. 14:23). Una conciencia contaminada es una fe contaminada. Ese comportamiento genera sentimientos de culpa, desesperación y pérdida de gozo y paz. También lleva a pensamientos pecaminosos relacionados con las prácticas paganas anteriores e incluso lleva a la persona a caer de nuevo en ellas.

La enseñanza principal de Pablo en este pasaje es que todo el que causa que un hermano débil contamine su conciencia y su fe lo ayuda a que caiga en pecado. El conocimiento nos puede indicar que algo es perfectamente aceptable, pero el amor nos dirá que, debido a que no es aceptable para la conciencia de un hermano creyente, no debiéramos aprovecharnos de nuestra libertad.

SABEMOS QUE LA COMIDA NO ES UN PROBLEMA CON DIOS

Si bien la vianda no nos hace más aceptos ante Dios; pues ni porque comamos, seremos más, ni porque no comamos, seremos menos. Pero mirad que esta libertad vuestra no venga a ser tropezadero para los débiles. Porque si alguno te ve a ti, que tienes conocimiento, sentado a la mesa en un lugar de ídolos, la conciencia de aquel que es débil, ¿no será estimulada a comer de lo sacrificado a los ídolos? Y por el conocimiento tuyo, se perderá el hermano

débil por quien Cristo murió. De esta manera, pues, pecando contra los hermanos e hiriendo su débil conciencia, contra Cristo pecáis. (8:8-12)

La tercera verdad con la que Pablo está de acuerdo era que comer o no comer carne no tenía significado espiritual en sí mismo. Ninguna de ellas **nos hace más aceptos ante Dios. Aceptos** (*paristēmi*) significa "poner cerca, llevar al lado, presentar a". Comer o no comer **carne** no nos va a llevar más cerca de Dios o estar más aprobados por Él. La enseñanza general es que hacer cosas que no están prohibidas por Dios no tiene importancia en nuestra relación con Él. Son neutrales espiritualmente. La carne es una excelente ilustración de ese hecho.

El sentido común y la preocupación por el cuerpo que Dios nos ha dado son lo que debe hacernos más cuidadosos acerca de qué y cuánto comemos. La glotonería es perjudicial y comer alimentos a los que somos alérgicos es perjudicial. Ninguna persona sensible y madura hará esas cosas; pero, en sí mismo, comer o no comer ciertos alimentos no tiene en absoluto significado espiritual. Jesús lo explicó claramente: "Nada hay fuera del hombre que entre en él, que le pueda contaminar; pero lo que sale de él, eso es lo que contamina al hombre" (Mr. 7:15). El mandamiento del Señor a Pedro de "mata y come" era tanto figurativo, refiriéndose a la aceptación de los gentiles, como literal, refiriéndose a comer alimentos que antes estaban considerados ceremonialmente impuros (Hch. 10:10-16; cp. v.28). Y Pablo le dijo a Timoteo que tomara todos los alimentos con acción de gracias. (1 Ti. 4:4).

El alimento por amor del alimento no cambia en nada las cosas, como tampoco lo cambia por amor de la ceremonia o amor de Dios. Pero sí puede significar una gran diferencia por el bien de la conciencia de algunos de sus hijos. Lo que de otro modo no es malo para nosotros puede terminar siéndolo si llega **a ser tropezadero para los débiles.** Es evidente que algunos creyentes corintios no sabían usar esa libertad, pues los llevaría de nuevo al pozo de donde habían sido liberados. Si un hermano inmaduro nos ve hacer algo que molesta su conciencia, su vida espiritual queda dañada. Nunca debiéramos llevar a un hermano cristiano a hacer algo de lo que el Espíritu Santo lo está protegiendo por medio de su conciencia.

Un creyente maduro está en lo cierto que no hay perjuicio para él en estar **sentado a la mesa en un lugar de ídolos** durante un acontecimiento familiar o comunitario. Él no acepta las creencias paganas o participa en las prácticas paganas, y puede asociarse con los paganos porque es espiritualmente fuerte; él tiene **conocimiento** espiritual.

Pero si un cristiano que tiene una **conciencia... débil** ve a un creyente maduro comiendo en un templo, el hermano débil probablemente se sentirá tentado a actuar en contra de su propia conciencia y comerá también en el templo. Eso puede ser peligroso para él, pues está haciendo algo que su propia conciencia rechaza. En consecuencia, **por el conocimiento tuyo, se perderá el hermano**

débil por quien Cristo murió. Se perderá tiene la idea de "llevar a pecar". Hacemos que aquella persona peque llevándola a una situación que ella no puede manejar.

Nunca es correcto causar que otro creyente viole su conciencia. Hacer eso conlleva el riesgo de hacer que se pierda **el hermano débil por quien Cristo murió** (cp. Hch. 20:28; 1 P. 1:18-19). Nunca debemos usar nuestra libertad cristiana a expensas del hermano en Cristo que ha sido redimido a un precio tan elevado.

La voz de la conciencia cristiana es el instrumento del Espíritu Santo. Si la conciencia de un creyente es débil es debido a que es espiritualmente débil e inmaduro, no porque quien dirige su conciencia sea débil. La conciencia es el portero de Dios para mantenernos lejos de lugares donde podríamos ser dañados. A medida que maduramos, la conciencia nos permite ir a más lugares y hacer más cosas porque tendremos más fortaleza espiritual y un mejor juicio espiritual.

A un hijo pequeño no le permitimos jugar con herramientas cortantes, salir a la calle o ir a donde hay máquinas peligrosas y utensilios eléctricos. Vamos eliminando poco a poco las restricciones a medida que crece y aprende por sí mismo lo que es peligroso y lo que no lo es.

Dios limita a sus hijos espirituales mediante la conciencia. A medida que crecen en conocimiento y madurez se van ampliando los límites de la conciencia. No es bueno ampliar nuestras acciones y hábitos antes de que nuestra conciencia no lo permita. Y nunca debiéramos animar a nadie, ya sea directa o indirectamente, a hacerlo. **De esta manera, pues, pecando contra los hermanos e hiriendo su débil conciencia, contra Cristo pecáis.** Llevar a un hermano a tropezar es algo más que pecar contra él; es pecar contra nuestro Señor. Esa es una advertencia muy fuerte. Se da por supuesto que ningún creyente quiere pecar contra Cristo.

Deberíamos estar deseosos de limitar nuestra libertad en cualquier momento y grado con el fin de ayudar a nuestro hermano creyente, un hermano que debemos amar y un alma preciosa por la que Cristo murió.

Por lo cual, si la comida le es a mi hermano ocasión de caer, no comeré carne jamás, para no poner tropiezo a mi hermano. (8:13)

Pablo reafirma el principio que ha estado explicando. Respecto a las cosas dudosas la primera preocupación de un cristiano no debería ser la de ejercer su libertad hasta el límite, sino la de interesarse en el bienestar de su hermano en Cristo. Pablo da ejemplo: **No comeré carne jamás**, o hará ninguna cosa que su propia conciencia le permita hacer, si eso sirve para **poner tropiezo a mi hermano**.

Con el fin de decidir si participamos o no en un determinado comportamiento que es dudoso, los siguientes principios sirven como referencias que podemos seguir:

Exceso. ¿Es esa actividad o hábito necesario o es meramente un extra que no es realmente importante? ¿Es quizás solo un estorbo que podríamos dejar con gusto (He. 12:1)?

Conveniencia. "Todas las cosas me son lícitas", dice Pablo, "mas no todas convienen" (1 Co. 6:12). Lo que quiero hacer, ¿es de ayuda, o útil o solo deseable?

Emulación. "El que dice que permanece en él, debe andar como él anduvo" (1 Jn. 2:6). Si estamos haciendo lo que Cristo haría, nuestra acción no solo es permisible, sino también buena y recta.

Ejemplo. ¿Estamos dando a otros el ejemplo correcto, especialmente al hermano o hermana débil? Si nosotros emulamos a Cristo, otros se sentirán animados a emularnos a nosotros, a seguir nuestro ejemplo (1 Ti. 4:12).

Evangelismo. ¿Ayudará a mi testimonio o lo estorbará? ¿Los incrédulos se sentirán atraídos a Cristo con lo que estoy haciendo o los alejará? ¿Me ayudará a mí mismo mi conducta a andar "sabiamente para con los de afuera, redimiendo el tiempo" (Col. 4:5)?

Edificación. ¿Quedaré más edificado y maduro en Cristo; seré espiritualmente más fuerte? "Todo me es lícito, pero no todo edifica" (1 Co. 10:23).

Exaltación. ¿Será el Señor honrado y glorificado mediante lo que hago? La gloria y la exaltación de Dios deben ser la razón suprema de todo lo que hago. "Si, pues, coméis o bebéis, o hacéis otra cosa, hacedlo todo para la gloria de Dios" (1 Co. 10:31).

Apoyemos al hombre de Dios (9:1–14)   **21**

¿No soy apóstol? ¿No soy libre? ¿No he visto a Jesús el Señor nuestro? ¿No sois vosotros mi obra en el Señor? Si para otros no soy apóstol, para vosotros ciertamente lo soy; porque el sello de mi apostolado sois vosotros en el Señor.

    Contra los que me acusan, esta es mi defensa: ¿Acaso no tenemos derecho de comer y beber? ¿No tenemos derecho de traer con nosotros una hermana por mujer como también los otros apóstoles, y los hermanos del Señor, y Cefas? ¿O sólo yo y Bernabé no tenemos derecho de no trabajar? ¿Quién fue jamás soldado a sus propias expensas? ¿Quién planta viña y no come de su fruto? ¿O quién apacienta el rebaño y no toma de la leche del rebaño? ¿Digo esto sólo como hombre? ¿No dice esto también la ley? Porque en la ley de Moisés está escrito: No pondrás bozal al buey que trilla. ¿Tiene Dios cuidado de los bueyes, o lo dice enteramente por nosotros? Pues por nosotros se escribió; porque con esperanza debe arar el que ara, y el que trilla, con esperanza de recibir del fruto. Si nosotros sembramos entre vosotros lo espiritual, ¿es gran cosa si segáremos de vosotros lo material? Si otros participan de este derecho sobre vosotros, ¿cuánto más nosotros? Pero no hemos usado de este derecho, sino que lo soportamos todo, por no poner ningún obstáculo al evangelio de Cristo. ¿No sabéis que los que trabajan en las cosas sagradas, comen del templo, y que los que sirven al altar, del altar participan? Así también ordenó el Señor a los que anuncian el evangelio, que vivan del evangelio. (9:1-14)

En el capítulo 8 Pablo establece los límites de la libertad cristiana, límites que deben ser determinados por el amor fraternal, por la preocupación por el bienestar de los hermanos creyentes. Resume el principio de esta manera: "Pero mirad que esta libertad vuestra no venga a ser tropezadero para los débiles" (8:9). Nuestros derechos terminan cuando otra persona es perjudicada.

    En el capítulo 9 el apóstol ilustra cómo ha seguido él ese principio en su propia vida. En los versículos 1-18 considera sus derechos para que lo apoyen económicamente los creyentes que él está ministrando. Los versículos 1-14 exponen su derecho y los versículos 15-18 da la razón por la cual él no hará uso de ese derecho. En los versículos 19-27 explica que está dispuesto a renunciar a cualquier derecho con tal de ganar a las personas para Cristo.

En la primera sección del capítulo Pablo nos da seis razones de por qué él tenía derecho a que lo apoyaran las iglesias a las que ministraba: (1) Él era un apóstol; (2) la costumbre es pagar a los obreros; (3) es conforme a la ley de Dios; (4) otros líderes ejercen su derecho; (5) es una pauta universal; (6) y Jesús lo ordenó. La primera razón tiene que ver solo con los apóstoles y, por consiguiente, no tiene aplicación hoy. Las otras cinco razones, sin embargo, se aplican a todo ministro y obrero cristiano en toda época de la historia de la iglesia.

PABLO ERA UN APÓSTOL

¿No soy apóstol? ¿No soy libre? ¿No he visto a Jesús el Señor nuestro? ¿No sois vosotros mi obra en el Señor? Si para otros no soy apóstol, para vosotros ciertamente lo soy; porque el sello de mi apostolado sois vosotros en el Señor.

Contra los que me acusan, esta es mi defensa: ¿Acaso no tenemos derecho de comer y beber? ¿No tenemos derecho de traer con nosotros una hermana por mujer como también los otros apóstoles, y los hermanos del Señor, y Cefas? ¿O sólo yo y Bernabé no tenemos derecho de no trabajar? (9:1-6)

El versículo 1 está compuesto de cuatro preguntas. Todas son retóricas, la respuesta a cada una de ellas se da por supuesto.

La primera pregunta, como aparece en la mayoría de las versiones recientes, es **¿No soy libre?** En la carta que enviaron a Pablo (vea 7:1) los corintios le dieron mucha importancia a su libertad en Cristo, acerca de la cual habían sido instruidos principalmente por Pablo mismo. Ahora él declara su propia libertad y sus propios derechos. "Yo no tengo menos libertad que vosotros", dice implícitamente, "y aprecio mi libertad tanto como vosotros. Pero valora otras cosas aún más".

La segunda pregunta es **¿No soy apóstol?** Está estrechamente relacionada con la anterior. Como un apóstol normalmente tenía mayor libertad que el cristiano promedio. Pablo siempre estaba consciente de su apostolado. Nunca predicaba o enseñaba su propia filosofía o ministraba o servía en su propio nombre o poder. Era el apóstol del Señor, comisionado para llevar el evangelio a los gentiles (Hch. 9:15).

En este momento proporciona dos verificaciones de su apostolado. Primera, él había visto al Señor. **¿No he visto a Jesús el Señor nuestro?** Un apóstol tenía que ser un testigo ocular de Cristo y de su resurrección (Hch. 1:21-22). Pablo no perteneció al grupo original de los discípulos que estuvieron con Jesús durante su ministerio terrenal, pero había visto al Cristo resucitado al menos en tres ocasiones. El Señor se le apareció en su conversión (Hch. 9:4-5) y en dos visiones de las que tenemos conocimiento (Hch. 18:9-10; 22:17-18). Pablo podía dar testimonio de haberse encontrado personalmente con el Cristo resucitado.

La segunda prueba de su apostolado era los mismos creyentes corintios. **¿No sois vosotros mi obra en el Señor? Si para otros no soy apóstol, para vosotros ciertamente lo soy.** La iglesia en Corinto era uno de los frutos de las tareas apostólicas de Pablo. Su fe salvadora y su conocimiento de la Palabra de Dios eran el resultado del evangelismo y discipulado fieles de Pablo (Hch. 18:1-11).

La iglesia corintia era **el sello de [su] apostolado... en el Señor.** En los tiempos antiguos los sellos se usaban en los contenedores de mercaderías, en cartas y en otras cosas para indicar la autenticidad de lo que iba dentro y para evitar que los contenidos fueran sustituidos o alterados. El sello era la representación oficial de autoridad del que enviaba la mercadería o la carta. Lo que estaba bajo el sello tenía la garantía de ser genuino. La iglesia corintia era el **sello** viviente del apostolado de Pablo, la prueba de autenticidad.

Luego razona diciendo: **Contra los que me acusan, esta es mi defensa.** Acusan (*anakrinō*) era un término legal para la investigación o averiguaciones que se hacían antes de tomar una decisión en un caso. Él desea defender claramente sus derechos.

El primer derecho que defiende es el de ser ayudado económicamente por los creyentes que ministraba. **¿Acaso no tenemos derecho de comer y beber?** Es decir: "Como ministros de Dios, para no mencionar como un apóstol, ¿no tengo el derecho de esperar que me provean al menos de comida y bebida?" (cp. 1 Ti. 5:17-18; Gá. 6:6).

Continúa diciendo: **¿No tenemos derecho de traer con nosotros una hermana por mujer como también los otros apóstoles, y los hermanos del Señor, y Cefas?** "¿No tengo el derecho de casarme con una mujer cristiana y llevarla a ministrar conmigo a todo lugar donde voy?" Los otros apóstoles, incluido **Cefas** (Pedro), estaban casados, como también los hermanos de Jesús, los hijos que les nacieron de forma natural a José y María después de Jesús. Pablo probablemente era viudo. En cualquier caso, él tenía el derecho de casarse con una creyente. Aunque había elegido quedarse sin casar, tenía el derecho de hacerlo en el Señor. También tenía el derecho, como los demás apóstoles, de llevar a su esposa con él cuando ministraba y que las iglesias contribuyeran a su sustento.

Creo que ese versículo apoya el principio de que los pastores, evangelistas, misioneros y otros obreros cristianos reciban suficiente compensación económica a fin de que la esposa no tenga que trabajar; de forma que pueda dedicar más tiempo al ministerio junto con su esposo.

El versículo también se puede aplicar al principio de pagar los gastos de la esposa cuando ella viaja con él para ministrar, **como también los otros apóstoles, y los hermanos del Señor, y Cefas.** La expresión **traer con nosotros** (*periagō*) significa "viajar acompañado". El apoyo y la compañía de una esposa son de mucha ayuda cuando el esposo ministra lejos del hogar. No hay duda de que una de las causas que contribuyen al divorcio entre los ministros es que muchos de ellos no pueden pasar suficiente tiempo con su esposa y familia. Es obvio que una esposa con hijos pequeños en el hogar y con otros compromisos semejantes está limitada en sus posibilidades de viajar. Lo que queremos decir es que cuando a ella le sea posible acompañar a su esposo, los que llaman o invitan deberían hacer todo lo posible por cubrir sus gastos. Es cuestión de desarrollar la actitud correcta, la actitud de apoyar generosamente a los obreros del Señor dedicados por completo a su obra.

Con una nota de sarcasmo Pablo pregunta: **¿O sólo yo y Bernabé no tenemos derecho de no trabajar?** Pablo y Bernabé tenían tanto derecho como los demás a recibir su sustento del ministerio, sin necesidad de trabajar en otros oficios. Ellos no pagaban sus propios gastos porque estuvieran obligados a hacerlo, sino porque lo habían decidido así voluntariamente.

SE ACOSTUMBRA A HACERLO

¿Quién fue jamás soldado a sus propias expensas? ¿Quién planta viña y no come de su fruto? ¿O quién apacienta el rebaño y no toma de la leche del rebaño? (9:7)

Pablo da tres ilustraciones para demostrar que la costumbre es pagar a los obreros. Cómo hace en buena parte de este capítulo, el apóstol instruye mediante preguntas retóricas, la respuestas a las cuales son evidentes. La respuesta esperada en cada caso es "nadie".

Los soldados no combaten durante el día y luego trabajan de noche en una tarea civil a fin de comer, comprarse ropas y tener un lugar donde descansar. Los soldados no sirven **a sus propias expensas**. Se los provee de ropa, alimento, armas, hospedaje y todo lo demás que necesiten con el fin de que vivan y luchen eficazmente. Los agricultores no plantan una **viña** o cultivan una cosecha para alguien sin recibir el pago. No trabajan por amor al arte y luego hacen otro trabajo para ganarse la vida. **[Comen] de su fruto**, los pagan ya sea con dinero o con una parte de la cosecha (cp. 2 Ti. 2:6).

Los pastores tampoco trabajan gratis. Ellos esperan recibir en compensación al menos parte **de la leche del rebaño**.

Estos tres tipos de obreros son pagados por su trabajo. Eso es lo acostumbrado, lo correcto y lo que se espera. ¿Por qué no va a ser eso cierto también en cuanto a los obreros de Dios?

ES CONFORME A LA LEY DE DIOS

¿Digo esto sólo como hombre? ¿No dice esto también la ley? Porque en la ley de Moisés está escrito: No pondrás bozal al buey que trilla. ¿Tiene Dios cuidado de los bueyes, o lo dice enteramente por nosotros? Pues por nosotros se escribió; porque con esperanza debe arar el que ara, y el que trilla, con esperanza de recibir del fruto. Si nosotros sembramos entre vosotros lo espiritual, ¿es gran cosa si segáremos de vosotros lo material? (9:8-11)

Pablo no está hablando acerca del principio de pagar a los obreros por su trabajo **sólo como hombre**, como ha sido ya ilustrado. La ley de Dios lo enseña también. **No pondrás bozal al buey que trilla.** Esa cita de Deuteronomio 25:4 se refiere a la práctica general que está escrita **en la ley de Moisés** de que debían permitir que los bueyes comieran al tiempo que trabajaban. Esa era su "paga".

La respuesta a la pregunta **¿Tiene Dios cuidado de los bueyes...?** es sí, Dios tiene interés en el bienestar de los animales. El Señor es quien prepara el alimento del cuervo (Job 38:41). "El da a la bestia su mantenimiento" (Salmo 147:9). Jesús habló acerca del Padre celestial que alimenta a "las aves del cielo" (Mt. 6:26). A pesar de ello, la preocupación suprema de Dios no es por los animales, sino por las personas. Si Él quiere estar seguro de que los bueyes son "pagados" por su trabajo, tanto más está interesado en que los hombres sean compensados por el suyo.

De modo que el propósito primario de la cita del mandamiento del Antiguo Testamento tiene que ver con los seres humanos. Deuteronomio 25 tiene que ver con las relaciones sociales y económicas entre los seres humanos, y se usa en el versículo 4 la bien establecida práctica de no ponerle bozal al buey que trilla para enseñar que los obreros humanos deben ser pagados por su trabajo. Como Pablo explica, Dios **lo dice enteramente por nosotros.** Los hombres deben ganarse la vida mediante su trabajo. **El que ara, y el que trilla** deben trabajar **con esperanza de recibir del fruto.**

Pablo tenía todo el derecho de aplicar ese principio a su propia vida. Si los hombres que trabajan para los hombres deben ser pagados por su trabajo, no hay duda de que los que trabajan para el Señor deben ser compensados por su labor. **Si nosotros sembramos entre vosotros lo espiritual, ¿es gran cosa si segáremos de vosotros lo material?** La única diferencia en la aplicación del principio es que los que sirven al Señor reciben la compensación material por su trabajo espiritual. El Señor provee sus propias recompensas espirituales, pero su pueblo tiene que proveer la recompensa material y proveerlo generosamente como si fuera para Él mismo. Pablo invita a que "sean tenidos por dignos de doble honor" (1 Ti. 5:17).

Los siervos del Señor merecen que sean bien sostenidos. No se debe aplicar una ley para unos y otra para otros, como es aplicar a los predicadores, misioneros y obreros cristianos una escala de salarios que es considerablemente inferior a la de los que trabajan en las tareas seculares. Deberíamos pagarlos con tanta generosidad como sea posible y dejar que ellos administren sus ingresos, como los demás esperamos que nos dejen a nosotros.

Obviamente debemos dar nuestro dinero solo a ministerios que desde la perspectiva bíblica son correctos y responsables. Toda petición de dinero que se hace en el nombre del Señor no merece el apoyo del pueblo de Dios. Ser sabios en cómo y a quién damos es parte de nuestra mayordomía cristiana. Pero cuando damos a un siervo que es digno debemos hacerlo con alegría, generosidad y confianza. El **si** (*ei* con el indicativo) en la declaración de Pablo **Si nosotros sembramos entre vosotros lo espiritual,** presenta una condición que se supone que es cierta. Esto es, si ese ministerio espiritual auténtico ha tenido lugar, y así ha sucedido, no debería ser **gran cosa** el segar de ellos **lo material**.

Las iglesias de Macedonia —la de Filipos, Tesalónica, Berea, y quizás otras (vea Hch. 16:11–17:13)— habían apoyado a Pablo económicamente de forma continuada, como pastor cuando trabajó entre ellos y como misionero después que se marchó. Además dieron para ayudar a otras iglesias. No tenían muchos recursos y estaban soportando bastante persecución, pero,

> *que en grande prueba de tribulación, la abundancia de su gozo y su profunda pobreza abundaron en riquezas de su generosidad. Pues doy testimonio de que con agrado han dado conforme a sus fuerzas, y aun más allá de sus fuerzas, pidiéndonos con muchos ruegos que les concediésemos el privilegio de participar en este servicio para los santos. Y no como lo esperábamos, sino que a sí mismos se dieron primeramente al Señor, y luego a nosotros por la voluntad de Dios. (2 Co. 8:1-5)*

Su actitud y su forma de dar es un modelo para todos los cristianos.

Dar para los obreros del Señor es ofrendar para el Señor. Dios da a sus hijos sin medida, de modo que, como Pablo ya les había recordado a los corintios, "nada [nos] falta en ningún don" (1 Co. 1:7). Pedro nos dice que "todas las cosas que pertenecen a la vida y a la piedad nos han sido dadas por su divino poder" (2 P.1:3). Dios suple "todo lo que [nos] falta conforme a sus riquezas en gloria en Cristo Jesús" (Fil. 4:19). Los hijos de Dios deben ser un reflejo de la generosidad del Padre celestial. "El que siembra escasamente, también segará escasamente; y el que siembra generosamente, generosamente también segará" (2 Co. 9:6). Como individuos y como iglesias, los cristianos que dan generosamente para la obra del Señor y para el sostenimiento de sus siervos serán bendecidos.

La voluntad de nuestro Señor es que seamos generosos con nuestros pastores, con nuestros obreros en distintos ministerios, con nuestros misioneros y con los líderes de cualquier clase que vienen y nos ministran, de la misma forma que Él ha sido inmensamente generoso con nosotros.

OTROS LO HACEN

Si otros participan de este derecho sobre vosotros, ¿cuánto más nosotros? Pero no hemos usado de este derecho, sino que lo soportamos todo, por no poner ningún obstáculo al evangelio de Cristo. (9:12)

La cuarta razón de Pablo para su derecho a ser sostenido en el ministerio era que, al parecer, los corintios habían siempre sostenido a sus pastores. Entre los que estaban ahora sosteniendo, o habían sostenido, se encontraban sin duda Apolos y Pedro (cp. 1:12; 3:22). Como el pastor fundador de la iglesia y como un apóstol, Pablo tenía **más** derecho a su apoyo que los **otros**. Pero él no había **usado de este derecho**.

A pesar de las muchas razones que tenía para justificar su derecho a ser sostenido, él renunció a ese derecho. **Sino que lo soportamos todo, por no poner ningún obstáculo al evangelio de Cristo.** El sentido básico de **soportamos** (*stegō*) es "sobrellevarlo en silencio". Pablo usó el tiempo presente, indicando que a lo largo de todo su ministerio continuó sobrellevando sin quejas todo lo que fue necesario para llevar a cabo su trabajo. Su acostumbrada manera de vivir era la de negarse a sí mismo.

Trabajó haciendo tiendas (Hch. 18:3) para cubrir sus gastos mientras predicaba y enseñaba. Pablo pudo decir a los corintios lo mismo que había dicho a los efesios: "Antes vosotros sabéis que para lo que me ha sido necesario a mí y a los que están conmigo, estas manos me han servido" (Hch. 20:34). No solo se sostuvo a sí mismo, sino también a los que trabajaban estrechamente con él (2 Ts. 3:8).

Pagar sus propios gastos era una manera de **no poner ningún obstáculo al evangelio de Cristo.** Pablo no quería que los nuevos convertidos u otros convertidos tuvieran razón para pensar que él predicaba el evangelio por motivos egoístas. No quería que nadie pensara que estaba en el ministerio por amor al dinero o para disfrutar de una vida fácil. Esa práctica fue sin duda importante para la obra de Pablo, porque él, más que ningún otro apóstol de los que tenemos conocimiento, trabajó en territorio virgen entre los gentiles. No solo el evangelio mismo, sino todos los antecedentes del Antiguo Testamento eran completamente nuevos para los que alcanzaba, y él no quería que ese mensaje quedara empañado en ningún sentido. Los otros apóstoles y los profetas del Nuevo Testamento trabajaron sobre todo entre los judíos, quienes estaban acostumbrados a que los ministros del Señor fueran sostenidos por su pueblo.

Es sabio que los que hoy trabajan en obras nuevas sean capaces de sostenerse a sí mismos, o que sean sostenidos por otros hermanos cristianos, hasta que un grupo de creyentes está bien establecido. Especialmente a la luz de que algunos predicadores hacen del evangelio un negocio más. Los obreros cristianos deben ser muy cuidadosos en no dar ninguna razón para esa clase de acusación en contra de ellos. Resulta ofensivo invitar a las personas a que acudan a Cristo y al mismo tiempo pedirles su dinero.

ES UNA PAUTA UNIVERSAL

¿No sabéis que los que trabajan en las cosas sagradas, comen del templo, y que los que sirven al altar, del altar participan? (9:13)

La quinta razón que Pablo da para ser sostenido por las iglesias a las que sirve es que esa había sido la pauta universal desde la fundación del sacerdocio en Israel. Los sacerdotes, **los que trabajan en las cosas sagradas,** eran sostenidos por los diezmos de las cosechas y de los animales así como también por los sacrificios de las personas a las que ellos ministraban en el **templo,** y antes de eso en el tabernáculo (Nm. 18:8-24). En efecto, cientos de años antes del sacerdocio iniciado con Aarón, Abraham le dio diezmos a Melquisedec, "sacerdote del Dios Altísimo" (Gn. 14:18-20). Puesto que ellos **sirven al altar** como una forma de vida dedicada a Dios, había que proveerlos de su sustento.

JESÚS LO ORDENÓ

Así también ordenó el Señor a los que anuncian el evangelio, que vivan del evangelio. (9:14)

Pablo tenía el derecho de solicitar que lo apoyaran porque el Señor había respaldado ese principio. **Así también ordenó el Señor a los que anuncian el evangelio, que vivan del evangelio.** Tanto la ley de Dios como el Hijo de Dios enseñan que sus profetas, maestros y ministros deben ser pagados por su dedicación a la obra del Señor. La enseñanza del Nuevo Testamento reitera la del Antiguo. Puede que Pablo se estuviera refiriendo a las instrucciones de Jesús a los setenta (Lc. 10:7), o a una enseñanza del Señor que no tenemos registrada por escrito. O a una revelación especial recibida por el apóstol. En cualquier caso, Jesús enseñó esa verdad personalmente.

El Señor manda a sus seguidores que sostengan a los que los ministran, pero no manda a los que ministran que acepten la ayuda. Pablo no la quiso. Él tenía el derecho, tanto como cualquier otro y más que la mayoría; pero por amor del evangelio, por el bien de los hermanos y por el bien del amor, limitó con gusto su libertad. Renunció voluntariamente a sus derechos.

22

Niéguese a usar su libertad cristiana (9:15–27)

Pero yo de nada de esto me he aprovechado, ni tampoco he escrito esto para que se haga así conmigo; porque prefiero morir, antes que nadie desvanezca esta mi gloria. Pues si anuncio el evangelio, no tengo por qué gloriarme; porque me es impuesta necesidad; y ¡ay de mí si no anunciare el evangelio! Por lo cual, si lo hago de buena voluntad, recompensa tendré; pero si de mala voluntad, la comisión me ha sido encomendada. ¿Cuál, pues, es mi galardón? Que predicando el evangelio, presente gratuitamente el evangelio de Cristo, para no abusar de mi derecho en el evangelio.

Por lo cual, siendo libre de todos, me he hecho siervo de todos para ganar a mayor número. Me he hecho a los judíos como judío, para ganar a los judíos; a los que están sujetos a la ley (aunque yo no esté sujeto a la ley) como sujeto a la ley, para ganar a los que están sujetos a la ley; a los que están sin ley, como si yo estuviera sin ley (no estando yo sin ley de Dios, sino bajo la ley de Cristo), para ganar a los que están sin ley. Me he hecho débil a los débiles, para ganar a los débiles; a todos me he hecho de todo, para que de todos modos salve a algunos. Y esto hago por causa del evangelio, para hacerme copartícipe de él.

¿No sabéis que los que corren en el estadio, todos a la verdad corren, pero uno solo se lleva el premio? Corred de tal manera que lo obtengáis. Todo aquel que lucha, de todo se abstiene; ellos, a la verdad, para recibir una corona corruptible, pero nosotros, una incorruptible. Así que, yo de esta manera corro, no como a la ventura; de esta manera peleo, no como quien golpea el aire, sino que golpeo mi cuerpo, y lo pongo en servidumbre, no sea que habiendo sido heraldo para otros, yo mismo venga a ser eliminado. (9:15-27)

En 9:15-27 Pablo repite (v. 15) y luego continúa ilustrando el principio de que el amor limita la libertad cristiana así como también su propia norma de no usar su derecho para recibir apoyo económico de aquellos que ministraba. Da dos razones de por qué rehusaba aceptar ese apoyo. Primera, no quería perder su recompensa por predicar el evangelio gratuitamente (vv. 16-18). Segunda, y más importante, no quería que nada obstaculizara en absoluto la conversión de los perdidos mediante ese evangelio (vv. 19-27).

Les acababa de dar seis razones (9:1-14) acerca de por qué él tenía el derecho de ser sostenido. **Pero yo de nada de esto me he aprovechado**, continúa diciendo. Él no se va a aprovechar de ese derecho por ninguna razón.

Con el fin de que los corintios no pensaran que había cambiado de parecer y que les había dado esas seis razones para convencerlos de que debían comenzar a sostenerlo, agrega: **ni tampoco he escrito esto para que se haga así conmigo**. Su forma de pensar no había cambiado. No estaba usando un subterfugio con la esperanza de que, a pesar de sus protestas, ellos comenzaran a pagarle a él. Nunca había aceptado ninguna paga de los que había servido y no tenía la intención de hacerlo. Tampoco estaba ahora pidiéndolo de una forma disimulada.

Esa era la norma de Pablo en todo lugar adonde había ido. Recordó a la iglesia tesalonicense: "Porque os acordáis, hermanos, de nuestro trabajo y fatiga; cómo trabajando de noche y de día, para no ser gravosos a ninguno de vosotros, os predicamos el evangelio de Dios" (1 Ts. 2:9). En su siguiente carta a esa iglesia les vuelve a recordar: "Ni comimos de balde el pan de nadie, sino que trabajamos con afán y fatiga día y noche, para no ser gravosos a ninguno de vosotros" (2 Ts. 3:8). Nunca quiso aprovecharse de los demás y comer de gratis.

Pablo recibió ayuda de los tesalonicenses después de salir de la iglesia, pero no mientras trabajó entre ellos. Sin duda alguna esa iglesia estaba entre las iglesias de Macedonia que ayudaron a sostener al apóstol cuando él se encontraba en Corinto: "He despojado [una palabra que se usaba para saquear un templo] a otras iglesias, recibiendo salario para serviros a vosotros. Y cuando estaba entre vosotros y tuve necesidad, a ninguno fui carga, pues lo que me faltaba, lo suplieron los hermanos que vinieron de Macedonia, y en todo me guardé y me guardaré de seros gravoso" (2 Co. 11:8-9).

La negativa de Pablo a aceptar un salario de parte de aquellos a quienes servía era el resultado de una profunda convicción. **Porque prefiero morir, antes que nadie desvanezca esta mi gloria**. Prefería estar muerto antes de que alguien pudiera pensar que predicaba y enseñaba por dinero. Él no era un profeta de alquiler, como lo fue Balaam (Nm. 22), o que estaba en el ministerio por "ganancia deshonesta" (1 P. 5:2). Este es el compromiso del que habló a los ancianos efesios: "Ni plata ni oro ni vestido de nadie he codiciado. Antes vosotros sabéis que para lo que me ha sido necesario a mí y a los que están conmigo, estas manos me han servido. En todo os he enseñado que, trabajando así, se debe ayudar a los necesitados, y recordar las palabras del Señor Jesús, que dijo: Más bienaventurado es dar que recibir" (Hch. 20:33-35).

Gloria (*kauchēma*) se refiere a aquello en lo cual uno se gloría o a la razón para gloriarse. También conlleva la idea de regocijarse o deleitarse. Debido a que se hace a menudo con orgullo, gloriarse es generalmente un pecado; pero no tiene que ser necesariamente orgulloso y pecaminoso. La **gloria** de Pablo no tenía la intención de expresar arrogancia, sino gozo. Estaba tan contento por aquel privilegio espiritual y compromiso por el cual se regocijaba que prefería morir antes que contradecirlo. Tenía sus prioridades bien establecidas, se sentía gozoso por ejercer su privilegio de restringir sus libertades más que por usarlas. Su gloriarse era muy diferente de jactarse por sus logros, como aclara inmediatamente.

PROCURA NO PERDER LA RECOMPENSA

Pues si anuncio el evangelio, no tengo por qué gloriarme; porque me es impuesta necesidad; y ¡ay de mí si no anunciare el evangelio! Por lo cual, si lo hago de buena voluntad, recompensa tendré; pero si de mala voluntad, la comisión me ha sido encomendada. (9:16-17)

LA RECOMPENSA NO ERA POR EL MENSAJE O POR EL MINISTERIO DEL EVANGELIO

Pablo habló de gloriarse en el Señor (1 Co. 1:31), "gloriarme en Cristo Jesús en lo que a Dios se refiere" (Ro. 15:17) y cosas así. Habló aun más a menudo de regocijarse en el evangelio. De gloriarse en la cruz y sobre todo de gloriarse en Cristo Jesús. Pero dice: **Pues si anuncio el evangelio, no tengo por qué gloriarme.**

Se gloriaba *en* el evangelio, pero no *por* él. Él no tenía absolutamente nada que ver con la donación o con el contenido del evangelio. Él solo recibió la revelación. No se gloriaba por su dedicación o por su habilidad para predicar el evangelio. **[Anunció] el evangelio** más diligentemente que ningún otro de los que conocemos, pero le había sido **impuesta necesidad**. El Señor lo paró repentinamente un día que iba por el camino a Damasco, cuando se encaminaba allí para perseguir a los cristianos. En aquel momento fue apartado como el apóstol de los gentiles (Hch. 9:3-6, 15; 26:13-18); cp. Ro. 11:13). Pablo respondió al llamamiento de Dios en el sentido de que no fue "rebelde a la visión celestial" (Hch. 26:19), pero en realidad no tenía elección. Le había sido **impuesta necesidad**.

Como Pablo se dio cuenta más tarde, Dios lo había apartado incluso "desde el vientre de [su] madre" (Gá. 1:15). Como Jeremías (Jer. 1:5) y Juan el Bautista (Lc. 1:13-17), Pablo fue llamado y ordenado por Dios desde antes de nacer. Y como Jeremías, Pablo no podía dejar de predicar. Cuando Jeremías se encontraba frustrado y desanimado a causa del rechazo y de la burla, trató de dejar de predicar, pero no pudo: "Y dije: No me acordaré más de él, ni hablaré más en su nombre; no obstante, había en mi corazón como un fuego ardiente metido en mis huesos; traté de sufrirlo y no pude" (Jer. 20:9). Y Pablo les dijo a los colosenses: "De la cual fui hecho ministro, según la administración de Dios que me fue dada" (Col. 1:25).

En algún momento o en otro, todo predicador que ha sido llamado por Dios se dará cuenta de que le ha sido **impuesta necesidad**. No es que el llamamiento de Dios no pueda ser ignorado, descuidado o menospreciado, pero no puede ser cambiado. El hombre que resiste el llamamiento de Dios o trata de dejarlo, terminará, como Jeremías, experimentando "un fuego ardiente [que está] metido en sus huesos" hasta que obedece. No tiene otra opción.

Raimundo Lulio, el misionero y místico español, vivió de una forma despreocupada y lujosa durante muchos años. Escribió que una noche en una visión Cristo se le acercó cargando una cruz y le dijo: "Raimundo, lleva esta cruz por mí". Raimundo apartó a Cristo y rehusó. En una visión posterior sucedió lo mismo: Cristo le ofreció la cruz y él la rechazó. En una tercera visión Cristo dejó la cruz en las manos de Raimundo y se marchó. "¿Qué podía hacer yo", explicó Raimundo, "sino tomarla?"

Además de ese sentido de obligación hay un sentido de responsabilidad seria y convincente, que Pablo expresa mediante las palabras **¡ay de mí si no anunciare el evangelio!** En efecto, él dice que fallar en obedecer el llamamiento resultaría en el sufrimiento de un serio castigo. Los juicios más severos quedan para los ministros infieles (Stg. 3:1).

Pablo predicó el evangelio gustosamente, pero no lo hizo **de buena voluntad. De mala voluntad** no quiere decir que no estaba dispuesto a obedecer, sino que su voluntad no tuvo parte en el llamamiento en sí. No fue su decisión el servir a Cristo, en consecuencia, él no recibió una **recompensa**, sino una **comisión**. Estaba bajo la obligación de predicar, por lo cual no merecía ni esperaba recompensa.

Comisión indica que alguien nos da algo o alguna responsabilidad que es valiosa para él, la cual debemos tratar de forma muy apropiada y cuidadosa. Este es el caso en todo llamamiento al ministerio. Dios da al ministro para que lo cuide algo que Él valora mucho y promete severa disciplina a aquel que no cumpla debidamente. Pablo usa la exclamación **¡ay de mí!** (*ouai*) que indica el dolor inminente.

LA RECOMPENSA ERA POR PREDICAR GRATUITAMENTE

Luego de mencionar por lo que no recibiría recompensa, menciona ahora por lo que sí recibirá recompensa.

¿Cuál, pues, es mi galardón? Que predicando el evangelio, presente gratuitamente el evangelio de Cristo, para no abusar de mi derecho en el evangelio. (9:18)

A Pablo le pusieron el evangelio en las manos; estaba bajo la necesidad impuesta de predicarlo y se hubiera metido en serios problemas con el Señor si no lo hacía. Pero no estaba bajo obligación respecto al pago. En cuanto a eso estaba en total libertad de esperar que lo sostuvieran los que recibían su servicio. Él eligió que no le pagasen porque prefirió hacerlo así, no porque fuera necesario. En esa decisión encontró gran satisfacción y gozo, y sabía que por esa decisión recibiría recompensa.

Él estaba decidido a **no abusar de** [su] **derecho en el evangelio**. Prefirió más bien trabajar largas horas, día y noche, para ganarse su sustento antes que ser una carga para aquellos a quienes servía o hacerlos pensar que se había metido al ministerio por dinero.

Con gran felicidad y satisfacción Pablo renunció a una libertad, rehusó aprovecharse de un derecho, con el fin de hacer una contribución propia a la obra de Cristo.

GANAR A LOS PERDIDOS PARA CRISTO

La segunda y más importante razón de Pablo para renunciar a su derecho de apoyo económico era el estar en condiciones de ganar a los perdidos para Cristo sin ningún estorbo.

En los versículos 19-27 explica las dos formas mediante las que buscó mejorar su predicación de Cristo: por medio de la negación de sí mismo y el dominio propio.

POR MEDIO DE LA NEGACIÓN DE SÍ MISMO

Por lo cual, siendo libre de todos, me he hecho siervo de todos para ganar a mayor número. Me he hecho a los judíos como judío, para ganar a los judíos; a los que están sujetos a la ley (aunque yo no esté sujeto a la ley) como sujeto a la ley, para ganar a los que están sujetos a la ley; a los que están sin ley, como si yo estuviera sin ley (no estando yo sin ley de Dios, sino bajo la ley de Cristo), para ganar a los que están sin ley. Me he hecho débil a los débiles, para ganar a los débiles; a todos me he hecho de todo, para que de todos modos salve a algunos. Y esto hago por causa del evangelio, para hacerme copartícipe de él. (9:19-23)

El propósito fundamental de Pablo para no beneficiarse por completo de su libertad cristiana era **para ganar a mayor número**. Él creía profundamente que "el que gana almas es sabio" (Pr. 11:30) y estaba dispuesto a hacer todo lo que fuera necesario y sacrificarlo todo para ganar almas para Cristo. En todo lo que concernía a sus derechos era **libre de todos**, pero debido a su amor por todos los hombres estaba dispuesto a limitar de buena gana sus derechos por el bien de ellos. Se había **hecho**, figurativamente, **siervo de todos**. Está dispuesto a modificar sus hábitos, sus preferencias, todo su estilo de vida si alguna de esas cosas causaba que alguien tropezara, quedara ofendido, o le estorbara en su fe en el Señor.

Se nos recuerda de nuevo que en las áreas grises de la vida, aquellas que involucran prácticas acerca de las cuales la Biblia no habla, Pablo, como todos los creyentes, era libre de actuar conforme a su conciencia. Pero el amor no le permitiría hacer nada que la conciencia de los creyentes débiles no les permitiera a ellos hacer. El amor ni siquiera le permitiría hacer cosas que serían ofensivas para los incrédulos a los que daba testimonio. Pondría todas las cosas cuestionables en su vida bajo el control del amor.

Bajo la ley de Moisés todo hebreo que era esclavo de otro hebreo tenía el derecho de quedar libre después de seis años. Pero si él amaba a su amo y prefería permanecer con aquella familia, podía convertirse en un esclavo permanente, y su oreja era horadada como una señal de su servidumbre voluntaria (Éx. 21:2-6).

Pablo se había hecho, en un sentido figurado, esclavo de todos los hombres. **Me he hecho siervo de todos** solo dos palabras en griego (*edoulōsa*, "me esclavicé", y *emauton*, "a mí mismo"). La palabra para esclavizar es muy fuerte. Se usa para describir la experiencia de 400 años de servidumbre de Israel en Egipto (Hch. 7:6), el lazo matrimonial (1 Co. 7:15), la adicción al vino (Tit. 2:3), y la nueva relación del cristiano con la justicia (Ro. 6:18). No fue algo fácil y sin importancia que Pablo se esclavizara a sí mismo para ser **siervo de todos**. Pero el Señor había enseñado que "el que de vosotros quiera ser el primero, será siervo de todos" (Mr. 10:44).

La disposición de Pablo para ajustar su forma de vivir con el fin de identificarse con los que estaba dando testimonio era parte de lo que hoy llamamos preevangelismo. Lo que él hizo en este sentido no era parte del evangelio; no tenía nada que ver con el evangelio. Pero ayudó a muchos incrédulos a prestar atención al evangelio y a estar más abiertos a recibirlo.

Para ilustrar su esclavitud voluntaria Pablo menciona tres maneras en las que él había adaptado, y continuaría adaptando, su forma de vivir a fin de ayudar a otros a ser más receptivos a Cristo. Cada una de estas ilustraciones, como la declaración del principio mismo (v. 19), termina con una cláusula de propósito ("para ganar...") indicando así su gran deseo de ganar personas para Cristo.

Me he hecho a los judíos como judío. Primero, dentro de los límites de las Escrituras se comportaría como un judío según fuera necesario cuando trabajaba con los judíos. En Cristo ya no estaba obligado a las ceremonias, rituales y tradiciones del judaísmo. Seguir o no seguir algunas de esas cosas no iba a tener ningún efecto en su vida espiritual; pero si observarlas le permitía abrir una puerta para su testimonio a los judíos, se acomodaría de buena gana. Lo que una vez habían sido restricciones legales ahora se habían convertido en restricciones de amor. Su motivo era claro: ganar a los **judíos** para la salvación en Cristo Jesús.

Al hablar de sus compatriotas judíos, Pablo dijo: "Ciertamente el anhelo de mi corazón, y mi oración a Dios por Israel, es para salvación" (Ro. 10:1). Aun si predicar a los gentiles pudiera provocar a celos a algunos judíos para aceptar a Cristo, eso estaría bien (11:14). Un poco antes en esa misma carta dijo: "Porque deseara yo mismo ser anatema, separado de Cristo, por amor a mis hermanos, los que son mis parientes según la carne" (9:3).

Si él estaba dispuesto a hacer eso por el bien de sus compatriotas judíos, bien podía someterse a ciertas regulaciones ceremoniales, observar un día especial o limitarse en comer ciertos alimentos, si hacerlo ayudaba a **ganar... a los que están sujetos a la ley**. Cuando Pablo quiso que Timoteo lo acompañara en el ministerio hizo que se circuncidara, "por causa de los judíos que había en aquellos lugares" (Hch. 16:3). La circuncisión de Timoteo no era un beneficio para él ni tampoco lo era para Pablo; pero sí podía ser de gran beneficio para su ministerio entre los judíos y era un pequeño precio a pagar por la posibilidad de ganar a algunos de ellos para el Señor.

Por consejo de Santiago y de otros dirigentes de la iglesia en Jerusalén, Pablo de buena gana pagó y participó en una ceremonia judía de purificación junto con otros cuatro judíos cristianos. Participó en el ritual para demostrar a los judíos que criticaban el cristianismo que él no estaba enseñando a los judíos a que abandonaran por completo a Moisés y la ley del Antiguo Testamento (Hch. 21:20-26). El voto especial judío que Pablo hizo en Cencrea (Hch. 18:18) puede que fuera por amor de algunos judíos.

Debido a que los judíos estaban todavía **sujetos a la ley**, Pablo actuaría como **sujeto a la ley** cuando trabajaba entre ellos. Él no creía, ni enseñaba, ni daba la menor sugerencia de que cumplir la ley daba algún beneficio espiritual. Eso no podía ganar o mantener la salvación, pero era una forma de abrir puertas para trabajar entre los judíos.

A los que están sin ley, como si yo estuviera sin ley. Segundo, Pablo estaba dispuesto a vivir como un gentil cuando ministraba entre los gentiles.

Para evitar ser mal entendido, deja bien en claro que no está hablando acerca de ignorar o violar las leyes morales de Dios. Los Diez Mandamientos y todas las otras leyes morales de Dios han quedado fortalecidas bajo el nuevo pacto.

Por ejemplo, no solo es pecado el matar a alguien, sino también enojarte excesivamente con tu hermano o llamarle necio. No solo es pecado el adulterio, sino también desear la mujer ajena (Mt. 5:21-30). El amor no abroga la ley moral de Dios, sino que la cumple (Ro. 13:8, 10; cp. Mt. 5:17). Ninguno de nosotros que estamos en Cristo está **sin ley de Dios**, **sino bajo la ley de Cristo**. Cada creyente está legal y completamente bajo Cristo Jesús, aunque el amor, más que la expresión exterior de la ley, debe ser la fuerza directriz.

Sin embargo, en otras cosas que no tenían que ver con las cuestiones morales, Pablo se identificaba todo lo que podía con las costumbres gentiles. Comía lo que ellos comían, iba donde ellos iban y se vestía como ellos se vestían. El propósito era también **ganar** a los gentiles para Cristo.

Me he hecho débil a los débiles. Tercero, Pablo estaba dispuesto a identificarse con los que, ya sea judíos o gentiles, carecían de la capacidad de entendimiento para captar el evangelio. Cuando estaba entre los **débiles**, actuaba como **débil**. Se adaptada a la debilidad de su nivel de comprensión. Los que necesitaban presentaciones sencillas y repetidas se las daba. No había duda de que él había demostrado esa clase de consideración en el caso mismo de los corintios (cp. 2:1-5). Su propósito era **ganarlos** para la salvación.

En resumen, Pablo dice: **a todos me he hecho de todo, para que de todos modos salve a algunos**. Él no acomodó el evangelio. No estaba dispuesto a cambiar ninguna verdad en lo más mínimo con el fin de satisfacer a alguien. Pero sí condescendía en todo lo posible si eso era una forma de llevar a las personas a Cristo. Nunca dejaría a un lado una verdad del evangelio, pero limitaba con gusto su libertad en el evangelio. No ofendería a los judíos o gentiles, o a los débiles en entendimiento.

Si una persona se siente ofendida por la Palabra de Dios, ese es su problema. Si se siente ofendida por la doctrina o normas bíblicas o la disciplina de la iglesia, ese es su problema. Esa persona se siente ofendida por Dios. Pero si se siente ofendida por nuestro comportamiento o prácticas innecesarias —sin importar cuán buenas y aceptables puedan ser en sí mismas— su problema termina siendo nuestro problema. No es un problema de ley, sino un problema de amor, y el amor siempre demanda más que la ley. "A cualquiera que te hiera en la mejilla derecha, vuélvele también la otra; y al que te quiera ponerte a pleito y quitarte la túnica, déjale también la capa; y a cualquiera que te obligue a llevar carga por una milla, ve con él dos" (Mt. 5:39-41).

La vida de Pablo estaba centrada en vivir el evangelio y en predicar y enseñar el evangelio. Todo lo demás no le preocupaba para nada. **Y esto hago por causa del evangelio**. Su vida era el evangelio. Por consiguiente, dejaba a un lado todo lo que pudiera estorbar su poder y eficacia.

Para hacerme copartícipe de él (*sunkoinōnos*) se refiere a participar, compartir juntos. La idea aquí es que él quería que todos fueran **copartícipes** con él en los beneficios y bendiciones del evangelio. Quería que estuvieran con él en la familia de Dios.

POR MEDIO DEL DOMINIO PROPIO

¿No sabéis que los que corren en el estadio, todos a la verdad corren, pero uno solo se lleva el premio? Corred de tal manera que lo obtengáis. Todo aquel que lucha, de todo se abstiene; ellos, a la verdad, para recibir una corona corruptible, pero nosotros, una incorruptible. Así que, yo de esta manera corro, no como a la ventura; de esta manera peleo, no como quien golpea el aire, sino que golpeo mi cuerpo, y lo pongo en servidumbre, no sea que habiendo sido heraldo para otros, yo mismo venga a ser eliminado. (9:24-27)

No se puede limitar la libertad sin dominio propio. Nuestra pecaminosidad se resiente y resiste las restricciones, a veces aun en el nombre de la libertad espiritual. Una cosa es reconocer el principio de vivir por amor y otra muy diferente es cumplirlo. Pablo lo cumplió porque quería ser un ganador.

Los griegos tenían dos grandes acontecimientos atléticos: los juegos olímpicos y los juegos ístmicos. Los juegos ístmicos se celebraban en Corinto y eran, por tanto, sumamente familiares para los que Pablo estaba escribiendo. Los participantes en los juegos tenían que demostrar que se habían entrenado rigurosamente durante diez meses. El último mes lo pasaban en Corinto, con ejercicios diarios supervisados en el gimnasio y en los campos de atletismo.

La carrera era siempre la atracción principal en los juegos, y es la figura que Pablo usa para ilustrar la vida cristiana fiel. **Los que corren en el estadio, todos a la verdad corren, pero uno solo se lleva el premio**. Nadie se entrenaba tan rigurosamente durante tanto tiempo sin tener la intención de ganar. No obstante, de entre aquel numeroso grupo de corredores, solo uno ganaba.

Una gran diferencia entre aquellas carreras y la "carrera" cristiana es que todo cristiano que esté dispuesto a pagar el precio del entrenamiento cuidadoso puede ganar. No competimos unos contra otros, sino contra los obstáculos —prácticos, físicos y espirituales— que nos pueden dificultar. En un sentido, cada cristiano corre su propia carrera, lo que nos capacita a cada uno de nosotros para ser un ganador en ganar almas para Cristo. Pablo, por tanto, aconseja a todos los creyentes: **Corred de tal manera que lo obtengáis**, dejando a un lado todo lo que pueda dificultar la recepción del evangelio.

Aferrarse firmemente a las libertades y derechos es una forma segura de perder la carrera de ganar almas para Cristo. Muchos de los cristianos corintios limitaron seriamente su testimonio porque no estaban dispuestos a limitar su libertad. Se negaron a olvidarse de sus derechos y de esa manera ganaron a pocos y ofendieron a muchos.

Si el atleta de los juegos olímpicos e ístmicos se entrenaba con tan gran disciplina y **de todo se abstiene**, por qué no lo pueden hacer los cristianos, preguntaba Pablo. **Ellos, a la verdad, para recibir una corona corruptible, pero nosotros, una incorruptible.**

En los juegos ístmicos el premio era una **corona** de laurel. Los participantes, por supuesto, competían por algo más que eso. La corona representaba fama, reconocimiento y la vida de un héroe. Los ganadores eran inmortalizados, tanto como lo son hoy. Pero la "inmortalidad" era tan mortal como la corona misma, y duraba poco más. Ambas eran **corruptibles**.

Los cristianos no corren por una corona de laurel perecedera o por una fama de corta duración. Ellos ya tienen inmortalidad. Corren con el fin de recibir una "corona de justicia, la cual [les] dará el Señor, juez justo, en aquel día" (2 Ti. 4:8), "una herencia incorruptible, incontaminada e inmarcesible, reservada en los cielos para vosotros" (1 P. 1:4). Aquel premio es **incorruptible**.

Pero lo incorruptible requiere dominio propio exactamente igual que lo corruptible. Ningún cristiano tendrá éxito en dar testimonio, ni en nada que merezca la pena, sin disciplina. Todo lo bueno que logramos —ya sea aprender, negocios, habilidad artística, matrimonio, vida espiritual, dar testimonio cualquier otra cosa— lo alcanzamos mediante la disciplina y el dominio propio.

Si un atleta quiere triunfar tiene que limitar voluntariamente, y a menudo severamente, su libertad. Su sueño, dieta y ejercicios no están determinados por sus derechos o por sus sentimientos, sino por las exigencias de su entrenamiento. Los atletas profesionales de hoy están a menudo muy bien pagados. Pero los juegos ístmicos eran amateur, como los de las Olimpíadas de hoy. Los atletas amateur se entrenan rigurosamente durante años, a menudo con gastos considerables, por amor de un premio barato y por la breve aclamación que lo acompaña.

La disciplina y dominio propio de los atletas es una represión para los cristianos a medias y fuera de forma que no hacen nada para prepararse a sí mismos con el fin de dar testimonio a los perdidos, y en consecuencia rara vez lo hacen.

Pablo tenía un propósito al correr. **No como a la ventura**. Su meta, que declara cuatro veces en los versículos 19-22, era la de ganar a cuantas personas pudiera para Cristo Jesús y por todos los medios que fuera posible.

Cambiando la metáfora, dice: **de esta manera peleo, no como quien golpea el aire**. No peleaba para pasar el tiempo; siempre estaba metido en una pelea auténtica, "la buena batalla" (1 Ti. 6:12). No estaba sencillamente haciendo un poco de ejercicio, sino metiéndose en una auténtica batalla.

Una parte considerable de aquella batalla era en contra de su propio cuerpo. **Sino que golpeo mi cuerpo, y lo pongo en servidumbre. Golpeo** (*hupōpiazō*) significa literalmente pegar bajo el ojo. Figurativamente estaba dispuesto a dejar su cuerpo morado a golpes, dejarlo sin sentido si era necesario. **Lo pongo en servidumbre** (*doulagōgeō*) es de la misma raíz que "me he hecho siervo" en el versículo 19. Pablo sometió su cuerpo a la esclavitud de su misión de ganar almas para Cristo.

La mayoría de las personas, incluyendo a muchos cristianos, son por el contrario esclavos de su cuerpo. Su cuerpo le dice a su mente qué hacer. Su cuerpo decide cuándo comer, qué comer y cuánto comer, cuándo acostarse y levantarse, y así sucesivamente. Un atleta no puede permitirse ese lujo. Él sigue las reglas del entrenamiento, no a su cuerpo. Corre cuando quizás preferiría descansar, toma una comida equilibrada cuando quizás preferiría un helado de chocolate, se va a la cama cuando quizás preferiría estar levantado, y se levanta temprano cuando más bien le gustaría quedarse en la cama. Un atleta dirige su cuerpo, no lo sigue. El cuerpo es su esclavo, no al revés.

Pablo se entrenaba rigurosamente **no sea que habiendo sido heraldo para otros, yo mismo venga a ser eliminado**. Aquí tenemos otra metáfora de los juegos ístmicos. Un participante que fallaba en cumplir las condiciones del entrenamiento quedaba descalificado. No podía ni siquiera correr, mucho menos ganar. Pablo no quería pasar su vida predicando los requisitos a otros y luego quedar eliminado por no cumplirlos él mismo.

Muchos creyentes comienzan la vida cristiana con entusiasmo y devoción. Se entrenan cuidadosamente por un tiempo, pero pronto se cansan del esfuerzo y comienzan a "fallar al entrenamiento". Sin mucho tardar quedan descalificados para ser testigos eficaces de Cristo. No logran el galardón porque no están dispuestos a pagar el precio. La carne, el mundo, los asuntos diarios, los intereses personales y a menudo la mera pereza obstaculiza su crecimiento espiritual y preparación para el servicio.

Aun las cosas buenas pueden interferir con lo mejor. La realización de libertades puede interferir con la realización del amor. Seguir nuestro propio camino puede impedir que otros lleguen a conocer el camino. Las almas son ganadas por los que están preparados para ser usados cuando el Espíritu elige usarlos a ellos.

El peligro del exceso de confianza (10:1–13)

23

Porque no quiero, hermanos, que ignoréis que nuestros padres todos estuvieron bajo la nube, y todos pasaron el mar; y todos en Moisés fueron bautizados en la nube y en el mar, y todos comieron el mismo alimento espiritual, y todos bebieron la misma bebida espiritual; porque bebían de la roca espiritual que los seguía, y la roca era Cristo. Pero de los más de ellos no se agradó Dios; por lo cual quedaron postrados en el desierto. Mas estas cosas sucedieron como ejemplos para nosotros, para que no codiciemos cosas malas, como ellos codiciaron. Ni seáis idólatras, como algunos de ellos, según está escrito: Se sentó el pueblo a comer y a beber, y se levantó a jugar. Ni forniquemos, como algunos de ellos fornicaron, y cayeron en un día veintitrés mil. Ni tentemos al Señor, como también algunos de ellos le tentaron, y perecieron por las serpientes. Ni murmuréis, como algunos de ellos murmuraron, y perecieron por el destructor. Y estas cosas les acontecieron como ejemplo, y están escritas para amonestarnos a nosotros, a quienes han alcanzado los fines de los siglos. Así que, el que piensa estar firme, mire que no caiga. No os ha sobrevenido ninguna tentación que no sea humana; pero fiel es Dios, que no os dejará ser tentados más de lo que podéis resistir, sino que dará también juntamente con la tentación la salida, para que podáis soportar. (10:1-13)

En el capítulo 8 Pablo expone el principio de que, aunque los cristianos somos libres para hacer todo aquello que las Escrituras no prohíben como algo moralmente erróneo, si amamos como Dios nos llama a hacerlo, limitaremos nuestra libertad por amor de los creyentes débiles. En el capítulo 9 ilustra esta limitación en su propia vida y ministerio. Con el fin de evitar darles razones para pensar que predicaba por dinero, no había aceptado salario de parte de los que ministraba. También modificó y adaptó su estilo de vida en todas las maneras en las que era bíblicamente permisible a fin de dar testimonio de forma más eficaz.

La segunda parte del capítulo 8 y todo el capítulo 9 ilustra cómo usar nuestra libertad puede afectar a otros. El capítulo 10 ilustra cómo nuestro uso de la libertad afecta nuestra propia vida. En los versículos 1-13 muestra cómo el mal uso de la libertad puede descalificarnos de un servicio eficaz para Cristo.

Una de las maneras seguras de caer en la tentación y el pecado es tener exceso de confianza. Muchos de los creyentes corintios pensaban, y quizás se lo habían dicho a Pablo en la carta (7:1), que se sentían perfectamente seguros en su vida cristiana, que ya habían triunfado. Pablo sin duda tenía esa actitud en mente en su reprensión sarcástica de 4:8-14. Eran salvos, estaban bautizados, bien instruidos, no carecían de ningún don y eran al parecer maduros. Pensaron que eran bastante fuertes como para asociarse libremente con los paganos en sus ceremonias y actividades sociales y que eso no les afectaría moral o espiritualmente, siempre y cuando no participaran en situaciones de abierta y clara idolatría e inmoralidad.

Pablo les dice que se engañaban a sí mismos. Abusar de su libertad no solo dañaba a los creyentes débiles cuya conciencia quedaba ofendida, sino que también ponía en peligro su propia vida espiritual. No podían vivir por mucho tiempo en el borde extremo de la libertad sin caer en la tentación y luego en el pecado. El cristiano amoroso y maduro no busca usar su libertad hasta el extremo, para ver cuánto se puede acerca al mal sin quedar dañado.

Cuando un cristiano llega a tener tanta confianza en su propia fortaleza que piensa que puede con todo, tiene exceso de confianza y está en grave peligro de caer. La advertencia se resume en el versículo 12: "Así que, el que piensa estar firme, mire que no caiga". El peligro no es que vayamos a caer de la salvación, sino caer de la santidad y de la utilidad en el servicio. Es un grave peligro y el Señor no lo toma a la ligera.

El antiguo Israel le proporcionó a Pablo una ilustración aleccionadora de las dificultades de vivir con exceso de confianza. Pablo usa incidentes ocurridos durante los cuarenta años de peregrinaje de los israelitas entre Egipto y Canaán para hablar de los valores de la libertad (vv. 1-4), el abuso de la libertad (vv. 5-10), y la aplicación de la libertad (vv. 11-13).

LOS VALORES DE LA LIBERTAD

Porque no quiero, hermanos, que ignoréis que nuestros padres todos estuvieron bajo la nube, y todos pasaron el mar; y todos en Moisés fueron bautizados en la nube y en el mar, y todos comieron el mismo alimento espiritual, y todos bebieron la misma bebida espiritual; porque bebían de la roca espiritual que los seguía, y la roca era Cristo. (10:1-4)

Porque se refiere a la descalificación para el servicio acerca del cual Pablo acababa de hablar (9:27) e introduce los ejemplos que siguen. **No quiero, her-**

manos, que ignoréis prepara a los lectores para las maneras nuevas de ver unos relatos antiguos y familiares. Es una declaración urgente, rogando a sus lectores que recuerden lo que le sucedió a Israel en el desierto. Sirve en parte para recordar y en parte para recibir nueva enseñanza.

Todos los hebreos eran los descendientes físicos de Abraham; pero para ser verdaderamente hijos de Dios tenían que ser también sus descendientes espirituales. "Porque no todos los que descienden de Israel son israelitas... Esto es: no los que son hijos según la carne son los hijos de Dios, sino los que son hijos según la promesa son contados como descendientes" (Ro. 9:6, 8). Abraham era el padre de todos los fieles (Ro. 4:11; Gá. 3:29), y en ese sentido se podía aplicar tanto a los judíos como a los cristianos la referencia de Pablo a **nuestros padres**, porque ellos eran descendientes espirituales de todos los que creían.

En los versículos 1-4 Pablo hace hincapié en la identidad de Israel como una comunidad corporativa y la unidad de su experiencia bajo el liderazgo de Moisés. **Todos** se usa cinco veces en esos cuatro versículos para indicar la unidad de su experiencia y bendición.

Se mencionan tres áreas básicas de bendición: la liberación de Egipto, el bautismo en Moisés y el sustento espiritual.

LA LIBERACIÓN DE EGIPTO

Después de unos pocos años de un trato favorecido gracias a José, los israelitas pasaron 400 años como esclavos en Egipto. Estaban completamente sometidos a un pueblo extranjero y pagano, que abusó de ellos, los difamó y los hizo trabajar hasta el agotamiento. Luego de diez plagas que envió contra los egipcios, Dios liberó milagrosamente a los israelitas. Abrió el Mar Rojo para que **[pasaran] el mar** como por tierra seca y después cerró las aguas sobre sus perseguidores. Los guió en el día mediante "una columna de nube" y "de noche en una columna de fuego" (Éx. 13:21). Como la manifestación de la liberación suprema del Señor de su pueblo escogido de la esclavitud a la libertad, el éxodo se convirtió en la piedra de toque de la religión judía y lo sigue siendo hoy.

El éxodo no representa la salvación espiritual del pueblo de Dios. Las personas han sido siempre salvas espiritualmente solo mediante la fe personal en Dios. Muchos israelitas creían completamente en Dios cuando aún se encontraban en Egipto y no hay duda de que muchos llegaron a una experiencia personal de fe durante las peregrinaciones en el desierto. Israel nunca fue salvado *espiritualmente* como una nación, no obstante, su liberación nacional es un símbolo de la salvación del nuevo pacto que se da a los individuos. El éxodo fue el llamamiento de Dios a su pueblo escogido, creyentes e incrédulos, para que saliera de la esclavitud de Egipto y su liberación para que habitara en la tierra que Él les había prometido por medio de Abraham (Gn. 12:7). Tenían que ser su comunidad de testimonio al mundo. Esa era la "carrera" a la que Dios llamaba a Israel para que la corriera como nación (1 Co. 9:24). Esa era la carrera en la que la nación usó mal su libertad y quedó descalificada, al caer en la idolatría, en la inmoralidad y en la rebelión. Pablo les estaba diciendo a los corintios, tan excesivamente confiados: "No permitan que les suceda a ustedes lo que le sucedió a Israel".

EL BAUTISMO DE MOISÉS

Por lo común el bautismo se refiere a la ceremonia en la que se usa agua para simbolizar la limpieza del pecado. Muchos cristianos, por tanto, interpretan **y todos en Moisés fueron bautizados en la nube y en el mar** como una referencia a esta ceremonia. Lo interpretan como queriendo decir que las personas fueron rociadas con lluvia desde la **nube** o sumergidas cuando cruzaban el **mar**. Pero la columna de nube que guiaba a los israelitas aquel día era la nube de la *Shekinah*, la nube de la presencia de Dios, que durante la noche se convertía en columna de fuego, no en una nube de agua. Y el mar fue separado de forma que el pueblo pudiera pasar como por medio de tierra seca (Éx. 14:16).

El significado cristiano básico del bautismo es identificación con Cristo. Como Pablo explica más tarde en Romanos 6:1-10, el agua del bautismo es una señal externa de la unión con Cristo en su muerte y resurrección. El agua del bautismo simboliza el bautismo que los creyentes ya han experimentado. Cuando confiamos en Cristo Jesús somos bautizados en Él, identificados en Él y unidos con Él. "Porque todos los que habéis sido bautizados en Cristo, de Cristo estáis revestidos" (Gá. 3:27). Es esa idea de identificación espiritual más que la de ceremonia física, la que creo que Pablo tiene en mente en este pasaje. Los israelitas **fueron bautizados en Moisés** en el sentido de que se identificaron con él como el líder nombrado por Dios para dirigirlos. Había solidaridad entre el pueblo y Moisés.

EL SUSTENTO ESPIRITUAL

El hecho de que **todos** los israelitas **comieron el mismo alimento espiritual** indica que Pablo no está hablando de la obra de Dios en el espíritu de los israelitas individuales. No podía hacer eso porque muchos de ellos no creían en Él. Pablo está hablando de la fuente, no del tipo, del sustento. Es cierto que Dios fortaleció espiritualmente a los israelitas que creyeron en Él. Pero Él proveyó **alimento** y **bebida**, a través de medios **espirituales**, para **todos** los israelitas, creyentes o incrédulos por igual. El Señor proveyó milagrosamente del maná como alimento (Éx. 16:15) y de agua para beber (17:6). En este sentido todos ellos fueron espiritualmente sustentados, es decir, recibieron provisiones de una fuente divina más bien que de una fuente natural.

La fuente de su **bebida espiritual** fue **la roca espiritual que los seguía, y la roca era Cristo**. Aun en el tiempo del éxodo, el Mesías estaba con Israel proveyendo para ellos.

Los judíos tenían una leyenda popular, que era todavía conocida y creída en el tiempo de Pablo, que la roca propiamente dicha que Moisés golpeó siguió a Israel en todos sus viajes por el desierto, proveyéndolos de agua en todo lugar adonde iban. Creo que puede que el apóstol aludiera a esta leyenda, diciendo: "Sí, una roca siguió a Israel en el desierto. Pero no fue una roca física la que proveyó meramente agua física. Era una roca espiritual, el Mesías (el término hebreo para Cristo) al que vosotros habéis esperado por tanto tiempo, el que estaba con nuestros padres incluso entonces".

El término que Pablo usa aquí para **roca** no es *petros*, una piedra grande, sino *petra*, una mole rocosa enorme. Dios usó una roca para proveer de agua a Israel en una ocasión. Pero **la roca espiritual que los seguía** a lo largo de sus jornadas por el desierto no era una roca pequeña, sino la gran roca de **Cristo**. Esa roca sobrenatural protegió y sustentó a su pueblo y no permitió que ellos perecieran. El Espíritu Santo no moraba en los creyentes del Antiguo Testamento, pero durante el éxodo ellos tuvieron la presencia sustentadora del Mesías preexistente, el **Cristo** preencarnado, que se preocupaba por las necesidades de su pueblo y las satisfacía.

La intención de todas estas afirmaciones es contar los privilegios de Israel, los valores de su liberación.

LOS ABUSOS DE LA LIBERTAD

Pero de los más de ellos no se agradó Dios; por lo cual quedaron postrados en el desierto. Mas estas cosas sucedieron como ejemplos para nosotros, para que no codiciemos cosas malas, como ellos codiciaron. Ni seáis idólatras, como algunos de ellos, según está escrito: Se sentó el pueblo a comer y a beber, y se levantó a jugar. Ni forniquemos, como algunos de ellos fornicaron, y cayeron en un día veintitrés mil. Ni tentemos al Señor, como también algunos de ellos le tentaron, y perecieron por las serpientes. Ni murmuréis, como algunos de ellos murmuraron, y perecieron por el destructor. (10:5-10)

Todo Israel participó en las bendiciones comunes de la libertad, del bautismo y del sustento en el desierto. **Pero de los más de ellos no se agradó Dios. Los más de ellos** es una declaración que se queda corta. De toda la gran multitud de israelitas que salió de Egipto, solo a dos, Caleb y Josué, se les permitió entrar en la Tierra Prometida. Incluso Moisés y Aarón quedaron descalificados para entrar porque Moisés golpeó la roca en Meriba en vez de hablarle como Dios había mandado (Nm. 20:8-12, 24).

Por causa de la desobediencia todos, excepto dos, los israelitas **quedaron postrados en el desierto. Postrados** (*katastrōnnumi*) significa literalmente "esparcir o desparramar sobre". Los cadáveres de todos aquellos que no agradaron a Dios quedaron esparcidos por todo el desierto. Todo Israel había sido bendecido generosamente, liberado, bautizado y sustentando por el Señor en el desierto, pero en aquella "carrera", en la prueba de la obediencia y del servicio, la gran mayoría quedó "descalificada" (cp. 9:24, 27). Usaron mal y abusaron de su libertad y bendiciones. En su egoísmo y obstinación trataron de vivir en el extremo de su libertad, y cayeron en la tentación y luego en el pecado. El exceso de confianza fue su perdición.

Muchos de los israelitas descalificados eran creyentes que terminaron por quedar incapacitados para el servicio de Dios. Se convirtieron en lo que Pablo se refiere en otra parte como vasos de deshonra. No se habían limpiado a sí mismos de "las pasiones juveniles" y no habían seguido "la justicia, la fe, el amor y la paz". En consecuencia no se convirtieron en "instrumento para honra, santificado, útil al Señor, y dispuesto para toda buena obra" (2 Ti. 2:21, 22). Quedaron esparcidos por el desierto como piezas rotas de cerámica, pedazos de vasos rotos que ya no servían para nada.

Las experiencias de juicios de los israelitas desobedientes en el desierto **sucedieron como ejemplos para nosotros, para que no codiciemos cosas malas, como ellos codiciaron.** Los que "quedaron postrados en el desierto" no habían puesto su cuerpo bajo servidumbre como Pablo había hecho con el suyo (9:27), sino que se habían entregado a sus propios deseos, codicias y lujurias. Un cuerpo controlado es útil para el Señor; uno sin dominio propio no lo es. El cristiano que controla su cuerpo y su estilo de vida califica para servir al Señor; el que entrega su cuerpo a las pasiones y es descuidado en su estilo de vida queda descalificado.

Los israelitas quedaron descalificados por causa de cuatro pecados principales: la idolatría (v. 7), la inmoralidad sexual (v. 8), tentar a Dios (v. 9) y murmurar (v. 10).

LA IDOLATRÍA

Los corintios estaban muy familiarizados con los ídolos, porque toda la sociedad estaba edificada a su alrededor. No se llevaba a cabo ninguna actividad religiosa, social, política o de negocios sin que de alguna forma apareciera la adoración o reconocimiento del ídolo.

Muchos de los cristianos corintios, demasiados confiados en su propia fortaleza moral y espiritual, se habían vuelto descuidados en cuanto a su participación en actividades en las que se adoraba, consultaba o apelaba a los dioses falsos. Creían que podían asociarse con tales actividades paganas sin perjudicarse espiritualmente. Algunos de los creyentes, o que profesaban ser creyentes, en Corinto habían caído de nuevo en auténtica idolatría (5:11). Otras estaban en peligro de hacer lo mismo.

Pablo usa todavía a Israel como un ejemplo para advertirles, **ni seáis idólatras, como algunos de ellos**. Los israelitas apenas habían salido de Egipto cuando cayeron en la idolatría. Allí no había sacerdotes, templos o ídolos paganos para atraerlos, pero se las apañaron para crear sus propios ídolos e improvisar sus propias ceremonias.

Éxodo 32 nos ofrece el triste relato. Después que Moisés salió para subir al Monte Sinaí y recibir de Dios las tablas de los Diez Mandamientos, el pueblo se impacientó por su tardanza en regresar. Con poca dificultad persuadieron a Aarón para que hiciera un becerro de oro. Aunque el becerro era una representación de un dios popular egipcio, los israelitas planificaron usarlo para adorar a Jehová. Se refirieron al becerro como el dios que los había sacado de Egipto (32:4), y cuando Aarón edificó un altar para el ídolo él anunció: "Mañana será fiesta para Jehová", o *Yahweh*, que es el nombre el Dios en el pacto con Israel (3:14-15). Aarón incluso ofreció los mismos sacrificios, el holocausto y ofrenda de paz, que acostumbraban a ofrecer a Dios. De alguna manera llegaron a pensar que podían usar un ídolo pagano para adorar al Dios verdadero. Había pasado tanto tiempo en contacto con las ceremonias paganas de Egipto que parecía casi natural añadir prácticas paganas a la verdadera adoración. Aun Aarón, el primer sumo sacerdote de Israel y el segundo al mando después de Moisés, no se resistió cuando los del pueblo se le acercaron con aquella terrible idea. Fue él el que sugirió que hicieran el becerro con las joyas que les habían dado los egipcios.

Pablo continúa citando Éxodo 32:6: **Se sentó el pueblo a comer y a beber, y se levantó a jugar**. Comer y beber se refiere a la orgía que siguió a los sacrificios. **Jugar** es un eufemismo para las relaciones sexuales. Significa juego sexual y es la misma palabra que se traduce por "caricias" en Génesis 26:8. Como consecuencia, murieron unos tres mil de los israelitas que habían instigado aquella orgía idólatra e inmoral en el Sinaí (Éx. 32:28).

Algunos de los creyentes en Corinto habían también vuelto a sus antiguas formas de adorar. Los ídolos representan dioses falsos, dioses que son en realidad demonios, y Pablo les advierte más adelante en el capítulo 10: "No podéis beber la copa del Señor, y la copa de los demonios (1 Co. 10:20-21). El Dios verdadero solo puede ser adorado en la forma correcta. Los que tratan de honrar a Dios con prácticas paganas e inmorales lo único que logran es deshonra para Él y juicio para ellos mismos.

Cuando los cristianos adoran a algo o a algo además de Dios, eso es idolatría. Adorar la virgen María, los santos o los ángeles es idolatría. No importa cuán sinceros sean en que su intención es adorar a Dios, tales prácticas son adoración falsa y están estrictamente prohibidas en las Escrituras. El primer mandamiento que Dios dio a Moisés fue: "No tendrás dioses ajenos delante de mí" (Éx. 20:3). Hay solo un Dios, y solo Dios debe ser adorado. El mandato de Apocalipsis 22:9: "adora a Dios" es todavía el mandamiento exclusivo. E "Hijitos, guardaos de los ídolos" (1 Jn. 5:21) es todavía una prohibición necesaria.

Por supuesto, no todos los ídolos son físicos. No tienen que estar hechos de madera, piedra o metal. Cualquier concepto de Dios que no sea bíblico es falso, y si lo creemos y lo seguimos se convierte en un ídolo. Los que siguen a un dios fabricado por el hombre pueden afirmar que adoran al Dios de las Escrituras, del mismo modo que los israelitas afirmaban que su adoración del becerro estaba dirigida Dios. Pero ningún dios falso tiene nada en común con el Dios de la Biblia.

Las iglesias y las filosofías han desarrollado lo que virtualmente hace dioses del éxito, del amor, del servicio social, de la imagen propia o sencillamente de la humanidad. Todo lo que llega a ser primero en nuestra devoción y lealtad es un ídolo. Muchas personas que no dedicarían ni una mirada a un ídolo tallado están dispuestas a sacrificar la salud, el tiempo, la familia, las normas morales y cualquier otra cosa que les pidan a fin de alcanzar el ídolo del éxito o del reconocimiento que desean. El pecado de la idolatría, como cualquier otro pecado, es del corazón. Como Dios le dijo a Ezequiel acerca de los ancianos de Israel: "Estos hombres han puesto sus ídolos en su corazón, y han establecido el tropiezo de su maldad delante de su rostro" (Ez. 14:3).

Los cristianos que asisten a iglesias que practican cualquier forma de idolatría —ceremonial, teológica o práctica— no pueden estar allí mucho tiempo sin quedar contaminados. No debieran desear quedarse. No debieran desear apoyar y animar, ni siquiera indirectamente, a los que sostienen doctrinas o prácticas que son impías y la Biblia las condena. Al hacerlo deshonran a Dios, confirman a otros en sus errores y ponen en peligro su propio bienestar espiritual.

LA INMORALIDAD SEXUAL

El segundo gran pecado aparece aludido en el versículo anterior (**jugar**), pero que es tratado explícitamente en el versículo 8. **Ni forniquemos, como algunos de ellos fornicaron, y cayeron en un día veintitrés mil.** Este incidente al que Pablo se refiere está registrado en Números. Mientras se hallaban en el desierto "el pueblo empezó a fornicar con las hijas de Moab, las cuales invitaban al pueblo a los sacrificios de sus dioses; y el pueblo comió, y se inclinó a sus dioses" (25:1-2). Veinticuatro mil israelitas perecieron a causa de aquella orgía (v. 9). La diferencia en número entre los dos relatos probablemente se explica mejor pensando en que los 23.000 se refiere a los que murieron durante un día y 24.000 incluye otros que murieron más tarde debido a la plaga.

La idolatría y la inmoralidad sexual estaban muy relacionadas en virtualmente todas las antiguas religiones. Estaban especialmente asociadas en Corinto, cuyo templo de Afrodita contaba con mil prostitutas rituales. Así como la mayoría de las ocasiones sociales involucraba alguna forma de idolatría, también por lo general involucraban alguna forma de inmoralidad sexual. Queda claro por la advertencia de Pablo que los creyentes corintios tan confiados en sí mismos no eran más inmunes a la inmoralidad que a la idolatría. Pensando que podían vivir sin preocuparse alrededor de la corrupción sin quedar contagiados, fueron primeramente tentados y luego cayeron en la tentación. Como ya el apóstol les había dicho en esta carta (6:18), y probablemente se lo había dicho muchas veces en persona cuando estuvo con ellos, hay que huir de la inmoralidad, no coquetear con ella. Cristo nos da libertad para que le podamos servir a Él con más eficacia en justicia, no para que veamos cuán cerca podemos llegar de la injusticia.

Muchos cristianos caen en problemas morales sencillamente porque tienen excesiva confianza en sí mismos. Se meten y permanecen en relaciones que puede que no sean malas en sí mismas, pero que dan paso a fuertes tentaciones. Y cuando llega la tentación ellos piensan que pueden manejarla, pero se dan cuenta demasiado tarde de que no es así. O van a lugares y hacen cosas que están estrechamente asociadas con la inmoralidad, y quizás ellos mismos no hacen nada que sea inmoral. Pero aun cuando una persona no cometa ningún acto inmoral en tales situaciones, su mente queda llena de ideas e imágenes vulgares, y su vida espiritual y testimonio quedan seriamente debilitados.

PONER A PRUEBA AL SEÑOR

El tercer gran pecado en el cual los corintios estaban en peligro de caer era el de probar, o tentar, a Dios. **Ni tentemos al Señor, como también algunos de ellos le tentaron, y perecieron por las serpientes.** Números 21 recoge el relato que da base a esta referencia. "Y habló el pueblo contra Dios y contra Moisés: ¿Por qué nos hiciste subir de Egipto para que muramos en el desierto? Pues no hay pan ni agua, y nuestra alma tiene fastidio de este pan tan liviano" (Nm. 21:5). Dios les había provisto del maná para comer y de agua para beber, pero ellos no estaban satisfechos. Querían más variedad y más sabrosa. Murmuraban y se quejaban, cuestionaban la bondad de Dios y probaban su paciencia. No se preocupaban por agradar a Dios, solo por complacerse a sí mismos. No usaban su nueva libertad para servirlo mejor, sino para demandar que Él los sirviera a ellos mejor.

Los cristianos usan a veces su libertad para probar a Dios hasta el extremo, tratan de ver cuánto pueden obtener de Él o cuánto pueden beneficiarse sin Él. Ananías y Safira vendieron una propiedad con el fin de obtener dinero para la iglesia en Jerusalén. Ellos tenían libertad y derecho a quedarse con parte del beneficio, no había nada malo en ello. Pero decidieron aparentar que eran muy generosos afirmando que lo estaban dando todo para la iglesia, y su mentira e hipocresía era demasiado para el Señor. No solo le habían mentido al pueblo de Dios, sino también a Dios mismo. Cuando Pedro los reprendió, le preguntó a Ananías: "¿Por qué llenó Satanás tu corazón para que mintieses al Espíritu Santo?... No has mentido a los hombres, sino a Dios", y luego le preguntó a Safira: "¿Por qué convinisteis en tentar al Espíritu del Señor?" (Hch. 5:3-4, 9) El mentir a Dios les costó lo vida (vv. 5, 10).

Muchos de los corintios estaban llevando el uso de su libertad hasta el extremo, para ver cuánto podían disfrutar de las cosas carnales y cuánto podían gozar del mundo. Estaban probando a Dios y arriesgándose a una severa disciplina. Como algunos cristianos hoy, probablemente dijeron: "Esta es la era de la gracia. Somos libres y Dios nos ha perdonado. No podemos perder nuestra salvación, ¿por qué, pues, no disfrutar todo lo que podamos de la vida?"

Los israelitas encontraron la respuesta a esa pregunta. "Y Jehová envió entre el pueblo serpientes ardientes, que mordían al pueblo; y murió mucho pueblo de Israel" (Nm. 21:6). El pueblo de Dios ha vivido siempre bajo su gracia. Todas las bendiciones que Israel tenía, incluida la de ser llamado como pueblo especial de Dios, eran por su gracia. Los había liberado de la esclavitud en Egipto por su gracia y los había sustentando y protegido por su gracia. Sin embargo, cuando le probaron al Señor descubrieron que Él tenía límites que no los permitiría traspasar sin castigo. Algunos de los corintios habían cruzado esos límites y terminaron enfermos y algunos murieron (1 Co. 11:30).

LA MURMURACIÓN

La murmuración es el cuarto gran pecado contra el cual Pablo los advierte. **Ni murmuréis, como algunos de ellos murmuraron, y perecieron por el destructor.** Después que el Señor destruyó a Coré, Datán y Abiram y a sus compañeros de rebelión (Nm. 16:32-35), "toda la congregación de los hijos de Israel murmuró contra Moisés y Aarón, diciendo: Vosotros habéis dado muerte al pueblo de Jehová" (v. 41). Dios estaba tan indignado por sus quejas acerca de la justicia divina que inmediatamente envió una plaga que mató a 14.700 personas. **El destructor** era el mismo ángel que había dado muerte a los primogénitos egipcios antes que Israel saliera de Egipto (Éx. 12:23), que luego mataría a 70.000

hombres a causa del censo de David (2 S. 24:15-16) y quien, en respuesta a la oración de Isaías y de Ezequías, destruiría a todo el ejército asirio cuando asediaron Jerusalén (2 Cr. 32:21).

La murmuración es insatisfacción con la voluntad soberana de Dios para nuestra vida y la vida de otros, y es un pecado que Él no toma a la ligera, aun en vista de su gracia. Cuando el pueblo de Dios duda o se queja, están cuestionando su sabiduría, su gracia, su bondad, su amor y su justicia. Nuestra necesidad de contentamiento no es solo por nuestro bienestar, que lo es, sino por la honra y la gloria de Dios. La murmuración deshonra a nuestro Padre celestial, el contentamiento lo glorifica.

Pablo dijo: "He aprendido a contentarme, cualquiera que sea mi situación" (Fil. 4:11) y aconseja a los corintios a que tengan este mismo contentamiento, a menos que quieran sufrir la disciplina de Dios.

LA APLICACIÓN DE LA LIBERTAD

Y estas cosas les acontecieron como ejemplo, y están escritas para amonestarnos a nosotros, a quienes han alcanzado los fines de los siglos. Así que, el que piensa estar firme, mire que no caiga. No os ha sobrevenido ninguna tentación que no sea humana; pero fiel es Dios, que no os dejará ser tentados más de lo que podéis resistir, sino que dará también juntamente con la tentación la salida, para que podáis soportar. (10:11-13)

El castigo que cayó sobre los desobedientes israelitas no solo fue **como ejemplo** para los demás hebreos, sino también para los creyentes en todas las épocas desde entonces. Más que eso fue dado **para amonestarnos a nosotros**, para la instrucción y beneficio de los cristianos, para los que **han alcanzado los fines de los siglos. Amonestarnos** (*nouthesia*) tiene también aquí el sentido de enseñanza y advertencia. Es un consejo que se da a la persona para que cambie su comportamiento a la luz del juicio. **Los fines de los siglos** se refiere al tiempo del Mesías, al tiempo de la redención, los últimos días de la historia del mundo antes de que venga el reino mesiánico.

Nosotros vivimos en una época muy diferente a la de los hebreos en el desierto bajo el liderazgo de Moisés, pero podemos aprender una lección valiosa de su experiencia. Como ellos, nosotros podemos perder el derecho a la bendición, a la recompensa y a la eficacia en el servicio del Señor si, por causa de la excesiva confianza y la presunción, abusamos de nuestras libertades y caemos en la desobediencia y en el pecado. No perderemos nuestra salvación, pero sí podemos perder fácilmente nuestra virtud y utilidad, y quedar descalificados en la carrera de la vida cristiana.

Cada creyente, especialmente cuando se hace excesivamente confiado en su libertad cristiana y madurez espiritual, debería escuchar el consejo de Pablo:

Así que, el que piensa estar firme, mire que no caiga. Pablo expresa un principio eterno, expresado en Proverbios como: "Antes del quebrantamiento es la soberbia, y antes de la caída la altivez de espíritu" (16:18). Es fácil sustituir la confianza en el Señor por la confianza en nosotros mismos, aceptando su dirección y bendición y luego buscando el reconocimiento por la obra que Él hace por medio de nosotros. Resulta también fácil quedar tan enamorados de nuestra libertad en Cristo que nos olvidamos que somos suyos, que Él nos compró por precio y nos llamó a la obediencia a su Palabra y a su servicio.

Cuando visité Israel hace algunos años me mostraron el lugar en las Alturas del Golán donde, en 1967, los israelitas penetraron en las defensas sirias y se aseguraron el control de aquella área estratégica para ellos. Desde aquellos altos el ejército sirio vigilaba la mayor parte de la región de Galilea en el norte de Israel y eran una constante amenaza. Toda la zona del Golán estaba bien protegida por los sirios, excepto en un lugar donde los precipicios eran tan altos y cortantes que parecían perfectamente seguros contra un ataque. Una noche, sin embargo, los buldózer judíos cortaron en los precipicios lo suficiente como para que pasaran los tanques hasta la cima. Por la mañana un fuerte contingente de tanques, seguidos por la infantería y apoyados por aviones de guerra, vencieron por completo a los sirios y se apoderaron de un área que se extiende dieciséis kilómetros tierra adentro. El lugar que los sirios pensaban era el más seguro terminó siendo el más vulnerable.

La Biblia está llena de ejemplos de los peligros del exceso de confianza. El libro de Ester se centra alrededor del plan de un hombre orgulloso y lleno de confianza en sí mismo, que vio como le salía el tiro por la culata. El rey Asuero de Persia promovió a Amán para ser el segundo en el mando, con instrucciones para que las personas se inclinaran ante Amán como si fuera el rey. Mardoqueo, sin embargo, no se inclinó ante él, y cuando le informaron al orgulloso y arrogante Amán que Mardoqueo era un judío, él persuadió a Asuero para que firmara un edicto que le permitiría a él vengarse de todos los judíos de la tierra por medio de su destrucción. Gracias a la intercesión de la reina Ester, que era también judía y sobrina de Mardoqueo, el rey dio un edicto muy diferente, que permitía a los judíos, e incluso los animaba a defenderse a sí mismos si los atacaban, lo cual hicieron con gran éxito. A Amán lo colgaron en la horca que él había preparado para Mardoqueo, quien recibió todas las posesiones de Amán y el honor real que Amán había esperado recibir.

Senaquerib, rey de Asiria, provocó a Israel con la jactancia de que su Dios no podría salvarlos a ellos más que los otros dioses habían podido salvar a otros pueblos. Dicen las Escrituras que un poco tiempo después "salió el ángel de Jehová y mató a ciento ochenta y cinco mil en el campamento de los asirios; y cuando se levantaron por la mañana, he aquí que todo era cuerpos de muertos". Unos pocos días después que el derrotado rey regresara a Asiria, fue asesinado por dos de sus hijos y un tercero fue quien lo sucedió en el trono (Is. 37:36-38).

Pedro descubrió que en lo que él pensaba era más fuerte y confiable resultó que en realidad era el más débil. Le aseguró a Jesús: "Señor, dispuesto estoy a ir contigo no sólo a la cárcel, sino también a la muerte". Pero, como Jesús predijo, antes de que amaneciera Pedro había negado tres veces que conocía a Jesús (Lc. 22:33-34, 54-62).

La iglesia de Sardis se sentía orgullosa de su reputación de estar espiritualmente viva, pero el Señor la advierte de que en realidad estaba muerta y necesitaba arrepentirse (Ap. 3:1-2). Si no lo hacía caería sobre ella como un ladrón (v. 3), exactamente como una noche habían entrado los soldados enemigos al mando de Ciro en lo que se consideraba la inexpugnable acrópolis de Sardis, a través de un sendero desprotegido. Un pelotón de soldados trepó por el sendero y abrió las puertas para el resto del ejército. El exceso de confianza llevó al descuido, y el descuido llevó a la derrota.

Los excesivamente confiados creyentes de Laodicea pensaron que ellos eran "ricos" y que "de ninguna cosa [tenían] necesidad", pero el Señor les dijo que eran como "un desventurado, miserable, pobre, ciego y desnudo" (3:17).

Los cristianos que confían demasiado en sí mismos se hacen cada vez menos dependientes de la Palabra y del Espíritu del Señor y se hacen negligentes en su forma de vivir. A medida que aumenta el descuido, aumenta la vulnerabilidad a la tentación y disminuye la resistencia al pecado. Cuando nos sentimos más seguros en nosotros mismos —cuando pensamos que nuestra vida espiritual es la más fuerte, nuestra doctrina la mejor y nuestra moral la más pura— es cuando debiéramos estar más vigilantes y más dependientes del Señor.

Después de la fuerte advertencia acerca del exceso de confianza y del orgullo, Pablo da una fuerte palabra de ánimo acerca de la ayuda de Dios para cuando somos tentados (v. 13). Primeramente nos asegura que ninguno de nosotros tenemos tentaciones que sean únicas. Luego nos asegura que nosotros también podemos resistir y vencer toda tentación si confiamos en Dios.

Para cuando los corintios se encontraban sin duda considerando cómo podrían ellos evitar todos los escollos que Pablo acababa de describir e ilustrar. "¿Cómo guardarnos de desear cosas malas como Israel hizo (cp. v. 6)? ¿Cómo evitar caer en la idolatría en nuestro corazón? ¿Cómo podemos vivir de manera recta cuando la sociedad a nuestro alrededor es tan malvada? ¿Cómo podemos evitar tentar al Señor y cómo podemos protegernos de caer en la murmuración?

La respuesta de Pablo es que los cristianos deben reconocer que la victoria es siempre posible y está disponible, porque el creyente nunca puede caer en una tentación de la que no pueda salir. Porque, como Pablo explica, **no os ha sobrevenido ninguna tentación que no sea humana**.

El sentido básico de **tentación** (*peirasmos*) es sencillamente el de probar, y no tiene una connotación negativa. Ya sea que se convierta en una prueba de rectitud y justicia o en un incentivo para el mal depende de nuestra respuesta. Si lo resistimos en el poder de Dios, es una prueba que demuestra nuestra fidelidad. Si no la resistimos se convierte en una incitación al pecado. La Biblia usa el término en ambos sentidos, y creo que Pablo tiene aquí ambos significados en mente.

Cuando Jesús "fue llevado por el Espíritu al desierto, para ser tentado por el diablo" (Mt. 4:1) es evidente que tanto Dios como Satanás participaron en la prueba. Dios quería que la prueba demostrara la justicia de su Hijo, pero Satanás tenía la intención de incitar a Jesús a que usara mal sus poderes divinos y le diera su lealtad a Satanás. Job fue probado de una forma semejante. Dios permitió que Job fuera afligido a fin de demostrar que su siervo era un "varón perfecto y recto, temeroso de Dios y apartado del mal" (Job 1:8). El propósito de Satanás era todo lo opuesto: demostrar que Job era fiel solo a causa de las bendiciones y prosperidad que el Señor le había dado y que, si perdía aquellas cosas, Job sin duda "[blasfemará] contra ti en tu misma presencia" (v. 11).

Las pruebas de Dios nunca son una incitación al mal, y Santiago corrige enérgicamente a los que sugieren semejante cosa: "Cuando alguno es tentado, no diga que es tentado de parte de Dios; porque Dios no puede ser tentado por el mal, ni él tienta a nadie" (Stg. 1:13). "Por el mal" es la clave para entender la diferencia entre ambas tentaciones. En el desierto Dios probó a Jesús mediante la justicia, mientras que Satanás lo hizo por el mal. Una tentación se convierte en un incentivo al mal para la persona solo "cuando de su propia concupiscencia es atraído y seducido. Entonces la concupiscencia, después que ha concebido, da a luz el pecado" (Stg. 1:14-15).

Al principio de su carta Santiago escribió: "Hermanos míos, tened por sumo gozo cuando os halléis en diversas pruebas" (1:2). El nombre *pruebas* (vea también el versículo 12) y *tentación* que aparece en otros lugares proceden de la misma raíz griega que el verbo *tentar* en los versículos 13-14. El contexto indica cuál es el sentido que corresponde.

Dios a menudo origina circunstancias en nuestra vida para probarnos. Como Job, nosotros tampoco por lo general las reconocemos como pruebas, ciertamente no de parte de Dios. Pero nuestra respuesta a ellas demuestra nuestra fidelidad o infidelidad. Cómo reaccionamos a la dificultades económicas, a los problemas de la escuela, a las crisis de salud o los contratiempos en los negocios siempre va a poner a prueba nuestra fe, nuestra confianza en nuestro Padre celestial. Sin embargo, si no nos volvemos a Él esas mismas circunstancias pueden llevarnos a la amargura, al resentimiento y al enojo. En vez de dar gracias a Dios por la prueba, como Santiago aconseja, podemos acusarlo. Una oportunidad de engañar en nuestra declaración de la renta o aprovecharnos injustamente de un trato de negocios va a demostrar nuestra rectitud o sacar a la luz nuestra debilidad. La circunstancia o la oportunidad es solo una prueba, y no es buena o mala en sí misma. Ya sea que resulte en lo bueno o en lo malo, en crecimiento espiritual o decadencia espiritual, depende completamente de nuestra respuesta.

En la oración modelo que el Señor enseñó a sus discípulos, Jesús pide a Dios: "no nos metas en tentación, mas líbranos del mal" (Mt. 6:13). "Mal" se traduce mejor como "maligno", refiriéndose a Satanás. En otras palabras, debemos orar que Dios no permita que nuestras pruebas se conviertan en tentaciones, en el sentido de inducirnos al mal. La idea es: "Señor, detennos antes de que Satanás pueda transformar tu prueba en su tentación".

Que no sea humana es una palabra (*anthrōpinos*) en griego y significa sencillamente "aquello que es humano, que es característico o pertenece a la humanidad". En otras palabras, Pablo dice que no hay tal cosa como tentaciones sobrehumanas o sobrenaturales. Las tentaciones son experiencias humanas. El término también conlleva la idea de lo que es habitual o típico, es decir, común. Las tentaciones nunca son experiencias exclusivas de nosotros. Nunca podemos tener una tentación que no haya sido experimentada por millones de personas. Las circunstancias pueden ser diferentes, pero las tentaciones básicas no cambian. Aun el Hijo de Dios "fue tentado en todo según nuestra semejanza, pero sin pecado" (He. 4:15), y a causa de ello "es poderoso para socorrer a los que son tentados" (2:18). Y debido a que las tentaciones son comunes para todos nosotros podemos "[confesarnos nuestras] ofensas unos a otros" (Stg. 5:16) y "sobrellevad los unos las cargas de los otros" (Gá. 6:2). Todos estamos metidos en el mismo barco.

No solo nuestras tentaciones son comunes a todos los seres humanos, sino que **fiel es Dios, que no os dejará ser tentados más de lo que podéis resistir**. Ningún creyente puede afirmar que fue arrollado por la tentación o que "Satanás lo llevó a hacerlo". Nadie, ni incluso Satanás, nos puede hacer pecar. Ni siquiera puede hacer que un incrédulo peque. Ninguna tentación es inherentemente más fuerte que nuestros recursos espirituales. Las personas pecan porque lo hacen por voluntad propia.

El cristiano, sin embargo, cuenta con la ayuda del Padre celestial para resistir la tentación. **Fiel es Dios**. Él nunca les falla a los suyos. "En seis tribulaciones te librará, y en la séptima no te tocará el mal" (Job 5:19). Cuando nuestra fidelidad es probada contamos con la propia fidelidad de Dios como un recurso a nuestra disposición. Podemos estar absolutamente seguros **que no [nos] dejará ser tentados más de lo que [podamos] resistir**. Esa es la respuesta de Dios a cuando oramos: "No nos metas en tentación, mas líbranos del mal" (Mt. 6:13). Él no permitirá que nos enfrentemos a una prueba que no podamos superar.

Cuando los soldados llegaron para arrestar a Jesús en el huerto de Getsemaní, Él les preguntó dos veces: "¿A quién buscáis?", quién era la persona que figuraba en la orden de arresto. Después que ellos respondieran por segunda vez: "A Jesús nazareno", Él dijo: "Pues si me buscáis a mí, dejad ir a éstos" (Jn. 18:4-9). Juan explica que Jesús evitó que los discípulos fueran arrestados con Él con el fin de que "se cumpliese aquello que había dicho: De los que me diste, no perdí ninguno" (v. 9). Los discípulos no estaban todavía listos para una prueba así. Si ellos hubieran sido arrestados, habrían quedado aplastados, y Jesús no lo iba a permitir. Según lo que conocemos por la historia de la iglesia, la mayoría de los once discípulos murieron como mártires. El otro, Juan, fue desterrado de por vida a la isla de Patmos. Todos ellos pasaron por la persecución, la cárcel e innumerables dificultades por amor del evangelio; pero no tuvieron que enfrentarlas hasta que estuvieron listos para manejarlas.

Sino que dará también juntamente con la tentación la salida, para que podáis soportar. La expresión **la salida** está formada por el artículo definido y un nombre en singular. En otras palabras es la única salida. **La salida** para cada tentación, sin importar cuál sea, es siempre la misma: es por *medio de*. Ya sea que nos enfrentemos a una prueba que viene de Dios para demostrar nuestra justicia o una tentación de Satanás para inducirnos a pecar, hay solo una salida para pasar la prueba. Salimos de la tentación no escapando de ella, sino pasando por medio de ella. Dios no nos priva de la prueba; sino que nos da los recursos para que **[podamos soportarla]**.

El propio Espíritu de Dios llevó a Jesús al desierto para ser tentado. Era la voluntad del Padre que el Hijo fuera allí, y Jesús no salió del desierto hasta que terminaron las tres tentaciones. Se enfrentó directamente a las tentaciones. "Salió" de las tentaciones soportándolas mediante el poder de su Padre.

Dios nos provee de tres recursos para resistir la tentación: orar, confiar y enfocarnos en Cristo Jesús.

"Velad y orad, para que no entréis en tentación", les dijo Jesús a sus discípulos (Mr. 14:38). Si no oramos, podemos estar seguros de que lo que es una prueba se convertirá en una tentación. Nuestra primera defensa en una prueba o tentación es la oración, buscar a nuestro Padre celestial y poner el asunto en sus manos.

Segundo, debemos confiar. Cuando oramos debemos hacerlo creyendo que el Señor nos contestará y ayudará. También confiamos en que, cualquiera sea el origen de la prueba, Dios ha permitido que suceda para nuestro bien, para probar nuestra fidelidad. Dios tiene un propósito para todo lo que le sucede a sus hijos, y cuando somos probados o tentados debemos aguantarlo con buen ánimo mediante su poder, por amor de su gloria y para nuestro crecimiento espiritual.

Tercero, debemos enfocarnos en nuestro Señor Jesucristo. "Considerar a aquel que sufrió tal contradicción de pecadores contra sí mismo, para que vuestro ánimo no se canse hasta desmayar. Porque aún no habéis resistido hasta la sangre, combatiendo contra el pecado" (He. 12:3-4). Cristo soportó mucho más de lo que nosotros jamás vayamos a soportar. Él entiende nuestras pruebas y es capaz de llevarnos a través de ellas.

En la obra *El progreso del peregrino*, de Juan Bunyan, Cristiano y Esperanza se quedan dormidos en un campo que pertenecía al gigante Desesperanza. El gigante los encuentra y lo lleva al Castillo de las Dudas, donde los mete en un calabozo oscuro y repugnante, sin comida y sin agua. Por consejo de su esposa, el gigante lo primero que hace es golpearlos sin misericordia y luego les sugiere que se suiciden. Después de marcharse el gigante, los dos compañeros hablan acerca de lo que les conviene hacer. Por fin Cristiano recuerda la llave que tiene en su bolsillo. "Tengo una llave en mi seno llamada Promesa, estoy convencido de que puede abrir las puertas del Castillo de las Dudas". Ciertamente, abrió todas las puertas del castillo e incluso la puerta principal de entrada. "Entonces ellos salieron y volvieron de nuevo al camino real".

La verdad acerca de la idolatría (10:14–22)

24

Por tanto, amados míos, huid de la idolatría. Como a sensatos os hablo; juzgad vosotros lo que digo. La copa de bendición que bendecimos, ¿no es la comunión de la sangre de Cristo? El pan que partimos, ¿no es la comunión del cuerpo de Cristo? Siendo uno solo el pan, nosotros, con ser muchos, somos un cuerpo; pues todos participamos de aquel mismo pan. Mirad a Israel según la carne; los que comen de los sacrificios, ¿no son partícipes del altar? ¿Qué digo, pues? ¿Que el ídolo es algo, o que sea algo lo que se sacrifica a los ídolos? Antes digo que lo que los gentiles sacrifican, a los demonios lo sacrifican, y no a Dios; y no quiero que vosotros os hagáis partícipes con los demonios. No podéis beber la copa del Señor, y la copa de los demonios; no podéis participar de la mesa del Señor, y de la mesa de los demonios. ¿O provocaremos a celos al Señor? ¿Somos más fuertes que él? (10:14-22)

Como Pablo ha dejado bien aclarado en 10:1-13, la idolatría, la inmoralidad y la murmuración contra Dios no son cosas cuestionables, sino pecados descarados. Los cristianos no tienen libertad en cuanto a esas cosas. En los siguientes nueve versículos (14-22) el apóstol explica por qué el pecado de idolatría es especialmente abominable para Dios. No es una cuestión moral el comer algo que ha sido ofrecido a un ídolo, pero es un pecado grave el meterse en cualquier forma de adoración de ídolos. Algunos creyentes corintios habían llevado demasiado lejos su libertad en cosas cuestionables y se habían involucrado en el mal de la idolatría. Eran libres para asistir a funciones paganas, pero no lo eran para participar en la adoración falsa. Pablo reprende aquí con palabras fuertes a los que hacen tales cosas.

Por tanto, amados míos, huid de la idolatría. Como a sensatos os hablo; juzgad vosotros lo que digo. (10:14-15)

Pablo ante todo asegura a sus hermanos creyentes, sus hermanos en Cristo, que les estaba hablando como alguien que los ama y que se interesa por ellos. Los cristianos corintios eran profundamente amados por su anterior pastor, que había sido el padre espiritual de muchos de ellos. Ellos eran **amados**, a pesar de sus muchos problemas.

Muchos de los creyentes en Corinto eran todavía espiritualmente inmaduros (3:1-3); pero debido a su salvación, todos ellos contaban con la dirección divina en el entendimiento, y por esa razón se les trata aquí **como a sensatos**. Pablo les concede el beneficio de la duda y da por supuesto que, si ellos escuchan con atención, serán capaces de [juzgar] correctamente mediante el Espíritu lo que les está diciendo. Su exhortación es sencilla, bíblica y lógica.

Antes de entrar a definir los males específicos de la idolatría, les dice que **[huyan] de la idolatría**. No deben esperar a entender todo su peligro para alejarse de ella (cp. 1 Jn. 5:21). Si ellos habían caído de nuevo en la idolatría y se sentían fuertemente tentados a hacerlo, lo primero que debían hacer era alejarse de ella y luego estudiar los argumentos de Pablo. "Primero, salgan inmediatamente del peligro. Ustedes no van a ser capaces de prestar atención o apreciar lo que estoy diciendo mientras que estén asociados de alguna manera con esa práctica".

Debido a que la idolatría es adorar a otra cosa que no es el Dios verdadero en la forma verdadera, es el más serio y contagioso de todos los pecados. Tiene que ver con el mismo carácter de Dios. Los que adoran un ídolo declaran que el Señor no es el único Dios verdadero y que los otros "que se [llaman] dioses" (8:5) son dignos de participar en su gloria y honor. Están testificando que el Señor es deficiente, que Él no es el Todopoderoso, que lo sabe todo y es completamente suficiente en sí mismo. Se abre así una caja de Pandora para otras lealtades y normas espirituales y morales. No es accidental ni incidental que los dos primeros de los Diez Mandamientos son prohibiciones que tienen que ver con la idolatría. Si no tenemos la visión correcta de Dios, no hay nada que pueda estar en la perspectiva correcta.

Desde la caída los hombres han querido transformar a Dios a su propia imagen y a su propio gusto. "Pues habiendo conocido a Dios, no le glorificaron como a Dios, ni le dieron gracias, sino que se envanecieron en sus razonamientos, y su necio corazón fue entenebrecido. Profesando ser sabios, se hicieron necios, y cambiaron la gloria del Dios incorruptible en semejanza de imagen de hombre corruptible, de aves, de cuadrúpedos y de reptiles" (Ro. 1:21-23). Como observó A. W. Tozer: "Un dios engendrado en las sombras de un corazón caído no será, naturalmente, muy semejante al Dios verdadero".

La idolatría incluye mucho más que inclinarse ante una imagen física u ofrecerle incienso. Idolatría es tener un dios falso, cualquier objeto, idea, filosofía, hábito, ocupación, deporte o aquello que recibe de forma principal nuestro interés y lealtad o que disminuye en algún grado nuestra confianza y lealtad para con el Señor..

No hay otro Dios sino el Dios de la Biblia, y Él es un Dios celoso que no tolerará la adoración de nada o nadie más. En Isaías 48:11, Dios dice: "Mi honra no la daré a otro". Éxodo 34:14 dice: "Porque no te has de inclinar a ningún otro dios, pues Jehová, cuyo nombre es Celoso, Dios celoso es".

No obstante el mundo adora a dioses falsos. Romanos 1:21 acusa a toda la humanidad: "Pues habiendo conocido a Dios", escribió Pablo hablando de toda la raza humana, "no le glorificaron como a Dios, ni le dieron gracias". En efecto, cuando se negaron a adorar a Dios, comenzaron a hacer imágenes. Ellos "cambiaron la gloria del Dios incorruptible en semejanza de imagen de hombre corruptible, de aves, de cuadrúpedos y de reptiles" (v. 23).

Rehusaron adorar a Dios y en su lugar se volvieron a los dioses falsos, y eso es inaceptable. El versículo 24 nos dice las consecuencias de adorar a un dios falso: "Dios los entregó a la inmundicia, en las concupiscencias de sus corazones". El versículo 28 añade: "Dios los entregó a una mente reprobada".

El resultado de esa adoración incorrecta fue que Dios los entregó sencillamente a su propio pecado y a sus consecuencias. ¿Puede usted pensar en algo peor? Su pecado se convirtió cada vez más en el factor dominante de su vida, y al final se enfrentaron al juicio sin ninguna excusa (Ro. 1:32–2:1).

Todos adoramos, aun un ateo. Se adora a sí mismo. Cuando los hombres rechazan a Dios se dedican a adorar dioses falsos. Eso es, por supuesto, lo que Dios prohíbe en el primer mandamiento.

Los dioses falsos pueden ser objetos materiales o míticos, o seres sobrenaturales. Los dioses materiales pueden ser adorados incluso sin el pensamiento consciente de que son deidades. Job escribió:

> *Si puse en el oro mi esperanza,*
> *Y dije al oro: Mi confianza eres tú;*
> *Si me alegré de que mis riquezas se multiplicasen,*
> *Y de que mi mano hallase mucho;*
> *Si he mirado al sol cuando resplandecía,*
> *O a la luna cuando iba hermosa,*
> *Y mi corazón se engañó en secreto,*
> *Y mi boca besó mi mano;*
> *Esto también sería maldad juzgada;*
> *Porque habría negado al Dios soberano. (Job 31:24-28)*

Esto describe a un hombre que resiste la inclinación a adorar la riqueza material. Si usted adora lo que posee, si centra su vida en usted mismo, sus posesiones, o aun sus necesidades, usted ha negado a Dios.

Habacuc 1:15 describe la adoración falsa de los caldeos: "Sacará a todos [los justos] con anzuelo, los recogerá con su red, y los juntará en sus mallas; por lo cual se alegrará y se regocijará. Por esto hará sacrificios a su red, y ofrecerá sahumerios a sus mallas; porque con ellas engordó su porción, y engrasó su comida". Su "red" era su poderío militar y el dios que adoraban era su poder militar: un dios falso.

Algunos idean dioses sobrenaturales, supuestas deidades. Eso tampoco es aceptable. Lo que se sacrifica a los ídolos en realidad se sacrifica a los demonios (1 Co. 10:20). Por tanto, si los hombres adoran seres falsos, están en realidad adorando los demonios que se hacen pasar por dioses falsos.

Hechos 17:29 contiene una observación excelente de Pablo: "Siendo, pues, linaje de Dios, no debemos pensar que la Divinidad sea semejante a oro, o plata, o piedra, escultura de arte y de imaginación de hombres". Estamos hechos a la imagen de Dios, y no somos plata, piedra o madera. ¿Cómo puede un hombre pensar que su Creador es de esa manera?

La idolatría tiene muchas formas. *Difamar el carácter de Dios* es idolatría. Esta forma incluye creer que el verdadero Dios es otra cosa diferente de lo que Él es. Somos culpables de idolatría cuando, por ejemplo, pensamos del Hijo de Dios solo como Jesús y usamos ese nombre casi excluyendo todos sus otros nombres. Él es ante todo el Señor Jesucristo, la segunda persona de la Trinidad. Él es nuestro amigo y hermano, pero infinitamente más importante es que es nuestro Señor y Salvador, nuestro Dios.

Somos culpables de difamar a Dios cuando no confiamos en Él, cuando dudamos que sea capaz o que esté dispuesto a satisfacer todas nuestras necesidades. Cuando dudamos de Dios estamos diciendo en nuestro corazón: "Cuestiono que tu Palabra sea confiable, que tus promesas sean ciertas, que tu poder sea suficiente o que tu amor sea ilimitado".

Adorar al Dios verdadero en la forma errónea es idolatría. Siempre que los hombres establecen formas y rituales no bíblicos y descuidan la adoración del corazón, levantan ídolos que se interponen entre los adoradores y Dios, aun cuando las formas y rituales tengan la intención de ser en su nombre y para su honra y gloria. Cada vez que adoptan prácticas mundanas en los cultos de la iglesia levantan los ídolos que distraen de la verdadera adoración.

Adorar a Dios en la forma equivocada es una adoración inaceptable. Por ejemplo, los israelitas fueron idólatras cuando adoraron el becerro de oro en el desierto a pesar del hecho de que su intención era que la imagen representara al Dios verdadero (Éx. 32:1-4). Hacer ídolos de cualquier clase estaba estrictamente prohibido en el segundo mandamiento (Éx. 20:4) y ellos sabían que esa era una práctica pagana incluso antes de que recibieran la ley.

Éxodo 32:7-9 registra la respuesta de Dios cuando los israelitas hicieron el becerro de oro para adorarlo:

Entonces Jehová dijo a Moisés: Anda, desciende, porque tu pueblo que sacaste de la tierra de Egipto se ha corrompido. Pronto se han apartado del camino que yo les mandé; se han hecho un becerro de fundición, y lo han adorado, y le han ofrecido sacrificios, y han dicho: Israel, estos son tus dioses, que te sacaron de la tierra de Egipto.

Cuando los israelitas crearon el becerro, ellos lo adoraron en el nombre del Dios verdadero, pero lo redujeron a una imagen.

Años más tarde, como aparece registrado en Deuteronomio 4:14-19, Moisés le dijo a la asamblea de los israelitas:

A mí también me mandó Jehová en aquel tiempo que os enseñase los estatutos y juicios, para que los pusieseis por obra en la tierra a la cual pasáis a tomar posesión de ella. Guardad, pues, mucho vuestras almas; pues ninguna figura visteis el día que Jehová habló con vosotros de en medio del fuego; para que no os corrompáis y hagáis para vosotros escultura, imagen de figura alguna, efigie de varón o hembra, figura de animal alguno que está en la tierra, figura de ave alguna alada que vuele por el aire, figura de ningún animal que se arrastre sobre la tierra, figura de pez alguno que haya en el agua debajo de la tierra. No sea que alces tus ojos al cielo, y viendo el sol y la luna y las estrellas, y todo el ejército del cielo, seas impulsado, y te inclines a ellos y les sirvas; porque Jehová tu Dios los ha concedido a todos los pueblos debajo de todos los cielos.

En otras palabras, cuando Dios se reveló a sí mismo a los israelitas, no apareció representado en ninguna forma visible. No hubo representación física de Dios, y eso es cierto acerca de Dios a todo lo largo de las Escrituras. ¿Por qué? Porque Dios no quiere que lo reduzcan a una imagen.

La idea de que Dios es un anciano con larga barba blanca sentado en un sillón es completamente contraria a las Escrituras y es inaceptable. La idolatría no comienza con el martillo de un escultor; comienza en la mente. Cuando pensamos en Dios no debemos visualizarlo en absoluto. Ninguna concepción visual de Él puede representar con propiedad su eterna naturaleza y gloria.

La adoración de cualquier imagen es idolatría. Esta es la forma más literal y obvia de idolatría, la clase que aparece tan a menudo denunciada en el Antiguo Testamento. Es la forma mediante la cual una persona hace una imagen con sus propias manos y luego "se postra delante de él, lo adora, y le ruega diciendo: Líbrame, porque mi Dios eres tú" (Is. 44:17).

Ni siquiera las estatuas u otras imágenes de Cristo deben ser reverenciadas o adoradas. Solo hay que adorar a Cristo, no imágenes de Él; pues éstas no representan a Cristo Jesús, sin importar cuáles sean nuestras afirmaciones e intenciones. "Dios es Espíritu; y los que le adoran, en espíritu y en verdad es necesario que adoren" (Jn. 4:24). Aun los cristianos que no son litúrgicos deben estar vigilantes, ya sea en la adoración pública o en devociones privadas, acerca de asociar algún lugar, cuadro o forma de adoración demasiado estrechamente con Dios. Es fácil que esa cosa se interponga entre nosotros y Él, aunque podamos pensar que nos ayudan a sentirnos más cerca.

La adoración de ángeles es idolatría. "Nadie os prive de vuestro premio, afectando humildad y culto a los ángeles" (Col. 2:18). Cuando, abrumado por el asombro y el temor, Juan cayó a los pies del ángel que le hablaba, éste le dijo: "Mira, no lo hagas; yo soy consiervo tuyo, y de tus hermanos que retienen el testimonio de Jesús. Adora a Dios" (Ap. 19:10). Los ángeles son seres creados y, ya sean ángeles santos o caídos, no deben ser venerados o adorados.

La adoración de demonios es idolatría y está estrechamente asociada con la adoración de imágenes, detrás de las cuales están a menudo los demonios. En los cultos satánicos los demonios son adorados directamente. Al hablar acerca de la tribulación, Juan predice: "Y los otros hombres que no fueron muertos con estas plagas, ni aun así se arrepintieron de las obras de sus manos, ni dejaron de adorar a los demonios, y a las imágenes de oro, de plata, de bronce, de piedra y de madera" (Ap. 9:20).

La adoración de muertos es idolatría. Al referirse a la idolatría que Israel aprendió de Moab, el salmista escribió: "Se unieron asimismo a Baal-peor, y comieron los sacrificios de los muertos. Provocando la ira de Dios con sus obras, y se desarrolló la mortandad entre ellos" (Sal. 106:28-29). No adoramos a los seres humanos, ya sean que estén vivos o muertos, sean santos o no. Ni aun los grandes héroes de la Biblia —tales como Abraham, Moisés, David, los profetas, María o los apóstoles— son adorados. Eso es idolatría.

Si en nuestro corazón damos suprema lealtad a cualquier otra cosa que no sea Dios, eso es idolatría. Cada persona es tentada con ambiciones, deseos, posesiones, reconocimiento y una serie de cosas semejantes que fácilmente se convierten en ídolos. "Porque donde esté vuestro tesoro, allí estará también vuestro corazón" (Mt. 6:21). El más grande tesoro del corazón, o el ídolo del corazón, es el yo.

La codicia es idolatría. Los que son codiciosos o avariciosos adoran en la capilla del materialismo, uno de los ídolos más populares y poderosos de nuestro tiempo. Pero Pablo dice: "Porque sabéis esto, que ningún fornicario, o inmundo, o avaro, que es idólatra, tiene herencia en el reino de Cristo y de Dios" (Ef. 5:5; cp. Col. 3:5).

El deseo desordenado o lujuria es idolatría. Pablo habla de "enemigos de la cruz de Cristo; el fin de los cuales será perdición, cuyo dios es el vientre, y cuya gloria es su vergüenza; que sólo piensan en lo terrenal" (Fil. 3:18-19). La persona cuya mente, deseos, anhelos y apetitos están centrados en las cosas terrenales es un idólatra.

La idolatría produce sentido de culpa en todo aquel involucrado en ella, así como también trae la venganza de Dios sobre los incrédulos y su castigo sobre los creyentes. "Y los levitas que se apartaron de mí cuando Israel se alejó de mí, yéndose tras sus ídolos, llevarán su iniquidad" (Ez. 44:10). El Señor les dice a aquellos cuya idolatría es menos evidente: "Extendí mis manos todo el día a pueblo rebelde, el cual anda por camino no bueno, en pos de sus pensamientos" (Is. 65:2).

La idolatría aparece mencionada entre los peores pecados de la carne (Gá. 5:19-21) y el Señor nos dice claramente que ningún idólatra heredará su reino (Ap. 21:8; 22:15).

La idolatría no es solo una ofensa contra Dios, sino que también daña a los hombres. La idolatría corrompe a una persona dejándola espiritualmente impura. Ya sea que adore a un dios esculpido en piedra o a un dios sofisticado de su mente y corazón, esa adoración tiene un efecto corruptor en su vida moral y espiritual. Afecta tanto a los creyentes como a los incrédulos. Al incrédulo lo aleja cada vez más de Dios y de su camino, y al creyente lo lleva a violar la pureza de su relación con su Padre celestial. Dios en su gracia mantiene al creyente en el perdón y la pureza, pero su idolatría no es menos envilecedora y pecaminosa. La idolatría daña a los que están alrededor del idólatra al darles un testimonio y ejemplo falsos. Es una influencia degradante sobre toda la sociedad en la que se practica.

No solo eso, sino que ningún ídolo puede ayudar a los hombres. Una imagen tallada no puede perdonar, salvar, dar paz mental o resolver problemas; como tampoco pueden hacerlo el dinero, la fama, la educación, el prestigio social y ninguna otra cosa en la que los hombres suelen poner su confianza. Todos los ídolos son creación humana y son impotentes para ayudar. Los ídolos solo envilecen. Nunca glorifican a Dios, sino que lo deshonran. Puesto que no viene ningún bien de la idolatría, nuestra única respuesta debería ser **[huir]**.

En los versículos 16-22 Pablo da tres razones por las que debemos huir de la idolatría: es inconsecuente; es demoníaca; y es insultante para Dios.

LA IDOLATRÍA ES INCONSECUENTE

La copa de bendición que bendecimos, ¿no es la comunión de la sangre de Cristo? El pan que partimos, ¿no es la comunión del cuerpo de Cristo? Siendo uno solo el pan, nosotros, con ser muchos, somos un cuerpo; pues todos participamos de aquel mismo pan. Mirad a Israel según la carne; los que comen de los sacrificios, ¿no son partícipes del altar? (10:16-18).

La copa de bendición podía ser la última copa de vino que tomaban a final de una comida, como último testimonio de acción de gracias por todo lo que Dios les había provisto. Era también el nombre propio que daban a la tercera copa que se pasaba durante la fiesta de la Pascua. En el aposento alto, en la noche antes de su crucifixión, puede que Jesús usara la tercera copa como el símbolo de su sangre derramada por el pecado. Esa copa llegó a ser después el instrumento para instituir la Cena del Señor. En cualquier caso, Él estableció la copa como una muestra de especial gratitud antes de pasarla a los discípulos (Mt. 26:27), y siempre que los creyentes participan en la comunión participan en esta copa sagrada de bendición. Para los cristianos es la suprema **copa de bendición**, que nosotros a la vez **bendecimos** y estamos agradecidos por su muerte cada vez que la usamos en memoria de nuestro Señor.

Las palabras de Pablo están expresadas de una forma que hacen pensar que la participación en la Cena del Señor es una práctica regular de los fieles cristianos. Fue establecido por nuestro Señor (Lc. 22:19; 1 Co. 11:24-25) para ayudarnos a recordar su sacrificio por nosotros y nuestra unidad con Él y con los demás creyentes. Cuando los creyentes participan están participando en **la comunión de la sangre de Cristo** y en **la comunión del cuerpo de Cristo**. Es estar en comunión con el Señor y con su pueblo. Celebrar nuestra común salvación y en la vida eterna es la suprema comunión de los creyentes mientras que estamos en la tierra, y refleja el compañerismo perfecto que tendremos en el cielo.

Comunión (*koinōnia*) significa tener algo en común, participar con, tener asociación. Se usa la misma palabra griega para nuestro "[llamamiento] a la *comunión* con su Hijo Jesucristo nuestro Señor" (1 Co. 1:9), de la "*comunión* del Espíritu" (Fil. 2:1), de "la *participación* de sus sufrimientos" (Fil. 3:10) y "de *participar* en este servicio para los santos" (2 Co. 8:4). Cuando participamos de forma correcta en la comunión participamos espiritualmente en la comunión con Cristo Jesús y con otros creyentes. Es mucho más que un símbolo; es una celebración profunda de una experiencia espiritual común.

La fotografía de alguien que amamos no es lo mismo que la persona en sí; solo representa a la persona. Pero el sentimiento de amor, de interés, de deseo de estar con ellos y el recuerdo de experiencias que hayamos podido tener con ellos es totalmente auténtico. Tenemos una experiencia de genuino compañerismo y relación con aquella persona siempre que vemos la fotografía. Nuestra mente se inunda con la realidad.

Mientras estamos pensando en ellos; nuestros amados de la tierra rara vez están conscientes de ello; pero nuestro Señor está intensamente consciente de que pensamos en Él. Cuando recordamos su muerte por nosotros, que se hizo pecado por nosotros, que cargó con nuestro castigo, su redención por nosotros —todo lo cual está representado en el derramamiento de su **sangre**— participamos en la comunión más íntima y auténtica con Él y con todos los otros en Él.

En este pasaje, y en muchos lugares en el Nuevo Testamento, la **sangre** y **cuerpo** de Jesús son usados como metonimias. Una metonimia es una figura de lenguaje mediante la cual el nombre de una cosa se usa en representación de otra de la que es parte o con la que está asociada. Cuando decimos: "Estaba leyendo a Shakespeare la pasada noche", queremos decir que estábamos leyendo una obra de teatro escrita por él. Se usa el nombre del autor para representar las obras que ha escrito. En el Antiguo Testamento, se usa la sangre a menudo para representar a la vida. "Porque la vida de la carne en la sangre está" (Lv. 17:11). De igual manera, el derramamiento de la sangre se usa a menudo para representar la muerte, que es la pérdida de la vida. En el Nuevo Testamento, por tanto, se usa a menudo la sangre para representar la muerte vicaria de Cristo, la muerte en la que su sangre física fue derramada a favor de los que confían en Él. No había nada en la sangre física de Cristo que pudiera borrar el pecado. Era su muerte, representada por su sangre derramada, que pagó el castigo por nuestro pecado y nos redimió.

El pan que partimos, ¿no es la comunión del cuerpo de Cristo? El pan simboliza el cuerpo de Cristo de la misma manera que la copa simboliza su sangre. Y como la sangre representa su muerte, así el cuerpo representa su vida.

En el Antiguo Testamento el cuerpo humano estaba asociado con la totalidad de la vida, con su terrenidad, con su humanidad. El cuerpo de Adán fue formado "del polvo de la tierra" (Gn. 2:7), y su nombre proviene de la misma raíz que tierra (*'adāmâ*). Cuando participamos en **el cuerpo de Cristo** recordamos y celebramos su terrenidad, su humanidad, su encarnación, y también su muerte como un sacrificio humano para la salvación de la humanidad.

El Nuevo Testamento señala con especial interés el hecho de que el cuerpo de Cristo no fue quebrado en la cruz. "Porque estas cosas sucedieron para que se cumpliese la Escritura: No será quebrado hueso suyo" (Jn. 19:36). El pan representa el cuerpo de Cristo, pero el partimiento del pan no representa el partimiento de su cuerpo, porque eso nunca sucedió.

Jesús partió el pan con el fin de distribuirlo entre sus discípulos, representando así la participación de su vida con ellos. Cuando comemos el pan recordamos que Cristo se vació a sí mismo con el fin de vivir entre nosotros como un hombre (Fil. 2:7), que sufrió como nosotros sufrimos, y que fue tentado como nosotros somos tentados, con el propósito de llegar a "ser misericordioso y fiel sumo sacerdote" (He. 2:17).

La Cena del Señor es una experiencia espiritual. El pan y el vino no quedan transubstanciados —convertidos en el cuerpo y sangre reales de Cristo— como creen los católicos romanos, o consubstanciados —que el cuerpo y la sangre reales existen junto con el pan y el vino— como creen los luteranos. Cristo no puede ser sacrificado de nuevo, porque Él "fue ofrecido una sola vez para llevar los pecados de muchos" (He. 9:28). Tampoco en realidad pueden ser consumidos su cuerpo y su sangre por nosotros, ni por estar ocupando el lugar del pan y del vino, ni porque estén junto con ellos (cp. Jn. 6:52). No solo eso, sino que en la primera Cena del Señor, en la que Cristo mismo pasó la copa y el pan, Él todavía no había sido crucificado; su sangre física todavía no había sido derramada. Cuando los creyentes participamos de la comunión en fe, el Espíritu Santo usa los símbolos como sensibilizadores para despertar nuestro espíritu y hacernos conscientes y agradecidos por el gran ministerio y sacrificio de nuestro Señor por nosotros.

El cuerpo de Cristo simboliza también nuestra unidad en Cristo Jesús. **Siendo uno solo el pan, nosotros, con ser muchos, somos un cuerpo; pues todos participamos de aquel mismo pan.** Debido a que somos uno con Cristo estamos también unidos unos con otros. Al entrar en compañerismo con Cristo por medio de la comunión, entramos en comunión unos con otros en una forma única y profunda (cp. 1 Co. 6:17). Todos los creyentes están en el mismo terreno al pie de la cruz, como pecadores perdonados que poseen el principio de la vida eterna dentro de ellos.

Pablo de nuevo usa a Israel para ilustrar lo que quiere enseñar. **Los que comen de los sacrificios, ¿no son partícipes del altar?** Cuando los israelitas ofrecían sus sacrificios al Señor, parte de la ofrenda era quemada como el sacrificio apropiado, otra parte la comían los sacerdotes y la otra parte la comían los que la ofrecían. Todos quedaban involucrados con la ofrenda, con Dios y unos con otros.

De igual manera, ofrecer un sacrificio a un ídolo es identificarse con él, participar con el ídolo y con los demás que lo ofrecen. Las ceremonias religiosas, ya sean cristianas o paganas, involucran la participación de los adoradores con el objeto de su adoración y unos con otros. Por esa razón es completamente inconsecuente para los creyentes participar en cualquier expresión de adoración que es aparte del Señor y contraria a Él.

LA IDOLATRÍA ES DEMONÍACA

¿Qué digo, pues? ¿Que el ídolo es algo, o que sea algo lo que se sacrifica a los ídolos? Antes digo que lo que los gentiles sacrifican, a los demonios lo sacrifican, y no a Dios; y no quiero que vosotros os hagáis partícipes con los demonios. No podéis beber la copa del Señor, y la copa de los demonios; no podéis participar de la mesa del Señor, y de la mesa de los demonios. (10:19-21)

Mucho peor que ser inconsecuente es que la idolatría es también demoníaca. El **algo... que se sacrifica** no tiene poder o naturaleza espiritual (cp. 8:8), como tampoco lo tiene **el ídolo** físico al que se ofrece el sacrificio (cp. 8:4). Esas cosas nada son en sí mismas. Pero mucho más importante que no ser nada es que los ídolos representan lo que es demoníaco.

Los demonios son la fuerza espiritual que actúa detrás de la idolatría. Los que sacrifican a los ídolos **a los demonios lo sacrifican**. Cuando los adoradores creen que el ídolo representa a un dios real, Satanás envía a uno de sus demonios emisarios para que represente la parte de aquel dios imaginario. Nunca hay un dios detrás de un ídolo, pero siempre hay una fuerza espiritual; y esa fuerza es siempre maligna, siempre demoníaca.

Los demonios pueden exhibir considerable poder. Muchas sectas y religiones paganas son fingidas y exageradas; pero muchas son verdad. Son malignas, pero verdaderas. Mucho de lo que aparece bajo el nombre de la astrología, por ejemplo, es una vulgar explotación de las personas crédulas; pero muchas predicciones se hacen realidad por medio de la acción de fuerzas demoníacas. Los demonios no tienen poder ilimitado, pero tienen suficiente poder como para llevar a cabo maravillas y hacer suficientes predicciones que se cumplen y sirven para mantener engañados y leales a los adoradores supersticiosos (cp. 2 Ts. 2:9-11).

Satanás es el príncipe de este sistema mundial y rige este mundo con la ayuda de sus demonios. Participar en las cosas corrompidas de este mundo, especialmente en actos de adoración idólatras, es participar con Satanás y sus demonios. Es hacerse **partícipes con los demonios**. Moisés escribió acerca de Jesurún, un nombre afectuoso para Israel, porque "sacrificaron a los demonios, y no a Dios" (Dt. 32:17). No era divino lo que adoraban, pero era real. El salmista, al hablar también de Israel y de sus prácticas paganas, dice que llegaron incluso al punto de sacrificar a "sus hijos y a sus hijas a los demonios" (Sal. 106:37).

El cristiano **no [puede] beber la copa del Señor, y la copa de los demonios; no [puede] participar de la mesa del Señor, y de la mesa de los demonios**. Pablo no está dando un consejo, sino estableciendo un hecho. Jesús dijo bien claramente que no podemos "servir a dos señores" (Mt. 6:24). No es sencillamente que no debamos, sino que no podemos. No podemos hacer las dos cosas a la vez. Debe ser uno o el otro. "Porque o aborrecerá al uno y amará al otro, o estimará al uno y menospreciará al otro". Cuando tenemos comunión con el **Señor**, no podemos tener también tener compañerismo con los **demonios**, y viceversa. Algunos lo intentaron en Corinto, pero no tenían verdadera comunión con el Señor. Su adoración era hipocresía.

Los cristianos no somos inmunes a la influencia de los demonios. Cuando ignoramos por voluntad propia el camino del Señor y coqueteamos con las cosas de Satanás levantando ídolos de alguna clase, nos abrimos a la influencia demoníaca. Cuando Pedro reprendió a Ananías, le dijo: "¿Por qué llenó Satanás tu corazón para que mintieses al Espíritu Santo?" (Hch. 5:3). Por medio del ídolo de su codicia, él y su esposa Safira se abrieron para dejarse corromper por el jefe de los demonios. Es evidente por nuestra lucha con los demonios

(Ef. 6:12) que hay un cierto contacto íntimo entre los creyentes y esos abominables ángeles caídos.

Juan advierte: "Si alguno viene a vosotros, y no trae esta doctrina, no lo recibáis en casa, ni le digáis: ¡Bienvenido! Por que el que le dice: ¡Bienvenido! participa en sus malas obras" (2 Jn. 10- 11). Incluso mostrar hospitalidad a los que promueven falsas enseñanzas nos lleva a participar en la influencia demoníaca que está detrás de esas enseñanzas. Es imposible hacer eso de alguna manera y luego querer participar en la mesa del Señor en verdadera comunión con el Señor y su pueblo.

LA IDOLATRÍA ES INSULTANTE PARA DIOS

¿O provocaremos a celos al Señor? ¿Somos más fuertes que él? (10:22)

La idolatría es inconsecuente, demoníaca e insultante para el Señor. Eso **[provocará] a celos al Señor.** Dios tiene celo santo y no permitirá ninguna clase de competencia. Esa es la razón por la que Dios le dijo a Israel: "Ellos me movieron a celos con lo que no es Dios" (Dt. 32:21). El Señor condena a la idolatría de forma tan fuerte porque no hay nada que sea más ofensivo para Él que la idolatría, que es la señal más odiosa de incredulidad. Debido a que Judá se había ido "en pos de dioses ajenos, sirviéndoles y adorándoles... he aquí enviaré y tomaré a todas las tribus del norte, dice Jehová, y a Nabucodonosor rey de Babilonia, mi siervo, y los traeré contra esta tierra y contra sus moradores, y contra todas estas naciones en derredor; y los destruiré, y los pondré por escarnio y por burla y en desolación perpetua" (Jer. 25:6, 9). Juan nos describe un juicio aún más terrible: "Pero los cobardes e incrédulos, los abominables y homicidas, los fornicarios y hechiceros, los idólatras y todos los mentirosos tendrán su parte en el lago que arde con fuego y azufre, que es la muerte segunda" (Ap. 21:8).

La pregunta de Pablo: **¿Somos más fuertes que él?** es obviamente retórica. ¿Cree neciamente el idólatra que es más fuerte que Dios? Dios no permitirá que la idolatría quede sin castigo y ninguno escapará. Ni siquiera sus propios hijos escaparán sin una severa reprimenda si persisten en adorar alguna clase de ídolo. Algunos corintios habían hecho eso y habían pagado con su propia salud, o aun con su vida (1 Co. 11:30).

25

Usemos la libertad para la gloria de Dios (10:23–11:1)

Todo me es lícito, pero no todo conviene; todo me es lícito, pero no todo edifica. Ninguno busque su propio bien, sino el del otro. De todo lo que se vende en la carnicería, comed, sin preguntar nada por motivos de conciencia; porque del Señor es la tierra y su plenitud. Si algún incrédulo os invita, y queréis ir, de todo lo que se os ponga delante comed, sin preguntar nada por motivos de conciencia. Mas si alguien os dijere: Esto fue sacrificado a los ídolos; no lo comáis, por causa de aquel que lo declaró, y por motivos de conciencia; porque del Señor es la tierra y su plenitud. La conciencia, digo, no la tuya, sino la del otro. Pues ¿por qué se ha de juzgar mi libertad por la conciencia de otro? Y si yo con agradecimiento participo, ¿por qué he de ser censurado por aquello de que doy gracias? Si, pues, coméis o bebéis, o hacéis otra cosa, hacedlo todo para la gloria de Dios. No seáis tropiezo ni a judíos, ni a gentiles, ni a la iglesia de Dios; como también yo en todas las cosas agrado a todos, no procurando mi propio beneficio, sino el de muchos, para que sean salvos. Sed imitadores de mí, así como yo de Cristo. (10:23–11:1)

El mensaje central de Pablo en este pasaje, y el mensaje central de la Biblia para los creyentes de todos los tiempos, está resumido en el versículo 31: **Si, pues, coméis o bebéis, o hacéis otra cosa, hacedlo todo para la gloria de Dios.** Dios creó al hombre para glorificarse a sí mismo, y esa es la razón de ser del hombre en la vida. El hombre caído no puede proponerse glorificar a Dios, porque no conoce a Dios o tiene una naturaleza piadosa por medio de Cristo Jesús.

Dios es glorificado en su ira en contra de los no redimidos. El faraón no buscó glorificar a Dios, ni tampoco podía; pero Dios dijo: "Yo me glorificaré en Faraón y en todo su ejército, en sus carros y en su caballería" (Éx. 14:17). Y fue ciertamente glorificado por esos medios. El mensaje de Dios al faraón fue: "Y a la verdad yo te he puesto para mostrar en ti mi poder, y para que mi nombre sea anunciado en toda la tierra" (Éx. 9:16). Aunque el faraón no pudo glorificar a Dios con su vida, si que lo glorificó en su destrucción (cp. Jer. 13:15-16; Ro. 1:22-26).

Sin embargo, el hombre redimido si es capaz de glorificar al Señor y lo glorificará si es fiel.

La primera pregunta y respuesta del Catecismo Abreviado es: "¿Cuál es el fin principal del hombre? El fin principal del hombre es glorificar a Dios y gozarlo para siempre". El catecismo es muy correcto al declarar que la razón suprema de ser del hombre es glorificar y gozar a Dios. El propósito más elevado de cualquier individuo es quedar totalmente absorto en la persona de Dios, y contemplarlo todo en la vida por medio de ojos llenos de su maravilla y gloria. Esa es la perspectiva del verdadero adorador, del que de verdad glorifica a Dios.

La palabra *gloria* significa "aquello que es digno de alabanza o exaltación; de fulgor, belleza, renombre". La gloria de Dios tiene dos aspectos. Primero es una gloria inherente o intrínseca. Dios es el único ser en todo lo que existe que se puede decir que posee gloria inherente. Nadie se la puede dar; ya le pertenece por completo en virtud de quién es Él. Si nadie le alabara jamás, Él todavía sería el Dios glorioso que es, porque Él era completamente glorioso antes de que creara otros seres para que lo adoraran.

El segundo aspecto de la gloria de Dios es gloria atribuida: "Tributad a Jehová, oh hijos de los poderosos", dice el salmista, "dad a Jehová la gloria y el poder. Dad a Jehová la gloria debida a su nombre; adorad a Jehová en la hermosura de la santidad" (Sal. 29:1-2). Obviamente, no podemos dar gloria a Dios en el sentido de añadir algo a su gloria, de la misma forma que no podemos añadir nada a su fortaleza. El salmista está sencillamente instándonos a que reconozcamos y aclamemos la gloria que Dios ya tiene.

Las Escrituras nos dan a menudo maneras prácticas de glorificar a Dios. La lista incluiría confesión de pecado (Jos. 7:19), confiar en Dios (Ro. 4:20), llevar fruto para Él (Jn. 15:8), darle gracias (Sal. 50:23), sufrir por Cristo (1 P. 4:14-16), tener contentamiento (Fil. 4:10-20), orar (Jn. 14:13) y esparcir la Palabra (2 Ts. 3:1). Todo lo que un cristiano dice y hace debería ser para la gloria de Dios.

En 10:23–11:1 Pablo explica tres cosas que los creyentes deben entender acerca de su libertad cristiana si es que quieren glorificar a Dios en todo lo que hacen: (1) los principios básicos para usar la libertad cristiana, (2) el propósito de la libertad cristiana, y (3) la pauta para usar la libertad cristiana.

LOS PRINCIPIOS PARA USAR LA LIBERTAD CRISTIANA

En los versículos 23-30 encontramos cuatro principios que nos guían en el uso de nuestra libertad cristiana para la gloria de Dios.

EDIFICACIÓN EN VEZ DE GRATIFICACIÓN

Todo me es lícito, pero no todo conviene; todo me es lícito, pero no todo edifica. (10:23)

Pablo nos resume aquí lo que ha estado diciendo acerca de la libertad cristiana. Debido a que el apóstol se refiere a esto varias veces, él probablemente había usado la frase **todo me es lícito** cuando predicó en Corinto, y algunos de los creyentes la habían tomado al parecer como un lema para justificar cualquier cosa que quisieran hacer. Sin embargo, el apóstol explicó ya en esta carta que el uso que hace de esa frase en relación con la libertad cristiana se refiere a todas las cosas que no se identifican específicamente en las Escrituras como pecado. Antes de su primera mención de "todas las cosas me son lícitas" (6:12), él dice específicamente que "los injustos no heredarán el reino de Dios" y prosigue dando una lista extensa de los pecados que caracterizan a los injustos (6:9-10). Su uso de **todo me es lícito** se refiere siempre a las prácticas cuestionables, las áreas grises de la vida cristiana que no están específicamente prohibidas en la Biblia.

El significado básico de **edifica** (*oikodomeō*) es el de "edificar una casa" y, por extensión, el término se refiere a la edificación literal o figurativa de alguna cosa. Se emplea a menudo en el Nuevo Testamento para describir el crecimiento espiritual, o la edificación, de los creyentes. Todo lo que contribuye al crecimiento espiritual **conviene**, es beneficioso, es de ayuda, es provechoso o útil. Solo lo que **conviene** es capaz de [edificar]. Esos dos verbos que encontramos en el presente de indicativo activo expresan básicamente la misma verdad.

Hay muchas maneras mediante las cuales somos edificados, por medio de las cuales crecemos "en la gracia y el conocimiento de nuestro Señor y Salvador Jesucristo" (2 P. 3:18), pero hay cuatro herramientas básicas que nos ayudan a crecer en Él. La primera en su Palabra. En su consejo a los ancianos efesios que habían ido a Mileto para verlo por última vez, Pablo les dijo: "Y ahora, hermanos, os encomiendo a Dios, y a la palabra de su gracia, que tiene poder para sobreedificaros y daros herencia con todos los santificados" (Hch. 20:32). La Palabra de Dios en su mejor instrumento para edificarnos (cp. 2 Ti. 3:16-17). La segunda es la predicación y la enseñanza. Más adelante en su carta a los Corintios Pablo les dice que, más que estar tan preocupados por hablar en lenguas, deberían enfocarse en profetizar, o predicar, pues el "que profetiza habla a los hombres para edificación, exhortación y consolación. El que habla en lengua extraña, a sí mismo se edifica; pero el que profetiza, edifica a la iglesia" (1 Co. 14:3-4). La tercera es el amor. El conocimiento tiende a hacernos orgullosos y arrogantes, mientras que "el amor edifica" (1 Co. 8:1). La cuarta es el servicio obediente. El propósito del ministerio cristiano es "perfeccionar a los santos para la obra del ministerio, para la edificación del cuerpo de Cristo" (Ef. 4:12).

Desear nuestra edificación y beneficio espiritual y el de otros es un distintivo de la madurez cristiana. Pablo les dijo a los ancianos efesios que él no había rehuido enseñarles "nada que fuese útil" (Hch. 20:20). Pidió a Timoteo que fuese fiel a las Escrituras, porque son útiles (2 Ti. 3:16). Y a los corintios les dijo: "Hágase todo para edificación" (1 Co. 14:26). El propósito supremo de Pablo al ministrar a los creyentes era promover su edificación (2 Co. 12:19). Su consejo a todos los cristianos es que todo lo que digamos sea para "la necesaria edificación, a fin de dar gracia a los oyentes" (Ef. 4:29; cp. 1 Ts. 5:11). Cuando nos enfrentamos a la decisión sobre una práctica, debiéramos preguntarnos primero si tenemos el derecho de hacerlo. Si no está prohibido en las Escrituras la respuesta es sí. Pero nuestra siguiente pregunta debiera ser: ¿Es útil, es provechoso, me edifica a mí y a otros? Si la respuesta es sí a ambas preguntas, entonces podemos hacerlo para la gloria de Dios. Si la respuesta es no a alguna de las preguntas no podemos hacerlo para su gloria.

OTROS ANTES QUE NOSOTROS

Ninguno busque su propio bien, sino el del otro. (10:24)

El segundo principio para usar la libertad cristiana para la gloria de Dios es todavía más exigente. Aun si alguna cosa nos edifica no debiéramos hacerla si no es para el bien de otros. Nuestra preocupación primaria debiera ser el **bien** de **otro**, un principio que es contrario a la naturaleza humana básica.

Un pastor amigo mío, después de predicar sobre este pasaje, tuvo un tiempo de testimonio. Pidió a los creyentes que dieran a conocer experiencias de haber renunciado a algo por amor de alguien. Excepto un hombre que dijo que él no bebía ni fumaba cuando tenía a su alrededor a otros cristianos, nadie respondió. Luego de terminarse el culto algunos hermanos le dijeron al pastor: "Por primera vez en mi vida me he dado cuenta de que nunca renuncié a algo por amor de los demás". Al parecer algunos de los hermanos de Filipos tenían el mismo problema, y Pablo les escribió: "Nada hagáis por contienda o por vanagloria; antes bien con humildad, estimando cada uno a los demás como superiores a él mismo; no mirando cada uno por lo suyo propio, sino cada cual también por lo de otros" (Fil. 2:3-4).

LIBERTAD EN VEZ DE LEGALISMO

De todo lo que se vende en la carnicería, comed, sin preguntar nada por motivos de conciencia; porque del Señor es la tierra y su plenitud. Si algún incrédulo os invita, y queréis ir, de todo lo que se os ponga delante comed, sin preguntar nada por motivos de conciencia. (10:25-27)

El tercer principio para usar la libertad cristiana para la gloria de Dios es el de preferir la libertad al legalismo. Hasta cierto punto este principio sirve de contrapeso al anterior. El verdadero bienestar de los demás debe ser nuestra principal preocupación, pero sus normas no tienen por qué regir todo lo que nosotros hagamos. Debemos procurar en todo lo posible no ofender la conciencia débil de nuestros hermanos creyentes, pero no tenemos por qué ir al extremo legalista de convertir todo lo que hacemos en un gran asunto.

Pablo usa de nuevo la ilustración de la carne ofrecida a los ídolos. "Cuando usted vaya a comprar a **la carnicería** no pregunte si la carne ha sido ofrecida a un ídolo. Sencillamente compre lo que necesite **sin preguntar nada por motivos de conciencia**. Si no le molesta en su propia conciencia, cómprelo y cómalo".

Pablo cita el Salmo 24:1, y dice: **Porque del Señor es la tierra y su plenitud**. Los cristianos no tienen ninguna razón para participar en una ceremonia idólatra, porque hacerlo es "[participar] con los demonios" (1 Co. 10:20). Pero una vez que la carne es enviada a la carnicería es solo carne como cualquier otra carne. Es alimento que el Señor provee de **la tierra**, y puede comerse con limpia conciencia y con acción de gracias. "Porque todo lo que Dios creó es bueno, y nada es de desecharse, si se toma con acción de gracias; porque por la palabra de Dios y por la oración es santificado" (1 Ti. 4:4-5).

Si un incrédulo lo invita a comer con él, usted debe actuar de la misma manera: **sin preguntar nada por motivos de conciencia**. Si usted quiere aceptar su invitación, hágalo sin hacer preguntas embarazosas. Si la posibilidad de comer carne sacrificada a un ídolo no le molesta para nada, vaya y disfrute de la comida. **De todo lo que se os ponga delante comed**. La libertad en Cristo es un privilegio que solo hay que renunciar a él cuando puede de verdad ofender a otra persona.

"Estad, pues, firmes en la libertad con que Cristo nos hizo libres, y no estéis otra vez sujetos al yugo de esclavitud" (Gá. 5:1). No debemos renunciar a nuestra libertad a menos que sea claramente por la edificación de alguien. Si nos abstenemos de hacer algunas cosas cuestionables, no lo hacemos por razón de un cierto sentido de compulsión legalista, sino por la restricción voluntaria de nuestra libertad a fin de ayudar a edificar a un hermano.

Cuando restringimos nuestra libertad por amor del hermano más débil, debemos tratar de ayudarlo a crecer en el conocimiento de su propia libertad cristiana. En otras palabras, debemos ayudarlo a que su conciencia se haga más fuerte, con el fin de que llegue a disfrutar su plena libertad en Cristo y no viva limitado en el disfrute de sus privilegios.

CONDESCENDENCIA EN VEZ DE LEGALISMO

Mas si alguien os dijere: Esto fue sacrificado a los ídolos; no lo comáis, por

causa de aquel que lo declaró, y por motivos de conciencia; porque del Señor es la tierra y su plenitud. La conciencia, digo, no la tuya, sino la del otro. Pues ¿por qué se ha de juzgar mi libertad por la conciencia de otro? Y si yo con agradecimiento participo, ¿por qué he de ser censurado por aquello de que doy gracias? (10:28-30)

El cuarto principio es también ilustrado mediante una comida hipotética en la casa de un pagano. **Mas si alguien**, en este caso otro creyente, resulta que está también presente y os dice: **"Esto fue sacrificado a los ídolos"**, entonces **no lo comáis, por causa de aquel que lo declaró**. No se ponga a discutir, o a condenar, o a insistir en su propia libertad. Renuncie a su libertad con el fin de que la conciencia de su hermano no sea ofendida.

Pablo explica claramente que la dificultad no está en relación con nuestra propia **conciencia**, sino con la del **otro**. Nosotros vamos a modificar nuestras acciones por amor de otros, pero no tenemos que modificar nuestra conciencia. El legalismo del hermano débil no debe hacernos a nosotros legalistas, solo amorosos.

Pero el bienestar de la conciencia de nuestro hermano es importante, más importante que los sentimientos del incrédulo que nos invitó. Es mejor ofender al anfitrión por no comer la carne ofrecida al ídolo que ofender al hermano débil comiéndola. Si tenemos que elegir entre ofender a un cristiano y a uno que no lo es, deberíamos decidirnos por el no cristiano. El beneficio y la edificación de nuestro hermano en Cristo son de mayor importancia. No solo eso, sino que nuestro testimonio quedará más dañado si discutimos con el hermano y lo condenamos que si permanecemos a su lado en amor. Los incrédulos se sentirán inclinados a respetarnos si mostramos preocupación amorosa por las convicciones del hermano cristiano.

Nuestra propia **libertad** no debe ser juzgada por **la conciencia de otro**. Es decir, no debemos permitir que nuestra libertad sea difamada por expresarla en formas que ofenden al hermano más débil. Debemos dar **gracias** por el alimento y por la libertad y entonces expresar nuestra libertad eligiendo no comer el alimento que ofende a nuestro hermano. ¿Cómo podemos dar gracias al Señor por algo que va a servir para que tropiece mi hermano en Cristo?

EL PROPÓSITO DE LA LIBERTAD CRISTIANA

Si, pues, coméis o bebéis, o hacéis otra cosa, hacedlo todo para la gloria de Dios. No seáis tropiezo ni a judíos, ni a gentiles, ni a la iglesia de Dios. (10:31-32)

El propósito de usar nuestra libertad cuidadosa y desinteresadamente es el de glorificar a Dios. La idea de comer y beber aparece en el contexto de las cosas ofrecidas a los ídolos, pero no queda limitado a eso. Pablo nos está diciendo que aun en las cosas más mundanas, rutinarias y menos espirituales de la vida, tales como el comer y el beber, procuremos glorificar a Dios. Su gloria debe ser nuestro compromiso para toda la vida. Es el propósito de toda nuestra vida, la cual ahora le pertenece al Señor porque "por precio fuisteis comprados" (1 Co. 7:23). No solamente cuando **coméis o bebéis**, sino todo lo que hagáis, **hacedlo todo para la gloria de Dios**. (Vea la sección introductoria de este capítulo para más material sobre glorificar a Dios.)

Una persona o vive de manera que honra a Dios o lo deshonra. El propio pueblo de Dios había llegado a ser una deshonra tan grande para Él que permitió que Israel fuera conquistado y desterrado por los asirios en el 722 a.C. y que Babilonia hiciera lo mismo con Judá en el 586 a.C. No obstante, esas conquistas al principio fueron causa de que su nombre sufriera aún más deshonra, porque las naciones paganas vecinas de Israel y Judá pensaron que Jehová Dios no era lo suficiente fuerte como para salvar a su propio pueblo. Pero Dios prometió por medio de su profeta Ezequiel, a quien también lo habían llevado desterrado a Babilonia, que liberaría y recogería a su pueblo. Pero el propósito sería ante todo: "Y santificaré mi grande nombre, profanado entre las naciones, el cual profanasteis vosotros en medio de ellas; y sabrán las naciones que yo soy Jehová, dice Jehová el Señor" (Ez. 36:23). La gloria de Dios es su suprema preocupación y debería ser también la nuestra.

Dios es deshonrado cuando alguien peca, pero lo es especialmente cuando peca su propio pueblo. Debido a que Él nos ha honrado a nosotros de forma muy especial mediante su gracia perdonadora, nosotros lo deshonramos de forma especial mediante nuestro pecado. Cuando Él se ve en justicia forzado a castigarnos, se ve aún más deshonrado por los incrédulos, quienes lo acusan, como hicieron las naciones alrededor de Israel y Judá, que Él ni siquiera se preocupa por su propio pueblo. El pecado de cualquier clase lo priva de gloria a Dios.

De igual manera, Dios es especialmente honrado y glorificado cuando su pueblo es fiel y obediente. Así como nuestro pecado se refleja en contra de su honra, nuestra amorosa obediencia se refleja en su honor. Cuando nos resistimos al pecado y nos alejamos de él glorificamos a nuestro Padre celestial. Y cuando de forma voluntaria usamos nuestra libertad cristiana por amor de Él y para el bien de sus otros hijos, todavía lo glorificamos más.

Debemos de vivir de una forma justa, amorosa y desinteresada de manera que **no [seamos] tropiezo ni a judíos, ni a gentiles, ni a la iglesia de Dios**. Esos tres grupos abarcan a toda la humanidad. Ninguna acción nuestra debiera ser un obstáculo para que un incrédulo, ya sea judío o gentil, acuda a Cristo (cp. Hch.. 15:20-29), o para que tropiece un hermano débil en Cristo (1 P. 2:11-19). Que muchas personas se sientan ofendidas por el evangelio, ese es su problema, pero cuando son ofendidos innecesariamente por nuestra manera de vivir, ese sí es nuestro problema; y eso deshonra al Señor. El término *aproskopos*, que aparece traducido aquí como **tropiezo**, lo encontramos traducido como "seáis... irreprensibles" en Filipenses 1:10.

LA PAUTA DE LA LIBERTAD CRISTIANA

Como también yo en todas las cosas agrado a todos, no procurando mi propio beneficio, sino el de muchos, para que sean salvos. Sed imitadores de mí, así como yo de Cristo. (10:33–11:1)

Pablo concluye esta sección, cuyo pensamiento se extiende en el capítulo 11, con una sugerencia práctica para seguir los principios de la libertad cristiana.

Debido a que el apóstol vivió de tal manera que **en todas las cosas [agradaba] a todos, no procurando** [su] **propio beneficio, sino el de muchos, para que sean salvos**, podía decir a los corintios sin temor a equivocarse que siguieran su ejemplo. Había vivido y ministrado en Corinto durante dieciocho meses, y los creyentes allí lo conocían bien. Les está diciendo: "Bien recordáis cómo viví cuando estuve entre vosotros. Vivid vosotros de esa misma forma". La meta de Pablo era llevar a las personas a la salvación y estaba dispuesto a dejar a un lado cualquier cosa por conseguirlo (cp. 9:19-23).

La razón por la cual Pablo se sentía tan lleno de confianza y exitoso en su vida cristiana en general, y en particular en el uso responsable de su libertad cristiana, era porque se esforzaba en imitar a **Cristo**, el ejemplo supremo del que puso a un lado sus derechos por el bien de otros, el que se "despojó a sí mismo, tomando la forma de siervo" y "se humilló a sí mismo, haciéndose obediente hasta la muerte, y muerte de cruz" (Fil. 2:7-8). Pablo rogaba a los corintios a que lo imitaran a él como él imitaba al Dios que se glorificaba a sí mismo en la humillación de Cristo (cp. 4:16; Fil. 3:17).

Os alabo, hermanos, porque en todo os acordáis de mí, y retenéis las instrucciones tal como os las entregué. Pero quiero que sepáis que Cristo es la cabeza de todo varón, y el varón es la cabeza de la mujer, y Dios la cabeza de Cristo. Todo varón que ora o profetiza con la cabeza cubierta, afrenta su cabeza. Pero toda mujer que ora o profetiza con la cabeza descubierta, afrenta su cabeza; porque lo mismo es que si se hubiese rapado. Porque si la mujer no se cubre, que se corte también el cabello; y si le es vergonzoso a la mujer cortarse el cabello o raparse, que se cubra. Porque el varón no debe cubrirse la cabeza, pues él es imagen y gloria de Dios; pero la mujer es gloria del varón. Porque el varón no procede de la mujer, sino la mujer del varón, y tampoco el varón fue creado por causa de la mujer, sino la mujer por causa del varón. Por lo cual la mujer debe tener señal de autoridad sobre su cabeza, por causa de los ángeles. Pero en el Señor, ni el varón es sin la mujer, ni la mujer sin el varón; porque así como la mujer procede del varón, también el varón nace de la mujer; pero todo procede de Dios. Juzgad vosotros mismos: ¿Es propio que la mujer ore a Dios sin cubrirse la cabeza? La naturaleza misma ¿no os enseña que al varón le es deshonroso dejarse crecer el cabello? Por el contrario, a la mujer dejarse crecer el cabello le es honroso; porque en lugar de velo le es dado el cabello. Con todo eso, si alguno quiere ser contencioso, nosotros no tenemos tal costumbre, ni las iglesias de Dios. (11:2-16)

El papel de la mujer se ha convertido en un campo de batalla en la sociedad durante las últimas décadas. La lucha por los derechos de la mujer ha escalado hasta un punto de desequilibrio en la sociedad que amenaza el futuro. En nuestro tiempo, los esfuerzos del enemigo comenzaron con la sociedad secular y se infiltraron en la iglesia, que tan a menudo se contagia de las enfermedades del mundo y adopta el espíritu de la época. Algunos líderes y escritores, en nombre del cristianismo, han llegado tan lejos como enseñar principios que intentan redefinir, o aun alterar, las verdades bíblicas para acomodar las normas de pensamiento contemporáneo en el mundo. Para hacer eso tienen que creer, por supuesto, que Pablo, Pedro y otros escritores bíblicos añadieron algunas de sus propias opiniones a la verdad revelada de Dios o que los apóstoles a veces enseñaron costumbres culturalmente determinadas en vez de normas divinamente reveladas. Cuando se plantean las cosas así, el hombre tiene que decidir por sí mismo qué parte de las Escrituras es revelada y cuál no es, poniéndole a él como juez de la Palabra de Dios. Satanás trata febrilmente de trastornar el orden divino en cualquier manera que puede, y una de las formas fundamentales es mediante la perversión de los papeles y relaciones del hombre y mujer.

La iglesia corintia encaraba una situación similar a la que nosotros enfrentamos hoy, y al parecer los creyentes le habían escrito a Pablo (7:1) pidiéndole que les hablara acerca de la sumisión de la mujer. El apóstol estaba contento porque ellos buscaban la revelación de Dios acerca de este y otros asuntos, porque lo amaban y lo respetaban y porque básicamente se mantenían en la sana doctrina. **Os alabo, hermanos, porque en todo os acordáis de mí, y retenéis las instrucciones tal como os las entregué.** La expresión verbal **os acordáis** significa que lo recordaban continuamente. A pesar de su inmadurez y de sus muchos problemas, ellos respetaban la autoridad apostólica y divina sabiduría de Pablo, y en ciertas áreas de doctrina buscaban conocer y seguir la voluntad del Señor.

Instrucciones (*paradosis*) tiene el sentido de *tradiciones*, que significa "lo que ha sido transmitido mediante la enseñanza" y se usa en un sentido negativo en el Nuevo Testamento cuando se refiere a las ideas o prácticas originadas por el hombre (como en Mt. 15:2-6; Gá. 1:14; Col. 2:8). Pero el término también se puede aplicar a la enseñanza divinamente revelada, como aquí y en 2 Ts. 2:15. Los creyentes corintios [**retenían**] la enseñanza apostólica inspirada de Pablo.

El problema básico en la iglesia corintia no tenía que ver con doctrina, sino con la moral, no con la teología, sino con el estilo de vida. Eran ortodoxos pero no puros. Recordaban y creían las verdades cardinales acerca de la naturaleza y de la obra de Dios, pero no vivían de forma piadosa. Pablo los elogia por sus puntos fuertes antes de comenzar de nuevo a corregirlos en sus debilidades, en este caso por entender mal los papeles y relaciones del hombre y la mujer.

LA DECLARACIÓN DEL PRINCIPIO

Pero quiero que sepáis que Cristo es la cabeza de todo varón, y el varón es la cabeza de la mujer, y Dios la cabeza de Cristo. (11:3)

Pablo comienza su corrección declarando de forma sucinta el principio divino básico que está a punto de considerar y usa la frase **quiero que sepáis** para introducir algo sobre lo cual estaba muy preocupado, pero que no les había enseñado antes (cp. Col. 2:1). Las mujeres en la cultura griega vivían en el trasfondo y a menudo las usaban solo para la prostitución. El evangelio del Señor Jesucristo les dio dignidad y honor, lo que al parecer había llevado al abuso en algunos casos. Pablo responde a la situación demostrando que según el designio de Dios el hombre y la mujer no desempeñan la misma función.

El principio de subordinación y autoridad domina todo el universo. Pablo muestra que la subordinación de la mujer al hombre es solo un reflejo de una verdad general superior. **Cristo es la cabeza de todo varón, y el varón es la cabeza de la mujer, y Dios la cabeza de Cristo.** Si Cristo no se hubiera sometido a la voluntad de **Dios**, la redención de la humanidad no habría sido posible, y nosotros estaríamos condenados y perdidos para siempre. Si los seres humanos individuales no se someten a Cristo como Señor y Salvador, están todavía condenados y perdidos, por rechazar la provisión de gracia de Dios. Y si la mujer no se somete al hombre, entonces la familia y la sociedad como un todo queda trastornada y destruida. Ya sea en una escala divina o humana, la subordinación y la autoridad son elementos indispensables en el orden y en el plan de Dios.

Cabeza se refiere a la parte del cuerpo que gobierna y dirige. Al establecer el principio general, Pablo indica tres maneras en las que se manifiesta la dirección. Primero, **Cristo es la cabeza de todo varón**. Él es de forma única la cabeza de la iglesia como su Salvador y Señor (Ef. 1:22-23; 4:15; Col. 1:18; etc.). Él la ha redimido y comprado con su propia sangre (1 Co. 6:20; 1 P. 1:18-19; Ap. 5:9). Pero en su autoridad divina Cristo es cabeza de *todo* varón, creyente o inconverso. "Toda potestad me es dada en el cielo y en la tierra", declaró Jesús (Mt. 28:18). La mayor parte de la humanidad nunca ha reconocido la autoridad de Cristo, pero todas las cosas han sido "[sujetadas] bajo sus pies" (He. 2:8), y un día "se [doblará] toda rodilla de los que están en los cielos, y en la tierra, y debajo de la tierra; y toda lengua confiese que Jesucristo es el Señor, para gloria de Dios Padre" (Fil. 2:10-11). Todos los que se someten de buena voluntad a su autoridad constituyen la iglesia, y los que se rebelan en contra de su autoridad constituyen el mundo. Dios ha permitido, en su paciencia y perseverancia, que los incrédulos rebeldes ignoren el señorío de Cristo, pero un día ellos reconocerán su autoridad y se someterán a Él. Él tiene el verdadero y supremo control de todos los hombres, ahora y para siempre.

Segundo, **el varón es la cabeza de la mujer**. El principio de subordinación y autoridad se aplica a todos los hombres y mujeres, no solamente a los esposos y esposas. Se extiende más allá de la familia a todos los aspectos de la sociedad. Este es el orden básico de la creación, como Pablo explica más tarde (vv. 8-9). Esa es la manera en la que Dios planificó y creó a la humanidad; es la forma en la que Él nos ha creado.

Parece que la mayoría de las manías e ideas falsas del mundo encuentran la manera de meterse en la iglesia. Los cristianos mundanos continúan tratando de encontrar la forma de justificar su mundanalidad, si es posible basados en las Escrituras. Los feministas cristianos apelan a pasajes tales como Gálatas 3:28 ("ya... no hay varón ni mujer") y 1 Pedro 3:7 ("dando honor a la mujer... como a coherederas de la gracia de la vida") para desaprobar la idea de que el marido tenga autoridad sobre la mujer y que la esposa se someta a su esposo, para no mencionar la idea de que la mujer en general debe estar sometida al hombre en general. Pero es imposible interpretar sinceramente lo que Pablo dice y usarlo como apoyo de los feministas contemporáneos. Se le acusa, por tanto, de ser un machista que a menudo enseñó sus propios prejuicios en vez de la Palabra de Dios.

Pero él no hace para nada distinción entre el hombre y la mujer en lo que se refiere al valor y mérito personal, la habilidad, el intelecto o la espiritualidad. Ambos son, como seres humanos y como cristianos, completamente iguales en lo espiritual. Algunas mujeres son incluso obviamente superiores a los hombres en habilidades, intelecto, madurez y espiritualidad. Dios estableció el principio de la autoridad del hombre y subordinación de la mujer con el propósito de orden y de complementarse, no sobre la base de alguna superioridad innata del hombre. Un empleado puede ser más inteligente y hábil que su jefe, pero una empresa no puede funcionar sin la debida sumisión a la autoridad correspondiente, incluso si los que están en autoridad no son tan capaces como debieran serlo. Los ancianos y diáconos deben ser elegidos de entre los hombres más espirituales en la congregación, pero puede suceder que haya en la iglesia hombres que sean aún más espirituales. No obstante, por esa misma razón de que *son* espirituales, los que no están en posiciones de liderazgo deben someterse a los que sí lo están.

Una iglesia puede tener algunas mujeres que son mejores estudiantes de la Biblia, mejores teólogos y mejores oradores que cualquiera de los hombres, incluso el pastor. Pero si esas mujeres son obedientes al mandado de Dios se someterán al liderazgo de los hombres y no tratarán de usurparlo, sencillamente porque ese es el plan de Dios. Una esposa puede estar mejor educada, ser más instruida en las Escrituras y ser más espiritual y madura que su esposo. Pero debido a que ella *es* espiritual, se someterá de buena gana a su esposo como cabeza de la familia. Esa relación apropiada se describe específicamente en Efesios 5:22-33. Isaías habló de juicio en su generación a causa de que habían permitido que las mujeres gobernaran sobre los hombres (Is. 3:12).

Tercero, **Dios la cabeza de Cristo.** Jesús expresó con absoluta claridad que Él se había sometido voluntariamente a la voluntad de su Padre (Jn. 4:34; 5:30; 6:38; cp. 1 Co. 3:23; 15:24-28; etc.). Cristo nunca había sido —antes, durante y después de su encarnación— en ningún sentido inferior en esencia al Padre. Pero en su encarnación Él estuvo dispuesto a subordinarse a sí mismo al Padre en su papel de Salvador y Redentor. Se sometió amorosamente y de forma total a la voluntad de su Padre como un acto de humilde obediencia en el cumplimiento del propósito divino.

Pablo enlaza inseparablemente juntos los tres aspectos de este principio. Así como Cristo se somete al Padre y los cristianos debemos someternos a Cristo, así la mujer debe someterse al hombre. No podemos rechazar una parte sin rechazar las otras. No podemos, por ejemplo, rechazar el principio de la sumisión de la mujer al hombre sin también rechazar la sumisión de Cristo al Padre y la del creyente a Cristo. Es evidente que el hombre sea cabeza de la mujer significa lo mismo que Cristo sea cabeza del hombre; es decir, que ese liderazgo soberano requiere sumisión que reconoce el beneficio de semejante liderazgo de amor.

La autoridad y sumisión en cada uno de estos casos se basa en el amor, no en la tiranía. El Padre envió a Cristo por amor, no bajo obligación, a redimir al mundo; y el Hijo se sometió al Padre por amor, no por coacción. Cristo ama a la iglesia, tanto que estuvo dispuesto a morir por ella; y Él rige a la iglesia con amor, no con tiranía. En respuesta, la iglesia se somete a Cristo en amor. De igual manera, los hombres en general y los maridos en particular deben ejercer su autoridad con amor, no con tiranía. Ellos no tienen esa autoridad en razón de que sean más dignos o más hábiles, sino porque sencillamente ese es el sabio designio de Dios y su amorosa voluntad. La mujer responde en amorosa sumisión como fue designado que lo hiciera (cp. 1 Ti. 2:11-15). Esta no es una cuestión de dignidad relativa o mérito, sino de tarea y responsabilidad.

LA APLICACIÓN DEL PRINCIPIO

Todo varón que ora o profetiza con la cabeza cubierta, afrenta su cabeza. Pero toda mujer que ora o profetiza con la cabeza descubierta, afrenta su cabeza; porque lo mismo es que si se hubiese rapado. Porque si la mujer no se cubre, que se corte también el cabello; y si le es vergonzoso a la mujer cortarse el cabello o raparse, que se cubra. (11:4-6)

Es mejor que entendamos esto como una referencia de Pablo a las actividades de los creyentes en su ministerio delante del Señor y del público, donde es esencial tener un testimonio claro.

En su sentido más general **[orar]** es hablar con Dios acerca de las personas, incluyéndonos a nosotros mismos, y **[profetizar]** es hablar a las personas acerca de Dios. Una es vertical (del hombre a Dios) y la otra en horizontal (del hombre al hombre), y éstas representan las dos dimensiones fundamentales del ministerio del creyente. Reconocemos que los detalles de este pasaje relacionados con cubrirse la cabeza son difíciles debido a la escasez de los datos históricos. Pero el contenido ayuda a clarificar el principio que Pablo tiene en mente, sea lo que fuere esa cubierta especial. Él quiere que la iglesia viva conforme a las normas divinas.

Cuando Pablo dice que un hombre **afrenta su cabeza** si **ora o profetiza con la cabeza cubierta**, tiene que estar refiriéndose a alguna costumbre local corintia. La frase **la cabeza cubierta** significa literalmente "algo que cae de la cabeza", y por lo general se refiere a un velo. El contexto aquí está diciendo implícitamente que en Corinto cubrirse así la cabeza hubiera sido completamente ridículo para un hombre y totalmente apropiado para una mujer. Para los judíos, quienes también llegaron cubrirse la cabeza, la práctica parece que comenzó en el siglo IV d.C., aunque puede que algunos comenzaran a hacerlo en el tiempo de los apóstoles. Pero por lo general se consideraba vergonzoso que un hombre adorara con la cabeza cubierta.

Parece, por tanto, que Pablo no está estableciendo un requisito divino y universal, sino sencillamente reconociendo una práctica local. Sin embargo, la costumbre cristiana local reflejaba el principio divino. En la sociedad corintia que un hombre orara y profetizara sin cubrirse la cabeza era una indicación de su autoridad sobre la mujer, que se esperaba que llevara cubierta la cabeza en estos ministerios. En consecuencia, que un hombre se cubriera la cabeza sería una afrenta, porque estaría sugiriendo un cambio en la forma apropiada de las relaciones. **Afrenta su cabeza** (v. 5) se puede estar refiriendo literalmente a su propia cabeza o metafóricamente a la cabeza de su esposo.

En el tiempo de Pablo se usaban numerosos símbolos para indicar la relación de subordinación de la mujer al hombre, particularmente de la esposa al esposo. Por lo general, el símbolo era la forma de la prenda con la que se cubrían la cabeza, y en el mundo greco-romano de Corinto el símbolo al parecer era un velo de alguna clase. En la actualidad en muchos países del Cercano Oriente el velo de una mujer casada todavía significa que ella no se expondrá a sí misma a otros hombres, que su belleza y encantos están reservados exclusivamente para su esposo, que ella ni siquiera se preocupa de ser vista por otros hombres. De igual manera, en la cultura del primer siglo de Corinto llevar la cabeza cubierta mientras ministraba o adoraba era la manera en la que la mujer manifestaba su devoción y sumisión a su esposo y la demostración de su dedicación a Dios.

Parece ser, sin embargo, que algunas mujeres en la iglesia de Corinto no se cubrían la cabeza mientras [**oraban o profetizaban**]. Sabemos por la historia secular que aparecieron varios movimientos de liberación de la mujer y de feminismo en el Imperio Romano durante la época del Nuevo Testamento. Las mujeres a menudo se quitaban el velo u otro tocado de la cabeza, o se cortaban el cabello a fin de parecerse a los hombres. Como sucede en la actualidad, algunas mujeres demandaban ser tratadas exactamente como los hombres y atacaban el matrimonio y la crianza de los hijos como restricciones injustas de sus derechos. Reafirmaban su independencia abandonando a sus esposos y hogares, negándose a cuidar de los hijos, viviendo con otros hombres, exigiendo desempeñar tareas que tradicionalmente las hacían los hombres, llevando ropas y peinados para hombres y desechando todas las señales de feminidad. Es probable que algunas de las mujeres creyentes en Corinto estuvieran influenciadas por estos movimientos y, como una señal de protesta y de independencia, rehusaran cubrirse la cabeza en momentos apropiados.

Como con la carne que había sido sacrificada a los ídolos, no había nada en cubrirse o no cubrirse la cabeza que fuera en sí mismo bueno o malo. Lo que es malo es la rebelión en contra de los papeles ordenados por Dios, y en Corinto esa rebelión la demostraron algunas mujeres al orar y profetizar con su cabeza descubierta.

La forma de vestir es en buena parte cultural, y a menos que lo que la persona lleva puesto sea poco recatado o sugestivo sexualmente, no tiene ningún significado moral o espiritual. A lo largo de los tiempos bíblicos, como en muchas partes del mundo hoy día, tanto los hombres como las mujeres han llevado cierta clase de túnica. Pero siempre llevaban alguna cosa en su vestimenta que distinguía claramente a los hombres de las mujeres, muy a menudo indicado mediante el largo del cabello y la prenda que usaban para cubrir la cabeza.

Lo que Pablo está enseñando en este pasaje es el principio de la subordinación de la mujer al hombre, no una señal o símbolo en particular de esa subordinación. El apóstol no está estableciendo un principio universal de que las mujeres cristianas deben adorar siempre con la cabeza cubierta.

La mención aquí de mujeres que **[oran o profetizan]** se ha usado a menudo para demostrar que Pablo reconocía el derecho de la mujer a enseñar, predicar o dirigir en el culto de adoración de la iglesia. Pero él no menciona aquí a la iglesia en el tiempo de adoración o de enseñanza formal. Quizás él tiene en mente el orar o profetizar en lugares públicos más bien que la adoración de la congregación. Esto ciertamente encajaría con las claras directrices en 1 Corintios (14:34) y en su primera carta a Timoteo (2:12). El Nuevo Testamento no impone restricciones a la mujer en dar testimonio en público a otros, incluso a un hombre. Tampoco prohíbe a la mujer que lleve a cabo funciones que no sean de liderazgo en orar con creyentes y no creyentes; y tampoco hay limitaciones para enseñar a los niños y a otras mujeres (cp. Tit. 2:3-4; 1 Ti. 5:16). La mujer puede tener el don de profecía, como lo tuvieron las hijas de Felipe (Hch. 21:9), pero normalmente no es para que profeticen en las reuniones de la iglesia en las que los hombres están presentes.

En otras palabras, solo es necesario poner juntos los pasajes relevantes para ver el panorama completo de la verdad. Las mujeres pueden orar y profetizar dentro de los límites de la revelación de Dios, y con un sentido correcto de sumisión. Y es importante que su conducta al hacerlo refleje el orden de Dios. No deben aparecer, por supuesto, como rebeldes contra la voluntad de Dios.

La enseñanza de Pablo en los versículos 4-5 es que, siempre que y donde quiera que sea apropiado para los hombres y las mujeres orar o profetizar, deben hacerlo con la distinción apropiada entre el hombre y la mujer. **Todo varón** debe hablar al Señor y en nombre del Señor claramente como hombre y **toda mujer** debe hacer exactamente lo mismo como mujer. Dios no quiere que sea borrosa la distinción.

Para la mujer corintia orar o profetizar con la cabeza descubierta era una afrenta para su cabeza **porque lo mismo es que si se hubiese rapado.** Si una mujer descubría su cabeza también podía completar el símbolo de su rechazo cortando por completo su cabello, el elemento identificador dado por Dios de su papel especial como mujer. **Porque si la mujer no se cubre, que se corte también el cabello.** En aquellos días solo una prostituta o una feminista extremista haría una cosa así.

El Talmud indica que los judíos consideraban muy fea a una mujer con la cabeza rasurada, y Crisóstomo nos dice que las mujeres culpables de adulterio llevaban corto su cabello y eran señaladas como prostitutas. Aristófanes enseñó incluso que la madre de un hijo indigno debiera cortarse el cabello.

Pablo, por tanto, está diciendo: "Si usted no está dispuesta a dar la impresión de que es una prostituta o una feminista rebelde por cortarse el pelo, tampoco ore o profetice con la cabeza descubierta".

Sorprende que alguna mujer cristiana buscara semejante identificación, hasta que pensamos en cómo algunas aparecen hoy tan mundanas hasta el punto de hacer que la misma comparación sea posible.

LA DEFENSA DEL PRINCIPIO

Porque el varón no debe cubrirse la cabeza, pues él es imagen y gloria de Dios; pero la mujer es gloria del varón. Porque el varón no procede de la mujer, sino la mujer del varón, y tampoco el varón fue creado por causa de la mujer, sino la mujer por causa del varón. Por lo cual la mujer debe tener señal de autoridad sobre su cabeza, por causa de los ángeles. (11:7-10)

Como ya ha sido mencionado, cubrirse la cabeza parece que era un símbolo acostumbrado de subordinación en la sociedad corintia, tanto como en el mundo antiguo. Pero el principio del liderazgo del hombre no es una cuestión de costumbre, sino un asunto de orden y creación de Dios y no es negociable. Debido a que una cabeza cubierta era una señal de subordinación, **el varón no debe cubrirse la cabeza, pues él es imagen y gloria de Dios.** El hombre fue creado en la **imagen** moral, mental y espiritual de Dios. Fue creado con inteligencia, voluntad, emoción, conocimiento y santidad, a lo cual es restaurado en Cristo Jesús (Ef. 4:24).

El hombre está también creado excepcionalmente para llevar la imagen de Dios como un líder, a quien le es dada una esfera de soberanía. En ese sentido, fue también creado para ser la **gloria de Dios**. Dios le dio al hombre dominio sobre todo el mundo creado, para cuidar de él conforme al plan divino. El hombre recibió autoridad sobre el mundo. Tanto el hombre como la mujer están creados a la imagen de Dios, pero como Pablo señala en el versículo 8, solo Adán fue la creación original "del polvo de la tierra" (Gn. 2:7). Eva fue creada más tarde de una parte del mismo Adán (2:21-22). El varón recibió de Dios el dominio y la autoridad sobre el mundo creado y es de hecho la **gloria de Dios**.

La caída confirmó estos dos papeles en una forma aún más impresionante, como nos lo indica Génesis 3:16-17, al decir: "Tu deseo será para tu marido, y él se enseñoreará de ti". De modo que el hombre representa a Dios en su autoridad y gobierno, de esa manera es la **gloria de Dios**. Después de la caída la autoridad del hombre quedó fortalecida. En consecuencia él no tiene que llevar ningún símbolo de subordinación.

Debido a que algunos antiguos rabíes interpretaron mal Éxodo 34:33-35, enseñaron que los hombres judíos deberían cubrirse la cabeza cuando oraban porque Moisés se cubría el rostro con un velo en la presencia de la gloria de Dios. Pero era delante de las personas cuando Moisés se ponía el velo, no en la presencia de Dios. Como Pablo explica en su siguiente carta a los corintios, Moisés se "ponía un velo sobre su rostro, para que los hijos de Israel no fijaran la vista en el fin de aquello que había de ser abolido" (2 Co. 3:13). Él no quería que ellos vieran desvanecerse la gloria de Dios, la cual había recibido en la presencia del Señor. La tradición judía de que los hombres se cubran la cabeza para orar es, por tanto, una tradición humana, no divina.

Por el otro lado, **la mujer es gloria del varón**. La mujer fue creada para manifestar la autoridad y la voluntad del hombre como el hombre fue creado para manifestar la autoridad y gloria de Dios. La mujer es vicerregente, quien gobierna en lugar del hombre o lleva a cabo su voluntad, así como el hombre es vicerregente de Dios que gobierna en lugar de Dios y lleva a cabo su voluntad. La mujer brilla no tanto con la luz directa de Dios, sino con la luz derivada del hombre. El hombre es a la vez la **imagen y gloria de Dios**, mientras que la mujer es solo la imagen de Dios (Gn. 1:27) y no la imagen del hombre, y la **gloria del varón**, no la gloria de Dios. La enseñanza es que el hombre muestra cuán magnífica es la criatura que Dios puede crear de sí mismo, mientras que la mujer muestra cuán magnífica puede ser la criatura que Dios crea del hombre (Gn. 2:21-22).

No obstante, en lo que se refiere a la gracia salvadora y santificadora la mujer llega a estar en tan profunda comunión con Dios como el hombre. Ella fue creada de igual manera en la imagen de Dios, y esa imagen es igualmente restaurada por medio de la fe en Cristo Jesús. Ella será tan semejante a Jesús como cualquier hombre cuando veamos a nuestro Señor cara a cara (1 Co. 13:12). Pero aunque la mujer está totalmente creada a la imagen de Dios, no es directamente la gloria de Dios. Ella es directamente la gloria del hombre, el brillo indirecto de la gloria de Dios en el hombre. Su papel en el mundo es someterse a la dirección del hombre, a quien le fue dado el dominio divino.

Pablo, para defender aun más esa verdad, señala que **el varón no procede de la mujer, sino la mujer del varón**. Adán fue creado primero y le fue dado dominio sobre la tierra antes que la mujer fuera creada; y cuando ella fue creada, fue creada de él. Recibió el nombre de "Varona, porque del varón fue tomada" (Gn. 2:9-23; cp. 1 Ti. 2:11-13).

La mujer no solo fue creada del hombre, sino para el hombre. **Tampoco el varón fue creado por causa de la mujer, sino la mujer por causa del varón.** Ella no es intelectual, moral, espiritual o funcionalmente inferior al hombre. Ella es única para él. Su papel es someterse al liderazgo, protección y cuidado del hombre, y está llamada a ser "ayuda idónea para él" (Gn. 2:18, 20).

En el versículo 10 Pablo vuelve a la aplicación del principio. **Por lo cual la mujer debe tener señal de autoridad sobre su cabeza, por causa de los ángeles.** El uso cultural de una prenda para cubrirse la cabeza representa el principio divino y universal de la subordinación de la mujer a la autoridad del hombre. **Señal de autoridad** es una palabra en griego (*exousia*) y significa "poder legítimo" o "autoridad". La cabeza cubierta representaba la autoridad o derecho de la mujer a orar y adorar, puesto que demostraba su sumisión. **Señal** se da por entendida porque es aquí la referencia obvia a cubrirse la cabeza que se menciona en los versículos 4-7. En aquella cultura, una mujer tenía que llevar esa señal como indicación de su papel subordinado al hombre.

El significado básico de **ángeles** es "mensajero". Pablo está hablando aquí de los ángeles santos. Los ángeles ministradores de Dios, cuya característica suprema es su total e inmediata obediencia a Dios. Los ángeles aparecen a lo largo de las Escrituras como criaturas de gran poder, pero es siempre un poder derivado y dócil. Satanás y los demás ángeles que le siguieron fueron arrojados del cielo por razón de que buscaron usar su poder para sus propios propósitos egoístas en vez de para la gloria de Dios. Por el otro lado, los ángeles santos son el ejemplo supremo de la apropiada subordinación de la criatura. Hebreos 1:4–2:18 se enfoca en la superioridad de Cristo sobre los ángeles y su gustosa sumisión a Él.

Estos mensajeros son los protectores de Dios para su iglesia, sobre la cual están de guardia perpetua. Es apropiado para una mujer cubrirse la cabeza como una señal de subordinación **por causa de los ángeles**, con el fin de que estas que son las más dóciles criaturas no se sientan ofendidas por una actitud de no sumisión. Además, los ángeles estuvieron presentes en la creación (Job 38:7) y fueron testigos del singular diseño del hombre y de la mujer, y se sentirían ofendidos de cualquier violación de ese orden. La idea del interés por la respuesta y la actitud de los ángeles la vemos también en Efesios 3:9-10 y en Mateo 18:10. El Midrash enseñaba que los ángeles son los guardianes del orden creado.

LA ARMONIZACIÓN DEL PRINCIPIO

Pero en el Señor, ni el varón es sin la mujer, ni la mujer sin el varón; porque así como la mujer procede del varón, también el varón nace de la mujer; pero todo procede de Dios. (11:11-12)

Si Satanás no puede llevar a los hombres a negar o ignorar la Palabra de Dios, él va a procurar que la interpreten mal o que la lleven a extremos que no es la intención de Dios. A fin de que los hombres no abusen de su autoridad sobre la mujer, Pablo les recuerda su igualdad y mutua dependencia. La autoridad del hombre sobre la mujer es una autoridad delegada y derivada, dada por Dios con el fin de que se use para su propósito y a su manera. El hombre como criatura no tiene ninguna superioridad innata sobre la mujer y no tiene ningún derecho a usar su autoridad de forma tiránica y egoísta. El machismo del hombre es tan poco bíblico como el feminismo. Ambos son perversiones del plan de Dios.

Lejos de oprimir a la mujer, la iglesia ha sido su gran liberadora. En las sociedades griega y romana la mujer no era otra cosa que una esclava, la propiedad del esposo, quien a menudo compraba y vendía a sus esposas a capricho. Fue principalmente debido a este trato inhumano de la mujer que el feminismo se hizo tan popular en el Imperio Romano. En muchas comunidades judías la situación de la mujer no era mucho mejor. El divorcio había llegado a ser muy fácil y común, pero era casi por completo la prerrogativa del hombre. Algunos hombres judíos tenían un concepto tan bajo de la mujer que llegaron a desarrollar una oración popular en la que se daba gracias a Dios por no haber nacido esclavo, gentil o mujer.

Pero en Cristo todos los creyentes, hombre y mujer, están **en el Señor** y son iguales para Dios. En la obra del Señor la mujer es tan importante como el hombre. Sus papeles son diferentes en funciones y relaciones, pero no en espiritualidad o importancia. **Ni el varón es sin la mujer, ni la mujer sin el varón**. El hombre y la mujer se complementan el uno al otro en cada aspecto de la vida, pero particularmente en la obra del Señor funcionan juntos como un equipo ordenado por Dios. Se sirven el uno al otro y sirven el uno con el otro.

En este sentido "no hay varón ni mujer; porque todos vosotros sois uno en Cristo Jesús" (Gá. 3:28). Esta igualdad está apoyada en muchos pasajes bíblicos. Nuestro Señor, por ejemplo, elogió la actitud de María de escuchar su enseñanza por encima del trabajo de Marta en la cocina (Lc. 10:38-42), y las mujeres reciben también dones espirituales (1 Co. 12:7-11).

Desde el principio de la historia del pueblo de Dios la mujer ha desempeñado un papel vital en la obra y ministerio de Dios. El salmista declaró que "había grande multitud de las que llevaban buenas nuevas" (Sal. 68:11), indicando con ello que muchos de los más grandes obreros de Dios han sido mujeres. Inmediatamente después de la ascensión de nuestro Señor, unos 120 creyentes, incluidos los apóstoles y un cierto número de mujeres, se reunieron en el aposento alto para orar (Hch. 1:12-15). Pablo dedica todo el último capítulo de Romanos a mencionar, elogiar y saludar a varios amigos de la iglesia en Roma, entre los cuales hay ocho hermanas distinguidas. Comienza con un bello elogio de "nuestra hermana Febe, la cual es diaconisa de la iglesia en Cencrea" y solicitó que la "[recibieran] en el Señor, como es digno de los santos, y que la [ayudasen] en cualquier cosa que necesite de vosotros; porque ella ha ayudado a muchos, y a mí mismo" (Ro. 16:1-2). Entre sus muchas buenas obras, Febe había ministrado incluso al apóstol Pablo. María, la madre de Juan Marcos, abrió las puertas de su casa como lugar de reunión de los creyentes en Jerusalén (Hch. 12:12) y Lidia abrió también su casa a los creyentes de Filipos para el mismo propósito (Hch. 16:40). Cuando Apolos "varón elocuente, poderoso en las Escrituras" empezó a predicar en Éfeso, tanto Aquila como su esposa Priscila, "le tomaron aparte y le expusieron más exactamente el camino de Dios" (Hch. 18:24-26).

En muchos momentos y lugares, las mujeres fieles han mantenido viva la iglesia con poco o nada de apoyo de parte de los hombres. Muchos campos misioneros no existirían si no fuera por esas mujeres elegidas de Dios. Una iglesia sin mujeres piadosas no puede ser una iglesia fuerte y eficaz. La autoridad propia del hombre no lo hace independiente de la mujer, ni tampoco la subordinación de la mujer es lo que la hace a ella dependiente. Ninguno es independiente del otro, sino que son mutuamente dependientes.

Dios creó al hombre y a la mujer. La primera mujer fue creada del hombre, pero desde aquel momento todo hombre ha sido creado por medio de una mujer. **Porque así como la mujer procede del varón, también el varón nace de la mujer.** Pero lo más importante es que **todo procede de Dios.** El hombre y la mujer tienen papeles diferentes, pero no son diferentes en importancia. La mujer es igual al hombre en el mundo, en la iglesia y delante de Dios. Esa es la armonía y equilibrio lleno de gracia y sabiduría de Dios, papeles diferentes pero iguales en naturaleza, valor humano, obra y espíritu. Dios creó a ambos para sus propósitos gloriosos.

La mujer no está llamada a ser la maestra del hombre, pero ella es por lo general la formadora más influyente del hombre. El engendrar y criar hijos salva a la mujer de todo pensamiento de que tengan una posición inferior a la del hombre (1 Ti. 2:15). Como madres tienen un papel único e indispensable en la instrucción y desarrollo de los niños, que son hombres en formación. Desde la concepción hasta la edad adulta el hombre depende de su madre y de la formación que ella le da en una forma única y maravillosa. Y a lo largo de la adultez, ya sea casado o soltero, depende de las mujeres en muchas más maneras de las que él está a menudo dispuesto a reconocer. En el matrimonio el hombre no puede ser fiel al Señor a menos que esté voluntaria y amorosamente dispuesto a ser dependiente de la esposa que ha recibido. En la obra del Señor el hombre no puede serle fiel a menos que sea dependiente de las mujeres a las que Él ha dado responsabilidad en la iglesia. Se complementan perfectamente: uno es la cabeza, el líder, el proveedor, y la otra es la ayuda el apoyo y la compañía idóneas.

LA RESPUESTA AL PRINCIPIO

Juzgad vosotros mismos: ¿Es propio que la mujer ore a Dios sin cubrirse la cabeza? La naturaleza misma ¿no os enseña que al varón le es deshonroso dejarse crecer el cabello? Por el contrario, a la mujer dejarse crecer el cabello le es honroso; porque en lugar de velo le es dado el cabello. Con todo eso, si alguno quiere ser contencioso, nosotros no tenemos tal costumbre, ni las iglesias de Dios. (11:13-16)

Pablo les pide a los corintios que ignoren por un momento su autoridad apostólica. **Juzgad vosotros mismos**, les dice. El principio de autoridad y subordinación no solo es dado por Dios en su divina revelación, pero es evidente en la creación misma. La práctica cultural de que la mujer se cubra la cabeza como un símbolo de subordinación al hombre es un reflejo del orden natural. **La naturaleza misma ¿no os enseña que al varón le es deshonroso dejarse crecer el cabello? Por el contrario, a la mujer dejarse crecer el cabello le es honroso**.

El hombre y la mujer tienen fisiologías distintivas en muchos sentidos. Una de ellas es el proceso del crecimiento del cabello en la cabeza. El cabello se desarrolla en tres etapas: formación y crecimiento, descanso, y caída. La hormona masculina "testosterona" acelera el ciclo de forma que los hombres llegan a la tercera etapa antes que las mujeres. La hormona femenina "estrógeno" hace que el ciclo permanezca en la etapa primera por más tiempo, haciendo que el cabello femenino crezca más largo que en el hombre. La mujer rara vez queda calva debido a que muy pocas llegan a la tercera etapa. Esta fisiología se refleja en la mayoría de las culturas del mundo en la costumbre de que la mujer suele llevar el cabello más largo que el hombre.

Naturaleza (*phusis*) también conlleva la idea de instinto, un sentido innato de lo que es normal y correcto. Esta es una apelación al conocimiento humano. Pablo está diciendo que cuando el hombre mira a su alrededor él reconoce esa realidad, pero por una rara excepción, tanto la naturaleza como el instinto humano testifican que es normal y apropiado que el cabello de la mujer crezca más que el del hombre. El cabello bellamente arreglado es **honroso** para una mujer. El don especial de Dios muestra la suavidad y ternura de la mujer. La palabra griega (*komē*) para **crecer el cabello** puede tener tanto el sentido de cabello largo como cabello arreglado.

La mujer tiene el cabello **porque en lugar de velo le es dado el cabello.** Su cabello es su tocado natural o velo y llevar una prenda que cubre la cabeza es un símbolo cultural, ambos representan el papel subordinado de la mujer. Tanto la naturaleza como la costumbre general reflejan el principio universal de Dios del papel de autoridad del hombre y el papel de subordinación de la mujer. La belleza única de una mujer se manifiesta gloriosamente en su femineidad distintiva representada por su cabello y su atención a las costumbres femeninas.

En las culturas modernas en las que llevar un sombrero o velo no simboliza subordinación, no se debería requerir esa práctica de los cristianos. Pero el cabello y vestido de las mujeres debe ser distintivamente femenino y demostrar su belleza y sumisión femeninas. No debería haber confusión acerca de la identidad masculina y femenina, porque Dios ha creado a los sexos distintos, fisiológicamente y en los papeles y relaciones. Él quiere que el hombre sea masculino, para que ejerza la autoridad de una forma amorosa y responsable. Quiere que la mujer sea femenina, para que sea amorosa y responsablemente sumisa.

Como sucede en cada época y en cada iglesia, algunos de los creyentes en Corinto no estaban satisfechos con el camino de Dios y querían ignorarlo o modificarlo a su conveniencia. Pablo se anticipó a sus objeciones sobre lo que les acababa de enseñar. Sabía que **algunos quieren ser contenciosos,** pero él no les podía decir nada más que fuera más convincente que lo que ya les había dicho.

Al resumir su razonamiento, notamos que Pablo ha establecido que la mujer sea sumisa al hombre por causa de la relación en la Divinidad (v. 3), el diseño divino del hombre y de la mujer (v. 7), el orden de la creación (v. 8), el papel de la mujer (v. 9), el interés de los ángeles (v. 10) y las características de la fisiología natural (vv. 13-15).

Esa es la razón por la que él declara que ni Dios, representado por sus apóstoles, ni las congregaciones fieles de su iglesia van a reconocer otro principio o seguir ninguna otra pauta de comportamiento. El argumento es completamente convincente: "Si quieren encontrar comprensión para su disconformidad", les dice, "no la van a encontrar entre los apóstoles o en las iglesias". **Nosotros no tenemos tal costumbre, ni las iglesias de Dios.** Los apóstoles y las demás iglesias se habían mostrado firmemente comprometidos a la práctica de que las mujeres deberían llevar el cabello más largo que los hombres y deberían tener arreglos del cabello distintivamente femeninos. Y allí donde la costumbre del lugar lo requería deberían llevar la cabeza cubierta para demostrar claramente su sumisión.

27

La celebración de la Cena del Señor (11:17–34)

Pero al anunciaros esto que sigue, no os alabo; porque no os congregáis para lo mejor, sino para lo peor. Pues en primer lugar, cuando os reunís como iglesia, oigo que hay entre vosotros divisiones; y en parte lo creo. Porque es preciso que entre vosotros haya disensiones, para que se hagan manifiestos entre vosotros los que son aprobados. Cuando, pues, os reunís vosotros, esto no es comer la cena del Señor. Porque al comer, cada uno se adelanta a tomar su propia cena; y uno tiene hambre, y otro se embriaga. Pues qué, ¿no tenéis casas en que comáis y bebáis? ¿O menospreciáis la iglesia de Dios, y avergonzáis a los que no tienen nada? ¿Qué os diré? ¿Os alabaré? En esto no os alabo. Porque yo recibí del Señor lo que también os he enseñado: Que el Señor Jesús, la noche que fue entregado, tomó pan; y habiendo dado gracias, lo partió, y dijo: Tomad, comed; esto es mi cuerpo que por vosotros es partido; haced esto en memoria de mí. Asimismo tomó también la copa, después de haber cenado, diciendo: Esta copa es el nuevo pacto en mi sangre; haced esto todas las veces que la bebiereis, en memoria de mí. Así, pues, todas las veces que comiereis este pan, y bebiereis esta copa, la muerte del Señor anunciáis hasta que él venga. De manera que cualquiera que comiere este pan o bebiere esta copa del Señor indignamente, será culpado del cuerpo y de la sangre del Señor. Por tanto, pruébese cada uno a sí mismo, y coma así del pan, y beba de la copa. Porque el que come y bebe indignamente, sin discernir el cuerpo del Señor, juicio come y bebe para sí. Por lo cual hay muchos enfermos y debilitados entre vosotros, y muchos duermen. Si, pues, nos examinásemos a nosotros mismos, no seríamos juzgados; mas siendo juzgados, somos castigados por el Señor, para que no seamos condenados con el mundo. Así que, hermanos míos, cuando os reunís a comer, esperaos unos a otros. Si alguno tuviere hambre, coma en su casa, para que no os reunáis para juicio. Las demás cosas las pondré en orden cuando yo fuere. (11:17-34)

Cristo instituyó, mediante la instrucción y el ejemplo, dos ordenanzas: el bautismo y la Cena del Señor, ordenanzas que deben cumplir fielmente los que creen en Él. Jesús mandó a sus discípulos: "Por tanto, id, y haced discípulos a todas las naciones, bautizándolos en el nombre del Padre, y del Hijo, y del Espíritu Santo" (Mt. 28:19), siguiendo su propio ejemplo al ser bautizado por Juan el Bautista (Mt. 3:13-17). Durante la comida de la última Pascua en el aposento alto Jesús inició lo que conocemos como la Comunión (o Cena del Señor, como ha llegado a ser conocida), y les dijo a sus discípulos que continuaran con esa ordenanza como un recuerdo de Él (Lc. 22:19-20).

Pablo había sido fiel en establecer estas ordenanzas en Corinto. Aunque él no bautizó personalmente a muchos de los creyentes allí (1 Co. 1:14-16), afirmó el bautismo como un acto indiscutible de obediencia al Señor. El presente pasaje deja bien en claro que los corintios celebraban regularmente la Cena del Señor, en la que el apóstol había participado con ellos en muchas ocasiones.

No fue incidental que Cristo inició el rito de la Comunión durante la comida de la Pascua. Dios instituyó la Pascua cuando liberó a su pueblo de los 400 años de esclavitud en Egipto. La comida celebraba el paso del ángel de la muerte sobre las casas de los que tenían untados los postes y el dintel de la puerta con la sangre del cordero sacrificado. El cordero mismo lo asaban y lo comían, junto con pan sin levadura y hierbas amargas. "Este día os será en memoria, y lo celebraréis como fiesta solemne para Jehová durante vuestras generaciones; por estatuto perpetuo lo celebraréis (Éx. 12:1-14). Israel celebró a lo largo de su historia esta comida en recuerdo de la suprema liberación que el Señor les dio, desde Egipto a la tierra prometida. Es todavía la más sagrada de las fiestas judías.

Jesús transformó la comida de la Pascua en una celebración de liberación infinitamente superior que Él vino a traer, de la cual la Pascua era solo una prefiguración. Cuando comemos su cuerpo y bebemos su sangre, recordamos su redención espiritual y eterna que Él nos dio con el sacrificio de su cuerpo y la ofrenda de su sangre. La Pascua celebraba la liberación física y temporal del viejo pacto. La Cena del Señor celebra la liberación espiritual y permanente del nuevo pacto. "Esta copa es el nuevo pacto en mi sangre, que por vosotros se derrama" (Lc. 22:20). La mesa del Señor nos habla y recuerda la cruz de Cristo Jesús.

Lucas nos dice que las cuatro marcas de la vida diaria de los primeros cristianos eran: obediencia a la enseñanza apostólica, comunión unos con otros, partimiento del pan y la oración (Hch. 2:42). Podemos estar seguros de que el partimiento del pan incluía la frecuente celebración de la muerte del Señor con el pan y la copa. Algunos estudiosos e historiadores de la naciente iglesia creen que en algunos hogares la Comunión la celebraban en cada comida.

La naciente iglesia desarrolló unas comidas especiales de compañerismo que fueron conocidas como ágapes (fiestas de amor fraternal) (Jud. 12) y que por lo general estaban estrechamente relacionadas con la observancia de la Comunión. Eran comidas congregacionales que realzaban el compañerismo, el afecto y el cuidado mutuo entre los creyentes. La importancia que daban a la unidad llevaba fácilmente a la celebración del logro unificador del Salvador en la cruz. La iglesia de Corinto siguió esta costumbre, pero, como aquellos que Pedro condenó (2 P. 2:13), habían convertido las comidas en parrandas de glotonería y borracheras. Y cuando la comida estaba relacionada con el pan y el vino del recuerdo de Cristo, aquella era una flagrante profanación de la santa ordenanza.

Cuando él introdujo la discusión sobre la prenda que cubría la cabeza de las mujeres, Pablo elogió a los corintios por mantenerse firmes en las doctrinas que les había enseñado (11:2). Pero ahora no tiene ninguna alabanza. **Pero al anunciaros esto que sigue, no os alabo; porque no os congregáis para lo mejor, sino para lo peor.**

Al anunciaros esto que sigue (*parangellō*) significa "mandar", específicamente dar un encargo u orden. La idea básica de la palabra es la de "pasar de unos a otros". Se empleaba especialmente para las órdenes que daba un general del ejército y que pasaba a lo largo de toda la cadena de subordinados. Pablo dejó bien en claro que no les iba a dar meramente consejos personales. Era instrucción apostólica que daba a sus lectores para que la aceptaran y la cumpliesen.

Hubiera sido mucho mejor para aquellos corintios no haber tenido nunca una fiesta de amor fraternal (un ágape), y no haber celebrado nunca la Cena del Señor, antes que haber abusado de ella. Se habían juntado no **para lo mejor, sino para lo peor**. La expresión **para lo peor** es un comparativo de *kakos*, que representa el mal moral. En vez de que las celebraciones fueran momentos de compañerismo de amor y de enriquecimiento espiritual involucraban capricho egoísta, avergonzar a los más pobres, burlarse de la muerte de Cristo en la cruz y escandalizar a la iglesia delante del mundo incrédulo que los rodeaba.

Al llamar a los corintios a que se santificaran para la observancia de la Cena del Señor, Pablo examina la perversión de la Cena, el propósito que el Señor tenía en cuanto a ella y la correcta preparación que debe haber para celebrarla.

LA PERVERSIÓN DE LA CENA DEL SEÑOR

Pues en primer lugar, cuando os reunís como iglesia, oigo que hay entre vosotros divisiones; y en parte lo creo. Porque es preciso que entre vosotros haya disensiones, para que se hagan manifiestos entre vosotros los que son aprobados. Cuando, pues, os reunís vosotros, esto no es comer la cena del Señor. Porque al comer, cada uno se adelanta a tomar su propia cena; y uno

tiene hambre, y otro se embriaga. Pues qué, ¿no tenéis casas en que comáis y bebáis? ¿O menospreciáis la iglesia de Dios, y avergonzáis a los que no tienen nada? ¿Qué os diré? ¿Os alabaré? En esto no os alabo. (11:18-22)

Iglesia (*ekklēsia*) significa "asamblea" o "congregación", y en el Nuevo Testamento nunca se usa para hablar de un edificio o lugar de reunión, sino siempre de los creyentes. Al parecer cada vez que los cristianos corintios se juntaban discutían y peleaban. **Cuando os reunís como iglesia, oigo que hay entre vosotros divisiones. Divisiones** (*schismata*, de la que proviene nuestra palabra *cisma*) se refiere literalmente a romper o cortar, y metafóricamente a divisiones o disensiones. Los corintios al parecer no se podían poner de acuerdo en nada, ni tampoco buscaban servirse unos a otros. En vez de participar juntos en el compañerismo y la adoración pasaban su tiempo en excesos egoístas, discutiendo y peleando. Quizás debido a que sospechaba que algunas cosas del informe podían estar exageradas, el apóstol quería otorgarles el beneficio de la duda. De modo que agregó: **y en parte lo creo.**

No obstante, no parece que le resultó difícil creer en los informes. Pablo comenzó su carta reprendiéndoles fuertemente por sus divisiones basadas en lealtades de partido (1:10-17; 3:1-3). Esas divisiones inevitablemente terminaban en "contiendas" (v. 11). Los creyentes también estaban divididos socialmente, como indica este pasaje. Los que eran pudientes llevaban sus alimentos y se los comían de forma egoísta antes de que llegaran los miembros más pobres. Lejos de "[estar] todos juntos, y [tener] en común todas las cosas" como hicieron los primeros cristianos en Jerusalén (Hch. 2:44), los corintios de clase alta ni siquiera se dignaban de participar de un puchero de comida en común con sus hermanos menos afortunados. Cada uno se las arreglaba como podía.

El primer ruego de Pablo había sido: "Os ruego, pues, hermanos, por el nombre de nuestro Señor Jesucristo, que habléis todos una misma cosa, y que no haya entre vosotros divisiones, sino que estéis perfectamente unidos en una misma mente y en un mismo parecer" (1 Co. 1:10). Les estaba diciendo: "Como hermanos y seguidores de Cristo ustedes deben tener el mismo entendimiento, las mismas opiniones, la misma actitud, las mismas perspectivas". La razones para sus divisiones eran la carnalidad, el egoísmo y la mundanalidad. "De manera que yo, hermanos, no pude hablaros como a espirituales, sino como a carnales, como a niños en Cristo" (3:1). Andaban en la carne más que en el Espíritu y seguían sus propios caminos más que de los del Señor.

Una de las cosas más temibles en la iglesia es la división, porque es una de las primeras y más seguras señales de enfermedad espiritual. Uno de los primeros síntomas de mundanalidad y de alejamiento, a menudo antes de que se muestre en componendas doctrinales y de estilos de vida, es la disensión en la congregación.

Pablo estaba consciente de que las divisiones no se pueden evitar por completo. Hasta que regrese el Señor, siempre habrá cizaña entre el trigo, y también creyentes desobedientes. **Porque es preciso que entre vosotros haya disensiones. Porque es preciso** es la traducción de una sola palabra *dei*, que significa "es necesario" o "debe haber" e indica la necesidad u obligación de alguna clase. Cuando el sanedrín mandó a Pedro y a los demás apóstoles que dejaran de predicar el evangelio, ellos contestaron: "Es necesario obedecer [*dei*] a Dios antes que a los hombres" (Hch. 5:29). Esa palabra se usa a menudo en el Nuevo Testamento para representar la necesidad divina. Jesús empleó ese término en numerosas ocasiones en relación con ciertos sucesos establecidos por Dios y anticipados en las Escrituras, incluyendo su muerte y resurrección (Mt. 24:6; 26:54; Juan 3:14; etc.). Incluso dijo: "Porque es necesario que vengan tropiezos, pero ¡ay de aquel hombre por quien viene el tropiezo!" (Mt. 18:7). Ese es el sentido en el que Pablo usa el término aquí.

La paradoja es que era necesario que hubiera disensiones en la iglesia corintia **para que se hagan manifiestos entre vosotros los que son aprobados**. La desobediencia carnal y mundanal de los que causaban las divisiones quedaría expuesta y también realzado el amor, la armonía y la espiritualidad de **los que son aprobados. Aprobados** (*dokimos*) se refiere a aquello que tiene que pasar una prueba. Se usaba el término en relación con los metales preciosos que se probaban en el fuego y demostraban su pureza. La división de la iglesia, con todo lo impía y pecaminosa que es, el Señor la usa, sin embargo, para probar el valor de sus santos fieles. En medio de las disputas y divisiones ellos quedan separados como el oro puro de la escoria. El mal ayuda a que se manifieste el bien. Las dificultades en la iglesia crean una situación en la que se puede manifestar la verdadera fortaleza espiritual, la sabiduría y el liderazgo.

Pablo habló a los tesalonicenses de los *dokimos*, de los que habían sido "aprobados por Dios para que se nos confiase el evangelio" (1 Ts. 2:4). En cada congregación de creyentes Dios tiene sus siervos aprobados a los que confía la obra de su iglesia. Los aprobados se manifiestan especialmente en la adversidad y la dificultad, y una iglesia debería confiar su liderazgo solo a esos santos que han sido probados y han pasado la prueba. Una de las razones principales por la que pastores, misioneros y otros obreros cristianos dejan el ministerio o no son fructíferos es porque no están aprobados, no están espiritualmente calificados para llevar a cabo la obra del Señor. "Bienaventurado el varón que soporta la tentación", dice Santiago, "porque cuando haya resistido la prueba, recibirá la corona de vida, que Dios ha prometido a los que le aman" (Stg. 1:12).

Disensiones no son meramente perjudiciales; son destructivas. Inicialmente ayudan a que se den a conocer los dirigentes fuertes y espirituales, pero cuando no se enfrentan debilitarán a cualquier grupo cristiano y no deben ser toleradas. "Al hombre que cause divisiones, después de una y otra amonestación

315

deséchalo", escribió Pablo a Tito, "sabiendo que el tal se ha pervertido, y peca y está condenado por su propio juicio" (Tit. 3:10-11). Pero el mismo hecho de que es una persona contenciosa y divisiva demuestra su carnalidad y su incapacidad para ser una parte de la comunidad cristiana. Es necesario que aparezcan las disensiones, pero no es necesario que sean toleradas o que se permita que lleven a la división de la iglesia.

El punto céntrico de este mal era **la cena del Señor**. El término *deipnon* (**cena**) era la palabra normal que se usaba para la comida de la noche. El agregado **del Señor** le da una importancia muy superior y especial. Era una auténtica comida, en la que la iglesia se congregaba para comer el ágape, que era una comida seguida por la Comunión. La Comunión estaba relacionada con esta cena en la iglesia corintia, pero los abusos estaban oscureciendo su propósito divino y destruyendo su santidad. En la naciente iglesia esta comida fraternal y la celebración de la Comunión se tenían juntas, pero los abusos como los que tuvieron lugar en Corinto forzaron al final a que se separaran con el fin de proteger la Cena del Señor. La comida fraternal terminó desapareciendo por completo.

Los miembros contenciosos de la iglesia corintia habían pervertido de tal manera a la congregación que la celebración de la Comunión era una burla, en realidad no era Comunión para nada. **Cuando, pues, os reunís vosotros, esto no es comer la cena del Señor**. No podían decir que aquello estuviera dedicado propiamente al Señor, porque ni la comida ni la Comunión le honraban. Ellos tenían la ceremonia, pero no la realidad; la forma, pero no la sustancia. "Ustedes pueden estar partiendo el pan, pasando la copa y repitiendo algunas palabras de Jesús", les estaba diciendo Pablo, "pero lo que están en realidad haciendo no tiene nada que ver con la ordenanza que el Señor instituyó. Cristo no tiene parte en ella".

Porque al comer, cada uno se adelanta a tomar su propia cena; y uno tiene hambre, y otro se embriaga. Los creyentes más pobres acudían a la cena con la esperanza de participar en el alimento que llevaban los ricos, pero ellos se iban hambrientos: física y también espiritualmente. Los que llevaban la comida y la bebida se hartaban y se embriagaban. Se burlaban de la misma razón de ser de la ocasión: crear armonía y unidad en los que eran de Cristo al tiempo que recordaban el sacrificio que el Señor había hecho en la cruz para hacer que todos fueran uno en Él. "La copa de bendición que bendecimos, ¿no es la comunión de la sangre de Cristo? El pan que partimos, ¿no es la comunión del cuerpo de Cristo? Siendo uno solo el pan, nosotros, con ser muchos, somos un cuerpo; pues todos participamos de aquel mismo pan" (1 Co. 10:16-17).

En aparente frustración, como si tratara de encontrar una explicación racional, Pablo pregunta: **Pues qué, ¿no tenéis casas en que comáis y bebáis? ¿O menospreciáis la iglesia de Dios, y avergonzáis a los que no tienen nada?** Si tenían la intención de gozarse egoístamente de aquella forma, ¿no podían hacerlo en su casa? ¿O estaban tratando en realidad de destruir el compañerismo menospreciando de esa manera la iglesia de Dios? ¿O despreciaban tanto a sus hermanos en Cristo que eran pobres avergonzándolos a propósito? Cualesquiera fueran las razones que pudieran tener, no podían justificar el daño que le estaban causando a la iglesia. Si ellos no podían demostrar amor, ¿por qué tener una fiesta ágape?

Pablo les dice de nuevo que no puede decir nada en su defensa. **¿Qué os diré? ¿Os alabaré? En esto no os alabo.** "No recibiréis para nada mi aprobación", les dice. "Y, por supuesto, tampoco os voy a elogiar".

Las actitudes y motivos de un cristiano debieran ser puros en todo momento. Pero cuando los creyentes acuden a la mesa del Señor, para participar en el pan que simboliza su cuerpo y en la copa que simboliza su sangre, es absolutamente necesario que dejen atrás todo pecado, toda amargura, todos los prejuicios raciales y sexuales, toda clase de orgullo y todos los sentimientos de superioridad. De todos los lugares y ocasiones, esas actitudes están muy fuera de lugar en la Cena del Señor. Profanan gravemente esa ordenanza de Dios tan santa, bella y unificadora.

EL PROPÓSITO DE LA MESA DEL SEÑOR

Porque yo recibí del Señor lo que también os he enseñado: Que el Señor Jesús, la noche que fue entregado, tomó pan; y habiendo dado gracias, lo partió, y dijo: Tomad, comed; esto es mi cuerpo que por vosotros es partido; haced esto en memoria de mí. Asimismo tomó también la copa, después de haber cenado, diciendo: Esta copa es el nuevo pacto en mi sangre; haced esto todas las veces que la bebiereis, en memoria de mí. Así, pues, todas las veces que comiereis este pan, y bebiereis esta copa, la muerte del Señor anunciáis hasta que él venga. (11:23-26)

Estos versículos son como un diamante caído en un camino embarrado. Nos encontramos con uno de los más bellos pasajes de las Escrituras en medio de una fuerte reprimenda de las actitudes y comportamiento más carnal, egoísta e insensible. La reprimenda, de hecho, se dirige a los cristianos que han pervertido la misma ceremonia que describen estos versículos de forma tan conmovedora.

Como solía hacer cada vez que estaba a punto de presentar una verdad especialmente importante y controversial, Pablo deja bien en claro que no está enseñando su opinión, sino la Palabra revelada de Dios. Por el tiempo de los verbos en el versículo 23 sabemos que lo que está a punto de decir a los creyentes corintios no es algo nuevo para ellos. Les recuerda lo que ya les había enseñado. **Porque yo recibí del Señor lo que también os he enseñado.**

Muchos estudiosos conservadores están de acuerdo en que 1 Corintios fue probablemente escrito antes de ninguno de los evangelios. Si eso es verdad, el relato de Pablo que encontramos aquí es el primer registro bíblico de la institución de la Cena del Señor, e incluye citas directas de Jesús. Concuerda perfectamente con los relatos de los evangelios, pero lo más probable es que Pablo **[recibió] del Señor** directamente la revelación sobre la Cena, no por medio de los otros apóstoles (cp. Gá. 1:10-12), aunque los términos aquí hablan de una cadena de tradición que había pasado del Señor a Pablo y entonces a los corintios.

Que el Señor Jesús, la noche que fue entregado nos da el escenario histórico, que muchos de los creyentes no habían llegado a conocer, porque, como ya hemos explicado, ninguno de los evangelios estaba todavía escrito. De nuevo vemos una joya sobre un telón de fondo muy sucio. La más bella y significativa de las celebraciones cristianas fue instituida en la misma noche en la que el Señor fue traicionado y arrestado. En medio del mal del mundo, Dios establece su bien; en medio de la perversidad de Satanás, Dios planta su santidad, así como, por contraste, las disensiones carnales causa que los santos aprobados del Señor "se hagan manifiestos" (11:19), la traición y arresto de Jesús hacen que sea más evidente su sacrificio de amor. En medio de lo más horrendo de Satanás: la condenación del Hijo de Dios en la cruz, Dios lleva a cabo su más absoluto bien: el sacrificio por la redención del mundo por medio de la cruz.

Aunque Jesús estaba celebrando la Pascua con sus discípulos en el aposento alto, ni los relatos de los evangelios, ni el de Pablo aquí, nos dan todos los detalles de la comida, la nueva cena, que ahora reemplazaba a la vieja.

La comida de la Pascua comenzaba con la bendición que el anfitrión pronunciaba sobre la primera copa de vino tinto y luego la pasaba a todos los presentes. Se pasaban cuatro copas de vino durante la comida. Después de haber bebido la primera copa, comían las hierbas amargas mojadas en una especie de salsa de fruta y alguien daba un mensaje acerca del significado de la Pascua. Luego cantaban la primera parte de un himno, el Hallel (que significa "alabanza" y está relacionado con el Aleluya "alabado sea el Señor"). El Hallel estaba compuesto por los Salmos 113-118, y la primera parte que se cantaba era generalmente el 113 o 113 y 114. Después de haber pasado la segunda copa, el anfitrión partía el pan sin levadura y lo pasaba a los presentes. A continuación tomaban la comida propiamente dicha, la cual consistía del cordero pascual asado. Entonces pasaban, luego de la oración, la tercera copa y cantaban el resto del Hallel. La cuarta copa, que celebraba el reino venidero, la bebían inmediatamente antes de salir.

Fue la tercera copa la que Jesús bendijo y se convirtió en la copa de la Comunión. "Después que hubo cenado, tomó la copa, diciendo: Esta copa es el nuevo pacto en mi sangre, que por vosotros se derrama" (Lc. 22:20). Después Jesús pronunció unas pocas palabras de advertencia, reprensión e instrucción (vv. 21-38), terminaron la comida con el canto de un himno (Mt. 26:30).

Y habiendo dado gracias, esto es, Jesús, **lo partió** (cp. Jn. 6:11). En el griego **habiendo dado gracias** es un participio de *eucharisteō*, del que nos viene eucaristía, el nombre mediante el cual algunos cristianos se refieren a la Cena del Señor.

El **pan** que había representado el éxodo venía ahora a representar el **cuerpo** de Cristo Jesús, el Mesías. Para la mente judía el cuerpo representaba a toda la persona, no solo su cuerpo físico. El cuerpo de Jesús representa el gran misterio de toda su vida encarnada, toda su enseñanza, ministerio y obra, todo lo que Él era y todo lo que hizo.

La palabra *partió* (v. 24) no aparece en los mejores manuscritos ni tampoco en algunas traducciones modernas. Aunque los romanos a menudo quebraban las piernas de las víctimas crucificadas con el fin de acelerar su muerte como un acto de misericordia, Juan nos dice específicamente que no lo hicieron con las piernas de Jesús. "Porque estas cosas sucedieron para que se cumpliese la Escritura: No será quebrado hueso suyo" (Jn. 19:33, 36). Por tanto, la mejor lectura es sencillamente **esto es mi cuerpo que es por vosotros**.

Por vosotros son dos de las más bellas palabras de las Escrituras. Jesús entregó su cuerpo, toda su vida encarnada, por nosotros que creemos en Él. "Me hice hombre por vosotros, di el evangelio por vosotros, sufrí por vosotros y morí por vosotros". Nuestro Dios lleno de gracia, amor, bondad y misericordia se encarnó no por su beneficio, sino por el nuestro. Si una persona quiere y recibe el beneficio de ese sacrificio es su decisión; pero Jesús lo hizo y lo ofrece a todos los seres humanos. Él pagó el rescate para que todos pudieran ser libres.

La **copa** que había representado la sangre del cordero que se untaba en los postes y dinteles venía ahora a representar la **sangre** del Cordero de Dios, derramada por la salvación del mundo. El antiguo pacto fue ratificado repetidas veces por la sangre de los animales que los hombres ofrecían; pero el nuevo pacto ha sido ratificado una vez y para siempre mediante la sangre de Cristo Jesús (He. 9:28), que Dios mismo ha ofrecido. La antigua liberación fue meramente de Egipto a Canaán. De modo que Jesús tomó la copa y dijo: **es el nuevo pacto en mi sangre**. Es importante que nos demos cuenta de que no era nuevo en el sentido de que este era un pacto de gracia que remplazaba a uno de obras. Es nuevo en el sentido de que es el pacto de salvación hacia el que apuntaban todas las sombras del Antiguo Testamento. La nueva liberación es del pecado a la salvación, de la muerte a la vida, de la esfera de Satanás al cielo de Dios. La Pascua fue transformada en la Cena del Señor. Nosotros ahora comemos el pan y bebemos la copa no para recordar el Mar Rojo y el éxodo, sino para recordar la cruz y al Salvador.

Haced esto todas las veces que la bebiereis, en memoria de mí. Este es un mandamiento que brota de los labios del Señor mismo. Por tanto, participar en la Cena del Señor no es una opción para los creyentes. Debemos tener la Comunión de forma regular si es que queremos ser fieles al Señor que nos compró por medio del acto que somos llamados a recordar. No participar en la Cena del Señor es desobediencia y es un pecado.

Para los hebreos recordar significaba mucho más que sencillamente hacer memoria de lo que había ocurrido. Recordar verdaderamente es rebuscar en tu propia mente y recuperar todo lo que se pueda de la realidad y significado de un suceso o experiencia. Recordar a Cristo Jesús y su sacrificio en la cruz es volver a vivir con Él su vida, su agonía, su sufrimiento y muerte tanto como sea humanamente posible. Cuando participamos de la Cena del Señor no ofrecemos un sacrificio de nuevo; recordamos el sacrificio que hizo una vez y para siempre y nos consagramos de nuevo a nosotros mismos a servirlo de manera obediente.

Así, pues, todas las veces que comiereis este pan, y bebiereis esta copa, la muerte del Señor anunciáis hasta que él venga. Podemos celebrar la Comunión tantas veces como estemos dispuestos a recordar y proclamar la muerte de Cristo. No se establece una frecuencia, pero es una fiesta permanente. Es algo más que recordar para nuestro propio bien; es también una proclamación por amor del mundo. Es un testimonio al mundo de que no estamos avergonzados de nuestro Señor o de su sangre, de que somos suyos y le somos obedientes.

La comunión es también un recordatorio de que nuestro Señor viene otra vez, porque Él nos pide que recordemos su muerte por este medio **hasta que él venga**. Nos mantiene esperando el día cuando estaremos con Él. Es una celebración de su vida presente y de su futuro regreso en gloria.

Hay mucho involucrado en esta conmemoración. Cuando el creyente acude a la mesa del Señor, está recordando la obra de Cristo en la cruz (11:25), que participa de la presencia espiritual de Cristo en el compañerismo, no los elementos en sí (10:16), que tiene comunión con los santos (10:17), que adora en santidad (10:20-22), que proclama la salvación en Cristo (11:24-25) y que anticipa el regreso del Señor (11:26) y la venida del reino (Mt. 26:29).

LA PREPARACIÓN PARA LA CENA DEL SEÑOR

De manera que cualquiera que comiere este pan o bebiere esta copa del Señor indignamente, será culpado del cuerpo y de la sangre del Señor. Por tanto, pruébese cada uno a sí mismo, y coma así del pan, y beba de la copa. Porque el que come y bebe indignamente, sin discernir el cuerpo del Señor, juicio come y bebe para sí. Por lo cual hay muchos enfermos y debilitados entre vosotros, y muchos duermen. Si, pues, nos examinásemos a nosotros

mismos, no seríamos juzgados; mas siendo juzgados, somos castigados por el Señor, para que no seamos condenados con el mundo. Así que, hermanos míos, cuando os reunís a comer, esperaos unos a otros. Si alguno tuviere hambre, coma en su casa, para que no os reunáis para juicio. Las demás cosas las pondré en orden cuando yo fuere. (11:27-34)

Pablo vuelve otra vez a la advertencia. Debido a todo lo que está involucrado en la ordenanza, **cualquiera que comiere este pan o bebiere esta copa del Señor indignamente, será culpado del cuerpo y de la sangre del Señor.** Podemos acercarnos a su mesa de forma indigna en muchas maneras. Es común que las personas participen en forma ritualista, sin participar con su mente y corazón. Pueden ir por todos los pasos de la ceremonia sin ninguna emoción, y tratarla a la ligera en vez de con toda seriedad. Pueden creer que imparte gracia o mérito; que la ceremonia misma, más que el sacrificio que representa, puede salvarlos o mantenerlos salvos. Pueden acudir con un espíritu de amargura u odio hacia otros creyentes, o hacerlo con un pecado del que no se arrepienten. Si un creyente acude con algo menos que los más nobles pensamientos sobre el Padre, el Hijo y el Espíritu Santo, y algo menos que un amor total por sus hermanos en Cristo, lo hace de manera indigna.

Acercarse de manera indigna a la mesa del Señor es hacerse **[culpable] del cuerpo y de la sangre del Señor.** Pisotear la bandera de nuestro país no es deshonrar la tela, sino deshonrar al país que representa. Acudir de manera indigna a la Comunión no es sencillamente deshonrar la ceremonia; es deshonrar a aquel en cuyo honor se celebra. Nos hacemos **[culpables]** de deshonrar su cuerpo y su sangre, lo cual representa toda su vida y su obra por nosotros llenas de gracia, su sufrimiento y muerte a nuestro favor. Nos hacemos culpables de burlarnos y tratar con indiferencia a la misma persona de Cristo Jesús (cp. Hch. 7:52; He. 6:6; 10:29).

Por tanto, cada vez que un creyente se acerca a la Cena del Señor debiera **[probarse]... a sí mismo, y [comer] así del pan, y [beber] de la copa.** Antes de participar debemos hacer un examen completo de conciencia, mirando con sinceridad en nuestro corazón si hay algo que no debiera estar y quitar de allí toda maldad. Nuestros motivos y actitudes hacia el Señor y su Palabra, hacia su pueblo y hacia el mismo culto de Comunión debieran caer bajo nuestro examen privado delante del Señor. La mesa entonces se convierte en un lugar especial de purificación de la iglesia. Este es un uso vital de la Comunión, y la advertencia de Pablo refuerza ese ideal.

Una persona que participa sin acudir con el espíritu correcto **come y bebe indignamente, sin discernir el cuerpo del Señor, juicio come y bebe para sí. Juicio** (*krima*) tiene aquí la idea de corrección. Pero debido a que "ninguna condenación hay para los que están en Cristo Jesús" (Ro. 8:1), es incorrecto traducirlo como *condenación* como hacen algunas versiones católicas (*Nacar-*

Colunga y la Biblia Latinoamérica) y la antigua versión del *Rey Jacobo* en inglés. La gran diferencia que Pablo hace aquí entre *krima* (**juicio**) y *katakrima* (**condenados**) la vemos en el versículo 32, donde es evidente que *krima* se refiere a la disciplina de los salvos y *katakrima* se refiere a la condenación de los perdidos. Ese castigo viene si se participa **sin discernir el cuerpo del Señor**, esto es, la sangre y el cuerpo representados en la Comunión. Para evitar el juicio de Dios, el creyente tiene que discernir y responder debidamente a la santidad de la ocasión.

Los dos tipos de castigo que el Señor puede usar aparecen ilustrados en el versículo 30. **Por lo cual hay muchos enfermos y debilitados entre vosotros, y muchos duermen.** Dios no condena por toda la eternidad a los que abusan de la mesa del Señor, pero su castigo puede ser una grave enfermedad. **Duermen** se usa aquí, como en otros varios lugares del Nuevo Testamento, en un sentido metafórico para hablar de la muerte de los creyentes (como de Lázaro, Jn. 11:11; y Esteban, Hch. 7:60). Dios en realidad hizo que **muchos** de los creyentes en Corinto murieran (*hikanos*, lit., "bastantes") porque ellos menospreciaron y corrompieron continuamente la Cena de su Hijo, de la misma forma que había matado a Ananías y Safira por mentirle al Espíritu Santo (Hch. 5:1-11). Como en el Antiguo Testamento, esas ejecuciones divinas servían como ejemplos de lo que se merecían todos los pecadores, y podían recibir (cp. Lc. 13:1-5).

Hay un remedio para no tomar la Cena **indignamente. Si, pues, nos examinásemos a nosotros mismos, no seríamos juzgados.** Eso implica discernir qué somos y qué deberíamos ser. Si confesamos nuestros pecados, nuestras actitudes y motivos erróneos, Dios "es fiel y justo para perdonar nuestros pecados, y limpiarnos de toda maldad" (1 Jn. 1:9).

Como ya ha sido mencionado, si nos acercamos de una manera indigna y somos juzgados por Dios, no somos condenados. Es para todo lo contrario: **mas siendo juzgados, somos castigados por el Señor, para que no seamos condenados con el mundo.** Dios envía castigos individuales para hacer que los culpables vuelvan al comportamiento correcto, y envía la muerte a algunos en la iglesia para animar a los que quedan a que elijan la santidad en vez del pecado. Aun en el caso de que el Señor decidiera castigarnos con la muerte por profanar su mesa, será para disciplinarnos, para evitar que seamos condenados. Ese pensamiento es poderoso. Somos librados de la condenación no solo por decreto, sino también por intervención divina. Dios nos corrige para evitar que caigamos de la salvación y nos quitará incluso la vida, si es necesario, antes de que eso pueda ocurrir.

Pablo termina amonestando a los corintios para que pongan su vida y actitudes en orden, desechando por completo sus prejuicios, su egoísmo y su indiferencia para con la santa ordenanza de Dios. El hecho de que dice: **cuando os reunís a comer** nos lleva a suponer que apoyaba la idea de la comida fraternal, pero debieran **[esperarse] unos a otros** antes de participar de ella. Si alguno asistía solo para satisfacer su hambre física**,** pues que **coma en su casa**. De no hacerlo así pervierten la fiesta fraternal. Al acudir a la fiesta ágape, y especialmente a la mesa del Señor, debieran hacerlo para satisfacer su hambre espiritual. No tiene ningún sentido reunirse para pecar, porque eso sencillamente sirve **para juicio**.

Debido a que aparecen mencionados aquí, en vez de al final de la carta, los comentarios últimos de Pablo en esta sección, **las demás cosas las pondré en orden cuando yo fuere**, tienen que referirse a otros asuntos relacionados con la adoración, la Cena del Señor, o ambos. Se ocuparía de esos asuntos personalmente en cuanto llegara a Corinto.

El trasfondo y la prueba de los dones espirituales falsos (12:1-3)

28

No quiero, hermanos, que ignoréis acerca de los dones espirituales. Sabéis que cuando erais gentiles, se os extraviaba llevándoos, como se os llevaba, a los ídolos mudos. Por tanto, os hago saber que nadie que hable por el Espíritu de Dios llama anatema a Jesús; y nadie puede llamar a Jesús Señor, sino por el Espíritu Santo. (12:1-3)

Este pasaje introduce la sección (capítulos 12–14) que está enfocada en los dones espirituales, que es hoy un tema controversial dentro de muchas partes de los que profesan ser cristianos. Quizás no hay otra área de la doctrina bíblica que haya sido peor entendida y más abusada, aun entre los cristianos evangélicos, que la de los dones espirituales. No obstante, ninguna otra área de doctrina es más importante que esta para la salud y eficacia de la iglesia. Aparte del fortalecimiento directo del Espíritu de Dios, nada es más vital para los creyentes que el ministerio de sus dones espirituales, el legado de Dios para el servicio cristiano.

Al contrario de lo que piensan muchas personas, la verdadera iglesia de Jesucristo no es una organización visible humana dirigida por una jerarquía de líderes religiosos. Tampoco es una agencia social para satisfacer las necesidades y demandas de la comunidad o sencillamente un lugar conveniente donde te casas, te entierran y te bautizan. No es, por supuesto, un club social y religioso en el que las personas que tienen las mismas creencias y normas se reúnen para disfrutar juntos y para actividades ocasionales de servicio a la comunidad.

La iglesia, como fue establecida por Jesucristo y como aparece definida y descrita en el Nuevo Testamento, es un organismo vivo. Es el cuerpo espiritual de Cristo, quien es su cabeza y Señor. Los miembros de ese cuerpo son completa y exclusivamente los que se han convertido en nuevas criaturas por medio de la fe en Cristo como su Salvador y Señor. Aunque está compuesto de miembros humanos, no es una organización humana. Es un organismo sobrenatural, creado, establecido, fortalecido y dirigido por el Señor mismo. Debido a que su cabeza es eterna e indestructible, la iglesia es eterna e indestructible. Jesús nos asegura que "las puertas del Hades no prevalecerán contra ella" (Mt. 16:18).

Cada miembro de la iglesia de Cristo ha recibido dones sobrenaturales, dones del Espíritu Santo de Dios, los cuales son, por medio del Espíritu, medios divinos para ministrar su Palabra y poder entre su pueblo y para el mundo. Son la provisión sobrenatural de Dios para la edificación de la iglesia y la evangelización del mundo. Son los medios por medio de los cuales los creyentes crecemos, adoramos, damos testimonio y servimos.

Los dones espirituales verdaderos los da Dios para fortalecer y para manifestar unidad, armonía y poder. Los dones falsos de Satanás están dirigidos a dividir, trastornar y debilitar. Los dones de Dios edifican; los dones falsos de Satanás derriban.

La iglesia corintia, como muchas iglesias en la actualidad, fue seriamente afectada por estas falsificaciones como también por entender mal y usar mal los dones espirituales. Algunos creyentes corintios se dieron cuenta del problema, y 1 Corintios 12–14 continúa respondiendo a las preguntas sobre las que habían escrito a Pablo (7:1). Además de los problemas planteados y reflejados en aquella carta, Pablo había sabido acerca de otros problemas por medio de "los de Cloe" (1:11) y por medio "de Estéfanas, de Fortunato y de Acaico" (16:17). Al juzgar por la enseñanza del apóstol en esta sección, las preguntas incluían algunas tales como: ¿Qué son los dones espirituales? ¿Cuántos hay? ¿Los tiene cada creyente? ¿Cómo puede saber una persona los dones que tiene? ¿Cuán importantes son para la vida cristiana individual y para la vida de la iglesia? ¿Qué es el bautismo del Espíritu Santo y cómo se relaciona con los dones espirituales? ¿Son dados todos los dones para todas las épocas de la iglesia, o algunos fueron dados solo con un propósito especial y para un tiempo limitado? ¿Pueden ser falsificados los dones y, si es así, cómo pueden los creyentes distinguir entre los verdaderos y los falsos? Esas y otras muchas preguntas son las que Pablo responde cuidadosamente.

De igual forma que los corintios habían pervertido casi cualquier cosa, también habían pervertido la naturaleza, el propósito y el uso de los dones espirituales. Esta perversión, como las otras, fue debido principalmente a las ideas y prácticas que ellos habían llevado a la iglesia de su vida en la sociedad pagana. La vida vieja continuaba contaminando la nueva. No se habían separado a sí mismos de su antigua forma de vivir y todavía andaban tocando, en realidad aferrándose fuertemente, a lo que era "inmundo" (2 Co. 6:14-17). Aunque eran ricos y completos en dones espirituales (1 Co. 1:7), eran pobres en el entendimiento de esos dones e irresponsable en su uso.

TRASFONDO PAGANO

Los cultos paganos de Grecia y Roma eran parte de lo que se conoce comúnmente como las religiones de misterio. En el tiempo de Pablo habían dominado el mundo del Cercano Oriente por miles de años e indirectamente dominaría gran parte de la cultura occidental a todo lo largo de la Edad Media y, hasta cierto punto, aun hasta nuestros días.

Las religiones de misterio tenían muchas formas y diferencias, pero una fuente común. En su visión en la isla de Patmos, Juan vio: "Ven acá, y te mostraré la sentencia contra la gran ramera, la que está sentada sobre muchas aguas... y en su frente un nombre escrito, un misterio: BABILONIA LA GRANDE, LA MADRE DE LAS RAMERAS Y DE LAS ABOMINACIONES DE LA TIERRA" (Ap. 17:1, 5). El Señor describe aquí su juicio sobre la religión mundial. Al final de la tribulación la verdadera iglesia habrá sido arrebatada (1 Ts. 4:13-18; Ap. 3:18) y el mundo empezará a establecer una religión propia que será realmente universal. Será una combinación de todas las religiones falsas del mundo, y "entregarán su poder y su autoridad a la bestia" (Ap. 17:13). La forma final de esa religión poderosa y universal representará la culminación de las religiones de misterio que se originaron históricamente en la antigua Babilonia.

En su forma organizada la religión falsa comenzó con la torre de Babel, de la que Babilonia deriva su nombre. Caín fue el primer adorador falso, y muchos siguieron después su ejemplo. Pero la religión pagana organizada comenzó con los descendientes de Cam, uno de los tres hijos de Noé, quienes decidieron: "Vamos edifiquémonos una ciudad y una torre, cuya cúspide llegue al cielo; y hagámonos un nombre" (Gn. 10:9-10; 11:4). Bajo el liderazgo del orgulloso y apóstata Nimrod planificaron irrumpir en el cielo y unificar su poder y prestigio en un gran sistema mundial de adoración. Esa fue la primera religión falsa del hombre, de la que han brotado en una forma u otra todas las demás religiones falsas.

El juicio de Dios frustró su propósito primordial de organizar una gran demostración de unidad humanista. Al confundir "su lengua, para que ninguno entienda el habla de su compañero" y esparcirlos "sobre la faz de la tierra" (Gn. 11:7-8) el Señor detuvo la edificación de la torre y frustró su solidaridad. Pero aquellas personas llevaron con ellas las semillas de aquella religión falsa e idólatra, semillas que desde entonces sus descendientes han estado plantando por todo el mundo. La ideas y las formas cambiaron, se adaptaron y a veces se hicieron más sofisticadas, pero el sistema básico permaneció, y permanece, sin cambiar. Esa es la razón de por qué Babel, o Babilonia, es llamada "la madre de las rameras y de las abominaciones de la tierra" (Ap. 17:5). Fue la progenitora de todas las religiones falsas.

Según varias fuentes antiguas, parece que la esposa de Nimrod, Semíramis (la primera), era por lo visto suma sacerdotisa de la religión de Babel y fundadora de una de las religiones de misterio. Después de la destrucción de la torre y de que se desarrollara la gran diversidad de lenguas, ella fue adorada como diosa bajo muchos nombres diferentes. Se convirtió en Istar de Siria, Astarté de

Fenicia, Isis de Egipto, Afrodita de Grecia y Venus de Roma, en todos los casos era la deidad del amor sexual y de la fertilidad. Su hijo Tamuz también llegó a ser deificado bajo varios nombres y fue el consorte de Istar y dios del infierno.

Según el culto de Istar, Tamuz fue concebido por un rayo de sol, una versión falsa del nacimiento virginal de Jesús. Tamuz corresponde a Baal en Fenicia, Osiris en Egipto, Eros en Grecia y Cupido en Roma. En todos los casos, la adoración de estos dioses y diosas estaba asociada con la inmoralidad sexual. La celebración de la Cuaresma no tiene base en las Escrituras, sino que más bien se ha desarrollado de la celebración pagana del duelo de Memíramis por la muerte de Tamuz (cp. Ez. 8:14) antes de su supuesta resurrección, otro de los mitos falsos de Satanás.

Las religiones de misterio originaron la idea de la regeneración bautismal, que equivalía a nacer de nuevo sencillamente mediante el rito del bautismo en agua, y la práctica de la mutilación y la flagelación para expiar los pecados o conseguir favor espiritual. Ellos también comenzaron la costumbre de las peregrinaciones, que muchas religiones siguen en la actualidad, y el hacer penitencia para el perdón de los pecados por uno mismo y otros.

Varias prácticas paganas ejercían su influencia en la iglesia corintia. Quizás la más importante, y por cierto la más evidente, era el éxtasis, que lo consideraban la más elevada expresión de la experiencia religiosa. Debido a que parecía sobrenatural y que era impresionante y a menudo extraña, la práctica apelaba fuertemente al hombre natural. Y debido a que el Espíritu Santo había realizado muchas obras milagrosas en aquella era apostólica, algunos cristianos corintios confundieron esas señales verdaderas con los prodigios falsos imitados en los éxtasis del paganismo.

El éxtasis (del griego *ekstasia*, una palabra que no aparece en las Escrituras) se decía que era una experiencia sobrenatural, de comunión sensual, con la deidad. Por medio de ceremonias y cantos hipnóticos frenéticos los adoradores experimentaban sentimientos eufóricos seminsconscientes de unidad con el dios o la diosa. A menudo la ceremonia estaba precedida de vigilas y ayunos, e incluso se embriagaban (vea Ef. 5:18). Para infundir el éxtasis usaban la contemplación de objetos sagrados, danzas rápidas, incienso fragante, cantos y otros estímulos físicos y sicológicos semejantes, que se presentaba en la forma de trance fuera del cuerpo y de una orgía sexual desenfrenada. El trance aparece reflejado en algunas formas de yoga hindú, en el que la persona llega a sentirse insensible al dolor, y en la meta budista de escapar al Nirvana, la nada divina. Los éxtasis sexuales eran comunes en muchas religiones antiguas y estaban tan asociados con Corinto que el término *corintianizar* significaba entregarse a extrema inmoralidad sexual. Todavía se pueden ver los restos de un templo dedicado a Baco en las ruinas de Baalbek (en el moderno Líbano) como un testimonio del libertinaje de las religiones de misterio.

Llamaban entusiasmo a una forma semejante de experiencia mística (del griego *enthusiasmos*), que a menudo acompañaba, pero que era distinta del éxtasis. El entusiasmo involucraba fórmulas religiosas mantis, adivinación, y sueños y visiones reveladores, todo lo cual lo encontramos hoy en muchas religiones paganas y filosofías.

LA SITUACIÓN EN CORINTO

El Corinto del Nuevo Testamento estaba lleno de sacerdotes, sacerdotisas, prostitutas religiosas y adivinos de las religiones de misterio que afirmaban representar a un dios o dioses y disponer de poderes sobrenaturales para probar lo que decían. Increíblemente, algunas de sus dramáticas y extrañas prácticas eran imitadas en la iglesia.

Los creyentes corintios estaban al tanto de la predicción de Joel:

> *Y después de esto derramaré mi Espíritu sobre toda carne,*
> *y profetizarán vuestros hijos y vuestras hijas;*
> *vuestros ancianos soñarán sueños,*
> *y vuestros jóvenes verán visiones.*
> *Y también sobre los siervos y sobre las siervas*
> *derramaré mi Espíritu en aquellos días. (2:28-29)*

También sabían que Jesús había dicho que la venida del Espíritu Santo estaría acompañada de señales y sucesos asombrosos (Mr. 16:17-18). Quizás habían escuchado de primera mano de parte de Pedro, de los sucesos milagrosos de Pentecostés, con las lenguas de fuego y hablar en otras lenguas (Hch. 2:3-4). Quizás estaban tan determinados a experimentar esas maravillas que trataron de fabricarlas ellos.

Primera Corintios fue una de las primeras cartas escritas del Nuevo Testamento. No obstante, aun en tan corto tiempo Satanás había comenzado ya a confundir a los creyentes acerca de muchas doctrinas, prácticas y señales. El agua pura de la verdad de Dios estaba siendo ensuciada y en ninguna parte más que en la iglesia de Corinto. Satanás comenzó a falsificar en serio el evangelio y sus maravillas, y los corintios tan crédulos, mundanos, egocéntricos y buscadores de emociones con su trasfondo pagano fueron los blancos predilectos de sus ataques.

Las personas no falsifican lo que no es valioso. Satanás falsifica los dones del Espíritu porque sabe que son valiosos en el plan de Dios. Si Satanás puede lograr que el pueblo de Dios quede confundido acerca de los dones y abuse de ellos, puede debilitar y corromper la adoración y la obra de la iglesia. Los dones falsos, ya sea por medio de manifestaciones falsas o a través de un uso equivocado y egoísta, pueden envenenar el organismo espiritual de Dios y dejarlo debilitado e ineficaz.

Una de las evidencias principales de la inmadurez espiritual de los cristianos corintios era la falta de discernimiento. Si una práctica del ocultismo parecía tener efecto sobrenatural, daban por supuesto que era de Dios. Si un sacerdote o adivino realizaba un milagro, daban por supuesto que era por el poder de Dios. A semejanza de muchos cristianos hoy día, creían que si algo "funcionaba" debía ser correcto y bueno. Algunos de los creyentes, sin embargo, se dieron cuenta de que la confusión, división y prácticas inmorales que caracterizaban a muchos de los miembros de la iglesia no podían ser de Dios. Por eso le preguntaron a Pablo cómo determinar lo que era del Espíritu Santo y lo que era de algún otro espíritu (cp. 1 Jn. 4:1).

LA IMPORTANCIA DE LOS DONES ESPIRITUALES

No quiero, hermanos, que ignoréis acerca de los dones espirituales. (12:1)

El uso que Pablo hace aquí de la expresión **acerca de** era como decir: "Ahora, en segundo lugar", después de mencionar el primero en 11:18. Del mismo modo que los corintios habían abusado de la Cena del Señor, también habían abusado de los dones espirituales.

Como aparece indicado mediante cursivas en muchas traducciones, **dones** es un término que inserta el traductor para indicar una palabra que solo está implícita en el original. La palabra griega (*pnematikos*) significa literalmente "espirituales" o "espiritualidades", y se refiere a lo que tiene cualidades o características espirituales o que está bajo control espiritual. Debido a que las formas masculina y neutra de la palabra son las mismas, puede indicar por igual a personas o cosas espirituales. Algunos intérpretes lo han tomado como refiriéndose a personas espirituales, en contraste con los que eran carnales o no espirituales acerca de los cuales Pablo estaba hablando repetidas veces. Pero el contexto deja bien en claro que la referencia es a *cosas* espirituales, específicamente a "dones" del Espíritu (12:4, 9, 28, 30-31). Se usa la misma palabra en 14:1 (cp. v. 12), donde de ninguna manera se puede referir a personas. Excepto en Efesios 6:12, la palabra *espiritual* se usa siempre en el Nuevo Testamento para hablar de lo que está relacionado de algún modo con el Espíritu Santo.

Pablo quiere estar seguro de que los Corintios tienen un conocimiento claro y completo de los **dones espirituales**, el equipo especial para el ministerio que el Espíritu Santo da en alguna medida a todos los creyentes y que deben estar bajo su completo control y usados para la gloria de Cristo.

Después de las severas palabras que les había dirigido sobre los abusos en la mesa del Señor (11:17-34), Pablo les asegura de nuevo a los creyentes corintios que él los considera como **hermanos**, sus hermanos espirituales en Cristo Jesús. No estaban actuando en una forma espiritual o comportándose como hermanos cristianos, pero todavía pertenecían a Cristo.

Pablo estaba muy interesado en que aquellos hermanos tuvieran un conocimiento correcto de la obra del Espíritu Santo, especialmente en relación con los dones que les había dado a ellos. Emplea aquí la misma frase que usó en 10:1 (**No quiero, hermanos, que ignoréis**) en relación con las experiencias de Israel en el desierto bajo Moisés. Era una frase idiomática que usaban a menudo para introducir un tema de excepcional importancia. Pablo la usa para animar a sus lectores a que presten atención a esta verdad clave (vea Ro. 1:13; 11:25; 1 Ts. 4:13). El término griego *agnoeō* significa literalmente "no conocer" o "ser ignorante". Es el término del que nos proviene agnóstico. Pablo quería que los corintios no estuvieran ignorantes ni tuvieran dudas, no incertidumbre o agnosticismo, acerca de la identificación y uso de sus dones espirituales. La iglesia no puede funcionar, y ciertamente no puede madurar, sin usar correcta y fielmente los dones que Dios da a su pueblo para el ministerio. Satanás tratará de falsificar los dones del Espíritu y procurará inducir a los creyentes a ignorarlos, descuidarlos, entenderlos mal, abusar de ellos y pervertirlos. En consecuencia, la enseñanza que da Pablo aquí es esencial.

El apóstol asegura a los corintios que era posible para ellos conocer la verdad acerca de los dones espirituales y que él estaba dispuesto a enseñársela. Por tanto, continúa diciéndoles cómo determinar qué dones son verdaderos y buenos y cuáles eran falsos y satánicos. Debido a que habían usado mal los dones verdaderos, también les dice cómo usarlos correctamente.

Todos los dones son dados a la iglesia para la formación del pueblo de Dios a la imagen de Cristo su Señor. En la carta a los Efesios Pablo habla de hermanos especialmente dotados que están en la iglesia para "perfeccionar a los santos para la obra del ministerio, para la edificación del cuerpo de Cristo, hasta que todos lleguemos a la unidad de la fe y del conocimiento del Hijo de Dios, a un varón perfecto, a la medida de la estatura de la plenitud de Cristo" (4:11-13). Cristo mora en cada creyente (Ro. 8:9; 1 Co. 3:16) y mora en la iglesia (Ef. 2:22). Individual y corporativamente la iglesia representa a Cristo. Los dones espirituales son los canales primordiales del Señor para hacer que los cristianos sean como Cristo en el mundo, su cuerpo visible y manifiesto.

Los dones espirituales son la habilitación divina para el ministerio, las características de Cristo Jesús que se manifiestan a través del cuerpo corporativo como se manifestaron por medio del cuerpo encarnado. Cada don que el Espíritu Santo da ahora a los creyentes tuvo su expresión perfecta en la propia vida y ministerio de Jesús. Su iglesia continúa viviendo su vida en la tierra por medio del poder de su Espíritu que obra a través de creyentes dotados.

LA FUENTE DE LOS DONES FALSOS

Sabéis que cuando erais gentiles, se os extraviaba llevándoos, como se os llevaba, a los ídolos mudos. (12:2)

Gentiles traduce *ethnē*, que se empleaba comúnmente para referirse a los que no eran judíos, a los paganos en general. Pero en el Nuevo Testamento el término no también se usaba a veces, como aquí, para referirse específicamente a los que no eran cristianos (cp. 1 Ts. 4:5; 1 P. 2:12).

Una de las principales características de la mayoría de las religiones paganas era la idolatría. Pablo dice que, como antiguos paganos, hubo un tiempo cuando a los cristianos corintios **se os extraviaba llevándoos, como se os llevaba, a los ídolos mudos. Extraviaba** (*apagō*) se empleaba a menudo acerca de los prisioneros que eran llevado bajo guardia armada a la prisión o a la ejecución (Mr. 14:44; 15:16; Hch. 12:19; cp. 2 Ti. 3:6). Antes de que una persona sea salva es cautiva de Satanás y de su propia naturaleza depravada. Está espiritualmente ciega y es espiritualmente débil, y no puede impedir que la lleven a la idolatría.

Una de las ideas falsas más comunes acerca de la vida impía —una idea errónea que tienen muchos creyentes inmaduros— es que es libre, en contraste con la vida cristiana que está limitado por restricciones rígidas. Como Pablo enseña en este pasaje, lo opuesto es la verdad. El que no es creyente vive cautivo del pecado y de Satanás. Puede elegir la clase de pecado, pero no puede escoger entre pecar o no pecar. **Se os extraviaba**, dice el apóstol, eran llevados. No podían hacer otra cosa. Ya sea que cayeran en la idolatría por su gusto o no, no podían evitarlo.

Pienso a menudo de un hombre a quien le he dado testimonio por muchos años. Cada vez que lo invitaba a creer en Cristo y confesarlo como Señor, me decía de una manera o de otra: "Me haría cristiano, pero lo que no quiero es perder mi libertad. No quiero vivir limitado. Quiero hacer lo que me plazca". Leí con él y le expliqué 1 Corintios 12:2 y otros textos que enseñan la misma verdad. Le recordé que todos los incrédulos son "esclavos del pecado" (Ro. 6:17), que no son libres en ningún sentido. Pero él está convencido de que está haciendo todo lo que quiere y rehúsa abandonar su engaño.

Los incrédulos no solo son esclavos, sino que están ciegos. No pueden ver sus cadenas. Viven "en la vanidad de su mente, teniendo el entendimiento entenebrecido, ajenos de la vida de Dios por la ignorancia que en ellos hay, por la dureza de su corazón" (Ef. 4:17-18). Los incrédulos piensan que son libres porque están "extraviados", sin darse cuenta, "esclavos de concupiscencias y deleites diversos" (Ti. 3:3). Es cierto, por supuesto, que la mayoría de las personas están bastante contentas de vivir en el pecado; les gusta y quieren seguir allí (Jn. 3:19). Pero la enseñanza aquí es que, aunque lo quisieran, no podrían escapar.

Parte de la esclavitud de los incrédulos es la adoración de los dioses falsos, que incluso la tienen los ateos y los agnósticos. Ellos no pueden evitar adorar sus ídolos sofisticados de varias clases del mismo modo que no lo puede evitar el miembro de una tribu primitiva que adora su fetiche tallado. Cada uno de ellos es esclavo del pecado. [**extraviado llevándole, como se le lleva, a los ídolos mudos**].

Mudos (*aphōnos*) no significa carente de inteligencia, sino sin habla, literalmente "sin voz". Ningún ídolo puede responder a las necesidades del ser humano. Por definición un ídolo es creación humana e impersonal. Ningún ídolo, primitivo o sofisticado, puede responder a las preguntas de una persona, darle revelaciones, afirmarlo en la verdad, perdonar sus pecados, o llenarlo con dignidad, significado y paz. Así como una persona no regenerada no puede evitar que lo lleven a alguna forma de idolatría, ningún ídolo puede evitar ser **mudo**. Ya sea que un demonio esté o no detrás de ello (1 Co. 10:20), un ídolo es completamente impotente para beneficiar al que le está adorando.

Tristemente, muchos de los cristianos corintios habían vuelto a caer en algunas de sus antiguas creencias y prácticas idólatras. Ya no eran capaces de distinguir la obra del Espíritu de Dios de la de los espíritus demoníacos, los verdaderos dones espirituales de Dios de las falsificaciones de Satanás, de la verdadera adoración a Dios de la pervertida adoración a los ídolos. Se perdieron las bendiciones de Dios y no recibieron ninguna de los dioses mudos.

LA PRUEBA DE LOS DONES ESPIRITUALES

Por tanto, os hago saber que nadie que hable por el Espíritu de Dios llama anatema a Jesús; y nadie puede llamar a Jesús Señor, sino por el Espíritu Santo. (12:3)

Satanás pasa mucho tiempo en el templo. En ningún lugar está más dispuesto a pervertir al pueblo de Dios que allí donde están adorando. Al parecer algunos miembros de la iglesia en Corinto eran tan carnales y estaban tan confundidos, y su adoración tan paganizada y frenética, que permitían incluso que el Señor fuera maldecido dentro de su propia congregación. Pablo reprende a toda la iglesia por permitir semejante impiedad y por tener tan poco discernimiento acerca de lo que es espiritual y de lo que es demoníaco. Les da dos principios, uno negativo y otro positivo, para probar la validez de los dones y su uso. El apóstol menciona en los capítulos 12–14 la primera de varias pruebas.

LA PRUEBA NEGATIVA

La implicación clara, como la reconocen la mayoría de los intérpretes evangélicos, es que los que [**llamaban**] **anatema a Jesús** afirmaban que hablaban **por el Espíritu de Dios**. En realidad afirmaban que "hablaban en el Espíritu", manifestando algún don de profecía o enseñanza, al tiempo que maldecían el nombre del Salvador y Señor que supuestamente estaban adorando. **Anatema** (*anathema*) se refiere a una maldición o condenación severa. Decir que Jesús es anatema es condenar su naturaleza, su carácter y su obra, para no mencionar su santidad y gloria.

Pablo les dice a los corintios que ninguna expresión blasfema de esa clase podía venir para nada **por el Espíritu de Dios**. Nada podría ser más lógico y evidente, pero los corintios habían llegado a juzgar la naturaleza y uso de los dones sobre la base de la experiencia en vez de por el contenido. Cuanto más impresionante, llamativa, extraña y poco común era la práctica tanto más era aceptada y respetada. Habían vuelto a caer tan profundamente en el éxtasis y el entusiasmo que su juicio estaba completamente deformado. Mientras que tuviera lugar en el contexto de la iglesia y fuera presentado por alguien que afirmaba ser cristiano, aceptaban sin cuestionar cualquier enseñanza o práctica. Ignoraban el contenido, aun hasta el punto de no prestar atención a lo que era evidentemente inmoral y blasfemo.

Es posible que la persona que llamó anatema a Jesús fuera judía. Porque la ley enseñaba que la persona que es colgada en un madero "maldito por Dios es" (Dt. 21:23), muchos judíos consideraban que Jesús había sido maldecido por Dios al ser crucificado.

Bien pudiera ser que el mismo apóstol, como Saulo el perseguidor, hubiera forzado a los cristianos a blasfemar contra el Señor diciendo: "Jesús es anatema" (vea Hch. 26:11).

Ya sea una persona judía o gentil, el que diga que es cristiano y afirme que lo que dice o hace es espiritual no significa que lo sea. Pablo pone delante de sus ojos lo que es evidente. Sin poder creerlo, pregunta: "¿Cómo es posible que estéis tan confundidos? Cuando erais paganos no podíais evitar estar engañados y ciegos. No podíais evitar estar extraviados ¿Pero cómo ahora que sois verdaderamente cristianos falláis en reconocer a los que obviamente no lo son? ¿Cómo es posible que hayáis sido tan bendecidos con dones espirituales y seáis tan completamente incapaces de reconocer los dones falsos de Satanás? ¿Cómo podéis llegar a pensar que maldecir al Señor y Salvador puede ser algo que venga del Espíritu Santo?

Solo una cosa parece poder explicar por qué una condición tan impía pudiera llegar a darse, especialmente en una iglesia establecida y pastoreada por Pablo mismo. Durante el primer siglo la filosofía en desarrollo del gnosticismo fue una gran amenaza para la iglesia. Enseñaba que todo lo material y natural es malo y que todo lo que es sobrenatural y espiritual es bueno. Cuando se adaptó al cristianismo enseñaba que el Cristo sobrenatural solo *parecía* ser el Jesús natural. El Jesús humano era una representación imperfecta, pobre y mala del espiritual Hijo de Dios, quien, debido a su naturaleza divina, no podía haber tomado en absoluto una forma física. El Espíritu de Cristo descendió sobre Jesús en su bautismo, pero regresó al cielo antes de la crucifixión. Por tanto, Jesús murió como un anatema como un hombre cualquiera. De modo que los corintios, al mismo tiempo que glorificaban al Cristo divino, podían sentirse completamente justificados en maldecir al Jesús humano

Debido a que consideraban que todo lo material era malo, los gnósticos negaban vehementemente la idea de la resurrección. El cuerpo humano era lo último con lo que ellos querían reencontrarse después de la muerte. Esa parte de la herejía es la que Pablo refuta tan fuertemente en 1 Corintios 15. En el siguiente capítulo Pablo declara que el que no ama al Señor Jesucristo ese es el que es anatema (16:22-24). Algunos manuscritos no tienen "Jesucristo" en el versículo 22, pero los dos siguientes versículos muestran que los dos nombres son inseparables. No hay Señor aparte de Jesús y no hay Cristo aparte de Jesús. El Jesús histórico y resucitado, es el Cristo celestial y divino. La persona que no afirma que el Jesús resucitado es el Señor, no puede afirmar que el Cristo divino sea el Señor. El Señor encarnado es el único Señor.

La herejía obviamente continuó plagando a la iglesia en Corinto durante muchos años. "Pero temo", escribe Pablo en su siguiente carta a los Corintios, "que como la serpiente con su astucia engañó a Eva, vuestros sentidos sean de alguna manera extraviados de la sincera fidelidad a Cristo. Porque si viene alguno predicando a otro Jesús que el que os hemos predicado, o si recibís otro espíritu que el que habéis recibido, u otro evangelio que el que habéis aceptado, bien lo toleráis" (11:3-4). El sentido básico de "sincera" (en griego, *haplotēs*) en este caso en "unidad". Los corintios estaban siendo extraviados en lo relacionado con la unidad de Jesús y Cristo. Algunos miembros de la iglesia se estaban todavía aferrando a la falsa enseñanza acerca de la naturaleza de Jesús, el Espíritu Santo y el evangelio. Habían escuchado predicar acerca de "otro Jesús" y habían recibido "otro espíritu" y "otro evangelio".

La primera prueba de un don espiritual es doctrinal. Si una persona sostiene un punto de vista despectivo de Cristo Jesús, entonces lo que él dice y hace no es de Dios. Debemos siempre comparar una doctrina o práctica con la Palabra de Dios. Esa es la prueba que nos dirá si es del Espíritu Santo. Un cristiano hoy no puede recibir nueva revelación. La única manera de saber si algo es espiritual es estar seguro que es bíblico. Si está de acuerdo con las Escrituras, una nueva revelación de parte del Espíritu no es necesaria; si no es conforme a las Escrituras, una nueva revelación no puede venir del Espíritu y es falsa.

LA PRUEBA POSITIVA

La segunda parte de la prueba es también doctrinal y es sencillamente la cara opuesta de la negativa. **Nadie puede llamar a Jesús Señor, sino por el Espíritu Santo.** Pablo está, por supuesto, hablando de una confesión sincera. Un incrédulo puede pronunciar fácilmente esas palabras. Jesús advirtió: "No todo el que me dice: Señor, Señor, entrará en el reino de los cielos, sino el que hace la voluntad de mi Padre que está en los cielos" (Mt. 7:21). La confesión verdadera está basada en la fe genuina, y su auténtica marca es la obediencia a la Palabra de Dios. Confesar a Jesús como **Señor** no significa nada a menos que involucre afirmar lo que Él realmente es y obedecer sus mandamientos. El que no conoce ni obedece con sinceridad no puede ser verdaderamente de nuestro Señor (Lc. 6:46).

El título **Señor** (*kurios*) implica divinidad. *Kurios* y su equivalente hebreo del Antiguo Testamento (*adonay*) son usados a menudo en la Biblia como términos de respeto a las personas de alto rango o distinción, del mismo modo que nosotros usamos "su señoría" cuando nos dirigimos a un juez. Pero también lo usaban para Dios de una forma única. Debido a que los judíos consideraban demasiado sagrado el nombre del Dios del pacto (Yahweh o Jehová) para pronunciarlo en voz alta, se hablaba de Él como "Señor". Esa costumbre aparece reflejada en muchas traducciones mediante la escritura del nombre con letras mayúscula y la letra inicial de tamaño mayor (SEÑOR) para traducir el hebreo YHWH (Yahweh).

La naciente iglesia llegó pronto a reservar completamente el uso de *kurios* para referirse a Dios. Por tanto, llamar a **Jesús Señor** se entendía siempre como reconocer a Jesús como Dios. Puede que un gnóstico confesara a Cristo como Señor, pero no habría confesado a Jesús como Señor.

Señor implica autoridad soberana. Hay evidencia bíblica abrumadora de que la palabra significa gobierno. Si el **Señor** es Creador, sustentador y director, Él es obviamente soberano. Las palabras de Tomás: "¡Señor mío, y Dios mío!" (Jn. 20:28) deben significar más que deidad, o "mi Dios" hubiera sido suficiente. En Romanos 10:9-10, confesar a Jesús como Señor indica su gobierno soberano, porque el contexto (v. 13) incluye una cita de Joel 2:32 (Versión griega, Septuaginta), donde el griego *kurios* traduce el hebreo *yhwh*, que significa autoridad soberana, y que se traduce muy a menudo como Señor. En el uso que se hace de "Señor" en Hechos 2:36, el contexto nos aporta un mejor conocimiento; los versículos 34-35 son del Salmo 110:1, donde el hebreo *edon* significa gobierno soberano.

La palabra **Señor** se emplea unas 700 veces en el Nuevo Testamento ("Salvador" menos de diez veces). El señorío, la deidad y la soberanía de Cristo Jesús eran y son centrales a la fe verdadera, y semejante afirmación es la obra del Espíritu Santo.

Lo que una persona de verdad cree acerca de Cristo Jesús es la prueba de si lo que enseña o no enseña es **por el Espíritu Santo**. El Espíritu Santo siempre dirige a los creyentes a atribuirle señorío a Cristo Jesús como una persona divina e indivisible, a quien hay que obedecer completamente. Ese es el testimonio del Padre (Mt. 3:17; 17:5; Jn. 5:26-27, 36-38; Hch. 2:36; Ef. 1:20-21; Fil. 2:9-11), del Espíritu Santo (Jn. 15:26; 1 Co. 2:8-14; 1 Jn. 5:6-8) y de Jesús mismo (Mt. 16:27; 26:64; 28:18).

29

La fuente y propósito de los dones espirituales (12:4-7)

Ahora bien, hay diversidad de dones, pero el Espíritu es el mismo. Y hay diversidad de ministerios, pero el Señor es el mismo. Y hay diversidad de operaciones, pero Dios, que hace todas las cosas en todos, es el mismo. Pero a cada uno le es dada la manifestación del Espíritu para provecho. (12:4-7)

Después de recordar a los corintios la clase de vida pagana e idolátrica en la que muchos de ellos habían vivido anteriormente, Pablo les da dos pruebas, una negativa y otra positiva, para determinar si alguien que profesa ser cristiano está de verdad salvado de ese paganismo y lo que dice procede genuinamente del Espíritu Santo (12:1-3). Es Dios mismo el que da el entendimiento correcto acerca de Jesús como Señor a los creyentes individuales y el que da unidad y poder a la iglesia.

Debido a que los cristianos corintios estaban actuando en respuesta a la carne en vez de al Espíritu, se pelearon, se dividieron, se demandaron unos a otros ante los tribunales, cayeron de nuevo en la inmoralidad y en las prácticas idólatras, corrompieron las relaciones matrimoniales, abusaron de su libertad cristiana y se hicieron egoístas, excesivamente confiados en sí mismos y mundanos. Su errónea interpretación de los dones espirituales y el mal uso que hicieron de ellos fue una consecuencia principal de ese espíritu de división.

El Espíritu da dones (capacidades para el ministerio espiritual) a los creyentes para expresar y fortalecer la unidad que tienen en su Señor Jesucristo. Pero el mal uso de esos dones destruye la unidad, divide a los creyentes, arruina su testimonio delante del mundo y entorpece su crecimiento y efectividad en el servicio del Señor.

No hay duda de que Pablo había instruido a los corintios cuidadosamente acerca de los dones espirituales cuando ministró entre ellos durante un año y medio. Pero ellos lo habían olvidado o habían pervertido mucho de lo que les había enseñado. Ahora les reitera y refuerza lo que ya debieran saber.

En este pasaje el apóstol explica que el Espíritu da diversidad de dones, con el fin de usarlos en una variedad de ministerios que tienen una diversidad de funciones, pero que tienen una fuente y un propósito común.

DIVERSIDAD DE DONES

Ahora bien, hay diversidad de dones, pero el Espíritu es el mismo. (12:4)

Charisma (plural, **dones**) significa esencialmente "don de gracia" o "don gratuito", y en dieciséis de las diecisiete veces que el Nuevo Testamento lo usa aparece relacionado con Dios como el Dador. Pablo lo usa en Romanos en referencia con el don de la salvación (5:15-16; 6:23), las bendiciones de Dios (1:1; 11:29) y la habilitación divina para el ministerio (12:6). Cualquier otro uso de la palabra por Pablo, y una vez que la emplea Pedro (1 P. 4:10), tiene que ver con la habilitación divina de los creyentes para ministrar en el poder del Espíritu Santo.

Los dones espirituales no son talentos. Los talentos, destrezas y habilidades naturales son concedidas por Dios como todo lo bueno y valioso es un don que procede de Él. Pero esas son habilidades naturales que las tienen por igual los creyentes y los incrédulos. Un incrédulo puede ser un artista o músico muy talentoso. Un ateo o agnóstico puede ser un gran científico, carpintero, atleta o cocinero. Si un cristiano brilla en esas habilidades eso no tiene nada que ver con la salvación. Aunque puede que use sus talentos naturales de una manera muy diferente después de ser salvo, si los poseía antes de hacerse cristiano. Los dones espirituales vienen solo como un resultado de la salvación.

Los dones espirituales, sin embargo, no son naturales, sino que son dados de forma sobrenatural por el Espíritu Santo solo y siempre a los creyentes en Cristo Jesús, sin excepciones (v. 7). Los dones espirituales son capacidades especiales otorgados a los creyentes con el fin de equiparlos para ministrar de manera sobrenatural a otros, especialmente unos a otros. En consecuencia, si esos dones no son usados, o no son usados correctamente, el cuerpo de Cristo no puede ser la manifestación corporativa de su cabeza, el Señor Jesucristo, y la obra de Dios queda obstaculizada.

La diversidad es esencial para la unidad. La unidad de espíritu y propósito solo se pueden mantener por medio de la diversidad del ministerio. Pero la unidad no es uniformidad. Si los jugadores de un equipo de fútbol quisieran jugar todos en la misma posición tendrían uniformidad, pero no unidad. No podrían funcionar como un equipo si todos jugaran en la misma posición. Eso es lo que Pablo está diciendo aquí. Dios da a su pueblo **diversidad de dones** de la misma forma que los jugadores de un equipo tienen variedad de posiciones.

El sentido de la palabra griega *diaireseis* que traducimos por **diversidad** significa básicamente "adjudicación" o "distribución", con la idea derivada de variedad. Dios distribuye sus dones de muchas maneras, de forma muy diversa, a sus hijos. Él dispone de gran diversidad de dones para darlos a los creyentes. Caen en dos tipos generales: dones para hablar y dones para servir (vea 1 P. 4:11).

El Nuevo Testamento contiene varias listas de las categorías de los dones espirituales, una de las cuales la encontramos aquí en 1 Corintios 12:8-10, 28 (vea también Ro. 12:6-8; cp. 1 P. 4:11). Los estudiosos de la Biblia no se ponen de acuerdo en el número exacto y en la distinción de las clases de dones. A causa de que las listas bíblicas no son idénticas, parece evidente que Dios no tenía la intención de dar a su iglesia una compilación rígida o precisa y exhaustiva, sino más bien categorías generales. Debiéramos ser cuidadosos en no definir excesivamente los dones. Porque no creo que corresponda una excesiva clasificación, no hay mucho valor en tomar una prueba, formal o informal, para determinar qué dones espirituales tenemos. Un creyente puede tener una combinación de varios dones, con proporciones diferentes de las categorías de dones. Una persona puede ser evidentemente fuerte en un don, como el de enseñar. Otra persona puede que no sea fuerte en un don determinado, pero puede tener una cierta medida de varios dones. Es mejor ver el don de cada creyente como una combinación de varios, otorgados a cada individuo en relación con sus propias características y experiencias y las necesidades de la iglesia. Cada creyente llega a ser tan único en el aspecto espiritual como sus huellas digitales lo son en la esfera física.

DIVERSIDAD DE MINISTERIOS

Y hay diversidad de ministerios, pero el Señor es el mismo. (12:5)

Dios da sus dones para que los usemos en una **diversidad de ministerios**. Aun los cristianos que cuentan con el mismo don básico pueden ser dirigidos a manifestar ese don en muchas maneras diferentes. Un maestro puede estar muy capacitado para enseñar a los niños; otro puede estar especialmente dotado con habilidad para las lenguas bíblicas originales y ser excelente para enseñar a seminaristas. Un evangelista puede ser muy hábil para predicar a grandes multitudes, mientras que la habilidad de otro está en el testimonio personal uno a uno. El servicio de enseñanza de una persona puede hacer hincapié en la exhortación y la doctrina, mientras que el de otra puede enfocarse en la consolación y la misericordia. Lo que se recalca aquí es la diversidad.

Ministerios viene del mismo término griego básico que *servir, siervo* y *diácono* (uno que sirve). Una vez que habló acerca de sí mismo, Jesús dijo: "Porque el Hijo del Hombre no vino para ser servido, sino para servir" (Mr. 10:45). Jesús vino para ministrar a otros y llevarlos a Dios, y su Espíritu da dones a su pueblo para que ellos hagan lo mismo. Los dones espirituales no son dados como un símbolo de privilegio o prestigio, sino como una herramienta para el ministerio. El Señor se los da a sus siervos con el fin de que puedan servir, y se los da para una variedad ilimitada de servicios. Todos los dones son para servir, pero las clases de servicio son inmensurables.

Es clave entender que los dones espirituales no son dados para la edificación propia. El maestro que estudia la Palabra y luego escribe lecciones que lee él solo o graba mensaje que solo él escucha, prostituye su don. Una persona con el don de discernimiento que guarda para sí la comprensión que el Espíritu le da es un mayordomo infiel. Dios tampoco da sus dones para que los usemos en servirnos a nosotros mismos. Un cristiano con el don de ayudar debe, por definición, estar involucrado en servir a otros, porque servicio, por definición, involucra ayudar a otros. Por tanto, en el sentido amplio, *cada* don es un don para ayudar porque cada don es un don de servicio. Un don que se ejercita en privado es un don pervertido. Dios nos da sus dones *a* nosotros *para* otros. Quedamos personalmente bendecidos cuando usamos nuestros dones en el poder del Espíritu para servir a otros en su nombre, pero esa bendición es una consecuencia, no el propósito.

"Cada uno según el don que ha recibido, minístrelo a los otros, como buenos administradores de la multiforme gracia de Dios" (1 P. 4:10). Somos mayordomos de los dones de Dios. Son prestados; le pertenecen a Dios. Son para que los usemos, mediante su poder, en su servicio y para su gloria. Pedro usa "don" en el singular, recalcando que cada uno de nosotros tiene un don, que es la habilitación única y singular de Dios según su propósito y gracia, de modo que somos únicos en nuestro servicio por Cristo.

DIVERSIDAD DE FUNCIONES

Y hay diversidad de operaciones, pero Dios, que hace todas las cosas en todos, es el mismo. (12:6)

Operaciones (*energēma*) significa literalmente "lo que es vigorizado". Aquel que otorga los dones espirituales también provee de la energía y el poder, como también de la fe (Ro. 12:3b), para hacer que sean eficaces. Así como los dones espirituales son dados de forma sobrenatural, también es sobrenatural el poder impartido. Los cristianos, sin importar cuánta instrucción y experiencia tengamos y cuán generosa sea nuestra motivación, no podemos ejercer esos dones mediante nuestro propio poder. Podemos poner en juego por nosotros mismos nuestros talentos, habilidades, inteligencia y otras capacidades naturales, pero solo el dador de los dones espirituales puede otorgar el poder para hacerlos eficaces. Del mismo modo que Dios no da mandamientos sin dar la habilidad para obedecerlos, no da tampoco dones espirituales para los cuales no da también el poder para usarlos. Debemos estar limpios de pecado y estar dispuestos a ser usados, con el fin de que el Espíritu Santo pueda hacer fructíferos nuestros dones. Tanto el otorgar los dones como proveer del poder pertenecen a la esfera exclusiva del Señor. Pretender que un cristiano se haga a sí mismo es una contradicción. No puede estar en el lugar correcto ni puede hacer lo que es correcto. Se daña a sí mismo y perjudica a los que trata de ministrar, y daña a la obra del Señor. Obviamente, la Palabra de Dios tiene suficiente poder en sí misma como para lograr resultados divinos por medio de los dones que Él da; pero cuando lo usa un creyente carnal, el don no es capaz de producir fruto personal y bendición para ese creyente.

Como los dones mismos, el poder que obra en ellos es soberanamente diverso (cp. Mt. 13:23). El Señor puede usar el mismo don en infinidad de maneras diferentes, **en diversidad de operaciones**. Aun la misma persona que ejerce el mismo don no va a ver siempre la misma clase o amplitud de resultado. No debiéramos esperar tener todos los mismos dones, ni esperar que funcionen de la misma manera o que produzcan la misma cantidad de fruto. Los siervos de Dios y los dones de Dios son como los copos de nieve, nunca hay dos iguales.

Sin embargo, el hombre natural está siempre más preocupado con la uniformidad que con la unidad. Los creyentes corintios, en su inmadurez y carnalidad, eran imitadores superficiales. Estaban más interesados en apariencias que en sustancia, y trataron de copiar los dones y prácticas de los que parecían ser los más exitosos, populares y poderosos. Como muchos cristianos de hoy día, les gustaban las fórmulas para resolver los problemas, fórmulas para el éxito, e incluso fórmulas para llevar a cabo la obra del Señor. Estaban más interesados en ser "exitosos" que en ser sumisos, y en hacerse notar y ser elogiados que en ser obedientes y fieles. Esa es la razón por la que valoraron tanto los dones más impresionantes, especialmente el hablar en lenguas. No estaban interesados en usar los dones espirituales en el poder del Señor para servirlo a Él y a su iglesia, sino en usarlos con sus propios recursos y para sus propósitos egoístas y orgullo.

El hacer aquí hincapié en la **diversidad** parece implicar que los corintios pensaron que los dones más impresionantes eran los únicos dones, o al menos los únicos dones que merecía la pena tener. Pero Pablo les dice que el Espíritu Santo da dones a *todos* los cristianos, que da una diversidad de dones, y que cada don es tan espiritual e importante como cualquier otro. No debiéramos envidiar a los que parece que están muy dotados. Nuestra preocupación debiera ser descubrir, usar fielmente y sentir gratitud por el don que el Señor nos ha dado. Dios no comete errores. Los dones que nos da son los mejores para llevar a cabo aquello que Él quiera que hagamos. No solo es cierto que cada creyente tiene dones, sino que cada creyente tiene los que son apropiados para él.

Ningún niño en el mundo podría jamás sustituir a uno de nuestros propios hijos. No importa cuántos hijos podamos tener, ninguno es reemplazable. Tampoco son sustituibles los hijos de Dios o los ministerios que Él les ha dado. Ningún otro creyente puede ocupar nuestro lugar en el corazón de Dios, y ningún otro creyente puede tomar nuestro lugar en la obra de Dios. A nadie le ha dado exactamente el mismo don que nos ha dado a nosotros. Si no usamos nuestro don nadie lo hará; si no cumplimos con nuestro ministerio nadie lo cumplirá.

UNA FUENTE Y UN PROPÓSITO

Pero a cada uno le es dada la manifestación del Espíritu para provecho. (12:7)

La manifestación del Espíritu repite lo que Pablo ha estado recalcando en cada uno de los tres versículos anteriores: Dios es la fuente de todos los dones espirituales. Todos ellos son dados por, y son manifestaciones de la divina Trinidad. En el otorgamiento de los dones "el Espíritu es el mismo" (v. 4); en la asignación de los ministerios "el Señor es el mismo" (v. 5) y para el poder de las funciones "Dios... es el mismo" (v. 6).

Manifestación (*phanerōsis*) conlleva la idea básica de dar a conocer de forma clara o evidente. Para eso sirven los dones espirituales: hacer que el Espíritu Santo sea conocido de forma clara y evidente en la iglesia y en el mundo. Manifiestan al Espíritu. El significado es lo opuesto de oculto o privado. Los dones espirituales nunca son dados para estar ocultos o para usarlo en privado. Son dados para manifestar al Espíritu Santo, para mostrarlo.

También son dados **para provecho** (*sumpheron*, de un verbo que significa literalmente "poner juntos"). El término llegó también a significar "ayudar, conferir un beneficio o ser provechoso", y en el contexto de este versículo significa "ser de mutuo beneficio o provecho". Los dones espirituales están para ser de beneficio y de ayuda a la iglesia, al pueblo de Dios que Él une en su nombre.

No solo el ejercicio de nuestros dones espirituales ministran a otros, sino que también los ayuda a usar mejor sus propios dones. Un pastor, por ejemplo, que predica y enseña fielmente a su congregación no solo los edifica espiritualmente, sino que los prepara para ser mejores mayordomos de sus propios dones. Dios lo usa para "perfeccionar a los santos para la obra del ministerio, para la edificación del cuerpo de Cristo" (Ef. 4:12). El cristiano que usa su don de ayudar a otros no solo sirve a otros creyentes, sino que los anima a ser de más ayuda. El creyente que ejercita su don de misericordia ayuda a sus hermanos creyentes a ser más compasivos. Al ministrar cada uno con nuestros propios dones ayudamos a otros a ministrar mejor con los suyos.

Por el otro lado, si fallamos en ministrar con nuestros propios dones entorpecemos a otros para que ministren con los suyos. Un cristiano que no ejercita sus dones espirituales paraliza su propio ministerio y el ministerio de otros, para no mencionar la pérdida de bendición y recompensa que vendrían para su propia vida.

Hace algunos años asistí a un decatlón olímpico, la prueba extenuante en la que cada atleta compite en varias disciplinas y pruebas. Quedé maravillado de cómo puede funcionar el cuerpo humano con tan asombrosa coordinación, resistencia y eficacia. Cada músculo, cada órgano, cada vaso sanguíneo, cada nervio, cada célula es aprovechado en un esfuerzo completamente unificado para ganar. ¡Qué maravilloso sería si todos los que componemos el cuerpo de Cristo, la iglesia, funcionáramos con igual eficacia y armonía! ¡Qué maravilloso sería si cada parte de su cuerpo trabajara en total unidad e interdependencia! ¡Qué gran impacto tendría la iglesia sobre el mundo si cada creyente respondiera a la mente de Cristo Jesús de la misma forma que responden los cuerpos de atletas dedicados a la mente de sus propietarios!

Cuando la iglesia ministra con sus dones como debiera hacerlo, eso resultaría al menos en cuatro bendiciones. Primera, los creyentes mismos recibirían gran bendición, tanto por ejercitar sus propios dones, como por animar a otros a que ejerciten los suyos para su beneficio. Dios nunca tuvo la intención de que el ministerio de su iglesia lo llevaran a cabo unos pocos profesionales o algunos hombres especialmente talentosos, mientras que todos los demás se sientan y observan.

Segunda, cuando todos hacen su parte en el ministerio la iglesia forma un testimonio dinámico, con un poder y eficacia que no puede tener de otra manera. No solo ministran con más poder y eficacia los que tienen el don de evangelismo, sino que cada creyente es usado directa o indirectamente en fortalecer el testimonio del evangelio delante de los incrédulos. Todos participan en los resultados. Cuando Pedro predicó en Pentecostés se salvaron tres mil almas (Hch. 2:41). Y cuando la iglesia de Jerusalén, incluidos muchos de los nuevos convertidos, comenzaron a usar de manera fiel y esforzada sus varios dones, "el Señor añadía cada día a la iglesia los que habían de ser salvos" (v. 47).

Tercera, cuando la iglesia ministra con sus dones, los líderes de Dios se manifiestan. En una iglesia que funciona fielmente, surge inevitablemente el liderazgo espiritual. Un liderazgo capaz es esencial para que una iglesia funcione como debe, pero una iglesia fiel es también necesaria para proveer del ambiente en el que los líderes se puedan desarrollar y dirigir como deben. Los líderes de Dios no surgen ni se forman por asistir a seminarios de liderazgo montados sobre bases mundanas para crear el éxito. Dios equipa a sus líderes cuando son salvos y cuando llegan a tener las calificaciones espirituales y morales que se forman por la obediencia a su Palabra, entonces su liderazgo funciona y se hace evidente. Dirigentes llenos del Espíritu aparecen pronto cuando el Señor es libre para trabajar en su cuerpo.

Cuarta, una iglesia que usa fielmente sus dones en el poder del Espíritu experimenta el gozo de una gran unidad, amor y comunión, en una forma que ninguna cantidad de habilidad, planificación o esfuerzo humano pueden producir.

Diversidad de los dones espirituales (12:8-11)

30

A Porque a éste es dada por el Espíritu palabra de sabiduría; a otro, palabra de ciencia según el mismo Espíritu; a otro, fe por el mismo Espíritu; y a otro, dones de sanidades por el mismo Espíritu. A otro, el hacer milagros; a otro, profecía; a otro, discernimiento de espíritus; a otro, diversos géneros de lenguas; y a otro, interpretación de lenguas. Pero todas estas cosas las hace uno y el mismo Espíritu, repartiendo a cada uno en particular como él quiere. (12:8-11)

Un examen completo nos llevará a la verdad de que los dones espirituales cumplen dos propósitos principales: los dones permanentes edifican la iglesia y los dones temporales son señales de confirmación de la Palabra de Dios. El Señor continuará dando a los creyentes los dones permanentes durante todo el tiempo de la era de la iglesia, y esos dones son para el ministerio de su pueblo en todos los tiempos de la vida de la iglesia. Esos dones incluyen primero los dones de hablar o verbales: profecía, conocimiento, sabiduría, enseñanza y exhortación; y, segundo, los dones de servicio o no verbales: liderazgo, ayuda, repartir, misericordia, fe y discernimiento. Los dones- señales temporales estaban limitados a la era apostólica y, por tanto, cesaron después de ese tiempo. Esos dones incluían milagros, sanidades, lenguas e interpretación de lenguas. El propósito de estos dones, señales, temporales era el de autenticar el mensaje apostólico como Palabra de Dios, hasta el momento cuando las Escrituras, la Palabra escrita de Dios, estuvieran completas y se autenticaran a sí mismas.

En el presente pasaje Pablo menciona algunos de esos dones que ilustran la "diversidad" de la que hablaba en el versículo 4. Esta lista incluye tanto dones permanentes como temporales, y es solo representativa de su diversidad, como se nota por el hecho de que se mencionan otros dones en otras partes del Nuevo Testamento, incluido el versículo 28 de este capítulo (vea también Ro. 12:6-8; cp. 1 P. 4:11). El apóstol no explica aquí las funciones de los dones particulares. Su intención es ilustrar la variedad en clases de dones y hacer hincapié en la fuente común de los dones, cada uno de los cuales es dado como "manifestación del Espíritu para provecho" (v. 7). Como ya hemos mencionado, debido a su singularidad en la vida y ministerio de millones de cristianos, los dones no aparecen definidos exhaustivamente. Solo podemos definirlos de manera general mediante los términos que se emplean en las Escrituras.

DONES ESPIRITUALES REPRESENTATIVOS

EL DON DE LA SABIDURÍA

Palabra de sabiduría es un término amplio. El uso de *logos* (**palabra**) indica que se refiere a la habilidad de hablar. En la era apostólica puede que a veces tuviera que ver con revelación. En el Nuevo Testamento, **sabiduría** (*sophia*) se refiere la mayoría de las veces a la habilidad de entender la voluntad de Dios y aplicarla fielmente (vea, p.ej. Mt. 11:19; 13:54; Mr. 6:2; Lc. 7:35; Hch. 6:10; Stg. 1:5; 3:13, 17; 2 P. 3:15). **Sabiduría**, entonces, se refiere básicamente a aplicar las verdades descubiertas, a la habilidad de hacer aplicaciones apropiadas y prácticas de la verdad a las situaciones de la vida. La comunicación de la sabiduría es la función del expositor, que toma no solo de su propio estudio de las Escrituras, sino también del discernimiento e interpretación de los comentaristas y otros estudiosos de las Escrituras. Es también la habilidad que debe tener un consejero a fin de aplicar la verdad de Dios a las cuestiones y problemas que le plantean. Es parte del don del pastor, quien debe conocer, entender y ser capaz de aplicar la Palabra de Dios con el fin de dirigir a su pueblo como corresponde.

EL DON DE LA (CIENCIA) CONOCIMIENTO

Creo que este segundo don mencionado en el versículo 8 precede lógicamente al primero, porque por lo general la ciencia (conocimiento) viene antes que la sabiduría. La **palabra de ciencia** es también una expresión amplia, que básicamente se refiere a la percepción y comprensión de las verdades de la Palabra de Dios. Puede también haber sido reveladora en el primer siglo, pero es especialmente el don de comunicar comprensión sobre los misterios de su revelación, aquellas verdades que no podían haber sido conocidas aparte de la revelación de Dios (Ro. 16:25; Ef. 3:3; Col. 1:26; 2:2; 4:3; cp. 1 Co. 13:2). Dios da a algunos de sus santos la habilidad especial de estudiar su Palabra y descubrir el sentido completo del texto y contexto, de palabras individuales y frases, y de pasajes relacionados y verdades, y de ese modo facilitar su comprensión para otros. Quizás la mejor ayuda para comprender este texto la encontramos en 13:2 en la frase: "entendiese todos los misterios y toda ciencia". El don de **ciencia** es la capacidad para percibir la revelación de Dios, que es un misterio para la mente humana.

Ese don es fundamental para toda la enseñanza y predicación cristiana, así como también para el ejercicio apropiado de aconsejar, el liderazgo, la sabiduría y todos los otros ministerios y dones. Si una persona no cuenta él mismo con esta habilidad, tiene que confiar mucho en los que sí lo tienen a fin de ejercer sus propios dones correctamente. El maestro o predicador depende mucho del don de **ciencia**, porque está comisionado para enseñar e interpretar a otros las verdades de Dios.

Un cristiano con el don de ciencia puede tener grandes conocimientos de las lenguas bíblicas, historia, arqueología y teología. Dios puede usar esa instrucción en el uso de su don. Pero otra persona con el mismo don puede tener una educación formal limitada. En cualquier caso, Dios da la habilidad de comprender la verdad espiritual. La persona dotada está capacitada de forma sobrenatural no solo para descubrir las verdades de los hechos de las Escrituras, sino para explicar e interpretar esas verdades a fin de ayudar a otros a entenderlas. Como todos los otros dones, este viene en muchas formas y grados. Un creyente puede tener gran habilidad solo en esta área, mientras que otra puede contar con una capacidad moderada aquí, combinada con otras varias habilidades espirituales.

Los escritores humanos de las Escrituras tenían el don de ciencia en una forma única. Dios les dio las verdades directamente, que ellos registraron como parte de su Palabra escrita. Sin embargo, desde el cierre del canon de las Escrituras ese don no ha estado involucrado en recibir nueva verdad, sino solo para entender la verdad previamente revelada. Todo el que afirma hoy que ha recibido una revelación divina engaña a los demás y contradice la propia palabra de Dios, la cual advierte expresamente que si alguien añade o quita a la Palabra de Dios sufrirá el juicio de Dios (Ap. 22:18). Toda palabra de conocimiento divino o sabiduría debe estar basada en la Palabra de Dios "que ha sido una vez dada a los santos" (Jud. 3).

EL DON DE FE

Este don de **fe** que da el Espíritu según su voluntad es obviamente distinto de la fe salvadora o de la fe diaria mediante la cual vive cada creyente. Esta categoría de dones está limitada a ciertos cristianos y tiene que ver con la intensa capacidad de confiar en Dios en las dificultades y exigencias de la vida. Es la habilidad de confiar en Él frente a obstáculos abrumadores e imposibilidades humanas.

El don de fe se expresa sobre todo hacia Dios por medio de la oración, apelando y confiando en Dios para hacer aquello que está más allá de su provisión normal. Jesús dijo: "Porque de cierto os digo, que si tuviereis fe como un grano de mostaza, diréis a este monte: Pásate de aquí allá, y se pasará; y nada os será imposible" (Mt. 17:20). Pablo alude a ese tipo de fe más adelante en esta carta: "Y si tuviese toda la fe, de tal manera que trasladase los montes, y no tengo amor, nada soy" (13:2). Pablo no estaba despreciando la fe, sino simplemente señalando su vacuidad sin el amor. Su frase "toda la fe" parece indicar que se posee en grados.

Los que cuentan con el don de la fe tienen la habilidad especial de confiar firmemente en las promesas de Dios. Según su propio plan y voluntad, la fe activa a Dios (cp. Stg. 5:16*b*-18). Cuando Pablo navegaba para Roma como un prisionero, el barco se enfrentó a una terrible tormenta. Después de arrojar al mar la carga y los aparejos, se pasaron muchos días sin alimento y sin pausa en la tormenta. En los momentos de más peligro Pablo dijo a sus compañeros de viaje: "Pero ahora os exhorto a tener buen ánimo, pues no habrá ninguna pérdida de vida entre vosotros, sino solamente de la nave. Porque esta noche ha estado conmigo el ángel del Dios de quien soy y a quien sirvo, diciendo: Pablo, no temas; es necesario que comparezcas ante César; y he aquí, Dios te ha concedido todos los que navegan contigo" (Hch. 27:22-24). La confianza de Pablo requirió una fe especial. Su gran fe que ejerció en medio de un desastre se aferró a la promesa de Dios y dio esperanza y seguridad a todos los que lo acompañaban. Abraham también "se fortaleció en fe, dando gloria a Dios" (Ro. 4:20)

En razón de la fe fuerte de una persona otros siempre han ayudado y servido. A lo largo de la historia de la iglesia miles de santos con dones de fe han creído en Dios frente a grandes peligros y a menudo la muerte, y al ejercer su fe han fortalecido la fe de otros hermanos en el Señor. Hudson Taylor creyó que Dios ganaría muchos convertidos chinos por medio de él, y sin contar con dinero ni apoyo, negándose a solicitar un centavo de ayuda, comenzó lo que llegó a convertirse en la gran y fructífera Misión Interior de China. George Mueller, confiando solamente en Dios por medio de la oración, vio continuamente la provisión divina para su orfanato en formas milagrosas. Innumerables misioneros han llevado tribus y naciones al Señor, y evangelistas han llevado ciudades al Señor y han visto como Él ha respondido fielmente a su fe. Sus oraciones son respondidas y su fe misma queda fortalecida y multiplicada.

LOS DONES DE SANIDADES

Es muy interesante notar aquí que dones aparece en plural, apoyando lo que hemos dicho en el capítulo 29; esto es, que Pablo está hablando de categorías de dones en los que hay una gran diversidad. Los **dones de sanidades** fueron los primeros dones-señales que Pablo menciona en este pasaje. Y puesto que todos estos dones estaban funcionando en ese momento, los dones-señales no aparecen en una categoría separada. La palabra **sanidades** aparece también en plural en el griego (*iamatōn*) lo que hace hincapié en las muchas clases de aflicciones que necesitan sanidad. Estos dones fueron para Cristo (Mt. 8:16-17), los apóstoles (Mt. 10:1), los setenta (Lc, 10:1), y algunos asociados de los apóstoles como Felipe (Hch. 8:5-7).

Dios puede todavía sanar de manera directa y milagrosa, en respuesta a las oraciones fieles de sus hijos; pero los cristianos no tienen hoy los dones de sanidades. Esto es evidente porque nadie puede hoy sanar como Jesús y los apóstoles lo hicieron, quienes con una palabra o toque sanaron total e instantáneamente a todos los que acudieron a ellos, y que resucitaron a los muertos. Puede que los creyentes en Corinto vieran como Dios realizaba sanidades por medio de Pablo o de otros que tenían esas capacidades, y en ese caso Pablo los menciona aquí solo para recordar a los corintios la diversidad de formas en las que Dios equipa a sus siervos para su obra.

Los dones de sanidades, como otros dones-señales, fueron temporales, dados a la iglesia para autenticar el mensaje apostólico como Palabra de Dios. La gran comisión no incluye un llamamiento para sanar cuerpos, sino solo el llamamiento a sanar almas por medio de la predicación del evangelio. No es que Dios dejara de interesarse en la salud y el bienestar físico del hombre o que la iglesia no debiera tener esa preocupación. El trabajo médico ha sido por mucho tiempo una parte bendita de Dios del servicio cristiano y es una de las actividades clave de las misiones modernas. Pero la obra sanadora de Dios, ya sea por medio de la medicina o milagros, ya no es una señal auténtica, y Él ya no dota a su iglesia con tales dones.

Como lo hicieron todos los demás con los dones de sanidades, Pablo lo usó con moderación y solo para su propósito deseado. Nunca fue usado solamente para dar sanidad física. Pablo mismo estuvo enfermo, no obstante, nunca se sanó a sí mismo ni pidió a otro creyente con ese don que lo hiciera. Epafrodito, un amigo y compañero entrañable de Pablo, se puso muy enfermo y habría muerto de no ser por la intervención divina. "Pues en verdad estuvo enfermo, a punto de morir; pero Dios tuvo misericordia de él, y no solamente de él, sino también de mí, para que no tuviese tristeza sobre tristeza" (Fil. 2:27). Dios sanó milagrosamente a Epafrodito, pero si el apóstol hubiera ejercido ampliamente su don de sanidades, no hubiera tenido necesidad de rogar de forma especial a Dios. Cuando Timoteo, otro colaborar, tuvo problemas de estómago y otras dolencias Pablo no lo sanó, sino que le aconsejó que tomara un poco de vino (1 Ti. 5:23). A Trófimo, otro colaborador de Pablo, lo "[dejó] en Mileto enfermo" (2 Ti 4:20). No ejerció su don de sanidad excepto en casos necesarios para confirmar el poder del evangelio, no para hacer saludables a los cristianos.

Un cristiano tiene hoy el derecho de pedirle a Dios por la curación de cualquier enfermedad. Dios puede elegir sanarlo a fin de que se cumpla su propósito y mostrar su gloria. Pero no está obligado a hacerlo, porque Él no ha dado una promesa ilimitada para sanar durante ninguna era (cp. Nm. 12:9-10; Dt. 29:21-22; 2 Reyes 5:15-17; 2 Cr. 26:5, 21; Sal. 119:67; 1 Co. 11:30), y ya tampoco tiene que autenticar su Palabra, porque la Palabra completa es su propia verificación

EL DON DE MILAGROS

El hacer milagros fue también un don-señal temporal. Un milagro en una acción sobrenatural en el mundo natural y en sus leyes naturales, explicable solamente por la intervención divina. Dios a menudo nos dirige, nos ayuda o nos advierte obrando por medio de otros cristianos, por medio de circunstancias ordinarias o por medio de las leyes naturales. Esas son actuaciones sobrenaturales de Dios que son opuestas al funcionamiento ordinario y leyes de la naturaleza, actos que solo Él puede llevar a cabo por medio de la anulación de lo natural y que no podría ocurrir de otra manera por medio de ninguna circunstancia.

Juan nos habla de que el cambio que hizo Jesús del agua en vino en la fiesta de bodas fue el "principio de señales que hizo Jesús en Caná de Galilea, y manifestó su gloria; y sus discípulos creyeron en él" (Jn. 2:11). Ese era el propósito. El milagro no fue para mejorar la fiesta o para exhibir gran poder ante los curiosos. Aun con Jesús, los milagros, así como las sanidades, eran para la confirmación de su venida al mundo como Mesías, el portador del mensaje y del poder de Dios. Cerca del final de su evangelio, Juan dice: "Hizo además Jesús muchas otras señales en presencia de sus discípulos, las cuales no están escritas en este libro. Pero éstas se han escrito para que creáis que Jesús es el Cristo, el Hijo de Dios, y para que creyendo, tengáis vida en su nombre" (20:30-31). Jesús realizó los milagros para demostrar que Dios se estaba revelando en Él, es decir, en Jesús. En Pentecostés Pedro le dijo a la multitud a la que estaba predicando: "Varones israelitas, oíd estas palabras: Jesús nazareno, varón aprobado por Dios entre vosotros con las maravillas, prodigios y señales que Dios hizo entre vosotros por medio de él, como vosotros mismos sabéis" (Hch. 2:22).

Jesús realizó milagros y sanó a los enfermos solo durante los tres años de su ministerio. Al contrario de ciertos mitos y leyendas que han aflorado a lo largo de los siglos, las Escrituras indican que Jesús vivió de una forma tranquila y normal como un niño y como un jovencito, no haciendo uso para nada de poderes sobrenaturales hasta las bodas de Caná. Como es evidente por la cita de Juan 2 mencionada arriba, los milagros de Jesús comenzaron cuando comenzó su ministerio.

Los apóstoles y unos pocos de los líderes de la naciente iglesia también realizaron milagros como señales confirmadoras del mensaje del evangelio. En

Iconio Pablo y Bernabé "se detuvieron allí mucho tiempo, hablando con denuedo, confiados en el Señor, el cual daba testimonio a la palabra de su gracia, concediendo que se hiciesen por las manos de ellos señales y prodigios" (Hch. 14:3). Pablo escribió más tarde a los Corintios: "Las señales de apóstol han sido hechas entre vosotros en toda paciencia, por señales, prodigios y milagros" (2 Co. 12:12). Las señales milagrosas eran una marca de apostolado, autenticando el mensaje y la obra apostólicos como que era del Señor. En Hebreos leemos: "La cual [salvación], habiendo sido anunciada primeramente por el Señor, nos fue confirmada por los que oyeron, testificando Dios juntamente con ellos, con señales y prodigios y diversos milagros y repartimientos del Espíritu Santo según su voluntad" (2:3-4).

¿Cuáles fueron exactamente los milagros que hicieron los apóstoles? Jesús cambió el agua en vino, hizo pan, caminó sobre el agua con Pedro, tomó una moneda de la boca de un pez, desapareció de una multitud hostil y ascendió al cielo en una nube. Todos esos milagros estaban relacionados con la naturaleza y fueron hechos solo por Él. No hemos sabido de ningún discípulo que hiciera un milagro relacionado con la naturaleza. ¿Qué milagros hicieron ellos? La respuesta está en la palabra para milagro, *dunamis*, que significa "poder". En efecto, el término aparece traducido como "poder" en los evangelios, y está a menudo relacionado con echar fuera los demonios (Lc. 4:36; 6:18; 9:42). Es precisamente ese poder, echar fuera los demonios, que el Señor les dio a los doce y a los setenta discípulos (Lc. 9:1; 10:17-19). Hoy no disponemos de un poder así que nos permita a algunos de nosotros ir y con éxito mandar a los demonios que salgan de los inconversos, como los discípulos hicieron. Felipe y Esteban demostraron el don de hacer milagros (Hch. 6:8; 8:7). Pablo lo usó para confirmar "la doctrina del Señor" y llevar a un hombre a la fe (Hch. 13:6-12). Algunos judíos que trataron de echar demonios sin poseer el verdadero don fueron golpeados y perseguidos por los demonios cuando trataban de exorcizarlos (Hch. 19:14-16).

Esas señales acompañaron a la Palabra de Dios mientras que Él estaba revelando la Palabra. Cuando terminó la revelación, esos dones-señales cesaron. B. B. Warfield escribió: "Estos dones milagrosos fueron parte de las credenciales de los apóstoles, como agentes autorizados de Dios para fundar la iglesia. Su función los limitaba distintivamente a la iglesia apostólica, y necesariamente desaparecieron con ellos".

EL DON DE PROFECÍA

Dios les dio a algunos cristianos el don de **profecía**. Ha habido por mucho tiempo una diferencia de interpretación entre los evangélicos en cuanto a si el don de profecía es un don continuo y permanente o, como los de sanidades y milagros, desapareció con la era apostólica. El razonamiento principal de los que mantienen que fue un don-señal temporal —que era un don revelador y, por tanto, cesó cuando terminó la revelación— está basado en 1 Corintios 13:8, donde los dones de profecía, lenguas y ciencia aparecen mencionados juntos como que acabarán. Como veremos cuando tratemos ese pasaje, aunque todos ellos aparecen en ese versículo, la profecía y la ciencia no pertenecen a la misma categoría que las lenguas, y la mención de todos ellos en 13:8 no prueba que son del mismo tipo, como tampoco la mención de los varios dones en 12:8-10 demuestra que todos ellos son del mismo tipo. Nosotros daremos por sentado aquí que la profecía es un don de edificación permanente.

Como su equivalente hebreo (*nābā'*), el verbo griego (*prophēteuō*) del que nos viene **profecía** significa simplemente "hablar en nombre de, proclamar". Se supone que el que habla está delante de una audiencia, y podría significar "hablar públicamente". La connotación de predicción fue agregada en la Edad Media. Aunque muchos de los profetas hicieron predicciones, ese no era su ministerio básico y la idea no está involucrada en los términos originales que se emplearon para describirlos a ellos y a su trabajo. De hecho, los términos originales no conllevaban necesariamente la idea de revelación. Dios revelaba mucho de su Palabra por medio de los profetas, pero mucho de su ministerio era sencillamente proclamar, exponer y exhortar con la revelación que ya había sido dada. Los profetas bíblicos a veces revelaron (vea 1 Ti. 4:14; 2 P. 1:21) y a veces solo reiteraron lo que ya había sido revelado. Por tanto, un profeta de Dios es uno que proclama la Palabra de Dios, y la **profecía** es la proclamación de dicha Palabra. El don de profecía es un don del Espíritu que proporciona la habilidad de proclamar la Palabra de Dios eficazmente. Desde la terminación de las Escrituras, la profecía ha dejado de ser el medio de nueva revelación, y solo ha proclamado lo que ya ha sido revelado en las Escrituras.

La definición más sencilla y clara de su función nos la da Pablo en 1 Corintios 14:3: "Pero el que profetiza habla a los hombres para edificación, exhortación y consolación".

No creo que ha habido un tiempo en la historia de las relaciones de Dios con el ser humano en el que Dios no haya habilitado a algunos de sus siervos con dones de esta clase. Durante los períodos del Antiguo y Nuevo Testamentos y a lo largo de la historia entre ellos y desde entonces, el Señor siempre ha equipado a algunos de sus santos para hablar en su nombre con poder especial y eficacia. En 1 Corintios 14:1 Pablo insta a los creyentes en general a "[seguir] el amor; y procurad los dones espirituales, pero sobre todo que profeticéis". Vuelve a hacer el mismo ruego en el versículo 39. El apóstol no está sugiriendo que cada cristiano busque tener *personalmente* el don de proclamación, pero que todos los cristianos *colectivamente* debieran desear ese don para ministrar entre ellos. A lo largo del capítulo 14 Pablo contrasta el don de lenguas, un don-señal que necesita interpretación antes de que los creyentes o incrédulos puedan entenderlo, con el don de profecía, que tiene el propósito específico de edificar a todos los que escuchan.

Al hablar de los dones espirituales en Romanos 12, Pablo dice: "De manera que, teniendo diferentes dones, según la gracia que no es dada, si el de profecía, úsese conforme a la medida de la fe" (v. 6). El término *analogia* ("a la medida") se refiere a la correcta relación de, o acuerdo con, y en el griego este versículo dice literalmente "de la fe". Por tanto, una mejor traducción sería: "conforme a la medida de la fe. "La fe" se emplea varias veces en el Nuevo Testamento como un sinónimo del evangelio, el cuerpo de creencias cristianas dadas por Dios (Hch. 6:7; Jud. 3, 20). Los creyentes que tienen hoy el don de profecía están habilitados para proclamar no según su fe subjetiva personal, sino conforme a la fe objetiva revelada por Dios, esto es, su Palabra. El propósito primario de la profecía lo encontramos en Apocalipsis: "El testimonio de Jesús es el espíritu de la profecía" (19:10). Y la Biblia es el testimonio de Jesús (cp. Jn. 5:39). La profecía no puede nunca apartarse de la Palabra de Dios escrita, como Pablo indica claramente cuando dice: "Si alguno se cree profeta, o espiritual, reconozca que lo que os escribo son mandamientos del Señor" (1 Co. 14:37). El don de profecía es la capacitación especial del Espíritu para que un cristiano testifique de Jesús. "No menospreciéis las profecías", dijo Pablo (1 Ts. 5:20), pero al parecer los corintios sí que las menospreciaron y llegaron incluso a reemplazarla con expresiones de éxtasis, como revela el capítulo 14.

EL DON DE DISCERNIMIENTO

Un don importante para la protección de la iglesia es el de discernimiento, el **discernimiento de espíritus**. El sentido básico de **discernimiento** tiene que ver con separar para examen y juicio con el fin de determinar lo que es genuino y lo que es falso. Satanás es el gran "mentiroso, y padre de la mentira" (Jn. 8:44) y desde la caída él y sus demonios han falsificado el mensaje de Dios y la obra de Dios. Todos los cristianos debiéramos juzgar cuidadosamente lo que escuchamos y leemos y "no [creer] a todo espíritu, sino probad los espíritus si son de Dios" (1 Jn. 4:1). Eso es lo que hicieron los "nobles" judíos, temerosos de Dios, de Berea cuando escucharon por primera vez el evangelio predicado por Pablo (Hch. 17:11). Probaron las palabras de Pablo con lo que ellos conocían de la Palabra de Dios, y debido a que las dos palabras coincidían creyeron que lo que se estaba predicando era de parte de Dios y no de los demonios. Eso es lo que cada creyente debiera hacer con todo mensaje que se afirma procede de Dios. Ningún predicador o maestro del evangelio se debiera enojar porque su mensaje es examinado a la luz de las Escrituras.

Los que han recibido de Dios el don de discernimiento tienen la habilidad especial para reconocer espíritus que mienten, y este don es el guardián del Espíritu. Algunas ideas que las pasan como bíblicas y que superficialmente *parecen* en realidad bíblicas son falsificaciones muy inteligentes que van a engañar a muchos creyentes. Los que tienen el don de discernimiento son los inspectores del Espíritu, son sus expertos en falsificaciones a los que el Espíritu da visión y entendimiento. Este don fue especialmente valioso en la naciente iglesia porque el Nuevo Testamento no se había completado. Debido a la dificultad y alto costo de copiar, durante muchos años después de completarse la Biblia no estaba disponible ampliamente. Los que tenían el don de discernimiento del Espíritu Santo eran los protectores de la iglesia.

El don de discernimiento es también muy valioso cuando la iglesia y el evangelio son considerados aceptables en la sociedad. Cuando el cristianismo es perseguido, los maestros falsificadores son escasos, porque es demasiado alto el precio de ser identificado con el evangelio. Lo más probable es que aparezcan en momentos y lugares donde el cristianismo es considerado respetable o al menos tolerado. En algunas partes del mundo hoy, ser cristiano es popular y a menudo ventajoso. Toda clase de maestros, predicadores, escritores y consejeros afirman ser evangélicos y bíblicos. Aunque cualquier persona que piensa se da cuenta de que todas las ideas no pueden ser bíblicas, simplemente porque muchas de ellas son contradictorias entre sí, no es siempre fácil conocer cuáles son verdaderas y cuáles no. La mayoría de ellas son una mezcla. Los maestros falsos que Satanás usa por lo general tienen algo de verdad en lo que dicen. Es triste, pero muchos maestros que básicamente son bíblicos a veces sin mucho discernimiento toman ideas de la psicología, filosofía o del pensamiento popular que parecen bíblicas pero que no lo son. El ministerio de los que tienen el don de discernimiento es ayudar a separar el trigo de la cizaña.

En Corinto sucedía que los creyentes que tenían ese don no lo estaban usando o eran ignorados. De no ser así las ideas y prácticas pervertidas con las que trata Pablo en esta carta no hubieran florecido como lo hicieron. El discernimiento es un don, junto con la profecía, que el apóstol insta a los corintios a que lo usen en relación con el uso y la interpretación de lenguas. Los que tienen discernimiento están para juzgar aun a los que profetizan (1 Co. 14:29).

Obviamente, el don de discernimiento es valioso para que la iglesia ayude a los cristianos a resolver sus pleitos entre ellos en vez de acudir a los tribunales. Ese parece ser el don que se necesitaba cuando Pablo en 1 Corintios 6 dice: "¿Pues qué, no hay entre vosotros sabio, ni aun uno, que pueda juzgar entre sus hermanos?" (v. 5).

Aun la alabanza del evangelio puede ser engañosa y equivocarnos. Cuando Pablo y Silas comenzaron a ministrar en Filipos, Lucas informa: "Nos salió al encuentro una muchacha que tenía espíritu de adivinación, la cual daba gran ganancia a sus amos, adivinando. Ésta, siguiendo a Pablo y a nosotros, daba voces, diciendo: Estos hombres son siervos del Dios Altísimo, quienes os anuncian el camino de salvación" (Hch. 16:16-17). Lo que la joven estaba diciendo no solo era cierto, sino que parecía favorable al evangelio y a los que lo proclamaban. Pero el propósito y motivación de lo que ella estaba diciendo era todo lo opuesto. Los demonios que la controlaban lo que querían era atraer a las personas y ganar su atención, y entonces ridiculizar y debilitar la Palabra de Dios y la obra de sus ministros. En ese caso Pablo no podía juzgar lo que se decía, porque las palabras de la muchacha eran verdad. Él sabía que ella era un instrumento demoníaco solo porque el Espíritu Santo descubrió al espíritu falso que la controlaba.

La enseñanza falsa puede ser juzgada comparándola con las Escrituras, pero los espíritus falsos solo pueden ser juzgados por el don de discernimiento del verdadero Espíritu. Podemos decir que ese don es el don de los dones del Espíritu, porque Dios lo usa para revelar a su iglesia si una cierta manifestación de los otros dones procede de Él. Toda imitación de los dones no es demoníaca. Mucho de ello es sencillamente la obra carnal de cristianos carnales que tratan de servir al Señor mediante sus propios recursos y para su propio beneficio y gloria. Resumiendo, podemos decir que el don de discernimiento lo da Dios para decir si los otros dones son del Espíritu Santo, si son meramente imitaciones naturales o sin son falsificaciones demoníacas. Creo que Dios todavía habilita a algunos de sus siervos para desenmascarar a los profetas falsos y a los hipócritas carnales. Él les da la perspicacia para exponer las imitaciones y engaños que la mayoría de los cristianos tomarían como genuinas.

Sin embargo, el don de discernimiento puede fácilmente degenerar en un espíritu crítico, orgulloso y satisfecho de sí mismo. Puede ser sentencioso en vez de correctivo cuando es imitado por la carne. Pero si se usa debidamente es una gran protección para el pueblo de Dios.

EL DON DE LENGUAS Y DE INTERPRETACIÓN DE LENGUAS

El don espiritual más controversial de nuestro tiempo es el de hablar en **diversos géneros de lenguas**. Debido a que este don, y el de **interpretación de lenguas**, los estudiaremos en detalle en la exposición de 1 Corintios 14, solo es necesario mencionar aquí que estos son dones-señales temporales que no están genuinamente activos en la iglesia hoy. Su ministerio en la iglesia del Nuevo Testamento fue, como los otros dones-señales, para validar el mensaje y el poder del evangelio. Fueron exaltados desproporcionadamente y abusaron mucho de ellos en Corinto. Pero, no obstante, no es de eso de lo que habla Pablo. Aquí los está mencionando para mostrar la gran diversidad en los dones dados de forma soberana por el Espíritu de Dios.

EL CONTROL SOBERANO DE DIOS DE LOS DONES ESPIRITUALES

Pero todas estas cosas las hace uno y el mismo Espíritu, repartiendo a cada uno en particular como él quiere. (12:11)

Este versículo resume los versículos 4-10. Del mismo modo que cuando ilustró la diversidad en la naturaleza, ministerios y operaciones de los dones espirituales (vv. 4-6), Pablo continúa recalcando que cada don, aunque diferente en muchas maneras de los otros, es dado de forma sobrenatural y soberana por **uno y el mismo Espíritu** (cp. vv. 8-9). En efecto, esta es la quinta referencia al Espíritu Santo en este párrafo como el dador de los dones. También hace hincapié en que cada creyente (**repartiendo a cada uno en particular**) está dotado espiritualmente (cp. vv. 6-7). Los que reciben los dones no forman una "clase" espiritual, sino que abarca a toda la iglesia, todo el cuerpo de Cristo. Todos recibimos algún don y todos somos llamados por el Señor a ministrar con los dones que Él nos ha proporcionado.

No hay ninguna indicación aquí de que debiéramos buscar los dones. Eso violaría tanto la idea del don de gracia como la intención del texto, que es instruir a los corintios para que reconozcan que todos los creyentes tienen dones que son diferentes. Dios en su soberanía ha dado dones para que sirvan al cumplimiento de su propósito divino. No son una comida de platos variados de donde los creyentes podemos escoger.

Esto queda aún más recalcado al notar que el Espíritu Santo no solo da los dones, sino que **todas estas cosas las hace uno y el mismo Espíritu. Las hace** es la misma palabra que tenemos en el versículo 6, y significa "da el poder". En el sentido más profundo un creyente ni siquiera usa su don, sino que permite a Dios obrar por medio de él mediante el poder del Espíritu Santo. Dios da el poder y hace eficaces los dones que en su soberanía da a su pueblo **como él quiere**, a todo su pueblo. Su Espíritu es el mensajero de la cabeza de la iglesia, dando los dones espirituales y el poder como la divinidad lo ha diseñado.

Cuando el Espíritu de Dios dirige y vigoriza a la iglesia al menos se manifiestan ocho evidencias:

La iglesia controlada por el Espíritu está *unificada*. El Espíritu Santo es la fuente y el preservador de esa unidad, una unidad que no aplasta la individualidad.

La iglesia controlada por el Espíritu se caracteriza por el *compañerismo*. Su compañerismo es profundo y amplio, sincero e íntimo, incluye a cada creyente que tiene interés y participa.

La iglesia controlada por el Espíritu *adora*. Su adoración es significativa, genuina, centrada en Dios y participan todos en ella, al honrar a Dios el Padre, al Hijo y al Espíritu Santo. Su canto, su conversación y su vida alaban a Dios.

356

La iglesia controlada por el Espíritu es *evangelista*. El Espíritu Santo es el verdadero instrumento de cada conversión, cada nuevo nacimiento espiritual, y una iglesia que responde al Espíritu gana almas espontánea y gozosamente. Llevar inconversos a la nueva vida en Cristo es la primera prioridad y el resultado natural de su propia vida.

La iglesia controlada por el Espíritu es *amorosa*. Es una asamblea de personas que se preocupan e interesan unas por otras, un cuerpo de creyentes donde la generosidad y el sacrificio son normales.

La iglesia controlada por el Espíritu es *obediente*. Anda por el camino que Dios establece y solo en ese. Cree lo que la Biblia enseña y hace lo que la Biblia manda.

La iglesia controlada por el Espíritu es *sumisa*. La sumisión es una obediencia voluntaria, obediencia que surge gustosa del corazón. Se somete al Señor porque ama a su Señor y busca agradarle solo a Él.

La iglesia controlada por el Espíritu *ministra*. Como su Señor Cristo Jesús, su llamamiento y su meta no es ser servida, sino servir. Es una comunidad de creyentes en la que cada uno ministra mediante los dones y el poder del Espíritu Santo.

Cuando la iglesia hoy día no comprende el diseño y la intención de los dones espirituales de Dios, sino que más bien intenta clasificarlos según normas humanas, eleva ciertos dones por encima de otros y busca dones distintos a lo que ha recibido, y entonces se repite la confusión de la iglesia corintia.

Unificados y diversificados (12:12-19) **31**

Porque así como el cuerpo es uno, y tiene muchos miembros, pero todos los miembros del cuerpo, siendo muchos, son un solo cuerpo, así también Cristo. Porque por un solo Espíritu fuimos todos bautizados en un cuerpo, sean judíos o griegos, sean esclavos o libres; y a todos se nos dio a beber de un mismo Espíritu. Además, el cuerpo no es un solo miembro, sino muchos. Si dijere el pie: Porque no soy mano, no soy del cuerpo, ¿por eso no será del cuerpo? Y si dijere la oreja: Porque no soy ojo, no soy del cuerpo, ¿por eso no será del cuerpo? Si todo el cuerpo fuese ojo, ¿dónde estaría el oído? Si todo fuese oído, ¿dónde estaría el olfato? Mas ahora Dios ha colocado los miembros cada uno de ellos en el cuerpo, como él quiso. Porque si todos fueran un solo miembro, ¿dónde estaría el cuerpo? (12:12-19)

El uso incorrecto que los corintios hicieron de los dones espirituales es uno de los muchos reflejos de su mundanalidad y carnalidad, y estaba estrechamente relacionada con su espíritu de división, lo cual Pablo continúa ahora reprendiendo.

Mientras está ilustrando la diversidad de los dones espirituales (12:4-11) el apóstol hace hincapié repetidas veces en que Dios es su única fuente (vv. 4, 5, 6, 8, 9, 11). También recalca su propósito único: manifestar la obra y el poder del Espíritu Santo para el bien común de la iglesia (v. 7). Estas realidades que unifican llevan el pensamiento del apóstol a una consideración general de la unidad de la comunidad redimida.

En el presente pasaje él explica e ilustra la naturaleza y la importancia de la unidad de la iglesia misma, y luego de nuevo la importancia de la diversidad como un factor clave de esa unidad. La diversidad de la iglesia son los medios establecidos por Dios para llevar el compañerismo a la unidad, pero a menos que cada miembro reconozca y acepte su parte en todo el cuerpo, la diversidad va a dividir más que a unir, a destruir más que a edificar, a causar discordia más que armonía, y a resultar en servirse a sí mismo más que en darse a sí mismo.

En el versículo 12 Pablo da una ilustración de unidad y en el versículo 13 explica su origen.

UNIDOS EN UN CUERPO

Porque así como el cuerpo es uno, y tiene muchos miembros, pero todos los miembros del cuerpo, siendo muchos, son un solo cuerpo, así también Cristo. (12:12)

Pablo de nuevo (cp. 10:17) usa el cuerpo humano para ilustrar la unidad y la interrelación de los miembros del cuerpo de Cristo, la iglesia. Hasta el versículo 27 del capítulo 12 Pablo uso el término *cuerpo* unas dieciséis veces, y emplea esa metáfora en muchos otros lugares en sus escritos (Ro. 12:5; Ef. 1:23; 2:16; 4:4, 12, 16; Col. 1:18; etc.).

El cuerpo humano es la creación orgánica más asombrosa de Dios. Es maravillosamente complejo y, no obstante, unificado, con una armonía e interrelación sin igual. Es una unidad; no puede ser subdividido en varios cuerpos. Si lo dividimos, la parte que cortamos cesa de funcionar y muere, y el resto del cuerpo pierde algunas de sus funciones y eficacia. El cuerpo es inmensamente mucho más que la suma de sus partes.

El cuerpo de Cristo es también uno. Hay muchas organizaciones cristianas, denominaciones, agencias, clubes y grupos de toda clase. Pero hay una sola iglesia, de la cual es miembro todo verdadero creyente en Cristo. Pablo está tan decidido a dejar bien en claro lo de la unidad en la iglesia que se refiere a Cristo *como* la iglesia: **así también Cristo**. No podemos separar a Cristo de su iglesia más de lo que podemos separar un cuerpo de su cabeza. Cuando nos hablan de Cristo como cabeza de la iglesia es siempre en el sentido de mente, espíritu y control. Cuando un cuerpo pierde su mente y espíritu deja de ser un cuerpo y se convierte en un cadáver. Todavía es una estructura, pero no tiene vida. Todavía está organizado, pero ya no es un organismo vivo.

Cristo nos habla de esa misma verdad por medio de otra figura de la iglesia: "Yo soy la vid, vosotros los pámpanos; el que permanece en mí, y yo en él, éste lleva mucho fruto; porque separados de mí nada podéis hacer" (Jn. 15:5). Una rama cortada no solo es una rama que no produce, sino que está muerta.

Por esa razón el Nuevo Testamento habla de permanecer nosotros en Cristo y Cristo en nosotros. Él es algo más que simplemente *con* su iglesia; Él está en la iglesia y la iglesia está en Él. Están totalmente identificados. La iglesia es un todo orgánico, la manifestación viva de Cristo Jesús que late con la vida eterna de Dios. El denominador común de todos los creyentes es que ellos poseen la misma vida de Dios. Jesús dijo: "Porque yo vivo, vosotros también viviréis" (Jn. 14:19). "El que tiene al Hijo, tiene la vida" (1 Jn. 5:12), porque "el que se une al Señor, un espíritu es con él" (1 Co. 6:17).

Mientras que estuvo en la tierra Cristo estaba encarnado en un solo cuerpo. Ahora está encarnado en otro cuerpo, el cuerpo grande, diverso y precioso que es su iglesia. Cristo está ahora encarnado en el mundo por medio de su iglesia. No hay verdadera vida de iglesia sin la vida de Cristo. Pablo no dijo: "Porque para mí el vivir es ser cristiano", sino "porque para mí el vivir es Cristo" (Fil. 1:21). Por esa razón pudo decir: "Ya no vivo yo, mas vive Cristo en mí" (Gá. 2:20). Esta misma vida de Cristo la posee cada creyente y, por tanto, cada creyente es una parte de Cristo, una parte de su cuerpo, la iglesia. La iglesia es **un solo cuerpo** porque **así también** es **Cristo**. Para ilustraciones de las implicaciones de esta solidaridad, vea Mateo 18:5 y 25:31-46, donde nuestro Señor enseña que lo que alguien le hace a un hijo de Dios se lo hace a Cristo mismo.

BAUTIZADOS POR UN SOLO ESPÍRITU

Porque por un solo Espíritu fuimos todos bautizados en un cuerpo, sean judíos o griegos, sean esclavos o libres; y a todos se nos dio a beber de un mismo Espíritu. (12:13)

Pablo presenta en este versículo dos verdades importantes acerca del cuerpo de Cristo; su formación y su llenura.

LA FORMACIÓN DEL CUERPO

La iglesia se va formando a medida que los creyentes son bautizados por Cristo con el Espíritu Santo. **Porque por un solo Espíritu fuimos todos bautizados en un cuerpo.** El Espíritu Santo es el agente del bautismo, pero Cristo es quien bautiza. Juan el Bautista anunció acerca de Cristo Jesús: "El que viene tras mí... es más poderoso que yo; él os bautizará en Espíritu Santo y fuego" (Mt. 3:11; cp. Mr. 1:8; Lc. 3:16; Jn. 1:33). Como se explica en el siguiente versículo, el bautismo de fuego es el juicio del infierno, "y quemará la paja en fuego que nunca se apagará". Como Salvador, Cristo bautiza con el Espíritu Santo; como juez, bautiza con fuego. Todos los creyentes reciben el bautismo con el Espíritu Santo; todos los incrédulos recibirán el bautismo con fuego. Por tanto, todo ser humano será bautizado por Cristo.

Entre paréntesis, debiéramos notar que Pablo no está hablando aquí del bautismo de agua. El bautismo de agua es una ordenanza física, exterior a la que los creyentes se someten en obediencia al mandato de Cristo y que es realizado por otros creyentes (Mt. 28:19; cp. Hch. 2:38). El bautismo de agua no juega ninguna parte en la conversión, pero es un testimonio a la iglesia y al mundo de la conversión que ya ha tenido lugar interiormente. El bautismo del Espíritu, por el otro lado, es totalmente la obra de Dios y es casi sinónimo de la salvación. El término *baptizō* ("bautizar") se usa en el Nuevo Testamento para referirse a la inmersión figurativa en dificultades (Mt. 20:22-23) o para la inmersión espiritual (Ro. 6:3-5) en la muerte y resurrección de Cristo. Así como podemos ser sumergidos en agua, el creyente es sumergido espiritualmente en el cuerpo de Cristo.

Debiéramos notar también que la frase "bautismo *del* Espíritu Santo" no es una traducción correcta de ningún pasaje del Nuevo Testamento, incluida esta. *En heni pneumati* (**por un solo Espíritu**) puede significar "por o con un Espíritu". Debido a que los creyentes son bautizados por Cristo, es mejor, por tanto, traducir esta frase como "con un Espíritu". No es el bautismo del Espíritu Santo, sino que es el bautismo de Cristo *con* el Espíritu Santo lo que nos da nueva vida y nos pone en el cuerpo cuando confiamos en Cristo.

No es posible ser un cristiano y no ser bautizado por Cristo con el Espíritu Santo. Tampoco es posible tener más de un bautismo con el Espíritu. Solo hay un bautismo del Espíritu, el bautismo *de* Cristo *con* el Espíritu que reciben todos los creyentes cuando nacen de nuevo. Mediante esto Cristo sitúa a todos los creyentes en la esfera de la Persona y el poder del Espíritu, dentro de un nuevo ambiente, una nueva atmósfera, una nueva relación con otros y una nueva unión con Cristo Jesús (cp. 1 Co. 10:2, donde Pablo muestra como la nación de Israel dejó al faraón y a Egipto para quedar sumergida e identificada con un nuevo líder, Moisés, y una nueva tierra, Canaán).

El derramamiento del Espíritu Santo en Pentecostés revela también que este bautismo fue *por* Cristo Jesús (Hch. 2:32-33), en cumplimiento de la predicción de Juan el Bautista (Mt. 3:11; etc.) y por la propia promesa de Jesús (Jn. 7:37-39; 15:7-15; Hch. 1:5). No se nos dice exactamente cómo sucede esto, como tampoco se nos dice exactamente cómo puede darle Dios a una persona un nuevo corazón y una nueva vida. Esos son misterios que están más allá de nuestra comprensión. Pero no hay misterio en cuanto a los papeles divinos en la salvación. El Padre envió al Hijo y el Hijo envía al Espíritu. El Hijo es el Salvador divino, y el Espíritu Santo es el divino consolador, ayudador y abogado. El Hijo es quien bautiza y el Espíritu Santo es el agente del bautismo.

La enseñanza esencial de Pablo en 1 Corintios 12:13 es que el bautismo con un solo Espíritu hace que la iglesia sea un cuerpo. Si hubiera más de un bautismo del Espíritu, habría más de una iglesia, y todo el argumento de Pablo aquí quedaría destruido. Él está usando la doctrina bautismo con el Espíritu para mostrar la unidad de todos los creyentes en el cuerpo. Muchos maestros equivocados de hoy han usado una interpretación errónea del bautismo con el Espíritu para separar del cuerpo a una "clase" espiritual imaginaria que tiene lo que el resto no tiene. Esa idea viola toda la enseñanza aquí.

Porque por un solo Espíritu fuimos todos bautizados en un cuerpo, sean judíos o griegos, sean esclavos o libres. El apóstol no podía haber declarado la verdad con mayor claridad. Un bautismo del Espíritu establece una sola iglesia.

No hay cristianos parciales, no hay miembros parciales del cuerpo de Cristo. El Señor no tiene términos medios para sus hijos, no hay un limbo o purgatorio. Todos sus hijos nacen en el seno de su familia y permanecerán en ella. "Pues todos sois hijos de Dios por la fe en Cristo Jesús; porque todos los que habéis sido bautizados en Cristo, de Cristo estáis revestidos" (Gá. 3:26-27). Todos los creyentes en Cristo Jesús se convierten en miembros de pleno derecho de su cuerpo, la iglesia, cuando son salvos. "Un cuerpo, y un Espíritu, como fuisteis también llamados en una misma esperanza de vuestra vocación; un Señor, una fe, un bautismo, un Dios y Padre de todos, el cual es sobre todos, y por todos, y en todos" (Ef. 4:4-6).

Es interesante que los que defienden que los cristianos busquen el bautismo *por* el Espíritu con el fin de pertenecer a la "clase" espiritual no pueden ponerse de acuerdo en cómo puede hacerse eso. Tienen muchas ideas y muchas teorías, pero no un método bíblico. La razón es simple: Las Escrituras no contienen ningún mandamiento, sugerencia o método para que los creyentes busquen o reciban el bautismo del Espíritu. Usted no busca o pide lo que ya posee. Los creyentes en Samaria que se convirtieron bajo el ministerio de Felipe tuvieron que esperar un poco para recibir el bautismo con el Espíritu Santo, hasta que Pedro y Juan llegaron a Samaria y les impusieron las manos a los convertidos (Hch. 8:17). En aquella situación única cuando la iglesia estaba comenzando, aquellos creyentes tuvieron que comenzar por el Espíritu Santo, pero nadie les dijo que lo buscaran. El propósito para aquella excepción fue para demostrar a los apóstoles, y para que volvieran con esa información a los judíos creyentes en general, que el mismo Espíritu Santo bautizó y llenó a los creyentes samaritanos como lo había hecho con los creyentes judíos. Del mismo que un poco después Pedro y unos pocos cristianos judíos fueron enviados a dar testimonio a Cornelio y a su familia con el fin de que se convencieran de que el evangelio era para todos los hombres y para "[quedarse] atónitos de que también sobre los gentiles se derramase el don del Espíritu Santo" (Hch. 10:44-45). Esos sucesos no representan la norma, como nuestro texto deja bien en claro, pero sucedieron para indicar a todos que el cuerpo era uno (Hch. 11:15-17).

LA LLENURA DEL CUERPO

Cuando nacimos de nuevo el Señor no solo nos hizo parte de su cuerpo; sino que puso el Espíritu Santo en nosotros. En la salvación **a todos se nos dio a beber de un mismo Espíritu**. Estamos en el Espíritu, quien está en nosotros. Del mismo modo que no hay cristianos parcialmente salvos tampoco los hay en los que mora parcialmente el Espíritu Santo. No se va entregando el Espíritu con medida y a plazos. "Dios no da el Espíritu por medida" (Jn. 3:34).

Como ser bautizado con el Espíritu, el ser llenado por el Espíritu es prácticamente sinónimo con conversión. Es una faceta separada del mismo acto glorioso y transformador. "Mas vosotros no vivís según la carne, sino según el Espíritu, si es que el Espíritu de Dios mora en vosotros. Y si alguno no tiene el Espíritu de Cristo, no es de él" (Ro. 8:9). Una persona que no tiene el Espíritu Santo no tiene vida eterna, porque la vida eterna es la vida del Espíritu. Por eso Pedro afirma: "Como todas las cosas que pertenecen a la vida y a la piedad nos han sido dadas por su divino poder, mediante el conocimiento de aquel que nos llamó por su gloria y excelencia, por medio de las cuales nos ha dado preciosas y grandísimas promesas, para que por ellas llegaseis a ser participantes de la naturaleza divina" (2 P. 1:3-4; cp. Col. 2:10; 1 Co. 6:19).

Líderes cristianos serios y bien intencionados han causado mucha confusión, frustración y desilusión en la vida de muchos creyentes al ofrecer la posibilidad de una segunda obra de gracia, a la que llaman de muchas maneras. El tiempo y la energía que se podía usar en sencillamente obedecer al Señor y confiar en lo que Él ya nos ha dado, lo dedican a esforzarse por lo que ya se posee completamente y en abundancia. Una persona no puede gozar lo que tiene si está siempre buscando una segunda bendición que no existe. Una doctrina inadecuada de la salvación llevará siempre a una doctrina errónea de la santificación. Es una irónica tragedia que los que buscan una segunda bendición de gracia tampoco la pueden disfrutar. No gozan de la primera bendición aunque está completa, porque están buscando continuamente la segunda, que no existe.

La idea de la segunda bendición se originó probablemente en la Edad Media con la enseñanza de que una persona es salva cuando es bautizada, aun si se hace siendo un bebé, y más tarde recibe el Espíritu Santo en la confirmación cuando es mayor. Evangélicos sinceros y bíblicos modificaron la idea como un medio para reanimar a cristianos sin vida. Debido a que la iglesia era letárgica, carnal, mundana e infructífera, buscaron infundir vitalidad animando a los creyentes a que buscaran una segunda obra de Dios en ellos. Pero el problema nunca ha estado en la insuficiencia o en que faltara algo a la obra de Dios. Cristo nos ha proporcionado una salvación perfecta. Es doloroso ver que tantos andan buscando alguna "experiencia triunfalista" o "vida profunda", algún recurso clave para una espiritualidad instantánea, cuando el Señor nos llama a la obediencia y a la confianza en lo que ya nos ha dado en su perfecta obra de salvación (He. 10:14).

El ser "llenos de toda la plenitud de Dios" de lo cual habla Pablo en Efesios 3:19 tiene que ver con vivir plenamente lo que ya poseemos por completo, como sucede con ocuparnos en nuestra salvación con temor y temblor (Fil. 2:12). Cuando confiamos en Cristo estamos completamente inmersos en el Espíritu y lleno totalmente por Él. Dios no tiene nada más que poner en nosotros. Se ha puesto a sí mismo en nosotros y eso no puede ser superado. Lo que falta es nuestra completa obediencia, nuestra confianza y sumisión total, no su completa salvación, plenitud o bendición.

DIVERSIFICADOS EN UN CUERPO

Además, el cuerpo no es un solo miembro, sino muchos. Si dijere el pie: Porque no soy mano, no soy del cuerpo, ¿por eso no será del cuerpo? Y si dijere la oreja: Porque no soy ojo, no soy del cuerpo, ¿por eso no será del cuerpo? Si todo el cuerpo fuese ojo, ¿dónde estaría el oído? Si todo fuese oído, ¿dónde estaría el olfato? (12:14-17)

La característica más importante del cuerpo es la unidad; pero la diversidad es esencial para esa unidad. La iglesia es un cuerpo; pero **el cuerpo no es un solo miembro, sino muchos**.

La iglesia corintia, como muchas hoy, se dividió en lo que debería haber estado unificada y trató de ser uniforme en lo que debería haber sido diversa. Por un lado estaba dividida, por ejemplo, sobre el liderazgo —si seguir a Pablo, a Apolos o a Pedro (1:12)— cuando eso debiera haber estado unificado bajo el liderazgo perfecto de Cristo Jesús, su Señor. Por el otro lado, los miembros trataron de ser iguales en todo teniendo ciertos dones espirituales, especialmente los espectaculares como hablar en lenguas, en vez de estar contentos con los muchos diversos dones que el Señor les había dado y ser fieles en su uso (12:27-31).

Muchos de los creyentes corintios no estaban satisfechos con sus dones. La envidia es una señal segura de carnalidad, y al parecer todos quería un don que alguien tenía. La analogía de Pablo es gráfica al seguir usando la ilustración del cuerpo humano. La persona con un **pie** pensaba que en realidad no era parte del cuerpo de la iglesia porque no era una **mano**. El que tenía una **oreja** pensaba que lo excluían porque no era un **ojo**. Es casi seguro que, si se hubieran cambiado los dones para satisfacer a los quejosos, su reacción habría sido la misma. El egoísmo nunca se satisface y la envidia nunca se contenta.

El envidioso es también a menudo caprichoso y enojadizo. Si no se hacen las cosas como él quiere recoge sus juguetes y se va a su casa, y deja de jugar con los demás. Eso es lo que estaban haciendo en Corinto algunos de los creyentes inmaduros. Era una apariencia de humildad, decían: "No tengo un don espiritual, de modo que en realidad no soy parte de la iglesia", o "Mi don es de segunda clase y sin importancia, no tengo nada que ofrecer, ¿para qué, pues, participar?" Pero esa actitud no refleja humildad. Es egocéntrica, egoísta y una afrenta para la sabiduría y el amor de Dios.

El negar la responsabilidad no la elimina. Negarse a funcionar como una parte del cuerpo, **¿por eso no será del cuerpo?** o ¿le hará menos responsable para ministrar dentro del cuerpo? No tenemos ningún derecho a retirarnos de las responsabilidades que Dios nos ha dado por el hecho de que no estamos satisfechos con lo que somos o tenemos. Muchos cristianos nunca han conocido el gozo del ministerio y de agradar al Señor porque sencillamente no han reconocido o se han negado a usar los dones y oportunidades que Dios les ha dado. Eso es desobediencia.

Siguiendo con la analogía, Pablo les recuerda que un cuerpo no podría funcionar de ninguna forma si todas las partes fueran iguales. **Si todo el cuerpo fuese ojo, ¿dónde estaría el oído? Si todo fuese oído, ¿dónde estaría el olfato?** El sentido común les debería haber dicho a los corintios que, como un compañerismo de creyentes, podrían operar más eficazmente con miembros que llevaban a cabo diferentes ministerios. Si cada uno se dedicaba a hacer la misma cosa, el resultado sería que en el mejor de los casos su vida y servicio saldrían torcidos.

CAPACITADOS POR UN SOLO SEÑOR

Mas ahora Dios ha colocado los miembros cada uno de ellos en el cuerpo, como él quiso. Porque si todos fueran un solo miembro, ¿dónde estaría el cuerpo? (12:18-19)

El estar descontentos con sus dones espirituales era, sin embargo, mucho peor que la falta de sentido común. Al querer los dones que no tenían, los creyentes corintios cuestionaban la sabiduría y la bondad de Dios dando a entender que había cometido errores. También se abrían a sí mismos a falsificaciones carnales y demoníacas. Su problema principal no era intelectual, sino espiritual. No veían sus dones correctamente porque no veían como se debían a la soberanía de Dios. Ellos no habían recibido sus dones por accidente o capricho. **Mas ahora Dios ha colocado los miembros cada uno de ellos en el cuerpo, como él quiso.** Cuestionar nuestros dones espirituales es cuestionar a Dios, y no usar nuestros dones espirituales es desobedecer a Dios. "Oh hombre, ¿quién eres tú, para que alterques con Dios? ¿Dirá el vaso de barro al que lo formó: ¿Por qué me has hecho así? ¿O no tiene potestad el alfarero sobre el barro, para hacer de la misma masa un vaso para honra y otro para deshonra? (Ro. 9:20-21).

Un cristiano que no tiene un ministerio es una contradicción. Está siendo desobediente y niega a Dios el derecho de usarlo en la manera que Él piensa y para lo que lo capacitó. Cuando rehusamos seguir la voluntad y el plan de Dios negamos su autoridad y su señorío así como también su sabiduría y bondad. Como miembros del cuerpo de Cristo no estamos para hacer nuestra voluntad, sino la del Señor. El brazo no tiene una voluntad, el pie otra y el ojo otra diferente. Cada uno de ellos es controlado por la cabeza: la mente, la voluntad y el espíritu. El cuerpo puede funcionar de esa forma tan extraordinariamente coordinado porque solo es dirigido por una voluntad. Una voluntad le dice a cada parte del cuerpo que haga aquello para lo que está mejor diseñado y equipado y, en consecuencia, trabajan juntos en una maravillosa armonía. ¡Cuánto más debiera el Señor Jesucristo controlar su propio cuerpo, la iglesia, de la que Él es no solo la cabeza sino el Creador.

Como Creador y Señor **ha colocado los miembros cada uno de ellos en el cuerpo, como él quiso**. Dios nos ha creado, nos ha recreado, nos ha puesto a cada uno en su cuerpo exactamente donde Él quiere que estemos, y nos ha equipado para hacer exactamente lo que quiere que hagamos.

Debido a que estaban descontentos y desobedientes los creyentes corintios eran también improductivos. No usaban los dones que tenían y, a la luz del repetido énfasis de Pablo en 12:4-11 de que todo cristiano tiene dones, parece cierto que algunos pensaban que ellos carecían de dones. En cualquier caso, no los estaban usando o los estaban usando mal.

Las iglesias a menudo caen en la mucha organización porque el organismo no está funcionando correctamente. Debido a que una mano no está haciendo su tarea, llaman a un pie para que la haga, y así sucesivamente. Si la mayoría de la congregación es inactiva, los miembros activos deben hacer la tarea para la cual no están equipados. Sin embargo, la respuesta a un organismo inactivo no es una organización activa. La carnalidad no se puede vencer por la compensación. Ninguna sustitución humana puede reemplazar satisfactoriamente el plan y el poder de Dios. La única manera en la que la iglesia puede funcionar como debe es usando los dones y el poder del Espíritu y hacerlo **como él** [Dios] **quiso**. Todos tenemos lo que Él desea que tengamos (cp. Ro. 12:3*b*) y debemos recibir el privilegio de ese don con una actitud de gratitud.

Es una gran tragedia cuando los miembros no están contentos con sus dones espirituales, sus circunstancias o con cualquier cosa que Dios les ha dado. Es el cuerpo de Dios, que es también su familia, no hay lugar para el descontento, la envidia, el egoísmo o el engreimiento. Ningún cristiano estaría mejor o más feliz, con un don más destacado o espectacular. No podemos ser felices excepto con lo que Dios nos ha dado, porque Él da a cada uno de sus hijos todo lo mejor para ellos. Lo que da a otro creyente no sería lo mejor para nosotros.

Porque si todos fueran un solo miembro, ¿dónde estaría el cuerpo? Pablo amplía esta enseñanza en el versículo 17. Un cuerpo que solo tiene una parte no sería un cuerpo. Una iglesia cuyos miembros tienen todos el mismo don y el mismo ministerio no sería en realidad una iglesia. Es inmaduro no estar contentos con lo que el Señor nos ha dado y usarlo. Nosotros no somos perfectos, pero sus dones para nosotros sí lo son y el ministerio al que Él nos llama para que los usemos también lo es. Su diseño para la iglesia es perfecto y el equipo provisto para la capacitación de la iglesia es también perfecto.

Interdependencia, no independencia (12:20-31)

32

Pero ahora son muchos los miembros, pero el cuerpo es uno solo. Ni el ojo puede decir a la mano: No te necesito, ni tampoco la cabeza a los pies: No tengo necesidad de vosotros. Antes bien los miembros del cuerpo que parecen más débiles, son los más necesarios; y a aquellos del cuerpo que nos parecen menos dignos, a éstos vestimos más dignamente; y los que en nosotros son menos decorosos, se tratan con más decoro. Porque los que en nosotros son más decorosos, no tienen necesidad; pero Dios ordenó el cuerpo, dando más abundante honor al que le faltaba, para que no haya desavenencia en el cuerpo, sino que los miembros todos se preocupen los unos por los otros. De manera que si un miembro padece, todos los miembros se duelen con él, y si un miembro recibe honra, todos los miembros con él se gozan. Vosotros, pues, sois el cuerpo de Cristo, y miembros cada uno en particular. Y a unos puso Dios en la iglesia, primeramente apóstoles, luego profetas, lo tercero maestros, luego los que hacen milagros, después los que sanan, los que ayudan, los que administran, los que tienen don de lenguas. ¿Son todos apóstoles? ¿son todos profetas? ¿todos maestros? ¿hacen todos milagros? ¿Tienen todos dones de sanidad? ¿hablan todos lenguas? ¿interpretan todos? Procurad, pues, los dones mejores. Mas yo os muestro un camino aun más excelente. (12:20-31)

Pablo continúa con el tema de la unidad, haciendo hincapié en la mutua dependencia de los cristianos y en el llamamiento y dones de cada uno.

Durante mucho tiempo se ha considerado al individualismo inquebrantable una característica de la vida estadounidense. Nuestros héroes eran el explorador que no dependía de nadie para nada, y los pioneros que cultivaban su propio alimento, hacían sus propias ropas, jabón y muchas de las herramientas y utensilios que necesitaban. Todavía vemos publicidad que glorifica al inconformista que se va a los bosques y vive en medio de la naturaleza, del hombre que cruza solo el océano en un pequeño barco o balsa o que sin ayuda de nadie lleva a cabo alguna otra hazaña muy exigente de habilidad y perseverancia.

El individualismo apela porque el hombre natural está inclinado no solo a cuidar de sus asuntos, sino a hacerlo solo o al menos a hacerlo sin depender de nadie ni obedecer a otros. Desde que Caín renunció a su responsabilidad por el bienestar de su hermano (Gn. 4:9), el hombre desdeña el pensamiento de la responsabilidad por otros.

La filosofía de que somos básicamente suficientes en nosotros y que no necesitamos a nadie es la filosofía de Satanás y es lo opuesto al plan de Dios para el ser humano. La bien conocida frase que encontramos en *Invictus* (Invicto): "Soy el capitán de mi barco; soy el dueño de mi alma" expresa lo que piensa el hombre caído, su gran deseo de ser su propio dios.

Incluso los cristianos a veces caemos presa de la idea de que, debido a que estamos completos en Cristo y que Él es nuestra suficiencia, no necesitamos, por tanto, en realidad a nadie para vivir una vida cristiana fiel. Sin embargo, esa idea contradice completamente las Escrituras. Dios nos ha creado y nos ha redimido no solo para Él, sino también unos para otros. Nunca habríamos sabido de Dios o del evangelio si no hubiera sido porque alguien nos habló de Cristo o nos proveyó de material para leer. No habríamos podido crecer en la fe y en la obediencia si no hubiera sido por maestros y amigos cristianos que nos ayudaron y nos guiaron. Posiblemente no podríamos cumplir con nuestro propio ministerio, cualquiera que sea, sin ser mutuamente dependiente con otros.

Hace algunos años pronuncié una serie de mensajes en un seminario que nunca antes había visitado. No conocía personalmente a nadie de la facultad y solo a unos pocos de los estudiantes. Pero había estado en deuda con aquel seminario y su ministerio por muchos años a causa de los importantes libros y artículos escritos por los profesores del mismo. Mi propia vida era más rica y mi propio ministerio más eficaz gracias a un seminario al que nunca había asistido y a unas personas que nunca había saludado.

Nuestro Señor Jesucristo podía haber sido una persona de verdad independiente, porque era el Hijo encarnado de Dios y no tenía necesidad de otros en la manera que el resto de nosotros nos necesitamos los unos a los otros. No obstante, su ministerio público comenzó cuando tenía treinta años, en ese tiempo vivió con su familia y ayudó a sostener a su familia. Los siguientes tres años de su vida los pasó en compañía constante de doce hombres que eran sus discípulos. El apóstol Pablo, que se destaca visiblemente entre los demás líderes de la naciente iglesia, se ha dicho a veces de él que era independiente e individualista. Sin embargo, esa imagen está lejos de la verdad. Él siempre viajó y trabajó en compañía de otros creyentes que eran sus colaboradores en el ministerio. Recorrió miles de kilómetros en compañía de Bernabé, Silas, Marcos, Lucas y otros.

Es bien cierto que Pablo no comprometía el evangelio por amor de ninguna persona, ni siquiera por otro apóstol. Cuando Pedro cedió a los judaizantes y comenzó a dejar de comer con los gentiles, Pablo le reprendió en público (Gá. 2:14). En ese sentido no tenía temor de quedarse solo si era necesario. Pero él continuamente aprendió de otros creyentes y fue animado por ellos. Estaba deseoso de ir a Roma no solo para predicar, sino para ser bendecido allí. "Porque deseo veros", escribió, "para comunicaros algún don espiritual, a fin de que seáis confirmados; esto es, para ser mutuamente confortados por la fe que nos es común a vosotros y a mí" (Ro. 1:11-12). Esas no son las palabras de un individualista, sino las de una persona que entendió clara y humildemente su necesidad, no solo de Dios, sino la de otros hermanos cristianos. Él habría dicho con Juan Wesley: "No hay tal cosa como cristianos solitarios".

En este capítulo Pablo considera las dos principales razones por las que algunos cristianos nunca se involucran en el ministerio. Algunos sienten que no tienen dones o habilidades que merezcan la pena, de modo que se sientan y dejan que otros hagan la tarea. Esos son los creyentes que aparecen descritos en 1 Corintios 12:15-17. Otros se sienten tan altamente calificados que no necesitan en realidad la ayuda de los demás para llevar a cabo su ministerio. Esos son los creyentes que encontramos descritos en el versículo 21 y aconsejados en los siguientes versículos. Pero ni el individualismo de supuesta inferioridad ni el individualismo de la independencia orgullosa es bíblico ni agrada al Señor.

LAS RELACIONES APROPIADAS DE LOS CREYENTES

Ni el ojo puede decir a la mano: No te necesito, ni tampoco la cabeza a los pies: No tengo necesidad de vosotros. Antes bien los miembros del cuerpo que parecen más débiles, son los más necesarios; y a aquellos del cuerpo que nos parecen menos dignos, a éstos vestimos más dignamente; y los que en nosotros son menos decorosos, se tratan con más decoro. Porque los que en nosotros son más decorosos, no tienen necesidad; pero Dios ordenó el cuerpo, dando más abundante honor al que le faltaba, para que no haya desavenencia en el cuerpo, sino que los miembros todos se preocupen los unos por los otros. De manera que si un miembro padece, todos los miembros se duelen con él, y si un miembro recibe honra, todos los miembros con él se gozan. Vosotros, pues, sois el cuerpo de Cristo, y miembros cada uno en particular. (12:21-27)

Mientras que la primera clase de individualistas dice: "No me necesitan", la segunda dice: "No los necesito". Esa actitud es bastante incorrecta en el mundo, porque Dios ha hecho que toda su creación esté interrelacionada, especialmente la humanidad, que ha creado a su imagen y semejanza. Pero esa actitud es mucho peor en la iglesia, cuyos miembros tienen un Salvador y Señor común y un cuerpo espiritual común. Ningún **ojo** tiene el derecho de decir a una **mano: No te necesito, ni tampoco la cabeza a los pies: No tengo necesidad de vosotros.** Esa era la actitud común en la asamblea corintia. Unos pocos miembros prominentes y dotados actuaban como si no necesitaran a nadie, como si ellos pudieran llevar a cabo su ministerio y vida cristiana diaria por sí mismos o solo con unos pocos amigos íntimos. Tenían un concepto equivocado de su propia importancia y subestimaban a todos los demás creyentes. Al desobedecer los principios de Mateo 18:10 y Romanos 14:1–15:7, estas personas menospreciaban a las personas que eran débiles o menos importantes.

Antes bien, continúa Pablo, **los miembros del cuerpo que parecen más débiles, son los más necesarios.** Con todo lo importantes que son algunos miembros prominentes del cuerpo humano es posible vivir sin ellos. Son importantes, pero no absolutamente **necesarios.** Usted puede perder un ojo, una oreja, una mano o una pierna y todavía seguir viviendo; pero no puede perder el corazón, el hígado o el cerebro y continuar viviendo. Estos órganos están más ocultos que los otros, pero son más vitales. Usted puede darse cuenta de cómo respiran sus pulmones o como late su corazón, pero su trabajo no es tan obvio como lo que hacemos con nuestras manos o pies. Esas partes que se notan menos (los órganos internos) **parecen más débiles** que mucho del resto del cuerpo (extremidades exteriores), pero son también las **más necesarias.** En consecuencia, están más protegidos por el esqueleto y el resto del cuerpo. Son más vitales y más vulnerables y reciben, por tanto, más protección. Usted puede vivir sin piernas, pero no puede vivir sin pulmones.

Los ministerios más vitales en una iglesia siempre incluyen los que son menos obvios. Las oraciones y servicios fieles de unos pocos dedicados santos que no tienen ningún cargo son a menudo los canales más confiables y productivos del poder espiritual en una congregación. La iglesia corintia había fallado en ser considerada y reconocida con los que no tenían los dones más visibles y destacados, tales como el de profecía, lenguas o sanidades. Los que cumplen con ministerios que se notan menos son a veces vulnerables a la incomprensión y a menudo también al descuido y a la falta de reconocimiento. Ellos debieran estar protegidos por los demás creyentes del mismo modo que el cuerpo protege sus órganos vitales.

Siguiendo con la analogía, Pablo les recuerda que los miembros **del cuerpo que nos parecen menos dignos, a éstos vestimos más dignamente; y los que en nosotros son menos decorosos, se tratan con más decoro.**

Menos dignos probablemente se refiere a las partes de nuestro cuerpo que no son particularmente atractivas. Parece que es mejor ver esto como una referencia al torso en general, la parte de la que colgamos la ropa. Puede incluir muslos fofos o una barriga, pero por lo general los cubrimos y los considerados menos atractivos. El uso del verbo *peritithēmi* (**vestimos**, literalmente "poner alrededor") sugiere la idea vestir el cuerpo en general. Dedicamos más tiempo y dinero a cubrir esas partes de nuestro cuerpo que las que son más presentables (tales como la cara y las manos), y al hacerlo así, **a éstos vestimos más dignamente**.

Menos decorosos (*aschēmōn*) significa vergonzoso, indecente, impresentable, y aquí se refiere a las partes del cuerpo que las tenemos como íntimas o privadas y que las cubrimos. En casi todas las sociedades de la historia, con la excepción de unas pocas tribus primitivas, esas partes del cuerpo han sido tratadas con modestia. El hecho de que muchas personas estén hoy día desechando esta modestia natural y busquen explotar la exhibición de estas partes tradicionalmente íntimas indica el extremo de la depravación moderna.

Cuando a estos miembros **menos decorosos** los tratamos con cuidado y modestia llegan a tener **más decoro**. No son esas partes en sí del cuerpo, sino su exhibición, lo que es indecoroso y vergonzoso. Cuando son tratados de forma apropiada se hacen más decentes, de igual modo que las partes menos honorables, cuando son tratadas debidamente, se hacen más atractivas.

Un sentido deformado de los valores es la razón por la que un cristiano, bien conocido por algún don prominente, mira despectivamente a otros cristianos que no poseen dones notorios y busca para sí reconocimiento y honor. Esa actitud está en contradicción directa con el principio de interés por los demás que caracteriza a un cuerpo. Es mucho más consecuente con la preservación propia que los miembros de un cuerpo que tienen más belleza exterior y unas habilidades más funcionales se dediquen a sí mismos al bienestar de aquellas partes que no están tan bien equipadas pero que son esenciales para la vida. Toda persona sensible está mucho más preocupada por su corazón que por su cabello.

Los que están en posiciones de liderazgo e importancia no solo no debieran menospreciar a los que tienen dones menos notorios, sino que debieran ser cuidadosos en demostrarles aprecio y protegerlos cuando es necesario. Los cristianos más capacitados están especialmente obligados a "[alentar] a los de poco ánimo, [a sostener] a los débiles, [y a ser] pacientes para con todos" (1 Ts. 5:14).

Los que tienen dones más notables y atractivos son los **más decorosos,** que **no tienen necesidad** de que se les dé ánimo y protección. El honor les viene a ellos casi de forma rutinaria, y debieran hacer partícipes de ese honor a los miembros cuyos dones y temperamentos son menos atractivos y que es más probable que sean ignorados. Ellos debieran dar **más abundante honor al que le faltaba**.

Creo que la experiencia más sorprendente que tendremos los cristianos será cuando veamos al Señor entregar sus recompensas en el *bēma*, ante el tribunal de Cristo, donde cada creyente recibirá "según lo que haya hecho mientras estaba en el cuerpo, sea bueno o sea malo" (2 Co. 5:10). Si hay algo parecido a una conmoción en el cielo, creo que es lo que la mayoría de nosotros vamos a sentir cuando los secretos sean revelados (cp. 1 Co. 4:3-5). Jesús dijo que los que buscan ser los primeros en esta vida serán los últimos en la venidera (Mt. 19:30), y que la grandeza espiritual está determinada por el espíritu de servidumbre, no por las posiciones elevadas y los logros impresionantes (Mt. 20:27). La respuesta de Jesús a la solicitud de la madre de Santiago y Juan revela que el sufrimiento está más relacionado con la recompensa que el éxito (Mt. 20:20-23).

Es evidente por lo que Pablo dice en el presente texto que las recompensas celestiales estarán basadas no solo en lo que hacemos con nuestros dones y ministerios, sino con nuestras actitudes y apoyo hacia los dones y ministerios de otros creyentes.

El apoyo y ánimo mutuo es necesario para evitar el exceso de confianza y la falta de confianza. Es también necesario para evitar que **haya desavenencia en el cuerpo**. En nuestra opinión, como en la opinión de Dios, cada creyente y cada ministerio debiera tener la mayor importancia (cp. Fil. 2:1-4). En una congregación madura y espiritual, los miembros de la iglesia **todos se preocupen los unos por los otros.** Deberíamos cuidar tanto de las maestras del departamento de cuna como lo hacemos del pastor, tanto por el conserje como por director de la Escuela Dominical

En la iglesia amorosa y obediente que Dios ha planificado para sus hijos, **si un miembro padece, todos los miembros se duelen con él, y si un miembro recibe honra, todos los miembros con él se gozan**. Solo esa clase de amor y preocupación mutuos puede prevenir o sanar la división y preservar la unidad. El que sufre es consolado y el que es bendecido se regocijan con él. No hay desdén de unos para con otros, ni rivalidad ni competencia, ni envidia ni malicia, ni inferioridad ni superioridad, sino solo amor y el amor es paciente, es bondadoso, no es celoso ni jactancioso o arrogante; no hace nada indebido ni es egoísta, ni se enoja fácilmente; el amor nunca se goza en la injusticia sino que se goza de la verdad (1 Co. 13:4-6).

Las únicas personas que pueden amar de esa manera y estar unidos son los cristianos, quienes son **el cuerpo de Cristo, y miembros cada uno en particular.** Y solo el amor de Cristo puede producir un amor así.

Pablo recordó a los creyentes corintios que, individual y colectivamente, ellos eran el cuerpo de Cristo, la iglesia por la que Él murió. *Eran* uno en Él y por esa razón debían ser uno entre ellos. "Nada [les faltaba] en ningún don" (1:7) y estaban perfectamente equipados para representar y servir al Señor. Como congregación local eran el cuerpo de Cristo en miniatura, una representación de Cristo para toda la ciudad de Corinto. Cada iglesia local está equipada por completo para servir al Señor, de la misma forma que lo está cada creyente.

Cualquier carencia o deficiencia está siempre en nuestro reconocimiento y uso de lo que Él nos ha provisto.

LA PROVISIÓN PERFECTA DE DIOS

Y a unos puso Dios en la iglesia, primeramente apóstoles, luego profetas, lo tercero maestros, luego los que hacen milagros, después los que sanan, los que ayudan, los que administran, los que tienen don de lenguas. ¿Son todos apóstoles? ¿son todos profetas? ¿todos maestros? ¿hacen todos milagros? ¿Tienen todos dones de sanidad? ¿hablan todos lenguas? ¿interpretan todos? (12:28-30)

Pablo les recuerda de nuevo a los corintios la provisión perfecta y soberana de Dios para la preparación de su iglesia. Está unificado y diversificado. "Pero todas estas cosas las hace uno y el mismo Espíritu, repartiendo a cada uno en particular como él quiere" (12:11). Como en 12:8-10, el apóstol no nos da aquí una lista exhaustiva de los dones, sino simplemente los ilustra —repitiendo unos, eliminando otros y añadiendo algunos— para demostrar la variedad de maneras en las que el Señor llama y equipa a su pueblo para llevar a cabo su obra con armonía. Sigue haciendo hincapié en los mismos tres aspectos clave: soberanía, unidad y diversidad.

En el versículo 28 Pablo menciona primero ciertos hombres capacitados y luego algunos dones espirituales. Dios **puso** a esos hombres dotados, lo mismo que los miembros son colocados o puestos, en la iglesia conforme al plan divino (v. 18, donde se usa el mismo verbo griego, *tithēmi*). El término significa básicamente poner o colocar, pero se usa a menudo, como en estos dos versículos, para indicar un nombramiento oficial para una posición (cp. Jn. 15:16; Hch. 20:28, "os ha puesto"; 2 Ti. 1:11). Dios en su soberanía ha nombrado **primeramente apóstoles, luego profetas, lo tercero maestros**. Los otros ministerios divinamente establecidos son los de evangelista y pastor o pastor-maestro (Ef. 4:11).

Los dos primeros ministerios mencionados en el versículo 28, los de apóstol y profeta, tienen tres responsabilidades básicas: (1) echar los cimientos de la iglesia (Ef. 2:20); (2) recibir y declarar la revelación de la Palabra de Dios (Hch. 11:28; 21:10-11; Ef. 3:5); y (3) confirmar la Palabra por medio de "señales, prodigios y milagros" (2 Co. 12:12; cp. Hch. 8:6-7; He. 2:3-4).

Los primeros hombres dotados en la iglesia del Nuevo Testamento fueron los apóstoles, de los cuales Cristo Jesús mismo es el más importante (He. 3:1). El significado básico de **apóstol** (*apostolos*) es sencillamente el de "enviado a una misión". En su sentido primario y más técnico se usa *apóstol* en el Nuevo Testamento solo para referirse a los doce, incluido Matías, que tomó el lugar de Judas (Hch. 1:26), y de Pablo, quien fue apartado de forma única como apóstol de los gentiles (Gá. 1:15-17; cp. 1 Co. 15:7-9; 2 Co. 11:5). Los requisitos para el apostolado eran haber sido escogido directamente por Cristo y haber visto al Cristo resucitado (Mr. 3:13; Hch. 1:22-24). Pablo fue el último en cumplir dichos requisitos (Ro. 1:1; etc.). No es posible, por tanto, como algunos afirman, que puedan haber apóstoles en la iglesia hoy. Algunos lo han ilustrado diciendo que los apóstoles fueron como los delegados a una convención constitucional. Cuando se ha terminado la convención, cesan esas posiciones. Cuando se completó el Nuevo Testamento, terminó la posición de apóstol.

El término *apóstol* se usó también en un sentido más general para referirse a otros hombres en la naciente iglesia, tales como Bernabé (Hch. 14:4), Silas y Timoteo (1 Ts. 2:6) y unos pocos más dirigentes sobresalientes (Ro. 16:7; 2 Co. 8:23; Fil. 2:25). Los falsos apóstoles de los que se habla en 2 Co. 11:13 falsificaron sin duda esta clase de apostolado, puesto que los verdaderos estaban limitados a trece y todos eran bien conocidos. Los apóstoles verdaderos en el segundo grupo fueron llamados "mensajeros (*apostoloi*) de las iglesias" (2 Co. 8:23), mientras que los trece fueron apóstoles de Cristo Jesús (Gá. 1:1; 1 P. 1:1; etc.).

Los apóstoles en ambos grupos fueron autenticados mediante "señales, prodigios y milagros" (2 Co. 12:12), pero ninguno de dichos grupos se perpetuaba a sí mismo. Después de Hechos 16:4 no se usa el término *apóstol* en ningún sentido en ese libro histórico de la iglesia. No hay tampoco ninguna constancia en el Nuevo Testamento de que un apóstol en alguno de esos grupos es reemplazado después de fallecer.

El texto afirma que los **profetas** fueron también nombrados por Dios como hombres especialmente dotados, y que son diferentes de los creyentes que tenían el don de profecía (12:10). No todos esos creyentes podían ser llamados profetas. Parece que la tarea de profeta era para trabajar dentro de una congregación local, mientras que la del apostolado era un ministerio mucho más amplio, que no estaba confinado a un área, como queda implícito en la palabra *apostolos* ("uno enviado a una misión"). Por ejemplo, se habla de Pablo como un profeta cuando ministró en la iglesia local de Antioquía (Hch. 13:1), pero en todos los demás lugares se habla de él como apóstol.

Los profetas comunicaban a veces revelación de Dios (Hch. 11:21-28) y otras veces simplemente explicaban la revelación que ya había sido dada (como se infiere de Hch. 13:1, donde aparecen relacionados con maestros). Siempre hablaban en nombre de Dios, pero no siempre daban un nuevo mensaje revelado por Dios. Los profetas eran los segundos en la lista, luego de los apóstoles, y su mensaje tenía que ser examinado a la luz del mensaje apostólico (1 Co. 14:37). Puede que otra distinción entre los dos ministerios fuera que el mensaje apostólico era más general y doctrinal, mientras que el de los profetas era más personal y práctico.

Sin embargo, como sucedió con los apóstoles, su ministerio cesó cuando el Nuevo Testamento quedó completo, de la misma forma que los profetas del Antiguo Testamento desaparecieron cuando se completó ese testamento unos 400 años antes de Cristo. La iglesia fue establecida "sobre el fundamento de los apóstoles y profetas, siendo la principal piedra del ángulo Jesucristo mismo" (Ef. 2:20). Una vez que se echaron los cimientos, terminó la obra de los apóstoles y profetas. La obra de interpretar y proclamar la Palabra ahora escrita quedó en manos de los evangelistas, pastores-maestros y maestros. El propósito de los apóstoles y profetas fue el de equipar a la iglesia con la doctrina correcta; el propósito de los evangelistas, pastores-maestros y maestros es el de equipar a la iglesia para un ministerio eficaz. Los ministerios aparecen registrados en 1 Corintios sin distinciones cronológicas o referencias a duración, porque en aquel tiempo todos estaban funcionando.

El tercer ministerio es el de **maestros**, el cual puede ser el mismo que el de pastor-maestro (vea Ef. 4:11; Hch. 13:1). Me siento inclinado, sin embargo, a considerarlos por separado. El maestro tenía no solo el don de enseñar, sino el llamamiento de Dios a enseñar. Es llamado y capacitado para el ministerio de estudiar e interpretar la Palabra de Dios para la iglesia. Todos los que desempeñan el ministerio de enseñar también tienen el don de la enseñanza, pero no todo el que tiene el don tiene la posición.

La segunda parte del versículo 28 menciona varios dones espirituales representativos, tanto temporales como permanentes. Los dones-señales temporales de milagros y sanidades ya los consideramos bajo 12:9-10. Varias clases de lenguas las estudiaremos en los siguientes capítulos. Los otros dos son dones permanentes de servicio.

Los que **ayudan** es un don de servicio en el sentido amplio de ayudar y apoyar a otros día a día de muchas maneras, pasando a menudo desapercibidos. Es el mismo don que el de servicio (Ro. 12:7), aunque se usa otra palabra griega en aquel texto. Los que **ayudan** (*antilēmpsis*) es una palabra especialmente bella, que significa quitar la carga que alguien lleva encima y cargarla uno mismo. Ese don sin duda alguna es uno de los más ampliamente distribuido y es un don inmensamente importante para apoyar a los que ministran otros dones. Pablo usó el mismo término en sus palabras finales a los ancianos de Éfeso, cuando se encontró con ellos en Mileto durante su viaje a Jerusalén donde fue arrestado: "En todo os he enseñado que, trabajando así, se debe *ayudar* a los necesitados, y recordar las palabras del Señor Jesús, que dijo: Más bienaventurado es dar que recibir" (Hch. 20:35).

Pablo les habló a los filipenses acerca de Epafrodito como su "colaborador y compañero de milicia, vuestro mensajero, y ministrador de mis necesidades... exponiendo su vida para suplir lo que faltaba en vuestro servicio por mí" (Fil.

2:25, 30). Además de otros dones que él podía tener, Epafrodito tenía sin duda el don de ayudar y ministró fielmente con él.

El don de ayudar no es brillante o espectacular y, como en la iglesia corintia, a menudo no es tan altamente valorado o apreciado. Pero es un don de Dios y su fiel cumplimiento es muy valorado por el Señor y por todo dirigente que conoce el valor de las personas que ayudan detrás de las cortinas.

El don de los que **administran** es el don de liderazgo. El término procede de *kubernēsis*, significa literalmente "gobernar o pilotar" un barco, como se usa en Hechos 27:11. Se refiere a alguien que mantiene a un barco o a una iglesia, en la ruta correcta hacia su propio destino. En la Septuaginta (la versión griega del Antiguo Testamento) se usa el término varias veces y en cada caso en relación con sabiduría. En Proverbios 12:5 se traduce como "consejos", y en Ezequiel, a los sabios se los compara con "pilotos" (27:8).

El don de "palabra de sabiduría" (1 Co. 12:8) tiene que ver con el entendimiento y la aplicación práctica de las verdades de la Palabra de Dios. La sabiduría de los que tienen el don de administración está en la habilidad de tomar decisiones sabias y en movilizar, motivar y dirigir a otros hacia un objetivo. El pastor tiene muy a menudo el don de administración, una habilidad necesaria para dirigir la iglesia bien (cp. 1 Ti. 5:17; He. 13:7, 17, 24). Como el piloto de un barco, él no es el propietario, sino el mayordomo. La iglesia pertenece al Señor Jesucristo; el que tiene el don de administración es su mayordomo. No hay nada que indique que el don está limitado a los pastores. Lo encontramos en muchos otros a quienes el Señor ha dado el ministerio de dirigir en varias maneras.

Debido a que "nada [les faltaba] en ningún don", sabemos que la iglesia corintia contaba con dirigentes muy capaces. Y a causa de que al parecer sus líderes no estaban haciendo su tarea "decentemente y con orden" (14:40; cp. v. 33), sabemos también que no estaban usando sus dones o que los creyentes se negaban a seguir a sus líderes.

La intención primaria de Pablo al mencionar las funciones y dones en 12:28 era de recalcar de nuevo la "diversidad de ministerios" (v. 5) que Dios da a su iglesia. Al mencionar de nuevo las funciones y la mayoría de los dones, pregunta retóricamente acerca de cada uno de ellos: **¿Son todos...? ¿Hacen todos...? ¿Tienen todos...?** (vv. 29-30). Dios no quiere que todos tengan el mismo don, y Él no quiere que todos tengan dones que se vean y sean notorios. Distribuye los ministerios y los dones conforme a su propósito soberano, tal "como él quiere" (12:11). La responsabilidad de los creyentes es aceptar con gratitud los ministerios que les dan y usarlos fielmente.

Es interesante notar que los dos dones mencionados en el versículo 28, que no los encontramos en los versículos 29-30, son los de ayuda y administración, eran probablemente los menos apreciados por los corintios, pero es evidente que eran los dos que ellos necesitaban más.

LA RESPUESTA APROPIADA DE LOS CREYENTES

Procurad, pues, los dones mejores. Mas yo os muestro un camino aun más excelente. (12:31)

A la luz de todo el capítulo hasta este momento, en el que Pablo hace hincapié en la soberanía de Dios para distribuir sus dones y la responsabilidad de los creyentes de estar contentos con ellos, parece imposible interpretar el versículo 31, como algunos lo hacen, como una apelación para buscar los dones más llamativos como el de las lenguas. La enseñanza que Pablo repite ha sido que nosotros no escogemos o buscamos los dones. También ha dejado bien en claro que el valor e importancia de los dones no está en su prominencia o en su apelación a la naturaleza humana.

Debido a que *zēloō* se traduce como **procurad** y que por lo general tiene la connotación negativa de codiciar celosa o envidiosamente (pero comparar 2 Co. 11:2), y a causa de que las formas griegas de indicativo e imperativo son idénticas, la primera mitad del versículo se podría traducir: "Pero vosotros desead de todo corazón los dones mejores". Esa traducción parece mucho más apropiada con el contexto, tanto con lo que precede como con lo que sigue. Es ciertamente consecuente con el tono de la carta y con el pecado de los corintios. Porque ellos claramente valoraban los dones más llamativos, los que parecían ser **los dones mejores**, habría sido una estupidez que Pablo les mandara hacer lo que ellos ya estaban haciendo con tanto deseo.

Los corintios tenían que terminar con su búsqueda de dones, porque hacerlo era tanto una impertinencia como algo sin sentido. Cada creyente ya está perfectamente dotado en la forma que Dios planificó y con lo que mejor va para ministrar en el nombre del Señor. Lo que ellos necesitaban buscar era **un camino aun más excelente**, un camino de contentamiento y de armonía al que él les ha estado exhortando en el capítulo 12 y el camino del amor que está a punto de [**mostrarles**] en el capítulo 13. Esas cosas que ellos no tenían y que necesitaban urgentemente.

La preeminencia del amor (13:1-3) 33

Si yo hablase lenguas humanas y angélicas, y no tengo amor, vengo a ser como metal que resuena, o címbalo que retiñe. Y si tuviese profecía, y entendiese todos los misterios y toda ciencia, y si tuviese toda la fe, de tal manera que trasladase los montes, y no tengo amor, nada soy. Y si repartiese todos mis bienes para dar de comer a los pobres, y si entregase mi cuerpo para ser quemado, y no tengo amor, de nada me sirve. (13:1-3)

La descripción más sencilla que presenta la Biblia de Dios —y, por tanto, la que Él da de sí mismo— es "Dios es amor" (1 Jn. 4:16). El amor es la más bendita manifestación del carácter divino. Juan continúa: "y el que permanece en amor, permanece en Dios, y Dios en él" (v. 16*b*). Por consiguiente, la más sencilla y profunda descripción del carácter cristiano es también el amor.

Es doloroso ver que en muchas iglesias, como sucedió en la antigua Corinto, el amor, que es una expresión tan básica del carácter cristiano, no caracteriza a la membresía o al ministerio. El amor se echaba de menos en Corinto. Los dones espirituales estaban presentes (1:7); la doctrina correcta también se hallaba presente en su mayor parte (11:2); pero el amor estaba ausente. Parece ser que a lo largo de la historia la iglesia ha encontrado difícil el ser amorosa. Es más fácil ser ortodoxo que ser amoroso, y también es más fácil ser activo en la obra de la iglesia que ser amoroso. Sin embargo, la característica suprema que Dios demanda de su pueblo es el amor. El enemigo de la iglesia hace sus mejores esfuerzos para oponerse al amor.

El capítulo trece de 1 Corintios puede ser, desde el punto de vista literario, el mejor y más bello pasaje que Pablo escribió. Se ha dicho de él, entre otras muchas cosas, que es el himno del amor, una interpretación lírica del Sermón del Monte y de las Bienaventuranzas destinada para la música. Estudiarlo es de alguna manera como tomar aparte una flor; se pierde parte de su belleza cuando se separan los componentes. Pero el propósito principal del Espíritu en este pasaje, como en todas las Escrituras, es edificar. Cuando entendemos cada parte con más claridad, el todo resulta aun más bello.

Este capítulo es una ráfaga de aire fresco, como un oasis en un desierto de problemas. Es una nota positiva en medio de una represión y corrección del mal entendimiento, malas actitudes, mal comportamiento y el mal uso de las ordenanzas y dones de Dios. El escritor de Pablo debió dar un suspiro de alivio y de asombro cuando el apóstol comenzó a dictarle estas palabras tan bellas e inspiradas por el Espíritu Santo.

Sin embargo, esta joya no la podemos valorar debidamente separada de su montura. Su mensaje es una parte integral de lo que Pablo dice antes y después de ello. El pleno impacto y profundidad de sus verdades no pueden ser descubiertas si se examina aislado. Mucho de su poder, e incluso mucho de su propósito y belleza, se pierde cuando este pasaje se estudia y aplica fuera de su contexto.

El capítulo 13 es esencial en la amplia discusión que Pablo hace de los dones espirituales (capítulos 12-14). El capítulo 12 nos habla de la entrega, de la recepción y de la interrelación de los dones espirituales. El capítulo 14 nos presenta el ejercicio apropiado de los dones, especialmente el de lenguas. En este capítulo intermedio vemos la actitud y atmósfera correctas, el motivo y el poder apropiados, el "camino aun más excelente" (12:31), en el que Dios ha planificado que funcionen todos los dones. El amor es ciertamente más excelente que sentirse inferior y resentido porque usted no tenga los que parecen ser los dones más importantes y vistosos. Es también más excelente que sentirse superior e independiente porque tiene dichos dones. Y es más excelente que tratar de ejercer los dones espirituales con sus propios recursos, mediante el poder de la carne que el del Espíritu, y para propósitos egoístas más que para los de Dios.

La verdadera vida espiritual es la única vida en la que pueden funcionar los dones del Espíritu. La salud de la vida espiritual no se refleja mediante los dones espirituales, sino mediante los frutos espirituales, el primero y el principal de los cuales es el amor (Gá. 5:22). Sin el fruto del Espíritu los dones del Espíritu no pueden funcionar excepto en la carne, en la cual se convierten en falsificaciones y son contra productivos. Por medio del fruto del Espíritu Dios da la motivación y el poder para ministrar los dones del Espíritu. El fruto del Espíritu, como todo lo de la vida espiritual, viene solo por andar en el Espíritu (Gá. 5:16, 25). Tener un don espiritual no nos hace espirituales. Tampoco nos hace espirituales tener el fruto del Espíritu, pero es la evidencia de que *somos* espirituales. Solo nos hace espirituales el caminar en el Espíritu. Ese caminar en el Espíritu es la manera que tiene Pablo de definir la obediencia diaria a la Palabra de Dios y la sumisión al Señor (Col. 3:16).

Los cristianos corintios no estaban caminando en el Espíritu. Eran egoístas, engreídos, obstinados, motivados por sí mismos, y haciendo todo lo que podían para promover sus propios intereses y bienestar. Todo lo que hacían lo hacían por su propio beneficio con poca o nada consideración por lo de otros. Los corintios no carecían de ningún don, pero eran muy deficientes en fruto espiritual, debido a que no caminaban en armonía con el que era la fuente y el poder tanto de los dones como del fruto espiritual. Entre las muchas cosas que les faltaba a aquellos creyentes, la más importante era el amor. Como la iglesia en Éfeso, habían perdido su primer amor por el Señor (Ap. 2:4). Cuando nos alejamos de la fuente del amor, resulta imposible ser amoroso.

Agapē (**amor**) es una de las palabras menos comunes en la antigua literatura griega, pero una de las más frecuentes en el Nuevo Testamento. Al contrario de nuestra palabra *amor*, nunca se refiere al amor romántico o sexual, para lo cual se usaba *erōs*, y que no aparece en el Nuevo Testamento. Tampoco se refiere al mero sentimiento, a un sentimiento agradable acerca de algo o de alguien. No significa amistad o amor fraternal, para lo que se usaba *philia*. *Agapē* tampoco significa caridad, un término que se usó en la versión de Reina-Valera, anteriormente a la revisión de 1960, un término que procede del latín y que el español ha estado asociado con limosnas a los necesitados. Este capítulo es en sí mismo la mejor definición de *agapē*.

El doctor Karl Menninger, el famoso psiquiatra y fundador de la Clínica Menninger, ha escrito que "el amor es la medicina para nuestro enfermo y viejo mundo. Si las personas pueden aprender a dar y recibir amor, se recuperarán por lo general de sus enfermedades físicas y mentales".

El problema, sin embargo, es que pocas personas tienen una idea clara de lo que es el verdadero amor. La mayoría, incluyendo muchos cristianos, parece pensar sobre ello en términos de finos sentimientos, afecto caluroso, romance y deseo. Cuando decimos: "Te amo", lo que a menudo estamos queriendo decir es: "Me amo a mí y te deseo a ti". Eso, por supuesto, es la peor clase de egoísmo, exactamente lo opuesto al amor *agapē*.

Alan Redpath cuenta acerca de una mujer joven que acudió a su pastor desesperada y abatida. Le dijo:

—Hay un hombre que me dice que está tan enamorado de mí que está dispuesto a matarse si no me caso con él. ¿Qué debo hacer?

—Nada —contestó el pastor—. Ese hombre no te ama de verdad, solo se ama a sí mismo. Esa amenaza no es amor, es egoísmo.

El amor que se da a sí mismo, que ama sin demandar nada, amor que está más interesado en dar que en recibir, es tan poco común en la iglesia de hoy como lo fue en la de Corinto. La razón, por supuesto, que el amor *agapē* es contrario a la naturaleza humana. Nuestro mundo ha definido el amor como "sentimientos románticos" o "atracción", lo cual no tiene nada que ver con el verdadero amor en los términos de Dios.

El ejemplo y la medida suprema del amor *agapē* es el amor de Dios. "Porque de tal manera amó Dios al mundo, que ha dado a su Hijo unigénito" (Jn. 3:16).

El amor involucra sobre todo sacrificio. Es sacrificarse a sí mismo por amor de otros, aun por otros que no se preocupan para nada por nosotros o que pueden incluso aborrecernos. No es un sentimiento, sino un acto determinado de la voluntad, el cual siempre resulta en actos determinados de darse uno a sí mismo. El amor es el deseo gozoso y voluntario de poner el bienestar de otros por encima del nuestro. No deja lugar para el orgullo, la vanidad, la arrogancia, el interés personal o la gloria propia. Es una decisión que Cristo nos pide que tomemos a favor de nuestros enemigos: "Pero yo os digo: Amad a vuestros enemigos, bendecid a los que os maldicen, haced bien a los que os aborrecen, y orad por los que os ultrajan y os persiguen; para que seáis hijos de vuestro Padre que está en los cielos" (Mt. 5:44-45). Si Dios nos amó tanto que "si siendo enemigos, fuimos reconciliados con Dios por la muerte de su Hijo" (Ro. 5:10; Ef. 2:4-7), ¿no deberíamos amar de igual manera a *nuestros* enemigos?

Con el mismo amor que llevó al Padre a enviar a Jesús al mundo, Cristo amó "a los suyos que estaban en el mundo" y "los amó hasta el fin" (Jn. 13:1). Una traducción más literal sería: "los amó hasta la perfección". Jesús amó hasta el grado y medida máximos. Amó hasta el límite del amor.

En la última noche con sus discípulos Jesús se quitó las ropas y comenzó a lavarles los pies como una demostración práctica de amor hacia los que, al contrario de su Maestro, estaban en ese momento pensando en ellos mismos. Mientras que Jesús se enfrentaba a la agonía de la cruz, sus pocos amorosos discípulos discutían acerca de cuál de ellos era el más importante (Lc. 22:24). Humanamente hablando no eran atractivos ni se lo merecían, sino que eran egoístas e insensibles; pero el Salvador eligió amarlos de manera suprema y los enseñó a amar no de palabra, sino de hechos. En su acto de bondad les demostró que el amor no es una atracción emocional, sino un servicio generoso y humilde para atender a las necesidades de otros, sin importar cuán humilde sea el servicio o cuán poco se lo merezca la persona servida.

El amor es un absoluto tan fundamental de la vida cristiana que Jesús dijo a sus discípulos: "Un mandamiento nuevo os doy: Que os améis unos a otros; como yo os he amado, que también os améis unos a otros. En esto conocerán todos que sois mis discípulos, si tuviereis amor los unos con los otros" (Jn. 13:34-35). De nuevo dijo: "Como el Padre me ha amado, así también yo os he amado; permaneced en mi amor" (Jn. 15:9). Jesús no dejó ninguna duda que el amor —el amor *agapē*, el amor que se sacrifica a sí mismo— es la señal suprema del discipulado cristiano. Él lo enseñó y lo demostró en el lavamiento de los pies.

"Porque el que ama a su prójimo", escribió Pablo, "ha cumplido la ley. Porque: No adulterarás, no matarás, no hurtarás, no dirás falso testimonio, no codiciarás, y cualquier otro mandamiento, en esta sentencia se resume: Amarás a tu prójimo como a ti mismo" (Ro. 13:8-9). La falta de amor es lo que está detrás de toda desobediencia al Señor, y el amor es lo que está detrás de toda verdadera obediencia.

Todo lo que hace un cristiano debiera ser hecho con amor (1 Co. 16:14). La correcta teología no es un sustituto del amor. Las tareas religiosas no son un sustituto del amor. Nada puede sustituir al amor. Los cristianos no tenemos excusa por no amar, "porque el amor de Dios ha sido derramado en nuestros corazones por el Espíritu Santo que nos fue dado" (Ro. 5:5). No tenemos que fabricar el amor; solo tenemos que compartir con otros el amor que hemos recibido. No tenemos que ser humanamente enseñados a amar, porque nosotros mismos hemos "aprendido de Dios que os améis unos a otros" (1 Ts. 4:9). Por eso se nos dice: "Seguid el amor" (1 Co. 14:1), "vestíos de amor" (Col. 3:14), "crecer y abundar en amor" (1 Ts. 3:12; Fil. 1:9), ser sinceros en el amor (2 Co. 8:8), tener el mismo amor (Fil. 2:2), que tengamos "ferviente amor" (1 P. 4:8), y "estimularnos al amor y las buenas obras" (He. 10:24).

Estas enseñanzas las podemos resumir en cinco puntos clave: (1) se nos manda que amemos; (2) los cristianos ya poseemos el amor; (3) el amor es la norma de la vida cristiana; (4) el amor es la obra del Espíritu; y (5) el amor hay que practicarlo para que sea genuino.

LA ELOCUENCIA SIN AMOR DE NADA SIRVE

Si yo hablase lenguas humanas y angélicas, y no tengo amor, vengo a ser como metal que resuena, o címbalo que retiñe. (13:1)

En los versículos 1-2 Pablo usa lo que conocemos como hipérbole. Exagera hasta el límite de la imaginación para comunicar lo que quiere decir. Usa varios ejemplos para decir: "Si yo fuera alguien capaz de hacer o ser... hasta el extremo absoluto, pero no tengo amor, yo sería absolutamente nada". En el espíritu de amor acerca del cual está hablando, Pablo cambia a la primera persona. Quería dejar bien en claro que lo que estaba diciendo se aplicaba tan completamente a él como a todos los demás en Corinto.

El apóstol comienza imaginándose a sí mismo como siendo capaz de hablar con el máximo de elocuencia posible, **si yo hablase lenguas humanas y angélicas**. Aunque *glōssa* se puede referir al órgano físico del habla, también puede significar lenguaje, tal como se emplea cuando hablamos de la "lengua materna" de una persona. **Lenguas** es, por tanto, una traducción legítima, pero creo que *idiomas* es una traducción que ayuda más y confunde menos.

No hay duda de que en el contexto Pablo incluye aquí el don de hablar en lenguas (vea 12:10, 28; 14:4-6, 13-14, etc.). Ese es el don que los corintios valoraban tanto y que abusaban tanto de él, y que lo consideraremos en detalle en la exposición del capítulo 14.

Sin embargo, la intención básica de Pablo en 13:1 es la de transmitir la idea de ser capaz de hablar en toda clase de lenguas con fluidez y elocuencia, mucho mejor que el más grande de los lingüistas y oradores. Se desprende claramente de la expresión **lenguas… angélicas** que el apóstol está hablando en términos generales e hipotéticos. No hay ninguna enseñanza bíblica que se refiera a un lenguaje o dialecto angélico único o especial. En los numerosos registros que tenemos en las Escrituras de cuando los ángeles hablan a los hombres, siempre lo hacen en el idioma de la persona a quien se dirigen. No hay ninguna indicación de que ellos tengan un lenguaje propio que los hombres podrían aprender. Pablo simplemente está diciendo que si él tuviera la capacidad de hablar con la habilidad y elocuencia de los mejores oradores, aun con elocuencia angelical, pero **no tengo amor** no sería otra cosa que **metal que resuena, o címbalo que retiñe**. Las más grandes verdades anunciadas en la forma más brillante se quedan cortas si no se dicen con amor. Aparte del amor, aun el que habla la verdad con elocuencia sobrenatural termina que no es otra cosa que puro ruido.

El don de lenguas es especialmente inútil sin amor. Pablo lo elige como su ilustración de falta de amor porque era la clase de experiencia que buscaban las personas y que las ponían tan orgullosas. Uno de los resultados del intento de los corintios de tratar de usar ese don con sus propios recursos y para su propio egoísmo y orgullo es que no se podía ministrar en amor. Debido a que no caminaban en el Espíritu, no tenían el fruto del Espíritu y no podían administrar como correspondía los dones del Espíritu. A causa de que el fruto más importante no se veía en lo que ellos pensaban era el don más importante, su ejercicio del don no era otra cosa que puro parloteo.

En los tiempos del Nuevo Testamento, los ritos para honrar a las divinidades paganas Cibeles, Baco y Dionisio incluían hablar con sonidos producidos en éxtasis que iban acompañados de otros sonidos de gong, címbalos y trompetas. Los que escucharon de Pablo entendieron claramente lo que les decía: a menos que sea hecho en amor, ministrar con el don de lenguas o hablar en cualquier otra forma humana o angélica, no equivale a otra cosa que rituales paganos. Es solo religiosidad sin sentido disfrazada de cristianismo.

LA PROFECÍA, LA CIENCIA Y LA FE SIN AMOR DE NADA SIRVEN

Y si tuviese profecía, y entendiese todos los misterios y toda ciencia, y si tuviese toda la fe, de tal manera que trasladase los montes, y no tengo amor, nada soy. (13:2)

PROFECÍA SIN AMOR

Al comienzo del siguiente capítulo Pablo habla de la profecía como el más importante de los dones espirituales porque el profeta proclama la verdad de Dios a las personas con el fin de que ellas puedan conocer y entender (14:1-5). El mismo apóstol era un profeta (Hch. 13:1) y tenía la más alta consideración tanto por el oficio de profeta, como por el don de profecía.

No obstante, aquí continúa con la hipérbole y dice que aun el gran don de **profecía** debe ministrarse con amor. Ni los más capacitados siervos de Dios están exentos de ministrar en amor, porque por encima de todo, ellos están obligados a ministrar en amor. "Porque a todo aquel a quien se haya dado mucho, mucho se le demandará" (Lc. 12:48). Los profetas debieran proclamar siempre la verdad en amor (Ef. 4:15).

Balaam era un profeta de Dios. Él conocía al Dios verdadero y conocía la verdad divina, pero no tenía amor por el pueblo de Dios. No dudó mucho en estar dispuesto a maldecir a los israelitas estimulado por la generosa compensación que le ofreció Balac, el rey de Moab. Debido a que Dios no pudo convencer a su profeta para que no llevara a cabo aquella terrible acción, envió a un ángel para que parara al asno del profeta (Nm. 22:16-34). Balaam habría maldecido otras varias veces a Israel si Dios no lo hubiera evitado. Lo que el profeta no logró hacer maldiciendo a Israel lo consiguió al confundirlos, pero murió a causa de haber llevado a Israel a la idolatría y la inmoralidad (Nm. 31:8, 16). El profeta conocía la Palabra de Dios, tenía la capacidad de comunicarla y temía a Dios en una forma interesada de protección personal, pero no amaba a Dios ni a su pueblo.

Hace unos años vino a verme una joven maestra de Escuela Dominical y me dijo: "Pensaba que amaba de verdad a las chicas de mi clase. Preparaba mi lección cuidadosamente y procuraba que cada una de ellas se sintiera parte de la clase; pero nunca he hecho ningún sacrificio personal por esas jovencitas". Sentía que a pesar de todo su estudio de la Biblia, su preparación cuidadosa de las lecciones y de todos sus buenos sentimientos por los miembros de la clase, todavía le faltaba el ingrediente esencial del amor *agapē*, el amor que se entrega y se sacrifica por los demás.

Nuestro motivo es el poder que está detrás de lo que decimos y hacemos. Si nuestro motivo es promover de alguna manera nuestro interés personal, nuestra alabanza o beneficio, nuestro testimonio por el Señor se verá debilitado en esa misma medida, sin importar cuán ortodoxas, persuasivas o relevantes sean nuestras palabras o de cuánta ayuda parezca que es nuestro servicio. Sin la motivación del amor, a los ojos de Dios lo único que estamos consiguiendo es hacer mucho ruido.

El ministerio de Jeremías aparece en marcado contraste con el de Balaam. Fue conocido como el profeta llorón, no por causa de sus propios problemas, que eran grandes, sino por la maldad de su propio pueblo, por su negativa a volverse al Señor y por el castigo que tuvo que profetizar en contra de ellos.

Lloró tanto por causa de ellos como lo hizo Jesús tiempo después sobre Jerusalén (Lc. 19:41-44). Al principio de su ministerio, Jeremías se sintió tan conmovido por la situación de su pueblo que clamó diciendo: "A causa de mi fuerte dolor, mi corazón desfallece en mí... Quebrantado estoy por el quebrantamiento de la hija de mi pueblo; entenebrecido estoy, espanto me ha arrebatado... ¡Oh, si mi cabeza se hiciese aguas, y mis ojos fuentes de lágrimas, para que llore día y noche los muertos de la hija de mi pueblo!" (Jer. 8:18, 21; 9:1). Jeremías fue un profeta con un corazón quebrantado, amoroso y espiritual.

Pablo ministró a menudo con lágrimas, frecuentemente por causa de compatriotas judíos que no estaban dispuestos a aceptar a Jesús. Fueron ellos los que ocasionaron la mayoría de sus sufrimientos, pero fue su oposición al evangelio, no la oposición a él, lo que le llevó a ministrar "con muchas lágrimas" (Hch. 20:19). En Romanos nos da un testimonio conmovedor: "Verdad digo en Cristo, no miento, y mi conciencia me da testimonio en el Espíritu Santo, que tengo gran tristeza y continuo dolor en mi corazón. Porque deseara yo mismo ser anatema, separado de Cristo, por amor a mis hermanos, los que son mis parientes según la carne" (9:1-3). Pablo ministró en buena medida con tan gran poder porque ministró con gran amor. Proclamar la verdad de Dios sin amor no es solo ser menos de lo que debiera ser, es ser *nada*.

CONOCIMIENTO SIN AMOR

Así como la profecía sin amor es nada, lo mismo sucede con el entendimiento de **todos los misterios y toda ciencia**. Pablo usa esa frase de sentido tan amplio para describir el más elevado entendimiento humano. **Misterios** puede representar el conocimiento espiritual divino y **ciencia** puede representar el conocimiento humano objetivo. En las Escrituras el término *misterio* siempre se refiere a la verdad divina que Dios ha escondido de los hombres en un momento dado. La mayoría de las veces se refiere a las verdades ocultas para los santos del Antiguo Testamento que han sido reveladas en el Nuevo Testamento (cp. Ef. 3:3-5). Pablo insiste en que si él pudiera entender perfectamente todos los misterios divinos no dados a conocer, además de todos los misterios ya revelados, todavía él podría ser **nada**. Ese entendimiento no valdría gran cosa sin el supremo fruto espiritual del amor. Eso indica la gran importancia del amor; sin él, podríamos conocer como Dios conoce y todavía ser nada.

Añadir **toda ciencia** no ayudaría en nada. Uno podría llegar a comprender todos los hechos observables y conocibles del universo, ser prácticamente omnisciente, y todavía sería nada al carecer de amor. En otras palabras, si alguien de alguna manera pudiera llegar a abarcar todo lo correspondiente al Creador y la creación sería un cero a la izquierda sin amor.

Si todo eso equivaldría a nada sin amor, ¿cuánto menos es todos nuestros limitados logros espirituales, incluyendo nuestro conocimiento bíblico y teológico, sin amor? Equivalen a *menos* que nada. Esa clase de conocimiento sin amor es peor que la mera ignorancia. Produce esnobismo espiritual, orgullo y arrogancia. Es farisaico y feo. El conocimiento espiritual es bueno, bello y fructífero en la obra del Señor cuando se ejerce con humildad y se ministra en amor; pero es feo e infructuoso cuando carece de amor. El mero conocimiento, aun las verdades de Dios, nos "envanece"; el amor es el ingrediente absolutamente esencial para la edificación (1 Co. 8:1).

Pablo no menospreciaba el conocimiento, mucho menos el conocimiento de la Palabra de Dios. A los filipenses les escribió: "Pido en oración, que vuestro amor abunde aun más y más en ciencia y en todo conocimiento" (1:9). No podemos ser edificados ni obedecer lo que lo no conocemos; pero podemos conocer y, no obstante, no obedecerlo ni ser fortalecidos. Solo el amor nos hace abundar en "ciencia y en todo conocimiento". Podemos conocer y no ser edificados. El amor es el edificador divino.

FE SIN AMOR

Si Pablo no menospreciaba el conocimiento, aun menos menospreciaba la fe: Nadie predicó la necesidad de la fe, especialmente la fe salvadora, con más energía y diligencia que él. Pero él no está hablando aquí de la fe que salva, sino de la **fe** que es confianza y esperanza en el Señor. Se está dirigiendo a creyentes que ya tienen la fe salvadora. **Toda la fe, de tal manera que trasladase los montes** se refiere a confiar en Dios para hacer grandes proezas a favor de sus hijos. Habla especialmente de creyentes que tienen el don de la fe. Pablo dice que un cristiano que cuenta incluso con este don maravilloso de Dios —que permite hacer posible lo imposible— es **nada** si no lo hace con amor.

No es coincidencia que el apóstol usa la misma figura que empleó Jesús en una ocasión. Después de que sus discípulos fallaran en sanar al joven poseído por un demonio, Jesús les dijo: "De cierto os digo, que si tuviereis fe como un grano de mostaza, diréis a este monte: Pásate de aquí, y se pasará" (Mt. 17:20). Jesús hablaba en forma hiperbólica como Pablo lo hace en 1 Corintios 13:1-3. La enseñanza de Cristo a sus discípulos era que, al confiar en Él completamente, nada en su ministerio sería "imposible". La enseñanza de Pablo era que, aun si la persona tuviera el mayor grado de confianza en el Señor, pero careciera de amor, sería como **nada**.

Jonás tenía una gran fe. Fue debido a su gran fe en la eficacia de la Palabra de Dios que se resistió a predicar en Nínive. No tenía temor al fracaso sino al éxito. Tenía gran fe en el poder de la Palabra de Dios. Su problema consistía en que no quería que los malvados ninivitas se salvaran. No tenía amor por ellos, ni siquiera después de que se arrepintieran. No quería que los ninivitas se salvaran y se enojó porque el Señor sí estaba dispuesto a salvarlos. Como una consecuencia directa de la predicación del profeta, todos en la ciudad, desde el rey para abajo, se arrepintieron. Aun los animales fueron cubiertos de cilicio como un símbolo de arrepentimiento. Dios libró milagrosamente a Nínive tal como Jonás sabía que lo haría. Luego aparece una de las oraciones más extrañas y duras de todas las Escrituras. "Pero Jonás se apesadumbró en extremo, y se enojó. Y oró a Jehová y dijo: Ahora, oh Jehová, ¿no es esto lo que yo decía estando aún en mi tierra? Por eso me apresuré a huir a Tarsis; porque sabía yo que tú eres Dios clemente y piadoso, tardo en enojarte, y de grande misericordia, y que te arrepientes del mal. Ahora pues, oh Jehová, te ruego que me quites la vida; porque mejor me es la muerte que la vida" (Jon. 4:1-3). El profeta no era ni quería ser todo lo que reconocía que era el Señor. Es difícil de imaginar un hombre de Dios más falto de amor. Su fe le indicó correctamente que iba a tener lugar un gran éxito en Nínive, pero el profeta fue un gran fracaso. La predicación produjo un gran milagro, como él creyó que iba a suceder, pero el predicador era una **nada**.

LA FILANTROPÍA (BENEFICENCIA) Y EL MARTIRIO SIN AMOR DE NADA SIRVEN

Y si repartiese todos mis bienes para dar de comer a los pobres, y si entregase mi cuerpo para ser quemado, y no tengo amor, de nada me sirve. (13:3)

El amor *agapē* siempre se sacrifica por los demás, pero el sacrificio de uno mismo no siempre procede del amor. A lo largo de la historia de la Iglesia ciertos grupos y movimientos han creído que la negación y la humillación del yo y aun la flagelación de uno mismo tenían méritos espirituales en sí mismos. Muchas sectas y religiones paganas hacen mucho hincapié en la renuncia a las posesiones, en los sacrificios de varias clases y en actos religiosos de supuesta modestia, privación, aflicción y monasticismo. Cuando tales cosas se hacen sin amor son, aun para los cristianos, totalmente inútiles. En realidad, sin amor, son cualquier cosa menos acciones desinteresadas. El verdadero centro de tales prácticas no es Dios ni otras personas, sino el yo, ya sea en la forma de temor legalista por no hacer esas cosas o por deseo de alabanza o por bendiciones imaginadas como fruto de hacerlo. La motivación es el yo, y eso no es espiritual ni amoroso.

FILANTROPÍA (BENEFICENCIA) SIN AMOR

La palabra por **repartiese** significa dar en pequeñas cantidades y habla de un programa sistemático y a largo plazo de dar todo lo que la persona posee. Un acto así de suprema beneficencia: entregar **todos** los **bienes para dar de comer a los pobres**, no será un acto espiritual si no es el fruto de un amor genuino, sin importar cuán grande sea el sacrificio ni cuántas personas sean alimentadas. Los rabíes enseñaban que los creyentes nunca tenían que dar más del veinte por ciento, de modo que la ilustración de Pablo sugiere una generosidad sin precedentes. Aun así, las personas que se benefician de esa generosidad tendrán su estómago lleno, pero al dador de **nada le sirve**. Tanto su cuenta bancaria como su cuenta espiritual quedarán vacías. El dar por obligación legalista, por el deseo de reconocimiento y alabanza o por liberarse de una conciencia culpable, no sirve de nada. Solo el amor hace que el dar califique para ser espiritual.

El mandamiento de Jesús de que tu mano izquierda no se entere de lo que hace tu mano derecha (Mt. 6:3) nos ayuda a protegernos de la tentación de esos motivos falsos, carentes de espiritualidad y de amor. La beneficencia con amor tiene mucho mérito, pero sin amor no sirve de nada.

MARTIRIO SIN AMOR

Por último, Pablo dice, **si entregase mi cuerpo para ser quemado, y no tengo amor, de nada me sirve**. Algunos intérpretes creen que el apóstol se estaba refiriendo a hacerse voluntariamente esclavo, lo cual era evidente para todos por la marca que se imprimía con un hierro candente. Pero al tener en cuenta los extremos que ha estado usando en estos versículos, se entiende mejor si damos por entendido que se refiere a ser quemado vivo. Las ejecuciones mediante la hoguera, una forma de muerte que sufrieron muchos mártires cristianos, no comenzó en el Imperio Romano hasta algunos años más tarde. No obstante, esa es la forma de sufrimiento a la que Pablo se refiere aquí. Ya sea que esa forma de ejecución fuera o no común en ese tiempo, representaba una muerte horrible y agonizante.

Cuando la persecución en la naciente iglesia se hizo intensa, algunos creyentes en realidad buscaron el martirio para llegar a ser famosos o para recibir beneficios celestiales especiales. Pero cuando el sacrificio está motivado por el interés propio o por el orgullo pierde todo su valor espiritual. Aun el aceptar una muerte agonizante por causa de la fe, **de nada... sirve** si carece de un verdadero amor divino. No importa cuánto pueda sufrir por causa de su servicio y testimonio cristianos, no obtendrá ganancia espiritual si su testimonio y su obra no son llevados a cabo con amor.

La persona sin amor es como metal que resuena, es nada, y de nada le sirve.

Las cualidades del amor — parte 1 (13:4-5)

34

El amor es sufrido, es benigno; el amor no tiene envidia, el amor no es jactancioso, no se envanece; no hace nada indebido, no busca lo suyo, no se irrita, no guarda rencor. (13:4-5)

El pasaje anterior (vv. 1-3) se enfoca en el vacío que causa la ausencia del amor. En los versículos 4-5 encontramos la descripción bíblica más completa de la plenitud del amor. Pablo hace brillar el amor a través de un prisma y podemos ver 15 de sus colores y tonos, el espectro del amor. Cada rayo nos da una faceta, una propiedad, del amor *agapē*. Al contrario de la mayoría de las traducciones, que incluyen varios adjetivos, las formas griegas de todas esas propiedades son verbos. No se enfocan tanto en lo que el amor es como en lo que el amor hace y no hace. El amor *agapē* es activo, no abstracto o pasivo. No simplemente siente la paciencia, sino que practica la paciencia. No simplemente tiene sentimientos amables, sino que hace cosas amables. No solo reconoce la verdad, sino que se regocija en la verdad. El amor es solo completo cuando actúa (cp. 1 Jn. 3:18).

El propósito del prisma de Pablo no es darnos un análisis técnico del amor, sino darlo a conocer en sus partes más pequeñas para que podamos entenderlo con más facilidad y aplicar su rico y pleno sentido. Como sucede con toda la Palabra de Dios, no podemos comenzar a entender de verdad el amor hasta que no comenzamos a aplicarlo en nuestra vida. El propósito primario de Pablo aquí no es simplemente instruir a los corintios, sino cambiar sus hábitos de vida. Quería que ellos midieran cuidadosa y sinceramente su vida con la vara que aportan las características del amor.

Para cambiar la metáfora, Pablo está pintando un cuadro del amor y Cristo Jesús es el que está sentado como modelo. Él vivió y demostró la perfección de todas esas virtudes del amor. Este bello cuadro del amor es un retrato de Él.

EL AMOR ES PACIENTE

La práctica del **amor** comienza siendo **sufrido** o paciente, literalmente "saber soportar" (*makrothumeō*). Esta palabra es común en el Nuevo Testamento y se usa casi exclusivamente para ser paciente con las personas, más bien que con las circunstancias o los sucesos. La paciencia del amor es la habilidad de ser molestado y que una persona se aproveche de nosotros una y otra vez y, no obstante, no estar ofendido o enojado. Crisóstomo, uno de los primeros padres de la iglesia, dijo: "Esa palabra se aplica a la persona que es tratada mal y que tiene la posibilidad en su mano de vengarse, pero nunca lo hace". La paciencia nunca toma represalias.

Como el amor *agapē* mismo, la paciencia de la que se habla en el Nuevo Testamento era una virtud solo entre los cristianos. En el mundo griego el amor que se da a sí mismo y la paciencia que no se venga eran consideradas como debilidades, indignas de un hombre o mujer nobles. Aristóteles, por ejemplo, enseñó que la gran virtud de los griegos era la negativa a tolerar el insulto o las heridas y vengarse por la mínima ofensa. La venganza la consideraban una virtud. La tendencia del mundo ha sido siempre la de tener como héroes a los que nunca se dejan pisar, que defienden su bienestar y sus derechos por encima de todo.

Pero el amor, el amor de Dios, es todo lo opuesto. Su principal preocupación es el bienestar de otros, no por sí mismo, y está más dispuesto a permitir que se aprovechen de él que a aprovecharse él de los demás, mucho menos vengarse. El amor no toma represalias. El cristiano que actúa como Cristo nunca se venga por haber sido perjudicado, insultado o abusado. Se niega a "[pagar] a nadie mal por mal" (Ro. 12:17), si lo golpean en la mejilla derecha, pondrá también la izquierda (Mt. 5:39).

Pablo dijo que la paciencia era una característica de su propio corazón (2 Co. 6:6) y debiera caracterizar a todo cristiano (Ef. 4:2). Las últimas palabras de Esteban fueron de perdón y paciencia: "Señor, no les tomes en cuenta este pecado" (Hch. 7:60). Al yacer moribundo por causa de los golpes terribles y dolorosos de las piedras, demostró su preocupación por los que lo mataban, no por sí mismo. Fue sufrido, paciente, hasta el extremo absoluto.

Dios es, por supuesto, el ejemplo supremo de paciencia. Es el amor paciente de Dios lo que evita que el mundo sea destruido. Es su paciencia lo que permite que los hombres tengamos la oportunidad de ser salvos (2 P. 3:9). Cuando estaba muriendo en la cruz, rechazado por los que había venido a salvar, Jesús oró: "Padre, perdónalos, porque no saben lo que hacen" (Lc. 23:34).

Robert Ingersoll, el bien conocido ateísta del siglo XIX, acostumbraba a menudo a pararse en medio de sus conferencias en contra de Dios y decir: "Le doy a Dios cinco minutos para que me mate por los cosas que he dicho". Luego usaba el hecho de que Dios no lo había matado como prueba de que no existía. Theodore Parker dijo acerca de la afirmación de Ingersoll: "¿Piensa ese caballero que va a agotar la paciencia del Dios eterno en cinco minutos?"

Desde que Adán y Eva lo desobedecieron por primera vez, Dios ha sido continuamente maltratado y rechazado por aquellos que hizo a su imagen y semejanza. Fue rechazado y despreciado por su propio pueblo escogido, por medio de quienes dio la revelación de su Palabra, "les ha sido confiada la Palabra de Dios" (Ro. 3:2). No obstante, a lo largo de miles de años, el Dios eterno ha sido eternamente paciente. Si el Creador santo es tan infinitamente paciente con sus criaturas tan rebeldes, ¿no debieran ser también pacientes unas con otras sus pecadoras criaturas?

Uno de los primeros enemigos políticos de Abraham Lincoln fue Edwin M. Stanton. Llamó a Lincoln un "pequeño payaso ingenioso" y "el gorila original". "Es ridículo que la gente se vaya a África para ver a un gorila", decía él, "cuando pueden encontrar fácilmente uno en Springfield, Illinois". Lincoln nunca respondió a esta difamación, pero cuando, como presidente necesitó a un Ministro de Defensa, eligió a Stanton. Cuando sus asombrados amigos le preguntaron por qué, Lincoln respondió: "Porque él es el mejor para ese puesto". Años más tarde, cuando el asesinado presidente yacía en su ataúd, Stanton miró y dijo entre lágrimas: "Aquí tenemos al mejor gobernante que jamás ha tenido el mundo". Su animosidad fue al fin vencida por el espíritu paciente, de no represalias, de Lincoln. El amor paciente había ganado.

EL AMOR ES BENIGNO

Así como la paciencia no va a tomar nada de otros, la benignidad (bondad) lo dará todo a los demás, incluso a los enemigos. Ser **benigno** es el complemento de ser **sufrido**. Ser benigno (bondadoso) (*chrēsteuomai*) significa ser útil, servicial, afable. Es una buena voluntad activa. No es solo sentirse generoso, sino ser generoso. No solo desea el bienestar de otros, sino que trabaja por ello. Cuando Jesús mandó a sus discípulos, incluyéndonos a nosotros, a amar a sus enemigos, no quiso decir que simplemente se sintieran amables hacia ellos, sino que fueran amables con ellos. "Y al que quiera ponerte a pleito y quitarte la túnica, déjale también la capa; y a cualquiera que te obligue a llevar carga por una milla, ve con él dos" (Mt. 5:40-41). Las condiciones tan duras de un mundo malo ofrece al amor casi posibilidades ilimitadas para ejercer esa clase de bondad.

Dios es de nuevo el modelo supremo. "¿O menosprecias las riquezas de su benignidad, paciencia y longanimidad, ignorando que su benignidad te guía al arrepentimiento?" (Ro. 2:4), nos recuerda Pablo. A Tito le escribió: "Pero cuando se manifestó la bondad de Dios nuestro Salvador, y su amor para con los hombres, nos salvó, no por obras de justicia que nosotros hubiéramos hecho, sino por su misericordia, por el lavamiento de la regeneración y por la renovación en el Espíritu Santo, el cual derramó en nosotros abundantemente por Jesucristo nuestro Salvador" (Tit. 3:4-6). Pedro nos dice que debiéramos "[desear] la leche espiritual no adulterada para que por ella crezcáis para salvación", porque hemos "gustado la benignidad del Señor" (1 P. 2:2-3). A sus discípulos Jesús les dijo: "Porque mi yugo es fácil, y ligera mi carga" (Mt. 11:30). La palabra que usó para "fácil" es la que aparece traducida como **benigno** en 1 Co. 13:4. En su amor por aquellos que le pertenecen, Jesús hace que su yugo sea "benigno" o suave. Él se asegura de que lo que tienen que sobrellevar sus discípulos por amor de él sea soportable (vea 1 Co. 10:13).

La primera prueba de la benignidad (bondad) cristiana, y la primera prueba del amor, está en el hogar. El esposo cristiano que actúa como cristiano es benigno para con su esposa e hijos. Los hermanos y hermanas cristianos son benignos (bondadosos) unos con otros y con sus padres. Tienen algo más que sentimientos amables unos hacia otros; hacen cosas bondadosas y útiles unos para otros, al punto de llegar al amor que se sacrifica, cuando es necesario.

Para los corintios, la benignidad (bondad) significó abandonar sus actitudes egoístas, celosas, maliciosas y orgullosas y adoptar un espíritu de bondad. Eso permitiría, entre otras cosas, que sus dones espirituales fueran ministrados verdadera y eficazmente en el Espíritu, en vez de ser falsificados superficial e improductivamente en la carne.

EL AMOR NO TIENE ENVIDIA

Aquí tenemos la primera de ocho descripciones negativas del amor. El amor **no tiene envidia**. El amor y la envidia son mutuamente excluyentes. Donde está uno no puede estar la otra. Shakespeare llamó a la envidia la "enfermedad verde". También ha sido llamada "el enemigo del honor" y "el dolor de los tontos". Según Mateo 20:15, Jesús se refirió a ello como "ojo malo" (sentido literal de la expresión original, vea RVR-1909).

La envidia tiene dos formas. Una de ellas dice: "Quiero lo que esa persona tiene". Si tiene un automóvil mejor que el mío, lo queremos. Si es elogiada por algo que ha hecho, queremos lo mismo o más para nosotros. Esa clase de envidia es ya de por sí bastante mala. Una clase peor dice: "Me gustaría que no tuviera lo que tiene" (vea Mateo 20:1-16). Esa segunda clase de envidia es más que egoísmo; es desear el mal para la otra persona. Es envidia en su nivel más profundo, corruptor y destructivo. Esa es la envidia que Salomón descubrió en la mujer que pretendía ser la madre del niño. Cuando su propio hijo murió, ella a escondidas lo cambió por el bebé de una amiga que vivía con ella. La verdadera madre descubrió lo que había sucedido y, cuando su pleito fue llevado ante el rey, él ordenó que el bebé fuera cortado por la mitad, y se le diera una parte a cada mujer. La verdadera madre suplicó por la vida del bebé, aun si eso significaba perder su posesión. Sin embargo, la madre falsa prefería que el bebé muriera antes que se lo entregaran la madre verdadera (1 R. 3:16-27).

La lucha contra la envidia es una de las batallas más duras que el cristiano tiene que pelear. Siempre hay alguien que es un poco mejor o que tiene la potencialidad de ser un poco mejor que nosotros. Todos nos enfrentamos a la tentación de los celos cuando alguien hace algo que es mejor que lo que nosotros hemos hecho. La primera reacción de la carne es desear el mal para aquella persona.

El significado de la raíz de *zēloō* (tener "**envidia**") es "tener un fuerte deseo", y es el término del que procede nuestra palabra *celo*. Se usa tanto es un sentido favorable como desfavorable en las Escrituras. En 1 Corintios 13:4 el significado es claramente desfavorable, lo que nos da la razón de por qué 12:31, parte del contexto inmediato, debiera ser tomado como una *declaración de hecho* ("ahora estáis deseando intensamente los dones mejores, o más llamativos") y no un *mandamiento para buscar* "los dones mejores". La expresión griega que traducimos como "procurad" (ambicionar) es la misma que traducimos aquí como **tiene envidia**. Uno de los principios básicos de la hermenéutica es que los términos idénticos que aparecen en el mismo contexto deberían traducirse de la misma forma.

Cuando el amor ve a alguien que es popular, exitoso, bello o talentoso, está contento por esa persona y nunca se pone celoso o envidioso. Mientras que Pablo se hallaba encarcelado, probablemente en Roma, algunos de los predicadores más jóvenes que entonces servían donde él había ministrado estaban tratando de superar al apóstol motivados por la envidia. Estaban tan celosos de la reputación de Pablo y de sus logros que, con sus críticas, intentaban causarle más "aflicción" cuando sufría en la prisión. Pero Pablo no tenía resentimiento por su libertad, su éxito o su envidia. Aunque él no aprobó su pecado, no les devolvió envidia por envidia, sino que estaba contento de que el evangelio se estuviera predicando, sin importar los motivos (Fil. 1:15-17). Sabía que el mensaje era más poderoso que el mensajero, y que podía trascender la debilidad y la envidia de los predicadores para alcanzar el propósito de Dios.

La envidia no es un pecado moderado e inofensivo. La envidia que Eva tuvo de Dios, despertada por su orgullo, es a lo que Satanás apeló con éxito. Ella quería ser como Dios, tener lo que Él tenía y conocer lo que Él conocía. La envidia fue una parte integral del primer gran pecado, del cual todos los demás pecados han surgido. El siguiente pecado mencionado en Génesis es el asesinato, causado por los celos que Caín tuvo de Abel. Los hermanos de José lo vendieron como esclavo debido a la envidia. Daniel fue arrojado al foso de los leones a causa de la envidia de los demás colegas, funcionarios en Babilonia. Los celos hicieron que el hermano mayor se resintiera del trato que el padre daba al hijo pródigo. Podemos encontrar muchas más ilustraciones bíblicas de la misma clase.

"Cruel es la ira, e impetuoso el furor; mas ¿quién podrá sostenerse delante de la envidia?" (Pr. 27:4). La envidia cuando es extrema tiene una malevolencia que no tienen otros pecados. "Pero si tenéis celos amargos y contención en vuestro corazón", dice Santiago, "no os jactéis, ni mintáis contra la verdad; porque esta sabiduría no es la que desciende de lo alto, sino terrenal, animal, diabólica. Porque donde hay celos y contención, allí hay perturbación y toda obra perversa" (Stg. 3:14-16). La ambición egoísta, que está alimentada por los celos, es a menudo brillante y exitosa; pero su "sabiduría" es diabólica y su éxito es destructivo.

En agudo contraste con muchos relatos de envidia en las Escrituras aparece la historia del amor del Jonatán por David. David no solo era un guerrero mejor y más popular que Jonatán, sino que era una amenaza al trono que el hijo de Saúl hubiera normalmente heredado. No obstante, no se nos dice otra cosa que el gran respeto y amor que Jonatán sentía por su amigo David, por quien no solo hubiera sacrificado el trono, sino su vida. "Pues le amaba (a David) como a sí mismo" (1 S. 20:17). Saúl, padre de Jonatán, perdió su trono y su bendición debido a sus celos, principalmente de David. Jonatán estaba dispuesto a olvidarse del trono y recibir una bendición mayor, porque carecía de envidia.

Eliezer de Damasco era el heredero de las propiedades de Abraham, porque éste no tenía hijo (Gn. 15:2). Sin embargo, cuando nació Isaac y Eliezer perdió su privilegiada herencia, su amor por Abraham e Isaac nunca disminuyó (vea Gn. 24). Una persona amorosa nunca es celosa. Siempre se alegra por el éxito de los demás, aun si ese éxito no le favorece a ella.

EL AMOR NO ES JACTANCIOSO

Cuando la persona amorosa es ella misma exitosa no se dedica a jactarse. **No es jactanciosa**. *Perpereuomai* ("jactarse") no se usa en ninguna otra parte en el Nuevo Testamento y significa hablar con presunción. El amor no hace alarde de sus logros. La jactancia es la otra cara de la envidia. La envidia es querer lo que otra persona tiene. La jactancia es intentar hacer que otros sientan envidia de lo que nosotros tenemos. La envidia es para rebajar a los demás, la jactancia es para elevarnos a nosotros mismos. Es irónico que, a pesar de lo mucho que nos molesta la presunción en otros, nosotros nos sintamos tan inclinados a hacerlo.

A los creyentes corintios les gustaba lucirse espiritualmente, buscaban a menudo la admiración pública. Clamaban por los cargos más prestigiosos y los dones más espectaculares. Todos querían hablar a la vez, especialmente cuando era hablar en éxtasis. Mucho de su hablar en lenguas era falso, pero su jactancia acerca de ello era auténtica. No les preocupaba para nada la armonía, el orden, el compañerismo, la edificación o alguna otra cosa que mereciera la pena. Solo se interesaban en exhibirse a sí mismos. "¿Qué hay, pues, hermanos? Cuando os reunís, cada uno de vosotros tiene salmo, tiene doctrina, tiene lengua, tiene revelación, tiene interpretación" (1 Co. 14:26). Cada uno hacía lo que quería y de la manera más notoria posible, sin ninguna consideración por lo que otros hacían.

Charles Trumbull una vez prometió: "Dios, si tú me das las fuerzas necesarias, cada vez que tenga la oportunidad de iniciar una conversación será siempre acerca de Jesucristo". Tenía solo un tema que era de verdad digno de hablar sobre él. Si Cristo es el primero en nuestros pensamientos, no podemos de ninguna manera jactarnos.

C. S. Lewis dijo que "la jactancia es el mayor mal". Es la personificación del orgullo, que es la raíz de todos los pecados. La jactancia nos pone a nosotros los primeros. Todo lo demás, incluido Dios, debe ser, por tanto, de menos importancia para nosotros. Es imposible edificarnos a nosotros mismos sin rebajar a otros. Cuando nos dedicamos a presumir, solo podemos "elevarnos" si rebajamos a los demás.

Jesús era Dios encarnado, pero nunca se exaltó a sí mismo en ninguna forma. "El cual, siendo en forma de Dios, no estimó el ser igual a Dios como cosa a que aferrarse, sino que se despojó a sí mismo, tomando forma de siervo... y estando en la condición de hombre, se humilló a sí mismo" (Fil. 2:6-8). Jesús, que lo tenía todo para poder jactarse, nunca lo hizo. En completo contraste, nosotros que no tenemos nada para jactarnos, tenemos gran tendencia a hacerlo. Solo el amor que viene por medio de Cristo Jesús nos puede salvar de presumir acerca de nuestro conocimiento, habilidades, dones o logros, ya sean auténticos o imaginados.

EL AMOR NO SE ENVANECE

Los creyentes corintios pensaban que ya habían llegado a la perfección. Pablo ya les había advertido: "Para que en nosotros aprendáis a no pensar más de lo que está escrito, no sea que por causa de uno, os envanezcáis unos contra otros. Porque ¿quién te distingue? ¿o qué tienes que no hayas recibido? Y si lo recibiste, ¿por qué te glorías como si no lo hubieras recibido? Ya estáis saciados", continúa diciendo sarcásticamente, "ya estáis ricos, sin nosotros reináis. ¡Y ojalá reinaseis, para que nosotros reinásemos también juntamente con vosotros!" (1 Co. 4:6-8). Poniéndose todavía más sarcástico, dice: "Nosotros [los apóstoles] somos insensatos por amor de Cristo, mas vosotros prudentes en Cristo; nosotros débiles, mas vosotros fuertes; vosotros honorables, mas nosotros despreciados" (v. 10). Unos pocos versículos más adelante el apóstol es aun más directo: "Mas algunos están envanecidos, como si yo nunca hubiese de ir a vosotros" (v. 18).

Todo lo bueno que los corintios tenían lo habían recibido del Señor y ellos, por tanto, no tenían razón para jactarse y envanecerse. No obstante, estaban hinchados y engreídos acerca de su conocimiento de la doctrina, de sus dones espirituales y de los maestros famosos que habían tenido. Estaban tan engreídos en su orgullo que llegaban aun a jactarse de su carnalidad, mundanalidad, idolatría e inmoralidad, incluido el incesto, que ni siquiera lo practicaban los paganos (5:1). Estaban envanecidos en vez de arrepentidos; se jactaban en vez de lamentarse (v. 2). El amor, por el contrario **no se envanece**.

William Carey, de quien se habla a menudo como el padre de las misiones modernas, fue un brillante lingüista que tuvo la oportunidad de traducir partes de la Biblia a no menos de 34 diferentes lenguajes y dialectos. Se había criado en un hogar sencillo en Inglaterra y allí aprendió y practicó el oficio de zapatero. En la India lo ridiculizaron a menudo por sus "bajos" orígenes y ocupación. Una noche, durante una cena, un tonto presumido dijo:

—Entiendo, señor Carey, que usted una vez trabajó como zapatero.

A lo que Carey respondió:

—Oh, no, yo solo era un zapatero remendón.

Cuando Jesús comenzó a predicar muy pronto comenzó a eclipsar el ministerio de Juan el Bautista. Sin embargo, Juan habló de Él como "el que es antes de mí, del cual yo no soy digno de desatar la correa del calzado" (Jn. 1:27). Cuando más tarde los discípulos de Juan se pusieron celosos de la popularidad de Jesús, Juan los reprendió, diciendo: "Es necesario que él crezca, pero que yo mengüe" (3:30).

Al igual que la sabiduría, el amor dice: "La soberbia y la arrogancia, el mal camino, y la boca perversa, aborrezco" (Pr. 8:13). Otros proverbios nos recuerdan que "cuando viene la soberbia, viene también la deshonra" (11:2) y "ciertamente la soberbia concebirá contienda" (13:10) y que "antes del quebrantamiento es la soberbia, y antes de la caída la altivez de espíritu" (16:18; cp. 29:33).

El orgullo y el envanecimiento generan contiendas, de lo cual estaba llena la iglesia corintia. El amor no tiene parte en tales cosas. El envanecimiento tiene que ver con engreimiento; el amor con un corazón grande y generoso.

EL AMOR NO HACE NADA INDEBIDO

El amor **no hace nada indebido**. El principio aquí tiene que ver con los malos modales, con actuar groseramente. No es una falta tan seria como la jactancia o la vanidad, pero brota de la misma falta de amor. Significa que no se preocupa lo suficiente por los que están a su alrededor para actuar como es debido o amablemente. No se interesa por sus sentimientos o sensibilidad. La persona carente de amor es descuidada, dominante y a menudo grosera.

Los cristianos corintios eran modelos de comportamiento indebido. Actuar de manera impropia era casi su característica. Casi todo lo que hacían era grosero y falto de amor. Incluso cuando se reunían para celebrar la Cena del Señor se comportaban de forma egoísta e insultante. "Cada uno se adelanta a tomar su propia cena; y uno tiene hambre, y el otro se embriaga" (1 Co. 11:21). Durante los cultos de adoración cada uno trataba de superar al otro al hablar en lenguas. Todos hablaban a la vez y cada uno se esforzaba por ser el más dramático y llamativo. La iglesia lo hizo casi todo de manera incorrecta y desordenada, todo lo opuesto a lo que Pablo les había enseñado y que ahora les estaba corrigiendo (14:40).

En una ocasión Jesús estaba comiendo en el hogar de un fariseo llamado Simón. Durante la comida una prostituta entró y lavó los pies de Jesús con sus lágrimas, los secó con su cabello y luego los ungió con un perfume caro. Simón, ofendido y sin saber qué hacer, pensó para sí: "Este, si fuera profeta, conocería quién y qué clase de mujer es la que le toca, que es pecadora". Jesús entonces contó la parábola del acreedor que perdonó a dos deudores, uno por 500 denarios y al otro 50. Le preguntó a Simón qué deudor estaría más agradecido, a lo cual el fariseo respondió:

> *Pienso que aquel a quien perdonó más. Y él le dijo: Rectamente has juzgado. Y vuelto a la mujer, dijo a Simón: ¿Ves esta mujer? Entré en tu casa, y no me diste agua para mis pies; mas ésta ha regado mis pies con lágrimas, y los ha enjugado con sus cabellos. No me diste beso; mas ésta, desde que entré, no ha cesado de besar mis pies. No ungiste mi cabeza con aceite; mas ésta ha ungido con perfume mis pies. Por lo cual te digo que sus muchos pecados le son perdonados, porque amó mucho; mas aquel a quien se le perdona poco, poco ama. (Lc. 7:36- 47)*

El ejemplo principal de amor en este relato no es el de la mujer, con todo lo sincero y hermoso que fue, sino que lo que sobresale de forma notable es el amor de Jesús y que se contrasta con la carencia de amor de Simón. Mediante su aceptación de la acción amorosa de la mujer Jesús le demostró a Simón, así como por medio de la parábola, que lo inapropiado no había sido la acción de ella o la respuesta de él, sino la actitud de Simón. Lo que la mujer y Cristo hicieron tenía mucho que ver con el amor; pero lo que Simón hizo no tenía nada que ver con el amor.

William Barclay traduce nuestro texto como: "El amor no se comporta con malos modales". El amor está lleno de gentileza. Esa gentileza debe comenzar con nuestros hermanos en la fe, pero no debe acabar allí. Muchos cristianos han perdido la oportunidad de dar testimonio de Cristo por sus malos modales hacia un incrédulo que los ha ofendido mediante un hábito que el cristiano considera impropio. Como sucedió con Simón, a veces nuestra actitud y comportamiento en el nombre de la justicia son más incorrectos, y menos justos, que algunas de las cosas que criticamos.

El amor es mucho más que ser amables y considerados, pero nunca es menos. Hasta el punto en que nuestra forma de vivir es desconsiderada y nada amable también carece de amor y de auténtico cristianismo. El comportamiento grosero de los cristianos puede alejar de Cristo a las personas antes de que tengan la oportunidad de escuchar el evangelio. El mensajero se puede convertir en una barrera para el mensaje. Si las personas no pueden ver claramente en nosotros "la mansedumbre y ternura de Cristo" (2 Co. 10:1), probablemente lo verán menos en el evangelio que predicamos.

EL AMOR NO BUSCA LO SUYO

Tengo entendido que la inscripción en la lápida de una tumba en un pequeño pueblo inglés, dice:

> Aquí yacen los restos de un miserable que vivió para sí,
> y no se preocupó de otra cosa que de acumular riquezas,
> dónde está él ahora y cómo le va,
> nadie lo sabe y a nadie le importa.

En contraste, en una lápida sencilla en el atrio de la catedral de San Pablo en Londres, se puede leer: "Sagrado es el recuerdo del general Charles George Gordon, quien en todo momento y en todas partes dio su fortaleza a los débiles, su dinero a los pobres, su consuelo a los que sufrían y su corazón a Dios".

El amor **no busca lo suyo**. Eso es probablemente la clave para todo. La raíz del mal de la naturaleza humana caída es su tendencia a querer hacer su voluntad. R. C. H. Lenski, el bien conocido comentador de la Biblia, ha dicho: "Curemos el egoísmo y habremos vuelto a plantar el huerto del Edén". Adán y Eva rechazaron la voluntad de Dios con el fin de hacer su propia voluntad. El yo tomó el lugar de Dios. Eso es lo opuesto a la justicia y lo opuesto al amor. El amor no está preocupado por sus propias cosas sino por las necesidades de los demás (Fil. 2:4).

De nuevo, los cristianos corintios eran modelos de lo que los cristianos *no* debieran ser. Eran egoístas en extremo. No compartían los alimentos en las fiestas del amor; protegían sus derechos al punto de demandar a sus hermanos en la fe ante los tribunales paganos y querían para sí lo que pensaban eran los "mejores" dones espirituales. En vez de usar los dones espirituales para el beneficio de otros, trataron de usarlos para su propio provecho. Por lo tanto, Pablo les dice: "Pues que anheláis dones espirituales, procurad abundar en ellos para edificación de la iglesia" (14:12). No usaban sus dones para edificar la iglesia, sino con la intención de promoverse a sí mismos.

Se cuenta de un chofer que manejó el auto hasta un cementerio y le pidió al ministro que cuidaba del mismo que se acercara, porque la dueña del auto estaba demasiado débil para caminar. Esperando en el auto se encontraba una anciana con ojos hundidos que evidenciaban años de angustia. Se presentó a sí misma y dijo que ella había estado enviando cinco dólares al cementerio durante los últimos años para comprar flores para la tumba de su esposo.

—He venido hoy en persona —siguió diciendo— porque los médicos me han dicho que me quedan solo unas pocas semanas de vida y quería ver la tumba de mi esposo por última vez.

A lo que el ministro contestó:

—Usted sabe, siento mucho que haya estado enviando dinero para esas flores.

Sorprendida por la respuesta, preguntó:

—¿Qué quiere usted decir?

—Soy parte de una equipo de personas que visitan a los enfermos en los hospitales y en los centros psiquiátricos. A ellos les gustan mucho las flores. Las pueden ver y oler. Las flores son medicina para ellos, porque son personas vivas.

La señora, sin decir nada, le indicó al chofer que se marcharan. Unos meses más tarde el ministro se sorprendió de ver al auto que se acercaba, pero esta vez con la señora al volante. Ella dijo:

—Al principió quedé resentida por lo que me dijo cuando vine a visitar el cementerio, pero me di cuenta de que tenía razón. Ahora me dedico a llevar flores personalmente a los hospitales. Es cierto, eso hace felices a los pacientes y a mí también. Los médicos no saben qué es lo que me hace estar mejor de salud, pero yo si lo sé. Ahora tengo a alguien por quien vivir.

Como siempre, Jesús es nuestro modelo perfecto: Él "no vino para ser servido, sino para servir" (Mt. 20:28). El Hijo de Dios vivió su vida para beneficio de otros. Dios encarnado era el amor encarnado. Él fue la perfecta encarnación del amor que se da por los demás. Nunca buscó su propio bienestar, sino el de otros.

EL AMOR NO SE IRRITA

El término griego *paroxunō*, que aquí se traduce como **irrita**, significa enojarse y es el origen de la palabra *paroxismo*, que es una convulsión o arrebato repentino de emoción o acción. El amor nos protege en contra de esos arranques de irritación, enojo o disgusto provocados por cosas que nos dicen o nos hacen. No se deja provocar.

El apóstol no descarta la indignación que es correcta. El amor "no se goza de la injusticia" (1 Co. 13:6). Enojarse por el maltrato de los indefensos o por la difamación y contradicción de la Palabra de Dios es una indignación justa. Pero cuando es de verdad justa, la indignación nunca será provocada por algo que nos han hecho personalmente. Cuando Jesús limpió el templo, estaba enojado por la profanación de la casa de adoración de su Padre (Mt. 21:11-12); pero en las muchas ocasiones en las que Él fue personalmente difamado o abusado, en ninguna de ellas se enojó o se puso a la defensiva.

Al igual que su Señor, Pablo solo se enojaba por las cosas que enojan a Dios. Respondió enérgicamente contra cosas tales como la herejía, la inmoralidad y el uso indebido de los dones espirituales; pero no se enojó en contra de los que le azotaron, le encarcelaron o mintieron en contra suya (vea Hch. 23:1-5).

La irritación a la que Pablo se refiere aquí tiene que ver con cosas que otros hacen en contra nuestra o que son personalmente ofensivas. El amor no se irrita contra otros cuando han dicho o han hecho cosas que nos desagradan o cuando evitan que nos salgamos con la nuestra (cp. 1 P. 2:21-24). El amor nunca reacciona en defensa propia o con represalias. Irritarse es la otra cara de buscar los nuestro. La persona que busca salirse con la suya se enoja con facilidad o se siente provocado con rapidez.

Jonathan Edwards, el gran predicador y teólogo de los tiempos coloniales, tenía una hija con un temperamento que se descontrolaba pronto. Cuando un hombre se enamoró de la joven y le pidió su mano para casarse con ella, el padre respondió:

—No puedo dársela.

—Pero yo la amo y ella me ama a mí —protestó el joven.

—No importa.

Cuando le preguntaron por qué, contestó:

—Porque no es digna de usted.

—Pero ella es una cristiana, ¿no es cierto?

—Sí —contestó Edwards—, pero la gracia de Dios puede vivir con ciertas personas con las que no podría vivir ningún otro ser humano.

Sin duda alguna la razón principal para muchas de las enfermedades físicas y mentales en nuestra sociedad hoy es la exagerada preocupación por nuestros derechos y la consecuente falta de amor. Cuando todos están luchando por sus propios derechos, ninguno en realidad puede tener éxito o ser feliz. Todos echan mano para agarrar, nadie da nada, y todos pierden, incluso cuando alguien consigue lo que quiere. La falta de amor nunca puede ganar en ninguna forma que sea significativa o duradera. Siempre cuesta más que gana.

Nos enojamos cuando otra persona obtiene un privilegio o reconocimiento que queremos para nosotros mismos, porque es nuestro "derecho". Pero poner nuestros derechos por delante de nuestro deber y por encima de nuestra amorosa preocupación por otros procede del egoísmo y de la falta de amor. La persona amorosa está más interesada en hacer lo que sabe que debe hacer y en ayudar siempre que puede que en pensar en tener lo que piensa que son sus derechos y que le corresponden. El amor considera que nada es su derecho y todo es su obligación.

Decir a nuestra esposa o esposo que los amamos no es muy convincente si nosotros nos enojamos a menudo por lo que nos dicen o hacen. Decir a nuestros hijos que los amamos no es convincente si nosotros a menudo les gritamos por cosas que nos irritan o que interfieren con nuestros propios planes. No hace ningún bien el decir: "Exploto muchas veces, pero se me pasa en unos pocos minutos". Eso es lo que sucede con una bomba atómica. Se puede hacer mucho daño en unos pocos minutos. El descontrol del genio es siempre destructivo, pues aun las pequeñas "bombas" pueden herir y dañar mucho, especialmente cuando explotan de forma regular. La falta de amor es la causa de esas "irritaciones" y el amor es la única cura.

El amor que lleva a la persona a salir de sí misma y a centrar su atención en el bienestar de otros es la única cura para el egocentrismo.

EL AMOR NO GUARDA RENCOR

Logizomai (**guardar rencor**) es un término contable que se usaba para calcular o llevar las cuentas o para anotar una entrada en un libro de contabilidad. El propósito de ese asiento contable es tener una constancia permanente que puede ser consultada siempre que sea necesario. Esa práctica es necesaria en los negocios, pero en los asuntos personales no solo es innecesaria, sino perjudicial. Mantener vivo el recuerdo de las cosas malas que han hecho contra nosotros es la forma más segura de infelicidad, para nosotros y para aquellos de quienes conservamos el historial.

En el Nuevo Testamento se usa la misma palabra griega para representar el acto perdonador de Dios para todos los que confían en Cristo Jesús. "Bienaventurado el varón a quien el Señor *no inculpa* de pecado" (Ro. 4:8). "Dios estaba en Cristo reconciliando consigo al mundo, *no tomándoles en cuenta* a los hombres sus pecados" (2 Co. 5:19). Una vez que el pecado es puesto bajo la sangre de Cristo ya no queda constancia de él. "Para que sean *borrados* vuestros pecados" (Hch. 3:19). En los registros de Dios en los cielos lo único que se lee al lado del nombre de los redimidos es "justificado", porque somos reconocidos como justos en Cristo. La justicia de Cristo es acreditada a nuestro favor. Ya no hay constancia de ninguna otra cosa.

Esa es la clase de asiento contable que el amor conserva de lo malo que han hecho contra nosotros. No hay constancia de hechos para referencias posteriores. El amor perdona. Alguien ha sugerido que el amor no perdona y olvida, sino que más bien recuerda y todavía perdona. El resentimiento es muy cuidadoso en conservar la lista de faltas y errores de los demás, leyéndola y releyéndola una y otra vez en la esperanza de tener la oportunidad de vengarse. El amor no conserva listas ni registros, porque no tiene lugar para el resentimiento y rencores. Crisóstomo decía que el mal que se hace contra el amor es como una chispa que cae en el mar y queda apagada. El amor apaga el mal más bien que conservar constancia de él. No cultiva los recuerdos del mal. Si Dios borra completa y permanentemente los registros de nuestros muchos pecados contra Él, ¿cuánto más debiéramos nosotros perdonar y olvidar las cosas menores que otros hacen contra nosotros (cp. Mt. 18:21-35; Ef. 4:32)?

35

Las cualidades del amor — parte 2 (13:6-7)

[El amor] no se goza de la injusticia, mas se goza de la verdad. Todo lo sufre, todo lo cree, todo lo espera, todo lo soporta. (13:6-7)

EL AMOR NO SE GOZA DE LA INJUSTICIA

El amor nunca encuentra satisfacción en el pecado, ya sea el nuestro propio o el de otros. Hacer cosas indebidas es ya malo en sí mismo; jactarse acerca de ellas hace que los pecados sean aún peores. **[Gozarse] de la injusticia** es justificar el mal. Es hacer que el mal aparezca como bueno. "¡Ay de los que a lo malo dicen bueno, y a lo bueno malo!" (Is. 5:20). Eso es poner al revés la verdad de Dios.

Entre las revistas, libros y programas de televisión más populares se encuentran los que glorifican al pecado, que literalmente se gozan en la injusticia. Declaran cada vez de una forma más explícita que todo vale y que cada persona establece sus propias normas sobre lo que es bueno o malo. Lo bueno es hacer lo que uno quiera. Aun muchas de las noticias que escuchamos o leemos en los medios de comunicación equivalen a regocijarse en la injusticia, porque la violencia, el crimen, la inmoralidad, la calumnia y cosas así son atractivas a la mente y al corazón naturales. Los cristianos no somos inmunes a gozarnos en tales cosas, ya sea porque las encontramos divertidas o porque creemos con arrogante superioridad que esas cosas no nos afectan a nosotros.

A veces el gozarse en la injusticia aparece en la forma de esperar que alguien cometa un error o caiga en el pecado. He conocido a cristianos que querían deshacerse de su cónyuge o ya estaban divorciados. Pero debido a que no creían en segundas nupcias a menos que la otra parte fuera infiel, en realidad confiaban en que el esposo o esposa cometería adulterio de modo que ellos quedaran bíblicamente libres para volver a casarse.

Gozarse en el pecado es malo primero de todo porque es una afrenta contra Dios. No podemos imaginarnos el que alguien se deleite en una tragedia que le sucede a un amigo o a un ser amado; no obstante, cuando nos deleitamos en el pecado, nos estamos gozando en lo que ofende y entristece a nuestro Padre celestial y que es una tragedia para Él. Si amamos a Dios, lo que lo ofenda a Él nos ofenderá a nosotros y lo que lo entristezca a Él nos va a entristecer a nosotros. "Los denuestos de los que te vituperaban cayeron sobre mí", dijo David (Sal. 69:9). Cuando Dios era deshonrado David se sentía dolido, porque aquel a quien él amaba por encima de todo había sido difamado. Cuando nos gozamos del pecado, ya sea directa o indirectamente al ver a otros pecar, demostramos nuestra falta de amor por Dios.

Chismorrear es una de las formas más comunes de gozarnos en el pecado. Los chismes perjudicarían poco si no hubiera tantos oyentes tan dispuestos a escucharlos. Este pecado, que muchos cristianos lo toman con tanta ligereza, es perverso no solo porque revela de forma tan indiferente las debilidades y pecados de otros, y, por tanto, los daña más que los ayuda, sino porque la esencia del chisme es regocijarse en el mal. Los chismes que son ciertos son todavía chismes. Lo que hace que el chisme sea chisme es la *manera* tan desfavorable en la que se hace correr, y a menudo es el simple hecho de que lo hacemos correr. Se le ha definido como un pecado que se goza vicariamente. La esencia del chisme es regodearse en los defectos y pecados de otros, y eso es lo que hace que sea un pecado tan serio. Nunca ayudamos a una persona esparciendo la noticia de su pecado. Granville Walker dijo:

> Hay momentos cuando el silencio es pecado, momentos cuando debemos plantarnos firmes y sin importar las consecuencias tenemos que enfrentar los grandes males de nuestro tiempo, momentos cuando no hacerlo así es la forma más descarada de cobardía. Pero hay otras ocasiones en las que el silencio es virtud, cuando decir la verdad es hacer que muchos corazones sangren innecesariamente y cuando nada se consigue y todo se perjudica por una lengua descontrolada.

Segundo, regocijarnos en el pecado es malo debido a las consecuencias que tiene sobre la persona que peca. El pecado no puede producir otra cosa que daño. En la persona no salva el pecado es evidencia de que está perdida. En un creyente el pecado es evidencia de su desobediencia y de sus relaciones rotas con Dios. Amar a una persona es aborrecer su pecado. La disciplina en la iglesia es necesaria no solo para proteger la pureza del cuerpo, sino también para ayudar al creyente que ha pecado a confrontar su mal y arrepentirse (cp. Mt. 18:15-20). Pablo les había recordado a los corintios su mandamiento de "que no os juntéis con ninguno que, llamándose hermano, fuere fornicario, o avaro, o idólatra, o maldiciente, o borracho, o ladrón; con el tal ni aun comáis" (1 Co. 5:11). En su segunda carta a los Tesalonicenses nos dice: "Pero os ordenamos, hermanos, en el nombre de nuestro Señor Jesucristo, que os apartéis de todo hermano que ande desordenadamente, y no según las enseñanzas que recibisteis de nosotros" (2 Ts. 3:6). Que el apóstol consideraba este principio completamente consecuente con el amor, en realidad una parte necesaria del amor, lo vemos en el versículo anterior: "Y el Señor encamine vuestros corazones al amor de Dios, y a la paciencia de Cristo" (v. 5). El amor no puede tolerar el mal ni gozarse en él de ninguna manera.

EL AMOR SE GOZA DE LA VERDAD

Después de mencionar ocho negativas, ocho cosas que el amor no es o no hace, Pablo cita cinco cosas más que son positivas (vea v. 4*a*). La primera aparece en contraste con la última negativa: el amor **se goza de la verdad**.

A primera vista parece extraño contrastar no gozarse en la injusticia con gozarse en la verdad. Pero la verdad de la cual Pablo está hablando aquí no es simplemente la verdad objetiva. Está hablando de la verdad de Dios, de la Palabra revelada de Dios. La justicia está basada en la verdad de Dios y no puede existir aparte de ella. El amor siempre se regocija en la verdad de Dios y nunca en la falsedad o en la enseñanza falsa. El amor no puede tolerar la doctrina equivocada. No tiene sentido decir: "No importa que las personas no estén de acuerdo con nosotros en la doctrina. Lo que importa es que nosotros las amemos". Ese es básicamente el punto de vista del llamado movimiento ecuménico. Pero si nosotros amamos a otros nos va a importar mucho si lo que ellos creen es correcto o incorrecto. Lo que ellos crean afecta a sus almas, su destino eterno y su representación de la voluntad de Dios y, en consecuencia, eso debe interesarnos y preocuparnos en gran medida. También afecta el alma y destino de aquellos sobre los que tienen influencia.

El amor es consecuente con la amabilidad, pero no lo es con buscar componendas en cuanto a la verdad. Comprometer la verdad no es bondadoso para con aquellos a quienes equivocamos al no mantenernos firmes en la verdad. "Este es el amor", nos dice Juan, "que andemos según sus mandamientos" (2 Jn. 6). Buscar arreglos con aquellos que, por ejemplo, no creen en la encarnación no es amoroso, y nos arriesgamos a perder el galardón (vv. 7-8). El amor, la verdad y la justicia son inseparables. Cuando uno queda debilitado los otros también se debilitan. No debiéramos recibir en nuestra casa ni siquiera saludar a la persona que enseña falsedades acerca de la verdad de Dios (v. 10). No debemos gozarnos en la doctrinas erróneas que esa persona enseña o en la manera errada en la que vive. El amor se goza en la verdad y nunca en la falsedad o en la injusticia.

Por el otro lado, el amor no se enfoca en los errores de otros. No hace una exhibición de ellos para que todo el mundo los vea. El amor no ignora la falsedad y la injusticia, sino que en todo lo posible se enfoca en lo que es verdadero y recto. Busca lo bueno, confía en lo bueno y enfatiza lo bueno. Se goza con aquellos que enseñan la verdad y viven la verdad.

Hubo un predicador escocés que era conocido por el amor y ánimo que ofrecía a los miembros de su iglesia y de la comunidad. Cuando falleció alguien comentó: "Ya no queda nadie para apreciar los triunfos de la gente común". El amor aprecia los triunfos de las personas comunes. Nuestros hijos son edificados y fortalecidos cuando los alentamos en sus logros y en su obediencia. El amor no se goza en la falsedad o en lo malo, sino que su razón de ser es edificar, no derribar, fortalecer, no debilitar.

William Gladstone, un primer ministro de Inglaterra en el siglo XIX, se encontraba trabajando una noche en un importante discurso que tenía que pronunciar en el Parlamento al día siguiente. A las dos de la madrugada una mujer llamó a la puerta y le preguntó al criado si el señor Gladstone podría acudir a su casa y consolar a su joven hijo paralítico que estaba muriendo en un vecindario no lejos de allí. Sin dudarlo un momento aquel ocupado hombre dejó su discurso a un lado y se fue con la mujer. Pasó el resto de la noche con el joven, confortándolo y llevándolo a aceptar a Cristo Jesús como su Salvador. El joven falleció al amanecer y Gladstone regresó a casa. Más adelante en la mañana le confesó a un amigo: "Soy hoy el hombre más feliz del mundo". La verdadera grandeza de Gladstone no fue su posición política o logros, sino su gran amor, un amor que arriesgaba su futuro político para demostrar el amor de Dios a un joven en gran necesidad. Sucedió también que en aquel día pronunció, según afirman algunos historiadores, el discurso más brillante de su carrera. También consiguió aquella victoria, pero había estado dispuesto a perderla por amor de una superior. La victoria del amor era más importante.

EL AMOR TODO LO SUFRE

Las cuatro cualidades mencionadas en el versículo 7 son hipérboles, esto es, exageraciones con la intención de enseñar. Pablo ha dejado bien en claro que el amor rechaza la envidia, la jactancia, la vanidad, lo indebido, el egoísmo, el enojo, el resentimiento y la injusticia. No apoya, cree, espera o tolera la mentira, la falsa enseñanza o aquello que no sea de Dios. Por **todo** Pablo se refiere a todas las cosas que son aceptables en la justicia y voluntad de Dios, todo lo que cabe dentro de la divina tolerancia de Dios. Las cuatro cualidades mencionadas aquí están íntimamente relacionadas y aparecen en orden ascendente.

Stegō (**sufrir**) significa básicamente cubrir o soportar y, por tanto, proteger. El amor **todo lo sufre** a fin de proteger a otros de riesgos, burlas o daños. El amor genuino no chismea o escucha los chismes. Aun cuando un pecado es cierto, el amor procura corregirlo con el mínimo de heridas y daño para la persona culpable. El amor nunca protege el pecado, pero está muy dispuesto a proteger al pecador.

La naturaleza humana caída tiene la inclinación opuesta. Hay un placer perverso en dar a conocer las faltas y fallos de otra personas. Como ya hemos mencionado, eso es lo que hace las habladurías tan atractivas. Los corintios no se preocupaban por los sentimientos o bienestar de sus hermanos creyentes. Cada cual se las apañaba como podía. Como los fariseos, prestaban poca atención a los demás, excepto cuando esos otros caían o pecaban. La depravación humana lleva al hombre a regocijarse en la depravación de otros. Es ese placer depravado lo que vende las revistas que se dedican a exponer o inventar las faltas de los demás. Es la misma clase de placer que lleva a los niños a los hermanos a hablar de sus hermanos o hermanas. Ya sea por sentir su aparente superioridad al exponer los pecados de otros o disfrutar de ese pecado vicariamente, todos nos sentimos tentados a sentir placer al exponer públicamente los pecados de otros. El amor no tiene parte en eso. No se dedica a exponer o explotar, a regodearse o condenar. **Todo lo sufre**; no desnuda a los demás.

"El odio despierta rencillas; pero el amor cubrirá todas las faltas" (Pr. 10:12). Podemos medir el amor que sentimos por una persona por cuán rápidamente cubrimos su faltas. Cuando uno de nuestros hijos hace algo malo tendemos a poner la mejor cara frente a la situación. "No entiende lo que está haciendo", explicamos, o "Ella no siente de verdad lo que está diciendo". Sin embargo, con una persona que no nos cae bien nuestra reacción es probablemente la opuesta: "Ese es el Juan de siempre", o "¿Qué se puede esperar de una persona como ella?"

El amor no justifica el pecado o se compromete con la falsedad. El amor advierte, corrige, exhorta, reprende y disciplina; pero no expone públicamente o da a conocer los fracasos y errores. Cubre y protege. Henry Ward Beecher dijo: "Dios perdona como una madre que echa la ofensa en un olvido eterno".

El propiciatorio, donde se rociaba la sangre de la expiación (Lv. 16:14), era una cubierta, no solo del arca misma, sino también de los pecados del pueblo. El propiciatorio era el lugar donde se cubrían los pecados. Esa cubierta prefiguraba la obra perfecta y final de expiación (cubrir) de pecados que Cristo Jesús llevó a cabo en la cruz en su gran sacrificio propiciatorio (Ro. 3:25-26; He. 2:17; 1 Jn. 2:2). En la cruz Dios echó el gran manto de su amor para cubrir el pecado, cubriéndolo para siempre para aquellos que confían en su Hijo. Por naturaleza, el amor es redentor. Quiere rescatar, no condenar; salvar, nó juzgar.

El amor siente el dolor de aquellos que ama y ayuda para llevar la carga del dolor. El amor verdadero está aun dispuesto a cargar con las consecuencias del pecado de aquellos que ama. Isaías escribió acerca de Cristo Jesús: "Ciertamente llevó él nuestras enfermedades, y sufrió nuestros dolores;... Mas él herido fue por nuestras rebeliones; molido por nuestros pecados; el castigo de nuestra paz fue sobre él, y por su llaga fuimos nosotros curados" (Is. 53:4-5). Como Pedro aprendió por propia experiencia personal acerca de la paciencia y bondad de Cristo: "el amor cubrirá multitud de pecados" (1 P. 4:8).

Durante el gobierno de Oliver Cromwell en Inglaterra un joven soldado fue sentenciado a muerte. La joven con la que estaba comprometido suplicó a Cromwell que perdonara su vida, pero no lo consiguió. El joven soldado iba a ser ejecutado en cuanto sonara la campana del toque de queda, pero aunque el sacristán tiró de la cuerda varias veces la campana no sonaba. La joven enamorada había subido al campanario y había cubierto el badajo con su cuerpo de forma que amortiguaba por completo el golpe en la campana. Su cuerpo quedó golpeado y amoratado, pero no soltó el badajo hasta que el sacristán dejó de tirar de la cuerda. La joven se las arregló para bajar, golpeada y sangrando, para encontrarse frente a los que esperaban para la ejecución. Cuando ella explicó lo que había hecho, Cromwell cambió la sentencia. Un poeta lo expresó bellamente de esta forma:

> A sus pies ella contó lo que había pasado,
> mostrando sus manos heridas y amoratadas,
> con su dulce y joven rostro todavía demacrado
> por la angustia que había soportado.
> Tocado en su corazón con repentina piedad,
> alumbrados su ojos con luz que se reflejaba en su lágrimas:
> "Vete, tu amado vive", dijo Cromwell;
> "el toque de queda no sonará esta noche".

EL AMOR TODO LO CREE

Además de sufrir todas las cosas, el amor también **todo lo cree**. El amor no es desconfiado o cínico. Cuando arroja su manto sobre algo malo que ha sucedido también cree en las mejores consecuencias para el que ha hecho el mal: que el mal sea confesado y perdonado y que el amado sea restaurado a la justicia de Dios.

El amor también cree en todas las cosas de otra forma. Si hay dudas acerca de la culpabilidad o motivación de otra persona, el amor optará siempre por la posibilidad más favorable. Si un ser amado es acusado de algo malo, el amor lo considerará inocente hasta que se demuestre que es culpable. Si se prueba que es culpable, el amor pensará en la mejor motivación. El amor confía; el amor tiene confianza; el amor **cree**.

En nuestra iglesia tratamos continuamente de desarrollar un espíritu de mutua confianza en el seno del equipo ministerial y dentro de la congregación como un todo. Creemos que cada persona está dedicada al Señor y que es responsable en su servicio a Él. Creemos que cada persona vive en comunión con el Señor. Cuando alguien falla, como a todos nos sucede, entonces nuestro deseo es ayudar a cubrir el mal y ayudar a corregirlo. Cada vez que hay alguna duda, preferimos equivocarnos en lo que favorece más a la persona.

Los amigos de Job dieron pocas evidencias de amor. Estaban listos para creer lo peor acerca de él, estaban completamente convencidos de que sus problemas solo podían haber sido causados por sus pecados. El mismo Job no entendía por qué estaba sufriendo de forma tan terrible, pero sabía que no era por causa de sus pecados. "He aquí, yo conozco vuestros pensamientos", les dijo, "y las imaginaciones que contra mí forjáis" (Job 21:27). No le dieron a Job el beneficio de la duda porque no tenían verdadero amor por él. Conociendo la conducta recta de Job, unos amigos amorosos se habrían dado cuenta de que sus sufrimientos estaban desproporcionados con cualquiera deficiencia que él tuviera.

La falta de amor de los escribas y de los fariseos se puede ver en la disposición que tenían para encontrar lo peor en otros, incluyendo a Jesús. Cuando Jesús perdonó al paralítico de sus pecados, los fariseos sacaron de inmediato la conclusión de que estaba blasfemando (Lc. 5:21). Para una mayor evidencia de su poder divino Cristo entonces sanó al enfermo de su aflicción. La mayoría de las personas que los rodeaban se maravillaron del milagro y glorificaron a Dios (v. 26), pero sabemos por sus comentarios y acciones posteriores que los fariseos siguieron convencidos de que Jesús era malo. El odio lleva a creer en lo peor; el amor lleva a creer en lo mejor.

El amor es un refugio de confianza. Cuando la confianza se quiebra, la primera reacción del amor es curar y perdonar. "Hermanos, si alguno fuere sorprendido en alguna falta, vosotros que sois espirituales, restauradle con espíritu de mansedumbre, considerándote a ti mismo, no sea que tú también seas tentados" (Gá. 6:1).

EL AMOR TODO LO ESPERA

Aun cuando la fe en la bondad o arrepentimiento de un ser amado se haga pedazos, el amor todavía **espera**. Cuando se le acaba la fe todavía se aferra a la esperanza. Mientras tanto que la gracia de Dios esté operando el fracaso humano nunca es definitivo. Dios no tomó los fracasos de Israel como definitivos. Cristo no tomó el fracaso de Pedro como definitivo. Hay más que suficientes promesas en la Biblia para darle esperanza al amor.

Los padres de hijos que se alejan de Dios, el cónyuge de un esposo incrédulo, la iglesia que ha disciplinado a miembros que no se arrepienten, todos viven en la esperanza de que el hijo, el cónyuge o el creyente extraviado puedan ser restaurados. El amor se niega a tomar el fracaso como definitivo. La cuerda del amor no tiene límite. Mientras que haya vida, el amor no pierde la esperanza. Cuando nuestra esperanza se debilita, sabemos que nuestro amor también se ha debilitado.

Escuché acerca de un perro que aguardó en el aeropuerto de una gran ciudad durante más de cinco años a que su amo regresara. Los empleados del aeropuerto y otras personas cuidaron del perro, pero él no se alejaba del lugar donde había visto a su amo por última vez. No perdía la esperanza de que algún día volverían a estar juntos. Si el amor de un perro por su amo puede producir esa clase de esperanza, ¿cuánto más debiera durar la espera que genera nuestro amor?

EL AMOR TODO LO SOPORTA

Hupomenō ("soportar") era un término militar que lo usaban para referirse a un ejército que defendía a toda costa su posición. Los soldados tenían que soportar toda clase de privación y sufrimiento a fin de sostenerse firmes.

El amor se aferra fuertemente a los que ama. **Todo lo soporta** a toda costa. Se mantiene firme frente a la oposición abrumadora y rehúsa dejar de apoyar o parar de creer o cesar de esperar. El amor nunca deja de amar.

Esteban soportó amorosamente la burla y el rechazo de aquellos a quienes había testificado. Sus insultos no lograron que él dejara de creer en que ellos creerían y sus piedras no le llevaron a cesar de creer que ellos podía ser salvos. Murió orando: "Señor, no les tomes en cuenta este pecado" (Hch. 7:60). Como su Maestro, amó hasta el final e incluso a los enemigos que lo aborrecían y lo mataban. Su amor lo soportó todo.

El amor sufre lo que de otra manera es inaguantable; cree en lo que de otra manera es increíble; espera en aquello que de otra manera carece de esperanza; y soporta lo que algo menos que el amor lo abandonaría. Después que el amor lo sufre cree. Después de creer espera. Después de esperar soporta. No hay un "después" a soportar, porque soportar es un clímax sin fin de amor.

La permanencia del amor (13:8-13)

36

El amor nunca deja de ser; pero las profecías se acabarán, y cesarán las lenguas, y la ciencia acabará. Porque en parte conocemos, y en parte profetizamos; mas cuando venga lo perfecto, entonces lo que es en parte se acabará. Cuando yo era niño, hablaba como niño, pensaba como niño, juzgaba como niño; mas cuando ya fui hombre, dejé lo que era de niño. Ahora vemos por espejo, oscuramente; mas entonces veremos cara a cara. Ahora conozco en parte; pero entonces conoceré como fui conocido. Y ahora permanecen la fe, la esperanza y el amor, estos tres; pero el mayor de ellos es el amor. (13:8-13)

El tema de esta sección última de 1 Corintios 13 es **el amor nunca deja de ser**. El amor nunca terminará a lo largo de toda la eternidad. El amor permanece.

Muchos de los corintios tenían sus ojos muy enfocados en las cosas erróneas. Estaban excesivamente preocupados por lo temporal y muy poco preocupados por lo permanente. En vez de ser la sal de Dios en Corinto, estaban tomando el sabor de la cultura que los rodeaba. En vez de impregnar a Corinto con un espíritu de santidad, el espíritu de impiedad de Corinto había entrado en la iglesia. En vez de ser obedientes al Espíritu de Dios y evidenciar el fruto que Él da, estaban infectados por el materialismo, el orgullo, el antagonismo, el egoísmo, el libertinaje, el odio, la inmoralidad sexual, la envidia y prácticamente cualquier otro pecado imaginable. Estaban llamados a ser luz, pero actuaban en las tinieblas. Estaban llamados a ser justos, pero vivían en pecado. En vez de estar ellos cristianizando Corinto, la iglesia estaba siendo paganizada.

De todos sus muchos fallos, el mayor fracaso de los creyentes corintios estaba en el amor. Así como la presencia del "amor [cubre] multitud de pecados" (1 P. 4:8), la falta de amor *causa* multitud de pecados. Los corintios tenían una gran falta de amor y gran pecado. Lo que ellos necesitaban por encima de todo era mucho amor y mucha justicia. Aquello que caracteriza más a Dios mismo debiera caracterizar a sus hijos.

En 1 Corintios 13:8-13 Pablo nos demuestra que, debido a su calidad permanente, el amor es el don más grande de Dios, el don que está por encima de todos los demás. En contraste con la permanencia del amor, los dones espirituales son temporales, parciales y elementales.

LOS DONES SON TEMPORALES

El amor nunca deja de ser; pero las profecías se acabarán, y cesarán las lenguas, y la ciencia acabará. (13:8)

Deja de ser (de *piptō*) tiene el significado básico de caer, y se usaba para referirse a una hoja o flor que cae a tierra, se marchita y se descompone. **Nunca** nos habla de tiempo, no de frecuencia, y nos trae la idea de que el **amor** divino nunca cae, se marchita ni se descompone. Es permanente por naturaleza. Nunca deja de ser.

El amor no puede fallar porque participa de la naturaleza y eternidad de Dios. En el cielo no solo no habrá ya necesidad de la fe y de la esperanza, sino que tampoco la habrá de los dones de enseñanza, predicación ayuda, profecía, discernimiento, ciencia, sabiduría, lenguas, milagros, sanidades, fe, misericordia o liderazgo. Ninguno de estos dones tendrá razón de ser o lugar en el cielo. No obstante, el amor es, y lo será por siempre, la auténtica atmósfera del cielo.

Es importante darnos cuenta de que **nunca deja de ser** no se refiere a éxito. El amor no es una llave mágica que los cristianos usamos para abrir toda oportunidad y garantizar toda empresa. El amor no es una fórmula espiritual que, aplicada fielmente, cumple automáticamente con nuestros deseos y produce éxito humano. El amor no siempre gana, al menos no es el sentido acostumbrado. Cristo Jesús era el amor encarnado, pero no tuvo éxito mediante su amor perfecto en ganar a cada persona con la que se encontró. Se burlaron de Él, lo difamaron, lo negaron, lo rechazaron y lo crucificaron. A Pablo le podríamos llamar el apóstol del amor, con todo él no dejó un rastro de éxitos perfectos en todo lugar donde ministró. Fue perseguido, arrestado, azotado, encarcelado y, como su Señor, ejecutado a causa de lo que dijo e hizo en amor.

Por el otro lado, siempre y en todo lugar donde los cristianos *tienen* éxito en su vida y ministerio, veremos que es siempre por medio del amor. Debido a que el amor no se impone a la voluntad humana, no siempre podemos alcanzar nuestros propósitos, sin importar cuán amorosos, espirituales y generosos podamos ser. Pero ninguna obra cristiana auténtica se lleva a cabo sin amor. El éxito no siempre será una parte del amor, pero el amor siempre será una parte del genuino éxito espiritual.

Pablo, sin embargo, no está hablando de los éxitos o fracasos del amor, sino de su perdurabilidad, de su permanencia como una cualidad divina. **El amor nunca deja de ser** en el sentido de que sobrevive a todo fracaso. Para los cristianos, el amor es vida, y ambos son eternos. El amor es la característica suprema de la vida que Dios da, porque el amor es la característica suprema de Dios mismo. "Dios es amor; y el que permanece en amor, permanece en Dios, y Dios en él" (1 Jn. 4:16). Esa es la enseñanza de Pablo, la verdad que él confía que los corintios de alguna manera puedan entender, aceptar y seguir. Él quería que ellos fueran exitosos en el amor, exitosos en ser como Dios.

Pablo reforzó su énfasis en la naturaleza suprema del amor al comparar la permanencia del amor con la transitoriedad de tres dones espirituales: **la profecía, las lenguas** y **la ciencia**. Cada uno de estos dones al final caerá y desaparecerá, pero el amor continuará.

Aunque se nos dice aquí que estos tres dones un día dejarán de existir, se usan dos verbos diferentes para indicar su terminación. **Profecía** y **ciencia acabarán**, mientras que las **lenguas cesarán**.

Acabarán procede de *katargeō*, que significa "reducido a la inactividad" o "abolir". Los dones de profecía y ciencia un día dejarán de funcionar. Aparecen en pasivo las dos formas de este verbo en el versículo 8, así como la que encontramos en el versículo 10. Es decir, que algo o alguien hará que dejen de funcionar. Como consideraremos más adelante, ese algo es la venida de "lo perfecto" (v. 10).

Cesarán nos viene de *pauō*, que significa "parar, llegar al final". A diferencia de *katargeō*, este verbo se usa aquí en la voz media en griego, la cual, cuando se usa en personas, indica una acción intencional, voluntaria sobre uno mismo. Cuando se emplea para objetos inanimados indica una acción reflexiva, causada por uno mismo. La causa viene de dentro; es inherente en ello. Dios le dio al don de **lenguas** un elemento inherente en él que lo llevará a cesar. Pablo dice que el "don cesará por sí mismo". Como una batería, tiene una cantidad determinada de energía y un tiempo limitado de vida. Cuando alcanza su límite, su actividad cesa automáticamente. La profecía y la ciencia acabarán por medio de algo fuera de ellos, pero el don de lenguas cesará por sí mismo. Esta distinción en términos es indiscutible.

Pero aun queda en pie la cuestión de *cuándo* y *cómo* estos dones terminarán. Se nos dice que la profecía y la ciencia acabarán "cuando venga lo perfecto" (vv. 9-10), y hablaremos sobre el qué y el cuándo de "lo perfecto" cuando lleguemos a esos versículos.

Sin embargo, el cese de las **lenguas** no aparece mencionado en relación con la venida de lo perfecto. Cesarán en un tiempo antes de eso. Esa es la razón por la que no los hace cesar el mismo elemento que acaba con los otros dos dones. Como ya estudiamos con cierto detalle en 12:8-10, creo que este don terminó con la era apostólica.

En primer lugar, las lenguas fueron una don-señal y, como los dones de sanidades y de milagros, cesaron de funcionar cuando se completó el Nuevo

Testamento. Dios nunca ha cesado de realizar milagros, y continúa hoy sanado milagrosamente y obrar en otras formas sobrenaturales conforme a su voluntad soberana. Pero la Biblia registra solo tres períodos de la historia en los que los seres humanos recibieron el don de hacer milagros. El primer período vino durante el tiempo de Moisés y Josué, el segundo durante los ministerios de Elías y Eliseo, y el tercero durante el ministerio de Jesús y los apóstoles. Cada uno de esos períodos duró solamente unos 70 años y luego terminó de forma abrupta. La única otra era de milagros vendrá durante el reino milenario y la fuente de esos milagros aparece descrita como "los poderes del siglo venidero" (He. 6:5). El último milagro registrado en el Nuevo Testamento en el cual Dios obró por medio de un instrumento humano ocurrió alrededor del año 58 (Hch. 28:8). Desde ese tiempo hasta el año 96, cuando Juan completó el Apocalipsis, no se menciona ni un solo milagro de esa clase.

La era de los milagros del Nuevo Testamento tenía el propósito de confirmar la Palabra como había sido dada por Jesús y los apóstoles, de ofrecer el reino a Israel y de dar un anticipo, una muestra, del reino. Cuando Israel le volvió la espalda a Cristo y su reino, era ya "imposible... [que fueran] otra vez renovados para arrepentimiento" (He. 6:4-6) y el evangelio fue entonces ofrecido a los gentiles. La enseñanza de Cristo y de los apóstoles había sido confirmada a Israel "con señales y prodigios y diversos milagros y repartimientos del Espíritu Santo" (He. 2:3-4). Es interesante que, aunque Hebreos fue escrito tan pronto como los años 67 o 68, el escritor habla allí de esta confirmación (*ebebaiōthē*, ind. aor. pas) en un tiempo verbal pasado, como si las señales, prodigios y milagros hubieran cesado. Esos dones estuvieron ligados de forma única a los apóstoles (2 Co. 12:12).

La segunda evidencia que el don de lenguas terminó con los apóstoles es que su propósito como una señal judicial del juicio de Israel cesó de aplicarse en aquel tiempo. Pablo recuerda a los corintios: "En la ley está escrito: En otras lenguas y con otros labios hablaré a este pueblo; y ni aun así me oirán, dice el Señor" (1 Co. 14:21; cp. Is. 28:11-12). En otras palabras, debido a que Israel se negó a escuchar y a creer cuando Dios les habló en lenguaje claro, el profeta dijo que vendría el día cuando les hablaría en un lenguaje que no podrían entender, como un testimonio contra su rechazo de Dios.

Las lenguas no fueron dadas como una seña a los creyentes "sino a los incrédulos"(1 Co. 14:22), específicamente a los judíos incrédulos. Con la destrucción del templo por el general romano Tito Vespasiano en el año 70 d.C., lo que quedó del judaísmo como religión fue una sombra de lo que había sido. Con la desaparición del templo, el sistema de sacrificios quedó también destruido, y quedó eliminada la necesidad de un sacerdocio judío. A partir de ese momento resultó imposible cumplir con los requerimientos del Antiguo Testamento. Cuando tuvo lugar la destrucción, unos quince años después de que

Pablo escribiera esta carta, la necesidad de las lenguas como una señal judicial para Israel ya no tenía valor. No hay tampoco necesidad hoy de una señal de que Dios ha dejado a Israel y se ha extendido al mundo.

Tercera, las lenguas cesaron porque eran unos medios inferiores de edificación. Cuando son interpretadas correctamente, las lenguas tienen la habilidad de edificar en una forma limitada (1 Co. 14:5; 12-13; 27-28). Pero el propósito primario de 1 Corintios 14 es demostrar que las lenguas eran un medio inferior de comunicación (vv. 1-12), un medio inferior de alabanza (vv. 13-19) y un medio inferior de evangelización (vv. 20-25). Las lenguas proveían una edificación limitada e inferior, mientras que la profecía es muy superior en todo sentido (vv. 1, 3-6, 24, 29, 31, 39). Cinco palabras dichas de forma inteligente e inteligible en lenguaje común son mucho más valiosas que "diez mil palabras en lengua desconocida" (v. 19).

Cuarta, el don de lenguas ha cesado porque su propósito como una señal de confirmación de la autoridad y doctrina apostólicas terminó cuando quedó completado el Nuevo Testamento. Hablar en lenguas de forma genuina involucraba una revelación directa de Dios al que hablaba, aunque era una revelación velada que siempre necesitaba traducción o interpretación, a menudo incluso para el mismo que hablaba (1 Co. 14:27-28). Sin embargo, la revelación de Dios quedó completa cuando se terminó de escribir el Nuevo Testamento, y nada hay que añadir o quitar (Ap. 22:18-19). Terminó así el propósito confirmador de las lenguas.

Quinta, es razonable pensar que las lenguas han cesado porque su uso se menciona solamente en los libros más tempranos del Nuevo Testamento. En realidad, la mayoría de los libros no los mencionan. Pablo solo habla de ellos en esta carta, y Santiago, Pedro, Juan y Judas no dicen nada sobre el particular. El libro de Hechos no se refiere a las lenguas después de 19:6. Parece claro por los registros del Nuevo Testamento que las lenguas no solo dejaron de ser un tema a tratar, sino que cesaron de ser practicadas antes del final de la era apostólica. En ninguna parte en las epístolas se manda o se encarece a los creyentes que las practique o que las tengan como un ejercicio espiritual.

Por último, el don de lenguas ha cesado evidentemente, desde la era apostólica, porque ha reaparecido solo de forma irregular y cuestionable a lo largo de diecinueve siglos de la historia de la iglesia. No encontramos que se hable o se aluda al don de lenguas en los escritos de los Padres de la iglesia. Clemente de Roma escribió una carta a la iglesia corintia en el año 95, solo unas cuatro décadas después de que Pablo escribiera 1 Corintios, y al considerar algunos problemas en la iglesia, no menciona las lenguas. Al parecer tanto el uso como el abuso de ese don había terminado. Justino Mártir, el gran padre de la iglesia del siglo segundo, visitó muchas de las iglesias de su tiempo y, no obstante, en sus voluminosos escritos no dice nada acerca del don de lenguas. Ni siquiera aparece mencionado en sus varias listas de dones espirituales. Orígenes, un erudito brillante que vivió durante el tercer siglo, no menciona las lenguas. En sus escritos *Contra Celso* argumenta explícitamente que los dones señales de la época apostólica fueron temporales y que ya no se practicaban por los cristianos de su tiempo. Crisóstomo, quizás el escritor más importante posterior al Nuevo Testamento, que vivió desde 347 a 407, al escribir sobre 1 Corintios 12 declara que las lenguas y los otros dones milagrosos no solo habían dejado de existir, pero que ni siquiera se podía definir con exactitud. Agustín, en su comentario sobre Hechos 2:4, escribió: "En los primeros tiempos el Espíritu Santo descendió sobre los creyentes y hablaron en lenguas. Estas fueron señales adaptadas para aquel tiempo, porque era necesaria aquella señal del Espíritu Santo. Aquello fue hecho para apoyarlos, pero ya ha desaparecido".

Los teólogos e historiadores de los primeros siglos de la iglesia sostienen por unanimidad que las lenguas cesaron después del tiempo de los apóstoles. La única excepción que conocemos fue dentro del movimiento dirigido por Montano, un hereje del segundo siglo que creyó que la revelación divina continuaba por medio de él más allá del Nuevo Testamento.

Al parecer no se volvió a mencionar en el cristianismo la práctica de hablar en lenguas hasta los siglos diecisiete y dieciocho, cuando apareció en varios grupos católico romanos en Europa (cevenolos y jansenistas) y entre los shakers de Nueva Inglaterra. Los irvingitas del Londres del siglo diecinueve fueron conocidos por pretensiones no bíblicas de revelaciones y de "hablar en lenguas". Durante más de 1800 años el don de lenguas, junto con otros dones de milagros, fueron desconocidos en la vida y la doctrina del cristianismo ortodoxo. Luego, al principio del siglo XX, las lenguas se convirtieron en un asunto importante dentro del llamado movimiento de santidad, una parte importante del cual se transformó en el pentecostalismo moderno. El movimiento carismático, que comenzó en 1960, llevó la práctica de hablar en lenguas fuera de los límites del pentecostalismo y la introdujo en otras muchas denominaciones, iglesias y grupos, tanto católicos como protestantes, llenando el vacío de una vida espiritual auténtica con falsas experiencias.

Muchos carismáticos defienden como bíblico el uso moderno del don de lenguas como parte de las señales de los últimos días de Joel (2:28-32) y citadas por Pedro en su sermón de Pentecostés (Hch. 2:17-21). Pero al examinar cuidadosamente esos pasajes se hace evidente que la profecía no tiene que ver con Pentecostés ni con los tiempos modernos. Por lo que antecede en Joel 2 vemos que el tiempo se refiere a la segunda venida de Cristo (de la que Pentecostés fue solo un ejemplo), cuando el Señor "[hará] alejar de vosotros [Israel] al [ejército] del norte" (v. 20), poco antes del establecimiento del reino milenario y el pueblo escogido de Dios se vuelva a Él (vv. 21-27; cp. Ez. 36:23-38). Solo "después de esto" (v. 28) aparecerán las señales milagrosas en el cielo y en la tierra.

No hubo sangre, columnas de humo, ni oscurecimiento del sol ni la luna cambió a sangre asociados con Pentecostés. Tampoco han ocurrido cosas semejantes en los tiempos modernos. Pedro no dijo que Pentecostés estuviera cumpliendo por completo la profecía de Joel, porque obviamente no fue así. Sí dijo que las señales milagrosas limitadas que habían sucedido poco antes de que él comenzara su sermón eran solo una visión de señales mayores y de mayor alcance que ocurrirían en "los postreros días" (Hch. 2:17). No hay ninguna explicación aquí para la reaparición moderna de las lenguas o de otros dones de milagros.

Algunos carismáticos mantienen también que la "lluvia temprana y tardía" de Joel 2:23 se refieren respectivamente al derramamiento del Espíritu Santo en Pentecostés y en los tiempos modernos. Pero la lluvia temprana era la literal precipitación que venía en el otoño y la lluvia tardía era la que caía en la primavera. Lo que Joel está diciendo es que Dios hará que las cosechas crezcan abundantemente en el reino, como los siguientes versículos (24-27) indican con gran claridad.

George N. H. Peters, un erudito bíblico del siglo XIX, dijo: El bautismo de Pentecostés es una promesa de cumplimiento en el futuro, evidenciando que el Espíritu Santo ministrará todavía en el siglo venidero". Helmut Thielicke, un teólogo contemporáneo, describe los milagros del primer siglo, incluyendo las lenguas, como "el relampaguear del reino de Dios en el horizonte".

LOS DONES SON PARCIALES

Porque en parte conocemos, y en parte profetizamos; mas cuando venga lo perfecto, entonces lo que es en parte se acabará. (13:9-10)

Las lenguas cesaron poco después de que Pablo escribiera esta carta, pero los dones de profecía y de ciencia aún no han acabado, porque **lo perfecto** todavía no ha llegado. Al igual que las lenguas y todos los demás dones, esos dos dones son temporales, pero son menos temporales que las lenguas. El único y aislado propósito del don de lenguas lo vemos en el hecho de que, a diferencia de la ciencia y la profecía, no existió ni antes ni después de la era apostólica. En lo que concierne a esta consideración sobre el amor, Pablo considera que las lenguas ya habían cesado, porque ese don no aparece mencionado después del versículo 8.

Lo que Pablo hace resaltar en los versículos 9-10 es la parcialidad de la ciencia y la profecía: **en parte conocemos, y en parte profetizamos**. Esos dones son representativos de todos los demás dones porque [**acabarán**] cuando **venga lo perfecto**, porque en ese tiempo los dones ya no tendrán razón de existir.

Los dones de Dios son completos, pero los seres humanos que los reciben son limitados. Pablo se incluye a sí mismo en el verbo en plural. Aun los apóstoles conocieron **en parte** y profetizaron **en parte**. Pablo había advertido a los corintios que "si alguno se imagina que conoce algo, aún no sabe nada como debe saberlo" (1 Co. 8:2). Conseguir un mejor "conocimiento de Cristo Jesús" era el propósito y gozo supremos de Pablo en la vida, incluso al final de su existencia insistió: "No que lo haya alcanzado ya, ni que ya sea perfecto; sino que prosigo, para ver si logro asir aquello para lo cual fui también asido por Cristo Jesús" (Fil. 3:8, 12).

Zofar le preguntó a Job: "¿Descubrirás tú los secretos de Dios? ¿Llegarás tú a la perfección del Todopoderoso? Es más alta que los cielos; ¿qué harás? Es más profunda que el Seol; ¿cómo la conocerás? Su dimensión es más extensa que la tierra, y más ancha que el mar" (Job 11:7-9). Poco después Job mismo declara: "He aquí, estas cosas son sólo los bordes de sus caminos; ¡Y cuán leve es el susurro que hemos oído de él! Pero el trueno de su poder, ¿quién lo puede comprender? (26:14). David cantó asombrado: "Has aumentado, oh Jehová Dios mío, tus maravillas; y tus pensamientos para con nosotros, no es posible contarlos ante ti. Si yo anunciare y hablare de ellos, no pueden ser enumerados" (Sal. 40:5). Dios nos conoce perfectamente, pero nosotros solo podemos conocerlo ahora imperfectamente.

> *Oh Jehová, tú me has examinado y conocido.*
> *Tú has conocido mi sentarme y mi levantarme;*
> *Has entendido desde lejos mis pensamientos.*
> *Has escudriñado mi andar y mi reposo,*
> *Y todos mis caminos te son conocidos.*
> *Pues aún no está la palabra en mi lengua,*
> *Y he aquí, oh Jehová, tú la sabes toda.*
> *Detrás y delante me rodeaste,*
> *Y sobre mí pusiste tu mano.*
> *Tal conocimiento es demasiado maravilloso para mí;*
> *Alto es, no lo puedo comprender. (Sal. 139:1-6)*

Pablo les escribió a los romanos: "¡Oh profundidad de las riquezas de la sabiduría y de la ciencia de Dios! ¡Cuán insondables son sus juicios, e inescrutables sus caminos! Porque ¿quién entendió la mente del Señor? ¿O quién fue su consejero?" (Ro. 11:33-34).

Por medio de la Palabra de Dios y de la iluminación del Espíritu Santo, podemos tener un conocimiento verdadero "del misterio de Dios el Padre, y de Cristo", pero aun nuestro verdadero conocimiento es todavía imperfecto, porque solo en Él "están escondidos todos los tesoros de la sabiduría y del conocimiento (Col. 2:2-3). Dios nos ha provisto de toda la verdad que necesitamos *conocer*. "Pero sabemos que el Hijo de Dios ha venido, y nos ha dado entendimiento para conocer al que es verdadero; y estamos en el verdadero, en su Hijo Jesucristo" (1 Jn. 5:20). "Como todas las cosas que pertenecen a la vida y a la piedad nos han sido dadas por su divino poder, mediante el conocimiento de aquel que nos llamó por su gloria y excelencia" (2 P. 1:3). El Señor nos ha provisto de todo el conocimiento que necesitamos con el fin de conocerlo y servirlo, más en realidad de lo que cualquier hombre pueda jamás abarcar. No obstante, la Palabra escrita de Dios no agota la verdad acerca de Él.

Por varias razones una revelación infinita acerca del Dios infinito sería absurda e inútil. En primer lugar, mentes finitas no pueden abarcar ni comprender la verdad infinita. Segundo, la mente humana no solo es finita, sino que está depravada. Hasta que la mente de cada uno de nosotros no sea perfecta no seremos capaces de experimentar lo que Pablo dice en 1 Corintios 13:12: "Entonces veremos cara a cara. Ahora conozco en parte; pero entonces conoceré como fui conocido". De modo que esperamos por el tiempo y la experiencia de lo que es perfecto.

Cuando **venga lo perfecto** no tendremos más necesidad de conocimiento o sabiduría, de predicación o enseñanza, de profecía o interpretación. Ni siquiera tendremos necesidad de la Biblia. Ya no necesitaremos la Palabra escrita porque estaremos para siempre en la presencia y en el completo conocimiento de la Palabra viva.

Lo perfecto NO SON LAS ESCRITURAS TERMINADAS

¿Qué es exactamente **lo perfecto** que va a venir? Algunos cristianos creen que lo perfecto ya ha venido con la terminación de las Escrituras. Pero esa idea no habría tenido sentido para los corintios. En ninguna parte de esta carta aparecen mencionadas o aludidas unas Escrituras completas y terminadas. Los creyentes corintios tomarían el significado de las palabras de Pablo en su forma más sencilla, literal y clara: como una referencia a una perfección moral y espiritual, la perfección a la que el Señor llama a su pueblo: "Sed, pues, vosotros perfectos, como vuestro Padre que está en los cielos es perfecto" (Mt. 5:48). Pablo estaba hablando de una santidad completa, de lo que Dios espera de nosotros y que un día llegaremos de verdad a ser.

Si **lo perfecto** se refiere a la terminación de las Escrituras, entonces la profecía y la ciencia se habrían acabado ya, y todos los creyentes nos habríamos quedado sin el beneficio de dos de los dones más importantes para proclamar, interpretar y entender las Escrituras. El don de profecía solo se usaba en parte para revelación. En la mayoría de los casos se usaba para proclamar e interpretar lo que ya había sido revelado. La iglesia se encontraría metida en grandes apuros si los dones de ciencia y profecía se hubieran acabado con la terminación del Nuevo Testamento.

Sabemos, además, que la profecía estará activa en la era del reino. El Señor dice que en aquel tiempo: "Derramaré mi Espíritu sobre toda carne, y profetizarán vuestros hijos y vuestras hijas; vuestros ancianos soñarán sueños, y vuestros jóvenes verán visiones" (Jl. 2:28; Hch. 2:17). Antes del reino, durante la tribulación, Dios levantará dos grandes testigos proféticos que "[profetizarán] por mil doscientos setenta días, vestidos de cilicio" (Ap. 11:3).

Otra razón más por la que **lo perfecto** no puede referirse a la terminación de las Escrituras la encontramos en la declaración de Pablo de que "entonces veremos cara a cara" (1 Co. 13:12). Las Escrituras nos proporcionan un cuadro maravilloso y confiable de Dios, pero no nos permiten verlo "cara a cara". Pedro habla de muchos creyentes que incluso en su propio tiempo le "amáis sin haberle visto [Cristo]" (1 P. 1:8). La Biblia no nos da una visión "cara a cara" de Dios. Ningún cristiano, antes o después de la terminación de las Escrituras, ha conocido al Señor en su sentido pleno (1 Co. 13:12). Amamos a alguien a quien no hemos visto.

Tampoco es posible que la profecía haya cesado después de la terminación de las Escrituras y vuelva a comenzar durante la tribulación y el reino. En primer lugar el verbo *katargeō* significa abolir de forma completa y final, no temporalmente. En segundo lugar, una interrupción de la profecía no encaja con la enseñanza de Pablo aquí, que es demostrar la permanencia del amor sobre la condición temporal de los dones.

Lo perfecto NO ES EL ARREBATAMIENTO

Muchos intérpretes sostienen que la venida de **lo perfecto** es el arrebatamiento de la iglesia. Pero si la ciencia y la profecía han acabado permanentemente, no pueden volver a reanudarse después del arrebatamiento y durante la tribulación o el reino. Pablo deja bien en claro que una vez que estos dones terminan, lo harán de forma permanente. Pero parece que van a estar funcionando tanto durante la tribulación como el reino milenario.

Lo perfecto no ES LA MADURACIÓN DE LA IGLESIA

Una interpretación relativamente nueva es que **lo perfecto** se refiere a la maduración, a la consumación de la iglesia. Es cierto que *perfecto* tiene a menudo el sentido de algo maduro o completo. Pero una consumación así equivaldría al arrebatamiento, lo que en este punto de vista queda eliminado. Cuando la obra del Señor en su iglesia quede completa, Él la arrebatará; pero todavía nos quedamos con la cuestión de la profecía durante la tribulación y el reino.

Lo perfecto NO ES LA SEGUNDA VENIDA

Algunos creen que **lo perfecto** se refiere a la segunda venida de Cristo. Pero perfecto es neutro en el griego (*teleion*), lo que elimina la posibilidad de que se refiera a una persona. Además, ese punto de vista tiene el problema de la reaparición de la profecía, y la extensión de la predicación y la enseñanza de la Palabra, durante el período del reino. "Porque la tierra será llena del conocimiento de Jehová, como las aguas cubren el mar" (Is. 11:9) y "en aquel tiempo los sordos oirán las palabras del libro, y los ojos de los ciegos verán en medio de la oscuridad y de las tinieblas" (29:18; cp. 32:3-4). Jeremías nos habla de los pastores que el Señor levantará para apacentar a su pueblo en aquel día. "No temerán más, ni se amedrentarán, ni serán menoscabadas, dice Jehová" (Jer. 23:4). El reino tendrá abundancia de predicadores y maestros.

Lo perfecto ES EL ESTADO ETERNO

Por este proceso de eliminación, la única posibilidad para **lo perfecto** es el estado celestial y eterno de los creyentes. Pablo nos está diciendo que los dones espirituales son solo para un tiempo, pero que el amor durará por toda la eternidad. La enseñanza es bien clara, no es oscura.

El estado eterno va bien con la forma neutra de **lo perfecto** y permite también la continuación de la ciencia y la profecía durante la era de la iglesia, la tribulación y el reino. Encaja en el contexto del énfasis de Pablo en la permanencia del amor. También va bien con su mención de que entonces veremos "cara a cara", lo cual sucederá solo con nuestra glorificación, cuando seremos iluminados por la gloria de Dios mismo (Ap. 21:23). Por último, solo en el cielo conoceremos "como fui conocido" (1 Co. 13:12).

El estado eterno comienza para los creyentes del Antiguo Testamento en la primera resurrección, cuando resucitarán para estar con Él para siempre (Dn. 12:2). Para los cristianos el estado eterno comienza ya sea en el momento de la muerte, cuando van a estar con el Señor o en el arrebatamiento, cuando el Señor toma a los suyos para que estén con Él. Para los santos de la tribulación y del reino tendrá lugar en la muerte o en la glorificación.

LOS DONES SON ELEMENTALES

Cuando yo era niño, hablaba como niño, pensaba como niño, juzgaba como niño; mas cuando ya fui hombre, dejé lo que era de niño. Ahora vemos por espejo, oscuramente; mas entonces veremos cara a cara. Ahora conozco en parte; pero entonces conoceré como fui conocido. (13:11-12)

Pablo está ilustrando aquí lo que ocurre cuando viene "lo perfecto". En nuestra vida terrenal todos los cristianos somos como niños en comparación con lo que seremos cuando estemos perfeccionados en el cielo.

Pablo quizás estaba comparando su presente estado espiritual con su niñez, **como niño**. Un varón judío era considerado como un niño hasta su *bar mitzvah* ("hijo de la ley"), después de lo cual ya era tenido como un **hombre**. En un momento era un niño y en el siguiente era un hombre. Nuestra perfección en Cristo será un tipo de espiritual *bar mitzvah*, entrar en una adultez y madurez espirituales de forma inmediata, completa y eterna. En aquel momento dejaremos todo lo que es **de niño**. Toda inmadurez, todo infantilismo, toda imperfección y todas las limitaciones de conocimiento y entendimiento desaparecerán para siempre.

En esta vida presente, aun contando con la Palabra de Dios completa y la iluminación de su Espíritu, **vemos por espejo, oscuramente**. En nuestro estado presente no somos capaces de ver más. Pero cuando entremos en la presencia de Dios, entonces lo veremos **cara a cara**. Ahora solo podemos conocer **en parte, pero [entonces conoceremos como fuimos conocidos]**.

EL AMOR ES ETERNO

Y ahora permanecen la fe, la esperanza y el amor, estos tres; pero el mayor de ellos es el amor. (13:13)

Pablo regresa a lo temporal, a la vida cristiana terrenal, y menciona las tres más grandes virtudes espirituales: **la fe, la esperanza y el amor**. En realidad **el amor** abarca la fe y la esperanza, porque el amor "todo lo cree" y "todo lo espera" (v. 7). Debido a que la fe y la esperanza ya no tendrán razón de ser en el cielo, donde conoceremos todo lo verdadero y poseeremos todo lo bueno, no son iguales al amor.

El amor es **el mayor de ellos** no solo porque es eterno, sino porque, aun en esta vida temporal, en donde ahora vivimos, el amor es supremo. El amor es ya lo más grande, no solo porque sobrevive a las otras virtudes, con todo lo bellas y necesarias que son, sino porque es inherentemente mayor al ser la más semejante a Dios. Dios no tiene fe o esperanza, pero "Dios *es* amor" (1 Jn. 4:8).

Los dones, los ministerios, la fe, la esperanza, la paciencia, todos ellos dejarán un día de existir porque dejarán de tener propósito o significado. En aquel día perfecto, cuando veremos al Señor "cara a cara", el amor será para nosotros solo el comienzo. Pero para nosotros es de suma importancia que *ahora* demostremos, practiquemos y vivamos el amor; eso es mucho más importante que tener cualquiera de las otras virtudes o dones, porque el amor es el eslabón que Dios nos da con su ser eterno.

La posición del don de lenguas (14:1-19)

Seguid el amor; y procurad los dones espirituales, pero sobre todo que profeticéis. Porque el que habla en lenguas no habla a los hombres, sino a Dios; pues nadie le entiende, aunque por el Espíritu habla misterios. Pero el que profetiza habla a los hombres para edificación, exhortación y consolación. El que habla en lengua extraña, a sí mismo se edifica; pero el que profetiza, edifica a la iglesia. Así que, quisiera que todos vosotros hablaseis en lenguas, pero más que profetizaseis; porque mayor es el que profetiza que el que habla en lenguas, a no ser que las interprete para que la iglesia reciba edificación. Ahora pues, hermanos, si yo voy a vosotros hablando en lenguas, ¿qué os aprovechará, si no os hablare con revelación, o con ciencia, o con profecía, o con doctrina? Ciertamente las cosas inanimadas que producen sonidos, como la flauta o la cítara, si no dieren distinción de voces, ¿cómo se sabrá lo que se toca con la flauta o con la cítara? Y si la trompeta diere sonido incierto, ¿quién se preparará para la batalla? Así también vosotros, si por la lengua no diereis palabra bien comprensible, ¿cómo se entenderá lo que decís? Porque hablaréis al aire. Tantas clases de idiomas hay, seguramente, en el mundo, y ninguno de ellos carece de significado. Pero si yo ignoro el valor de las palabras, seré como extranjero para el que habla, y el que habla será como extranjero para mí. Así también vosotros; pues que anheláis dones espirituales, procurad abundar en ellos para edificación de la iglesia. Por lo cual, el que habla en lengua extraña, pida en oración poder interpretarla. Porque si yo oro en lengua desconocida, mi espíritu ora, pero mi entendimiento queda sin fruto. ¿Qué, pues? Oraré con el espíritu, pero oraré también con el entendimiento; cantaré con el espíritu, pero cantaré también con el entendimiento. Porque si bendices sólo con el espíritu, el que ocupa lugar de simple oyente, ¿cómo dirá el Amén a tu acción de gracias? pues no sabe lo que has dicho. Porque tú, a la verdad, bien das gracias; pero el otro no es edificado. Doy gracias a Dios que hablo en lenguas más que todos vosotros; pero en la iglesia

prefiero hablar cinco palabras con mi entendimiento, para enseñar también a otros, que diez mil palabras en lengua desconocida. (14:1-19)

Después de presentar el amor como el "camino aun más excelente" por encima de todos los otros ministerios y dones, Pablo habla directa y fuertemente a los corintios acerca de su pecado en contra del amor por su mal entendimiento y mal uso del don de lenguas. Los creyentes allí habían abusado del tal forma del don que habían rivalizado con Babel en la confusión de hablar, y el apóstol dedica un capítulo completo a ese problema, que era tan representativo de su pecaminosidad.

Como comentamos bajo 12:10, la práctica de expresiones extáticas eran comunes en muchas de las religiones paganas del mundo greco-romano del tiempo de Pablo, incluyendo las que estaban activas en Corinto. Los devotos de un dios se dedicaban a bailar y danzar de forma frenética hasta que quedaban semiconscientes o aun inconscientes, una experiencia que ellos consideraban que era la forma más elevada de comunión con lo divino. Creían que en esos trances y embriaguez su espíritu dejaba el cuerpo y entraba en comunión directa con el dios o los dioses, una práctica a la que Pablo alude en Efesios 5:18. Se pensaba que la forma de hablar extática que a menudo acompañaba a esta clase de experiencia era el lenguaje de los dioses.

Los términos *lalein glōssēi/glōsais* (hablar en una lengua o en lenguas) que Pablo usa con tanta frecuencia en el capítulo 14 eran empleados comúnmente en aquellos días para describir esa forma extática pagana de hablar. Los griegos también usaban *erōs* para describir la experiencia. Aunque por lo común usaban el término para referirse al amor sexual, también empleaban *erōs* para hablar de cualquier sentimiento fuerte o actividad sensual, y los éxtasis y frenesís paganos iban a menudo acompañados de orgías y perversiones sexuales de toda clase.

En la iglesia de Corinto mucho de su hablar en lenguas había tomado la forma y sabor de esos éxtasis paganos. El emocionalismo neutralizaba por completo sus sentidos racionales y el exhibicionismo egoísta era común, pues todos querían hacer y decir su propia parte al mismo tiempo (v. 26). Los cultos eran una locura y un caos y, en consecuencia, había muy poca adoración a Dios y edificación de los creyentes.

A causa de esta extrema carnalidad en la iglesia de Corinto, podemos estar seguros de que mucho de su hablar en lenguas era una falsificación. Los creyentes no estaban en condición espiritual para usar correctamente los verdaderos dones espirituales o manifestar propiamente verdaderos frutos espirituales. ¿Cómo podía una congregación tan mundana, dogmática, egoísta, exclusiva, envidiosa, celosa, divisiva, discutidora, arrogante, desordenada, defraudadora, inconsiderada, glotona, inmoral y profanadora de la Cena del Señor ejercer los dones del Espíritu? Que ellos lo hicieran hubiera desafiado todo principio bíblico de espiritualidad. Usted no puede andar en el Espíritu mientras vive en la carne.

Contra el telón de fondo de dichas falsas experiencias Pablo enseña tres verdades básicas acerca del don de lenguas: su posición es secundaria a la profecía (vv. 1-19); su propósito era una señal para los incrédulos (vv. 20-25); y el uso o procedimiento apropiado era sistemático y ordenado (vv. 26-40).

Dentro de esta primera sección, el apóstol nos da tres razones por las que la posición de las lenguas es secundaria a la profecía: La profecía edifica a toda la congregación; las lenguas son ininteligibles; y los efectos de las lenguas son emocionales más que racionales.

LA PROFECÍA EDIFICA A TODA LA CONGREGACIÓN

Seguid el amor; y procurad los dones espirituales, pero sobre todo que profeticéis. Porque el que habla en lenguas no habla a los hombres, sino a Dios; pues nadie le entiende, aunque por el Espíritu habla misterios. Pero el que profetiza habla a los hombres para edificación, exhortación y consolación. El que habla en lengua extraña, a sí mismo se edifica; pero el que profetiza, edifica a la iglesia. Así que, quisiera que todos vosotros hablaseis en lenguas, pero más que profetizaseis; porque mayor es el que profetiza que el que habla en lenguas, a no ser que las interprete para que la iglesia reciba edificación. (14:1-5)

Diōkō (**seguid**) significa buscar, asediar con intensidad y a veces aparece traducido como "perseguir", como en 2 Corintios 4:9. Sobre todas las cosas, como Pablo hace hincapié en el capítulo anterior, los corintios debieran **seguid el amor**. La falta de amor era con mucho su mayor problema, con lo cual se relacionaban todos los demás problemas de una u otra forma. El único afecto fuerte que muchos de ellos tenían era por sí mismos. Pablo les manda aquí que se esfuercen en seguir el amor.

Sin embargo, el hecho de que el amor sea fundamental no significa que todo lo demás tengan que dejarlo. **Y procurad los dones espirituales**, continúa diciendo el apóstol. El amor no es un sustituto de otras virtudes o aun de las buenas obras; en realidad el amor es el gran motivador, el único verdadero motivador, de las buenas obras. Es también el gran motivador de todo ministerio espiritual y del uso apropiado de cada don espiritual.

El fuerte deseo que los corintios tenían por los dones no era malo en sí mismo, sino malo en que estaba dirigido de forma egoísta hacia "los dones mejores" (12:31), los más atractivos y espectaculares. Era correcto que ambicionaran los dones espirituales, pero su preocupación debiera haber sido el usar los dones que tenían, no querer envidiosamente los que otros tenían. Su deseo debiera haber sido ver como sus dones ministraban a otros, no exhibirlos.

Especialmente debieran haber estado interesados en profetizar. **Pero sobre todo que profeticéis** es una forma plural, lo cual indica que no era algo que solo los individuos debieran ambicionar, sino que todo la iglesia debiera desear ese don para usarlo en su asamblea. Era el don más importante porque les permitía lograr lo que las lenguas no podían.

El tipo de lenguas que los corintios practicaban no tenían ningún valor de edificación, porque no servían para **[hablar] a los hombres**; no podían ofrecer ninguna instrucción o exhortación. Solo servían para hablar **a Dios**. Creo, sin embargo, que "a un dios" es una mejor traducción. El griego no tiene artículo definido y ese tipo de construcción se traduce por lo general con un artículo definido (vea Hch. 17:23, donde la misma forma de *theō* [dios] aparece en referencia a "*un* dios desconocido").

La traducción aquí de "un dios" la apoya el hecho de que no aparece recogido en la Biblia ningún caso de creyentes que hablen a Dios en otra forma que no sea un lenguaje normal e inteligible. Aun en la gran oración sacerdotal de Jesús (Jn. 17), en la que el Hijo abrió y derramó su corazón al Padre, cuando la deidad se comunicaba con la deidad, el lenguaje es notablemente sencillo y claro. En realidad Jesús nos advirtió acerca de no usar "vanas repeticiones, como los gentiles, que piensan que por su palabrería serán oídos" (Mt. 6:7). Su referencia incluye las repeticiones incoherentes e ininteligibles de los paganos que hablaban en lenguas, en las que ciertos sonidos sin sentido los repetían una y otra vez. La oración de instrucción que Jesús entonces les dio, conocida comúnmente como el Padrenuestro, es un modelo de sencillez y claridad.

Los corintios carnales, sin embargo, estaban más interesados en lo sofisticado que en lo sencillo, en lo misterioso que en la edificación. A ellos no les preocupaba que **nadie le entiende**, o literalmente, "nadie escucha". Lo que les interesaba era la emoción y la gratificación propia por hablar **misterios** en **el Espíritu**. No les importaba que los misterios no tenían significado para ellos, ni para ninguno de los presentes.

Los **misterios** que Pablo tiene aquí en mente son los asociados con las religiones paganas de misterios, de las cuales habían salido muchos cristianos corintios. A diferencia de los misterios de los evangelios, que son revelaciones de cosas previamente ocultas (Mt. 13:11; Ef. 3:9, etc.), los misterios paganos permanecían con toda intención misteriosos, como verdades y principios desconocidos que supuestamente solo la "clase" de iniciados tenían el privilegio de conocer.

El **Espíritu** al cual Pablo se refiere aquí no es el Espíritu Santo, como algunos intérpretes afirman, sino el propio espíritu de la persona, como aparece implícito en el griego (caso locativo) y como lo indican algunas traducciones (cp. vv. 14-16). Pablo no está recomendando las lenguas, sino simplemente caracterizando la inutilidad de los esfuerzos por falsificarlas.

Un creyente que ministra debidamente un verdadero don espiritual no lo hace para un dios falso, sino para otros. **El que profetiza**, por ejemplo, **habla a los hombres para edificación, exhortación y consolación**. El propósito de la profecía es el de levantar mediante la **edificación**, animar por medio de la **exhortación** y confortar mediante la **consolación**. La razón de ser de los dones espirituales es lograr algo que valga la pena espiritual y prácticamente, y están destinados a ser de beneficio a otros, ya sean creyentes o incrédulos.

Por el otro lado, **el que habla en lengua extraña, a sí mismo se edifica**. Creo que la intención aquí de Pablo es sarcástica. (Podemos ver también su sarcasmo en 4:8-10, y llega al máximo en 14:36: "¿Acaso ha salido de vosotros la palabra de Dios...?") Debido a que aun las lenguas verdaderas necesitan ser interpretadas a fin de entenderlas, no hay posibilidad de que edifiquen a los demás, incluso a la persona que habla, sin dicha interpretación. La intención de Dios no puede ser, por tanto, para uso devocional privado, como afirman muchos pentecostales y carismáticos. Pablo se está refiriendo aquí al *supuesto* valor que los corintios le dan a su estilo propio de hablar en lenguas. La satisfacción que muchos de los creyentes experimentaban en su abuso de las lenguas era pura *autosatisfacción*, que venía de la emoción inducida por el orgullo, no de la edificación espiritual. Es una edificación propia ilegítima, que a menudo es solo la edificación del orgullo espiritual.

Sin embargo, el creyente que **profetiza, edifica a la iglesia**. Esa persona usa su don para ministrar, como es la intención de todos los dones. El propósito de los dones, nos dice Pablo, es ministrar *por* Dios, pero no *a* Dios. Su razón de ser no es ministrarnos a nosotros mismos egoístamente, como pensaban que estaban haciendo algunos de los creyentes corintios al hablar en lenguas. Nuestros dones son para ministrar a otros para la gloria de Dios. "Pero a cada uno le es dada la manifestación del Espíritu para provecho" (12:7).

¿Por qué, se preguntan muchos creyentes, Pablo dice: "**Así que, quisiera que todos vosotros hablaseis en lenguas**?" Les ha estado advirtiendo acerca de su abuso de las lenguas y comienza ahora un capítulo dedicado a mostrar la inferioridad de las lenguas. ¿Por qué quería que se complicara el problema involucrando en el mismo a todos?

Pablo estaba deseando lo imposible por razón del énfasis que estaba haciendo. Él sabía que los cristianos no tienen todos los mismos dones. "¿Tienen todos dones de sanidad? ¿hablan todos lenguas? ¿interpretan todos?" (12:30). El apóstol no estaba sugiriendo, por supuesto, que su sabiduría era mayor que la del Espíritu Santo: "Todas estas cosas las hace uno y el mismo Espíritu, repartiendo a cada uno en particular como él quiere" (12:11). Desear literalmente que todos los creyentes corintios tuvieran el don de lenguas habría sido atreverse a mejorar la sabiduría del Espíritu. Lo que Pablo quería decir claramente es que él no despreciaba el genuino don de lenguas, la manifestación verdadera de lo que es de Dios. "Si el Espíritu Santo decide otorgar a cada uno de vosotros el don de lenguas", decía él, " a mí me parecería muy bien".

Sin embargo, el apóstol deseaba mucho más que todos los creyentes corintios [**profetizaran**]. Él sabía que eso también era imposible, por la misma razón que no era posible que todos tuvieran el don de lenguas. Su enseñanza era que si ellos insistían en buscar todos el mismo don, sería muchísimo mejor que buscaran el de profecía. No solo era la profecía superior a las lenguas para edificar a la iglesia, si no que también era un don que permanecería por largo tiempo, uno que Pablo sabía que el Señor seguiría usando una vez que las lenguas hubieran cesado.

Es clave para la interpretación de este capítulo notar que en los versículos 2 y 4 **lengua** es singular (cp. vv. 13, 14, 19, 27), mientras que en el versículo 5 Pablo usa el plural **lenguas** (cp. vv. 6, 18, 22, 23, 39). Al parecer el apóstol usó la forma singular para referirse al don falsificado y el plural para indicar el verdadero. El reconocimiento de esta distinción puede ser la razón por la que Casiodoro de Reina y Cipriano de Valera pusieron *extraña* después del singular. Se emplea el singular para la falsa porque la palabra griega usada no permite el plural. No hay varias clases de éxtasis paganos; sí hay, sin embargo, varias clases de lenguajes en el don verdadero, del cual se forma **lenguas**. La única excepción aparece en el versículo 27, donde se usa el singular para referirse a una persona sola que habla un solo lenguaje genuino.

En cualquier caso, aun un creyente con el don genuino de **lenguas** no debía nunca ejercerlo **a no ser que las interprete**. Había que interpretarlo siempre, ya fuera por la misma persona que hablaba en lenguas o por algún otro creyente (v. 28), **para que la iglesia reciba edificación** (una cláusula de propósito en griego). Cualquier expresión privada de edificación propia no podía ser el don genuino, porque el propósito de las lenguas solo se logra cuando se ejerce y se interpreta públicamente a fin de que toda la asamblea se edifique.

LAS LENGUAS SON ININTELIGIBLES

Ahora pues, hermanos, si yo voy a vosotros hablando en lenguas, ¿qué os aprovechará, si no os hablare con revelación, o con ciencia, o con profecía, o con doctrina? Ciertamente las cosas inanimadas que producen sonidos, como la flauta o la cítara, si no dieren distinción de voces, ¿cómo se sabrá lo que se toca con la flauta o con la cítara? Y si la trompeta diere sonido incierto, ¿quién se preparará para la batalla? Así también vosotros, si por la lengua no diereis palabra bien comprensible, ¿cómo se entenderá lo que decís? Porque hablaréis al aire. Tantas clases de idiomas hay, seguramente, en el mundo, y ninguno de ellos carece de significado. Pero si yo ignoro el valor de las palabras, seré como extranjero para el que habla, y el que habla será como extran-

jero para mí. Así también vosotros; pues que anheláis dones espirituales, procurad abundar en ellos para edificación de la iglesia. (14:6-12)

La segunda gran verdad relacionada con la posición secundaria de las lenguas que nos da el apóstol es que, en sí mismas, son ininteligibles. Para fortalecer su argumento se usa a sí mismo como una ilustración, diciendo: **si yo voy a vosotros.** Aun para un apóstol **[hablar] en lenguas** no le **aprovechará** aparte de una interpretación, por medio de la cual la **revelación** o la **ciencia** (interno) o la **profecía** o la **doctrina** (externa) se hacen comprensibles para los que escuchan. Un mensaje que no se puede entender no sirve para nada. Es inútil si no edifica a la iglesia.

Resulta increíble que algunos cristianos le den tanta importancia a expresiones ininteligibles privadas o de masas que nadie, incluyendo el que habla, puede ni siquiera intentar entender. En algunos casos, lo que han afirmado que era una interpretación se ha demostrado que no tenía ninguna relación con lo que se había hablado. Personas que han probado al intérprete hablándole en hebreo o en alguna otra lengua conocida para ellos pero desconocida para el intérprete, ha tenido sus palabras "traducidas" en pasajes que no tenían nada que ver con lo que se había hablado. A semejanza de los corintios, tales abusadores no solo ponen su glorificación propia por encima de la edificación de la iglesia, sino que le añaden engaño al abuso.

Aun de **las cosas inanimadas**, tales como una **flauta o cítara**, se espera que den sonidos sensibles. El ritmo, la estructura, la armonía y otras cualidades bien ordenadas hacen que un grupo de notas formen música en vez de mero ruido. Para que la música sea música tiene que ser inteligible a su propia manera; tiene que tener sentido musical. Cada nota, acorde y frase tiene un propósito musical: comunicar gozo, tristeza, militancia, paz, lucha o aquello que el compositor desea. **Si no dieren distinción de voces, ¿cómo se sabrá lo que se toca con la flauta o con la cítara?** Sin variación, orden y **distinción** de notas, un instrumento musical produce solo ruido. Los corintios podían entender bien la ilustración musical porque su ciudad tenía uno de los grandes centros musicales del mundo antiguo, con capacidad para unas 20.000 personas.

Pablo cambia un tanto la figura y señala que **si la trompeta diere sonido incierto, ¿quién se preparará para la batalla?** Para un soldado escuchar una trompeta no significa nada si no está tocando de una forma bien definida que él conoce. Simples notas de trompeta no tienen sentido, incluso si las toca el responsable de hacer sonar el mejor instrumento disponible. Un soldado no recibe ningún mensaje de un manojo de notas al azar. Solo se prepara para la batalla cuando le transmiten correctamente las órdenes correspondientes.

De igual manera, nosotros no podemos comunicar la verdad cristiana mediante sonidos sin sentido. **Si por la lengua no diereis palabra bien comprensible, ¿cómo se entenderá lo que decís? Porque hablaréis al aire.**

Los corintios estaban tan carnalmente centrados en sí mismos que no podían ser más descuidados en cuanto a la comunicación. Estaban interesados en impresionar a otros, no en comunicarse con ellos, mucho menos edificarlos. Pablo compara a aquellos cristianos a instrumentos musicales tocados por alguien que no es músico o a una trompeta tocada de una forma tan deficiente que lo que sale no lo reconoce nadie. A causa de esa incompetencia, producida por el orgullo y la falta de amor, la asamblea corintia no podía ser otra cosa que lo que era: confusión, desorden e improductividad. (11:21; 14:23; etc.).

Pablo continúa machacando sobre el mismo asunto. **Tantas clases de idiomas hay, seguramente, en el mundo, y ninguno de ellos carece de significado**. Simplemente menciona lo evidente. Un idioma sin significado no sirve para nada. En realidad no es ni siquiera un idioma, pues es su significado lo que hace que sea una lengua. Las muchas **clases de idiomas** [que] **hay, seguramente, en el mundo** todos suenan de forma diferente; pero cada uno de ellos tienen un propósito único: comunicar, transmitir **significado** a aquellos que lo hablan.

No solo hay que usar un idioma legítimo para comunicarse, sino que tanto el que habla como el que oye deben entenderlo. Por definición la comunicación debe ser en ambas direcciones. De otra manera, **si yo ignoro el valor de las palabras, seré como extranjero para el que habla, y el que habla será como extranjero para mí.** El que no conoce un idioma saca la impresión de que todas las palabras suenan de la misma manera y que no tienen sentido. Para la mayoría de los griegos del tiempo de Pablo, eran bárbaros (extranjeros) los que no hablaban griego. Su lengua era ininteligible.

Por tanto, Pablo está diciendo que si aun las lenguas verdaderas no tienen sentido si no hay quién las interprete, mucho más carecen de sentido los sonidos incoherentes de los paganos que es una falsificación de lo verdadero. Puesto **que anheláis dones espirituales, procurad abundar en ellos para edificación de la iglesia.** En otras palabras, "Si estáis tan deseosos de ministrar con los dones espirituales, hacerlo en la manera en la que Dios lo quiere: para el beneficio de la iglesia, en particular para la edificación de la iglesia". Queda bien claro de nuevo que los dones son para el uso y beneficio público, no el privado. El tiempo presente de *zēteō* (**procurad**) indica una acción continuada, habitual.

El propósito del don de lenguas, como el propósito de todas las lenguas, era el de comunicar. Aunque era un don señal milagroso, era también un don comunicativo. Desde su primera aparición en Pentecostés el Señor tuvo la intención de que fuera un medio de comunicación. El gran milagro de lenguas en Pentecostés fue en realidad que todos los presentes, aunque procedentes de muchos diferentes países, escucharon a los apóstoles "hablar en su propia lengua" (Hch. 2:6; cp. vv. 8, 11).

Esa fue siempre una característica de las lenguas genuinas. Las lenguas de Pentecostés, y toda verdadera manifestación de lenguas después de aquel tiempo hasta que cesaron, eran comprensibles, ya fuera directamente (Hch. 2:6) o por medio de un intérprete (1 Co. 14:27). Dios no dio dos clases de lenguas: una inteligible y la otra ininteligible. La Biblia habla de un solo don, cuyas características y propósitos no cambiaron.

LOS EFECTOS DE LAS LENGUAS SON EMOCIONALES MÁS QUE RACIONALES

Por lo cual, el que habla en lengua extraña, pida en oración poder interpretarla. Porque si yo oro en lengua desconocida, mi espíritu ora, pero mi entendimiento queda sin fruto. ¿Qué, pues? Oraré con el espíritu, pero oraré también con el entendimiento; cantaré con el espíritu, pero cantaré también con el entendimiento. Porque si bendices sólo con el espíritu, el que ocupa lugar de simple oyente, ¿cómo dirá el Amén a tu acción de gracias? pues no sabe lo que has dicho. Porque tú, a la verdad, bien das gracias; pero el otro no es edificado. Doy gracias a Dios que hablo en lenguas más que todos vosotros; pero en la iglesia prefiero hablar cinco palabras con mi entendimiento, para enseñar también a otros, que diez mil palabras en lengua desconocida. (14:13-19)

Pablo continúa en esta sección enseñando acerca de lenguas falsas y, por tanto, sigue hablando de forma sarcástica (cp. 4:8-10). Esto queda indicado primeramente por el hecho de que usa el singular **lengua** (vea el estudio arriba bajo los vv. 1-5), que se refiere al don falso, excepto en el versículo 27, donde la referencia es a un hombre que habla en una ocasión. En segundo lugar, lo que él dice aquí no se aplica, en su mayor parte, al verdadero don de lenguas. Si Pablo no estuviera hablando sarcásticamente de las lenguas falsas les estaría pidiendo a los corintios que buscaran el verdadero don de interpretación. Pero él ya ha dejado bien en claro que el Espíritu Santo distribuye en su soberanía los dones "repartiendo a cada uno en particular como él quiere" (12:11). Los individuos no tienen que buscar los dones, sino solo aceptarlos y usarlos correctamente.

Pablo reprocha sarcásticamente a los creyentes carnales por su inmadurez (cp. v. 20), diciéndoles en efecto: "Mientras que estáis parloteando en vuestras lenguas falsas e ininteligibles, podríais al menos pedirle a Dios que os diera algunos medios para hacerlas beneficiosas para la iglesia. Como las estáis ejerciendo ahora son a la vez paganas e inútiles".

En los rituales paganos con los que los corintios estaban tan familiarizados, hablar en expresiones extáticas era para ellos poner en comunicación su espíritu con los espíritus de los dioses. El propósito de esta experiencia era evitar pasar por la mente y la comprensión normales. Como ya dijimos, la intención era que sus misterios permanecieran misteriosos. Pablo puede haber usado aquí *pneuma* (que puede traducirse como "espíritu", "viento" o "aliento-respiración") en el sentido de respiración. Si es así, estaba diciendo: **Porque si yo oro en lengua desconocida** [originada por mi mismo]**, mi** [respiración-aliento] **ora, pero mi entendimiento queda sin fruto.**

Parece ciertamente imposible que **espíritu** se refiera aquí al Espíritu Santo, como creen algunos carismáticos, que su Espíritu se manifiesta por medio de nuestros espíritus. En todos los cristianos mora el Espíritu Santo, pero si Pablo estaba hablando del Espíritu Santo en relación con **mi espíritu**, entonces gramatical y teológicamente estaba también hablando del Espíritu Santo en relación con **mi mente**. El Espíritu Santo no podía estar orando por medio de una persona y a la vez pasando de largo su mente. Y, por supuesto, no estaba diciendo que la mente del Espíritu Santo puede ser a veces infructuosa. El apóstol tiene que estar hablando enteramente de sí mismo, y eso de forma hipotética. "Si yo, aunque un apóstol, estuviera hablando el galimatías que muchos de vosotros habláis, mi mente no tendría parte en ello. Estaría solo haciendo aire, soplando aire (cp. v. 9). Lo que estuviera diciendo sería tan vacío y sin sentido como los éxtasis que acostumbraban a ver en los templos paganos".

¿Qué, pues? La respuesta es que no hay lugar para oraciones extáticas sin sentido. Orar y cantar con **el espíritu** debe ir acompañado de orar y cantar **también con el entendimiento.** Es evidente que la edificación no puede existir aparte de la mente. La espiritualidad involucra más que la mente, pero nunca excluye la mente (cp. Ro. 12:1-2; Ef. 4:23; Col. 3:10). En las Escrituras, y ciertamente en los escritos de Pablo, no se premia la ignorancia. Jesús, citando Deuteronomio 6:5, reforzó el mandamiento del Antiguo Testamento de que debemos amar "al Señor [nuestro] Dios con todo [nuestro] corazón, y con toda [nuestra] alma, y con toda [nuestra] mente" (Mt. 22:37).

Orar o cantar en lenguas no podía servir para nada, y Pablo no lo iba a hacer. **Porque si bendices sólo con el espíritu, el que ocupa lugar de simple oyente, ¿cómo dirá el Amén a tu acción de gracias? pues no sabe lo que has dicho. Simple oyente** (*idiōtēs*) creo que se traduce mejor en su sentido corriente de ignorante, indocto, no especializado. Una persona que ignora la lengua en la que se está hablando no puede en ninguna manera entender lo que está oyendo. En un culto de adoración, por ejemplo, no podría saber cuándo decir **Amén a tu acción de gracias.** Las oraciones o los himnos de acción de gracias no podrían incluir a nadie presente si fueran expresados con sonidos ininteligibles.

Amén es una palabra hebrea de conformidad y de ánimo, y significa "Así sea", y lo usaban generalmente los adoradores en la sinagoga. La práctica pasó a las nacientes iglesias cristianas y, en realidad, es hoy común en muchas iglesias. Una persona, sin embargo, no puede saber cuándo decir "Amén" si no sabe qué se está diciendo. La persona que habla en lenguas puede sentir que **a la verdad, bien [da] gracias**, pero nadie más sabrá lo que se está diciendo. **Pero el otro no es edificado**, como debiera serlo cuando el don es administrado correctamente (14:5, 12).

A fin de que los corintios, después de leer esto, no pensaran que él ya no era capaz de reconocer el verdadero don de lenguas, Pablo dice: **Doy gracias a Dios que hablo en lenguas más que todos vosotros**. Deja bien en claro que no estaba condenando las lenguas verdaderas o criticando con envidia un don que él no poseía.

Aquí usa el plural **lenguas**. Ya no está hablando en forma hipotética (cp. vv. 6, 11, 14-15) ni tampoco está hablando de un don falso. Pablo había tenido más experiencias que ninguno de los corintios (**todos vosotros**) en hablar en lenguas, aunque no tenemos constancia de un caso específico. Él sabía lo que involucraba el uso correcto del don verdadero y lo que no involucraba. Podemos estar seguros de que no usó el don en ninguna forma perversa buscando gratificación personal. Puede que lo usara como fue empleado en Pentecostés, para comunicar un mensaje sobrenatural a aquellos que Dios quería que fueran alcanzados, y como una señal milagrosa para verificación del evangelio y de su autoridad apostólica. Con todo, él consideró aquel don tan escaso en valor en comparación con sus otros dones y ministerios que nunca menciona en sus escritos su uso específico por él o algún otro creyente.

El don de lenguas tuvo un lugar apropiado para un tiempo determinado como una señal confirmadora y milagrosa para los incrédulos, con un propósito adjunto de edificación por medio de interpretación. **Pero en la iglesia**, continúa diciendo Pablo, **prefiero hablar cinco palabras con mi entendimiento, para enseñar también a otros, que diez mil palabras en lengua desconocida.** Al usar aquí el singular (**lengua**) de nuevo para referirse al galimatías pagano, recalca que aquel número sin fin de sonidos en tonos ininteligibles no tiene lugar en la iglesia y no beneficia en nada. Cinco palabras que se entiendan bien son mucho más deseables.

El apóstol no estaba hablando de un número matemáticamente exacto. Aunque *murioi* puede significar **diez mil** (cp. Mt. 18:24), que es el número más elevado para el que los griegos tenían una palabra específica, se usaba por lo común para indicar una cifra indefinida. De ese término sacamos las palabras *miríada* y *millar*, como aparece a veces traducido. En el libro de Apocalipsis, por ejemplo, se repite la palabra ("miríadas de miríadas") y luego se agrega "y millares de millares" (5:11, RVA) para indicar un número imposible de contar.

El término se usa en nuestro texto en ese sentido general. Decir una frase muy breve de solo **cinco palabra con mi entendimiento**, comunicando un mensaje que va a instruir o animar a los oyentes, era más valioso para Pablo que un número ilimitado de **palabras en lengua desconocida** que era incompresible para ellos.

Debido a que Pablo sabía que el don de lenguas cesaría en unos pocos años, no se dedicó a dar instrucciones para administrar las lenguas en la iglesia de hoy. Ni siquiera tenía la intención de dar esas instrucciones a los corintios, porque él estaba hablando de lenguas falsas, basadas en un emocionalismo centrado en las personas y para nada originadas por el Espíritu Santo. Sí que les estaba advirtiendo a los creyentes corintios, como lo hace para los cristianos de todos los tiempos, en contra de usar sustitutos —carnales, mundanos, ineficaces y que deshonraban a Dios— de los verdaderos dones espirituales ordenados por Dios para ministrar en el poder y en el fruto del Espíritu y para la bendición y edificación de su iglesia.

El propósito y el procedimiento del don de lenguas (14:20-28)

38

Hermanos, no seáis niños en el modo de pensar, sino sed niños en la malicia, pero maduros en el modo de pensar. En la ley está escrito: En otras lenguas y con otros labios hablaré a este pueblo; y ni aun así me oirán, dice el Señor. Así que, las lenguas son por señal, no a los creyentes, sino a los incrédulos; pero la profecía, no a los incrédulos, sino a los creyentes. Si, pues, toda la iglesia se reúne en un solo lugar, y todos hablan en lenguas, y entran indoctos o incrédulos, ¿no dirán que estáis locos? Pero si todos profetizan, y entra algún incrédulo o indocto, por todos es convencido, por todos es juzgado; lo oculto de su corazón se hace manifiesto; y así, postrándose sobre el rostro, adorará a Dios, declarando que verdaderamente Dios está entre vosotros.

¿Qué hay, pues, hermanos? Cuando os reunís, cada uno de vosotros tiene salmo, tiene doctrina, tiene lengua, tiene revelación, tiene interpretación. Hágase todo para edificación. Si habla alguno en lengua extraña, sea esto por dos, o a lo más tres, y por turno; y uno interprete. Y si no hay intérprete, calle en la iglesia, y hable para sí mismo y para Dios. (14:20-28)

Lo primero que hace Pablo en este pasaje es repasar el propósito primario del don de lenguas y luego da el procedimiento, o directrices, para su uso apropiado. Esta es una sección excepcionalmente importante, porque nos ofrece un cuadro claro de la razón de ser del don de lenguas y, por tanto, no da otro criterio básico para juzgar si ese don es hoy válido o no.

El apóstol ya ha señalado que aun el verdadero don era inferior a la profecía y la enseñanza, debido a que no estaba destinado esencialmente para la edificación de la iglesia, aunque la edificación venía cuando lo que se decía era traducido o interpretado (14:5). Era, por tanto, cierto técnicamente que el don de traducción, un don diferente del de hablar en lenguas, (12:10, 30) era el don que edificaba.

El apóstol ya había indicado antes en la carta que hablar en lenguas no era una evidencia o prueba del bautismo del Espíritu Santo. "Porque por un solo Espíritu fuimos todos bautizados en un cuerpo" (12:13). Cada cristiano es bautizado por el Espíritu Santo, pero no todos los cristianos reciben el don de lenguas (12:30). En ningún momento ha recibido cada creyente, o le ha sido prometido, el don de lenguas, ni siquiera durante los tiempos apostólicos, cuando ese don estaba activo. Inmediatamente después del primero y más impresionante suceso del milagro de lenguas, cuando tres mil personas creyeron en Cristo y recibieron el don del Espíritu Santo, no tenemos ninguna constancia de que algunos de ellos hablara en lenguas. Se nos dice que los nuevos convertidos escucharon las enseñanzas de los apóstoles, vivieron en comunión unos con otros, comieron y oraron juntos, compartieron sus posesiones, adoraron juntos en el templo y alabaron a Dios (Hch. 2:37-47). Pero no se menciona para nada que hablaran en lenguas.

Poco tiempo después, cuando Pedro y Juan se reunieron con algunos de los discípulos, todos los del grupo "fueron llenos del Espíritu Santo". El resultado de aquella llenura fue que "hablaban con denuedo la palabra de Dios", pero no hablaron en lenguas (4:31).

EL PROPÓSITO DE LAS LENGUAS: UNA SEÑAL

Hermanos, no seáis niños en el modo de pensar, sino sed niños en la malicia, pero maduros en el modo de pensar. En la ley está escrito: En otras lenguas y con otros labios hablaré a este pueblo; y ni aun así me oirán, dice el Señor. Así que, las lenguas son por señal, no a los creyentes, sino a los incrédulos; pero la profecía, no a los incrédulos, sino a los creyentes. Si, pues, toda la iglesia se reúne en un solo lugar, y todos hablan en lenguas, y entran indoctos o incrédulos, ¿no dirán que estáis locos? Pero si todos profetizan, y entra algún incrédulo o indocto, por todos es convencido, por todos es juzgado; lo oculto de su corazón se hace manifiesto; y así, postrándose sobre el rostro, adorará a Dios, declarando que verdaderamente Dios está entre vosotros. (14:20-25)

Al comenzar Pablo a explicar el verdadero propósito de las lenguas, exhorta a los corintios a que sean **maduros en el modo de pensar**. Fue su inmadurez en el amor y su carnalidad lo que causó sus problemas morales, espirituales y teológicos, incluyendo su mal uso y falsificación de los dones. Antes de que ellos pudieran comprender lo que el apóstol les estaba tratando de decir, tenían que cesar de ser **niños en el modo de pensar**.

Los corintios no eran **niños** en la **malicia**. Estaban sumamente avanzados en toda clase de pecado. Mostraban prácticamente todas las manifestaciones de la carne y casi ninguno de los frutos del Espíritu (Gá. 5:19-23). Eran como "niños fluctuantes, llevados por doquiera de todo viento de doctrina, por estratagema de hombres que para engañar emplean con astucia las artimañas del error" (Ef. 4:14). Por su abuso egoísta y egocéntrico del don de lenguas estaban, entre otras cosas, ignorando al resto de la familia de Dios.

No los podían instruir porque no estaban interesados en aprender. Solo estaban interesados en usar los recursos espirituales y a los hermanos creyentes en cualquier forma que fuera bien para sus propios fines. No estaban interesados en la verdad, sino en experiencias, no en la doctrina correcta o en vivir rectamente, sino solo en buenos sentimientos. No estaban interesados en agradar al Señor o a sus hermanos en la fe, sino a sí mismos. La experiencia siempre ganó sobre la verdad, las emociones siempre ganaron sobre la razón y la voluntad propia siempre ganó por encima de la voluntad de Dios. A diferencia de los de Berea (Hch. 17:11), los corintios no se molestaron en verificar con las Escrituras lo que estaban escuchando. No se preocuparon en "[probar] los espíritus [para saber si eran] de Dios" (1 Jn. 4:1). Si alguna cosa les sonaba bien, ellos lo creían; si les hacía sentirse bien, ellos lo hacían. Como los israelitas en el tiempo de los jueces, "cada uno hacía lo que bien le parecía" (Jue. 17:6; 21:25).

El apóstol, luego de llamarles la atención por su abuso de los dones, les explica el verdadero propósito de los dones. Comienza con una traducción libre de un pasaje de Isaías 28:11-12. Cientos de años antes de Cristo, el Señor le había dicho a Israel que un día **en otras lenguas y con otros labios hablaré a este pueblo**. Sin embargo, a pesar de la señal milagrosa: **ni aun así me oirán, dice el Señor**.

Esas **otras lenguas**, dice Pablo, son los que ahora vosotros conocéis y experimentáis como el don de lenguas. Dios ha dado ese don **por señal, no a los creyentes, sino a los incrédulos**. Este es el corazón del capítulo 14 y la verdad más importante acerca de este fenómeno: fue dado **por señal**, y como una señal para **los incrédulos**, especialmente los judíos incrédulos, los incrédulos entre **este pueblo**. *El don de lenguas fue dado únicamente como una señal para el Israel incrédulo.*

La señal tenía un significado triple: una señal de maldición, una señal de bendición y una señal de autoridad.

UNA SEÑAL DE MALDICIÓN

Alrededor de unos quince años antes de que Isaías profetizaran acerca de otras lenguas de parte de otras labios, el reino del norte de Israel fue conquistado y llevado a la cautividad por los asirios (en el 722 a.C.) debido a su incredulidad y apostasía. El profeta entonces advierte al reino de Judá en el sur, que a ellos les esperaba el mismo juicio a manos de los babilonios. Los orgullosos líderes religiosos de Judá no estuvieron dispuestos a escuchar a Isaías. Su enseñanza era demasiado sencilla. Les hablaba, decían ellos, como si fueran niños. "¿A los destetados? ¿a los arrancados de los pechos?" Les enseñaba como si fueran párvulos: "Porque... mandato sobre mandato, renglón tras renglón, línea sobre línea, un poquito allí, otro poquito allá" (Is. 28:9-10). Dios ciertamente les había hablado de forma sencilla, con el fin de que los menos maduros entre ellos pudieran entender de modo que ningún israelita tuviera excusa para no conocer la voluntad y la promesa del Señor. La esencia de su promesa era: "Este es el reposo; dad reposo al cansado; y este es el refrigerio; mas no quisieron oír" (v. 12).

Unos 800 años antes de Isaías, Dios había advertido a Israel: "Jehová traerá contra ti una nación de lejos, del extremo de la tierra, que vuele como águila, nación cuya lengua no entiendas" (Dt. 28:49). La otra lengua de sus conquistadores sería una señal del juicio de Dios. Unos 100 años después de Isaías, el Señor advirtió por medio de Jeremías: "He aquí yo traigo sobre vosotros gente de lejos, oh casa de Israel... gente cuya lengua ignorarás, y no entenderás lo que hablare" (Jer. 5:15). La señal del juicio sería una lengua que ellos no podrían entender.

Cuando los apóstoles hablaron en Pentecostés y los judíos procedentes de muchos países los oyeron hablar en su propia lengua (Hch. 2:7-11), ellos deberían haber sabido que el juicio de Dios era inminente. Su juicio había caído sobre el rebelde Israel y luego sobre el rebelde Judá. ¿Con cuánta más razón caería sobre su pueblo que ahora había crucificado al Hijo de Dios? El gran juicio cayó en el año 70 d.C. cuando Jerusalén fue completamente destruida por el general romano Tito Vespasiano (más tarde emperador). Más de un millón de judíos pereció durante el asedio, miles más fueron llevados cautivos; el templo fue saqueado, profanado y luego completamente destruido; y el resto de la ciudad fue incendiada y se quemó hasta los cimientos. Un historiador comenta que Jerusalén no tuvo historia durante 60 años. Tal como Jesús había predicho cuando lloró sobre la ciudad: "Porque vendrán días sobre ti, cuando tus enemigos te rodearán con vallado, y te sitiarán, y por todas partes te estrecharán, y te derribarán a tierra, y a tus hijos dentro de ti, y no dejarán en ti piedra sobre piedra, por cuanto no conociste el tiempo de tu visitación" (Lc. 19:43-44; cp. 21:20-24).

Después de la destrucción de Jerusalén, y especialmente del templo, dejó de existir la razón para las lenguas. El juicio del cual era una señal ya había llegado. Luego de la manifestación de las lenguas en Pentecostés, Pedro, por implicación, les recordó a sus oyentes aquel juicio: "Sepa, pues, ciertísimamente toda la casa de Israel, que a este Jesús a quien vosotros crucificasteis, Dios le ha hecho Señor y Cristo" (Hch. 2:36; cp. vv. 22-23).

UNA SEÑAL DE BENDICIÓN

La segunda señal era un beneficio residual de la primera. El don de lenguas era una señal de que Dios ya no volvería a trabajar por medio de una nación, ni favorecería a un pueblo. La iglesia de Cristo Jesús era para todos los pueblos de todas las naciones, una iglesia en la que hay muchas lenguas, pero no barreras. "Ya no hay judío ni griego; no hay esclavo ni libre; no hay varón ni mujer; porque todos vosotros sois uno en Cristo Jesús" (Gá. 3:28).

Pablo escribió en Romanos con gran compasión y tristeza por sus compatriotas judíos: "Por su transgresión vino la salvación a los gentiles, para provocarles a celos". Pero continúa con una nota de gran esperanza: "Y si su transgresión es la riqueza del mundo, y su defección la riqueza de los gentiles, ¿cuánto más su plena restauración?" (11:11-12). Unos pocos versículos más adelante explica de forma más completa: "Porque no quiero, hermanos, que ignoréis este misterio, para que no seáis arrogantes en cuanto a vosotros mismos: que ha acontecido a Israel endurecimiento en parte, hasta que haya entrado la plenitud de los gentiles; y luego todo Israel será salvo, como está escrito" (vv. 25-26). El camino estaría siempre abierto para los judíos individuales que vengan al reino, porque el endurecimiento fue solo parcial, y un día toda la nación de Israel será llevada de vuelta al Señor. La señal de las lenguas se repitió cuando los gentiles fueron incorporados a la iglesia, como aparece registrado en Hechos 10:44-46.

UNA SEÑAL DE AUTORIDAD

Los apóstoles y los profetas fueron los que predicaron el juicio y prometieron la bendición, y su autoridad quedó validada "por señales, prodigios y milagros" (2 Co. 12:12; cp. Ro. 15:19). Entre las señales que autenticaban estaba el don de lenguas, del cual Pablo afirma: "hablo en lenguas más que todos vosotros" (1 Co. 14:18).

Como señal, el propósito de las lenguas llegó a su fin cuando terminó aquello hacia lo cual apuntaba. Una persona que viaja en auto hacia una gran ciudad puede ver la primera señal de kilometraje cuando ya ha avanzado unos 300 kilómetros en la carretera. Más adelante lee que faltan: "200 kilómetros", y más tarde "50 kilómetros", y luego "10 kilómetros". Sin embargo, después que ha pasado por la ciudad nota que cesan las señales de kilómetros hacia ese lugar. Ya no tienen razón de ser, porque ya ha llegado al lugar que apuntaban y lo ha pasado. El don de lenguas estaba sujeto irremediablemente a un momento en la historia, y ese momento ya hace mucho que fue pasado.

Es interesante, y creo que es muy significativo, que no tenemos constancia bíblica ni de una sola palabra hablada en lenguas o aun interpretada. Todas las referencias a las lenguas son generales. Aparecen siempre mencionadas en relación con su propósito y significado, nunca relacionadas con su contenido específico. Los mensajes dados en lenguas no fueron revelaciones nuevas o nuevas visiones, sino que, como en Pentecostés, solo eran expresiones únicas de las antiguas verdades: "las maravillas de Dios" (Hch. 2:11). Aunque las lenguas podían edificar cuando se las interpretaba, su propósito no era enseñar, sino señalar; no revelar la verdad de Dios, sino validar la verdad del portavoz enviado.

Desde la destrucción de Jerusalén en el año 70 d.C. ya no tenía razón de ser el don-señal de lenguas, porque aquello a lo que señalaba ya había sido alcanzado y sobrepasado. Israel había sido dejado a un lado, los gentiles habían entrado en el reino, y los apóstoles habían entregado la fe que había sido dada una vez a los santos.

Pero la profecía, sigue diciendo Pablo, **no a los incrédulos, sino a los creyentes.** En algunas traducciones aparece: "no *es señal* a los incrédulos", pero esas dos palabras no aparecen en el texto griego y son incluidas por los traductores. Según la gramática griega ese sentido es posible, pero no es imprescindible para el sentido del texto. No encontramos en ningún otro lugar que se hable de la profecía como una señal, y yo no creo que ese sea el significado que Pablo quiere darle aquí. Él no está diciendo que la profecía sea una señal para los creyentes como las lenguas era una señal para los incrédulos. La profecía es dada para **los creyentes,** y no es dada como una señal que apunta a alguna otra cosa, sino que en sí misma es para edificación (vv. 4, 31).

La limitada función del don genuino de lenguas lo podemos ver en el hecho de que incluso en el tiempo que le correspondía en la historia, podía ser mal usado y terminar por ser un estorbo para la adoración y el evangelismo. Si todos con ese don hablan a la vez **y entran indoctos o incrédulos, ¿no dirán que estáis locos?** Como dije bajo v. 16, creo que *idiōtēs* (**indocto**) queda mejor traducido con significado común de ignorante.

Un incrédulo gentil hubiera perdido pronto el interés en la reunión **si... toda la iglesia se reúne en un solo lugar, y todos hablan en lenguas**, porque él no habría visto ningún significado en la señal. Un incrédulo judío hubiera perdido el interés a causa de lo que a él le parecía locura y confusión. *Mainomai* (**loco**) significa estar en una arrebato de furia, estar fuera de sí. Un incrédulo, gentil o judío, saldría corriendo de la reunión pensando que aquello no era otra cosa que otro ritual sin sentido y desenfrenado, muy semejante a los del paganismo.

Aunque no fueron dadas para la edificación, las lenguas, no obstante, estaban para ser entendidas, no para causar desconcierto. La sorpresa de los visitantes judíos en Jerusalén en los días de Pentecostés estuvo en que ellos entendieron lo que se decía en lenguas que eran las suyas propias (Hch. 2:11).

Por el otro lado, **si todos profetizan, y entra algún incrédulo o indocto, por todos es convencido, por todos es juzgado**. Estos verbos de sentido judicial indican que la predicación de la Palabra lleva a los hombres a la convicción de que el razonamiento es verdadero y que serán juzgados sobre la base de su respuesta. Pablo continúa contrastando las lenguas con la profecía, demostrando de nuevo la superioridad de la profecía. Se usa aquí **profecía** en su sentido más general de comunicar la Palabra de Dios. Cuando se proclama la Palabra habla al corazón de los hombres y produce convicción de pecado, que es el primer paso para llegar a la fe. La persona convencida llega a verse a sí misma como realmente es, porque **lo oculto de su corazón se hace manifiesto**. Sus intenciones y hechos pecaminosos le quedan claramente revelados. En consecuencia, se postrará **sobre el rostro, adorará a Dios, declarando que verdaderamente Dios está entre vosotros**. El más poderoso testimonio de la iglesia no está en sus éxtasis, sino en la proclamación clara de la poderosa Palabra de Dios (He. 4:12).

Cuando las lenguas eran usadas mal, solo había confusión, frustración y desconcierto. Los incrédulos se sentían repelidos y los creyentes quedaban sin ser edificados. Pero la profecía edifica a los creyentes y evangeliza a los incrédulos. Dios es honrado y las personas son bendecidas cuando se proclama claramente su Palabra. Nuestro deseo debiera ser que cada culto, cada actividad, todo lo que decimos o hacemos en el nombre del Señor lleve a las personas a decir **verdaderamente Dios está entre vosotros**

EL PROCEDIMIENTO PARA LAS LENGUAS: SISTEMÁTICO

¿Qué hay, pues, hermanos? Cuando os reunís, cada uno de vosotros tiene salmo, tiene doctrina, tiene lengua, tiene revelación, tiene interpretación. Hágase todo para edificación. Si habla alguno en lengua extraña, sea esto por dos, o a lo más tres, y por turno; y uno interprete. Y si no hay intérprete, calle en la iglesia, y hable para sí mismo y para Dios. (14:26-28)

El Nuevo Testamento siempre da bases doctrinales para el comportamiento cristiano. Siempre hay una razón teológica para hacer aquello que somos llamados a hacer. Del mismo modo que Pablo usa los primeros once capítulos de Romanos para echar los cimientos doctrinales de las exhortaciones de los capítulos 12-16, así también usa aquí los primeros veinticinco versículos de 1 Corintios 14 para establecer el fundamento doctrinal de las exhortaciones de los versículos 26-40.

El propósito primario de los versículos 26-40 es establecer el procedimiento bíblico para el uso de las lenguas a fin de que sea sistemático y ordenado, conforme a las pautas divinas, contrarias a la confusión con la que parece que los creyentes corintios hacían todas las cosas. Ya fuera que tuvieran un **salmo...**

doctrina... lengua... revelación... interpretación, todos querían participar al mismo tiempo. No estaban interesados en servir, aprender o edificar, sino solo en expresarse a sí mismo y recibir la gloria. Todos buscaban atención y preeminencia.

Salmo se refiere a leer o quizás cantar, uno de los salmos del Antiguo Testamento. Doctrina probablemente indica una enseñanza favorita o tema preferido que era presentada y expuesta. Otros miembros tenían lo que ellos afirmaban era una nueva **revelación** de parte de Dios. Otros hablabas en lenguas, verdadera o falsa, mientras que otros daban una **interpretación**.

Excepto en la posibilidad de lenguas falsificadas, todas las otras cosas eran partes buenas y legítimas de la adoración. El problema consistía en que las hacían todas al mismo tiempo. Nadie se quedaba para escuchar, excepto los pocos desconcertados visitantes, que sin duda alguna pensarían que todos estaban locos (vea v. 23). Ninguno podía beneficiarse de semejante desorden.

En vista de tal confusión y desorden, Pablo da un mandamiento claro: **Hágase todo para edificación**.

Oikodomē (**edificación**) significa literalmente "construcción de una casa". Figurativamente, se refiere al proceso de crecer, mejorar o madurar. La vida espiritual de los cristianos necesita ser edificada y mejorada, expandirla hasta su plenitud y perfección. La responsabilidad primaria que los cristianos tienen unos con otros es edificarse mutuamente. La edificación es una responsabilidad principal de los líderes de la iglesia (Ef. 4:11-12), pero lo es también de todos los cristianos. *Cada* creyente está llamado a ser un edificador. "Por lo cual, animaos unos a otros, y edificaos unos a otros, así como lo hacéis" (1 Ts. 5:11). "Cada uno de nosotros agrade a su prójimo en lo que es bueno, para edificación. Porque ni aun Cristo se agradó a sí mismo" (Ro. 15:2-3). Jesús "no vino para ser servido, sino para servir, y para dar su vida en rescate por muchos" (Mt. 20:28). Nuestro Señor no buscó lo que le beneficiaba a Él, sino lo que beneficiaba a los que vino a salvar.

Como Pablo indica repetidas veces en este capítulo catorce, una evidencia importante de la falta de amor de los corintios era su preocupación egoísta por sí mismos, la otra cara de lo cual era su falta de preocupación por la edificación de sus hermanos en Cristo (vv. 3-5, 12, 17, 26, 31). Ellos no siguieron, como Pablo mandó, "lo que contribuye a la paz y a la mutua edificación" (Ro. 14:19). Aquello que edifica a otros es también lo que crea armonía, así como el egoísmo es también lo que genera desarmonía.

Los cristianos son edificados solo mediante una cosa: la Palabra de Dios. Esa es la herramienta que se usa para la construcción de toda edificación espiritual. "Toda la Escritura es inspirada por Dios, y útil para enseñar, para redargüir, para corregir, para instruir en justicia, a fin de que el hombre de Dios sea perfecto, enteramente preparado para toda buena obra" (2 Ti. 3:16-17). Esa es la herramienta con la que cada creyente debiera ser habilitado.

NORMAS PARA HABLAR EN LENGUAS

En los versículos 27-28 Pablo da cuatro normas para el uso de las lenguas: (1) solo dos o tres personas debieran hablar; (2) debieran hacerlo en turnos; (3) lo que dicen debiera ser interpretado; y (4) si no hay nadie presente que pueda interpretar, no debieran hablar.

Al contrario de los éxtasis paganos que muchos de los cristianos corintios estaban imitando, el Espíritu Santo no trabaja a través de personas que están fuera de control o "matados en el espíritu". Él ministra todos sus dones por medio de la mente consciente de cada uno de los santos, de los que se dan cuenta de lo que hacen.

Primera, **Si habla alguno en lengua extraña, sea esto por dos, o a lo más tres.** No debían permitir que en uno de sus cultos más de tres personas hablaran en lenguas, y era preferible que no lo hicieran más de dos. Aunque Pablo ha usado regularmente el singular **lengua** para referirse al don falsificado, parece evidente que aquí está hablando del auténtico. Muy difícilmente él hubiera dada normas para usar lo falso. Aquí usa el singular **lengua** para que concuerde con el sujeto **alguno** en singular, puesto que solo una persona debiera hablar en un momento determinado en lenguas.

Segunda, las referidas dos o tres personas no debieran hablar simultáneamente como estaban acostumbrados a hacer, sino **por turno**. El orden, el poder entender y la cortesía demandan dicho procedimiento. El que varias personas se pusieran hablar a la vez en la misma lengua ya hubiera creado de por sí bastante confusión, pero que hablaran en diferentes lenguas hubiera sido para volverse loco.

Una de las más fuertes acusaciones en contra del movimiento carismático moderno es la práctica común de muchas personas que hablan, oran y cantan al mismo tiempo, sin que ninguno preste atención a lo que los demás están haciendo o diciendo. Cada cual funciona por su cuenta, como sucedía en Corinto, y lo hacen en evidente violación del mandamiento de Pablo de hacerlo **por turno**.

Tercera, **y uno interprete.** Todo lo que se hablara en lenguas debía ser interpretado y al parecer por un solo intérprete. En la construcción en griego, uno es enfático, indicando que solo uno está involucrado. Los intérpretes en Corinto estaban tan interesados en sí mismos como los que hablaban en lenguas, cada uno tratando de superar al otro. El versículo 26 implica que cada uno, hiciera lo que hiciera, trataba de silenciar a todos los demás. Pablo les dice que, cada vez que se permita a dos o tres hablar por turno, solo **uno interprete**.

447

Cuarta, **y si no hay intérprete, calle en la iglesia**. Aunque hablar en lenguas y traducir esas lenguas eran dos dones diferentes, no tenían que usarlos aparte el uno del otro. Un intérprete no *podía* ejercer su don a menos que hubiera alguien hablando, y uno que hablaba *no debiera* ejercer su don a menos que hubiera alguien para interpretarlo. La instrucción de Pablo presupone que la congregación sabía qué creyentes tenían el don de interpretación. Si uno de dichos creyentes no estaba presente, no había razón para hablar en lenguas. La norma era clara y simple: no hay intérprete, no hablar en lenguas en voz alta. El creyente que todavía se sintiera impulsado a hablar, pues que se dedique a meditar y orar, que **hable para sí mismo y para Dios.**

El procedimiento para la profecía (14:29-40)

39

Asimismo, los profetas hablen dos o tres, y los demás juzguen. Y si algo le fuere revelado a otro que estuviere sentado, calle el primero. Porque podéis profetizar todos uno por uno, para que todos aprendan, y todos sean exhortados. Y los espíritus de los profetas están sujetos a los profetas; pues Dios no es Dios de confusión, sino de paz.

Como en todas las iglesias de los santos, vuestras mujeres callen en las congregaciones; porque no les es permitido hablar, sino que estén sujetas, como también la ley lo dice. Y si quieren aprender algo, pregunten en casa a sus maridos; porque es indecoroso que una mujer hable en la congregación. ¿Acaso ha salido de vosotros la palabra de Dios, o sólo a vosotros ha llegado?

Si alguno se cree profeta, o espiritual, reconozca que lo que os escribo son mandamientos del Señor. Mas el que ignora, ignore.

Así que, hermanos, procurad profetizar, y no impidáis el hablar lenguas; pero hágase todo decentemente y con orden. (14:29-40)

El apóstol concluye en esta sección su consideración crítica de los asuntos relacionados con los dones espirituales. Ahora les da a los creyentes corintios unas pocas exhortaciones para resumir lo que le había quedado por decir en las anteriores correcciones. Tenemos que admitir que, como ha sido evidente, algunas de las cosas en todo este pasaje resultan difíciles de entender, debido a que no podemos reconstruir completamente la escena en Corinto. Sin embargo, estas últimas pocas exhortaciones dejan muy poca duda acerca del significado.

Asimismo, los profetas hablen dos o tres, y los demás juzguen. Y si algo le fuere revelado a otro que estuviere sentado, calle el primero. Porque podéis profetizar todos uno por uno, para que todos aprendan, y todos sean exhortados. Y los espíritus de los profetas están sujetos a los profetas; pues Dios no es Dios de confusión, sino de paz. (14:29-33*a*)

A semejanza de los apóstoles, y a diferencia de pastores y maestros, sin embargo, el ministerio único del profeta dejó de existir cuando la iglesia era todavía muy joven. A juzgar por las epístolas pastorales de Pablo (1 y 2 Timoteo y Tito) los profetas dejaron de funcionar en la iglesia aun antes de que terminara la era apostólica. En dichas cartas él menciona bastante a los dirigentes de la iglesia —ancianos, diáconos, diaconisas y obispos—, pero no menciona a los profetas. Junto con los apóstoles, los profetas fueron parte de la fundación de la iglesia (Ef. 2:20), y son la primera posición que dejó de existir en la iglesia del Nuevo Testamento.

No obstante, cuando Pablo escribió esta carta a los corintios, los profetas eran todavía una parte esencial de la obra de aquella iglesia. En realidad, en ninguna parte de esta carta se menciona a un pastor, anciano u obispo. Al parecer los profetas fueron los líderes clave en los primeros días de la iglesia (cp. Hch. 13:1). Debido a que este era obviamente el caso en Corinto, Pablo sintió la necesidad de dar algunos principios para que los siguieran los profetas.

En los versículos 29-33*a* el apóstol da cuatro normas para profetizar: (1) que hablen solo dos o tres profetas; (2) los otros profetas juzgarían lo que se había dicho; (3) si alguien tenía una revelación, el primero que iba a hablar debía cederle la vez; y (4) los profetas deben hablar por turno.

Primera, **los profetas hablen** solo **dos o tres** en los cultos que se celebren. Esos **profetas** del Nuevo Testamento hablaban por el Señor en dos formas. En algunas ocasiones daban nuevas revelaciones de parte de Dios a la iglesia. Y, mediante la repetición de lo que los apóstoles habían enseñado, también proclamaban lo que había sido previamente revelado, de forma semejante a como lo hacen hoy los predicadores y maestros de la Palabra.

Segunda, cuando los profetas hablaban en una reunión, **los demás** profetas presentes **juzguen** (de *diakrinō*). Puede que estos profetas que juzgaban tuvieran el don de discernimiento (cp. 12:10; *diakrisis,* "distinguir") o puede que ellos simplemente juzgaran en base a su propio conocimiento de la Palabra y la voluntad de Dios. En cualquier caso, estaban para evaluar colectivamente la validez de todos los mensajes proféticos. El Espíritu Santo capacitaba a esos profetas que evaluaban para "[probar] los espíritus si [eran] de Dios" (1 Jn. 4:1). Dado que a los profetas se les confiaba a veces nuevas revelaciones, era muy importante que todo lo que ellos predicaran y enseñaran fuera absolutamente cierto y consecuente. Debido a que ellos estaban ayudando a establecer el fundamento de la iglesia, la validez de su enseñanza era de suma importancia. Ningún profeta actuaba unilateralmente en la enseñanza. Había un gran sentido de responsabilidad entre todos ellos.

Tercera, **si algo le fuere revelado a otro que estuviere sentado, calle el primero.** Una revelación nueva tenía precedente sobre la repetición de algo que ya había sido enseñado. Eso no significaba que la nueva revelación fuera necesariamente más importante que aquellas que estaban siendo proclamadas, sino que, en ese momento dado, la nueva debiera ser escuchada mientras que estaba recién recibida de parte del Señor. Eso no afecta a la iglesia de hoy, porque esos aspectos de revelación del ministerio profético cesaron cuando el Nuevo Testamento quedó completado. Pero al parecer esos conflictos se dieron a veces en la naciente iglesia. Cuando eso sucedía, los profetas con nuevas revelaciones tenían prioridad y se les cedía el lugar. En otras palabras, cuando Dios hablaba directamente, todos debían escuchar.

Cuarta, ya sea que se dieran nuevas revelaciones o que se reforzaran las anteriormente dadas, los profetas tenían que **profetizar... uno por uno**. Como sucedía con las lenguas, era imperativo que solo una persona hablara a la vez **para que todos aprendan, y todos sean exhortados**. La conjunción *hina* (**para que**) se usaba para expresar el doble propósito ellas: aprender y exhortar (cp. v. 3).

Pablo refuerza el principio de que los profetas juzguen los mensajes de los otros (cp. 29). **Los espíritus de los profetas están sujetos a los profetas** (cp. v. 29). No solo los profetas están para juzgar la autenticidad de lo que los otros profetas dicen, sino que cada profeta tiene que tener control de su propio espíritu. La Biblia no sabe nada sobre revelaciones fuera del espíritu o fuera de la mente. A los que Dios reveló su Palabra no siempre entendieron completamente el mensaje que recibieron, pero siempre estuvieron conscientes de lo que era el mensaje y de que Dios se lo estaba dando. Dios no se olvida de la mente de los hombres para revelar o enseñar su Palabra. No hubo experiencias extáticas, extrañas, como en trance relacionadas con la acción divina o con el profeta, tales como las que ocurrían y ocurren con las revelaciones demoníacas. Había una prueba clara para distinguir la obra del Espíritu Santo de la obra de los demonios, y al parecer los corintios tenían dificultades para establecer la distinción (cp. 12:3).

Pues Dios no es Dios de confusión, sino de paz. Aquí está la clave para todo el capítulo. Nuestra adoración de Dios debiera reflejar el carácter y la naturaleza de Dios. Él es el Dios de **paz** y de armonía, no de conflictos y **confusión** (cp. Ro. 15:33; 2 Ts. 3:16; He. 13:20). Dios no puede ser honrado donde hay desarmonía y confusión, competición y frenesí, egoísmo e intereses personales. El caos y la discordia en una reunión de iglesia es una prueba clara de que el Espíritu de Dios no está en control. Allí donde reina el Espíritu de Dios hay siempre **paz** (cp. Stg. 3:14-18).

OTRAS NORMAS GENERALES

Como en todas las iglesias de los santos, vuestras mujeres callen en las congregaciones; porque no les es permitido hablar, sino que estén sujetas, como

también la ley lo dice. Y si quieren aprender algo, pregunten en casa a sus maridos; porque es indecoroso que una mujer hable en la congregación. ¿Acaso ha salido de vosotros la palabra de Dios, o sólo a vosotros ha llegado?

Si alguno se cree profeta, o espiritual, reconozca que lo que os escribo son mandamientos del Señor. Mas el que ignora, ignore. (14:33*b*-38)

La segunda parte del versículo 33 parece que encaja mejor con el versículo 34. La frase **como en todas las iglesias de los santos** no está relacionada lógicamente con que Dios no sea un Dios de confusión. Dicha frase es, sin embargo, una introducción lógica a **vuestras mujeres callen en las congregaciones; porque no les es permitido hablar.** Pablo estaba recalcando el hecho de que el principio de que las mujeres no hablen en el culto de la iglesia no era algo local, geográfico o cultural, sino universal: **en todas las iglesias de los santos.** Aunque abarca a las lenguas, el contexto se refiere aquí a la profecía. Las mujeres no están para ejercer ninguno de esos ministerios.

Las mujeres que tomaron parte en las expresiones caóticas que Pablo ha estado condenando no solo añadieron confusión, sino que ellas no tenían que haber participado para nada. En el orden de Dios para la iglesia, las mujeres debieran **[estar] sujetas, como también la ley lo dice.** Este principio fue enseñado primero en el Antiguo Testamento y es reafirmado en el Nuevo. Como aplicación de ese principio, a las mujeres no les era permitido hablar en las sinagogas.

Uno de los designios de la creación, así como también una de las consecuencias primarias de la caída, era la sujeción de las mujeres (Gn. 3:16). Pablo reflejó ese principio explícitamente cuando dijo: "La mujer aprenda en silencio, con toda sujeción. Porque no permito a la mujer enseñar, ni ejercer dominio sobre el hombre, sino estar en silencio" (1 Ti. 2:11-12). El razonamiento de Pablo no estaba basado en normas sociales, sino en dos hechos fundacionales e históricos: (1) "Adán fue formado primero, después Eva" y (2) "Adán no fue engañado, sino que la mujer." (vv. 13-14). Los hombres tienen que dirigir en amor; las mujeres tienen que sujetarse en amor. Ese es el diseño de Dios.

No es simple coincidencia que, al igual que los corintios, muchas de las iglesias de hoy que practican hablar en lenguas y afirman tener dones de sanidades permiten también a las mujeres participar en el ministerio de predicar y enseñar. De hecho, muchos grupos carismáticos los comenzaron las mujeres, de la misma manera que muchas de las sectas que surgieron del cristianismo fueron fundadas por mujeres. Cuando las mujeres usurpan la función ordenada por Dios para el hombre, suelen caer inevitablemente en otras prácticas y errores contrarios a las Escrituras.

Las mujeres pueden ser maestras y líderes muy calificadas, pero esos dones no deben ejercerlos sobre los hombres en las actividades de la iglesia. Dios ha establecido orden en su creación, un orden que refleja su propia naturaleza y que, por tanto, debiera reflejarse en su iglesia. Cuando alguna parte de su orden es ignorado o rechazado, su iglesia se debilita y Él no es honrado. Así como el Espíritu de Dios no puede estar en control cuando hay confusión y caos en la iglesia, tampoco puede estar en control allí donde las mujeres toman en sus manos los papeles que Dios ha destinado para los hombres. **Porque es indecoroso** [*aischros,* "No está bien", es impropio"] **que una mujer hable en la congregación.** Esa declaración no deja ninguna duda en cuanto a su significado.

Y si quieren aprender algo, pregunten en casa a sus maridos. La implicación presente en esta declaración es que ciertas mujeres estaban fuera de orden haciendo preguntas en el culto de la iglesia. Si ellas deseaban aprender, la iglesia no era el lugar apropiado para que ellas plantearan sus preguntas en forma perturbadora. Pablo también implica, por supuesto, que los esposos cristianos debieran estar bien instruidos en la Palabra de Dios. Muchas mujeres se sienten tentadas a ir más allá de su papel bíblico debido a su frustración con hombres cristianos, incluyendo a menudo a sus propios esposos, que no cumplen de forma responsable con la tarea de liderazgo que Dios les ha dado. Pero Dios ha establecido el orden y las relaciones apropiadas de los papeles de hombre-mujer en la iglesia, y no deben ser ignoradas por ninguna razón. Que una mujer asuma el papel del hombre porque él lo ha descuidado solo sirve para complicar el problema. No es posible para una mujer sustituir al hombre en tales cosas. Dios a menudo ha llevado a las mujeres a hacer trabajos que los hombres han rehuido hacer, pero no las dirige a llevar a cabo ese trabajo por medio de papeles que Él ha reservado para los hombres.

Hay momentos en reuniones informales y estudios bíblicos cuando es completamente apropiado para hombres y mujeres participar por igual en un intercambio de preguntas y puntos de vista. Pero cuando la iglesia se reúne como un cuerpo para adorar a Dios, sus normas son claras: el papel de liderazgo está reservado a los hombres.

Es evidente que muchos de los creyentes corintios, hombres y también mujeres, habían discutido con Pablo acerca de este asunto. Ellos estaban dispuestos a seguir sus propios principios y normas sin importar lo que el apóstol y otros líderes maduros dijeran. En su orgullo y arrogancia la iglesia quería establecer ella su propia ley, decidiendo por sí misma qué es correcto y apropiado. Actuaban como si tuvieran un monopolio de la verdad y no toleraban que otros lo cuestionaran.

Los corintios se pusieron a sí mismos por encima de las Escrituras, ya fuera ignorándola o interpretándola en formas que iba mejor con sus ideas preconcebidas. De modo que Pablo les habla con palabras que son bien duras y sarcásticas: **¿Acaso ha salido de vosotros la palabra de Dios, o sólo a vosotros ha llegado?** En efecto, les está diciendo: "Si vosotros no habéis escrito las Escrituras, entonces obedecedlas. Si vosotros no sois los únicos en recibir la Palabra de

Dios, entonces someteros a ellas como hijos fieles de Dios, como los cristianos de todos los lugares están obligados a hacer". Ningún creyente tiene el derecho de anular, ignorar, alterar o desobedecer la Palabra de Dios. Hacerlo es ponerse a sí mismo por encima de las Escrituras.

Luego sigue retándoles: **Si alguno se cree profeta, o espiritual, reconozca que lo que os escribo son mandamientos del Señor**. En el contexto de lo que Pablo ha estado hablando en referencia a los profetas y las lenguas, parece que **espiritual** debe referirse primariamente a los que hablaban en lenguas, el lenguaje espiritual especial que los corintios valoraban tanto. Lo que quiere decir es: "Si una persona afirma ser profeta o tener el don de lenguas o cualquier otro don espiritual, la marca de que su llamamiento es verdadero y su ministerio es fiel será su reconocimiento de que lo que enseña como un apóstol son las verdades de Dios. Si una persona es verdaderamente llamada o habilitada por Dios y está procurando sinceramente seguirlo, someterá el ejercicio de su llamamiento y don a los principios que Dios me ha revelado como sus mandamientos". Lo que el apóstol les enseñó no era opcional.

Por el otro lado, **mas el que ignora, ignore**. Este juego de palabras conlleva la idea de que cualquiera que hace caso omiso de la Palabra de Dios, él mismo sea ignorado. La marca de un profeta falso o de un falsificador de lenguas o de una persona que usa mal un llamamiento verdadero o don, era su rechazo de la enseñanza de Pablo. A causa de que tales personas rechazaban lo que apóstol enseñaba, ellos eran rechazados como verdaderos siervos de Dios. Debido a que era la revelación de Dios como Escritura, la enseñanza de Pablo era absolutamente autorizada (cp. 2 P. 3:15-16).

Esta reafirmación de la autoridad viene en un lugar apropiado, debido a que tantos creyentes corintios no habían hecho caso de las palabras de Pablo acerca de las lenguas y de las mujeres. El apóstol dice que la iglesia debe olvidarse de esos rechazadores ignorantes y llamados por sí mismos.

En los versículos 37-38 Pablo da lo que es quizás la más fuerte afirmación de su autoridad como apóstol de Dios. Pablo tenía sus limitaciones personales y punto débiles, que él abiertamente reconoció (vea, p.ej., Fil. 3:12-14). Pero cuando hablaba en el nombre de Dios, lo que decía no estaba contaminado con prejuicios personales o culturales. No enseñó, por ejemplo, la sujeción de las mujeres en la iglesia como resultado de su trasfondo judío o con el fin de promover una tendencia personal machista. Enseñó esa verdad porque el Señor se lo había enseñado a él mismo. Pablo nunca afirmó ser omnisciente, pero afirmó sin dejar lugar a dudas que todo lo que había enseñado acerca de Dios, acerca del evangelio y acerca de la iglesia era la propia enseñanza divina, los **mandamientos del Señor**.

Sin importar cuál sea su posición, educación, experiencia, pericia o talentos, los cristianos que rechazan la enseñanza de Pablo rechazan la enseñanza de Dios, y ellos mismos deben ser rechazados como maestros o líderes de la iglesia.

EXHORTACIÓN FINAL

Así que, hermanos, procurad profetizar, y no impidáis el hablar lenguas; pero hágase todo decentemente y con orden. (14:39-40)

El apóstol termina el capítulo con una exhortación final a los corintios para que sostengan la profecía en la posición superior en su ministerio a la comunidad, pero que no menosprecien o rechacen el hablar en lenguas legítimo. Y todo lo que hicieran en el nombre del Señor debieran hacerlo en la manera apropiada.

En sus reuniones debían **[procurar]** colectivamente **profetizar** [segunda persona plural], porque la profecía es el don del Espíritu que ayuda más a la edificación, instrucción y enseñanza de la iglesia. La profecía es tan importante porque la edificación es vital. Repetimos, como la forma verbal lo demuestra, que Pablo no está sugiriendo que los individuos busquen el don de profecía (vea comentarios en el cap. 37 sobre 14:1).

Aunque en segundo orden después de la profecía, las **lenguas** legítimas que son ejercidas en la forma correcta debieran ser reconocidas como del Señor, y no ridiculizadas o prohibidas. **No impidáis** está también en plural y no está promoviendo que los individuos busquen las lenguas, sino que se refiere a la iglesia como un grupo para que permita que los dones apropiados se puedan practicar. Las lenguas eran un don limitado, tanto en su propósito como en su duración, pero eran un don del Señor y, mientras que estuviera activo, no hay razón para despreciarlo o dificultarlo.

La revelación que es correcta debiera ser obedecida en la forma correcta, y los dones que son correctos debieran ser ejercidos en la manera correcta. El significado básico de *euschēmonōs* (**decentemente**) es dignamente, apropiadamente, armoniosamente, bellamente. **Con orden** tiene el sentido de "en turno" o "de uno en uno" (cp. v. 27). Dios es un Dios de belleza y armonía, de propiedad y orden, y **todo** lo que sus hijos hacen debiera reflejar esas características divinas.

Las evidencias de la resurrección de Cristo (15:1-11)

40

Además os declaro, hermanos, el evangelio que os he predicado, el cual también recibisteis, en el cual también perseveráis; por el cual asimismo, si retenéis la palabra que os he predicado, sois salvos, si no creísteis en vano. Porque primeramente os he enseñado lo que asimismo recibí: Que Cristo murió por nuestros pecados, conforme a las Escrituras; y que fue sepultado, y que resucitó al tercer día, conforme a las Escrituras; y que apareció a Cefas, y después a los doce. Después apareció a más de quinientos hermanos a la vez, de los cuales muchos viven aún, y otros ya duermen. Después apareció a Jacobo; después a todos los apóstoles; y al último de todos, como a un abortivo, me apareció a mí. Porque yo soy el más pequeño de los apóstoles, que no soy digno de ser llamado apóstol, porque perseguí a la iglesia de Dios. Pero por la gracia de Dios soy lo que soy; y su gracia no ha sido en vano para conmigo, antes he trabajado más que todos ellos; pero no yo, sino la gracia de Dios conmigo. Porque o sea yo o sean ellos, así predicamos, y así habéis creído. (15:1-11)

A diferencia de la mayor parte de 1 Corintios, el capítulo 15 está dedicado completamente a la doctrina, y a una sola doctrina. En estos 58 versículos Pablo nos ofrece la más amplia reflexión sobre la resurrección que encontramos en las Escrituras.

Así como el corazón bombea la sangre que da vida a cada parte del cuerpo, la resurrección da vida a cada área de la verdad del evangelio. La resurrección es el eje alrededor del cual gira todo el cristianismo y sin la cual todas las demás verdades no podrían sostenerse. Sin la resurrección, el cristianismo sería solo pensamiento nostálgico, que ocuparía un lugar junto a todas las demás filosofías humanas y especulaciones religiosas.

La resurrección era el punto central de todas las otras verdades enseñadas por Cristo. Él enseñó a sus discípulos que "le era necesario al Hijo del Hombre padecer mucho, y ser desechado por los ancianos, por los principales sacerdotes y por los escribas, y ser muerto, y resucitar después de tres días" (Mr. 8:31; cp. 9:9, 31). También dijo: "Yo soy la resurrección y la vida; el que cree en mí, aunque esté muerto, vivirá" (Jn. 11:25). Los dos primeros sermones predicados después de Pentecostés se enfocaron ambos en la resurrección de Cristo (Hch. 2:14-36; 3:12-26). Debido a esa verdad los descorazonados seguidores del crucificado rabí se convirtieron en los testigos valerosos y mártires que, en unos pocos años, esparcieron el evangelio por todo el Imperio Romano y más allá. La creencia en la resurrección, la verdad de que esta vida es solo un preludio a la vida venidera que disfrutarán los que confían en Cristo Jesús, no la pudo destruir la burla, la cárcel, la tortura ni siquiera la muerte. Ninguna clase de temor o terror en esta vida puede apagar la esperanza y el gozo de una vida venidera que está asegurada.

El verdadero cristianismo del Nuevo Testamento es la religión de la resurrección. John Locke, el filósofo británico del siglo XVIII, dijo: "La resurrección de nuestro Salvador es de tremenda importancia para el cristianismo, tan grande que depende de ella el ser o no ser el Mesías".

A causa de que es la piedra angular del evangelio, la resurrección ha sido el blanco de los más grandes ataques de Satanás contra la iglesia. Si la resurrección queda eliminada, el poder de dar vida del evangelio es eliminado, como también lo es la deidad de Cristo, la salvación del pecado y la vida eterna. "Si en esta vida solamente esperamos en Cristo, somos los más dignos de conmiseración de todos los hombres" (1 Co. 15:19). Si Cristo no vivió después de la tumba, tampoco pueden esperar hacerlo los que confían en Él.

Sin la resurrección no habría sido posible la provisión de la salvación, y tampoco se puede recibir la resurrección sin creer en la resurrección. "Si confesares con tu boca que Jesús es el Señor, y creyeres en tu corazón que Dios le levantó de los muertos, serás salvo" (Ro. 10:9). Por lo tanto, no es posible ser cristiano y no creer en la resurrección de Cristo Jesús.

El problema doctrinal sobre el que se enfoca este capítulo no era la incredulidad de los corintios en la resurrección de Cristo, sino en su confusión acerca de su propia resurrección. Pablo no estaba tratando de convencerlos de que Cristo resucitó de los muertos, sino de que un día ellos también resucitarían con Él para vida eterna. No obstante, para establecer los cimientos, en los primeros once versículos repasa las evidencias de la resurrección de Cristo, una verdad que él reconoce que ellos ya creen (vv. 1, 11). Las cinco evidencias o testimonios, que presenta son: la iglesia; las Escrituras; los testigos oculares; un testigo especial, el apóstol mismo; y el mensaje común.

EL TESTIMONIO DE LA IGLESIA

Además os declaro, hermanos, el evangelio que os he predicado, el cual también recibisteis, en el cual también perseveráis; por el cual asimismo, si retenéis la palabra que os he predicado, sois salvos, si no creísteis en vano. (15:1-2)

El primer testimonio no aparece explícitamente declarado, pero está implícito. El hecho de que los cristianos corintios mismos, y todos los demás cristianos en todas partes, habían recibido el evangelio y habían creído en Cristo Jesús y habían sido transformados milagrosamente, era en sí mismo una fuerte evidencia del poder del evangelio, que brota de la resurrección de Cristo.

Al dirigirse de nuevo a ellos como **hermanos** (cp. 1:10; 2:1; 3:1; 10:1; etc.) Pablo les asegura a los que está escribiendo que los reconoce como hermanos en Cristo. El término no solo expresa su identidad espiritual con ellos, sino también su amor (cp. 15:58).

El apóstol les dice que lo que está a punto de decirles no es nada nuevo para ellos, sino sencillamente **el evangelio que os he predicado, el cual también recibisteis.** Hasta los versículos 3-4 no especifica en qué consiste la esencia del evangelio: "Que Cristo murió por nuestros pecados... y que fue sepultado, y que resucitó al tercer día". La enseñanza de los dos primeros versículos es que los creyentes corintios eran ellos mismos una evidencia viva de que esta doctrina era verdadera. El hecho de que ellos salieron de la ceguera espiritual y la falta de vida del judaísmo o del paganismo y entraron en la luz y en la vida de Cristo es un testimonio del poder del evangelio y, por lo tanto, del poder de la resurrección. También da testimonio de que ellos ya creían en la verdad de la resurrección de Cristo. Lo que él les había **predicado** había sido el evangelio de la resurrección de Cristo Jesús, que ellos habían **[recibido]**, en el cual les asegura que ahora **[perseveran]** y por el cual **[son] salvos** y que los libera del poder del pecado y de la condenación. Debido a la realidad de la resurrección de Cristo y a su confianza en ella, ellos eran ahora parte de su iglesia y, de esa forma, eran una evidencia del poder de la resurrección.

La frase calificadora de Pablo —**si retenéis la palabra que os he predicado, sois salvos, si no creísteis en vano**— no enseña que los verdaderos creyentes estén en peligro de perder su salvación, pero es una advertencia en contra de la fe no salvadora. De modo que una traducción más clara sería: "... si retenéis la palabra que os he predicado, a menos que vuestra fe sea sin valor o a menos que creísteis en vano". Que los corintios se aferraran a lo que Pablo les había predicado (vea 11:2) era el resultado de su genuina salvación y una evidencia de la misma, así como su salvación y nueva vida eran una evidencia del poder de la resurrección de Cristo. Sin embargo, debemos reconocer que algunos carecían de la verdadera fe salvadora y por esa razón no continuaron obedeciendo la Palabra de Dios.

La enseñanza de Pablo sobre la seguridad de los creyentes no dejaba lugar a dudas. "Porque a los que antes conoció, también los predestinó para que fuesen hechos conformes a la imagen de su Hijo, para que él sea el primogénito entre muchos hermanos. Y a los que predestinó, a éstos también llamó; y a los que llamó, a éstos también justificó; y a los que justificó, a éstos también glorificó" (Ro. 8:29-30; cp. vv. 35-39; 5:9-10; 9:23; 1 Co. 2:7; etc.). Solo podemos ser salvos mediante el poder de Dios y solo por su poder nos mantenemos salvos. La salvación la alcanzamos porque Cristo nos sostiene firmemente a nosotros, no tanto porque nosotros nos aferremos a Él. Que nosotros nos aferremos a Él es una prueba de que Él nos tiene bien asidos.

Una persona que profesa ser cristiana y retiene la doctrina y la vida ortodoxa y luego la rechaza por completo demuestra que su salvación nunca fue verdadera. Puede abandonar de esa manera las cosas de Dios porque él era el que se aferraba. No pertenece a Dios y, por tanto, el poder de Dios no puede retenerlo. Esa persona no **[retiene] la palabra** porque su fe es **en vano**. Nunca fue verdadera. No puede mantenerse asida porque ella no está asida por Cristo.

El Señor habló repetidas veces de creyentes falsos que tenían una fe inútil, no salvadora. La parábola del sembrador (Mt. 13:1-23) nos dice que parte de la semilla del evangelio cae en tierra llena de piedras o de espinos, y que la cizaña a menudo parece que es trigo, pero no lo es. (13:24-30, 34-43). Jesús habló de las muchas clases de peces que aparecen en la misma red, y que los buenos se los quedan y los malos los echan fuera (13:47-50). Habló de casas sin cimientos (7:24-27), vírgenes sin aceite para su lámpara, y siervos que desperdiciaron sus talentos y fueron "echados a las tinieblas" (25:1-30). Advirtió acerca de puertas y caminos que parecen rectos, pero que llevan a la destrucción (7:13-14).

Al parecer algunos de los corintios habían reconocido intelectualmente, o al menos externamente, el señorío, la salvación y resurrección de Cristo, pero no habían confiado en Él o su compromiso con Él era superficial. Creían solo como creen los demonios (Stg. 2:19). Reconocía a Cristo, pero no lo habían **[recibido]**, no **[perseveraban]** en Él, no eran **[salvos]** por Él y no **[retenían]** la palabra que Pablo les había **predicado**. Como Jesús dijo claramente mediante las ilustraciones citadas arriba, muchas personas responden de forma positiva, de una manera u otra, al evangelio, pero solo la fe genuina en Cristo Jesús resulta en salvación.

Muchos tienen una fe que no sirve para nada. "Muchos" dirán, "Señor, Señor", en el día del juicio, pero serán excluidos por causa de su fe falsa y vacía (Mt. 7:22-23; 25:11-12). Los que abandonan a Cristo y a su Iglesia demuestran que nunca fueron de verdad de Él o de su verdadero cuerpo que es la Iglesia (cp. 1 Jn. 2:19). Los que "[permanecen] en mi palabra", dijo Jesús, los que **[retienen] la palabra**, son "verdaderamente mis discípulos" (Jn. 8:31; cp. 2 Co. 13:5; 2 Jn. 9). Los que de verdad son justificados no solo son salvos por la fe, sino que continúan "[viviendo] por fe" (He. 13:38). La obediencia y una fidelidad continua son las marcas de los redimidos.

El hecho de que, a pesar de su gran inmadurez y muchas debilidades, la iglesia corintia continuaba todavía existiendo era un fuerte testimonio del poder del evangelio. ¿Quién si no el Cristo vivo y resucitado podía haber tomado a ladrones, adúlteros, fornicarios, homosexuales, mentirosos, idólatras y gente tan totalmente pagana y haberlos transformado en una comunidad de redimidos? A pesar de sus muchos defectos y fracasos, y a pesar de la presencia de seguidores falsos en su asamblea, Cristo vivía en y por medio de los santos verdaderos. Pablo estaba avergonzado de lo mucho que hicieron y no hicieron, pero no se avergonzaba de llamarlos **hermanos**.

Aunque es en buena medida una prueba subjetiva, la permanencia de la iglesia de Cristo Jesús a lo largo de 2000 años es una evidencia de la realidad de su resurrección. Su Iglesia y su Palabra han sobrevivido al escepticismo, la persecución, la herejía, la infidelidad y la desobediencia. Los detractores han presentado la resurrección como un engaño y una invención, pero nunca han explicado el poder de semejante invención para producir hombres y mujeres dispuestos a darlo todo, incluyendo su libertad y vida cuando era necesario, por amar y seguir a un Señor muerto. Su iglesia viva es una evidencia de que Cristo mismo está vivo; y solo puede estar vivo hoy si de verdad resucitó de entre los muertos.

H. D. A. Mayor, antiguo rector del Ripon Hall, en Oxford, ha escrito:

> Si la crucifixión de Jesús hubiera sido el fin de la experiencia de sus discípulos con Él, resulta difícil ver cómo la iglesia cristiana podía haber llegado a existir. La iglesia fue fundada sobre la base de que Jesús era el Mesías. Un Mesías crucificado no era un Mesías para nada. Era uno que había sido rechazado por el judaísmo y maldecido por Dios. Fue la resurrección de Jesús, como el apóstol Pablo declara en Ro. 1:4, la que le proclamó como el Hijo de Dios con poder (*The Mission and Message of Jesus* [La misión y el mensaje de Jesús] [Nueva York: Dutton, 1946], p. 213).

El historiador eclesiástico Kenneth Scott Latourette, escribió en su *Historia de la expansión de cristianismo*:

> Fue la convicción de la resurrección de Jesús lo que sacó a sus seguidores del pozo de desánimo y desesperación en que su muerte los había metido y lo que los llevó a la perpetuación del movimiento que Él empezó. Si no hubiera sido por su profunda creencia de que el crucificado había resucitado de entre los muertos y que ellos le habían visto y

habían hablado con Él, la muerte de Jesús y probablemente Jesús mismo habrían quedado completamente olvidados (vol. 1 [Nueva York: Harper & Row, 1970], p. 59).

Un seguidor de Buda escribe acerca de aquel líder religioso: "Cuando Buda murió fue como desaparecer por completo en lo que nada permanece". Mahoma murió en Medina el 8 de junio de 632, a la edad de 61 años, y su tumba allí la visitan miles de peregrinos musulmanes cada año. Pero ellos acuden a llorar su muerte, no a celebrar su resurrección. No obstante, la iglesia de Cristo Jesús celebra, no solo en el domingo de Resurrección sino en cada servicio de bautismo por inmersión, la victoria de su Señor sobre la muerte y la tumba.

EL TESTIMONIO DE LAS ESCRITURAS

Porque primeramente os he enseñado lo que asimismo recibí: Que Cristo murió por nuestros pecados, conforme a las Escrituras; y que fue sepultado, y que resucitó al tercer día, conforme a las Escrituras. (15:3-4)

La segunda evidencia de la resurrección de Cristo fue el Antiguo Testamento, **las Escrituras** del judaísmo y de la naciente iglesia. El Antiguo Testamento predijo claramente la muerte, sepultura y resurrección de Cristo. Cuando Pablo dice **Porque primeramente os he enseñado**, se está refiriendo a que les *llevó* una enseñanza autorizada, no algo que él mismo había originado. Él no lo diseñó, sino que solo [**enseñó**] lo que Dios había dispuesto.

A dos de sus discípulos en el camino de Emaús, Jesús les dijo: "¡Oh insensatos, y tardos de corazón para creer todo lo que los profetas han dicho! ¿No era necesario que el Cristo padeciera estas cosas, y que entrara en su gloria? Y comenzando desde Moisés, y siguiendo por todos los profetas, les declaraba en todas las Escrituras lo que de él decían" (Lc. 24:25-27). Cuando los judíos incrédulos le pidieron una señal de que Él era el Mesías, Jesús les respondió: "La generación mala y adúltera demanda señal; pero señal no le será dada, sino la señal del profeta Jonás. Porque como estuvo Jonás en el vientre del gran pez tres días y tres noches, así estará el Hijo del Hombre en el corazón de la tierra tres días y tres noches" (Mt. 12:39-40).

En Pentecostés Pedro citó el Salmo 16 y luego comentó que David, el autor del salmo, "viéndolo antes, habló de la resurrección de Cristo, que su alma no fue dejada en el Hades, ni su carne vio corrupción" (Hch. 2:25-31). Pablo proclamó delante del rey Agripa: "Pero habiendo obtenido auxilio de Dios, persevero hasta el día de hoy, dando testimonio a pequeños y a grandes, no diciendo nada fuera de las cosas que los profetas y Moisés dijeron que habían de suceder: Que el Cristo había de padecer, y ser el primero de la resurrección de los muertos, para anunciar luz al pueblo y a los gentiles" (Hch. 26:22-23).

Jesús, Pedro y Pablo citaron y se refirieron a pasajes del Antiguo Testamento tales como Génesis 22:8, 14; Salmo 16:8-11; Salmo 22; Isaías 53; y Oseas 6:2. Una y otra vez, ya sea directa o indirectamente, en forma literal o en figuras de lenguaje, el Antiguo Testamento predijo la muerte, sepultura y resurrección de Jesús. Ningún judío que creyera y entendiera **las Escrituras**, refiriéndonos a lo que hoy conocemos como el Antiguo Testamento, debiera haberse sorprendido de que estaba establecido que el Mesías muriera, fuera sepultado y entonces resucitara. Pablo repite dos veces la frase **conforme a las Escrituras**, para enfatizar que esto no era algo nuevo, y que no era una contradicción de las creencias judías.

EL TESTIMONIO DE LOS TESTIGOS OCULARES

Y que apareció a Cefas, y después a los doce. Después apareció a más de quinientos hermanos a la vez, de los cuales muchos viven aún, y otros ya duermen. Después apareció a Jacobo; después a todos los apóstoles. (15:5-7)

A lo largo de la historia el testimonio de testigos oculares responsables y sinceros ha sido considerado como una de las formas más confiables de evidencia en un tribunal de justicia. La tercera evidencia que Pablo aporta de la resurrección de Cristo es en esa forma.

El abogado Sir Edward Clarke dijo:

> Como abogado he llevado a cabo un amplio estudio de las evidencias de los sucesos del primer día de Resurrección. Para mí, la evidencia es concluyente, y una y otra vez he conseguido veredictos favorables en los tribunales aportando evidencia que no es tan convincente. La inferencia sigue a la evidencia, y un testigo veraz es siempre genuino y desdeña lo falso; la evidencia del evangelio para la resurrección es de esta clase, y como abogado la acepto sin reservas como un testimonio de hombres veraces sobre los hechos que ellos fueron capaces de sustanciar.

El historiador Thomas Arnold de Oxford ha escrito:

> La evidencia de la vida, muerte y resurrección del Señor puede ser y a menudo se ha mostrado como satisfactoria. Es buena conforme a las normas comunes para distinguir la buena evidencia de la mala. Miles y miles de personas la han analizado pieza por pieza tan cuidadosamente como todo juez recapitula un caso importante. Lo he hecho yo mismo muchas veces, no para persuadir a otros, sino para satisfacerme a mí mismo. Me he dedicado por muchos años a estudiar la historia de otros

tiempos y examinar y pesar la evidencia aportada por los que han escrito acerca de ella, y no conozco un hecho en la historia de la humanidad que está mejor demostrado mediante completa evidencia que la gran señal que Dios ha dado de que Cristo murió y resucitó de entre los muertos.

LA APARICIÓN DE JESÚS A PEDRO

Es significativo que Pablo dice que Jesús **apareció** a los que le vieron después de la resurrección. Hasta que Él no les reveló su identidad, ni siquiera María Magdalena (Jn. 20:14-16), los dos discípulos del camino de Emaús (Lc. 24:15, 31), o los discípulos que estaban reunidos en la tarde del día de la resurrección (Jn. 20:19-20), no le reconocieron. Los relatos de los evangelios hablan de manera consecuente de las apariciones o manifestaciones de Jesús después de su resurrección (Mt. 28:9; Mr. 16:9, 12, 14; Lc. 24:31-39; Jn. 21:1; etc.). Fue reconocido solo por aquellos a los que Él decidió revelarse, y no hay constancia de que se manifestara a otros que no fueran sus discípulos.

Uno de los requerimientos para el apostolado era el de haber visto al Cristo resucitado (Hch. 1:22), y al primer apóstol a quien se **apareció** fue **a Cefas**, esto es, a Pedro. No se nos da la hora o la ocasión exactos de dicha aparición. Solo sabemos que fue un poco después de su aparición a María y antes de su aparición a los dos discípulos en el camino de Emaús (Lc. 24:34). No se nos dice por qué el Señor apareció primero a Pedro o en forma separada, pero es posible que fuera a causa del gran remordimiento de Pedro por haber negado al Señor, y debido a su papel como líder entre los apóstoles y en la primitiva iglesia hasta el Concilio de Jerusalén (Hch. 15). Al ir primero a Pedro, Jesús hace hincapié en su gracia. El apóstol había abandonado al Señor, pero el Señor no le había abandonado a él. Cristo no apareció a Pedro porque él se lo mereciera, sino porque necesitaba verlo. Pedro fue el portavoz del Señor en Pentecostés y fue una figura clave en la expansión de la iglesia durante varios años. Como tal fue el principal testigo de la resurrección de Cristo

LA APARICIÓN DE JESÚS A LOS DOCE

Luego Jesús se apareció **a los doce**. Como mencionamos arriba, se apareció a los once discípulos (aunque todavía aparecen mencionados como "los doce" incluso antes de que Judas fuera remplazado) cuando estaban reunidos llenos de temor en la mañana de la resurrección (Jn. 20:19; Lc. 24:36).

Los apóstoles echaron los cimientos de la iglesia (Ef. 2:20), la cual desde el principio basó sus creencias y prácticas en sus enseñanzas (Hch. 2:42). Los hombres que el Señor usó para establecer su iglesia en la tierra, todos ellos le vieron en su cuerpo resucitado (Hch. 1:22). Fueron testigos capaces, sinceros y confiables del evento más importante de la historia.

LA APARICIÓN DE JESÚS A LOS QUINIENTOS

Después apareció a más de quinientos hermanos a la vez. La calidad de testigos específicos está representada por los apóstoles, todos los cuales eran conocidos por nombre y los podían buscar y preguntar con facilidad. La cantidad de testigos la podemos ver en los **quinientos hermanos** que vieron al Cristo resucitado **a la vez**. Las Escrituras no nos indican quiénes fueron aquellas personas o dónde se les apareció Jesús, pero sin duda ellos eran bien conocidos en la naciente iglesia, y, como los doce, les pudieron preguntar con frecuencia acerca de su experiencia de haber visto al Señor resucitado. Aun en el tiempo en que Pablo escribía esta carta, más de dos décadas después, la mayoría de los testigos todavía vivía. **De los cuales muchos viven aún**, agrega, **y otros ya duermen**, es decir, habían fallecido.

¡Quinientos testigos vieron a Jesús vivo, al mismo tiempo, en la misma hora y en el mismo lugar, después de su resurrección!

LA APARICIÓN DE JESÚS A JACOBO

No se nos especifica a que **Jacobo** se le **apareció** Jesús. Dos de los apóstoles, uno el hijo de Zebedeo y el otro el hijo de Alfeo, se llamaban Jacobo (Mr. 3:17-18). Sin embargo, me siento inclinado a creer que este Jacobo era el hermanastro del Señor, el autor de la carta de Santiago y un dirigente clave de la iglesia de Jerusalén (Hch. 15:13-21).

Santiago originalmente era escéptico. Al igual que sus hermanos, no creyó al principio que Jesús fuera el Mesías (Jn. 7:5). Pero ahora este miembro de la propia familia de Jesús, este que durante varios años no reconoció a Jesús como el Cristo, era un testigo, un testigo poderoso y convincente, de su resurrección. Quizás, como le sucedió a Pablo, fue la experiencia de ver al Cristo resucitado lo que al final llevó a **Jacobo** a la fe salvadora. En cualquier caso, el testimonio convincente de un miembro de la familia, que antes se mostró incrédulo, fue añadido al de los apóstoles y al de los quinientos.

"Durante cuarenta días" (Hch. 1:3), entre su resurrección y la ascensión, Jesús se apareció **a todos los apóstoles** en varias ocasiones que no se especifican (vea Jn. 21:1-14).

EL TESTIMONIO DE UN TESTIGO ESPECIAL

Y al último de todos, como a un abortivo, me apareció a mí. Porque yo soy el más pequeño de los apóstoles, que no soy digno de ser llamado apóstol, porque perseguí a la iglesia de Dios. Pero por la gracia de Dios soy lo que soy; y su gracia no ha sido en vano para conmigo, antes he trabajado más que todos ellos; pero no yo, sino la gracia de Dios conmigo. (15:8-10)

El cuarto testimonio importante de la resurrección de Cristo fue el del propio apóstol Pablo, un testigo especial y único del Señor resucitado. Pablo no perteneció al grupo original de apóstoles, todos los cuales habían sido discípulos de Jesús durante su ministerio terrenal. Tampoco estuvo entre los otros quinientos creyentes que habían visto al Cristo resucitado. Por el contrario, había sido durante muchos años un incrédulo y el principal perseguidor de la iglesia.

Fue, sin embargo, el **último de todos** que pudo ver al Cristo resucitado. La aparición del Señor a Pablo sucedió no solo después de la resurrección, sino después de la ascensión, haciendo que el testimonio de Pablo fuera todavía más singular. No ocurrió durante los cuarenta días en los que se apareció a todos los demás, sino varios años más tarde. Todos los otros a los que Cristo apareció eran creyentes, excepto quizás Santiago, mientras que Pablo (entonces conocido como Saulo) era un incrédulo violento y lleno de odio cuando el Señor se manifestó a él en el camino de Damasco (Hch. 9:1-8). Hubo también otras apariciones (Hch. 18:9-10; 23:11; cp. 2 Co. 12:1-7)

Jesús se apareció a Pablo **como a un abortivo.** *Ektrōma* (**abortivo**) se refiere por lo común a un aborto o nacimiento prematuro, una vida incapaz de valerse por sí misma. En el sentido de la figura que usa Pablo, el término podía indicar total imposibilidad para la vida sin intervención divina y transmite la idea de que nació sin esperanza de encontrarse con Cristo. Pero el uso del término en el sentido de un nacimiento a destiempo, demasiado pronto o demasiado temprano, parece encajar mejor en el pensamiento de Pablo. Llegó demasiado tarde para haber sido uno de los doce. Al conllevar la idea de informe, muerto e inútil, se usaba también el término como una expresión de burla. Antes de su conversión, que coincidió con su visión del Señor resucitado, Pablo estaba espiritualmente todavía sin forma, muerto e inútil, como una persona para ser despreciada por Dios. Incluso cuando nació espiritualmente, no era el mejor momento, pues Cristo ya había ascendido. ¿Cómo podía ser él un apóstol? No obstante, debido al especial propósito divino, **me apareció a mí**, testifica Pablo.

Aunque Pablo nunca dudó de su apostolado o vaciló en usar la autoridad que la posición conllevaba, tampoco cesó de maravillarse de que, de todas las personas, Cristo le hubiera llamado a él para ese ministerio tan elevado. No solo se consideraba **el más pequeño de los apóstoles,** sino pensaba que no era **digno de ser llamado apóstol, porque perseguí a la iglesia de Dios.**

Pablo sabía que estaba perdonado de todos sus pecados, y no se encontraba plagado de sentimientos de culpa por lo que había hecho en contra del pueblo de Dios. Pero no podía olvidar aquello por lo que había sido perdonado, y por eso se recordaba continuamente a sí mismo: **por la gracia de Dios soy lo que soy**. Pensar que no se merecía para nada el perdón de Dios era un constante recordatorio de cuán generoso era en su gracia y amor.

Es posible que el recuerdo de Pablo de haber **[perseguido] a la iglesia de Dios** fuera una poderosa motivación para estar tan determinado a que **su gracia no ha sido en vano para conmigo**. (Comparar su testimonio en 1 Ti. 1:12-17.) Como queda claramente demostrado en el Nuevo Testamento, Pablo pudo decir con toda sinceridad: **antes he trabajado más que todos ellos**. (Comparar su dedicación como se describe en 2 Co. 11:23–12:12.) No obstante, él no estaba jactándose de su propia espiritualidad o poder, sino en Dios, porque, como se apresuró a añadir, **pero no yo, sino la gracia de Dios conmigo**. La misma gracia que era la razón de su llamamiento era también responsable de su fidelidad. Dios en su soberanía le comisionó como apóstol y en su soberanía bendijo su ministerio apostólico. Pablo creyó, respondió, obedeció y fue continuamente sensible a la dirección y voluntad divinas. Pero el apóstol sabía que, aparte de la gracia anticipante de Dios, todo lo que había hecho hubiera sido completamente en vano y sin valor (cp. Ef. 4:15-16; Col. 1:28-29; etc.).

La verdad y el poder de la resurrección de Cristo había producido tres grandes cambios en Pablo. El primero fue su profundo reconocimiento de pecado. Por primera vez se dio cuenta de cuán lejos estaba su vida religiosa externa de ser internamente agradable a Dios. Se vio a sí mismo como realmente era, un enemigo de Dios y un perseguidor de su iglesia. Segundo, experimentó una revolución de carácter. De un perseguidor de la iglesia se había convertido en su más grande defensor. Quedó transformado de una vida caracterizada por el odio generado por la justicia propia a otra caracterizada por el amor que se da a sí mismo. Cambió de opresor a siervo, de encarcelador a libertador, de juez a amigo, de quitar la vida a dar la vida. Tercero, experimentó una reorientación profunda en su energía. Ahora servía a los redimidos de Dios con la misma energía y celo como antes se había opuesto a ellos.

EL TESTIMONIO DEL MENSAJE COMÚN

Porque o sea yo o sean ellos, así predicamos, y así habéis creído. (15:11)

El último testimonio de la resurrección de Cristo fue el del mensaje común que todo verdadero apóstol, profeta y pastor predicaba. **Porque o sea yo o sean ellos** —Pedro, los doce, los quinientos, Santiago o cualquier otro— **así predicamos, y así habéis creído**. Sin ninguna excepción, la predicación y la enseñanza de la naciente iglesia estaba centrada en la muerte, sepultura y resurrección de Cristo. Siempre que se predicaba de Cristo o quienquiera que predicara el mensaje de Cristo, su resurrección era el mensaje fundamental que proclamaban. No había discusión acerca de la verdad o de la importancia de la doctrina, lo que difícilmente hubiera sido el caso si hubiera sido una invención.

Excepto en unos pocos casos aislados de herejía, la doctrina de la resurrección de Cristo no ha sido cuestionada dentro de la iglesia hasta nuestra era moderna de escepticismo y humanismo. El cristianismo del Nuevo Testamento, ya sea antiguo o moderno, no sabe nada de un evangelio cuyo corazón no sea el Señor y Salvador resucitado, Cristo Jesús.

Las importancia de la resurrección corporal (15:12-19)

41

Pero si se predica de Cristo que resucitó de los muertos, ¿cómo dicen algunos entre vosotros que no hay resurrección de muertos? Porque si no hay resurrección de muertos, tampoco Cristo resucitó. Y si Cristo no resucitó, vana es entonces nuestra predicación, vana es también vuestra fe. Y somos hallados falsos testigos de Dios; porque hemos testificado de Dios que él resucitó a Cristo, al cual no resucitó, si en verdad los muertos no resucitan. Porque si los muertos no resucitan, tampoco Cristo resucitó; y si Cristo no resucitó, vuestra fe es vana; aún estáis en vuestros pecados. Entonces también los que durmieron en Cristo perecieron. Si en esta vida solamente esperamos en Cristo, somos los más dignos de conmiseración de todos los hombres. (15:12-19)

Como Pablo les recuerda en los versículos 1-11, los cristianos corintios ya creían en la resurrección de Cristo, de no ser así no serían cristianos. Esa afirmación de la realidad de la resurrección formaba la base para su razonamiento de dos filos en el capítulo 15: Porque Cristo había resucitado, la resurrección de los muertos era obviamente posible; y, por el otro lado, a menos que los seres humanos en general puedan resucitar, Cristo no podía haber resucitado. Las dos resurrecciones permanecen o caen juntas; no podía haber una sin la otra. Además, si no hay resurrección, el evangelio no tiene sentido y carece de valor.

Parece extraño que algunos de los creyentes pudieran haber aceptado una parte de la verdad sin la otra. La causa de esta confusión, como muchos de sus otros problemas, estaba en la continua influencia de las filosofías y religiones paganas de las cuales habían salido muchos de ellos. El pensamiento filosófico y espiritualista del tiempo de Pablo, como en nuestros días, tenía muchas ideas erróneas acerca de lo que les ocurría a los seres humanos después de la muerte.

Algunas religiones han enseñado que el alma duerme, mientras que el cuerpo muere y se desintegra, el alma o espíritu descansa. Los materialistas creen en la total extinción, en la completa aniquilación. Nada humano o físico sobrevive después de la muerte. La muerte acaba con todo. Algunas religiones enseñan la reencarnación, proceso en el que el alma o espíritu es continuamente reciclado de una forma a otra, incluso de humano a animal o de animal a humano. Otros creen en lo que por lo general se describe como una absorción, en la que el espíritu, o al menos una cierta parte del espíritu, vuelve a la fuente de donde salió y es absorbido en la mente o ser divino supremo. Esa creencia aparece reflejada en una declaración del filósofo contemporáneo Leslie Weatherhead: "¿Importaría de verdad si yo estuviera perdido como una gota de agua en el océano, si pudiera ser una partícula brillante en una ola gloriosa que se rompiera en grandioso esplendor en la belleza perfecta de algún mar eterno?"

En esos puntos de vista, la personalidad e individualidad humanas quedan para siempre perdidas en la muerte. Lo que sobreviva, si algo, nunca más es una persona, nunca más es un individuo, nunca más es un ser humano único.

El dualismo era un principio básico de mucha de la antigua filosofía griega, un concepto generalmente atribuido a Platón. El dualismo consideraba que todo lo espiritual era intrínsecamente bueno y todo lo físico era intrínsecamente malo. Para todo el que sostenía ese punto de vista la idea de un cuerpo resucitado era repugnante. Para ellos, la razón esencial para la vida después de la muerte era escapar de todo lo físico. Ellos pensaban que el cuerpo era como una tumba o cadáver, al cual, en esta vida, estaba encadenada el alma. Para los griegos, su cuerpo era lo último que ellos querían llevarse para la vida después de la muerte. Creían en la inmortalidad del alma, pero se oponían fuertemente a la idea de la resurrección del cuerpo, como Pablo pudo comprobar cuando predicó en el Areópago: "Pero cuando oyeron lo de la resurrección de los muertos [los filósofos atenienses], unos se burlaban, y otros decían: Ya te oiremos acerca de esto otra vez" (Hch. 17:32). La perspectiva típica del dualismo fue expresado por Séneca: "Cuando venga el día en que se separe esta mezcla de divino y humano que encuentro aquí, dejaré mi cuerpo, y volveré a los dioses".

Es muy posible que incluso algunos de los miembros judíos de la congregación corintia dudaran de la resurrección. A pesar del hecho de que la resurrección se enseñaba en el Antiguo Testamento, algunos judíos, tales como los saduceos, no creían en ella.

En el antiguo libro de Job leemos: "Y después de deshecha esta mi piel, en mi carne he de ver a Dios" (Job, 19:26; cp. Sal. 17:15). La visión de Ezequiel de los huesos secos (37:1-14) representa a la nación de Israel restaurada, pero también sugiere la resurrección corporal de los hijos de Dios. La predicción de Daniel de la resurrección es clara, cuando habla de la resurrección de los perdidos así como de los salvos: "Y muchos de los que duermen en el polvo de la tierra serán despertados, unos para vida eterna, y otros para vergüenza y confusión perpetua" (Dn. 12:2).

En tanto que la enseñanza del Antiguo Testamento era limitada e incompleta, la enseñanza del Nuevo Testamento es amplia. Aunque los evangelios todavía no se habían escrito, la vida de Jesús era bien conocida y los corintios sin duda habían sabido de sus enseñanzas por medio de Pedro y otros. "Ninguno puede venir a mí, si el Padre que me envió no lo trajere; y yo le resucitaré en el día postrero" (Jn. 6:44), les proclamó a algunos de los judíos que le criticaban cerca del Mar de Galilea. A Marta le dijo: "Yo soy la resurrección y la vida; el que cree en mí, aunque esté muerto, vivirá" (Jn. 11:25).

El fundamento de la enseñanza apostólica era que Cristo había resucitado de entre los muertos y todo el que creyera en Él también sería resucitado. Cuando Pedro y Juan se encontraban predicando en Jerusalén poco después de Pentecostés, "vinieron sobre ellos los sacerdotes con el jefe de la guardia del templo, y los saduceos, resentidos de que enseñasen al pueblo, y anunciasen en Jesús la resurrección de entre los muertos" (Hch. 4:1-2). Pablo había escrito a los tesalonicenses varios años antes de escribir 1 Corintios: "Porque el Señor mismo con voz de mando, con voz de arcángel, y con trompeta de Dios, descenderá del cielo; y los muertos en Cristo resucitarán primero" (1 Ts. 4:16). Él sin duda alguna había enseñado a los corintios la misma verdad, y en su siguiente carta a ellos, les dice: "Sabiendo que el que resucitó al Señor Jesús, a nosotros también nos resucitará con Jesús, y nos presentará juntamente con vosotros" (2 Co. 4:14).

A pesar del hecho de que la resurrección de los creyentes se enseña en el Antiguo Testamento, de que Jesús lo enseñó durante su ministerio terrenal y de que los apóstoles también lo enseñaron, los cristianos corintios estaban infestados de serias dudas. Son esas dudas las que Pablo corrige tan enérgicamente en 1 Corintios 15.

Su razonamiento es sencillo y lógico: **Pero si se predica de Cristo que resucitó de los muertos, ¿cómo dicen algunos entre vosotros que no hay resurrección de muertos?** La construcción gramatical aquí (*ei* con el indicativo) implica una condición de que es verdadera. Los corintios creían en la resurrección de Cristo (1 Co. 15:1, 11) y que al presente se encontraba vivo (enfatizado por el tiempo perfecto de *egeirō*, **resucitó**). ¿Cómo podían ellos negar lógicamente la verdad general de la resurrección? Si Cristo había resucitado, la resurrección era obviamente posible.

En los versículos 13-19 el apóstol demuestra que la resurrección no solo es posible sino que es esencial para la fe, pues les da siete consecuencias desastrosas, cuatro teológicas y tres personales, que resultarían si no hubiera resurrección: (1) Cristo no habría resucitado; (2) la predicación del evangelio no tendría sentido; (3) la fe en Cristo no serviría para nada; (4) todos los testigos y predicadores de la resurrección serían unos mentirosos; (5) los seres humanos estarían todavía en sus pecados; (6) todos los que antes creyeron habrían perecido eternamente; (7) los cristianos serían los más desdichados de los mortales.

LAS CONSECUENCIAS TEOLÓGICAS DE NO HABER RESURRECCIÓN

Porque si no hay resurrección de muertos, tampoco Cristo resucitó. Y si Cristo no resucitó, vana es entonces nuestra predicación, vana es también vuestra fe. Y somos hallados falsos testigos de Dios; porque hemos testificado de Dios que él resucitó a Cristo, al cual no resucitó, si en verdad los muertos no resucitan. (15:13-15).

CRISTO NO HABRÍA RESUCITADO

La primera consecuencia y más evidente en el supuesto de no haber resurrección es que **tampoco Cristo resucitó**. "Como cualquiera puede deducir fácilmente", razonaba Pablo, "si los muertos no pueden resucitar, Cristo tampoco resucitó".

Es probable que los corintios incrédulos soslayaran el problema alegando que Cristo no era en realidad un hombre o que no era completamente un hombre. Debido a su orientación dualista, como hemos indicado arriba, dieron eso por supuesto porque Cristo era divino. No era posible que Él fuera humano y, por tanto, solo aparentaba ser humano. En consecuencia, Él en realidad no murió, sino que dio la apariencia de morir. Según esta interpretación, sus apariciones entre la crucifixión (una ilusión) y la ascensión fueron simplemente continuas manifestaciones de lo que solo *parecía* ser corporal.

Este punto de vista no podía encajar, por supuesto, con lo que habían enseñado los escritores de los evangelios, el mismo Jesús y los apóstoles. Los relatos de los evangelios de la vida y ministerio terrenal de Jesús corresponden a un ser completamente humano. Había nacido de una madre humana, y Él comió, bebió, durmió, se cansó, fue crucificado, fue atravesado, se desangró y murió. En su primera aparición a los doce después de la crucifixión, Jesús pidió que sus discípulos les tocaran para demostrarles que no era simplemente un espíritu, "porque un espíritu no tiene carne ni huesos, como veis que yo tengo". Y a continuación les pidió algo para comer, "y él lo tomó, y comió delante de ellos" (Lc. 24:39-43).

En Pentecostés Pedro proclamó que "Jesús nazareno, varón aprobado por Dios entre vosotros" y que "a éste, entregado por el determinado consejo y anticipado conocimiento de Dios, prendisteis y matasteis... crucificándole" (Hch. 2:22-23). Más adelante en el mismo mensaje él proclamó que Jesús estaba vivo, no solo en espíritu, sino en cuerpo. Les habló de cuando David anticipó "la resurrección de Cristo, que su alma no fue dejada en el hades, ni su carne vio corrupción. A este Jesús resucitó Dios" (Hch. 2:31-32). En su comienzo de la carta a los Romanos, Pablo dice con claridad que "el evangelio de Dios" para el cual fue llamado era "acerca de su Hijo, nuestro Señor Jesucristo, que era del linaje de David según la carne, que fue declarado Hijo de Dios con poder, según el Espíritu de santidad, por la resurrección de entre los muertos" (Ro. 1:1-4). La resurrección de Jesús evidenciaba tanto su deidad como su humanidad.

En su visión a Juan en Patmos, Cristo declaró: "Yo soy el primero y el último; y el que vivo, y estuve muerto; mas he aquí que vivo por los siglos de los siglos, amén. Y tengo las llaves de la muerte y del Hades" (Ap. 1:17-18). En su segunda carta, Juan señala la importancia crucial que tiene el creer que Jesús había nacido, vivido, muerto, y que fue criado como un ser humano: "Porque muchos engañadores han salido por el mundo, que no confiesan que Jesucristo ha venido en carne. Quien esto hace es el engañador y el anticristo" (2 Jn. 7).

Los corintios no podían caer de nuevo en la idea pagana de que Cristo solo tenía la apariencia de ser humano. Él fue humano en todos los sentidos; físicamente vivió, murió y volvió a vivir. Por lo tanto, si no hay tal cosa como la resurrección física, **tampoco Cristo resucitó.**

LA PREDICACIÓN DEL EVANGELIO NO TENDRÍA SENTIDO

La segunda consecuencia en el caso de no haber resurrección sería: **vana es entonces nuestra predicación** del evangelio, no tendría ningún sentido. Como Pablo acababa de decir, el corazón del evangelio es la muerte y resurrección de Cristo a nuestro favor. "Porque primeramente os he enseñado lo que asimismo recibí: Que Cristo murió por nuestros pecados, conforme a las Escrituras; y que fue sepultado, y que resucitó al tercer día, conforme a las Escrituras" (15:3-4). Aparte de la resurrección Jesús no podía haber conquistado el pecado, o la muerte, o el infierno, y esos tres grandes males habrían sido los conquistadores del hombre para siempre.

Sin la resurrección las buenas nuevas hubieran sido malas noticias, y no habría nada para predicar que valiera la pena. Sin la resurrección el evangelio hubiera sido un mensaje vacío, sin esperanza y sin sentido. A menos que el Señor conquistara el pecado y la muerte, abriendo un camino para que los hombres lo siguieran en esa victoria, no había evangelio para proclamar.

LA FE EN CRISTO NO SERVIRÍA PARA NADA

Así como sin la resurrección la predicación de Cristo carecía de sentido, también hubiera hecho que la fe en Él no tuviera ningún valor. La fe en un evangelio así hubiera sido **vana** (*kenos*, vacía, inútil, sin efecto, sin propósito). Un salvador muerto no podría dar vida. Si los muertos no resucitaban, Cristo no resucitó y nosotros no resucitaríamos. Podríamos entonces decir como el salmista: "Verdaderamente en vano he limpiado mi corazón" (Sal. 73:13), o con el Siervo en Isaías: "Por demás he trabajado, en vano y sin provecho he consumido mis fuerzas" (49:4).

Si no había resurrección, la lista de los héroes de la fe en Hebreos 11 sería, por el contrario, la lista de los tontos. Abel, Enoc, Noé, Abraham, Sara, Moisés, Rahab, David, los profetas, y todos los otros habrían sido fieles por nada. Hubieran sufrido burlas, azotes, prisiones, apedreamientos, aflicciones, maltratos y muertes horribles completamente en **[vano]**. Todos los creyentes de todos los tiempos hubieran creído en vano y hubieran muerto en vano.

TODOS LOS TESTIGOS Y PREDICADORES DE LA RESURRECCIÓN SERÍAN UNOS MENTIROSOS

Y somos hallados falsos testigos de Dios; porque hemos testificado de Dios que él resucitó a Cristo, al cual no resucitó, si en verdad los muertos no resucitan. Si la resurrección de los muertos no es una realidad, entonces todos los que han declarado haber visto al Cristo resucitado y toda persona que ha predicado acerca de Cristo resucitado son unos mentirosos, incluyendo a Pablo y a los otros apóstoles (**somos**). Serían **testigos falsos de Dios**, porque habían testificado falsamente que Dios había levantado a Cristo de entre los muertos.

Negar la resurrección era decir que los apóstoles y todos los demás dirigentes de la iglesia del Nuevo Testamento no simplemente estaban equivocados, sino que lo estaban intencionalmente, es decir, eran unos mentirosos. No hay posibilidad, como declaran muchos liberales, que una equivocación así podría haber sucedido sin intención, inocentemente. Esos testigos no podrían ser hombres sinceros que daban sin querer malos consejos. Si Cristo no había resucitado de entre los muertos, ellos no solo no habían sido enviados por Dios con un mensaje de parte suya, sino que eran unos embusteros que se habían puesto de acuerdo con el fin de que sus mentiras coincidieran y armonizaran.

Si los apóstoles, los profetas y los escritores del Nuevo Testamento mintieron acerca de lo que era el corazón del evangelio, ¿por qué se iba a creer en ellos en cuanto a todo lo demás? ¿Por qué iban a ser consideradas inspiradas y elevadas sus enseñanzas morales si ellos habían inventado descaradamente su enseñanza acerca de la resurrección de Jesús? Todas las verdades del Nuevo Testamento permanecen o caen juntas en base de la resurrección.

No solo eso, sino que esos testigos habrían testificado, predicado y enseñado una mentira por la que habían sido difamados, azotados, encarcelados y a menudo martirizados. Sin embargo, ese espíritu de sacrificio no es la clase de material del que están hechos los charlatanes. Las personas no mueren por preservar una mentira.

Aunque Pablo no lo menciona de forma específica, se infiere claramente que si la resurrección no era verdad, Cristo mismo había mentido o, en el mejor de los casos, estaba muy equivocado. En cualquier caso, difícilmente hubiera calificado para ser el Hijo divino de Dios o el Salvador y Señor del mundo. Jesús no hubiera sido un vencedor, sino una víctima. O si los escritores del Nuevo Testamento deformaron lo que Cristo y los apóstoles habían enseñado, entonces el Nuevo Testamento sería un documento sin valor en el que ninguna persona razonable confiaría.

LAS CONSECUENCIAS PERSONALES DE NO HABER RESURRECCIÓN

Porque si los muertos no resucitan, tampoco Cristo resucitó; y si Cristo no resucitó, vuestra fe es vana; aún estáis en vuestros pecados. Entonces también los que durmieron en Cristo perecieron. Si en esta vida solamente esperamos en Cristo, somos los más dignos de conmiseración de todos los hombres. (15:16-19)

A continuación Pablo da lo que podemos describir como tres consecuencias personales que resultarían en el caso de no haber resurrección de los muertos. Al igual que las otras cuatro, estas consecuencias tienen serias consecuencias teológicas, pero también declaran mucho más directamente cómo serían afectados los creyentes.

LOS SERES HUMANOS ESTARÍAN TODAVÍA EN SUS PECADOS

En el versículo 16 Pablo reafirma su mejor argumento: **Porque si los muertos no resucitan, tampoco Cristo resucitó.** Un Cristo muerto habría sido la principal consecuencia desastrosa de la cual surgirían todas las demás.

La siguiente consecuencia que Pablo menciona es a la vez personal y seria: **si Cristo no resucitó, vuestra fe es vana; aún estáis en vuestros pecados.** Después de repetir la consecuencia de que la fe de los creyentes no serviría para nada o vana (v. 14), el apóstol apunta a otro resultado bien evidente de que los cristianos no estarían mejor que los incrédulos. Los cristianos estarían **aún** en sus **pecados** exactamente igual que los paganos más malvados e incrédulos. Estaríamos metidos en el mismo barco que los incrédulos a los que Jesús dijo: "En vuestro pecado moriréis" (Jn. 8:21).

Si Jesús no resucitó de entre los muertos, el pecado se alzó con la victoria sobre Cristo y, por tanto, continúa venciendo a todos los hombres. Si Jesús permanece muerto, entonces, cuando nosotros morimos, también permaneceremos muertos y condenados. "La paga del pecado es muerte" (Ro. 6:23), y si permanecemos muertos, entonces la muerte y el castigo eterno son las únicas posibilidades tanto para el creyente como para el incrédulo. El propósito de confiar en Cristo es para el perdón de los pecados, porque es del pecado de lo que necesitamos ser salvos. "Cristo murió por nuestros pecados" y "fue sepultado, y... resucitó al tercer día" (1 Co. 15:1-3). Si Cristo no hubiera resucitado, su muerte habría sido en vano, nuestra fe en Él es en vano y nuestros pecados todavía se cuentan en contra nuestra. Todavía estamos muertos en delitos y pecados y permaneceremos para siempre espiritualmente muertos y en pecado. Si Cristo no resucitó, entonces no puede ofrecernos perdón de pecados, o salvación, o reconciliación, o vida espiritual, ni para ahora ni para la eternidad.

Pero Dios sí "que levantó de los muertos a Jesús, Señor nuestro, el cual fue entregado por nuestras transgresiones, y resucitado para nuestra justificación" (Ro. 4:24-25). Debido a que Cristo vive, nosotros también viviremos (Jn. 14:19). "El Dios de nuestros padres levantó a Jesús, a quien vosotros matasteis colgándole en un madero. A éste, Dios ha exaltado con su diestra por Príncipe y Salvador, para dar a Israel arrepentimiento y perdón de pecados" (Hch. 5:30-31).

TODOS LOS QUE ANTES CREYERON HABRÍAN PERECIDO ETERNAMENTE

Si no hay resurrección, **entonces también los que durmieron en Cristo perecieron**. **Durmieron** no se refiere a lo que es a menudo llamado el sueño del alma, sino que era un eufemismo común para la muerte (cp. vv. 6, 20; Mt. 27:52; Hch. 7:60; 2 P. 3:4). Cada santo, del Antiguo Testamento o cristiano, que ha muerto habría [**perecido**] para siempre. Es obvio que la misma consecuencia se aplicaría a todos los demás santos que han muerto desde que Pablo escribió. El mismo Pablo, los apóstoles, Agustín, Calvino, Lutero, Casiodoro de Reina, Cipriano de Valera, D. L. Moody, y cualquier otro creyente de cualquier época pasaría la eternidad en tormento, sin Dios y sin esperanza. Su fe habría sido en vano, sus pecados estarían sin perdonar, y su destino sería la condenación.

LOS CRISTIANOS SERÍAN LOS MÁS DESDICHADOS DE LOS MORTALES

A la luz de las otras consecuencias, la última es bastante evidente. **Si en esta vida solamente esperamos en Cristo,** [y esperamos; *ei* con indicativo] **somos los más dignos de conmiseración de todos los hombres**. Sin la resurrección, y la salvación y bendición que trae, el cristianismo no tendrían sentido y no serviría de mucho. Sin la resurrección no tendríamos Salvador, ni perdón, ni evangelio, ni una fe significativa, ni vida, ni esperanza de dichas cosas.

Si en esta vida solamente esperamos en Cristo sería haber enseñado, predicado, sufrido, sacrificarse y trabajar totalmente en vano. Si Cristo está todavía muerto, Él entonces no solo no puede ayudarnos en relación con la vida venidera, sino que tampoco puede hacerlo en el aquí y ahora. Si no puede darnos vida eterna, tampoco puede mejorar nuestra vida terrenal. Si no está vivo, ¿dónde estaría *ahora* nuestra fuente de paz, gozo o satisfacción? La vida cristiana sería una burla, una farsa, una broma bien dolorosa.

El cristiano no tiene otro Salvador sino Cristo, ni otro Redentor y Señor sino Cristo. Por tanto, si Cristo no fue resucitado, Él no está vivo, y nuestra vida cristiana no es vida en absoluto. No tendríamos nada para justificar nuestra fe, nuestro estudio de la Biblia, nuestra predicación o testimonio, nuestro servicio o adoración de Cristo, y nada para justificar nuestra esperanza para esta vida o para la venidera. No nos mereceríamos nada, sino la compasión reservada para los tontos.

Pero *no* somos los más dignos de lástima, porque Pablo continúa inmediatamente: "Mas ahora Cristo ha resucitado de los muertos; primicias de los que durmieron es hecho" (15:20).

El plan de la resurrección (15:20-28)

42

Mas ahora Cristo ha resucitado de los muertos; primicias de los que durmieron es hecho. Porque por cuanto la muerte entró por un hombre, también por un hombre la resurrección de los muertos. Porque así como en Adán todos mueren, también en Cristo todos serán vivificados. Pero cada uno en su debido orden: Cristo, las primicias; luego los que son de Cristo, en su venida. Luego el fin, cuando entregue el reino al Dios y Padre, cuando haya suprimido todo dominio, toda autoridad y potencia. Porque preciso es que él reine hasta que haya puesto a todos sus enemigos debajo de sus pies. Y el postrer enemigo que será destruido es la muerte. Porque todas las cosas las sujetó debajo de sus pies. Y cuando dice que todas las cosas han sido sujetadas a él, claramente se exceptúa aquel que sujetó a él todas las cosas. Pero luego que todas las cosas le estén sujetas, entonces también el Hijo mismo se sujetará al que le sujetó a él todas las cosas, para que Dios sea todo en todos. (15:20-28)

El teólogo Erich Sauer ha escrito: "La edad presente es el tiempo de resurrección. Comenzó con la resurrección del Redentor y termina con la resurrección de los redimidos. En medio está la resurrección espiritual de los que han sido llamados a la vida por medio de Cristo. De modo que vivimos entre dos días de resurrección, y en poder del primer día de resurrección vamos al encuentro del último día de resurrección".

El último día de resurrección al que se refiere Sauer es, por supuesto, la resurrección corporal de los salvados. Las Escrituras hablan de la resurrección de los justos (Ap. 20:6; 1 Ts. 4:13-18; 2 Co. 5:1-5; Lc. 14:14; Jn. 5:29), y la llaman la primera resurrección. La segunda es la resurrección de condenación (Jn. 5:29). Pablo está hablando de la primera resurrección en 1 Corintios 15.

El apóstol ha recordado a los corintios que ellos ya creen en la resurrección de Cristo (15:1-11) y que lógicamente deben también creer en su propia resurrección y en la de todos los santos, menciona siete consecuencias desastrosas y

479

absurdas que resultarían si ellos no llegaran a resucitar (vv. 12-19). Luego sigue adelante en los versículos 20-28 y considera tres aspectos de la resurrección de los justos: (1) El Redentor; (2) los redimidos; y (3) la restauración. El primero y el tercero se enfocan en Cristo; el segundo se enfoca en los creyentes.

EL REDENTOR

Mas ahora Cristo ha resucitado de los muertos; primicias de los que durmieron es hecho. Porque por cuanto la muerte entró por un hombre, también por un hombre la resurrección de los muertos. Porque así como en Adán todos mueren, también en Cristo todos serán vivificados. (15:20-22)

Pablo comienza reafirmando la resurrección de Cristo: **Mas ahora Cristo ha resucitado de los muertos**, una verdad que sus lectores ya reconocen y creen (vv. 1-2). La expresión "es hecho" que aparece en algunas traducciones se presta a confusión. Cristo no fue "hecho" **primicias** en algún momento después de su resurrección, sino en el mismo instante de la resurrección, por el hecho mismo de la resurrección. El ser resucitado de entre los muertos lo llevó a ser las primicias de los que serán resucitados.

Antes de que los israelitas recogieran sus cosechas tenían que llevar a los sacerdotes una muestra representativa como una ofrenda para el Señor, a eso se le llamaba las primicias (Lv. 23:10). No podían cosechar hasta que no ofrecían las primicias. Eso es lo que está diciendo Pablo con la figura que emplea aquí. La propia resurrección de Cristo era las **primicias** de la "cosecha" de la resurrección de los creyentes muertos. Mediante su muerte y resurrección Cristo hizo una ofrenda al Padre a nuestro favor.

La importancia de las primicias, sin embargo, no era solo que precedían a la cosecha, sino que eran un anticipo de la cosecha. El hecho de que Cristo era las **primicias** indica, por tanto, algo más, es decir, que la recogida del resto de la cosecha venía después. En otras palabras, la resurrección de Cristo no podía haber sucedido aislada de la nuestra. Su resurrección *requiere* nuestra resurrección, porque su resurrección era parte de la amplia resurrección de los redimidos de Dios.

La resurrección a la que Pablo se refiere aquí es la resurrección permanente. Tanto el Antiguo como el Nuevo Testamento hablan de personas que murieron y que milagrosamente fueron devueltas a la vida (1 R. 17:22; 2 R. 4:34-36; 13:21; Lc. 7:15; Jn. 11:44). Pero todas esas personas volvieron a fallecer. Aun las que Cristo resucitó —el hijo de la vida de Naín, la hija de Jairo y Lázaro— también al final murieron. Sin embargo, Cristo mismo fue el primero en resucitar para nunca morir otra vez.

Como en 15:6, 18 (cp. Mt. 27:52; Hch. 7:60; 2 P. 3:4), **los que durmieron** se refiere a los muertos, en este caso a los justos, cuyos espíritus partieron para estar con el Señor (2 Co. 5:8; cp. Fil. 1:23), pero que sus restos permanecen en la tumba, esperando la resurrección.

Por medio de Cristo, como **un hombre** vino **la resurrección de los muertos**, de igual forma que **la muerte entró por un hombre**, por medio de Adán. La enseñanza de Pablo aquí es que la humanidad de Cristo estaba inextricablemente involucrada tanto en su resurrección como en la nuestra. Debido a que Jesús murió, fue sepultado y fue resucitado como un **hombre** que pudo llegar a ser las **primicias** de todos los otros seres humanos que serían resucitados para gloria. Como ya hemos indicado, las primicias y todo el resto del fruto eran de la misma cosecha.

Pablo continúa en el versículo 22 explicando cómo afecta la gran verdad de la resurrección de Cristo a los creyentes. La convincente analogía viene del primer hombre: **Porque así como en Adán todos mueren, también en Cristo todos serán vivificados**. Del mismo modo que Adán era el progenitor de todos los que mueren, Cristo es el progenitor de todos los que resucitarán para vida. En cualquier caso, la acción de un hombre causó que las consecuencias de ese acto se aplicaran a toda persona identificada con él. Los que están identificados con Adán —todos los que han nacido— están sujetos a la muerte por causa del pecado de Adán. Asimismo, los que están identificados con Cristo —todos los que han nacido de nuevo en Él— están sujetos a la resurrección para vida eterna por causa de la obediencia de Cristo. **En Adán todos** han heredado una naturaleza de pecado y, por tanto, **todos mueren. En Cristo todos** los creen en Él han heredado la vida eterna y **serán vivificados** en el cuerpo como también en el Espíritu. "Porque así como por la desobediencia de un hombre los muchos fueron constituidos pecadores, así también por la obediencia de uno, los muchos serán constituidos justos" (Ro. 5:19).

Por otros muchos numerosos pasajes de las Escrituras sabemos que los dos **todos** en el versículo 22, aunque semejantes en algunos aspectos, no pueden ser iguales. Los que intentan leer el universalismo en este pasaje tienen que contradecir los otros pasajes que enseña la condenación (Mt. 5:29; 10:28; 25:41; Lc. 16:23; 2 Ts. 1:9; Ap. 20:15; etc.). El **todos** son iguales en que ambos se aplican a los descendientes. Cada ser humano es un descendiente de Adán y, por tanto, el primer **todos** es universal. Con las únicas excepciones de Enoc y Elías, a los que el Señor llevó directamente a su presencia, y la de los santos que sean arrebatados, toda persona que nace morirá.

Sin embargo, solo los que confían en Cristo Jesús son *sus* descendientes (como queda ilustrado en Juan 8:44), y el segundo **todos** se aplica, por tanto, solo a los salvos. Solo **todos** los que son hijos de Dios y coherederos juntamente con Cristo Jesús (Gá. 3:26, 29; 4:7; Ef. 3:6; cp. Hch. 20:32; Tit. 3:7) **serán vivificados. En Adán** simplemente somos humanos, que hemos nacido una vez. **En Cristo** tenemos vida eterna, hemos nacido de nuevo. Al ser descendientes naturales de Adán, hemos heredado su pecado, y **todos mueren**. En virtud de la descendencia sobrenatural en Cristo, los que creen en Él heredan su justicia, y **todos serán vivificados**.

Aunque la herencia en ambos casos es tanto corporal como espiritual, aquí Pablo hace hincapié sobre todo en la corporal. Por medio del pecado de Adán, el hombre muere espiritualmente y queda sujeto a la muerte corporal. Asimismo, por medio de Cristo los creyentes reciben vida espiritual y serán resucitados corporalmente. Pero nuestro espíritu, debido a que va a estar con el Señor en el momento de la muerte, no esperará a la resurrección. Solo nuestro cuerpo será resucitado y esa es la verdad que se recalca aquí.

LOS REDIMIDOS

Pero cada uno en su debido orden: Cristo, las primicias; luego los que son de Cristo, en su venida. (15:23)

En el plan de la resurrección, **Cristo** es **las primicias** y **los que son de Cristo, en su venida** son la cosecha completa. Sin embargo, a diferencia de la cosecha de trigo, la de la resurrección está muy lejos en cuanto al tiempo de **las primicias**. No sabemos —en realidad se nos dice que no podemos saber (Mt. 24:36, 42, 44, 50; 25:13)— cuando vendrá el Señor para resucitar y arrebatar a su pueblo y establecer su reino. No sabemos el tiempo, la generación específica o el momento, pero conocemos el **orden**.

Lo más evidente es que Cristo fue **las primicias** y que nuestra resurrección tendrá lugar a **su venida**. Por otras partes de las Escrituras aprendemos que la "cosecha" no se recogerá toda de una vez, sino que tendrá su propio **orden**, su propia secuencia. La primera resurrección tiene dos partes principales: la resurrección de Cristo y la resurrección de los creyentes. La resurrección de los creyentes, **los que son de Cristo**, sucederá en tres etapas, según diferentes grupos de creyentes.

Inicialmente tendremos la resurrección de la iglesia, la de los creyentes que han llegado a la fe salvadora desde Pentecostés hasta el arrebatamiento. "Porque el Señor mismo con voz de mando, con voz de arcángel, y con trompeta de Dios, descenderá del cielo; y los muertos en Cristo resucitarán primero" (1 Ts. 4:16). Se unirán a ellos los santos vivos para encontrarse con el Señor en el aire y ascender al cielo.

A continuación vendrá la resurrección de los santos de la tribulación. Muchos llegarán a confiar en Cristo durante la tribulación, aquella inimaginable y horrible prueba de siete años durante la cual muchas personas piadosas morirán por causa de la fe. Sin embargo, al final de ese período todos los que hayan puesto su fe en Cristo resucitarán para reinar con Él durante el milenio (Ap. 20:4).

Luego tendrá lugar la resurrección de los santos del Antiguo Testamento, prometida por el profeta Daniel: "Y muchos de los que duermen en el polvo de la tierra serán despertados, unos para vida eterna, y otros para vergüenza y confusión perpetua" (Dn. 12:2; cp. Is. 26:19-20). Creo que esa resurrección sucederá simultáneamente con la de los santos de la tribulación.

Entonces durante el reino milenario sucederá, por necesidad, la resurrección de los que mueren durante ese tiempo. Es interesante pensar que puede que sean resucitados tan pronto como mueran, y no habrá necesidad de sepultarlos. La muerte será para los creyentes durante el reino milenario nada más que una transformación instantánea en su cuerpo y espíritu eterno.

La única resurrección que quedará será la de los injustos, que serán resucitados para condenación y castigo eterno al final del reinado de mil años de Cristo (Jn. 5:29). Los salvados habrán resucitado para vida eterna, pero los no salvos resucitarán para muerte eterna, la segunda muerte (Ap. 21:8; cp. 2:11).

LA RESTAURACIÓN

Luego el fin, cuando entregue el reino al Dios y Padre, cuando haya suprimido todo dominio, toda autoridad y potencia. Porque preciso es que él reine hasta que haya puesto a todos sus enemigos debajo de sus pies. Y el postrer enemigo que será destruido es la muerte. Porque todas las cosas las sujetó debajo de sus pies. Y cuando dice que todas las cosas han sido sujetadas a él, claramente se exceptúa aquel que sujetó a él todas las cosas. Pero luego que todas las cosas le estén sujetas, entonces también el Hijo mismo se sujetará al que le sujetó a él todas las cosas, para que Dios sea todo en todos. (15:24-28)

El tercer aspecto del plan de la resurrección que Pablo considera aquí es lo que podemos llamar la restauración. El apóstol resume algunas de las cosas que ocurrirán en los últimos tiempos.

Luego (*eita*, "después de esto") puede implicar un intervalo de tiempo entre la resurrección en su venida y el establecimiento del reino. Eso coincidiría con la enseñanza de nuestro Señor en Mateo 24 y 25, donde nos habla de todas las señales que precederán a su reino, incluso la señal del Hijo del Hombre en el cielo y la reunión de todos los elegidos (24:30-31).

Telos (**el fin**) no solo puede referirse a lo que es final, sino también a lo que se ha completado, consumado o cumplido. En la culminación de las edades (**el fin**), **cuando entregue el reino al Dios y Padre**, todas las cosas serán restauradas como fueron originalmente diseñadas y creadas por Dios. En el fin serán como fueron en el principio. El pecado habrá desaparecido, y Dios reinará de forma suprema, sin enemigo y sin retos. Eso nos da gran conocimiento del plan divino de la redención. Aquí tenemos la culminación: Cristo entrega el mundo restaurado a Dios el Padre, quien le envió para recuperarlo.

La acción última de Cristo será la conquista permanente de cada **enemigo** de Dios, **todo dominio, toda autoridad y potencia**. Quedarán destruidos para siempre, para no volver a existir, para nunca oponerse a Dios o para engañar, equivocar o amenazar a su pueblo o corromper ninguna cosa en su creación.

La tarea final de Cristo, la entrega del mundo a su Padre, será llevada a cabo a lo largo del período de mil años, durante el reinado milenario de Cristo en la tierra. En la forma tan vívida y dramática como aparece representado en los símbolos y declaraciones de Apocalipsis 5–20, Cristo volverá a recuperar la tierra que Él creó y que le corresponde por derecho propio. La escena de Apocalipsis 5 describe al Hijo recibiendo como es su derecho el título de propiedad de la tierra, sale para tomarlo del que lo usurpó para Él entregárselo al Padre. Al hacerlo así aplastará toda rebelión y controlará a todos los enemigos. **Porque preciso es que él reine hasta que haya puesto a todos sus enemigos debajo de sus pies**. Es necesario que Él reine.

La figura de poner **a todos sus enemigos debajo de sus pies** procede de la práctica común de los reyes y emperadores de los tiempos antiguos de sentarse siempre sobre un trono por encima de sus vasallos, de forma que cuando los vasallos se inclinaban estaban literalmente debajo, o más abajo, de los pies del soberano. Con los enemigos, un rey a menudo ponía literalmente su pie encima del cuello del rey o general conquistado, simbolizando así el total sometimiento del enemigo. En su reino milenario, todos los **enemigos** de Cristo quedarán sometidos a Él, **debajo de sus pies**, para que el plan soberano de Dios quede cumplido.

Durante el milenio no se tolerará ninguna rebelión abierta, pero todavía habrá rebeldía en el corazón de los enemigos de Cristo. Debido a que sus enemigos no se someterán a Él de buen grado, tendrá que **[regirlos] con vara de hierro** (Ap. 19:15), pero *serán sometidos*. Al final de los mil años Satanás será dejado en libertad por un poco de tiempo lo que llevará a la última rebelión en contra de Dios y de su reino (20:7-9), después de lo cual, él, y todos los que le pertenecen, serán desterrados al infierno, para sufrir eternamente en el lago de fuego (Ap. 20:10-15).

Y el postrer enemigo, tanto de Dios como del hombre, **que será destruido**, con todos los otros enemigos, **es la muerte**. Cristo quebrantó el poder de Satanás en la cruz, "al que tenía el imperio de la muerte" (He. 2:14), pero Satanás y la muerte no quedarán permanentemente destruidos hasta el final del milenio. La victoria fue conseguida en el Calvario, pero la paz eterna y la justicia que la victoria garantizan no serán consumadas y completadas hasta que los enemigos que tienen que ser conquistados sean también desterrados y **[destruidos]**. Entonces, cuando al fin haya terminado su obra, Cristo **[entregará] el reino al Dios y Padre**.

Cuando recibió de su Padre la tarea de la salvación, Cristo vino a la tierra como un bebé, y vivió y creció como un hombre entre los hombres. Enseñó, predicó, sanó y realizó muchos milagros. Murió, fue sepultado, resucitó y ascendió a su Padre, donde ahora intercede por todos nosotros. Cuando regrese luchará, conquistará, reinará y juzgará, y luego, como su obra final a favor del Padre, someterá para siempre y juzgará a todos los enemigos de Dios (Ap. 20:11-15), recreará la tierra y los cielos (Ap. 21:1-2) y, por último, **[entregará] el reino al Dios y Padre.**

El reino que Cristo entregará será un ambiente redimido habitado por su pueblo redimido, formado por los que han llegado a ser súbditos para siempre del reino eterno por medio de la fe en Él. A la luz del razonamiento principal de Pablo en este capítulo, es obvio que la enseñanza aquí es que, si no hubiera resurrección, tampoco habría súbditos para el reino eterno de Dios; y no habría tampoco un Señor que reinara. A menos que Él y ellos sean resucitados, todos los del pueblo de Dios al fin morirían, y ese sería el fin, el fin de ellos y el fin del reino. Pero las Escrituras nos aseguran que "su reino no tendrá fin" (Lc. 1:33), y que Él y sus súbditos no tendrán fin.

Con el fin de que sus lectores no le malinterpreten, Pablo continúa explicando lo que es obvio: **Y cuando dice que todas las cosas han sido sujetadas a él, claramente se exceptúa aquel que sujetó a él todas las cosas.** Dios el Padre es la excepción, el único que no estará sujeto a Cristo, porque el Padre es quien le dio el gobierno y autoridad al Hijo (Mt. 28:18; Jn. 5:27), a quien el Hijo sirve de forma fiel y perfecta.

Desde el instante de su encarnación hasta el momento cuando entrega el reino al Padre, Cristo desempeña el papel de un Siervo, cumpliendo con la divina tarea que el Padre le encomendó. Pero cuando la obra esté al fin totalmente terminada, Él volverá a ocupar su lugar de forma plena y gloriosa en la perfecta armonía de la Trinidad. **Pero luego que todas las cosas le estén sujetas, entonces también el Hijo mismo se sujetará al que le sujetó a él todas las cosas, para que Dios sea todo en todos.** Cristo continuará reinando porque su reino es eterno (Ap. 11:15), pero reinará junto con el Padre en la gloria trinitaria, sometido a la Trinidad en la manera en la que se le ha asignado eternamente.

Cuando Dios creó al hombre lo creó perfecto, justo, bueno y subordinado. En la caída, esta criatura suprema de Dios, junto con el resto de su creación, quedó corrompida y arruinada. Pero los hombres nuevos que Él crea por medio de su Hijo nunca serán corrompidos o arruinados. Serán resucitados y vivirán y reinarán para siempre en su reino eterno con su Hijo eterno.

Los incentivos de la resurrección (15:29-34)

43

De otro modo, ¿qué harán los que se bautizan por los muertos, si en ninguna manera los muertos resucitan? ¿Por qué, pues, se bautizan por los muertos? ¿Y por qué nosotros peligramos a toda hora? Os aseguro, hermanos, por la gloria que de vosotros tengo en nuestro Señor Jesucristo, que cada día muero. Si como hombre batallé en Efeso contra fieras, ¿qué me aprovecha? Si los muertos no resucitan, comamos y bebamos, porque mañana moriremos. No erréis; las malas conversaciones corrompen las buenas costumbres. Velad debidamente, y no pequéis; porque algunos no conocen a Dios; para vergüenza vuestra lo digo. (15:29-34)

Cuando los saduceos, que no creían en la resurrección, le hicieron a Jesús una pregunta mal intencionada acerca de quién sería esposa en la resurrección una mujer que se había casado siete veces, comenzó diciéndoles que ni entendían las Escrituras ni el poder de Dios. Después de explicarles que no hay matrimonios en el cielo, les dijo: "Pero respecto a la resurrección de los muertos, ¿no habéis leído lo que os fue dicho por Dios, cuando dijo: Yo soy el Dios de Abraham, el Dios de Isaac y el Dios de Jacob? Dios no es Dios de muertos, sino de vivos" (Mt. 22:23-32; Éx. 3:6). El énfasis en esta declaración estaba en el tiempo del verbo ("Yo soy"). Abraham, Isaac y Jacob estaban espiritualmente vivos en el tiempo cuando Jesús hablaba, y un día volverían a unirse con sus cuerpos glorificados en la resurrección. Les estaba diciendo, en efecto: Al presente, en este mismo momento, yo soy el Dios de Abraham, de Isaac y de Jacob". Eso era cierto porque hay vida después de la muerte.

Las Escrituras no son teóricas, poco prácticas o irrelevantes. Debido a que los saduceos negaban la resurrección, no podían pensar o vivir rectamente, como es obvio por su respuesta a la obra y vida de Cristo. La doctrina correcta está relacionada de forma inseparable con el comportamiento moral correcto. La verdad de Dios no solo hay que creerla, sino responder debidamente. Debiéramos vivir las palabras que tanto nos gusta cantar: "Para andar con Jesús no hay senda mejor que guardar sus mandatos de amor...Obedecer y confiar en Jesús, es la regla marcada para andar en la luz" (*Himnario Bautista*, núm. 422). La verdad de las Escrituras no es algo que Dios dio para conversación entre los teólogos y para que se resumiera en credos. Lo dio para vivirlo personalmente. Cuando se niega la verdad hay unas terribles consecuencias morales y espirituales.

Los primeros once capítulos de Romanos son casi pura doctrina, pura teología. El capítulo 12 comienza: "Así que, hermanos, os ruego por las misericordias de Dios, que presentéis vuestros cuerpos en sacrificio vivo, santo, agradable a Dios, que es vuestro culto racional" (v. 1). A partir de este momento en la carta la enseñanza del apóstol es sobre todo práctica, una serie de exhortaciones basadas en las verdades precedentes. El "Así que" significa "En base de". "En base de todo lo que os acabo de decir, esta es la manera en que debiérais vivir". Pablo se hace eco de lo que el salmista escribió: "¿Qué pagaré a Jehová por todos sus beneficios para conmigo?" (Sal. 116:12). En los escritos de Pablo, como en las Escrituras en general, el comportamiento y la moralidad de los creyentes están edificados sobre el fundamento de la obra redentora de Dios. Lo que *Dios* ha hecho es la razón más grande para *nosotros* hacer lo que Él quiere que *hagamos*. Negar la resurrección es, en efecto, negar la necesidad de un comportamiento recto.

La enseñanza principal de Pablo en 15:29-34 es: si eliminamos la resurrección, si negamos esta verdad tan crucial y maravillosa de la obra redentora de Dios, nos quedamos sin una de las más grandes motivaciones que el Señor nos ha dado para acudir a Cristo y para vivir por Cristo. Por lo tanto, señala tres poderosos incentivos que nos proporciona la resurrección: (1) un incentivo para la salvación; (2) un incentivo para el servicio; (3) un incentivo para la santificación. El primero es para los incrédulos, los otros dos son para los creyentes.

UN INCENTIVO PARA LA SALVACIÓN

De otro modo, ¿qué harán los que se bautizan por los muertos, si en ninguna manera los muertos resucitan? ¿Por qué, pues, se bautizan por los muertos? (15:29)

Este versículo es uno de los más difíciles en todas las Escrituras y tiene muchas posibles interpretaciones legítimas; sin embargo, ha sido también usado para apoyar muchas ideas extrañas y heréticas. El intérprete sincero y cuidadoso puede estudiar las varias docenas de interpretaciones que han aparecido y todavía no ser dogmático acerca de lo que quiere decir. Pero podemos ser dogmáticos, en base de la enseñanza clara de otras partes de las Escrituras, acerca de algunas de las cosas que *no* significa. Y en cuanto a lo que de verdad significa, solo podemos imaginarlo, puesto que su sentido ha quedado sumido en la oscuridad.

Podemos estar seguros, por ejemplo, de que no enseña el bautismo vicario, o representativo, por los muertos, como lo afirmaron algunos antiguos herejes gnósticos tales como Marción y por la iglesia de los mormones en la actualidad. Pablo no enseñó que una persona que ha muerto puede ser salvada o puede ser ayudada de alguna otra forma, por otra persona que se bautiza en su nombre. La regeneración bautismal —la idea de que alguien es salvo cuando es bautizado o que el bautismo es de alguna manera necesario para la salvación— no es bíblica. La idea de un bautismo vicario para regeneración está todavía más lejos de la verdad bíblica. Si una persona no puede salvarse a sí misma por ser bautizado, desde luego tampoco puede salvar a otro por medio de ese acto. La salvación es solo mediante la fe personal en Cristo Jesús. "Porque por gracia sois salvos por medio de la fe; y esto no de vosotros, pues es don de Dios" (Ef. 2:8; cp. Ro. 3:28; etc.). Esa es la enseñanza repetida y consecuente del Antiguo y del Nuevo Testamento. Citando de Génesis 15:6, Pablo dice: "Porque ¿qué dice la Escritura? Creyó Abraham a Dios, y le fue contado por justicia" (Ro. 4:3). La única manera en la que una persona puede acercarse a Dios ha sido siempre mediante la fe personal.

Si la fe de una persona no puede salvar a otra, no hay ninguna duda de que el bautismo de una persona menos puede salvar a otra. El bautismo es solo un acto de obediencia que proclama la identidad con Cristo (Ro. 6:3-4). Nadie se salva por el bautismo, ni aun las personas vivas, menos las muertas. "Está establecido para los hombres que mueran una sola vez, y después de esto el juicio" (He. 9:27). La muerte termina con toda oportunidad para la salvación y con toda ayuda espiritual de cualquier clase.

En el Nuevo Testamento el bautismo está estrechamente relacionado con la salvación, de la que es un testimonio externo. Aunque una persona no tiene que bautizarse para ser cristiana, sí tiene que hacerlo para ser un cristiano obediente, con la evidente excepción de un creyente que no tiene oportunidad de bautizarse antes de la muerte. El bautismo es una parte integral de la gran comisión de Cristo (Mt. 28:19). En la iglesia primitiva una persona que era salva se daba por supuesto que había sido bautizada; y la persona no era bautizada a menos que la iglesia estuviera satisfecha de que era salva. Por tanto, preguntar a una persona si estaba bautizada, era equivalente a preguntarle si era salva.

Si damos por supuesto que Pablo estaba usando el término *baptized* en ese sentido, entonces **los que se bautizan por los muertos** podría referirse a los que daban testimonio de que eran cristianos. En otras palabras, se estaba sencillamente refiriendo a cristianos bajo el título de **los que se bautizan**, no a un acto especial de bautismo. **Los muertos** podría también referirse a los cristianos, a creyentes fallecidos cuyas vidas fueron un testimonio convincente que llevó a la salvación de **los que se bautizan**. Esta parece ser una interpretación razonable que no fuerza el texto o el contexto.

El griego *huper*, que se traduce **por** en el versículo 29, tiene una docena o más de significados o sombras de significados, incluyendo "por", "sobre", "acerca de", "a través", "a favor de", "en lugar de", "a causa de" y "en referencia a", dependiendo de la estructura gramatical y el contexto. Aunque **por** es aquí una traducción perfectamente legítima, a la luz del contexto y de la enseñanza clara de Pablo en otros lugares, "a causa de" podría ser también la traducción apropiada.

A la luz de ese razonamiento e interpretación, podríamos pensar que Pablo pudo haber estado diciendo simplemente que las personas eran salvas (el bautismo era la señal) a causa de la vida ejemplar y testimonio de creyentes fieles que habían muerto. No podemos estar seguros de que esta sea la interpretación correcta de este versículo, pero podemos estar ciertos de que las personas llegan a menudo a la salvación a causa del testimonio de las personas que ellos desean imitar.

Hace algunos años, los médicos le dijeron a un hombre joven miembro de nuestra iglesia que le quedaba poco tiempo de vida. Su respuesta no fue de pesar o amargura, sino de gozo ante la perspectiva de encontrarse pronto con su Salvador. A causa de su fe llena de confianza y de contentamiento ante la muerte, una persona que conozco, y quizás sean más, llegó al conocimiento salvador de Cristo.

Durante la guerra entre Finlandia y Rusia, siete soldados rusos que habían sido capturados fueron sentenciados a muerte por el ejército finlandés. La tarde antes de ser fusilados, uno de los soldados comenzó a cantar "Salvo en los brazos de Jesús". Cuando le preguntaron por qué estaba cantando aquel himno, contestó con lágrimas en los ojos que se lo había oído cantar a un grupo de "soldados" del Ejército de Salvación tres semanas antes. Como niño había oído a su madre hablar y cantar acerca de Jesús muchas veces, pero él no lo había aceptado como su Salvador. En la víspera de la ejecución, tuvo una visión del rostro de su madre, que le recordó el himno que hacía poco había escuchado. Las palabras del himno y los versículos de la Biblia que había escuchado hacía muchos años volvieron a su mente. Dio testimonio a sus compañeros de prisión y a sus captores de que había orado a Cristo pidiendo el perdón de sus pecados y la limpieza de su alma con el fin de estar listo para presentarse ante Dios. Todos los prisioneros y guardianes quedaron profundamente conmovidos, y la mayoría de ellos pasaron la noche orando, llorando, hablando de asuntos espirituales y cantando himnos. A la mañana siguiente, poco antes de que los siete fueran fusilados, pidieron permiso para cantar una vez más "Salvo en la brazos de Jesús", lo cual les fue concedido.

Al menos otro de los soldados rusos había aceptado a Cristo durante la noche. Además, el oficial finlandés encargado de la vigilancia, dijo: "No sé qué sucedió en el corazón de los demás, pero... yo fui un hombre nuevo a partir del aquel momento. Me había encontrado con Cristo en la vida de unos de sus discípulos más jóvenes y amorosos, y he visto lo suficiente como para darme cuenta de que yo también podía serlo".

Puede que las primeras semillas de la fe fueron plantadas en el propio corazón de Pablo por el testimonio de Esteban, de cuyo testimonio y muerte llena de confianza y amor fue testigo el joven Pablo (entonces Saulo) (Hch. 7:59–8:1).

En 1 Corintios 15:29 Pablo puede estar afirmando la verdad de que los cristianos que se enfrentan a la muerte con gozo y esperanza presentan un testimonio muy poderoso. La posibilidad de la vida eterna, de una vida resucitada y de reunión con los seres amados, son una fuerte motivación para que las personas escuchen y acepten el evangelio. La resurrección es una de las grandes seguridades que Dios da a los que confían en su Hijo. Para los que creen en Cristo Jesús, la tumba no es el fin. En la muerte nuestro espíritu no queda absorbido en alguna mente divina cósmica. Cuando morimos vamos inmediatamente a estar con el Señor, como un ser vivo individual y personal. No solo eso, sino que un día nuestro cuerpo glorificado se volverá a unir a nuestro espíritu y viviremos como un ser completo, seremos humanos completos por toda la eternidad junto con todos los que hemos amado y con los que hemos adorado a Dios.

Otra forma en la que los creyentes **muertos** son usados como un medio de salvación es a través de la esperanza de la reunión. Muchos creyentes han sido atraídos al Salvador a causa de su fuerte deseo de continuar unido a un ser amado que ha partido para estar con el Señor. Nunca he dirigido un servicio funeral en el que no haya hecho un llamamiento en ese sentido. He visto a un esposo que no acudió a Cristo hasta que su esposa falleció. Debido a que no podía soportar el pensamiento de no volver a verla, se le hizo mucho más atractivo el entregar su propia vida y la eternidad en las manos de aquel en el que su esposa había confiado. He visto a hijos acudir a Cristo después del fallecimiento de su madre, motivados en parte por el deseo de volver a estar junto a ella otra vez. Lo que sus ruegos y oraciones no pudieron lograr, lo consiguió su muerte.

También es cierto, por supuesto, que la resurrección ofrece una gran esperanza de reunión para los que ya son creyentes. La esperanza que sostuvo a David después de la muerte de su hijo recién nacido fue que, aunque "él no volverá a mí", "yo voy a él" (2 S. 12:23). David sabía que un día él y su hijo volverían a estar juntos.

Quizás confundidos por algunas cosas de la misma filosofía pagana que plagaba a la iglesia corintia, los creyentes tesalonicenses estaban preocupados porque pensaban que sus seres amados y amigos creyentes que habían fallecido de alguna forma no tenían posibilidades de una vida futura. "Tampoco queremos, hermanos, que ignoréis acerca de los que duermen", Pablo les escribió, "para que no os entristezcáis como los otros que no tienen esperanza. Porque si creemos que Jesús murió y resucitó, así también traerá Dios con Jesús a los que durmieron en él" (1 Ts. 4:13-14). Les estaba reafirmando: "Ellos, igual que vosotros, serán resucitados, y seréis reunidos por el Señor cuando Él regrese".

Si no hay resurrección, si no hay esperanza de una vida futura, Pablo preguntaba: ¿por qué las personas acuden a Cristo a causa del testimonio de los que murieron? ...**si en ninguna manera los muertos resucitan? ¿Por qué, pues, se bautizan** [muchos cristianos presentes] **por** [se hacen creyentes a causa del testimonio de] **los muertos** [creyentes fieles fallecidos]?

UN INCENTIVO PARA EL SERVICIO

¿Y por qué nosotros peligramos a toda hora? Os aseguro, hermanos, por la gloria que de vosotros tengo en nuestro Señor Jesucristo, que cada día muero. Si como hombre batallé en Efeso contra fieras, ¿qué me aprovecha? Si los muertos no resucitan, comamos y bebamos, porque mañana moriremos. (15:30-32)

El segundo incentivo que nos da la esperanza de la resurrección es para el servicio. ¿Por qué, entonces, iban los creyentes a soportar y sacrificarse tanto? Si esta vida es lo único que hay, ¿cuál sería la razón por la que Pablo y otros apóstoles estuvieran en **[peligro] a toda hora**?

Si no hubiera resurrección de los creyentes muertos, entonces sufrir y morir por amor del evangelio no sería otra cosa que masoquismo, sufrir por amor del sufrimiento. Como Pablo ya había indicado: "Si en esta vida solamente esperamos en Cristo, somos los más dignos de conmiseración de todos los hombres" (15:19).

Lo único que lleva a los cristianos a estar dispuestos a trabajar tanto, dispuestos a sufrir, dispuestos a que se burlen y abusen de ellos, dispuestos a perseverar en la obra de Cristo, es que la obra redentora de Cristo por los pecadores trasciende por completo a la vida presente (cp. Ro. 8:18). ¿Cuál sería el propósito de sufrir por Cristo si nunca le íbamos a ver cara a cara? ¿Cuál sería la razón para ganar a otros para Cristo si ellos tampoco podrían verlo cara a cara? ¿Dónde estarían las buenas noticias en semejante evangelio? ¿Dónde estaría el incentivo para predicar o creer dicho evangelio?

¿Por qué hacer esta vida miserable si esto es lo único que vamos a tener? **¿Y por qué** [estar en **peligros**] **a toda hora**, si no tenemos una seguridad para el futuro? ¿Por qué morir cada día, esto es, arriesgar tu vida en un ministerio de negarte a ti mismo, si la muerte es el fin de todo? **Os aseguro, hermanos**, dice

Pablo con vehemencia: "Los que negáis la resurrección convertís el servicio cristiano en una locura. Nada tiene sentido si no hay resurrección". Si la resurrección de Cristo fue la única resurrección, como creían algunos de los corintios, entonces su victoria no lo era para nosotros en ningún sentido. Él no habría conquistado a la muerte, sino que la muerte terminaba siendo una burla mayor para los que hubieran puesto su confianza en Cristo.

Si como hombre batallé en Efeso contra fieras, ¿qué me aprovecha? ¿Qué razones humanas podría tener Pablo para estar arriesgando su seguridad y su vida continuamente? No podemos estar seguros de que Pablo batalló literalmente **en Efeso contra las fieras**, pero es muy posible que eso sucediera, y esa interpretación la apoya la tradición. Puede ser que Pablo estuviera hablando metafóricamente de la multitud de efesios que se puso en contra suya incitados por el platero Demetrio (Hch. 19:23-34). En cualquier caso, estaba hablando de una de sus experiencias más arriesgadas, en la que su vida estuvo en gran peligro.

¿Por qué íbamos a estar dispuestos a sufrir todas esas cosas, estaba diciendo, y estar continuamente sufriéndolas si la única esperanza era meramente humana y temporal? Si vivimos solo para morir y permanecer muertos, tiene mucho más sentido decir **comamos y bebamos, porque mañana moriremos**, una cita directa de Isaías 22:13 que reflejaba la perspectiva hedonista y sin esperanza de los apóstatas israelitas. También refleja la deprimente inutilidad expresada repetidas veces en Eclesiastés: "Vanidad de vanidades, todo es vanidad. ¿Qué provecho tiene el hombre de todo su trabajo con que se afana debajo del sol?" (Ec. 1:2-3).

El historiador griego Heródoto nos habla de una costumbre interesante de los egipcios: "En las reuniones sociales de los ricos, cuando se terminaba el banquete, un sirviente aparecía llevando un ataúd que pasaba entre los invitados, en el que había la imagen tallada de madera de un cadáver tan bien tallado y pintado que parecía en realidad un muerto. El sirviente lo mostraba a cada invitado y decía: "Mira esto y bebe y alégrate, porque cuando mueras serás así".

Si esta vida es todo lo que hay, ¿por qué razón no iba a reinar lo sensual? ¿Por qué no hacernos con todo lo que podamos, hacer todo lo que podamos y disfrutar todo lo que podamos? Si morimos solo para permanecer muertos, el hedonismo tiene mucho sentido.

Lo que *no* tiene sentido es el sacrificio personal que hicieron los que "por la fe conquistaron reinos, hicieron justicia, alcanzaron promesas, taparon bocas de leones, apagaron fuegos impetuosos, evitaron filo de espada... errando por los desiertos, por los montes, por las cuevas y por las cavernas de la tierra" (He. 11:33-34, 38). Su esperanza de "obtener mejor resurrección" (v. 35) habría sido inútil y vana.

"Jesús, el autor y consumador de la fe, el cual por el gozo puesto delante de él sufrió la cruz, menospreciando el oprobio, y se sentó a la diestra del trono de Dios" (He. 12:2). Fue la anticipación de la resurrección, el levantarse de entre los muertos para estar de nuevo con su Padre, lo que le dio a nuestro Señor el motivo para morir a nuestro favor. Estuvo dispuesto a ir a la cruz por nosotros porque sabía que resucitaría para nosotros.

UN INCENTIVO PARA LA SANTIFICACIÓN

No erréis; las malas conversaciones corrompen las buenas costumbres. Velad debidamente, y no pequéis; porque algunos no conocen a Dios; para vergüenza vuestra lo digo. (15:33-34)

El tercer incentivo que la esperanza de la resurrección nos ofrece tiene que ver con la santificación. El mirar con anticipación a la resurrección nos debiera llevar a una vida más piadosa y a la madurez espiritual. Los versículos 32 y 33 están estrechamente relacionados. Negar la resurrección destruye los incentivos tanto para el servicio como para la santificación. ¿Por qué preocuparnos entonces de servir al Señor o de servir a otros en su nombre, y para qué molestarnos en ser santos y puros?

Pablo advirtió a los corintios que **no [erraran]** en cuanto al peligro de las malas compañías. *Homilia* (**compañías**) significa básicamente una asociación de personas, pero puede tener también la connotación de una homilía o sermón. Por tanto, parece posible que los corintios estaban prestando atención a las enseñanzas incorrectas y asociándose también con algunas personas malas. Ya sea que las enseñanzas fueran un mensaje formal o no, eran **malas** y corruptoras.

Las personas que piensan mal invariablemente se comportan mal. El mal comportamiento viene de pensamientos incorrectos, de creencias incorrectas y de normas incorrectas. Es imposible asociarse de forma regular con personas malas sin quedar contagiado tanto por sus ideas como por sus hábitos. El contexto implica que **las malas compañías** estaban enseñando la teología herética de que no hay resurrección de los muertos, y que esa mala teología estaba corrompiendo **las buenas costumbres.**

Del mismo modo que la esperanza de la resurrección es un incentivo para la obediencia y la santidad, la incredulidad lo es para la desobediencia y la inmoralidad. Como Pablo ya ha señalado, si no hay resurrección, podemos muy bien dedicarnos a **[comer y beber], porque mañana moriremos.** Si la muerte es el fin de todo, ¿qué importa cómo vivimos y cómo nos comportamos?

Algunos en la congregación corintia no **[conocían] a Dios** y, por tanto, no tenían conocimiento de su verdad. Su mala teología los llevaba al mal comportamiento, especialmente porque negaban la resurrección.

El historiador griego Tucídides nos habla de lo que sucedió en Atenas cuando fue asolada por una plaga mortal: "La gente cometía crímenes vergonzosos y se entregaba por completo a las bajas pasiones". Creían que la vida se iba a acabar pronto y que no había resurrección, de manera que no tenían que pagar ningún precio por sus vicios. El poeta romano Horacio escribió: "Diles que traigan vino, perfume y hermosas rosas de tan corta vida mientras que todavía nos lo permitan las circunstancias, la edad y los hilos negros de la suerte de las tres hermanas". Otro poeta romano, Catallus, compuso estas líneas: "Vivamos, mi Lesbia, y amemos, y valoremos en poco los cuentos de los austeros ancianos. Los soles se ponen y vuelven a aparecer, pero en cuanto a nosotros una vez que nuestra corta luz se pone no hay nada más que una noche perpetua en la que debemos dormir".

Sin la perspectiva de una resurrección y sin el sentido de responsabilidad que esta nos trae, no hay incentivos para hacer nada que no sea lo que nos plazca aquí y ahora. Si el comportamiento no tiene recompensa o condenación, es incontrolable.

Velad debidamente, y no pequéis, les ruega Pablo en esta forma imperativa. "Los que creéis en la resurrección tenéis un mejor conocimiento, y debiérais estar dirigiendo a los que no creen en ella a un verdadero **Dios**, en vez de permitir que su herejía y su inmoralidad os descarríe y corrompa a vosotros". El apóstol agrega: **para vergüenza vuestra lo digo**. Conocían y tenían la verdad, pero no la creían con todo su corazón y, por tanto, no la seguían fielmente. Les manda que dejen de cometer el pecado en el que estaban viviendo.

¡Qué poder tan tremendo tiene la resurrección y qué esperanza tan maravillosa nos da! Jesús resucitó de entre los muertos; está vivo; y nosotros también viviremos porque un día nos resucitará para estar con Él por toda la eternidad. ¿Qué incentivo mayor, que motivación mayor, podemos tener para acudir a Él y aceptarlo, para servirle y vivir para Él?

Nuestros cuerpos de resurrección (15:35-49)

44

Pero dirá alguno: ¿Cómo resucitarán los muertos? ¿Con qué cuerpo vendrán? Necio, lo que tú siembras no se vivifica, si no muere antes. Y lo que siembras no es el cuerpo que ha de salir, sino el grano desnudo, ya sea de trigo o de otro grano; pero Dios le da el cuerpo como él quiso, y a cada semilla su propio cuerpo. No toda carne es la misma carne, sino que una carne es la de los hombres, otra carne la de las bestias, otra la de los peces, y otra la de las aves. Y hay cuerpos celestiales, y cuerpos terrenales; pero una es la gloria de los celestiales, y otra la de los terrenales. Una es la gloria del sol, otra la gloria de la luna, y otra la gloria de las estrellas, pues una estrella es diferente de otra en gloria. Así también es la resurrección de los muertos. Se siembra en corrupción, resucitará en incorrupción. Se siembra en deshonra, resucitará en gloria; se siembra en debilidad, resucitará en poder. Se siembra cuerpo animal, resucitará cuerpo espiritual. Hay cuerpo animal, y hay cuerpo espiritual. Así también está escrito: Fue hecho el primer hombre Adán alma viviente; el postrer Adán, espíritu vivificante. Mas lo espiritual no es primero, sino lo animal; luego lo espiritual. El primer hombre es de la tierra, terrenal; el segundo hombre, que es el Señor, es del cielo. Cual el terrenal, tales también los terrenales; y cual el celestial, tales también los celestiales. Y así como hemos traído la imagen del terrenal, traeremos también la imagen del celestial. (15:35-49)

El primer gran problema que Pablo trata en el capítulo 15 es la negación de la resurrección general. Algunos corintios, aunque habían aceptado la verdad de la resurrección de Cristo, se negaban a creer que otros hombres llegaran a resucitar o pudieran resucitar. Los versículos 12-34 muestran el error y los peligros de dicha negación. Ahora el apóstol lidia con otro asunto problemático, uno que en realidad es parte del primero, es decir, la cuestión de cómo podría tener lugar la resurrección general. La idea de una resurrección de toda la raza humana parece inconcebible a causa de su complejidad y del poder que se requiere para hacer una cosa así.

Pero dirá alguno: ¿Cómo resucitarán los muertos? ¿Con qué cuerpo vendrán? (15:35)

Los corintios que negaban la resurrección lo hacían sobre todo en razón de la influencia de la filosofía gnóstica, la cual consideraba que el cuerpo era inherentemente malo y solo el espíritu era bueno. Ellos, por tanto, creían que no era _deseable_ la resurrección del cuerpo. Pablo se enfrenta ahora a la idea de que tampoco era _posible_. "Supongamos", razonaban ellos, "que la resurrección es algo bueno, ¿cómo puede suceder eso?"

Parte del problema que algunos griegos tenían se puede atribuir a la opinión falsa de la resurrección que enseñaban muchos rabíes de aquel tiempo. Al interpretar mal pasajes como Job 19:26 ("En mi carne he de ver a Dios"), llegaban a la conclusión de que los cuerpos resucitados serían idénticos a los cuerpos terrenales en todos los sentidos. El escritor del libro apócrifo judío de Baruc escribió, por ejemplo: "la tierra entonces [en la resurrección] restaurará con seguridad a los muertos; no hará cambios en la forma, sino que como se ha recibido así será restaurado". Para los gnósticos, ese punto de vista hacía que la resurrección fuera aun todavía _menos_ deseable y posible.

¿Cómo puede alguien pensar que cree en Dios como Creador que la restauración de los cuerpos, en la forma que sea, va a resultar más difícil para Él que el haberlos creado? Como Pablo le preguntó al rey Agripa: "¡Qué! ¿Se juzga entre vosotros cosa increíble que Dios resucite a los muertos?" (Hch. 26:8). ¿Por qué algunas personas todavía hoy, incluyendo a algunos cristianos, se quedan perplejos y preocupados sobre cómo puede Dios restaurar los cuerpos de los que se han perdido en el océano, han quedado deshechos por una explosión o han sido cremados? ¿Por qué la restauración de esos cuerpos es más milagrosa e increíble que la creación del universo? Además, todo cuerpo humano, sin importar cuán bien haya sido embalsamado, al final se desintegra también.

No obstante, una de las objeciones a la idea de la resurrección era, y todavía es, su aparente imposibilidad. **Pero dirá alguno**, la experiencia de Pablo le lleva a anticipar, **¿Cómo resucitarán los muertos?** ¿Cómo puede Dios volver a unir los cuerpos de cada uno de los que han muerto a lo largo de la historia? Otra pregunta estrechamente relacionada era: **¿Con qué cuerpo vendrán?**

En los versículos 36-49 Pablo responde las preguntas del versículo 35 en cuatro formas: (1) Da una ilustración de la naturaleza, (2) les dice qué clase de cuerpo resucitado tendremos, (3) contrasta el cuerpo terrenal y los cuerpos resucitados, y (4) les recuerda el prototipo de resurrección, en la que ellos ya creen.

UNA ILUSTRACIÓN DE LA RESURRECCIÓN

Necio, lo que tú siembras no se vivifica, si no muere antes. Y lo que siembras no es el cuerpo que ha de salir, sino el grano desnudo, ya sea de trigo o de otro grano; pero Dios le da el cuerpo como él quiso, y a cada semilla su propio cuerpo. (15:36-38)

Al igual que negar la resurrección porque parece indeseable, negarla porque parece imposible procede del escepticismo de la filosofía pagana. No procede de la duda honesta o de la ignorancia, y por esa razón Pablo responde: **Necio.** Se usaba esa palabra con sorna acerca de un individuo que no tiene o no usa su entendimiento.

Las preguntas mencionadas en el versículo 35 no eran las de alguien que quería conocer, sino la hostigación burlona de alguien que piensa que ya conoce. Como muchas de los preguntas que le plantearon a Jesús los escribas, fariseos y saduceos, el propósito no era el de descubrir la verdad, sino el de hacer caer en una trampa o avergonzar.

Con el fin de señalar la necedad de la objeción, Pablo les da una ilustración común tomada de la naturaleza. La resurrección es similar, en tres formas significativas, a la siembra y crecimiento de una cosecha: la forma original se deshace, la forma original y la nueva que surge son diferentes y, no obstante, ambas tienen una continuidad. La resurrección no es imposible, porque sucede continuamente en una escala menor en el mundo vegetal.

LA DESCOMPOSICIÓN

Primero la semejanza de la descomposición o del morir. **Lo que tú siembras no se vivifica, si no muere antes.** La semilla muere cuando se planta en la tierra, en realidad se descompone como semilla: tiene que dejar de existir en su forma original como semilla antes de que pueda volver a la vida en su forma final como una planta.

Jesús aplicó esta misma verdad cuando dijo: "De cierto, de cierto os digo, que si el grano de trigo no cae en la tierra y muere, queda solo; pero si muere, lleva mucho fruto" (Jn. 12:24). Antes de que Cristo pudiera producir el fruto de la salvación para nosotros, tenía que morir. De igual manera, antes que nosotros podamos participar en el fruto de su resurrección, o dar fruto en su servicio, debemos morir. "El que ama su vida, la perderá; y el que aborrece su vida en este mundo, para vida eterna la guardará" (v. 25).

Cuando Jesús fue crucificado su cuerpo terrenal murió; dejó de existir como un cuerpo terrenal. Como sucede con una cosecha que crece, tiene que haber un final para lo viejo antes de que pueda haber un comienzo para lo nuevo. En el caso de los hombres, un cuerpo morirá para dar paso a la vida de otro.

LA DIFERENCIA

Segundo, tanto en el crecimiento de las cosechas como en la resurrección de los cuerpos hay una diferencia entre la forma original y la final. La semilla pierde su identidad como semilla y se transforma cada vez a la semejanza de la planta madura, pero la semilla misma, **lo que siembras —ya sea de trigo o de otro grano—** no se parece en nada a la planta madura, al **cuerpo que ha de salir**. Solo después de dejar de ser una semilla se convierte en la planta madura que cosecha el agricultor.

Cuando Jesús resucitó de entre los muertos su cuerpo glorificado era radicalmente diferente del que murió. Lo que salió de la tumba era diferente de lo que fue sepultado. Ya no estaba limitado al tiempo, el espacio y a la sustancia material. Durante sus apariciones, Jesús fue de un sitio para otro sin viajar en ningún sentido físico. Aparecía y desaparecía según su voluntad y entraba en los cuartos sin necesidad de abrir la puerta (Lc. 24:15, 31, 36; Jn. 20:19; etc.). Él no hizo ninguna de esas cosas estando en su cuerpo terrenal. La resurrección cambió el cuerpo de Jesús en formas maravillosas y radicales, y a su regreso *todos* los cuerpos resucitados cambiarán también de manera maravillosa y radical.

CONTINUIDAD

Tercero, a pesar de las diferencias, hay, sin embargo, una continuidad, entre los viejo y lo nuevo. **Pero Dios le da el cuerpo como él quiso, y a cada semilla su propio cuerpo**. La semilla cambia radicalmente, pero continúa en la misma forma de vida. Una semilla de trigo no se transforma en semilla de cebada, y una semilla de lino no se convierte en una de maíz. **Dios** ha dado **a cada** tipo de **semilla su propio cuerpo**, cuya identidad continúa en la nueva planta que crece.

Después que Jesús resucitó, ninguno le reconoció a menos que Él se revelara a ellos. Pero una vez que se reveló, era reconocible. Los discípulos conocían su rostro, y reconocieron su costado atravesado y sus manos taladradas. De una manera semejante, nuestro cuerpo resucitado como creyentes tendrá una continuidad con el cuerpo que ahora tenemos. Nuestro cuerpo morirá y cambiará de forma, pero todavía será *nuestro* cuerpo. Por supuesto, no es muy difícil de creer que el Dios que ha obrado este milagro a diario a lo largo de los siglos en su creación de plantas, puede hacer lo mismo con los hombres.

LA FORMA DE LOS CUERPOS DE RESURRECCIÓN

No toda carne es la misma carne, sino que una carne es la de los hombres, otra carne la de las bestias, otra la de los peces, y otra la de las aves. Y hay

cuerpos celestiales, y cuerpos terrenales; pero una es la gloria de los celestiales, y otra la de los terrenales. Una es la gloria del sol, otra la gloria de la luna, y otra la gloria de las estrellas, pues una estrella es diferente de otra en gloria. Así también es la resurrección de los muertos. (15:39-42*a*)

Estos versículos amplían la enseñanza anterior de Pablo de que nuestro cuerpo resucitado será diferente de nuestro cuerpo terrenal. Al ver las grandes diferencias en la creación de Dios, no debiéramos cuestionar su habilidad para crear cuerpos que son diferentes y, a la vez, son continuidad uno de otro.

No toda carne es la misma carne indica la asombrosa variedad de los cuerpos terrenales que Dios ha creado. Solo tenemos que mirar a nuestro alrededor para comprobar el enorme surtido de seres y cosas creadas. En el mundo biológico la carne humana es absolutamente distinta de la carne de **las bestias... de los peces, y... de las aves.** No toda carne es la misma clase.

He leído que hay millones de combinaciones diferentes de aminoácidos. Los aminoácidos son los ladrillos con los que se edifica toda forma de vida. No solo cada tipo de vida vegetal o animal tiene formas distintas de aminoácidos, sino que cada planta, animal y ser humano individual tiene su propio modo de agruparlos. Nunca son exactamente iguales dos rosas, dos copos de nieve, dos semillas, dos hojas o dos seres humanos (ni siquiera son del todo idénticos los hermanos gemelos). No obstante, cada uno está completamente identificado con los de su propia especie.

Estos dos hechos forman una de las más fuertes evidencias científicas en contra de la evolución. No importa qué comamos, o cuán especializada o desequilibrada sea nuestra dieta, y no importa en qué medio ambiente nos encontremos, nunca cambiaremos en otra forma de vida. Podemos ser más saludables o enfermizos, más pesados o ligeros, pero nunca seremos otra cosa que un ser humano y nunca otro ser humano que el que somos. Los códigos biológicos son vinculantes y únicos. No hay prueba científica demostrable o repetible de que una forma de vida ha cambiado o puede cambiar en otra diferente.

Hay cuerpos celestiales, los cuales obviamente se diferencian mucho de los **cuerpos terrenales** en **gloria**, es decir, en naturaleza, manifestación y forma. No solo son los cuerpos celestiales muy diferentes de los terrenales; también lo son entre sí. El **sol** es muy diferente de la **luna**, y ambos lo son de las **estrellas**. Por la astronomía sabemos que muchas de las que normalmente llamamos estrellas son en realidad planetas y, por lo tanto, similares a la tierra y al sol, y que las verdaderas estrellas son auténticos soles. Pero Pablo estaba hablando desde la perspectiva de observación humana normal, no desde la perspectiva de la ciencia. Sin embargo, su enseñanza es correcta desde ambos ángulos. Las estrellas generan su propia luz, mientras que los planetas como la tierra y la luna reflejan la que producen las estrellas. En ese sentido los dos tipos de cuerpos celestiales son inmensamente diferentes en **gloria**, es decir, en carácter y manifestación.

Aun **una estrella es diferente de otra en gloria**. Donald Peattie ha escrito:

> A semejanza de las flores, las estrellas tienen sus propios colores. A primera vista todas brillan igual con el color de piezas de cristal, pero fíjese en una y luego en otra para observarlas y descubrirá un espectro sutil en las estrellas. La calidad de sus luces queda determinada por su temperatura. En el cielo del mes de diciembre verá a la Aldebarán como un rosa pálido, a la Rigel como verde azulado y blanco y a la Betelgeuse como un naranja y topacio- amarillo.

Cada estrella es diferente, como cada planta y cada animal lo son también, y cada ser humano es diferente. Dios tiene una capacidad creativa infinita, incluyendo la capacidad de una variedad infinita. ¿Qué les hacer pensar a algunas personas que es difícil para Él recrear y resucitar cuerpos humanos, sin importar qué forma puedan tener?

Así también es la resurrección de los muertos. Los cuerpos resucitados se diferenciarán de los terrenales tan radicalmente como los cuerpos celestiales se diferencias de los terrenales. Y los cuerpos resucitados serán tan individuales y singulares como lo son todas las otras formas de la creación de Dios.

Cuando Moisés y Elías aparecieron en el monte de la transfiguración eran tan claramente individuales como lo habían sido cuando vivieron en la tierra. No tenían en ese momento cuerpos resucitados, pero eran seres de cielos distintos, quienes un día tendrán cuerpos celestiales definidos. Dios *es*, no era, el Dios de Abraham, Isaac y Jacob, el Dios de los vivos, no de los muertos (Mt. 22:32). Dichos patriarcas no están simplemente vivos en el cielo, sino que están vivos con las mismas personalidades que tuvieron en la tierra. Jesús conoce a *todas* sus ovejas por nombre (Jn. 10:3), ya sea que estén en cielo o en la tierra. Nuestro cuerpo resucitado será exclusivamente nuestro como lo es nuestro espíritu y nuestro nombre.

LOS CONTRASTES DE LA RESURRECCIÓN

Se siembra en corrupción, resucitará en incorrupción. Se siembra en deshonra, resucitará en gloria; se siembra en debilidad, resucitará en poder. Se siembra cuerpo animal, resucitará cuerpo espiritual. Hay cuerpo animal, y hay cuerpo espiritual. (15:42*b*-44)

Pablo se enfoca ahora más directamente en el cuerpo de resurrección y menciona aquí formas específicas, dándonos cuatro juegos de contrastes, ayudándonos así a ver las diferencias entre nuestro cuerpo glorificado y el cuerpo terrenal.

CORRUPCIÓN / INCORRUPCIÓN

El primer contraste tiene que ver con la durabilidad. Una de las características más evidentes de toda la vida natural, incluyendo la vida humana, es que es perecedera, sujeta a **corrupción** y que termina muriendo. Aun en el niño saludable comienza pronto el proceso de envejecimiento y deterioro. "Todo va a un mismo lugar; todo es hecho del polvo, y todo volverá al mismo polvo" (Ec. 3:20). "Porque él conoce nuestra condición; se acuerda de que somos polvo. El hombre, como la hierba son sus días; florece como la flor del campo, que pasó el viento por ella, y pereció, y su lugar no la conocerá más" (Sal. 103:14-16).

Aun las personas más saludables, a medida que envejecen, se debilitan y quedan sujetas a enfermedades y problemas físicos. La muerte, por supuesto, acelera rápidamente la decadencia. Marta se opuso a que se abriera la tumba de Lázaro, porque "hiede ya, porque es de cuatro días" (Jn. 11:39). El propósito de embalsamar es retrasar todo lo que sea posible el deterioro del cuerpo; pero ni siquiera la notable momificación egipcia podía evitar el deterioro, mucho menos restaurar a la vida.

Una de las dolorosas consecuencias de la caída es que a partir de ese momento el cuerpo humano se hizo irreversiblemente mortal. Sin ninguna excepción, todo ser humano, como dice Pablo: **se siembra en corrupción**. Esto es, nace con un cuerpo mortal.

Pero el cuerpo de resurrección del creyente **resucitará en incorrupción**. "Bendito el Dios y Padre de nuestro Señor Jesucristo, que según su grande misericordia nos hizo renacer para una esperanza vida, por la resurrección de Jesucristo de los muertos, para una herencia incorruptible, incontaminada e inmarcesible, reservada en los cielos para vosotros" (1 P. 1:3-4). Nuestro nuevo cuerpo no conocerá la enfermedad, la decadencia, el deterioro o la muerte. "Y cuando esto corruptible se haya vestido de incorrupción, y esto mortal se haya vestido de inmortalidad, entonces se cumplirá la palabra que está escrita: Sorbida es la muerte en victoria" (1 Co. 15:54).

DESHONRA / GLORIA

El segundo contraste tiene que ver con el valor y la potencialidad. En la caída la potencialidad del hombre para agradar y servir a Dios quedó radicalmente reducido. No solo su mente y espíritu, sino también su cuerpo se hizo inmensamente menos valioso para hacer aquello para lo que Dios le había diseñado. La criatura fue creada perfecta, y a la misma imagen de su Creador, y fue hecha para manifestar a su Creador en todo lo que hiciera. Por causa del pecado, lo que fue creado para honrar a Dios se caracterizó, por el contrario, por la **deshonra**.

Deshonramos a Dios con nuestra incapacidad para aprovechar completamente lo que nos ha dado en su creación. Deshonramos a Dios cuando usamos mal o abusamos del cuerpo por medio del cual Él desea que lo honremos y sirvamos. Aun los creyentes más fieles mueren con su cuerpo en un estado de deshonra, de imperfección y de algo incompleto.

Pero ese cuerpo imperfecto y deshonrado un día **resucitará en gloria**. Nuestro nuevo cuerpo inmortal será también por toda la eternidad un cuerpo honorable, perfecto para agradar, alabar y gozar al Creador que lo hizo y al Redentor que lo restauró.

DEBILIDAD / PODER

El tercer contraste tiene que ver con habilidad. Nuestro cuerpo está ahora caracterizado por la **debilidad**. Somos débiles no solo en fortaleza física y aguante, sino también en resistencia a la enfermedad y al daño. A pesar de los maravillosos mecanismos naturales de protección del cuerpo humano, nadie es inmune a romperse un hueso, a perder una pierna, a contagiarse de varias enfermedades, y al final morir. Podemos y debemos minimizar peligros y riesgos innecesarios para nuestro cuerpo, el cual es para los creyentes el templo del Espíritu Santo (1 Co. 6:19-20); pero no lo podemos proteger completamente del daño y mucho menos de la muerte. Nuestro "templo" terrenal es sin duda alguna temporal y frágil.

No sucederá lo mismo con nuestro nuevo cuerpo, que **resucitará en poder**. No se nos dice qué va a implicar dicho poder, pero será inmensurable comparado con lo que ahora poseemos. No tendremos que decir nunca más "el espíritu a la verdad está dispuesto, pero la carne es débil" (Mt. 26:41). Todo lo que nuestro espíritu celestial determine hacer nuestro cuerpo celestial tendrá la capacidad de hacerlo.

Martín Lutero dijo: "Tan débil como es [el cuerpo humano de los creyentes] ahora sin ningún poder ni capacidad cuando yace en la tumba, así será al final de fuerte cuando llegue la hora, de forma que nada que tenga en mente le será imposible llevar a cabo, será tan ligero y ágil que en un instante podrá flotar aquí abajo en la tierra o arriba en el cielo".

ANIMAL / ESPIRITUAL

La cuarta área de contraste tiene que ver con la esfera, o reino, de la existencia. Nuestro cuerpo terrenal es estrictamente **animal**. Esa es la única esfera en la que podemos vivir y funcionar. El cuerpo físico está preparado y limitado al mundo físico. A pesar de las imperfecciones y limitaciones causadas por la caída, nuestro presente cuerpo está maravillosamente adaptado para la vida en la tierra, muy bien acondicionado para la vida terrenal. Pero ese es el único campo y la única forma de vida para la que está adaptado.

Sin embargo, el cuerpo nuevo del creyente resucitará como un **cuerpo espiritual**. Nuestro espíritu reside ahora en un cuerpo terrenal, pero un día morará en un cuerpo espiritual. Entonces seremos seres espirituales en todos los sentidos. Estaremos perfectamente adaptados en espíritu y cuerpo a la vida celestial.

"Los hijos de este siglo se casan, y se dan en casamiento", dijo Jesús, "mas los que fueren tenidos por dignos de alcanzar aquel siglo y la resurrección de entre los muertos, ni se casan, ni se dan en casamiento" (Lc. 20:34-36).

En la resurrección todo lo relacionado con nosotros será perfecto por toda la eternidad. No seremos como los ángeles, pero seremos "semejantes" a ellos en que estaremos perfectamente equipados y adaptados para una vida celestial, espiritual y sobrenatural.

EL PROTOTIPO DE LA RESURRECCIÓN

Así también está escrito: Fue hecho el primer hombre Adán alma viviente; el postrer Adán, espíritu vivificante. Mas lo espiritual no es primero, sino lo animal; luego lo espiritual. El primer hombre es de la tierra, terrenal; el segundo hombre, que es el Señor, es del cielo. Cual el terrenal, tales también los terrenales; y cual el celestial, tales también los celestiales. Y así como hemos traído la imagen del terrenal, traeremos también la imagen del celestial. (15:45-49)

La cuarta forma en la que Pablo responde a las preguntas "¿Cómo resucitarán los muertos? ¿Con qué cuerpo vendrán?" (v. 35) es mostrando el prototipo de la resurrección y explicando todavía más las diferencias entre el cuerpo animal y el cuerpo espiritual.

Comienza con una cita de Génesis 2:7 a la que añade dos palabras **primer** y **Adán. Así también está escrito: Fue hecho el primer hombre Adán alma viviente.** Adán fue creado con un cuerpo animal. No estaba glorificado, pero era perfecto y "bueno" en todos los sentidos (Gn. 1:31).

Adán y Eva estaban originalmente en un período de prueba. Si hubieran demostrado que eran fieles en vez de desobedientes, sus cuerpos habrían sido glorificados e inmortalizados al comer del fruto del árbol de la vida, del cual podrían haber comido (vea Gn. 2:9). Sin embargo, a causa de que pecaron fueron arrojados del huerto del Edén con el fin de que no comieran del árbol de la vida y vivieran para siempre en un estado de pecado (3:22).

El postrer Adán, sin embargo, fue hecho **espíritu vivificante. El postrer Adán** es Cristo Jesús. "Porque así como por la desobediencia de un hombre los muchos fueron constituidos pecadores, así también por la obediencia de uno, los muchos serán constituidos justos... para que así como el pecado reinó para muerte, así también la gracia reine por la justicia para vida eterna mediante Jesucristo, Señor nuestro" (Ro. 5:19, 21; cp. vv. 12, 15). Hemos heredado por medio de Adán nuestro cuerpo animal; por medio de Cristo heredamos nuestro cuerpo espiritual en la resurrección.

Adán fue el prototipo de nuestro cuerpo animal, mientras que Cristo fue el prototipo de nuestro cuerpo espiritual. Todos los descendientes de Adán tienen cuerpo animal y todos los descendientes de Cristo tendrán un cuerpo espiritual. Por tanto, la resurrección de Cristo fue el prototipo de toda resurrección subsiguiente.

En el versículo 46 Pablo nos señala lo que es obvio: **Mas lo espiritual no es primero, sino lo animal; luego lo espiritual.** Todo ser humano, comenzando con Adán e incluyendo a Cristo, ha comenzado la vida humana en un cuerpo natural, físico. El cuerpo que resucitó de entre los muertos el domingo de Resurrección había sido un cuerpo animal, el cuerpo encarnado en el que Cristo nació y en el que vivió y murió. En la resurrección era un cuerpo espiritual y eterno.

Adán, **el primer hombre**, del que procede la raza humana, originada en la tierra, fue en realidad creado directamente **de la tierra** (Gn. 2:7). Era, en todos los sentidos, **terrenal**. Pero Cristo, llamado **el segundo hombre** porque ha producido una raza espiritual, existió eternamente antes de hacerse hombre. Vivió en la tierra en un cuerpo animal, pero Él **es del cielo**. Adán estaba ligado a la tierra; Cristo estaba ligado al cielo.

Debido a nuestra descendencia natural de Adán somos parte de **los terrenales**. Pero a causa de nuestra herencia en Cristo Jesús, también hemos sido hechos parte de **los celestiales**. En Adán somos **terrenales**; en Cristo hemos sido hechos **celestiales**. Un día nuestro cuerpo animal de Adán cambiará en el cuerpo celestial que recibiremos de Cristo.

Y así como hemos traído la imagen del terrenal, traeremos también la imagen del celestial. Así como hemos cambiado el cuerpo animal de Adán por el cuerpo espiritual de Cristo, también cambiaremos la **imagen** de Adán por la de Cristo.

Por las apariciones de Jesús que tuvieron lugar después de la resurrección sacamos una idea de la grandeza, poder y capacidades que tendrá nuestro propio cuerpo de resurrección. Jesús apareció y desapareció según su voluntad, reapareció otra vez en otro lugar distante. Podía pasar a través de paredes y puertas cerradas, y, no obstante, podía comer, beber, sentarse, hablar y ser visto por los que Él quería que le vieran. Era increíblemente el mismo, y a la vez notablemente diferente. Después de su ascensión, el ángel dijo a los asombrados discípulos: "Este mismo Jesús, que ha sido tomado de vosotros al cielo, así vendrá como le habéis visto ir al cielo" (Hch. 1:11). El cuerpo que los discípulos vieron después de la resurrección de Jesús es el mismo que nosotros veremos cuando Él venga de nuevo.

Así como sucedió con nuestro Señor, nuestro cuerpo, que es ahora un cuerpo animal y funciona en corrupción, deshonra y debilidad, resucitará en un cuerpo que será incorruptible, glorioso, poderoso y espiritual. Lo que ahora dificulta nuestro servicio y manifestación de la voluntad de Dios será canalizado de una forma maravillosa de realización. Contaremos con el poder de Cristo para servirlo y alabarlo, y su propia gloria para manifestarlo y magnificarlo. "Entonces los justos resplandecerán como el sol en el reino de su Padre" (Mt. 13:43). En el cielo brillaremos como el sol, con la gloria esplendorosa y resplandeciente que el Señor en su gracia compartirá con los que son de Él. Cristo "transformará el cuerpo de la humillación nuestra, para que sea semejante al cuerpo de la gloria suya, por el poder con el cual puede también sujetar a sí mismo todas las cosas" (Fil. 3:21).

No podemos imaginarnos exactamente lo que eso será. Ni siquiera nuestros ojos presentes espirituales pueden visualizar nuestro futuro cuerpo espiritual. "Amados, ahora somos hijos de Dios, y aún no se ha manifestado lo que hemos de ser; pero sabemos que cuando él se manifieste, seremos semejantes a él, porque le veremos tal como él es" (1 Jn. 3:2). No veremos nuestro propio cuerpo resucitado y tampoco lo tendremos, hasta que no veamos primero a Cristo.

"De modo que los cementerios del hombre se convierten en los terrenos donde crecen las semillas de la resurrección", comentó Sauer en un forma bella, "y los cementerios de los hijos de Dios se convertirán por medio del rocío celestial en los campos de resurrección de la perfección prometida".

La resurrección que nos aguarda es la esperanza y motivación de la iglesia y de todos los creyentes. Sea lo que sea que le ocurra a nuestro cuerpo presente —estén sanos o enfermos, bellos o corrientes, de vida corta o larga, vivan en comodidad o sean torturados— no es nuestro cuerpo permanente, y no debemos aferrarnos a él con mucho celo. Nuestra bendita esperanza y seguridad es que este cuerpo animal creado un día será recreado como un cuerpo espiritual. Aunque ahora tenemos una visión limitada de cómo será nuestro nuevo cuerpo, es suficiente con que sepamos que "seremos semejantes a él".

La victoria sobre la muerte (15:50-58)

45

Pero esto digo, hermanos: que la carne y la sangre no pueden heredar el reino de Dios, ni la corrupción hereda la incorrupción. He aquí, os digo un misterio: No todos dormiremos; pero todos seremos transformados, en un momento, en un abrir y cerrar de ojos, a la final trompeta; porque se tocará la trompeta, y los muertos serán resucitados incorruptibles, y nosotros seremos transformados. Porque es necesario que esto corruptible se vista de incorrupción, y esto mortal se vista de inmortalidad. Y cuando esto corruptible se haya vestido de incorrupción, y esto mortal se haya vestido de inmortalidad, entonces se cumplirá la palabra que está escrita: Sorbida es la muerte en victoria. ¿Dónde está, oh muerte, tu aguijón? ¿Dónde, oh sepulcro, tu victoria? ya que el aguijón de la muerte es el pecado, y el poder del pecado, la ley. Mas gracias sean dadas a Dios, que nos da la victoria por medio de nuestro Señor Jesucristo.

Así que, hermanos míos amados, estad firmes y constantes, creciendo en la obra del Señor siempre, sabiendo que vuestro trabajo en el Señor no es en vano. (15:50-58)

Alguien ha escrito:

> Hay un predicador de la vieja escuela, pero que habla con el mismo vigor de siempre. No es popular, aunque el mundo es su parroquia y viaja por todas partes del globo y habla en todas las lenguas. Visita a los pobres, invita a los ricos, predica a las persona de todas las religiones y a los que no tienen religión, y el tema de su sermón es siempre el mismo. Es un predicador elocuente, despierta a menudo emociones como ningún otro predicador puede hacerlo, y hace llorar a ojos que jamás lo habían hecho. Nadie es capaz de refutar sus razonamientos, ni ningún corazón ha dejado de conmoverse ante la fuerza de su llama-

miento. Destruye la vida con su mensaje. La mayoría de la personas le odian, todos le temen. ¿Su nombre? La muerte. Toda tumba es su púlpito, todos los periódicos imprimen su texto, y un día cada uno de ustedes será el motivo de su sermón.

Thomas Gray escribió: "La jactancia de la heráldica, la pompa del poder y toda la belleza y riqueza hay que entregarla a la hora de lo inevitable. Las sendas de la gloria terminan todas en la tumba". En todo lo que concierne al poder, belleza, riqueza y gloria humana, esa verdad se aplica a los cristianos tanto como a todos los demás. La esperanza del cristiano está expresada por el epitafio que Benjamín Franklin escribió para sí mismo y que aparece grabado en la lápida de su tumba en la Iglesia de Cristo en Filadelfia: "El cuerpo de Franklin, impresor, como la tapa de un viejo libro, su contenido arrancado y despojado de sus letras y dorado, yace aquí para alimento para los gusanos. Pero la obra no quedará perdida, porque aparecerá una vez más en una edición nueva y más elegante, revisada y corregida por el Autor".

Esa es la esperanza del cristiano y el mensaje de 1 Corintios 15. El Espíritu Santo por medio de Pablo reprende a los escépticos de todos los tiempos, como a los de Corinto, por negar la resurrección del cuerpo (15:12, 35) y proclama: "Mas ahora Cristo ha resucitado de los muertos; primicias de los que durmieron es hecho. Porque por cuanto la muerte entró por un hombre, también por un hombre la resurrección de los muertos. Porque así como en Adán todos mueren, también en Cristo todos serán vivificados" (vv. 20-22).

En el capítulo más largo de esta carta, el apóstol ha proporcionado la evidencia de la resurrección de Cristo (vv. 1-11), las implicaciones de negar la resurrección corporal (vv. 12-19), el plan (vv. 20-28) y los incentivos (29-34) de la resurrección, y una descripción y explicación de nuestro cuerpo de resurrección (vv. 35-49). Al concluir este pasaje proclama la maravillosa victoria que trae la resurrección para todos los que son de Cristo.

El "canto de victoria" con el que Pablo termina ha aparecido en las partituras magistrales de *El Mesías* de Handel y en *Un Requiem* de Brahm, y en muchos sentidos es más apropiado cantarlo que predicarlo. Alabando a Dios en anticipación por la resurrección, el apóstol proclama la gran transformación, el gran triunfo y la gran acción de gracias que los santos resucitados de Dios elevarán, y luego da una gran exhortación para vivir de forma santa hasta que llegue ese día.

LA GRAN TRANSFORMACIÓN

Pero esto digo, hermanos: que la carne y la sangre no pueden heredar el reino de Dios, ni la corrupción hereda la incorrupción. He aquí, os digo un

misterio: No todos dormiremos; pero todos seremos transformados, en un momento, en un abrir y cerrar de ojos, a la final trompeta; porque se tocará la trompeta, y los muertos serán resucitados incorruptibles, y nosotros seremos transformados. Porque es necesario que esto corruptible se vista de incorrupción, y esto mortal se vista de inmortalidad. (15:50-53)

Pablo recuerda de nuevo a sus lectores que el cuerpo de resurrección no será de **carne y sangre**, las cuales, aunque están perfectamente adaptadas para la tierra, no lo están para el cielo y, por tanto, **no pueden heredar el reino de Dios**. No se usa aquí **el reino de Dios** en su sentido universal, refiriéndose al gobierno de Dios del universo, o en su sentido espiritual, refiriéndose al reinado de Dios en el corazón humano, sino en su sentido final y consumado, que abarca a ambos y se refiere al estado eterno, al cielo. "Y así como hemos traído la imagen del terrenal, traeremos también la imagen del celestial" (v. 49).

Aun el propio cuerpo terrenal de Cristo era "carne y sangre" (He. 2:14) y tuvo que ser transformado antes de poder regresar al Padre. El cuerpo humano se renueva cada siete años, pero eso no evita su envejecimiento, deterioro y muerte. El cuerpo humano pertenece a la esfera de **la corrupción**. No está preparado y no puede **[heredar] la incorrupción**. Debe ser transformado a fin de heredar el cielo, y *será* transformado. "Se siembra en corrupción, resucitará en incorrupción. Se siembra en deshonra, resucitará en gloria; se siembra en debilidad, resucitará en poder. Se siembra cuerpo animal, resucitará cuerpo espiritual. Hay cuerpo animal, y hay cuerpo espiritual" (15:42*b*-44). Como la semilla que se siembra, continúa con su identidad, pero resurge en una forma radical y maravillosamente diferente

¿Pero qué acerca de los creyentes que vivan cuando Cristo regrese? Anticipándose a la pregunta, Pablo continúa: **He aquí, os digo un misterio: No todos dormiremos**. Como ya hemos explicado varias veces, **misterio** en el Nuevo Testamento se refiere siempre a lo que antes había estado oculto y era desconocido, pero que ahora ha sido dado a conocer. El apóstol revela ahora que los cristianos que estén vivos cuando el Señor regrese no tendrán que morir (**dormir**) a fin de que sus cuerpos sean transformados. "Luego nosotros los que vivimos, los que hayamos quedado, seremos arrebatados juntamente con ellos en las nubes para recibir al Señor en el aire, y así estaremos siempre con el Señor" (1 Ts. 4:17). A medida que los creyentes son resucitados o arrebatados **[serán] transformados**. Ya sea que los creyentes estén muertos o sean arrebatados, su cuerpo será cambiado de corruptible a incorruptible, de lo animal a lo espiritual. Puesto que lo corruptible no puede heredar lo incorruptible, Enoc y Elías deben estar transformados en la misma forma que cambiarán los creyentes que sean arrebatados. En cualquier caso, todos los creyentes serán igualmente equipados para el cielo (cp. Fil. 3:20-21).

Tanto para los que sean resucitados o arrebatados, el cambio sucederá **en un momento, en un abrir y cerrar de ojos**. No será un proceso, una especie de metamorfosis sobrenatural. Será una recreación instantánea de una forma a otra, de lo terrenal a lo celestial. **Momento** procede de *atomos*, de donde nos viene la palabra *átomo*, e indica lo que no puede ser cortado o dividido, se refiere a la cantidad menor que podemos concebir. En la mínima cantidad de tiempo nuestro cuerpo corruptible pasará a ser incorruptible. Para enfatizar e ilustrar aún más la velocidad del cambio, Pablo dice que ocurrirá **en un abrir y cerrar de ojos**. *Rhipē* (parpadear) significa literalmente tirar, y se usaba para referirse a cualquier movimiento rápido. Los **ojos** pueden moverse con mucha más rapidez que cualquier otra parte visible de nuestro cuerpo, y lo que Pablo nos dice es que el cambio será muy rápido, instantáneo.

Esta transformación sucederá **a la final trompeta**. No pienso que esta **trompeta** se refiera necesariamente a la **final** trompeta que se toque en el cielo. Será, sin embargo, la última en lo que concierne a los cristianos vivos, porque se tocará al final de la era de la iglesia, cuando todos los creyentes serán arrebatados de la tierra. "Porque el Señor mismo con voz de mando, con voz de arcángel, y con trompeta de Dios, descenderá del cielo; y los muertos en Cristo resucitarán primero. Luego nosotros los que vivimos, los que hayamos quedado, seremos arrebatados juntamente con ellos en las nubes para recibir al Señor en el aire, y así estaremos siempre con el Señor" (1 Ts. 4:16-17). Mediante el toque de la trompeta Dios convocará a todo su pueblo para que acuda a su presencia (cp. Ex. 19:16; Is. 27:13).

Durante la Guerra Civil un grupo de soldados tuvo que pasar una noche de invierno en pleno campo sin tiendas de campaña. Aquella noche cayó una nevada de varios palmos de espesor, al amanecer el capellán informó de un extraño panorama. Los soldados cubiertos de nieve parecían los túmulos funerarios de nuevas sepulturas, y cuando sonó la trompeta de llamada un soldado se levantó de cada túmulo de nieve, lo que le recordó al capellán de una forma vívida este pasaje de 1 Corintios.

Al hablar del día de la resurrección que tendría lugar, Jesús dijo: "Vendré otra vez, y os tomaré a mí mismo, para que donde yo estoy, vosotros también estéis" (Jn. 14:3). Cuando ascendía al cielo los ángeles les dijeron a los discípulos que miraban: "Este mismo Jesús, que ha sido tomado de vosotros al cielo, así vendrá como le habéis visto ir al cielo" (Hch. 1:11). Con Pablo, todo creyente debiera estar "aguardando la esperanza bienaventurada y la manifestación gloriosa de nuestro gran Dios y Salvador Jesucristo" (Tit. 2:13).

Debido a que nuestro cuerpo terrenal, animal, no puede funcionar en el reino eterno, tiene que haber un día y un momento como el anunciado, **porque es necesario que esto corruptible** [lo que está sujeto al deterioro] **se vista de incorrupción, y esto mortal se vista de inmortalidad**. La palabra griega de la que traducimos **se vista** la usaban para hablar de ponerse la ropa, y nos trae la imagen de que nuestro espíritu redimido será vestido de un cuerpo redimido (cp. 2 Co. 5:1-5).

EL GRAN TRIUNFO

Y cuando esto corruptible se haya vestido de incorrupción, y esto mortal se haya vestido de inmortalidad, entonces se cumplirá la palabra que está escrita: Sorbida es la muerte en victoria. ¿Dónde está, oh muerte, tu aguijón? ¿Dónde, oh sepulcro, tu victoria? ya que el aguijón de la muerte es el pecado, y el poder del pecado, la ley. (15:54-56)

La resurrección de Cristo acabó con el poder de la muerte para todos los que creen en Él, y la muerte ya no se enseñorea de ellos porque "la muerte no se enseñorea más de él" (Ro. 6:9). Pero la muerte es todavía el enemigo del hombre. Incluso para los cristianos viola nuestro dominio de la creación de Dios, destruye nuestras relaciones de amor, separa a las familias y nos causa gran dolor por la pérdida de aquellos que amamos. No hay razón para que temamos a la muerte, pero todavía nos invade y nos atormenta mientras que somos mortales.

Sin embargo, un día, cuando Cristo regrese, esto **corruptible** "es necesario que... se vista de incorrupción, y esto **mortal** se vista de inmortalidad" (v. 53). Entonces vendrá el gran triunfo que predijo Isaías, cuando **sorbida es la muerte en victoria.** El texto de Isaías dice: "Destruirá [Jehová de los ejércitos] a la muerte para siempre" (Is. 25:8; cp. v. 6). Cuando venga la gran transformación, vendrá la gran victoria.

El bien conocido comentarista bíblico R. C. H. Lenski escribe:

> La muerte no es meramente destruida a fin de que no cause más daño, aunque permanece el daño que ha hecho a los hijos de Dios. No se busca controlar el tornado para que no destruya más casas, mientras que las ya destruidas todavía yacen en ruinas... La muerte y todas sus aparentes victorias son anuladas para los hijos de Dios. Lo que parece ser una victoria para la muerte y aparenta ser una derrota para nosotros cuando nuestro cuerpo muere y se descompone, será totalmente cambiado a fin de que la muerte muera en absoluta derrota y nuestro cuerpo viva de nuevo en absoluta victoria (*The Interpretation of St. Paul's First and Second Epistles to the Corinthians* [La interpretación de la Primera y Segunda epístolas de san Pablo a los corintios] [Minneapolis: Augsburg, 1963], pp. 744-45).

Pablo cita a otro profeta (Os. 13:14) para burlarse de la muerte: **¿Dónde está, oh muerte, tu aguijón? ¿Dónde, oh sepulcro, tu victoria?** Con esta metáfora el apóstol dice implícitamente que la **muerte** dejó su **aguijón** en Cristo, como la abeja deja el suyo en su víctima. Cristo llevó todo el aguijón de la muerte con el fin de que nosotros no tuviéramos que sufrirlo para nada.

Para completar el pensamiento, Pablo les recuerda **que el aguijón de la muerte es el pecado**. El daño que la muerte causa es consecuencia del pecado; en realidad, la muerte misma es causada por el pecado. "Por tanto, como el pecado entró en el mundo por un hombre, y por el pecado la muerte, así la muerte pasó a todos los hombres, por cuanto todos pecaron" (Ro. 5:12). Solo donde hay pecado puede la muerte descargar su golpe mortal. Allí donde ha sido eliminado el pecado la muerte solo puede interrumpir la vida terrenal y abrir la puerta para la celestial. Eso es lo que Cristo ha hecho por todos los que confían en Él. "Vuestros pecados os han sido perdonados por su nombre" (1 Jn. 2:12). La muerte no ha desaparecido, pero su aguijón, el pecado, sí ha quedado neutralizado. "Pues si por la transgresión de uno solo reinó la muerte, mucho más reinarán en vida por uno solo, Jesucristo, los que reciben la abundancia de la gracia y del don de la justicia" (Ro. 5:17).

No es, por supuesto, que los cristianos ya no pecan, sino que los pecados que cometemos ya están cubiertos por la muerte expiatoria de Cristo, de forma que el efecto del pecado no es fatal de forma permanente. "La sangre de Jesucristo su Hijo nos limpia de todo pecado" (1 Jn. 1:7). Pero para los que no creen, el aguijón de la muerte permanece para siempre.

Pablo continúa explicando la secuencia que lleva a la muerte al mencionar que **el poder del pecado** está en **la ley**. La ley de Dios manifiesta las normas divinas y cuando son quebrantadas revelan el pecado del ser humano. Si no hay ley, obviamente no podría haber transgresión. "Donde no hay ley, tampoco hay transgresión" (Ro. 4:15). Pero los hombres mueren porque quebrantan la ley.

¿Qué sucede con los que no conocen la ley de Dios, con los que nunca han sabido, y mucho menos han leído, su Palabra? Pablo nos dice en Romanos que "cuando los gentiles que no tienen ley, hacen por naturaleza lo que es de la ley, éstos, aunque no tengan ley, son ley para sí mismos, mostrando la obra de la ley escrita en sus corazones, dando testimonio su conciencia, y acusándoles o defendiéndoles sus razonamientos" (2:14-15). Por tanto, todo el que actúa en contra de su conciencia lo hace en contra de la ley de Dios con tanta seguridad como lo hace todo aquel de forma consciente quebranta uno de los Diez Mandamientos. Esa es la razón por la que los seres humanos están condenados a morir (Ro. 3:23; 6:23).

LA GRAN ACCIÓN DE GRACIAS

Mas gracias sean dadas a Dios, que nos da la victoria por medio de nuestro Señor Jesucristo. (15:57)

A causa de la perfecta obediencia de Cristo a la ley (Ro. 5:19) y la satisfacción que hizo por sus víctimas, los que confían en Él "ya no [están] bajo la ley, sino bajo la gracia", pues "ahora [están] libres de la ley" (Ro. 6:14; 7:6). Jesús ha cumplido con las exigencias de la ley y la justicia. Debido a que su vida fue impecable y cumplió, por tanto, la ley, su muerte conquistó el pecado.

Pablo da gracias a aquel que nos dará la gran transformación de nuestro cuerpo y que nos hace participantes del gran triunfo sobre el pecado y la muerte. Lo que nunca hubiéramos podido hacer por nosotros mismos **Dios** lo ha hecho para nosotros **por medio de nuestro Señor Jesucristo**. Nosotros no podemos vivir sin pecado y de ese modo cumplir la ley, ni tampoco podemos borrar el pecado una vez que lo hemos cometido, o eliminar sus consecuencias, que es la muerte. Pero Cristo Jesús vivió a nuestro favor una vida sin pecado, cumpliendo la ley; quitando el pecado al pagar Él mismo el castigo que correspondía, satisfaciendo así a Dios con un sacrificio perfecto; y conquistando la muerte al resucitar de entre los muertos. El Señor alcanzó esa gran **victoria** y **nos** la **da** a nosotros. "Cristo nos redimió de la maldición de la ley, hecho por nosotros maldición" (Gá. 3:13). Tomó sobre sí nuestra maldición y condenación y, en su lugar, nos dio la victoria.

¿Cómo no vamos a estar deseosos de darle gracias y alabanza a Dios por todo lo que ha hecho por nosotros? Nos ha prometido un cuerpo espiritual, poderoso, glorioso e incorruptible a cambio de uno que es animal, débil, deshonroso y corruptible. Nos promete lo que es celestial a cambio de lo terrenal, lo inmortal a cambio de lo mortal. Sabemos que estas promesas son ciertas porque Él ya nos ha dado la victoria sobre el pecado y la muerte.

Para los cristianos la muerte ya no tiene poder (He. 2:14-15), porque Dios ha quitado nuestro pecado. Para los cristianos la muerte solo es la puerta para que nuestro espíritu pase de esta vida a la siguiente, para dejar la tierra y partir a estar con Cristo. Pablo tenía solo una razón para querer permanecer en la tierra: continuar con su ministerio por Cristo a favor de otros; pero cuando pensaba en su propio beneficio y gozo tenía un único deseo: "partir y estar con Cristo, lo cual es muchísimo mejor" (Fil. 1:23-24).

Por la victoria de Cristo sobre la muerte, ésta pierde su aguijón; queda sin uñas y sin colmillos, desarmada y destruida. "Y la muerte y el Hades fueron lanzados al lago de fuego... Enjugará Dios toda lágrima de los ojos de ellos; y ya no habrá muerte, ni habrá más llanto, ni clamor, ni dolor" (Ap. 20:14; 21:4).

LA GRAN EXHORTACIÓN

Así que, hermanos míos amados, estad firmes y constantes, creciendo en la obra del Señor siempre, sabiendo que vuestro trabajo en el Señor no es en vano. (15:58)

Si realmente creemos y estamos de verdad agradecidos porque nuestra resurrección está asegurada, de que seremos transformados del estado terrenal, mortal, animal, débil, deshonroso y corruptible al de lo celestial, inmortal, espiritual, poderoso, glorioso e incorruptible, debiéramos demostrar nuestra fe y agradecimiento permaneciendo **firmes y constantes, creciendo en la obra del Señor siempre**.

Hedraios (**firmes**) significa literalmente estar arraigado y, por tanto, bien establecido y firmemente situado. *Ametakinētos* (**constantes**) conlleva la misma idea pero con más intensidad. Indica la condición de ser inconmovible. Es obvio que Pablo está hablando de no ser *movidos de* la voluntad de Dios, no de *movernos dentro* de ella. Dentro de la voluntad de Dios debemos estar **creciendo en la obra del Señor siempre**. Pero no debemos apartarnos para nada ni en ningún sentido de la voluntad divina, para que "no seamos niños fluctuantes, llevados por doquiera de todo viento de doctrina, por estratagema de hombres que para engañar emplean con astucia las artimañas del error" (Ef. 4:14).

Gordon Clark hace una paráfrasis de este versículo que nos ayuda: "Por lo tanto, debiéramos mortificar las emociones, ser firmes, inconmovibles, inalterables, no erráticos ni atolondrados, fácilmente desanimados, y debiéramos multiplicar nuestras buenas obras en la seguridad de que nuestro Señor las hará fructíferas".

Si nuestra seguridad en la esperanza de la resurrección se tambalea, nos entregaremos sin duda alguna a los estilos de vida y normas del mundo. Si no hay ramificaciones o consecuencias eternas acerca de lo que hacemos en esta vida, desaparece la motivación para un servicio generoso y santo.

Por el otro lado, cuando nuestra esperanza en la resurrección es clara y firme tendremos gran motivación para [**crecer**] **en la obra del Señor siempre**. *Perisseuō* (**crecer**) conlleva la idea de excederse en lo que se pide, de sobrepasarse, de hacer mucho más. En Efesios 1:7-8 se usa esa palabra para transmitir la idea de que Dios hace sobreabundar sobre nosotros "las riquezas de su gracia". Debido a que Dios se ha sobrepasado tanto por nosotros cuando no nos merecemos nada de Él, debiéramos estar determinados a sobreabundar nosotros (si eso fuera posible) en servirlo a Él, a quien se lo debemos todo.

¡Qué gran consejo da Pablo a los innumerables cristianos que trabajan y oran, dan y sufren, todo lo menos que pueden! ¿Cómo podemos estar satisfechos con las cosas tan triviales, pasajeras e insignificantes de este mundo? ¿Cómo nos lo podemos tomar tan a la ligera cuando tantos a nuestro alrededor están espiritualmente muertos y tantos hermanos en la fe están necesitados de edificación, aliento y ayuda de toda clase? ¿Cuando puede un cristiano decir: "Ya cumplí con mi tarea, ya hice mi parte; dejemos ahora que otros trabajen?"

El descanso razonable es importante y necesario; pero si vamos a errar, dice Pablo, debiera ser en lo que toca a servir más al Señor, no menos. El ocio y la relajación son dos grandes ídolos modernos, ante los cuales muchos cristianos parecen muy dispuestos a inclinarse. En la proporción adecuada la recreación y la diversión pueden ayudar a restaurar nuestra energía y aumentar nuestra eficacia; pero también pueden terminar siendo muy fácilmente fines en sí mismos, exigiendo cada vez más de nuestra atención, preocupación, tiempo y energía. Más de un creyente se ha relajado tanto en su vida cristiana que ha dejado por completo **la obra del Señor**.

Algunos de los santos de Dios más fieles y fructíferos han vivido hasta una edad avanzada y han permanecido activos y productivos hasta el fin. Sin embargo, muchos otros han visto que su vida se acortaba por la misma razón de haber estado **creciendo**, derramándose, entregándose incansablemente al servicio del Señor. Henry Martyn, el misionero inglés que sirvió en la India y Persia, estuvo dispuesto a "gastarse para Dios", lo que hizo antes de llegar a los treinta y cinco años. David Brainerd, uno de los primeros misioneros para los nativos de Estados Unidos, murió antes de los treinta años. Sabemos muy poco de Epafrodito, excepto que fue un "hermano y colaborador y compañero de milicia" de Pablo que llegó a estar "próximo a la muerte... por la obra de Cristo" (Fil. 2:25, 30). Se entregó con tanto fervor al servicio del Señor que literalmente se enfermó y estuvo a punto de morir.

Hasta que el Señor vuelva hay almas que alcanzar y ministerios de toda clase que llevar a cabo. Todo cristiano debiera trabajar incansablemente en aquello para lo que Dios lo ha capacitado y llamado. Nuestro dinero, tiempo, energía, talentos, dones, cuerpo, mente y espíritu debiera estar invertido en todo aquello que de alguna manera contribuye a **la obra del Señor**. A nuestra gratitud y alabanza hay que ponerle manos y pies. Como nos dice Santiago: "Porque como el cuerpo sin espíritu está muerto, así también la fe sin obras está muerta" (Stg. 2:26).

Nuestro trabajo por el Señor, si verdaderamente lo hacemos por Él y mediante su poder, no puede fallar en lograr lo que Él quiere. Toda buena obra que los creyentes hacen en esta vida tiene beneficios eternos porque el Señor nos lo garantiza. "He aquí yo vengo pronto, y mi galardón conmigo, para recompensar a cada uno según sea su obra" (Ap. 22:12). Tenemos la propia promesa de Dios de que nuestro **trabajo** (entregarnos hasta el agotamiento) **en el Señor no es en vano**.

En lo tocante a la ofrenda (16:1-4)

46

En cuanto a la ofrenda para los santos, haced vosotros también de la manera que ordené en las iglesias de Galacia. Cada primer día de la semana cada uno de vosotros ponga aparte algo, según haya prosperado, guardándolo, para que cuando yo llegue no se recojan entonces ofrendas. Y cuando haya llegado, a quienes hubiereis designado por carta, a éstos enviaré para que lleven vuestro donativo a Jerusalén. Y si fuere propio que yo también vaya, irán conmigo. (16:1-4)

Con el capítulo 16 Pablo cambia radicalmente de lo doctrinal a lo práctico. Después de disertar con amplitud sobre la resurrección (todo el capítulo 15), termina la carta con varias exhortaciones relacionadas con las ofrendas, hacer la obra del Señor, la vida cristiana fiel y el amor dentro de la comunidad cristiana. Nos trae de nuevo de una forma repentina de la vida futura a la vida presente.

No obstante, la vida futura no está carente de relación con la vida en el aquí y ahora. Siempre que Dios nos da una visión de los últimos tiempos o del cielo es siempre con el propósito de ayudarnos a vivir más fielmente en la tierra. Pedro, después de presentar un cuadro aleccionador de los últimos días, nos dice: "Por lo cual, oh amados, estando en espera de estas cosas, procurad con diligencia ser hallados por él sin mancha e irreprensibles, en paz" (2 P. 3:14; cp. v. 11).

Lo que hay por delante en la gloria de la resurrección pone gran responsabilidad sobre el presente. Si de verdad creemos que vamos a dejar este mundo y que nuestro cuerpo un día será transformado y unido perfectamente con nuestro espíritu para vivir por toda la eternidad con Dios, nuestra preocupación debiera ser hacer tesoros en el cielo mientras que estamos en la tierra (Mt. 6:20).

El primer asunto práctico de la vida cristiana que Pablo considera en el capítulo 16 es el de ofrendar. En los versículos 1-4 presenta el propósito, los principios, la protección y la perspectiva de la ofrenda cristiana.

EL PROPÓSITO DE LA OFRENDA

En cuanto a la ofrenda para los santos, haced vosotros también de la manera que ordené en las iglesias de Galacia. (16:1)

El hecho de que Pablo hable de la ofrenda indica que sus lectores ya sabían acerca de ello. La ofrenda probablemente fue mencionada en la carta que los corintios le enviaron al apóstol (7:1) y de la que 1 Corintios era la respuesta. **La ofrenda** era **para los santos**, en particular los santos de Jerusalén (v. 3). Pablo había solicitado contribuciones para esa misma ofrenda, durante un año o más, a **las iglesias de Galacia** así como también a las de "Macedonia y Acaya... para los pobres que hay entre los santos que están en Jerusalén" (Ro. 15:26; cp. 2 Co. 8:1-5). La ofrenda se llevó a cabo durante el tercer viaje misionero de Pablo, para llevarla a la iglesia de Jerusalén cuando él regresara allí (Hch. 24:17).

La pobreza extrema era común en los tiempos antiguos, como la encontramos todavía hoy en muchas partes del mundo. A pesar de su importancia religiosa y estratégica, Jerusalén era una ciudad pobre en tiempos del Nuevo Testamento. Debido a que era el centro religioso de los judíos, a menudo tenía exceso de población, especialmente durante el tiempo de las fiestas y celebraciones. Sus recursos estaban continuamente puestos a prueba y se mantenía en buena medida gracias a las aportaciones de judíos acaudalados que vivían en todas partes del Imperio Romano. Para empeorar las cosas, unos años antes había habido una gran hambruna (Hch. 11:28), de la que el pueblo apenas se había recuperado.

A causa de que los cristianos en Jerusalén venían sufriendo la persecución por muchos años, su situación económica era todavía más grave. Muchos de ellos fueron echados de sus propias casas, despojados de sus posesiones, les negaban el trabajo y solo podían encontrar las tareas más humildes e incluso los encarcelaban (Hch. 8:1-3; 1 Ts. 2:14). Aunque la mayoría de los creyentes en Jerusalén eran judíos, pocos de ellos, si alguno, se beneficiaban de las ayudas de beneficencia que aportaban las sinagogas. Debido a que muchos de los primeros judíos convertidos al cristianismo eran peregrinos (cp. Hch. 2:5), es probable que algunos de ellos decidieran quedarse en Jerusalén con el fin de ser parte de la comunidad cristiana en la ciudad. A pesar del hecho de que los creyentes compartían todo lo que tenían con los que estaban en necesidad, incluso hasta el punto de que "vendían sus propiedades y sus bienes, y lo repartían..." (Hch. 2:44-45; 4:34), es obvio que sus recursos no duraban por tiempo indefinido.

Además de ayudar a atender las necesidades materiales de los creyentes de Jerusalén, Pablo también quería la ofrenda para expresar la unidad espiritual de la Iglesia. Los creyentes en Jerusalén eran predominantemente judíos y la mayoría de los creyentes en las iglesias que contribuían para la ofrenda eran gentiles. "La salvación viene de los judíos" (Jn. 4:22), pues había sido dada primero a ellos y ofrecida a los demás por su medio. Los gentiles, por lo tanto, tenían una deuda especial con los judíos. Al escribir acerca de esta misma **ofrenda**, Pablo les dice a los creyentes en Roma: "Porque si los gentiles han sido hechos participantes de sus bienes espirituales (los judíos), deben también ellos ministrarles de los materiales" (Ro. 15:27). Que los gentiles levantaran una ofrenda para los judíos ayudaría a fortalecer los lazos espirituales entre los dos grupos (cp. Ef. 2:11-18). Dar y recibir en amor siempre forma un vínculo entre el que da y el que recibe. No se pueden compartir regalos sin participar en el compañerismo. La asociación entre el compartir bienes económicos por parte de los cristianos y la comunión personal es tan estrecha en la mente de Pablo que usa tres veces el término *koinōnia* (traducido por lo general como "compañerismo") para representar las ofrendas (Ro. 15:26; 2 Co. 8:4; 9:13).

El propósito principal de dar, como se enseña en el Nuevo Testamento, es para el sostenimiento de los **santos**, la iglesia. El primer deber de un cristiano es apoyar a los hermanos en la fe, individual y colectivamente. La primera responsabilidad financiera de la iglesia es invertir en su propia vida y en su propio pueblo (cp. 2 Co. 8:1-5; 9:12-15; Fil. 4:14-16).

Obviamente esa no es la única obligación que tenemos. La parábola del buen samaritano nos dice claramente que debiéramos ministrar personal y financieramente a *todo* el que esté en necesidad, sin tener en cuenta su religión, cultura o circunstancias (Lc. 10:25-37). Pablo también enseña que debiéramos "[hacer] bien a todos" (Gá. 6:10); pero en ese mismo versículo continúa diciendo "y mayormente a los de la familia de la fe" (cp. 1 Jn. 3:17). En 2 Corintios 9:13 el apóstol nos invita a contribuir generosamente "para todos". Ayudar a los pobres y a los necesitados del mundo en el nombre del Señor es una alta prioridad en la actividad cristiana según las normas bíblicas.

No es simplemente cuestión de que una iglesia local sostenga su propia membresía y obra como hicieron los primeros cristianos en Jerusalén, sino que todas las iglesias apoyen a otros creyentes e iglesias que estén en necesidad. Como había hecho en otras ocasiones (Hch. 11:29-30; cp. Gá. 2:10), Pablo promueve una ofrenda en un grupo de iglesias para atender a las necesidades de otra iglesia o grupo de iglesias.

LOS PRINCIPIOS PARA LA OFRENDA

Cada primer día de la semana cada uno de vosotros ponga aparte algo, según haya prosperado, guardándolo, para que cuando yo llegue no se recojan entonces ofrendas. (16:2)

En este versículo Pablo declara o indica un número de principios en cuanto a la ofrenda cristiana, en los que incluye el período, los participantes, el lugar y la proporción. Estos principios forman una buena base para la responsabilidad cristiana de la ofrenda en cualquier época.

EL PERÍODO

El primer principio es que el tiempo más apropiado para ofrendar es hacerlo semanalmente, **cada primer día de la semana**. Esto no solo nos convence de que la iglesia se reunía en domingo, sino que su plan de adoración incluía la ofrenda regular de dinero. Ofrendar no debe ser algo irregular, haciéndolo solo cuando nos sentimos generosos o "según el Espíritu nos dirige". El Espíritu, por supuesto, puede dirigirnos a dar en momentos especiales y en formas especiales. Pero su dirección primaria para ofrendar, como en todo lo demás, nos viene por medio de las Escrituras, y las Escrituras mencionan aquí que demos **cada primer día de la semana**. Pablo no está dando aquí una fórmula legalista requiriendo que dividamos nuestro dinero con el fin de estar seguros que ponemos algo en la ofrenda cada domingo, incluso si recibimos nuestra paga mensualmente. La enseñanza que encontramos aquí es que ofrendar es parte de la adoración y de la comunión y, aun cuando no tengamos que dar en un domingo en particular, debiéramos ser sensibles a las necesidades de la iglesia y a nuestro privilegio de ayudar en ellas. La ofrenda del domingo aparece como un elemento que Dios espera de nosotros en la adoración, parte de nuestros deberes como sacerdotes del nuevo pacto de "ofrecer sacrificios espirituales" a Dios (1 P. 2:5).

Nuestra ofrenda no debiera estar basada en apelaciones emocionales periódicas, en sentimientos o en ingresos extra especiales, sino en una dedicación de nuestros bienes al Señor, a su pueblo y a su obra que hacemos de forma regular, voluntaria y agradecida. Eso anima a cada creyente a pensar cada semana en la mayordomía y en el sacrificio de dar. La ofrenda semanal despierta la sensibilidad al dinero, de forma que el dar lo vemos como una responsabilidad espiritual continua y regular.

LOS PARTICIPANTES

El **cada uno de vosotros** incluye a todos. Ningún cristiano queda exceptuado o excusado. Somos mayordomos de lo que Dios nos haya dado, sin importar cuán poco sea en términos económicos. Un día Jesús observaba a diferentes personas depositar sus ofrendas en el tesoro del templo y no desalentó a una viuda por echar dos moneditas de muy poco valor (Mr. 12:41) ni tampoco censuró a los oficiales del templo por aceptar dinero de alguien tan pobre. Su reacción fue usar la generosidad de la mujer como un modelo para dar de forma espiritual. "De cierto os digo que esta viuda pobre echó más que todos los que han echado en el arca; porque todos han echado de lo que les sobra; pero ésta, de su pobreza echó todo lo que tenía, todo su sustento" (Mr. 12:41-44).

Nuestra generosidad para con la obra del Señor queda mejor determinada por lo que damos cuando tenemos muy poco. Una persona acaudalada puede darse el lujo de dar mucho sin que eso afecte a su estilo de vida o bienestar. Sin embargo, la persona pobre debe privarse ella misma de algo con el fin de dar algo para los demás. Jesús dijo que si no somos generosos cuando tenemos poco para dar, tampoco lo seremos cuando tengamos mucho. La cantidad de dinero que damos puede aumentar, pero no nuestra generosidad. "El que es fiel en lo muy poco, también en lo más es fiel; y el que en lo muy poco es injusto, también en lo más es injusto" (Lc. 16:10).

Al hablar de las iglesias de Macedonia, Pablo escribió: "En grande prueba de tribulación, la abundancia de su gozo y su profunda pobreza abundaron en riquezas de su generosidad" (2 Co. 8:2). La razón para su generosidad fue que "a sí mismos se dieron primeramente al Señor" (v. 5). Dieron por amor al Señor y por sus siervos. La generosidad es imposible aparte de nuestro amor por Dios y por su pueblo; pero *con* un amor así, la generosidad no solo es posible, sino inevitable.

EL LUGAR

Así como el dar es sobre todo *para* la iglesia, es también primeramente *por* y *a través de* la iglesia. Que Pablo enseña que la ofrenda es parte de la adoración aparece claro en la frase **cada primer día de la semana**. En la iglesia del Nuevo Testamento el día regular de adoración era el domingo, el primer día de la semana. Gran parte de las primeras predicaciones y del testimonio estuvieron dirigidas a los judíos y, por tanto, se hacía en sábado, el Sabbath (Hch. 13:14; 17:2). Pero el primer culto después de la resurrección se celebró el domingo por la noche, cuando el Señor resucitado se apareció a sus asustados y desalentados discípulos. "Cuando llegó la noche de aquel mismo día, el primero de la semana, estando las puertas cerradas en el lugar donde los discípulos estaban reunidos por miedo de los judíos, vino Jesús, y puesto en medio, les dijo: Paz a vosotros... Y los discípulos se regocijaron viendo al Señor" (Jn. 20:19-20). La siguiente aparición de Jesús sucedió "ocho días después" (y era, por tanto, otro domingo), cuando Tomás estaba con ellos (v. 26). En consecuencia, aunque muchos creyentes judíos continuaron adorando en la sinagoga y en el templo en el día sábado, el tiempo normal en el que los cristianos se reunían para adorar quedó establecido en el domingo (Hch. 20:7). El Sabbath fue dejado a un lado en favor del día de la resurrección. Para la fecha en la que Juan escribió el libro de Apocalipsis (en la última década del primer siglo), se hablaba del **primer día de la semana** como el "día del Señor" (Ap. 1:10).

En el primer relato que tenemos sobre ofrendas cristianas, poco después de Pentecostés, cuando la iglesia estaba recién nacida y sin organizar, los convertidos sencillamente se ayudaban unos a otros según se presentaba la necesidad (Hch. 2:44-45). Sin embargo, poco después los creyentes comenzaron a llevar donativos a los apóstoles para que ellos los distribuyeran (4:35, 37; 5:2). La pauta básica, por lo tanto, fue la de entregar las ofrendas a la iglesia, para administrarlas y usarlas como los líderes consideraban mejor.

Una traducción más literal de **cada uno de vosotros ponga aparte algo** sería "cada uno de vosotros, por sí mismo, guarde, o acumule". La forma de nombre sustantivo de *thēsaurizō* (de la que sacamos nuestra palabra *tesauro*) aparece traducida aquí como **ponga aparte**, representa a un almacén, tesoro, arca o cosas semejantes donde se guardaban objetos de valor. A veces se usaba metafóricamente del tesoro mismo (Mt. 2:11; 19:21; Mr. 10:21; Lc. 6:45). Tanto en la cultura pagana como la judía en el tiempo del Nuevo Testamento, los tesoros estaban asociados con los templos religiosos. Los tesoros en muchos templos griegos no solo eran los lugares donde se guardaban las ofrendas para el templo mismo, sino que servían como bancos donde muchos ciudadanos guardaban su dinero personal y otros objetos valiosos para protección. El uso que Pablo hace de la forma verbal de este término para tesoro sugiere que el poner aparte se hacía en el seno de la iglesia, en alguna forma de depósito designado para las ofrendas. Tenían que ponerlo aparte allí **cada uno** de ellos, por sí mismo, por su propia iniciativa. La iglesia disponía de un tesoro, un lugar donde se guardaban y se administraban las ofrendas.

Si Pablo se estuviera refiriendo a que los cristianos guardaran sus ofrendas de forma privada en sus casas, no tendría sentido lo que dice al final del versículo: **para que cuando yo llegue no se recojan entonces ofrendas**. Si las ofrendas las guardaban en los hogares, lo primero que hubieran tenido que hacer cuando llegara Pablo habría sido recogerlas con el fin de tener todos los fondos juntos. Junto con la enseñanza sobre dar de manera regular, el propósito de Pablo al darles esta instrucción era la de tener la ofrenda lista para llevarla a Jerusalén con la menor demora posible.

El primer día de la semana es el día de adoración, y cómo manejan los creyentes su dinero está inextricablemente relacionado con la profundidad de su adoración. Ya sea que depositemos dinero en la bandeja de la ofrenda o no, la adoración semanal debiera recordarnos la continua mayordomía de las posesiones que el Señor nos ha confiado. Si no damos como corresponde tampoco adoramos como corresponde. Jesús dijo: "El que es fiel en lo muy poco, también en lo más es fiel; y el que en lo muy poco es injusto, también en lo más es injusto. Pues si en las riquezas injustas no fuisteis fieles, ¿quién os confiará lo verdadero?" (Lc. 16:10-11).

Muchos hombres que eran grandes predicadores, buenos administradores y pastores fieles, están ahora fuera del ministerio porque fueron personalmente irresponsables en cuanto al dinero. Debido a que no fueron dignos de confianza con las cosas materiales, el Señor no podía seguir confiando en ellos con el cuidado de su pueblo, lo cual es infinitamente más valioso.

Nada en las Escrituras indica que todas nuestras ofrendas para la obra del Señor tienen que ser entregadas primero a los dirigentes de la iglesia. Parte de lo que ponemos aparte lo podemos acumular en el hogar o en una cuenta especial con el fin de atender las emergencias o necesidades privadas de otras personas a quienes tenemos la oportunidad de ayudar en el nombre del Señor. De esa forma estamos preparados para ayudar de manera inmediata y directa cuando no hay tiempo para hacerlo por medio de la iglesia o cuando la persona no desea que su necesidad sea conocida por otros. Pero el lugar principal para dar es la iglesia, para apoyar al pueblo de Dios, a los ministros de Dios y al ministerio de Dios. Lo mejor es poner nuestras ofrendas en las manos de hombres piadosos para un uso sabio.

LA PROPORCIÓN

La exhortación de Pablo aquí es completamente discrecional, porque el cristiano tiene que hacerlo **según haya prosperado**. Hay mucha diferencia de opinión entre los cristianos sobre cuánto de nuestros ingresos deberíamos dar para la obra del Señor. Una respuesta tradicional común ha sido la de diezmar, dar el 10 por ciento, basada en un mal entendimiento de la naturaleza y propósito del diezmo del Antiguo Testamento.

La práctica de dar el diezmo era común en muchas culturas antiguas. Abraham dio el diezmo de sus posesiones a Melquisedec, que era el "sacerdote del Dios Altísimo" (Gn. 14:18-20). Jacob prometió dar el diezmo de todo lo que tuviera si Dios le protegía y prosperaba (Gn. 28:20-22). Pero en ninguno de esos casos Dios requirió semejante porcentaje, ni ninguna cantidad para nada. Las ofrendas de Abraham y Jacob fueron completamente voluntarias, y aparentemente singulares. No hay ninguna indicación en las Escrituras que ninguno del pueblo de Dios diera regularmente el 10 por ciento antes del tiempo de Moisés. La única cantidad que había que dar establecida específicamente por Dios en el libro de Génesis tiene que ver con el hambre en Egipto. Por medio de la interpretación de José del sueño del faraón, Dios mandó que una quinta parte, es decir, un 20 por ciento, de todo el cereal en los siete años de abundancia se pusiera aparte para sobrevivir durante los sietes años de escasez (Gn. 41:34-35). Esa cantidad, sin embargo, aunque ordenada por Dios, no era una ofrenda religiosa, sino una especie de impuesto para un programa de asistencia social del gobierno para el propio beneficio del pueblo durante los años de hambre.

En la ley mosaica Dios prescribió el 10 por ciento por primera vez. "Y el diezmo de la tierra, así de la simiente de la tierra como del fruto de los árboles, de Jehová es; es cosa dedicada a Jehová" (Lv. 27:30). Esos diezmos eran "para los hijos de Leví... por heredad, por su ministerio, por cuanto ellos sirven en el ministerio del tabernáculo de reunión" (Nm. 18:21). De esos diezmos del pueblo, los levitas tenían que dar a su vez un diezmo, "el diezmo de los diezmos" (v. 26). Los diezmos, los holocaustos, los sacrificios, las contribuciones, las ofrendas de votos o voluntarias, y las ofrendas de los primogénitos de los animales mencionados en Deuteronomio 14 eran un segundo 10 por ciento, que se usaban para apoyar las fiestas nacionales. Cada tercer año tenían que dar otro 10 por ciento para sostener "al levita... al extranjero, el huérfano y la viuda" (Dt. 14:28-29). Cuando estudiamos cuidadosamente esos textos y otros relacionados aparece con toda claridad que la cantidad que pagaban al año a la teocracia de Israel era cerca de un 23 por ciento, y eso era esencialmente un impuesto, que se usaba para el funcionamiento del gobierno de Israel. Nunca tuvo nada que ver con ofrendas dadas voluntaria y espontáneamente al Señor. La condenación de Malaquías 3:8-10 es por el fracaso en pagar los impuestos requeridos para el sostenimiento de los sacerdotes que gobernaban la nación.

El principio básico para las ofrendas voluntarias en el Antiguo Testamento lo encontramos reflejado en Proverbios: "Honra a Jehová con tus bienes, y con las primicias de todos tus frutos; y serán llenos tus graneros con abundancia, y tus lagares rebosarán de mosto" (3:9-10). La idea aquí era dar al Señor con generosidad y darle a Él el primero. De nuevo se nos dice: "Hay quienes reparten, y les es añadido más; y hay quienes retienen más de lo que es justo, pero vienen a pobreza" (Pr. 11:24). En otras palabras, si quiere ver aumentar su dinero, compártalo con otros generosamente; pero si quiere perderlo, guárdelo todo para usted.

Para recoger dinero con el fin de edificar el tabernáculo, el Señor le dijo a Moisés: "Di a los hijos de Israel que tomen para mí ofrenda; de todo varón que la diere de su voluntad, de corazón tomaréis mi ofrenda" (Ex. 25:1-2; cp. 35:5, 21). La norma era generosidad que brotara del corazón, basada en la gratitud por todo lo que el Señor había hecho por ellos y les había dado. ¡Basadas en ese principio las ofrendas para la construcción del tabernáculo fueron tantas que Moisés tuvo que decirle al pueblo que dejara de dar (36:6)! Lo que tenían que dar como requerimiento eran impuestos; las ofrendas voluntarias procedían del corazón, con la cantidad a dar dejada a discreción del adorador. David expresó la idea clave cuando dijo que no daría nada al Señor que no le hubiera costado a él adquirirlo (2 S. 24:24).

La ofrenda cristiana corresponde a eso en el antiguo Israel. Se nos exige que paguemos impuestos para sostener al gobierno bajo el cual vivimos (Ro. 13:6), de igual forma que los israelitas tenían que entregar sus diezmos para sostener el sistema ordenado por Dios bajo el cual vivían (Mt. 17:24-27; 22:15-21). Y tenemos que dar al Señor aquello que nos propongamos en nuestro corazón, "no con tristeza, ni por necesidad, porque Dios ama al dador alegre" (2 Co. 9:7), de la misma manera que los israelitas daban al Señor de corazón. El Señor *siempre* ama a un dador que da con alegría y sacrificio.

En el Nuevo Testamento nunca se requirió una cantidad o porcentaje. Por el contrario, se invita al creyente a dar de corazón. "Dad", dijo Jesús, "y se os dará; medida buena, apretada, remecida y rebosando darán en vuestro regazo; porque con la misma medida con que medís, os volverán a medir" (Lc. 6:38). Pablo expresó el mismo principio cuando dijo: "El que siembra escasamente, también segará escasamente; y el que siembra generosamente, generosamente también segará" (2 Co. 9:6). Los beneficios de dar voluntaria y alegremente al Señor nos traerán tanto bendiciones espirituales como materiales. "Y poderoso es Dios para hacer que abunde en vosotros toda gracia, a fin de que, teniendo siempre en todas las cosas lo suficiente, abundéis para toda buena obra" (v. 8).

LA PROTECCIÓN DE LA OFRENDA

Y cuando haya llegado, a quienes hubiereis designado por carta, a éstos enviaré para que lleven vuestro donativo a Jerusalén. (16:3)

Los que ofrendan para la obra del Señor tienen el derecho de esperar que sus contribuciones se usen legítima y sabiamente. Pablo instruyó a la iglesia corintia para que nombrara a varios miembros respetados, **a quienes hubiereis designado**, a los que enviaría Pablo con una **carta** de presentación y explicación a los santos en **Jerusalén.**

Es obligatorio para cada iglesia confiar sus propiedades y fondos en las manos de miembros piadosos y responsables. Los recursos de los primeros cristianos fueron primero confiados a los apóstoles (Hch. 4:35). Sin embargo, a medida que sus responsabilidades aumentaban los apóstoles se vieron en la necesidad de liberarse de la tarea de administrar los fondos para obras de beneficencia, tales como alimentar a las viudas pobres. Por lo tanto, aconsejaron a "la multitud de los discípulos... Buscad, pues, hermanos, de entre vosotros a siete varones de buen testimonio, llenos del Espíritu Santo y de sabiduría, a quienes encarguemos de este trabajo" (Hch. 6:2-3). Las calificaciones no eran financieras o comerciales, sino morales y espirituales. Los fondos de Dios debieran ponerse solo en las manos de los hombres más piadosos de la congregación, quienes supervisarán su uso en oración y con la sabiduría y el poder del Espíritu Santo, como sacerdotes que presentan a Dios las ofrendas de su pueblo.

LA PERSPECTIVA DE OFRENDAR

Y si fuere propio que yo también vaya, irán conmigo. (16:4)

Creo que la intención de Pablo aquí es que él acompañaría a los encargados de llevar la ofrenda a Jerusalén si resultara que era una ofrenda que demostraba auténtica generosidad y que no le haría sentirse avergonzado de estar asociado con ella. Estaba animando a los corintios a que dieran con generosidad, como algo que sale del corazón como una expresión de amor e interés.

Dios hizo a toda su creación para dar. Creo el sol, la luna, las estrellas, las nubes, la tierra, las plantas para dar. También diseñó a su suprema creación, el hombre, para dar. Pero el hombre caído es el dador más reacio en toda la creación de Dios.

Una de las señales más seguras de que una persona ha sido recreada, que es un ser salvo y redimido, es su disposición para dar. El estadista ateniense Arístides escribió lo siguiente acerca de la forma de vivir de los cristianos en el siglo II:

> Viven con humildad y amabilidad, entre ellos no se encuentra la falsedad y se aman unos a otros. No menosprecian a la viuda ni entristecen al huérfano. El que tiene da con generosidad al que no tiene. Si ven a un desconocido, lo cobijan bajo su techo y se gozan con él como si fuera un hermano. Se llaman hermanos entre ellos, no según la carne sino en el Espíritu y en Dios. Cuando uno de la comunidad que es pobre fallece y los demás se enteran proveen para su enterramiento conforme a sus posibilidades. Y si se enteran de que uno de ellos está en la cárcel o es oprimido por causa del nombre de su Mesías, todos proveen para sus necesidades. Y si pueden liberarlo, lo hacen. Y si hay entre ellos un hombre que es pobre y está pasando necesidad, ellos ayunan dos o tres días con el fin de poder proveer al necesitado del alimento que necesita.

"Pero el que tiene bienes de este mundo y ve a su hermano tener necesidad, y cierra contra él su corazón, ¿cómo mora el amor de Dios en él?" (1 Jn. 3:17).

Hagamos la obra del Señor a su manera (16:5-12)

47

Iré a vosotros, cuando haya pasado por Macedonia, pues por Macedonia tengo que pasar. Y podrá ser que me quede con vosotros, o aun pase el invierno, para que vosotros me encaminéis a donde haya de ir. Porque no quiero veros ahora de paso, pues espero estar con vosotros algún tiempo, si el Señor lo permite. Pero estaré en Efeso hasta Pentecostés; porque se me ha abierto puerta grande y eficaz, y muchos son los adversarios.

Y si llega Timoteo, mirad que esté con vosotros con tranquilidad, porque él hace la obra del Señor así como yo. Por tanto, nadie le tenga en poco, sino encaminadle en paz, para que venga a mí, porque le espero con los hermanos. Acerca del hermano Apolos, mucho le rogué que fuese a vosotros con los hermanos, mas de ninguna manera tuvo voluntad de ir por ahora; pero irá cuando tenga oportunidad. (16:5-12)

Este pasaje cerca del final de la carta no enseña o exhorta explícitamente, excepto en cuanto al consejo acerca de recibir a Timoteo (v. 11). Es más bien una explicación. No obstante, podemos aprender mucho de estos ocho versículos. Los asuntos de los que habla Pablo aquí tienen que ver con la obra del Señor, en la que todos los cristianos debieran estar creciendo (15:58) como lo hacían Pablo y Timoteo (16:10).

La obra del Señor consiste básicamente de dos cosas: evangelizar y edificar, las dos marcas sobresalientes del propio ministerio de Cristo. "Porque el Hijo del Hombre vino a buscar y a salvar lo que se había perdido" (Lc. 19:10). A lo largo de los tres años de su ministerio Jesús también enseñó con gran cuidado a sus discípulos, y hasta poco antes de su ascensión continuó "hablándoles acerca del reino de Dios" (Hch. 1:3). Predicó el evangelio a los que no lo conocían e instruyó a los que ya eran discípulos. A lo largo de su ministerio alternaba entre la predicación a los perdidos y la enseñanza a los salvos. Esas dos tareas son la esencia de la Gran Comisión: "Por tanto, id, y haced discípulos a todas las naciones, bautizándolos en el nombre del Padre, y del Hijo, y del

Espíritu Santo [evangelismo]; enseñándoles que guarden todas las cosas que os he mandado [edificación]" (Mt. 28:19-20).

Como Pablo expresó claramente en el capítulo anterior, cuando cumplimos de corazón con la obra del Señor nuestro "trabajo... no es en vano" (1 Co. 15:58). No será infructífero o inútil. Pero el "trabajo" (*kopos*) del que Pablo habla aquí no es simplemente mantenerse ocupado; es trabajo arduo. G. Campbell Morgan comenta: "Pablo tiene en mente la clase de trabajo que conlleva la sangre roja del sacrificio, la clase de trabajo que cansa y debilita a lo largo del camino".

Puede haber fácilmente bastante actividad sin que de verdad se lleve a cabo un auténtico trabajo por el Señor. Cuando el trabajo que hacemos es de poca importancia, se hace en la carne o se hace con poco entusiasmo, y nunca será fructífero para el Señor. Esa clase de trabajo, aunque es hecho en el nombre del Señor, *es* "en vano".

Un edificio hay que construirlo conforme a los planos del arquitecto y las normas exigidas de construcción. Antes de que puedan usarlo tiene que pasar las inspecciones requeridas para saber si todo está en orden. La obra de la iglesia para el Señor hay que hacerla de la misma forma. Para que sea de verdad su obra, lo que hacemos debe ser hecho según su plan y normas, como se revelan en las Escrituras, y debe estar continuamente sometida a la divina supervisión e inspección del Espíritu Santo. Debemos seguir el consejo de Pablo a Timoteo: "Procura con diligencia presentarte a Dios aprobado, como obrero que no tiene de qué avergonzarse" (2 Ti. 2:15). Hacer la obra del Señor a su manera es edificar con "oro, plata, piedras preciosas" (1 Co. 3:12). Es de esa clase de servicio dedicado y espiritual al Señor del que Pablo está hablando en este pasaje, lo que nos permite ver una serie de principios implícitos que forman la base para llevar a cabo la obra del Señor.

VISIÓN

Iré a vosotros, cuando haya pasado por Macedonia, pues por Macedonia tengo que pasar. (16:5)

En la obra del Señor debe haber visión de futuro. El cristiano que está motivado e impulsado por el amor de Dios verá necesidades que todavía no se han atendido y oportunidades que todavía no se han aprovechado. No puede evitar estar siempre planificando, buscando formas nuevas de servir y de abrir más puertas.

Al final de sus tres años de ministerio en Éfeso, Pablo escribió esta epístola y probablemente se la entregó a Timoteo para que la llevara (16:10). Al principio el apóstol había planificado seguir a Timoteo un poco después (4:19) y visitar Corinto en su camino a Macedonia y al regreso (2 Co. 1:15-16); pero tuvo que cambiar sus planes y decidir visitar Corinto más tarde, **cuando haya pasado por Macedonia.** Tuvo que cambiar sus planes, pero *tenía* un plan para cambiar. Aunque estaba bien ocupado en Éfeso, estaba planificando las siguientes etapas en su ministerio: lo que haría en Macedonia, Corinto y luego en Jerusalén.

El obrero fiel del Señor planifica y piensa en estrategias, mira al futuro con un sentido de visión y expectación. Un escritor ha sugerido que Pablo estaba obsesionado con las regiones distantes, que el apóstol nunca había visto un barco anclado pero que deseaba abordar uno y llevar las buenas noticias del evangelio a los pueblos al otro lado del mar, que nunca había visto una cadena de montañas pero que quería atravesarla para edificar a los santos. En lo que se refería a su propio bienestar y satisfacción, él había "aprendido a [contentarse] cualquiera que [fuera su] situación" (Fil. 4:11). Pero no estaba satisfecho con lo que ya había conseguido hacer. Siempre veía más trabajo que estaba esperando, más almas que esperaban ser salvas, más creyentes que esperaban para ser edificados y animados.

Varios años antes de escribir 1 Corintios, Pablo escribió la carta a la iglesia en Roma. Al final de la carta menciona dos veces que, después de visitar Roma, planificaba ir a España (Ro. 15:24, 28). España era entonces una provincia romana floreciente e influyente, que había dado tres emperadores al Imperio Romano y el famoso filósofo y estadista Séneca. Pero en lo concerniente al evangelio todavía no había llegado a España, y Pablo estaba muy deseoso de predicar el evangelio allí. Escribió la carta a los romanos cuando se encontraba en Corinto terminando de recoger la ofrenda que se menciona en 1 Co. 16:1-4. Vemos de nuevo que, aunque trabajaba con entrega y fidelidad en el lugar donde se hallaba, estaba, no obstante, planificando y preparando lo que iba a hacer a continuación. Como un general que extiende un mapa sobre la mesa para determinar dónde se va a librar la siguiente batalla, Pablo a menudo estudiaba las regiones que quería visitar para comenzar allí su siguiente esfuerzo por el Señor.

Cuando Nehemías se acercó al rey Artajerjes con el fin de pedirle permiso para ir a Jerusalén, tenía en mente un propósito y plan definidos. Nehemías ya había orado ferviente y penitentemente pidiendo que Dios le permitiera llevar a cabo esa obra y que Él abriera el corazón del rey para que le concediera el permiso. Luego le explicó al rey la gran necesidad que tenía la ciudad de que se reconstruyeran sus muros y puertas. Cuando el rey le concedió su solicitud inicial, presentó otra con el fin de asegurarse la madera y otros materiales que él sabía iba a necesitar (Neh. 1:1–2:8). Debido a su visión y cuidadosa planificación el gran éxito que tuvo como reconstructor de Jerusalén comenzó mucho antes de que saliera de Persia.

Mientras se encontraba trabajando como un zapatero remendón en Inglaterra, Guillermo Carey se sintió conmovido por las grandes necesidades espirituales de otras partes del mundo. Puso sobre la pared, enfrente de su banco de trabajo, un mapa y mientras trabajaba pensaba, oraba y lloraba por lo que se necesitaba hacer y cómo el Señor podía usarlo a él para satisfacer esas necesidades. Cuando por fin llegó a la India, su primera tarea misionera, estaba listo para comenzar el trabajo. Dios no solo lo usó directamente para aportar notables contribuciones por medio de la predicación, la enseñanza, la traducción y la impresión de literatura cristiana, sino que preparó el camino para todos los demás misioneros que siguieron sus pasos. Debido a que había orado, planificado y preparado, estaba listo cuando llegó la oportunidad.

Solo podemos imaginarnos el número de tareas que el Señor tiene para que sus siervos las hagan, pero hay pocos con visión y ya listos para comenzar. En realidad, nuestra disposición para la obra del Señor puede ser medida por lo que estamos haciendo al presente para analizar las necesidades y prepararnos, incluso si no sabemos exactamente cuál puede ser el trabajo o dónde puede estar.

FLEXIBILIDAD

Y podrá ser que me quede con vosotros, o aun pase el invierno, para que vosotros me encaminéis a donde haya de ir. (16:6)

Aunque debemos tener visión y planificar con anticipación lo que vamos a hacer y cómo lo haremos, debemos ser flexibles. Nuestros planes debieran estar siempre sometidos a las revisiones del Señor. El futuro no siempre viene como nosotros podemos pensar que va a venir. Nuestro entendimiento original de la voluntad de Dios para nosotros puede resultar que no sea siempre correcto o completo o sus planes para nosotros pueden cambiar. En cualquier caso, debiéramos pensar en la manera que Santiago nos aconseja: "Si el Señor quiere, viviremos y haremos esto o aquello" (Stg. 4:15).

Nuestros dones espirituales y talentos, así como nuestros deseos inspirados por el Espíritu Santo, pueden darnos pistas acerca del tipo de trabajo que el Señor quiere que hagamos, pero Él puede querer que usemos nuestros dones en formas que jamás habíamos imaginado. Si estamos rígidamente convencidos por anticipado de lo que el Señor quiere que hagamos, podemos hacernos insensibles a su dirección cuando nos viene el llamamiento a un ministerio específico. Nuestra visión, sin importar cuán sinceros y cuidadosos seamos en pensar, no es infalible. La inflexibilidad puede ser una gran barrera tanto para conocer como para hacer la obra del Señor. La flexibilidad no es una indicación de debilidad, sino de humildad.

Aunque Pablo tenía un propósito en mente y un fuerte deseo de visitar Corinto después de pasar por Macedonia (v. 5), continuó diciendo que [**podría**] **ser que se** [**quedara con ellos**]**, o aun** [**pasar**] **el invierno.** Tanto **podrá**

ser y **aun**, junto con **a donde haya de ir**, y "si el Señor lo permite" (v. 7), expresan la preocupación de Pablo de que sus propios planes y pensamientos no se hicieran presuntuosos e inflexibles, usurpando el derecho del Señor a cambiarlos como más conviniera (cp. Pr. 16:9).

El apóstol no era voluble o indeciso, como los corintios una vez le acusaron de serlo, sino realista y humilde. Era realista porque sabía que nadie puede ser el dueño de su propia suerte y destino. Hay demasiadas cosas en la vida que están completamente fuera de nuestro control. Era humilde porque sabía que Dios es soberano y que tiene el poder y el derecho absoluto de cambiar los planes de cualquier persona siempre y cuando Él quiera. "Así que, al proponerme esto, ¿usé quizá de ligereza?", les explicaba después, "¿O lo que pienso hacer, lo pienso según la carne, para que haya en mí Sí y No?" (2 Co. 1:17). No siempre podemos ir a donde queremos ir o hacer lo que queremos hacer, sin importar cuán sinceros, generosos y espirituales puedan ser nuestros motivos. Los apóstoles no fueron excepción.

Modificar el viaje a Corinto no fue la primera vez que Dios había ajustado los planes de Pablo. En su segundo viaje misionero Pablo había planificado "visitar a los hermanos en todas las ciudades en que hemos anunciado la palabra del Señor, para ver cómo están" (Hch. 15:36). Ellos pudieron visitar la mayoría de los lugares como lo habían planificado, pero el Espíritu Santo les prohibió específicamente "hablar la palabra en Asia" o "ir a Bitinia" (16:6-7). La voluntad del Señor para Pablo y Silas, con su nuevo compañero Timoteo, era que volvieran a visitar *algunas* de las iglesias conforme al plan original, pero antes de que pudieran visitar todas, Dios envió el grupo a un nuevo campo misionero, Macedonia (vv. 9-10), resultando así que fueron los primeros en predicar el evangelio en Europa.

David Livingstone quiso toda su vida servir como misionero en China. Incluso en su ancianidad anhelaba tener la oportunidad de ir y ministrar allí. Pero en su lugar, Dios lo envió a África, donde trabajó y murió abriendo el gran continente para la obra misionera, a semejanza de como Carey había hecho en la India. Nunca fue al lugar donde personalmente quería ir, pero sirvió con buen ánimo, sin reservas y fructíferamente donde Dios lo puso. Él tuvo una gran visión para China, pero debido a que él quería, por encima de todo, hacer la voluntad de Dios, fue flexible. Fue barro dócil en las manos del Alfarero divino (Ro. 9:21), para que lo moldeara y volviera a moldear conforme a como a Él le agradara.

A cualquier parte que Pablo tuviera que **ir**, quería apoyar a los corintios. **Para que vosotros me encaminéis** implica que ellos le equiparan y animaran para la misión, para lo que Dios tuviera en mente.

ESMERO EN EL SERVICIO ACTUAL

Porque no quiero veros ahora de paso, pues espero estar con vosotros algún tiempo, si el Señor lo permite. Pero estaré en Efeso hasta Pentecostés. (16:7-8)

Hacer la obra del Señor en la manera en la que Él quiere también demanda gran esmero en el desempeño de lo que estamos haciendo en este momento. Si Pablo se proponía conseguir algunas cosas que merecieran la pena durante su siguiente visita a Corinto, sabía que tenía que hacer algo más que simplemente **[verles] ahora de paso**. Por consiguiente, les dice: **espero estar con vosotros algún tiempo, si el Señor lo permite**. El apóstol tenía una fuerte dedicación a hacer las cosas bien. La superficialidad y la temporalidad no tenían parte en su ministerio. Él quería que todo lo que hacía fuera firme y permanente, digno y duradero.

No se puede cumplir bien la Gran Comisión si no le prestamos gran atención y dedicación. El evangelismo, "id, y haced discípulos a todas las naciones" es solo el comienzo. Seguir adelante y enseñar a los nuevos convertidos "que guarden todas las cosas que os [Jesús] he mandado" (Mt. 28:19-20) es un proceso largo y exigente. No se puede hacer de forma rápida, descuidada y superficial.

Pablo había pasado un año y medio estableciendo y pastoreando la iglesia en Corinto. Él sabía que la carta que estaba ahora escribiendo solo sería el comienzo para resolver los serios problemas que tenían los corintios. Si fuera posible, quería pasar al menos " el invierno" (v. 6) con ellos antes de ir a Jerusalén.

El apóstol quería enseñar a cada cristiano todo lo que él pudiera en cada oportunidad que se le presentaba. "A quien anunciamos [Cristo], amonestando a todo hombre, y enseñando a todo hombre en toda sabiduría, a fin de presentar perfecto en Cristo Jesús a todo hombre; para lo cual también trabajo, luchando según la potencia de él, la cual actúa poderosamente en mí" (Col. 1:28-29). A los tesalonicenses les escribió: "Orando de noche y de día con gran insistencia, para que veamos vuestro rostro, y completemos lo que falta a vuestra fe" (1 Ts. 3:10). A los ancianos efesios con los que se encontró en Mileto les pudo decir: "Porque no he rehuido anunciaros todo el consejo de Dios" (Hch. 20:27).

La perfección en la obra no depende solo de la cantidad de tiempo que dedicamos a un ministerio en particular. El ministerio terrenal de Cristo mismo duró solo tres años, pero al final de aquel breve tiempo Jesús pudo decir: "Yo te he glorificado en la tierra; he acabado la obra que me diste que hiciese" (Jn. 17:4). Pablo dedicó tres años a Éfeso, menos de dos años en Corinto y solo unas semanas en Tesalónica. Pero el tiempo que pasó en cada lugar estuvo caracterizado por la minuciosidad, usando al máximo las posibilidades de tiempo con el que contaba. Podemos tener la seguridad de que siguió siempre su propio consejo, lo que les dijo a los efesios se lo dijo a sí mismo muchas veces:

"Mirad, pues, con diligencia cómo andéis, no como necios sino como sabios, aprovechando bien el tiempo, porque los días son malos" (Ef. 5:15-16).

Pablo dijo de algunos creyentes de la iglesia en Tesalónica: "Porque oímos que algunos de vosotros andan desordenadamente, no trabajando en nada, sino entremetiéndose en lo ajeno" (2 Ts. 3:11). Estas personas que se entremetían en la vida ajena estaban, probablemente entre otras cosas, extendiendo especulaciones fantásticas acerca del regreso de Cristo (cp. 2:1-5). No solo estaban engañando y confundiendo a otros miembros de iglesia, sino que estaban viviendo a expensas de los demás. Habían dejado de hacer toda clase de trabajo productivo y, desde luego, no estaban haciendo la obra del Señor, a pesar del aire teológico de sus actividades.

Aun con trabajo que sabemos que es del Señor, no debiéramos hacernos cargo de un ministerio que no estamos dispuestos a ir bien preparados y completarlo. No debiéramos intentar predicar un mensaje o enseñar una lección que no está bien basada en las Escrituras y que no hemos orado fervientemente sobre ello. No debiéramos buscar discipular a una persona que no estamos dispuestos a dedicarle todo el tiempo necesario. Los buenos propósitos, intenciones y planes no sirven de mucho si no estamos dispuestos a llevarlos a cabo fielmente.

Debido a que todavía tenía trabajo necesario que hacer, Pablo procuraba **[estar] en Efeso hasta Pentecostés**. Sentía que no podía ir a ningún otro sitio hasta que hubiera hecho el trabajo que el Señor quería que hiciera donde estaba.

Casi cada día recibo cartas o llamadas de teléfono de iglesias u organizaciones cristianas solicitando nombres de posibles pastores u otros obreros. Invariablemente especifican que quieren alguien que tenga un buen historial ministerial, alguien que haya sido exitoso en el trabajo que ha estado haciendo. Solo la persona que es "fiel en lo muy poco, también en lo más es fiel" (Lc. 16:10). A esa persona el Señor le dice: "Bien, buen siervo y fiel; sobre poco has sido fiel, sobre mucho te pondré; entra en el gozo de tu Señor" (Mt. 25:23). Solo el cristiano que está cumpliendo bien y fielmente con su presente ministerio puede esperar que su ministerio crezca y se extienda, incluso en el reino de nuestro Señor. El alcance del servicio eterno a Dios en el cielo quedará determinado por la fortaleza y dedicación del servicio rendido aquí y ahora, como nos enseña la parábola de los talentos (Mt. 25:14-30).

No debiéramos esperar que el Señor abra puertas de mayores ministerios en el tiempo o en la eternidad si no hemos entrado por las puertas que Él ya nos ha abierto. Debido a que había pasado por la puerta que Dios le abrió para la predicación entre los gentiles (Hch. 14:27) y por la puerta que le abrió para ir a Troas (2 Co. 2:12) y a otros lugares. Pablo tenía el derecho de pedir a sus hermanos colosenses que oraran para que Dios todavía abriera más puertas, "a fin de dar a conocer el misterio de Cristo" (Col. 4:3). El abrir y cerrar puertas está exclusivamente en las manos de Dios (Ap. 3:7). Nuestra tarea es entrar por las puertas, y solo por las puertas, que Él *nos abre*.

Un joven estudiante de teología que era un íntimo amigo mío descubrió que, debido a un tumor inoperable del cerebro, le quedaban quizás de seis meses a dos años de vida. Mientras estudiaba en la universidad estatal en Los Ángeles había comenzado una serie de estudios bíblicos que tuvieron mucho éxito. Los estudiantes que él discipuló comenzaron a dirigir otros estudios bíblicos y a discipular a otros estudiantes. Algunos de los que él llevó al Señor fueron luego al seminario, como él hizo. Después de enterarse de su enfermedad continuó ministrando, trabajando para el Señor en todas las formas que podía. Tenía muchas visiones y planes para un futuro en las misiones y, aunque enfermo de gravedad, nunca cesó de ser fiel y esmerado en el trabajo en el que se había comprometido. Murió antes de graduarse del seminario y le otorgaron su título a forma póstuma. Hoy, su joven viuda está cumpliendo con el deseo de su esposo de llevar el evangelio a los que no lo conocen y se ha marchado sola al campo misionero.

Esteban y Felipe comenzaron como diáconos, llevando a cabo el trabajo práctico y rutinario de alimentar a las viudas de la iglesia de Jerusalén con el fin de que los apóstoles pudieran persistir "en la oración y en el ministerio de la palabra" (Hch. 6:2-5). Comenzaron como meseros y se convirtieron en grandes evangelistas. No solo la disposición de Esteban y Felipe de hacer tareas "menos" importantes permitió a los apóstoles aumentar su ministerio, sino que preparó a aquellos diáconos para que desarrollaran sus propios ministerios de predicación (vea Hch. 6:8–8:40). La predicación poderosa y llena del Espíritu de Esteban y su muerte como mártir las usó sin duda Dios para ablandar el corazón de Saulo, llevarlo a la conversión y transformarlo en Pablo el apóstol (vea 8:1). Felipe evangelizó buena parte de Samaria y, por medio de su testimonio al eunuco etíope, fue responsable en buena medida de llevar el evangelio a África.

Convertirse en un siervo fiel del Señor no comienza con algunas grandes oportunidades, sino realizando con fidelidad y de la mejor manera posible las tareas rutinarias. Si no hacemos lo mejor por el Señor donde estamos, no hay seguridad de que lo haremos en ninguna otra parte. La única oportunidad de la que podemos estar seguros que vamos a disponer es la que tenemos hoy.

ACEPTACIÓN DE LA OPOSICIÓN DE UN RETO

Porque se me ha abierto puerta grande y eficaz, y muchos son los adversarios. (16:9)

Un cuarto principio para hacer la obra del Señor a su manera es aceptando la oposición como un reto más bien que como un impedimento. En el tiempo presente no hay tal cosa como un ministerio auténtico sin problemas y oposición de alguna clase. Satanás va a procurar que los tengamos. Una obra que tiene poca oposición de parte del sistema antagónico de Satanás es aquella que tiene poco que ver con el Señor. G. Campbell Morgan dijo: "Si usted no tiene oposición en el lugar donde sirve, es que está sirviendo en el lugar equivocado".

Pablo no estaba intimidado por la oposición. Por el contrario, parecía florecer en ella, quizás porque se dio cuenta de que la oposición más intensa de Satanás se dirige contra la obra más grande del Señor. El hecho de que fueran **muchos... los adversarios** en Éfeso (cp. Ef. 6:12) era una indicación clara de que **se [había] abierto puerta grande y eficaz**.

Él no era indiferente al daño que Satanás podía hacer al pueblo de Dios, y en consecuencia estaba dispuesto a permanecer "en Éfeso hasta Pentecostés" (v. 8) con el fin de ayudar a neutralizar a los **adversarios**. Éfeso tenía un gran sistema de idolatría organizada, centrada en el famoso templo de Diana, o Artemisa. El ritual de prostitución y de perversión sexual no solo eran tolerados, sino promovidos en el nombre de la religión. Además, había algunos exorcistas judíos que andaban por allí declarando que echaban fuera demonios en el nombre de Jesús (Hch. 19:13-14). La ciudad estaba llena de practicantes del ocultismo de toda clase (vv. 17-19). El paganismo, la idolatría, el ocultismo, el satanismo, la superstición, el vicio sexual, el racismo, la animosidad religiosa —de paganos en contra de cristianos, de judíos en contra de cristianos, y de paganos y judíos en contra unos de otros— eran comunes y considerados normales. Probablemente no hubo ninguna iglesia del Nuevo Testamento que sufriera más oposición que la de Éfeso.

Para Pablo la oposición fuerte representaba una gran oportunidad. Cuando llegó a Éfeso, comenzó su ministerio poniendo en orden la teología de algunos creyentes nuevos (Hch. 19:1-7). Luego continuó predicando en la sinagoga durante tres meses y en la escuela de Tiranno por dos años (vv. 8-10). Realizó milagros, echó espíritus demoníacos y reprendió a los falsos exorcistas (vv. 11-19).

Más tarde escribió lo siguiente acerca de su experiencia en Éfeso: "Porque hermanos, no queremos que ignoréis acerca de nuestra tribulación que nos sobrevino en Asia; pues fuimos abrumados sobremanera más allá de nuestras fuerzas, de tal modo que aun perdimos la esperanza de conservar la vida. Pero tuvimos en nosotros mismos sentencia de muerte, para que no confiásemos en nosotros mismos, sino en Dios que resucita a los muertos; el cual nos libró, y nos libra, y en quien esperamos que aún nos librará, de tan gran muerte" (2 Co. 1:8-10).

No quiere decir eso que Pablo no considerara las consecuencias o no le preocupara la oposición. Él no era un ingenuo. No subestimó el poder o el peligro potencial que representaban sus **adversarios**. Personal y directamente sintió casi a diario el dolor y el tormento de la oposición. "Estamos atribulados en todo, mas no angustiados; en apuros, mas no desesperados; perseguidos, mas no desamparados; derribados, pero no destruidos; llevando en el cuerpo siempre por todas partes la muerte de Jesús, para que también la vida de Jesús se manifieste en nuestros cuerpos. Porque nosotros que vivimos, siempre estamos entregados a muerte por causa de Jesús, para que también la vida de Jesús se manifieste en nuestra carne mortal" (2 Co. 4:8-11).

A pesar de la feroz oposición —en realidad, en parte debido a y por medio de— "crecía y prevalecía poderosamente la palabra del Señor" en Éfeso (Hch. 19:20). Fue después de esa experiencia que Pablo escribió la carta de 1 Corintios y se decidió a visitar Corinto (que estaba en Acaya) en su camino a Jerusalén (v. 21).

Sin embargo, no había terminado en Éfeso. Al parecer habían aparecido nuevas oportunidades o problemas, los que describe como una **puerta grande y eficaz**. Todavía era necesario allí por un poco más de tiempo, y no saldría de la ciudad hasta que no estuviera seguro de que era la voluntad del Señor que marchara a ministrar a otra parte. Había hecho una gran inversión allí y quería asegurarla.

Cuando buscamos un lugar para servir al Señor, debiéramos buscar uno con problemas, una iglesia desalentada, un grupo en nuestra propia congregación que necesita tener un mejor entendimiento de la Palabra de Dios, personas que nunca han oído acerca del evangelio o lo han escuchado de una forma pervertida o desequilibrada. Allí es donde el Señor puede usarnos de verdad.

Cuando John Paton se encontraba estudiando en la universidad en Escocia, Dios lo llamó a la obra misionera en las islas Nuevas Hébridas. Después de graduarse él y su esposa navegaron hacia el suroeste del Océano Pacífico y comenzaron la obra misionera entre los salvajes caníbales de la isla de Tanna. Su esposa y su bebé murieron unos pocos meses después, y Patón durmió sobre sus tumbas durante varias noches para impedir que los caníbales desenterraran los cuerpos y se los comieran. Después de cuatro años de ministerio fiel salió de allí sin ver un solo convertido. Muchos años más tarde, su hijo de otro matrimonio regresó a Tanna y al final vio a toda la isla convertirse a Cristo. Cuando el anciano Paton volvió a visitar la isla, el jefe de la antigua tribu de caníbales le preguntó al misionero quiénes eran los que formaban el gran ejército que había rodeado su choza cuando llegó por primera vez a la isla. Los ángeles de Dios los habían protegido. A causa de su fiel trabajo y el de su hijo, cuando dejó las Nuevas Hébridas por última vez, luego de ministrar también en otra de las islas, se cuenta que dijo con lágrimas en los ojos: "No conozco ningún nativo en estas islas que no haya hecho profesión de fe en Cristo Jesús".

ESPÍRITU DE EQUIPO

Y si llega Timoteo, mirad que esté con vosotros con tranquilidad, porque él hace la obra del Señor así como yo. Por tanto, nadie le tenga en poco, sino encaminadle en paz, para que venga a mí, porque le espero con los hermanos. (16:10-11)

Pablo sabía trabajar en equipo. Aunque era un apóstol y había tenido el privilegio de recibir grandes revelaciones de parte del Señor, siempre trabajó en íntima relación con otros cristianos en todo lo que emprendió. Nunca se comportó como una superestrella eclesiástica, ni trató despóticamente a los que estaban por "debajo" de él.

El apóstol había enviado a **Timoteo** y Erasto a Macedonia (Hch. 19:22), y Timoteo tenía que seguir hasta Corinto, quizás para llevar la epístola y para recordar a los corintios "el proceder [de Pablo] en Cristo" (1 Co. 4:17). Pablo estaba preocupado de que pudieran ignorar o tratar mal a Timoteo. Los corintios eran orgullosos, engreídos y obstinados. Si se habían resistido de forma tan fuerte a la autoridad de Pablo, era probable que le prestaran aun menos atención a Timoteo.

Pablo exhortó a los corintios a que procuraran que **Timoteo** estuviera entre ellos **con tranquilidad**. Era un siervo de Dios y un compañero respetado y confiable de Pablo. **Él hace la obra del Señor así como yo.** Los corintios debían tratarlo con respeto y no intimidarlo o frustrarlo en su tarea entre ellos. Pablo era un apóstol y el padre en la fe de Timoteo, no obstante, consideraba a su joven amigo como un fiel obrero del Señor, **así como yo**. Eran iguales en la fe, y debido a que Timoteo estaba haciendo su parte en **la obra del Señor**, era digno de honra y respeto, de igual manera que Pablo. **Por tanto, nadie le tenga en poco**, es decir, menospreciarlo. Por el contrario, debían [**encaminarlo**] **en paz** para que no regresara solo a Pablo **sino con los hermanos** nombrados. El apóstol quería que trataran a todos los siervos del Señor como lo trataban a él.

Incluso cuando se encontraba encarcelado y algunos líderes de la iglesia filipense habían difamado al apóstol y buscaban su propia gloria, él se negó a ponerse resentido o celoso. Su gran preocupación era que "de todas maneras, o por pretexto o por verdad, Cristo es anunciado; y en esto me gozo, y me gozaré aún" (Fil. 1:15-18).

En los informes de los viajes misioneros en el libro de Hechos, leemos acerca de Pablo y Bernabé, de Pablo y Silas, Pablo y Lucas, Pablo y Aristarco, Pablo y Marcos, Pablo y Timoteo. Excepto cuando le fue imposible por estar en la cárcel, Pablo tuvo siempre un ministerio en equipo. En el libro de Romanos, la carta más profunda y teológica, dedica el último capítulo a mencionar una larga lista de colaboradores, veinticuatro individuos y dos familias completas, en la obra del Señor. Tanto como creyente como dirigente Pablo se identificó íntimamente con otros cristianos. No se avergonzaba de llamar hermanos a los mundanos y carnales cristianos corintios (1 Co. 1:10; 2:1; 3:1) o de afirmar que el joven y tímido Timoteo era un ministro y hacía **la obra del Señor así como yo**. Colocó a Timoteo a la misma altura que él mismo por causa de la gloria de la obra.

Pablo no solo reconoció su dependencia del Señor, sino también su dependencia de otros cristianos. Nunca pensó que era suficiente en sí mismo. Epafrodito fue para Pablo un "hermano y colaborador y compañero de milicia, vuestro mensajero, y ministrador de mis necesidades" (Fil. 2:25). Juan Marcos, que una vez desilusionó mucho a Pablo, (Hch. 15:37-39), luego se convirtió en un amigo amado a quien Pablo consideró especialmente "útil para el ministerio" (2 Ti. 4:11). Aun Onésimo, el esclavo fugitivo, a quien Pablo ganó para Cristo mientras se encontraba encarcelado, en un tiempo "fue inútil, pero ahora a ti [Filemón, el propietario del esclavo] y a mí [Pablo] nos es útil". Era tan amado de Pablo que enviarlo a Onésimo era como ir él "mismo. Yo quisiera retenerle conmigo, para que en lugar tuyo me sirviese en mis prisiones por el evangelio" (Flm. 11-13).

Dios llama a algunos creyentes para que sean dirigentes y a otros los llama para servir a los dirigentes. A veces los que sirven a los líderes lo hacen a lo largo de toda la vida. A menudo, sin embargo, están siendo preparados por Dios para ser líderes ellos mismos. Pero sin importar cuál sea el papel que desempeñan los obreros, cuando la obra del Señor se hace a su manera, se hace siempre en un espíritu de unidad, de equipo y de dependencia mutua.

SENSIBILIDAD A CÓMO EL ESPÍRITU DIRIGE A OTROS

Acerca del hermano Apolos, mucho le rogué que fuese a vosotros con los hermanos, mas de ninguna manera tuvo voluntad de ir por ahora; pero irá cuando tenga oportunidad. (16:12)

El último principio que vemos en este pasaje para hacer la obra del Señor a su manera es el de ser sensibles a la forma en la que el Espíritu Santo dirige a otros creyentes.

Pablo tenía gran deseo de que **Apolos** acompañara (vea Hch. 18:24-28) a los otros **hermanos**, Timoteo y Erasto a Corinto. En realidad, Pablo **mucho le [rogó]**. El apóstol estaba convencido de que eso era lo mejor que Apolos podía hacer. Apolos tenía cualidades de liderazgo que Timoteo no tenía, y parecía ser la persona apropiada para completar el equipo. Pablo pensó, junto con algunos de los Corintios, que Apolos era exactamente lo que se necesitaba allí. Él, sin embargo, estaba convencido de que el Señor quería que se quedara en Éfeso por un poco más de tiempo, de la misma manera que Pablo también estaba convencido de que él debía quedarse (v. 8). De modo que cuando Apolos objetó (**mas de ninguna manera tuvo voluntad de ir por ahora**) Pablo respetó sus convicciones. Él sabía que ni siquiera un apóstol era un mediador entre Dios y otros cristianos. Dios puede usar a muchas personas diferentes para demostrar su voluntad, pero su dirección básica en siempre directa.

Cuando llegara el momento apropiado, **cuando tenga oportunidad**, Apolos iría a Corinto si el Señor lo dirigía a ello. Mientras tanto, continuaría sirviendo donde el Señor quería que ahora estuviera. Él sin duda tenía gran confianza en la sabiduría y juicio de Pablo, pero su confianza estaba ante todo en el Señor mismo y en su dirección directa. Pablo no iba a interferir cuando esa confianza era evidente en la persona.

Es absolutamente esencial que los obreros de Dios trabajen en equipo. En eso consiste la unidad. Si somos uno en Cristo, tenemos que demostrar nuestra unidad unos con otros. Si todo el verdadero trabajo en la iglesia es la obra del Señor, entonces nosotros tenemos que trabajar en Él porque somos uno en Él. No hay necesidad de decir que el que llama al equipo y es capitán del mismo es el Espíritu Santo. Este texto nos da mucho conocimiento acerca de la dirección subjetiva del Espíritu.

Principios para una vida cristiana eficaz (16:13-14)

48

Velad, estad firmes en la fe; portaos varonilmente, y esforzaos. Todas vuestras cosas sean hechas con amor. (16:13-14)

La mayor parte de 1 Corintios tiene que ver con reprensión y corrección. Los primeros catorce capítulos tratan principalmente con un comportamiento errado y el capítulo 15 trata con una teología errada. Aun el capítulo 13, el bello tratado acerca del amor, fue escrito para corregir la falta de amor que caracterizaba a la iglesia corintia. Pero la reprensión y la corrección fueron dadas como expresiones de un amor profundo. Pablo estaba lleno del amor de Dios, y su reprensión, como las del Señor para sus hijos, fue siempre dado con amor. "Porque el Señor al que ama, disciplina, y azota a todo el que recibe por hijo" (Hch. 12:6).

En 1 Corintios 16:13-14 Pablo da cinco últimos imperativos, cinco últimos mandamientos, a los corintios. Tienen que velar, permanecer firmes, y ser maduros, fuertes y amorosos. Estos son, en muchos sentidos, el lado positivo de lo que les dijo en los primeros capítulos a los corintios que *no* debían ser. Cada mandamiento puede servir como un punto de partida para repasar la epístola.

VELAD

El primer mandamiento de Pablo a los corintios fue **velad**, que viene de una palabra griega, *grēgoreō*, que significa "vigilar", "estar de guardia", "estar despierto", y, figurativamente, "estar vivo" (como en 1 Ts. 5:10, donde "velemos" o "durmamos" se refiere a estar vivo o muerto). El término aparece unas 22 veces en el Nuevo Testamento, y se usa en relación con que los cristianos estén espiritualmente despiertos y alerta, en oposición a ser espiritualmente indiferentes y apáticos.

Los corintios daban normalmente la impresión de estar en un sopor espiritual y moral, y a veces incluso en un sopor físico, como cuando se embriagaban en la Cena del Señor (1 Co. 11:21). No estaban **[velando]** en formas que fueran dignas. Permitían que sus anteriores ideas y hábitos paganos dominaran de nuevo su vida y destruyeran su fidelidad al Señor y la comunión cristiana de unos con otros. Sustituyeron la Palabra de Dios por la sabiduría humana (1:18–2:16); eran contenciosos (1:10-17; 3:9; etc.), inmorales (5:1-13), litigiosos (6:1-8); habían confundido y pervertido ideas acerca del matrimonio, el divorcio y el celibato (7:1-40); eran licenciosos (10:1-13) e indiferentes hacia el bienestar de otros (10:23-33); mal entendieron y mal usaron sus dones espirituales (12–14); y, sobre todo, fallaban mucho en el amor, por lo que fueron una ilustración de todas las cosas que el amor no es (13:1-6).

El Nuevo Testamento nos habla de al menos seis cosas importantes por las que debemos estar vigilantes, [velar] por ellas. Primera, debemos estar vigilantes en cuanto a Satanás. "Sed sobrios y velad; porque vuestro adversario el diablo, como león rugiente, anda alrededor buscando a quien devorar; al cual resistid firmes en la fe" (1 P. 5:8-9). Debiéramos conocer bien las estrategias de Satanás, que aunque sutiles las podemos identificar bien en tres áreas: "los deseos de la carne, los deseos de los ojos, y la vanagloria de la vida"(1 Jn. 2:16).

Segunda, debemos estar vigilantes en cuanto a las tentaciones. "Velad y orad", dijo Jesús, "para que no entréis en tentación" (Mr. 14:38). Si no estamos vigilando y buscando la ayuda del Señor en oración, sucederá que a menudo ni nos daremos cuenta de que viene la tentación. Cuando nuestros ojos espirituales están cerrados o adormilados, podemos caer fácilmente en el pecado.

Tercera, debemos estar vigilantes por la apatía y la indiferencia. La misma naturaleza de esos pecados dificulta que nos demos cuenta. Por definición, una persona que es apática e indiferente es insensible y, por tanto, no puede estar velando. La iglesia en Sardis daba por supuesto que estaba espiritualmente viva porque "tienes nombre de que vives", pero era tan indiferente al Señor a la voluntad del Señor que ni siquiera se daba cuenta de que estaba "[muerta]". "Sé vigilante, y afirma las otras cosas que están para morir", les dijo el Señor, "porque no he hallado tus obras perfectas delante de Dios. Acuérdate, pues, de lo que has recibido y oído; y guárdalo, y arrepiéntete. Pues si no velas, vendré sobre ti como ladrón, y no sabrás a qué hora vendré sobre ti" (Ap. 3:1-3).

Los cristianos no podemos olvidarnos de la Palabra de Dios con impunidad. Descuidar las Escrituras es menospreciarlas y tratarlas como si no valieran nada. Antes de que nos demos cuenta no podremos recordar lo que hemos recibido y oído, y los caminos del Señor se hacen cada vez más vagos e indefinidos. Cuando su Palabra se hace indefinida para nosotros nos hacemos indiferentes a ella, y necesitamos comenzar a "[guardarla y arrepentirnos]". Si no lo hacemos, Dios nos disciplinará con amor, en un momento, y quizás en una manera, que no la esperamos.

Cuarta, los cristianos debemos estar vigilantes de los falsos maestros, sobre los cuales el Nuevo Testamento nos advierte muchas veces. "Pero hubo también falsos profetas entre el pueblo, como habrá entre vosotros falsos maestros, que introducirán encubiertamente herejías destructoras, y aun negarán al Señor que los rescató" (2 P. 2:1). Muchas personas, aun en la iglesia, invitarán en realidad a que los falsos maestros estén entre ellos. "Se amontonarán maestros conforme a sus propias concupiscencias" porque estarán insatisfechos con "la verdad... y se volverán a las fábulas". Nosotros, por lo tanto, seamos "[sobrios] en todo", nos advierte Pablo, procurando estar vigilantes acerca de cualquier enseñanza que no sea conforme a las Escrituras (2 Ti. 4:3-5).

Las cuatro primeras cosas sobre las que debemos velar son negativas, indicando las que debemos vigilar con el fin de evitarlas porque nos dañarán. Pero el Nuevo Testamento también nos da algunas cosas positivas que debemos procurar, cosas que nos fortalecerán y ayudarán. Como ya hemos mencionado arriba, Jesús nos recomienda que velemos y oremos para no caer en tentación (Mr. 14:38). La oración nos fortalece *en* los caminos de Dios, así como nos protege en *contra* de la asechanzas de Satanás. La oración no es simplemente un ritual al azar en el que los cristianos fieles deben participar diligentemente. Es como el latido del corazón de la vida espiritual. "Orando en todo tiempo con toda oración y súplica en el Espíritu, y velando en ello con toda perseverancia y súplica por todos los santos" (Ef. 6:18).

Los cristianos debemos estar también vigilantes del regreso de Cristo. Los dos grandes motivos que tenemos para vivir fielmente para Cristo son recordar lo que Él hizo por nosotros y esperar con confianza su segunda venida. "Velad, pues, porque no sabéis a qué hora ha de venir vuestro Señor" (Mt. 24:42; cp. 25:13). "Pero el día del Señor vendrá como ladrón en la noche", nos dice Pedro, por lo tanto, "¿cómo no debéis vosotros andar en santa y piadosa manera de vivir, esperando y apresurándoos para la venida del día del Señor" (2 P. 3:10-12).

ESTAD FIRMES

Otro principio para una vida cristiana eficaz es permanecer **firmes en la fe**. Como nos recuerda el gran teólogo Charles Hodge, no debemos considerar cada punto de la doctrina una cuestión abierta. Los corintios, como muchos efesios, eran "llevados por doquiera de todo viento de doctrina" (Ef. 4:14). No estaban dispuestos a adoptar una posición firme en muchas cosas. Poco era cierto y absoluto; mucho era relativo y tentativo.

La **fe** de la que Pablo habla aquí no es la fe de confiar, sino la fe de la verdad, el contenido del evangelio. Se refiere a "la fe que ha sido una vez dada a los santos" (Jud. 3), "el evangelio que os he predicado, el cual también recibisteis, en el cual también perseveráis" (1 Co. 15:1). Es la fe en la que debemos pelear "la buena batalla de la fe" (1 Ti. 6:12). Pablo dijo a los filipenses que esperaba escuchar de ellos que estaban "firmes en un mismo espíritu, combatiendo unánimes por la fe del evangelio" (Fil. 1:27). Lo que tenemos aquí a la vista es doctrina.

Satanás no puede arrebatarnos la fe salvadora, pero sí puede, y a menudo lo hace, oscurecer el contenido de nuestra fe, las doctrinas sanas y sólidas de la Palabra de Dios. Si no nos aferramos con firmeza a las interpretaciones correctas de las Escrituras, podemos caer con facilidad en formas de pensar equivocadas, en creencias erróneas y en comportamientos incorrectos. Al parecer muchos de los corintios habían llegado a considerar la verdad de Dios mismo como necedad, dejándose corromper por la influencia de sus amigos y vecinos incrédulos (1 Co. 1:18-21). La filosofía y sabiduría humana habían borrado su visión de la Palabra de Dios. Al tratar de combinar la sabiduría humana con la sabiduría de Dios habían socavado la singularidad y la autoridad de la verdad revelada de Dios. Pablo les advirtió: "Nadie se engañe a sí mismo; si alguno entre vosotros se cree sabio en este siglo, hágase ignorante, para que llegue a ser sabio. Porque la sabiduría de este mundo es insensatez para con Dios" (1 Co. 3:18-19). Como muchos que profesan hoy ser cristianos, ellos consideraban las Escrituras solo como un comentario humano sobre puntos de vista acerca de Dios que existían en el tiempo en el que se escribieron. Ellos creían que si de verdad podemos llegar a conocer la verdad de Dios es solo por medio del filtro del conocimiento y de la sabiduría del hombre.

Los corintios no solo no permanecían firmes en su creencia de las Escrituras, sino que también se habían alejado mucho en cuanto a su creencia en el Señor Jesucristo. El paganismo había reentrado tan fuertemente en su forma de pensar que algunos de ellos, afirmando que hablaban "por el Espíritu de Dios" llamaban "anatema a Jesús" (12:3). Debido a que no habían permanecido firmes en la Palabra de Dios, se habían corrompido y pervertido hasta el punto de atacar el evangelio en su fundamento, renunciando a Cristo y llamándolo anatema. Estaba negando al "Señor que los rescató" (2 P. 2:1).

El apóstol, por tanto, les manda que *deben* **[estar] firmes en la fe**. Deben, como les mandó a los tesalonicenses, "estad firmes, y retened la doctrina que habéis aprendido" (2 Ts. 2:15). Si tenemos que estar firmes en la fe, debemos ser instruidos en la Palabra, examinándolo todo y juzgándolo todo por la palabra de verdad de Dios y sus normas. Debiéramos orar por nosotros y por la iglesia hoy como Epafras oraba por los colosenses, para que estemos "firmes, perfectos y completos en todo lo que Dios quiere" (Col. 4:12).

PORTAOS VARONILMENTE

Un tercer principio para una vida cristiana eficaz es ser maduro, que Pablo expresa aquí como **portaos varonilmente**. La idea básica es la de un valor maduro. La persona madura tiene un sentido de control, confianza y valor que la inmadura o infantil no posee. Vemos de nuevo que el mandamiento de Pablo para los corintios es que sean lo opuesto de lo que normalmente eran. Se caracterizaban por cualquier cosa menos por la madurez.

Pablo ya les había rogado: "Hermanos, no seáis niños en el modo de pensar, sino sed niños en la malicia, pero maduros en el modo de pensar" (14:20). Los corintios necesitaban crecer. Incluso durante el tiempo que el apóstol los pastoreó no pudo hablarles "como a espirituales, sino como a carnales, como a niños en Cristo. Os di a beber leche, y no vianda; porque aún no erais capaces". Desde que había salido de Corinto todavía no habían madurado. Por lo que continúa: "ni sois capaces todavía" (1 Co. 3:1-2). Tuvo que amenazarlos con la disciplina, como los padres deben hacer con los hijos obstinados. "¿Qué queréis? ¿Iré a vosotros con vara, o con amor y espíritu de mansedumbre?" (4:21).

La madurez es una de las señales del amor (1 Co. 13:11), una virtud en la que los corintios eran especialmente deficientes. El amor lucha por la madurez en todas las cosas: en la doctrina, en la visión espiritual, en la estabilidad emocional y el control en las relaciones personales, en la pureza moral y en todos los frutos del Espíritu (Gá. 5:22-23). Sobre todo debiéramos "[crecer] en la gracia y el conocimiento de nuestro Señor y Salvador Jesucristo" (2 P. 3:18), "hasta que todos lleguemos a la unidad de la fe y del conocimiento del Hijo de Dios, a un varón perfecto, a la medida de la estatura de la plenitud de Cristo... sino que siguiendo la verdad en amor, crezcamos en todo en aquel que es la cabeza, esto es, Cristo" (Ef. 4:13, 15).

¿Cómo crece y madura un creyente? Deseando "como niños recién nacidos, la leche espiritual no adulterada, para que por ella [crezcamos] para salvación" (1 P. 2:2). La Biblia nos provee del alimento espiritual y moral. "Toda la Escritura es inspirada por Dios, y útil para enseñar, para redargüir, para corregir, para instruir en justicia, a fin de que el hombre de Dios sea perfecto, enteramente preparado para toda buena obra" (2 Ti. 3:16-17).

ESFORZAOS

Esforzaos es el cuarto imperativo de Pablo para la vida cristiana eficaz. Como sucede aquí, el término griego (*krataioō*) se usa a menudo en el Nuevo Testamento para indicar crecimiento espiritual interior. El verbo está en la voz pasiva y significa literalmente "ser fortalecido". Nosotros no podemos fortalecernos a nosotros mismos; esa es la tarea del Señor. Nuestra parte es someternos a Él con el fin de que *pueda* fortalecernos. Solo podemos "[fortalecernos] en el Señor, y en el poder de su fuerza" (Ef. 6:10), y "[esforzarnos] en la gracia que es en Cristo Jesús" (2 Ti. 2:1).

Solo un espíritu fuerte puede luchar con éxito y vencer a la carne. De nuevo, en eso es en lo que los corintios eran débiles. "Porque aún sois carnales", les dijo Pablo, "pues habiendo entre vosotros celos, contiendas y disensiones, ¿no sois carnales, y andáis como hombres?" (1 Co. 3:3). No obstante, se habían engañado a sí mismos pensando que eran sabios y fuertes. "Si alguno entre vosotros se cree sabio en este siglo, hágase ignorante, para que llegue a ser sabio" (3:18). El apóstol dijo de ellos sarcásticamente: "Nosotros somos insensatos por amor de Cristo, mas vosotros prudentes en Cristo; nosotros débiles, mas vosotros fuertes" (4:10). Debido a su debilidad espiritual llegaron aun a menospreciar y profanar las cosas más sagradas, incluida la Cena del Señor, por causa de esa profanación muchos de ellos quedaron "enfermos y debilitados... y muchos duermen", es decir, murieron (11:30).

La persona que piensa que es fuerte en sí mismo es la que está en mayor peligro de caer (10:12). En un momento en su ministerio Pablo se enfrentó a ese peligro. Había sido "arrebatado al paraíso, donde oyó palabras inefables que no le es dado al hombre expresar... Y para que la grandeza de las revelaciones no me exaltase desmedidamente, me fue dado un aguijón en mi carne, un mensajero de Satanás que me abofetee, para que no me enaltezca sobremanera". La lección que el apóstol aprendió directamente del Señor fue: "Bástate mi gracia; porque mi poder se perfecciona en la debilidad. Por tanto, de buena gana me gloriaré más bien en mis debilidades, para que repose sobre mí el poder de Cristo" (2 Co. 12:4, 7, 9).

No podemos ser espiritualmente fuertes más de lo que podemos ser físicamente fuertes sin dominio propio. "Todo aquel que lucha, de todo se abstiene; ellos, a la verdad, para recibir una corona corruptible, pero nosotros, una incorruptible" (1 Co. 9:25). La fortaleza espiritual viene con el sacrificio personal, con la negación de uno mismo y con disciplina.

Crecemos en fortaleza a medida que usamos nuestra fortaleza. Cuando andamos "como es digno del Señor, agradándole en todo, llevando fruto en toda buena obra, y creciendo en el conocimiento de Dios", de ese modo nos "[fortalecemos] con todo poder, conforme a la potencia de su gloria" (Col. 1:10-11).

La fuente suprema de todo poder espiritual es, por supuesto, Cristo mismo. "Todo lo puedo en Cristo que me fortalece", declaró Pablo (Fil. 4:13). "Doy gracias al que me fortaleció, a Cristo Jesús nuestro Señor, porque me tuvo por fiel, poniéndome en el ministerio" (1 Ti. 1:12). Puedo imaginarme que Pablo recordó con frecuencia el Salmo 27:14: "Aguarda a Jehová; esfuérzate, y aliéntese tu corazón; sí, espera a Jehová".

Al esperar en el Señor, rindiendo nuestro espíritu a su Espíritu, somos "fortalecidos con poder en el hombre interior por su Espíritu" (Ef. 3:16).

SER AMOROSOS

El quinto principio para una vida cristiana eficaz es el más completo y sin él los otros pueden hacernos malhumorados, militantes y duros. Por esa razón Pablo dice: **Todas vuestras cosas sean hechas con amor**. El amor complementa y equilibra todas las cosas. Es el principio que embellece y suaviza. Es lo que logra que nuestra firmeza no se transforme en dureza y nuestra fortaleza no se convierta en dominante. Conserva nuestra madurez amable y considerada. Es lo que hace que nuestra doctrina recta no se convierta en obstinado dogmatismo y nuestro vivir recto no se transforme en una petulante justicia propia.

El amor es lo que los corintios necesitaban más, y es lo que los creyentes de todos los tiempos han necesitado más. Pedro nos dice: "Ante todo, tened entre vosotros ferviente amor; porque el amor cubrirá multitud de pecados" (1 P. 4:8). El amor, como la fortaleza espiritual, viene del Señor. "Amados, amémonos unos a otros; porque el amor es de Dios. Todo aquel que ama, es nacido de Dios, y conoce a Dios" (1 Jn. 4:7). Podemos amarnos unos a otros "porque él nos amó primero" (v. 19).

Las señales de amor en el compañerismo (16:15-24) 49

Hermanos, ya sabéis que la familia de Estéfanas es las primicias de Acaya, y que ellos se han dedicado al servicio de los santos. Os ruego que os sujetéis a personas como ellos, y a todos los que ayudan y trabajan. Me regocijo con la venida de Estéfanas, de Fortunato y de Acaico, pues ellos han suplido vuestra ausencia. Porque confortaron mi espíritu y el vuestro; reconoced, pues, a tales personas.

Las iglesias de Asia os saludan. Aquila y Priscila, con la iglesia que está en su casa, os saludan mucho en el Señor. Os saludan todos los hermanos. Saludaos los unos a los otros con ósculo santo.

Yo, Pablo, os escribo esta salutación de mi propia mano. El que no amare al Señor Jesucristo, sea anatema. El Señor viene. La gracia del Señor Jesucristo esté con vosotros. Mi amor en Cristo Jesús esté con todos vosotros. Amén. (16:15-24)

Los versículos 15-24 fluyen en muchos sentidos del mandamiento del versículo 14 y lo ilustran: "Todas vuestras cosas sean hechas con amor". Las palabras últimas de Pablo no son simplemente cumplidos que puso al final de su carta como una cuestión de costumbre o cortesía. Como cualquiera otra parte de las Escrituras, estas expresiones son parte de la Palabra de Dios y nos las da con un propósito divino.

En estos diez versículos, ya sea directa o indirectamente, Pablo está hablando acerca del amor en el compañerismo de la iglesia. Debido a que la mayor necesidad de los corintios era el amor que lo penetrara todo, esa fue la apelación final de Pablo para ellos. Este pasaje aparece introducido por el mandamiento a amar (v. 14) y concluye asegurando a los corintios de que ellos mismos son amados (v. 24).

Bajo la superficie de estos saludos finales, vemos reflejadas siete marcas del amor en el compañerismo cristiano: evangelismo, servicio unos a otros, sujeción a los creyentes piadosos, compañerismo, respeto por los obreros fieles, hospitalidad y afecto. Estos pensamientos sin aparente relación entre sí tienen un tema armonioso, pues Pablo les demuestra la actitud de amor que él desea tengan los corintios.

EVANGELISMO

Hermanos, ya sabéis que la familia de Estéfanas es las primicias de Acaya... (16:15*a*)

Los miembros de la familia de Estéfanas no solo fueron de los primeros convertidos en Corinto, sino que eran **las primicias** de la obra evangelizadora de Pablo en toda **Acaya**, la provincia del sur de Grecia en la que se encontraban Atenas y Corinto.

Aunque la mayoría de los atenienses a los que Pablo había predicado eran escépticos y rechazaron el evangelio, unos pocos habían creído (Hch. 17:34). De Atenas el apóstol marchó para Corinto, donde dedicó las primeras semanas a dar testimonio principalmente entre los judíos. "Pero oponiéndose y blasfemando éstos, les dijo, sacudiéndose los vestidos: Vuestra sangre sea sobre vuestra propia cabeza; yo, limpio; desde ahora me iré a los gentiles" (Hch. 18:6). Unos pocos judíos, tales como Crispo (v. 8), confiaron en Cristo, pero la mayoría de los convertidos corintios eran gentiles, entre los que se encontraban **la familia de Estéfanas**. Ya fueran judíos o gentiles, Pablo nunca dejó de evangelizar, porque el amor nunca cesa de ir a buscar a los que están perdidos.

Estéfanas fue uno de los pocos creyentes en Corinto que Pablo bautizó personalmente (1 Co. 1:16). Se hallaba visitando a Pablo en Corinto en el tiempo en el que fue escrita esta carta (16:17) y probablemente, junto con Fortunato y Acaico, le entregaron la carta de parte de los corintios que se menciona en 7:1. Su **familia** incluiría no su solo propios familiares cercanos, sino también sus siervos y esclavos.

Las primicias era la parte de una cosecha que había sido plantada primero y, por tanto, también era la primera en ser recogida. Su aparición era una señal para el agricultor de que el resto de la cosecha también estaría pronto lista para cosecharse. La conversión de Estéfanas y de su familia era una señal de que Dios estaba listo para recoger una mayor cosecha de almas en Corinto y en el resto de **Acaya**. Los creyentes a los que Pablo escribió esta carta eran todos parte de la cosecha.

La naciente iglesia expresó su amor por medio del evangelismo. Pablo dijo de los tesalonicenses: gracias "a la obra de vuestra fe, del trabajo de vuestro amor y vuestra constancia en la esperanza en nuestro Señor Jesucristo... ha sido divulgada la palabra del Señor, no solo en Macedonia y Acaya, sino que también en todo lugar vuestra fe en Dios se ha extendido" (1 Ts. 1:3, 8). Aunque el apóstol había ministrado entre ellos solos durante "tres días de reposo" (Hch. 17:2), el testimonio de aquella iglesia llegó a ser conocido por todo el mundo romano. Si amamos en la forma en la que Dios ama, y en la manera en la que Pablo y la naciente iglesia lo hicieron, nosotros también estaremos dispuestos a alcanzar con el evangelio a los que no conocen a Cristo.

El amor con el que amamos y testificamos lo tenemos solo porque Dios nos lo ha dado (1 Jn. 4:19). Pablo amaba porque el amor de Cristo lo impulsaba (2 Co. 5:14). El amor que nos lleva a evangelizar, como cualquier otra manifestación del amor cristiano, no puede ser generado por la carne, por nuestra humanidad. Es la obra del Espíritu lo que produce y dirige nuestro amor y, por medio de él, lleva fruto para Dios.

Antes de su conversión Pablo había sido el principal perseguidor de la iglesia. Después de su conversión él mismo se convirtió en el blanco de la persecución judía. Cuando todavía se encontraba en Damasco "los judíos resolvieron en consejo matarle... Y ellos guardaban las puertas de día y de noche para matarle" (Hch. 9:23-24). Por consiguiente, debió resultar difícil para Pablo convencer a los demás que él amaba a los judíos incrédulos. Cuando quiso convencer a la iglesia en Roma de ese amor les dio una extensa explicación: "Verdad digo en Cristo, no miento, y mi conciencia me da testimonio en el Espíritu Santo" (Ro. 9:1). Luego siguió declarando: "Que tengo gran tristeza y continuo dolor en mi corazón. Porque deseara yo mismo ser anatema, separado de Cristo, por amor a mis hermanos, los que son mis parientes según la carne" (vv. 2-3). Eso era amor evangelizador en su mejor expresión.

Alguien ha dicho: "El evangelismo es el sollozo de Dios. Evangelismo es el clamor de angustia de Cristo sobre una Jerusalén condenada. Evangelismo es el llamamiento de Moisés: 'Te ruego, pues este pueblo ha cometido un gran pecado... que perdones ahora su pecado, y si no, ráeme ahora de tu libro que has escrito'. Evangelismo es el clamor desgarrador de Pablo: 'Deseara yo mismo ser anatema'. Evangelismo es el clamor de John Knox: 'Dame Escocia para Cristo o me muero'. Evangelismo es el llanto de unos padres en la noche por su hijo no salvo". Necesitamos pedirle a Dios que nos dé esa clase de amor.

EL SERVICIO DE UNOS A OTROS

Y que ellos se han dedicado al servicio de los santos. (16:15*b*)

Podemos ver la segunda marca del amor en el cuidado que Estéfanas y su familia tuvieron por otros hermanos en Cristo. **Ellos se han dedicado al servicio de los santos.**

El significado básico de *tassō* (**dedicado**) es "poner en orden". A menudo significa nombrar, asignar, ordenar o designar a una persona o grupo específico para una tarea o posición específica. Se usa en Romanos 13:1 para indicar que las autoridades civiles "por Dios han sido *establecidas*". Se emplea en Hechos 13:48 para enseñar que todos los que creen en Cristo Jesús están "*ordenados* para vida eterna".

Se han dedicado expresa una forma intensa en el griego, hace hincapié en que Estéfanas y su familia servían totalmente por su propia iniciativa. Es muy apropiado que una iglesia asigne ministerios y responsabilidades a sus miembros, como la naciente iglesia lo hizo en Jerusalén. Con el fin de que ellos pudieran dedicarse más a la oración y la predicación de la Palabra de Dios, los apóstoles instruyeron a la iglesia en Jerusalén para que nombrara diáconos a algunos hermanos calificados con el fin de que supervisaran la distribución de la ayuda a las viudas necesitadas de la congregación (Hch. 6:2-4).

Pero Estéfanas y su familia y siervos no esperaron a que los nombraran. Se nombraron a sí mismos para el **servicio de los santos**, para atender a las necesidades que se presentaban entre los hermanos. Su servicio estaba motivado por su amor a los creyentes. Aunque a veces fue necesario que la naciente iglesia asignara tareas, como el nombramiento de diáconos mencionado arriba, la mayor parte del trabajo era hecho y todavía lo es por los que sencillamente ven una necesidad y la atienden.

William Barclay escribe: "En la naciente iglesia el servicio voluntario y espontáneo era el comienzo de posiciones oficiales. Un hermano llegaba a ser dirigente de la iglesia no tanto porque era nombrado por otros, sino porque su vida y trabajo lo distinguían como uno a quien los demás debían respetar. Todos los que participan en la carga y trabajo del evangelio imponen respeto, no porque han sido nombrados por un hombre para una posición, sino porque están haciendo la obra de Cristo".

Servicio nos viene de *diakonia* que significa "ministrar". El que hace una tarea así es un *diakonos*, término del que nos viene la palabra *diácono*. Originalmente se usaba ese término para referirse a los meseros que atendían a la mesa y a otros siervos de la familia semejantes. La tarea de los primeros diáconos cristianos fue la de servir a las mesas (Hch. 6:2), pero las palabras pronto comenzaron a quedar asociadas con cualquier servicio que se hacía a la iglesia o para la iglesia, y por esa razón aparecen a menudo traducidas como "ministerio" y "ministro" respectivamente. La idea básica en ambas palabras tenía siempre que ver con un servicio personal, humilde y sumiso, no solo con una posición o función en particular.

Primera Corintios 12:5 habla de los "ministerios" (*diakonia*) de usar nuestros dones espirituales. Hechos 11:29 ("socorro") y 2 Corintios 8:4 ("servicio") habla de la *diakonia* de ayudar económicamente (cp. Ro. 15:31). Los primeros diáconos fueron nombrados para "servir [*diakoneō*] a las mesas" (Hch. 6:2) con el fin de que los apóstoles pudieran dedicarse al "ministerio [*diakonia*] de la palabra" (v. 4). Onesíforo animó a Pablo en gran manera. "Muchas veces me confortó, y no se avergonzó de mis cadenas", y también "nos ayudó [*diakonia*] en Efeso" (2 Ti. 1:16, 18). Jesús dijo: "Si alguno me sirve [*diakoneō*], sígame; y donde yo estuviere, allí también estará mi servidor [*diakonos*]. Si alguno me sirviere [*diakoneō*], mi Padre le honrará" (Jn. 12:26). Lo que Pablo le dijo a Arquipo se podría decir de cada uno de nosotros: "Mira que cumplas el ministerio que recibiste en el Señor" (Col. 4:17). Cada cristiano está llamado por el Señor para servir, y una de las maneras más seguras en las que podemos servir a Cristo es sirviendo a **los santos** en su nombre (Mt. 25:34-40).

Una traducción muy expresiva de *tassō* (**dedicado**) es "adicto" como aparece traducida en algunas versiones. Los de la familia de Estéfanas se habían formado a sí mismos en "[el hábito del servicio] a los santos". De ese tipo de creyentes que sirven perpetuamente es de los que habla el escritor de Hebreos: "Porque Dios no es injusto para olvidar vuestra obra y el trabajo de amor que habéis mostrado hacia su nombre, habiendo servido a los santos y sirviéndoles aún" (He. 6:10).

La adicción a las drogas tiene tres características principales. Primera, involucra un hábito fuerte, un deseo muy dominante y una compulsión a tomar la droga. Segunda, involucra una creciente tolerancia a la droga, de modo que con el fin de mantener el efecto deseado, hay que tomar cada vez dosis mayores. La tercera característica es la dependencia, el estado en el cual la persona adicta necesita *tener* la droga a fin de funcionar.

Debido a su asociación con las drogas narcóticas, el término *adicción* tiene hoy una connotación negativa. Pero es apropiado para expresar el tipo de servicio del cual Pablo habla aquí. El apóstol mismo era un adicto a la obra del Señor y alentaba fuertemente a los demás creyentes para que fueran como él. Pablo llevó a cabo la obra del Señor de una forma habitual, impulsado por una compulsión poderosa. Cuando más ministraba más impulsado se sentía a hacerlo. Su tolerancia por la tarea cristiana lo llevaba a nunca estar satisfecho con lo que hacía, mucho menos con los que había hecho. Se hizo dependiente de la obra del Señor para poder funcionar. No podía vivir con normalidad si no estaba involucrado en alguna clase de servicio necesario para su Señor, para el pueblo de Dios o para los no salvos. Estoy seguro de que si hubiera tratado de "tomárselo con calma" y relajarse por un poco de tiempo, pronto hubiera sufrido una forma severa del "síndrome de abstinencia". Él no era un adicto al trabajo, compelido a trabajar simplemente por amor al trabajo. Era un adicto a servir a otros por amor de Cristo.

SUJECIÓN

Os ruego que os sujetéis a personas como ellos, y a todos los que ayudan y trabajan. (16:16)

Una tercera marca del amor en el compañerismo cristiano es la sujeción. Debemos someternos nosotros mismos no solo a los líderes nombrados en la iglesia, sino también a todos los que cumplen fielmente en la obra del Señor. **Todos los que ayudan y trabajan** deben ser respetados y debemos sujetarnos a ellos.

La sujeción apropiada es un tema clave en la vida llena del Espíritu. Todos los creyentes deben someterse unos a otros (Ef. 5:21). Las esposas tienen que sujetarse a sus esposos (Ef. 5:22). Los hijos tienen que someterse a sus padres (Ef. 6:1-3). Los creyentes deben sujetarse a las leyes y normas del gobierno (Ro. 13:1; 1 P. 2:13). Los jóvenes tienen que sujetarse a los ancianos (1 P. 5:5*a*). *Cada* creyente debe someterse en las formas que Dios ha ordenado. En esta cuestión de la sumisión, nuestra preocupación primaria no debiera ser *sobre* quién estamos nosotros, sino *bajo* quién estamos. La humildad llevará a la persona a la que estamos sometidos a no ser autoritaria y a la persona sometida a no sentirse abrumada. "Revestíos de humildad; porque: Dios resiste a los soberbios, y da gracia a los humildes" (1 P. 5:5*b*). Cuando somos humildes, la gracia de Dios nos da encanto para la manera en la que dirigimos a otros y también en la forma en la que seguimos.

Al hablar de los que son de Él, Jesús dijo: "Mas entre vosotros no será así, sino el que quiera hacerse grande entre vosotros será vuestro servidor, y el que quiera ser el primero entre vosotros será vuestro siervo" (Mt. 20:26-28). En nuestras relaciones con otros creyentes, nuestra primera preocupación debiera ser cómo podemos someternos en la forma apropiada.

Eso prácticamente significa que debiéramos encontrar un hombre o mujer de Dios que es adicto o adicta a la voluntad de Dios y a su obra y hacer de esa persona nuestro modelo para la vida cristiana. Al someternos, aprender, crecer y madurar, nuestra propia vida se convierte en un modelo que otros pueden emular. Pablo podía decir a los corintios: "Sed imitadores de mí, así como yo de Cristo" (1 Co. 11:1; cp. 4:16). A los tesalonicenses les pudo decir: "Pues nuestro evangelio no llegó a vosotros en palabras solamente, sino también en poder, en el Espíritu Santo y en plena certidumbre, como bien sabéis cuáles fuimos entre vosotros por amor de vosotros. Y vosotros vinisteis a ser imitadores de nosotros y del Señor, recibiendo la Palabra en medio de gran tribulación, con gozo del Espíritu Santo" (1 Ts. 1:5-6). El escritor de Hebreos dice: "Acordaos de vuestros pastores, que os hablaron la palabra de Dios; considerad cuál haya sido el resultado de su conducta, e imitad su fe" (He. 13:7). Ese es el ciclo de discipulado que el Señor quiere para su iglesia. "El discípulo no es superior a su maestro; mas todo el que fuere perfeccionado, será como su maestro" (Lc. 6:40).

Pablo quería que los corintios tan egoístas y rebeldes se sometieran a su modelo, así como él se sometía continuamente al modelo de Cristo. Somos llamados a someternos a nosotros mismos a los que han demostrado que viven sometidos a Cristo. ¿A qué persona debemos someternos? A todo aquel que representa y proclama fielmente la Palabra de Dios o que sirve en su ministerio, **a todos los que ayudan y trabajan.**

Los que son de Cristo no están para luchar por sus propios derechos, privilegios y respeto, sino que deben buscar y seguir a los que ellos pueden someterse en Cristo, que pueden ser sus maestros y ejemplos. El verdadero amor trae verdadera sujeción. La verdadera sumisión nos libraría, por sí misma, de innumerables conflictos, riñas, resentimiento, sentimientos heridos dentro de la familia de Dios. Haría que los hijos fueran más felices y fructíferos en la viña de su Padre.

COMPAÑERISMO

Me regocijo con la venida de Estéfanas, de Fortunato y de Acaico, pues ellos han suplido vuestra ausencia. Porque confortaron mi espíritu y el vuestro. (16:17-18*a*)

Otra marca maravillosa de comunión de amor es el compañerismo cristiano. El compañerismo no es algo que nosotros hacemos directamente o damos. Es el resultado de otras cosas, tales como simplemente estar al lado de un amigo que tiene dificultades en la vida o sentarnos al lado de alguien que está enfermo, o tan complejo como es el mutuo ministerio. El ingrediente principal del compañerismo es estar juntos; no se puede experimentar a la distancia o de segunda mano.

Pablo estaba agradecido de que sus tres amigos **Estéfanas, Fortunato y Acaico** habían ido desde Corinto para estar con él. Habían ministrado al apóstol en formas específicas. Ellos habían **suplido** la **ausencia** de los hermanos corintios. Pero más que eso le habían ofrecido genuina amistad y ayuda a Pablo, acompañándolo, animándolo e identificándose con él en su ministerio. Al hacerlo habían **[confortado]** el **espíritu** del apóstol y el espíritu de la iglesia corintia que los había enviado.

Uno de los mejores cumplidos que podemos hacer de los amigos cristianos es decirles que nos sentimos confortados al estar cerca de ellos. Esa es una marca del verdadero compañerismo, así como el compañerismo es una marca del verdadero amor. El compañerismo edifica a la familia de Dios. Puede sanar las heridas aun antes de que nuestros amigos sepan que estamos heridos; puede confortarnos incluso cuando los que nos rodean no están conscientes de nuestro dolor; puede alentarnos cuando apenas nosotros mismos estamos conscientes de que estamos desanimados.

El compañerismo es también preventivo. Estar con amigos cristianos amorosos puede evitar que seamos heridos, que caigamos en el pecado o que nos desanimemos. Una de las maneras más seguras de meternos en problemas espirituales es descuidar la comunión con otros creyentes. Los corintios habían violado el compañerismo con sus divisiones, sus litigios, sus pecados sexuales, su abuso arrogante de los dones y su profanación de la suprema expresión de comunión cristiana: la Cena del Señor.

Dios no solo nos creo para Él, sino también los unos para los otros. Lo que los tres amigos de Corinto hicieron por Pablo es lo que Jesús prometió hacer por sus discípulos. Pablo usó la misma palabra griega (*anapauō*, **confortar**) en este pasaje que Jesús empleó para prometer "descanso" a los que creyeran en Él: "Venid a mí todos los que estáis trabajados y cansados, y yo os haré descansar" (Mt. 11:28). Los amigos de Pablo ayudaron al agobiado apóstol a encontrar descanso y renovación. Solo con estar a su lado lo ayudaron a aligerarse de sus cargas. Debido a que venían de una iglesia que no era conocida por su amor o compañerismo, aquellos tres hombres le aportaron sin duda una especial inyección espiritual. "Como el agua fría al alma sedienta, así son las buenas nuevas de lejanas tierras" (Pr. 25:25). **Estéfanas, Fortunato y Acaico** fueron ellos mismos buenas noticias para Pablo de parte de Corinto, como agua fría para su **espíritu** cansado.

Dios puede confortarnos directamente, pero a menudo decide hacerlo por medio de otros. "Pero Dios, que consuela a los humildes, nos consoló con la venida de Tito" (2 Co. 7:6). Cerca del fin de su vida, que él había entregado generosamente para el servicio y ánimo de los demás, Pablo mismo estaba en una necesidad especial de ánimo y ayuda. Le pidió a Timoteo que hiciese todo lo posible para "venir pronto a verme" y que llevara con él a Marcos "porque me es útil para el ministerio". Demas le había abandonado y a Tíquico lo había enviado a Éfeso. Solo Lucas estaba con él y a pesar del amor y ayuda de aquel amigo, Pablo sentía la necesidad de más compañía (2 Ti. 4:9-12).

La clase de compañerismo que esos hombres le ofrecieron confortó a todos los involucrados. La llegada de esos tres amigos de Corinto no solo confortó a Pablo, sino que también confortó a los corintios, **mi espíritu y el vuestro**. Cuando Tito le informó a Pablo de las buenas noticias del cambio de actitud de la iglesia y del arrepentimiento de los rebeldes, él escribió para decirle a la iglesia que tenía gozo porque ellos ahora estaban confortando a otros con su compañerismo. "Por esto hemos sido consolados en vuestra consolación; pero mucho más nos gozamos por el gozo de Tito, que haya sido confortado su espíritu por vosotros" (2 Co. 7:13).

RESPETO POR LOS OBREROS FIELES

Reconoced, pues, a tales personas. (16:18*b*)

El apóstol instruye a los corintios para que [**reconocieran**]... **a tales personas** como Estéfanas, Fortunato y Acaico (v. 15). *Epiginōskō* (**reconoced**) significa reconocimiento de algo por lo que de verdad es. En 14:37 Pablo usa el término para decirles a los corintios: "Si alguno se cree profeta, o espiritual, reconozca que lo que os escribo son mandamientos del Señor". Ahora les pide que reconozcan a los obreros fieles y piadosos por lo que ellos son.

Pablo no está hablando de poner placas en las paredes o levantar estatuas con los nombres de las personas. Simplemente está pidiendo respeto y aprecio, que algunas veces se puede hacer en público y otras en privado. La apreciación apropiada de personas que se lo merecen en la iglesia no solo no es erróneo, sino es algo que agrada al Señor.

Típicamente los corintios no eran ni respetuosos ni apreciativos. Los miembros estaban demasiado preocupados acerca de su propio prestigio y reconocimiento. Estaban más inclinados a criticarse unos a otros que a reconocerse unos a otros. Eran muy rápidos para afirmar: "Yo soy de Pablo; y yo de Apolos; y yo de Cefas; y yo de Cristo" (1 Co. 1:12), pero usaban esos nombres en plan de orgullo no de apreciación. Pablo no era respetado por muchos de los corintios, quienes se habían "envanecido, como si yo [Pablo] nunca hubiese de ir a vosotros" (4:18). Al parecer algunos habían cuestionado su apostolado y su autoridad para enseñarles a ellos o para que ellos lo sostuvieran a él (9:1-6). Al menos cuatro veces en esta carta Pablo dice o implica que los corintios eran arrogantes (4:6, 18; 8:1; 13:4).

La iglesia corintia tenía miembros que eran como Diótrefes, un dirigente a quien Juan describe como "al cual le gusta tener el primer lugar entre ellos, no nos recibe" (3 Jn. 9). Diótrefes estaba incluso celoso del amable y amoroso apóstol Juan. No solo había difamado y calumniado a Juan mismo, sino también a los representantes que Juan había enviado en su nombre (v. 10). Un dirigente así no es de Dios, sin importar cuán talentoso y capaz sea humanamente hablando, y no debiera ser imitado (v. 11). Por el otro lado, "todos dan testimonio de Demetrio, y aun la verdad misma" (v. 12). Esa es de la clase de cristianos que debiéramos imitar, respetar y apoyar, "para que cooperemos con la verdad" (v. 8).

En el modelo de Dios para el liderazgo de la iglesia, las personas piadosas se ponen a la cabeza en virtud de su propia vida piadosa: las creencias correctas, la vida cristiana recta y el cuidado amoroso de otros. A tales personas nosotros debemos [**reconocerlas**], respetarlas e imitarlas. Cuando elegimos líderes solo en razón de su dinero, prestigio, educación, influencia o talentos lo que hacemos es seguir las normas del mundo más que las de Dios. Las normas de Dios para el liderazgo son la pureza y la madurez. Cuando la iglesia sigue y respeta a los creyentes piadosos y maduros, el cuerpo de Cristo queda fortalecido en el compañerismo, el servicio y el amor.

Epafrodito era de esa clase de personas que deben ser emuladas y reconocidas. "Recibidle, pues, en el Señor, con todo gozo", les dijo Pablo a los filipenses, "y tened en estima a los que son como él" (Fil. 2:29). Epafrodito fue la personificación del siervo generoso que se sacrifica a sí mismo. Había servido a Pablo en nombre de la iglesia filipense, como Estéfanas, Fortunato y Acaico lo habían hecho en el nombre de la iglesia corintia. En realidad, había estado a punto de morir por su entrega a la obra de Dios. "Porque por la obra de Cristo estuvo próximo a la muerte, exponiendo su vida" (v. 30).

La palabra *paraboleuomai*, que traducimos por "exponer" en el versículo citado, significa "arrojarse, abandonarse, jugárselo todo". En la naciente iglesia a ciertos grupos de cristianos fieles que se hallaban continuamente en la primera línea del testimonio y del servicio los llamaban parabolani: "Los que se arriesgaban". Entre otras cosas se arriesgaban a enfermedades contagiosas graves al cuidar de los enfermos y enterrar a los muertos. Su vida siempre estaba en grave peligro por amor de la obra del Señor.

Cuando encontramos a alguien que es fiel a la Palabra de Dios y entrega su vida por amor de la obra del Señor Jesucristo, debiéramos hacer todo nuestro mejor esfuerzo por imitar a esa persona; y debiéramos tener para ella el mayor respeto. Cuando eso suceda, la iglesia de Cristo funcionará como un organismo, un cuerpo vivo, no solo como una organización.

Los que son dignos de honor no lo buscan. Lo que les hace de verdad honorables es su humildad delante del Señor en el servicio por Él. Pero aunque ellos no desean honores, los que son enseñados y servidos por ellos debieran desear dárselos. Dar ese reconocimiento es agradable al Señor. "Os rogamos, hermanos, que reconozcáis a los que trabajan entre vosotros, y os presiden en el Señor, y os amonestan; y que los tengáis en mucha estima y amor por causa de su obra" (1 Ts. 5:12-13). Al escribir a Timoteo, Pablo le dice: "Los ancianos que gobiernan bien, sean tenidos por dignos de doble honor, mayormente los que trabajan en predicar y enseñar" (1 Ti. 5:17).

El diseño de Dios para la iglesia es simple. Los piadosos son los que tienen que ocupar las posiciones de liderazgo. Ellos dirigen, enseñan, amonestan y dan ejemplo. Son escogidos porque se les ve especialmente sujetos al Señor. El resto de la iglesia, por tanto, debe someterse a ellos en respeto, honra y amor. Ellos son responsables ante el Señor por su liderazgo, y los demás creyentes son responsables ante el Señor por su sujeción y respeto a los líderes. "Obedeced a vuestros pastores, y sujetaos a ellos; porque ellos velan por vuestras almas, como quienes han de dar cuenta; para que lo hagan con alegría, y no quejándose, porque esto no es provechoso" (He. 13:17). Si no seguimos y honramos a los que con derecho dirigen la iglesia, no solo estamos frustrando y haciendo infructuoso su ministerio, sino también el nuestro. No podemos servir debidamente al Señor si no respetamos como corresponde a los líderes piadosos.

HOSPITALIDAD

Las iglesias de Asia os saludan. Aquila y Priscila, con la iglesia que está en su casa, os saludan mucho en el Señor. Os saludan todos los hermanos. (16:19-20*a*)

Como aparece implícito en estos versículos, el amor siempre produce hospitalidad, amor por los desconocidos. Pablo no hacía comentarios vanos, mucho menos forzar la verdad, con el fin de impresionar a los lectores. No es que **las iglesias de Asia** estuvieran necesariamente enviando saludos formales a la iglesia en Corinto, pero él les está expresando saludos genuinos. Aquellas iglesias estaban sinceramente preocupadas por sus hermanos en Cristo de Corinto, y sus líderes le habían pedido a Pablo que los saludara cuando tuviera oportunidad de hacerlo. La mayoría de los involucrados no se conocían unos a otros, pero el amor expresado no era por eso menos genuino.

Cuando el pueblo de Dios está comprometido con la doctrina y la vida cristiana pura, están unidos en el amor —como individuos y congregaciones— aun cuando ser hallen separados por grandes distancias y por grandes diferencias en cultura y circunstancias. El espíritu de hospitalidad existe entre cristianos amorosos aun cuando no hay una oportunidad directa para ser hospitalario. Podemos apoyar a nuestros hermanos en Cristo mediante la oración y el ánimo aun si nunca tenemos la oportunidad de tenerlos en nuestro hogar.

Aquila y Priscila se habían hecho buenos amigos de Pablo desde que se hospedó con ellos durante su primer ministerio en Corinto (Hch. 18:1-3). Es posible que se quedara con ellos todo el tiempo de año y medio. Tenían el mismo oficio de hacer tiendas, eran una pareja muy respetada por el apóstol y resultaron muy valiosos para su ministerio. Acompañaron a Pablo a Éfeso y, poco después de llegar, demostraron su completa comprensión del evangelio al tomar aparte al educado y elocuente Apolos y explicarle "más exactamente el camino de Dios" (Hch. 18:18-19, 24-26). Sabemos por el texto que estamos considerando que ellos también organizaron una congregación **en su** propia **casa**.

En la naciente iglesia los hogares de los creyentes fueron usados para casi todo tipo de actividad cristiana: para comer juntos (Hch. 2:46); para enseñar y predicar (5:42); para preevangelismo y evangelismo (10:23, 27-48); para adoración y predicación (20:7); y para testimonio y diálogo (28:23). A menudo el hogar de un creyente era el lugar de reunión para adoración y compañerismo. Pablo envió saludos a Corinto en nombre de **Aquila y Priscila, con la iglesia que está en su casa.**

Cuando los cristianos viajaban de lugar en lugar en tiempos del Nuevo Testamento podían esperar, casi sin excepción, ser atendidos con gran cuidado y amor por hermanos en Cristo. No había desconocidos entre los creyentes (Hch. 2:42-46). La hospitalidad era una segunda naturaleza, algo muy común, una consecuencia natural de su amor por Cristo y por todos los que eran de Él. Cada hogar cristiano debiera ser hoy un cielo amoroso, transparente y abierto para los que necesitan hospitalidad.

Desde los primeros días (vea Hch. 6:1) la iglesia contó con un buen número de viudas. Las que calificaban para estar en la lista oficial de viudas de la iglesia tenían que ser mayores de sesenta años, tener reputación de hacer buenas obras, ser una buena madre y "si ha practicado la hospitalidad". Pablo sigue luego ilustrando la clase de hospitalidad que tenía en mente. La viuda que calificaba debía haber hecho cosas tales como: "si ha lavado los pies de los santos; si ha socorrido a los afligidos; si ha practicado toda buena obra" (1 Ti. 5:9-10). La hospitalidad no es una virtud opcional o incidental para los cristianos.

La virtud más sobresaliente del buen samaritano fue la hospitalidad. Tanto directa como indirectamente hizo todo lo que estuvo en sus manos para ayudar a la persona que había sido golpeada y robada. Debido a que "fue movido a misericordia", se acercó y "vendó sus heridas, echándoles aceite y vino; y poniéndole en su cabalgadura, lo llevó al mesón, y cuidó de él. Otro día al partir, sacó dos denarios, y los dio al mesonero, y le dijo: Cuídamele; y todo lo que gastes de más, yo te lo pagaré cuando regrese" (Lc. 10:33-35). La señal suprema de ser un cristiano que cuida de su prójimo es la hospitalidad; y la hospitalidad es una manifestación notable de amor cristiano.

AFECTO

Saludaos los unos a los otros con ósculo santo. (16:20*b*)

Por último, el amor en el compañerismo quedará demostrado por señales externas y visibles de afecto.

En las Escrituras, el beso en su sentido romántico entre un hombre y una mujer aparece referido solo dos veces, en Proverbios (7:13) y en el Cantar de los Cantares (4:11). Todas las demás referencias tienen que ver con la expresión de afecto entre los hombres y entre las mujeres. El beso se daba en la mejilla o en la frente y representaba esencialmente lo que representa hoy un cálido abrazo. Debido al gran aislamiento personal que experimentamos hoy, tales demostraciones de afecto entre personas del mismo sexo son tristemente muy poco comunes.

Y aunque en la naciente iglesia la práctica del **ósculo santo** era una expresión significativa, pura y bella del amor fraternal (cp. Ro. 16:16; 2 Co. 13:12; 1 Ts. 5:26; 1 P. 5:14), en siglos posteriores sucedió que abusaron de ella. Se llegó a practicar de una forma tan indiscriminada que, por ejemplo, un concilio de la iglesia prohibió en el siglo VI que se besara a los cuerpos muertos.

Pablo estaba hablando de la genuina y espontánea expresión de amor fraternal, que en aquel tiempo se expresaba a menudo mediante un beso. Un cálido y afectuoso apretón de manos o un brazo alrededor de los hombros puede expresar el mismo afecto. En la mayoría de las iglesias hoy el peligro está en demostrar muy poco afecto más que demasiado.

Uno de los peligros de las grandes iglesias es que fácilmente permiten que los desconocidos permanezcan desconocidos. Una persona tímida pasa muy a menudo desapercibida, y algunos cristianos, tristemente, no quieren involucrarse en el compañerismo. Pero donde hay amor genuino, los cristianos encontrarán la manera de ser amistosos con los desconocidos y de demostrar afecto a los hermanos y hermanas en Cristo.

COMENTARIOS ÚLTIMOS

Yo, Pablo, os escribo esta salutación de mi propia mano. El que no amare al Señor Jesucristo, sea anatema. El Señor viene. La gracia del Señor Jesucristo esté con vosotros. Mi amor en Cristo Jesús esté con todos vosotros. Amén. (16:21-24)

La mayor parte de la carta, que el apóstol había dictado a un escriba, fue firmada y terminada por **Pablo** de su **propia mano**. Los últimos comentarios son un breve añadido, quizás escrito de su puño y letra para establecer claramente la autenticidad de la carta.

El final tiene dos partes distintas: una advertencia severa y una afirmación afectuosa de amor.

La advertencia es en contra de todo **el que no amare al Señor Jesucristo**. Esa persona demuestra más allá de toda duda que no pertenece al Señor y, por tanto, tampoco pertenece al compañerismo del pueblo de Dios. La palabra para **amor** que Pablo usa aquí es *phileō*, que significa "tener tierno afecto". No es una palabra tan fuerte como *agapē* (amor supremo) y nunca se manda que se le dé a Dios. Una implicación de este versículo, sin embargo, es que ese afecto mínimo es un elemento del amor que es aceptable a Dios. Cuando Jesús le preguntó a Pedro por tercera vez si le amaba, usó *phileō*. Cuando Pedro de nuevo respondió que sí, Jesús aceptó ese amor. Pero no dijo *agapē*, pero aun esta clase de afecto evidenciaba su confianza en Jesús. La elección de palabras de Pablo en este pasaje fluyen de este hincapié en el afecto.

Si una persona no **[ama] al Señor Jesucristo** con tierno afecto, demuestra que no tiene amor supremo por Él, y que no tiene parte en Él en ningún sentido. Esa persona "no persevera en la doctrina de Cristo, no tiene a Dios" y no debiera ser recibido en el compañerismo cristiano (2 Jn. 9-10). Ni siquiera debiera ser saludado, porque hacerlo es participar en "sus malas obras" (v. 11). Debiera ser considerado **anatema** (*anathema*), destinado a la maldición y destrucción.

Estas dos partes en apariencia contradictorias de las últimas palabras de Pablo están relacionadas con la misma verdad, el tema de la epístola misma: **amor**. La advertencia es en contra de lo que cuya falta de amor por el Señor demuestra que están perdidos. El tierno afecto es expresado para los que, como Pablo, *sí* aman al Señor y unos a otros.

Creo que en este contexto **maranata**, que es un término arameo y significa "el Señor viene", es la apelación de Pablo de que el Señor viniera y quitara a los que son **anatema**, los cristianos nominales y falsos, que son siempre una gran amenaza para la verdadera iglesia. La idea es "Dios, ven y llévatelos" antes de que causen más daño. **Maranata**, pues, contiene una invitación implícita para los miembros perdidos de la iglesia para que reciban a Cristo antes de que Dios se los lleve y pierdan para siempre la oportunidad de la salvación.

El apóstol termina con palabras de **gracia** y **amor** para aquellos que aman al Señor. Esas dos palabras resumen el mensaje de Pablo a los creyentes corintios y el mensaje del Señor para todos los creyentes.

Bibliografía

Barclay, William. *Las cartas a los corintios*. Tarrasa, España: Editorial Clie.

Clark, Gordon H. *First Corinthians* [Primera a los Corintios]. Nutley, N. J.: Presbiterian and Reformed, 1975.

Godet, F. L. *The First Epistle to the Corinthians* [La Primera Epístola a los Corintios]. Grand Rapids: Zondervan, 1971.

Grosheide, F. W. *The First Epistle to the Corinthians* [La Primera Epístola a los Corintios]. The New International Commentary on the New Testament. Grand Rapids: Eerdmans, 1953.

Hodge. Charles. *An Exposition of the First Epistle to the Corinthians* [Una exposición de la Primera Epístola a los Corintios]. Grand Rapids: Eerdmans, 1974.

Lenski, R. C. H. *The Interpretation of St. Paul's First and Second Epistles to the Corinthians* [La interpretación de la Primera y Segunda Epístolas de san Pablo a los Corintios]. Minneapolis: Augsburg, 1963.

Morgan, G. Campbell. *The Corinthian Letters of Paul* [Las cartas corintias de Pablo]. Old Tappan, N. J.: Revell, 1946.

Morris, Leon. *The First Epistle of Paul to the Corinthians* [La primera Epístola de Pablo a los Corintios]. The Tyndale New Testament Commentaries. Londres: The Tyndale Press, 1958.

Robertson, A. T. y Plummer, Alfred. *A Critical and Exegetical Commentary on the First Epistle of St. Paul to the Corinthians* [Un comentario crítico y exegético sobre la Primera Epístola de san Pablo a los Corintios]. Edimburgo: T & T. Clark, 1914.

2 CORINTIOS

DEDICATORIA

Mi ministerio tiene muchas alegrías;
entre las más grandes está la colaboración preciada de otros hombres
que, con su sacrificio y devoción a la verdad de Dios,
han servido con gran fidelidad y caminado junto a mí.
David Cotnoir, quien ha liderado el ministerio
Grace to You en Canadá durante casi dos décadas,
es uno de esos hombres.
Dedico a él este volumen, con profunda gratitud.

Contenido

Prólogo. 5
Introducción 7
1. Consuelo en las dificultades (2 Co. 1:1-11) 15
2. El sistema de advertencia del alma (2 Co. 1:12-14). 33
3. Retrato del pastor piadoso (2 Co. 1:15—2:4) 43
4. Las bendiciones del perdón (2 Co. 2:5-11) 53
5. Restaurar el gozo del pastor desmotivado (2 Co. 2:12-17) 65
6. El ministro competente (2 Co. 3:1-6) 77
7. La gloria del nuevo pacto—Primera parte
    Da vida, produce justicia y es permanente (2 Co. 3:6-11) 91
8. La gloria del nuevo pacto—Segunda parte
    Trae esperanza, es claro, cristocéntrico, el Espíritu lo vigoriza
    y es transformador (2 Co. 3:12-18) 103
9. Mirar al rostro de Jesús (2 Co. 3:18—4:6) .117
10. Tesoro incalculable en vasos de barro (2 Co. 4:7-15). 133
11. Secretos para soportar las pruebas (2 Co. 4:16-18) 145
12. Enfrentar la muerte con confianza (2 Co. 5:1-8) 155
13. La ambición más noble (2 Co. 5:9-10) 167
14. Un ministerio de integridad (2 Co. 5:11-17). 177
15. El ministerio de la reconciliación (2 Co. 5:18-20) 193
16. Quince palabras de esperanza (2 Co. 5:21) 205
17. Honra y deshonra: La paradoja del ministerio (2 Co. 6:1-10). 215
18. Los acentos del amor (2 Co. 6:11-13; 7:2-4) 229
19. Separación de los incrédulos (2 Co. 6:14—7:1) 237
20. Consolación del pastor afligido (2 Co. 7:5-16). 253
21. Un modelo bíblico para la generosidad (2 Co. 8:1-8) 265
22. La pobreza que nos hace ricos (2 Co. 8:9) 281
23. Mayordomía con integridad (2 Co. 8:10—9:5) 291
24. El camino a la prosperidad (2 Co. 9:6-15) 305
25. Ganando la guerra espiritual (2 Co. 10:1-6). 315
26. ¿Cómo reconocer a un hombre de Dios? (2 Co. 10:7-18) 327
27. La lealtad cristiana (2 Co. 11:1-6) 345

28. Señales distintivas de los verdaderos apóstoles y de
los falsos (2 Co. 11:7-15, 20) 355

29. Gloriarse humildemente (2 Co. 11:16-21) 367

30. Credenciales apostólicas (2 Co. 11:22—12:4) .... .375

31. ¿Cómo usa Dios el sufrimiento? (2 Co. 12:5-10) 389

32. Unicidad apostólica (2 Co. 12:11-12) 399

33. Preocupaciones del verdadero pastor (2 Co. 12:12-19) .... .411

34. El patrón de la santificación: Arrepentimiento (2 Co. 12:20-21) 423

35. El patrón de la santificación: Disciplina (2 Co. 13:1-2) 431

36. El patrón de la santificación: Autoridad (2 Co. 13:3-4) 441

37. El patrón de la santificación: Autenticidad (2 Co. 13:5-6) .... .451

38. El patrón de la santificación: Obediencia e integridad
(2 Co. 13:7-10) 465

39. El patrón de la santificación: Perfección, afecto
y bendición (2 Co. 13:11-14) .... .473

Bibliografía 481

Prólogo

Predicar en el ámbito expositivo a través del Nuevo Testamento sigue significando para mí una gratificante comunión divina. Mi meta ha sido siempre tener una profunda comunión con el Señor al entender su Palabra, y a partir de esa experiencia explicar a su pueblo lo que significa cierto pasaje. En las palabras de Nehemías 8:8, me esfuerzo en "poner sentido" a cada pasaje con el fin de que puedan verdaderamente escuchar a Dios hablar, y que al hacerlo tengan la posibilidad de responderle.

Obviamente, el pueblo de Dios necesita entender a Dios, y eso requiere un conocimiento de su Palabra de verdad (2 Ti. 2:15), así como el hecho de permitir que esa palabra more en abundancia dentro de cada uno de nosotros (Col. 3:16). Por lo tanto, el ímpetu predominante de mi ministerio consiste en contribuir de alguna forma a que la Palabra viviente de Dios sea viva y actual para su pueblo. Esta es una aventura siempre renovadora.

Esta serie de comentarios del Nuevo Testamento refleja la búsqueda de ese objetivo que precisamente consiste en explicar y aplicar las Escrituras a nuestra vida. Algunos comentarios son sobre todo lingüísticos, otros eminentemente teológicos y otros fundamentalmente homiléticos. El que usted tiene en sus manos es básicamente explicativo o expositivo. No es técnico en el sentido de la lingüística, pero también trata aspectos lingüísticos cuando eso resulta de ayuda para la interpretación adecuada. No trata de abarcar todos los temas de la teología, pero se enfoca en las doctrinas más importantes presentes en cada texto y en la manera como se relacionan con las Escrituras en su conjunto. No es primariamente homilético, aunque cada unidad de pensamiento se trata por lo general como un capítulo, con un bosquejo claro y un flujo lógico de pensamiento. La mayoría de las verdades se ilustran y aplican con el respaldo de otras porciones de las Escrituras. Tras establecer el contexto de un pasaje, me he esforzado en seguir de cerca el desarrollo y razonamiento del escritor.

Mi oración es que cada lector pueda alcanzar un entendimiento pleno de lo que el Espíritu Santo está diciendo por medio de esta parte de su Palabra, de manera que su revelación pueda morar en la mente de cada uno de los creyentes trayendo como resultado mayor obediencia y fidelidad, para la gloria de nuestro gran Dios.

Introducción

La epístola de 2 Corintios es la más reveladora de Pablo en lo personal. Al mismo tiempo, quizás es la menos conocida de todos sus escritos inspirados y, a menudo, pasada por alto tanto por los creyentes como individuos como por los pastores. Sin embargo, el rechazo de esta epístola magnífica es una pérdida inmensa para la Iglesia porque tiene mucho qué ofrecer. Ninguna persona en el ministerio debería ignorar la riqueza que proporciona conocerla. Ninguna iglesia debería ordenar a quien no haya leído esta epístola y los comentarios sobre ella.

El carácter piadoso de Pablo brilla por toda 2 Corintios en cuanto que interactúa con una de las congregaciones más atribuladas. Los trece capítulos revelan su humildad; Pablo se describe como un humilde vaso de barro (4:7), enfatiza su debilidad e incompetencia humana (3:5; 11:30; 12:5, 9-10) y es reacio a defenderse cuando lo atacan (11:1, 16-17, 21; 12:11). En 2 Corintios también se revela la preocupación apasionada de Pablo por su rebaño, tanto por su crecimiento espiritual (3:18; 7:1) como por su seguridad espiritual (11:2-4, 29). Su declaración: "Porque no nos predicamos a nosotros mismos, sino a Jesucristo como Señor, y a nosotros como vuestros siervos por amor de Jesús" (4:5) resume su preocupación abnegada por ellos.

Un ministro eficiente y que honra a Dios debe ser sensato espiritualmente, tal como Pablo. No era "como muchos", que eran culpables de "[medrar] falsificando la palabra de Dios, sino que con sinceridad, como de parte de Dios, y delante de Dios, [hablaba] en Cristo" (2:17). El apóstol no pensaría en andar "con astucia, ni adulterando la palabra de Dios" (4:2).

Los predicadores fieles que no comprometen la verdad pueden esperar la reacción hostil del mundo, que los odiará como odió a Jesús (Jn. 7:7; 15:19). Ningún predicador en la historia de la Iglesia ha enfrentado tan intensa persecución como Pablo, y en esta carta demuestra cómo manejar el sufrimiento en el ministerio (2 Co. 1:4-10; 4:7-12; 6:4-10; 11:23-33).

Gran parte del sufrimiento de Pablo en lo relacionado con la iglesia de Corinto provenía de los ataques salvajes que le lanzaban un grupo de falsos apóstoles. Tales charlatanes habían engañado a algunos de los corintios para que creyeran que Pablo era débil, ineficaz y un falso apóstol. El tema principal de esta epístola es la defensa de Pablo de su integridad y apostolado contra estos ataques (1:12-13; 2:17; 3:5; 4:2, 5; 5:9-10; 6:3-4, 11; 7:2; 8:20-21; 10:7; 11:5-6, 30; 12:11-12; 13:5-6).

Aunque 2 Corintios presenta una mirada muy íntima de Pablo, también contiene una verdad teológica rica. Aparte de Hebreos (3:6-18), aquí es donde el nuevo pacto recibe su más completa explicación. En 2 Corintios 5:1-11, Pablo presenta una enseñanza importante sobre lo que ocurre a los creyentes cuando mueren. Los versículos 14-21 del mismo capítulo tratan la doctrina de la reconciliación, culminando con las quince palabras griegas de 5:21. Estas aportan el resumen más conciso —y, sin embargo, profundo— de la expiación sustitutiva de Jesucristo que se encuentra en las Escrituras. De igual forma, 8:9 es una breve joya cristológica de inmenso valor.

También tiene 2 Corintios mucho que enseñar en lo relacionado con los aspectos prácticos de la vida cristiana. En 6:14—7:1, Pablo explica el principio de separación de los incrédulos. Los capítulos 8 y 9 aportan la enseñanza más detallada sobre dar en el Nuevo Testamento; el capítulo 11 instruye sobre cómo diferenciar los verdaderos siervos de Dios de los falsos maestros (vv. 7-15, 20); y el capítulo 12 revela la forma en la que Dios usa el sufrimiento en las vidas de sus hijos (vv. 5-10). La epístola termina con una revisión de varios elementos importantes del proceso de santificación (12:20—13:14).

LA CIUDAD DE CORINTO

Pocas ciudades del mundo antiguo tuvieron la bendición que tuvo Corinto en cuanto a su ubicación geográfica. La ciudad estaba estratégicamente ubicada en el istmo angosto que conecta la Grecia continental con el Peloponeso, la península grande y con apariencia de hoja que conforma la mayor parte del sur de Grecia (desde que se completó un canal en el istmo, al final del siglo XIX, el Peloponeso se convirtió técnicamente en una isla). Así, Corinto controlaba la ruta comercial entre el norte y el sur de Grecia. Además, los viajeros que iban de Italia a Grecia o Asia Menor —o viceversa— embarcaban y desembarcaban en los pueblos que eran puertos de Corinto: Cencrea al lado suroriental del istmo y Lequeo al lado noroccidental. El istmo era angosto, menos de 6,4 kilómetros en el lado más angosto; el camino que unía a Cencrea y Lequeo tenía alrededor de 16 kilómetros. Por ello, muchos capitanes de navíos decidían descargar en alguna de las dos ciudades portuarias y hacer que la carga y el barco (si era lo suficientemente pequeño) pasaran arrastrados por el istmo hasta la otra ciudad, donde volvían a cargar y de ahí zarpaban. Así evitaban un viaje largo y peligroso alrededor del extremo sur del Peloponeso.

En los días de Pablo, Corinto era una ciudad comercial grande y próspera, una de las ciudades principales de Grecia. No debía su prosperidad únicamente al comercio que fluía por ella, sino también a muchos otros factores. Corinto era la sede de los juegos ístmicos bienales, que atraían grandes multitudes a la ciudad. También tenía el codiciado estatus de colonia romana y era la capital de la provincia romana de Acaya (por tal razón los judíos incrédulos de la ciudad pudieron llevar a Pablo a comparecer ante el gobernador romano Galión; Hch. 18:12-17). Los utensilios de metal y arcilla de Corinto eran famosos en todo el Imperio romano.

Pero Corinto también tenía su lado oscuro. Gran parte de su población era esclava, y la ciudad era un centro del comercio de esclavos. Corinto era una ciudad tan inmoral que su nombre se convirtió en un sinónimo de vicio sexual; el verbo "corintianizar" significaba cometer inmoralidad sexual y "corintia" se volvió un término vulgar para prostituta.

Corinto había sido a lo largo de toda su historia una de las ciudades-estado griegas más influyentes, compitiendo en ocasiones con Atenas en importancia. Pero un punto de inflexión relevante en la historia de la ciudad se dio en el año 146 a.C., cuando los romanos invasores la destruyeron y mataron o vendieron en esclavitud a toda su población. El lugar quedó en ruinas alrededor de un siglo, hasta que Julio César la reconstruyó y la refundó, principalmente con esclavos liberados de todo el mundo romano. Muchos griegos cultos estaban escandalizados y desdeñaban a la nueva población de clase baja de la ciudad. Su estatus como puerto marítimo y su floreciente economía atrajeron grandes cantidades de inmigrantes que se sumaron a la mezcla étnica de Corinto. La naturaleza transitoria de gran parte de la población contribuía a la relajada moral de la ciudad. Pfeiffer y Vos hacen notar que "mucha de la población era flotante (marineros, negociantes, oficiales del gobierno, etc.) y, por lo tanto, carecían de las inhibiciones de una sociedad asentada" (*The Wycliffe Historical Geography of Bible Lands* [Geografía histórica Wycliffe de las tierras bíblicas] [Chicago: Moody, 1967], p. 481).

A esta ciudad rica, variada, importante e inmoral llegó el apóstol Pablo en su segundo viaje misionero.

LA IGLESIA DE CORINTO

Cuando Pablo llegó a Corinto desde Atenas (Hch. 18:1), conoció a Aquila y Priscila, una pareja de esposos que se convirtieron en dos de sus más íntimos colaboradores (cp. Hch. 18:18; Ro. 16:3; 1 Co. 16:19; 2 Ti. 4:19). La pareja había salido de Roma hacía poco, cuando el emperador Claudio ordenó que todos los judíos salieran de la ciudad imperial (Hch. 18:2). Puesto que, como Pablo, fabricaban tiendas, el apóstol vivió y trabajó con ellos (v. 3).

Como era la costumbre del apóstol, comenzó su ministerio evangelístico en la sinagoga judía de la ciudad. Silas y Timoteo, quienes acababan de llegar de

Macedonia, colaboraron en la obra (v. 5). Como solía ocurrir, la mayoría de los judíos rechazaban el evangelio y se volvían hostiles, provocando que el apóstol dejara la sinagoga y se fuera "a la casa de uno llamado Justo, temeroso de Dios" (v. 7); es decir, un gentil que había mostrado interés en el Dios de Israel. El antagonismo de los judíos incrédulos se intensificó cuando "Crispo, el principal de la sinagoga, creyó en el Señor con toda su casa", además de muchos otros (v. 8). Los judíos, esperando obtener algo de la inexperiencia del nuevo procónsul (gobernador) Galión, arrastraron a Pablo hasta él, acusando al apóstol de adorar a un Dios contrario a la ley judía (vv. 12-13). Sin embargo, Galión se negó a intervenir en lo que percibió como una disputa interna entre el judaísmo y desestimó los cargos contra Pablo (vv. 14-16). "Pablo, habiéndose detenido aún muchos días allí", salió de Corinto (v. 18).

EL MOTIVO DE 2 CORINTIOS

Después de que Pablo dejó Corinto, recibió noticias alarmantes sobre los problemas que habían surgido en la iglesia de esta ciudad. En respuesta, escribió una carta no canónica (que ya no existe) en la cual confrontaba tales situaciones (1 Co. 5:9). Mientras ministraba en Éfeso en su tercer viaje misionero, supo de aún más problemas en Corinto (1 Co. 1:11). Además, los corintios le escribieron una carta buscando una aclaración en algunos asuntos (1 Co. 7:1). La respuesta de Pablo fue escribirles la carta conocida como 1 Corintios. Puesto que el apóstol no podía abandonar la obra en Éfeso (1 Co. 16:8), envió a Timoteo a Corinto (posiblemente con 1 Corintios).

Mientras que, al parecer, 1 Corintios había resuelto algunos de los problemas en aquel lugar, surgió una nueva amenaza potencialmente más peligrosa. Aparecieron falsos maestros, afirmando que eran apóstoles a quienes había enviado la iglesia de Jerusalén, y pronto sedujeron a muchas personas de la congregación, haciéndolas desleales a Pablo y a la verdad (vea la explicación de la identidad de aquellos maestros en el capítulo 26 de este comentario). Cuando Pablo conoció (posiblemente por Timoteo) esta amenaza, salió de Éfeso rumbo a Corinto.

La visita ("con tristeza", cp. 2 Co. 2:1) no salió bien, y alcanzó su punto más bajo cuando alguien, tal vez uno de los falsos apóstoles, desafió públicamente a Pablo y lo insultó abiertamente (2:5-8, 10; 7:12). Para la inmensa tristeza del apóstol, los corintios no hicieron nada contra el ofensor. Pablo regresó a Éfeso, escribió una carta en términos muy fuertes (que tampoco se ha preservado) conocida como "la carta severa" (2:4) y la envió a Corinto con Tito (7:5-16).

Saliendo de Éfeso, Pablo fue a Troas, donde esperaba encontrarse con Tito. Aunque allí había una puerta abierta para el ministerio, la preocupación de Pablo por la situación de Corinto le impidió sacar total ventaja de ello (2:12-13).

Inquieto, sin poder esperar más a Tito, Pablo partió para Macedonia donde finalmente se encontró con él. Las noticias de Tito, que la mayoría de los corintios se habían arrepentido y habían reafirmado su lealtad a Pablo (7:7), le produjeron gran gozo y alivio.

Pero tenía suficiente sabiduría como para saber que, aun cuando la situación en Corinto había mejorado notablemente, la iglesia no estaba fuera de peligro. Los falsos apóstoles seguían allí y una minoría de corintios seguía confundida o leal a ellos. Cuando Pablo se preparaba para su próxima visita a Corinto (12:14; 13:1), escribió 2 Corintios desde Macedonia (en Filipos, parecen indicar algunos manuscritos antiguos). En esta defendió su apostolado vigorosamente de los ataques de los falsos maestros, dejó instrucciones en cuando a la recolección de la ofrenda para los creyentes pobres de Jerusalén, y confrontó directamente a los falsos apóstoles y sus seguidores.

EL AUTOR DE 2 CORINTIOS

Que Pablo es el autor de la epístola, como se afirma en esta dos veces (1:1; 10:1), es un hecho casi universalmente aceptado, aun entre aquellos eruditos críticos que niegan la autoría de Pablo a otros libros del Nuevo Testamento que usualmente se le atribuyen. Es imposible imaginar una razón para que alguien falsificara una carta tan afectiva y personal. El vocabulario paulino, las similitudes con 1 Corintios y la correlación con la evidencia de Hechos prueban que Pablo es el autor.

La evidencia externa también lo confirma. Policarpo, padre de la iglesia, la citó de manera temprana en el siglo II y, más tarde, en ese mismo siglo se incluyó en el Canon Muratorio. Clemente de Alejandría, Ireneo y Tertuliano también la citaron.

LA UNIDAD DE 2 CORINTIOS

Mientras poco se ha cuestionado la autoría de 2 Corintios, su unidad ha sido tema de mucho debate. En particular, algunos eruditos, sin razón alguna más que su inclinación a desacreditar la integridad de las Escrituras, niegan la unidad del libro. Argumentan, haciendo notorio el cambio abrupto de tema entre los capítulos 1—9 y 10—13, que originalmente se trataba de dos cartas separadas que de alguna manera se unieron en la hoy llamada 2 Corintios.

Para empezar, es menester decir que tales teorías son completamente subjetivas, con base en una supuesta evidencia interna dentro del libro. R. C. H. Lenski escribe:

Ha de enfatizarse fuertemente un hecho con respecto a 2 Corintios: toda, literalmente toda la evidencia textual, prueba que esta carta es una unidad. Nunca se ha descubierto un texto abreviado que permita cuestionar este punto, y jamás ha aparecido un texto que muestre alguna omisión. Este solo hecho se erige como un bastión contra la hipótesis de nuestros tiempos (*The Interpretation of Saint Paul's First and Second Epistles to the Corinthians* [Interpretación de las epístolas primera y segunda de san Pablo a los corintios] [Minneapolis: Augsburg, 1963], p. 795).

Más aun, no hay evidencia, por las traducciones tempranas de la Biblia o los escritos de los padres de la iglesia, de que 2 Corintios haya existido como dos o más cartas separadas. Tampoco hay evidencia de quién habría compilado esas cartas hipotéticas en 2 Corintios, cuándo lo hizo o por qué lo hizo, solo conjeturas por parte de los críticos. Tampoco se conoce qué habría podido ocurrir en la conclusión de la primera y la introducción de la segunda para permitir que las dos se unieran; Donald Guthrie anota: "Debe haber sido un hecho extremadamente fortuito que dos fragmentos mermados se unieran o fueran manipulados con tanta maestría para formar una única epístola que al menos diera la apariencia de un todo, con una veracidad suficiente como para eludir cualquier sospecha hasta el siglo xviii" (*New Testament Introduction* [Introducción al Nuevo Testamento], ed. rev. [Downer Grove, Ill.: Intervarsity, 1990], p. 451). Los críticos tampoco suelen tener en cuenta la dificultad física que requería editar los rollos en que se escribían las cartas antiguas (para una explicación de este argumento, véase David E. Garland, *2 Corinthians* [2 Corintios] The New American Commentary [El nuevo comentario estadounidense] [Nashville: Broadman & Holman, 1999], pp. 38-39).

Algunos proponen que los capítulos 10—13 son la carta severa aludida en 2:4 y que, por lo tanto, se escribieron antes que los capítulos 1—9. Sin embargo, esta teoría se enfrenta a grandes dificultades, además de la ausencia de evidencia textual ya mencionada.

Primero, la ausencia de alguna referencia a los falsos apóstoles en los capítulos 1—9 es desconcertante si los corintios ya habían recibido los capítulos 10—13. Aun si hubieran rechazado los falsos apóstoles antes de que Pablo escribiera los capítulos 1—9, con seguridad Pablo los habría felicitado por ello. Sin embargo, los capítulos 1—9 no mencionan el conflicto entre Pablo y los falsos maestros, solo al individuo que lo desafió (2:5-11; 7:12).

Segundo, los capítulos 10—13 guardan silencio con respecto a aquel individuo. Pero el propósito de la carta severa era ajustar cuentas con los corintios porque se negaron a disciplinarle (2:4-9). Si los capítulos 10—13 constituyen la carta severa, ¿cómo podrían dejar de referirse a la ofensa que motivó su escritura?

Tercero, Pablo dijo que la carta severa la escribió con "mucha tribulación y angustia del corazón… con muchas lágrimas" (2:4). Tal descripción no parece ajustarse al contenido de los capítulos 10—13, con la mordaz ironía de Pablo y las represiones severas a los falsos maestros y sus seguidores. ¿Por qué lamentaría (cp. 7:8) haber defendido tan fuertemente su apostolado o haber relatado su debilidad humana, la cual probaba que Dios había respaldado con poder su ministerio?

Cuarto, en 12:18 Pablo habla del viaje de Tito a Corinto en relación con la recolecta (cp. 8:6, 16-24) como si ya hubiera ocurrido. Como se mencionó anteriormente, puesto que fue este último quien llevó la carta severa en aquel viaje, los capítulos 10—13 no pueden ser la carta severa, obviamente; Tito no podía haber entregado una carta que describe la entrega de la carta como un hecho ocurrido.

Finalmente, Pablo envió la carta severa para evitar tener que ir a Corinto (2:1-4), pero escribió los capítulos 10—13 para preparar una visita futura (12:14; 13:1).

Otros, reconociendo esas dificultades argumentan que los capítulos 10—13 fueron una carta separada pero escrita después de los capítulos 1—9. Una vez más, debe mencionarse que no hay evidencia de que los capítulos 10—13 circularan alguna vez separados de los capítulos 1—9. Una variación de tal punto de vista es que antes de que Pablo enviara los capítulos 1—9, recibió noticias de problemas adicionales en Corinto. Entonces escribió los capítulos 10—13 y envió la carta completa. La vida de Pablo, ocupada con el ministerio, los viajes y el trabajo para mantenerse quizás le habría impedido escribir 2 Corintios en una sola sentada. Pero en ninguna parte de los capítulos 10—13 menciona que haya recibido información nueva de Corinto.

La diferencia en el tono entre las dos secciones de la epístola no se debe exagerar. En los capítulos 1—9, Pablo se defiende a sí mismo (p. ej., 1:17; 4:2; 5:12-13) y reprende a los falsos maestros (p. ej., 2:17); mientras que en los capítulos 10—13 expresa amor y preocupación por los corintios (11:11; 12:14-15; 13:9). Cuando se tiene en cuenta el plan de la epístola, la razón para el cambio de tono de Pablo se hace perfectamente entendible. Los capítulos 1—9 van dirigidos a la mayoría (cp. 2:6), quienes se arrepintieron por la carta severa; los capítulos 10—13 son para la minoría no arrepentida, quienes se aferran aún a los falsos apóstoles (los "algunos" de 10:2 que aún consideraban a Pablo como si anduviera "según la carne").

FECHA Y LUGAR DE LA ESCRITURA

La fecha del ministerio de Pablo en Corinto puede determinarse con precisión razonable a causa de su juicio ante el procónsul romano Galión. De acuerdo con la inscripción en Delfos, Galión asumió probablemente su cargo en julio del año 51 d.C. El juicio de Pablo ante él probablemente tuvo lugar poco después de que

Galión asumiera el cargo, hacia el final del ministerio del apóstol en Corinto (cp. Hch. 18:18). Cuando Pablo salió de Corinto, fue a Palestina vía Éfeso (Hch. 18:22). Regresó a Éfeso en su tercer viaje misionero (Hch. 19:1), donde ministró alrededor de dos años y medio (Hch. 19:8, 10). Pablo escribió 1 Corintios hacia el final de su estadía en Éfeso (1 Co. 16:8), muy probablemente al final del 55 d.C. Planeaba dejar Éfeso después de la fiesta de Pentecostés (1 Co. 16:8), probablemente al final del 56 d.C. Salió para Macedonia, desde donde escribió 2 Corintios al final de tal año, como ya se dijo antes.

BOSQUEJO

I. Ministerio apostólico (1:1—7:16)
  A. El saludo del ministro (1:1-11)
  B. Los planes del ministro (1:12—2:13)
    1. Con respecto al viaje (1:12—2:4)
    2. Con respecto al ofensor (2:5-11)
    3. Con respecto a Tito (2:12-13)
  C. La naturaleza del ministerio (2:14—7:16)
    1. Su triunfo (2:14-17)
    2. Su recomendación (3:1-5)
    3. Su base (3:6-18)
    4. Su asunto (4:1-7)
    5. Sus dificultades (4:8-18)
    6. Su motivación (5:1-10)
    7. Su mensaje (5:11-21)
    8. Su conducta (6:1-10)
    9. Su exhortación (6:11—7:16)
II. Recolección apostólica (8:1—9:15)
  A. El patrón de dar (8:1-9)
    1. Los macedonios (8:1-7)
    2. El Señor Jesucristo (8:8-9)
  B. El propósito de dar (8:10-15)
  C. El procedimiento de dar (8:16—9:5)
  D. La promesa de dar (9:6-15)
III. Defensa apostólica (10:1—13:14)
  A. La autoridad de Pablo (10:1-18)
  B. La conducta de Pablo (11:1-15)
  C. El sufrimiento de Pablo (11:16-33)
  D. Las credenciales de Pablo (12:1-13)
  E. La generosidad de Pablo (12:14-19)
  F. Las exhortaciones de Pablo (12:20—13:14)

Consuelo en las dificultades 1

Pablo, apóstol de Jesucristo por la voluntad de Dios, y el hermano Timoteo, a la iglesia de Dios que está en Corinto, con todos los santos que están en toda Acaya: Gracia y paz a vosotros, de Dios nuestro Padre y del Señor Jesucristo. Bendito sea el Dios y Padre de nuestro Señor Jesucristo, Padre de misericordias y Dios de toda consolación, el cual nos consuela en todas nuestras tribulaciones, para que podamos también nosotros consolar a los que están en cualquier tribulación, por medio de la consolación con que nosotros somos consolados por Dios. Porque de la manera que abundan en nosotros las aflicciones de Cristo, así abunda también por el mismo Cristo nuestra consolación. Pero si somos atribulados, es para vuestra consolación y salvación; o si somos consolados, es para vuestra consolación y salvación, la cual se opera en el sufrir las mismas aflicciones que nosotros también padecemos. Y nuestra esperanza respecto de vosotros es firme, pues sabemos que así como sois compañeros en las aflicciones, también lo sois en la consolación. Porque hermanos, no queremos que ignoréis acerca de nuestra tribulación que nos sobrevino en Asia; pues fuimos abrumados sobremanera más allá de nuestras fuerzas, de tal modo que aun perdimos la esperanza de conservar la vida. Pero tuvimos en nosotros mismos sentencia de muerte, para que no confiásemos en nosotros mismos, sino en Dios que resucita a los muertos; el cual nos libró, y nos libra, y en quien esperamos que aún nos librará, de tan gran muerte; cooperando también vosotros a favor nuestro con la oración, para que por muchas personas sean dadas gracias a favor nuestro por el don concedido a nosotros por medio de muchos. (1:1-11)

Los problemas son inevitables en este mundo caído y perverso. Elifaz, uno de los pretendidos consejeros de Job, declaró: "Pero como las chispas se levantan para volar por el aire, así el hombre nace para la aflicción" (Job 5:7). Con ese sentimiento, Job, quien ciertamente no era ajeno a la dificultad, añadió: "El hombre nacido de mujer, corto de días, y hastiado de sinsabores" (Job 14:1). Jeremías, el profeta llorón, se lamentaba así: "¿Para qué salí del vientre? ¿Para ver trabajo y dolor, y que mis días se gastasen en afrenta?" (Jer. 20:18). El testimonio del resto de las Escrituras es que la vida está llena de dificultades, pena, dolor, desilusión, desencantamiento y desespero.

Para aumentar el dolor que producen las dificultades, surge la realidad perturbadora de que Dios, en ocasiones, parece distante y despreocupado. Job, desanimado, clamó así: "¿Por qué escondes tu rostro, y me cuentas por tu enemigo?" (Job 13:24). El salmista se preguntó pensativo: "¿Por qué, Señor, te mantienes distante? ¿Por qué te escondes en momentos de angustia?" (Sal. 10:1, NVI). Los hijos de Coré se preguntaron lo siguiente hablando por Israel: "¿Por qué escondes tu rostro, y te olvidas de nuestra aflicción, y de la opresión nuestra?" (Sal. 44:24). El profeta Isaías afirmó: "Verdaderamente tú eres Dios que te encubres, Dios de Israel, que salvas" (Is. 45:15). Aun David, un hombre conforme al corazón de Dios (1 S. 13:14; cp. Hch. 13:22) y "el dulce cantor de Israel" (2 S. 23:1) tuvo momentos de duda y desánimo. En Salmos 13:1 se preguntó desesperado esto: "¿Hasta cuándo, Señor, me seguirás olvidando? ¿Hasta cuándo esconderás de mí tu rostro?" (NVI); mientras que en Salmos 22:1 expresó su angustia en palabras de las cuales hizo eco el Señor Jesucristo en la cruz: "Dios mío, Dios mío, ¿por qué me has desamparado?" (cp. Mt. 27:46).

Muchos se preguntan hoy día por qué le ocurren cosas malas a gente buena. Pero las Escrituras rechazan la suposición implícita de que haya personas realmente buenas. El apóstol Pablo declaró: "No hay justo, ni aun uno" (Ro. 3:10; cp. Sal. 14:1-3; 53:1-3), porque "todos pecaron, y están destituidos de la gloria de Dios" (Ro. 3:23; cp. 1 R. 8:46; Sal. 143:2; Pr. 20:9; Ec. 7:20; Jer. 17:9). En consecuencia, por cuanto "Dios es juez justo… Dios está airado contra el impío todos los días" (Sal. 7:11). A todos les suceden cosas malas porque todos son pecadores que viven en un mundo caído y maldito por el pecado.

A los creyentes también les ocurren cosas malas porque son pecadores redimidos que viven en un mundo caído. De hecho, Dios permite que tales cosas ocurran por varias razones importantes.

Primero, Dios permite que a su pueblo le ocurran cosas malas para probar la validez de su fe. De acuerdo con Proverbios 17:3, "al corazón lo prueba el Señor" (NVI). En 2 Crónicas 32:31 se nos dice: "Dios [dejó a Ezequías], para probarle, para hacer conocer todo lo que estaba en su corazón". Siglos antes ya le había dicho Moisés a Israel: "Durante cuarenta años el Señor tu Dios te llevó por todo el camino del desierto, y te humilló y te puso a prueba para conocer lo que había en tu corazón y ver si cumplirías o no sus mandamientos" (Dt. 8:2, NVI). Pedro escribió:

En [la salvación] vosotros os alegráis, aunque ahora por un poco de tiempo, si es necesario, tengáis que ser afligidos en diversas pruebas, para que sometida a prueba vuestra fe, mucho más preciosa que el oro, el cual aunque perecedero se

prueba con fuego, sea hallada en alabanza, gloria y honra cuando sea manifes-
tado Jesucristo (1 P. 1:6-7).

Tales pruebas no son para que Dios sepa, pues Él es omnisciente y conoce el corazón de cada persona. Más bien, revelan a quienes viven la prueba si su fe es real. Ninguna prueba, no importa cuán severa sea, puede destruir la fe salvadora auténtica, porque el salvo persevera hasta el fin (Mt. 24:13).

Job, quien fuera el hombre más fiel de su época, vivió un sufrimiento casi inconcebible. Perdió su riqueza, todos sus hijos murieron y lo abatió una enfermedad dolorosa y debilitadora. Peor aun, quienes estaban más cerca de él se volvieron en su contra; su esposa, con mucha necedad, lo urgió a maldecir a Dios y morir (Job 2:9), mientras el consejo inepto de sus amigos lo llevó a exclamar exasperado: "Consoladores molestos sois todos vosotros... ¿Cómo, pues, me consoláis en vano, viniendo a parar vuestras respuestas en falacia?" (Job 16:2; 21:34). Y lo más desconcertante de todo es que, aunque no se conocía un gran pecado en la vida de Job, Dios parecía ser su enemigo implacable. En Job 19:6-11, él se lamentó así por el desespero y la confusión:

Sabed ahora que Dios me ha derribado, y me ha envuelto en su red. He aquí, yo
clamaré agravio, y no seré oído; daré voces, y no habrá juicio. Cercó de vallado
mi camino, y no pasaré; y sobre mis veredas puso tinieblas. Me ha despojado
de mi gloria, y quitado la corona de mi cabeza. Me arruinó por todos lados, y
perezco; y ha hecho pasar mi esperanza como árbol arrancado. Hizo arder contra
mí su furor, y me contó para sí entre sus enemigos.

Buscando desesperadamente la simpatía de sus amigos, Job les rogó: "¡Oh, vosotros mis amigos, tened compasión de mí, tened compasión de mí! Porque la mano de Dios me ha tocado" (Job 19:21).

Sin embargo, a pesar de la miseria, sufrimiento y desespero de Job, provocados todos por las arremetidas violentas de Satanás (cp. Job 1:6-12; 2:1-7), su fe en Dios permaneció intacta. En 13:15 declaró confiado: "He aquí, aunque él me matare, en él esperaré". Cuando Dios lo confrontó con su gloriosa y majestuosa santidad, expresó arrepentimiento genuino por haber dudado de Él:

Yo conozco que todo lo puedes, y que no hay pensamiento que se esconda de ti.
¿Quién es el que oscurece el consejo sin entendimiento? Por tanto, yo hablaba lo
que no entendía; cosas demasiado maravillosas para mí, que yo no comprendía.
Oye, te ruego, y hablaré; te preguntaré, y tú me enseñarás. De oídas te había
oído; mas ahora mis ojos te ven. Por tanto me aborrezco, y me arrepiento en polvo
y ceniza (Job 42:2-6).

El profeta Habacuc también enfrentó un dilema que puso a prueba su fe. Angustiado por el desenfrenado pecado en Israel, clamó así al Señor:

¿Hasta cuándo, Señor, he de pedirte ayuda sin que tú me escuches? ¿Hasta cuándo he de quejarme de la violencia sin que tú nos salves? ¿Por qué me haces presenciar calamidades? ¿Por qué debo contemplar el sufrimiento? Veo ante mis ojos destrucción y violencia; surgen riñas y abundan las contiendas. Por lo tanto, se entorpece la ley y no se da curso a la justicia. El impío acosa al justo, y las sentencias que se dictan son injustas (Hab. 1:2-4, NVI).

Para su consternación, la respuesta de Dios fue todo lo opuesto a lo que hubiera esperado. Dios iba a traer un juicio devastador sobre Israel, en lugar de un avivamiento espiritual para la nación y, para mayor desconcierto, Dios eligió una nación pagana e impía como el instrumento de su juicio:

¡Miren a las naciones! ¡Contémplenlas y quédense asombrados! Estoy por hacer en estos días cosas tan sorprendentes que no las creerán aunque alguien se las explique. Estoy incitando a los caldeos, ese pueblo despiadado e impetuoso, que recorre toda la tierra para apoderarse de territorios ajenos. Son un pueblo temible y espantoso, que impone su propia justicia y grandeza. Sus caballos son más veloces que leopardos, más feroces que lobos nocturnos. Su caballería se lanza a todo galope; sus jinetes vienen de muy lejos. ¡Caen como buitres sobre su presa! Vienen en son de violencia; avanzan sus hordas como el viento del desierto, hacen prisioneros como quien recoge arena. Ridiculizan a los reyes, se burlan de los gobernantes; se ríen de toda ciudad amurallada, pues construyen terraplenes y la toman. Son un viento que a su paso arrasa todo; su pecado es hacer de su fuerza un dios (Hab. 1:5-11, NVI).

Sin embargo, a pesar de la confusión de Habacuc porque una nación peor que Israel fuera el instrumento de Dios para el juicio contra aquella, su fe resistió. Expresó su confianza continua en la fidelidad, justicia y santidad de Dios, aunque el dilema no cambió:

¡Tú, Señor, existes desde la eternidad! ¡Tú, mi santo Dios, eres inmortal! Tú, Señor, los has puesto para hacer justicia; tú, mi Roca, los has puesto para ejecutar tu castigo. Son tan puros tus ojos que no puedes ver el mal; no te es posible contemplar el sufrimiento. ¿Por qué entonces toleras a los traidores? ¿Por qué guardas silencio mientras los impíos se tragan a los justos? (Hab. 1:12-13, NVI).

Quienes posean una fe auténtica pasarán las pruebas que Dios permita en sus vidas, trayéndoles seguridad, confianza y esperanza.

Segundo, Dios permite que a su pueblo le ocurran cosas malas para que deje atrás su dependencia del mundo. Las pruebas eliminan los recursos del mundo en que los creyentes confían, haciéndolos completamente dependientes de los recursos divinos. Antes de que Jesús alimentara a los cinco mil, "vio que había venido a él gran multitud, [y] dijo a Felipe: ¿De dónde compraremos pan para que coman éstos?" (Jn. 6:5). Felipe y el resto de discípulos hicieron de inmediato un inventario y los resultados no eran prometedores: "Felipe le respondió: Doscientos denarios de pan no bastarían para que cada uno de ellos tomase un poco. Uno de sus discípulos, Andrés, hermano de Simón Pedro, le dijo: Aquí está un muchacho, que tiene cinco panes de cebada y dos pececillos; mas ¿qué es esto para tantos?" (Jn. 6:7-9). Pero Felipe y el resto no entendieron de qué se trataba todo el asunto: "Esto decía para probarle; porque él sabía lo que había de hacer" (Jn. 6:6). Jesús utilizó este incidente para mostrarles la inutilidad de confiar en los recursos humanos.

Tercero, Dios permite que a su pueblo le ocurran cosas malas para llamarlo a su esperanza celestial. Pablo escribió así a los romanos: "Nos gloriamos en las tribulaciones, sabiendo que la tribulación produce paciencia; y la paciencia, prueba; y la prueba, esperanza; y la esperanza no avergüenza" (Ro. 5:3-5). Quienes tienen su esperanza puesta en el cielo nunca sufrirán decepciones en esta vida, y el sufrimiento es el primer paso para producir tal esperanza. Pablo expresó a los corintios su esperanza celestial cuando escribió: "Porque esta leve tribulación momentánea produce en nosotros un cada vez más excelente y eterno peso de gloria; no mirando nosotros las cosas que se ven, sino las que no se ven; pues las cosas que se ven son temporales, pero las que no se ven son eternas" (2 Co. 4:17-18). Cuanto mayor sea la carga de las pruebas que los creyentes soporten en esta vida, más dulce se vuelve su esperanza del cielo.

Cuarto, Dios permite que a su pueblo le sucedan cosas malas para revelarle qué es lo que aman en realidad. Quienes buscan el carácter probado que produce el sufrimiento (Ro. 5:3-4) y buscan sufrir con el Señor Jesucristo (cp. Hch. 5:41; 1 P. 4:13), soportarán las pruebas con gozo. Pero quienes centran su atención en las cosas mundanas reaccionarán con rabia y desespero cuando las pruebas los golpeen.

La forma en la cual Abraham afrontó la prueba severísima de su hijo Isaac reveló su amor por Dios. Génesis 22:1-2 dice: "Probó Dios a Abraham, y le dijo: Abraham. Y él respondió: Heme aquí. Y dijo: Toma ahora tu hijo, tu único, Isaac, a quien amas, y vete a tierra de Moriah, y ofrécelo allí en holocausto sobre uno de los montes que yo te diré". Abraham debió haber quedado estupefacto ante esta orden tan aparentemente incomprensible. Isaac era el hijo que había añorado por décadas. Entonces, cuando Abraham era viejo y su esposa había pasado la edad de concebir, llegó el anuncio increíble de que iban a tener un hijo (Gn. 18: 10, 14). Fueron tan sorprendentes las noticias de que su más querida esperanza se iba a volver realidad, que tanto Abraham (Gn. 17:17) como Sara (Gn. 18:12) se rieron cuando las oyeron. Además, Isaac era el hijo del pacto, por medio de aquel llegarían los descendientes de Abraham (Gn. 17:19; 21:12; Ro. 9:7).

Todas las promesas de Dios y las esperanzas de Abraham estaban ligadas a Isaac. Aun así, cuando Dios le ordenó sacrificar a su hijo, él estuvo dispuesto a obedecer. Dios lo detuvo, salvó a Isaac y proveyó otro sacrificio. La voluntad de Abraham probó que amaba a Dios sobre todas las cosas, aun por encima de su hijo. Y también creyó en la promesa divina de que una nación llegaría por medio de Isaac; creía que Dios lo resucitaría aun si lo mataba (He. 11:17-19).

Quinto, Dios permite que a su pueblo le ocurran cosas malas para enseñarle obediencia. El salmista lo reconoció así: "Antes que fuera yo humillado, descarriado andaba; mas ahora guardo tu palabra… bueno me es haber sido humillado, para que aprenda tus estatutos" (Sal. 119: 67, 71). El aguijón doloroso de la aflicción les recuerda a los creyentes que el pecado tiene consecuencias. Dios usa las pruebas para llevar a los creyentes a la obediencia y la santidad, como lo revela el escritor de Hebreos:

> *Y habéis ya olvidado la exhortación que como a hijos se os dirige, diciendo: Hijo mío, no menosprecies la disciplina del Señor, ni desmayes cuando eres reprendido por él; porque el Señor al que ama, disciplina, y azota a todo el que recibe por hijo. Si soportáis la disciplina, Dios os trata como a hijos; porque ¿qué hijo es aquel a quien el padre no disciplina? Pero si se os deja sin disciplina, de la cual todos han sido participantes, entonces sois bastardos, y no hijos. Por otra parte, tuvimos a nuestros padres terrenales que nos disciplinaban, y los venerábamos. ¿Por qué no obedeceremos mucho mejor al Padre de los espíritus, y viviremos? Y aquéllos, ciertamente por pocos días nos disciplinaban como a ellos les parecía, pero éste para lo que nos es provechoso, para que participemos de su santidad. Es verdad que ninguna disciplina al presente parece ser causa de gozo, sino de tristeza; pero después da fruto apacible de justicia a los que en ella han sido ejercitados (He. 12:5-11).*

Sexto, Dios permite que a su pueblo le ocurran cosas malas para que pueda revelarle su compasión. El sufrimiento de los creyentes le permite mostrar su bondad amorosa que, tal cual lo declaró David, es mejor que cualquier otra cosa en la vida: "Porque mejor es tu misericordia que la vida; mis labios te alabarán" (Sal. 63:3). Nunca conocen los creyentes más íntimamente a Dios que cuando los consuela en sus sufrimientos. Isaías declaró gozoso: "Ustedes los cielos, ¡griten de alegría! Tierra, ¡regocíjate! Montañas, ¡prorrumpan en canciones! Porque el Señor consuela a su pueblo y tiene compasión de sus pobres" (Is. 49:13, nvi; cp. 51:12; 52:9; 66:13). Esta revelación de la compasión divina acentúa la adoración.

Séptimo, Dios permite que a su pueblo le ocurran cosas malas para fortalecerlo y volverlo de mayor utilidad. Cuanto más probados y refinados por las dificultades estén, más eficiente será su servicio. Santiago escribió así: "Hermanos míos, tened por sumo gozo cuando os halléis en diversas pruebas, sabiendo que la prueba de vuestra fe produce paciencia. Mas tenga la paciencia su obra completa, para que seáis perfectos y cabales, sin que os falte cosa alguna" (Stg. 1:2-4).

Finalmente, Dios permite que a su pueblo le ocurran cosas malas para capacitarlo a la hora de dar consuelo a otros en sus tribulaciones. Jesús dijo a Pedro: "Simón, Simón, he aquí Satanás os ha pedido para zarandearos como a trigo; pero yo he rogado por ti, que tu fe no falte; y tú, una vez vuelto, confirma a tus hermanos" (Lc. 22:31-32). Después de que Pedro pasara por su propia prueba, podría ayudar a otros. Como aprenderemos más adelante en este mismo capítulo, el énfasis de Pablo en esta introducción es que Dios "nos consuela en todas nuestras tribulaciones, para que podamos también nosotros consolar a los que están en cualquier tribulación, por medio de la consolación con que nosotros somos consolados por Dios" (1:4).

Como era costumbre en la antigüedad, la epístola comienza con el nombre de quien la envía, **Pablo.** Como hizo en ocho de sus otras epístolas, declaró que era **apóstol de Jesucristo** (cp. Ro. 1:1; 1 Co. 1:1; Gá. 1:1; Ef. 1:1; Col. 1:1; 1 Ti. 1:1; 2 Ti. 1:1; Tit. 1:1). Puesto que los falsos maestros cuestionaban invariablemente sus credenciales apostólicas, Pablo declara que él no se nombró a sí mismo, sino que era apóstol **por la voluntad de Dios** (cp. 1 Co. 1:1; Ef. 1:1; Col. 1:1; 2 Ti. 1:1). Aunque no era uno de los doce apóstoles, el Señor Jesucristo lo escogió personalmente para ser apóstol (Hch. 26:15-18; 1 Co. 15:7-10). En cuanto que era apóstol, las verdades que escribía a los corintios son las palabras inspiradas del Dios vivo. Así pues, el ataque de los falsos maestros a su credibilidad también era un ataque a la verdad revelada de Dios.

Timoteo no era apóstol, sino el amado **hermano** de Pablo en Cristo. Era nativo de Listra, una ciudad de Asia Menor (la actual Turquía). Su madre y su abuela eran creyentes judías devotas (2 Ti. 1:5), pero su padre era un griego pagano (Hch. 16:1). Después de que Timoteo se unió a Pablo en el segundo viaje misionero, se volvió su protegido y su hijo querido en la fe. Pablo le escribió dos epístolas inspiradas y aparece mencionado en ocho más, seis de ellas en la salutación.

Timoteo era una representación tan fiel de Pablo que el apóstol lo envió confiadamente como su representante a las iglesias de Macedonia (Hch. 19:22), Filipos (2:19-24), Tesalónica (1 Ts. 3:2) y Éfeso (1 Ti. 1:3). Los corintios también lo conocían, debido a que estaba allí cuando se fundó la iglesia (Hch. 18:5) y después sirvió a Pablo como emisario personal para la congregación (1 Co. 4:17; 16:10).

Como era la costumbre de Pablo, envió su saludo **a la iglesia de Dios que está en Corinto.** Era una comunidad de creyentes que pertenecía a Dios, pues "él [la] ganó por su propia sangre" (Hch. 20:28). Pablo no identifica a **los santos que están en toda Acaya,** a quienes también envía el saludo. Sin embargo, había una iglesia en Cencrea (Ro. 16:1), una ciudad a unos trece kilómetros, que funcionaba como el puerto de Corinto. Como hizo Pablo en las salutaciones de todas sus cartas, deseó a los corintios la gracia de Dios **y** la **paz** divina que es uno de sus beneficios. Las dos provienen solamente de **Dios nuestro Padre y del Señor Jesucristo.**

Como se señaló en la introducción a este volumen, el asunto principal en esta epístola es la defensa de Pablo de su apostolado por los múltiples ataques de los falsos maestros en Corinto. En estos versículos introductorios de 2 Corintios, Pablo se defiende de las acusaciones falsas de que sus tribulaciones son el castigo de Dios por sus pecados e infidelidad. El apóstol aclara que Dios lo estaba consolando en su sufrimiento, no castigándolo. Así, escribió el que es, sin duda, el pasaje más significativo de consuelo en todas las Escrituras. Pablo describe, en este pasaje, la persona, promesa, propósito, parámetros, poder, perpetuidad y participación del consuelo.

LA PERSONA DEL CONSUELO

Bendito sea el Dios y Padre de nuestro Señor Jesucristo, Padre de misericordias y Dios de toda consolación, (1:3)

Después del saludo, Pablo comienza el cuerpo de la epístola con la afirmación de que Dios debe ser **bendito.** *Eulogētos* (**bendito**) es la raíz de la palabra "elogio", y significa literalmente "hablar bien de algo o alguien". El Antiguo Testamento se refiere con frecuencia a Dios como el Dios de Abraham, Dios de Isaac, y Dios de Jacob (p. ej., Éx. 3:6, 15-16; 4:5; 1 R. 18:36; 1 Cr. 29:18; 2 Cr. 30:6). Pero el Nuevo Testamento lo identifica como **el Dios y Padre de nuestro Señor Jesucristo** (cp. 2 Co. 11:31; Ro. 15:6; Ef. 1:3, 17; 1 P. 1:3), pues "Dios, habiendo hablado muchas veces y de muchas maneras en otro tiempo a los padres por los profetas, en estos postreros días nos ha hablado por el Hijo, a quien constituyó heredero de todo, y por quien asimismo hizo el universo" (He. 1:1-2).

A diferencia de Abraham, Isaac, Jacob y los profetas del Antiguo Testamento, **Jesucristo** es la misma esencia del Padre; es "el resplandor de su gloria, y la imagen misma de su sustancia" (He. 1:3). Jesús conmocionó y airó a las autoridades judías declarando osadamente esto: "Yo y el Padre uno somos" (Jn. 10:30). Jesús les dijo claramente a sus discípulos, igual de obtusos: "El que me ha visto a mí, ha visto al Padre" (Jn. 14:9). Pablo escribió a los filipenses que Jesús existió "en forma de Dios" (Fil. 2:6), y a los colosenses les dijo: "Él es la imagen del Dios invisible" (Col. 1:15) y "en él habita corporalmente toda la plenitud de la Deidad" (Col. 2:9). La enseñanza del Nuevo Testamento según la cual Jesús es Dios en carne humana es la verdad central del evangelio (cp. Jn. 1:1; 5:17-18; 8:58; 20:28; Ro. 9:5; Tit. 2:13; He. 1:8; 2 P. 1:1; 1 Jn. 5:20) y quienes la rechazan no pueden obtener la salvación (Jn. 8:24).

Algunos pueden preguntarse por qué, si son completamente iguales, al Padre se le menciona como **el Dios... de nuestro Señor Jesucristo** (cp. Mr. 15:34; Jn. 20:17). Jesús es completamente igual al Padre en su deidad, pero se sometió a Él en su humanidad. La declaración de Pablo refleja la sujeción de Jesús al Padre durante la encarnación (cp. Jn. 14:28), cuando Él voluntariamente cedió el uso independiente de sus atributos divinos (Fil. 2:6-7; cp. Mt. 24:36).

El título **Señor Jesucristo** resume toda su obra redentora. La palabra **Señor** describe su deidad soberana; **Jesús** (el equivalente griego del nombre hebreo *Yeshua*; "Dios salva") describe su muerte y resurrección salvadoras; **Cristo** ("el ungido") lo describe como el Rey que derrotará a los enemigos de Dios y gobernará sobre la Tierra redimida y el reino eterno.

Pablo describió también a Dios utilizando dos títulos del Antiguo Testamento. Es **Padre de misericordias** a quienes lo buscan. Cuando David tuvo que enfrentar una serie de castigos, le dijo a Gad: "Es mejor que caigamos en las manos del Señor, porque su amor es grande" (2 S. 24:14, NVI). En Salmos 86:15 escribió: "Mas tú, Señor, Dios misericordioso y clemente, lento para la ira, y grande en misericordia y verdad". "El Señor es clemente y compasivo" en Salmos 103:8 y añadió: "Lento para la ira y grande en amor" (NVI). Más adelante, en el mismo salmo, David vuelve a alabar la misericordia de Dios, su compasión y su bondad: "Tan compasivo es el Señor con los que le temen como lo es un padre con sus hijos... Pero el amor del Señor es eterno y siempre está con los que le temen" (vv. 13, 17, NVI). El profeta Miqueas describió la misericordia y la compasión de Dios al perdonar los pecados:

> *¿Qué Dios como tú, que perdona la maldad, y olvida el pecado del remanente de su heredad? No retuvo para siempre su enojo, porque se deleita en misericordia. Él volverá a tener misericordia de nosotros; sepultará nuestras iniquidades, y echará en lo profundo del mar todos nuestros pecados (Mi. 7:18-19).*

El Nuevo Testamento también revela la misericordia de Dios. Zacarías, el padre de Juan el Bautista, habló de "la entrañable misericordia de nuestro Dios, con que nos visitó desde lo alto la aurora" (Lc. 1:78). Pablo escribió a los romanos: "Así que, hermanos, os ruego por las misericordias de Dios, que presentéis vuestros cuerpos en sacrificio vivo, santo, agradable a Dios, que es vuestro culto racional" (Ro. 12:1). Más adelante, declaró en la epístola que "los gentiles [glorificarían] a Dios por su misericordia" (Ro. 15:9). En Efesios 2:4 describió a

Dios como "rico en misericordia". Fue "según su grande misericordia [que] nos hizo renacer para una esperanza viva, por la resurrección de Jesucristo de los muertos" (1 P. 1:3).

El Antiguo Testamento también revela que Dios es un **Dios de toda consolación.** En Isaías, Dios dijo del sufrimiento de Israel: "Consolaos, consolaos, pueblo mío, dice vuestro Dios" (Is. 40:1). En Isaías 49:13 el profeta declara lleno de júbilo: "Ustedes los cielos, ¡griten de alegría! Tierra, ¡regocíjate! Montañas, ¡prorrumpan en canciones! Porque el Señor consuela a su pueblo y tiene compasión de sus pobres" (NVI). Y asevera con confianza: "Sin duda, el Señor consolará a Sión; consolará todas sus ruinas. Convertirá en un Edén su desierto; en huerto del Señor sus tierras secas. En ella encontrarán alegría y regocijo, acción de gracias y música de salmos" (Is. 51:3, NVI; cp. 52:9; 66:13).

En el Nuevo Testamento Jesús prometió: "Bienaventurados los que lloran, porque ellos recibirán consolación" (Mt. 5:4). Pablo escribió a los tesalonicenses: "Y el mismo Jesucristo Señor nuestro, y Dios nuestro Padre, el cual nos amó y nos dio consolación eterna y buena esperanza por gracia, conforte vuestros corazones, y os confirme en toda buena palabra y obra" (2 Ts. 2:16-17).

Pablo había experimentado mucho dolor, sufrimiento y pena, particularmente por causa de los falsos maestros de Corinto. Calumniaron su carácter para desacreditarlo y, lo que era aun más doloroso para el apóstol, buscaron engañar a la iglesia de Corinto con las mentiras del evangelio. Pero, en la consoladora misericordia de Dios con él, recibió la fuerza que necesitaba para seguir. Por ello, Pablo estaba profundamente agradecido y bendijo a Dios.

LA PROMESA DE CONSUELO

el cual nos consuela en todas nuestras tribulaciones, (1:4*a*)

Dios consuela a su pueblo no solo porque es consolador misericordioso por naturaleza, sino porque Él ha prometido consolarlos. El Señor es un amigo que ama en todo tiempo (Pr. 17:17), un amigo "más unido que un hermano" (Pr. 18:24), quien prometió esto: "No te desampararé, ni te dejaré" (He. 13:5; cp. Dt. 31:6, 8; Sal. 37:28; Is. 41:10).

El apóstol Pablo conocía esta bendita verdad no solamente por revelación divina, sino por experiencia. En esta epístola escribió más adelante: "Dios, que consuela a los humildes, nos consoló con la venida de Tito" (2 Co. 7:6). En Romanos 8:31-39 escribió:

> *¿Qué, pues, diremos a esto? Si Dios es por nosotros, ¿quién contra nosotros? El que no escatimó ni a su propio Hijo, sino que lo entregó por todos nosotros, ¿cómo no nos dará también con él todas las cosas? ¿Quién acusará a los escogidos de*

> *Dios? Dios es el que justifica. ¿Quién es el que condenará? Cristo es el que murió; más aun, el que también resucitó, el que además está a la diestra de Dios, el que también intercede por nosotros. ¿Quién nos separará del amor de Cristo? ¿Tribulación, o angustia, o persecución, o hambre, o desnudez, o peligro, o espada? Como está escrito: Por causa de ti somos muertos todo el tiempo; somos contados como ovejas de matadero. Antes, en todas estas cosas somos más que vencedores por medio de aquel que nos amó. Por lo cual estoy seguro de que ni la muerte, ni la vida, ni ángeles, ni principados, ni potestades, ni lo presente, ni lo por venir, ni lo alto, ni lo profundo, ni ninguna otra cosa creada nos podrá separar del amor de Dios, que es en Cristo Jesús Señor nuestro.*

Habiendo Dios pagado el precio de la redención de los creyentes, la muerte de su Hijo, estará con ellos para amarlos, fortalecerlos, protegerlos y consolarlos en cada situación extrema. Pablo había recordado previamente a los corintios esto: "No os ha sobrevenido ninguna tentación que no sea humana; pero fiel es Dios, que no os dejará ser tentados más de lo que podéis resistir, sino que dará también juntamente con la tentación la salida, para que podáis soportar" (1 Co. 10:13). A los filipenses les escribió lo siguiente: "El que comenzó en vosotros la buena obra, la perfeccionará hasta el día de Jesucristo" (Fil. 1:6). El plan soberano de Dios es estar con sus hijos y consolarlos.

La palabra **tribulaciones** es traducción del griego *thlipsis*, que quiere decir literalmente "presión". A través de **todas** las persecuciones, estrés y pruebas que Pablo experimentó en su vida turbulenta, también experimentó la presencia fortalecedora y consoladora de Dios. La vida del apóstol fue una mezcla sorprendente de tribulaciones y consuelo; una aparente paradoja que expresó más adelante en esta carta:

> *Pero tenemos este tesoro en vasos de barro, para que la excelencia del poder sea de Dios, y no de nosotros, que estamos atribulados en todo, mas no angustiados; en apuros, mas no desesperados; perseguidos, mas no desamparados; derribados, pero no destruidos; llevando en el cuerpo siempre por todas partes la muerte de Jesús, para que también la vida de Jesús se manifieste en nuestros cuerpos. Porque nosotros que vivimos, siempre estamos entregados a muerte por causa de Jesús, para que también la vida de Jesús se manifieste en nuestra carne mortal (4:7-11).*

Por cuanto Dios consolaba y protegía a Pablo constantemente, él fue indestructible hasta cuando llegó el tiempo del plan soberano de Dios para que muriera. Aunque sus enemigos intentaron matarlo en repetidas ocasiones (cp. Hch. 9:23; 14:19; 20:3; 21:30-31; 23:12-13), no tuvieron éxito, porque "de nada sirven ante el Señor la sabiduría, la inteligencia y el consejo" (Pr. 21:30, nvi). La promesa a todos los creyentes es que Dios los sostendrá y fortalecerá fielmente en cuanto sean obedientes a su voluntad, hasta que llegue el momento de llevarlos con Él.

EL PROPÓSITO DEL CONSUELO

para que podamos también nosotros consolar a los que están en cualquier tribulación, por medio de la consolación con que nosotros somos consolados por Dios... Pero si somos atribulados, es para vuestra consolación y salvación; o si somos consolados, es para vuestra consolación y salvación, la cual se opera en el sufrir las mismas aflicciones que nosotros también padecemos. Y nuestra esperanza respecto de vosotros es firme, pues sabemos que así como sois compañeros en las aflicciones, también lo sois en la consolación. (1:4*b*, 6-7)

Pablo veía el consuelo de Dios en su vida no solo como un fin para expresar el cuidado divino y el cumplimiento de una promesa, sino como un medio para un fin. Los creyentes que sufren reciben el consuelo de Dios **para que también** puedan **consolar a los que están en cualquier tribulación.** Los creyentes reciben el consuelo bajo el deber o la mayordomía de transmitirlo a otros. Este propósito del consuelo es equipar a los consolados para ser consoladores.

Dios había usado a Pablo para consolar, retar y convencer a los corintios. Como se dijo en la introducción a este volumen, 2 Corintios es la cuarta carta que el apóstol les escribió; además de 1 Corintios, ya les había escrito dos cartas no inspiradas. En estas cartas, Pablo los había reprendido por su pecado. Ahora, habiéndolos confrontado, pudo consolarlos con la **consolación con que** habían sido **consolados por Dios.** Pablo se veía como el canal por medio del cual el consuelo divino podría fluir a los corintios, un canal ensanchado por todo el sufrimiento que había soportado. Quienes experimenten mayor sufrimiento recibirán más consuelo. Y, por ello, quienes reciben más consuelo están equipados en abundancia para consolar a otros.

Hay un acontecimiento en la vida de Pedro que ilustra esta verdad. Sabiendo Jesús que Pedro pronto pasaría por una difícil prueba (negar a Cristo), le dijo en Lucas 22:31-32: "Simón, Simón, he aquí Satanás os ha pedido para zarandearos como a trigo; pero yo he rogado por ti, que tu fe no falte; y tú, una vez vuelto, confirma a tus hermanos". Habiendo recibido Pedro la consolación divina en su prueba, podría tomar de ese consuelo para consolar y fortalecer a otros.

Pablo recordó a los corintios que los creyentes son **consolados por Dios,** quien es la única fuente de consuelo verdadero. Como se mencionó antes, Pablo escribió después en esta epístola que Dios "consuela a los humildes" (2 Co. 7:6). La iglesia primitiva había experimentado la fortaleza del Espíritu Santo (Hch. 9:31). Pablo recordó a los tesalonicenses que "Dios nuestro Padre... nos amó y nos dio consolación eterna y buena esperanza por gracia" (2 Ts. 2:16). El consuelo basado en la sabiduría humana es de corta duración porque no trata los asuntos profundos del corazón. La única fuente verdadera de esperanza y fortaleza es el consuelo sobrenatural y trascendente de Dios que viene del Espíritu y las Escrituras.

Es inevitable que, en el curso de la vida y el ministerio piadosos, los creyentes resulten **atribulados.** Pablo advirtió a Timoteo lo siguiente: "Todos los que quieren vivir piadosamente en Cristo Jesús padecerán persecución" (2 Ti. 3:12). Pero, en la providencia divina, aun el sufrimiento del apóstol llevó **consolación y salvación** a los corintios. Tal vez Pablo se refiriera al momento de la salvación de ellos, cuando tuvo grandes sufrimientos para llevarles el evangelio (cp. Hch. 18:1-17). Pero es más probable que el apóstol no estuviera haciendo referencia a la justificación de los corintios, sino a su participación constante en la santificación de ellos. Tal vez ninguna otra iglesia le produjo a Pablo más dolor y pena que la congregación corintia. Aun después de que el apóstol invirtió al menos 18 preciosos meses de su vida sirviendo en Corinto, la iglesia seguía siendo mundana, rebelde y con divisiones. Pero Dios consoló a Pablo en su aflicción, permitiéndole consolar mejor incluso a quienes le habían provocado parte de su sufrimiento.

Por supuesto, no todos los corintios estaban sufriendo por ser pecadores. Algunos, como Pablo, sufrían por causa de la justicia. El apóstol podía brindarles **la consolación… la cual** operaba en que ellos sufrieran **las mismas aflicciones que** Pablo y Timoteo también padecieron. Y en la mutualidad del ministerio en el cuerpo de Cristo, entonces ellos también podrían consolar a Pablo. Los creyentes están en colaboración unos con otros y nunca deben ver su sufrimiento de manera aislada. Cuando sufren por Cristo, Dios los consuela y los equipa para consolar a otros.

Como el sufrimiento por Cristo es una marca de los creyentes verdaderos (2 Ti. 3:12), Pablo podía decir confiadamente a los creyentes en Corinto esto: **Y nuestra esperanza respecto de vosotros es firme, pues sabemos que así como sois compañeros en las aflicciones, también lo sois en la consolación.** Demostraron la realidad de su fe por su voluntad para compartir las **aflicciones** de Pablo y Timoteo por el evangelio. Fueron compañeros de la misma **consolación** con la cual Dios había consolado a Pablo y Timoteo porque se mantuvieron fieles.

LOS PARÁMETROS DEL CONSUELO

Porque de la manera que abundan en nosotros las aflicciones de Cristo, así abunda también por el mismo Cristo nuestra consolación. (1:5)

Aunque Dios es quien consuela a sus hijos, hay una condición importante para recibir este consuelo. Dios no promete consolar a quienes sufren por pecados de los que no se han arrepentido, sino a quienes sufren por Cristo. Quienes experimentan **las aflicciones de Cristo** en abundancia encontrarán que **así abunda también por el mismo Cristo** la **consolación.** Del mismo modo, el consuelo prometido por Dios se extenderá tanto como los creyentes sufran por la causa de Cristo.

Pedro declaró las condiciones para recibir el consuelo divino:

> *Amados, no os sorprendáis del fuego de prueba que os ha sobrevenido, como si alguna cosa extraña os aconteciese, sino gozaos por cuanto sois participantes de los padecimientos de Cristo, para que también en la revelación de su gloria os gocéis con gran alegría. Si sois vituperados por el nombre de Cristo, sois bienaventurados, porque el glorioso Espíritu de Dios reposa sobre vosotros. Ciertamente, de parte de ellos, él es blasfemado, pero por vosotros es glorificado. Así que, ninguno de vosotros padezca como homicida, o ladrón, o malhechor, o por entremeterse en lo ajeno; pero si alguno padece como cristiano, no se avergüence, sino glorifique a Dios por ello (1 P. 4:12-16).*

Los creyentes recibirán consuelo en esta vida y recompensas en la eternidad "por cuanto [participan] de los padecimientos de Cristo". Cuando "[sean] vituperados por el nombre de Cristo, [serán] bienaventurados, porque el glorioso Espíritu de Dios" los fortalecerá y los consolará. Pero Pedro hace una advertencia: "Así que, ninguno de vosotros padezca como homicida, o ladrón, o malhechor, o por entremeterse en lo ajeno", puesto que la promesa del consuelo divino no se extiende a tales personas. Los cristianos en pecado pueden esperar el castigo de Dios, no su consuelo (cp. He. 12:5-11).

Pablo consideraba un privilegio el padecimiento de **las aflicciones de Cristo.** Más adelante escribió en la epístola lo siguiente:

> *Estamos atribulados en todo, mas no angustiados; en apuros, mas no desesperados; perseguidos, mas no desamparados; derribados, pero no destruidos; llevando en el cuerpo siempre por todas partes la muerte de Jesús, para que también la vida de Jesús se manifieste en nuestros cuerpos. Porque nosotros que vivimos, siempre estamos entregados a muerte por causa de Jesús, para que también la vida de Jesús se manifieste en nuestra carne mortal. De manera que la muerte actúa en nosotros, y en vosotros la vida (4:8-12).*

A los gálatas les recordó esto: "Yo traigo en mi cuerpo las marcas del Señor Jesús" (Gá. 6:17). A los colosenses les escribió así: "Ahora me gozo en lo que padezco por vosotros, y cumplo en mi carne lo que falta de las aflicciones de Cristo por su cuerpo, que es la iglesia" (Col. 1:24). En Filipenses 3:10 expresó su anhelo de conocer a Cristo "y el poder de su resurrección, y la participación de sus padecimientos, llegando a ser semejante a él en su muerte" (cp. Ro. 8:17). El Nuevo Testamento es repetitivo en que los creyentes van a sufrir por Cristo (cp. Mt. 10:22; Lc. 14:27; Jn. 15:18-20; Hch. 5:41).

EL PODER DEL CONSUELO

Porque hermanos, no queremos que ignoréis acerca de nuestra tribulación que nos sobrevino en Asia; pues fuimos abrumados sobremanera más allá de nuestras fuerzas, de tal modo que aun perdimos la esperanza de conservar la vida. Pero tuvimos en nosotros mismos sentencia de muerte, para que no confiásemos en nosotros mismos, sino en Dios que resucita a los muertos; (1:8-9)

Para mostrar a los corintios el poder del consuelo divino, Pablo les recordó una situación seria, en la cual su vida se vio amenazada y de la que Dios lo libró. El apóstol usa la frase **no queremos que ignoréis,** o algún equivalente, seis veces en sus epístolas (cp. Ro. 1:13; 11:25; 1 Co. 10:1; 12:1; 1 Ts. 4:13). Expresa una gran preocupación porque sus lectores no tuvieran la información inadecuada.

Se desconoce la situación que produjo la **tribulación que** le **sobrevino** a Pablo en la provincia de **Asia.** Podría ser que lo hubieran azotado (cp. 2 Co. 11:23-25), encarcelado (cp. 11:23) o las dos cosas. Dado que no les da detalles, los corintios debían saber bien de qué incidente se trataba. Pero, aunque eran conscientes de la situación, desconocían el alcance de su dureza y cómo había obrado Dios en ella. Resulta obvio pues que, había tenido lugar recientemente, después de que Pablo escribiera 1 Corintios, pues no la menciona en dicha carta. Como la tribulación ocurrió en **Asia,** antes de ir a Macedonia (2:13), probablemente tuviera lugar en Éfeso, la ciudad más importante de **Asia.** En 1 Corintios 16:9, Pablo escribió que había planeado permanecer en Éfeso "porque se [le] ha abierto puerta grande y eficaz, y muchos [eran] los adversarios". Quizás alguno de ellos estuvo cerca de quitarle la vida al apóstol.

La tribulación fue tan complicada que Pablo escribió esto: **Fuimos abrumados sobremanera.** Lo aplastaron con un peso insoportable, hasta el punto de terminar deprimido algo **más allá** de sus formidables **fuerzas** para resistir. La situación era tan seria que Pablo perdió aun **la esperanza de conservar la vida.** La palabra griega que se traduce **perdimos la esperanza** significa literalmente "sin paso", "sin salida". Pablo no veía salida posible de la situación desesperada que amenazaba su **vida.** De hecho, añade: **Tuvimos en nosotros mismos sentencia de muerte.** *Apokrima* (**sentencia**) solamente aparece aquí en el Nuevo Testamento. Se refiere a un juicio oficial, una decisión legal o una resolución. Pablo ya se había decretado en su mente **sentencia de muerte;** creía que moriría por causa del evangelio. Poco antes de su ejecución, escribió lo siguiente a Timoteo: "Yo ya estoy para ser sacrificado, y el tiempo de mi partida está cercano"

(2 Ti. 4:6). Pero, a diferencia de la circunstancia que aquí refiere Pablo, ese conocimiento futuro no le hacía perder la esperanza, porque sabía que había terminado su obra (2 Ti. 4:7-8).

Dios tenía un propósito al permitir el sufrimiento de Pablo: enseñarle a **no** confiar en sí mismo. Dios lo llevó hasta el extremo en que ningún recurso humano podría salvarlo, para que, como Él le dijo al apóstol más adelante en esta misma carta: "Bástate mi gracia; porque mi poder se perfecciona en la debilidad" (2 Co. 12:9). Solo el Dios que **resucita a los muertos** tuvo el poder para librar a Pablo de su prueba; las situaciones extremas del hombre son oportunidades para Dios. Así, solo el poder de Dios consoló a Pablo y lo **libró** de **tan gran muerte.**

LA PERPETUIDAD DEL CONSUELO

el cual nos libró, y nos libra, y en quien esperamos que aún nos librará, de tan gran muerte; (1:10)

Pablo no solo confiaba en que Dios lo había librado en el pasado, sino en que Dios lo libraría en el futuro. Dios siempre está listo para consolar y liberar a sus hijos porque Dios es fiel. Jeremías escribió en Lamentaciones 3:21-23 esto: "Pero algo más me viene a la memoria, lo cual me llena de esperanza: El gran amor del Señor nunca se acaba, y su compasión jamás se agota. Cada mañana se renuevan sus bondades; ¡muy grande es su fidelidad!" (NVI). Cuando Pablo estaba a punto de morir, describió confiadamente el consuelo fiel de Dios sobre él:

> *En mi primera defensa ninguno estuvo a mi lado, sino que todos me desampararon; no les sea tomado en cuenta. Pero el Señor estuvo a mi lado, y me dio fuerzas, para que por mí fuese cumplida la predicación, y que todos los gentiles oyesen. Así fui librado de la boca del león. Y el Señor me librará de toda obra mala, y me preservará para su reino celestial. A él sea gloria por los siglos de los siglos. Amén (2 Ti. 4:16-18).*

Pablo sabía que Dios de manera segura a través de toda circunstancia, hasta el momento en el cual llegara a la presencia del Señor. Pedro escribió sobre esta misma realidad: "Sabe el Señor librar de tentación a los piadosos, y reservar a los injustos para ser castigados en el día del juicio" (2 P. 2:9). La constancia del consuelo divino llevó a Pablo a describir a Dios así: **en quien esperamos** (cp. Sal. 71:5; Ro. 15:13; 1 Ti. 1:1). Cuanto más sufren los creyentes y experimentan el consuelo divino, más fuerte crece su esperanza en Él (Ro. 5:3-5).

LA PARTICIPACIÓN DEL CONSUELO

cooperando también vosotros a favor nuestro con la oración, para que por muchas personas sean dadas gracias a favor nuestro por el don concedido a nosotros por medio de muchos. (1:11)

Como se mencionó en el punto anterior, el apóstol confiaba en que Dios continuaría consolándolo en el futuro. Pero urgió a los corintios a participar en la obra de gracia divina cooperando con la oración. Pablo entendía, como Santiago, que "la oración eficaz del justo puede mucho" (Stg. 5:16). Por lo tanto, las oraciones de los santos le parecían vitales a Pablo en su ministerio. A los creyentes de Roma les imploró: "Pero os ruego, hermanos, por nuestro Señor Jesucristo y por el amor del Espíritu, que me ayudéis orando por mí a Dios" (Ro. 15:30). A los efesios les escribió así: "Orando en todo tiempo con toda oración y súplica en el Espíritu, y velando en ello con toda perseverancia y súplica por todos los santos; y por mí, a fin de que al abrir mi boca me sea dada palabra para dar a conocer con denuedo el misterio del evangelio" (Ef. 6:18-19; cp. Col. 4:3; 2 Ts. 3:1). A los filipenses les escribió confiadamente así: "Porque sé que por vuestra oración y la suministración del Espíritu de Jesucristo, esto resultará en mi liberación" (Fil. 1:19; cp. Flm. 22). En 1 Tesalonicenses 5:25 dijo simplemente: "Hermanos, orad por nosotros". Pablo entendía el equilibrio entre el propósito soberano de Dios y la responsabilidad de los creyentes.

En oración, la impotencia humana se arroja sola a los pies de la omnipotencia divina. El soberano poder y propósito divino se alcanza cuando en el pueblo de Dios interceden unos por otros. Así, el propósito de la oración no es manipular a Dios sino exaltar su poder y someterse a su voluntad. Cuando Dios respondiera las oraciones de los creyentes por el apóstol, darían **gracias a favor** de Pablo **por el don concedido** a él **por medio de muchos.** La oración, como todo el resto de la vida cristiana, es para glorificar a Dios (cp. 1 Co. 10:31).

El magnífico himno de Katharina von Schlegel "Tranquila, alma mía" expresa la esperanza confiada de todo creyente en el consuelo divino:

> Tranquila, alma mía: el Señor está de tu lado;
>> carga con paciencia la cruz de la pena o el dolor.
> Déjale a tu Dios que apareje y provea;
>> Él permanecerá fiel en todo cambio.
> Tranquila, alma mía: tu mejor amigo, el celestial
>> te llevará a un final dichoso a través de caminos espinosos.
>
> Tranquila, alma mía: tu Dios comenzará
>> a guiar tu futuro como lo ha hecho en el pasado.

Que nada sacuda tu esperanza y tu confianza;
    todo lo que hoy es misterioso brillará al final.
Tranquila, alma mía: las olas y los vientos todavía conocen
    la voz que les dio la orden mientras aún descansaba.

Tranquila, alma mía: la hora comienza
    en que estaremos por siempre con el Señor,
en que la desilusión, la pena y el miedo no aparezcan,
    en que el dolor se olvide y la más pura alegría del amor quede
    restaurada.
Tranquila, alma mía: cuando pasen las lágrimas y el cambio,
    todos nos encontraremos seguros y bendecidos al final.

El sistema de advertencia del alma

2

Porque nuestra gloria es esta: el testimonio de nuestra conciencia, que con sencillez y sinceridad de Dios, no con sabiduría humana, sino con la gracia de Dios, nos hemos conducido en el mundo, y mucho más con vosotros. Porque no os escribimos otras cosas de las que leéis, o también entendéis; y espero que hasta el fin las entenderéis; como también en parte habéis entendido que somos vuestra gloria, así como también vosotros la nuestra, para el día del Señor Jesús. (1:12-14)

En la noche del 27 de noviembre de 1983, el vuelo 011 de Avianca, en la ruta de París hacia Bogotá vía Madrid, se aproximaba al aeropuerto de Barajas. El tiempo era bueno y el 747 no tenía problemas mecánicos. La tripulación era experimentada; el piloto tenía más de veinte mil horas de vuelo y había repetido esa misma ruta otras veinticinco veces. Sin embargo, el jumbo se estrelló contra unas colinas a unos once kilómetros de la pista con las alas extendidas y a baja velocidad. El tren de aterrizaje del avión se rompió en pedazos y terminó volcado. Trágicamente, 181 de las 192 personas de a bordo perdieron sus vidas. Los investigadores determinaron que los errores de la tripulación provocaron el accidente. La tripulación no entendió cuál era su verdadera ubicación. Creyeron que la conocían, pero no era así. Sorprendentemente, el error fatal y definitivo fue cuando el piloto, muy seguro de saber adónde se dirigía, ignoró la voz computarizada del GPWS (Sistema de advertencia de aproximación a tierra, por sus siglas en inglés), que le advirtió repetidamente: "¡Elévese! ¡Elévese! ¡Elévese". La grabadora de la cabina registró su respuesta extraña a la advertencia. Dijo: "¡Cállese, gringo!" y apagó el aparato de advertencia. Instantes después, él estaba muerto junto con el resto de las víctimas.

Esta trágica historia es una convincente ilustración de la forma en que las personas suelen ignorar la verdad sobre la dirección de sus vidas y los mensajes de advertencia de sus conciencias. La conciencia es un sistema de advertencia, Dios lo puso en el mismo marco del alma humana. Así como sucede con el dolor, que nos advierte de daños en el cuerpo, la conciencia nos advierte de daños en el alma. Reacciona a la proximidad del pecado y le advierte al alma "¡Elevése!" antes de que sufra las terribles consecuencias del pecado.

Pero la cultura actual intenta agresiva y sistemáticamente silenciar la conciencia. Las personas han aprendido a ignorar cualquier sentimiento de culpa que produzca la conciencia, por considerarlo perjudicial para la autoestima. No creen que sus problemas provengan del pecado, sino de factores externos más allá de su control. El pecado y la culpa se consideran asuntos psicológicos, no morales o espirituales. Así, las personas imaginan que sus sentimientos de culpa son ataques erróneos y dañinos para la autoestima. Sin embargo, la voz de la conciencia no se puede rechazar sin riesgos; quienes lo intentan enfrentan ruina espiritual (cp. 1 Ti. 1:19; 4:2; Tit. 1:15).

La conciencia es el alma reflexionando sobre sí misma; la palabra en español "**conciencia**" y en griego *suneidēsis* conlleva la idea de conocerse a sí mismo. De acuerdo con Romanos 2:14, aun quienes no tienen la ley escrita de Dios tienen un sentido moral innato de lo que está bien y está mal: "Porque cuando los gentiles que no tienen ley, hacen por naturaleza lo que es de la ley, éstos, aunque no tengan ley, son ley para sí mismos". La conciencia, o bien afirma el comportamiento correcto, o bien condena el comportamiento pecador.

Sin embargo, la conciencia no es infalible. No es la voz de Dios ni su ley moral, como señala Colin G. Kruse de manera muy útil:

> La conciencia no debe ser equiparada ni con la voz de Dios ni con la ley moral; es más bien una facultad humana que juzga las acciones humanas a la luz de la norma de conducta más elevada que una persona puede percibir.
>
> Dado que toda la naturaleza humana se ha visto afectada por el pecado, tanto la percepción de la norma de conducta humana requerida como la función de la conciencia (como parte constitutiva de la naturaleza humana) se han visto afectadas por el pecado. Por esta razón, la conciencia no puede tener nunca la posición de juez final del comportamiento personal. Es posible que la conciencia nos excuse de lo que Dios no nos excusará; y, a la inversa, es igualmente posible que la conciencia nos condene por cosas que Dios permite. Por lo tanto, el veredicto final pertenece solamente a Dios (cp. 1 Co. 4:2-5). No obstante, rechazar la voz de la conciencia es exponerse al desastre espiritual (cp. 1 Ti. 1:19). No podemos rechazar la voz de la conciencia con impunidad, pero podemos modificar la norma de conducta con la cual se mide si obtenemos una mayor comprensión de la verdad (*The Second Epistle of Paul to the Corinthians* [La segunda epístola de Pablo a los corintios], The Tyndale New Testament Commentaries [Los comentarios Tyndale del Nuevo Testamento] [Grand Rapids: Eerdmans, 1995], pp. 70-71).

Dado que la conciencia obliga a la persona a cumplir el más alto nivel de norma que posee, los creyentes tienen que establecer esa norma al máximo nivel mediante el reconocimiento de toda la Palabra de Dios. Ya que los creyentes llenan sus mentes con las verdades de las Escrituras, ven más claramente la ley perfecta de Dios. Entonces sus conciencias los llamarán a vivir de acuerdo con esta ley.

La conciencia funciona como una claraboya, no como una lámpara; no produce su propia luz, solamente deja que entre la luz de la moral. Por ello, la Biblia enseña la importancia de tener una limpia y buena conciencia. Pablo le escribió así a Timoteo: "El propósito de este mandamiento es el amor nacido de corazón limpio, y de buena conciencia, y de fe no fingida" (1 Ti. 1:5). Pocos versículos después, Pablo enfatizaba la importancia de mantener "la fe y buena conciencia", y advirtió que por desechar la segunda "naufragaron en cuanto a la fe algunos" (v. 19). Un requisito necesario para los diáconos es "que guarden el misterio de la fe con limpia conciencia" (1 Ti. 3:9). Pedro ordenó esto a los creyentes: "[Tengan] buena conciencia, para que en lo que murmuran de vosotros como de malhechores, sean avergonzados los que calumnian vuestra buena conducta en Cristo" (1 P. 3:16). Tanto Pablo (Hch. 23:1; 2 Ti. 1:3) como el autor de Hebreos (He. 13:18) testificaron que habían mantenido buenas conciencias.

En la salvación, Dios limpia la conciencia de toda su acumulación de culpa, vergüenza y menosprecio propio. El autor de Hebreos lo escribió así: "La sangre de Cristo, el cual mediante el Espíritu eterno se ofreció a sí mismo sin mancha a Dios, limpiará vuestras conciencias de obras muertas para que sirváis al Dios vivo" (He. 9:14). Por ello los creyentes tienen "purificados los corazones de mala conciencia" (He. 10:22). La conciencia limpia ya no acusa por los pecados del pasado, que están perdonados (Sal. 32:5; 103:12; Pr. 28:13; Mi. 7:18-19; Col. 1:14; 2:13-14; 1 Jn. 1:9) por la sangre de Cristo (Ef. 1:7; 1 Jn. 1:7; Ap. 1:5).

Los creyentes deben guardar la pureza de sus conciencias limpiadas ganando la batalla por la santidad en su interior, donde opera la conciencia. Pablo ganó la victoria en ese objetivo, por esto declaró al sanedrín lo siguiente: "Yo con toda buena conciencia he vivido delante de Dios hasta el día de hoy" (Hch. 23:1); y al gobernador Félix dijo: "Por esto procuro tener siempre una conciencia sin ofensa ante Dios y ante los hombres" (Hch. 24:16). A Timoteo le escribió así: "Doy gracias a Dios, al cual sirvo desde mis mayores con limpia conciencia" (2 Ti. 1:3). Le recordó a su joven protegido que "el propósito [del] mandamiento es el amor nacido de corazón limpio, y de buena conciencia, y de fe no fingida" (1 Ti. 1:5) y lo exhortó a guardar la "buena conciencia, desechando la cual naufragaron en cuanto a la fe algunos" (1 Ti. 1:19). Como se señaló anteriormente, Pablo instruyó que los diáconos deben guardar "el misterio de la fe con limpia conciencia" (1 Ti. 3:9). Los cristianos también deben tener cuidado de no provocar que otros creyentes violen sus conciencias (1 Co. 8:7-13; 10:24-29).

Pablo escribió 2 Corintios para defenderse de los ataques de los falsos apóstoles en Corinto (2 Co. 11:13). Tales engañadores y mentirosos buscaban desacreditarlo, socavar su autoridad y reemplazar la verdad de Dios con las mentiras satánicas. Atacaron su integridad al acusarlo falsamente de no ser sincero en su trato con los corintios. Los falsos apóstoles también retrataron a Pablo como un manipulador que calculaba cómo estafar a los corintios y favorecer sus objetivos personales. En resumen, de acuerdo con los falsos apóstoles, la motivación de Pablo era corrupta, sus palabras no eran dignas de confianza y sus actos eran retorcidos.

Cuando Pablo respondía a estas escandalosas mentiras, su principal preocupación no era defenderse sino proteger a las personas de los engañadores. Sabía que, antes de que los falsos apóstoles pudieran difundir sus doctrinas de demonios, tenían que destruir la confianza de los corintios en Pablo. Así, el violento ataque personal sobre Pablo no era sino un preludio a un asalto total sobre la verdad divina.

En su defensa, Pablo no llamó a sus amigos para verificar su integridad personal; más bien apeló al más alto tribunal humano: su propia conciencia. La **gloria** del apóstol era **esta: el testimonio** (el testigo, la evidencia) **de** su **conciencia**. En esta carta Pablo usó con frecuencia *kauchēsis* (**gloria**), el sustantivo relacionado *kauchēma* y el verbo *kauchomai*; veintinueve de las cincuenta y nueve veces que aparecen en el Nuevo Testamento están en 2 Corintios. En el sentido negativo, *kauchēsis* describe la jactancia injustificada en los méritos y logros propios (cp. Ro. 3:27, Stg. 4:16). Sin embargo, también puede usarse para la confianza legítima en lo que Dios está haciendo en la propia vida (cp. 2 Co. 7:4, 14; 8:24; 11:10; Ro. 15:17; 1 Co. 15:31), como ocurre aquí. Jactarse en el Señor y lo que Él hace en la vida de sus hijos está bien; de hecho. Dios se deleita en tal jactancia:

> *Así dice el* Señor: *"Que no se gloríe el sabio de su sabiduría, ni el poderoso de su poder, ni el rico de su riqueza. Si alguien ha de gloriarse, que se gloríe de conocerme y de comprender que yo soy el* Señor, *que actúo en la tierra con amor, con derecho y justicia, pues es lo que a mí me agrada —afirma el* Señor—*" (Jer. 9:23-24,* nvi; *cp. 1 Co. 1:31; 2 Co. 10:17).*

La conciencia limpia de Pablo le era una fuente de paz, consuelo y gozo para probar su integridad. Otros podrían acusarlo falsamente de pecados atroces, pero la conciencia de Pablo no lo acusaba. Lo exoneraba de las acusaciones y lo protegía de la culpa falsa.

Los falsos apóstoles habían lanzado un ataque sobre tres ámbitos distintos de la credibilidad de Pablo. En el ámbito moral, lo acusaron de ser un pecador malvado, sufriendo justamente todo el tiempo por el castigo divino. En el plano de las relaciones, lo acusaron de no ser sincero, de engañar y de manipular. Por el lado teológico, lo acusaron de tergiversar la Palabra de Dios, de ser un mentiroso y un falso maestro. Más que todas esas mentiras difamatorias y sin fundamento, lo que más le dolía a Pablo era el hecho triste de que muchos creyentes de Corinto las creyeran.

Pablo apela en este pasaje a la corte humana suprema, su conciencia completamente instruida, para anular los falsos veredictos de los mensajeros de Satanás. Su conciencia lo exoneraba de malas prácticas morales, relacionales y teológicas.

LA CONCIENCIA DE PABLO LO EXONERABA DE MALAS PRÁCTICAS MORALES

que con sencillez y sinceridad de Dios, no con sabiduría humana, sino con la gracia de Dios, nos hemos conducido en el mundo, y mucho más con vosotros. (1:12*b*)

La primera acusación falsa fue que el sufrimiento de Pablo era un castigo de Dios por su pecado. Pero la conciencia de Pablo afirmaba que su conducta había sido **con** santidad **y sinceridad de Dios**. Más adelante en esta epístola, Pablo responde con detalle a las mentiras sobre su carácter, señalando lo siguiente:

> *No damos a nadie ninguna ocasión de tropiezo, para que nuestro ministerio no sea vituperado; antes bien, nos recomendamos en todo como ministros de Dios, en mucha paciencia, en tribulaciones, en necesidades, en angustias; en azotes, en cárceles, en tumultos, en trabajos, en desvelos, en ayunos; en pureza, en ciencia, en longanimidad, en bondad, en el Espíritu Santo, en amor sincero, en palabra de verdad, en poder de Dios, con armas de justicia a diestra y a siniestra; por honra y por deshonra, por mala fama y por buena fama; como engañadores, pero veraces; como desconocidos, pero bien conocidos; como moribundos, mas he aquí vivimos; como castigados, mas no muertos; como entristecidos, mas siempre gozosos; como pobres, mas enriqueciendo a muchos; como no teniendo nada, mas poseyéndolo todo (6:3-10).*

La vida de Pablo era irreprochable. Los alegatos de los falsos apóstoles no eran más que mentiras difamatorias, y su conciencia así lo testificaba.

La palabra *santidad* es traducción de *hagiotēs*, una palabra que describe la pureza moral o los motivos puros. (Algunas versiones dicen tan solo *sencillez*, en lugar de *santidad*; algo con poco respaldo en los manuscritos griegos). El escritor de Hebreos utilizó *hagiotēs* en Hebreos 12:10 para describir la santidad de Dios. La santidad de Pablo, confirmada en su propia mente, contrasta grandemente con la inmoralidad y corrupción de la que fue falsamente acusado.

La palabra **sinceridad** es traducción del griego *eilikrineia*, una palabra compuesta de *eilē* ("luz del sol") y *krinō* ("juzgar"). Describe algo que está a la luz del sol para su inspección. En los días de Pablo, alfareros inescrupulosos rellenaban las grietas de los recipientes con cera antes de venderlos. Los compradores cuidadosos ponían los recipientes a contraluz del sol, de modo que las grietas rellenadas con cera se hicieran visibles.

La **sinceridad** de Pablo provenía de su santidad y pureza de vida. La describe como proveniente **de Dios** porque Él era el objeto de esta y su fuente. En 1 Corintios 15:10 Pablo reconoció que la gracia de Dios era la fuente de su poder espiritual: "Por la gracia de Dios soy lo que soy; y su gracia no ha sido en vano para conmigo, antes he trabajado más que todos ellos; pero no yo, sino la gracia de Dios conmigo". A los colosenses escribió: "Para lo cual también trabajo, luchando según la potencia de él, la cual actúa poderosamente en mí" (Col. 1:29; cp. Ef. 1:19; Fil. 1:6; 2:12-13). Pablo era una persona sincera e íntegra. Su vida soportaría el más minucioso escrutinio; no tenía secretos escondidos.

Para que nadie pensara que Pablo había alcanzado la santidad y la **sinceridad de Dios** por su propio esfuerzo, añade que no provenían de **sabiduría humana, sino** de **la gracia de Dios**. No se derivan estas de la sabiduría de Pablo o de sus ideas sobre la religión y la espiritualidad. La **sabiduría humana** no puede producir santidad ni **sinceridad de Dios**, pues no es más que la manifestación de la pecaminosa rebeldía humana contra Dios. Está compuesta de ideas falibles del corazón oscurecido por el pecado y separado de la revelación de Dios en Jesucristo y las Escrituras. En 1 Corintios 3:19 Pablo lo describió como "la sabiduría de este mundo es insensatez para con Dios; pues escrito está: Él prende a los sabios en la astucia de ellos" (cp. 1 Co. 1:20-21; 2:5-8). Tal humanismo racionalista no puede producir crecimiento espiritual, que solo viene de **la gracia de Dios**.

Como prueba adicional de integridad, Pablo declaró que se había **conducido** apropiadamente **en el mundo**. No se le podía acusar legítimamente de nada en ningún sitio en el cual hubiere ministrado. En todo momento y lugar había vivido de manera consecuente una vida irreprochable.

La integridad y la piedad de Pablo fueron **mucho más** evidentes con los corintios. Lo observaron de primera mano durante dieciocho meses de ministerio en su ciudad (Hch. 18:11). La pureza brillante de su vida contrastaba contra el oscuro y feo telón de fondo de la inmoralidad en Corinto, una ciudad corrompida, aun para lo que los paganos consideraban normal en la época, como lo explica R. C. H. Lenski:

> Corinto era una ciudad impía, aun para las grandes ciudades del imperio en esa época. El término *corintio* terminó significando libertino, vicioso. *Korinthiazomai*, "corintianizar", significaba practicar la prostitución; *Korinthiastēs* equivale a proxeneta: *Korinthia korē* (niña) equivale a cor-

tesana (*The Interpretation of the Acts of the Apostles* [Interpretación de los Hechos de los Apóstoles] [Mineapolis: Augsburg, 1961], p. 744).

No había nada en la vida o conducta de Pablo que hubiera confirmado una acusación de este estilo contra él.

La conciencia de Pablo lo exoneraba de las acusaciones levantadas en contra de su vida personal. Aun así, su limpia conciencia no significaba que no tuviera pecado. En 1 Corintios 4:4, Pablo escribió: "Porque aunque de nada tengo mala conciencia, no por eso soy justificado; pero el que me juzga es el Señor". Aunque la conciencia es la justicia humana de más alto nivel, no por eso es infalible. El pecado es tan engañoso que los creyentes a veces pecan sin que la conciencia se dé cuenta. Por lo tanto, deben examinarse continuamente a la luz de las Escrituras, permitiendo que Dios sea el juez final. Como David, deben orar constantemente así: "Examíname, oh Dios, y conoce mi corazón; pruébame y conoce mis pensamientos; y ve si hay en mí camino de perversidad, y guíame en el camino eterno" (Sal. 139:23-24).

LA CONCIENCIA DE PABLO LO EXONERABA DE MALAS PRÁCTICAS EN SUS RELACIONES

Porque no os escribimos otras cosas de las que leéis, o también entendéis; y espero que hasta el fin las entenderéis; como también en parte habéis entendido (1:13-14*a*)

Esta sencilla declaración ofrece el testimonio poderoso de la conciencia de Pablo con respecto al segundo alegato en su contra. Pablo no era solamente inocente de malas prácticas morales, también lo era de malas prácticas en sus relaciones. No había estafado a nadie, no había usado a nadie para sus propios fines, no había engañado ni manipulado a nadie. En esta carta, más adelante, ruega a los corintios: "Admitidnos: a nadie hemos agraviado, a nadie hemos corrompido, a nadie hemos engañado" (7:2), mientras que en 11:9 les recuerda: "Cuando estaba entre vosotros y tuve necesidad, a ninguno fui carga, pues lo que me faltaba, lo suplieron los hermanos que vinieron de Macedonia, y en todo me guardé y me guardaré de seros gravoso".

Pablo no escribió sus cartas a los corintios ocultando sus verdaderas intenciones; **no** les escribió **otras cosas de las que** podían leer y entender. No había engaño; Pablo escribió lo que quería decir, y quería decir lo que escribió. Sus cartas eran claras, directas, consecuentes, auténticas, transparentes y sin ambigüedades. Leer y entender son formas compuestas del verbo *ginōskō* (conocer), formando un juego de palabras en el griego. Philip E. Hughes señala: "Los juegos de palabras *anaginōskete… epiginōskete* no se pueden reproducir correctamente en inglés. *Anaginōskete* se refiere a lo que ellos leyeron en sus cartas, y *epiginōskete* a lo que conocían por medio del contacto personal con él. Les asegura que las dos cosas están en completa armonía" (*The Second Epistle to the Corinthians* [La segunda epístola a los corintios], The New International Commentary on the New Testament [Nuevo comentario internacional al Nuevo Testamento] [Grand Rapids: Eerdmans, 1992], p. 27, n. 3).

La expresión **hasta el fin** es traducción de *telos*, que en este contexto significa "completamente" o "plenamente". Pablo quería que los corintios lo entendieran completamente, **como también en parte** le habían **entendido**. Quería que obtuvieran una comprensión más profunda de la Palabra de Dios, de él y de lo que lo motivaba. Entonces confiarían en Pablo y no se influenciarían por las mentiras de los falsos profetas.

Una vez más, la conciencia de Pablo lo exoneraba de las falsas acusaciones en su contra. En esta misma epístola, escribió más adelante estas palabras: "Porque a la verdad, dicen, las cartas son duras y fuertes; mas la presencia corporal débil, y la palabra menospreciable. Esto tenga en cuenta tal persona, que así como somos en la palabra por cartas, estando ausentes, lo seremos también en hechos, estando presentes" (10:10-11). Lo que escribió Pablo en sus cartas era perfectamente consecuente con quien él era como persona.

LA CONCIENCIA DE PABLO LO EXONERABA DE MALAS PRÁCTICAS TEOLÓGICAS

que somos vuestra gloria, así como también vosotros la nuestra, para el día del Señor Jesús. (1:14*b*)

La última y más seria acusación contra Pablo fue que era un falso maestro. Los falsos apóstoles alegaban que era culpable de malas prácticas espirituales porque enseñaba teología errada. Así como hizo con los cargos anteriores, Pablo respondió a esta acusación a lo largo de la carta. En 2:17 escribió: "Pues no somos como muchos, que medran falsificando la palabra de Dios, sino que con sinceridad, como de parte de Dios, y delante de Dios, hablamos en Cristo". En 4:2 recordó esto a los corintios: "Renunciamos a lo oculto y vergonzoso, no andando con astucia, ni adulterando la palabra de Dios, sino por la manifestación de la verdad recomendándonos a toda conciencia humana delante de Dios". Y en 13:8 insistió: "Porque nada podemos contra la verdad, sino por la verdad".

Pablo no era un estafador espiritual, no era un charlatán que tergiversara la verdad de Dios para sus propios fines, como bien lo sabían los corintios. No deberían haberse avergonzado de Pablo porque, supuestamente, hubiera maltratado o tergiversado la Palabra de Dios. Más bien, debería haber sido motivo para **gloria** de ellos, como ellos lo eran para él. Deberían haberse jactado en el Señor por la forma tan poderosa en la que Dios había usado a Pablo en Corinto y en otros lugares. Los corintios deberían haber estado tan orgullosos de Pablo que anhelaran **el día del Señor Jesús**, el día en que abrazarían al apóstol en comunión perfecta y eterna. Pablo anhelaba ese día, el día en que la presencia de aquellos a quienes había ministrado lo llenaría de gozo. Les escribió así a los tesalonicenses: "¿Cuál es nuestra esperanza, o gozo, o corona de que me gloríe? ¿No lo sois vosotros, delante de nuestro Señor Jesucristo, en su venida? Vosotros sois nuestra gloria y gozo" (1 Ts. 2:19-20).

La expresión **el día del Señor Jesús** no se refiere al día del Señor, el tiempo de la ira de Dios y el juicio final sobre el mundo pecador (cp. Is. 13:6-22; Jl. 1:15; 2:11; Hch. 2:20; 1 Ts. 5:2-4; 2 Ts. 1:10, "aquel día"; 2 P. 3:10). En su lugar, **el día** referido aquí es el tiempo en que los creyentes glorificados aparecerán ante el **Señor Jesús**, cuando se complete y se perfeccione su salvación (1 Co. 1:8; 3:10-15; 4:5; 2 Co. 5:10; Fil. 1:10; 2:16). Pablo era capaz de anhelar **el día del Señor Jesús** con gran gozo. No temía las acusaciones falsas en su contra, porque su conciencia verificaba que no había pervertido la verdad divina, y así felizmente se mostraría sin miedo ante su Señor.

Pablo pudo soportar todo tipo de dificultades —abuso físico, acusaciones falsas, desilusiones, deserciones— con absoluto contentamiento porque su conciencia no lo acusaba. ¿Cómo pueden disfrutar los creyentes de una conciencia limpia como Pablo?

Primero, aprendiendo la Palabra de Dios. David escribió en Salmos 37:30-31 esto: "La boca del justo habla sabiduría, y su lengua habla justicia. La ley de su Dios está en su corazón; por tanto, sus pies no resbalarán".

Segundo, meditando en la Palabra de Dios. El salmista escribió esto en Salmos 119:11: "En mi corazón he guardado tus dichos, para no pecar contra ti".

Tercero, velando y orando continuamente. En Mateo 26:41 Jesús advirtió lo siguiente: "Velad y orad, para que no entréis en tentación; el espíritu a la verdad está dispuesto, pero la carne es débil".

Cuarto, evitando el orgullo espiritual. Pablo previno así a los corintios: "Así que, el que piensa estar firme, mire que no caiga" (1 Co. 10:12).

Quinto, reconociendo la gravedad del pecado. Fue el pecado lo que provocó la muerte del Señor Jesucristo (Ro. 4:25).

Sexto, proponiéndose no pecar. En Salmos 119:106, el salmista decidió lo siguiente: "Juré y ratifiqué que guardaré tus justos juicios".

Séptimo, resistiendo el menor indicio de tentación. Santiago 1:14-15 muestra gráficamente la progresión rápida de tentación a acto pecaminoso: "cada uno es tentado cuando sus propios malos deseos lo arrastran y seducen. Luego, cuando el deseo ha concebido, engendra el pecado; y el pecado, una vez que ha sido consumado, da a luz la muerte" (NVI).

Finalmente, confesando y arrepintiéndose del pecado instantáneamente. Juan escribió: "Si confesamos nuestros pecados, Dios, que es fiel y justo, nos los perdonará y nos limpiará de toda maldad" (1 Jn. 1:9, NVI).

Quienes obedecen el encargo de Salomón, "Sobre toda cosa guardada, guarda tu corazón; porque de él mana la vida" (Pr. 4:23), como Pablo, disfrutarán la bendición alentadora de tener una conciencia limpia.

Retrato del pastor piadoso

3

Con esta confianza quise ir primero a vosotros, para que tuvieseis una segunda gracia, y por vosotros pasar a Macedonia, y desde Macedonia venir otra vez a vosotros, y ser encaminado por vosotros a Judea. Así que, al proponerme esto, ¿usé quizá de ligereza? ¿O lo que pienso hacer, lo pienso según la carne, para que haya en mí Sí y No? Mas, como Dios es fiel, nuestra palabra a vosotros no es Sí y No. Porque el Hijo de Dios, Jesucristo, que entre vosotros ha sido predicado por nosotros, por mí, Silvano y Timoteo, no ha sido Sí y No; mas ha sido Sí en él; porque todas las promesas de Dios son en él Sí, y en él Amén, por medio de nosotros, para la gloria de Dios. Y el que nos confirma con vosotros en Cristo, y el que nos ungió, es Dios, el cual también nos ha sellado, y nos ha dado las arras del Espíritu en nuestros corazones. Mas yo invoco a Dios por testigo sobre mi alma, que por ser indulgente con vosotros no he pasado todavía a Corinto. No que nos enseñoreemos de vuestra fe, sino que colaboramos para vuestro gozo; porque por la fe estáis firmes. Esto, pues, determiné para conmigo, no ir otra vez a vosotros con tristeza. Porque si yo os contristo, ¿quién será luego el que me alegre, sino aquel a quien yo contristé? Y esto mismo os escribí, para que cuando llegue no tenga tristeza de parte de aquellos de quienes me debiera gozar; confiando en vosotros todos que mi gozo es el de todos vosotros. Porque por la mucha tribulación y angustia del corazón os escribí con muchas lágrimas, no para que fueseis contristados, sino para que supieseis cuán grande es el amor que os tengo. (1:15—2:4)

Nuestra sociedad suele juzgar a las personas por lo que hacen, no por su carácter. Para los héroes deportivos, las estrellas de cine, los hombres de negocios o los políticos, lo que cuenta es el rendimiento, no los principios morales. Lamentablemente, esa perspectiva pragmática se ha infiltrado hasta en la iglesia. Por ejemplo, a los pastores se les suele evaluar por esas apariencias de éxito: el tamaño de sus congregaciones, la capacidad para recolectar fondos, el alcance de sus ministerios televisivos o radiales, las ventas de sus libros o la influencia en la esfera pública. Pero tales criterios externos (por medio de los cuales podría declararse exitosos a muchos falsos maestros y líderes de cultos) no impresionan a Dios. A diferencia del hombre, que "se fija en las apariencias", el Señor se fija "en el corazón" (1 S. 16:7, NVI). John Owen, puritano del siglo XVII, dijo enfáticamente: "Un ministro puede llenar los bancos de su iglesia, el pan de la comunión, las bocas del público, pero el ministro es lo que es verdaderamente por estar de rodillas en secreto delante del Dios Todopoderoso, eso y nada más" (citado en I. D. E. Thomas, *A Puritan Golden Treasury* [El tesoro dorado del puritano] [Edinburgh: Banner of Truth, 1977], p. 192). Robert Murray McCheyne, pastor piadoso del siglo XIX, le recordó a otro pastor lo siguiente: "Dios no bendice tanto los talentos como la semejanza a Jesús" (Andrew A. Bonar, *Memoirs of McCheyne* [Memorias de McCheyne] [Reimpresión; Chicago: Moody, 1978], p. 95). Un pastor útil y piadoso no lo es por lo que *hace*, sino por lo que *es*.

El apóstol Pablo tenía todas las señales externas del éxito. Fue el misionero más grande que haya conocido el mundo, Dios lo usó al comienzo para difundir el evangelio y fundar iglesias por todo el Imperio romano. Dios también lo inspiró para que escribiera trece libros del Nuevo Testamento, nueve de ellos a tales iglesias. Las múltiples congregaciones que fundó lo consideraban, con la más alta estima, su padre y maestro espiritual (1 Co. 4:15). Vivió una vida irreprochable, como lo testificaba su conciencia (Hch. 23:1; 24:16; 2 Ti. 1:3). Sin embargo, sabía que la verdadera medida de un hombre de Dios no era la reputación o éxito externos, sino la valoración de Dios sobre su corazón. En 1 Corintios 4:4-5 escribió:

> *Porque aunque de nada tengo mala conciencia, no por eso soy justificado; pero el que me juzga es el Señor. Así que, no juzguéis nada antes de tiempo, hasta que venga el Señor, el cual aclarará también lo oculto de las tinieblas, y manifestará las intenciones de los corazones; y entonces cada uno recibirá su alabanza de Dios.*

Cuando Pablo escribía esta carta, como solía ocurrirle, estaba bajo un despiadado ataque. Satanás lo hacía blanco de sus ataques porque Dios lo usaba poderosamente. Sin embargo, este ataque lo perturbó profundamente porque venía de su iglesia amada de Corinto, una iglesia a la cual le había dedicado al menos dieciocho meses de su vida para que naciera. El ataque de la iglesia llegó en forma de pecado, rebelión y tergiversación, a la cabeza de algunos falsos maestros que buscaban desacreditar a Pablo y destruir su reputación a los ojos de la iglesia de Corinto. Después de que la congregación perdiera la fe en Pablo, esperaban reemplazarlo como los maestros con autoridad. Entonces tendrían la plataforma que necesitaban para enseñar sus doctrinas demoniacas. Para lograr ese objetivo maligno, atacaron el apostolado de Pablo, su carácter y su ministerio de todas las maneras posibles.

La carta de 2 Corintios es la defensa que hace Pablo de su autenticidad e integridad espiritual, en contra de los ataques difamatorios de los falsos apóstoles. En 1:12-14 hizo una defensa general de su rectitud personal, apelando a la más alta justicia humana: la conciencia. Como se dijo en el capítulo anterior de este volumen, la conciencia del apóstol lo exoneraba de todas las acusaciones falsas levantadas en su contra. Su vida personal, sus relaciones con otros y su ministerio, eran todos irreprochables. Después de tal respuesta general, Pablo responde, en 1:15—2:4, a la acusación específica de que no es digno de confianza. Los falsos apóstoles afirmaban que Pablo no decía siempre la verdad, que era infiel, variable y vacilante. Respaldaban ese argumento inventado con la evidencia más trivial y endeble: un cambio en los planes de viaje del apóstol.

Pablo, en lugar de explicar por qué cambió los planes, aborda el tema más profundo sobre su integridad y veracidad. En lugar de entrar en una pelea de detalles, acusaciones y contraacusaciones específicas, eleva la discusión a los motivos y actitudes de su corazón. De este modo, aporta una valiosísima perspectiva de cómo es un verdadero hombre de Dios. A medida que se desarrolla este texto, va revelando siete actitudes que son puntos de referencia de su carácter espiritual: lealtad, sinceridad, confiabilidad, autenticidad, sensibilidad, pureza y amor.

LEALTAD

Con esta confianza quise ir primero a vosotros, para que tuvieseis una segunda gracia, y por vosotros pasar a Macedonia, y desde Macedonia venir otra vez a vosotros, y ser encaminado por vosotros a Judea. (1:15-16)

La única razón por la que Pablo planeaba visitar a los corintios en primer lugar era por su lealtad a ellos. Por **esta confianza** expresada en el versículo 14, que los corintios debían ser tan leales a Pablo como él con ellos, quiso ir **primero a** ellos. A pesar de la rebelión de la iglesia de Corinto en contra del apóstol, él creía que la mayoría aún le eran fieles. En 1 Corintios 16:5-6, Pablo escribió que pretendía salir de Éfeso, ministrar en Macedonia, y luego pasar el invierno (cuando viajar se complicaba) con los creyentes de Corinto. Después de haber escrito a los corintios, Pablo decidió cambiar sus planes y hacer también una visita a Corinto antes de ir a Macedonia, **para que** los corintios tuviesen la **segunda gracia** (*charis*; "gracia", "favor", "beneficio") de estar en comunión con él antes *y* después de su viaje a Macedonia. Según este nuevo plan, Pablo pasaría por Corinto en su viaje **a Macedonia** y **otra vez** cuando volviera **desde Macedonia**. Los corintios le ayudarían en su camino **a Judea**. Añadir otra visita a Corinto era evidencia adicional del amor y lealtad de Pablo con los creyentes del lugar.

Sin embargo, como el apóstol lo explicaría más tarde (cp. 1:23—2:1), tuvo que cancelar el primer viaje y volver a su plan original de visitar Corinto solo después de ministrar en Macedonia. Los enemigos de Pablo se aprovecharon de este pequeño cambio para acusarlo de ser variable y poco digno de confianza. Argumentaban, ridículamente, pero al parecer con cierto éxito, que si las afirmaciones de Pablo sobre su viaje no eran confiables, ¿cómo podrían creer los corintios sus afirmaciones teológicas?

Pero Pablo no era variable. Sus circunstancias cambiaron, pero no la actitud de su corazón. Aquí Pablo afirma que es leal a su rebaño. Siempre haría lo que pudiera para el bienestar espiritual de ellos, algo de lo cual los corintios tenían una amplia evidencia.

SINCERIDAD

Así que, al proponerme esto, ¿usé quizá de ligereza? ¿O lo que pienso hacer, lo pienso según la carne, para que haya en mí Sí y No? Mas, como Dios es fiel, nuestra palabra a vosotros no es Sí y No. (1:17-18)

Los acusadores de Pablo, no contentos con acusar su lealtad, también cuestionaron su sinceridad. Probablemente, Pablo estaba citando a alguno de sus acusadores cuando negó que fuera culpable de **ligereza** en lo que dijo o **lo que** pensaba **hacer**. Al apóstol le parecía increíble que alguien tomara un cambio en los planes de viaje como evidencia de un carácter mentiroso. Efectivamente, Pablo no despreció a los corintios por hacer un cambio de planes; las dos visitas se volvieron una única y larga visita (cp. 1 Co. 16:6-7).

Las palabras *mēti ara* en la primera pregunta de Pablo introducen una pregunta que llama a una respuesta negativa e indignada. Lo que Pablo dice es de hecho: "¿Vacilaba cuando quería hacer eso? ¡De ninguna manera!". No era un oportunista taimado ni un mentiroso superficial, caprichoso y frívolo. Tampoco tenía el propósito de hacer lo que pensaba **según la carne**. Pablo no hizo planes de manera puramente humana. No buscaba agradarse a sí mismo o tomar decisiones que se ajustaran a sus intereses egoístas. No tenía un discurso con doble intención, sus palabras no eran **sí y no** al mismo tiempo. Los corintios tenían muchas razones para afirmar que Pablo era sincero después de observar de cerca su vida durante sus más de dieciocho meses en la ciudad.

Pablo declaró enfáticamente lo siguiente para respaldar su afirmación de sinceridad: "**Mas, como Dios es fiel, nuestra palabra a vosotros no es Sí y No**". Probablemente estaba haciendo un juramento, llamando a Dios como testigo fidedigno de su veracidad (cp. v. 23; 11:10, 31; Ro. 1:9; 9:1; Gá. 1:20; Fil. 1:8; 1 Ts. 2:5, 10). Jesús no prohibió toda clase de juramentos en Mateo 5:33-37, solo los engañosos y dirigidos a tergiversar la intención verdadera para obtener alguna forma de ganancia personal. Incluso Jesús permitió que el sumo sacerdote lo pusiera bajo juramento durante su juicio ante el sanedrín (Mt. 26:63-64). La idea de Pablo es que Dios es veraz, y él, como representante de Dios, también lo es. Pablo seguía siendo leal y sincero, sin importar que sus planes hubieran cambiado.

CONFIABILIDAD

Porque el Hijo de Dios, Jesucristo, que entre vosotros ha sido predicado por nosotros, por mí, Silvano y Timoteo, no ha sido Sí y No; mas ha sido Sí en él; porque todas las promesas de Dios son en él Sí, y en él Amén, por medio de nosotros, para la gloria de Dios. (1:19-20)

A lo largo de la historia de la Iglesia, los herejes siempre han atacado la naturaleza de Cristo, y los falsos apóstoles de Corinto no parecen ser la excepción en su esfuerzo por despreciarlo. Habiendo calumniado a Pablo por cambiar sus planes de viaje, también alegaron que su enseñanza sobre el Señor Jesús no era digna de confianza. Pablo, en respuesta al ataque a su Señor, enfatizó la naturaleza de Cristo como el Dios-hombre usando el grandioso y profundo título de: **el Hijo de Dios, Jesucristo**.

Pablo no era el único que había predicado las verdades del **Hijo de Dios** a los corintios; **Silvano y Timoteo** también les habían predicado. **Silvano** (Silas) era un líder prominente de la iglesia de Jerusalén. El Concilio de Jerusalén le encomendó que llevara la decisión del Concilio a la iglesia de Antioquía (Hch. 15:22). Más adelante se hizo compañero de Pablo en el segundo viaje misionero del apóstol, en sustitución de Bernabé (Hch. 15:39-40). **Timoteo** era el hijo amado de Pablo en la fe. Puesto que era hijo de una judía cristiana y de un padre gentil (Hch. 16:1), estaba calificado de manera única para acompañar al apóstol en su ministerio. Tanto **Silvano** como **Timoteo** habían ministrado con Pablo en Corinto (Hch. 18:5). Su predicación no era de poco fiar, **no** había **sido Sí y No**; **mas** un **Sí** resonante, firme y sin dubitaciones a la verdad de Dios en Jesucristo.

Luego Pablo resume la gloria de Cristo recordando a los corintios que **todas las promesas de Dios son en él Sí**. Todas las **promesas** divinas de salvación (de bendición, paz, gozo, bondad, comunión, perdón, fortaleza y esperanza de vida eterna) son **sí**, lo cual quiere decir que todas se hacen realidad en Cristo. Todas se hicieron posibles por Él y por su obra. Jesús dijo esto a sus discípulos después de su resurrección: "Que era necesario que se cumpliese todo lo que está escrito de mí en la ley de Moisés, en los profetas y en los salmos" (Lc. 24:44). En 1 Corintios 1:30 Pablo declaró que "Cristo Jesús… nos ha sido hecho por Dios sabiduría, justificación, santificación y redención". A los colosenses les escribió así: "Agradó al Padre que en él habitase toda plenitud… Porque en él habita corporalmente toda la plenitud de la Deidad" (Col. 1:19; 2:9). Cuando Pablo se dio cuenta de "la excelencia del conocimiento de Cristo Jesús [como su] Señor", estuvo dispuesto a perderlo todo y considerarlo "basura, para ganar a Cristo" (Fil. 3:8).

Después, Pablo llega al eje de su argumento recordando a los corintios que **todas las promesas de Dios son en él Sí, y en él Amén, por medio de nosotros, para la gloria de Dios**. La palabra **Amén** es una afirmación solemne de la veracidad de la declaración (cp. Ro. 1:25; 9:5; 11:36; 15:33; 16:27; Gá. 1:5; Ef. 3:21; Fil. 4:20; 1 Ti. 1:17; 6:16; 2 Ti. 4:18; He. 13:21; 1 P. 4:11; 5:11; 2 P. 3:18; Jud. 25; Ap. 1:6; 7:12). Cuando Pablo, Silas y Timoteo predicaban el evangelio, todo era sobre Cristo, quien por su obra gloriosa hizo que ocurrieran todas las verdades de la salvación. Probablemente, los corintios también se le unieron para decir: **"Amén... para la gloria de Dios"**. La congregación había afirmado que los predicadores hablaban confiablemente la verdad de Dios cuando creyeron el evangelio que Pablo y sus compañeros hablaron, y cuando tal evangelio transformó sus vidas. Pablo argumentó que era absurdo aceptar y experimentar el mensaje considerándolo digno de confianza, pero no considerar confiables a quienes lo predicaban. ¡Era ridículo confiar en la palabra de Pablo para las cosas eternas, pero no para las mundanas, como un plan de viaje!

El apóstol, exigente como era para comunicar el verdadero evangelio de Cristo, también lo era en los asuntos menos importantes de la vida. Dios no escogió un apóstol inestable y poco digno de confianza para predicar su verdad.

AUTENTICIDAD

Y el que nos confirma con vosotros en Cristo, y el que nos ungió, es Dios, el cual también nos ha sellado, y nos ha dado las arras del Espíritu en nuestros corazones. (1:21-22)

Tan importantes como pudieran ser las afirmaciones de Pablo sobre su lealtad, sinceridad, confiabilidad o cualquier otra característica personal, la afirmación definitiva de integridad y autenticidad de Pablo en cuanto a mensajeros de Dios y apóstol de Cristo no tenían su base en estas cosas sino en lo que Dios había hecho en su vida. Pablo describió cuatro obras gloriosas que Dios había hecho en su vida con los verbos **confirma**, **ungió**, **sellado** y **dado**. La frase **con vosotros** y las cuatro conjugaciones en primera persona del plural indican la confianza de Pablo en que los corintios también habían experimentado esas obras divinas, como todos los creyentes.

Primero, Dios **confirma** a los creyentes **en Cristo** en la salvación. Esta es la obra de la gracia salvadora que pone a los cristianos en unión con Él (cp. 5:17; Ro. 8:1; 16:11-13; 1 Co. 1:30; 3:1; 7:22; Gá. 2:20; Ef. 5:8; Col. 1:2, 28; 4:7) y en unión unos con otros. La autenticidad de Pablo estaba inextricablemente ligada con la de los corintios y negarlo era negar la realidad de su propia vida espiritual. Al ser ellos también miembros del cuerpo de Cristo, rasgaban la tela misma de la unidad espiritual de la iglesia con sus ataques a la autenticidad de Pablo. En sentido figurado, negar la autenticidad de Pablo era como aserrar la rama en la cual estaban sentados, pues él era el padre espiritual de ellos (1 Co. 4:15).

Segundo, Dios **ungió** los creyentes. Ungir a alguien es comisionarlo para un servicio (cp. Éx. 28:41; Nm. 3:3; 1 S. 15:1; 16:1-13; 2 S. 2:4; 1 R. 1:39; 5:1; 19:16; Sal. 89:20). El verbo *chriō* (**ungió**) aparece cuatro veces más en el Nuevo Testamento, todas en pasajes que se refieren a Cristo (Lc. 4:18; Hch. 4:27; 10:38; He. 1:9). El sustantivo relacionado *chrisma* describe la unción que viven todos los creyentes cuando reciben de Cristo al Espíritu Santo (cp. 1 Co. 12:13) que los guía, les da poder y les enseña (1 Jn. 2:20, 27).

Tercero, Dios **ha sellado** a los creyentes. *Sphragizō* (**sellado**) se refiere a estampar una marca de identificación sobre algo (cp. Mt. 27:66; Jn. 3:33; 6:27; Ro. 15:28; Ap. 7:3-4). Aquí, como en Efesios 1:13; 4:30 y 2 Timoteo 2:19, se refiere a que Dios ha marcado como suyos a los creyentes, haciéndoles morada del Espíritu Santo (Ro. 8:9), cuya presencia los identifica como posesión eterna y verdadera de Dios que Él protegerá y cuidará.

Cuarto, Dios les **ha dado** a los creyentes **las arras del Espíritu en** sus **corazones**. Que el Espíritu habite en ellos no solamente es la unción y el sello sino el pago inicial o la garantía de la herencia eterna de los creyentes (cp. 1 P. 1:4), el primer pago de la gloria futura. En esta misma epístola, Pablo escribiría más adelante esto: "El que nos hizo para esto mismo [la existencia eterna de los creyentes en el cielo; cp. vv. 2, 4] es Dios, quien nos ha dado las arras del Espíritu" (2 Co. 5:5). A los efesios les escribió así: "En él también vosotros, habiendo oído la palabra de verdad, el evangelio de vuestra salvación, y habiendo creído en él, fuisteis sellados con el Espíritu Santo de la promesa, que es las arras de nuestra herencia hasta la redención de la posesión adquirida, para alabanza de su gloria" (Ef. 1:13-14).

Dios puso tanto a Pablo como a todos los creyentes en la promesa eterna e inquebrantable de la salvación en Cristo. Dios ha garantizado esa promesa de herencia eterna haciendo que el Espíritu Santo habite en nosotros. ¡Qué necio era, a la luz de la predicación paulina de esas realidades divinas, eternas y gloriosas, cuestionar la legitimidad del apóstol por un pequeño cambio en sus planes de viaje!

SENSIBILIDAD

Mas yo invoco a Dios por testigo sobre mi alma, que por ser indulgente con vosotros no he pasado todavía a Corinto. No que nos enseñoreemos de vuestra fe, sino que colaboramos para vuestro gozo; porque por la fe estáis firmes.

Esto, pues, determiné para conmigo, no ir otra vez a vosotros con tristeza. (1:23—2:1)

Solo después de que Pablo defiende su integridad afirmando su lealtad, sinceridad, confiabilidad y autenticidad, pasa a explicar por qué cambió finalmente sus planes de viaje. Y hace un prefacio a su explicación con un juramento solemne: **Yo invoco a Dios por testigo sobre mi alma**. El apóstol apeló a Dios para que verificara la verdad de lo que estaba a punto de escribir y para que lo juzgara si estaba mintiendo.

Pablo no fue **a Corinto** para **ser indulgente con** ellos en cuanto a la vara de la disciplina (cp. 13:2, 10; 1 Co. 4:21). En su misericordia, quería darles tiempo para corregir los problemas referidos en 1 Corintios. Además, algunas personas eran culpables de rebelarse (la rebelión que produjo que Pablo escribiera la "carta severa" mencionada en 2 Co. 2:4) contra él por los falsos maestros que habían llegado a la iglesia, y él quería darles tiempo para arrepentirse. El apóstol, antes de que los visitara, también esperaba un buen informe de Tito sobre el arrepentimiento de los corintios y sobre el rechazo de los falsos apóstoles en favor de él. Como escribió Agustín, sabía que "tanto como la severidad está dispuesta a castigar las faltas que pueda descubrir, la caridad es reacia a descubrir las faltas que puede castigar" (citado en Philip E. Hughes, *The Second Epistle to the Corinthians* [La segunda epístola a los corintios], The New International Commentary on the New Testament [Nuevo comentario internacional al Nuevo Testamento] [Grand Rapids: Eerdmans, 1992], p. 47).

Pablo, siempre sensible a evitar la provocación de un conflicto innecesario, agregó este descargo de responsabilidad positivo: "**No que nos enseñoreemos de vuestra fe, sino que colaboramos para vuestro gozo**". Pablo nunca abusó de su autoridad apostólica para obtener prestigio, poder o para promover sus intenciones egoístas. Su meta, aun a la hora de disciplinar a todos los corintios rebeldes, era el **gozo** que les produciría la santidad.

Pablo confiaba en que, **por** la **fe** de ellos (su salvación), estuvieran **firmes** (cp. Ro. 5:2; 1 Co. 15:1; Gá. 5:1; Fil. 1:27). No afirmó tener autoridad sobre la **fe** de ellos, un asunto privado entre Dios y ellos. La fe salvadora es un asunto personal entre el Señor y el creyente. Solamente el Señor tiene la autoridad en esa relación. La salvación es un asunto individual que no se obtiene a través de una organización eclesiástica jerárquica.

Pablo había determinado, no solo por el beneficio de ellos sino por el suyo propio, que **no** iría **otra vez a** los corintios **con tristeza**. Se refería a una dolorosa visita que les había hecho anteriormente a Corinto. Cuando supo que habían llegado los falsos profetas, Pablo salió de Éfeso con premura hacia Corinto para enfrentar la situación. La visita no fue un éxito; de hecho, algunos (posiblemente los falsos apóstoles) insultaron abiertamente a Pablo (cp. 2 Co. 2:5-8, 10; 7:12) y los corintios no lo defendieron. Esa visita dolorosa llevó a que Pablo escribiera la "carta severa" mencionada en 2:4. Pablo esperaba evitarse otro encuentro doloroso con ellos y les dio tiempo para que se arrepintieran. Así, su cambio de planes no lo motivó su volubilidad o porque no fuera digno de confianza, como afirmaron los falsos maestros, sino por la sensibilidad de Pablo hacia su amada iglesia.

PUREZA

Porque si yo os contristo, ¿quién será luego el que me alegre, sino aquel a quien yo contristé? Y esto mismo os escribí, para que cuando llegue no tenga tristeza de parte de aquellos de quienes me debiera gozar; confiando en vosotros todos que mi gozo es el de todos vosotros. (2:2-3)

La sensibilidad y paciencia de Pablo con los corintios no quería decir que no estuviera dispuesto a disciplinarlos si no se arrepentían. Su celo por la pureza de la iglesia hizo que estuviera dispuesto a entristecerlos si era necesario. Y, si lo hacía, lo único que lo alegraría sería el arrepentimiento de aquellos a quienes contristó. Su preocupación por la pureza en la iglesia de Corinto lo llevó a escribirles las cartas (cp. 2:9; 7:8). Por supuesto, Pablo esperaba que se arrepintieran, **para que cuando** él fuera a Corinto **no** tuviera **tristeza de parte de aquellos de quienes** se **debería gozar**. Pero Pablo, a diferencia de muchos en la iglesia evangélica de hoy día, no valoraba más la unidad de la Iglesia que la verdad y la santidad. Estaba dispuesto a confrontar el pecado no arrepentido, aun al costo de su propia alegría.

Pablo esperaba que los asuntos pecaminosos que confrontaba en sus cartas quedaran resueltos antes de que visitara Corinto, y confiaba en que así sería. Así su **gozo** sería **el de todos**; no podrían tener gozo mutuo en tanto los corintios continuaran en su pecado. La expresión de confianza de Pablo en los corintios también pretendía animar a la mayoría de la congregación, que lo veía como su líder espiritual. Y quedó claro que su confianza no estaba mal depositada cuando Tito regresó de Corinto con las noticias de que la mayoría se había arrepentido (7:6-16).

La sensibilidad y el deseo de evitar confrontaciones innecesarias siempre deben estar equilibrados con el compromiso por la pureza de la Iglesia. (Para un debate más a fondo sobre este asunto, véase la exposición en 12:19—13:3, en los capítulos 33-36 de este volumen.)

AMOR

Porque por la mucha tribulación y angustia del corazón os escribí con muchas lágrimas, no para que fueseis contristados, sino para que supieseis cuán grande es el amor que os tengo. (2:4)

Que Pablo confrontara el pecado de los corintios requería gran amor, no sentimentalismo. Escribir 1 Corintios, y especialmente la "carta severa", le provocó **mucha tribulación y angustia del corazón**, y **muchas lágrimas**. Nada es más doloroso para un pastor que confrontar el pecado en su amada congregación. Pero el objetivo de Pablo no era entristecerlos, **sino** que los corintios supieran **cuán grande** era **el amor que** les tenía. No le agradaba la tristeza de ellos, pero deseaba que esto los llevara al arrepentimiento (cp. 7:10) y al gozo. El apóstol dio ejemplo de la verdad de Proverbios 27:6: "Fieles son las heridas del que ama".

Los maestros mentirosos estaban completamente equivocados en cuanto a Pablo. El apóstol no era un engañador poco digno de confianza, y era condenable hacer de un asunto trivial algo con lo cual desacreditar su ministerio. En cuanto Pablo examinó su corazón con sinceridad delante de Dios, encontró lealtad, sinceridad, confiabilidad, autenticidad, sensibilidad, pureza y amor, características que marcan a todos los pastores piadosos.

Las bendiciones del perdón

4

Pero si alguno me ha causado tristeza, no me la ha causado a mí solo, sino en cierto modo (por no exagerar) a todos vosotros. Le basta a tal persona esta represión hecha por muchos; así que, al contrario, vosotros más bien debéis perdonarle y consolarle, para que no sea consumido de demasiada tristeza. Por lo cual os ruego que confirméis el amor para con él. Porque también para este fin os escribí, para tener la prueba de si vosotros sois obedientes en todo. Y al que vosotros perdonáis, yo también; porque también yo lo que he perdonado, si algo he perdonado, por vosotros lo he hecho en presencia de Cristo, para que Satanás no gane ventaja alguna sobre nosotros; pues no ignoramos sus maquinaciones. (2:5-11)

Vivimos en una cultura que no ve el perdón como una virtud, sino como una señal de debilidad. Nuestros héroes son vengativos, retan a sus enemigos para tener la oportunidad de asestarles el golpe, se ven orgullosamente como "la peor pesadilla" de sus enemigos. Algunos alegan incluso que el perdón no es saludable. Los libros de autoayuda afirman audazmente que las personas deben cultivar la autoestima y culpar a otros por causarles problemas. La mentalidad de víctima es la reina suprema y, como resultado de esta y otras perspectivas, se exalta la venganza y la represalia, no las virtudes cristianas y nobles del perdón y la restauración.

Pero el precio de negarse a perdonar es alto. La falta de perdón produce odio, amargura, animosidad, ira y venganza. No solo tapona las arterias sino los juzgados con miles de demandas vengativas. Negarse a perdonar aprisiona a las personas en su pasado. Personas implacables mantienen vivo su dolor porque constantemente escogen abrir la herida impidiendo que se sane. La amargura se arraiga en el corazón y lo contamina (He. 12:15). La rabia se descontrola y las emociones negativas se desenfrenan. La vida se llena de confusión y conflicto, en lugar de alegría y paz.

Por otra parte, el perdón libera a las personas del pasado. Es liberador, estimulante y saludable. El perdón alivia la tensión, produce paz y alegría, y restaura las relaciones. Además de sus beneficios personales y sociales, hay al menos diez razones bíblicas para perdonar a los demás.

Primero, los creyentes nunca se asemejan más a Dios que cuando perdonan. Dios es un Dios que perdona (Neh. 9:17), "un Dios perdonador" (Sal. 99:8), suyo es tener misericordia y perdonar (Dn. 9:9). El profeta Miqueas preguntó retóricamente: "¿Qué Dios como tú, que perdona la maldad, y olvida el pecado del remanente de su heredad?" (Mi. 7:18). La parábola del hijo pródigo ilustra acertadamente el perdón divino (Lc. 15:11-32). Como el padre de la parábola, que vio de lejos a su hijo extraviado y corrió a su encuentro, Dios perdona con ansiedad a los pecadores arrepentidos. El perdón de Dios significa que Él no usará los pecados de los creyentes contra ellos requiriendo castigo (cp. Is. 43:25; 44:22; Jer. 31:34); los echó tras su espalda (Is. 38:17) y en lo profundo del mar (Mi. 7:19). Nunca se parecen más los creyentes a Dios que cuando perdonan ansiosa y apasionadamente. En Mateo 5:44-45, Jesús dijo: "Amad a vuestros enemigos, bendecid a los que os maldicen, haced bien a los que os aborrecen, y orad por los que os ultrajan y os persiguen; para que seáis hijos de vuestro Padre que está en los cielos, que hace salir su sol sobre malos y buenos, y que hace llover sobre justos e injustos".

Segundo, el sexto mandamiento, "No matarás" (Éx. 20:13), no prohíbe solamente el asesinato, sino también la ira, la malicia, la falta de perdón y el deseo de venganza. Jesús declaró lo siguiente en Mateo 5:21-22:

> *Oísteis que fue dicho a los antiguos: No matarás; y cualquiera que matare será culpable de juicio. Pero yo os digo que cualquiera que se enoje contra su hermano, será culpable de juicio; y cualquiera que diga: Necio, a su hermano, será culpable ante el concilio; y cualquiera que le diga: Fatuo, quedará expuesto al infierno de fuego.*

El apóstol Juan añadió: "Todo aquel que aborrece a su hermano es homicida" (1 Jn. 3:15). Quienes se niegan a perdonar a otros, llenos de amargura, odio y total animosidad, son culpables de violar el sexto mandamiento

Tercero, quien ofende a otra persona ofende más a Dios, porque al final de cuentas el pecado es contra Él. David adulteró con Betsabé y mató a su esposo Urías. Pero le reconoció a Dios, en Salmos 51:4, lo siguiente: "Contra ti, contra ti solo he pecado, y he hecho lo malo delante de tus ojos" (cp. 2 S. 12:9). Cualquier mal contra los creyentes es insignificante comparado con el mal hecho a Dios. Entonces, ¿cómo pueden negarse a perdonar?

Cuarto, quienes recibieron el perdón por su gran pecado contra Dios deben perdonar el pecado menor de los demás contra ellos. En la salvación, Dios perdona la sorprendente e impagable deuda de pecado de los creyentes con la muerte de Cristo en sustitución por ellos. Que ellos se nieguen a perdonar a alguien es completamente impensable. Jesús ilustró gráficamente tal incongruencia en una parábola registrada en Mateo 18:21-35. El siervo de un rey (probablemente un gobernador regional que malversaba impuestos) le debía al rey diez mil talentos, una gran suma que el siervo nunca podría haber pagado. El rey se compadeció de él y lo libró de su deuda. Pero, inexplicablemente, increíblemente, el siervo rehusó perdonar a sus propios consiervos que le debían menos dinero.

El propósito de la ilustración es simple. Dios perdona sin reservas la grandísima deuda de los creyentes a su santidad, una deuda que ellos no podrían pagar incluso si pasaran la eternidad en el infierno. Por lo tanto, deben estar dispuestos a perdonar los pecados de quienes los ofendieron. Negarse a ello es reprensible, insensible, ingrato y una burla al perdón de Dios hacia ellos.

Quinto, los creyentes que se niegan a perdonar renuncian a la bendición de la comunión con otros cristianos. En la parábola de Jesús, quienes informaron al rey fueron los consiervos del siervo malo (Mt. 18:31), un acto que simboliza la disciplina en la iglesia. Quienes rehúsan perdonar pueden provocar rupturas en la comunidad eclesial y destruir su unidad. La iglesia debe ponerlos delante del Señor para que los amoneste y, si no se arrepienten, se les debe separar de la comunión eclesial. Como Himeneo y Alejandro (1 Ti. 1:20) y el incestuoso de Corinto (1 Co. 5:5), la congregación los ofrece a Satanás y pierden las bendiciones asociadas con el pueblo de Dios.

Sexto, la falta de perdón produce represión divina. Además de la separación de la comunión de la iglesia, Dios envía sufrimiento sobre las vidas de quienes se niegan a arrepentirse. Dios reacciona con ira santa contra los creyentes que no perdonan y los castiga (Mt. 18:32-34). Su objetivo es llevarlos al arrepentimiento para que paguen voluntariamente lo que deben (v. 34); en otras palabras, para que estén dispuestos a perdonar a otros. En caso contrario, "juicio sin misericordia se hará con aquel que no hiciere misericordia" (Stg. 2:13).

Séptimo, Dios no perdonará a los creyentes que se nieguen a perdonar a otros. Jesús declaró esta verdad claramente en el Sermón del Monte: "Porque si perdonáis a los hombres sus ofensas, os perdonará también a vosotros vuestro Padre celestial; mas si no perdonáis a los hombres sus ofensas, tampoco vuestro Padre os perdonará vuestras ofensas" (Mt. 6:14-15). Por supuesto, el Señor no se refería a la justificación o al perdón eterno (Hch. 10:43; Ro. 3:23-24; Col. 1:14; 2:13; Ef. 1:7; 4:32; Tit. 2:14; He. 7:25; 1 P. 2:24), sino al perdón temporal de la santificación. Los creyentes que no perdonan no dejan de ser hijos de Dios, pero sí enfrentarán el castigo de su Padre celestial. No perderán sus bendiciones eternas en el cielo, pero perderán las bendiciones temporales en esta vida.

Octavo, no perdonar hace que los creyentes no sean aptos para la adoración. En las conocidas palabras del Señor Jesucristo en Mateo 5:23-24: "Por tanto, si traes tu ofrenda al altar, y allí te acuerdas de que tu hermano tiene algo contra ti, deja allí tu ofrenda delante del altar, y anda, reconcíliate primero con tu hermano, y entonces ven y presenta tu ofrenda". Dios no quiere la adoración hipócrita de quienes se niegan a perdonar. La reconciliación precede a la adoración.

Noveno, negarse a perdonar es usurpar la autoridad de Dios. Es considerar que somos un juez superior, con normas más elevadas, que Él. Pablo prohibió tanto orgullo arrogante en Romanos 12:19: "No os venguéis vosotros mismos, amados míos, sino dejad lugar a la ira de Dios; porque escrito está: Mía es la venganza, yo pagaré, dice el Señor" (cp. Pr. 24:29). Solo Dios puede lidiar de manera adecuada con el pecado, pues solo Él es omnisciente, justo y siempre actúa en santidad perfecta.

Finalmente, las ofensas contra los creyentes deben enfrentarse y reconocerse como pruebas que los hacen más maduros. Jesús ordenó esto a los creyentes que enfrentan críticas, injusticia y maltrato: "Amad a vuestros enemigos, bendecid a los que os maldicen, haced bien a los que os aborrecen, y orad por los que os ultrajan y os persiguen; para que seáis hijos de vuestro Padre que está en los cielos, que hace salir su sol sobre malos y buenos, y que hace llover sobre justos e injustos" (Mt. 5:44-45). La respuesta apropiada de perdón lleva a la madurez espiritual (Stg. 1:2-4).

El modelo perfecto de perdón es el Señor Jesucristo, que cuando estaba en la cruz oró por quienes lo atormentaban: "Padre, perdónalos, porque no saben lo que hacen" (Lc. 23:34). Pedro llamó a los creyentes a seguir el ejemplo del Señor en 1 Pedro 2:19-23:

> *Porque esto merece aprobación, si alguno a causa de la conciencia delante de Dios, sufre molestias padeciendo injustamente. Pues ¿qué gloria es, si pecando sois abofeteados, y lo soportáis? Mas si haciendo lo bueno sufrís, y lo soportáis, esto ciertamente es aprobado delante de Dios. Pues para esto fuisteis llamados; porque también Cristo padeció por nosotros, dejándonos ejemplo, para que sigáis sus pisadas; el cual no hizo pecado, ni se halló engaño en su boca; quien cuando le maldecían, no respondía con maldición; cuando padecía, no amenazaba, sino encomendaba la causa al que juzga justamente.*

El apóstol Pablo entendió la importancia del perdón. En este pasaje urgió a los corintios a perdonar a uno de ellos. Al parecer, este individuo (su identidad se oculta con los términos "alguno" en el v. 5 y "tal persona" en el v. 6) había atacado públicamente a Pablo durante la visita dolorosa del apóstol a Corinto (cp. 2:1). La iglesia de Corinto, siguiendo las instrucciones de Pablo, disciplinó al miembro pecador y lo retiró de la comunión. Este se había arrepentido y ahora Pablo no solamente lo había perdonado, sino que daba instrucciones a los corintios a que hicieran lo mismo. De este pasaje emergen siete motivos que enriquecen la enseñanza del Nuevo Testamento sobre el perdón. Los creyentes deben perdonar para evitar el orgullo, mostrar misericordia, restaurar el gozo, confirmar el amor, demostrar obediencia, restaurar la comunión y frustrar a Satanás.

PARA EVITAR EL ORGULLO

Pero si alguno me ha causado tristeza, no me la ha causado a mí solo, sino en cierto modo (por no exagerar) a todos vosotros. (2:5)

La cláusula **si alguno me ha causado tristeza** asume que la condición es cierta. Pablo reconoció la realidad de la ofensa y su impacto en la iglesia.

Una de las principales causas del corazón no perdonador es el orgullo. Una reacción orgullosa a una ofensa puede recorrer toda la gama entre regodearse en la autocompasión y la represalia violenta. Pero en el corazón de Pablo no había lugar para la vanagloria, la autoprotección, la autocompasión, el orgullo herido o la represalia. Pablo reconocía que el ofensor le había **causado tristeza**, pero se negó a tomarlo como algo personal (cp. 12:10). Al negarse a hacer de este un asunto de afrenta personal, el apóstol pretendía suavizar la animosidad hacia el ofensor arrepentido. La iglesia debería tratar a esta persona al margen de cualquier consideración de Pablo.

Los miembros del equipo "de Pablo" en Corinto (1 Co. 1:12; 3:4) estaban profundamente ofendidos cuando Pablo fue públicamente insultado. Tal vez consideraban que el pecador necesitaba más disciplina y penitencia antes de restaurarlo a la comunión. Sin embargo, Pablo apaciguó la situación insistiendo en que el ofensor en realidad no le había **causado tristeza** a él. Pablo no estaba amargamente resentido ni buscaba vengarse de quien lo insultó. Hizo caso omiso a la pena y la vergüenza que el individuo le había causado e instó a la iglesia a que lo trataran objetivamente. No tenían derecho a llevar a cabo una venganza en nombre del apóstol.

Pablo, humildemente, pasó por alto la ofensa y perdonó al ofensor, negándose a considerarse una víctima o guardar algún resentimiento contra su agresor. En la mente de Pablo no había lugar para el orgullo o el resentimiento orgulloso, porque le parecía intrascendente el juicio de las personas. En 1 Corintios escribió: "Yo en muy poco tengo el ser juzgado por vosotros, o por tribunal humano; y ni aun yo me juzgo a mí mismo. Porque aunque de nada tengo mala conciencia, no por eso soy justificado; pero el que me juzga es el Señor" (1 Co. 4:3-4).

Aunque no le preocupaba a Pablo la ofensa en lo que a él le concernía, sí le preocupaban las repercusiones en la congregación de Corinto. La ofensa de aquel hizo que los corintios se entristecieran, pues había producido conflicto en la congregación. Mientras reconocía a los corintios que el ofensor había entristecido **a todos**, añadía dos descargos de responsabilidad para minimizar el impacto de la ofensa. La tristeza tenía alcance limitado; solo afectaba **en cierto modo** a la iglesia de Corinto. Tampoco quería **exagerar** con la ofensa. En su lugar, le restó importancia al incidente y previno a los corintios para que este no fuera desproporcionado. El individuo se había arrepentido, el incidente ya había pasado y era momento de seguir adelante.

Pablo no tenía sino amor y perdón en el corazón hacia la persona que lo había ofendido. No iba a permitir que tal personaje le quitara su alegría, perjudicara su eficacia o se volviera el asunto dominante de la iglesia en Corinto. Pablo dio ejemplo del perdón que Jesucristo había ordenado. Cuando Pedro le preguntó a Jesús: "Señor, ¿cuántas veces perdonaré a mi hermano que peque contra mí? ¿Hasta siete?" (Mt. 18:21), Él respondió: "No te digo hasta siete, sino aun hasta setenta veces siete" (v. 22).

José es el ejemplo de un personaje veterotestamentario que perdonó desinteresadamente, al igual que Pablo. Motivados por los celos, sus hermanos lo vendieron como esclavo en Egipto. Pero Dios, en su providencia, lo cuidó elevándolo con el tiempo al cargo de primer ministro de Egipto. Cuando el hambre forzó a sus hermanos a buscar comida en Egipto, él les reveló su identidad. Génesis 45:1-15 registra este encuentro dramático:

No podía ya José contenerse delante de todos los que estaban al lado suyo, y clamó: Haced salir de mi presencia a todos. Y no quedó nadie con él, al darse a conocer José a sus hermanos. Entonces se dio a llorar a gritos; y oyeron los egipcios, y oyó también la casa de Faraón. Y dijo José a sus hermanos: Yo soy José; ¿vive aún mi padre? Y sus hermanos no pudieron responderle, porque estaban turbados delante de él. Entonces dijo José a sus hermanos: Acercaos ahora a mí. Y ellos se acercaron. Y él dijo: Yo soy José vuestro hermano, el que vendisteis para Egipto. Ahora, pues, no os entristezcáis, ni os pese de haberme vendido acá; porque para preservación de vida me envió Dios delante de vosotros. Pues ya ha habido dos años de hambre en medio de la tierra, y aún quedan cinco años en los cuales ni habrá arada ni siega. Y Dios me envió delante de vosotros, para preservaros posteridad sobre la tierra, y para daros vida por medio de gran liberación. Así, pues, no me enviasteis acá vosotros, sino Dios, que me ha puesto por padre de Faraón y por señor de toda su casa, y por gobernador en toda la tierra de Egipto. Daos prisa, id a mi padre y decidle: Así dice tu hijo José: Dios me ha puesto por señor de todo Egipto; ven a mí, no te detengas. Habitarás en la tierra de Gosén, y estarás cerca de mí, tú y tus hijos, y los hijos de tus hijos, tus ganados y tus vacas, y todo lo que tienes. Y allí te alimentaré, pues aún quedan cinco años de hambre, para que no perezcas de pobreza tú y tu casa, y todo lo que tienes. He aquí, vuestros ojos ven, y los ojos de mi hermano Benjamín, que mi boca os habla. Haréis, pues, saber a mi padre toda mi gloria en Egipto, y todo lo que habéis visto; y daos prisa, y traed a mi padre acá. Y se echó sobre el cuello de Benjamín su hermano, y lloró; y también Benjamín lloró sobre su cuello. Y besó a todos sus hermanos, y lloró sobre ellos; y después sus hermanos hablaron con él.

José no guardaba amargura contra sus hermanos, a pesar del duro trato que le habían dado. En su lugar, los perdonó sin reservas y los consoló diciéndoles que Dios había usado la traición de ellos para sus propios fines. Tras la muerte de Jacob, los hermanos de José volvieron a temer que él se vengara de ellos:

Viendo los hermanos de José que su padre era muerto, dijeron: Quizá nos aborrecerá José, y nos dará el pago de todo el mal que le hicimos. Y enviaron a decir a José: Tu padre mandó antes de su muerte, diciendo: Así diréis a José: Te ruego que perdones ahora la maldad de tus hermanos y su pecado, porque mal te trataron; por tanto, ahora te rogamos que perdones la maldad de los siervos del Dios de tu padre. Y José lloró mientras hablaban. Vinieron también sus hermanos y se postraron delante de él, y dijeron: Henos aquí por siervos tuyos. Y les respondió José: No temáis; ¿acaso estoy yo en lugar de Dios? Vosotros pensasteis mal contra mí, mas Dios lo encaminó a bien, para hacer lo que vemos hoy, para mantener en vida a mucho pueblo. Ahora, pues, no tengáis miedo; yo os sustentaré a vosotros y a vuestros hijos. Así los consoló, y les habló al corazón (Gn. 50:15-21).

El perdón rompe las cadenas amargas de orgullo, autocompasión y venganza que llevan al desespero, a la alienación, a rotura de relaciones y pérdida de gozo.

PARA MOSTRAR MISERICORDIA

Le basta a tal persona esta reprensión hecha por muchos; (2:6)

La **reprensión** que ya estaba viviendo el pecador por parte de la iglesia bastaba. Había él sufrido suficiente, y era tiempo de mostrarle misericordia y restaurarlo a la comunión. La palabra *epitimia* (**reprensión**) solo aparece aquí en el Nuevo Testamento. Tanto en los escritos griegos extrabíblicos como en el contexto de este pasaje, *epitimia* se refiere a un hecho disciplinario oficial realizado **por muchos**: la excomunión o la separación de la comunión con los demás creyentes. El Nuevo Testamento enseña que la iglesia debe disciplinar a los creyentes en pecado. Jesús explicó tal proceso en Mateo 18:15-18:

Por tanto, si tu hermano peca contra ti, ve y repréndele estando tú y él solos; si te oyere, has ganado a tu hermano. Mas si no te oyere, toma aún contigo a uno o dos, para que en boca de dos o tres testigos conste toda palabra. Si no los oyere a ellos, dilo a la iglesia; y si no oyere a la iglesia, tenle por gentil y publicano. De cierto os digo que todo lo que atéis en la tierra, será atado en el cielo; y todo lo que desatéis en la tierra, será desatado en el cielo.

Ya había tratado Pablo anteriormente con otro miembro pecador en la congregación de Corinto:

> *En el nombre de nuestro Señor Jesucristo, reunidos vosotros y mi espíritu, con el poder de nuestro Señor Jesucristo, el tal sea entregado a Satanás para destrucción de la carne, a fin de que el espíritu sea salvo en el día del Señor Jesús… Más bien os escribí que no os juntéis con ninguno que, llamándose hermano, fuere fornicario, o avaro, o idólatra, o maldiciente, o borracho, o ladrón; con el tal ni aun comáis (1 Co. 5:4-5, 11).*

Y les escribió así a los tesalonicenses:

> *Pero os ordenamos, hermanos, en el nombre de nuestro Señor Jesucristo, que os apartéis de todo hermano que ande desordenadamente, y no según la enseñanza que recibisteis de nosotros… Si alguno no obedece a lo que decimos por medio de esta carta, a ése señaladlo, y no os juntéis con él, para que se avergüence. Mas no lo tengáis por enemigo, sino amonestadle como a hermano (2 Ts. 3:6, 14-15).*

La congregación de Corinto había actuado oficialmente sacando al pecador de la iglesia. Al parecer, tal disciplina había tenido el efecto deseado y el hombre estaba arrepentido. Era tiempo de perdonarlo y restaurarlo. En Gálatas 6:1, Pablo ordenó esto: "Hermanos, si alguno fuere sorprendido en alguna falta, vosotros que sois espirituales, restauradle con espíritu de mansedumbre, considerándote a ti mismo, no sea que tú también seas tentado". A los efesios exhortó así: "Antes sed benignos unos con otros, misericordiosos, perdonándoos unos a otros, como Dios también os perdonó a vosotros en Cristo" (Ef. 4:32). En Colosenses 3:13 escribió que los creyentes deben caracterizarse por "[soportarse] unos a otros, y [perdonarse] unos a otros si alguno tuviere queja contra otro. De la manera que Cristo [los] perdonó, así también [hacerlo ellos]".

Los creyentes nunca se parecen más a Dios que cuando muestran la misericordia del perdón al pecador arrepentido.

PARA RESTAURAR EL GOZO

así que, al contrario, vosotros más bien debéis perdonarle y consolarle, para que no sea consumido de demasiada tristeza. (2:7)

Tristemente confesando su trágico pecado con Betsabé, David reconoció la triste realidad de que el pecado roba el gozo. En Salmos 51 le ruega así a Dios: "Vuélveme el gozo de tu salvación" (v. 12), y: "Líbrame de homicidios, oh Dios, Dios de mi salvación; cantará mi lengua tu justicia" (v. 14). La confesión y el arrepentimiento restaura el gozo que Dios desea que todos los cristianos tengan (Jn. 15:11; 16:24; 17:13; 2 Jn. 12; cp. Gá. 5:22).

Algunos corintios creían que el individuo que había insultado a Pablo necesitaba sufrir un poco más antes de su restauración. Pero Pablo no estaba de acuerdo e insistió en que, **al contrario**, los corintios **más bien** debían **perdonarle y consolarle**. El dolor lo había llevado al arrepentimiento y ahora era el momento de restaurarle el gozo. La iglesia no puede determinar límites arbitrarios de gracia y misericordia; no puede rechazar a un individuo verdaderamente arrepentido, no importa cuán grave fuera su pecado.

Que los corintios no perdonaran al arrepentido sería un pecado que les robaría el gozo. De hecho, sería llevar el castigo de Dios sobre ellos (cp. Mt. 6:14-15; 18:35). La falta de perdón también los haría inadecuados para la adoración (Mt. 5:23-24).

La congregación de Corinto necesitaba **consolarle** positivamente. La palabra *consolar* en la Biblia es traducción de la conocida *parakaleō*, que significa "acompañar", "fortalecer" o "alentar". Los corintios debían "[restaurarle] con espíritu de mansedumbre" (Gá. 6:1), para acompañarlo, levantarlo y ayudarlo a caminar en obediencia. Pablo temía que, de otra manera, tal persona iba a terminar **consumido de demasiada tristeza**; no solo tristeza por el castigo, sino por el rechazo continuo de los corintios. La palabra *katapinō* (consumir) se traduce de varias maneras en el Nuevo Testamento: "absorber" (2 Co. 5:4), "tragar" (Mt. 23:24), "sorber" (1 Co. 15:54), "ahogarse" (He. 11:29) y "devorar" (1 P. 5:8). Dios no quiere que a los creyentes los consuma totalmente la pena por el pecado. Pablo escribe más adelante en esta epístola: "Porque la tristeza que es según Dios produce arrepentimiento para salvación, de que no hay que arrepentirse" (2 Co. 7:10). Después de que la tristeza ha hecho su labor de convencimiento, debe restaurarse con gozo.

PARA CONFIRMAR EL AMOR

Por lo cual os ruego que confirméis el amor para con él. (2:8)

El deseo de Pablo de ver alegre al individuo arrepentido, y no triste, le hizo rogar a los corintios que reafirmaran **el amor para con él**. En su otra única aparición en el Nuevo Testamento de la palabra *kuroō* (**confirméis**) se refiere a ratificar formalmente un pacto (Gá. 3:15). Los corintios habían disciplinado pública y oficialmente al ofensor (v. 6). Ahora necesitaban concluir el asunto restaurándolo amorosamente a la comunión. Así, le mostrarían su afecto colectivo e individual.

La palabra *agapē* (**amor**) es el **amor** por elección, de servicio humilde a los demás. No es un **amor** de sentimientos sensibleros, sino de acción (cp. 1 Co.

13:4-7). El **amor** es esencial en la vida eclesial. Jesús dijo en la noche antes de su muerte: "Un mandamiento nuevo os doy: Que os améis unos a otros; como yo os he amado, que también os améis unos a otros. En esto conocerán todos que sois mis discípulos, si tuviereis amor los unos con los otros" (Jn. 13:34-35). Pablo les ordenó a los efesios esto: "Sed, pues, imitadores de Dios como hijos amados. Y andad en amor, como también Cristo nos amó, y se entregó a sí mismo por nosotros, ofrenda y sacrificio a Dios en olor fragante" (Ef. 5:1-2).

La falta de perdón es, en esencia, falta de amor. Por otro lado, el perdón cumple la ley real del amor (cp. Stg. 2:8). El amor perdonador es una joya preciosa, un rico tesoro en la vida de la iglesia. Sin este, las iglesias están rotas, divididas y fragmentadas. Las iglesias que practican fielmente la disciplina en la iglesia también deben perdonar a los pecadores arrepentidos. La más grande demostración de amor, tanto de los creyentes como por la iglesia colectivamente, es el perdón a otros.

PARA DEMOSTRAR OBEDIENCIA

Porque también para este fin os escribí, para tener la prueba de si vosotros sois obedientes en todo. (2:9)

Como ya se ha mencionado, el perdón refleja algunas de las virtudes cristianas más nobles, entre las que se cuentan la humildad, la misericordia, el gozo y el amor. Pero aun si no es así, el perdón seguiría siendo la opción correcta porque Dios lo requiere. Una de las razones por las cuales Pablo escribió la carta severa entre 1 y 2 Corintios fue **para tener la prueba de si** los corintios eran **obedientes en todo**. Si estaban dispuestos a perdonar, sería una auténtica **prueba** de que el corazón de los corintios era recto delante de Dios. Como lo revelaría incluso una mirada superficial de la historia humana, el hombre caído no perdona fácilmente. Las guerras sucesivas, enemistades de mucho tiempo, los siglos de represalia mortal entre los grupos raciales y religiosos, y la venganza personal, han dañado la historia del ser humano desde la caída. La humanidad orgullosa y pecadora ve el perdón como debilidad y la venganza como fuerza. Los corintios habían demostrado que eran **obedientes** cuando disciplinaron al ofensor. Perdonarlo y volverlo a recibir en comunión sería también prueba de su obediencia. Jesús ordenó: "Si tu hermano pecare contra ti, repréndele; y si se arrepintiere, perdónale" (Lc. 17:3). Los corintios habían obedecido la primera parte de la admonición cuando castigaron al individuo pecador; para perdonarlo completamente, debían obedecer la segunda.

Dios siempre ha probado a su pueblo para revelar lo que hay en sus corazones. En Éxodo 16:4 "el Señor le dijo a Moisés: 'Voy a hacer que les llueva pan del cielo. El pueblo deberá salir todos los días a recoger su ración diaria. Voy a ponerlos a prueba, para ver si cumplen o no mis instrucciones'" (NVI). Y Moisés advirtió esto a Israel:

> *Recuerda que durante cuarenta años el SEÑOR tu Dios te llevó por todo el camino del desierto, y te humilló y te puso a prueba para conocer lo que había en tu corazón y ver si cumplirías o no sus mandamientos… en el desierto te alimentó con maná, comida que jamás conocieron tus antepasados. Así te humilló y te puso a prueba, para que al fin de cuentas te fuera bien" (Dt. 8:2, 16, NVI).*

En Deuteronomio 13:3 añade: "No prestes atención a las palabras de ese profeta o visionario. El Señor tu Dios te estará probando para saber si lo amas con todo el corazón y con toda el alma" (NVI).

Pablo puso a prueba a la iglesia de Corinto para ver si serían disciplinadores y perdonadores. A diferencia de la mayoría de iglesias en la actualidad, la de Corinto pasó las dos pruebas. Hicieron la labor difícil de confrontar el pecado, y también obedecieron al mandato de Pablo de perdonar y restaurar gentilmente al pecador. Pablo escribió más adelante en esta epístola:

> *Así que, aunque os escribí, no fue por causa del que cometió el agravio, ni por causa del que lo padeció, sino para que se os hiciese manifiesta nuestra solicitud que tenemos por vosotros delante de Dios. Por esto hemos sido consolados en vuestra consolación; pero mucho más nos gozamos por el gozo de Tito, que haya sido confortado su espíritu por todos vosotros. Pues si de algo me he gloriado con él respecto de vosotros, no he sido avergonzado, sino que así como en todo os hemos hablado con verdad, también nuestro gloriarnos con Tito resultó verdad. Y su cariño para con vosotros es aun más abundante, cuando se acuerda de la obediencia de todos vosotros, de cómo lo recibisteis con temor y temblor (7:12-15).*

Como Tito descubrió e informó a Pablo, los corintios habían obedecido al apóstol y perdonado al ofensor. Del caos y la confusión del pasado turbulento de sus miembros había surgido una iglesia obediente.

PARA RESTAURAR LA COMUNIÓN

Y al que vosotros perdonáis, yo también; porque también yo lo que he perdonado, si algo he perdonado, por vosotros lo he hecho en presencia de Cristo, (2:10)

Que Pablo concordara con la decisión de la mayoría de perdonar al ofensor demostraba su humildad. No estaba de acuerdo con los "de Pablo" que querían que el individuo sufriera más. De hecho, **si algo** debía perdonar, ya lo había

perdonado. Una vez más el apóstol le resta importancia a la ofensa contra él. Su preocupación principal era retaurar la comunión y que hubiera unidad en la iglesia corintia. Así, perdonó a la persona **por** los corintios.

Pablo vivió toda su vida en presencia de Cristo, consciente de que el Señor conocía todos sus pensamientos, palabras y acciones. En este mismo capítulo, más adelante, recordó a los corintios que "de parte de Dios, y delante de Dios, [hablaba] en Cristo" (2:17). En 4:2 se recomendó a sí mismo "a toda conciencia humana delante de Dios" (cp. 7:12; 12:19). A Timoteo le escribió así: "Te encarezco delante de Dios y del Señor Jesucristo, que juzgará a los vivos y a los muertos en su manifestación y en su reino, que prediques la palabra; que instes a tiempo y fuera de tiempo; redarguye, reprende, exhorta con toda paciencia y doctrina" (2 Ti. 4:1-2). Pablo perdonó con prontitud a quien lo había ofendido, porque Cristo, en cuya presencia vivía constantemente, lo había perdonado.

El perdón es crucial para mantener la unidad en la comunión de la iglesia. Sin este, la discordia, la falta de armonía, la amargura y la venganza pueden destruir la unidad.

PARA FRUSTRAR A SATANÁS

para que Satanás no gane ventaja alguna sobre nosotros; pues no ignoramos sus maquinaciones. (2:11)

La meta de Satanás para la Iglesia es opuesta a la de Dios. Dios quiere que la comunión de los hermanos sea humilde, misericordiosa, gozosa, amorosa y obediente; Satanás quiere que en ella reine el pecado de manera preeminente. Si se confronta el pecado, Satanás quiere que sea de manera severa, sin gracia, despiadada. No confrontar el pecado y no perdonar a los pecadores arrepentidos son dos acciones que pueden destruir una iglesia. Pablo enfatizó que los corintios debían perdonar y restaurar al individuo arrepentido **para que Satanás no** ganara **ventaja alguna sobre** ellos. Un espíritu no perdonador está haciendo justo lo que Satanás quiere que haga y le da a este la ventaja que necesita para dividir una iglesia.

Los creyentes no pueden darse el lujo de ignorar las **maquinaciones** de Satanás; más bien, deben "estar firmes contra las asechanzas del diablo" (Ef. 6:11) y no deben darle lugar (Ef. 4:27). Dos formas vitales de hacerlo son confrontando el pecado y perdonando a los pecadores.

El perdón afecta a quien perdona (2 Co. 2:5), al que es perdonado (2:6-8) y a toda la iglesia (2:9-11). La dura tarea de disciplinar a los pecadores y de restaurar a los que se arrepienten es una verdadera prueba del amor de una iglesia por su Señor.

Restaurar el gozo del pastor desmotivado

5

Cuando llegué a Troas para predicar el evangelio de Cristo, aunque se me abrió puerta en el Señor, no tuve reposo en mi espíritu, por no haber hallado a mi hermano Tito; así, despidiéndome de ellos, partí para Macedonia. Mas a Dios gracias, el cual nos lleva siempre en triunfo en Cristo Jesús, y por medio de nosotros manifiesta en todo lugar el olor de su conocimiento. Porque para Dios somos grato olor de Cristo en los que se salvan, y en los que se pierden; a éstos ciertamente olor de muerte para muerte, y a aquéllos olor de vida para vida. Y para estas cosas, ¿quién es suficiente? Pues no somos como muchos, que medran falsificando la palabra de Dios, sino que con sinceridad, como de parte de Dios, y delante de Dios, hablamos en Cristo. (2:12-17)

El llamado al ministerio es una invitación a una bendición sin parangón y a un privilegio inigualable. Pero al mismo tiempo es una invitación al desánimo, la dificultad, la pena, el dolor y el desespero. Todo pastor, sin importar cuán ricamente bendecido sea su ministerio, conoce esos momentos oscuros en los que está descorazonado y desconsolado. Por increíble que parezca, un hombre de Dios como Charles Spurgeon escribió:

> Casi la mayoría de nosotros sufrimos accesos de abatimiento. Por más que nos sintamos animados, no es extraño que a intervalos se abata nuestro espíritu. Los fuertes no se sienten siempre vigorosos; los sabios no siempre listos; los valientes no siempre osados; y los de buen carácter no siempre satisfechos. Puede haber aquí y allá hombres de una naturaleza de hierro en quienes el desmejoramiento no deja huellas sensibles, pero a los cuales, sin embargo, tiene el orín que corroer; y esto depende de que, el Señor bien lo sabe, y hace que los hombres sepan que no son más que polvo. ("Decaimientos de ánimo del ministro" en *Discursos a mis estudiantes* [Casa Bautista de Publicaciones: El Paso, 1980], p. 277).

Algunos pastores terminan tan descorazonados que dejan el ministerio, como revela la siguiente carta:

Querido Jim: Ya no puedo más Ayer entregué mi dimisión para tomar efecto de inmediato y, desde esta mañana, comencé a trabajar para la Compañía Tierra ____. No voy a volver al pastorado. Creo que puedo ver en tu corazón, mientras lees esta carta, que tu desilusión no es poca y, tal vez, también tu disgusto. No te culpo en absoluto. Yo también estoy disgustado conmigo de alguna manera. ¿Recuerdas los tiempos del seminario que hablábamos del futuro y nos imaginábamos lo que haríamos por el reino de Dios? Veíamos la necesidad sin límites de un servicio cristiano sin egoísmos, y anhelábamos salir para hacer nuestra parte en la redención del mundo. Nunca olvidaré la última charla, la noche anterior a nuestra graduación. Tú irías al extranjero y yo iría a la Primera Iglesia de ____. Teníamos sueños valientes de ser útiles, y tú los has cumplido. Cuando miro en retrospectiva estos veinticinco años, puedo ver que he ayudado algunas vidas y que hay cosas valiosas que se me ha permitido hacer; pero, estando aquí sentado, no estoy ni la mitad de convencido de que Dios me quisiera para el ministerio. Y en caso contrario, no soy lo suficientemente valiente ni maduro para pagar el precio. Aun si esto te lleva a escribirme que soy un cobarde, voy a decirte por qué renuncié…

En estos años no me he encontrado con muchos cristianos dispuestos, consagrados y sin egoísmos. No creo que sea especialmente morboso o injusto en mi apreciación. Por lo que me conozco, no soy un amargado. A través de todos estos años ha crecido en mí la convicción de que al miembro normal y corriente de la iglesia le importa muy poco el reino de Dios y su avance, o el bienestar de sus semejantes. Son cristianos cuyo único fin es salvar su alma del infierno, pero no hay ninguna otra razón. Hacen lo mínimo, viven con tanta indiferencia como se atreven. Si creyeran que pueden ganar el cielo sin levantar siquiera un dedo por los demás, lo harían de inmediato. En todas las iglesias en las que he servido, nunca he conocido más que una minoría pequeña realmente interesada y devota a la obra de Dios. Se iba todo mi tiempo en empujar, presionar, urgir y persuadir a los miembros reacios de mi iglesia para que emprendieran algo, aunque fuera pequeño, por los demás creyentes. Hicieron el pacto de ser fieles en congregarse en los servicios de la iglesia, pero ni un décima parte de ellos consideró asistir alguna vez a las reuniones de oración. Un porcentaje grande rara vez asistía a la iglesia por la mañana y solo unos cuantos venían por la noche. No significaba nada para ellos que se hubieran dedicado al servicio de Cristo.

Estoy cansado; cansado de ser el único en la iglesia de quien se espera sacrificio de verdad; cansado de urgir siempre a los cristianos para que vivan como cristianos; cansado de planear la obra para mis ovejas para que después termine yo haciéndola toda o viendo que no se llegó a materializar; cansado de esquivar a mis acreedores cuando no debería necesitar hacerlo si recibiera lo que se me debe; cansado de la perspectiva aterradora de no tener ni un centavo en mi vejez. No estoy dejando a Cristo. Lo amo. Debo intentar servirle aún.

Júzgame con indulgencia, mi viejo amigo. No puedo soportar perder tu amistad.

Tuyo desde siempre, Guillermo.
(Citado en A. T. Robertson, *The Glory of the Ministry* [La gloria del ministerio] [Nueva York: Revell, 1991], pp. 24-27).

Pablo, como Guillermo, no era ajeno al desánimo. Pero, a diferencia de Guillermo, Pablo perseveró en su ministerio hasta el final de su vida (2 Ti. 4:7). Escribió lo siguiente después de enumerar el sufrimiento físico que había soportado durante su ministerio: "Y además de otras cosas, lo que sobre mí se agolpa cada día, la preocupación por todas las iglesias. ¿Quién enferma, y yo no enfermo? ¿A quién se le hace tropezar, y yo no me indigno?" (2 Co. 11:28-29). La iglesia de Corinto, sobre todas las demás, le había provocado a Pablo un descorazonamiento y una desilusión profundos. Habían roto su corazón con su inmadurez, superficialidad, pecado, indiferencia, falta de afecto hacia él e incluso abierta rebelión frontal contra su autoridad apostólica. La primera carta inspirada de Pablo a los corintios es una letanía triste de pecado, egoísmo, desorden, mundanalidad y todo el resto de posibles desastres espirituales. Los corintios, arrastrando a la iglesia sus comportamientos de pecado anteriores, toleraron la forma más grosera de perversión sexual: un hombre en una relación incestuosa con la esposa de su padre (1 Co. 5:1-8). Peleaban entre ellos y se demandaban unos a otros (1 Co. 6:1-8). Estaban confundidos con respecto al matrimonio y a la soltería (1 Co. 7). Abusaban de su libertad en Cristo y eran arrogantes con el asunto (1 Co. 8:1). El pecado y el egoísmo manchaban su celebración de la Santa Cena (1 Co. 11:17-34). Tenían una comprensión tan distorsionada de los dones espirituales que cuando alguien en su congregación maldecía a Jesucristo en otra lengua, creían que era por obra del Espíritu Santo (1 Co. 12:3). Además, habían llegado recientemente a Corinto algunos falsos apóstoles diciendo mentiras sobre Pablo y agrediendo su carácter. Para captar a la iglesia en su herejía, buscaron destruir la credibilidad del apóstol, y luego lo reemplazaron como si fueran maestros con autoridad en la congregación de Corinto. A Pablo le rompió el corazón que algunos corintios estuvieran siendo engañados por ellos.

Pero, a pesar de todos los problemas, Pablo amaba a los corintios profundamente y había invertido en ellos dieciocho meses de su vida ministerial (Hch. 18:11). El intenso amor del apóstol por ellos les daba el poder de herirlo profundamente… y lo hicieron (2 Co. 12:15). Su última visita a Corinto había sido intensamente dolorosa (2:1), y el dolor, la pena y el desaliento son evidentes en este pasaje. Además de esto, las cosas tampoco iban bien en Éfeso, donde recientemente había ministrado y desde donde escribió 1 Corintios. Su predicación había producido una revuelta que casi le cuesta la vida (Hch. 19:23-41). Como se apuntó en el capítulo 1 de este volumen, pasó una prueba tan severa que "[fue abrumado] sobremanera más allá de [sus] fuerzas, de tal modo que aun [perdió] la esperanza de conservar la vida. Pero [tuvo] en [sí mismo] sentencia de muerte" (2 Co. 1:8-9). A la luz de todo lo que Pablo estaba pasando, no sorprende que haya un elemento de patetismo y pena en 2 Corintios.

El presente texto puede dividirse en dos secciones: el desaliento de Pablo con los corintios y el aliento por causa de Cristo.

EL DESALIENTO DE PABLO

Cuando llegué a Troas para predicar el evangelio de Cristo, aunque se me abrió puerta en el Señor, no tuve reposo en mi espíritu, por no haber hallado a mi hermano Tito; así, despidiéndome de ellos, partí para Macedonia. (2:12-13)

Después de irse de Éfeso, Pablo llegó **a Troas**, que era un puerto marítimo en el mar Egeo al occidente de Asia Menor, ubicado en la provincia de Misia cercana a la boca del Dardanelos. Quedaba a aproximadamente dieciséis kilómetros de la famosa ciudad de Troya, de donde recibió su nombre. **Troas** fue fundada en el 300 a.C., y el emperador Augusto le había concedido el codiciado estatus de colonia romana.

La grave revuelta en Éfeso (Hch. 19:23-41) provocada por la predicación valiente del evangelio de Pablo pudo haber provocado la partida del apóstol hacia **Troas**. Pero, lo que era más importante aún: Pablo esperaba encontrarse con Tito allí. Pablo lo había enviado a Corinto para saber cómo estaba respondiendo la iglesia a 1 Corintios y, especialmente, a la carta severa (cp. 2 Co. 2:3-4). Pablo esperaba con ansias el informe de Tito, temía lo peor y en su corazón había preocupación. El apóstol sabía que Tito pasaría por **Troas** al volver de Corinto a Éfeso. E, incapaz de esperar por más tiempo, salió para allí con el deseo de encontrárselo y tener el informe con anterioridad.

Pablo ya había pasado antes por **Troas**, en su segundo viaje misionero (Hch.

16:8-11). Sin embargo, al parecer, en aquella visita el apóstol no fundó la iglesia. Cuando Pablo visitó **Troas** a su regreso de Macedonia y Corinto, había una iglesia allí (Hch. 20:6-12). Por lo tanto, parece probable que hubiera fundado la iglesia de **Troas** en esta visita. Mientras Pablo esperaba a Tito, como hacía cada vez que tenía la oportunidad, predicaba **el evangelio de Cristo**. Su misión para ir a **Troas** incluía la evangelización, no solamente su encuentro con Tito.

Pablo declara que **se le abrió puerta en el Señor**, lo cual confirma aún más que el apóstol predicó en **Troas** mientras esperaba a Tito. ¿Cómo si no sabría que **el Señor** le había abierto una **puerta** allí si no fuera porque había tenido la oportunidad de predicar y tener respuestas positivas? El apóstol usaba esa frase con frecuencia para describir las oportunidades ministeriales. En 1 Corintios 16:8-9, Pablo habló de una puerta abierta en Éfeso: "Pero estaré en Éfeso hasta Pentecostés; porque se me ha abierto puerta grande y eficaz, y muchos son los adversarios". Cuando Pablo y Bernabé regresaban a su iglesia local en Antioquía en el primer viaje misionero, "refirieron cuán grandes cosas había hecho Dios con ellos, y cómo había abierto la puerta de la fe a los gentiles" (Hch. 14:27). Pablo urgió a los colosenses a orar "también al mismo tiempo por [ellos], para que el Señor [les abriera] puerta para la palabra, a fin de dar a conocer el misterio de Cristo" (Col. 4:3).

La **puerta** que se **abrió** en **Troas** representaba una oportunidad preparada por Dios, la clase de oportunidad por la cual Pablo oraba y anhelaba. Pero estaba tan abrumado y cargado por la situación en Corinto que le resultó difícil enfocarse en la oportunidad; **no** tuvo **reposo en** su **espíritu**. La agitación y el descontento en el corazón de Pablo estaban debilitándolo y amenazando con cerrar la **puerta** que se le había abierto para predicar en **Troas**. La preocupación por la iglesia de Corinto le generaba preguntas inquietantes en su mente. ¿Confirmarían su amor por él o seguirían a los falsos apóstoles? ¿Tratarían los asuntos específicos por los que los había reprendido (divisiones, conflictos, incesto, matrimonio, soltería, divorcio, el papel de la mujer, idolatría, orgullo espiritual, abuso de la Santa Cena, mal uso de los dones espirituales)? A Pablo le dolía el corazón porque no sabía la respuesta a estas preguntas y, por lo tanto, no tenía libertad de ministrar. Temía lo peor hasta antes de oír las noticias de Tito. Le tenía tan agobiado la situación en Corinto que perdió el interés por la **puerta** abierta en **Troas**. Al **no haber hallado a** su **hermano Tito** en **Troas**, partió **para Macedonia**. No podía esperar más; debía encontrar a Tito para conocer la respuesta de los corintios. De modo que salió a la provincia de **Macedonia**, bordeando la playa noroccidental del mar Egeo, al norte de Acaya.

Fue un momento de incertidumbre en la vida del apóstol. Amaba tanto a los corintios que su corazón estaba destrozado de preocupación por ellos, al punto de llegar a deprimirse (2 Co. 7:5-6). Pero Pablo no renunció. Estaba atribulado en todo, mas no angustiado; en apuros, mas no desesperado (4:8). Estaba desanimado, pero no derrotado; y aún se aferraba a la esperanza de un buen informe cuando encontrara a Tito. Mientras tanto, enfrentaba serios temores. El alivio llegó cuando se enfocó en su Señor.

EL ALIENTO DE PABLO

Mas a Dios gracias, el cual nos lleva siempre en triunfo en Cristo Jesús, y por medio de nosotros manifiesta en todo lugar el olor de su conocimiento. Porque para Dios somos grato olor de Cristo en los que se salvan, y en los que se pierden; a éstos ciertamente olor de muerte para muerte, y a aquéllos olor de vida para vida. Y para estas cosas, ¿quién es suficiente? Pues no somos como muchos, que medran falsificando la palabra de Dios, sino que con sinceridad, como de parte de Dios, y delante de Dios, hablamos en Cristo. (2:14-17)

El versículo 14 marca un cambio abrupto en la actitud de Pablo y se lanza en dar gracias **a Dios**, algo cuya razón no es evidente en el texto a primera vista. Es cierto que finalmente se encontró con Tito en Macedonia (7:5-7) y recibió un informe alentador en general sobre la situación en Corinto. Sin duda, el informe le dio a Pablo el alivio que necesitaba. Pero no fue el factor clave en el gozo y el aliento de Pablo, o lo habría mencionado en este pasaje. Más bien, retrasó la mención de esto hasta el capítulo 7. Y Pablo sabía que aún había una minoría recalcitrante en la iglesia de Corinto que le era hostil. Seguían allí los falsos apóstoles, así como la maligna influencia de la ciudad terriblemente pecadora de Corinto. El apóstol también era sabio como para darse cuenta de que, habiendo probado los corintios ser tan volubles una vez, podrían volverse contra él de nuevo. En cualquier caso, era obvio que Pablo no consideraba resueltos todos los problemas de Corinto o no habría escrito después la larga epístola de 2 Corintios.

Pero Pablo no miraba sus circunstancias para consolarse, gozarse o animarse, sino al "Padre de misericordias y Dios de toda consolación" (1:3). La cura para el desaliento era un corazón agradecido. Pablo trasladó su enfoque de las dificultades y lo direccionó hacia su Dios.

El apóstol utilizó de fondo, en los versículos 14-17, un evento importante en el mundo romano: el triunfo. William Barclay lo describe así:

En [la mente de Pablo] está la imagen del triunfo romano y de Cristo como conquistador universal. El más alto honor que pudiera recibir un general romano victorioso era el triunfo. Para ello debía satisfacer ciertas condiciones. Debía haber sido el comandante en jefe en el campo. La campaña debía estar completamente terminada, la región pacificada y las tropas victoriosas debían estar de vuelta en casa. Al menos cinco mil enemigos debían haber caído en un combate. Debía haber obtenido un extensión positiva de territorio, no solamente recuperar un desastre o repeler un ataque. Y la victoria debía haberse obtenido sobre un enemigo extranjero, no en una guerra civil.

En un triunfo, la procesión del general victorioso marchaba por las calles de Roma hasta llegar al Capitolio en el siguiente orden. Primero pasaban los funcionarios del Estado y el Senado. Luego los trompetistas. Después el botín obtenido en el campo conquistado. Por ejemplo, cuando Tito conquistó Jerusalén, el candelabro de siete brazos, la mesa de oro del pan de la proposición y las trompetas de oro desfilaron por las calles de Roma. Luego había imágenes de la tierra conquistada, y modelos de las ciudadelas y barcos conquistados. Seguía el toro blanco para el sacrificio que debía realizarse. Después había un desfile de príncipes, líderes y generales cautivos encadenados que serían encarcelados en breve, y con alta probabilidad de ser ejecutados casi inmediatamente. Después pasaban los ministros de justicia cargando sus varas, seguidos por los músicos con sus liras; luego los sacerdotes batiendo los portadores de incienso mientras de estos emanaba un olor dulce. Después de esto ya venía el general. De pie en un carro tirado por cuatro caballos. Ataviado con una túnica púrpura adornada con hojas de palma doradas y por encima una toga púrpura marcada con estrellas doradas. En su mano sostenía un cetro de marfil con el águila romana en la parte superior, y un esclavo sostenía sobre su cabeza la corona de Júpiter. Después lo seguía su familia, y finalmente pasaba el ejército con todas sus adornos y gritando *¡Io triumphe!*, su grito de victoria. A medida que la procesión avanzaba por las calles, todas ellas decoradas y con guirnaldas, y entre el entusiasmo de las multitudes, se sucedía un tremendo día que podría ocurrir solo una vez en la vida.

Esa es la imagen que Pablo tenía en mente. Veía a Cristo marchando triunfante por el mundo, y él se veía en el tren de la victoria. Un triunfo que, Pablo tenía la certeza, nada podría detener. (*The Letters to the Corinthians*, rev. ed. [Cartas a los corintios, ed. rev.] [Louisville: Westminster, 1975], pp. 183-184. Cursivas en el original).

Tal imagen alegre contrasta agudamente con el desaliento de Pablo expresado en los versículos 12-13. En un sentido figurado, pasó del pozo de la desesperación a la euforia de marchar en un desfile.

En los versículos 14-17, Pablo cita cinco privilegios en los cuales era triunfante espiritualmente: el privilegio de que sea Dios quien lo dirija, el privilegio de la victoria prometida en Cristo, el privilegio de la influencia para Cristo, el privilegio de agradar a Dios en Cristo y el privilegio del poder de Cristo.

PABLO ESTABA AGRADECIDO POR EL PRIVILEGIO DE QUE DIOS LO DIRIGIERA

Mas a Dios gracias, el cual nos lleva siempre (2:14*a*)

Reconocer la dirección soberana del Señor es fundamental para el gozo de un pastor (o un creyente), y es esta la fortaleza en la cual se apoya su ministerio. La esperanza confiada de Pablo era que **Dios… lleva siempre** a los creyentes a través de toda circunstancia de la vida. Sin importar qué pruebas o persecuciones enfrentara en Corinto, Éfeso o en cualquier otra parte, Pablo se regocijaba porque Dios estaba en el control.

El apóstol nunca perdió su capacidad de sorprenderse por el privilegio de pertenecer a las filas del Señor Soberano, de marchar tras Él en el triunfo de su Comandante en Jefe. Escribió esto a Timoteo:

> *Doy gracias al que me fortaleció, a Cristo Jesús nuestro Señor, porque me tuvo por fiel, poniéndome en el ministerio, habiendo yo sido antes blasfemo, perseguidor e injuriador; mas fui recibido a misericordia porque lo hice por ignorancia, en incredulidad. Pero la gracia de nuestro Señor fue más abundante con la fe y el amor que es en Cristo Jesús. Palabra fiel y digna de ser recibida por todos: que Cristo Jesús vino al mundo para salvar a los pecadores, de los cuales yo soy el primero. Pero por esto fui recibido a misericordia, para que Jesucristo mostrase en mí el primero toda su clemencia, para ejemplo de los que habrían de creer en él para vida eterna (1 Ti. 1:12-16).*

Contemplar el privilegio maravilloso de que Dios lo guiara, en vez de preocuparse por sus circunstancias contribuyó a que el desaliento de Pablo pasara a ser gozo.

PABLO ESTABA AGRADECIDO POR EL PRIVILEGIO DE LA VICTORIA PROMETIDA EN CRISTO

en triunfo en Cristo Jesús, (2:14*b*)

Continuando con la idea del triunfo romano, Pablo proclama que Dios guía a los creyentes **en triunfo en Cristo Jesús**. Ellos siguen al Comandante que todo lo conquista en el desfile de la victoria, compartiendo el triunfo de la victoria decisiva que Él ha conseguido sobre el pecado, la muerte y el infierno. En Mateo 16:18, Jesús habló de su victoria definitiva sobre Satanás y las fuerzas del infierno: "Edificaré mi iglesia; y las puertas del Hades no prevalecerán contra ella". Como lo dijo Pablo en Romanos 16:20, sus seguidores compartirán esta victoria: "Y el Dios de paz aplastará en breve a Satanás bajo vuestros pies". El escritor de Hebreos también habló de esta victoria: "Así que, por cuanto los hijos participaron de carne y sangre, él también participó de lo mismo, para destruir por medio de la muerte al que tenía el imperio de la muerte, esto es, al diablo" (He. 2:14). En 1 Juan 3:8, el apóstol escribió: "Para esto apareció el Hijo de Dios, para deshacer las obras del diablo". Cristo ganó la victoria en la cruz: "Y despojando a los principados y a las potestades, los exhibió públicamente, triunfando sobre ellos en la cruz" (Col. 2:15). Como Pablo escribió a los romanos: "En todas estas cosas somos más que vencedores por medio de aquel que nos amó" (Ro. 8:37). Los creyentes no son solamente conquistadores con Cristo, sino "herederos de Dios y coherederos con Cristo" (Ro. 8:17; cp. Gá. 3:29; Ef. 3:6, Tit. 3:7; Stg. 2:5). Siguen en triunfo a su Comandante, llevando el botín de guerra: las almas de los hombres y mujeres "[librados] de la potestad de las tinieblas, y [trasladados] al reino de su amado Hijo" (Col. 1:13; cp. Ro. 8:18-25, 28-30).

Aunque los creyentes pueden sufrir desalientos y reveses, el triunfo final es seguro. Marcharán victoriosos en el triunfo del Señor Jesucristo, en el día glorioso en que el coro celestial proclame: "Los reinos del mundo han venido a ser de nuestro Señor y de su Cristo; y él reinará por los siglos de los siglos" (Ap. 11:15). Los creyentes reinarán por siempre con Él (2 Ti. 2:12; 1 P. 1:3-5).

PABLO ESTABA AGRADECIDO POR EL PRIVILEGIO DE INFLUENCIAR PARA CRISTO

y por medio de nosotros manifiesta en todo lugar el olor de su conocimiento. (2:14*c*)

El olor del triunfo surgía de los incensarios que llevaban los sacerdotes en los desfiles, además de las guirnaldas de flores que lanzaban a las calles. La fragancia se refiere a la influencia; la idea de Pablo es que Dios, en sus maravillosas y condescendientes gracia y misericordia, **por medio de** los creyentes **manifiesta en todo lugar el olor** del **conocimiento** salvador de Cristo. Él usa predicadores para manifestar el dulce aroma del evangelio, a fin de influir en las personas con el conocimiento salvador de Cristo. Pablo escribió así a los romanos: "¿Cómo, pues, invocarán a aquel en el cual no han creído? ¿Y cómo creerán en aquel de quien no han oído? ¿Y cómo oirán sin haber quien les predique? ¿Y cómo predicarán si no fueren enviados? Como está escrito: ¡Cuán hermosos son los pies de los que anuncian la paz, de los que anuncian buenas nuevas!" (Ro. 10:14-15).

No es que los creyentes merezcan tan grande privilegio de ejercer influencia para el evangelio eterno. Pablo era totalmente consciente de su falta de mérito para tal servicio a Dios. En 1 Corintios 15:9 escribió: "Porque yo soy el más pequeño de los apóstoles, que no soy digno de ser llamado apóstol, porque perseguí a la iglesia de Dios". Y añadió esto a los efesios: "Yo fui hecho ministro por el don de la gracia de Dios que me ha sido dado según la operación de su poder. A mí, que soy menos que el más pequeño de todos los santos, me fue dada esta gracia de anunciar entre los gentiles el evangelio de las inescrutables riquezas de Cristo" (Ef. 3:7-8). Como se apuntó previamente, le expresó a Timoteo su sorpresa porque Cristo lo escogiera a él, que había perseguido a la iglesia, para predicar el evangelio:

> *Doy gracias al que me fortaleció, a Cristo Jesús nuestro Señor, porque me tuvo por fiel, poniéndome en el ministerio, habiendo yo sido antes blasfemo, perseguidor e injuriador; mas fui recibido a misericordia porque lo hice por ignorancia, en incredulidad. Pero la gracia de nuestro Señor fue más abundante con la fe y el amor que es en Cristo Jesús. Palabra fiel y digna de ser recibida por todos: que Cristo Jesús vino al mundo para salvar a los pecadores, de los cuales yo soy el primero. Pero por esto fui recibido a misericordia, para que Jesucristo mostrase en mí el primero toda su clemencia, para ejemplo de los que habrían de creer en él para vida eterna (1 Ti. 1:12-16).*

Ningún predicador debería tomar a la ligera el privilegio inestimable de proclamar el **conocimiento** salvador del Señor Jesucristo. Que los predicadores se vuelvan exitosos, alcancen fama o cumplan sus ambiciones no es algo que importa. La satisfacción de tener influencia eterna para Jesucristo debería ser suficiente. No es cuestión de resultados, sino de privilegios. El predicador descorazonado lo está por haberse enfocado en las circunstancias; el predicador gozoso lo está por haberse enfocado en el valor eterno de su servicio a Dios. El predicador descorazonado considera sus dificultades; el predicador gozoso considera su privilegio.

PABLO ESTABA AGRADECIDO POR EL PRIVILEGIO DE AGRADAR A DIOS EN CRISTO

Porque para Dios somos grato olor de Cristo en los que se salvan, y en los que se pierden; a éstos ciertamente olor de muerte para muerte, y a aquéllos olor de vida para vida. (2:15-16*a*)

En el desfile del triunfo romano, el emperador se sentaba en su gran trono en el capitolio y olía el aroma fragante del incienso cuando llegaba el final del desfile. Pablo asemeja el ministerio del predicador con un **grato olor de Cristo**… **para Dios**. Aunque el predicador proclama el evangelio a los hombres, en realidad Dios es su audiencia. Su ministerio fiel del evangelio hace que el olor del conocimiento de Cristo se manifieste a las personas, pero el **grato olor** de tal ministerio asciende hasta el mismo trono de **Dios**.

Agradar a Dios era la pasión consumidora en el corazón de Pablo. Más adelante escribió esto: "Por tanto procuramos también, o ausentes o presentes, serle agradables [a Dios]" (5:9). En Gálatas 1:10 preguntó enfáticamente: "¿Busco ahora el favor de los hombres, o el de Dios? ¿O trato de agradar a los hombres? Pues si todavía agradara a los hombres, no sería siervo de Cristo". Exhortó a los efesios a comprobar "lo que es agradable al Señor" (Ef. 5:10), y a los colosenses les pidió que anduvieran "como es digno del Señor, agradándole en todo, llevando fruto en toda buena obra, y creciendo en el conocimiento de Dios" (Col. 1:10). A los tesalonicenses declaró: "según fuimos aprobados por Dios para que se nos confiase el evangelio, así hablamos; no como para agradar a los hombres, sino a Dios, que prueba nuestros corazones" (1 Ts. 2:4), y los exhortó así: "Por lo demás, hermanos, os rogamos y exhortamos en el Señor Jesús, que de la manera que aprendisteis de nosotros cómo os conviene conduciros y agradar a Dios, así abundéis más y más" (1 Ts. 4:1). La popularidad del predicador o el tamaño de su iglesia no es lo importante. Lo importante es que agrade a Dios con una fiel proclamación del evangelio.

Aunque el **grato olor de Cristo** de la predicación de Pablo siempre agradaba a Dios, tenía un efecto doble en quienes lo oían. **En los que se salvan**, el **grato olor** de la predicación apostólica era **olor de vida para vida**. Este es el pueblo elegido y redimido de Dios, quienes van a la glorificación final y total. Por otra parte, el mismo mensaje era **olor de muerte para muerte** para **los que se pierden**. En el triunfo romano, tanto los vencedores, que iban a ser honrados, como los derrotados, que iban a ser ejecutados, olían el aroma de los incensarios de los sacerdotes. Para los primeros simbolizaba su victoria; para los segundos, su muerte inminente. Cristo también tiene el mismo efecto dual en las personas, como lo explicó el apóstol Pedro:

> *Por lo cual también contiene la Escritura: He aquí, pongo en Sion la principal piedra del ángulo, escogida, preciosa; y el que creyere en él, no será avergonzado. Para vosotros, pues, los que creéis, él es precioso; pero para los que no creen, la piedra que los edificadores desecharon, ha venido a ser la cabeza del ángulo; y: Piedra de tropiezo, y roca que hace caer, porque tropiezan en la palabra, siendo desobedientes; a lo cual fueron también destinados (1 P. 2:6-8).*

A Dios le agrada expresar su misericordia cuando redime a los pecadores arrepentidos. Y aunque no le agrada la muerte y condenación de quienes rechazan el evangelio (Ez. 18:23, 32; 33:11; 1 Ti. 2:4; 2 P. 3:9), sí le place la expresión de su justicia. Cuando la Palabra de Dios se predique con fidelidad, alcanzará el propósito divino: "Así será mi palabra que sale de mi boca; no volverá a mí vacía, sino que hará lo que yo quiero, y será prosperada en aquello para que la envié" (Is. 55:11).

PABLO ESTABA AGRADECIDO POR EL PRIVILEGIO DEL PODER DE CRISTO

Y para estas cosas, ¿quién es suficiente? Pues no somos como muchos, que medran falsificando la palabra de Dios, sino que con sinceridad, como de parte de Dios, y delante de Dios, hablamos en Cristo. (2:16*b*-17)

Nadie es **suficiente** con su habilidad humana para ofrecer un servicio apropiado al Dios todopoderoso. Los recursos humanos son insuficientes para influenciar a las personas para la eternidad. Pablo reconoció repetidamente su poca capacidad para ejecutar el ministerio divino. En 3:5 declaró: "no que seamos competentes por nosotros mismos para pensar algo como de nosotros mismos, sino que nuestra competencia proviene de Dios". Por cuanto el apóstol había aprendido el secreto del poder espiritual, podía escribir esto: "Por lo cual, por amor a Cristo me gozo en las debilidades, en afrentas, en necesidades, en persecuciones, en angustias; porque cuando soy débil, entonces soy fuerte" (12:10), porque, dijo: "Por la gracia de Dios soy lo que soy" (1 Co. 15:10). A los colosenses escribió: "Para lo cual también trabajo, luchando según la potencia de él, la cual actúa poderosamente en mí" (Col. 1:29). Pablo era totalmente dependiente del poder de Dios y lo que su gracia le permitía (cp. Ef. 1:18-20; 3:7, 20; Fil. 2:13).

Los **muchos** falsos maestros carecen del verdadero poder espiritual y operan en su propia ineptitud para medrar **falsificando la palabra de Dios**. La palabra **medran** es del verbo *kapēleuō*, que deriva del sustantivo *kapēlos*. Un *kapēlos* era un charlatán, un estafador o vendedor ambulante que engañaba astutamente a transeúntes desprevenidos para que compraran imitaciones baratas de obras auténticas. Pablo tenía en mente especialmente a los falsos apóstoles de Corinto, quienes medraban una mezcla corrupta de verdad divina y legalismo judío a los corintios.

A diferencia de estos estafadores espirituales, Pablo, **con sinceridad... y delante de Dios, hablaba en Cristo**. Como reconocía su propia incapacidad y dependía completamente del poder de Dios para vigorizar su ministerio, no necesitaba corromper la Palabra para influenciar a las personas. "[Predicaba] el evangelio; no con sabiduría de palabras" (1 Co. 1:17), sino con el poder de Cristo. *Eilikrineia* (**sinceridad**) viene de *eilē* ("luz del sol") y *krinō* ("juzgar"). Describe algo que se sostiene a la luz del sol para su inspección. La vida pura de Pablo y su mensaje no adulterado se sostendrían ante el más cercano escrutinio. Cualquiera puede proclamar un falso evangelio fraccionado, pero quienes predican el evangelio verdadero solo pueden hacerlo por medio del poder divino.

Pablo encontró la salida al desaliento melancólico al enfocarse en los privilegios en lugar de los problemas. Contemplar tales privilegios — tener su poder para guiar su ministerio, estar asociado con el Rey de reyes en su triunfo, influenciar a las personas para la eternidad, y agradar a Dios— sanó su corazón quebrantado y restauró su gozo.

El ministro competente

6

¿Comenzamos otra vez a recomendarnos a nosotros mismos? ¿O tenemos necesidad, como algunos, de cartas de recomendación para vosotros, o de recomendación de vosotros? Nuestras cartas sois vosotros, escritas en nuestros corazones, conocidas y leídas por todos los hombres; siendo manifiesto que sois carta de Cristo expedida por nosotros, escrita no con tinta, sino con el Espíritu del Dios vivo; no en tablas de piedra, sino en tablas de carne del corazón. Y tal confianza tenemos mediante Cristo para con Dios; no que seamos competentes por nosotros mismos para pensar algo como de nosotros mismos, sino que nuestra competencia proviene de Dios, el cual asimismo nos hizo ministros competentes de un nuevo pacto, no de la letra, sino del espíritu; porque la letra mata, mas el espíritu vivifica. (3:1-6)

El ministerio pastoral, más que cualquier otra profesión, exige los hombres más hábiles, más calificados espiritualmente, los mejores. La norma es tan alta por muchas razones: porque la dimensión espiritual de la vida es más importante que la física, porque servir a Dios exige más que servir a cualquier otro, porque su reino y su gloria están en juego, y porque sus siervos enfrentan una evaluación más rigurosa de su servicio (He. 13:17; Stg. 3:1).

Así de desalentador es el desafío del ministerio que Pablo se preguntó retóricamente: "Y para estas cosas, ¿quién es suficiente?" (2 Co. 2:16). ¿Quién es competente para asumir el deber monumental y eternamente importante de predicar la Palabra de Dios y guiar al pueblo de Dios? En este pasaje responde la pregunta: "Nuestra competencia proviene de Dios, el cual asimismo nos hizo ministros competentes" (3:5-6). Solo aquellos a quienes Dios llama al ministerio, les da dones y poder adecuados; los ministros nombrados a sí mismos son inadecuados e incompetentes. Pablo era un ministro competente porque Dios lo designó para predicar el evangelio. En Hechos 26:16, relató que Dios le dijo: "Para esto he aparecido a ti, para ponerte por ministro". A los efesios les escribió así: "Yo fui hecho ministro por el don de la gracia de Dios que me ha sido dado según la operación de su poder" (Ef. 3:7). En el primer capítulo de Colosenses, Pablo dijo dos veces que fue "hecho ministro" (vv. 23, 25). Al escribir a Timoteo dijo: "Doy gracias al que me fortaleció, a Cristo Jesús nuestro Señor, porque me tuvo por fiel, poniéndome en el ministerio… Yo fui constituido predicador y apóstol (digo verdad en Cristo, no miento), y maestro de los gentiles en fe y verdad… Yo fui constituido predicador, apóstol y maestro de los gentiles" (1 Ti. 1:12: 2:7; 2 Ti. 1:11).

Pablo trató este asunto porque su competencia como ministro estaba bajo el ataque incesante de los falsos apóstoles que habían llegado a Corinto. Dolorosamente, a lo largo de toda 2 Corintios tuvo que defenderse de las mentiras que sobre él decían sus enemigos. Los falsos apóstoles buscaban desacreditarlo para poder usurpar su lugar como maestro con autoridad y así poder enseñar sus mentiras malditas y demoniacas a los corintios. Para ello, no solamente atacaron con saña el carácter de Pablo, sino que también cuestionaron su competencia ministerial.

El apóstol estaba en una posición delicada al responder estos ataques injuriosos. Era consciente de que no importaba lo que dijera en su defensa, los falsos apóstoles podrían tergiversarlo y acusarlo de egoísmo, orgullo, y de recomendarse a sí mismo. Nada podría estar más lejos de la verdad, a Pablo no le interesaba una defensa autocomplaciente para proteger su prestigio y reputación. Sin embargo, el apóstol sabía que su defensa era crucial, pues él era el canal apostólico por medio del cual la verdad de Dios fluía a los corintios. Si los falsos apóstoles tenían éxito en desacreditarlo, bloquearían el conducto a través del que fluía la verdad divina para la iglesia.

Pablo puso de manifiesto en estos versículos cinco señales del ministro competente de Jesús al defender su idoneidad espiritual, y él daba ejemplo de todas. El ministro competente y eficaz tiene reputación establecida de piedad, Dios lo ha usado para transformar vidas, tiene confianza en su llamado, depende en humildad del poder de Dios y tiene un mensaje del nuevo pacto.

EL MINISTRO EFICAZ TIENE REPUTACIÓN ESTABLECIDA DE PIEDAD

¿Comenzamos otra vez a recomendarnos a nosotros mismos? ¿O tenemos necesidad, como algunos, de cartas de recomendación para vosotros, o de recomendación de vosotros? (3:1)

El ministro útil e influyente espiritualmente no necesita recomendarse a sí mismo o depender del testimonio de segundas personas, porque su vida piadosa y virtuosa es de todos conocida. Para mermar todo alegato de que él se recomendara a sí mismo, Pablo no hizo afirmaciones públicas en su defensa. Más bien, reprendió amablemente a los corintios haciéndoles dos preguntas que exigían respuesta negativa.

Pablo comienza preguntando: "**¿Comenzamos otra vez a recomendarnos**

a nosotros mismos?". El apóstol usa la primera persona del plural porque es menos amenazante, más humilde y más amable que la primera persona del singular. La pregunta de Pablo quizás estuvo motivada por las acusaciones de los falsos apóstoles de recomendarse a sí mismo de manera orgullosa y egoísta. Tal vez señalaron las ocasiones de 1 Corintios en que Pablo aseveró su autoridad apostólica (cp. 1 Co. 4:15-16; 11:1; 14:18; 15:10). Pero, en tal carta tan llena de correcciones y reprensiones, las apelaciones de Pablo a su autoridad eran necesarias por causa de la verdad divina. Al apóstol no lo motivaba de ninguna manera exaltarse a sí mismo, una verdad que reitera a lo largo de 2 Corintios. En 5:12 declaró: "No nos recomendamos, pues, otra vez a vosotros, sino os damos ocasión de gloriaros por nosotros, para que tengáis con qué responder a los que se glorían en las apariencias y no en el corazón". Y en 10:12 añadió: "Porque no nos atrevemos a contarnos ni a compararnos con algunos que se alaban a sí mismos; pero ellos, midiéndose a sí mismos por sí mismos, y comparándose consigo mismos, no son juiciosos". En 10:18, Pablo declaró explícitamente que "no es aprobado el que se alaba a sí mismo, sino aquel a quien Dios alaba".

Los descargos de responsabilidad de Pablo indican que lo que escribió no estaba diseñado para elevarse en el pensamiento de las personas; simplemente era declarar la verdad para proteger la legitimidad de su ministerio. Ni siquiera su afirmación atrevida de conciencia limpia ("Porque nuestra gloria es esta: el testimonio de nuestra conciencia, que con sencillez y sinceridad de Dios, no con sabiduría humana, sino con la gracia de Dios, nos hemos conducido en el mundo, y mucho más con vosotros", 1:12) no era la afirmación de un charlatán justificándose a sí mismo. En 1 Corintios 4:4-5 escribió:

Porque aunque de nada tengo mala conciencia, no por eso soy justificado; pero el que me juzga es el Señor. Así que, no juzguéis nada antes de tiempo, hasta que venga el Señor, el cual aclarará también lo oculto de las tinieblas, y manifestará las intenciones de los corazones; y entonces cada uno recibirá su alabanza de Dios.

Pablo sabía que la única recomendación que significaba algo era la de Dios, no la de otros, ni siquiera la de la propia conciencia.

Aunque Pablo era una persona humilde, era plenamente consciente de su importancia vital para la iglesia en tanto predicador del evangelio que Dios le dio de manera sobrenatural (Gá. 1:11-12) y en tanto escritor inspirado de la revelación bíblica. Por lo tanto, le era necesario defenderse para que la verdad de Dios no sufriera menoscabo. Su dolor y frustración en el corazón por la veleidad de los corintios se hizo evidente cuando escribió "**¿Comenzamos otra vez a recomendarnos a nosotros mismos?**". No intentaba él promover que los corintios lo recomendaran, sino hacerles evaluar su actitud. Un significado de *sunistanō* (**recomendarnos**) es "presentar". Después de todo lo que habían pasado juntos, ¿era necesario que Pablo volviera a presentarse a los corintios? ¿Acaso no lo conocían lo suficiente? ¿Era realmente necesario para Pablo empezar de nuevo y demostrarles qué tipo de hombre era? Después de todo el tiempo que lo habían conocido, después del tiempo en el que había ministrado entre ellos por al menos dieciocho meses (Hch. 18:11), ¿cómo podrían creer las mentiras de los falsos apóstoles sobre él? Con seguridad, lo conocían mejor que eso teniendo en cuenta tantas enseñanzas, predicaciones, comunión, oraciones, amor y lágrimas que personalmente habían experimentado con él.

Pablo concretó su argumento haciendo una segunda pregunta que exigía una respuesta negativa: "**¿O tenemos necesidad, como algunos, de cartas de recomendación para vosotros, o de recomendación de vosotros?**". En el intento de los falsos maestros por desprestigiar a Pablo, dijeron que carecía **de cartas de recomendación**. Tales **cartas** solían usarse en la antigüedad para presentar personas a quienes no las conocían (cp. Neh. 2:7; Hch. 9:2; 18:27; 22:5; Ro. 16:1; 1 Co. 16:3). Cuando los falsos apóstoles llegaron a Corinto, probablemente tenían **cartas de recomendación** falsas en las que posiblemente pretendían que la iglesia de Jerusalén los había enviado (cp. Hch. 15:24) y las usaron para obtener la aceptación de los corintios.

Los falsos apóstoles, además de presentar **cartas de recomendación** a los corintios, también las buscaban **de** los corintios. La vida de los falsos apóstoles era corrupta porque no eran regenerados. Por lo tanto, no podían quedarse mucho tiempo en alguna iglesia sin que los desenmascararan. Pero, antes de mudarse, buscaban **cartas de recomendación** de aquellos a quienes habían engañado. Luego las usaban para promover su credibilidad con las siguientes víctimas.

Sin embargo, Pablo no era como los falsos apóstoles. No necesitaba **cartas de recomendación** para probar su credibilidad ante los corintios, pues ellos tenían conocimiento directo de su vida virtuosa, piadosa y sincera, así como de su predicación poderosa. Era ridículo que los corintios exigieran **cartas de recomendación** de Pablo. Era una tragedia que pudieran ser tan necios y estar tan engañados que dudaran de lo que sabían que era cierto sobre el apóstol amado. La vida sin tacha y el ministerio eficaz del apóstol eran su carta de recomendación.

DIOS HA USADO A LOS MINISTROS EFICACES PARA TRANSFORMAR VIDAS

Nuestras cartas sois vosotros, escritas en nuestros corazones, conocidas y leídas por todos los hombres; siendo manifiesto que sois carta de Cristo expedida por nosotros, escrita no con tinta, sino con el Espíritu del Dios vivo; no en tablas de piedra, sino en tablas de carne del corazón. (3:2-3)

La autenticidad de Pablo no solo era evidente en su vida sin mancha, sino en su impacto en la vida de los corintios. Como ya se dijo anteriormente, los falsos apóstoles necesitaban las cartas de recomendación para obtener aceptación. Pero las **cartas** de Pablo eran muy superiores a las de los falsos apóstoles: eran los mismos corintios. Dios había usado a Pablo para escribir esas cartas en la provincia vil y depravada de Corinto. El único testimonio que el apóstol necesitaba para verificar la fuente divina de su trabajo —además de la obvia virtud en su vida— era el hecho de que los corintios habían obtenido la salvación y estaban en proceso de santificación por la verdad que Pablo les predicó y enseñó.

Pablo no cargaba cartas de recomendación en su bolsillo o su equipaje, como los falsos apóstoles; las suyas estaban **escritas en** su corazón. El lenguaje del apóstol hacía evidente el gran afecto que tenía por los corintios (cp. 6:11-13). Pablo y quienes con él servían los llevaban en sus **corazones** todo el tiempo porque eran preciosos para ellos. Más adelante les dijo: "Estáis en nuestro corazón, para morir y para vivir juntamente" (7:3).

Las cartas de recomendación de Pablo no eran correspondencia privada, oculta en los corazones y, por ello, solo a la vista de unos cuantos, sino **conocidas y leídas por todos los hombres**. Todos aquellos que atestiguaron las vidas transformadas de los corintios las habían leído; se hacía a todos manifiesto, visible. C. K. Barrett escribe lo siguiente: "La existencia de los cristianos de Corinto en Cristo es una comunicación de Cristo al mundo, una manifestación de su propósito para la humanidad; comunicación que, por cierto, tiene el efecto de recomendar a Pablo como portador confiable de la palabra de Cristo" (*The Second Epistle to the Corinthians* [La segunda epístola a los corintios], Black's New Testament Commentary [Comentario de Black al Nuevo Testamento] [Peabody: Hendrickson, 1997], p. 108).

Los corintios eran una **carta** viva **de Cristo** porque solo Él salva y santifica a través de la predicación de su Palabra por medio de hombres fieles como Pablo. Tal cosa introduce una verdad esencial y maravillosa: cuando un predicador proclama la revelación divina con precisión, Cristo habla a través de él. Jesús dijo esto en referencia a todos los creyentes que vendrían después durante todos los siglos de la Iglesia: "Oirán mi voz" (Jn. 10:16). En el versículo 27 repite esta verdad: "Mis ovejas oyen mi voz". ¿Cómo han oído su voz todas sus ovejas? Cuando el predicador proclama con precisión la Palabra de Dios, no solo es él la mente de Cristo (1 Co. 2:16), sino la misma voz del Señor de la Iglesia a sus ovejas.

Pablo dijo que la fe salvadora siempre "es por el oír, y el oír, por la palabra de Dios" (Ro. 10:17), y el pueblo no puede oír si no hay predicador (v. 14). Entonces, el plan de Dios es llevar la voz del Buen Pastor a sus ovejas por medio de predicadores fieles. Cuando Pablo u otro predicador hablan, manejando acertadamente la Palabra de verdad, Cristo habla, de modo que ciertamente los resultados de la obra de la verdad son una **carta** escrita por Cristo. El apóstol nunca afirmaría ser el autor de esa **carta** espiritual porque no quería que sus enemigos lo acusaran de exaltarse. Pero **Cristo** usó a Pablo para ministrar a los corintios, y de ese modo ellos recomendaban su ministerio. La frase **expedida por nosotros** (de *diakoneō*; "ministrar" o "servir") alude al papel de Pablo como predicador de Cristo; fue por medio de la proclamación del evangelio que se escribió la **carta**, y Pablo la entregó por medio de su ministerio a los corintios.

A diferencia de las cartas de los falsos apóstoles, la carta de Pablo estaba **escrita no con tinta, sino con el Espíritu del Dios vivo**. Las palabras humanas escritas con tinta son mudas; tan solo se quedan desvaneciéndose en una página. Cualquiera puede escribir una letra muerta con tinta, pero solo Cristo, por medio del poder sobrenatural del **Espíritu del Dios vivo**, puede escribir una carta viviente. La carta de Pablo (las vidas transformadas de los corintios) la escribió el poder sobrenatural del Espíritu divino, lo cual era prueba irrefutable de que el apóstol era un verdadero siervo de Jesucristo. En 1 Corintios 2:4-5, Pablo escribió: "Ni mi palabra ni mi predicación fue con palabras persuasivas de humana sabiduría, sino con demostración del Espíritu y de poder, para que vuestra fe no esté fundada en la sabiduría de los hombres, sino en el poder de Dios". Y a los tesalonicenses les recordó: "Nuestro evangelio no llegó a vosotros en palabras solamente, sino también en poder, en el Espíritu Santo" (1 Ts. 1:5). "Por lo cual también nosotros sin cesar damos gracias a Dios, de que cuando recibisteis la palabra de Dios que oísteis de nosotros, la recibisteis no como palabra de hombres, sino según es en verdad, la palabra de Dios, la cual actúa en vosotros los creyentes" (1 Ts. 2:13). Pablo proclamó la palabra de Cristo y el Espíritu de Dios transformó a los corintios. En palabras de Pedro:

> *Siendo renacidos, no de simiente corruptible, sino de incorruptible, por la palabra de Dios que vive y permanece para siempre. Porque: Toda carne es como hierba, y toda la gloria del hombre como flor de la hierba. La hierba se seca, y la flor se cae; Mas la palabra del Señor permanece para siempre. Y esta es la palabra que por el evangelio os ha sido anunciada (1 P. 1:23-25).*

El resultado de predicar para Cristo fue una carta viva, conocida y leída por todos. Pablo no necesitaba más autenticación de su ministerio.

Para acentuar el contraste, Pablo hace notar que su carta de recomendación **no** estaba escrita **en tablas de piedra, sino en tablas de carne del corazón** humano. Con esta declaración, el apóstol confrontó directamente a los falsos apóstoles que predicaban un falso evangelio que mezclaba el cristianismo con la circuncisión, la antigua ceremonia del pacto y el legalismo. Las tablas de piedra fueron aquellas en las que Dios, de manera sobrenatural, escribió los Diez Mandamientos (Éx. 31:18; 32:15-16). Pero el milagro del Sinaí no se compara con el milagro de la salvación. En Corinto, Dios no había escrito en tablas de piedra, sino en corazones humanos. En los dos casos Dios inscribió la misma ley, sus normas morales no cambian. Algunos suponen erradamente que ya los creyentes no tienen que guardar la ley de Dios por el hecho de estar bajo el nuevo pacto. No es verdad. Estar bajo el nuevo pacto no excusa a los creyentes para no cumplir la ley; más bien, este los libera y pueden guardarla por el Espíritu. La ley escrita en las **tablas de piedra** en el Sinaí era externa; confrontaba a las personas con su incapacidad para obedecer perfectamente las exigencias santas, justas y buenas de Dios y por ello los condenaba. Pero, en este nuevo pacto, Dios escribe su ley en el **corazón** de sus redimidos. El poder del Espíritu Santo que habita en ellos les permite guardar la ley, y la justicia de Jesucristo, atribuida a ellos por gracia, cubre todas las violaciones a esta por parte de ellos.

Los profetas del Antiguo Testamento revelaron que Dios escribe su ley en el **corazón** de los hombres. Jeremías registró la promesa del nuevo pacto dado por la gracia divina: "Éste es el pacto que después de aquel tiempo haré con el pueblo de Israel —afirma el Señor—: Pondré mi ley en su mente, y la escribiré en su corazón. Yo seré su Dios, y ellos serán mi pueblo" (Jer. 31:33, NVI). De modo semejante, Ezequiel escribió: "Y les daré un corazón, y un espíritu nuevo pondré dentro de ellos; y quitaré el corazón de piedra de en medio de su carne, y les daré un corazón de carne, para que anden en mis ordenanzas, y guarden mis decretos y los cumplan, y me sean por pueblo, y yo sea a ellos por Dios" (Ez. 11:19-20; cp. 36:26-27).

Los falsos profetas de Corinto se aferraban a la ley externa escrita **en tablas de piedra**, defendiendo la salvación por obras, rituales y ceremonias. Como siempre, este era un mensaje condenatorio porque nadie puede ser lo suficientemente perfecto para guardar toda la ley:

Porque todos los que dependen de las obras de la ley están bajo maldición, pues escrito está: Maldito todo aquel que no permaneciere en todas las cosas escritas en el libro de la ley, para hacerlas. Y que por la ley ninguno se justifica para con Dios, es evidente, porque: El justo por la fe vivirá; y la ley no es de fe, sino que dice: El que hiciere estas cosas vivirá por ellas. Cristo nos redimió de la maldición de la ley, hecho por nosotros maldición (porque está escrito: Maldito todo el que es colgado en un madero) (Gá. 3:10-13).

La reprensión de Pablo a los gálatas era igualmente válida para los corintios:

No desecho la gracia de Dios; pues si por la ley fuese la justicia, entonces por demás murió Cristo… ¿Tan necios sois? ¿Habiendo comenzado por el Espíritu, ahora vais a acabar por la carne?… De Cristo os desligasteis, los que por la ley os justificáis; de la gracia habéis caído (Gá. 2:21; 3:3; 5:4).

Los falsos apóstoles, como todos los legalistas a lo largo de toda la historia, negaban la continuidad entre la ley escrita **en tablas de piedra** y la escrita **en tablas de carne del corazón.** (Irónicamente, también lo hacen los antinómicos, quienes argumentan que la salvación por gracia abroga a los creyentes de obedecer la ley). Pero la ley de Dios escrita **de carne del corazón** no anula su ley escrita **en tablas de piedra.** Los diez mandamientos resumen de modo conciso toda la ley moral divina. La respuesta de Jesús al escriba sobre cuál era el mandamiento más grande de la ley fue: "Amarás al Señor tu Dios con todo tu corazón, y con toda tu alma, y con toda tu mente y con todas tus fuerzas. Este es el principal mandamiento. Y el segundo es semejante: Amarás a tu prójimo como a ti mismo. No hay otro mandamiento mayor que éstos" (Mr. 12:30-31). La respuesta de Jesús resumía las dos secciones de los diez mandamientos: amor a Dios y amor al prójimo. Por lo tanto, no hay discontinuidad entre la ley externa, escrita sobre piedra, y la interna, escrita en el corazón. Las dos instruyen a los creyentes al respecto de evitar ofender a Dios y al prójimo. Pero la ley escrita en piedra no puede salvar a los pecadores porque ellos la destruyeron. La salvación trae un nuevo corazón que ama la ley y anhela guardarla (Sal. 119:97) y trae perdón para todos los errores.

Pablo no necesitaba cartas de recomendación escritas con pluma y tinta. Las vidas transformadas de los corintios y la realidad de que Dios había escrito la ley en sus corazones probaban su autenticidad.

EL MINISTRO EFICAZ TIENE CONFIANZA EN SU LLAMADO

Y tal confianza tenemos mediante Cristo para con Dios; (3:4)

La defensa que hizo Pablo de su ministerio no estaba diseñada para aliviar alguna duda molesta personal. El apóstol nunca cuestionó que Dios lo hubiera llamado al ministerio. La firme **confianza** le daba el coraje y la audacia necesaria para un ministerio muy difícil. No había obstáculo, persecución o desaliento que hubiera hecho a Pablo cuestionar su llamado. Su confianza también lo enfocaba y le daba devoción total e indefectible al ministerio al cual lo había llamado Dios. En 1 Corintios 9:16, el apóstol escribió: "Pues si anuncio el evangelio, no tengo por qué gloriarme; porque me es impuesta necesidad; y ¡ay de mí si no anunciare el evangelio!". En 2 Corintios, más adelante, Pablo se comparó con una vaso de barro que contenía el tesoro de incalculable valor de la verdad divina (4:7). Luego, en 4:8-11, enumeró las pruebas del ministerio:

Que estamos atribulados en todo, mas no angustiados; en apuros, mas no desesperados; perseguidos, mas no desamparados; derribados, pero no destruidos; llevando en el cuerpo siempre por todas partes la muerte de Jesús, para que también

> *la vida de Jesús se manifieste en nuestros cuerpos. Porque nosotros que vivimos,*
> *siempre estamos entregados a muerte por causa de Jesús, para que también la*
> *vida de Jesús se manifieste en nuestra carne mortal.*

Pero nada de eso lo desvió de llevar a cabo su labor: "Pero teniendo el mismo espíritu de fe, conforme a lo que está escrito: Creí, por lo cual hablé, nosotros también creemos, por lo cual también hablamos" (4:13). En lo que correspondía al llamado de Pablo, él tenía una sola cosa en su cabeza. No había alternativas o concesiones para él. Dios habló, Pablo creyó y habló con resolución. Aunque Pablo no se veía más que como un vaso de barro, el hecho de que Dios lo llamara al ministerio le dio **confianza** resuelta.

Los otros apóstoles también ministraban con la misma determinación que poseía Pablo. "Entonces viendo [el sanedrín] el denuedo de Pedro y de Juan, y sabiendo que eran hombres sin letras y del vulgo, se maravillaban; y les reconocían que habían estado con Jesús" (Hch. 4:13). Cuando los apóstoles enfrentaron la persecución se negaron a retroceder, y oraron así: "Y ahora, Señor, mira sus amenazas, y concede a tus siervos que con todo denuedo hablen tu palabra" (Hch. 4:29).

La confianza de Pablo no era intrépida y arrogante en sus propias habilidades. No era autoconfianza sino confianza **mediante Cristo para con Dios**. Dijo esto a los romanos: "Porque no osaría hablar sino de lo que Cristo ha hecho por medio de mí para la obediencia de los gentiles, con la palabra y con las obras" (Ro. 15:18). En 1 Corintios reconoció: "Por la gracia de Dios soy lo que soy; y su gracia no ha sido en vano para conmigo, antes he trabajado más que todos ellos; pero no yo, sino la gracia de Dios conmigo" (1 Co. 15:10). En Efesios 3:7 afirmó: "Yo fui hecho ministro por el don de la gracia de Dios que me ha sido dado según la operación de su poder". Pablo logró su ministerio no por sus propias habilidades o talentos, sino **mediante** el poder de **Cristo** que obraba en él.

En contraste, los falsos apóstoles eran arrogantes y seguros de sí mismos, confiaban ciegamente en su propia inteligencia. Pero, en realidad, eran corruptores falsos de la Palabra de Dios (cp. 2 Co. 2:17). Por otro lado, el ministerio de Pablo era para agradar a **Dios** y **mediante Cristo**. Su Señor era, a la vez, la fuente del ministerio de Pablo y el objetivo de tal ministerio.

UN MINISTRO EFICAZ DEPENDE
HUMILDEMENTE DEL PODER DE DIOS

no que seamos competentes por nosotros mismos para pensar algo como de nosotros mismos, sino que nuestra competencia proviene de Dios, el cual asimismo nos hizo… competentes (3:5-6*a*)

Como se observó en el punto anterior, Pablo era confiado, osado, valiente y resoluto en su ministerio. Pero, para evitar que alguien fuera a malinterpretarlo, se apresuró a añadir el siguiente descargo de responsabilidad: **"No que seamos competentes por nosotros mismos"**. El apóstol no podía lograr nada con su propia fuerza y sabiduría (cp. 1 Co. 1:18; 2:5). Más adelante en esta epístola Pablo escribió: "Por amor a Cristo me gozo en las debilidades, en afrentas, en necesidades, en persecuciones, en angustias; porque cuando soy débil, entonces soy fuerte" (2 Co. 12:10). Su propia incapacidad y carencia de recursos humanos le permitía ser un canal a través del cual fluyera el poder divino.

Cuando Dios escoge hombres para el ministerio, no mira al grande y poderoso según los estándares humanos (cp. 1 Co. 1:26). Robert Murray McCheyne, piadoso pastor escocés, le recordó esto a un joven ministro: "Dios no bendice los grandes talentos, sino la gran semejanza a Jesús. Un ministro santo es un arma tremenda en las manos divinas" (Andrew A. Bonar, *Memoirs of McCheyne* [*Memorias de McCheyne*] [Chicago: Moody, 1978], p. 95). Aunque Pablo poseía una mente brillante y altamente entrenada (Hch. 26:24), no dependía de esta. Tampoco se apoyaba el apóstol en sus capacidades oratorias (cp. Hch. 14:12) para persuadir a las personas (1 Co. 2:4). Pablo no se apoyaba en su habilidades naturales para llevar a cabo su ministerio, sino que ministraba "con demostración del Espíritu y de poder" (1 Co. 2:4; cp. 1 Co. 4:20; 1 Ts. 1:5).

Tan poco confiaba Pablo en sus capacidades humanas que hizo la notable confesión de no estar dispuesto **para pensar algo como de** sí mismo. La palabra **pensar** proviene de *logizomai*, que significa "razonar", "calcular" o "cargar algo a la cuenta de uno". Pablo no era adecuado para evaluar o juzgar su ministerio correctamente sin el poder y la sabiduría divinos. Él no hizo sus propios planes; siguió la dirección divina (cp. Hch. 16:6-10). No confiaba en nada que proviniera de él; por sí mismo era inútil y carecía de poder. Pablo sirvió humildemente, en el poder del Espíritu, reconociendo totalmente que su **competencia proviene de Dios, el cual** lo hacía eficaz.

UN MINISTRO EFICAZ TIENE EL MENSAJE DEL NUEVO PACTO

Ministros... de un nuevo pacto, no de la letra, sino del espíritu; porque la letra mata, mas el espíritu vivifica. (3:6*b*)

La explicación sobre las cualidades del ministro competente pasa ahora del mensajero al mensaje; del carácter del ministerio al contenido.

Los falsos apóstoles de Corinto eran probablemente judaizantes o una secta cercanamente relacionada que había mezclado algunas fascinaciones filosóficas populares de la cultura. Los judaizantes siguieron a Pablo, a lo largo de todo su ministerio, como una plaga implacable. Eran falsos maestros cuya afirmación principal era que la salvación se obtenía mediante la fe en Cristo más el cumplimiento de la ley mosaica (inclusive en sus aspectos ceremoniales). Adoptaban cualquier elemento de la ideología de sus víctimas que los hiciera visibles, luego buscaban negar el evangelio de la gracia e imponían los usos judíos sobre los creyentes gentiles. En realidad, eran farsantes, culpables de medrar "falsificando la palabra de Dios" (2:17) con tal de lograr su objetivo.

Sin embargo, los **ministros** verdaderos lo son **de un nuevo pacto**. No mezclan el antiguo pacto (el pacto mosaico de la ley) con el **nuevo pacto**, porque solo el **nuevo pacto** salva. La realidad maravillosa del nuevo pacto es que nadie tiene que acercarse a Dios mediante las externalidades del judaísmo. Y los gentiles tampoco son ciudadanos de segunda categoría en el reino de Dios, sino "coherederos y miembros del mismo cuerpo, y copartícipes de la promesa en Cristo Jesús por medio del evangelio" (Ef. 3:6), "ya no... extranjeros ni advenedizos, sino conciudadanos de los santos, y miembros de la familia de Dios" (Ef. 2:19). El concepto revolucionario de que los gentiles eran espiritualmente iguales a los judíos sorprendía tanto a los judíos creyentes como a los incrédulos (cp. Hch. 11:2-3).

Para entender la gloria y la gracia del nuevo pacto es necesaria una revisión breve de los pactos bíblicos. Hubo dos pactos que no tenían relación con la salvación: el noético (Gn. 9:16) y el sacerdotal (Nm. 25:10-13). Estos expresaron la promesa divina de no destruir nunca el mundo por medio del agua y de proporcionar siempre un sacerdocio para su pueblo.

Hay dos pactos relacionados con la salvación: el abrahámico (Gn. 17:7; 18:10-19) y el davídico (2 S. 7:12-16; 23:5). En el primero, Dios prometió a Abraham un pueblo, una tierra, una bendición y, al final, el Mesías. En el segundo, Dios prometió a David un hijo más grande que Salomón, uno que sería Rey sobre el glorioso reino terrenal de Dios y traería salvación para Israel y el mundo. La pregunta es cómo habrían de recibirse esas promesas; los judíos han esperado a lo largo de toda la historia su cumplimiento. En el pacto mosaico (Éx. 24:7-8), Dios dijo que toda bendición de pactos en su reino era por la justicia, y el rasero era la obediencia perfecta a su ley. ¡Pero nadie puede estar sobre tal rasero! Entonces, ¿cómo puede el ser humano salvarse, recibir bendición y entrar en el reino glorioso? El nuevo pacto tiene la respuesta. Solo este proporciona las condiciones para bendición, salvación y vida eterna (Jer. 31:31-34; Ez. 16:60; 37:26; He. 8:6-13). Cualquiera que se haya salvado —desde Adán hasta el último que lo haga antes de la destrucción de este cielo y tierra presente— se ha salvado en los términos del nuevo pacto. Aunque no se ratificó oficialmente sino cuando Jesucristo murió —aquel cuyo sacrificio en sustitución por los pecados pagó toda la pena de todos los pecados de todos los que creyeran—, el nuevo pacto siempre ha estado funcionando. La salvación es para quienes se dan cuenta de que han violado la ley de Dios, quienes no tienen esperanza y son incapaces de obedecer, y claman por gracia, misericordia y un nuevo corazón (cp. Lc. 18:13).

De modo que la cruz es el alma del **nuevo pacto** y el mensaje del evangelio. Pablo recordó las palabras del Señor Jesucristo en la última cena y escribió: "Asimismo tomó también la copa, después de haber cenado, diciendo: Esta copa es el nuevo pacto en mi sangre; haced esto todas las veces que la bebiereis, en memoria de mí" (1 Co. 11:25). El **nuevo pacto**, a diferencia del antiguo, no lo ratificaba la sangre de los toros y machos cabríos, sino por la sangre de Cristo:

> *Pero estando ya presente Cristo, sumo sacerdote de los bienes venideros, por el más amplio y más perfecto tabernáculo, no hecho de manos, es decir, no de esta creación, y no por sangre de machos cabríos ni de becerros, sino por su propia sangre, entró una vez para siempre en el Lugar Santísimo, habiendo obtenido eterna redención. Porque si la sangre de los toros y de los machos cabríos, y las cenizas de la becerra rociadas a los inmundos, santifican para la purificación de la carne, ¿cuánto más la sangre de Cristo, el cual mediante el Espíritu eterno se ofreció a sí mismo sin mancha a Dios, limpiará vuestras conciencias de obras muertas para que sirváis al Dios vivo? Así que, por eso es mediador de un nuevo pacto, para que interviniendo muerte para la remisión de las transgresiones que había bajo el primer pacto, los llamados reciban la promesa de la herencia eterna (He. 9:11-15).*

Entonces, el ministro competente no predica la salvación por legalismos, rituales o ceremonias "todo lo cual es sombra de lo que ha de venir; pero el cuerpo es de Cristo" (Col. 2:17). Predica a Cristo crucificado por los pecados de los creyentes (1 Co. 1:23), resucitado para justificación de ellos (Ro. 4:25) y siempre vivo para interceder por ellos (He. 7:25). La entrada al reino de Dios solo se obtiene por la fe en Cristo (Jn. 1:12; 3:18, 36; 14:6; Hch. 4:12; 16:31; Ro. 3:1-22; 10:9). Tal es el mensaje del predicador del nuevo pacto; por eso Pablo escribió: "Me propuse no saber entre vosotros cosa alguna sino a Jesucristo, y a éste crucificado" (1 Co. 2:2).

Pablo, como ministro del nuevo pacto, **no** era siervo **de la letra, sino del espíritu**. El contraste entre **la letra** y el **espíritu** genera una mayor diferencia entre el antiguo pacto y el nuevo pacto. La mera fidelidad externa a **la letra** de la ley no resultará en salvación. Aunque "la ley a la verdad es santa, y el mandamiento santo, justo y bueno" (Ro. 7:12), sucede que "por las obras de la ley ningún ser humano será justificado delante de él" (Ro. 3:20), pues "el hombre es justificado por fe sin las obras de la ley" (Ro. 3:28; cp. Gá. 2:16). La salvación llega solamente a través del "lavamiento de la regeneración y por la renovación en el Espíritu Santo" (Tit. 3:5; cp. Jn. 3:5; Ro. 8:2; 1 Co. 6:11; 2 Ts. 2:13).

El escritor de Hebreos resalta el contraste entre la **letra** externa del antiguo pacto y la realidad interna del nuevo pacto:

> *He aquí vienen días, dice el Señor, en que estableceré con la casa de Israel y la casa de Judá un nuevo pacto; no como el pacto que hice con sus padres el día que los tomé de la mano para sacarlos de la tierra de Egipto; porque ellos no permanecieron en mi pacto, y yo me desentendí de ellos, dice el Señor. Por lo cual, este es el pacto que haré con la casa de Israel después de aquellos días, dice el Señor: Pondré mis leyes en la mente de ellos, y sobre su corazón las escribiré; y seré a ellos por Dios, y ellos me serán a mí por pueblo; y ninguno enseñará a su prójimo, ni ninguno a su hermano, diciendo: Conoce al Señor; porque todos me conocerán, desde el menor hasta el mayor de ellos. Porque seré propicio a sus injusticias, Y nunca más me acordaré de sus pecados y de sus iniquidades. Al decir: Nuevo pacto, ha dado por viejo al primero; y lo que se da por viejo y se envejece, está próximo a desaparecer (He. 8:8-13).*

La diferencia entre el antiguo pacto, sinaítico y mosaico, y el nuevo pacto no está en las normas morales. La ley moral de Dios no cambia porque está basada en su santidad inmutable. Bajo el antiguo pacto, la ley era externa, compuesta de mandamientos escritos; en el nuevo pacto es interna, escrita en el corazón por el Espíritu Santo.

Dos son las formas en las que **la letra mata**. Primero, **mata** a través de la muerte viva de la aflicción, frustración, insatisfacción, culpa y vergüenza resultantes por la incapacidad de las personas para cumplir la ley. Pablo escribió: "Yo sin la ley vivía en un tiempo; pero venido el mandamiento, el pecado revivió y yo morí. Y hallé que el mismo mandamiento que era para vida, a mí me resultó para muerte; porque el pecado, tomando ocasión por el mandamiento, me engañó, y por él me mató" (Ro. 7:9-11). Segundo, **la letra mata** por medio de la muerte eterna (condenación en el infierno), que es la pena por no guardarla. "Porque todos los que dependen de las obras de la ley están bajo maldición, pues escrito está: Maldito todo aquel que no permaneciere en todas las cosas escritas en el libro de la ley, para hacerlas" (Gá. 3:10).

Pero, bajo el nuevo pacto, **el espíritu vivifica**. En Jeremías 31:33 Dios dijo: "Éste es el pacto que después de aquel tiempo haré con el pueblo de Israel — afirma el Señor—: Pondré mi ley en su mente, y la escribiré en su corazón. Yo seré su Dios, y ellos serán mi pueblo" (nvi). El **espíritu** permite a los creyentes del nuevo pacto cumplir la ley de Dios, de modo que puedan decir con el salmista así: "¡Oh, cuánto amo yo tu ley! Todo el día es ella mi meditación" (Sal. 119:97; cp. vv. 113, 163, 165).

No quiere esto decir que antes de la muerte de Jesucristo los creyentes vivieran en frustración, culpa y remordimiento constantes, no conociendo nunca el gozo y la paz de la obediencia. En Salmos 119:165, el salmista escribió: "Mucha paz tienen los que aman tu ley, y no hay para ellos tropiezo" (cp. Sal. 19:7-11). En Salmos 32:1-2 David exaltó la bendición del perdón: "Dichoso aquel a quien se le perdonan sus transgresiones, a quien se le borran sus pecados. Dichoso aquel a quien el Señor no toma en cuenta su maldad y en cuyo espíritu no hay engaño" (NVI). Tal persona se ha salvado en los términos del nuevo pacto: arrepentimiento, gracia y fe (cp. Is. 55:1-2, 6-7). Dios los regeneró para hacerlos capaces de amar y guardar la ley de Dios porque el Espíritu Santo opera en sus vidas (véase la explicación en el capítulo 7 de este volumen). ¡La idea clave es que **la letra mata** a quienes buscan la salvación por medio de la ley, sea que vivieran en tiempos del Antiguo Testamento o vivan hoy! En ninguna época podía salvarse alguien por el cumplimiento de la ley, pues "cualquiera que guardare toda la ley, pero ofendiere en un punto, se hace culpable de todos" (Stg. 2:10). La ley nunca pretendió ser el medio para la salvación, sino "nuestro ayo, para llevarnos a Cristo, a fin de que fuésemos justificados por la fe" (Gá. 3:24). Por lo tanto, el verdadero ministro de Jesucristo proclama el mensaje del nuevo pacto del evangelio, el único mensaje que "es poder de Dios para salvación a todo aquel que cree" (Ro. 1:16).

¿Quién es adecuado para tal ministerio? ¿A quién confía Dios el privilegio inestimable de proclamar la verdad transformadora del nuevo pacto? A hombres piadosos, eficaces, confiados, humildes, dependientes, que predican la verdad inalterada del evangelio. ¿De dónde proviene su idoneidad? "Toda la Escritura es inspirada por Dios, y útil para enseñar, para redargüir, para corregir, para instruir en justicia, a fin de que el hombre de Dios sea perfecto, enteramente preparado para toda buena obra" (2 Ti. 3:16-17).

De modo sorprendente, la Palabra infalible de Dios predicada por hombres falibles dotados por el Espíritu Santo y a quienes Él enseña, aquellos que interpretan correctamente las Escrituras y las proclaman claramente, es el medio que Dios ha escogido para esparcir el evangelio salvador del nuevo pacto. Las personas no pueden oír sin un predicador (Ro. 10:14). Ni siquiera los salvos pueden entender las Escrituras sin alguien que los guíe (cp. Hch. 8:30-31).

La gloria del nuevo pacto—
Primera parte
Da vida, produce justicia
y es permanente

7

el cual asimismo nos hizo ministros competentes de un nuevo pacto, no de la letra, sino del espíritu; porque la letra mata, mas el espíritu vivifica. Y si el ministerio de muerte grabado con letras en piedras fue con gloria, tanto que los hijos de Israel no pudieron fijar la vista en el rostro de Moisés a causa de la gloria de su rostro, la cual había de perecer, ¿cómo no será más bien con gloria el ministerio del espíritu? Porque si el ministerio de condenación fue con gloria, mucho más abundará en gloria el ministerio de justificación. Porque aun lo que fue glorioso, no es glorioso en este respecto, en comparación con la gloria más eminente. Porque si lo que perece tuvo gloria, mucho más glorioso será lo que permanece. (3:6-11)

Como ha ocurrido desde los tiempos apostólicos, el cristianismo ritual, ceremonial y sacramental plantea un peligro serio para la autenticidad del evangelio bíblico. En estos falsos sistemas, la institución religiosa termina reemplazando y desplazando a Cristo. Las personas solo se relacionan con la institución a través de rituales, en lugar de relacionarse con el Jesucristo vivo mediante la fe. Las ceremonias externas toman el lugar de la adoración interna. Los sacramentos se convierten en el *medio* de la gracia, en lugar del *símbolo* de la gracia. Los ministros se convierten en intermediarios exaltados entre el pueblo y Dios, realizando rituales presuntamente necesarios para la salvación, en lugar de ser siervos humildes que llevan gracia para salvar, santificar y equipar a los santos para el ministerio (Ef. 4:12). La protesta de los reformadores a este legalismo muerto fue lo que inició la búsqueda para recuperar el evangelio puro del Nuevo Testamento, tras siglos de ceremonialismos. Y la llama de la Reforma protestante ardió. Hoy día, la iglesia también debe estar vigilante para prevenir la herejía implacable y mortal del ceremonialismo.

Para gran tristeza de Pablo, la plaga devastadora del ceremonialismo se había infiltrado en la iglesia de Corinto. Los autodenominados "apóstoles" (en realidad, herejes legalistas) buscaban atar a los corintios bajo el aplastante yugo de la ley (cp. Hch. 15:10; Gá. 5:1). Enseñaban que la circuncisión, la observancia del día de reposo, lunas nuevas, fiestas y las regulaciones dietéticas del Antiguo Testamento eran necesarios para la salvación. En esencia, argumentaban que los gentiles debían ser primero que todo prosélitos judíos antes de que pudieran salvarse y entraran en el reino de Dios.

En contraste con esos falsos maestros, que eran ministros del antiguo pacto (afirmaban que el pacto mosaico tenía eficacia salvífica), Pablo era ministro del nuevo pacto. Como se explicó en el capítulo anterior de este volumen, el ministro adecuado y espiritualmente eficaz predica el evangelio del nuevo pacto. Como Pablo predicaba tal mensaje liberador, los falsos apóstoles de Corinto que se oponían al evangelio del nuevo pacto, lo atacaron con fiereza. Así, cuando Pablo defendió su integridad y su ministerio, hizo una revisión exquisita pero breve del nuevo pacto.

El apóstol estaba profundamente dolido por tener que defenderse de los corintios. Había dejado su vida durante el año y medio o casi dos que ministró allí (Hch. 18:11) enseñándoles y pastoreándoles. Debido a su íntima relación con los corintios, 2 Corintios es la carta inspirada de Pablo más personal, aquella en la que fue más transparente. Por ejemplo, escribió abiertamente esto: "Nuestra boca se ha abierto a vosotros, oh corintios; nuestro corazón se ha ensanchado. No estáis estrechos en nosotros, pero sí sois estrechos en vuestro propio corazón. Pues, para corresponder del mismo modo (como a hijos hablo), ensanchaos también vosotros" (2 Co. 6:11-13).

Mientras Pablo escribía la carta, dolor y angustia fluían de su corazón por su afecto entrañable hacia los corintios. En 12:14 los describió como sus hijos y después escribió: "Y yo con el mayor placer gastaré lo mío, y aun yo mismo me gastaré del todo por amor de vuestras almas, aunque amándoos más, sea amado menos" (v. 15). En 1 Corintios 4:14-15 explicó sus motivos para reprender a los corintios: "No escribo esto para avergonzaros, sino para amonestaros como a hijos míos amados. Porque aunque tengáis diez mil ayos en Cristo, no tendréis muchos padres; pues en Cristo Jesús yo os engendré por medio del evangelio".

Aparte de la situación en Corinto, había muchas otras cosas que producían dolor y sufrimiento a Pablo. En 2 Corintios 4:8-10 escribió así: "Estamos atribulados en todo, mas no angustiados; en apuros, mas no desesperados; perseguidos, mas no desamparados; derribados, pero no destruidos; llevando en el cuerpo siempre por todas partes la muerte de Jesús, para que también la vida de Jesús se manifieste en nuestros cuerpos". Después dijo que había soportado "tribulaciones… necesidades… angustias… azotes… cárceles… tumultos… trabajos… desvelos [y] ayunos" (6:4-5). Cuando visitó Macedonia, estaba "en todo…

[atribulado]; de fuera, conflictos; de dentro, temores" (7:5). En 11:23-29, Pablo resumió sus sufrimientos por causa de Cristo, sufrimientos que ninguno de los falsos apóstoles podrían igualar:

> *¿Son ministros de Cristo? (Como si estuviera loco hablo.) Yo más; en trabajos más abundante; en azotes sin número; en cárceles más; en peligros de muerte muchas veces. De los judíos cinco veces he recibido cuarenta azotes menos uno. Tres veces he sido azotado con varas; una vez apedreado; tres veces he padecido naufragio; una noche y un día he estado como náufrago en alta mar; en caminos muchas veces; en peligros de ríos, peligros de ladrones, peligros de los de mi nación, peligros de los gentiles, peligros en la ciudad, peligros en el desierto, peligros en el mar, peligros entre falsos hermanos; en trabajo y fatiga, en muchos desvelos, en hambre y sed, en muchos ayunos, en frío y en desnudez; y además de otras cosas, lo que sobre mí se agolpa cada día, la preocupación por todas las iglesias. ¿Quién enferma, y yo no enfermo? ¿A quién se le hace tropezar, y yo no me indigno?*

Sin embargo, de todas las iglesias bajo el cuidado de Pablo, él parecía más ansioso por los corintios. Habían recibido mucha bendición; "porque en todas las cosas [fueron] enriquecidos en él, en toda palabra y en toda ciencia; así como el testimonio acerca de Cristo [había] sido confirmado en [ellos], de tal manera que nada [les faltaba] en ningún don" (1 Co. 1:5-7). Como se observó anteriormente, tuvieron el privilegio sin igual de haber tenido un apóstol único como pastor aproximadamente durante dos años. No obstante, a pesar de las bendiciones abundantes, los corintios estaban aturdidos. Tenían dificultades para dejar a un lado su antigua vida. Su congregación estaba dividida en facciones que peleaban entre sí (1:11-12). Eran tan inmaduros espiritualmente que Pablo les habló como si fueran "niños en Cristo" (3:1). Toleraban perversiones sexuales groseras que habrían hecho sonrojar a los paganos y, en lugar de lamentar ese pecado, eran arrogantes (5:1-2). Los corintios lavaban la ropa sucia en público, ante jueces paganos, en lugar de hacerlo entre ellos (6:1-8). Pervertían su libertad en Cristo para justificar su inmoralidad sexual (6:12-20), incluso la prostitución (6:16). En el extremo opuesto, algunos defendían la abstinencia sexual total, inclusive en el matrimonio (7:1-5). Los creyentes fuertes alardeaban de su libertad para comer lo sacrificado a los ídolos sin miramientos a la conciencia de los más débiles (8:1-13; cp. 10:23-32). Las mujeres abandonaban el rol para el cual las diseñó Dios y se unían a los movimientos feministas de su época (11:1-16; 14:34-35). Practicaban la Santa Cena como si fuera una fiesta pagana: se atiborraban de comida mientras otras personas quedaban con hambre y, sorprendentemente, algunos incluso se emborrachaban (11:17-34). Su práctica de los dones espirituales estaba tan pervertida que Pablo invirtió tres capítulos fortaleciéndolos al respecto (12—14). De modo asombroso, cuando alguien maldecía a Jesús en auténtico frenesí, creían que hablaba controlado por el Espíritu Santo (12:3). Como resultado del mal uso que en su orgullo daban a los dones espirituales, sus servicios de adoración eran caóticos (14:26-33). Incluso pusieron en duda la doctrina clave de la resurrección (cap. 15) cayendo presos de la filosofía griega del momento.

Ahora, además de todas esas cosas, muchos corintios habían acogido a los falsos apóstoles, cayendo en sus mentiras difamatorias sobre el carácter y ministerio de Pablo. El apóstol tenía el corazón roto por el influjo devastador de ceremonialismos en la iglesia de Corinto y el consecuente abandono de la verdad por parte de algunos. De todo el dolor en su vida este era el más intenso: ver la deserción de su amada iglesia corintia en sacramentalismos, ceremonialismos y ritualismos. A. T. Robertson escribe:

> Aunque Pablo pudiera ver el lado bueno de la vida del predicador, también conocía el lado oscuro. Había múltiples nubes en su vida para opacar la luz. De hecho, cuando Pablo termina alardeando de su obra en comparación con los judaizantes de Corinto, lo que cuenta es un catálogo de dificultades. Estuvo en cárceles, azotes, naufragios, peligros de varios tipos, desvelos, hambre y sed. Dijo: "De mí mismo en nada me gloriaré, sino en mis debilidades". Pero en este instante Pablo no podía gloriarse ni siquiera en sus debilidades. No podía gloriarse de nada. Estaba completamente quebrantado en su espíritu y en su cuerpo (*The Glory of the Ministry* [La gloria del ministerio] [Nueva York: Revell, 1911], pp. 31-32).

Lo que más debía incomodar a Pablo es que los corintios conocían bien la realidad. Habían obtenido la salvación bajo el ministerio paulino del nuevo pacto, salvación que celebraban cada vez que participaban de la Santa Cena (1 Co. 11:24-25). Entendieron que el sacrificio de Jesucristo expió sus pecados permanente y completamente, haciendo así obsoletos los sacrificios del antiguo pacto (cp. He. 10:12). Sabían que el antiguo pacto no salvaba a nadie; solo servía para mostrar a las personas su pecado y las hacía anhelar con desespero la gracia y misericordia de Dios. Por lo tanto señalaba a los creyentes hacia el Salvador. Era sorprendente que, después de todas las enseñanzas contrarias de Pablo, ahora siguieran a quienes confundían la verdad de la salvación; sin embargo, como la historia y la actualidad lo muestran, no es inusual (cp. Gá. 3:1-7).

En 2 Corintios 3:6-18 tenemos un resumen condensado de las características distintivas del nuevo pacto; la exposición más completa al respecto se encuentra en el libro de Hebreos. Como Pablo hace en este pasaje, el autor de Hebreos deja clara la superioridad del nuevo pacto. Este siempre ha sido superior a la ley mosaica porque tiene un mejor mediador: Jesucristo (He. 8:6). Un mediador actúa como intermediario entre dos partes en disputa (cp. Gá. 3:20). Los mediadores del antiguo pacto fueron Moisés, y los profetas y sacerdotes de Israel (cp. Éx. 20:19; Dt. 5:5; Gá. 3:19), pero no pudieron representar perfectamente a los hombres ante Dios ni a Dios ante los hombres porque eran meros hombres. Pero Dios hecho hombre, Jesús, puede representar perfectamente a los hombres ante Dios y a Dios ante los hombres. Por lo tanto, declara Pablo, "hay un solo Dios, y un solo mediador entre Dios y los hombres, Jesucristo hombre" (1 Ti. 2:5). Los creyentes del nuevo pacto tienen acceso directo a Dios solo por medio de Jesucristo "porque por medio de él los unos y los otros tenemos entrada por un mismo Espíritu al Padre" (Ef. 2:18). No hay necesidad de que sacerdotes, santos o María intercedan a Dios por los creyentes.

El nuevo pacto también es superior al antiguo porque contiene promesas mejores, siendo la más significativa la promesa de perdón total y limpieza permanente de todo pecado. Jeremías registra la promesa divina del nuevo pacto: "Perdonaré la maldad de ellos, y no me acordaré más de su pecado" (Jer. 31:34). El antiguo pacto no podía limpiar el pecado, "porque la sangre de los toros y de los machos cabríos no puede quitar los pecados" (He. 10:4). El perdón del pecado viene solo por medio de la sangre de Cristo. El escritor de Hebreos declara: "Somos santificados mediante la ofrenda del cuerpo de Jesucristo hecha una vez para siempre… [quien] habiendo ofrecido una vez para siempre un solo sacrificio por los pecados, se ha sentado a la diestra de Dios" (He. 10:10, 12; cp. 7:27; 9:12; Mt. 26:28).

Hebreos 8:8-12 describe siete características del nuevo pacto.

Primero, el nuevo pacto viene de Dios. En Hebreos 8:8, Dios declara: "Estableceré… un nuevo pacto". Un pacto cuyos términos tienen su base en el plan y propósito soberanos de Dios.

Segundo, el nuevo pacto es diferente del antiguo. No es una actualización sino uno completamente nuevo. La palabra griega que se traduce "nuevo", en Hebreos 8:8, es *kainos*, cuyo significado es nuevo en el sentido de diferente, no nuevo en el sentido de posterior en el tiempo.

Tercero, el nuevo pacto es "con la casa de Israel y la casa de Judá" (He. 8:8), pero por supuesto no significa que los gentiles estén excluidos, pues "los que son de fe, éstos son hijos de Abraham… y si [alguien es] de Cristo, ciertamente linaje de Abraham [es], y [heredero] según la promesa" (Gá. 3:7, 29). Los gentiles obtienen las bendiciones del nuevo pacto por la fe en Jesucristo. La ley de Moisés siempre ha sido válida para los gentiles, incluso aquellos que nunca oyeron de Moisés, y violarla traerá juicio eterno. De modo que el perdón del nuevo pacto siempre se ha ofrecido a los gentiles que han buscado la gracia y el perdón de Dios.

Cuarto, el nuevo pacto es de gracia, no es legalista. En Hebreos 8:9, Dios dijo esto del nuevo pacto: "No [es] como el pacto que hice con [los israelitas] el día que los tomé de la mano para sacarlos de la tierra de Egipto; porque ellos no permanecieron en mi pacto, y yo me desentendí de ellos, dice el Señor". La desobediencia de Israel no abrogó el antiguo pacto, pero sí provocó que la nación perdiera las bendiciones prometidas. Aunque Dios, bajo el nuevo pacto, como Padre bondadoso, castiga a sus hijos desobedientes (He. 12:5-11), nunca perderán su bendición de perdón de los pecados (Jer. 31:34).

Quinto, el nuevo pacto es interno, a diferencia del antiguo, que está escrito en tablas de piedra (2 Co. 3:7; cp. Éx. 31:18). Hebreos 8:10 registra la promesa divina bajo el nuevo pacto: "Pondré mis leyes en la mente de ellos, y sobre su corazón las escribiré".

Sexto, el nuevo pacto es personal. Se cumplirá al final en Israel (Ro. 9:26-27), pero solamente cuando los judíos se arrepientan y crean el evangelio. La salvación solo es para los individuos. Un día futuro, bajo los términos del nuevo pacto y por medio de la fe en Jesucristo (Zac. 12:10), los judíos "[conocerán al Señor], desde el menor hasta el mayor de ellos" (He. 8:11).

Séptimo, el nuevo pacto trae perdón completo. Como ya se dijo, esto era algo que el antiguo pacto no podía proporcionar (He. 10:4). La sangre de Jesucristo proporciona el perdón del pecado, como se prometió en el nuevo pacto (Mt. 26:28; cp. He. 9:14-15).

Pablo revela en este pasaje ocho características distintivas del nuevo pacto, además de las ya proporcionadas en Hebreos: da vida, produce justicia, es permanente, trae esperanza, es claro, es cristocéntrico, el Espíritu lo vigoriza y es transformador.

EL NUEVO PACTO DA VIDA

el cual asimismo nos hizo ministros competentes de un nuevo pacto, no de la letra, sino del espíritu; porque la letra mata, mas el espíritu vivifica. (3:6)

Como se mencionó en el capítulo anterior, Pablo era siervo del **nuevo pacto**, en contraste con los falsos apóstoles de Corinto. El antiguo pacto fue un "ministerio de muerte" (3:7) y un "ministerio de condenación" (3:9). En contraste, el **nuevo pacto, no** es **de la letra, sino del espíritu** y **vivifica** eternamente.

La mayoría de los judíos en tiempos de Pablo había sucumbido a la tergiversación del propósito de Dios al dar la ley. Los líderes religiosos les habían enseñado que era el camino a la salvación, un propósito que Dios nunca había pretendido para la ley (Ro. 3:20). Por el contrario, "la ley se introdujo para que el pecado abundase" (Ro. 5:20; cp. Gá 3:19). La ley revelaba a las personas su completa incapacidad para vivir de acuerdo con la norma divina de santidad y, por lo tanto, su necesidad de un Redentor (Gá. 3:24). No quiere ello decir que haya algo errado con la ley (Ro. 7:7); por el contrario, "la ley a la verdad es santa, y el mandamiento santo, justo y bueno" (Ro. 7:12). El problema no está en la ley, sino en la incapacidad de los pecadores para cumplirla.

Saulo de Tarso, el fariseo fervoroso, estaba conmocionado al notar que la ley que había observado tan rígidamente no le producía vida, sino muerte: "Y yo sin la ley vivía en un tiempo; pero venido el mandamiento, el pecado revivió y yo morí. Y hallé que el mismo mandamiento que era para vida, a mí me resultó para muerte; porque el pecado, tomando ocasión por el mandamiento, me engañó, y por él me mató" (Ro. 7:9-11).

La ley mata de tres formas. Primero, mata porque mata el gozo, la paz y la esperanza, y las reemplaza con frustración, dolor, desesperanza y culpa provenientes de nuestra incapacidad para obedecerla. Segundo, la incapacidad de los pecadores para cumplir la ley perpetra la muerte espiritual (Gá. 3:10; cp. Ro. 6:23). Finalmente, la ley no cumplida se convierte en la base de la condenación eterna, matando de verdad a quienes buscan salvarse cumpliéndola. Estos, en lugar de reconocer su incapacidad para cumplir la ley y permitir que los acerque a Cristo, siguen las obras muertas de sacramentalismo, rituales y ceremonias. Son como los judíos que Pablo describió: "Ignorando la justicia de Dios, y procurando establecer la suya propia, no se han sujetado a la justicia de Dios" (Ro. 10:3). El legalista, habiendo distorsionado el propósito verdadero de la ley, no queda sino con **la letra** de esta, los requisitos externos separados de su verdadero propósito espiritual. Los legalistas son como los judíos que "con la letra de la ley y con la circuncisión [son transgresores] de la ley. Pues no es judío el que lo es exteriormente, ni es la circuncisión la que se hace exteriormente en la carne" (Ro. 2:27-28).

Pero las Escrituras declaran lo siguiente sobre los creyentes del **nuevo pacto**: "La ley del Espíritu de vida en Cristo Jesús [los] ha librado de la ley del pecado y de la muerte" (Ro. 8:2). Por tanto, son libres de servir "bajo el régimen nuevo del Espíritu y no bajo el régimen viejo de la letra" (Ro. 7:6). Notar que somos pecadores sujetos a condenación por la ley debería producir arrepentimiento y clamor de misericordia a Dios. El publicano de Lucas 18 es el ejemplo clásico. Bajo la carga de su pecado y de haber violado la ley de Dios, le rogó así: "Dios, sé propicio a mí, pecador", y salió justificado. El fariseo que veía su cumplimiento de la ley como el medio para su salvación, no salió justificado sino condenado (Lc. 18:9-14).

EL NUEVO PACTO PRODUCE JUSTICIA

Y si el ministerio de muerte grabado con letras en piedras fue con gloria, tanto que los hijos de Israel no pudieron fijar la vista en el rostro de Moisés a causa de la gloria de su rostro… ¿cómo no será más bien con gloria el ministerio del

espíritu? Porque si el ministerio de condenación fue con gloria, mucho más abundará en gloria el ministerio de justificación. (3:7*a*, 8-9)

La frase **y si** podría traducirse mejor "puesto que". Los opositores judíos de Pablo solían acusarlo de oponerse a la ley de Dios (Hch. 21:28), pero tal cosa era falsa. Dios grabó **con letras en piedras** los diez mandamientos, que son el resumen moral de la santa ley de Dios (Éx. 32:15-16). Por tal razón, Pablo afirmaba que la ley estaba llena de la **gloria** de Dios; esto es, reflejaba perfectamente su justicia.

Pero Pablo veía el antiguo pacto de la ley en la perspectiva apropiada, a diferencia de sus opositores legalistas: como un **ministerio de muerte**. La ley no salva a nadie; solo lleva a las personas a ver su necesidad de un Salvador. De hecho, la ley es la mayor asesina en serie de la historia. La ley condenará inevitablemente al castigo eterno en el infierno a quienes no lleguen a la fe salvadora en Jesucristo.

La ley condena a los pecadores porque define la medida de la justicia divina. Pablo escribió esto en Romanos 7:7: "¿Qué diremos, pues? ¿La ley es pecado? En ninguna manera. Pero yo no conocí el pecado sino por la ley; porque tampoco conociera la codicia, si la ley no dijera: No codiciarás" (cp. Ro. 3:20; 5:13, 20). La mente humana depravada no puede entender verdaderamente el comportamiento pecaminoso mientras no se confronte con la ley santa de Dios.

La ley también condena a los pecadores, agravando su pecado. Pablo se lamentó así: "El pecado, tomando ocasión por el mandamiento, produjo en mí toda codicia; porque sin la ley el pecado está muerto" (Ro. 7:8). La tendencia natural de la naturaleza humana caída y pecaminosa es a rebelarse contra la ley de Dios haciendo lo que esta prohíbe. De modo que la ley, en realidad, produce más pecado en la vida de los no redimidos. John Bunyan describió así esta verdad en una escena dramática de *El Progreso del Peregrino*:

> En seguida el intérprete tomó a Cristiano de la mano y lo condujo a una sala grande, llena de polvo, porque nunca había sido barrida. Después de que la hubieron examinado un poco de tiempo el intérprete mandó a uno que la barriese. Luego que comenzó a barrer, el polvo se levantó en nubes tan densas que Cristiano estuvo a punto de sofocarse. Entonces el intérprete llamó a una criada que estaba cerca:
>
> —Trae agua y rocía la sala.
>
> Hecho esto ya fue barrido sin dificultad.
>
> CRIS. —¿Qué significa esto?
>
> INTÉR. —Esta sala es como el corazón del hombre que nunca fue santificado por la dulce gracia del evangelio. El polvo es su pecado original y su corrupción interior que ha contaminado todo el hombre. El que

comenzó a barrer al principio es la ley; pero aquella que trajo el agua y roció la sala es el Evangelio. Y como viste que tan pronto como el primero comenzó a barrer, el polvo se levantó de tal manera que era imposible limpiar la sala y estuviste a punto de sofocarte; esto es para enseñarte que la Ley en lugar de limpiar el corazón de pecado, lo hace revivir, le da más fuerza y lo aumenta en el alma, por la razón de que la Ley descubre el pecado y lo prohíbe sin poder vencerlo [Ro. 5:20; 7:9; 1 Co. 15:56] (El cristianismo primitivo, http://www.elcristianismoprimitivo.com /El%20progreso%20del%20peregrino.pdf, pp. 21-22).

Cuando Pablo estuvo frente a frente con su pecado revelado por la ley, se vio en un espejo y reconoció que estaba muerto espiritualmente: "Yo sin la ley vivía en un tiempo; pero venido el mandamiento, el pecado revivió y yo morí. Y hallé que el mismo mandamiento que era para vida, a mí me resultó para muerte; porque el pecado, tomando ocasión por el mandamiento, me engañó, y por él me mató" (Ro. 7:9-11). El apóstol se dio cuenta de que era un pecador incapaz, condenado y se dirigía a la condenación eterna en el infierno. Sin embargo, una vez más, enfatizó que no había nada errado con la ley de Dios: "Porque sabemos que la ley es espiritual; mas yo soy carnal, vendido al pecado" (Ro. 7:14). A los gálatas les escribió: "¿Luego la ley es contraria a las promesas de Dios? En ninguna manera; porque si la ley dada pudiera vivificar, la justicia fuera verdaderamente por la ley" (Gá. 3:21). Nunca se pretendió que la ley fuera un medio para la salvación. La ley no proporciona gracia, misericordia o perdón. No tiene poder para hacer justo al pecador. Su propósito era revelar la norma pura y santa de Dios, y llevar a los pecadores al Salvador (Gá. 3:24; He. 4:12-13). Pero a quienes se apoyan en la ley para la salvación, esta tiene un **ministerio de muerte**.

Para ilustrar la gloria de la ley, Pablo volvió a un evento conocido en la historia de Israel: el momento en que Moisés recibió la ley en el monte Sinaí. Después de haber estado en la presencia de la gloria *shekinah* de Dios, **los hijos de Israel no pudieron fijar la vista en el rostro de Moisés a causa de la gloria de su rostro**. Éxodo 34:29 dice así: "Cuando Moisés descendió del monte Sinaí, traía en sus manos las dos tablas de la ley. Pero no sabía que, por haberle hablado el Señor, de su rostro salía un haz de luz" (NVI). La luz de la gloria de Dios que se reflejaba en la cara de Moisés era tan intensa que "al ver Aarón y todos los israelitas el rostro resplandeciente de Moisés, tuvieron miedo de acercársele" (v. 30, NVI). Después de que Moisés les dio confianza: "se le acercaron todos los israelitas, y Moisés les ordenó acatar todo lo que el Señor le había dicho en el monte Sinaí" (v. 32, NVI). Después de esto, Moisés usaba un velo cuando salía de la presencia de Dios (vv. 33-35). Pablo quiere decir que la gloria de la ley fue evidente para todo el que vio la cara de Moisés después de que descendió del monte.

Entonces, si el antiguo pacto tenía cierta gloria perecedera, Pablo pregunta: "**¿cómo no será más bien con gloria el ministerio del espíritu** (el nuevo pacto)**?**". La ley escrita en piedra en el antiguo pacto, que producía muerte y condenación, tenía la gloria de Dios porque revelaba su naturaleza gloriosa en tanto santa y justa. El nuevo pacto revela la gloria de Dios de manera completa porque no solamente revela su naturaleza santa, justicia, ira y juicio (como ocurría con el antiguo pacto), sino que manifiesta, además, su compasión, misericordia, gracia y perdón (cp. Éx. 33:19). Y el Espíritu da vida y justifica por el nuevo pacto: "La ley del Espíritu de vida en Cristo Jesús me ha librado de la ley del pecado y de la muerte" (Ro. 8:2). El antiguo pacto exige justicia, el nuevo pacto la confiere. El antiguo pacto hacía de las personas oyentes de la verdad, el nuevo pacto les permitía ser hacedores de la verdad.

Los santos del Antiguo Testamento no se salvaron por cumplir la ley, sino porque, quebrantados por su incapacidad para cumplirla, se acercaron penitentes a Dios, hambrientos y sedientos de justicia, y lamentando su propio pecado (cp. Mt. 5:2-7). Entonces, Dios con toda misericordia y gracia perdonó sus pecados con base en el logro futuro de Cristo con su muerte sustitutiva (cp. 2 Co. 5:21). Los santos del Antiguo Testamento, habiendo sido salvos por gracia mediante la fe, encontraron en la ley moral una fuente de bendición y alegría. Podían entonces decir gozosos con el salmista lo siguiente: "¡Oh, cuánto amo yo tu ley! Todo el día es ella mi meditación" (Sal. 119:97; cp. 119:113, 163, 165). Entonces la ley se volvió para ellos "[deseable] más que el oro, y más que mucho oro afinado; y [dulce] más que miel, y que la que destila del panal" (Sal. 19:10; cp. 119:103). Su actitud hacia la ley no los salvó; más bien, la salvación cambió su actitud hacia la ley, y se arrepintieron y buscaron en fe el perdón de la gracia divina.

Pero, sin la salvación en Cristo, el antiguo pacto seguía siendo un **ministerio de condenación**, de juicio y, al final de cuentas, de maldición. Acercaba a los hombres a la medida del juicio de Dios, pero no les daba medios para satisfacer la justicia divina, excepto por el castigo eterno en el infierno. Aun así, el antiguo pacto tenía **gloria** a pesar de sus deficiencias, pues reflejaba la naturaleza de Dios en lo relacionado a la santidad. Y si aun el antiguo pacto tenía cierta **gloria**, entonces **mucho más** abunda **en gloria el ministerio de justificación** (un nombre descriptivo para el nuevo pacto), porque revela la naturaleza de Dios en lo relacionado al amor y la gracia. El nuevo pacto sobrepasa con creces al antiguo pacto porque proporciona lo que el antiguo no podía: **justificación**: "Pero ahora, aparte de la ley, se ha manifestado la justicia de Dios, testificada por la ley y por los profetas; la justicia de Dios por medio de la fe en Jesucristo, para todos los que creen en él" (Ro. 3:21-22). En el nuevo pacto, Dios atribuye la justicia de Cristo a los creyentes (2 Co. 5:21), arropándolos en un "manto de justicia" (Is. 61:10).

La odisea espiritual propia de Pablo ilustra la superioridad del nuevo pacto con respecto al antiguo. Sus credenciales del antiguo pacto eran impecables:

"Circuncidado al octavo día, del linaje de Israel, de la tribu de Benjamín, hebreo de hebreos; en cuanto a la ley, fariseo; en cuanto a celo, perseguidor de la iglesia; en cuanto a la justicia que es en la ley, irreprensible" (Fil. 3:5-6). Vivía una apariencia externa intachable en conformidad rígida con los pactos y regulaciones del antiguo pacto. De hecho, Pablo era una estrella en alza en el judaísmo del primer siglo; "en el judaísmo aventajaba a muchos de [sus] contemporáneos en [su] nación, siendo mucho más celoso de las tradiciones de [sus] padres" (Gá 1:14).

Pero después del encuentro dramático con el Cristo resucitado en el camino a Damasco —encuentro que le cambió la vida—, la perspectiva de Pablo se transformó radicalmente. Todos los logros del antiguo pacto que antes lo enorgullecían tanto pasaron a que los considerara "pérdida por causa de Cristo" (Fil. 3:7, NVI). Los consideró "estiércol, a fin de ganar a Cristo" (v. 8, NVI). Ya no contaba con su "propia justicia que procede de la ley, sino la que se obtiene mediante la fe en Cristo, la justicia que procede de Dios, basada en la fe" (v. 9, NVI). El nuevo pacto revela y proporciona por gracia la justicia inalcanzable bajo el antiguo pacto.

EL NUEVO PACTO ES PERMANENTE

la cual había de perecer... Porque aun lo que fue glorioso, no es glorioso en este respecto, en comparación con la gloria más eminente. Porque si lo que perece tuvo gloria, mucho más glorioso será lo que permanece. (3:7*b*, 10-11)

La gloria reflejada en la cara de Moisés, **la cual había de perecer**, simbolizaba el carácter perecedero del antiguo pacto. El antiguo pacto, como la gloria en la cara de Moisés, nunca se planeó para ser permanente. Su gloria era perecedera (cp. v. 7), pasajera. No era la solución a los aprietos de los pecadores por cuanto no podía salvarlos. El antiguo pacto prescribía lo que los hombres debían hacer, pero no los capacitaba para hacerlo. Les daba una base para la perdición, pero no para la salvación; para la condenación, pero no para la justificación; para la culpa moral, pero no para la pureza moral.

El antiguo pacto no era el fin de la revelación del propósito redentor divino, cosa que ya era evidente en el Antiguo Testamento. Dios prometió por medio de Jeremías un nuevo pacto (Jer. 31:31-34). El escritor de Hebreos comenta lo siguiente en las implicaciones de ello: "Al decir: Nuevo pacto, ha dado por viejo al primero; y lo que se da por viejo y se envejece, está próximo a desaparecer" (He. 8:13). Quien lea el Antiguo Testamento debe darse cuenta de que el antiguo pacto no se pensó para ser permanente.

Por otra parte, el nuevo pacto es permanente. Pablo escribió: **"Porque aun lo que fue glorioso** (el antiguo pacto), **no es glorioso en este respecto, en compa-**

ración con la gloria más eminente (del nuevo pacto). **Porque si lo que perece** (el antiguo pacto) **tuvo gloria, mucho más glorioso será lo que permanece** (el nuevo pacto)". Como ya se dijo anteriormente, el antiguo pacto **fue glorioso**. Pero el nuevo pacto es tan superior que parece que el antiguo **no** fuera **glorioso en este respecto, en comparación con la gloria más eminente**. El antiguo pacto **perece** cuando se completa su función, cuando ha producido la convicción de arrepentimiento, pero el nuevo pacto **permanece** y nunca lo reemplazará o se le complementará otro. El mensaje del evangelio sobre la salvación por gracia mediante la fe es la palabra final de Dios para el hombre. El sacrificio de Jesucristo en la cruz ha "obtenido eterna redención" para su pueblo (He. 9:12), haciéndolo "mediador de un nuevo pacto" (v. 15). La muerte de Cristo es tan abarcadora y definitiva que pagó el precio por los pecados de los santos del antiguo pacto: "Para que interviniendo muerte para la remisión de las transgresiones que había bajo el primer pacto, los llamados reciban la promesa de la herencia eterna" (v. 15; cp. Ro. 3:24-25). Nada puede añadirse a su obra terminada. Cualquier intento de regresar a los rituales y ceremonias externas del antiguo pacto no trae bendición, sino maldición (Gá. 3:10; Stg. 2:10).

La gloria del nuevo pacto— Segunda parte
Trae esperanza, es claro, cristocéntrico, el Espíritu lo vigoriza y es transformador

8

Así que, teniendo tal esperanza, usamos de mucha franqueza; y no como Moisés, que ponía un velo sobre su rostro, para que los hijos de Israel no fijaran la vista en el fin de aquello que había de ser abolido. Pero el entendimiento de ellos se embotó; porque hasta el día de hoy, cuando leen el antiguo pacto, les queda el mismo velo no descubierto, el cual por Cristo es quitado. Y aun hasta el día de hoy, cuando se lee a Moisés, el velo está puesto sobre el corazón de ellos. Pero cuando se conviertan al Señor, el velo se quitará. Porque el Señor es el Espíritu; y donde está el Espíritu del Señor, allí hay libertad. Por tanto, nosotros todos, mirando a cara descubierta como en un espejo la gloria del Señor, somos transformados de gloria en gloria en la misma imagen, como por el Espíritu del Señor. (3:12-18)

A través de toda la historia de la redención, Satanás ha buscado confundir el tema de la salvación y convertirlo en una cuestión de esfuerzo humano. Uno de sus engaños más eficaces y sutiles siempre ha sido ofrecer un sustituto religioso, externo, sacramental, ceremonial, en lugar del evangelio verdadero de la gracia mediante la fe. Tales religiones falsas no proporcionan la salvación, sino que condenan a las personas engañándolas para que crean que por ser religiosas las cuentas están saldadas entre ellos y Dios. En palabras de Pablo, la religión falsificada, ritualista y satánica tomó la forma de legalismo judío y los judaizantes la defendieron en el interior de la iglesia. El grupo herético rechazaba que el nuevo pacto proveyera completamente el medio para la salvación, haciendo obsoleto el antiguo pacto (He. 8:13). Argumentaban que los gentiles primero debían hacerse prosélitos judíos para poder salvarse. Para ello defendían el cumplimiento de los rituales y ceremonias del antiguo pacto. Pero aferrarse a la sombra del antiguo pacto cuando la realidad del nuevo pacto había llegado no tenía sentido (cp. He. 10:1).

Los judaizantes propagaban agresivamente su tergiversación del propósito del antiguo pacto. Como hemos visto, nadie se ha salvado nunca por cumplir la ley o por realizar ceremonias y rituales. La salvación siempre ha sido por gracia mediante la fe. Pablo escribió esto a los gálatas: "La ley ha sido nuestro ayo, para llevarnos a Cristo, a fin de que fuésemos justificados por la fe" (Gá. 3:24). El escritor de Hebreos dedicó todo un capítulo a demostrar que los grandes hombres y mujeres de Dios en el Antiguo Testamento se salvaron por fe, no por cumplir la ley. Forman una "grande nube de testigos" (He. 12:1) que testifican a favor del beneficio espiritual de vivir por fe. El escritor comenzó recordando a sus lectores que los santos del Antiguo Testamento obtuvieron su estatus correcto ante Dios por la fe: "Porque por ella alcanzaron buen testimonio los antiguos" (He. 11:2). Entonces, después de enumerar una muestra representativa de héroes de la fe en el Antiguo Testamento (He. 11:4-38), el escritor repitió su aseveración de que "todos éstos… alcanzaron buen testimonio mediante la fe" (v. 39), encerrando así la lista de héroes en una declaración elogiosa de la fe.

Con todo, a pesar de la fe fuerte y las vidas ejemplares de los héroes de la fe veterotestamentarios, increíblemente "no recibieron lo prometido; proveyendo Dios alguna cosa mejor para nosotros, para que no fuesen ellos perfeccionados aparte de nosotros" (He. 11:39-40). Aun aquellos en la cumbre de la historia redentora del Antiguo Testamento no pudieron perfeccionarse (es decir, salvarse; cp. He. 7:11, 19; 9:9; 10:1, 14; 12:23) por medio del antiguo pacto. Separados del nuevo pacto, aquella "cosa mejor" que Dios nos otorgó, no habría salvación. Si no hubiera existido un nuevo pacto, los creyentes del Antiguo Testamento no se habrían salvado nunca, porque el antiguo pacto no podía redimirlos. El perdón de los pecados solo llegó por medio del sacrificio expiatorio del Señor Jesucristo. La muerte sacrificial del Señor Jesucristo fue eficaz para la salvación y cobijó a quienes estaban bajo el antiguo pacto (Ro. 3:24-25; He. 9:14-15).

Proclamar y defender el evangelio del nuevo pacto es de alta prioridad para todo hombre de Dios. Fue la tarea que Pablo enfrentó en Corinto, donde los falsos maestros se habían infiltrado en la iglesia. Afirmando que eran apóstoles, proclamaban que los rituales y ceremonias del antiguo pacto eran prerrequisitos para la salvación. Para aumentar su credibilidad con los corintios, atacaron la integridad de Pablo y la credibilidad de su ministerio. Pablo, como parte de su respuesta a los falsos maestros, demostró la superioridad del nuevo pacto sobre el antiguo. En 2 Corintios 3:6-18 lista ocho características del nuevo pacto: da vida, produce justicia, es permanente, trae esperanza, es claro, es cristocéntrico, el Espíritu lo vigoriza y es trasformador. En el anterior capítulo de este volumen consideramos las tres primeras: que el nuevo pacto da vida, produce justicia y es permanente. Este capítulo mira las cinco restantes: el nuevo pacto trae esperanza, es claro, es cristocéntrico, el Espíritu lo vigoriza y es transformador.

EL NUEVO PACTO TRAE ESPERANZA

Así que, teniendo tal esperanza, usamos de mucha franqueza; (3:12)

Aunque los creyentes del Antiguo Testamento tenían la **esperanza** correcta en la misericordia de Dios (Job 13:15; Sal. 31:24; 33:18, 22; 38:15; 39:7; 42:5, 11; 43:5; 62:5; 71:5, 14; 119:49, 166; 130:5, 7; 131:3; 146:5; Jer. 29:11; 31:17; Lm. 3:24), **tal esperanza** no tenía su base en el antiguo pacto. El antiguo pacto, con sus sacrificios interminables, no traía **esperanza** de perdón de pecado (cp. He. 10:4). En contraste, la **esperanza** llegó con el nuevo pacto, que brinda perdón de pecado y redención completa, porque Jesús "por su propia sangre… [obtuvo] eterna redención" (He. 9:12). "Por lo cual puede también salvar perpetuamente a los que por él se acercan a Dios, viviendo siempre para interceder por ellos" (He. 7:25). La **esperanza** de los santos del Antiguo Testamento tenía su base en el nuevo pacto (cp. He. 11:24-26; 1 P. 1:10-12).

La **esperanza** es la creencia confiada en que Dios cumplirá las promesas de su nuevo pacto. Muchas ya se han cumplido; no obstante, aunque el nuevo pacto es grande y glorioso, no se ha manifestado por completo. El nuevo pacto se ratificó en la cruz, aunque sus beneficios siempre se han hecho propios por medio de la fe; sin embargo, los creyentes experimentarán la totalidad de esta **esperanza** solamente en la glorificación futura. Solo entonces los creyentes recibirán sus cuerpos glorificados y quedarán libres del pecado y de la pena que conlleva (Ro. 8:16-17, 23-25, 29-30; Gá. 5:5; Fil. 3:20-21; 2 P. 1:4; 1 Jn. 3:2).

Pablo expresó la **esperanza** del nuevo pacto en su bendición a los romanos: "Y el Dios de esperanza os llene de todo gozo y paz en el creer, para que abundéis en esperanza por el poder del Espíritu Santo" (Ro. 15:13). Oró para que Dios alumbrara "los ojos [del entendimiento de los efesios], para que [supieran] cuál es la esperanza a que él [los había] llamado, y cuáles las riquezas de la gloria de su herencia en los santos" (Ef. 1:18). También en Efesios les recordó: "Un cuerpo, y un Espíritu, como fuisteis también llamados en una misma esperanza de vuestra vocación" (Ef. 4:4). Describió a los colosenses "la esperanza que [les] está guardada en los cielos, de la cual ya [habían] oído por la palabra verdadera del evangelio" (Col. 1:5; cp. vv. 23, 27). Instó a los tesalonicenses a vestirse "con la esperanza de salvación como yelmo" (1 Ts. 5:8). El escritor de Hebreos declaró lo siguiente:

> *Por lo cual, queriendo Dios mostrar más abundantemente a los herederos de la promesa la inmutabilidad de su consejo, interpuso juramento; para que por dos cosas inmutables, en las cuales es imposible que Dios mienta, tengamos un fortísimo consuelo los que hemos acudido para asirnos de la esperanza puesta delante de nosotros. La cual tenemos como segura y firme ancla del alma, y que penetra hasta dentro del velo (He. 6:17-19).*

También escribió sobre "una mejor esperanza, por la cual nos acercamos a Dios" (He. 7:19). Pedro escribió: "Bendito el Dios y Padre de nuestro Señor Jesucristo, que según su grande misericordia nos hizo renacer para una esperanza viva, por la resurrección de Jesucristo de los muertos" (1 P. 1:3), y luego exhortó a sus lectores a "[esperar] por completo en la gracia que se [les] traerá cuando Jesucristo sea manifestado… para que [su] fe y esperanza sean en Dios" (vv. 13, 21).

La esperanza que nos otorga el nuevo pacto es tan segura, bien establecida e irrevocable que quienes la predican usan **de mucha franqueza**. Proclaman el mensaje del evangelio sin temores o titubeos. La palabra *parrēsia* (**franqueza**) describe la proclamación valiente, confiada y abierta del evangelio, sin renuencias o vacilaciones, sin importar cuán severa sea la oposición. Pablo predicó sin titubeos el mensaje liberador del nuevo pacto, aunque airara a sus oponentes judíos, quienes se aferraban con tenacidad al antiguo.

EL NUEVO PACTO ES CLARO

y no como Moisés, que ponía un velo sobre su rostro, para que los hijos de Israel no fijaran la vista en el fin de aquello que había de ser abolido. Pero el entendimiento de ellos se embotó; porque hasta el día de hoy, cuando leen el antiguo pacto, les queda el mismo velo no descubierto, (3:13-14*a*)

Los audaces predicadores del nuevo pacto **no** eran **como Moisés, que ponía un velo sobre su rostro** después de estar en la presencia de Dios:

> *En cuanto Moisés terminó de hablar con ellos, se cubrió el rostro con un velo. Siempre que entraba a la presencia del Señor para hablar con él, se quitaba el velo mientras no salía. Al salir, les comunicaba a los israelitas lo que el Señor le había ordenado decir. Y como los israelitas veían que su rostro resplandecía, Moisés se cubría de nuevo el rostro, hasta que entraba a hablar otra vez con el Señor (Éx. 34:33-35, NVI).*

Moisés se cubría con un velo para esconder de los israelitas asustados la gloria centelleante que resplandecía en su rostro (Éx. 34:30). Aunque la gloria del antiguo pacto estaba diseñada para desvanecerse frente al más glorioso nuevo pacto, su gloria seguía siendo devastadora, brillante y cegadora. Al igual que Moisés había sido incapaz de ver la gloria de Dios porque habría muerto (Éx. 33:20), también la gloria parcial en la cara de Moisés era demasiado para que el pueblo lo mirara.

Moisés puso un velo en su cara **para que los hijos de Israel no fijaran la vista en** lo que Pablo llama **el fin de aquello que había de ser abolido**. La expresión simboliza la naturaleza sombreada, velada y decreciente del glorioso pacto mosaico. Abundaba en tipos, imágenes, símbolos y misterio. Nunca habría podido entenderse sin el nuevo pacto o relacionarse con el Mesías venidero y su obra. Ni siquiera los santos del Antiguo Testamento entendieron todo lo que escribieron (1 P. 1:10-12). Un paralelo para los creyentes del nuevo pacto es el libro del Apocalipsis: solo quienes estén vivos en los últimos tiempos entenderán completamente tal simbolismo.

En contraste, el nuevo pacto revela los misterios de Dios que permanecían oscuros en el antiguo pacto. Un misterio en el Nuevo Testamento describe una verdad previamente oculta pero revelada ahora. Entender tales misterios es un privilegio de los creyentes del nuevo pacto. En Mateo 13:11, Jesús dijo a sus discípulos: "A vosotros os es dado saber los misterios del reino de los cielos". El Nuevo Testamento revela muchos misterios que no eran claros en el Antiguo Testamento tales como el endurecimiento temporal y parcial de Israel (Ro. 11:25), el mensaje de salvación del evangelio (Ro. 16:25; 1 Co. 2:7; Ef. 6:19; Col. 4:3; 1 Ti. 3:16), la enseñanza del nuevo pacto en general (1 Co. 4:1; 1 Ti. 3:9), el rapto de la iglesia (1 Co. 15:51), la unidad de los judíos y los gentiles en la iglesia (Ef. 3:3-4, 9), la unión de Cristo y la Iglesia (Ef. 5:32; Col. 1:26-27), la verdad de que Jesús es Dios encarnado (Col. 2:2-3, 9) y la revelación completa de la maldad en los últimos tiempos (2 Ts. 2:7). El nuevo pacto deja claro que tales cosas eran vagas y oscuras en el antiguo pacto.

Entonces Pablo explicó por qué los israelitas **no** fijaron **la vista** para comprender la gloria velada que palidecía en el antiguo pacto. No fue culpa de Moisés o del antiguo pacto como tal, sino porque **el entendimiento de ellos se embotó**. La palabra **embotó** es una forma del verbo *pōroō*, que también se podría traducir por "terco". Israel no pudo entender la gloria del antiguo pacto por su incredulidad terca y su corazón endurecido. El escritor de Hebreos advirtió a sus lectores judíos incrédulos que no siguieran el ejemplo de sus antepasados:

> *No endurezcáis vuestros corazones, como en la provocación, en el día de la tentación en el desierto... entre tanto que se dice: si oyereis hoy su voz, no endurezcáis vuestros corazones, como en la provocación... otra vez determina un día: Hoy, diciendo después de tanto tiempo, por medio de David, como se dijo: Si oyereis hoy su voz, no endurezcáis vuestros corazones (He. 3:8, 15; 4:7).*

Durante toda la historia del pueblo judío (con pocas excepciones como Zacarías y Elisabet [Lc. 1:5-6], Simeón [Lc. 2:25], Ana [Lc. 2:36] y otros en el remanente de creyentes [cp. Ro. 11:5]), ellos "han endurecido su cerviz para no oír [las] palabras [del Señor]" (Jer. 19:15; cp. 7:26; 17:23; Dt. 10:16; 2 R. 17:14; 2 Cr. 30:8; Neh. 9:29). Esteban resumió el pasado trágico de Israel cuando confrontó a los líderes judíos de su época: "¡Duros de cerviz, e incircuncisos de corazón y de oídos! Vosotros resistís siempre al Espíritu Santo; como vuestros padres, así también vosotros" (Hch. 7:51). Tristemente, Pablo señaló que **hasta el día de hoy, cuando leen el antiguo pacto** (tal como lo leían en la sinagoga; cp. Lc. 4:17-21)**, les queda el mismo velo no descubierto**. El **antiguo pacto** siguió siendo oscuro y su propósito no se entendió. Creían que podían salvarse por guardarlo. Alcanzaron una justicia superficial y externa que degradó los requisitos morales de la ley, y por ello hicieron ineficaz el propósito de la ley de revelarles sus pecados e incapacidad. Al no darse cuenta de que estaban perdidos, no vieron la necesidad de un Salvador. El velo de la ignorancia oscurece al corazón endurecido el propósito verdadero del antiguo pacto. Lo cual, a su vez, los hizo ignorar la necesidad que tenían de un nuevo pacto.

Jesús declaró que tal ignorancia era inexcusable: "Escudriñad las Escrituras; porque a vosotros os parece que en ellas tenéis la vida eterna; y ellas son las que dan testimonio de mí… Porque si creyeseis a Moisés, me creeríais a mí, porque de mí escribió él" (Jn. 5:39, 46). Incluso los discípulos exhibieron esta clase de ignorancia, provocando que Jesús reprendiera a dos de ellos en el camino a Emaús por ser "¡Oh insensatos, y tardos de corazón para creer todo lo que los profetas han dicho!" (Lc. 24:25). El escritor de Hebreos advierte duramente sobre el peligro de rechazar el nuevo pacto:

El que viola la ley de Moisés, por el testimonio de dos o de tres testigos muere irremisiblemente. ¿Cuánto mayor castigo pensáis que merecerá el que pisoteare al Hijo de Dios, y tuviere por inmunda la sangre del pacto en la cual fue santificado, e hiciere afrenta al Espíritu de gracia? Pues conocemos al que dijo: Mía es la venganza, yo daré el pago, dice el Señor. Y otra vez: El Señor juzgará a su pueblo. ¡Horrenda cosa es caer en manos del Dios vivo! (He. 10:28-31).

El mismo Moisés lamentó la dureza de corazón y la ceguera de su pueblo. En Éxodo 32:32 clamó a Dios así: "[Te ruego] que perdones ahora su pecado, y si no, ráeme ahora de tu libro que has escrito". Su preocupación era tan intensa que estuvo dispuesto a sacrificarse por ellos. Pablo hizo eco de la misma actitud en el Nuevo Testamento: "Porque deseara yo mismo ser anatema, separado de Cristo, por amor a mis hermanos, los que son mis parientes según la carne; que son israelitas" (Ro. 9:3-4).

Entender verdaderamente el antiguo pacto los habría preparado para la remoción del velo que los mantenía (y aún los mantiene) lejos de entender la revelación clara del nuevo pacto.

EL NUEVO PACTO ES CRISTOCÉNTRICO

el cual por Cristo es quitado. Y aun hasta el día de hoy, cuando se lee a Moisés, el velo está puesto sobre el corazón de ellos. Pero cuando se conviertan al Señor, el velo se quitará… Por tanto, nosotros todos, mirando a cara descubierta como en un espejo la gloria del Señor, (3:14*b*-16, 18*a*)

El velo que ocultaba el antiguo pacto solo **por Cristo es quitado**, y sin Él la revelación del antiguo pacto en el Antiguo Testamento es un misterio. Pero Cristo ha venido y ha ratificado el nuevo pacto con su muerte. Por lo tanto, para quienes llegaron a la fe en Él, la percepción espiritual ya no representa deficiencias y todo se vuelve evidente. El corazón de Pablo se entristeció profundamente cuando tuvo que escribir que, **cuando se lee a Moisés** entre el pueblo judío (como parte de la adoración del sábado; cp. Hch. 13:27; 15:21), **el velo está puesto sobre el corazón de ellos**. Aunque el nuevo pacto había venido a ponerlo todo en claro, no entendieron el verdadero significado de las Escrituras del Antiguo Testamento; una ignorancia que, irónicamente, los llevó a cumplir la predicción veterotestamentaria de que el Mesías sufriría: "Porque los habitantes de Jerusalén y sus gobernantes, no conociendo a Jesús, ni las palabras de los profetas que se leen todos los días de reposo, las cumplieron al condenarle" (Hch. 13:27).

El **velo** del **corazón** endurecido les hizo pensar que podrían salvarse a sí mismos, provocando con ello que no captaran el significado de los dos pactos. En su arrogancia, buscaron establecer su propia justicia por las buenas obras, el cumplimiento de la ley (al menos externamente; cp. Lc. 18:21) y la realización de las ceremonias adecuadas. Pero el corazón contrito y humillado que Dios acepta (Sal. 51:17; Is. 57:15; 66:2; Mt. 5:3; Lc. 18:11-14) es penitente, manso, lamenta su pecado, tiene hambre y sed de justicia, y clama misericordia y perdón. Pablo de nuevo enfatiza la idea de que el problema no estaba en el antiguo pacto sino en el corazón. Quienes no están dispuestos a quebrantarse con su pecado, a confesarlo, a arrepentirse por ello, nunca experimentarán las bendiciones del nuevo pacto.

Solamente cuando las personas **se conviertan al Señor** (cp. Is. 45:22), **el velo se quitará**. Las bendiciones del nuevo pacto llegan solo por la gracia de Dios por medio de la fe en el Señor Jesucristo. Toda la neblina que velaba la verdad del antiguo pacto se disipó como si se la hubiera llevado un viento recio. En 2 Corintios 4:6, Pablo describe esta experiencia usando la metáfora de encender una luz: "Porque Dios, que mandó que de las tinieblas resplandeciese la luz, es el que resplandeció en nuestros corazones, para iluminación del conocimiento de la gloria de Dios en la faz de Jesucristo".

Pablo tomó la imagen de la salvación como un **velo** que **se quitará** de cuando Moisés se quitaba el velo en la presencia de Dios: "Siempre que entraba a la presencia del Señor para hablar con él, se quitaba el velo mientras no salía" (Éx. 34:34, nvi). Moisés quitaba su velo porque quería una visión directa de la gloria de Dios. Es así con los pecadores que se vuelven a Dios por medio de Jesucristo. Cuando lo hacen, **el velo se** quita y tienen una visión clara de la gloria de Dios reflejada en el rostro de Jesucristo. (Para ver la descripción de Pablo sobre cómo se removió el velo en su propia vida, léase Hch. 22:3-16; Fil. 3:4-12). Phillip E. Hughes escribe:

> Podemos entender aun mejor este pasaje cuando consideramos lo ocurrido en la transfiguración de Cristo. En lo alto de aquella montaña, Moisés y Elías aparecieron junto a Cristo, pero *solo Cristo* se transfiguró con un resplandor celestial ante los ojos de Pedro, Jacobo y Juan. Fue *la cara de Jesús* que brilló como el sol, y fue *la ropa de Jesús* que se hizo blanca y deslumbrante. Fue *solo de Él* que la voz entre las nubes dijo: "Este es mi Hijo amado, en quien tengo complacencia; a él oíd". Tras lo cual los discípulos no vieron a nadie más, *excepto a Jesús*. Es Él quien permanece. La gloria en la cual Moisés y Elías aparecieron no era propia, sino de Cristo, la gloria que había tenido con el Padre desde antes que el mundo fuese (Jn. 17:5). Así como en el desierto la gloria que brillaba en la cara de Moisés era la gloria reflejada de Yahvé, en el monte de la transfiguración la gloria que lo rodeó era la gloria del mismo Yahvé. Solo Cristo es la gloria total, perdurable y evangélica. Volverse a Él es volverse a la Luz del mundo. Seguirlo a Él es no caminar en las tinieblas, sino tener la luz de vida (Jn. 8:12) (*The Second Epistle to the Corinthians* [La segunda epístola a los corintios], The New International Commentary on the New Testament [Nuevo comentario internacional al Nuevo Testamento] [Grand Rapids: Eerdmans, 1992], pp. 114-115. Cursivas en el original).

La frase inclusiva **nosotros todos** incluye a todos los creyentes del nuevo pacto. En la analogía del antiguo pacto, solo Moisés vio a Dios con el velo quitado de la cara. Pero, en el nuevo pacto, todo cristiano, con la **cara descubierta**, puede mirar **como en un espejo la gloria del Señor** revelada en Jesucristo (cp. Mt. 17:1-2; Jn. 1:14; Col. 1:15; He. 1:3; 2 P. 1:17-18). Los creyentes observan la gloria de Cristo **como en un espejo,** una ilustración que habla de una mirada cercana e íntima. Los espejos de tiempos antiguos no eran de vidrio, sino de metal pulido. Daban un reflejo claro, pero menos que perfecto, una analogía adecuada del nuevo pacto, donde los creyentes ven claramente, pero no tanto como verán en el futuro (1 Co. 13:12; cp. 1 Jn. 3:2)

EL ESPÍRITU VIGORIZA EL NUEVO PACTO

Porque el Señor es el Espíritu; y donde está el Espíritu del Señor, allí hay libertad. (3:17)

No había nada en el antiguo pacto que vigorizara la obediencia. La ley era un carcelero que encerraba a los pecadores y los condenaba a la muerte en el infierno. Pero el nuevo pacto libera por medio del poder del Espíritu que vivifica (3:6).

Cuando Pablo declara que **el Señor es el Espíritu**, afirma enfáticamente la deidad del Espíritu Santo (cp. Hch. 5:3-4). El mismo Dios que entregó el antiguo pacto dio el nuevo pacto. El mismo Dios que entregó la ley brinda también salvación bajo el nuevo pacto. El Yahvé todopoderoso del Antiguo Testamento es el mismo que, en el nuevo pacto, da **libertad** de los intentos inútiles de obtener la salvación por el cumplimiento de la ley. Quien da la **libertad** de la salvación a los creyentes arrepentidos de todas las épocas es **el Espíritu del Señor**; libertad de las ataduras de la ley (Ro. 7:1-6), de Satanás (He. 2:14-15), del miedo (Ro. 8:15), del pecado (Ro. 6:2, 7, 14) y de la muerte (Ro. 8:2).

Ha habido mucha confusión acerca del ministerio del Espíritu Santo en el Antiguo Testamento. Algunos creen que su ministerio era diferente de una dispensación a otra. Pero, a lo largo de la historia redentora, ha habido consistencia en el ministerio del Espíritu. En el Antiguo Testamento, se pueden destacar cuatro ministerios del Espíritu Santo.

El primer ministerio del Espíritu Santo en el Antiguo Testamento fue la Creación. Génesis 1:2 registra lo siguiente: "Y la tierra estaba desordenada y vacía, y las tinieblas estaban sobre la faz del abismo, y el Espíritu de Dios se movía (lit. "sobrevolaba") sobre la faz de las aguas". En Salmos 104:30, el salmista escribió sobre el papel del Espíritu Santo en la Creación: "Envías tu Espíritu, son creados, y renuevas la faz de la tierra". Isaías preguntó retóricamente:

> *¿Quién ha medido las aguas con la palma de su mano, y abarcado entre sus dedos la extensión de los cielos? ¿Quién metió en una medida el polvo de la tierra? ¿Quién pesó en una balanza las montañas y los cerros? ¿Quién puede medir el alcance del espíritu del SEÑOR, o quién puede servirle de consejero? (Is. 40:12-13, NVI).*

El Espíritu de Dios no solo estuvo involucrado en la creación del mundo físico, sino de la del hombre: "El Espíritu de Dios me hizo, y el soplo del Omnipotente me dio vida" (Job 33:4).

El segundo ministerio del Espíritu Santo en el Antiguo Testamento fue dar poder. El Antiguo Testamento registra con frecuencia que el Espíritu del Señor vino sobre varios individuos (y que se alejó del rebelde rey Saúl; 1 S. 16:14). Por supuesto, no se estaba refiriendo a la relación normal del Espíritu Santo con los creyentes del Antiguo Testamento; todos los verdaderos hijos de Dios deben tener al Espíritu Santo (cp. Ro. 8:9), porque la vida divina impartida en la regeneración no es sostenible humanamente. Las referencias del Antiguo Testamento a la venida del Espíritu Santo sobre determinadas personas describen al Espíritu dando poder a aquellas para la realización de tareas específicas. Cuatro tipos de personas recibieron poder especial del Espíritu: jueces (Otoniel [Jue. 3:9-10], Gedeón [Jue. 6:34], Jefté [Jue. 11:29] y Sansón [14:6, 19; 15:14; cp. 13:25]), artesanos (Bezaleel [Éx. 31:2-3; 35:30-31], Aholiab [Éx. 31:6; 35:34], otros [Éx. 36:1] y Hiram [1 R. 7:13-14]), profetas (Balaam [Nm. 24:2], Amasai [1 Cr. 12:18], Jahaziel [2 Cr. 20:14], Zacarías hijo de Joiada [2 Cr. 24:20] y Ezequiel [Ez. 11:5]) y líderes cívicos (Moisés [Nm. 11:17], los setenta ancianos de Israel [Nm. 11:25-26], Josué [Nm. 27:18], Saúl [1 S. 10:6, 10; 11:6; cp. 1 S. 16:14] y David [1 S. 16:13; cp. Sal. 51:11]).

El tercer ministerio del Espíritu Santo en el Antiguo Testamento fue la revelación. Él es el Autor divino de las Escrituras veterotestamentarias. Zacarías 7:12 lamenta así la rebelión de Israel: "Para no oír las instrucciones ni las palabras que por medio de los antiguos profetas el Señor Todopoderoso había enviado con su Espíritu, endurecieron su corazón como el diamante. Por lo tanto, el Señor Todopoderoso se llenó de ira" (NVI, cp. Neh. 9:30). El Antiguo Testamento lo escribieron "santos hombres de Dios hablaron siendo inspirados por el Espíritu Santo" (2 P. 1:21).

El cuarto ministerio del Espíritu Santo en el Antiguo Testamento, y el más importante, fue la regeneración. Algunos sostienen que la regeneración o el nuevo nacimiento son ajenos al Antiguo Testamento. Pero la evidencia muestra claramente que hubo creyentes regenerados en el Antiguo Testamento. La obra de convicción del Espíritu que precede a la regeneración (cp. Jn. 16:8) no está restringida al Nuevo Testamento. En Génesis 6:3, el Señor dijo: "No contenderá mi espíritu con el hombre para siempre, porque ciertamente él es carne; mas serán sus días ciento veinte años". El esfuerzo del Espíritu de Dios en cuanto a convencer de su pecado a los corazones pecaminosos no es exclusivo al Nuevo Testamento.

Más aun, la depravación total ha definido la condición humana desde la caída. De hecho, la descripción clásica de Pablo sobre la depravación total en Romanos 3:10-18 proviene íntegramente del Antiguo Testamento. Y no hay una declaración más clara de depravación total en las Escrituras que la de Jeremías 17:9: "Engañoso es el corazón más que todas las cosas, y perverso; ¿quién lo conocerá?". Desde la caída, el ser humano absolutamente depravado es incapaz de salvarse por su propia cuenta, nadie pudo salvarse nunca sin la obra regeneradora del Espíritu Santo.

¿Cómo puede exclamar alguien completamente depravado las palabras "¡Oh, cuánto amo yo tu ley!" (Sal. 119:97, 113, 163) si no está regenerada? ¿Cómo pudo Noé ser un "varón justo [y] perfecto en sus generaciones" (Gn. 6:9) si no estaba regenerado? ¿Cómo podría el Nuevo Testamento erigir a Abraham como modelo de fe (Ro. 4:1-16; Gá. 3:6-9) si el Espíritu Santo no lo había regenerado? ¿Cómo podría decir el Antiguo Testamento que "David había hecho lo que agrada al Señor, y en toda su vida no había dejado de cumplir ninguno de los mandamientos del SEÑOR... excepto en el caso de Urías el hitita" (1 R. 15:5, NVI; cp. 3:14; 11:4, 33) si no estuviera regenerado? ¿Cómo podrían las personas del Antiguo Testamento relacionadas en Hebreos 11 haber vivido tan ejemplares vidas de fe si el Espíritu Santo no las hubiera regenerado? Las vidas transformadas de los santos del Antiguo Testamento testifican a favor de su regeneración por el Espíritu Santo.

La conversación de Jesús con Nicodemo, maestro judío notable, ofrece una demostración convincente de que los creyentes del Antiguo Testamento experimentaron la regeneración. La conversación ocurrió antes de la ratificación del nuevo pacto por la muerte de Jesús (Lc. 22:20). Con todo, Jesús declaró esto a Nicodemo: "De cierto, de cierto te digo, que el que no naciere de nuevo, no puede ver el reino de Dios... De cierto, de cierto te digo, que el que no naciere de agua y del Espíritu, no puede entrar en el reino de Dios" (Jn. 3:3, 5). Entonces nacer de nuevo y nacer del agua (cp. el texto del nuevo pacto de Ez. 36:24-27) y del Espíritu forman parte de la conversión en el Antiguo Testamento. En cualquier época, la salvación ha sido mediante la obra regeneradora del Espíritu Santo

La diferencia entre el ministerio del Espíritu Santo bajo los pactos antiguo y nuevo es una cuestión de grado. Así lo dio a entender Jesús cuando dijo a sus discípulos: "Yo rogaré al Padre, y os dará otro Consolador, para que esté con vosotros para siempre: el Espíritu de verdad, al cual el mundo no puede recibir, porque no le ve, ni le conoce; pero vosotros le conocéis, porque mora con vosotros, y estará en vosotros" (Jn. 14:16-17). Como creyentes del antiguo pacto, los discípulos poseían ya al Espíritu Santo, como lo indica la declaración de Jesús "mora con vosotros". Aun así, había en sus vidas una presencia y ministerio del Espíritu que esperaba la ratificación del nuevo pacto. Entonces Jesús les declaró que el Espíritu estaría con ellos. También les habló de esa plenitud venidera en Juan 7:37-39:

En el último y gran día de la fiesta, Jesús se puso en pie y alzó la voz, diciendo:
Si alguno tiene sed, venga a mí y beba. El que cree en mí, como dice la Escritura,
de su interior correrán ríos de agua viva. Esto dijo del Espíritu que habían de

recibir los que creyesen en él; pues aún no había venido el Espíritu Santo, porque Jesús no había sido aún glorificado.

Hay un grado en el cual los creyentes del nuevo pacto experimentan el poder y la potenciación del Espíritu que va más allá del que experimentaron los creyentes del antiguo pacto. Además, el Espíritu une a los creyentes en un solo cuerpo en la Iglesia (1 Co. 12:13). Pero la obra esencial del Espíritu Santo en la salvación es la misma tanto en el antiguo como en el nuevo pacto.

EL NUEVO PACTO ES TRANSFORMADOR

somos transformados de gloria en gloria en la misma imagen, como por el Espíritu del Señor. (3:18*b*)

Cuando el velo es quitado, los creyentes reciben "iluminación del conocimiento de la gloria de Dios en la faz de Jesucristo" (4:6) y son **transformados de gloria en gloria en la misma imagen**. La frase **somos transformados** traduce un participio pasivo presente del verbo *metamorphoō* y se refiere a la santificación progresiva de los creyentes. La vida cristiana es un proceso de crecimiento continuo hacia la **imagen** del Señor Jesucristo, ascendiendo **de** un nivel de **gloria** a otro.

La transformación de los creyentes a semejanza de Cristo fue un tema frecuente en los escritos de Pablo. En Romanos 12:2 exhortó así: "No os conforméis a este siglo, sino transformaos por medio de la renovación de vuestro entendimiento". A los colosenses recordó que tenían que revestirse del nuevo hombre, "el cual conforme a la imagen del que lo creó se va renovando hasta el conocimiento pleno" (Col. 3:10); mientras que a los gálatas se refirió así: "Hijitos míos, por quienes vuelvo a sufrir dolores de parto, hasta que Cristo sea formado en vosotros" (Gá. 4:19). En un sentido más personal, escribió lo que él hacía mientras estaba en la carrera: "Hermanos, yo mismo no pretendo haberlo ya alcanzado; pero una cosa hago: olvidando ciertamente lo que queda atrás, y extendiéndome a lo que está delante, prosigo a la meta, al premio del supremo llamamiento de Dios en Cristo Jesús" (Fil. 3:13-14). El premio al cual estamos llamados los creyentes es ser como Cristo (1 Jn. 3:2). Es esa también la meta de esta vida: ser como el Señor. El proceso de transformación a la **imagen** de Jesucristo culminará en la glorificación de los creyentes, cuando Cristo "transformará el cuerpo de la humillación nuestra, para que sea semejante al cuerpo de la gloria suya, por el poder con el cual puede también sujetar a sí mismo todas las cosas" (Fil. 3:21; cp. 1 Co. 15:49, 51-53).

Las religiones ceremoniosas y sacramentales no ofrecen nada a los creyentes del nuevo pacto. No proveen justificación, no tienen poder para santificar y no llevarán a la glorificación. La vida cristiana no consiste en rituales, sino en tener relación con Jesucristo; no en ceremonias, sino en "sincera fidelidad a Cristo" (2 Co. 11:3). En tanto los creyentes se enfoquen únicamente en las Escrituras, verán la gloria de Dios reflejada en el rostro de Jesús y se transformarán a su imagen por la poderosa obra interna del **Espíritu del Señor** (cp. Ef. 3:16). El próximo capítulo continuará explicando el versículo 18.

Mirar al rostro de Jesús 9

Por tanto, nosotros todos, mirando a cara descubierta como en un espejo la gloria del Señor, somos transformados de gloria en gloria en la misma imagen, como por el Espíritu del Señor. Por lo cual, teniendo nosotros este ministerio según la misericordia que hemos recibido, no desmayamos. Antes bien renunciamos a lo oculto y vergonzoso, no andando con astucia, ni adulterando la palabra de Dios, sino por la manifestación de la verdad recomendándonos a toda conciencia humana delante de Dios. Pero si nuestro evangelio está aún encubierto, entre los que se pierden está encubierto; en los cuales el dios de este siglo cegó el entendimiento de los incrédulos, para que no les resplandezca la luz del evangelio de la gloria de Cristo, el cual es la imagen de Dios. Porque no nos predicamos a nosotros mismos, sino a Jesucristo como Señor, y a nosotros como vuestros siervos por amor de Jesús. Porque Dios, que mandó que de las tinieblas resplandeciese la luz, es el que resplandeció en nuestros corazones, para iluminación del conocimiento de la gloria de Dios en la faz de Jesucristo. (3:18—4:6)

La vida es una lucha en este malvado y caído mundo. En el pintoresco lenguaje del libro de Job, "Como las chispas se levantan para volar por el aire, así el hombre nace para la aflicción" (Job 5:7). La vida cristiana no es la excepción; de hecho, cuanto más devoto a Jesús sea un creyente, la vida parece volverse más difícil. El Señor Jesucristo lo advirtió a los suyos: "En el mundo tendréis aflicción" (Jn. 16:33). Pablo y Bernabé predicaron la aleccionadora verdad de que "es necesario que a través de muchas tribulaciones entremos en el reino de Dios" (Hch. 14:22). Pablo recordó a Timoteo que "también todos los que quieren vivir piadosamente en Cristo Jesús padecerán persecución" (2 Ti. 3:12).

Pero en el mismo versículo en que Jesús advierte a sus discípulos sobre las pruebas que habrían de soportar, los consuela diciéndoles: "Confiad, yo he vencido al mundo" (Jn. 16:33). También prometió enviarles el Espíritu Santo para que fuera su Consolador (Jn. 14:16, 26; 15:26; 16:7). El escritor de Hebreos registra esta promesa divina: "No te desampararé, ni te dejaré" (He. 13:5). Dios declaró por medio del salmista a su pueblo lo siguiente: "Invócame en el día de la angustia; te libraré, y tú me honrarás" (Sal. 50:15). Él promete a sus hijos que en su debilidad más profunda encontrarán su mayor fortaleza (2 Co. 12:9-10).

¿Cómo experimentan los creyentes el triunfo en medio de las dificultades? ¿Cómo se apropian de la ayuda que Dios les prometió en los problemas? La respuesta radica en la verdad que encierra este pasaje: mirando la gloria de Dios revelada en la faz de Jesucristo en el espejo de las Escrituras (3:18; 4:6). En ningún otro lado se manifiesta más claramente la gloria de Dios que en su Hijo. Por lo tanto, el único camino para vivir la vida cristiana con éxito es "mirando... la gloria del Señor" (v. 18) o tener "puestos los ojos en Jesús, el autor y consumador de la fe, el cual por el gozo puesto delante de él sufrió la cruz, menospreciando el oprobio, y se sentó a la diestra del trono de Dios" (He. 12:2).

Para Pablo, enfocarse en Cristo no era solamente una verdad teológica vital, sino un principio práctico vital. Cuando escribía 2 Corintios, enfrentaba las circunstancias más difíciles de su experiencia ministerial. Es útil leer estos pasajes extensos juntos, a fin de ver la profundidad de su lucha, reflejada a lo largo de toda la epístola: "Abundan en nosotros las aflicciones de Cristo" (2 Co. 1:5). "Pero si somos atribulados, es para vuestra consolación y salvación" (1:6).

Porque hermanos, no queremos que ignoréis acerca de nuestra tribulación que nos sobrevino en Asia; pues fuimos abrumados sobremanera más allá de nuestras fuerzas, de tal modo que aun perdimos la esperanza de conservar la vida. Pero tuvimos en nosotros mismos sentencia de muerte, para que no confiásemos en nosotros mismos, sino en Dios que resucita a los muertos; el cual nos libró, y nos libra, y en quien esperamos que aún nos librará, de tan gran muerte (1:8-10).

Porque por la mucha tribulación y angustia del corazón os escribí con muchas lágrimas (2:4).

No tuve reposo en mi espíritu (2:13).

Estamos atribulados en todo, mas no angustiados; en apuros, mas no desesperados; perseguidos, mas no desamparados; derribados, pero no destruidos; llevando en el cuerpo siempre por todas partes la muerte de Jesús, para que también la vida de Jesús se manifieste en nuestros cuerpos. Porque nosotros que vivimos, siempre estamos entregados a muerte por causa de Jesús, para que también la vida de Jesús se manifieste en nuestra carne mortal. De manera que la muerte actúa en nosotros, y en vosotros la vida (4:8-12).

Por tanto, no desmayamos; antes aunque este nuestro hombre exterior se va desgastando, el interior no obstante se renueva de día en día. Porque esta leve tribulación momentánea produce en nosotros un cada vez más excelente y eterno peso de gloria (4:16-17).

Antes bien, nos recomendamos en todo como ministros de Dios, en mucha paciencia, en tribulaciones, en necesidades, en angustias; en azotes, en cárceles, en tumultos, en trabajos, en desvelos, en ayunos; en pureza, en ciencia, en longanimidad, en bondad, en el Espíritu Santo, en amor sincero, en palabra de verdad, en poder de Dios, con armas de justicia a diestra y a siniestra; por honra y por deshonra, por mala fama y por buena fama; como engañadores, pero veraces; como desconocidos, pero bien conocidos; como moribundos, mas he aquí vivimos; como castigados, mas no muertos; como entristecidos, mas siempre gozosos; como pobres, mas enriqueciendo a muchos; como no teniendo nada, mas poseyéndolo todo (6:4-10).

Porque de cierto, cuando vinimos a Macedonia, ningún reposo tuvo nuestro cuerpo, sino que en todo fuimos atribulados; de fuera, conflictos; de dentro, temores. Pero Dios, que consuela a los humildes, nos consoló con la venida de Tito (7:5-6).

¿Son ministros de Cristo? (Como si estuviera loco hablo.) Yo más; en trabajos más abundante; en azotes sin número; en cárceles más; en peligros de muerte muchas veces. De los judíos cinco veces he recibido cuarenta azotes menos uno. Tres veces he sido azotado con varas; una vez apedreado; tres veces he padecido naufragio; una noche y un día he estado como náufrago en alta mar; en caminos muchas veces; en peligros de ríos, peligros de ladrones, peligros de los de mi nación, peligros de los gentiles, peligros en la ciudad, peligros en el desierto, peligros en el mar, peligros entre falsos hermanos; en trabajo y fatiga, en muchos desvelos, en hambre y sed, en muchos ayunos, en frío y en desnudez; y además de otras cosas, lo que sobre mí se agolpa cada día, la preocupación por todas las iglesias (11:23-28).

Y para que la grandeza de las revelaciones no me exaltase desmedidamente, me fue dado un aguijón en mi carne, un mensajero de Satanás que me abofetee, para que no me enaltezca sobremanera; respecto a lo cual tres veces he rogado al Señor, que lo quite de mí. Y me ha dicho: Bástate mi gracia; porque mi poder se perfecciona en la debilidad. Por tanto, de buena gana me gloriaré más bien en mis debilidades, para que repose sobre mí el poder de Cristo. Por lo cual, por amor a Cristo me gozo en las debilidades, en afrentas, en necesidades, en persecuciones, en angustias; porque cuando soy débil, entonces soy fuerte (12:7-10).

Como lo indica esta última referencia, el sufrimiento de Pablo había abrumado incluso su formidable fortaleza humana. La difamación de su nombre en Corinto y la deserción de muchos en esta iglesia para seguir a los falsos apóstoles no fue la menor de sus pruebas. Pero las pruebas que pasó no destruyeron su fe ni provocaron que dejara el ministerio. En 2 Corintios 11:3 expresó su profunda preocupación por la situación: "Temo que como la serpiente con su astucia engañó a Eva, vuestros sentidos sean de alguna manera extraviados de la sincera fidelidad a Cristo". Con todo, la expresión de preocupación y dolor también contiene la esencia de la vida cristiana. El cristianismo no es ni más ni menos que devoción a Jesucristo. Pablo puedo sobrepasar estas pruebas porque tenía su mente en el Señor.

De hecho, la vida cristiana de Pablo comenzó con una visión de la gloria de Dios revelada en Jesucristo. Tal encuentro dramático en el camino a Damasco sacudió para siempre su confianza en sí mismo, que era orgullosa, legalista y farisaica (cp. Fil. 3:4-6). Cuando vio la resplandeciente gloria divina revelada en el rostro de Jesús, transfirió todo el legalismo del haber al debe espiritual (Fil. 3:7-8).

La realidad notable del nuevo pacto es que todo creyente puede ver la gloria de Dios revelada en Jesucristo. Tal privilegio no se concedió ni siquiera a los más nobles santos del Antiguo Testamento, sino que Dios proveyó una "cosa mejor para nosotros, para que no fuesen ellos perfeccionados aparte de nosotros" (He. 11:40). El velo que oscurecía parcialmente la gloria de Dios en el antiguo pacto no se quitó hasta que "Dios, [que] habiendo hablado muchas veces y de muchas maneras en otro tiempo a los padres por los profetas, en estos postreros días nos ha hablado por el Hijo… el cual [es] el resplandor de su gloria" (He. 1:1-3).

Es importante establecer que cuando las Escrituras hablan de mirar el rostro de Jesús no se están refiriendo a una experiencia mística o subjetiva. Donald S. Whitney escribe:

> La esencia del misticismo es un intento de experimentar a Dios sin mediación. Es la creencia en que usted entra *directamente* en una experiencia de la presencia de Dios sin ayuda externa… Aunque esto suene muy espiritual, el problema es que la Biblia nunca nos ordena hacerlo y nunca nos lo describe (*Ten Questions to Diagnose Your Spiritual Health* [Diez preguntas para diagnosticar su salud espiritual] [Colorado Springs: NavPress, 2001], p. 60. Cursivas en el original).

Así, cuando Pablo habla de mirar el rostro de Jesús, tiene en mente una mirada histórica y objetiva al Cristo revelado en la Biblia. El apóstol Pedro confirma la superioridad de las Escrituras con respecto a las experiencias en 2 Pedro 1:19. Aunque tuvo una visión notable de la gloria de Cristo en la transfiguración, Pedro consideraba que las Escrituras eran la fuente de conocimiento más dignas de confianza y las describe como "la palabra profética más segura".

Mirar al rostro de Jesús, como se le revela en las Escrituras, proporciona a los creyentes del nuevo pacto fuerza, gozo y esperanza para enfrentar todas las dificultades de la vida. Tales cosas provienen de entender a Dios, que se revela de la forma más clara en Jesucristo. Pablo da una descripción de ocho puntos sobre mirar al rostro de Jesús. Se trata de una mirada esclarecedora, transformadora, fortalecedora, purificadora, amante de la verdad, privilegiada, humilde y concedida soberanamente.

UNA MIRADA ESCLARECEDORA

Por tanto, nosotros todos, mirando a cara descubierta como en un espejo la gloria del Señor, (3:18*a*)

Aunque la Creación revela ciertas verdades sobre Dios (Ro. 1:20), estas son insuficientes para salvar. El conocimiento salvador de Dios viene solo por medio de Jesucristo (cp. Jn. 14:6; Hch. 4:12; Ro. 1:16). A diferencia de los creyentes del antiguo pacto, todo creyente del nuevo puede mirar al rostro de Cristo **a cara descubierta**. Pablo escribe que **nosotros todos** tenemos el privilegio de mirar en el rostro de Cristo **como en un espejo la gloria del Señor**. Puesto que en Cristo "habita corporalmente toda la plenitud de la Deidad" (Col. 2:9), los creyentes ven en Él y en sus obras cómo es Dios. Él manifestó la misericordia (Mt. 9:36; 14:14; 15:32; 20:34; Mr. 1:41; 5:19; Lc. 7:13), sabiduría (Jn. 7:46; cp. Mt. 7:29; Lc. 4:22), poder (Mt. 13:54; 14:2; Lc. 4:36) y autoridad soberana (Mt. 9:6; Jn. 17:2) de Dios. Dios nunca se revela más claramente que en la faz de Jesucristo; "Dios… en estos postreros días nos ha hablado por el Hijo… el cual [es] el resplandor de su gloria, y la imagen misma de su sustancia" (He. 1:1-3).

Los tres aspectos de la salvación —justificación, santificación y glorificación— implican mirar a Jesús. La nueva vida de los creyentes en Cristo comienza cuando miran su rostro y lo aceptan como Señor y Salvador. Pero así como lo miran para justificación, también deben hacerlo para santificación, que requiere tener "puestos los ojos en Jesús, el autor y consumador de la fe" (He. 12:2) y discernir la mente de Cristo en las Escrituras (1 Co. 2:6), porque "el que dice que permanece en él, debe andar como él anduvo" (1 Jn. 2:6). Finalmente, en la glorificación, Cristo "transformará el cuerpo de la humillación nuestra, para que sea semejante al cuerpo de la gloria suya, por el poder con el cual puede también sujetar a sí mismo todas las cosas" (Fil. 3:21).

No hay razón para que las dificultades de la vida derroten a los creyentes si tienen la comprensión adecuada de Dios. Y quienes no entiendan a Dios no está mirando al rostro de Cristo. Cuanto mejor conocen a Cristo los creyentes, mejor conocen a Dios, puesto que verlo a Él es ver al Padre (Jn. 14:9); cuanto mejor conozcan a Dios, mejor equipados estarán para enfrentar las pruebas y dificultades de la vida. El sufrimiento tan solo debilita la dependencia de uno mismo para que el poder de Dios pueda manifestarse en ellos (cp. 2 Co. 12:9).

UNA MIRADA TRANSFORMADORA

somos transformados de gloria en gloria en la misma imagen, como por el Espíritu del Señor. (3:18*b*)

A medida que los creyentes miran la gloria de Dios en el rostro de Cristo, se transforman **de gloria en gloria en la misma imagen**. Progresan a niveles cada vez más altos de **gloria**; en otras palabras, se acercan cada vez más a la semejanza de Jesucristo. Como se indicó en el capítulo anterior de este volumen, Pablo enseñó en Filipenses 3:12-14 que la meta de la vida cristiana es llegar a ser como Cristo:

> *No que lo haya alcanzado ya, ni que ya sea perfecto; sino que prosigo, por ver si logro asir aquello para lo cual fui también asido por Cristo Jesús. Hermanos, yo mismo no pretendo haberlo ya alcanzado; pero una cosa hago: olvidando ciertamente lo que queda atrás, y extendiéndome a lo que está delante, prosigo a la meta, al premio del supremo llamamiento de Dios en Cristo Jesús.*

A los gálatas les escribió: "Hijitos míos, por quienes vuelvo a sufrir dolores de parto, hasta que Cristo sea formado en vosotros" (Gá. 4:19). Los primeros creyentes empezaron a ser llamados "cristianos" (lit. "del partido de Cristo") en Antioquía por su semejanza a Cristo (Hch. 11:26). La medida de la madurez espiritual es la "de la estatura de la plenitud de Cristo" (Ef. 4:13), porque la meta definitiva de Dios en la salvación es que los creyentes sean "hechos conformes a la imagen de su Hijo" (Ro. 8:29).

Tal meta se logra en la vida de los creyentes en tanto miren detenidamente el rostro de Jesucristo revelado en las Escrituras. Cuando lo hacen, **el Espíritu del Señor** los cambia a la imagen de Cristo.

UNA MIRADA FORTALECEDORA

Por lo cual, teniendo nosotros este ministerio según la misericordia que hemos recibido, no desmayamos. (4:1)

La expresión **por lo cual** señala directamente a la explicación paulina del nuevo pacto en 3:6-18. La fortaleza para soportar las pruebas viene de mirar sin velo el rostro de Cristo, algo posible bajo el nuevo pacto. Tal mirada también era la fuente de fuerza para el **ministerio** de Pablo del nuevo pacto. El apóstol usa el plural **nosotros** para referirse a sí mismo de manera humilde. Así, suavizaba la naturaleza personal de la defensa de sí mismo y de su ministerio (cp. la explicación de 3:1 en el cap. 6 de este volumen). La frase **teniendo nosotros este ministerio** enfatiza el reconocimiento humilde de Pablo de que Dios le había concedido en su gracia el privilegio de ser ministro del nuevo pacto (cp. 5:18; Hch. 20:24; 26:16; Ro. 15:15-16; 1 Co. 4:1-3; Ef. 3:7-8; Col. 1:23, 25; 1 Ti. 1:12; 2:7; 2 Ti. 1:11). El llamado de Pablo al **ministerio** tenía su base únicamente en **la misericordia** de Dios. Es esta la que retiene el juicio que merecen los pecadores, temporalmente en el caso de quienes no son salvos para darles la oportunidad del arrepentimiento y la fe, y permanentemente en el caso de los redimidos. En este contexto, **la misericordia** de Dios significa que, en lugar de que Él condenara a Pablo por haber sido "blasfemo, perseguidor e injuriador" (1 Ti. 1:13), lo puso en el ministerio (v. 12).

En la medida en que Pablo mantuviera sus ojos en Jesús, se fortalecía y **no** desmayaba. La palabra *engkakeō* (desmayar) significa rendirse al miedo, perder valentía o comportarse como un cobarde. A pesar de su sufrimiento y de los violentos ataques de los falsos apóstoles, Pablo no se había rendido. Su valentía provenía del conocimiento confiado del Dios de la gloria, a quien él percibía en el rostro de Jesucristo. La misericordia soberana de Dios lo salvó, lo hizo ministro y lo fortaleció para la obra del ministerio.

UNA MIRADA PURIFICADORA

Antes bien renunciamos a lo oculto y vergonzoso, no andando con astucia, (4:2*a*)

Desde el primer momento en que Pablo vio la gloria de Cristo, en su dramática conversión, renunció a **lo oculto y vergonzoso**. Despreció su pecado y clamó que Dios lo librara de este: "¡Miserable de mí! ¿Quién me librará de este cuerpo de muerte?" (Ro. 7:24). Desde el inicio, su vida cristiana fue de pureza, en tanto perseguía la santidad.

Cuando alguien ve la gloria de Dios revelada en el rostro de Jesucristo y vuelve a nacer, cuando entiende quién es Dios, qué exige su ley santa y la provisión de la salvación en Jesucristo, renuncia entonces y se vuelve de su pecado dedicándose a buscar la piedad. El arrepentimiento que no se vuelve del pecado es ajeno a las Escrituras. (Para una explicación sobre la perspectiva bíblica del arrepentimiento, véase John MacArthur, *El evangelio según Jesucristo*, ed. rev [El Paso, TX: Casa Bautista de Publicaciones, 2003], y *The Gospel According to the Apostles* [El evangelio según los apóstoles] [Nashville: Word, 2000]).

La conjunción adversativa *alla* (**antes bien**) podría traducirse "por el contrario" o "de otra parte". Indica un contraste entre Pablo y los falsos apóstoles de Corinto. **Lo oculto y vergonzoso** pueden ser las cosas de las cuales lo estaban acusando. Pero, en realidad, eran los falsos apóstoles, no Pablo, quienes eran culpables de ello. Eran ellos quienes tenían una vida secreta de vergüenza y quienes habían llegado con un interés oculto a Corinto. Pablo tuvo alguna vez una vida de **lo oculto y vergonzoso** antes de su conversión (cp. Fil. 3:4-6). Era como el resto de los fariseos a los que Jesús denunció mordazmente en Mateo 23:27: "¡Ay de vosotros, escribas y fariseos, hipócritas! porque sois semejantes a sepulcros blanqueados, que por fuera, a la verdad, se muestran hermosos, mas por dentro están llenos de huesos de muertos y de toda inmundicia". Igual que ellos, Pablo estaba sucio por dentro, porque el legalismo no puede refrenar a la carne, y la salvación falsa no transforma a nadie.

La palabra *aischunē* (**vergonzoso**) describe las acciones deshonrosas y opro- biosas que producen vergüenza y humillación. Tal estilo de vida oscuro, oculto e hipócrita había caracterizado a Pablo antes de su conversión. Pero esa vida secreta de pecado murió cuando conoció a Jesucristo. Se volvió "nueva cria- tura... las cosas viejas pasaron [en su vida, y] todas [fueron] hechas nuevas" (2 Co. 5:17). Esto no quiere decir que Pablo nunca más volvió a pecar, por supuesto, sino que, cuando pecaba, confesaba su pecado y se apartaba de él. Aunque sentía la plaga del pecado que lo habitaba (Ro. 7:14-23), ya no tenía una vida secreta de pecado a la cual se aferrara voluntariamente. Al igual que Pablo, los creyentes deben evitar las obras vergonzosas que alguna vez los caracteri- zaron. Cuando estas intenten arrastrarse hasta las vidas de los creyentes, ellos deben derrotarlas por medio de la oración y la Palabra.

Sin embargo, hay otra forma de interpretar esta declaración. Siendo el con- texto el ministerio del nuevo pacto y la proclamación fructífera de la Palabra, Pablo quizás esté diciendo que rechazaba todos los sentimientos personales de vergüenza por el evangelio ofensivo (cp. 1 Co. 1:18, 23-25). Para los griegos el evangelio era necedad y para los judíos era piedra de tropiezo, por lo tanto todos lo rechazaban universalmente. Entonces, aunque produjera vergüenza a quien lo proclamara, Pablo rehusó ocultar esta verdad (Ro. 1:16-17).

Pablo, contrastándose aún más con los falsos apóstoles, declaró que **no** era culpable de andar **con astucia**. La palabra *panourgia* (**astucia**) se refiere a trampa (Lc. 20:23) y engaño (2 Co. 11:3; Ef. 4:14). Quien practicaba la *panourgia* era sin escrúpulos, dispuesto a lo que fuera para alcanzar sus metas. Los falsos apóstoles, en un claro testimonio de su propia corrupción, habían acusado a Pablo de ser manipulador, buscar dinero, poder e influencia (como era el caso con ellos secretamente). Sin embargo, nada de esto era cierto. Pablo no era un engañador; no tenía intereses ocultos. No era nada más que lo que aparentaba ser: un predicador osado y temerario del mensaje del evangelio en el nuevo pacto. Su enfoque era sencilla, simple y directa, como lo declaró en 1 Corintios 2:1-2: "Así que, hermanos, cuando fui a vosotros para anunciaros el testimonio de Dios, no fui con excelencia de palabras o de sabiduría. Pues me propuse no saber entre vosotros cosa alguna sino a Jesucristo, y a éste crucificado". El apóstol rechazó la idea —prevalente en las religiones paganas de la época— de un conocimiento secreto y oculto disponible solo para los iniciados. También rechazó los esfuerzos por eliminar lo vergonzoso del evangelio y engañar con ello a los demás (cp. 2 Co. 2:17).

Fue, en parte, por su enfoque simple y claro con que concebía el ministerio, que los falsos maestros lo atacaron. Preferían un estilo más sutil y velado; más llamativo, degustable y menos ofensivo para los incrédulos. Los predicadores claros como Pablo son ofensivos porque predican la verdad directa y franca, sin importar si les provoca vergüenza. Así era la actitud de Pablo cuando escribió esto: "Porque aunque me gloríe algo más todavía de nuestra autoridad, la cual el Señor nos dio para edificación y no para vuestra destrucción, no me avergonzaré; para que no parezca como que os quiero amedrentar por cartas" (2 Co. 10:8-9). Nunca se avergonzó del evangelio; nunca escondió su verdad o usó trampas que lo adulteraran. Los falsos maestros no querían ofender a los demás; querían hacer dinero con ellos. También querían un elemento de misterio en su mensaje. Y esto promovería su propio prestigio e impresionaría a sus seguidores, pues ellos eran los iniciados en los misterios.

En efecto, los falsos apóstoles eran expertos en mercadeo del siglo primero. Veían el mensaje como un producto y a ellos mismos como vendedores. Parte de vender el producto (el evangelio) era velar la verdad y adornarla añadiéndole algo de misterio y magia. Querían modificar el evangelio y ponerle un envoltorio nuevo para hacerlo más popular y a la moda, y esperaban con ello que así gustaría más a los consumidores del primer siglo. Entonces tendrían éxito en producir convertidos (y dinero). La predicación directa y poderosa de Pablo sobre el evangelio puro y no adulterado (cp. Ro. 1:16) los frustraba y amenazaba. También exponía sus vidas secretas de vergüenza. No es de sorprender entonces que se opusieran tan amargamente a Pablo.

La diferencia entre Pablo y los falsos apóstoles es que él miraba a Cristo para la salvación y ellos no. Nadie puede mirar al rostro de Jesús y ser un engañador. Nadie puede mirar al rostro de Jesús y continuar cultivando una vida secreta de vergüenza y pecado, porque "todo aquel que tiene esta esperanza en él, se purifica a sí mismo, así como él es puro" (1 Jn. 3:3).

UNA MIRADA AMANTE DE LA VERDAD

ni adulterando la palabra de Dios, sino por la manifestación de la verdad recomendándonos a toda conciencia humana delante de Dios. (4:2b)

Jesucristo es la verdad encarnada; Él mismo declaró: "Yo soy… la verdad" (Jn. 14:6; cp. Jn. 1:14, 17; Ap. 19:11). Cuando alguien lo mira para salvación, se enamora de la verdad; los perdidos perecerán eternamente "por cuanto no recibieron el amor de la verdad para ser salvos" (2 Ts. 2:10). Por lo tanto, ser salvo significa amar la verdad.

Pablo, además de renunciar a su vida oculta de pecado y vergüenza tras su conversión, también renunció a cualquier sentimiento de vergüenza por el evangelio que pudiera hacerlo culpable de adulterar **la palabra de Dios** (cp. Fil. 1:20). La palabra *adulterar* viene de *doloō*, una palabra usada en el griego extrabíblico para referirse a la corrupción del oro o el vino con ingredientes inferiores (Richard C. Trench, *Synonyms of the New Testament* [Sinónimos del Nuevo Testamento] [Reimpresión; Grand Rapids: Eerdmans, 1983], p. 230). El mensaje de Pablo era la simple y pura verdad del evangelio no mezclada con nada.

Sin embargo, no podía decirse lo mismo de los falsos apóstoles. Estaban ocupados **adulterando** la Palabra de Dios para sus propios fines. En 2 Corintios 2:17, Pablo los acusó de medrar "falsificando la palabra de Dios". Eran estafadores, tramposos, charlatanes y fraudulentos; culpables del mismo engaño del que acusaban falsamente a Pablo. Sin duda, lo acusaban de manipulación de la verdad por no predicar la ley mosaica. Probablemente también insistían en que el mensaje simplista de Pablo negaba las cosas secretas y ocultas de Dios y, por lo tanto, era culpable de no predicar todo el consejo divino. Tristemente, hoy día muchos acusan de lo mismo a quienes proclaman la suficiencia de las Escrituras. La idea de que la Biblia sola —sin psicología, misticismo o supuestas experiencias sobrenaturales— contiene todo lo que necesitamos para vivir gozosamente, realizados y honrando a Dios, se califica de ingenua y exageradamente simplista. Aún más triste resulta que muchos cristianos "no sufrirán la sana doctrina, sino que teniendo comezón de oír, se amontonarán maestros conforme a sus propias concupiscencias, y apartarán de la verdad el oído y se volverán a las fábulas" (2 Ti. 4:3-4). Los cantos de sirena de la falsa y sofisticada enseñanza atraen a muchos y los hace naufragar en su fe.

Una marca segura del crecimiento de un cristiano es el amor por **la verdad** bíblica. Cuando hay una **manifestación** clara de la verdad de las Escrituras, hay una fuente de poder e impacto espiritual, sin importar cuánto menosprecio traiga. Pero cuando los predicadores, avergonzados del evangelio, proclaman engañosamente la sabiduría humana en nombre de la verdad divina, su obra es impotente. De modo que el mundo del predicador fiel es el reino de la verdad bíblica. Su tarea es proclamar la doctrina pura y clara que es el fundamento de la fe. Todos los creyentes deben amar la verdad; deben desear "como niños recién nacidos, la leche espiritual no adulterada, para que por ella [crezcan] para salvación" (1 P. 2:2; cp. 1 Ti. 4:6).

La predicación del evangelio directa y simple de Pablo tenía el efecto de recomendarlo **a toda conciencia humana**. Todos, inclusive quienes no han oído el evangelio, tienen un conocimiento innato (aunque limitado) de la ley de Dios. La predicación del evangelio activa la **conciencia**, que da testimonio de la verdad del mensaje aun entre quienes lo rechazan. Y esto es cierto porque "la palabra de Dios es viva y eficaz, y más cortante que toda espada de dos filos; y penetra hasta partir el alma y el espíritu, las coyunturas y los tuétanos, y discierne los pensamientos y las intenciones del corazón" (He. 4:12).

Pablo predicaba la verdad **delante de Dios**, como hacía el resto de cosas en su vida. En 1 Corintios 4:3-4 escribió: "Yo en muy poco tengo el ser juzgado por vosotros, o por tribunal humano; y ni aun yo me juzgo a mí mismo. Porque aunque de nada tengo mala conciencia, no por eso soy justificado; pero el que me juzga es el Señor". Buscaba la aprobación divina, no la humana, sabiendo que Él es aquel ante quien todo predicador (y todo creyente) es responsable en última instancia.

La medida de la madurez espiritual de un creyente es su lealtad a la verdad (cp. Sal. 119:97-106, 113, 119, 127, 161-162, 174). A lo largo de toda la historia de la Iglesia, quienes han tenido el más grande impacto en la vida de la iglesia han sido los más comprometidos con la verdad. Y quienes la aman, la encontrarán en Jesús (Ef. 4:21).

UNA MIRADA PRIVILEGIADA

Pero si nuestro evangelio está aún encubierto, entre los que se pierden está encubierto; en los cuales el dios de este siglo cegó el entendimiento de los incrédulos, para que no les resplandezca la luz del evangelio de la gloria de Cristo, el cual es la imagen de Dios. (4:3-4)

No todos tienen el privilegio de ver en el rostro de Jesús, "porque estrecha es la puerta, y angosto el camino que lleva a la vida, y pocos son los que la hallan" (Mt. 7:14). Solo a quienes se les ha quitado el velo de la ceguera espiritual en Cristo (cp. 2 Co. 3:14) pueden mirar su rostro.

Como ya se dijo anteriormente, una de las críticas de los falsos apóstoles contra Pablo era que su metodología evangelística era defectuosa. Su estrategia, definida en 1 Corintios 2:2, era simple y directa: "Pues me propuse no saber entre vosotros cosa alguna sino a Jesucristo, y a éste crucificado" (1 Co. 2:2). Admitió honestamente lo siguiente: "Ni mi palabra ni mi predicación fue con palabras persuasivas de humana sabiduría, sino con demostración del Espíritu y de poder" (1 Co. 2:4). Su predicación era una presentación simple, audaz y directa del pecado, el arrepentimiento y la fe. Por ello, los falsos apóstoles lo acusaban de ser ofensivo e ineficaz. Su predicación estaba distanciando a la gente; era "para los judíos ciertamente tropezadero, y para los gentiles locura" (1 Co. 1:23). Necesitaba un mejor plan de mercadeo para vencer la resistencia del consumidor.

Hoy día, tal forma de pensamiento prevalece en la iglesia. Los críticos contemporáneos están a favor de una técnica menos ofensiva y más sutil para presentar el evangelio. Predicar sobre el pecado, arrepentimiento, juicio e infierno está pasado de moda; las iglesias "amigables al usuario" están de moda. Los servicios de adoración dieron paso al entretenimiento diseñado para hacer que los no creyentes se sientan cómodos y no amenazados. La idea es que entonces estarán dispuestos a considerar a Cristo.

Subyacente a gran parte del evangelismo moderno está la idea herética de que cualquiera puede responder al evangelio —y lo hará— si se le presenta de una manera suficientemente ingeniosa. Tal perspectiva ve a los incrédulos como consumidores para quienes el evangelio debe estar empacado inteligentemente de modo que se consume la venta. Roy Clements escribe perspicazmente sobre esta tendencia:

> Un predicador... es un heraldo, y un heraldo es precisamente un comunicador en una sola dirección; no dialoga, anuncia el mensaje que ha recibido. Pero si nuestros expertos en comunicación están en lo correcto, los anuncios no cambian a nadie. ¿Dónde está el defecto en su raciocinio?... En la teología. Porque quienes defienden esta postura asumen que la predicación cristiana es análoga a un ejercicio de mercadeo. Usted tiene su producto: el evangelio. Tiene sus consumidores: la congregación. Y el predicador es el vendedor. Su trabajo es vencer la resistencia del consumidor y persuadir a los demás a comprar.
>
> De acuerdo con Pablo, hay una razón muy simple pero abrumadora por la cual esta analogía no es buena. El predicador no vence la resistencia del consumidor. No puede. La resistencia del consumidor es demasiado grande para que algún predicador la venza. Todo lo que el predicador hace, dice Pablo, es exponer esa resistencia en su formidable impenetrabilidad. Si nuestro evangelio está velado, está velado para quienes perecerán. El dios de este siglo ha cegado sus mentes y "no les [resplandece] la luz del evangelio de la gloria de Cristo"... El predicador no salva a nadie. Es un instrumento por medio del cual quien ha de ser salvo se hace consciente del hecho. El evangelismo tiene que ser la proclamación porque la predicación es un sacramento de la soberanía divina (*The Strength of Weakness* [La fortaleza de la predicación] [Grand Rapids: Baker, 1995], pp. 75-76).

La salvación nunca es resultado de la persuasión humana; es un acto soberano de Dios. En Juan 6:44, Jesús declaró: "Ninguno puede venir a mí, si el Padre que me envió no le trajere". Hechos 11:18 afirma que "a los gentiles ha dado Dios arrepentimiento para vida". Lidia se salvó cuando "el Señor abrió el corazón de ella para que estuviese atenta a lo que Pablo decía" (Hch. 16:14). Pablo aconsejó a Timoteo lo siguiente:

Porque el siervo del Señor no debe ser contencioso, sino amable para con todos, apto para enseñar, sufrido; que con mansedumbre corrija a los que se oponen, por si quizá Dios les conceda que se arrepientan para conocer la verdad, y escapen del lazo del diablo, en que están cautivos a voluntad de él (2 Ti. 2:24-26).

El apóstol recordó a Tito que Dios "nos salvó, no por obras de justicia que nosotros hubiéramos hecho, sino por su misericordia, por el lavamiento de la regeneración y por la renovación en el Espíritu Santo" (Tit. 3:5).

No es cuestión de habilidad de quien proclama el mensaje, el empaque del mensaje o la técnica usada para proclamarlo. El asunto es la condición del oyente. Jesús ilustró tal principio en la parábola del sembrador. El mismo mensaje (la semilla) se proclama por el mismo individuo (el sembrador); la única variable es la condición de los cuatro terrenos. Lo que es esencial para los mensajeros del evangelio no es la inteligencia sino la claridad. Solo Dios puede abrir los ojos cegados por el pecado de quienes están "muertos en [sus] delitos y pecados" (Ef. 2:1; cp. v. 5; Mt. 8:22; Ef. 4:18).

A quienes criticaban la predicación de Pablo por irrelevante, ofensiva e ineficaz, él les respondió: "**Si nuestro evangelio está aún encubierto, entre los que se pierden está encubierto**". Quienes rechazan el evangelio, caídos, muertos en sus pecados y ciegos espiritualmente, están destinados a la condenación eterna (cp. 2 Co. 2:15; 3:14; Lc. 13:3, 5; Ro. 2:12; 1 Co. 1:18; 2 Ts. 2:9-11). Por lo tanto, "el hombre natural no percibe las cosas que son del Espíritu de Dios, porque para él son locura, y no las puede entender, porque se han de discernir espiritualmente" (1 Co. 2:14). La cuestión no es elaborar servicios eclesiales que no sean amenazantes, ni desarrollar mejores habilidades de mercadeo para dar a conocer el evangelio. El asunto es que quienes rechazan el mensaje del evangelio, lo hacen porque "[aman] más las tinieblas que la luz, porque sus obras [son] malas" (Jn. 3:19).

Además del amor de **los incrédulos** por el pecado, ellos rechazan el evangelio porque **el dios de este siglo** les **cegó el entendimiento**. Los **incrédulos** son los descritos en el versículo 3 como quienes perecerán; los dos términos son sinónimos. A pesar de lo que algunos afirman, no hay tal cosa como un "cristiano incrédulo", pues los incrédulos perecerán. La palabra *aiōn* (**siglo**, como también se traduce en Mt. 12:32; 13:39-40, 49; 24:3; 28:20; Lc. 16:8; 18:30; 20:34; 1 Co. 1:20; 2:6-8; 3:18; Gá. 1:4; Ef. 1:21; Col. 1:26; Tit. 2:12; He. 6:5, etc.) significa "era". Satanás es **el dios de este siglo** (Jn. 12:31; 14:30; 16:11; Ef. 2:2; 2 Ti. 2:26; 1 Jn. 5:19), quien controla las ideologías, opiniones, esperanzas, objetivos, metas y puntos de vista del mundo actual (cp. 2 Co. 10:3-5). Está tras los sistemas filosóficos, psicológicos, educativos, sociológicos, éticos y económicos de este mundo. Pero quizás su mayor influencia está en el ámbito de las religiones falsas. Por supuesto, Satanás no es un **dios**, sino un ser creado. Se le llama **dios** porque sus seguidores engañados le sirven como si lo fuera. Satanás es el arquetipo de todos los falsos dioses de todas las falsas religiones que ha engendrado.

Por esta influencia generalizada y masiva de Satanás, él engaña a los no regenerados **para que no les resplandezca la luz del evangelio**. Excepto en casos raros, Satanás y sus demonios no habitan directamente en individuos. No lo necesitan. Satanás ha creado un sistema que mima la depravación de los incrédulos y los sumerge aún más en la oscuridad. Los incrédulos, además de estar muertos en sus delitos y pecados (Ef. 2:1), tener velada la verdad (2 Co. 3:15), odiar la luz y amar la oscuridad (Jn. 3:19-20), caminan "siguiendo la corriente de este mundo, conforme al príncipe de la potestad del aire, el espíritu que ahora opera en los hijos de desobediencia… [viviendo] en otro tiempo en los deseos de [la] carne, haciendo la voluntad de la carne y de los pensamientos, y [son] por naturaleza hijos de ira" (Ef. 2:2-3). Son "de [su] padre el diablo, y los deseos de [su] padre [quieren] hacer" (Jn. 8:44). Las intenciones de Satanás consienten todo el mal del corazón humano —delito, odios, amarguras, iras, injusticias, inmoralidad y conflictos entre las naciones e individuos—. El sistema del mundo que ha creado exacerba los deseos malignos de las personas caídas, provocándoles una ceguera voluntaria y amor por la oscuridad.

La palabra **entendimiento** es traducción de *noēma*, y se refiere a la capacidad de razonar o pensar. Aquellos no regenerados no pueden pensar correctamente en la verdad espiritual (1 Co. 2:14) porque tienen "una mente reprobada" (Ro. 1:28; 1 Ti. 6:5; 2 Ti. 3:8). Sin importar lo hábil que sea la presentación del evangelio, no persuadirá a la mente depravada para responder favorablemente. Solo Dios puede encender la luz del corazón humano (cp. 2 Co. 4:6; Lc. 24:25; Hch. 26:18) de manera que pueda responder en fe salvadora al **evangelio de la gloria de Cristo**. La **gloria** de Dios se revela en Jesucristo porque Él **es la imagen de Dios** (Jn. 1:14; Col. 1:19; 2:9; He. 1:3). El privilegio de ver la **gloria** de Dios revelada en Cristo solo se concede a quienes Dios, en su misericordia, les otorga vista espiritual.

UNA MIRADA HUMILDE

Porque no nos predicamos a nosotros mismos, sino a Jesucristo como Señor, y a nosotros como vuestros siervos por amor de Jesús. (4:5)

El privilegio inconmensurable de proclamar el glorioso evangelio de Jesucristo puede llevar a algunos a volverse orgullosos y fanfarrones. De hecho, una de las acusaciones difamatorias de los falsos apóstoles contra Pablo era que predicaba por egoísmo. Decían que estaba en el ministerio para exaltarse, promocionarse, agrandarse, por poder, prestigio y prominencia. Nada podría estar más alejado de la verdad. Cuando Pablo hace la declaración "**no nos predicamos a noso-**

tros mismos", se diferencia de los falsos apóstoles, quienes sí lo hacían. En esta epístola escribió más adelante: "Porque no nos atrevemos a contarnos ni a compararnos con algunos que se alaban a sí mismos; pero ellos, midiéndose a sí mismos por sí mismos, y comparándose consigo mismos, no son juiciosos" (10:12). Así, el descargo de Pablo mostraba falsa la acusación de los falsos apóstoles y era una condenación para ellos.

Lejos de ser arrogante, orgulloso y seguro de sí mismo, Pablo ministró en Corinto "con debilidad, y mucho temor y temblor" (1 Co. 2:3). En lugar de fanfarronear sobre sus propias capacidades y victorias, escribió: "De mí mismo en nada me gloriaré, sino en mis debilidades… Por tanto, de buena gana me gloriaré más bien en mis debilidades, para que repose sobre mí el poder de Cristo" (2 Co. 12:5, 9). La visión de Pablo sobre la gloria de Cristo dominaba su vida, y el amor por Él consumía al apóstol.

Pablo proclamaba **a Jesucristo como Señor** y no sus propios intereses. Lo predicaba como el Salvador crucificado (1 Co. 2:2), humillado (Fil. 2:8), que murió por su pueblo para salvarlo de sus pecados (Mt. 1:21; Jn. 1:29; Hch. 5:31; 13:38; 1 Jn. 2:2; 3:5; Ap. 1:5). Pero también lo predicaba como Señor soberano, que requiere sumisión, lealtad y obediencia (Ro. 10:9; 1 Co. 12:3; Fil. 2:10-11). (En mis libros *El evangelio según Jesucristo* y *The Gospel According to the Apostles*, referidos ya al principio de este capítulo, explico el señorío vital de Cristo).

El eje de la predicación del nuevo pacto es comunicar la verdad sobre Jesucristo, puesto que "la fe es por el oír, y el oír, por la palabra de [lit. "acerca de" o "relativa a"] Dios" (Ro. 10:17). La verdadera predicación sobre Cristo incluye la verdad de que Él es Salvador y Señor. Su objetivo es que las personas entiendan quién es Jesús, por qué vino y qué hizo. Entonces Dios, en su soberana gracia, usa tal verdad para llevar salvación al corazón humano.

A diferencia de los falsos apóstoles orgullosos y fanfarrones, Pablo solo se mencionaba para expresar su humildad. El apóstol declaraba frecuentemente ser siervo de Jesucristo (p. ej., Ro. 1:1; Gá. 1:10; Fil. 1:1; Tit. 1:1) y servía **por amor de Jesús**. Una mirada verdadera al rostro de Jesús es la experiencia más humillante posible. Quienes aman a Cristo y se han consagrado a servirle se eclipsarán a sí mismos, no se exaltarán a sí mismos. También servirán humildemente al pueblo de Dios. Por el contrario, quienes son orgullosos no están mirando al rostro de Jesús. Su preocupación principal es consigo mismos, no con el bienestar del pueblo de Dios.

UNA MIRADA CONCEDIDA SOBERANAMENTE

Porque Dios, que mandó que de las tinieblas resplandeciese la luz, es el que resplandeció en nuestros corazones, para iluminación del conocimiento de la gloria de Dios en la faz de Jesucristo. (4:6)

La redención es una obra soberana de Dios, tal como la Creación; de hecho, Pablo utilizó la analogía de la creación para describir la salvación cuando escribió: "Si alguno está en Cristo, nueva criatura es; las cosas viejas pasaron; he aquí todas son hechas nuevas" (2 Co. 5:17). Aquí también utiliza una analogía para la salvación extraída de la creación del mundo físico, mostrando que el mismo Dios **que mandó que de las tinieblas resplandeciese la luz** (cp. Gn 1:3) **es el que resplandeció en nuestros corazones**. El mismo Dios que encendió la luz física enciende la luz espiritual; las dos sin usar ningún proceso evolutivo.

La oscuridad espiritual envuelve a los incrédulos hasta que Dios hace brillar la luz del evangelio en sus corazones; solo Él puede disipar la oscuridad del pecado y la ignorancia. Pero en la salvación, Dios "nos hizo aptos para participar de la herencia de los santos en luz; el cual nos ha librado de la potestad de las tinieblas, y trasladado al reino de su amado Hijo" (Col. 1:12-13). Jesús declaró en Juan 8:12 esto: "Yo soy la luz del mundo; el que me sigue, no andará en tinieblas, sino que tendrá la luz de la vida" (cp. Jn. 9:5; 12:46). En la salvación, los pecadores recibieron la **iluminación del conocimiento de la gloria de Dios en la faz de Jesucristo**. Cuando Dios ilumina soberanamente los corazones oscurecidos por el pecado por medio de la predicación del evangelio (Ro. 10:13-15), trae la luz del conocimiento verdadero de Cristo: que Él es el Dios encarnado y la **gloria de Dios** resplandece perfectamente **en** su **faz**.

En este rico pasaje, Pablo ha revelado que la vida cristiana requiere poner "los ojos en Jesús, el autor y consumador de la fe" (He. 12:2). Mirarlo a Él da inicio a la vida cristiana (justificación), es la base de la vida cristiana (santificación) y será la ocupación de los creyentes por toda la eternidad (glorificación).

Tesoro incalculable en vasos de barro

10

Pero tenemos este tesoro en vasos de barro, para que la excelencia del poder sea de Dios, y no de nosotros, que estamos atribulados en todo, mas no angustiados; en apuros, mas no desesperados; perseguidos, mas no desamparados; derribados, pero no destruidos; llevando en el cuerpo siempre por todas partes la muerte de Jesús, para que también la vida de Jesús se manifieste en nuestros cuerpos. Porque nosotros que vivimos, siempre estamos entregados a muerte por causa de Jesús, para que también la vida de Jesús se manifieste en nuestra carne mortal. De manera que la muerte actúa en nosotros, y en vosotros la vida. Pero teniendo el mismo espíritu de fe, conforme a lo que está escrito: Creí, por lo cual hablé, nosotros también creemos, por lo cual también hablamos, sabiendo que el que resucitó al Señor Jesús, a nosotros también nos resucitará con Jesús, y nos presentará juntamente con vosotros. Porque todas estas cosas padecemos por amor a vosotros, para que abundando la gracia por medio de muchos, la acción de gracias sobreabunde para gloria de Dios. (4:7-15)

El viejo refrán según el cual no se puede juzgar el valor de algo por su envoltorio es verdadero para los cristianos. Como un tesoro enterrado (cp. Mt. 13:44), o una perla preciosa escondida en una fea ostra (cp. Mt. 13:46), el recipiente humano no refleja el valor del tesoro del evangelio que contiene. El sorprendente contraste entre "la gloria de Dios en la faz de Jesucristo" (2 Co. 4:6) y los recipientes débiles, imperfectos y rústicos en los cuales se transporta es el eje de este pasaje.

Pablo comunicó tal verdad no solo por medio de principios, sino con el ejemplo. Como gran parte de 2 Corintios, que aporta una percepción profunda sobre la vida de Pablo, este pasaje es biográfico, no didáctico. No presenta a Pablo como un maestro que comunica información, sino como una vida para imitar. La vida del apóstol demostraba genuinamente qué era caminar con Dios. De este modo, pudo exhortar a los corintios diciéndoles: "Sed imitadores de mí, así como yo de Cristo" (1 Co. 11:1).

A medida que Pablo iba escribiendo esta epístola, estaba bajo un feroz ataque en Corinto. Los falsos apóstoles se habían infiltrado en la iglesia allí, agrediendo a Pablo para crear un ambiente fértil para la herejía legalista. Si querían que alguien prestara atención a sus mentiras demoniacas, primero debían destruir la credibilidad apostólica y espiritual de Pablo a los ojos de la congregación de Corinto. Para tal fin, lanzaron un bombardeo desde todos los flancos sobre el carácter y el ministerio del apóstol. Su ataque fue inmisericorde, implacable y mezquino. Tan bajo llegaron los falsos apóstoles que hasta terminaron criticando la apariencia personal de Pablo, declarando despectivamente que "la presencia corporal débil, y la palabra menospreciable" (2 Co. 10:10). De acuerdo con ellos, Pablo no era una figura imponente; no era bien parecido, carecía de encanto y capacidad oratoria. Quizás hasta tenía una enfermedad ocular que marcaba su apariencia (cp. Gá. 4:13-15). La razón por la cual muchos rechazaban el mensaje de Pablo, afirmaron los falsos apóstoles, era su apariencia poco impresionante, común y del montón.

Tales ataques hirientes y odiosos mudaron la lealtad de los corintios de la verdad divina a la mentira satánica, y exigían una respuesta de Pablo. No estaba interesado en defenderse por provecho propio, sino por amor al evangelio. Pablo sabía que si los falsos maestros podían desacreditarlo, lo reemplazarían como los maestros autoritativos de Corinto. Entonces tendrían libertad para engañar a los corintios con su falsa enseñanza.

Los ataques de los falsos maestros pusieron a Pablo entre la espada y la pared. Si se defendía contra su difamación, cosa que debía hacer para mantener a la iglesia en la verdad (escrita y encarnada), se arriesgaba a parecer orgulloso. Y, honestamente, nadie era más intensamente consciente de los defectos de Pablo que él mismo. De hecho, constantemente se sorprendía por formar parte del ministerio. En la primera carta inspirada a los corintios confesó: "Yo soy el más pequeño de los apóstoles, que no soy digno de ser llamado apóstol, porque perseguí a la iglesia de Dios" (1 Co. 15:9). A Timoteo le escribió: "Doy gracias al que me fortaleció, a Cristo Jesús nuestro Señor, porque me tuvo por fiel, poniéndome en el ministerio, habiendo yo sido antes blasfemo, perseguidor e injuriador; mas fui recibido a misericordia porque lo hice por ignorancia, en incredulidad" (1 Ti. 1:12-13).

¿Cómo iba Pablo a librarse de este dilema? ¿Cómo iba a defenderse él y el evangelio que predicaba sin parecer orgulloso? En lugar de negar las acusaciones de los falsos apóstoles sobre ser débil e imperfecto, las aceptó. El apóstol declaró que la verdad incalculable del evangelio estaba en un recipiente humilde. De hecho, sus debilidades, lejos de ser razones para rechazarlo, estaban entre sus más convincentes credenciales apostólicas. Para expresarlo utilizó la analogía de un tesoro precioso guardado en vasos de barro.

Como todos los predicadores (y todos los creyentes), las imperfecciones de

Pablo contrastaban fuertemente con la gloria resplandeciente del evangelio. Pero si Dios no pudiera usar personas imperfectas, no habría personas en el ministerio. Puesto que no hay personas sin pecado, Dios escoge sus ministros entre los humanos caídos, débiles e imperfectos.

Aun los más nobles santos estaban lejos de ser perfectos. Abraham, el padre de la fe, temiendo por su vida fingió dos veces que Sara, su esposa, era su hermana (Gn. 12:13; 20:2). Moisés, el libertador humano de Israel de Egipto tenía temperamento irascible (Éx. 2:11-12) y era, como él mismo lo admitió, un orador completamente inadecuado (Éx. 4:10). David, un hombre conforme al corazón de Dios (1 S. 13:14) y el dulce cantor de Israel (2 S. 23:1), fue adúltero y homicida (2 S. 11). Elías se enfrentó valientemente a cientos de falsos profetas en el nombre del Dios de Israel y, entonces, con incertidumbre y miedo huyó de Jezabel (1 R. 19:1-3). El noble profeta Isaías confesó que era un hombre de labios impuros (Is. 6:5). Pedro, líder de los doce, abiertamente confesó que era "hombre pecador" (Lc. 5:8) y lo probó vehemente y repetidamente negando al Señor (Mt. 26:69-74). El apóstol Juan, el apóstol del amor, también era el "hijo del trueno" que celosamente buscaba restringir el ministerio de quien no fuera parte de su grupo (Mr. 3:17; Lc. 9:49). Más tarde, quería de manera indignante que cayera fuego del cielo para incinerar una villa samaritana que había rechazado a Jesús (Lc. 9:54).

Pablo es uno más en una larga serie de vasos de barro que Dios había usado con éxito. La genuinidad de su apostolado, a pesar de su humanidad, no solo es evidente por sus capacidades, habilidades o logros humanos, sino por su carácter espiritual. Este pasaje muestra siete características espirituales que hacían de Pablo un vaso de barro útil. Era humilde, invencible, sacrificial, fructífero, fiel, esperanzado y adorador.

HUMILDE

Pero tenemos este tesoro en vasos de barro, para que la excelencia del poder sea de Dios, y no de nosotros, (4:7)

La palabra **pero** introduce un contraste con el versículo 6 que describe la inmensa e incalculable gloria del Dios eterno revelado en el Cristo encarnado. Ese tesoro divino incalculable está contenido en un recipiente humano sencillo, una perspectiva humilde que todo predicador y creyente debe tener. La perspectiva humilde que Pablo tiene de sí mismo era el eje que lo hacía útil. Más adelante escribió en esta epístola: "Porque no nos atrevemos a contarnos ni a compararnos con algunos que se alaban a sí mismos" (2 Co. 10:12). Rechazó evaluarse con base en los criterios externos y superficiales de los falsos apóstoles; no estaba interesado en compararse con quienes se miden "a sí mismos por sí mismos, y comparándose consigo mismos, no son juiciosos" (10:12). "Pero [él no se gloriaría] desmedidamente" (10:13), porque "el que se gloría, gloríese en el Señor" (10:17), y "no es aprobado el que se alaba a sí mismo, sino aquel a quien Dios alaba" (10:18).

El **tesoro** que aquí se está considerando es el mismo "ministerio" en 4:1. Los dos términos describen el mensaje glorioso del evangelio: que el Dios eterno vino al mundo en la persona de Jesucristo, murió en la cruz y resucitó para perdonar los pecados y dar vida eterna a quien se arrepienta y crea. El **tesoro** es de valor incalculable porque "en [Cristo] están escondidos todos los tesoros de la sabiduría y del conocimiento... Porque en él habita corporalmente toda la plenitud de la Deidad" (Col. 2:3, 9). El mensaje del evangelio revela las verdades más profundas que el mundo ha conocido, verdades que producen los más poderosos efectos eternos. Por medio del evangelio, el ser humano se libera del poder del pecado y de la muerte (Ro. 8:2; He. 2:14); se libera de la condenación (Ro. 8:1); se transforma a la imagen de Jesucristo (Ro. 8:29; 2 Co. 3:18); y recibe gozo, paz y satisfacción eternas.

Aun así, de modo sorprendente, el tesoro incalculable del evangelio está contenido en simples **vasos de barro**. La palabra *ostrakinos* (**barro**) se refiere a la arcilla cocida. Los **vasos** que aquí describe Pablo eran vasijas comunes y corrientes: baratas, rompibles, fácilmente reemplazables y prácticamente sin valor. En ocasiones se usaban para esconder cosas valiosas como oro, plata y joyería. Las vasijas que contenían estos objetos valiosos solían enterrarse. De hecho, el personaje de la parábola de Jesús que encontró el tesoro oculto en el campo (Mt. 13:44) pudo haberlo hecho porque rompió una vasija enterrada. Las vasijas de arcilla también se usaban para almacenar documentos valiosos: los rollos del Mar Muerto se descubrieron en vasijas de arcilla en una cueva cercana a Qumran.

Pero los **vasos de barro** se utilizaban más frecuentemente para propósitos menos nobles y cotidianos. En la antigüedad, los desechos humanos y la basura se almacenaban y trasportaban en vasijas de arcilla. Eran "utensilios... de barro... para usos viles" (2 Ti. 2:20); es decir, se usaban para tareas poco honrosas, de mal gusto y no dignas de mención. Tales vasijas de arcilla no tenían ningún valor intrínseco; su única valía provenía de las cosas que contenía o el servicio que realizaba.

Lejos de que Pablo disputara la aseveración despectiva de los falsos apóstoles, la acató y la volvió una confirmación de su autenticidad. El apóstol reconoció sus limitaciones y debilidades humanas describiéndose como "el primero" de los pecadores (1 Ti. 1:15). Pero Pablo, cual vasija barata, frágil y común usada para ocultar tesoros valiosos, portaba el tesoro incalculable del glorioso evangelio del nuevo pacto. Por lo tanto, podía afirmar audazmente: "Pienso que en nada he sido inferior a aquellos grandes apóstoles" (2 Co. 11:5). En el siguiente versículo declaró: "Aunque sea tosco en la palabra, no lo soy en el conocimiento". Aunque Pablo careciera de las habilidades oratorias refinadas que tanto valoraban los griegos, no carecía en absoluto de conocimiento espiritual.

Dios se deleita en usar a personas humildes y corrientes a quienes la sociedad pasa por alto. En tales vasijas de arcilla pone tesoros de valor incalculable. Pablo recordó esta verdad a los corintios en su primera carta inspirada:

> *Pues mirad, hermanos, vuestra vocación, que no sois muchos sabios según la carne, ni muchos poderosos, ni muchos nobles; sino que lo necio del mundo escogió Dios, para avergonzar a los sabios; y lo débil del mundo escogió Dios, para avergonzar a lo fuerte; y lo vil del mundo y lo menospreciado escogió Dios, y lo que no es, para deshacer lo que es, a fin de que nadie se jacte en su presencia (1 Co. 1:26-29).*

Antes ya había preguntado retóricamente: "¿Dónde está el sabio? ¿Dónde está el escriba? ¿Dónde está el disputador de este siglo? ¿No ha enloquecido Dios la sabiduría del mundo?" (1 Co. 1:20). Cuando Dios usa vasijas comunes, Él se queda con la gloria, "para que, como está escrito: El que se gloría, gloríese en el Señor" (1 Co. 1:31). El prerrequisito de la utilidad espiritual es ser humilde, verse como se es en realidad y reconocer que toda la gloria por nuestros logros pertenece a Dios, que puso el tesoro en nosotros. Las pruebas de Pablo le habían enseñado que la gloria y la fuerza de Dios se manifestaban mejor en su debilidad. Pablo podía afirmar alegre: "Por amor a Cristo me gozo en las debilidades, en afrentas, en necesidades, en persecuciones, en angustias; porque cuando soy débil, entonces soy fuerte" (2 Co. 12:10), porque Dios le dijo: "Bástate mi gracia; porque mi poder se perfecciona en la debilidad" (12:9).

El mundo está lleno de aquellos que están enamoradísimos de su inteligencia, importancia y capacidad para que Dios los use. Pero cuando Dios escogió a los hombres por medio de los cuales entregó su Palabra a la humanidad, no escogió a los eruditos doctos de Alejandría, los filósofos distinguidos de Atenas, los oradores elocuentes de Roma o los líderes religiosos santurrones de Israel. A todos los pasó por alto favoreciendo a pescadores galileos comunes y corrientes como Pedro, Juan, Jacobo y Andrés; traidores despreciados como Mateo, el recaudador de impuestos; y hombres desconocidos como Felipe, Marcos y Natanael (véase John MacArthur, *Doce hombres comunes y corrientes* [Nashville: Nelson, 2004]). Incluso las personas educadas que Él eligió (como Lucas, el médico, y Pablo, el rabino erudito) eran humildes y poco impresionantes. A tales **vasos de barro** Dios confió el tesoro incalculable del evangelio.

Dios escoge a los humildes para proclamar el evangelio **para que la excelencia del poder sea de** Él. Solo Él revela "la luz... para iluminación del conocimiento de la gloria de Dios en la faz de Jesucristo" (4:6). Dios deja claro que el poder no radica en el mensajero humano, sino en el mensaje divino porque utiliza personas frágiles y falibles. El poder de Dios trasciende las limitaciones de las vasijas de barro. Y, precisamente, esas limitaciones permiten que los cristianos experimenten la más grande demostración del poder divino.

INVENCIBLE

que estamos atribulados en todo, mas no angustiados; en apuros, mas no desesperados; perseguidos, mas no desamparados; derribados, pero no destruidos; (4:8-9)

La humildad y la debilidad de Pablo no lo paralizaron ni destruyeron, sino que lo fortalecieron. Paradójicamente, encontró aliento en su fragilidad, porque por esta el poder de Dios fluía sin obstáculos a través de él. La evaluación franca de sus limitaciones espirituales era su más grande activo, y estaba lejos de ser un impedimento para su ministerio.

Pablo fue una vasija vapuleada inmisericordemente, sus múltiples enemigos procuraban destrozarlo completamente. En 1:5 escribió: "Abundan en nosotros las aflicciones de Cristo". En los versículos 8 y 9 añadió: "Fuimos abrumados sobremanera más allá de nuestras fuerzas, de tal modo que aun perdimos la esperanza de conservar la vida. Pero tuvimos en nosotros mismos sentencia de muerte, para que no confiásemos en nosotros mismos, sino en Dios que resucita a los muertos". Sufrió "tribulaciones… necesidades… angustias… azotes… cárceles… tumultos… trabajos… desvelos… ayunos" (6:4-5) y sabía qué era el hambre, la sed, la desnudez, ser tratado con rudeza y no tener casa (1 Co. 4:11). Además de todo el sufrimiento físico que Pablo soportó (cp. 2 Co. 11:23-27), llevaba constantemente la carga pesada de "la preocupación por todas las iglesias" (11:28). Aun así, a pesar de todo su sufrimiento, había un aura de confianza en este siervo noble del Señor, pues, aunque carecía de fuerza, el poder de Dios fluía a través de él.

Pablo, en cuanto que persona poco impresionante, planteaba una pregunta sin respuesta a sus oponentes: ¿Cómo podían explicar el impacto innegable de su vida? Dado que no tenía el poder para alcanzar lo que había alcanzado, el poder debía venir de Dios. Y si Pablo ministraba en el poder de Dios, era un siervo verdadero del cielo y las acusaciones de sus oponentes en su contra eran falsas. El impacto de Pablo, a pesar de no ser un superdotado, era una refutación poderosa a los alegatos falsos hechos contra él.

Mediante cuatro contrastes, el apóstol demostró que sus incapacidades no hacían inválida su capacidad para el ministerio. Primero, estuvo atribulado **en todo, mas no** angustiado. La palabra **angustiados** es traducción del verbo *thlibō* y se refiere a estar bajo presión. Como ya se dijo, Pablo estaba bajo constante presión tanto física como espiritual; tanta que antes ya había escrito: "fuimos abrumados sobremanera más allá de nuestras fuerzas, de tal modo que aun perdimos la esperanza de conservar la vida. Pero tuvimos en nosotros mismos sentencia de muerte" (2 Co. 1:8-9). Pero, a pesar de la presión, Pablo **no** estaba angustiado. La palabra **angustiados** es traducción del verbo *stenochōreō*, que se refiere a estar confinado en un lugar angosto y apretado. La presión que Pablo enfrentaba no podía mantener su ministerio reprimido.

Segundo, Pablo estaba **en apuros, mas no** desesperado. El texto griego contiene un juego de palabras; los participios que traducen **en apuros** y **desesperados** provienen de los verbos *aporeō* y *exaporeō*, respectivamente. Pablo estaba sin palabras, pero no mudo. Estaba al borde del desespero, pero aún había salida; estaba al borde de la derrota, pero no derrotado.

Tercero, el apóstol estaba perseguido**, mas no** desamparado. La palabra **perseguidos** es traducción de *diōkō*, que significa "perseguir" o "cazar". Los múltiples enemigos de Pablo lo acosaban de día y de noche (cp. Hch. 9:23-24, 28-29; 14:5-6, 19; 20:3; 23:12). Pero, a pesar de ello, Pablo **no** estaba desamparado, desolado o abandonado. Su Señor nunca lo dejó enfrentar una dificultad imposible por sí solo.

Finalmente, Pablo estaba derribado, **mas no** destruido. La palabra **derribados** es traducción de *kataballō* y significa "atacar" con un arma o "tumbar" como en la lucha libre. La palabra **destruidos** es traducción de *apollumi*, que podría traducirse "arruinado", "perdido" o incluso "muerto". En términos del boxeo moderno, Pablo estaba noqueado, pero no eliminado. Triunfó no por escapar a la adversidad, sino por soportarla.

Nadie puede resistir tal arremetida con su propia fuerza y aun así seguir gozoso y con paz… sin mencionar la parte de seguir en el ministerio. El poder de Dios hizo que Pablo fuera temerario y formidable. Nada que pudieran hacer sus enemigos lo destruiría. Incluso matarlo solo serviría para llevarlo a la presencia del Señor (Fil. 1:21). El poder sustentador de Dios le permitió a este hombre débil triunfar sobre sus dificultades y sus enemigos (cp. 2 Co. 2:14).

SACRIFICIAL

llevando en el cuerpo siempre por todas partes la muerte de Jesús, para que también la vida de Jesús se manifieste en nuestros cuerpos. Porque nosotros que vivimos, siempre estamos entregados a muerte por causa de Jesús, para que también la vida de Jesús se manifieste en nuestra carne mortal. (4:10-11)

En el versículo 10, Pablo resume e interpreta las paradojas de los versículos 8 y 9: equivalían a llevar **en el cuerpo siempre por todas partes la muerte de Jesús, para que también la vida de Jesús se manifieste en** su cuerpo. La palabra

siempre indica la naturaleza continua del sufrimiento de Pablo; en 1 Corintios 15:31 escribió: "cada día muero" (cp. Ro. 8:36). El sufrimiento era una forma de vida para él.

Que Pablo llevara en su **cuerpo** continuamente **la muerte de Jesús** era una refutación poderosa a los alegatos de los falsos apóstoles. Argumentaban que Pablo sufría porque Dios lo estaba castigando por su vida secreta de pecado. Pero, en realidad, Pablo sufría a manos de los malvados por identificarse con Jesucristo. Quienes odian al Señor persiguen a su pueblo. Por lo tanto, las tribulaciones de Pablo, lejos de ser una señal del desagrado divino, eran en realidad una insignia de honor (cp. 2 Co. 1:5; Gá. 6:17; Fil. 3:10; Col. 1:24).

El sufrimiento por causa de Cristo no debe sorprender a ningún cristiano, pues el mismo Jesús lo predijo:

> *He aquí, yo os envío como a ovejas en medio de lobos; sed, pues, prudentes como serpientes, y sencillos como palomas. Y guardaos de los hombres, porque os entregarán a los concilios, y en sus sinagogas os azotarán; y aun ante gobernadores y reyes seréis llevados por causa de mí, para testimonio a ellos y a los gentiles. Mas cuando os entreguen, no os preocupéis por cómo o qué hablaréis; porque en aquella hora os será dado lo que habéis de hablar. Porque no sois vosotros los que habláis, sino el Espíritu de vuestro Padre que habla en vosotros. El hermano entregará a la muerte al hermano, y el padre al hijo; y los hijos se levantarán contra los padres, y los harán morir. Y seréis aborrecidos de todos por causa de mi nombre; mas el que persevere hasta el fin, éste será salvo. Cuando os persigan en esta ciudad, huid a la otra; porque de cierto os digo, que no acabaréis de recorrer todas las ciudades de Israel, antes que venga el Hijo del Hombre. El discípulo no es más que su maestro, ni el siervo más que su señor (Mt. 10:16-24; cp. Jn. 15:18-21).*

La palabra **muerte** no es traducción de *thanatos*, la palabra usual de Pablo para muerte, sino de *nekrōsis*. La palabra *thanatos* se refiere a la muerte como un hecho o un evento, mientras que *nekrōsis* describe el proceso de morir. Como ya se dijo, Pablo enfrentaba constantemente la muerte, por lo cual escribió: "Cada día muero" (1 Co. 15:31). Sabía bien qué era negarse a sí mismo, tomar su cruz cada día y seguir a Cristo (Lc. 9:23).

Pero, paradójicamente, Pablo manifestaba **la muerte de Jesús, para que también la vida de Jesús se manifieste en** su cuerpo. Así lo escribió a los gálatas: "Con Cristo estoy juntamente crucificado, y ya no vivo yo, mas vive Cristo en mí; y lo que ahora vivo en la carne, lo vivo en la fe del Hijo de Dios, el cual me amó y se entregó a sí mismo por mí" (Gá. 2:20). La persistencia en el sufrimiento valiente, fiel y paciente, manifestaba el poder del Cristo vivo en su vida. Y, como ya se dijo anteriormente, no había explicación para el impacto del ministerio de Pablo, sino por el poder de Dios que fluía a través de él.

Pablo reiteró en el versículo 11 que había experimentado simultáneamente la muerte y la vida de Jesús en su vida y agregó que tal cosa incluía a todos los creyentes. La expresión **nosotros que vivimos** denota a los redimidos, aquellos en cuya vida Cristo habita (cp. 2 Co. 13:5; Jn. 14:20; Ef. 3:17; Col. 1:27). Ellos, al igual que Pablo, **siempre** están **entregados a muerte por causa de Jesús**. El mundo los odia y los amenaza con la muerte física por estar asociados con Cristo (cp. Mt. 24:9). La palabra **entregados** es traducción de *paradidōmi*, el mismo verbo utilizado para describir el hecho de la entrega de Jesús para crucifixión (Mt. 17:22; 20:18-19; 26:2; 27:26; Hch. 3:13; Ro. 4:25; 8:32). Pero el propósito de la muerte diaria de los creyentes era, tal como para Pablo, **que también la vida de Jesús se manifieste en** su **carne mortal** (sus cuerpos físicos). El sufrimiento de los creyentes es un sacrificio con propósito que resulta en el poder de Dios desencadenado en sus vidas.

FRUCTÍFERO

De manera que la muerte actúa en nosotros, y en vosotros la vida. (4:12)

Este es la última de una serie de declaraciones paradójicas y resume los resultados fructíferos del servicio sacrificial de Pablo. La frase **la muerte actúa en nosotros** vuelve a la realidad, descrita en los versículos 10 y 11, de que Pablo enfrentaba la muerte día tras día. Literalmente, miraba la muerte a la cara regularmente para que pudiera llevar el mensaje de **vida** eterna a los corintios; estaba incluso dispuesto a morir físicamente para que ellos pudieran vivir espiritualmente.

El sufrimiento de Pablo no era para sí sino para edificación de la iglesia. Recordó esto a los filipenses: "Y aunque sea derramado en libación sobre el sacrificio y servicio de vuestra fe, me gozo y regocijo con todos vosotros" (Fil. 2:17). A los colosenses les escribió así: "Ahora me gozo en lo que padezco por vosotros, y cumplo en mi carne lo que falta de las aflicciones de Cristo por su cuerpo, que es la iglesia" (Col. 1:24). A Timoteo le dijo: "Por tanto, todo lo soporto por amor de los escogidos, para que ellos también obtengan la salvación que es en Cristo Jesús con gloria eterna" (2 Ti. 2:10). Para Pablo era un gozoso privilegio sufrir por llevar a otros el evangelio, los que serían el fruto de su resistencia valiente. Philip E. Hughes escribe:

> Es la vida invencible del Jesús resucitado en el interior de sus siervos lo que les permite ir a la muerte voluntaria y perpetuamente por amor a Él, para que la misma vida de Cristo se encienda en los corazones de otros, permitiéndoles ganar a otros más. Esta es la cadena de la fe... ininterrumpida durante todos los tiempos (*The Second Epistle to the Corinthians* [La segunda epístola a los corintios], The New International

Commentary on the New Testament [Nuevo comentario internacional del Nuevo Testamento] [Grand Rapids: Eerdmans, 1992], p. 145).

La hostilidad que Pablo enfrentaba proveniente de los incrédulos no era porque tuviera mala técnica a la hora de proclamar el evangelio. Al contrario, era prueba de que su ministerio fructífero estaba atrayendo oposición satánica.

FIEL

Pero teniendo el mismo espíritu de fe, conforme a lo que está escrito: Creí, por lo cual hablé, nosotros también creemos, por lo cual también hablamos, (4:13)

El deseo de Pablo por dar fruto no significaba que fuera a hacer concesiones en el mensaje del evangelio. El apóstol seguiría fiel a sus convicciones y predicaría lo que sabía cierto.

Pablo declaró que tenía **el mismo espíritu** o actitud **de fe** —en otras palabras, creía lo mismo— que **lo que está escrito**. Es decir, estaba de acuerdo con el salmista que escribió: "**Creí, por lo tanto hablé**" (Sal. 116:10). Esta fue su respuesta a los críticos de su predicación audaz. Su fe inalterable lo impulsaba a predicar (cp. Ro. 1:15; 1 Co. 9:16); para él era imposible creer la verdad del evangelio y no proclamarlo. Quien carece de convicción en la predicación revela que carece de convicción en el corazón. Buscan la comodidad, prestigio y popularidad que resulta de silenciar el mensaje porque su confianza es débil. La verdadera creencia impulsa al testimonio inquebrantable, fuerte y consecuente, de la verdad. Martín Lutero declaró desafiante lo siguiente en el juicio por su fe ante la Dieta de Worms:

> A menos que me ilustren y convenzan con evidencia de las Sagradas Escrituras o con diferentes sustentos o razonamientos abiertos y claros —y mi conciencia es cautiva de la Palabra de Dios—, no puedo retractarme ni lo voy a hacer, porque no es sabio ni seguro actuar en contra de la conciencia. Esa es mi posición. No puedo hacer algo diferente. ¡Que Dios me ayude! Amén (James M. Kittelson, *Luther the Reformer* [Lutero el reformador] [Minneapolis: Augsburg, 1986], p. 161).

Quienes creen genuinamente la verdad no pueden evitar hablar de ella.

ESPERANZADO

sabiendo que el que resucitó al Señor Jesús, a nosotros también nos resucitará con Jesús, y nos presentará juntamente con vosotros. (4:14)

Pablo era audaz y valiente en la predicación del evangelio porque este aporta la realidad más gloriosa e importante: la esperanza de la resurrección para todos los que creen. Así, el apóstol estuvo dispuesto a poner su vida en el paredón **sabiendo que el que resucitó al Señor Jesús** (Dios Padre; cp. 1:9; Hch. 2:24, 32; 3:15; 4:10; 5:30; 10:40; 13:30, 33, 37; Ro. 8:11; 10:9; 1 Co. 6:14; 15:15; Gá. 1:1; Col. 2:12; 1 P. 1:21), **a** él **también** lo **resucitará con Jesús**. La muerte no lo aterrorizaba porque sabía que "las aflicciones del tiempo presente no son comparables con la gloria venidera que en [él] ha de manifestarse" (Ro. 8:18). Cuando esperaba su ejecución, pudo escribir esto a Timoteo:

> *Porque yo ya estoy para ser sacrificado, y el tiempo de mi partida está cercano. He peleado la buena batalla, he acabado la carrera, he guardado la fe. Por lo demás, me está guardada la corona de justicia, la cual me dará el Señor, juez justo, en aquel día; y no sólo a mí, sino también a todos los que aman su venida (2 Ti. 4:6-8).*

Pablo confiaba en que Dios presentaría a los corintios, y a él, santos y sin mancha ante la mirada divina. En 2 Corintios 11:2 escribió: "Porque os celo con celo de Dios; pues os he desposado con un solo esposo, para presentaros como una virgen pura a Cristo" (cp. Ef. 5:27; Jud. 24). Pablo no solo estaba dispuesto a arriesgar su vida por su propia esperanza del cielo, sino por la de aquellos que oirían y creerían.

ADORADOR

Porque todas estas cosas padecemos por amor a vosotros, para que abundando la gracia por medio de muchos, la acción de gracias sobreabunde para gloria de Dios. (4:15)

La declaración de Pablo según la cual hizo **todas estas cosas** por amor a los corintios revela su abnegación. Pero su objetivo final era que Dios recibiera la gloria por la **gracia** salvadora que **por medio de muchos** estaba **abundando** a través de los esfuerzos evangelísticos suyos y de los creyentes corintios. El resultado era que **la acción de gracias** sobreabundaba **para gloria de Dios** en tanto los redimidos lo alababan por la bendición de la salvación.

Claramente, la meta de Pablo nunca fue su propia comodidad, reputación o popularidad. Tampoco era, al final, la salvación del resto. La meta final de Pablo era que más voces se añadieran al coro celestial de alabanza y adoración a Dios. Los siervos del Señor sumergen sus corazones y almas en la luz de la gloria de Dios que se refleja en el rostro de Jesucristo. Entonces, con generosidad, reflejan tal gloria majestuosa a los demás de modo que puedan salvarse y adorar a Dios. En palabras de Daniel, "los entendidos resplandecerán como el resplandor del firmamento; y los que enseñan la justicia a la multitud, como las estrellas a perpetua eternidad" (Dn. 12:3).

El plan asombroso de Dios es utilizar vasos de barro para llevar el tesoro incalculable del evangelio glorioso a los pecadores necesitados. En la medida en que ellos le sirvan fiel y humildemente, el poder divino fluirá a través de ellos. El resultado será que muchos adorarán y glorificarán a Dios, exclamando: "Al que está sentado en el trono, y al Cordero, sea la alabanza, la honra, la gloria y el poder, por los siglos de los siglos" (Ap. 5:13).

Secretos para soportar las pruebas 11

Por tanto, no desmayamos; antes aunque este nuestro hombre exterior se va desgastando, el interior no obstante se renueva de día en día. Porque esta leve tribulación momentánea produce en nosotros un cada vez más excelente y eterno peso de gloria; no mirando nosotros las cosas que se ven, sino las que no se ven; pues las cosas que se ven son temporales, pero las que no se ven son eternas. (4:16-18)

En este mundo caído, la vida para los cristianos es una mezcla de alegría y tristeza, de bendición y sufrimiento, de triunfo y tragedia. A todos nos pasa que el hecho de que "como las chispas se levantan para volar por el aire, así el hombre nace para la aflicción" (Job 5:7) mitiga las relaciones satisfactorias, los momentos agradables y las experiencias emocionantes. Ni siquiera los cristianos están exentos de los problemas humanos normales. Jesús advirtió: "En el mundo tendréis aflicción" (Jn. 16:33). Pablo y Bernabé instruyeron a los nuevos creyentes así: "Es necesario que a través de muchas tribulaciones entremos en el reino de Dios" (Hch. 14:22). Pablo le recordó esto a Timoteo: "Todos los que quieren vivir piadosamente en Cristo Jesús padecerán persecución" (2 Ti. 3:12). Santiago escribió: "Tened por sumo gozo cuando os halléis en diversas pruebas" (Stg. 1:2). La desilusión, el descontento, el dolor, la pena, la pérdida, los desastres de varios tipos, las vueltas que da la vida y la persecución marcarán el curso de la existencia.

Quienes aprenden a superar con éxito las dificultades de la vida, aprenden a permanecer en la fe. Este pasaje revela el medio para enfrentar la vida como lo hizo Pablo: "Atribulados en todo, mas no angustiados; en apuros, mas no desesperados; perseguidos, mas no desamparados; derribados, pero no destruidos" (2 Co. 4:8-9). Quienes aprenden la fortaleza para permanecer en la fe experimentarán la paradoja de estar al borde de la muerte en cada momento y, sin embargo, en la cúspide de la vida, de "[llevar] en el cuerpo siempre por todas partes la muerte de Jesús, para que también la vida de Jesús se manifieste en [sus] cuerpos. Porque [quienes viven], siempre [están] entregados a muerte por causa de Jesús, para que también la vida de Jesús se manifieste en [su] carne mortal" (4:10-11). Podrán entonces decir llenos de alegría como David: "El SEÑOR afirma los pasos del hombre cuando le agrada su modo de vivir; podrá tropezar, pero no caerá, porque el SEÑOR lo sostiene de la mano" (Sal. 37:23-24, NVI). Se harán notorios por su "paciencia y fe en todas [las] persecuciones y tribulaciones que [soportan]" (2 Ts. 1:4). Serán fuertes "en la gracia que es en Cristo Jesús" (2 Ti. 2:1), capaces de sufrir "penalidades como buen soldado de Jesucristo" (2 Ti. 2:3; cp. 4:5).

El apóstol Pablo entendía cómo podía soportar las dificultades más amenazantes de la vida. Las Escrituras lo presentan como el mejor ejemplo para aprender a soportar porque su sufrimiento fue severo. No es fácil imaginar a alguien que haya sufrido hostilidad más seria y constante que Pablo, de modo que su respuesta nos muestra hasta dónde podríamos llegar en caso de persecución... e incluso más allá de esta, donde quizás nosotros jamás lleguemos.

A partir del momento de la conversión de Pablo, se convirtió en un blanco para la oposición y la persecución. Tras su transformación dramática en el camino a Damasco (Hch. 9:1-19), "en seguida [predicó] a Cristo en las sinagogas, diciendo que éste era el Hijo de Dios" (Hch. 9:20). "Y confundía a los judíos que moraban en Damasco, demostrando que Jesús era el Cristo" (Hch. 9:22). Por tanto, "los judíos resolvieron en consejo matarle; pero sus asechanzas llegaron a conocimiento de Saulo. Y ellos guardaban las puertas de día y de noche para matarle. Entonces los discípulos, tomándole de noche, le bajaron por el muro, descolgándole en una canasta" (9:23-25). En Antioquía de Pisidia, "viendo los judíos la muchedumbre, se llenaron de celos, y rebatían lo que Pablo decía, contradiciendo y blasfemando" (13:45). Entonces "instigaron a mujeres piadosas y distinguidas, y a los principales de la ciudad, y levantaron persecución contra Pablo y Bernabé, y los expulsaron de sus límites" (13:50). En Iconio "los judíos que no creían excitaron y corrompieron los ánimos de los gentiles contra los hermanos" (14:2). Por ello, "la gente de la ciudad estaba dividida: unos estaban con los judíos, y otros con los apóstoles. Pero cuando los judíos y los gentiles, juntamente con sus gobernantes, se lanzaron a afrentarlos y apedrearlos, habiéndolo sabido, huyeron a Listra y Derbe, ciudades de Licaonia, y a toda la región circunvecina" (14:4-6). A Listra llegaron "unos judíos de Antioquía y de Iconio, que persuadieron a la multitud, y habiendo apedreado a Pablo, le arrastraron fuera de la ciudad, pensando que estaba muerto. Pero rodeándole los discípulos, se levantó y entró en la ciudad" (14:19-20). En Filipos lo azotaron y lo encarcelaron (16:16-24). En Tesalónica su predicación enfureció a los judíos y provocó un alboroto que forzó al apóstol a dejar la ciudad e ir a Berea (17:5-10). Pero "cuando los judíos de Tesalónica supieron que también en Berea era anunciada la palabra de Dios por Pablo, fueron allá, y también alborotaron a las multitudes" (17:13). En Corinto, "Pablo estaba entregado por entero a la predicación de la palabra, testificando a los judíos que Jesús era el Cristo. Pero oponiéndose y blasfemando éstos, les dijo, sacudiéndose los vestidos: 'Vuestra sangre sea sobre vuestra propia cabeza; yo, limpio; desde ahora me iré a los gentiles'" (18:5-6). Después, los judíos frustrados arrojaron a Pablo ante el procónsul romano Galión, quien en resumen desechó las acusaciones contra el apóstol (18:12-16). En Éfeso, la predicación temeraria de Pablo le puso en conflicto con los artesanos que se beneficiaban de la adoración a la diosa Artemisa. Los artesanos provocaron una revuelta de seguidores frenéticos de Artemisa porque vieron su negocio amenazado por el número creciente de convertidos al cristianismo que Pablo estaba influenciando (19:23ss.). De vuelta a Palestina, Pablo tuvo que cambiar sus planes de viaje por un complot de los judíos para matarlo (20:3). En Jerusalén, los judíos de Asia Menor reconocieron a Pablo en el templo. Sus acusaciones falsas en contra de Pablo agitaron a la multitud, y solo la llegada de un destacamento de soldados romanos salvó a Pablo de que la masa enardecida lo golpeara y lo matara (21:27-32). Aun después de estar bajo la custodia romana, los judíos lo buscaban para matarlo. Más de cuarenta de ellos estaban fraguando un plan para quitarle la vida, plan que se frustró cuando el sobrino de Pablo lo descubrió y avisó al comandante romano (23:12-22). Tras languidecer en la custodia romana por dos años, Pablo ejerció sus derechos como ciudadano romano para apelar al César. El viaje consiguiente a Roma terminó en naufragio después de una tormenta horrible de dos semanas en el mar (Hch. 27). Aunque Pablo quedó libre de su primer encarcelamiento romano, con el tiempo volvieron a arrestarlo. En su última prisión, sus amigos lo olvidaron y le escribió con tristeza a Timoteo: "Ya sabes esto, que me abandonaron todos los que están en Asia, de los cuales son Figelo y Hermógenes... En mi primera defensa ninguno estuvo a mi lado, sino que todos me desampararon; no les sea tomado en cuenta" (2 Ti. 1:15; 4:16).

Sin embargo, a pesar de las dificultades implacables de Pablo, soportó triunfante y, al final de su vida, declaró: "He peleado la buena batalla, he acabado la carrera, he guardado la fe. Por lo demás, me está guardada la corona de justicia, la cual me dará el Señor, juez justo, en aquel día" (2 Ti. 4:7-8). Soportó la carrera hasta el final; nunca desertó en medio de la batalla; permaneció fiel hasta la muerte. Y así lo hizo su Señor, por lo cual Pablo escribió de su propia experiencia:

¿Quién nos separará del amor de Cristo? ¿Tribulación, o angustia, o persecución, o hambre, o desnudez, o peligro, o espada? Como está escrito: Por causa de ti somos muertos todo el tiempo; somos contados como ovejas de matadero. Antes, en todas estas cosas somos más que vencedores por medio de aquel que nos amó. Por lo cual estoy seguro de que ni la muerte, ni la vida, ni ángeles, ni principados, ni potestades, ni lo presente, ni lo por venir, ni lo alto, ni lo profundo, ni

ninguna otra cosa creada nos podrá separar del amor de Dios, que es en Cristo Jesús Señor nuestro (Ro. 8:35-39).

Todos los cristianos pueden aprender del ejemplo de Pablo cómo soportar la soledad, la desilusión, el dolor y la persecución. Fue su visión de la gloria de Dios revelada en el rostro de Jesucristo (véase la explicación de 3:18—4:6 en el capítulo 9 de este volumen) lo que cambió tan radicalmente la perspectiva de Pablo sobre la vida, sus sufrimientos inclusive. Tal visión es el fundamento para vivir una vida triunfante; por la realidad sorprendente de todo lo que era suyo en Cristo y el nuevo pacto, no desmayaba. No había sufrimiento que le hiciera abandonar su llamado, privilegios o deberes. Con base en la realidad de la gloria de Dios revelada en Jesucristo y el poderoso cuidado divino en la vida de Pablo, el apóstol da, en los versículos 16-18, tres razones celestiales para resistir aquí en la Tierra; tres principios que le permitieron **no** desmayar. Exhorta a los creyentes a valorar la fuerza espiritual sobre la física, el futuro sobre el presente y lo eterno sobre lo temporal.

VALORAR LA FUERZA ESPIRITUAL SOBRE LA FUERZA FÍSICA

Por tanto, no desmayamos; antes aunque este nuestro hombre exterior se va desgastando, el interior no obstante se renueva de día en día. (4:16)

La expresión **antes aunque** podría traducirse "aun si", "aun cuando" o "puesto que". Expresa una condición que se supone cierta y establece la primera razón por la cual Pablo soportó el sufrimiento y **no** desmayó. Podría soportar lo que fuera en el reino físico porque estaba más interesado en el reino espiritual. El **hombre exterior** es como un vaso de barro (4:7) y "carne mortal" (4:11), una referencia al cuerpo físico, la parte perecedera del hombre. Desde el nacimiento hasta la muerte, el cuerpo se está **desgastando**, un proceso descrito gráficamente por Salomón en Eclesiastés 12:1-7:

Acuérdate de tu Creador en los días de tu juventud, antes que vengan los días malos, y lleguen los años de los cuales digas: No tengo en ellos contentamiento; antes que se oscurezca el sol, y la luz, y la luna y las estrellas, y vuelvan las nubes tras la lluvia; cuando temblarán los guardas de la casa [los brazos y las manos], y se encorvarán los hombres fuertes, y cesarán las muelas porque han disminuido, y se oscurecerán los que miran por las ventanas [los ojos]; y las puertas de afuera se cerrarán, por lo bajo del ruido de la muela; cuando se levantará a la voz del ave [insomnio], y todas las hijas del canto serán abatidas [pérdida del oído]; cuando también temerán de lo que es alto, y habrá terrores en el camino [porque sus huesos quebradizos se pueden romper fácilmente]; y florecerá el almendro [el cabello se torna blanco], y la langosta será una carga [falta de movilidad],

*y se perderá el apetito; porque el hombre va a su morada eterna, y los endechadores
andarán alrededor por las calles; antes que la cadena de plata [quizás la espina
dorsal] se quiebre, y se rompa el cuenco de oro [quizás el cerebro], y el cántaro se
quiebre junto a la fuente, y la rueda sea rota sobre el pozo [quizás el corazón y el
sistema circulatorio]; y el polvo vuelva a la tierra, como era, y el espíritu vuelva a
Dios que lo dio [la muerte, el final del proceso de envejecimiento].*

Pero el **hombre exterior** de Pablo no solo se estaba **desgastando** por el
proceso normal de envejecimiento, sino por la vida anormalmente ardua que
llevaba. El apóstol estaba viejo antes de serlo, exhausto en la causa de Cristo.
Tampoco fueron solamente el hambre, el insomnio y la enfermedad las cosas
que le pasaron factura a Pablo; fueron las palizas que su cuerpo recibió por
cuenta de sus enemigos. Con razón escribió a los gálatas así: "Traigo en mi
cuerpo las marcas del Señor Jesús" (Gá. 6:17). Su cuerpo cargaba las cicatrices
de las palizas (Hch. 16:22; 21:30-32), latigazos (2 Co. 11:24) e incluso una lapidación (Hch. 14:19; 2 Co. 11:25), además de las prisiones (Hch. 16:24).

Pero en correlación directa como en el **hombre exterior** de Pablo que moría,
está el crecimiento y maduración del hombre **interior**. El hombre **interior** es el
corazón, el alma, que vive para siempre. En la salvación vuelve a nacer, hecho
nuevo (2 Co. 5:17), convirtiéndose en un nuevo hombre (Ef. 4:24; Col. 3:10),
que **se renueva** constantemente en la gracia santificadora. Pablo oró para que
Dios continuara la renovación de los efesios "conforme a las riquezas de su gloria" y definió tal obra santificadora y renovadora como la fortaleza "con poder
en el hombre interior por su Espíritu" (Ef. 3:16). En tanto esto ocurriera, Efesios 3:17-19 se haría realidad:

*Para que habite Cristo por la fe en vuestros corazones, a fin de que, arraigados
y cimentados en amor, seáis plenamente capaces de comprender con todos los
santos cuál sea la anchura, la longitud, la profundidad y la altura, y de conocer
el amor de Cristo, que excede a todo conocimiento, para que seáis llenos de toda
la plenitud de Dios.*

La verdad aparentemente paradójica es que cuando los creyentes están débiles físicamente, al final de sus propios recursos, están en el lugar donde pueden
hacerse espiritualmente fuertes: "Por lo cual", escribió Pablo, "por amor a Cristo
me gozo en las debilidades, en afrentas, en necesidades, en persecuciones, en
angustias; porque cuando soy débil, entonces soy fuerte" (2 Co. 12:10). Isaías se
hizo eco de la misma verdad:

*¿Acaso no lo sabes? ¿Acaso no te has enterado? El Señor es el Dios eterno,
creador de los confines de la tierra. No se cansa ni se fatiga, y su inteligencia*

es insondable. Él fortalece al cansado y acrecienta las fuerzas del débil. Aun los jóvenes se cansan, se fatigan, y los muchachos tropiezan y caen; pero los que confían en el Señor renovarán sus fuerzas; volarán como las águilas: correrán y no se fatigarán, caminarán y no se cansarán (Is. 40:28-31, NVI).

Las pruebas, tribulaciones y dificultades de la vida solo sirven para edificar al hombre interior, porque llevan a los creyentes a depender de Dios humildemente, en oración y esperanza. Por lo que Pablo experimentó del poder de Dios en su sufrimiento podía decir: "Todo lo puedo en Cristo que me fortalece" (Fil. 4:13). Al final de su vida, despojado de consuelo y apoyo humano, declaró: "Pero el Señor estuvo a mi lado, y me dio fuerzas" (2 Ti. 4:17). Pedro añadió: "Mas el Dios de toda gracia, que nos llamó a su gloria eterna en Jesucristo, después que hayáis padecido un poco de tiempo, él mismo os perfeccione, afirme, fortalezca y establezca" (1 P. 5:10). El sufrimiento vigoriza el crecimiento espiritual.

El **hombre exterior** que se desgasta perecerá, pero todos los creyentes recibirán un día un cuerpo nuevo, imperecedero (2 Co. 5:1-5; Ro. 8:22-23; 1 Co. 15:42-44, 49). Reconocer esto motiva a los creyentes a dar más valor al hombre **interior** que al **exterior**, cosa que produce resistencia espiritual.

VALORAR EL FUTURO SOBRE EL PRESENTE

Porque esta leve tribulación momentánea produce en nosotros un cada vez más excelente y eterno peso de gloria; (4:17)

Los sufrimientos físicos de Pablo no solo lo hicieron espiritualmente fuerte; también enriquecieron su recompensa eterna. El apóstol sobrepasó a sus enemigos y sus problemas que, en lugar de hacerle daño, le aseguraron una mayor recompensa celestial.

Como Pablo, los creyentes perseguidos y en sufrimiento deben ver la Tierra con ojos celestiales. Cuando el dolor terrenal se pone en la balanza, comparado con la recompensa eterna de los creyentes, su peso es poco. Pablo expresó la perspectiva apropiada sobre el sufrimiento al describirlo como una **leve** tribulación momentánea. Aunque la tribulación de Pablo era constante e intensa, él la veía leve (fácil de llevar; insignificante) y **momentánea** desde la perspectiva de la eternidad. Sabía que su vida era "neblina que se aparece por un poco de tiempo, y luego se desvanece" (Stg. 4:14), después de la cual "el hombre va a su morada eterna" (Ec. 12:5). Escribió así a los romanos: "Si… padecemos juntamente con él… juntamente con él [seremos] glorificados. Pues tengo por cierto que las aflicciones del tiempo presente no son comparables con la gloria venidera que en nosotros ha de manifestarse" (Ro. 8:17-18). Pedro también escribió sobre la relación entre el sufrimiento y la gloria eterna. Después de describir la herencia celestial de los creyentes en 1 Pedro 1:3-5, escribió:

> *En lo cual vosotros os alegráis, aunque ahora por un poco de tiempo, si es nece-*
> *sario, tengáis que ser afligidos en diversas pruebas, para que sometida a prueba*
> *vuestra fe, mucho más preciosa que el oro, el cual aunque perecedero se prueba*
> *con fuego, sea hallada en alabanza, gloria y honra cuando sea manifestado*
> *Jesucristo (vv. 6-7).*

Las pruebas, tribulaciones y dificultades de la vida tienen un efecto positivo porque producen **en nosotros un cada vez más excelente y eterno peso de gloria.** El **peso de gloria**, puesto en la balanza con el sufrimiento de esta vida, inclina fuertemente la escala a favor de la recompensa eterna. Hay una correlación directa entre el sufrimiento de esta vida y la **gloria** (capacidad de alabar y glorificar a Dios) en la siguiente. La mayor gloria otorgada la recibió Jesús por soportar el más grande sufrimiento de la historia. Porque "se humilló a sí mismo, haciéndose obediente hasta la muerte, y muerte de cruz… Dios también le exaltó hasta lo sumo, y le dio un nombre que es sobre todo nombre" (Fil. 2:8-9). Jesús confirmó tal principio en un incidente registrado en Mateo 20:20-23:

> *Entonces se le acercó la madre de los hijos de Zebedeo con sus hijos, postrándose*
> *ante él y pidiéndole algo. Él le dijo: ¿Qué quieres? Ella le dijo: Ordena que en tu*
> *reino se sienten estos dos hijos míos, el uno a tu derecha, y el otro a tu izquierda.*
> *Entonces Jesús respondiendo, dijo: No sabéis lo que pedís. ¿Podéis beber del vaso*
> *que yo he de beber, y ser bautizados con el bautismo con que yo soy bautizado?*
> *Y ellos le dijeron: Podemos. Él les dijo: A la verdad, de mi vaso beberéis, y con*
> *el bautismo con que yo soy bautizado, seréis bautizados; pero el sentaros a mi*
> *derecha y a mi izquierda, no es mío darlo, sino a aquellos para quienes está pre-*
> *parado por mi Padre.*

En respuesta a las peticiones egoístas por los lugares de prominencia en el reino, Jesús señaló que tales lugares son para quienes beben la copa del sufrimiento, una referencia a su muerte en la cruz (Mt. 26:39). De modo que la gloria mayor en el reino está reservada para quienes más sufren en esta vida. Pedro escribió: "Gozaos por cuanto sois participantes de los padecimientos de Cristo, para que también en la revelación de su gloria os gocéis con gran alegría" (1 P. 4:13).

De hecho, el **eterno peso de gloria** que experimentarán los creyentes es mucho mayor que el sufrimiento de esta vida, tanto que Pablo lo describió como un peso **cada vez más excelente**. El texto griego dice literalmente *huperbolē* (del cual se deriva la palabra *hipérbole*) *eis huperbolē*, que forma una expresión doble para darle el mayor énfasis. La frase significa "fuera de toda proporción". El

peso de gloria que espera a los creyentes excede todos los límites; está más allá de la posibilidad de exagerarlo o hablar de más. Pablo también utilizó la palabra *huperbolē* en 2 Corintios 1:8 para describir la intensidad de sus sufrimientos. Aunque sufrió más en comparación con otros en esta Tierra, recibiría su recompensa más allá de toda proporción o comparación en el cielo. (En hebreo, la palabra "gloria" proviene de la misma raíz que la palabra que significa "pesado", influenciando aquí tal vez la elección de palabras de Pablo.)

Es menester mencionar aquí que el único sufrimiento que produce el **eterno peso de gloria** es el que se sufre por Cristo, el que lo honra a Él. Ya sea que el sufrimiento llegue por el testimonio fiel, leal y comprometido de los creyentes con el Señor Jesucristo; o por soportar con paciencia las pruebas normales de la vida, como una enfermedad, divorcio, pobreza y soledad, si se soportan con una actitud humilde, agradecida y que honra a Dios, añadirá más al **eterno peso de gloria**. Por otro lado, sufrir las consecuencias del pecado no contribuye a nuestra bendición celestial y puede quitar algunas de las recompensas obtenidas (2 Jn. 8). Pedro escribió: "Pues ¿qué gloria es, si pecando sois abofeteados, y lo soportáis? Mas si haciendo lo bueno sufrís, y lo soportáis, esto ciertamente es aprobado delante de Dios" (1 P. 2:20), y:

> *Si sois vituperados por el nombre de Cristo, sois bienaventurados, porque el glorioso Espíritu de Dios reposa sobre vosotros. Ciertamente, de parte de ellos, él es blasfemado, pero por vosotros es glorificado. Así que, ninguno de vosotros padezca como homicida, o ladrón, o malhechor, o por entremeterse en lo ajeno; pero si alguno padece como cristiano, no se avergüence, sino glorifique a Dios por ello (1 P. 4:14-16).*

En medio de las lágrimas presentes de Pablo, nunca perdió de vista la gloria futura que le esperaba en el cielo.

VALORAR LO ETERNO SOBRE LO TEMPORAL

no mirando nosotros las cosas que se ven, sino las que no se ven; pues las cosas que se ven son temporales, pero las que no se ven son eternas. (4:18)

Pablo mantiene el enfoque en la eternidad reconociendo que "la apariencia de este mundo se pasa" (1 Co. 7:31; cp. 1 Jn. 2:17). Enfatizó la importancia de tener una perspectiva celestial cuando recordó esto a los corintios en el versículo 14 de este capítulo: "El que resucitó al Señor Jesús, a nosotros también nos resucitará con Jesús, y nos presentará juntamente con vosotros". En 1 Corintios 2:9 escribió: "Cosas que ojo no vio, ni oído oyó, ni han subido en corazón de hombre, son las que Dios ha preparado para los que le aman". Llamó a los filipenses a centrarse en que "Nuestra ciudadanía está en los cielos, de donde también esperamos al Salvador, al Señor Jesucristo; el cual transformará el cuerpo de la humillación nuestra, para que sea semejante al cuerpo de la gloria suya, por el poder con el cual puede también sujetar a sí mismo todas las cosas" (Fil. 3:20-21). Y así exhortó a los colosenses: "Poned la mira en las cosas de arriba, no en las de la tierra" (Col. 3:2).

Pero este enfoque en las realidades eternas y celestiales no se consigue de manera automática; requiere esfuerzo de parte de los creyentes y Pablo escribió que solo ocurre **mirando**. La capacidad para permanecer fiel llega cuando los creyentes miran en la dirección correcta, es decir, no cuando miran **las cosas que se ven, sino las que no se ven; pues** —explica Pablo— **las cosas que se ven son temporales, pero las que no se ven son eternas.** La palabra *proskairos* (**temporales**) se refiere a cosas que no duran, que están destinadas a perecer un día, que pertenecen al tiempo. En resumen, *proskairos* comprende todo lo que no es eterno: todas las ideas valores, normas y logros temporales del mundo material.

Los encantos del mundo pasajero no le interesaban a Pablo. No le interesaba acumular fortuna, tener una mansión o una carrera prominente. Tal actitud lo hacía ver a los ojos del mundo como un fracaso colosal. Después de todo, Pablo era un judío helenista altamente educado, un estudiante del rabino más prominente de su época, Gamaliel (Hch. 22:3; cp. 5:34); posiblemente miembro del sanedrín (Hch. 26:10). Podría haber escalado a la cima de la sociedad judía (cp. Gá. 1:14). Con todo, rechazó alegremente todo esto, para volverse, como sus enemigos dijeron despectivamente, "cabecilla de la secta de los nazarenos" (Hch. 24:5). Tal evaluación humana sobre él le preocupaba poco y nada al apóstol, porque reconocía que "el mundo pasa, y sus deseos; pero el que hace la voluntad de Dios permanece para siempre" (1 Jn. 2:17).

Cuando Pablo llamó a los creyentes a concentrarse en las **cosas** que son **eternas** tenía en mente al Dios trino y las almas de los hombres (los otros seres eternos son los ángeles santos y los ángeles caídos [demonios], pero no son los que aquí está considerando). Su devoción a Dios puede verse en las múltiples explosiones de alabanza a Él (por ejemplo, Ro. 11:33-36; 16:27; Gá. 1:5; Ef. 3:21; Fil. 4:20; 1 Ti. 1:17; 6:16; 2 Ti. 4:18). Por su lealtad extrema a Cristo quisiera "estar [ausente] del cuerpo, y [presente] al Señor" (2 Co. 5:8; cp. Fil. 1:23). La mayor meta de su vida era ser seguidor de Jesucristo (1 Co. 11:1). Y Pablo vivía en sumisión a la dirección del Espíritu (cp. Hch. 16:6-7), ministraba en el poder del Espíritu (1 Ts. 1:5) y manifestaba el fruto del Espíritu (cp. Gá. 5:22-23).

Pablo también sentía celo por las almas de los hombres, tanto que exclamó: "Verdad digo en Cristo, no miento, y mi conciencia me da testimonio en el Espíritu Santo, que tengo gran tristeza y continuo dolor en mi corazón. Porque deseara yo mismo ser anatema, separado de Cristo, por amor a mis hermanos, los que son mis parientes según la carne; que son israelitas" (Ro. 9:1-4). Su pasión por las almas eternas de los hombres era la razón por la cual estaba dispuesto a soportarlo todo "por amor de los escogidos, para que ellos también obtengan la salvación que es en Cristo Jesús con gloria eterna" (2 Ti. 2:10). Tal pasión le costó a Pablo la vida más adelante.

Pablo era el mejor ejemplo de alguien que entendía el secreto para no desmayar sin importar cuán difíciles fueran las pruebas o las dolorosas circunstancias. Quienes cultivan la fuerza espiritual en su interior, como Pablo, no permiten que el presente los ciegue el futuro, y ponen su corazón en las realidades eternas, no temporales, tendrán la posibilidad de exclamar gozosos con el apóstol: "Que estamos atribulados en todo, mas no angustiados; en apuros, mas no desesperados; perseguidos, mas no desamparados; derribados, pero no destruidos" (2 Co. 4:8-9).

Enfrentar la muerte con confianza   **12**

Porque sabemos que si nuestra morada terrestre, este tabernáculo, se deshiciere, tenemos de Dios un edificio, una casa no hecha de manos, eterna, en los cielos. Y por esto también gemimos, deseando ser revestidos de aquella nuestra habitación celestial; pues así seremos hallados vestidos, y no desnudos. Porque asimismo los que estamos en este tabernáculo gemimos con angustia; porque no quisiéramos ser desnudados, sino revestidos, para que lo mortal sea absorbido por la vida. Mas el que nos hizo para esto mismo es Dios, quien nos ha dado las arras del Espíritu. Así que vivimos confiados siempre, y sabiendo que entre tanto que estamos en el cuerpo, estamos ausentes del Señor (porque por fe andamos, no por vista); pero confiamos, y más quisiéramos estar ausentes del cuerpo, y presentes al Señor. (5:1-8)

En los tiempos en que Pablo escribía esta carta, enfrentaba la muerte a diario. La hostilidad lo rodeaba, la animosidad era constante, así como la realidad y amenaza de la oposición y de la persecución terminal. Los incrédulos judíos y gentiles buscaban quitarle la vida, lo veían como un peligro para su religión (cp. Hch. 13:50; 18:13), su prosperidad económica (cp. Hch. 19:23-27) e incluso para la estabilidad política (cp. Hch. 17:6). El sentido de muerte inminente aparece repetidamente en esta epístola:

> *Porque hermanos, no queremos que ignoréis acerca de nuestra tribulación que nos sobrevino en Asia; pues fuimos abrumados sobremanera más allá de nuestras fuerzas, de tal modo que aun perdimos la esperanza de conservar la vida. Pero tuvimos en nosotros mismos sentencia de muerte, para que no confiásemos en nosotros mismos, sino en Dios que resucita a los muertos; el cual nos libró, y nos libra, y en quien esperamos que aún nos librará, de tan gran muerte (2 Co. 1:8-10).*

> *Pero tenemos este tesoro en vasos de barro, para que la excelencia del poder sea de Dios, y no de nosotros, que estamos atribulados en todo, mas no angustiados;*

en apuros, mas no desesperados; perseguidos, mas no desamparados; derribados, pero no destruidos; llevando en el cuerpo siempre por todas partes la muerte de Jesús, para que también la vida de Jesús se manifieste en nuestros cuerpos. Porque nosotros que vivimos, siempre estamos entregados a muerte por causa de Jesús, para que también la vida de Jesús se manifieste en nuestra carne mortal. De manera que la muerte actúa en nosotros, y en vosotros la vida (4:7-12)

Dijo esto para describirse: "Como moribundos, mas he aquí vivimos; como castigados, mas no muertos" (6:9) y: "En peligros de muerte muchas veces" (11:23). ¿Cómo enfrentaba la realidad de que, como soldado en primera fila, vivía constantemente al filo de la muerte?

Algunos podrían haber esperado que Pablo mermara su promulgación temeraria del evangelio, pues la predicación era la que airaba a sus enemigos y ponía en peligro su vida. Que evitara más la confrontación habría mitigado las amenazas contra él. Pero cuanto más se intensificaban la hostilidad y la persecución, más atrevido se volvía Pablo. No titubeó nunca a la hora de proclamar con valentía la verdad. Como enfrentaba la muerte con confianza, incluso alegremente, la perspectiva triunfante lo llevó a escribir: "[Quisiera] estar [ausentes] del cuerpo, y [presentes] al Señor" (5:8), y: "Porque para mí el vivir es Cristo, y el morir es ganancia… Porque de ambas cosas estoy puesto en estrecho, teniendo deseo de partir y estar con Cristo, lo cual es muchísimo mejor" (Fil. 1:21, 23). Y como no temía a la muerte, no temía a la persecución, el dolor o el sufrimiento; podía estar siempre confiado (2 Co. 5:6, 8).

Este pasaje edifica sobre los fundamentos que Pablo reveló en 4:16-18, cuando escribió que, sin importar cuán difíciles fueran las circunstancias, "no [desmayaba]; antes aunque [su] hombre exterior se [iba] desgastando, el interior no obstante se [renovaba] de día en día". Entendió que la "leve tribulación momentánea [producía] en [él] un cada vez más excelente y eterno peso de gloria; no mirando… las cosas que se ven, sino las que no se ven; pues las cosas que se ven son temporales, pero las que no se ven son eternas" (4:16-18). Sufrió alegremente en este mundo por la mayor recompensa en el mundo venidero.

La muerte llega para todo el mundo como un arrendador que, sin ninguna simpatía, ondea la orden de desalojo. Pero, para los creyentes, esta orden de desalojo tan solo los libera de esta Tierra desgraciada y los lleva a una morada infinitamente grandiosa y gloriosa en una ciudad celestial. Para el creyente, entonces, los sufrimientos, desilusiones y tristezas de esta vida son peores que la muerte. La muerte libera a los creyentes del suburbio relativamente ruinoso en el cual viven ahora y los lleva a una habitación en la casa del Padre eterno en la ciudad celestial.

Sabiendo esto, los cristianos no deben temer a la muerte. Deben tener el deseo de "partir y estar con Cristo, lo cual es muchísimo mejor" (Fil. 1:23). Por supuesto, no quiere ello decir que podrían ser insensatos o descuidados con sus vidas; sus cuerpos pertenecen a Dios (1 Co. 6:19-20). Pero la preocupación obsesiva por el bienestar físico o el miedo a la muerte son incompatibles con la perspectiva cristiana. Los creyentes deben anhelar el cielo como el prisionero, la libertad; como el enfermo, la salud; como el hambriento, la comida; como el sediento, la bebida; como el pobre, un salario; como el soldado, la paz. La esperanza y la valentía para enfrentar la muerte es la última oportunidad para que los cristianos exhiban su fe en Dios, para probar que su esperanza del cielo es genuina y para adornar su confianza en las promesas de Dios.

De este pasaje, surgen cuatro motivos para afrontar la muerte con confianza: el próximo cuerpo es el mejor, la próxima vida es perfecta, la próxima existencia cumple el propósito de Dios y la próxima morada es con el Señor.

EL PRÓXIMO CUERPO ES EL MEJOR

Porque sabemos que si nuestra morada terrestre, este tabernáculo, se deshiciere, tenemos de Dios un edificio, una casa no hecha de manos, eterna, en los cielos. (5:1)

El "eterno peso de gloria" que Pablo describió en 4:17 incluye un cuerpo nuevo. Tal verdad era de gran consuelo para el apóstol, cuyo cuerpo físico había sido tan inmisericordemente apaleado por los efectos de la caída, el pecado personal, las dificultades, las enfermedades, los rigores de la vida y la persecución, que anhelaba la resurrección de su cuerpo mortal e incorruptible.

La afirmación confiada **porque sabemos** indica que los cuerpos glorificados de los creyentes no son una posibilidad remota o un deseo vago. Son una realidad fija, un hecho establecido de la promesa de Dios (Ro. 8:18, 23; 1 Co. 15:35-49; Fil. 3:21), no especulación filosófica o fantasía mística.

Pablo escribió **si** en lugar de "cuando" porque, aunque estaba listo para morir, no consideraba que su muerte fuera inevitable. Veía que el regreso de Jesucristo era inminente y creía que era posible que estuviera vivo hasta que el Señor regresara. Ese era su deseo más profundo, como lo indica el plural de la primera persona en los pasajes que describen el rapto. En 1 Corintios 15:51 escribió: "He aquí, os digo un misterio: No todos dormiremos; pero todos seremos transformados" (1 Co. 15:51). A los tesalonicenses escribió así:

> *Por lo cual os decimos esto en palabra del Señor: que nosotros que vivimos, que habremos quedado hasta la venida del Señor, no precederemos a los que durmieron. Porque el Señor mismo con voz de mando, con voz de arcángel, y con trompeta de Dios, descenderá del cielo; y los muertos en Cristo resucitarán primero. Luego nosotros los que vivimos, los que hayamos quedado, seremos arrebatados*

juntamente con ellos en las nubes para recibir al Señor en el aire, y así estaremos siempre con el Señor (1 Ts. 4:15-17).

Si Pablo no podía vivir hasta el rapto, prefería "estar [ausente] del cuerpo, y [presente] al Señor" (2 Co. 5:8). Expresó la misma verdad a los filipenses cuando escribió su deseo de "partir y estar con Cristo, lo cual es muchísimo mejor" (Fil. 1:23). Quedar en la carne era solo su tercera opción.

La frase **si nuestra morada terrestre, este tabernáculo, se deshiciere** se refiere metafóricamente a la muerte (cp. Is. 38:12). Pablo, que fabricaba tiendas (Hch. 18:3), escoge la analogía de una tienda, una **morada terrestre** (el cuerpo físico) para describir la casa temporal del alma en este mundo (cp. 2 P. 1:13-14). El apóstol Juan utilizó el verbo *skēnoō* (lit. "vivir en una tienda") hablando de la encarnación de Cristo, para describir al Dios eterno que había venido al mundo y tomado forma humana (Jn. 1:14). Una tienda es una metáfora adecuada para el cuerpo humano, que es una **morada** temporal para las almas eternas de aquellos cuyo hogar real es el cielo (Fil. 3:20), y son extranjeros y peregrinos en este mundo (Gn. 47:9; 1 Cr. 29:15; Sal. 119:19; He. 11:13; 1 P. 1:1, 17; 2:11). Tal como el **tabernáculo** de Israel que anduvo de un lado para otro en el desierto se sustituyó por un edificio permanente cuando Israel entró a la Tierra Prometida, así la **morada** en la cual habitan ahora los creyentes va a sustituirse por un cuerpo eterno e imperecedero (1 Co. 15:42, 53-54).

Después de que la muerte desmantele la **morada terrestre** de los creyentes, tendrán **de Dios un edificio, una casa no hecha de manos, eterna, en los cielos**. La expresión **un edificio** sugiere algo en un fundamento sólido que es fijo, seguro y permanente. Puesto que el **edificio** de Dios reemplaza la **morada terrestre** (el cuerpo físico), Pablo debía estarse refiriendo a su cuerpo glorificado, el que recibiría después de que "el que resucitó al Señor Jesús, a [él] también [lo resucite] con Jesús" (2 Co 4:14).

En Romanos, escrito poco después de 2 Corintios, Pablo expresó el mismo anhelo de estar en su cuerpo resucitado y glorificado:

Pues tengo por cierto que las aflicciones del tiempo presente no son comparables con la gloria venidera que en nosotros ha de manifestarse. Porque el anhelo ardiente de la creación es el aguardar la manifestación de los hijos de Dios. Porque la creación fue sujetada a vanidad, no por su propia voluntad, sino por causa del que la sujetó en esperanza; porque también la creación misma será libertada de la esclavitud de corrupción, a la libertad gloriosa de los hijos de Dios. Porque sabemos que toda la creación gime a una, y a una está con dolores de parto hasta ahora; y no sólo ella, sino que también nosotros mismos, que tenemos las primicias del Espíritu, nosotros también gemimos dentro de nosotros mismos, esperando la adopción, la redención de nuestro cuerpo. Porque en esperanza

*fuimos salvos; pero la esperanza que se ve, no es esperanza; porque lo que alguno
ve, ¿a qué esperarlo? (Ro. 8:18-24).*

Todo el universo creado, sujeto a la vanidad de la caída, "será [libertado] de
la esclavitud de corrupción" (v. 21). En aquel día glorioso y anhelado, escribe
Pablo, los creyentes experimentaremos "la redención de nuestro cuerpo" (v. 23).

Pablo anhelaba principalmente su cuerpo glorificado no porque lo liberaría
de los defectos y debilidades físicos, sino porque lo liberaría del pecado. La
tienda corporal es el hogar del pecado, por lo cual Pablo se lamentó así: "Yo
soy carnal, vendido al pecado" (Ro. 7:14), "El pecado… mora en mí" (Ro. 7:17,
20) y "El mal está en mí" (Ro. 7:21) y "¡Miserable de mí! ¿Quién me librará de
este cuerpo de muerte?" (Ro. 7:24). El apóstol anhelaba servir, adorar y alabar a
Dios en pureza absoluta, liberado de las restricciones de su carne pecaminosa y
caída. Tal es la mejor característica de la resurrección.

Más aún, Pablo describió el cuerpo resucitado y glorificado como **una casa
no hecha de manos**. No es un cuerpo físico procreado. Sobre las palabras de
Jesús en Juan 2:19: "Destruid este templo, y en tres días lo levantaré", los falsos
testigos en el juicio de Jesús, refiriéndose a sus palabras, dijeron: "Nosotros le
hemos oído decir: Yo derribaré este templo hecho a mano, y en tres días edificaré otro hecho sin mano" (Mr. 14:58). Ellos malinterpretaron esas palabras
como que hacía referencia al templo de Herodes, pero, en realidad, "él hablaba
del templo de su cuerpo" (Jn. 2:21); es decir, su cuerpo resucitado. Pablo
utilizó la misma frase en Colosenses 2:11 cuando escribió: "En él también
fuisteis circuncidados con circuncisión no hecha a mano, al echar de vosotros
el cuerpo pecaminoso carnal, en la circuncisión de Cristo". Pero tal vez el uso
definitivo de la frase **una casa no hecha de manos** se encuentra en Hebreos
9:11: "Pero estando ya presente Cristo, sumo sacerdote de los bienes venideros,
por el más amplio y más perfecto tabernáculo, no hecho de manos, es decir, no
de esta creación". Este versículo iguala *no hecho de manos* con *no de esta creación*.
Por lo tanto, se refiere a lo espiritual, trascendente y eterno, no a lo temporal,
físico y terrenal.

Pablo dio la descripción más detallada del cuerpo resucitado de los creyentes
en 1 Corintios 15:36-49. Escribió esa sección de la epístola en respuesta a quienes preguntaban: "¿Cómo resucitarán los muertos? ¿Con qué cuerpo vendrán?"
(v. 35). Pablo responde la pregunta de cuatro formas.

Primero, utiliza una ilustración a partir de la naturaleza en los versículos
36-38:

*Necio, lo que tú siembras no se vivifica, si no muere antes. Y lo que siembras no
es el cuerpo que ha de salir, sino el grano desnudo, ya sea de trigo o de otro grano;
pero Dios le da el cuerpo como él quiso, y a cada semilla su propio cuerpo.*

No hay forma de extrapolar a partir de la apariencia fea y simple de una semilla la gloria magnificente de una flor, un árbol o una planta que crecerá a partir de su muerte. Así también, la gloria de los creyentes es inmortal, la resurrección de los cuerpos no puede imaginarse a partir de nuestros cuerpos físicos y perecederos.

Segundo, Pablo aporta una serie de comparaciones en los versículos 39-42a:

> *No toda carne es la misma carne, sino que una carne es la de los hombres, otra carne la de las bestias, otra la de los peces, y otra la de las aves. Y hay cuerpos celestiales, y cuerpos terrenales; pero una es la gloria de los celestiales, y otra la de los terrenales. Una es la gloria del sol, otra la gloria de la luna, y otra la gloria de las estrellas, pues una estrella es diferente de otra en gloria. Así también es la resurrección de los muertos.*

Tal como los cuerpos de hombres, bestias, aves y los peces, cuerpos celestiales y cuerpos terrenales difieren entre ellos, así también el cuerpo resucitado diferirá radicalmente del cuerpo físico.

Tercero, Pablo enumera una serie de contrastes en los versículos 42b-44:

> *Se siembra en corrupción, resucitará en incorrupción. Se siembra en deshonra, resucitará en gloria; se siembra en debilidad, resucitará en poder. Se siembra cuerpo animal, resucitará cuerpo espiritual. Hay cuerpo animal, y hay cuerpo espiritual.*

El cuerpo físico es perecedero, pecaminoso y débil. En contraste, el cuerpo resucitado es imperecedero, libre de pecado y poderoso.

Finalmente, Pablo presenta el prototipo de los cuerpos resucitados de los creyentes en los versículos 45-49:

> *Así también está escrito: Fue hecho el primer hombre Adán alma viviente; el postrer Adán, espíritu vivificante. Mas lo espiritual no es primero, sino lo animal; luego lo espiritual. El primer hombre es de la tierra, terrenal; el segundo hombre, que es el Señor, es del cielo. Cual el terrenal, tales también los terrenales; y cual el celestial, tales también los celestiales. Y así como hemos traído la imagen del terrenal, traeremos también la imagen del celestial.*

Tal como los creyentes tienen hoy un cuerpo físico semejante al de Adán, los creyentes tendrán un día cuerpos glorificados semejantes al de Cristo. Pablo escribió a los filipenses: "Mas nuestra ciudadanía está en los cielos, de donde también esperamos al Salvador, al Señor Jesucristo; el cual transformará el cuerpo de la humillación nuestra, para que sea semejante al cuerpo de la gloria suya, por el poder con el cual puede también sujetar a sí mismo todas las cosas" (Fil. 3:20-21). El apóstol Juan escribió: "Amados, ahora somos hijos de Dios, y aún no se ha manifestado lo que hemos de ser; pero sabemos que cuando él se manifieste, seremos semejantes a él, porque le veremos tal como él es" (1 Jn. 3:2).

LA PRÓXIMA VIDA ES PERFECTA

Y por esto también gemimos, deseando ser revestidos de aquella nuestra habitación celestial; pues así seremos hallados vestidos, y no desnudos. Porque asimismo los que estamos en este tabernáculo gemimos con angustia; porque no quisiéramos ser desnudados, sino revestidos, para que lo mortal sea absorbido por la vida. (5:2-4)

Las frases **por esto** y **porque asimismo** expresan el anhelo intenso de Pablo por el cielo y la certeza de que un día entraría en su gloria. Pero mientras tanto, para todos los creyentes, **también gemimos, deseando ser revestidos de aquella nuestra habitación celestial**. Quienes aman al Señor Jesús anhelan la próxima vida, "cuando esto corruptible se haya vestido de incorrupción, y esto mortal se haya vestido de inmortalidad" (1 Co. 15:54). Pablo estaba agotado de las frustraciones, desilusiones, limitaciones, debilidades y pecados de esta vida presente y anhelaba "la manifestación de los hijos de Dios" (Ro. 8:19). El apóstol anhelaba apasionadamente **ser** revestido **de aquella nuestra habitación celestial**. La metáfora combinada de Pablo (vestir un edificio como si fuera ropa) se refiere a su cuerpo resucitado y a las perfecciones de la vida eterna, que reemplazarán para siempre las corrupciones de la vida en este mundo (debilitadoras y causadas por el pecado) y lo liberarán de su humanidad caída.

La frase **pues así** (v. 3) conlleva la misma idea y significa que, por cuanto el versículo 2 es cierto, se vestirá con el nuevo cuerpo **y no** estará desnudo. Entonces, estar **desnudos** solamente es ser un alma sin cuerpo resucitado. La esperanza del apóstol de un cuerpo futuro glorificado estaba en marcado contraste con el dualismo filosófico que se extendía por toda la cultura griega. Tal filosofía enseñaba que la materia es mala y el espíritu es bueno. Por lo tanto, el objetivo de sus adeptos era liberarse de sus cuerpos y llegar a ser espíritus incorpóreos. William Barclay escribe:

> Los pensadores romanos y griegos despreciaban el cuerpo. Decían que el cuerpo era una tumba. Plotino llegó a decir que estaba avergonzado de tener cuerpo. Epícteto dijo de sí mismo: "Eres una pobre alma con la carga de un cadáver". Séneca escribió: "Soy un ser superior y nací para cosas más altas que ser esclavo de mi cuerpo, al que no considero más que un grillete a mi libertad… en tal habitación tan detestable vive el

alma libre". Aun el pensamiento judío tuvo a veces esta idea: "el cuerpo mortal es un peso para el alma; estando hecho de barro, oprime la mente, en la que bullen tantos pensamientos" (Sabiduría 9:15, DHH).

Con Pablo hay una diferencia. No estaba buscando el nirvana con la paz de la extinción, no estaba buscando absorberse en lo divino, no estaba buscando la libertad de un espíritu incorpóreo; estaba esperando el día en que el Señor le diera un nuevo cuerpo, un cuerpo espiritual, con el cual pudiera adorar y servir a Dios, aun en el cielo (*The Letters to the Corinthians* rev. ed. [Las cartas a los corintios ed. rev.] [Louisville: Westminster, 1975], pp. 204-205).

El dualismo filosófico era una amenaza peligrosa para la iglesia primitiva. Pablo advirtió a Timoteo sobre Himeneo y Fileto, dos falsos maestros en Éfeso que enseñaban que la resurrección ya había ocurrido. Probablemente afirmaban que la identificación de los creyentes con la muerte y resurrección de Cristo era la única resurrección que había y negaban la resurrección futura del cuerpo. Los corintios estaban tan influenciados por tal filosofía dualista que Pablo tuvo que escribir un capítulo completo en 1 Corintios defendiendo la resurrección corporal (1 Co. 15). Al parecer, seguía siendo un asunto influyente, aun después de que Pablo lo trató en 1 Corintios.

Los griegos paganos podrían haber sentido que sus almas necesitaban liberarse de sus cuerpos antes de entrar a los estados más altos de bendición, pero no Pablo. Por lo tanto, recordó a los corintios que cuando la muerte derrumbara su morada terrestre, no andaría por siempre como un espíritu desnudo incorpóreo. No buscaba la liberación de su cuerpo, sino la perfección de su cuerpo espiritual resucitado. Su anhelo era tan apasionado que deseaba experimentar el rapto, momento en que el cuerpo físico de los creyentes vivos sería transformado inmediatamente en su cuerpo glorificado (1 Co. 15:51-52). Sabía que si moría antes del rapto, tendría que esperar hasta entonces para obtener su cuerpo glorificado (1 Ts. 4:16). Los santos en el cielo están esperando sus cuerpos resucitados, razón por la cual el escritor de Hebreos se refiere a ellos como "los espíritus de los justos hechos perfectos" (He. 12:23).

Pablo, repitiendo la frase **porque asimismo** para enfatizar la idea, reiteró que mientras los creyentes estuvieran en esta **habitación**, gemirían **con** angustia. Y así lo repitió en Romanos 8:23: "Nosotros mismos, que tenemos las primicias del Espíritu, nosotros también gemimos dentro de nosotros mismos, esperando la adopción, la redención de nuestro cuerpo". La carga pesada de pecado y aflicción que los creyentes experimentan en sus cuerpos es lo que los hace anhelar los cuerpos espirituales. Mostrando otra vez su desdén por la desnudez del alma, Pablo volvió a enfatizar que **no** quisiera estar desnudo, como un espíritu incorpóreo, **sino** revestido con su cuerpo glorificado. Entonces, **lo mortal** será

absorbido por la plenitud y perfecciones de **la vida** eterna, y los creyentes serán como su Señor resucitado. Como Juan, saben "que cuando él se manifieste, [serán] semejantes a él, porque le verán tal como él es" (1 Jn. 3:2).

Agustín, el gran teólogo de la iglesia primitiva, escribió lo siguiente resumiendo la idea de Pablo:

> Estamos cargados con este cuerpo corruptible; pero sabiendo que la causa de esta carga no es la naturaleza y sustancia del cuerpo, sino su corrupción, no deseamos que se nos despoje del cuerpo, sino vestirlo de su inmortalidad… Si Adán no hubiera pecado, no hubiera quedado desvestido de su cuerpo, sino que estaría usando encima (revestido) inmortalidad e incorrupción, de modo que su (cuerpo) mortal podría resultar absorbido por la vida; es decir, podría haber pasado de su cuerpo natural a su cuerpo espiritual. (Citado en Philip E. Hughes, *The Second Epistle to the Corinthians* [La segunda epístola a los corintios], The New International Commentary on the New Testament [Nuevo comentario internacional al Nuevo Testamento] [Grand Rapids: Eerdmans, 1992], p. 171).

LA PRÓXIMA EXISTENCIA CUMPLE EL PROPÓSITO DE DIOS

Mas el que nos hizo para esto mismo es Dios, quien nos ha dado las arras del Espíritu. (5:5)

Lo que aún es futuro para los creyentes, **Dios** lo preparó en el pasado y se desenvuelve de acuerdo a su plan y voluntad. En el pasado eterno, Dios escogió soberanamente a los creyentes para salvación; a su tiempo los redimió; en el futuro les dará sus cuerpos glorificados y resucitados. La frase **para esto mismo** declara enfáticamente que los creyentes obtienen sus cuerpos glorificados en cumplimiento del plan soberano de Dios desde la eternidad, ligado a su decreto de elección. En Romanos 8:28-30, Pablo escribió estas conocidas palabras:

> *Y sabemos que a los que aman a Dios, todas las cosas les ayudan a bien, esto es, a los que conforme a su propósito son llamados. Porque a los que antes conoció, también los predestinó para que fuesen hechos conformes a la imagen de su Hijo, para que él sea el primogénito entre muchos hermanos. Y a los que predestinó, a éstos también llamó; y a los que llamó, a éstos también justificó; y a los que justificó, a éstos también glorificó.*

El propósito de Dios en la salvación no es solo la justificación, sino la glorificación, cuando los creyentes serán "hechos conformes a la imagen de su Hijo"

(v. 29). Y que Dios nos trasforme a la imagen de Cristo incluye recibir un cuerpo glorificado como el suyo (1 Co. 15:49). Jesús abarcó todo el cumplimiento del decreto eterno, desde el llamado hasta la glorificación, cuando dijo:

> *Todo lo que el Padre me da, vendrá a mí; y al que a mí viene, no le echo fuera. Porque he descendido del cielo, no para hacer mi voluntad, sino la voluntad del que me envió. Y esta es la voluntad del Padre, el que me envió: Que de todo lo que me diere, no pierda yo nada, sino que lo resucite en el día postrero. Y esta es la voluntad del que me ha enviado: Que todo aquél que ve al Hijo, y cree en él, tenga vida eterna; y yo le resucitaré en el día postrero (Jn. 6:37-40).*

De modo que el propósito glorioso de Dios para los creyentes se extiende desde la eternidad y hasta la eternidad. Lo planeó en el pasado eterno y lo cumplirá en la eternidad futura; el tiempo no es más que un momento fugaz en medio. Sin importar qué nivel de madurez espiritual se tenga o con cuánta eficacia se sirva a Dios, el propósito divino solo se cumplirá en el cuerpo glorificado.

El conocimiento de que Dios **nos ha dado las arras del Espíritu** (la cuota inicial; el primer pago; la garantía; cp. 2 Co. 1:22; Ef. 1:14) reforzaba aún más la confianza del apóstol al enfrentar la muerte. El Espíritu Santo que habita en nosotros (Ro. 5:5; 8:9; 1 Co. 6:19-20) es la promesa divina de que su propósito para los creyentes se cumplirá. Pablo escribió a los filipenses: "Estando persuadido de esto, que el que comenzó en vosotros la buena obra, la perfeccionará hasta el día de Jesucristo" (Fil. 1:6). Nada puede interrumpir tal proceso, como lo declaró Pablo enfáticamente en Romanos 8:35-39:

> *¿Quién nos separará del amor de Cristo? ¿Tribulación, o angustia, o persecución, o hambre, o desnudez, o peligro, o espada? Como está escrito: Por causa de ti somos muertos todo el tiempo; somos contados como ovejas de matadero. Antes, en todas estas cosas somos más que vencedores por medio de aquel que nos amó. Por lo cual estoy seguro de que ni la muerte, ni la vida, ni ángeles, ni principados, ni potestades, ni lo presente, ni lo por venir, ni lo alto, ni lo profundo, ni ninguna otra cosa creada nos podrá separar del amor de Dios, que es en Cristo Jesús Señor nuestro.*

El hecho de que el Espíritu Santo habite en los creyentes es su garantía de que son su posesión y de que Él los redimirá para alabanza de su gloria. Por esa razón es ridículo creer que los cristianos pueden perder su salvación. Nada puede interrumpir el plan que Dios puso en movimiento desde el pasado eterno (elección) y para el cual dio su palabra de ejecutarlo hasta el futuro eterno (la glorificación). Afirmar algo diferente es suponer que Dios no puede cumplir sus propósitos y, por lo tanto, menguar su gloria.

LA PRÓXIMA MORADA ES CON EL SEÑOR

Así que vivimos confiados siempre, y sabiendo que entre tanto que estamos en el cuerpo, estamos ausentes del Señor (porque por fe andamos, no por vista); pero confiamos, y más quisiéramos estar ausentes del cuerpo, y presentes al Señor. (5:6-8)

En los versículos 6-8, Pablo alcanzó la cima de la anticipación celestial. Deseaba su nuevo cuerpo glorificado, la perfección del cielo y el cumplimiento eterno del plan divino. Pero, más allá de todo ello, estaba la realidad maravillosa de que la muerte lo llevaría a la presencia del Señor. La expresión **así que** señala las verdades fundamentales que Pablo expresó en los versículos 1-5. Por estas verdades, Pablo **siempre** estaba confiado cuando se enfrentaba a la muerte. Su confianza no era un sentimiento temporal o una emoción pasajera; era un estado de ánimo constante. Enfrentaba a la muerte con buen ánimo, con toda confianza. No es que no amara a las personas que formaban parte de su vida, pero amaba más al Señor. La vida para Pablo era una carrera para terminar, una batalla que ganar, una mayordomía que desempeñar. Una vez la carrera estuviera terminada, la batalla ganada y la mayordomía desempeñada, Pablo no veía razones para aferrarse a esta vida. La única razón para permanecer en la Tierra era servir a Dios, y declaró su disposición a partir cuando el servicio se completara:

> *Porque yo ya estoy para ser sacrificado, y el tiempo de mi partida está cercano. He peleado la buena batalla, he acabado la carrera, he guardado la fe. Por lo demás, me está guardada la corona de justicia, la cual me dará el Señor, juez justo, en aquel día; y no sólo a mí, sino también a todos los que aman su venida (2 Ti. 4:6-8).*

Sin embargo, la realidad de la vida en este mundo para los creyentes es **que entre tanto que** estén **en el cuerpo** (viviendo en la carne), están **ausentes del Señor**. Los creyentes se comunican con el Señor mediante la oración y el estudio de la Palabra, y tienen comunión con Él por el Espíritu Santo que habita en ellos. Aun así, sigue existiendo un sentido en el cual están separados de Dios y anhelan que tal separación se termine. El salmo 42:1-2 expresa ese deseo: "Como el ciervo brama por las corrientes de las aguas, así clama por ti, oh Dios, el alma mía. Mi alma tiene sed de Dios, del Dios vivo; ¿Cuándo vendré, y me presentaré delante de Dios?". El salmista preguntó retóricamente esto: "¿A quién tengo yo en los cielos sino a ti? Y fuera de ti nada deseo en la tierra" (Sal. 73:25). Pablo anhelaba el día en que estaría siempre con el Señor (1 Ts. 4:17). Tal sentido de separación hizo que Abraham buscara "la ciudad… cuyo arquitecto y constructor es Dios" (He. 11:10) y que los santos del Antiguo Testamento reconocieran "que eran extranjeros y peregrinos sobre la tierra" (He. 11:13). Solo en el cielo los creyentes tendrán comunión íntima e inquebrantable con Dios (cp. Ap. 21:3-4, 22-23; 22:3-4).

La declaración entre paréntesis en el versículo 7, **porque por fe andamos, no por vista**, explica cómo los creyentes pueden tener comunión con el Dios invisible en esta vida y servirle. Tal **fe** no es un anhelo fantástico o una superstición vaga, sino una fuerte confianza fundamentada en la verdad de las Escrituras. Es "la certeza de lo que se espera, la convicción de lo que no se ve" (He. 11:1).

Entonces Pablo concluye el pasaje con la declaración triunfante **confiamos, y más quisiéramos estar ausentes del cuerpo, y presentes al Señor**. Repite lo que dijo en el versículo 6 sobre la perspectiva positiva del futuro a pesar de la constante e inminente realidad de muerte. Querer **estar ausentes del cuerpo y presentes al Señor** es entender el tiempo breve en la Tierra solo como la experiencia de un extranjero y que el cielo es nuestra morada permanente y verdadera.

La realidad de la muerte se enfrenta a todo creyente que muera antes de que el Señor rapte a su iglesia. Quienes deseen recibir sus cuerpos glorificados, las perfecciones de la vida en el cielo, el cumplimiento del propósito de Dios en ellos y vivir para siempre en su presencia podrán decir triunfantes con Pablo: "¿Dónde está, oh muerte, tu aguijón? ¿Dónde, oh sepulcro, tu victoria?" (1 Co. 15:55).

La ambición más noble

13

Por tanto procuramos también, o ausentes o presentes, serle agradables. Porque es necesario que todos nosotros comparezcamos ante el tribunal de Cristo, para que cada uno reciba según lo que haya hecho mientras estaba en el cuerpo, sea bueno o sea malo. (5:9-10)

La ambición siempre ha tenido mala reputación. Thomas Brooks, noble escritor puritano, dijo: "La ambición es miseria con cubrimiento dorado, veneno secreto, plaga oculta, ingeniera del engaño, madre de la hipocresía, padre de la envidia, vicio original, polilla de la santidad, cegadora de corazones, convertidor de medicinas en dolencias y de remedios en enfermedades. Las sillas más altas siempre son incómodas y las coronas siempre vienen con espinas" (citado en John Blanchard, *Truth for Life* [Verdad para la vida] [Welwyn: Evangelical Press, 1986], p 179). La ambición ciega hace que las personas comprometan sus convicciones, violen sus creencias y sacrifiquen su carácter. La ambición suele asociarse con palabras como "inescrupuloso", "egoísta", "orgulloso", "determinado", "insensible" y "despiadado". Tales adjetivos negativos reflejan la carnicería infligida en familiares, amigos y principios abandonados por la embestida de la ambición. La ambición lleva a las personas a buscar riqueza, prestigio, poder, prominencia social, aclamación popular y dominio sobre los demás.

La palabra "ambición" se deriva de la palabra latina *ambitio*, que viene de un verbo cuyo significado literal es "ir por ahí". Los romanos usaban la palabra para referirse a los políticos que hacían proselitismo para obtener votos y ganar elecciones. Se usaba para describir a personas sin convicciones, que buscaban ascender a cualquier costo, hacer lo que fuera para alcanzar sus fines egoístas. Así, decir que alguien era ambicioso era comentar sobre su carácter de modo decididamente negativo. Stephen Neill, expresando tal connotación negativa de la ambición, dijo: "Me inclino a creer que la ambición en cualquiera de sus sentidos usuales es casi siempre un pecado para los hombres normales y corrientes. Tengo certeza de que en el cristiano siempre es pecado y que no tiene nada de excusable en el ministro ordenado" (citado en J. Oswald Sanders, *Spiritual Leadership* [Liderazgo espiritual] [Chicago: Moody, 1980], p. 14).

Podría argumentarse que la ambición fue el principal pecado por el que Jesucristo murió:

> Por cuanto nosotros, los hijos de Adán, queremos engrandecernos,
> Él se volvió pequeño.
> Por cuanto no nos inclinaremos,
> Él se humilló.
> Por cuanto queremos gobernar,
> Él vino a servir (Sanders, 16).

La Biblia condena la ambición pecadora. Dios dijo por medio del profeta Jeremías: "¿Y tú buscas para ti grandezas? No las busques" (Jer. 45:5).

A pesar de la connotación normalmente negativa de la palabra, Pablo escribió: "**Procuramos también**". Hay un tipo de ambición que es legítima; la Biblia prohíbe la ambición egoísta, no la ambición que agrada al Señor. Pablo no utilizó la frase en un sentido negativo, sino en el positivo de amar aquello que es noble u honorable. De hecho, *philotimeomai* (**procuramos**) es una forma compuesta de *philos* ("amor") y *timē* ("honra"). Era la clase de ambición noble que caracterizaba a Pablo.

Pablo utilizó *philotimeomai* en otras dos ocasiones en sus escritos (las únicas dos veces adicionales que aparece en el Nuevo Testamento). En Romanos 15:20 escribió: "Y de esta manera me esforcé (de *philotimeomai*) a predicar el evangelio, no donde Cristo ya hubiese sido nombrado, para no edificar sobre fundamento ajeno"; mientras que en 1 Tesalonicenses 4:11 exhortó a los tesalonicenses así: "Y que procuréis tener tranquilidad, y ocuparos en vuestros negocios, y trabajar con vuestras manos de la manera que os hemos mandado". Aunque Pablo utilizó palabras griegas diferentes en 1 Timoteo 3:1, la idea es la misma: "Palabra fiel: Si alguno anhela [de *oregō*] obispado, buena obra desea [*epithumeō*]".

La ambición noble, la pasión por lo excelente y honorable, tiene un lugar central en la vida cristiana. A partir de este pasaje emergen tres aspectos de la ambición de Pablo: tenía una ambición santificada por las metas más altas, con la máxima devoción y con los motivos más profundos.

PABLO AMBICIONABA LAS METAS MÁS ALTAS

serle agradables. (5:9*c*)

La ambición más alta y noble a la cual puede aspirar una persona es **serle** agradable a Dios. Pablo utilizó el adjetivo *euarestos* (**agradables**) con frecuencia en sus escritos. En Romanos 12:1-2 y 14:18 lo utilizó para hablar del comportamiento aceptable a Dios. Urgió a los efesios a comprobar "lo que es agradable al Señor" (Ef. 5:10). Dijo que el respaldo financiero que los filipenses le dieron era "agradable a Dios" (Fil. 4:18). En Colosenses 3:20 señaló que la obediencia de los hijos a los padres "agrada al Señor". La palabra *euarestos* también aparece en Tito 2:9 para describir a esclavos que son agradables a sus amos. La ambición piadosa busca agradar al Señor en todos los aspectos de la vida (Col. 1:10).

En ningún otro lugar, la ambición de Pablo aparece más claramente expresada que en 1 Corintios 4:3-5:

> *Yo en muy poco tengo el ser juzgado por vosotros, o por tribunal humano; y ni aun yo me juzgo a mí mismo. Porque aunque de nada tengo mala conciencia, no por eso soy justificado; pero el que me juzga es el Señor. Así que, no juzguéis nada antes de tiempo, hasta que venga el Señor, el cual aclarará también lo oculto de las tinieblas, y manifestará las intenciones de los corazones; y entonces cada uno recibirá su alabanza de Dios.*

Uno de los múltiples problemas que amenazaban a la iglesia de Corinto era el de juzgar a otros injustamente. Las diferentes facciones (cp. 1 Co. 1:12; 3:4) constantemente se condenaban unas a otras. Como ya se señaló en capítulos anteriores de este volumen, aun Pablo estuvo bajo el asalto permanente e inmisericorde de tipo demoniaco de algunos falsos apóstoles de Corinto. Estos falsos maestros atacaron sus credenciales apostólicas, sus métodos ministeriales, su carácter e incluso el mensaje del evangelio que predicaba.

Pablo, impasible por el ataque fiero en su contra, respondió: "Yo en muy poco tengo el ser juzgado por vosotros, o por tribunal humano" (1 Co. 4:3). La opinión que tuvieran de él no le era tan importante, porque no buscaba agradar a los hombres, sino a Dios. Pablo se veía como un siervo y administrador de Dios (1 Co. 4:1; cp. 9:17; Ef. 3:2; Col. 1:25; Tit. 1:7) y, por lo tanto, le rendía cuentas a Él. Al apóstol no le preocupaban las evaluaciones terrenas y sesgadas sobre él (positivas o negativas); ningún tribunal humano, fuera un tribunal oficial o uno no oficial de opiniones humanas, podía dar el veredicto final sobre él.

Más allá de ello, Pablo escribió: "Ni aun yo me juzgo a mí mismo" (1 Co. 4:3). Era lo suficientemente sabio para saber que estaba sesgado a su favor y, por ello, carecía de objetividad. Aunque "de nada [tenía] mala conciencia" (v. 4; cp. 2 Co. 1:12), entendía que "engañoso es el corazón más que todas las cosas, y perverso" (Jer. 17:9). Por lo tanto, aplicaba para sí la advertencia que expresó en 1 Corintios 10:12: "Así que, el que piensa estar firme, mire que no caiga".

Pablo no tenía una actitud atrevida, desafiante o santurrona que rehusara someterse a juicio o escrutinio. Tampoco estaba diciendo que los creyentes no debían confrontar a otros creyentes que continuaran en pecado (cp. 1 Co. 5:12; 6:1-5). No estaba hablando de algún pecado en concreto porque escribió: "De nada tengo mala conciencia" (1 Co. 4:4). Quería decir que ni él ni los corintios podían juzgarlo de manera apropiada, que el juicio estaba reservado para un tribunal superior porque "el que [lo juzgaba era] el Señor" (v. 4).

Pablo concluyó exhortando a los corintios: "Así que, no juzguéis nada antes de tiempo" (1 Co. 4:5). El veredicto definitivo y preciso sobre la vida y ministerio de alguien corresponderá al Señor, "el cual aclarará también [cuando regrese] lo oculto de las tinieblas, y manifestará las intenciones de los corazones; y entonces cada uno recibirá su alabanza de Dios" (v. 5). A la luz de esta realidad, los creyentes deben andar "como es digno del Señor, agradándole en todo" (Col. 1:10; cp. 1 Ts. 4:1). Pablo creía, al final de su vida, que en alguna medida había cumplido su ambición espiritual (2 Ti. 4:7-8).

PABLO ERA AMBICIOSO CON LA MÁXIMA DEVOCIÓN

o ausentes o presentes, (5:9*b*)

La devoción de Pablo por su noble ambición no conocía límites, como lo deja clara la frase **o ausentes o presentes**. Esta frase enlaza el pensamiento de Pablo con el pasaje anterior (cp. 5:6-8), como lo hace la frase "por tanto… también" que comienza el versículo 9. Como se mencionó en la explicación de 5:1-8 en el capítulo 12 de este volumen, Pablo vivía constantemente al borde de la muerte. El apóstol escribió conmovedoramente lo siguiente cuando describía esta siempre presente amenaza:

> *Que estamos atribulados en todo, mas no angustiados; en apuros, mas no desesperados; perseguidos, mas no desamparados; derribados, pero no destruidos; llevando en el cuerpo siempre por todas partes la muerte de Jesús, para que también la vida de Jesús se manifieste en nuestros cuerpos. Porque nosotros que vivimos, siempre estamos entregados a muerte por causa de Jesús, para que también la vida de Jesús se manifieste en nuestra carne mortal. De manera que la muerte actúa en nosotros, y en vosotros la vida (2 Co. 4:8-12; cp. 6:9).*

Como Pablo miraba constantemente a la muerte cara a cara, anhelaba, como dijo en 2 Corintios 5:1, dejar su "morada terrestre" (el cuerpo físico) y recibir "un edificio, una casa no hecha de manos, eterna, en los cielos" (el cuerpo resucitado). La primera opción de Pablo era vivir hasta el rapto, cuando la transformación ocurriría. Si no era esa la voluntad de Dios para él (como fue el caso), la segunda opción de Pablo era "estar [ausente] del cuerpo, y [presente] al Señor" (5:8). Su tercera opción era "quedar en la carne" (Fil. 1:24).

En 2 Corintios 5:6, Pablo habló de estar **presentes** en el cuerpo y **ausentes** en el Señor; en el versículo 8 habló de estar **ausentes** del cuerpo y **presentes** con el Señor. Pero la ambición de Pablo, agradar a Dios, imperfectamente en la Tierra o perfectamente en el cielo, permaneció intacta. Expresando esa máxima devoción, afirmó: "Porque ninguno de nosotros vive para sí, y ninguno muere para sí. Pues si vivimos, para el Señor vivimos; y si morimos, para el Señor morimos. Así pues, sea que vivamos, o que muramos, del Señor somos" (Ro. 14:7-8).

Algunos pueden suponer que el anhelo del cielo en Pablo implicaba indiferencia a su cuerpo terrenal; que expresaba una perspectiva antinómica según la cual no importaba lo que alguien hiciera con su cuerpo físico y pecaminoso. Tal perspectiva habría sido acorde con la filosofía griega de dualismo de la época (véase la explicación en el capítulo 12 de este volumen) que sostenía que el cuerpo carecía de valor y era la prisión intrascendente del alma. Pero Pablo sabía que podía servir a Dios en su cuerpo físico de forma que le produjera una recompensa eterna. De modo que su anhelo del cielo y la resurrección del cuerpo lo hicieron más cuidadoso con la forma en que vivía. En 1 Corintios 9:27 escribió: "Golpeo mi cuerpo, y lo pongo en servidumbre, no sea que habiendo sido heraldo para otros, yo mismo venga a ser eliminado". Y advirtió así a los romanos: "Os ruego por las misericordias de Dios, que presentéis vuestros cuerpos en sacrificio vivo, santo, agradable a Dios, que es vuestro culto racional" (Ro. 12:1). La ambición de Pablo por agradar a Dios, en esta vida o en la futura, demuestra la gran intensidad de su devoción por el Señor.

LA MOTIVACIÓN MÁS PROFUNDA IMPULSABAN A PABLO

Porque es necesario que todos nosotros comparezcamos ante el tribunal de Cristo, para que cada uno reciba según lo que haya hecho mientras estaba en el cuerpo, sea bueno o sea malo. (5:10)

La noble ambición que motivaba a Pablo era saber que el mismo Señor sacaría a la luz las profundidades de su corazón. Tal cosa ocurrirá en el futuro, cuando será **necesario** que **todos** los creyentes comparezcan **ante el tribunal de Cristo**. Los términos fuertes **necesario** y **todos** enfatizan que este suceso es inevitable y abarcador. Saber esto motivaba grandemente a Pablo para agradar a Dios en esta vida.

La palabra *phaneroō* (**comparezcamos**) significa "hacer manifiesto", "hacer claro", "visibilizar" o "revelar". Philip E. Hughes comenta lo siguiente sobre el significado de *phaneroō*: "Hacer manifiesto no significa solamente comparecer, sino estar desnudo, desprovisto de toda fachada de respetabilidad y revelado abiertamente en la realidad completa y verdadera del carácter personal" (*The Second Epistle to the Corinthians* [La segunda epístola a los corintios], The New International Commentary on the New Testament [Nuevo comentario internacional al Nuevo Testamento] [Grand Rapids: Eerdmans, 1992], p. 180). Algunos han argumentado que los motivos secretos y las actitudes del corazón se harán manifiestos a los santos ángeles; sin embargo, no hay respaldo bíblico para tal especulación. Otros sostienen que la divulgación de la cual habla Pablo será a otros creyentes; una perspectiva que tampoco tiene respaldo bíblico. Los creyentes estarán tan preocupados con la revelación de sus propias obras que no prestarán atención a lo que se revele de los otros. Tampoco se trata de que el corazón de los hombres se hará manifiesto al Dios omnisciente, porque Él ya conoce cada detalle de sus vidas.

En aquel día, para cada creyente se hará manifiesta la auténtica verdad sobre su vida, carácter y hechos. Cada uno descubrirá el veredicto real sobre su ministerio, servicio y motivación. Toda hipocresía y pretensión se eliminará; todos los asuntos temporales que carezcan de importancia eterna se desvanecerán como la madera, el heno, la hojarasca, y solo quedará lo que tenga valor eterno. En 1 Samuel 16:7 se declara que "La gente se fija en las apariencias, pero [el Señor se fija] en el corazón" (NVI). El escritor de Hebreos añade: "Y no hay cosa creada que no sea manifiesta en su presencia; antes bien todas las cosas están desnudas y abiertas a los ojos de aquel a quien tenemos que dar cuenta" (He. 4:13). La verdadera evaluación de la obra que Dios ha hecho en los creyentes y a través de ellos se mostrará en aquel día.

Los creyentes no serán juzgados por sus pecados en el juicio del tribunal de Cristo. Todo pecado de todo creyente ya se juzgó en la cruz, cuando "al que no conoció pecado, [Dios] por nosotros lo hizo pecado, para que nosotros fuésemos hechos justicia de Dios en él" (2 Co. 5:21). En la cruz, "Cristo nos redimió de la maldición de la ley, [se hizo] por nosotros maldición" (Gá. 3:13). En cuanto a sustituto, "llevó él mismo nuestros pecados en su cuerpo sobre el madero, para que nosotros, estando muertos a los pecados, vivamos a la justicia" (1 P. 2:24); "pero Cristo, habiendo ofrecido una vez para siempre un solo sacrificio por los pecados, se ha sentado a la diestra de Dios" (He. 10:12; cp. Ef. 1:7; 4:32; 1 Jn. 2:1-2). Debido a su sacrificio expiatorio en nuestro favor "Ahora, pues, ninguna condenación hay para los que están en Cristo Jesús, los que no andan conforme a la carne, sino conforme al Espíritu… ¿Quién es el que condenará? Cristo es el que murió; más aun, el que también resucitó, el que además está a la diestra de Dios, el que también intercede por nosotros" (Ro. 8:1, 34). Pero aunque la salvación no es por obras, las obras son resultado inevitable de la salvación. Philip Hughes comenta:

> Vale la pena recordar que un pasaje como este muestra que, lejos de haber discordia, hay un acuerdo fundamental entre las enseñanzas de Pablo y Santiago sobre la fe y las obras. La justificación del pecado, es cierto, es por fe en Cristo y no por obras; pero la raíz oculta de la fe debe producir el fruto visible de las buenas obras. Este es el fruto que Cristo espera porque le da gloria al Padre y es evidencia para el mundo

de la realidad dinámica de la gracia divina. Es especialmente en dar *mucho* fruto que el Padre se glorifica (Jn. 15:8) (*The Second Epistle to the Corintians* [La segunda epístola a los corintios], The New International Commentary on the New Testament [Nuevo comentario internacional al Nuevo Testamento] [Grand Rapids: Eerdmans, 1992], p. 183. Cursivas en el original).

La palabra **tribunal** es traducción de *bēma*, que en su definición más sencilla describe un lugar al que se llega con escaleras, o un estrado. La Septuaginta (la traducción griega del Antiguo Testamento) lo usa en ese sentido en Nehemías 8:4. En la cultura griega *bēma* se refería al estrado en el que los atletas victoriosos recibían sus coronas, muy semejante al estrado en el se reciben las medallas en los Juegos Olímpicos modernos. En el Nuevo Testamento se usó para el tribunal de Pilato (Mt. 27:19; Jn. 19:13), Herodes (Hch. 12:21) y Festo (Hch. 25:6, 10, 17). También hubo un *bēma* en Corinto, donde los judíos incrédulos acusaron sin éxito a Pablo ante el procónsul romano Galión (Hch. 18:12, 16-17). Una persona era llevada ante el *bēma* para que se examinaran sus obras, en un sentido judicial para acusar o absolver, o con el propósito de reconocer y recompensar algún logro. Pablo lo describió así a los romanos: "El tribunal (*bēma*) de Dios" (Ro. 14:10, NVI). Dios Padre es el Juez supremo, pero "todo el juicio dio al Hijo" (Jn. 5:22). Paul Barnett comenta:

> Un pasaje paralelo —"¡Todos tendremos que comparecer ante el tribunal de Dios!" (Ro. 14:10, NVI)— implica identidad de funciones entre Cristo y Dios; Dios juzga y Cristo juzga. El Nuevo Testamento suele referirse a Cristo como el juez señalado por Dios, apropiado para este papel en cuanto Hijo del Hombre, como en Daniel 7:13-14, 26-27 (p. ej., Jn. 5:22, 27; 9:39; Mt. 25:31-32; Hch. 10:42; 17:31; cp. Ap. 20:11-15) (*The Second Epistle to the Corinthians* [La segunda epístola a los corintios], The New International Commentary on the New Testament [Nuevo comentario internacional al Nuevo Testamento] [Grand Rapids: Eerdmans, 1997], p. 275, n. 45).

La frase **cada uno** enfatiza la naturaleza personal del juicio de los creyentes; es un juicio individual, no colectivo. Su propósito, como se dijo arriba, no es judicial; es que cada creyente **reciba según lo que haya hecho mientras estaba en el cuerpo**. La palabra **reciba** es traducción de una forma del verbo *komizō*, que significa "recibir de vuelta lo que es debido", ya sea castigo para un criminal o recompensa para quien deba recibir honra. Cuando los creyentes estén ante el Señor Jesucristo, recibirán **lo que** hayan **hecho mientras** estaban **en el cuerpo** (Ap. 22:12). Por lo tanto, no pueden menospreciar sus cuerpos o tratarlos con desprecio como en el dualismo o el antinomismo. Más bien, deben "[presentar sus] cuerpos en sacrificio vivo, santo, agradable a Dios, que es [su] culto racional" (Ro. 12:1). Las cosas hechas en el cuerpo tienen un potencial valor eterno (cp. Mt. 6:19-21).

El uso de la palabra **malo** no indica que el juicio de los creyentes sea un juicio de pecado, puesto que todo su pecado ya quedó juzgado en Cristo. El contraste entre **bueno** y **malo** no es entre bien moral y mal moral. La palabra **malo** no es traducción de *kakos* o *ponēros*, las palabras para mal moral, sino de *phaulos*, que significa "sin valor" o "inútil". Richard C. Trench escribe que *phaulos* "contempla el mal bajo otro aspecto, no tanto desde la malignidad activa o pasiva, sino desde lo bueno para nada, desde la imposibilidad de obtener una ganancia verdadera que provenga de ello" (*Synonyms of the New Testament* [Sinónimos del Nuevo Testamento] [Reimpresión; Grand Rapids: Eerdmans, 1983], p. 317). *Phaulos* describe aquellas cosas mundanas que no tienen un valor eterno inherente ni son pecaminosas, como salir a caminar, salir de compras, irse al campo, ir tras un estudio de postgrado, ascender en la carrera profesional, dedicarse a la pintura o escribir poesía. Tales cosas moralmente neutras juzgará Cristo cuando los creyentes estén ante el tribunal. Si se hicieron con el propósito de glorificar a Dios, se considerarán buenas. Si se hicieron con egoísmo, se considerarán malas.

La definición más clara de la diferencia entre lo **bueno** y lo **malo** (sin valor) está en 1 Corintios 3:11-15:

> *Porque nadie puede poner otro fundamento que el que está puesto, el cual es Jesucristo. Y si sobre este fundamento alguno edificare oro, plata, piedras preciosas, madera, heno, hojarasca, la obra de cada uno se hará manifiesta; porque el día la declarará, pues por el fuego será revelada; y la obra de cada uno cuál sea, el fuego la probará. Si permaneciere la obra de alguno que sobreedificó, recibirá recompensa. Si la obra de alguno se quemare, él sufrirá pérdida, si bien él mismo será salvo, aunque así como por fuego.*

El único fundamento de la vida cristiana es el Señor Jesucristo (cp. 1 P. 2:6-8), pero los creyentes deben edificar sobre ese fundamento, como exhortó Pedro:

> *Vosotros también, poniendo toda diligencia por esto mismo, añadid a vuestra fe virtud; a la virtud, conocimiento; al conocimiento, dominio propio; al dominio propio, paciencia; a la paciencia, piedad; a la piedad, afecto fraternal; y al afecto fraternal, amor. Porque si estas cosas están en vosotros, y abundan, no os dejarán estar ociosos ni sin fruto en cuanto al conocimiento de nuestro Señor Jesucristo. Pero el que no tiene estas cosas tiene la vista muy corta; es ciego, habiendo olvidado la purificación de sus antiguos pecados. Por lo cual,*

hermanos, tanto más procurad hacer firme vuestra vocación y elección; porque haciendo estas cosas, no caeréis jamás (2 P. 1:5-10).

Los creyentes no edifican para la eternidad con "madera, heno [u] hojarasca", sino con "oro, plata [y] piedras preciosas". Las últimas son valiosas, permanentes e indestructibles y sobrevivirán el fuego del juicio; las primeras, aunque no sean malas, carecen de valor y son combustibles. Ilustran las cosas que no tienen valor perdurable o eterno. El fuego, que simboliza el juicio, las consumirá en aquel día, cuando "la obra de cada uno se hará manifiesta". Los creyentes solo recibirán recompensa por las obras cuya motivación sea alabar y glorificar al Señor. El anhelo de Pablo por el cielo no lo hizo actuar de modo irresponsable o infiel aquí en la Tierra; todo lo contrario.

Un ministerio de integridad   14

Conociendo, pues, el temor del Señor, persuadimos a los hombres; pero a Dios le es manifiesto lo que somos; y espero que también lo sea a vuestras conciencias. No nos recomendamos, pues, otra vez a vosotros, sino os damos ocasión de gloriaros por nosotros, para que tengáis con qué responder a los que se glorían en las apariencias y no en el corazón. Porque si estamos locos, es para Dios; y si somos cuerdos, es para vosotros. Porque el amor de Cristo nos constriñe, pensando esto: que si uno murió por todos, luego todos murieron; y por todos murió, para que los que viven, ya no vivan para sí, sino para aquel que murió y resucitó por ellos. De manera que nosotros de aquí en adelante a nadie conocemos según la carne; y aun si a Cristo conocimos según la carne, ya no lo conocemos así. De modo que si alguno está en Cristo, nueva criatura es; las cosas viejas pasaron; he aquí todas son hechas nuevas. (5:11-17)

Aunque hay variedad de estilos de liderazgo, varias cualidades comunes son indispensables, especialmente para los líderes espirituales eficaces.

Primero, los líderes eficaces están enfocados. Tienen una misión nítidamente definida tras la cual van con una claridad de propósito imparable.

Segundo, los líderes eficaces están internamente motivados. No suelen depender de factores externos favorables para alcanzar las metas.

Tercero, los líderes eficaces son valientes. Usualmente están tan dedicados a sus tareas y metas que se niegan a retroceder frente a la adversidad o a dejarse detener por los obstáculos.

Cuarto, los líderes que tienen éxito son entendidos. Comprenden lo que necesitan saber, están seguros de lo que creen y están ávidos por aprender más.

Quinto, los líderes eficaces son fuertes. Tienen la fortaleza necesaria para soportar el trabajo duro y difícil que requiere alcanzar las metas.

Sexto, los líderes eficaces son necesariamente optimistas, creen lo mejor de sus planes y su gente.

Séptimo, los líderes que engrandecen a otros son entusiastas y persuasivos. Generan una emoción contagiosa sobre su visión y su ministerio que les permite contar con el pronto respaldo de otros.

Octavo, los líderes eficaces están dispuestos a correr riesgos. Ponen sobre la mesa todo lo que creen que debe hacerse.

Noveno, los líderes que influyen a otros son hábiles comunicadores. Pueden expresar bien sus visiones, ideas y planes y motivar a los que están con ellos.

Décimo, los líderes eficaces son creativos. Por lo general, no suelen contentarse con mantener el statu quo, sino que persiguen cosas mayores.

Finalmente, los líderes eficaces tienden a ser independientes, suficientemente fuertes para mantenerse y sobrevivir por sí mismos.

Lo que une todas estas cualidades esenciales es la integridad o coherencia. Sin ello, el resto de las cualidades mencionadas solo son superficiales. La integridad consolida y une todas las otras cualidades; es el pegamento que mantiene unidas todas las actitudes y acciones.

La integridad (proveniente del latín *integer*, "entero") puede definirse como la condición o cualidad de no estar dividido. Describe a quienes se adhieren a sus normas éticas o morales sin hipocresía ni duplicidad. Las personas íntegras llevan vidas que van a la par con sus declaradas convicciones; "practican lo que predican". Son francos, sinceros e incorruptibles. En términos bíblicos, quienes tienen integridad son "sin mancha" (Fil. 2:15; 1 Ti. 5:7), una cualidad que debe caracterizar a todos los creyentes, pero especialmente a los ancianos (1 Ti. 3:2; Tit. 1:6-7).

La Biblia enfatiza el valor de la integridad cuando condena la hipocresía. Repetidamente, Jesús acusó de hipócritas a los líderes religiosos de su época (Mt. 6:2, 5, 16; 15:7; 22:18; Lc. 12:1, 56; 13:15). Mateo 23 registra su condenación vehemente a los escribas y fariseos por carecer de integridad, "porque [decían], y no [hacían]" (v. 3). Después de una serie de maldiciones, comenzadas todas con la frase "¡Ay de vosotros!" (vv. 13-16, 23, 25, 27, 29), y después de acusarlos repetidamente de hipócritas, concluyó con un severo reproche: "¡Serpientes, generación de víboras! ¿Cómo escaparéis de la condenación del infierno?" (v. 33).

En Romanos 12:9, Pablo ordenó: "El amor sea sin fingimiento". Y no dudó en condenar a Pedro cuando cayó en hipocresía (Gá. 2:11-13). Llamó la atención en 1 Timoteo 4:2 sobre "la hipocresía de mentirosos" (lit., "hipócritas habladores de mentiras") que engañarían a muchos. Santiago destacó que la sabiduría bíblica y piadosa es "sin… hipocresía" (Stg. 3:17), y que Dios bendice (1:5-8) y da gracia (4:6) a quienes no tienen una doble vida ("doble ánimo"); Pedro también enseñó que la hipocresía no tiene cabida en la vida de los creyentes (1 P. 2:1).

Las Escrituras también afirman la importancia de la integridad, por precepto y por ejemplo. A pesar del sufrimiento terrible de Job, mantuvo su integridad. Job 2:3 lo narra así: "'¿Te has puesto a pensar en mi siervo Job? —volvió a preguntarle el Señor—. No hay en la tierra nadie como él; es un hombre recto e intachable, que me honra y vive apartado del mal. Y aunque tú me incitaste contra él para arruinarlo sin motivo, ¡todavía mantiene firme su integridad!'" (NVI). Aunque el consejo de la esposa de Job fue necio, afirmaba la integridad de Job: "¿Aún retienes tu integridad? Maldice a Dios, y muérete" (2:9). Aunque los pretendidos consejeros de Job lo acusaron falsamente de tener pecados no confesos, reconocieron su afirmación de integridad. En 4:6, Elifaz dijo: "¿No es tu temor a Dios tu confianza? ¿No es tu esperanza la integridad de tus caminos?". Job nunca cedió a las acusaciones de sus críticos, sino que mantuvo con firmeza su integridad: "No quitaré de mí mi integridad" (27:5), "Péseme Dios en balanzas de justicia, y conocerá mi integridad" (31:6).

Al igual que Job, David también fue un hombre íntegro, como Dios así lo afirmó:

> *Cuando Salomón terminó de construir el templo del SEÑOR y el palacio real, cumpliendo así todos sus propósitos y deseos, el SEÑOR se le apareció por segunda vez, como lo había hecho en Gabaón, y le dijo: "He oído la oración y la súplica que me has hecho. Consagro este templo que tú has construido para que yo habite en él por siempre. Mis ojos y mi corazón siempre estarán allí. En cuanto a ti, si me sigues con integridad y rectitud de corazón, como lo hizo tu padre David, y me obedeces en todo lo que yo te ordene y cumples mis decretos y leyes, yo afirmaré para siempre tu trono en el reino de Israel, como le prometí a tu padre David cuando le dije: 'Nunca te faltará un descendiente en el trono de Israel'" (1 R. 9:1-5, NVI).*

En Salmos 78:72, el salmista declaró: "Y [David] los apacentó conforme a la integridad de su corazón".

David testificó repetidamente su integridad en los salmos: "Júzgame, SEÑOR, conforme a mi justicia; págame conforme a mi inocencia" (7:8, NVI). "Integridad y rectitud me guarden, porque en ti he esperado" (25:21). "Hazme justicia, SEÑOR, pues he llevado una vida intachable; ¡en el SEÑOR confío sin titubear!" (26:1, NVI). "Mas yo andaré en mi integridad; redímeme" (26:11). "En cuanto a mí, en mi integridad me has sustentado" (41:12). "En la integridad de mi corazón andaré en medio de mi casa" (101:2).

Las Escrituras también describen las bendiciones de la integridad: "¿Quién, SEÑOR, puede habitar en tu santuario? ¿Quién puede vivir en tu santo monte? Sólo el de conducta intachable, que practica la justicia y de corazón dice la verdad" (Sal. 15:1-2, NVI). "Él provee de sana sabiduría a los rectos; es escudo a los que caminan rectamente" (Pr. 2:7). "El que camina en integridad anda confiado; mas el que pervierte sus caminos será quebrantado" (Pr. 10:9). "La integridad de los rectos los encaminará; pero destruirá a los pecadores la perversidad de ellos" (Pr. 11:3). "Mejor es el pobre que camina en integridad, que el de perversos labios y fatuo" (Pr. 19:1). "Camina en su integridad el justo; sus hijos son dichosos después de él" (Pr. 20:7). "Mejor es el pobre que camina en su integridad, que el de perversos caminos y rico" (Pr. 28:6).

Puesto que la integridad es esencial para el liderazgo y la vida espiritual, obviamente debe protegerse. En 1 Corintios 9:24-27, Pablo describió la auto-disciplina intensa que practicaba para evitar que el pecado lo descalificara del ministerio:

> *¿No sabéis que los que corren en el estadio, todos a la verdad corren, pero uno solo se lleva el premio? Corred de tal manera que lo obtengáis. Todo aquel que lucha, de todo se abstiene; ellos, a la verdad, para recibir una corona corruptible, pero nosotros, una incorruptible. Así que, yo de esta manera corro, no como a la ventura; de esta manera peleo, no como quien golpea el aire, sino que golpeo mi cuerpo, y lo pongo en servidumbre, no sea que habiendo sido heraldo para otros, yo mismo venga a ser eliminado.*

El liderazgo espiritual verdadero pertenece a quienes llevan vidas puras, sin mancha e irreprensibles (1 Ti. 3:2; Tit. 1:6-7; cp. Sal. 101:6).

Pero los líderes también deben proteger la integridad de las acusaciones falsas que pueden destruirla. Este segundo aspecto de guardar la integridad fue el que impulsó a Pablo para escribir. No solo sabía la importancia de guardar su vida del pecado, sino de guardar su reputación contra las mentiras. Como ya se ha señalado en los capítulos anteriores de este volumen, el tema de esta epístola es la defensa que hace Pablo de su integridad (cp. 2 Co. 1:12-13; 2:17; 3:5; 4:2, 5; 5:9-10; 6:3-4, 11; 7:2; 8:20-21; 10:7; 11:5-6, 30; 12:11-12; 13:5-6). La credibilidad del apóstol estaba bajo el ataque de los falsos maestros que se habían infiltrado en la iglesia de Corinto (cp. 6:8). Antes de que pudieran hacer oír sus mentiras, tenían que demoler la credibilidad de Pablo en la mente de las personas. Aunque sus acusaciones eran falsas, eran peligrosas; si los corintios creían tales alegaciones, la confianza en la Palabra de Dios por medio de Pablo quedaría destruida.

Tristemente, las calumnias de los falsos maestros convencieron a muchos en la congregación de Corinto de que Pablo no era una persona íntegra. La eficacia del apóstol en cuanto que mensajero autoritativo de la verdad divina pendía de un hilo. Tal peligro motivó a que Pablo se defendiera, por amor a la verdad y al Dios de la verdad.

Pero Pablo se enfrentaba a un dilema. Si no se defendía, los corintios podían abandonarlo en favor de los falsos maestros. No obstante, si se defendía, se abría a la posibilidad de que lo acusaran por recomendarse a sí mismo. Así que Pablo se vio forzado a defenderse para refutar la acusación de recomendarse a sí mismo.

La clave para entender este pasaje está en el significado del verbo *peithō* (**persuadimos**). Algunos comentaristas creen que se refiere a persuadir a los demás de la verdad del evangelio, como sucede en Hechos 17:4; 18:4; 19:8, 26; 26:28 y 28:23-24. Pero el evangelio no es la cuestión en 2 Corintios; no es esta una epístola primordialmente evangelística. Pablo no intentaba persuadir a los creyentes de Corinto sobre la verdad del evangelio, sino sobre su integridad. Por lo tanto, *peithō* podría traducirse mejor como "buscar el favor", como en Gálatas 1:10. Pablo buscaba un juicio favorable de los corintios sobre su integridad.

El estado espiritual de Pablo ya **le** era **manifiesto** a **Dios**, aunque los corintios pudieran cuestionarlo; su sinceridad, franqueza y autenticidad eran perfectamente evidentes para Dios. La declaración audaz de Pablo manifiesta que el Espíritu Santo no lo estaba convenciendo de pecado en su conciencia, lo que era una prueba convincente de su integridad (cp. 2 Co. 1:12; Hch. 23:1; 24:16; 2 Ti. 1:3).

La esperanza de Pablo era que su integridad también fuera manifiesta en las **conciencias** de los corintios, como lo era en la suya. Ya había escrito antes que "[renunciaba] a lo oculto y vergonzoso, no andando con astucia, ni adulterando la palabra de Dios, sino por la manifestación de la verdad [recomendándose] a toda conciencia humana delante de Dios" (2 Co. 4:2). La elección de los corintios era sencilla: ¿Iban a oír el testimonio de sus conciencias o las mentiras de los críticos de Pablo? Sus conciencias estaban bien informadas; sabían que su vida era piadosa y su carácter moral impecable porque había ministrado a diario en medio de ellos durante dieciocho meses o más (Hch. 18:11). Tal observación de primera mano no debería dejar dudas con respecto a la integridad de Pablo.

Pablo dio seis razones para su defensa cuando protegía su integridad de los mentirosos mezquinos que lo atacaban: reverencia al Señor, preocupación por la iglesia, devoción a la verdad, gratitud al Salvador, deseo de justicia y carga por los perdidos.

REVERENCIA AL SEÑOR

Conociendo, pues, el temor del Señor, (5:11*a*)

Temer a Dios es tener una reverencia y respeto por Él que lleve a adorarlo y servirlo (cp. 7:1; Job 28:28; Sal. 19:9; 22:23; 111:10; Pr. 1:7; 8:13; 9:10). Hechos 9:31 registra que "las iglesias tenían paz por toda Judea, Galilea y Samaria; y eran edificadas, andando en el temor del Señor, y se acrecentaban fortalecidas por el Espíritu Santo". Entonces **el temor del Señor** no se refiere a terror o pánico, porque ese tipo de miedo no resultaría en "paz" y fortaleza.

A Pablo le consternaba profundamente que alguien pensara que no estaba representando bien al Señor que amaba tan intensamente y a quien servía con tanta reverencia. Le horrorizaba que alguien fuera a considerarlo como una persona que deshonraba el nombre de Jesucristo (cp. Ro. 2:24). Era inaceptable que alguien creyera que vivía de manera opuesta a aquello para lo cual vivía: glorificar a Dios (1 Co. 10:31; cp. Ro. 12:1). Tampoco podía quedarse callado mientras lo acusaban falsamente de deshonrar a Dios, porque tal calumnia haría que su ministerio fuera inútil e infructuoso. Por lo tanto, se vio obligado a defender su integridad, aunque lo hizo con humilde renuencia (cp. 2 Co. 10:12-18).

PREOCUPACIÓN POR LA IGLESIA

No nos recomendamos, pues, otra vez a vosotros, sino os damos ocasión de gloriaros por nosotros, para que tengáis con qué responder a los que se glorían en las apariencias y no en el corazón. (5:12)

Pablo no solo se defendía por amor a Dios sino por amor a la iglesia. Sabía que las falsas acusaciones en contra suya podrían ser devastadoras para la iglesia si no las contrarrestaba. Si una cantidad suficiente de corintios creían las mentiras de los falsos maestros sobre él, la congregación podría dividirse en facciones propaulinas y antipaulinas. La unidad de la iglesia, tan apreciada por el apóstol (12:20; Ef. 4:3, 13; Col. 3:14; cp. Jn. 17:20-23), se desharía; nada divide tan rápido a una iglesia como los ataques a la reputación de sus líderes.

Los ataques a la integridad de Pablo no solo amenazaban con dividir la iglesia, sino con frenar el crecimiento espiritual en ella. El apóstol era el canal por medio del cual la revelación de Dios había llegado a los corintios; si perdían la confianza en él, rechazarían esta fuente apostólica. Peor aún, las doctrinas de demonios de los falsos maestros la reemplazarían. El resultado sería devastador en términos evangelísticos.

Pablo repitió el descargo de responsabilidad que ya había hecho antes en esta epístola (2 Co. 3:1) recordando a los corintios que no se recomendaba a ellos. Era plenamente consciente de que "no es aprobado el que se alaba a sí mismo, sino aquel a quien Dios alaba" (10:18). Y, como les recordó en 12:11, ellos debían estarlo alabando. No estaba intentando vindicarse para sí mismo, sino para ellos. Las declaraciones repetidas de Pablo de que no se recomendaba a sí mismo sugieren, como ya se dijo, que ya lo habían acusado de hacerlo. Los falsos apóstoles acusaron falsamente a Pablo de presumir, de elevar su ego, de promover sus intereses egoístas. Lo hicieron en su ausencia y, probablemente, durante su visita dolorosa a Corinto (2:1).

En realidad, Pablo era la última persona en jactarse de sí mismo. En 1 Corintios 4:4 escribió: "Porque aunque de nada tengo mala conciencia, no por eso soy justificado; pero el que me juzga es el Señor". Dijo dos veces a los corintios: "El que se gloría, gloríese en el Señor" (1 Co. 1:31; 2 Co. 10:17). Solamente alardeaba de sus debilidades (11:30; 12:9-10). Ni siquiera quiso atribuirse el mérito por lo que había hecho en su ministerio; en la primera epístola a los corintios escribió: "Pues si anuncio el evangelio, no tengo por qué gloriarme; porque me es impuesta necesidad; y ¡ay de mí si no anunciare el evangelio!" (1 Co. 9:16).

Más aún, Pablo escribió, aclarando sus intenciones, que pretendía que esta defensa de su integridad diera a los corintios **ocasión de** gloriarse en él en el sentido correcto, **para que** tuvieran **con qué responder a los** falsos apóstoles **que se glorían en las apariencias y no en el corazón**. En lugar de recomendarse ante sus enemigos, escogió dar a sus amigos las herramientas para defenderlo. Sabía que responder directamente a sus enemigos no tenía sentido; tergiversarían sus palabras y las ajustarían a sus propósitos malignos (cp. Pr. 26:4; 29:9). Por lo tanto, era más eficaz equipar a quienes lo respaldaban en Corinto de modo que tuvieran **con qué responder a** sus detractores (Pr. 27:2). Así, Pablo también les dio **ocasión** u oportunidad de gloriarse por él. La palabra *kauchēma* (**gloriaros**) puede referirse a pretensión inapropiada y pecaminosa (Ro. 4:2; 1 Co. 5:6), pero aquí se refiere a la confianza de ellos en la integridad espiritual del apóstol (cp. 2 Co. 1:14; 9:3; Gá. 6:4; Fil. 1:26; 2:16; He. 3:6).

Pablo, dándole la vuelta al argumento, denunció a sus acusadores de gloriarse **en las apariencias y no en el corazón**. Porque sus **apariencias** de religión externa no encajaban con la corrupción en su **corazón**; ellos, no Pablo, eran los hipócritas que carecían de integridad. Eran como aquellos a quienes Jesús denunció por "sepulcros blanqueados, que por fuera, a la verdad, se muestran hermosos, mas por dentro están llenos de huesos de muertos y de toda inmundicia… [que se muestran] justos a los hombres, pero por dentro [están] llenos de hipocresía e iniquidad" (Mt. 23:27-28), y los que Pablo exhibió como "los que quieren agradar en la carne" (Gá. 6:12).

Sin embargo, no había dicotomía entre lo que Pablo aparentaba exteriormente y lo que era internamente. Tal cosa no solo era evidente para Dios, sino para las conciencias de los corintios, en tanto respondían a lo que sabían que era verdad sobre el apóstol.

DEVOCIÓN A LA VERDAD

Porque si estamos locos, es para Dios; y si somos cuerdos, es para vosotros. (5:13)

Una de las acusaciones injuriosas de los falsos maestros sobre Pablo era que Pablo era un necio sin razón que no estaba en sus cabales (cp. 11:1, 16-17; 12:6, 11; 1 Co. 4:10). La palabra *existēmi* es la raíz del verbo que se traduce **estamos locos**, y se usa en Marcos 3:21 para describir a los familiares de Jesús que creían que estaba "fuera de sí". El verbo significa literalmente "estar afuera de sí mismo" o "junto a uno mismo", en el sentido de "no estar cuerdo". La devoción de Pablo a la verdad era tan apasionada que sus enemigos lo tenían por fanático, al punto de estar desequilibrado mentalmente. Increíblemente, la iglesia de Corinto no rechazó estas palabras de inmediato, sino que ellas generaron un debate con quienes insistían en que estaba cuerdo. Este término significa ser sensato, sensible y controlar las propias facultades.

El mundo a menudo valora negativamente a las personas que son dogmáticas y celosas con la verdad, como Juan el Bautista, quien denunciaba a los líderes religiosos judíos hipócritas en términos bien directos: "Al ver él que muchos de los fariseos y de los saduceos venían a su bautismo, les decía: ¡Generación de víboras! ¿Quién os enseñó a huir de la ira venidera?" (Mt. 3:7). El resultado predecible de ello fue que lo ridiculizaron diciendo: "Demonio tiene" (Mt. 11:18).

No sorprende que los mismos hipócritas hayan acusado al Señor Jesucristo, la verdad encarnada (Jn. 1:14, 17; 14:6; Ap. 3:7; 19:11), de haber perdido contacto con la realidad. En Mateo 11:19, Jesús se refirió a la denuncia desdeñosa de ellos hacia Él diciendo que "bebe" y estaba bajo el control del alcohol. Tal como habían acusado a Juan el Bautista, lo acusaron a Él de estar poseído por los demonios y le preguntaron burlonamente: "¿No decimos bien nosotros, que tú eres samaritano, y que tienes demonio?" (Jn. 8:48; cp. 7:20; 8:52; 10:20). Pero, llevando la crítica injuriosa un paso más allá, lo consideraron poseído por el mismo Satanás, insistiendo en que "no [echaba] fuera los demonios sino por Beelzebú, príncipe de los demonios" (Mt. 12:24; cp. 10:25). Por lo tanto, cometieron el acto más vil de sacrilegio concebible, el pecado imperdonable de blasfemar contra el Espíritu Santo (Mt. 12:31-32).

No fue esta la única vez que el compromiso de Pablo con la verdad había llevado a algunos a cuestionar sobre su cordura. Después de contar el testimonio dramático de su conversión, y de una presentación poderosa y directa del evangelio ante el rey Agripa, el gobernador romano Festo "dijo: Estás loco, Pablo; las muchas letras te vuelven loco" (Hch. 26:24). Pero Pablo no estaba fuera de sí, como lo demostró su respuesta digna y con calma: "No estoy loco, excelentísimo Festo, sino que hablo palabras de verdad y de cordura" (v. 25).

Si Pablo tenía algún celo, era **para Dios**. Era un administrador (1 Co. 4:1; 9:17; Ef. 3:2; Col. 1:25) a quien Dios le había confiado la verdad preciosa de su Palabra y él procuraba glorificarlo. No podía predicar esa verdad sin pasión ni convicción, porque entendía que Dios recibía honra cuando proclamaba su Palabra. Aun si Pablo hubiera estado fuera de control, como decían sus enemigos, lo estaría por su deseo de hablar la verdad de Dios, exaltarla y hacer que los demás la creyeran (cp. Ef. 6:19; Col. 4:3; 2 Ts. 3:1).

Por otro lado, **si** estaba cuerdo, pensando con sensatez, era **para** los corintios. Que lo consideraran loco o cuerdo era algo sin importancia para él (cp. 1 Co.

4:1-5). Para Pablo lo que importaba era honrar a Dios con la verdad proclamada, de modo que eso es lo que hizo fielmente. Pero por los corintios era al mismo tiempo amable, humilde y paciente (2 Co. 10:1; 2 Ti. 4:2).

GRATITUD AL SALVADOR

Porque el amor de Cristo nos constriñe, pensando esto: que si uno murió por todos, luego todos murieron; (5:14)

Aunque ciertamente el amor de Pablo por su Señor lo impulsaba, la frase **el amor de Cristo** puede verse mejor en este contexto como el amor de Cristo por Pablo. Un amor que se ve más claramente en su muerte sacrificial, que es el tema posterior. Era este **amor** magnánimo, libre e inmerecido lo que controlaba, movía y motivaba a Pablo a defenderse. Puesto que Cristo lo amó para salvación, quería tener certeza de que nada mermara su capacidad para servirle.

Pablo nunca perdió la capacidad de sorprenderse con el amor de Cristo, como tan elocuentemente lo expresó en Romanos 8:35-39:

¿Quién nos separará del amor de Cristo? ¿Tribulación, o angustia, o persecución, o hambre, o desnudez, o peligro, o espada? Como está escrito: Por causa de ti somos muertos todo el tiempo; somos contados como ovejas de matadero. Antes, en todas estas cosas somos más que vencedores por medio de aquel que nos amó. Por lo cual estoy seguro de que ni la muerte, ni la vida, ni ángeles, ni principados, ni potestades, ni lo presente, ni lo por venir, ni lo alto, ni lo profundo, ni ninguna otra cosa creada nos podrá separar del amor de Dios, que es en Cristo Jesús Señor nuestro.

Expresó el aspecto sacrificial del amor de Cristo en las conocidas palabras de Gálatas 2:20: "Con Cristo estoy juntamente crucificado, y ya no vivo yo, mas vive Cristo en mí; y lo que ahora vivo en la carne, lo vivo en la fe del Hijo de Dios, el cual me amó y se entregó a sí mismo por mí". A los efesios escribió así: "El amor de Cristo… excede a todo conocimiento" (Ef. 3:19; cp. 5:25). El amor incomprensible, inquebrantable e incondicional de Cristo abrumaba a Pablo.

Más aún, lo constreñía. La palabra *sunechō* (**constriñe**) describe la presión que produce la acción. La magnitud del amor de Cristo por creyentes como Pablo lo llevaba a servirle de todo corazón, en un acto de adoración agradecida. Si lo desacreditaban y perdía su ministerio, perdería la oportunidad de expresar su gratitud por Cristo por medio de su ministerio. Tal amenaza era un factor clave que constreñía al apóstol a defender su integridad.

El amor de Cristo controlaba a Pablo porque había **pensado** profundamente en su identificación con Cristo. Su confianza estaba en **que si uno murió por**

todos, luego todos murieron. La muerte de todos los miles de animales sacrificados en el antiguo pacto no podía producir el perdón completo del pecado, "porque la sangre de los toros y de los machos cabríos no puede quitar los pecados" (He. 10:4). La muerte de los animales nunca fue eficaz. Todas esas muertes solo servían para mostrar la inutilidad del antiguo pacto en cuanto que medio para obtener la salvación. Pero en marcado contraste, Jesucristo, "con una sola ofrenda hizo perfectos para siempre a los santificados" (He. 10:14; cp. 9:14, 28; 10:10, 12, 19; 13:12; Ro. 3:24-25; 5:9; Ef. 1:7; 1 P. 1:18-19; 1 Jn. 1:7; Ap. 1:5).

La preposición *huper* (**por**) podría traducirse "en nombre de" o "en lugar de". Presenta la verdad esencial e irreemplazable de la expiación sustitutiva; es decir, que Cristo murió en lugar de **todos** los que pongan su fe en Él. "Cristo nos redimió de la maldición de la ley, hecho por nosotros maldición" con su muerte (Gá. 3:13), porque "al que no conoció pecado, por nosotros [Dios] lo hizo pecado, para que nosotros fuésemos hechos justicia de Dios en él" (2 Co. 5:21).

En el Antiguo Testamento, Isaías profetizó que el Mesías moriría en sustitución por los pecadores:

> *Ciertamente él cargó con nuestras enfermedades y soportó nuestros dolores, pero nosotros lo consideramos herido, golpeado por Dios, y humillado. Él fue traspasado por nuestras rebeliones, y molido por nuestras iniquidades; sobre él recayó el castigo, precio de nuestra paz, y gracias a sus heridas fuimos sanados. Todos andábamos perdidos, como ovejas; cada uno seguía su propio camino, pero el SEÑOR hizo recaer sobre él la iniquidad de todos nosotros... Después de su sufrimiento, verá la luz y quedará satisfecho; por su conocimiento mi siervo justo justificará a muchos, y cargará con las iniquidades de ellos. Por lo tanto, le daré un puesto entre los grandes, y repartirá el botín con los fuertes, porque derramó su vida hasta la muerte, y fue contado entre los transgresores. Cargó con el pecado de muchos, e intercedió por los pecadores (Is. 53:4-6, 11-12, NVI).*

El Nuevo Testamento esclarece el concepto de sustitución, profetizado en el Antiguo Testamento. En uno de los pasajes teológicos más profundos y ricos de todas las Escrituras, el apóstol Pablo escribió:

> *Porque Cristo, cuando aún éramos débiles, a su tiempo murió por los impíos. Ciertamente, apenas morirá alguno por un justo; con todo, pudiera ser que alguno osara morir por el bueno. Mas Dios muestra su amor para con nosotros, en que siendo aún pecadores, Cristo murió por nosotros. Pues mucho más, estando ya justificados en su sangre, por él seremos salvos de la ira. Porque si siendo enemigos, fuimos reconciliados con Dios por la muerte de su Hijo, mucho más, estando reconciliados, seremos salvos por su vida (Ro. 5:6-10; cp. Jn. 6:51; 2 Co. 5:21; Ef. 5:2; 1 Ts. 5:9-10; 1 Ti. 2:5-6; Tit. 2:14; He. 2:9; 1 P. 2:24; 3:18).*

La expiación sustitutiva del Señor Jesucristo es el eje de la teología cristiana (véase la explicación de 5:21 en el capítulo 16 de este volumen). Todas las personas son pecadoras (Ro. 3:23), por quienes la justicia divina exige la pena de muerte (Ro. 6:23). Pero la muerte de Cristo satisfizo completamente la justicia divina y fue propicia para calmar su ira (Ro. 3:22, 25-26; He. 2:17; 1 Jn. 2:2; 4:10) a todos los que pusieron su fe en Él (Ro. 3:28, 30; 4:5; 5:1; Gá. 2:16; 3:8, 11, 24).

Es crucial entender la identidad de **todo** aquel por quien Cristo murió. La frase **uno murió por todos** por sí sola podría implicar que Cristo murió por toda persona que ha vivido. Pero Pablo aclaró el significado añadiendo **luego todos murieron**. No dijo "todos estaban muertos", lo cual habría descrito a todo pecador que ha vivido, puesto que todos están muertos en el pecado (Ef. 2:1). Sin embargo, no estaba hablando de un estado sino de una situación: la unión de los creyentes con Cristo en su muerte. Las dos frases juntas definen a **todos** aquellos por quienes murió Cristo como **todos** los que **murieron** en Él (cp. Ro. 6:1-4), por medio de la fe (Ro. 3:24-26). Tal como todos los que están en Adán (toda la raza) pecaron por el pecado de él, también todos los que están en Cristo (quienes creen para salvación) obtienen justificación por la muerte de Él (Ro. 5:19; 1 Co. 15:21-22).

Dios es "el Salvador de todos los hombres" (1 Ti. 4:10) en el sentido físico y temporal de no dar a todos los pecadores la muerte que merecen cuando pecaron la primera vez, y todas las siguientes. La paciencia y la salvación de Dios de la muerte y el infierno inmediatos muestran que Él es Salvador por naturaleza. En consecuencia, todos los que no son salvos se benefician de la gracia común. Dios "hace salir su sol sobre malos y buenos, y que hace llover sobre justos e injustos" (Mt. 5:45). Muestra amor compasivo por todos los hombres (cp. Jer. 48:35-37; Mt. 23:37; Mr. 10:21; Lc. 19:41-44), no se complace en su muerte (Ez. 18:30-32; 33:11) y les ofrece el evangelio (Mt. 11:28-30; 22:2-14; Ap. 22:17; cp. Is. 55:1-2). Pero aunque Dios es "el Salvador de todos los hombres" temporal y físicamente, lo es "mayormente de los que creen" eterna y espiritualmente (1 Ti. 4:10); la expiación solo es sustitutiva para quienes por la gracia por medio de la fe murieron en Cristo. Si Cristo murió como sustituto por toda la humanidad, toda persona que haya vivido sería salva, porque sus pecados estarían pagados y la justicia divina estaría satisfecha. Pero claramente no es este el caso, pues la mayoría de las personas rechazarán la salvación de Dios y Él las enviará a pagar sus pecados por toda la eternidad en el infierno (Mt. 25:41, 46; 2 Ts. 1:9; Ap. 14:9-11; 20:11-15; cp. Mt. 7:13-14; Lc. 13:23-24).

Pablo rebosaba de gratitud porque el Dios santo y eterno envió a su Hijo a morir en sustitución para el pago de sus pecados. Tal verdad maravillosa no le dejaba espacio para felicitarse a sí mismo, como si hubiera contribuido algo a su salvación. Pero, la muerte de Cristo no solamente lo puso en posición de ser salvo, sino que procuró su salvación. De ahí surgen la reconciliación, la justificación, el perdón de los pecados, la paz con Dios y la liberación de la ira y el juicio. Pablo deseaba sobre todo lo demás vivir para Aquel que soberanamente y con su gracia lo había redimido por medio de su sangre. Por lo tanto, el apóstol defendió su ministerio para no perder la oportunidad de mostrar su gratitud por medio de su servicio.

DESEO DE JUSTICIA

y por todos murió, para que los que viven, ya no vivan para sí, sino para aquel que murió y resucitó por ellos. (5:15)

Este punto está inextricablemente ligado al anterior. La razón por la cual **murió** Cristo **por todos** los que murieron en Él, fue **para que los que viven, ya no vivan para sí, sino para aquel que murió y resucitó por ellos**. El maravilloso milagro de la salvación no solamente incluye la unión de los creyentes con Cristo en su muerte, sino también en su resurrección:

> *Porque somos sepultados juntamente con él para muerte por el bautismo, a fin de que como Cristo resucitó de los muertos por la gloria del Padre, así también nosotros andemos en vida nueva. Porque si fuimos plantados juntamente con él en la semejanza de su muerte, así también lo seremos en la de su resurrección… Y si morimos con Cristo, creemos que también viviremos con él… Porque en cuanto murió, al pecado murió una vez por todas; mas en cuanto vive, para Dios vive. Así también vosotros consideraos muertos al pecado, pero vivos para Dios en Cristo Jesús, Señor nuestro (Ro. 6:4-5, 8, 10-11).*

> *Porque yo por la ley soy muerto para la ley, a fin de vivir para Dios. Con Cristo estoy juntamente crucificado, y ya no vivo yo, mas vive Cristo en mí; y lo que ahora vivo en la carne, lo vivo en la fe del Hijo de Dios, el cual me amó y se entregó a sí mismo por mí (Gá. 2:19-20).*

> *Porque habéis muerto, y vuestra vida está escondida con Cristo en Dios (Col. 3:3).*

De modo que, en Cristo, los creyentes no solo experimentan la muerte al pecado, sino la resurrección a la justicia. Como resultado, **ya no** viven **para sí, sino para aquel que murió y resucitó por ellos** (cp. Ef. 2:10; Tit. 2:14; 1 P. 2:24).

Pablo vivía para Jesucristo, como todos los verdaderos cristianos. En su discurso de despedida a los ancianos de Éfeso, afirmó: "Pero de ninguna cosa hago caso, ni estimo preciosa mi vida para mí mismo, con tal que acabe mi carrera con gozo, y el ministerio que recibí del Señor Jesús, para dar testimonio del evangelio de la gracia de Dios" (Hch. 20:24). Recordó a los romanos esto: "Pues si vivimos, para el Señor vivimos; y si morimos, para el Señor morimos. Así pues, sea que vivamos, o que muramos, del Señor somos" (Ro. 14:8). Declaró lo siguiente, contrastándose con los falsos maestros orgullosos que estaban causando problemas a los gálatas: "Pero lejos esté de mí gloriarme, sino en la cruz de nuestro Señor Jesucristo, por quien el mundo me es crucificado a mí, y yo al mundo" (Gá. 6:14). Escribió a los filipenses: "Porque para mí el vivir es Cristo, y el morir es ganancia" (Fil. 1:21) y "prosigo a la meta, al premio del supremo llamamiento de Dios en Cristo Jesús" (3:14). El Señor Jesucristo era la vida del apóstol (Col. 3:4).

Pablo quedaría asolado si lo veían como alguien que había deshonrado a Cristo, porque lo más importante en su vida era vivir para Él. También defendió su integridad para que pudiera continuar siendo un modelo de lo que significa vivir para Cristo. En 1 Corintios 11:1 urgió a los corintios así: "Sed imitadores de mí, así como yo de Cristo" (cp. 1 Co. 4:1; 1 Ts. 1:6). Si permitía que las mentiras destruyeran su integridad, los corintios no lo seguirían a él, sino a los falsos apóstoles. Semejante situación era intolerable para Pablo y provocó la defensa vigorosa de su integridad.

CARGA POR LOS PERDIDOS

De manera que nosotros de aquí en adelante a nadie conocemos según la carne; y aun si a Cristo conocimos según la carne, ya no lo conocemos así. De modo que si alguno está en Cristo, nueva criatura es; las cosas viejas pasaron; he aquí todas son hechas nuevas. (5:16-17)

La razón primordial por la cual Pablo defendió su integridad, una razón que abarcaba todas las demás, era que pudiera continuar alcanzando a los perdidos. Anhelaba apasionadamente ver que las personas llegaran a la fe salvadora en Cristo. Por ejemplo, en Atenas, que era un centro cultural pagano, Pablo encontró que "su espíritu se enardecía viendo la ciudad entregada a la idolatría" (Hch. 17:16). A los romanos les escribió: "No quiero, hermanos, que ignoréis que muchas veces me he propuesto ir a vosotros (pero hasta ahora he sido estorbado), para tener también entre vosotros algún fruto, como entre los demás gentiles" (Ro. 1:13). A los corintios les dijo en la primera carta inspirada que su misión era "predicar el evangelio" (1 Co. 1:17); de hecho, escribió más adelante en esa misma epístola: "Me es impuesta necesidad; y ¡Ay de mí si no anunciare el evangelio!" (1 Co. 9:16).

Pero tal vez la perspectiva más conmovedora de la carga de Pablo por los perdidos se presenta en una declaración impactante de su carta a los romanos:

> *Verdad digo en Cristo, no miento, y mi conciencia me da testimonio en el Espíritu Santo, que tengo gran tristeza y continuo dolor en mi corazón. Porque deseara yo mismo ser anatema, separado de Cristo, por amor a mis hermanos, los que son mis parientes según la carne (Ro. 9:1-3).*

El deseo del apóstol de ver a sus compatriotas israelitas salvos era tan intenso que estaba dispuesto, si eso fuera posible, a perder su propia salvación para entregarla a ellos. No sorprende que su constante "anhelo… y… oración a Dios por Israel, [fuera] para salvación" (Ro. 10:1). La carga de Pablo por los perdidos lo llevaba a defender su integridad, en otro caso perdería su credibilidad y con ella su capacidad de predicar eficazmente el evangelio.

Estos dos versículos definen cuándo comenzó la carga de Pablo por los perdidos. La conjunción *hōste* (**de manera que**) vuelve a los versículos 14 y 15, que describen la salvación. Después de la conversión de Pablo, cambió radicalmente la forma en que veía a las personas. Desde entonces, **a nadie** conoció (*oida*; lit. "conocer" o "percibir") **según la carne**; no volvió a evaluar a las personas con base en criterios externos y mundanos, como los falsos maestros (cp. 2 Co. 5:12; Gá. 6:12). El fariseo orgulloso que alguna vez despreció a los gentiles, e incluso a los judíos fuera de su grupo (cp. Jn. 7:49), ahora miraba más allá de las simples apariencias. Su prejuicio y odio dieron paso al amor por todos, sin discriminar entre "griego ni judío, circuncisión ni incircuncisión, bárbaro ni escita, siervo ni libre" (Col. 3:11).

No solo cambió la perspectiva de las personas que Pablo tenía, también cambió la de **Cristo**. Alguna vez lo había conocido **según la carne**; había hecho una valoración humana sobre Él y concluido que era solamente un hombre. Peor aún, había decidido que Jesús era un falso mesías; un hereje y un rebelde contra el judaísmo que merecía la muerte. Como resultado, Pablo dedicó su vida a perseguir a sus seguidores. Como lo confesara más adelante:

> *Yo ciertamente había creído mi deber hacer muchas cosas contra el nombre de Jesús de Nazaret; lo cual también hice en Jerusalén. Yo encerré en cárceles a muchos de los santos, habiendo recibido poderes de los principales sacerdotes; y cuando los mataron, yo di mi voto. Y muchas veces, castigándolos en todas las sinagogas, los forcé a blasfemar; y enfurecido sobremanera contra ellos, los perseguí hasta en las ciudades extranjeras (Hch. 26:9-11).*

Pero después de que Pablo se convirtió, **ya no** conocía a Cristo **así**. La valoración de Pablo, el apóstol, era radicalmente diferente de la de Saulo, el fariseo. No volvió a ver a Jesús como un rabino galileo itinerante impostor que se había nombrado a sí mismo Mesías y que era enemigo del judaísmo. En su lugar, lo vio como realmente es: Dios encarnado, el Salvador, el Señor del cielo, el verdadero Mesías, en el cual se cumplieron las promesas del Antiguo Testamento y quien proporciona perdón por el pecado. La transformación en la vida de Pablo ocurrió en el instante cegador en que conoció al Señor resucitado en el camino a Damasco. Y cuando cambió su valoración de Jesús, cambió la valoración de todos los demás. Sabía que el cambio profundo que había ocurrido en su vida tendría lugar en las vidas de quienes pusieran su fe en Cristo.

En una conclusión también derivada del versículo 15, dijo Pablo: "**De modo que si alguno está en Cristo, nueva criatura es**". La gracia y la misericordia de Dios son suficientes para alcanzar a todos, incluso los pecadores más malvados y viles; al primero de los pecadores, incluso (1 Ti. 1:15-16). Pero solo Dios es "el que justifica al que es de la fe de Jesús" (Ro. 3:26; cp. Gá. 3:26). Su muerte sustitutiva se vuelve la muerte de ellos; y, su resurrección, la vida de ellos.

La conocida expresión paulina **en Cristo** resume de manera sucinta y profundamente todas las abundantes bendiciones de la salvación (cp. Ro. 8:1; 16:3, 7; 1 Co. 1:30; Gá. 3:28; Ef. 1:1; Fil. 1:1; 4:21; Col. 1:2, 28; Flm. 23). Todo aquel que **está en Cristo**, se vuelve una **nueva criatura** (cp. Gá. 6:15). La palabra *kainos* (**nueva**) significa que es nuevo en calidad, no solo en secuencia; el "viejo hombre [de los creyentes] fue crucificado juntamente con él" (Ro. 6:6); por lo tanto, se han despojado "del viejo hombre" y se han vestido "del nuevo hombre" (Ef. 4:22, 24; Col. 3:9-10).

La transformación producida en el nuevo nacimiento no es solamente un milagro instantáneo, sino un proceso vitalicio de santificación. Para quienes han vivido esta transformación, todo cambia; **las cosas viejas pasaron**. Los valores, ideas, planes, amores, deseos y creencias viejas desaparecen y se reemplazan por las cosas **nuevas** que acompañan a la salvación. El tiempo perfecto del verbo *ginomai* (**son hechas**) indica un acto pasado con resultados continuos en el presente. Dios planta nuevos deseos, amores, inclinaciones y verdades en los redimidos, de modo que vivan en medio de la vieja creación con una perspectiva de la nueva creación (cp. Gá. 6:14). Tal perspectiva, a medida que se nutre y se desarrolla, ayuda a los creyentes a obtener la victoria en la batalla contra el pecado y los conforma a la imagen de Jesucristo.

Así que Pablo defendió su integridad para poder predicar con denuedo, sabiendo que confiaban en él. Además, su reverencia y gratitud al Salvador —que había hecho mucho por él—, su preocupación profunda por la iglesia, su devoción apasionada por la verdad, su deseo de justicia y su anhelo de ver que los perdidos llegaban al Señor, eran todas cosas que lo impulsaban a mantener su integridad. Y, por haberlo hecho así, podía hablarles de este modo a los corintios: "Así que, no juzguéis nada antes de tiempo, hasta que venga el Señor, el cual aclarará también lo oculto de las tinieblas, y manifestará las intenciones de los corazones; y entonces cada uno recibirá su alabanza de Dios" (1 Co. 4:5).

El ministerio de la reconciliación

15

Y todo esto proviene de Dios, quien nos reconcilió consigo mismo por Cristo, y nos dio el ministerio de la reconciliación; que Dios estaba en Cristo reconciliando consigo al mundo, no tomándoles en cuenta a los hombres sus pecados, y nos encargó a nosotros la palabra de la reconciliación. Así que, somos embajadores en nombre de Cristo, como si Dios rogase por medio de nosotros; os rogamos en nombre de Cristo: Reconciliaos con Dios. (5:18-20)

La iglesia de hoy día está confrontada por una aparente variedad ilimitada de métodos ministeriales, estrategias y estilos. Algunos argumentan que la iglesia debe manifestarse a favor de un cambio social y político para forzar una moralidad cultural (moralismo) o incluso para ayudar a iniciar el reino (postmilenialismo). Otros insisten en que el mensaje de la iglesia debe ser inofensivo, positivo y asertivo para crear una atmósfera positiva en la cual los incrédulos se sientan bienvenidos y no amenazados (pragmatismo). Otros tantos creen que la tarea principal de la iglesia es defender sus características teológicas (denominacionalismo).

Sin embargo, en la Biblia no hay confusión acerca de cuál debe ser la misión de la Iglesia: el evangelismo. Este pasaje definitivo articula claramente el eje de la responsabilidad de la Iglesia como representante de Jesucristo en el mundo. Dios ha llamado a todos los creyentes, especialmente a los pastores, a proclamar el mensaje de la reconciliación, un término que aparece de alguna forma cinco veces en estos tres versículos.

Las buenas nuevas gloriosas del evangelio son que la relación rota por el pecado entre los pecadores perdidos y el Dios santo puede restaurarse, algo que a primera vista parece imposible. La justicia perfecta e infinita de Dios exige el castigo de todo aquel que viole su ley. Frente a su norma de justicia están los pecadores culpables e indefensos, incapaces de satisfacer a Dios o cambiar su condición. Pero por medio del plan divino de reconciliación, toda la animosidad, hostilidad y alienación que separan al Santo de los pecadores se desvanece; y, quienes eran sus enemigos, ahora son sus amigos. El alto llamado y noble privilegio de predicar este mensaje de reconciliación es el deber más importante del mundo, pues tiene que ver con el destino eterno.

El evangelio de la reconciliación era el eje central de la predicación de Pablo. Dijo en Romanos: "Así que, en cuanto a mí, pronto estoy a anunciaros el evangelio también a vosotros que estáis en Roma. Porque no me avergüenzo del evangelio, porque es poder de Dios para salvación a todo aquel que cree; al judío primeramente, y también al griego" (Ro. 1:15-16). Pablo también expresó su deseo apasionado de predicar el mensaje de reconciliación en su primera carta inspirada a los corintios:

> *Pues no me envió Cristo a bautizar, sino a predicar el evangelio; no con sabiduría de palabras, para que no se haga vana la cruz de Cristo… pero nosotros predicamos a Cristo crucificado, para los judíos ciertamente tropezadero, y para los gentiles locura… y ni mi palabra ni mi predicación fue con palabras persuasivas de humana sabiduría, sino con demostración del Espíritu y de poder (1 Co. 1:17, 23; 2:4).*

En Efesios 3:8 expresó la sorpresa de que a él, "el más pequeño de todos los santos, [le] fue dada esta gracia de anunciar entre los gentiles el evangelio de las inescrutables riquezas de Cristo". Pablo nunca perdió su enfoque en el mensaje simple y directo de que los pecadores pueden reconciliarse con Dios por medio de la cruz de Cristo (cp. 1 Co. 2:2).

En esta sección, la más teológica de la epístola, Pablo aporta una declaración comprensiva sobre la forma en que Dios ha hecho posible esta reconciliación. El texto revela que la reconciliación es por la voluntad de Dios, por el perdón y por la obediencia de la fe (el siguiente capítulo de este volumen, cuando desarrolla 2 Co. 5:21, mostrará que la reconciliación se lleva a cabo por medio de la sustitución).

LA RECONCILIACIÓN ES POR LA VOLUNTAD DE DIOS

Y todo esto proviene de Dios, quien nos reconcilió consigo mismo por Cristo, y nos dio el ministerio de la reconciliación; (5:18)

La frase **todo esto** hace referencia a la sección inmediatamente anterior de esta epístola, donde se describió la transformación total que tiene lugar en la conversión (vv. 14-17). En dicho pasaje, Pablo describió la muerte y resurrección de los creyentes en Cristo como una transformación en nuevas criaturas. **Todo esto**, es decir, las cosas relacionadas con la transformación, **proviene de Dios** (cp. 1 Co. 8:6; 11:12; Stg. 1:17); los pecadores no pueden reconciliarse con Él en sus propios términos. Quienes no han sido regenerados no tienen la capacidad de calmar la ira de Dios contra el pecado, satisfacer su justicia santa o conformarse a su norma de justicia. Son culpables de violar mortalmente la ley de Dios y enfrentan el exilio de su presencia. La premisa mortal y engañosa de todas las religiones falsas es que los pecadores, basándose en sus propios esfuerzos y logros religiosos y morales, pueden reconciliarse con Dios. Pero solo Dios designó el camino para la reconciliación y solo Él puede iniciar la reconciliación de los pecadores; **Dios… nos reconcilió consigo mismo**, esas son las buenas nuevas del evangelio.

De tal manera amó Dios al mundo que hizo el camino de la reconciliación. Deseaba reconciliar a los pecadores consigo mismo, hacerlos sus hijos. Tal deseo no es ajeno, sino consistente con el carácter santo de Dios. Una de las realidades gloriosas de Dios es que es Salvador por naturaleza.

Porque desde la fundación del mundo, Dios determinó salvar a los creyentes, libremente y separado de toda influencia, para mostrar eternamente la gloria de su gracia. Escogió a quienes rescataría de su propia ira por el pecado y escribió sus nombres en el Libro de la Vida. No es un Salvador reacio; de hecho, las Escrituras le dan frecuentemente este título (Sal. 106:21; Is. 43:3, 11; 45:15, 21; 49:26; 60:16; 63:8; Os. 13:4; Lc. 1:47; 1 Ti. 1:1; 2:3; 4:10; Tit. 1:3-4; 2:10, 13; 3:4, 6; Jud. 25).

Desde Génesis 3:8-9, cuando Dios dijo: "¿Dónde estás tú?", ha estado buscando la salvación de los pecadores. Ezequiel 34:16 dice: "Yo buscaré la perdida, y haré volver al redil la descarriada; vendaré la perniquebrada, y fortaleceré la débil". Está pronto a reconciliar, como dijo Pablo a los romanos:

> *Pues mucho más, estando ya justificados en su sangre, por él seremos salvos de la ira. Porque si siendo enemigos, fuimos reconciliados con Dios por la muerte de su Hijo, mucho más, estando reconciliados, seremos salvos por su vida. Y no sólo esto, sino que también nos gloriamos en Dios por el Señor nuestro Jesucristo, por quien hemos recibido ahora la reconciliación (Ro. 5:9-11).*

La gratitud por nuestra reconciliación es el plan de Dios por medio de Jesucristo.

El verbo *katallassō* (**reconcilió**) y el sustantivo *katallagē* (**reconciliación**) aparecen en el Nuevo Testamento solo en los escritos paulinos. Los términos siempre retratan a Dios como el reconciliador y a los pecadores como los reconciliados, puesto que el pecado humano rompió la relación entre Dios y el hombre (cp. Is. 59:2). En Romanos 5:11, Pablo declaró: "También nos gloriamos en Dios por el Señor nuestro Jesucristo, por quien hemos recibido ahora la reconciliación". Y a los efesios escribió:

> *Pero ahora en Cristo Jesús, vosotros que en otro tiempo estabais lejos, habéis sido hechos cercanos por la sangre de Cristo. Porque él es nuestra paz, que de ambos*

pueblos hizo uno, derribando la pared intermedia de separación, aboliendo en su carne las enemistades, la ley de los mandamientos expresados en ordenanzas, para crear en sí mismo de los dos un solo y nuevo hombre, haciendo la paz, y mediante la cruz reconciliar con Dios a ambos en un solo cuerpo, matando en ella las enemistades (Ef. 2:13-16).

Colosenses 1:20-22 afirma lo siguiente:

Por medio de [Cristo le agradó al Padre] reconciliar consigo todas las cosas, así las que están en la tierra como las que están en los cielos, haciendo la paz mediante la sangre de su cruz. Y a vosotros también, que erais en otro tiempo extraños y enemigos en vuestra mente, haciendo malas obras, ahora os ha reconciliado en su cuerpo de carne, por medio de la muerte, para presentaros santos y sin mancha e irreprensibles delante de él.

De modo que la reconciliación no es algo que el hombre haga, sino que recibe; no es algo que él lleve a cabo, sino que abraza. La reconciliación no ocurre cuando el hombre decide dejar de rechazar a Dios, sino cuando Dios decide dejar de rechazar al hombre. Es una provisión divina por la cual se apacigua la insatisfacción de Dios contra los pecadores alienados, se retira su hostilidad contra ellos y se establece una relación armoniosa entre Él y ellos. La reconciliación ocurre porque Dios por su gracia estuvo dispuesto a alejar los pecados "cuanto está lejos el oriente del occidente" (Sal. 103:12) de todos los que son suyos, "echará en lo profundo del mar todos nuestros pecados" (Mi. 7:19) y "[echará] tras sus espaldas todos [nuestros] pecados" (Is. 38:17).

En la más alta expresión de magnanimidad que el universo conocerá jamás, Dios reconcilió a los creyentes consigo **por Cristo**; es decir, a costa suya. El sacrificio perfecto de Dios Hijo es el único que podía satisfacer las exigencias de justicia santa de Dios Padre. Jesucristo es el único mediador entre Dios y los hombres (1 Ti. 2:5; cp. He. 8:6; 9:15; 12:24), y "en ningún otro hay salvación; porque no hay otro nombre bajo el cielo, dado a los hombres, en que podamos ser salvos" (Hch. 4:12). Dios, por su propósito y voluntad, designó la muerte en sacrificio de su Hijo para reconciliar a los creyentes con Él:

Pero ahora en Cristo Jesús, vosotros que en otro tiempo estabais lejos, habéis sido hechos cercanos por la sangre de Cristo. Porque él es nuestra paz, que de ambos pueblos hizo uno, derribando la pared intermedia de separación, aboliendo en su carne las enemistades, la ley de los mandamientos expresados en ordenanzas, para crear en sí mismo de los dos un solo y nuevo hombre, haciendo la paz, y mediante la cruz reconciliar con Dios a ambos en un solo cuerpo, matando en ella las enemistades (Ef. 2:13-16).

"[Cristo los ha reconciliado] en su cuerpo de carne, por medio de la muerte, para [presentarlos] santos y sin mancha e irreprensibles delante de Él" (Col. 1:22). "Pero ahora, en la consumación de los siglos, se presentó una vez para siempre por el sacrificio de sí mismo para quitar de en medio el pecado" (He. 9:26). "Pero Cristo, habiendo ofrecido una vez para siempre un solo sacrificio por los pecados, se ha sentado a la diestra de Dios" (He. 10:12). Su sacrificio propició la ira santa de Dios (Ro. 3:25; He. 2:17; 1 Jn. 2:2; 4:10) haciendo posible la reconciliación.

A todos los reconciliados, Dios entregó **el ministerio de la reconciliación**. Esto es equivalente a la gran comisión (Mt. 28:19-20) y a todos los llamados para proclamar el evangelio. La palabra *diakonia* (**ministerio**) denota servicio humilde, como servir las mesas (cp. Lc. 10:40; Hch. 6:1). Pero aunque los mensajeros puedan ser humildes (véase la explicación de 4:7 en el capítulo 10 de este volumen), el mensaje que proclaman al mundo perdido es el más excelso que se haya proclamado.

LA RECONCILIACIÓN SE DA POR EL PERDÓN

que Dios estaba en Cristo reconciliando consigo al mundo, no tomándoles en cuenta a los hombres sus pecados, y nos encargó a nosotros la palabra de la reconciliación. (5:19)

La frase *hōs hoti* (**que**) introduce la explicación de Pablo sobre cómo **Dios estaba en Cristo reconciliando consigo al mundo**. La frase **en Cristo**, junto con la frase "por Cristo" del versículo 18, identifica al Hijo de Dios como agente de la reconciliación. La frase **en Cristo** identifica la forma en la que esta acción opera: uniendo al creyente y al Salvador. Todos los que están **en Cristo** se convierten en "embajadores en nombre de Cristo" (v. 20).

La frase **reconciliando consigo al mundo** no ha de entenderse como una enseñanza de universalismo, la falsa doctrina según la cual todos serán salvos. Argumentan los universalistas de forma simplista que, si Dios ha reconciliado al mundo, entonces la barrera entre Dios y el hombre se ha quitado para todos, y todos serán salvos.

Las Escrituras enseñan que hay una razón por la cual Cristo murió por todo el mundo. Juan el Bautista declaró sobre Él: "He aquí el Cordero de Dios, que quita el pecado del mundo" (Jn. 1:29). En las palabras conocidas de Juan 3:16: "porque de tal manera amó Dios al mundo, que ha dado a su Hijo unigénito, para que todo aquel que en él cree, no se pierda, mas tenga vida eterna". La Biblia llama dos veces a Jesucristo "el Salvador del mundo" (Jn. 4:42; 1 Jn. 4:14). Jesús declaró en Juan 6:51: "Yo soy el pan vivo que descendió del cielo; si alguno comiere de este pan, vivirá para siempre; y el pan que yo daré es mi carne". En

1 Timoteo 2:6 leemos: "se dio a sí mismo en rescate por todos"; Hebreos 2:9 dice que "para que por la gracia de Dios gustase la muerte por todos" y 1 Juan 2:2 dice: "él es la propiciación por nuestros pecados; y no solamente por los nuestros, sino también por los de todo el mundo".

Tales pasajes no pueden significar que Cristo haya pagado la pena por los pecados de todos, porque la Biblia enseña que la mayoría de las personas sufrirá el castigo eterno en el infierno (Mt. 25:41, 46; 2 Ts. 1:9; Ap. 14:9-11; 20:11-15; cp. Ez. 18:4, 20; Mt. 7:13-14; Lc. 13:23-24; Jn. 8:24) y pocos se salvarán (Mt. 7:13-14). Si Cristo pagó la pena por los pecados de todo el mundo, ¿cómo podría Dios sentenciar al infierno por los pecados a alguien por quien Cristo llevó el castigo? Y si no pagó por los pecados de aquellos que se perdieron eternamente, entonces ¿en qué sentido **Dios estaba en Cristo reconciliando consigo al mundo**?

La respuesta a este aparente dilema es que el lenguaje universal (p. ej., "mundo", "todos", "todo el mundo") en los pasajes anteriormente mencionados ha de entenderse como referencia a la humanidad en general. Cristo no murió por todos los hombres sin excepción, sino por todos los hombres sin distinción. La palabra **mundo** en este contexto indica la esfera en la cual ocurre la reconciliación; denota la clase de seres con quienes Dios busca reconciliación: personas de toda nacionalidad, raza y etnia.

La muerte de Cristo *tiene* valor infinito e ilimitado porque es el infinito Hijo de Dios. Su sacrificio es suficiente para pagar por los pecados de tantos como quiera salvar. La oferta de la salvación es legítimamente ilimitada por el mérito intrínseco e ilimitado de la muerte de Cristo. Por lo tanto, el llamado general a la salvación se extiende a todos los hombres (Is. 45:22; 55:1; Mt. 11:28; 22:14; Ap. 22:17); "Dios… ahora manda a todos los hombres en todo lugar, que se arrepientan" (Hch. 17:30) y los creyentes pueden llamar a toda persona en el mundo a venir a Cristo (Mt. 28:19; Lc. 24:47; Hch. 1:8). Pero aunque el evangelio se ofrece libremente a todos, la muerte de Cristo solo expía los pecados de quienes van a creer.

Dios ha determinado desde la eternidad quiénes creerían en el Señor Jesucristo: "Nos escogió en él antes de la fundación del mundo, para que fuésemos santos y sin mancha delante de él" (Ef. 1:4) y sus nombres "estaban escritos en el libro de la vida del Cordero que fue inmolado desde el principio del mundo" (Ap. 13:8; cp. 17:8; 21:27). Dios designó que la expiación de Jesucristo solo sería eficaz para tales personas y solo por ellos pagó la pena del pecado. Por tal razón, las Escrituras presentan también una perspectiva limitada de los beneficiarios de la muerte de Cristo. En Juan 10:11, Jesús declaró: "Yo soy el buen pastor; el buen pastor su vida da por las ovejas", y en el versículo 15 añade: "Pongo mi vida por las ovejas". Jesús dijo en su gran oración sacerdotal: "Ruego por ellos; no ruego por el mundo, sino por los que me diste; porque tuyos son" (Jn. 17:9).

Dios "no escatimó ni a su propio Hijo, sino que lo entregó por todos nosotros…
¿Quién acusará a los escogidos de Dios? Dios es el que justifica" (Ro. 8:32-33).
Pablo advirtió así: "Maridos, amad a vuestras mujeres, así como Cristo amó a la
iglesia, y se entregó a sí mismo por ella" (Ef. 5:25).

En este contexto es útil insertar parte de mi exposición de 1 Timoteo 4:10,
de otro volumen, en esta serie de comentarios. Tal versículo dice: "Que por esto
mismo trabajamos y sufrimos oprobios, porque esperamos en el Dios viviente,
que es el Salvador de todos los hombres, mayormente de los que creen". Sobre
tal texto escribí:

> Se ha debatido mucho en qué sentido Dios **es el Salvador de todos los
> hombres, mayormente de los que creen.** Algunos, queriendo eliminar
> la enseñanza bíblica de un infierno eterno, sostienen que aquí Pablo
> enseña el universalismo, es decir, que todos los hombres serán salvos.
> Este punto de vista viola un principio fundamental de la hermenéutica
> conocido como *analogia Scriptura.* Según ese principio, la Biblia nunca
> se contradice. Nunca enseñará algo en un pasaje que contradiga lo que
> ha enseñado en otra parte.
>
> La Biblia enseña con toda claridad que quienes rechazan a Dios
> serán sentenciados al infierno (Ap. 20:11-15). Mateo 25:41 y 46 afirma
> que la duración de ese castigo será eterna. En 2 Tesalonicenses 1:8-9
> dice que quienes no conocen a Dios y se niegan a obedecer el evangelio
> sufrirán el castigo eterno lejos de la presencia de Dios. Jesús repetidas
> veces habló del peligro del infierno (Mt. 8:12; 13:41-42, 49-50; 22:13;
> 24:51; 25:30; Lc. 13:28). Advirtió solemnemente que los que lo recha-
> cen morirán en sus pecados (Jn. 8:24). El universalismo es sin duda
> contrario a las Escrituras, ya que las mismas palabras en el original que
> describen el infierno como eterno también describen a Dios y el cielo
> como eternos.
>
> Un segundo punto de vista pudiera apodarse el punto de vista
> potencial/real. Según esta opinión, Cristo es potencialmente el Sal-
> vador de todos los hombres, pero realmente solo de los que creen. Es
> cierto que la muerte de Cristo fue lo suficientemente poderosa para
> haber redimido a todo el género humano, satisfacer la demanda de
> justicia de Dios y quitar la barrera entre Dios y todos los hombres. Por
> lo tanto, todos pueden ser llamados a salvación y justamente condena-
> dos si rechazan este llamado. Mediante la muerte de Cristo, Dios hizo
> provisión por los pecados del mundo (cp. el análisis de 1 Ti. 2:6 en el
> capítulo 6 de este tomo).
>
> Sin embargo, esa no es la enseñanza de este versículo, como se mues-
> tra por el empleo del adverbio *malista* (**mayormente**), lo que significa

que todos los hombres disfrutarán en cierto modo de la misma clase de salvación de que disfrutan los creyentes. El adverbio no es adversativo u opuesto, no se puede decir que **todos los hombres** son salvos en cierto sentido, pero **los que creen** en otro sentido. La diferencia es de grado, no de tipo.

Parece mejor comprender este versículo como que enseña que Dios realmente es el Salvador de todos los hombres, quien realmente los salva; pero solo en el sentido temporal, mientras que a los creyentes Él los salva en el sentido eterno. En ambos casos, Él es su Salvador y hay salvación que Él hace a favor de ellos. En esta vida, todos los hombres experimentan hasta cierto punto el poder protector, liberador y sustentador de Dios. Los creyentes lo experimentarán en su grado pleno en este tiempo y por toda la eternidad.

La palabra **Salvador** no siempre está en las Escrituras limitada a la salvación del pecado. En la Septuaginta, la traducción griega del Antiguo Testamento, *sotēr* (**Salvador**) a veces se emplea en el sentido de "libertador" (cp. Jue. 3:9; 6:14; 2 S. 3:18; 2 R. 13:5; Neh. 9:27; Abd. 1:21). De la misma forma, palabras en el mismo grupo de palabras tienen ocasionalmente este sentido en el Nuevo Testamento (cp. Lc. 1:71; Hch. 7:25; 27:34; Fil. 1:19; He. 11:7). Una palabra relacionada, *sōzō* ("salvar") se emplea en los Evangelios para referirse a la sanidad física (Mt. 9:21-22; Mr. 5:23; Lc. 8:36, 50; Jn. 11:12; cp. Hch. 4:9). Dios es el Salvador de todos los hombres en que refrena la muerte y el juicio que todos los pecadores deben recibir por causa del pecado (cp. Ez. 18:4, 32; Ro. 6:23). La realidad de que Dios libra a los hombres de la condenación instantánea y "[hace el] bien, [dándoles] lluvias del cielo y tiempos fructíferos, llenando de sustento y de alegría [sus] corazones" (Hch. 14:17), muestra que Él es el Salvador de todos. Él por gracia "es quien da a todos vida y aliento y todas las cosas" (Hch. 17:25), y "hace salir su sol sobre malos y buenos, y que hace llover sobre justos e injustos" (Mt. 5:45). Él da gracia a todos los hombres. Los incrédulos experimentan la bondad y misericordia de Dios, ya que no son aniquilados al instante por sus pecados. Ni tampoco les da Él constante dolor y privación absoluta. Ellos experimentan sus bendiciones temporales en esta vida.

Este principio se ilustra en Isaías 63:8-10:

> *Porque dijo: Ciertamente mi pueblo son, hijos que no mienten; y fue su Salvador. En toda angustia de ellos él fue angustiado, y el ángel de su faz los salvó; en su amor y en su clemencia los redimió, y los trajo, y los levantó todos los días de la antigüedad. Mas ellos fueron rebeldes, e*

hicieron enojar su santo espíritu; por lo cual se les volvió enemigo, y él mismo peleó contra ellos.

El versículo 8 dice que Dios fue el Salvador de Israel. Él sacó a la nación de Egipto y los cuidó. Él proveyó alimento, agua y liberación de sus enemigos. Que no fue el Salvador, en un sentido espiritual, de todos los israelitas está claro en el versículo 10, que dice que Él se convirtió en su enemigo y peleó contra ellos. Ese pasaje es análogo al pensamiento de Pablo en 4:10. Dios **es el Salvador de todos los hombres** en un sentido temporal, ¡y **mayormente de los que creen** en el sentido espiritual de que ellos son librados de la penalidad del pecado para siempre! (*Primera Timoteo,* Comentario MacArthur del Nuevo Testamento [Grand Rapids: Portavoz, 2012], pp. 179-180).

La frase **no tomándoles en cuenta a los hombres sus pecados** revela el medio de la reconciliación: el perdón de los pecados. Solo por el perdón de los pecados puede el pecador reconciliarse con Dios, pues el pecado lo separa eternamente de Él. Isaías escribió: "Vuestras iniquidades han hecho división entre vosotros y vuestro Dios, y vuestros pecados han hecho ocultar de vosotros su rostro para no oír" (Is. 59:2). Charles Spurgeon advirtió: "Usted y su pecado deben separarse o usted y su Dios nunca estarán juntos" ("Rightly Dividing the Word of Truth" [Interpretando correctamente la palabra de verdad] en *The Metropolitan Tabernacle Pulpit* [El púlpito del Tabernáculo Metropolitano], vol. 21 [Pasadena, Texas: Pilgrim, 1980], p. 88).

Como el rey poseedor de gracia en la parábola del Señor (Mt. 18:27), Dios perdona gratuitamente a los pecadores creyentes arrepentidos, cancelando su deuda impagable y reconciliándolos con Él (1 Co. 1:30; Fil. 1:11; 3:9; 2 P. 1:1; cp. Is. 61:10). David escribió lo siguiente, expresando su emoción por el perdón: "Dichoso aquel a quien se le perdonan sus transgresiones, a quien se le borran sus pecados. Dichoso aquel a quien el Señor no toma en cuenta su maldad y en cuyo espíritu no hay engaño" (Sal. 32:1-2, NVI). En Romanos 4:8, Pablo se hizo eco de tan gloriosa realidad escribiendo: "Bienaventurado el varón a quien el Señor no inculpa de pecado". Antes, en el mismo capítulo se refirió a Dios como "aquel que justifica al impío" (v. 5; cp. Ro. 3:26), y a los colosenses recordó que Dios les ha perdonado "todos los pecados" (Col. 2:13). Cristo murió en el lugar de los creyentes pagando la pena por su pecado y cargando su culpa. Su pecado ya no está en la cuenta de ellos y nunca volverá a estarlo (cp. Ro. 8:31-39). Todas las deudas han quedado saldadas por la justicia de Cristo imputada en la cuenta de ellos (cp. la explicación de 5:21 en el capítulo 16 de este volumen).

Dios les **encargó** (*tithēmi*; lit., "ubicado", "determinado") a todos los que ha reconciliado **la palabra de la reconciliación**. Pablo estaba tan abrumado por la responsabilidad y el privilegio de predicar el mensaje de la reconciliación —el ministerio de la reconciliación mencionado en el versículo 18— que aclaró tal verdad aquí. El término *logos* (**palabra**) es más que un sinónimo de "mensaje", como explica Philip E. Hughes:

> En el pensamiento griego, *logos* indica lo verdadero y digno de confianza, en oposición al término "mito" (*mythos*) que describe lo ficticio y espurio. Por ejemplo, Sócrates declara que cierta historia "no es un mito ficticio, sino logos verdadero". De modo que el término "logos" conlleva, en una especie de alusión, la implicación de verdad y autenticidad, y es, en consecuencia, peculiarmente apropiada como sinónimo del evangelio, que es "la palabra de verdad" (*The Second Epistle to the Corinthians* [La segunda epístola a los corintios], The New International Commentary on the New Testament [Nuevo comentario internacional al Nuevo Testamento] [Grand Rapids: Eerdmans, 1992], p. 207).

Por lo tanto, las Escrituras describen el mensaje de la reconciliación como la palabra (*logos*) del reino (Mt. 13:19), la salvación (Hch. 13:26), el evangelio (Hch. 15:7), la cruz (1 Co. 1:18), la vida (Fil. 2:16) y la verdad (Ef. 1:13; Col. 1:5). En el mundo de los mitos religiosos, los cristianos proclaman la verdad sobre la única forma de reconciliar a los hombres con Dios y, por ello, escapar del infierno y disfrutar del cielo para siempre.

LA RECONCILIACIÓN ES POR LA OBEDIENCIA DE LA FE

Así que, somos embajadores en nombre de Cristo, como si Dios rogase por medio de nosotros; os rogamos en nombre de Cristo: Reconciliaos con Dios. (5:20)

Aunque, como ya se dijo, es cierto que solo Dios es el reconciliador, la reconciliación no ocurre sin la fe del pecador. **Así que, somos embajadores en nombre de Cristo**, escribió Pablo (cp. Ef. 6:20). Como ocurre hoy día, ser embajador en la antigüedad era un deber importante y tenido en alta estima. La palabra **embajadores** es una forma del verbo *presbeuō*, derivada de *presbus* ("anciano"). El término es apto porque los embajadores de la antigüedad solían ser ancianos, hombres experimentados. Un embajador es mensajero y representante de quien lo envió, y los creyentes son mensajeros y representantes de la corte del cielo. Y tal como un embajador vive en tierra extranjera, así también los creyentes. Aunque son ciudadanos del cielo (Fil. 3:20), representan a su Rey en este mundo, donde viven como "extranjeros y peregrinos" (1 P. 2:11). Proclaman a los rebeldes perdidos y moribundos de este mundo caído las buenas nuevas de que pueden reconciliarse con el Rey santo del cielo:

Porque todo aquel que invocare el nombre del Señor, será salvo. ¿Cómo, pues, invocarán a aquel en el cual no han creído? ¿Y cómo creerán en aquel de quien no han oído? ¿Y cómo oirán sin haber quien les predique? ¿Y cómo predicarán si no fueren enviados? Como está escrito: ¡Cuán hermosos son los pies de los que anuncian la paz, de los que anuncian buenas nuevas! (Ro. 10:13-15).

Es **como si Dios**, el Padre Salvador, **rogase** a los perdidos **por medio de** los creyentes (porque son sus embajadores) **en nombre de Cristo**, el Hijo Salvador, que se reconcilien **con Dios**. De este ruego a las personas para que se reconcilien es claro que el pecador nunca se librará de la ira y el juicio, y pasará a la bendición y recompensa, sin una respuesta personal a la verdad del evangelio por el medio que Dios ha provisto: la fe. En Juan 6:47, Jesús dijo: "El que cree en mí, tiene vida eterna" (cp. v. 40; 1:12; 3:16, 18, 36; 5:24; 1 Jn. 5:13). Dios es "el que justifica al que es de la fe de Jesús" (Ro. 3:26), porque "el hombre es justificado por fe sin las obras de la ley" (Ro. 3:28; cp. v. 30). Pablo dice lo siguiente en un pasaje que demuestra que Abraham fue justificado solo por la fe: "Mas al que no obra, sino cree en aquel que justifica al impío, su fe le es contada por justicia" (Ro. 4:5). Quienes han sido "justificados… por la fe" son los que tienen "paz con Dios" (Ro. 5:1). Dijo lo siguiente a los gálatas, que estaban bajo el ataque de herejes legalistas que enseñaban la salvación por obras:

Sabiendo que el hombre no es justificado por las obras de la ley, sino por la fe de Jesucristo, nosotros también hemos creído en Jesucristo, para ser justificados por la fe de Cristo y no por las obras de la ley, por cuanto por las obras de la ley nadie será justificado… Y que por la ley ninguno se justifica para con Dios, es evidente, porque: El justo por la fe vivirá… De manera que la ley ha sido nuestro ayo, para llevarnos a Cristo, a fin de que fuésemos justificados por la fe (Gá. 2:16; 3:11, 24).

Pablo escribió a los filipenses que su esperanza de salvación en Cristo "no [ocurría] teniendo [su] propia justicia, que es por la ley, sino la que es por la fe de Cristo, la justicia que es de Dios por la fe" (Fil. 3:9).

El elemento objetivo de la fe salvadora requiere creer que Jesús es Dios (Jn. 8:24), que Dios lo levantó de los muertos (Ro. 4:24; 10:9), que no hay salvación en nadie más (Jn. 14:6; Hch. 4:12) y confesarlo como Señor (Ro. 10:9). Pero hay un elemento subjetivo de la fe salvadora que suele pasarse por alto: una actitud humilde de duelo por el pecado, arrepentimiento y clamor a Dios por misericordia. Santiago escribió: "Acercaos a Dios, y él se acercará a vosotros. Pecadores, limpiad las manos; y vosotros los de doble ánimo, purificad vuestros corazones. Afligíos, y lamentad, y llorad. Vuestra risa se convierta en lloro, y vuestro gozo en tristeza. Humillaos delante del Señor, y él os exaltará" (Stg. 4:8-10; Mt. 5:3-11).

Pablo veía que su misión como embajador de Cristo era una: producir "la obediencia a la fe en todas las naciones por amor de su nombre" (Ro. 1:5). El Señor Jesucristo asignó la misma misión a todos los creyentes cuando les ordenó: "Por tanto, id, y haced discípulos a todas las naciones, bautizándolos en el nombre del Padre, y del Hijo, y del Espíritu Santo" (Mt. 28:19). Por lo tanto, no hay llamado más alto, mayor privilegio, ni tarea más urgente que el ministerio de la reconciliación que Dios ha confiado a todos los creyentes.

Quince palabras de esperanza

16

En 1347, un ejército mongol que sitió el centro del comercio genovés de Feodosia en Crimea (la moderna Ucrania) catapultó los cuerpos de las víctimas de la peste bubónica sobre las murallas del pueblo. Así comenzó uno de los primeros episodios de guerra biológica registrados en la historia. Los defensores huyeron a Italia aterrorizados, llevando con ellos la bacteria mortal (y las ratas y las pulgas que la esparcieron). Durante los tres años siguientes, la plaga se expandió por toda Europa en la epidemia masiva conocida como la peste negra. Antes de que la epidemia pasara murieron aproximadamente veinte millones de personas (entre un tercio y medio de la población europea). Los siglos venideros vieron brotes recurrentes de la peste bubónica, que siguió siendo un asesino imparable y peligroso hasta el desarrollo de los antibióticos en el siglo xx.

Aunque la peste negra es la epidemia más infame de la historia, no fue la única. La epidemia de gripe de 1918-1919 mató a cerca de 35 millones de personas y varios millones más murieron por la misma época en un brote de tifus al oriente de Europa. Otras enfermedades infecciosas como la malaria, la fiebre amarilla y, en tiempos más recientes, el SIDA, también se han cobrado incontables millones de víctimas.

Pero hay una plaga que se ha esparcido más y es más mortal que todas las otras combinadas; es "la plaga de las plagas", como la llamó el escritor puritano Ralph Venning. Afecta a toda persona que haya vivido y es ciento por ciento fatal. A diferencia de otras plagas que solo provocan la muerte física, esta causa, además, muerte espiritual y eterna. Es la plaga del pecado.

La caída de Adán sumió a toda la raza humana en el pecado (Ro. 5:12-21), todas las personas son pecadoras de nacimiento. David se lamentó: "He aquí, en maldad he sido formado, y en pecado me concibió mi madre" (Sal. 51:5). En Salmos 58:3 añadió: "Se apartaron los impíos desde la matriz; se descarriaron hablando mentira desde que nacieron" (cp. Gn. 8:21; Is. 48:8). No solo todos son pecadores por naturaleza, también son pecadores por sus hechos. Pablo escribió a los romanos: "Como está escrito: no hay justo, ni aun uno" (Ro. 3:10; cp. Sal. 14:1-3; 53:1-3). En ese mismo capítulo añadió después: "Por cuanto todos pecaron, y están destituidos de la gloria de Dios" (Ro. 3:23); en consecuencia, "No hay hombre que no peque" (1 R. 8:46), y nadie puede decir: "Yo he limpiado mi corazón, limpio estoy de mi pecado" (Pr. 20:9).

El resultado inevitable para todos los infectados por la plaga del pecado es la muerte. Ezequiel 18:20 declara sin ambages: "El alma que pecare, esa morirá" (cp. v. 4). El trágico epitafio de Adán se escribiría para todos sus descendientes: "Y murió" (Gn. 5:5; cp. vv. 8, 11, 14, 17, 20, 27, 31; 9:29). Así pues, el pronóstico no mejora nada en el ámbito físico. Pero el pecado produce además dos consecuencias espirituales desastrosas: alienación de Dios en esta vida (Ef. 2:12; 4:18; Col. 1:21) y castigo implacable en el infierno por la eternidad (Mt. 25:41, 46; 2 Ts. 1:9; Ap. 14:9-11; 20:11-15).

Sin embargo, las buenas nuevas del evangelio son que hay una cura para el pecador infectado por la epidemia mortal de pecado. Dios, en su misericordia y amor, proveyó el remedio para el pecado: el sacrificio de su Hijo. El Señor Jesucristo "nos lavó de nuestros pecados con su sangre" (Ap. 1:5), "porque con una sola ofrenda hizo perfectos para siempre a los santificados" (He. 10:14). Quien experimenta la "redención por su sangre, el perdón de pecados según las riquezas de su gracia" (Ef. 1:7) queda curado de los efectos espirituales mortales del pecado. Como resultado, "ha pasado de muerte a vida" (Jn. 5:24; 1 Jn. 3:14) y "ya no [son] extranjeros ni advenedizos, sino conciudadanos de los santos, y miembros de la familia de Dios" (Ef. 2:19).

Los versículos 18-20 muestran cómo hizo Dios posible la cura. En esos tres versículos describió Pablo la verdad gloriosa de la reconciliación: que la relación dañada entre el Dios santo y los pecadores no regenerados puede restaurarse "en" Cristo y "por" Cristo. Pero la reconciliación produce algunos cuestionamientos profundos. ¿Cómo puede un Dios absoluta e infinitamente santo reconciliarse con los pecadores? ¿Cómo puede satisfacerse su ley santa y justa, que exige la condenación y el castigo de quienes la violan? ¿Cómo pueden recibir misericordia quienes no la merecen? ¿Cómo puede Dios afirmar la justicia verdadera y dar gracia? ¿Cómo pueden satisfacerse las exigencias conjuntas de la justicia y el amor? ¿Cómo puede ser Dios al tiempo "el justo… y el que justifica" (Ro. 3:26) a los pecadores?

Tan difíciles como pueden parecer estas preguntas, hay un versículo breve que las responde todas y resuelve la paradoja aparente de la redención. Con concisión y brevedad que reflejan al Espíritu Santo, esta frase corta de solo quince palabras en el texto griego resuelve el dilema de la reconciliación. La frase revela la esencia de la expiación, expresa el eje del mensaje del evangelio y articula la verdad más gloriosa de las Escrituras: que la relación rota del hombre caído con Dios puede restaurarse. El versículo 21 es como un alijo de joyas raras, donde cada una merece un estudio cuidadoso y reverencial bajo la lupa de las Escrituras. Aporta verdades sobre el sustituto, los beneficiarios, el benefactor y el beneficio.

EL SUSTITUTO

Al que no conoció pecado, (5:21*a*)

Esta designación señala, sin lugar a equívocos, al único sacrificio posible por el pecado. Elimina a todos los humanos que han vivido "porque no hay hombre que no peque" (1 R. 8:46), pues "todos pecaron, y están destituidos de la gloria de Dios" (Ro. 3:23). Solo el **que no conoció pecado** en sí mismo podía cumplir los requisitos para cargar todo el peso de la ira de Dios contra los pecados de los demás. El sacrificio perfecto por el pecado tendría que ser un humano, porque solo un humano podía morir por el resto. Sin embargo, también tenía que ser Dios, porque solo Dios no tiene pecado. Tal situación reduce las opciones a solo uno: Jesucristo, el Dios-hombre.

En el designio de Dios, la segunda persona de la Trinidad se haría hombre (Gá. 4:4-5). La Biblia deja claro que el Señor Jesús no tuvo padre humano, aunque sí tuvo madre humana. Nunca se dice que José fuera su padre porque fue el Espíritu Santo quien lo concibió (Mt. 1:18, 20; Lc. 1:35). En tanto que Dios-hombre, era perfecto para ser el sacrificio por el pecado (Jn. 1:29; 1 P. 1:19), cumpliendo la imagen veterotestamentaria del cordero sin mancha para el sacrificio (Éx. 12:5; Ez. 46:13).

Las Escrituras, a través de creyentes e incrédulos por igual, afirman universalmente la impecabilidad (ausencia de pecado) de Jesucristo. En Juan 8:46, Jesús retó así a sus contradictores judíos: "¿Quién de vosotros me redarguye de pecado?". Pilato repetidamente afirmó su inocencia antes de sentenciarlo a muerte declarando: "Ningún delito hallo en este hombre" (Lc. 23:4; cp. vv. 14, 22). El ladrón de la cruz arrepentido dijo de Jesús: "éste ningún mal hizo" (Lc. 23:41). Incluso el endurecido y despiadado centurión romano que estuvo a cargo de los detalles de la ejecución admitió: "Verdaderamente este hombre era justo" (Lc. 23:47).

Los apóstoles, quienes observaron más atentamente la vida de Jesús durante su ministerio terrenal, también testificaron de la ausencia de pecado en Él. Pedro proclamó públicamente que Jesús era el "Santo y... Justo" (Hch. 3:14). En su primera epístola declaró que Jesús era "un cordero sin mancha y sin contaminación" (1 P. 1:19), "el cual no hizo pecado" (2:22) y "justo" (3:18). Juan también testificó de su ausencia de pecado cuando escribió: "No hay pecado en él" (1 Jn. 3:5). El escritor inspirado de Hebreos observa que "no tenemos un sumo sacerdote que no pueda compadecerse de nuestras debilidades, sino uno que fue tentado en todo según nuestra semejanza, pero sin pecado" (He. 4:15), porque es "santo, inocente, sin mancha, apartado de los pecadores, y hecho más sublime que los cielos" (7:26).

Pero el testimonio más poderoso con respecto a la ausencia de pecado en Cristo viene de Dios Padre. En dos ocasiones dijo de Cristo: "Este es mi Hijo amado, en quien tengo complacencia" (Mt. 3:17; 17:5). La relación inquebrantable de Jesús con el Padre también da testimonio de su impecabilidad; en Juan 10:30 dijo sencillamente: "Yo y el Padre uno somos" (cp. 14:9).

Después de presentar a Jesús como el sustituto santo y absoluto por los pecadores, el texto hace la extraordinaria declaración de que Dios **lo hizo pecado**. Esa importante frase requiere una comprensión cuidadosa. No significa que Cristo se hizo pecador; los versículos ya mencionados que establecen su completa impecabilidad desechan tal posibilidad. En cuanto a Dios hecho carne, no hay posibilidad de que haya cometido pecado alguno o de que violara de alguna forma la ley de Dios. Igualmente, es impensable que Dios, que "muy limpio [es] de ojos para ver el mal" (Hab. 1:13; cp. Stg. 1:13), hiciera a alguien pecador, menos aún a su propio Hijo santo. Fue el Cordero sin mancha mientras estuvo en la cruz, sin ser culpable de mal alguno.

Isaías 53:4-6 (NVI) describe el único sentido en el que Jesús pudo haberse hecho pecado:

> *Ciertamente él cargó con nuestras enfermedades*
> *y soportó nuestros dolores,*
> *pero nosotros lo consideramos herido,*
> *golpeado por Dios, y humillado.*
> *Él fue traspasado por nuestras rebeliones,*
> *y molido por nuestras iniquidades;*
> *sobre él recayó el castigo, precio de nuestra paz,*
> *y gracias a sus heridas fuimos sanados.*
> *Todos andábamos perdidos, como ovejas;*
> *cada uno seguía su propio camino,*
> *pero el Señor hizo recaer sobre él*
> *la iniquidad de todos nosotros.*

Cristo no fue hecho pecador ni recibió castigo por algún pecado propio. En su lugar, el Padre lo trató como si fuera pecador, poniendo en su cuenta los pecados de todos los que creerían. Todos estos pecados recayeron contra Él como si los hubiera cometido, y recibió el castigo por estos en la cruz, experimentando toda la ira de Dios desatada contra tales pecados. Fue ahí cuando Jesús gritó: "Dios mío, Dios mío, ¿por qué me has desamparado?" (Mt. 27:46). Por lo tanto, es crucial entender que en el único sentido en el cual Jesús se hizo pecado fue por imputación. Era puro; sin embargo, oficialmente culpable. Era santo; sin embargo, culpable también en sentido forense. Pero, al morir en la cruz, Cristo no se hizo malo como nosotros, ni los pecadores redimidos se hicieron inherentemente santos como Él. Dios carga el pecado de los creyentes a la cuenta de Cristo, y la justicia de Él a la de ellos.

En Gálatas 3:10, 13, Pablo explicó aún más por qué era necesario que el pecado de los creyentes se imputara a Cristo. En el versículo 10 escribió: "Porque todos los que dependen de las obras de la ley están bajo maldición, pues escrito está: Maldito todo aquel que no permaneciere en todas las cosas escritas en el libro de la ley, para hacerlas". No hay forma en que los pecadores puedan reconciliarse con Dios, porque nadie es capaz de permanecer "en todas las cosas escritas en el libro de la ley, para hacerlas". Violar siquiera un precepto de la ley garantiza el castigo eterno en el infierno. Por lo tanto, toda la raza humana está bajo maldición y es incapaz de hacer algo para quitarse tal maldición. De modo que la única razón por la cual los creyentes pueden reconciliarse con Dios es porque "Cristo nos redimió de la maldición de la ley, [haciéndose] por nosotros maldición (porque está escrito: Maldito todo el que es colgado en un madero)" (v. 13). Si no fuera por el hecho de que "Cristo, cuando aún éramos débiles, a su tiempo murió por los impíos" (Ro. 5:6), nadie podría reconciliarse con Dios.

LOS BENEFICIARIOS

por nosotros (5:21*b*)

El antecedente de **nosotros** es la frase "embajadores de Cristo" en el versículo 20 (NVI); aquellos a quienes se encargó "la palabra de la reconciliación" (v. 19), quienes se han reconciliado con Dios (v. 18) y son nuevas criaturas en Cristo (v. 17). La muerte sustitutiva de Cristo fue eficaz solo para quienes creyeran (Jn. 1:12; 3:16-18; Ro. 10:9-10); todos los que el Padre le da y se acercan a Él (Jn. 6:37, 65). (Para más información sobre este punto, véase la explicación del versículo 14 en el capítulo 14 de este volumen). Dios resucitó a Jesús de los muertos y es esa la prueba de que aceptó el sacrificio que Él hizo por su pueblo (Ro. 4:25).

EL BENEFACTOR

lo hizo (5:21*c*)

El final del versículo 20 revela que quien **lo hizo** es Dios Padre, como se vio en el anterior capítulo de este volumen. La reconciliación es su plan y no podría haber ocurrido a menos que Él la iniciara y la aplicara. Los pecadores no pueden desarrollar su propio acercamiento religioso a Dios, porque están "muertos en [sus] delitos y pecados" (Ef. 2:1). La mentira condenatoria de la religión falsa es que el hombre se puede reconciliar con Dios por su propio esfuerzo, pero todos los intentos están determinados al fracaso. "Todas [las] justicias [de los pecadores son] como trapo de inmundicia; y [cayeron] todos [ellos] como la hoja, y [sus] maldades [los] llevaron como viento" (Is. 64:6). Como resultado, "no hay justo, ni aun uno" (Ro. 3:10).

Ni siquiera los "israelitas, de los cuales son la adopción, la gloria, el pacto, la promulgación de la ley, el culto y las promesas; de quienes son los patriarcas, y de los cuales, según la carne, vino Cristo" (Ro. 9:4-5), pudieron desarrollar una forma de reconciliarse con Dios por sus propios esfuerzos. Romanos 10:1-3, expresando la profunda preocupación de Pablo por ellos, refleja la verdad:

> *Hermanos, ciertamente el anhelo de mi corazón, y mi oración a Dios por Israel, es para salvación. Porque yo les doy testimonio de que tienen celo de Dios, pero no conforme a ciencia. Porque ignorando la justicia de Dios, y procurando establecer la suya propia, no se han sujetado a la justicia de Dios.*

A pesar del celo que sentían por Dios, no alcanzaron la salvación, porque la buscaban en su propia justicia. La religión de los logros humanos, la practiquen los judíos o la practiquen los gentiles, no puede traer nunca reconciliación con Dios. La única forma en que la reconciliación puede ocurrir es si Dios alcanza a los pecadores; y lo hizo por medio del sacrificio de su Hijo.

Por lo tanto, Jesús no se subió a una cruz porque lo hubieran subido personas volubles, aunque sí lo hicieron. No se subió a una cruz porque los líderes de las falsas religiones, engañados por Satanás, hubieran planeado su muerte, aunque sí lo hicieron. No se subió a la cruz porque Judas lo hubiera traicionado, aunque sí lo hizo. No se subió a una cruz porque una turba rabiosa y revoltosa intimidara al gobernador romano para que sentenciara su crucifixión, aunque sí lo hicieron. Jesús fue a la cruz para ejecutar el plan divino de reconciliar a los pecadores con Él. Pedro declaró a la nación de Israel, en el primer sermón cristiano alguna vez predicado, que Jesús fue "entregado por el determinado consejo y anticipado conocimiento de Dios" (Hch. 2:23; cp. 3:18; 13:27; Mt. 26:24; Lc. 22:22; Jn. 18:11; He. 10:5, 7).

Solo Dios podía diseñar una expiación por el pecado que satisficiera su justicia, propiciara su ira y fuera consecuente con su amor, gracia y misericordia. Solo Dios concibió el plan en el cual la segunda persona de la Trinidad "estando en la condición de hombre, se humilló a sí [misma], haciéndose obediente hasta la muerte, y muerte de cruz" (Fil. 2:8). Solo Dios sabía lo que requeriría rescatar a los pecadores "de la potestad de las tinieblas, y [trasladarlos] al reino de su amado Hijo" (Col. 1:13) haciéndolos "aptos para participar de la herencia de los santos en luz" (1:12). Solo Dios sabía cómo hacer para que pecadores que merecían el infierno se hicieran aceptables a sus ojos y aptos para pasar la eternidad en su presencia. Por lo tanto, solo Dios pudo ser el autor y ejecutor del plan de la redención para reconciliar a los pecadores con Él. Tal plan está tan lejos de la comprensión del no regenerado que le parece locura (1 Co. 1:18, 23; 2:14). Ninguna religión humana tiene algo semejante.

La reconciliación fluye del amor de Dios: "porque de tal manera amó Dios al mundo, que ha dado a su Hijo unigénito, para que todo aquel que en él cree, no se pierda, mas tenga vida eterna" (Jn. 3:16). Pablo escribió: "Mas Dios muestra su amor para con nosotros, en que siendo aún pecadores, Cristo murió por nosotros" (Ro. 5:8); "siendo enemigos, fuimos reconciliados con Dios por la muerte de su Hijo" (Ro. 5:10). "Pero Dios, que es rico en misericordia, por su gran amor con que nos amó, aun estando nosotros muertos en pecados, nos dio vida juntamente con Cristo" (Ef. 2:4-5).

El énfasis en un Dios amoroso que busca a los pecadores es lo que separa al cristianismo de las religiones falsas del mundo. Las descripciones de esos dioses son a veces de seres crueles, iracundos y hostiles, por lo tanto seres a quienes temer y aplacar, incluso por medios tan horribles como el sacrificio de niños (cp. 2 R. 16:3; 23:10; Jer. 32:35; Ez. 16:21; 23:37). Otros parecen apáticos e indiferentes a los adoradores que se inclinan ante ellos, como Baal, a cuyos seguidores Elías retó burlonamente así: "Gritad en alta voz, porque dios es; quizá está meditando, o tiene algún trabajo, o va de camino; tal vez duerme, y hay que despertarle" (1 R. 18:27). Sus devotos suelen terminar buscando medidas desesperadas para ganar su atención (cp. 1 R. 18:28).

Pero el cristianismo proclama la verdad liberadora y gloriosa que Dios no es ni hostil ni indiferente, sino un Salvador amoroso por naturaleza. No necesita que lo aplaquemos (de hecho, no hay medios humanos para hacerlo). En su lugar, fue Él quien proporcionó su aplacamiento por la justicia y el medio por el que los pecadores llegarían a ser sus hijos amados: el sacrificio de su Hijo (Ro. 8:32; 1 Jn. 4:10, 14), que propició completamente su ira. Como resultado, quienes llegan a él por la fe quedan "justificados gratuitamente por su gracia, mediante la redención que es en Cristo Jesús" (Ro. 3:24). Dios ofrece gratuitamente el perdón y la reconciliación porque el sacrificio de Cristo satisfizo perfectamente las exigencias de justicia divinas: "A todos los sedientos: Venid a las aguas; y los que no tienen dinero, venid, comprad y comed. Venid, comprad sin dinero y sin precio, vino y leche" (Is. 55:1; cp. Ap. 22:17).

La reconciliación requería la muerte del Hijo de Dios porque "la paga del pecado es muerte" (Ro. 6:23) y, por lo tanto, "el alma que pecare, esa morirá" (Ez. 18:20). La matanza de incontables millones de animales para sacrificio en la economía del Antiguo Testamento ilustra gráficamente tal verdad. Aunque dichos sacrificios no pueden expiar los pecados "porque la sangre de los toros y de los machos cabríos no puede quitar los pecados" (He. 10:4), tales sacrificios hicieron obvio que el pecado resulta en muerte, y la muerte se requiere para satisfacer las exigencias de la ley de Dios cuando se han violado sus preceptos. También lograban que quienes los ofrecían incesantemente anhelaran el sustituto final a quien apuntaban los sacrificios (cp. Is. 53). Y cuando el sustituto final vino, de acuerdo con el plan del Padre, ofreció voluntariamente su vida para traer la satisfacción final para Dios, satisfacción que en las ceremonias de sacrificios y en las matanzas rituales de animales solo era imaginable (Jn. 10:11, 18; Fil. 2:7-8).

EL BENEFICIO

para que nosotros fuésemos hechos justicia de Dios en él. (5:21*d*)

La frase **para que** refleja una cláusula de propósito en el texto griego. El beneficio de que Dios le impute el pecado de los creyentes a Cristo y que la justicia de Dios se les impute a ellos es que fueron **hechos** justos ante Él. El creyente es "hallado en él, no teniendo [su] propia justicia, que es por la ley, sino la que es por la fe de Cristo, la justicia que es de Dios por la fe" (Fil. 3:9). La **justicia** que Dios exige antes de que pueda aceptar al pecador es la misma justicia que Él proporciona.

Jesús pagó completamente la pena por el pecado de los creyentes y Dios ya no lo tiene en contra de ellos. En Salmos 32:1 David escribió: "Bienaventurado aquel cuya transgresión ha sido perdonada, y cubierto su pecado". En Salmos 130:3-4 añadió el salmista: "Si mirares a los pecados ¿quién, oh Señor, podrá mantenerse? Pero en ti hay perdón, para que seas reverenciado". En las ilustraciones metafóricas del perdón, se dice que Dios ha apartado el pecado de los creyentes tan lejos como está el oriente del occidente (Sal. 103:12), echó tras sus espaldas los pecados de ellos (Is. 38:17), prometió nunca recordarlos (Is. 43:25), los ocultó de su vista con niebla (Is. 44:22) y los echó en lo profundo del mar (Mi. 7:19).

Los creyentes experimentan la bendición del perdón solamente por la fe en la redención completa que Jesucristo provee; "la justicia de Dios por medio de la fe en Jesucristo [es] para todos los que creen en él" (Ro. 3:22). Son "justificados gratuitamente por su gracia, mediante la redención que es en Cristo Jesús" (Ro. 3:24); por lo tanto, Dios es "el que justifica al que es de la fe de Jesús" (Ro. 3:26). En Romanos 3:28 Pablo declaró definitivamente: "Concluimos, pues, que el hombre es justificado por fe sin las obras de la ley" (cp. 4:5; 5:1; Gá. 2:16; 3:24).

Cuando los pecadores arrepentidos reconocen su pecado (Sal. 32:5), afirman que Jesús es el Señor (Ro. 10:9) y confían solamente en la obra que Él completó por ellos (Hch. 4:12; 16:31), Dios atribuye la justicia de Jesús a la cuenta de ellos. Dios trató a Jesús en la cruz como si hubiese llevado nuestra vida con todo nuestro pecado, para que ahora Dios pueda tratarnos como si hubiéramos llevado la vida de Cristo en santidad pura. Nuestra vida de iniquidad se atribuyó a Él en la cruz, como si Él hubiera vivido así, de modo que su vida justa pudiera acreditarse a nosotros, como si la hubiéramos vivido. Tal es la doctrina de la justificación por imputación; el punto álgido del evangelio. Tal verdad, expresada tan concisa y poderosamente en este texto, es la única cura contra la plaga del pecado.

Honra y deshonra: La paradoja del ministerio

17

Así, pues, nosotros, como colaboradores suyos, os exhortamos también a que no recibáis en vano la gracia de Dios. Porque dice: En tiempo aceptable te he oído, y en día de salvación te he socorrido. He aquí ahora el tiempo aceptable; he aquí ahora el día de salvación. No damos a nadie ninguna ocasión de tropiezo, para que nuestro ministerio no sea vituperado; antes bien, nos recomendamos en todo como ministros de Dios, en mucha paciencia, en tribulaciones, en necesidades, en angustias; en azotes, en cárceles, en tumultos, en trabajos, en desvelos, en ayunos; en pureza, en ciencia, en longanimidad, en bondad, en el Espíritu Santo, en amor sincero, en palabra de verdad, en poder de Dios, con armas de justicia a diestra y a siniestra; por honra y por deshonra, por mala fama y por buena fama; como engañadores, pero veraces; como desconocidos, pero bien conocidos; como moribundos, mas he aquí vivimos; como castigados, mas no muertos; como entristecidos, mas siempre gozosos; como pobres, mas enriqueciendo a muchos; como no teniendo nada, mas poseyéndolo todo. (6:1-10)

Es irónico que el predicador sea uno de los más amados y respetados de los hombres y, al mismo tiempo, uno de los más odiados y despreciados en su comunidad. Para quienes creen en el evangelio que predica, es un padre espiritual reverenciado, un mentor, un maestro. Les proclama la verdad divina, los alienta, les da esperanza y los instruye a aplicar la Palabra de Dios. Pero para quienes rechazan su mensaje, es la voz de juicio que los acusa, irrita y agita. Para ellos es un agitador (cp. 1 R. 18:17; Jer. 38:2-4; Am. 7:10; Lc. 23:5; Hch. 16:20; 24:5), que interrumpe la tranquilidad de sus vergonzosas vidas y trastorna su pecaminoso mundo (Hch. 17:6).

Durante su ministerio en la Tierra, el Señor Jesús se enfrentó a los extremos de ser adorado y despreciado. Mientras que algunos lo aclamaban como el Señor de los cielos, el consumador de sus esperanzas y sueños, y la fuente de eterno perdón, felicidad, paz y gozo, inclinándose ante Él en adoración, otros lo despreciaban como a un charlatán endemoniado, una amenaza para su poder, un perturbador de la paz, y un enemigo de su religión. Ese rechazo llegó a su culminación con los gritos de la gente: "¡Fuera, fuera, crucifícale!" (Jn. 19:15).

Puesto que Jesús fue tratado de una manera tan diametralmente opuesta, sus seguidores no pueden esperar menos. En Mateo 10:24, afirmando esto, nuestro Señor recuerda a sus seguidores que "el discípulo no es más que su maestro, ni el siervo más que su señor". Y en su enseñanza final, con los doce apóstoles antes de morir, dijo:

> *Si el mundo os aborrece, sabed que a mí me ha aborrecido antes que a vosotros. Si fuerais del mundo, el mundo amaría lo suyo; pero porque no sois del mundo, antes yo os elegí del mundo, por eso el mundo os aborrece. Acordaos de la palabra que yo os he dicho: El siervo no es mayor que su señor. Si a mí me han perseguido, también a vosotros os perseguirán; si han guardado mi palabra, también guardarán la vuestra (Jn. 15:18-20).*

Como embajadores (2 Co. 5:20), los creyentes llevan el mensaje de la reconciliación a un mundo alienado. Quienes oyen el mensaje puede prestarle atención y apreciar a los mensajeros o rechazar el mensaje y a quienes lo proclaman. Entonces, los mensajeros de Cristo son "grato olor de Cristo en los que se salvan, y en los que se pierden; a éstos ciertamente olor de muerte para muerte, y a aquéllos olor de vida para vida" (2:15-16). Quienes proclaman el verdadero evangelio con poder y convicción no pueden esperar ser populares con todos. Su suerte es ser honrados y deshonrados, respetados y enjuriados; experimentar la bendición más profunda y, al mismo tiempo, sufrir la desilusión más severa es algo usual hasta para los evangelistas más fieles y entusiastas.

No hay mejor ejemplo que Pablo, atrapado entre estas dos realidades en conflicto cuando escribió esta epístola. A pesar de los defectos de los corintios, eran una bendición para Pablo. Habían compartido en el amor de Cristo (12:15); poco antes les había dicho en esta carta sobre "cuán grande [era] el amor que [les tenía]" (2:4); poco después añadió: "No lo digo para condenaros; pues ya he dicho antes que estáis en nuestro corazón, para morir y para vivir juntamente" (7:3). Su corazón estaba lleno de alegría porque muchos de ellos habían creído en el evangelio. Sin embargo, la congregación de Corinto también le había producido mucho dolor a Pablo. Los falsos maestros que se infiltraron en la congregación lo habían atacado con fiereza, e hizo un viaje a Corinto que no salió bien y terminó en una visita dolorosa y tormentosa (cp. 2:1). El apóstol experimentó todo tipo de emociones —desde la alegría más grande hasta el más profundo dolor— en su trato con los corintios.

En ninguna parte se expresa mejor la tensión entre honra y deshonra, entre alegría y dolor, que en esta epístola y, especialmente, este pasaje. Las respuestas polarizadas al ministerio de Pablo revelan su resistencia, relacionada con mantener cuatro perspectivas: privilegio, súplica, protección y paradoja.

PRIVILEGIO

nosotros, como colaboradores suyos, (6:1*a*)

La perspectiva más noble del ministerio es verlo como una colaboración (de *sunergeō*; "cooperar con alguien") con Dios. La desilusión con las dificultades del ministerio comienza cuando no se entiende el gran privilegio al que Dios llamó a sus siervos. Como se dijo en la explicación de 2:14-17 en el capítulo 5 de este volumen, a todos los que sirven a Cristo debe consumirlos la gratitud por el privilegio y ser fieles a este, sin importar cuán severas sean las dificultades. La Biblia de las Américas escribe en cursivas *con Él* [en lugar de **suyo**] para indicar que la expresión no está en el texto original. Sin embargo, los traductores hicieron bien en añadirla porque Dios es el antecedente de 5:19 ("Dios… nos ha encomendado a nosotros la palabra de la reconciliación") y 20 ("somos embajadores de Cristo, como si Dios rogara por medio de nosotros"). Sorprende que la gloria de Dios acepte obrar por medio de los creyentes para proclamar su evangelio de la reconciliación.

Pablo nunca perdió esto de vista, a pesar de las pruebas que enfrentó. Aun si nadie respondía a su mensaje, el privilegio de ser colaborador de Dios era suficiente para sostenerlo. Entonces, no sorprende que Pablo así lo enfatizara en todas sus epístolas. En 1 Corintios 3:9 declaró sin ambages: "Nosotros somos colaboradores de Dios". Más adelante, en la misma carta, escribió: "Hay diversidad de operaciones, pero Dios, que hace todas las cosas en todos, es el mismo… Pero todas estas cosas las hace uno y el mismo Espíritu, repartiendo a cada uno en particular como él quiere" (1 Co. 12:6, 11), y: "Por la gracia de Dios soy lo que soy; y su gracia no ha sido en vano para conmigo, antes he trabajado más que todos ellos; pero no yo, sino la gracia de Dios conmigo" (1 Co. 15:10). Pablo oró para que los efesios entendieran "cuál [es] la supereminente grandeza de su poder para con… los que [creen], según la operación del poder de su fuerza" (Ef. 1:19). Más adelante les recordó que fue "hecho ministro por el don de la gracia de Dios que [le fue dado] según la operación de su poder" (Ef. 3:7) y volvió a orar "a Aquel que es poderoso para hacer todas las cosas mucho más abundantemente de lo que pedimos o entendemos, según el poder que actúa en nosotros" (v. 20; cp. Jn. 15:4-5). Recordó a los filipenses que "Dios [era] el que en [ellos producía] así el querer como el hacer, por su buena voluntad" (Fil. 2:13; cp. He. 13:20-21). Escribió a los colosenses: "Para lo cual también trabajo, luchando según la potencia de él, la cual actúa poderosamente en mí" (Col. 1:29). Después de que Pablo y Bernabé regresaron a Antioquía, "habiendo…

reunido a la iglesia, refirieron cuán grandes cosas había hecho Dios con ellos, y cómo había abierto la puerta de la fe a los gentiles" (Hch. 14:27; cp. 15:4).

En Marcos 4:26-29, Jesús narró una parábola para ilustrar el misterio maravilloso de los creyentes como ministros conjuntamente con Dios:

> *Decía además: Así es el reino de Dios, como cuando un hombre echa semilla en la tierra; y duerme y se levanta, de noche y de día, y la semilla brota y crece sin que él sepa cómo. Porque de suyo lleva fruto la tierra, primero hierba, luego espiga, después grano lleno en la espiga; y cuando el fruto está maduro, en seguida se mete la hoz, porque la siega ha llegado.*

Quienes proclaman el evangelio plantan la semilla, pero solo Dios puede generar nueva vida y crecimiento espiritual. Pablo escribió esto en su primera carta inspirada a los corintios: "Yo planté, Apolos regó; pero el crecimiento lo ha dado Dios. Así que ni el que planta es algo, ni el que riega, sino Dios, que da el crecimiento" (1 Co. 3:6-7). Era el honor más grande, aunque no un motivo para volverse orgulloso.

Que Pablo era humilde, pero nunca perdió el temor reverencial que sentía por el gran privilegio que se le concedió como ministro del evangelio, se desprende de lo que escribió a Timoteo:

> *Doy gracias al que me fortaleció, a Cristo Jesús nuestro Señor, porque me tuvo por fiel, poniéndome en el ministerio, habiendo yo sido antes blasfemo, perseguidor e injuriador; mas fui recibido a misericordia porque lo hice por ignorancia, en incredulidad. Pero la gracia de nuestro Señor fue más abundante con la fe y el amor que es en Cristo Jesús. Palabra fiel y digna de ser recibida por todos: que Cristo Jesús vino al mundo para salvar a los pecadores, de los cuales yo soy el primero. Pero por esto fui recibido a misericordia, para que Jesucristo mostrase en mí el primero toda su clemencia, para ejemplo de los que habrían de creer en él para vida eterna (1 Ti. 2:12-16).*

Pablo termina su testimonio con una doxología, abrumado porque Dios lo salvara y lo llamara al ministerio, aunque había sido un pecador despreciable: "Por tanto, al Rey de los siglos, inmortal, invisible, al único y sabio Dios, sea honor y gloria por los siglos de los siglos. Amén" (1 Ti. 1:17).

SÚPLICA

Así, pues… os exhortamos también a que no recibáis en vano la gracia de Dios. Porque dice: En tiempo aceptable te he oído, y en día de salvación te

he socorrido. He aquí ahora el tiempo aceptable; he aquí ahora el día de salvación. (6:1-2)

Pablo usa el verbo *parakaloumen* (**exhortamos**; "suplicamos", "rogamos") en tiempo presente para reflejar su preocupación constante y apasionada por los corintios (cp. 2:8; 10:1; 1 Co. 16:15-16). Los embajadores de Cristo son suplicantes privilegiados que ruegan a sus oyentes que respondan a la verdad.

Específicamente, Pablo estaba urgiendo a los corintios a **no** recibir **en vano la gracia de Dios**, a no darle la espalda a la oportunidad de gracia de oír el evangelio del perdón que tan fielmente él les había predicado. Había entregado su vida a los corintios durante su larga estadía en aquella ciudad (Hch. 18:11) suplicándoles que guardaran el evangelio y enseñando a los nuevos convertidos cómo crecer en gracia. Pero los sucesos en Corinto hicieron temer al apóstol que su labor intensa hubiera sido en vano. La iglesia estaba infectada de pecado, como lo revela la primera carta inspirada de Pablo para ellos. Los falsos maestros, aquellos lobos con piel de oveja de quienes advirtieron Jesús (Mt. 7:15) y Pablo (Hch. 20:29) estaban atrayendo a muchos, alejándolos de la verdad. Tal preocupación apasionada por los corintios estaba tras lo que Pablo les escribió después:

> *Pero temo que como la serpiente con su astucia engañó a Eva, vuestros sentidos sean de alguna manera extraviados de la sincera fidelidad a Cristo. Porque si viene alguno predicando a otro Jesús que el que os hemos predicado, o si recibís otro espíritu que el que habéis recibido, u otro evangelio que el que habéis aceptado, bien lo toleráis (2 Co. 11:3-4).*

Pablo no podía quedarse de brazos cruzados y permitir que su esfuerzo diligente se deshiciera. No podía permitir que sus hijos espirituales (1 Co. 4:15) terminaran engañados por un falso evangelio o desviados del sendero verdadero de santificación. Su deber ante Dios, como el de todos los fieles ministros, era exhortar a las personas a **no** recibir **en vano la gracia de Dios**. El apóstol les había dado **la gracia de Dios**, tal como se plasmaba en la verdad del evangelio de la gracia, para su beneficio eterno.

A Pablo le preocupaba, primero que todo, que los corintios no recibieran **en vano** la gracia en lo relacionado con la salvación. Como en cualquier iglesia, no todos los asistentes a la asamblea de Corinto eran redimidos. Algunos tenían conocimiento intelectual del evangelio, pero no fe salvadora. Por tal razón Pablo les desafió: "Examinaos a vosotros mismos si estáis en la fe; probaos a vosotros mismos. ¿O no os conocéis a vosotros mismos, que Jesucristo está en vosotros, a menos que estéis reprobados?" (2 Co. 13:5). Quienes no eran regenerados en la congregación estaban en el peligro grave de que los falsos maestros los engañaran. Seguir a quienes predicaban otro Jesús, otro Espíritu y otro evangelio, los llevaría a perder el privilegio y a la ruina espiritual. Pablo tuvo una preocupación semejante con los gálatas:

Estoy maravillado de que tan pronto os hayáis alejado del que os llamó por la gracia de Cristo, para seguir un evangelio diferente. No que haya otro, sino que hay algunos que os perturban y quieren pervertir el evangelio de Cristo. Mas si aun nosotros, o un ángel del cielo, os anunciare otro evangelio diferente del que os hemos anunciado, sea anatema. Como antes hemos dicho, también ahora lo repito: Si alguno os predica diferente evangelio del que habéis recibido, sea anatema (Gá. 1:6-9).

Los corintios también estaban en peligro de recibir la gracia de Dios en vano en lo relacionado con la santificación. Los legalistas buscaban alejarlos de vivir en el poder del Espíritu para vivir en la fuerza de la carne. Pablo reprendió así a los gálatas, también bajo el asalto del legalismo: "¿Tan necios sois? ¿Habiendo comenzado por el Espíritu, ahora vais a acabar por la carne?" (Gá. 3:3). La santificación, como la justificación, es una obra divina. No viene de conformarse de manera legalista a un conjunto externo de reglas, sino de un amor sentido y generado por el Espíritu para el Señor Jesucristo y para obedecerle.

El falso evangelio de la salvación por obras estaba extraviando a algunos de los corintios que no eran salvos. Otros eran salvos, pero la enseñanza falsa del legalismo estaba bloqueando su crecimiento espiritual. En cualquier caso, la gracia de Dios con ellos, que había enviado a Pablo con el evangelio, estaba en peligro de quedar anulada.

La corrupta influencia de los falsos maestros obstruía el evangelismo. Tal cosa hacía la deserción de los corintios más perturbadora para Pablo, porque era (y aún es) el tiempo del ministerio de la reconciliación. Para enfatizar la urgencia de este tiempo, Pablo citó Isaías 49:8, donde Dios declaró: "**En tiempo aceptable te he oído, y en día de salvación te he socorrido**".

Hay un tiempo en la gracia de Dios en que los pecadores lo buscarán. El Señor advirtió al mundo prediluviano esto: "No contenderá mi espíritu con el hombre para siempre, porque ciertamente él es carne; mas serán sus días ciento veinte años" (Gn. 6:3). Isaías 55:6 ordena: "Busquen al Señor mientras se deje encontrar, llámenlo mientras esté cercano" (NVI). Oseas advirtió a la apóstata Israel: "Con sus ovejas y sus vacas irán en busca del Señor, pero no lo encontrarán porque él se ha apartado de ellos" (Os. 5:6, NVI).

Pablo declaró que **ahora** es **el tiempo aceptable** y **el día de salvación** en que Dios oye a los pecadores arrepentidos y repitió las expresiones **he aquí** y **ahora** para enfatizarlo. Ahora es cuando los campos están listos para la siega (Jn. 4:35), no es el tiempo para desperdiciar la oportunidad del evangelio, de ser débil, vacilante o de dejarse engañar por los falsos maestros. Es el tiempo de aferrarse a la verdad y proclamarla con fidelidad. Jesús advirtió: "Me es necesario hacer las obras del que me envió, entre tanto que el día dura; la noche viene, cuando nadie puede trabajar" (Jn. 9:4).

Pablo, conociendo la urgencia de los tiempos y siendo fiel a la urgencia de su llamado, rogó apasionadamente a los corintios que no permitieran que la gracia de Dios en sus vidas fuera en vano.

PROTECCIÓN

No damos a nadie ninguna ocasión de tropiezo, para que nuestro ministerio no sea vituperado; antes bien, nos recomendamos en todo como ministros de Dios, en mucha paciencia, en tribulaciones, en necesidades, en angustias; en azotes, en cárceles, en tumultos, en trabajos, en desvelos, en ayunos; en pureza, en ciencia, en longanimidad, en bondad, en el Espíritu Santo, en amor sincero, en palabra de verdad, en poder de Dios, con armas de justicia a diestra y a siniestra; (6:3-7)

Pablo era un pastor protector. Sabía que inevitablemente algunos rechazarían la gracia de Dios y quería asegurarse de que no fuera porque hubiera puesto una piedra de tropiezo en su camino. No quería una acusación sobre su vida semejante al que Dios pronunció sobre Israel en Romanos 2:24: "Porque como está escrito, el nombre de Dios es blasfemado entre los gentiles por causa de vosotros". Los incrédulos están cegados por Satanás (2 Co. 4:4) y no pueden entender las cosas de Dios (1 Co. 2:14). Por lo tanto, Pablo tenia cuidado de **no** dar **a nadie ninguna ocasión de tropiezo, para que** su **ministerio no** fuera **vituperado**. Determinó no permitir nunca alguna mancha en su virtud que socavara la integridad de su evangelio (1 Co. 9:27). El adjetivo negativo *mēdemian* (**ninguna**) es un término que podría traducir como "ninguna, nada en lo absoluto". Lo sigue otro término negativo fuerte: *mēdeni*, que significa "ni nada". Este par de términos no dejan lugar alguno para una **ocasión de tropiezo** (*proskopē*). Pablo evitaría cualquier cosa que pudiera deshonrar a Cristo o hacer que alguien encontrara un fallo en la verdad y pureza del evangelio. Su integridad era una protección para los suyos.

La preocupación constante de Pablo, como lo expresó a Tito, era que el alcance evangelístico de la iglesia no fuera entorpecido:

Pero tú habla lo que está de acuerdo con la sana doctrina. Que los ancianos sean sobrios, serios, prudentes, sanos en la fe, en el amor, en la paciencia. Las ancianas asimismo sean reverentes en su porte; no calumniadoras, no esclavas del vino, maestras del bien; que enseñen a las mujeres jóvenes a amar a sus

221

maridos y a sus hijos, a ser prudentes, castas, cuidadosas de su casa, buenas, sujetas a sus maridos, para que la palabra de Dios no sea blasfemada. Exhorta asimismo a los jóvenes a que sean prudentes; presentándote tú en todo como ejemplo de buenas obras; en la enseñanza mostrando integridad, seriedad, palabra sana e irreprochable, de modo que el adversario se avergüence, y no tenga nada malo que decir de vosotros. Exhorta a los siervos a que se sujeten a sus amos, que agraden en todo, que no sean respondones; no defraudando, sino mostrándose fieles en todo, para que en todo adornen la doctrina de Dios nuestro Salvador (Tit. 2:1-10).

Pablo sabía que la pureza de la iglesia era esencial si iba a evangelizar correctamente la isla de Creta (donde estaba Tito). Para tal fin, por el lado negativo, necesitaba evitar deshonrar la Palabra de Dios (v. 5) y no dar con ello motivos a los incrédulos para hablar mal de esta (v. 8). Por el lado positivo, los miembros necesitaban adornar (hacer atractivo) el mensaje de la verdad con sus vidas (v. 10).

Pablo no solo buscaba por el lado negativo evitar poner barreras a la fe en Cristo, sino, por el lado positivo, recomendarse **en todo como** ministro **de Dios**. Al ministro no lo recomiendan su grado del seminario, teología, popularidad, personalidad o éxito. Su vida es la única carta de recomendación que importa, la única que los demás leerán.

Al final, lo que recomienda a los siervos de Dios es su **paciencia**. La palabra *hupomonē* (**paciencia**) es una de las virtudes magnificentes del Nuevo Testamento. Ninguna palabra puede expresar completamente su amplio significado, que comprende cosas como aguantar el trabajo pesado, sobrevivir el choque de batalla y permanecer firme frente a la muerte. El Nuevo Testamento la utiliza en conjunción con otras palabras como "tribulación" (Ro. 5:3), "fe" (Stg. 1:3), "esperanza" (1 Ts. 1:3) y "longanimidad" (Col. 1:11). *Hupomonē* también está asociado con la idea de gloria futura (Ro. 2:7; 8:25); de modo que no describe la aceptación desagradable, estoica y fatigosa de las pruebas; sino fe, esperanza y longanimidad en previsión de gloria futura. La palabra podría traducirse mejor como "paciencia triunfante". Hebreos 11 exalta a los siervos del Antiguo Testamento por su capacidad para soportar la hostilidad y permanecer fieles.

La paciencia caracterizó la vida de Pablo. Aguantó fielmente hasta su muerte, a pesar de la continua tentación, las amenazas de sus enemigos y los problemas en las iglesias; sirvió a Dios constantemente con todas sus fuerzas y brindó una influencia protectora sobre la iglesia. Al principio de esta epístola, Pablo expresó su resistencia paciente y triunfante en el sufrimiento:

Estamos atribulados en todo, mas no angustiados; en apuros, mas no desesperados; perseguidos, mas no desamparados; derribados, pero no destruidos; llevando en el cuerpo siempre por todas partes la muerte de Jesús, para que también la vida de Jesús se manifieste en nuestros cuerpos. Porque nosotros que vivimos, siempre estamos entregados a muerte por causa de Jesús, para que también la vida de Jesús se manifieste en nuestra carne mortal (2 Co. 4:8-11).

Su fe nunca fluctuó, su esperanza nunca disminuyó, su gozo nunca decayó. Nunca perdió de vista que "las aflicciones del tiempo presente no son comparables con la gloria venidera que en nosotros ha de manifestarse" (Ro. 8:18; cp. 2 Co. 4:16-18; Hch. 20:24; Fil. 3:8).

La lista que sigue en 2 Co 4:6-7 define varios elementos de la resistencia. Los versículos 4 y 5 hablan de los aspectos negativos; los versículos 6 y 7, el positivo. Con palabras muy emotivas, Pablo define el ministerio de la reconciliación como uno en el que Dios nos hace exigencias a nosotros, y no al revés. Los embajadores de Jesucristo no buscan más consuelo y prosperidad, sino más paciencia.

Tanto la lista positiva como la negativa pueden subdividirse en tres grupos de tres. Los primeros tres elementos negativos son resultados internos de presiones externas. La palabra **tribulaciones** es traducción de *thlipsis*, que se refiere al sufrimiento espiritual, físico o emocional. Pablo advirtió en Hechos 14:22 que "a través de muchas tribulaciones [*thlipsis*] [entramos] en el reino de Dios". También utiliza *thlipsis* en Hechos 20:23 para describir las "tribulaciones" que le esperaban en Jerusalén. La palabra **necesidades** es una palabra general para las dificultades de la vida en el mundo caído (cp. 1 Co. 7:26; 1 Ts. 3:7). Tiene un sentido de inevitabilidad (Mt. 18:7 lo traduce "necesario") y algunas veces tiene el sentido de "compulsión" (p. ej., 1 Co. 9:16; 2 Co. 9:7; Flm. 14). La palabra *stenochōria* (**angustias**) se refiere literalmente a estar confinado a un espacio estrecho. Describe pruebas y dificultades para las que no hay escape.

El segundo grupo de estos tres elementos son las amenazas externas. La palabra **azotes** puede referirse a golpes de puño (Lc. 10:30), vara (Hch. 16:22-23) o látigo (Lc. 12:48). Tampoco le eran ajenas las **cárceles** (2 Co. 11:23; cp. Hch. 16:24; 24:23-27; 28:16, 30; 2 Ti. 1:8, 16; 2:9) ni los **tumultos** (revueltas; disturbios civiles, violencia de masas) que acompañaron constantemente su ministerio (cp. Hch. 13:45; 14:19; 17:5; 18:12-17; 19:29; 21:30; 22:22-23; 23:10).

El tercer grupo incorpora las pruebas que él se provocó. La palabra *kopos* (**trabajos**) se refiere a trabajar tan fuerte que termine casi exhausto. No es solo que el ministerio de Pablo fuera arduo, es que trabajó con sus manos para sostenerse él y a los que lo acompañaban (Hch. 20:34; 1 Co. 4:12; 1 Ts. 2:9; 2 Ts. 3:8). El resultado de tan difíciles y largas horas de trabajo solía ser **desvelos** (cp. 2 Co. 11:27) mientras Pablo ministraba a las iglesias bajo su cuidado (cp. Hch. 20:31) y trabajaba para sostenerse económicamente (2 Ts. 3:8). Las exigencias del ministerio de Pablo, especialmente sus frecuentes viajes, solían resultar en **ayunos** (cp. 2 Co. 11:27; 1 Co. 4:11; Fil. 4:12). No había restaurantes donde comer.

Las pocas posadas existentes en tiempos de Pablo eran poco más que burdeles infestados de alimañas. Con todo, el apóstol soportó con gozo todas las dificultades de su ministerio, resumidas en estas nueve palabras, porque "de ninguna cosa [hacía] caso, ni [estimaba] preciosa [su] vida para [sí] mismo, con tal que [acabara su] carrera con gozo, y el ministerio que [recibió] del Señor Jesús, para dar testimonio del evangelio de la gracia de Dios" (Hch. 20:24).

La **paciencia** notoria de Pablo también se manifestó en nueve cualidades positivas. La **pureza** (*hagnotēs*) encabeza correctamente la lista. Es una palabra con un sentido muy amplio que comprende pureza de vida, pensamiento y motivos. Pablo era irreprensible, como deberían serlo todos los creyentes (Fil. 2:15; 1 Ti. 5:7), especialmente los líderes de la iglesia (1 Ti. 3:2; Tit. 1:6-7). El conocimiento, la **ciencia**, del apóstol sobre la verdad divina era insuperable. Nunca vaciló en la comprensión de los hombres pecadores, las estrategias de Satanás, las religiones falsas, el amor redentor de Dios, y los principios eficaces de enseñanza, evangelismo y discipulado. En respuesta a sus críticos dijo: "Aunque sea tosco en la palabra, no lo soy en el conocimiento" (2 Co. 11:6). El fundamento de su paciencia fue la comprensión clara e inalterable de la verdad. La palabra *makrothumia* (**longanimidad**) se refiere particularmente a la tolerancia con las personas (cp. Ef. 4:2; 2 Ti. 4:2). Hubo muchos que probaron la paciencia de Pablo, sin exceptuar a los corintios. Constantemente enfrentaba a personas malvadas, ignorantes, pecadoras, débiles, rebeldes, sentenciosas, críticas e incluso amotinadas. Pero ya sea que las personas le provocaran sufrimiento físico o emocional, el apóstol las amaba, reprendía, instruía, alentaba y consolaba con longanimidad.

Pablo también ejemplificó la virtud esencial de la **bondad**, que describe la amabilidad en acción. Pablo respondía haciendo obras útiles por las personas, sin importar cómo lo trataran. Expresó su credo cuando exhortó a los gálatas: "Según tengamos oportunidad, hagamos bien a todos, y mayormente a los de la familia de la fe" (Gá. 6:10). El **Espíritu Santo** es quien da el poder para tener paciencia. Pablo andaba en el Espíritu (Gá. 5:16), estaba lleno del Espíritu (Hch. 13:9), tenía acceso al Padre por medio del Espíritu (Ef. 2:18), fue el Espíritu quien lo llamó (Hch. 13:2) y lo capacitó para el ministerio (1 Co. 12:7, 11), Pablo ministraba en el poder del Espíritu (Ro. 15:19), seguía la dirección del Espíritu (Hch. 16:6-7), aprendía del Espíritu (1 Co. 2:13), oraba en el Espíritu (Ef. 6:18) y adoraba en el Espíritu. Pablo no contristaba al Espíritu (Ef. 4:30) ni lo apagaba (1 Ts. 5:19). El Espíritu también producía en Pablo el **amor sincero** (sin hipocresía; Ro. 12:9) que ha derramado en los corazones de los hijos de Dios (Ro. 5:5; cp. Gá. 5:22). La palabra *agapē* (**amor**) es el amor sacrificial de la voluntad, no de los sentidos o emociones. El amor de Pablo era tan grande que abarcaba a sus amigos, aquellos por quienes ministraba en las iglesias (cp. 2 Co. 11:11; 12:15; 1 Co. 16:24) e incluso a sus enemigos (Mt. 5:44).

La **palabra de verdad** es la Biblia (2 Ti. 2:15; Stg. 1:18). Específicamente en este pasaje, Pablo tenía en mente el mensaje del evangelio (Col. 1:5), que Dios reconcilia a los pecadores con Él a través de la muerte sustitutiva de su Hijo. El apóstol predicó el mensaje fielmente y sin vacilar hasta el día de su muerte (2 Ti. 4:7-8). Los creyentes deben seguir su ejemplo, porque el enemigo ataca brutalmente el evangelio. Satanás sabe que sembrando confusión en la doctrina de la salvación puede obtener una cosecha mortal de almas condenadas. Pablo predicó el evangelio **en poder de Dios**, no con su propia inteligencia. El evangelio "es poder de Dios para salvación a todo aquel que cree; al judío primeramente, y también al griego" (Ro. 1:16). En 1 Corintios 1:18 añadió: "La palabra de la cruz es locura a los que se pierden; pero a los que se salvan, esto es, a nosotros, es poder de Dios". No suavizó, redefinió o simplificó el evangelio. No se achicó para proclamar las exigencias difíciles del evangelio ni procuró evitar que los pecadores se sintieran incómodos. Predicó el evangelio claramente y sin ambigüedades para que, como escribiera después a los corintios, la fe de ellos no estuviera "fundada en la sabiduría de los hombres, sino en el poder de Dios" (1 Co. 2:5). Pablo peleó "la buena batalla" (2 Ti. 4:7) utilizando las **armas de justicia a diestra y a siniestra**. Estaba completamente armado para enfrentarse a todos los adversarios de la verdad. El apóstol describió las **armas de justicia** detalladamente en 2 Corintios 10:3-5:

> *Pues aunque andamos en la carne, no militamos según la carne; porque las armas de nuestra milicia no son carnales, sino poderosas en Dios para la destrucción de fortalezas, derribando argumentos y toda altivez que se levanta contra el conocimiento de Dios, y llevando cautivo todo pensamiento a la obediencia a Cristo.*

No peleaba con enemigos espirituales (Ef. 6:12) usando las armas poco eficaces de las ideas, sabiduría e invención humanas, sino con la verdad invencible de la Palabra de Dios (para una exposición detallada de 10:3-5, véase el capítulo 25 de este volumen).

PARADOJA

por honra y por deshonra, por mala fama y por buena fama; como engañadores, pero veraces; como desconocidos, pero bien conocidos; como moribundos, mas he aquí vivimos; como castigados, mas no muertos; como entristecidos, mas siempre gozosos; como pobres, mas enriqueciendo a muchos; como no teniendo nada, mas poseyéndolo todo. (6:8-10)

Como se dijo anteriormente en este capítulo, quienes proclaman el evangelio son amados y despreciados. En esta sección, Pablo expone el carácter paradójico del carácter del ministro en una serie de contrastes. El predicador fiel experimenta **honra y... deshonra**; es alabado y despreciado, exaltado y calumniado, halagado y criticado, querido y vilipendiado. En consecuencia, tendrán **mala fama** entre algunos y **buena fama** entre otros. Quienes son fieles a la verdad no pueden esperar que todos hablen bien de ellos (cp. Lc. 6:26) y Pablo no fue la excepción. Algunos decían la verdad sobre él, estaban profundamente agradecidos por el impacto que tuvo en sus vidas. Otros atacaban su carácter y difamaban su nombre procurando desacreditar su ministerio. La iglesia de Corinto reflejaba esta dicotomía; algunos eran seguidores devotos de Pablo (1 Co. 1:12; 3:4) y otros lo atacaban salvajemente causándole tristeza (2 Co. 2:1).

Los embajadores fieles de Dios también pueden esperar que se les considere **engañadores, pero veraces**, como al Señor Jesucristo. Juan 7:12 registra que "había gran murmullo acerca de [Jesús] entre la multitud, pues unos decían: Es bueno; pero otros decían: No, sino que engaña al pueblo". Así también, a Pablo lo acusaron de ser un falso apóstol (1 Co. 9:2), cuando en realidad "en nada [fue] inferior a aquellos grandes apóstoles" (2 Co. 11:5). Satanás, el padre de mentira (Jn. 8:44) busca destruir la reputación de quienquiera que se vuelva una fuerza de la verdad.

Pablo continuó con la declaración enigmática **desconocidos, pero bien conocidos**, exponiendo aún más la dicotomía del ministerio. En sus primeros años era bien conocido entre la élite judía (cp. Hch. 26:4-5) como alguien que "en el judaísmo aventajaba a muchos de [sus] contemporáneos en [su] nación" (Gá. 1:14), aunque era desconocido para los creyentes (Gá. 1:22). Pero después de su conversión la situación se intercambió. Se volvió desconocido para sus antiguos compañeros, en el sentido de que no querían tener nada más que ver con él. Y, con el paso del tiempo, se volvió bien conocido para la iglesia como el amado apóstol de los gentiles. Era desconocido para casi todos aquellos no regenerados en el mundo; pero bien conocido en cuanto a persona, ministerio o reputación entre todos los cristianos.

Pablo se describió **como** moribundo, **mas** vivía. Ya se había referido en esta epístola a la amenaza de muerte que pendía constantemente sobre él:

> *Porque hermanos, no queremos que ignoréis acerca de nuestra tribulación que nos sobrevino en Asia; pues fuimos abrumados sobremanera más allá de nuestras fuerzas, de tal modo que aun perdimos la esperanza de conservar la vida. Pero tuvimos en nosotros mismos sentencia de muerte, para que no confiásemos en nosotros mismos, sino en Dios que resucita a los muertos; el cual nos libró, y nos libra, y en quien esperamos que aún nos librará, de tan gran muerte (2 Co. 1:8-10).*

> *Llevando en el cuerpo siempre por todas partes la muerte de Jesús, para que también la vida de Jesús se manifieste en nuestros cuerpos. Porque nosotros que*

vivimos, siempre estamos entregados a muerte por causa de Jesús, para que también la vida de Jesús se manifieste en nuestra carne mortal. De manera que la muerte actúa en nosotros, y en vosotros la vida (2 Co. 4:10-12).

Desde el momento en que Pablo se hizo creyente, enfrentó amenazas de muerte de los otros judíos (Hch. 9:24, 29; 14:19; 20:3; 23:12; 25:3), que lo consideraban un traidor del judaísmo. Pero a pesar de sus conspiraciones, Pablo seguía vivo bajo la protección del Señor (2 Ti. 4:17) hasta que el Señor determinara que era tiempo de que muriera. Hasta entonces, sus enemigos podrían castigarlo, **mas no** podían matarlo (cp. 2 Co. 11:23-27).

Cabría esperarse que Pablo viviera triste (cp. Ro. 9:2), dadas las dificultades y dolores que padecía. Su corazón se quebrantaba por los perdidos, los desobedientes, los creyentes inmaduros y las amenazas que planteaban a la iglesia las falsas enseñanzas. No sorprende que de vez en cuando se deprimiera (cp. 2 Co. 7:5-6). Pero, no obstante las tristezas, **siempre** estaba gozoso. Tenía un gozo profundo y continuo por la gracia, el poder y la bondad de Dios. Por lo tanto, escribió: "Regocijaos en el Señor siempre. Otra vez digo: ¡Regocijaos!" (Fil. 4:4) y "Estad siempre gozosos" (1 Ts. 5:16). Y con frecuencia enfatizaba sus cartas con doxologías de alabanza. La vida era para Pablo una paradoja de tristezas interminables mezcladas con gozo continuo.

Sin ninguna duda, Pablo era pobre en términos de posesiones terrenales. Algunos han especulado que su familia lo desheredó por hacerse cristiano. Con seguridad, no tenía una cuenta bancaria solvente que lo respaldara y tenía que confiar en el soporte financiero de las iglesias (Fil. 4:16) y su duro trabajo (1 Ts. 2:9) para su sustento. **Mas** enriquecía con herencia eterna a quienes creían en su mensaje eternamente rico (2 Co. 8:9; Ef. 1:11; 3:8; Col. 1:12; cp. 1 P. 1:4).

Empobrecerse para enriquecer a otros no le preocupaba en lo más mínimo. Aunque parecía **no** tener **nada, mas** poseyendo **todo** lo que realmente importaba en la eternidad (cp. Mt. 6:19-20; Lc. 12:33). En 1 Corintios 3:21-22 escribió: "Así que, ninguno se gloríe en los hombres; porque todo es vuestro: sea Pablo, sea Apolos, sea Cefas, sea el mundo, sea la vida, sea la muerte, sea lo presente, sea lo por venir, todo es vuestro". Y añadió a los romanos: "El que no escatimó ni a su propio Hijo, sino que lo entregó por todos nosotros, ¿cómo no nos dará también con él todas las cosas?" (Ro. 8:32).

Las personas no se queman en el ministerio por exceso de trabajo, sino por expectativas no satisfechas. Pero quienes no tienen expectativas irreales no se frustran si no las consiguen. Para tener expectativas apropiadas en el ministerio, se ha de ver desde la perspectiva apropiada. Entender el privilegio del ministerio, mantener la pasión, protegerlo cuidadosamente y esperar reacciones paradójicas, todas son cosas que mantienen la visión clara.

Los acentos del amor 18

Nuestra boca se ha abierto a vosotros, oh corintios; nuestro corazón se ha ensanchado. No estáis estrechos en nosotros, pero sí sois estrechos en vuestro propio corazón. Pues, para corresponder del mismo modo (como a hijos hablo), ensanchaos también vosotros… Admitidnos: a nadie hemos agraviado, a nadie hemos corrompido, a nadie hemos engañado. No lo digo para condenaros; pues ya he dicho antes que estáis en nuestro corazón, para morir y para vivir juntamente. Mucha franqueza tengo con vosotros; mucho me glorío con respecto de vosotros; lleno estoy de consolación; sobreabundo de gozo en todas nuestras tribulaciones. (6:11-13; 7:2-4)

La experiencia más difícil y dolorosa para el ministro fiel es que lo tergiversen, que lo acusen falsamente, que ataquen su integridad injustamente. Tales ataques tiene el potencial de destruir la confianza de las personas en el ministro, resultando devastadoras para su labor. Es difícil corregir y recuperarse de tales ataques difamatorios, porque quienes los hacen no están interesados en la verdad. Ni los motiva la virtud, el amor o la justicia; sino el odio, la venganza, la amargura, los celos y las ganas de figurar. Quienes abastecen estas falsedades no buscan la unidad y la bendición de la iglesia, la gloria del Señor o el bien de aquellos a quienes atacan.

A través de toda la historia, los siervos fieles de Dios han soportado las acusaciones falsas y calumniosas. A toda la iglesia primitiva la acusaron de ateísmo (porque los cristianos rechazaron los dioses romanos), canibalismo (con base en una mala interpretación de la Santa Cena) e inmoralidad (con base en una mala interpretación del "ósculo santo" [Ro. 16:16; 1 Co. 16:20; 2 Co. 13:12; 1 Ts. 5:26; 1 P. 5:14]). La bula papal que excomulgó a Martín Lutero decía: "Este Lutero favorece a los bohemios y a los turcos; reprueba el castigo de los herejes; rechaza los escritos de los santos doctores; los decretos de los concilios ecuménicos y las ordenanzas de los pontífices romanos; y no da crédito a las opiniones de nadie, excepto la suya, cosa que ningún otro hereje ha presumido nunca antes" (Roland H. Bainton, *Here I stand* [Esta es mi posición] [Nashville: Abingdon, 1950], p. 148).

Charles Spurgeon ganó muchos enemigos con la defensa sin vacilaciones que hacía de la verdad bíblica. Hablando de los violentos ataques que soportó, dijo: "Escasamente pasa un día en que los abusos más viles, las calumnias más temibles, no se pronuncien contra mí, en privado y en la prensa; emplean toda clase de herramientas para echar por tierra el ministerio de Dios; me lanzan toda mentira que pueda inventar el hombre" (citado en Iain Murray, *The Forgotten Spurgeon* [El Spurgeon olvidado] [Edimburgo: Banner of Truth, 1986], p. 60).

Pero nadie soportó ataques más violentos, implacables e injustos que el patriarca del dolor ministerial: el apóstol Pablo. El reino de la oscuridad (Satanás, los demonios y los impíos) lo atacaban constantemente. Como ya se dijo en capítulos anteriores, en Corinto el asalto vino de los falsos apóstoles, que atacaban su carácter y difundían mentiras sobre él. Buscaban poder, dinero, prominencia y la oportunidad de suplantar la verdad con sus doctrinas de demonios. Para obtener estas cosas, primero tenían que destruir la confianza en el carácter y las enseñanzas de Pablo acusándolo de mentiroso e hipócrita autocomplaciente. Y ya la confianza de muchos de los corintios se había afectado; estaban comenzando a dudar de Pablo.

El apóstol, profundamente preocupado, defendió vigorosamente su integridad; no por sí mismo, sino por los corintios. Era el canal que el Señor había escogido personalmente a través del cual la verdad divina fluía a ellos. No oponerse a las mentiras de los falsos maestros sería permitir que la verdad divina se bloqueara. Peor aún, sería permitir que la falsa doctrina la reemplazara. En este texto, en el que Pablo defendió su amor por ellos, volvió a recordarles la integridad que había mostrado cuando estuvo en Corinto (cp. Hch. 18:11)

Encabezando la lista de falsas acusaciones contra Pablo estaba la afirmación de que él no tenía un verdadero afecto por los corintios. De acuerdo con los falsos maestros, el apóstol era abusivo, manipulador y dictatorial; tan solo estaba usando a los corintios para promover sus intereses personales. Por ello Pablo afirmó repetidamente su amor por la iglesia. En 2 Corintios 2:4 escribió: "Porque por la mucha tribulación y angustia del corazón os escribí con muchas lágrimas, no para que fueseis contristados, sino para que supieseis cuán grande es el amor que os tengo". En 11:11 añadió: "¿Por qué? ¿Porque no os amo? Dios lo sabe", mientras que en 12:15 añadió sin ambages: "Aun yo mismo me gastaré del todo por amor de vuestras almas, aunque amándoos más, sea amado menos". Y en dos ocasiones se refirió a ellos como "amados" (7:1; 12:19).

Pablo definió el carácter de su amor por los corintios en relación con sus acciones por ellos. Y, así, proporcionó una descripción clara del amor en acción (cp. 1 Co. 13:4-8). Esta explicación del amor cierra la sección intermedia (2 Co. 6:14—7:1; véase el capítulo 19 de este volumen) que trata sobre separarse de los incrédulos.

En tanto Pablo describía la esencia del amor verdadero, expresó diez acentos o características del amor: franqueza, afecto, comunión, pureza, humildad, perdón, lealtad, confianza, alabanza y gozo.

FRANQUEZA

Nuestra boca se ha abierto a vosotros, oh corintios; nuestro corazón se ha ensanchado. (6:11)

Pablo hablaba abiertamente (con franqueza, sin rodeos) a los **corintios** porque el amor no se guarda nada que sea beneficioso para su objeto. El apóstol recordó esto a los ancianos de Éfeso: "Nada que fuese útil he rehuido de anunciaros y enseñaros, públicamente y por las casas… porque no he rehuido anunciaros todo el consejo de Dios" (Hch. 20:20, 27). Jesús declaró que "de la abundancia del corazón habla la boca" (Mt. 12:34) y el amor de Pablo le hizo hablar con franqueza de tres cosas.

Primero, Pablo les habló con franqueza sobre Dios. Era sincero y veraz en cuanto a la Palabra de Dios y las normas divinas. Al comienzo de esta carta había ya defendido su veracidad, recordando a los corintios esto: "Porque no os escribimos otras cosas de las que leéis, o también entendéis… sino por la manifestación de la verdad recomendándonos a toda conciencia humana delante de Dios" (2 Co. 1:13; 4:2). En 4:13 observó que hablaba la verdad porque creía la verdad, mientras que en 13:8 declaró: "Nada podemos contra la verdad, sino por la verdad".

Segundo, Pablo habló con franqueza sobre el pecado. Hay quienes dicen que es falto de amor confrontar a alguien por su pecado, pero las Escrituras afirman que la verdad y el amor son inseparables (Ef. 4:15). Pablo presentó el evangelio a los corintios con amor y verdad, exponiéndoles completamente las realidades del pecado y la justicia. Predicó a Cristo crucificado y todo lo que ello implicaba. También confrontó el pecado e hizo un llamado al arrepentimiento, y en esta carta les advirtió que no dejaría de disciplinarlos (cp. 2 Co. 12:18—13:3). Incluso los retó a evaluar la autenticidad de la fe que vivían (13:5). Las razones que había tenido para escribir la carta severa (2:4) que les había enviado entre 1 y 2 Corintios, las explicó en 2 Corintios 2:9: "Porque también para este fin os escribí, para tener la prueba de si vosotros sois obedientes en todo" (cp. 7:8-10).

Finalmente, Pablo habló con franqueza de su afecto por los corintios. Los amaba intensamente, como lo indica el vocativo **oh corintios**. El **corazón** de Pablo **se** había **ensanchado** (lit., "agrandado" o "ampliado") para ellos; había sido abierto, franco y vulnerable (cp. 4:2). La expresión también significa que había mucho espacio en su corazón para ellos; en 7:3 dijo a los corintios: "Estáis en nuestro corazón" (cp. 3:2; Fil. 1:7). La prueba de que el amor de Pablo era genuino es que los tuviera en su corazón a pesar de todo el dolor que le habían causado (cp. 2 Co. 12:14-15).

AFECTO

No estáis estrechos en nosotros, pero sí sois estrechos en vuestro propio corazón. (6:12)

La palabra **estrechos** es traducción de *stenochōreō*, que significa literalmente "reducir" o "confinar". Pablo no había refrenado a los corintios; no había hecho nada para provocar un distanciamiento o entorpecimiento de la relación con ellos. Por el contrario, ellos se habían estrechado **en** su **propio corazón** con él. Varios de ellos sacaron al apóstol de sus vidas y le cerraron sus corazones. Habían creído las mentiras sobre Pablo y se habían alejado de él para seguir a los falsos maestros. Como resultado, habían perdido el afecto por él.

El rechazo de los corintios hería profundamente a Pablo. Con todo, a pesar de que nunca perdió su afecto por ellos, porque el amor verdadero "todo lo cree" y "todo lo soporta" (1 Co. 13:7). Por supuesto, no quería esto decir que Pablo tolerara sus pecados y sus errores. Los disciplinaba y los corregía cuando fuera necesario, pero esto reflejaba su verdadero afecto por ellos. El amor y la disciplina son inseparables, incluso con el Señor: "Porque el Señor al que ama, disciplina, y azota a todo el que recibe por hijo" (He. 12:6).

COMUNIÓN

Pues, para corresponder del mismo modo (como a hijos hablo), ensanchaos también vosotros… Admitidnos: (6:13; 7:2a)

Pocas cosas son más dolorosas en la vida que el amor no correspondido, porque el amor anhela una respuesta. Las lastimeras palabras de Pablo expresan la tristeza penetrante que sentía por la falta de amor de los corintios hacia él. Aunque habían roto el corazón de Pablo, él los amaba y no permitiría que lo abandonaran. En su lugar, les rogó usando la frase **corresponder del mismo modo**; literalmente, "en un intercambio exacto". Pablo les rogó que lo amaran como él los amaba: con amor sacrificial, consistente y permanente. Les podía hablar **como a hijos** porque eran sus hijos espirituales (1 Co. 4:14-15; cp. Gá. 4:19; 1 Ti. 1:2, 18; 2 Ti. 1:2, 2:1; Tit. 1:4; Flm. 10), lo que hacía más doloroso el rechazo de ellos hacia él.

Esta es una tierna escena, casi melancólica. El apóstol bondadoso no dudó en rogarle, a la iglesia que más problemas le daba, que lo amara. No era demasiado orgulloso para abrir su corazón y permitirles ver que le dolía. Aun la explicación de la separación que sigue (2 Co. 6:14—7:1) revela el anhelo de Pablo porque los corintios rompieran con los falsos maestros y volvieran a él.

Entonces los volvió a buscar rogándoles: "**Admitidnos**". Los traductores de otras versiones añadieron correctamente la frase "en su corazón", que no aparece en el texto griego, porque se ajusta al contexto (cp. v. 3; 6:11, 13). Habiéndoles recordado que su corazón era ancho para con ellos, Pablo les rogó que abrieran sus corazones para admitirlo a él. El apóstol sabía que en tanto se aferraran ellos a las asociaciones pecaminosas con sus enemigos, la relación de amor de ellos con él no podría restaurarse. Esto hacía aún más urgente que los corintios siguieran sus instrucciones en 6:14—7:1 y cortaran todos los lazos con los falsos maestros.

PUREZA

a nadie hemos agraviado, a nadie hemos corrompido, (7:2*b*)

La afirmación de Pablo es especialmente apropiada a la luz de su exhortación a separarse de los incrédulos en 6:14—7:1. A pesar de las falsas acusaciones dirigidas contra él (cp. 4:2), Pablo **a nadie** había **agraviado**. La palabra **agraviado** es traducción de *adikeō*, que significa "tratar injustamente" o "injuriar". Quienes hicieron esta acusación quizás tuvieran en mente a Pablo entregando a Satanás al personaje de la relación incestuosa (1 Co. 5:5). Pero el apóstol no lo maltrató, sino que lo trató de acuerdo con su pecado.

En realidad, los corintios sí habían **agraviado** a Pablo; él no había herido ni **corrompido** a nadie. La palabra *phtheirō* (**corrompido**) se refiere a la corrupción moral, como lo indica su uso en 1 Corintios 15:33 ("Las malas conversaciones corrompen las buenas costumbres"). Una vez más, no era Pablo sino sus oponentes, quienes eran culpables de arruinar la moral de los corintios (cp. 2 Co. 11:3). El amor de Pablo por los corintios se expresaba en su pureza y en su preocupación por ellos. Nunca los animaría, directa o indirectamente, con su enseñanza o con su ejemplo, a cometer alguna conducta inmoral.

HUMILDAD

a nadie hemos engañado. (7:2*c*)

El amor necesariamente requiere humildad, porque solo los humildes pueden amar a otros desinteresadamente. Los orgullosos, quienes se aman a sí mismos, no pueden amar a otros. La palabra *pleonekteō* (**hemos engañado**) se refiere a defraudar a otros utilizándolos para beneficio propio. Específicamente, conlleva la idea de manipular a los demás con fines lucrativos, como su uso en 12:17-18 lo indica:

> *¿Acaso os he engañado por alguno de los que he enviado a vosotros? Rogué a Tito, y envié con él al hermano. ¿Os engañó acaso Tito? ¿No hemos procedido con el mismo espíritu y en las mismas pisadas?*

Ni Pablo ni ninguno de sus compañeros engañaron a los corintios en asuntos económicos, a pesar de las reiteradas acusaciones de los falsos maestros.

De hecho, lo contrario era cierto. En lugar de usar a los corintios para beneficio personal, Pablo soportó humilde y sacrificialmente sufrimientos y dificultades por ellos. Ya había dicho en esta carta: "Porque nosotros que vivimos, siempre estamos entregados a muerte por causa de Jesús, para que también la vida de Jesús se manifieste en nuestra carne mortal. De manera que la muerte actúa en nosotros, y en vosotros la vida" (4:11-12). El amor de Pablo por los creyentes corintios era tan grande que estaba dispuesto a arriesgar su vida por ellos (cp. Jn. 15:13). Su amor humilde y sacrificial, que ponía a los demás por encima, no buscaba lo suyo (1 Co. 13:5). Como dijo a los filipenses: "No mirando cada uno por lo suyo propio, sino cada cual también por lo de los otros" (Fil. 2:4).

PERDÓN

No lo digo para condenaros; (7:3*a*)

Pablo no quería que los corintios interpretaran la defensa fuerte de su integridad en el versículo 2 (o en otras partes) como un ataque a ellos. La palabra *katakrisis* (**condenaros**) se refiere a emitir un juicio definitivo. Solo aparece una vez más en el Nuevo Testamento y se refiere a la tarea condenatoria de la ley con los pecadores (3:9). Pablo no estaba pronunciando un veredicto final sobre ellos; no estaba rindiéndose a su labor con ellos. No estaba airado, no los estaba relegando a un juicio final. No quería romper su relación con ellos, sino restaurarla. Por lo tanto, reprendía su pecado y rebelión y los llamaba a arrepentirse y reafirmar su lealtad a él. El apóstol sabía la verdad que expresó Salomón: "Fieles son las heridas del que ama; pero importunos los besos del que aborrece" (Pr. 27:6). Pablo era un ejemplo noble del amor bíblico auténtico, que "no guarda rencor" (1 Co. 13:5), "porque el amor cubrirá multitud de pecados" (1 P. 4:8).

LEALTAD

pues ya he dicho antes que estáis en nuestro corazón, para morir y para vivir juntamente. (7:3*b*)

Cuando Pablo declara: "**Estáis en nuestro corazón**", repite la idea de 6:11. La frase **para morir y para vivir juntamente** refleja la lealtad imperecedera de Pablo con los corintios. Colin G. Kruse lo explica así:

La expresión "para morir y para vivir juntamente" se encuentra en los papiros cuando se quiere exaltar la amistad y la lealtad. La idea es que los involucrados tienen una amistad que se mantendrá toda la vida y seguirá uniéndolos aun si la muerte aparece (cp. Mr. 14:31). En la afirmación de amistad de Pablo, reversa el orden; es decir, no vivir y morir, sino morir y vivir juntos; esto refleja una perspectiva fundamentalmente cristiana (*The Second Epistle of Paul to the Corinthians* [La segunda epístola de Pablo a los corintios], The Tyndale New Testament Commentaries [Comentarios Tyndale del Nuevo Testamento] [Grand Rapids: Eerdmans, 1995], p. 142).

Más aún, esta relación trascenderá la muerte y durará para siempre, en la gloria de la vida celestial. El amor de Pablo era fiel hasta la muerte; como el de Rut, quien dijo a Noemí:

¡No insistas en que te abandone o en que me separe de ti! Porque iré adonde tú vayas, y viviré donde tú vivas. Tu pueblo será mi pueblo, y tu Dios será mi Dios. Moriré donde tú mueras, y allí seré sepultada. ¡Que me castigue el S EÑOR *con toda severidad si me separa de ti algo que no sea la muerte! (Rt. 1:16-17,* NVI*).*

CONFIANZA

Mucha franqueza tengo con vosotros; (7:4*a*)

A primera vista esta es una declaración sorprendente, chocante incluso. La iglesia de Corinto era la más problemática de todas las iglesias del Nuevo Testamento. Con todo, Pablo era abierto y audaz, hablaba con **franqueza** (*parrēsia*) de la obra del Señor en esta congregación. Entonces, toda la confianza de Pablo con los corintios no se debía a que ellos lo hubieran hecho bien. De hecho, su desempeño llamaba a un escrutinio cauteloso, no a la confianza abierta. Pero el amor verdadero, no el ingenuo, "todo lo cree, todo lo espera" (1 Co. 13:7). Es extremadamente reticente a creer cualquier cosa, excepto lo mejor de su objeto.

Por supuesto, no refleja esto el mito moderno de que el pensamiento positivo hace que las cosas ocurran. La esperanza de Pablo no era que su actitud positiva cambiara a los corintios. El amor bíblico verdadero no hace que las cosas pasen, pero las cree y las espera.

Por lo tanto, a pesar de sus infidelidades, deslealtad y pecado de ellos, Pablo mantenía la confianza en ellos; no por ellos, sino porque sabía que Dios completaría la obra de salvación que había empezado en ellos (cp. Fil. 1:6).

ALABANZA

mucho me glorío con respecto de vosotros; (7:4*b*)

El hecho de que Pablo pudiera gloriarse **con respecto de** una iglesia llena de inmadurez, deslealtad, duda y desafecto es sorprendente. Aunque *kauchēsis* (**glorío**) podría tener una connotación negativa de orgullo (cp. Ro. 3:27; Stg. 4:16), suele tener la positiva de alabanza, como aquí (cp. 2 Co. 7:14; 8:24; 11:10, 17; Ro. 15:17; 1 Co. 15:31). Gloriarse de la manera apropiada se hace en el Señor (2 Co. 10:17; 1 Co. 1:31) y la razón por la que Pablo se gloriaba era por lo que el Señor estaba haciendo en la iglesia de Corinto. Se gloriaba ante Tito, como lo registra 2 Corintios 7:14: "Pues si de algo me he gloriado con él respecto de vosotros, no he sido avergonzado, sino que así como en todo os hemos hablado con verdad, también nuestro gloriarnos con Tito resultó verdad". Pablo también se gloriaba de los corintios ante otras iglesias: "Mostrad, pues, para con ellos ante las iglesias la prueba de vuestro amor, y de nuestro gloriarnos respecto de vosotros" (8:24). Pablo estaba presto a alabar al Señor por ellos, a pesar de los defectos que tenían. Esto es evidencia de su amor genuino.

GOZO

lleno estoy de consolación; sobreabundo de gozo en todas nuestras tribulaciones. (7:4*c*)

Aun más sorprendente que la confianza y la gloria de Pablo por los corintios era que ellos le produjeran gozo. A pesar de todos los problemas que causaron a Pablo, él usó un verbo indicativo pasivo para decir que en el pasado y en el momento estaba **lleno… de consolación**. Ni todas las **tribulaciones** podrían cortar el **gozo** sobreabundante que sentía. Y no solo Pablo; Tito también se gozaba por los corintios (7:13).

Estos diez acentos del amor genuino son reflejo del amor de Dios por los creyentes. Los ama lo suficiente para ser franco con ellos y les tiene un afecto tan profundo que le duele cuando el pecado interrumpe la comunión con Él. El amor de Dios también le hace que desear la pureza de su pueblo (Tit. 2:14). Por ello, el Señor Jesucristo "se humilló a sí mismo, haciéndose obediente hasta la muerte, y muerte de cruz" (Fil. 2:8), de modo que los creyentes recibieran el perdón de los pecados. Su amor asegura la lealtad eterna de Dios con su pueblo (He. 13:5) y hace que les confíe el evangelio (1 Ts. 2:4). Y Dios ama a su pueblo, se enorgullece de él y se goza con él (cp. Sal. 149:4; Sof. 3:17). Los creyentes deben amar al prójimo de la forma en que Dios los ama, tomando a Pablo como modelo.

Separación de los incrédulos 19

No os unáis en yugo desigual con los incrédulos; porque ¿qué compañerismo tiene la justicia con la injusticia? ¿Y qué comunión la luz con las tinieblas? ¿Y qué concordia Cristo con Belial? ¿O qué parte el creyente con el incrédulo? ¿Y qué acuerdo hay entre el templo de Dios y los ídolos? Porque vosotros sois el templo del Dios viviente, como Dios dijo: Habitaré y andaré entre ellos, y seré su Dios, y ellos serán mi pueblo. Por lo cual, salid de en medio de ellos, y apartaos, dice el Señor, y no toquéis lo inmundo; y yo os recibiré, y seré para vosotros por Padre, y vosotros me seréis hijos e hijas, dice el Señor Todopoderoso. Así que, amados, puesto que tenemos tales promesas, limpiémonos de toda contaminación de carne y de espíritu, perfeccionando la santidad en el temor de Dios. (6:14–7:1)

La fe salvadora en el Señor Jesucristo produce una transformación radical en cada aspecto del ser de una persona. Los cristianos son una "nueva criatura" para quienes "las cosas viejas pasaron; he aquí todas son hechas nuevas" (5:17). Nacieron de nuevo (Jn. 3:3, 7; 1 P. 1:3, 23). Dios los ha "librado de la potestad de las tinieblas, y trasladado al reino de su amado Hijo" (Col. 1:13). Y se han convertido de las tinieblas a la luz, y de la potestad de Satanás a Dios (Hch. 26:18).

Los creyentes y los incrédulos habitan dos mundos opuestos. Los cristianos están en el reino de Cristo, caracterizado por la justicia, la luz y la vida eterna. Los incrédulos están en el reino de Satanás, caracterizado por la anarquía, la oscuridad y la muerte espiritual. Los salvos y los no salvos tienen diferentes afectos, creencias, principios, motivaciones, metas, actitudes y esperanzas. En resumen, ven la vida desde perspectivas opuestas.

En consecuencia, las relaciones entre los creyentes y los incrédulos están, en el mejor de los casos, limitadas a lo temporal y externo. Pueden tener lazos familiares, trabajar en el mismo lugar, compartir relaciones de negocios, vivir en la misma comunidad, experimentar los mismos pasatiempos y aficiones, e incluso estar de acuerdo en ciertos asuntos políticos y sociales. Pero, en el ámbito espiritual, los creyentes y los incrédulos viven en dos mundos completamente diferentes.

Debería ser obvio que los creyentes no pueden vivir en ambos mundos. El apóstol Juan lo indicó claramente cuando escribió: "No améis al mundo, ni las cosas que están en el mundo. Si alguno ama al mundo, el amor del Padre no está en él. Porque todo lo que hay en el mundo, los deseos de la carne, los deseos de los ojos, y la vanagloria de la vida, no proviene del Padre, sino del mundo" (1 Jn. 2:15-16). Santiago expresó con lenguaje contundente la misma realidad: "¡Oh almas adúlteras! ¿No sabéis que la amistad del mundo es enemistad contra Dios? Cualquiera, pues, que quiera ser amigo del mundo, se constituye enemigo de Dios" (Stg. 4:4). Y Pablo exhortó así a los creyentes: "No os conforméis a este siglo" (Ro. 12:2).

Los corintios habían luchado grandemente para romper totalmente con el estilo de vida inmoral e idólatra de su pasado. A pesar de que algunos habían profesado fe en Cristo y dijeron ser parte de la iglesia, aún se aferraban a elementos de su religión pagana. Y aunque, como los tesalonicenses, se habían convertido "de los ídolos a Dios, para servir al Dios vivo y verdadero" (1 Ts. 1:9), aún no rompían del todo con su pasado idólatra. El atractivo de su antiguo paganismo, que impregnaba cada aspecto de la vida en Corinto, había mostrado ser algo difícil de derribar, como lo hace evidente la primera epístola dirigida a ellos.

Para empeorar las cosas, los falsos maestros que habían llegado a la iglesia trajeron con ellos un sincretismo casi cristiano del evangelio de la verdad, el legalismo judío y el misticismo pagano. Estaban ávidos por mantenerse ligados con el comportamiento anterior de los corintios. De modo que Pablo dio este mandamiento para separarlos.

El conocido mandamiento de separarse en este pasaje suele malinterpretarse y violarse. La separación exigida aquí no se refiere a una negación a asociarse con quienes no siguen un determinado conjunto de reglas para la vida cristiana, como muchos cristianos legalistas han sostenido. No quiere decir negarse a cooperar con quienes enseñan la verdad, pero no están de acuerdo con todas las características de la teología personal o el estilo de un ministro. Ni quiere decir esta separación retirarse completamente del mundo entregándose al monaquismo. Separarse de los incrédulos no significa divorciarse del esposo inconverso, como se imaginaron algunos corintios (1 Co. 7:12-13). Y, ciertamente, la separación bíblica no cancela la responsabilidad eclesial de "[ir] por todo el mundo [predicando] el evangelio a toda criatura" (Mr. 16:15).

Los corintios habrían entendido el llamado de Pablo a separarse en el contexto de lo que él ya les había escrito. En 1 Corintios 9:19-21 les dijo:

Por lo cual, siendo libre de todos, me he hecho siervo de todos para ganar a mayor número. Me he hecho a los judíos como judío, para ganar a los judíos; a los que están sujetos a la ley (aunque yo no esté sujeto a la ley) como sujeto a la ley, para ganar a los que están sujetos a la ley; a los que están sin ley, como si yo estuviera sin ley (no estando yo sin ley de Dios, sino bajo la ley de Cristo), para ganar a los que están sin ley.

La orden del apóstol "no os juntéis con los fornicarios" (1 Co. 5:9) tampoco era una exigencia para evitar los incrédulos; como él mismo lo explicó: "no absolutamente con los fornicarios de este mundo, o con los avaros, o con los ladrones, o con los idólatras; pues en tal caso os sería necesario salir del mundo" (v. 10). Hacerlo sería eludir la responsabilidad que Jesús dio a la iglesia en la gran comisión (Mt. 28:19-20) e ignorar el ejemplo que dejó, siendo "amigo de publicanos y de pecadores" (Lc. 7:34; cp. Mt. 9:10-11). En realidad, explicó Pablo, les decía que no se juntaran "con ninguno que, llamándose hermano, fuere fornicario, o avaro, o idólatra, o maldiciente, o borracho, o ladrón; con el tal ni aun [debían comer]" (1 Co. 5:11). No quería que se separaran socialmente de quienes no eran cristianos, sino de los cristianos profesantes no arrepentidos en el seno de la iglesia. Inevitablemente, los creyentes estarán en algunos lugares y circunstancias que contengan elementos de idolatría, porque no hay forma de separar lo religioso de lo secular en las culturas paganas.

En 1 Corintios, Pablo escribió dos pasajes que definen los límites de la libertad cristiana en tales casos (1 Co. 8; 10:23-33). Los dos pasajes son importantes para esta discusión porque suponen que los creyentes estarán con los incrédulos en ambientes religiosos paganos. En 1 Corintios 8:10, Pablo previno a los creyentes maduros así: "Porque si alguno te ve a ti, que tienes conocimiento, sentado a la mesa en un lugar de ídolos, la conciencia de aquel que es débil, ¿no será estimulada a comer de lo sacrificado a los ídolos?". Algunos de los creyentes más fuertes no veían el problema con una comida en el templo de un ídolo porque no tenían la intención de adorar al ídolo. El apóstol no prohibió socializar de esta manera con los incrédulos. En su lugar, advirtió a quienes lo hacían que no fueran a exponer a los hermanos más débiles, recientemente librados de la idolatría (que podrían sentirse tentados a seguir el ejemplo de ellos), exponiéndolos a las antiguas prácticas, arrojándolos de nuevo al pecado.

También hubo controversia entre los corintios relacionada con comer lo sacrificado a los ídolos. Los sacerdotes del templo no podían comer toda la carne que les llevaban para sacrificar, de modo que vendían el exceso en el mercado. No había ningún problema con que los creyentes comieran la carne ofrecida a estos porque los dioses que tales ídolos representaban no existían (1 Co. 8:4). Sin embargo, una vez más Pablo previno a los creyentes fuertes de no provocar que los débiles que estaban saliendo de la idolatría se ofendieran ante tales libertades:

Si algún incrédulo os invita, y queréis ir, de todo lo que se os ponga delante comed, sin preguntar nada por motivos de conciencia. Mas si alguien os dijere:

> *Esto fue sacrificado a los ídolos; no lo comáis, por causa de aquel que lo declaró,*
> *y por motivos de conciencia; porque del Señor es la tierra y su plenitud (1 Co.*
> *10:27-28).*

Como ocurrió en la explicación anterior sobre la comida en un templo de ídolos, este pasaje asume que los cristianos socializarán con los amigos paganos y sus familias. Pablo no restringe tal contacto, pero animó a quienes lo hacían a evitar que los creyentes débiles terminaran pecando o violando sus conciencias, tan necesarias para la santidad.

Entonces, ¿qué pretendía el Espíritu Santo con el mandamiento de **no** unirse **en yugo desigual con los incrédulos**? La expresión unirse en **yugo desigual** es traducción del verbo *heterozugeō*. Pablo extrajo la analogía de Deuteronomio 22:10, donde la ley mosaica ordenó así a los israelitas: "No ararás con buey y con asno juntamente". Estos dos animales no tienen el mismo paso, la misma naturaleza o la misma fuerza. Por lo tanto, sería imposible que dos animales tan disparejos araran juntos de manera eficaz. Nada en el contexto llevaría a la idea de que se está refiriendo a las cuestiones terrenales de los esfuerzos humanos. En la analogía de Pablo, los creyentes y los incrédulos son dos grupos diferentes y no pueden trabajar conjuntamente en el reino espiritual. Hizo un llamamiento a la separación en los asuntos de la obra divina, pues la cooperación para beneficio espiritual es imposible. Los falsos maestros estaban ávidos por mezclar al pueblo de Dios con los adoradores paganos porque tal cosa dificulta el evangelio. Es esto lo que prohíbe el texto.

Infiltrarse en las iglesias bajo el disfraz de tolerancia y la cooperación es una de las estratagemas favoritas de Satanás. Quiere más unirse a la iglesia que pelear contra ella. Cuando viene contra la iglesia, esta se hace fuerte; cuando se une a la iglesia, la debilita. Los creyentes sin discernimiento que se unen en una causa espiritual con las formas no bíblicas del cristianismo u otras religiones falsas abren la puerta de par en par a la infiltración satánica y pierden la bendición de Dios. Más aún, tales sistemas heréticos aseguran falsamente a sus seguidores que todo está bien entre ellos y Dios, cuando en realidad van camino a la condenación eterna.

Comprometer los principios por alianzas con las religiones falsas era una tentación constante y severa a la iglesia problemática de Corinto. La ciudad era particularmente impía, aun para los amplios criterios morales de la época. De hecho, Corinto era tan famosa por su desenfreno que el verbo griego "corintianizar" significaba "acostarse con una prostituta". La idolatría impregnaba cada aspecto de la vida social y cultural de la ciudad, llevando a que Pablo advirtiera a los creyentes corintios de esta manera: "[No] seáis idólatras… huid de la idolatría" (1 Co. 10:7, 14). Por cuanto "lo que los gentiles sacrifican, a los demonios lo sacrifican, y no a Dios", Pablo les escribió que no quería que se hicieran "partícipes con los demonios. No [podían] beber la copa del Señor, y la copa de los demonios; no [podían] participar de la mesa del Señor, y de la mesa de los demonios" (1 Co. 10:20-21).

Un elemento importante de la idolatría de Corinto era la prostitución ritual. El templo de Afrodita, localizado en la acrópolis de Corinto, era la casa de mil sacerdotisas, que eran poco más que prostitutas "religiosas". Todas las noches bajaban a la ciudad a ejercer su oficio. La advertencia fuerte de Pablo contra la inmoralidad sexual en 1 Corintios 6:15 también podría haberlas tenido en mente: "¿No sabéis que vuestros cuerpos son miembros de Cristo? ¿Quitaré, pues, los miembros de Cristo y los haré miembros de una ramera? De ningún modo". Tal como lo había hecho con respecto a la idolatría (1 Co. 10:7, 14), les ordenó a los corintios que huyeran de la inmoralidad (1 Co. 6:18; cp. 2 Ti. 2:22; 1 P. 2:11).

Habiendo dado Pablo el mandamiento de no unirse en yugo desigual con los incrédulos en alguna circunstancia, empresa o actividad religiosa, respaldó su orden con cinco razones para seguir el mandato. Unirse en yugo desigual con los incrédulos en algún esfuerzo espiritual es irracional, sacrílego, desobediente, no provechoso y desagradecido.

IRRACIONAL

porque ¿qué compañerismo tiene la justicia con la injusticia? ¿Y qué comunión la luz con las tinieblas? ¿Y qué concordia Cristo con Belial? ¿O qué parte el creyente con el incrédulo? (6:14b-15)

Que los creyentes se unan con los incrédulos en un esfuerzo espiritual no tiene ningún sentido. Para demostrar esta realidad, Pablo hace cuatro contrastes retóricos de sentido común, cada uno en la forma de una pregunta que presupone una respuesta negativa.

PREGUNTA 1

¿qué compañerismo tiene la justicia con la injusticia? (6:14b)

La palabra *metochē* (**compañerismo**) solo aparece aquí en el Nuevo Testamento y es sinónimo de la palabra *koinonia* (**comunión**), que aparece en la siguiente pregunta. Se usa esta palabra para hablar de los compañeros de Pedro en su negocio de pesca (Lc. 5:7), de que los creyentes comparten el llamado celestial (He. 3:1) y de la unión de los creyentes con Cristo (3:14). Describe entonces una relación de vida y esfuerzos comunes de la cual se forma parte.

Obviamente, **justicia** e **injusticia** son opuestas. La **justicia** es obediencia a la ley de Dios; la **injusticia** es rebelarse contra su santa ley. La **justicia** caracteriza a los creyentes (Ro. 4:7; Ef. 2:10; Tit. 2:14; He. 8:12; 10:17) porque Dios les atribuyó la justicia de Cristo (2 Co. 5:21; cp. Ro. 5:19; 1 Co. 1:30; Fil. 3:9) y porque nacieron de Dios, razones por las cuales poseen una nueva naturaleza que los ha hecho justos (Ro. 6:19). Por otro lado, los incrédulos se caracterizan por la **injusticia**, puesto que tal es la naturaleza de los pecadores no redimidos. El apóstol Juan aclaró de manera inequívoca la diferencia:

> *Todo aquel que comete pecado, infringe también la ley; pues el pecado es infracción de la ley. Y sabéis que él apareció para quitar nuestros pecados, y no hay pecado en él. Todo aquel que permanece en él, no peca; todo aquel que peca, no le ha visto, ni le ha conocido. Hijitos, nadie os engañe; el que hace justicia es justo, como él es justo. El que practica el pecado es del diablo; porque el diablo peca desde el principio. Para esto apareció el Hijo de Dios, para deshacer las obras del diablo. Todo aquel que es nacido de Dios, no practica el pecado, porque la simiente de Dios permanece en él; y no puede pecar, porque es nacido de Dios. En esto se manifiestan los hijos de Dios, y los hijos del diablo: todo aquel que no hace justicia, y que no ama a su hermano, no es de Dios (1 Jn. 3:4-10).*

La palabra *anomia* (**injusticia**) caracteriza a todos los no regenerados, pues todos se rebelan contra la ley de Dios, aunque no siempre de manera visible, y algunos son más injustos que otros. Jesús reprendió fuertemente a los escribas y fariseos, conocidos por su justicia externa y su observancia de la ley: "¡Ay de vosotros, escribas y fariseos, hipócritas! porque sois semejantes a sepulcros blanqueados, que por fuera, a la verdad, se muestran hermosos, mas por dentro están llenos de huesos de muertos y de toda inmundicia. Así también vosotros por fuera, a la verdad, os mostráis justos a los hombres, pero por dentro estáis llenos de hipocresía e iniquidad" (Mt. 23:27-28).

Al final, los injustos enfrentarán el castigo eterno en el infierno. En uno de los pasajes más aleccionadores de las Escrituras, Jesús advirtió cuál sería su respuesta de juicio para tales personas: "Y entonces les declararé: Nunca os conocí; apartaos de mí, hacedores de maldad" (Mt. 7:23). En Mateo 13:41-42 volvió a describir el terrible destino de quienes se niegan a arrepentirse de su injusticia: "Enviará el Hijo del Hombre a sus ángeles, y recogerán de su reino a todos los que sirven de tropiezo, y a los que hacen iniquidad, y los echarán en el horno de fuego; allí será el lloro y el crujir de dientes". Morirán en sus pecados (Jn. 8:24) porque rehusaron creer en Jesús como "Dios y Salvador" (Tit. 2:13; 2 P. 1:1).

Los justos y los rebeldes no pueden tener compañerismo en ninguna empresa espiritual por este contraste absoluto entre ellos. Están separados como lo está el pecado de la virtud.

PREGUNTA 2

¿Y qué comunión la luz con las tinieblas? (6:14*c*)

Es evidente que **la luz** y **las tinieblas** son mutuamente excluyentes; por eso este contraste es una metáfora bíblica usual (cp. Is. 5:20; Jn. 1:5; 3:19; 8:12; 12:35, 46; Hch. 26:18; Ro. 13:12; Ef. 5:8, 11; Col. 1:12-14; 1 Ts. 5:5; 1 P. 2:9; 1 Jn. 1:5; 2:8-9). Intelectualmente, **la luz** se refiere a la verdad y **las tinieblas** al error; moralmente, **la luz** se refiere a la santidad y **las tinieblas** al mal. Quienes son justos en Cristo andan en la luz (Jn. 8:12; 12:35; Ef. 5:8; 1 Jn. 1:7); los injustos son parte del reino de tinieblas de Satanás (Lc. 22:53; Ef. 6:12; Col. 1:13). El destino de los justos es la luz eterna del cielo (Col. 1:12; 1 P. 2:9; Ap. 22:5); el de los injustos es tinieblas eternas en el infierno (Mt. 8:12; 22:13; 25:30; 2 P. 2:17). Esperar que los hijos de **la luz** obren conjuntamente con los hijos de **las tinieblas** es tan necio como esperar que la luz y la oscuridad estén en el mismo lugar al mismo tiempo.

PREGUNTA 3

¿Y qué concordia Cristo con Belial? (6:15*a*)

Las primeras dos preguntas retóricas se centraron en las naturalezas radicalmente diferentes que poseen los creyentes (justicia, luz) y los incrédulos (injusticia, tinieblas). La tercera pregunta retórica de Pablo que muestra la mutua exclusividad tiene que ver con los líderes de los respectivos reinos. Obviamente, hay un antagonismo fundamental y eterno entre **Cristo**, el gobernante del reino de la luz y la justicia, y **Belial** (un nombre antiguo para Satanás), el príncipe de la potestad de las tinieblas y la injusticia. El único uso del nombre **Belial** (*Beliar* en el texto griego) en el Nuevo Testamento se da aquí. La frase hebrea "hijos de Belial" (que la RVR60 traduce "impíos"; o "perversos", como en la NVI; p. ej., Dt. 13:13 [13:14 en el texto hebreo]; Jue. 19:22; 1 S. 2:12; 2 Cr. 13:7) aparece más de una docena de veces en el Antiguo Testamento. El término "Belial" se encuentra en los rollos del Mar Muerto con referencia a Satanás. El título se ajusta a él, porque es aquel que carece suprema y totalmente de valor. Suponer que Cristo y Satanás podrían cooperar en un esfuerzo espiritual común es completamente absurdo.

Puesto que la **concordia** (*sumphōnēsis* ["estar de acuerdo"], de donde se deriva la palabra *sinfonía*) entre Cristo y Satanás es imposible, también lo es la cooperación en asuntos espirituales entre sus hijos y los hijos de Dios. Los creyentes, que hacen "todo para la gloria de Dios" (1 Co. 10:31), no pueden unir fuerzas con los hijos de desobediencia, quienes caminan "conforme al príncipe de la potestad del aire" (Ef. 2:2). Los hijos de Dios no tienen nada en común con los hijos del diablo (Jn. 8:44; 1 Jn. 3:10).

PREGUNTA 4

¿O qué parte el creyente con el incrédulo? (6:15*b*)

Esta pregunta resume las primeras tres, reforzando la verdad obvia de que **el creyente** no tiene **parte** espiritual **con el incrédulo**. La fe nada tiene que ver con la incredulidad; quien tiene fe y quien carece de ella están entregados a ideologías mutuamente excluyentes y reciben su energía de poderes opuestos. Como lo preguntó Dios en su máxima al Israel perverso: "¿Andarán dos juntos, si no estuvieren de acuerdo?" (Am. 3:3).

SACRÍLEGO

¿Y qué acuerdo hay entre el templo de Dios y los ídolos? Porque vosotros sois el templo del Dios viviente, como Dios dijo: Habitaré y andaré entre ellos, y seré su Dios, y ellos serán mi pueblo. (6:16)

La quinta pregunta retórica de Pablo trae a colación la segunda razón por la cual los creyentes no deben unirse en yugo desigual con los incrédulos. En un análisis final, todas las religiones falsas son "doctrinas de demonios" (1 Ti. 4:1; cp. Dt. 32:17; Ap. 9:20) y fuertemente hostiles al Dios verdadero. **Entre el templo de Dios y los ídolos** no puede haber **acuerdo**. El cristianismo es incompatible con cualquier religión falsa.

El Antiguo Testamento describe gráficamente las consecuencias desastrosas de intentar mezclar la idolatría con la adoración al Dios verdadero. La lectura de 2 Reyes 21:1-9, que describe el reinado de Manasés, el más perverso de los reyes de Judá, es instructiva:

> *Manasés tenía doce años cuando ascendió al trono, y reinó en Jerusalén cincuenta y cinco años. Su madre era Hepsiba. Manasés hizo lo que ofende al Señor, pues practicaba las repugnantes ceremonias de las naciones que el Señor había expulsado delante de los israelitas. Reconstruyó los altares paganos que su padre Ezequías había destruido; además, erigió otros altares en honor de Baal e hizo una imagen de la diosa Aserá, como lo había hecho Acab, rey de Israel. Se postró ante todos los astros del cielo y los adoró. Construyó altares en el templo del Señor, lugar del cual el Señor había dicho: "Jerusalén será el lugar donde yo habite". En ambos atrios del templo del Señor construyó altares en honor de los astros del cielo. Sacrificó en el fuego a su propio hijo, practicó la magia y la hechicería, y consultó a nigromantes y a espiritistas. Hizo continuamente lo que ofende al Señor, provocando así su ira. Tomó la imagen de la diosa Aserá que él había hecho, y la puso en el templo, lugar del cual el Señor había dicho a David y a su hijo Salomón: "En este templo en Jerusalén, la ciudad que he escogido de*

entre todas las tribus de Israel, he decidido habitar para siempre. Nunca más dejaré que los israelitas anden perdidos fuera de la tierra que les di a sus antepasados, siempre y cuando tengan cuidado de cumplir todo lo que yo les he ordenado, es decir, toda la ley que les dio mi siervo Moisés". Pero no hicieron caso; Manasés los descarrió, de modo que se condujeron peor que las naciones que el Señor destruyó delante de ellos (NVI).

La frase "repugnantes ceremonias de las naciones" se refiere a la idolatría que Manasés llevó a Judá. Específicamente, "reconstruyó los altares paganos que su padre Ezequías había destruido; además, erigió otros altares en honor de Baal e hizo una imagen de la diosa Aserá, como lo había hecho Acab, rey de Israel. Se postró ante todos los astros del cielo y los adoró". Peor aún, Manasés "construyó altares en el templo del Señor, lugar del cual el Señor había dicho: 'Jerusalén será el lugar donde yo habite'. En ambos atrios del templo del Señor construyó altares en honor de los astros del cielo". Y como si no fuera suficiente, puso un ídolo en el templo: "Tomó la imagen de la diosa Aserá que él había hecho, y la puso en el templo, lugar del cual el Señor había dicho a David y a su hijo Salomón: 'En este templo en Jerusalén, la ciudad que he escogido de entre todas las tribus de Israel, he decidido habitar para siempre'". Semejante insulto blasfemo a Dios provocó su juicio devastador sobre la nación:

> *Por lo tanto, el Señor dijo por medio de sus siervos los profetas: "Como Manasés, rey de Judá, ha practicado estas repugnantes ceremonias y se ha conducido peor que los amorreos que lo precedieron, haciendo que los israelitas pequen con los ídolos que él hizo, así dice el Señor, Dios de Israel: 'Voy a enviar tal desgracia sobre Jerusalén y Judá, que a todo el que lo oiga le quedará retumbando en los oídos. Extenderé sobre Jerusalén el mismo cordel con que medí a Samaria, y la misma plomada con que señalé a la familia de Acab. Voy a tratar a Jerusalén como se hace con un plato que se restriega y se pone boca abajo. Abandonaré al resto de mi heredad, entregando a mi pueblo en manos de sus enemigos, que lo saquearán y lo despojarán. Porque los israelitas han hecho lo que me ofende, y desde el día en que sus antepasados salieron de Egipto hasta hoy me han provocado'" (vv. 10-15, NVI).*

En 1 Samuel 4—5 se registra otro incidente que ilustra la incompatibilidad del Dios verdadero y los ídolos. Israel estaba en guerra con los filisteos y había perdido cuatro mil hombres en una escaramuza (4:1-2). Los israelitas, desalentados porque el Señor no los ayudó en la batalla (debido a su pecado y apostasía), enviaron a Siló el arca del pacto, la representación visible de la presencia de Dios (4:3-5). Creyendo que eran invencibles, volvieron a pelear contra los filisteos, pero esta vez perdieron treinta mil hombres y el arca: "Pelearon, pues, los filisteos, e Israel fue vencido, y huyeron cada cual a sus tiendas; y fue hecha muy grande mortandad, pues cayeron de Israel treinta mil hombres de a pie. Y el arca de Dios fue tomada, y muertos los dos hijos de Elí, Ofni y Finees" (4:10-11).

Los filisteos triunfantes llevaron el arca al templo de Dagón, su dios, en Asdod (5:1-2). Para su sorpresa, a la mañana siguiente, descubrieron que el ídolo de Dagón estaba postrado ante el arca (5:3). Pusieron el ídolo de vuelta en su lugar, solo para ver que la misma cosa ocurrió al día siguiente, pero esta vez las manos y la cabeza de Dagón estaban cortadas. El mensaje era claro: el verdadero Dios no tolera rivales. No compartirá el escenario con los falsos dioses.

Ezequiel 8 ilustra aún más esta realidad. En el versículo 3, el Señor, por medio de una visión, llevó a Ezequiel —que estaba en Babilonia— al templo de Jerusalén, "a la parte norte de Jerusalén, hasta la entrada de la puerta interior, que es donde está el ídolo que provoca los celos de Dios" (NVI), junto con "la gloria del Dios de Israel" (v. 4). Tal situación era intolerable para Dios, que declaró en el versículo 6: "Hijo de hombre, ¿ves las grandes abominaciones que cometen los israelitas en este lugar, y que me hacen alejarme de mi santuario?" (NVI). En lugar de compartir su santuario con ídolos paganos, Dios decidió abandonarlo.

Pero aquel ídolo no fue lo único que provocó que Dios abandonara su templo. Al final del versículo 6 dijo a Ezequiel: "Peores abominaciones verás" (NVI). Abominaciones descritas en los versículos 7-10 (NVI):

Después me llevó a la entrada del atrio. En el muro había un agujero. Entonces me dijo: "Hijo de hombre, agranda el agujero del muro". Yo agrandé el agujero en el muro y me encontré con una puerta. Dios me dijo: "Entra y observa las abominaciones que allí cometen". Yo entré y a lo largo del muro vi pinturas de todo tipo: figuras de reptiles y de otros animales repugnantes, y de todos los malolientes ídolos de Israel.

De manera chocante, los israelitas apóstatas habían tallado grafitos idólatras en los muros del templo. Y en un supuesto lugar secreto, setenta ancianos de Israel practicaban la adoración idólatra frente a los grafitos (vv. 11-12).

Ni siquiera esta escena consternadora expresa completamente las profundidades en las que se hundió la Israel apóstata. En esta visión, Dios llevó a Ezequiel "a la entrada del templo del Señor, a la puerta que da hacia el norte. Allí estaban unas mujeres sentadas, que lloraban por el dios Tamuz" (v. 14, NVI). Blasfemando junto con las mujeres, "a la entrada del templo, entre el vestíbulo y el altar, había unos veinticinco hombres que estaban mirando hacia el oriente y adoraban al sol, de espaldas al templo del Señor" (v. 16, NVI). Estos hombres estaban dedicados a la adoración idólatra en el mismo templo del Dios verdadero, al igual que las mujeres que lloraban por el falso dios Tamuz. La reacción divina, registrada en el versículo 18, fue una promesa de juicio: "Por eso, voy a actuar con furor. No les tendré piedad ni compasión. Por más que me imploren a gritos, ¡no los escucharé!" (NVI). En el año 586 a.C., los babilonios llevaron a cabo su tercera y última invasión, destruyendo Jerusalén y llevándose los cautivos. Con tal juicio el Señor hizo exactamente lo que había prometido, usando a Babilonia como arma divina para destruir el templo corrupto y profano.

Hoy día, los creyentes son **el templo del Dios viviente**, individual (1 Co. 6:19) y colectivamente (1 Co. 3:16-17; Ef. 2:22). La frase **Dios viviente**, que aparece más de veinticuatro veces en las Escrituras (p. ej., 2 Co. 3:3; Ro. 9:26; 1 Ts. 1:9; 1 Ti. 3:15; 4:10), contrasta a Dios con los ídolos de las religiones falsas. La frase autoritativa **como Dios dijo** tiene el objeto de ser una confirmación de que los creyentes son el templo de Dios. En esta confirmación, un pasaje mosaico entre varios del Antiguo Testamento (cp. Lv. 26:11-12; Jer. 24:7; Ez. 37:27), Dios prometió: "**Habitaré y andaré entre ellos, y seré su Dios, y ellos serán mi pueblo**". Los creyentes, como templo de Dios, el pueblo de su pacto, su posesión preciada y su lugar de habitación, no pueden unirse a la fuerza de la religión falsa. Estar en un yugo tan desigual con el propósito de servir a Dios siempre ha sido inaceptable y blasfemo.

DESOBEDIENTE

Por lo cual, salid de en medio de ellos, y apartaos, dice el Señor, y no toquéis lo inmundo; (6:17*a*)

Unirse en yugo desigual con los incrédulos no solamente es necio e irreverente, sino que desobedece el mandamiento explícito de Dios, expresado en los dos verbos imperativos traducidos como **salid** y **apartaos**. La expresión **por lo cual** enlaza el mandamiento en este versículo con el principio expresado en el versículo 16. Los creyentes deben evitar unirse en esfuerzos espirituales con los incrédulos, porque en los primeros habita personalmente el Dios vivo. No deben relacionarse con ninguna forma de religión falsa con el fin de promover la verdad divina, porque son el templo del Dios vivo.

La idea de este versículo atiende a lo dicho en Isaías 52, donde Dios ordenó esto a su pueblo: "Ustedes, que transportan los utensilios del SEÑOR, ¡pónganse en marcha, salgan de allí! ¡Salgan de en medio de ella, purifíquense! ¡No toquen nada impuro!" (v. 11, NVI; cp. Ap. 18:4). Los cristianos, como Israel en el tiempo de la salvación (cp. Is 52:7-10) deben romper con la religión falsa para evitar contaminarse con su influencia (cp. 2 Ti. 2:16-17). En Efesios 5:5-11, Pablo repitió este principio:

Porque sabéis esto, que ningún fornicario, o inmundo, o avaro, que es idólatra, tiene herencia en el reino de Cristo y de Dios. Nadie os engañe con palabras vanas, porque por estas cosas viene la ira de Dios sobre los hijos de desobediencia. No seáis, pues, partícipes con ellos. Porque en otro tiempo erais tinieblas, mas ahora sois luz en el Señor; andad como hijos de luz (porque el fruto del Espíritu es en toda bondad, justicia y verdad), comprobando lo que es agradable al Señor. Y no participéis en las obras infructuosas de las tinieblas, sino más bien reprendedlas.

Los "hijos de luz" no deben ser "partícipes" con los "hijos de desobediencia". A los primeros debe preocuparles "lo que es agradable al Señor", no a los pecadores. Para tal fin, no deben participar "en las obras infructuosas de las tinieblas, sino más bien [reprenderlas]". El objetivo de la Iglesia no es hacer que los incrédulos se sientan cómodos y no amenazados. Por el contrario, es hacerlos sentir incómodos con su pecado y amenazados por el juicio de Dios y los terrores del infierno que tienen por delante.

Siempre ha sido la voluntad de Dios que su pueblo se diferencie de los incrédulos. En Levítico 20:24, 26, Dios dijo a Israel: "Yo soy el Señor su Dios, que los he distinguido entre las demás naciones… Sean ustedes santos, porque yo, el Señor, soy santo, y los he distinguido entre las demás naciones, para que sean míos" (NVI). En el Nuevo Testamento, Pedro reiteró tal principio, exhortando a los creyentes así: "Como hijos obedientes, no os conforméis a los deseos que antes teníais estando en vuestra ignorancia; sino, como aquel que os llamó es santo, sed también vosotros santos en toda vuestra manera de vivir; porque escrito está: Sed santos, porque yo soy santo" (1 P. 1:14-16).

El tercer mandamiento de este versículo —**no toquéis lo inmundo**— fortalece la idea de que no separarse de los incrédulos es desobediencia. El verbo **tocar** es traducción de *haptō* y se refiere a un toque dañino, como en 1 Juan 5:18. Los creyentes no deben participar de **lo inmundo** de los falsos maestros. Deben "[salvar a los atrapados en las religiones falsas], arrebatándolos del fuego… aborreciendo aun la ropa contaminada por su carne" (Jud. 23). Pero la Iglesia no puede adorar, evangelizar o ministrar con quienes pervierten o rechazan la verdad de la Palabra de Dios.

NO PROVECHOSO

y yo os recibiré, y seré para vosotros por Padre, y vosotros me seréis hijos e hijas, dice el Señor Todopoderoso. (6:17*b*-18)

No separarse de los incrédulos es necio, porque tal desobediencia corta las bendiciones en los creyentes de la relación íntima con Dios. Él promete que recibirá a quienes atiendan su mandamiento de separarse de los incrédulos (v. 17). El verbo *eisdechomai* (**recibiré**) solo se utiliza aquí en el Nuevo Testamento y significa "admitir en el favor de alguien". En la Septuaginta (la traducción griega del Antiguo Testamento), se usa *eisdechomai* en Ezequiel 20:34 para hablar de que Dios reunirá a Israel de entre las naciones. La idea es que quienes se separan de los incrédulos encontrarán los brazos de Dios abiertos para recibirlos.

También disfrutarán todo el espectro de bendiciones que su **Padre** celestial otorga a sus **hijos e hijas**. Probablemente, Pablo tenía en mente 2 Samuel 7:14, cuando Dios prometió a David que bendeciría a su hijo Salomón: "Yo le seré a él padre, y él me será a mí hijo". Dios bendice a sus hijos obedientes, como hizo con Salomón. Pero en la última parte del versículo Dios advirtió: "Y si [Salomón] hiciere mal, yo le castigaré con vara de hombres, y con azotes de hijos de hombres". El escritor de Hebreos también afirmó que Dios disciplina a sus hijos: "Porque el Señor al que ama, disciplina, y azota a todo el que recibe por hijo" (He. 12:6). Como siempre, la obediencia trae bendición y la desobediencia trae castigo.

Tristemente, Salomón perdió la promesa de bendición porque hizo alianzas comprometedoras con los incrédulos. En 1 Reyes 11:1-11, se narra la historia trágica de su caída:

> *Ahora bien, además de casarse con la hija del faraón, el rey Salomón tuvo amoríos con muchas mujeres moabitas, amonitas, edomitas, sidonias e hititas, todas ellas mujeres extranjeras, que procedían de naciones de las cuales el Señor había dicho a los israelitas: "No se unan a ellas, ni ellas a ustedes, porque de seguro les desviarán el corazón para que sigan a otros dioses". Con tales mujeres se unió Salomón y tuvo amoríos (vv. 1-2, NVI).*

Tal como el Señor lo había predicho, "cuando Salomón llegó a viejo, sus mujeres le pervirtieron el corazón de modo que él siguió a otros dioses". Como resultado, "no siempre fue fiel al Señor su Dios como lo había sido su padre David" (v. 4, NVI). A pesar de la sabiduría de Salomón y su comprensión de la verdad, sus alianzas comprometedoras con los incrédulos fueron su perdición. La fascinación de la idolatría fue muy fuerte para él:

> *Salomón siguió a Astarté, diosa de los sidonios, y a Moloc, el detestable dios de los amonitas. Así que Salomón hizo lo que ofende al Señor y no permaneció fiel a él como su padre David. Fue en esa época cuando, en una montaña al este de Jerusalén, Salomón edificó un altar pagano para Quemós, el detestable dios de Moab, y otro para Moloc, el despreciable dios de los amonitas. Lo mismo hizo en favor de sus mujeres extranjeras, para que éstas pudieran quemar incienso y ofrecer sacrificios a sus dioses (vv. 5-8, NVI).*

Y lo siguiente ocurrió como consecuencia de su desobediencia:

Entonces el Señor, Dios de Israel, se enojó con Salomón porque su corazón se había apartado de él, a pesar de que en dos ocasiones se le había aparecido para prohibirle que siguiera a otros dioses. Como Salomón no había cumplido esa orden, el Señor le dijo: "Ya que procedes de este modo, y no has cumplido con mi pacto ni con los decretos que te he ordenado, puedes estar seguro de que te quitaré el reino y se lo daré a uno de tus siervos" (vv. 9-11, NVI).

El resultado devastador de las concesiones de Salomón a los incrédulos fue la división de su reino.

Cualquier alianza con quienes no son salvos es desobediencia que contamina la comunión de los creyentes con el Padre y, por tanto, la interrumpe y hace que pierden su bendición.

DESAGRADECIDO

Así que, amados, puesto que tenemos tales promesas, limpiémonos de toda contaminación de carne y de espíritu, perfeccionando la santidad en el temor de Dios. (7:1)

Tener las **promesas** de Dios ofrece una motivación poderosa para que los creyentes se separen de los incrédulos. El uso de la expresión **así que** es un llamado a la acción sobre lo que ya había escrito (cp. Ro. 12:1-2; 2 P. 1:3-8). El apóstol va más allá de las órdenes de 2 Corintios 6:14, 17, y apela a las **promesas** de Dios enumeradas en 6:16-18. Tales **promesas** deben provocar amor, gratitud y agradecimiento por la abrumadora generosidad divina. De hecho, una de las cosas que caracteriza a los pecadores no arrepentidos es la ingratitud (Lc. 6:35; Ro. 1:21; 2 Ti. 3:2).

El término cariñoso **amados** (cp. 2 Co. 12:19; Ro. 1:7; 12:19; 1 Co. 10:14; Col. 3:12; 1 Ts. 1:4; 2 Ts. 2:13) define a quiénes aplican las promesas de Dios. Solo sus hijos **amados**, a quienes ha aceptado por la unión de ellos con su amado Hijo (Ef. 1:6; Col. 1:13), reciben las promesas de Dios.

Pablo definió el acto de gratitud apropiado en términos negativos y positivos. Negativamente, los creyentes deben limpiarse **de toda contaminación de carne y de espíritu** (cp. Is. 1:16; Stg. 1:21). El pronombre reflexivo *heatous* (primera persona del plural) indica que la limpieza no ocurre sin el esfuerzo de los creyentes (cp. Fil. 2:12-13), a pesar de ser una obra divina (cp. Hch. 15:9; Ef. 5:26; Tit. 3:5). La palabra *molusmos* (**contaminación**) solo aparece aquí en el Nuevo Testamento. Sin embargo, en los tres usos que le da la Septuaginta, se refiere a la contaminación religiosa. En este contexto, Pablo llama a los creyentes a limpiarse especialmente de todas las asociaciones con la religión falsa, no solo a limpiarse de la inmoralidad y el pecado. Tal limpieza completa es **de carne y**

de espíritu; esto es, interna y externa. Las falsas enseñanzas contaminan a toda la persona consintiendo sus apetitos humanos pecaminosos y corrompiendo la mente. Por lo tanto, los creyentes deben evitar los pecados de la carne y la contaminación de la mente que traen las falsas religiones.

Positivamente, la limpieza de las religiones falsas requiere perfeccionar **la santidad en el temor de Dios**. La palabra **perfeccionando** es traducción de *epiteleō*, que significa "finalizar", "completar" o "cumplir". La meta de los creyentes debe ser **la santidad** (Lv. 20:26; Mt. 5:48; 1 P. 1:16) separándose de todas las mentiras y engaños que los puedan contaminar, impulsados por la esperanza de que algún día alcanzarán esa meta (Fil. 1:6; 1 P. 5:10; 1 Jn. 3:2). El **temor de Dios** reverencial, fundamental para la vida piadosa (Job 28:28; Sal. 19:9; 34:11; 111:10; Pr. 1:7; 8:13; 9:10; 15:33; 16:6; 23:17; Hch. 9:31), debe motivar a los creyentes a buscar la santidad.

La Iglesia debe confrontar al mundo para cumplir la gran comisión de nuestro Señor (Mt. 28:19-20). Sin embargo, no debemos hacer concesiones con las religiones falsas para ello. Desobedecer la orden explícita de Dios de separarse de los incrédulos es necio, blasfemo y aleja las bendiciones divinas.

Consolación del pastor afligido

20

Porque de cierto, cuando vinimos a Macedonia, ningún reposo tuvo nuestro cuerpo, sino que en todo fuimos atribulados; de fuera, conflictos; de dentro, temores. Pero Dios, que consuela a los humildes, nos consoló con la venida de Tito; y no sólo con su venida, sino también con la consolación con que él había sido consolado en cuanto a vosotros, haciéndonos saber vuestro gran afecto, vuestro llanto, vuestra solicitud por mí, de manera que me regocijé aun más. Porque aunque os contristé con la carta, no me pesa, aunque entonces lo lamenté; porque veo que aquella carta, aunque por algún tiempo, os contristó. Ahora me gozo, no porque hayáis sido contristados, sino porque fuisteis contristados para arrepentimiento; porque habéis sido contristados según Dios, para que ninguna pérdida padecieseis por nuestra parte. Porque la tristeza que es según Dios produce arrepentimiento para salvación, de que no hay que arrepentirse; pero la tristeza del mundo produce muerte. Porque he aquí, esto mismo de que hayáis sido contristados según Dios, ¡qué solicitud produjo en vosotros, qué defensa, qué indignación, qué temor, qué ardiente afecto, qué celo, y qué vindicación! En todo os habéis mostrado limpios en el asunto. Así que, aunque os escribí, no fue por causa del que cometió el agravio, ni por causa del que lo padeció, sino para que se os hiciese manifiesta nuestra solicitud que tenemos por vosotros delante de Dios. Por esto hemos sido consolados en vuestra consolación; pero mucho más nos gozamos por el gozo de Tito, que haya sido confortado su espíritu por todos vosotros. Pues si de algo me he gloriado con él respecto de vosotros, no he sido avergonzado, sino que así como en todo os hemos hablado con verdad, también nuestro gloriarnos con Tito resultó verdad. Y su cariño para con vosotros es aun más abundante, cuando se acuerda de la obediencia de todos vosotros, de cómo lo recibisteis con temor y temblor. Me gozo de que en todo tengo confianza en vosotros. (7:5-16)

Nota: La explicación de 2 Corintios 7:2-4 se encuentra en el capítulo 18.

Hay pocas cosas en la vida más dolorosas que las relaciones rotas. Matrimonios destrozados, hijos obstinados, amistades interrumpidas, todas son cosas que producen sufrimiento intenso y profundo dolor. Cuando tales relaciones rotas involucran a otros creyentes, el dolor es aún más intenso. Ver a los creyentes sufrir las consecuencias de su conducta pecaminosa agrava la pena por el rompimiento de la relación.

Aunque el ministerio da recompensas abundantes en muchas maneras, también es arduo. Interpretar apropiadamente la Palabra de Dios, entender la teología, edificar a los creyentes y refutar a quienes están en el error, requiere una labor diligente y dura. Mostrarse como ejemplo para el rebaño, formar a líderes capacitados, amonestar a los rebeldes, alentar a los de poco ánimo y ayudar a los débiles (1 Ts. 5:14), son todas cosas que pasan factura. Pero el aspecto más doloroso del ministerio tiene que ver con las relaciones difíciles entre las ovejas y los pastores. Todos los pastores conocen el dolor que surge cuando aquellos en quienes más han invertido producen el menor fruto.

Cuando Pablo escribía esta epístola tenía el corazón roto por la iglesia que amaba y servía. Estaba bajo una presión externa severa, experimentando aflicciones (1:4, 6, 8) y sufrimientos (1:5, 7) al extremo de que había perdido "la esperanza de conservar la vida" (1:8), tuvo "sentencia de muerte" sobre él (1:9) y necesitó que Dios lo librará "de tan gran muerte" (1:10). En los versículos 4:8-12 se describe así:

> *Estamos atribulados en todo, mas no angustiados; en apuros, mas no desesperados; perseguidos, mas no desamparados; derribados, pero no destruidos; llevando en el cuerpo siempre por todas partes la muerte de Jesús, para que también la vida de Jesús se manifieste en nuestros cuerpos. Porque nosotros que vivimos, siempre estamos entregados a muerte por causa de Jesús, para que también la vida de Jesús se manifieste en nuestra carne mortal. De manera que la muerte actúa en nosotros, y en vosotros la vida.*

En 6:-4-10 vuelve a hablar de los sufrimientos que había padecido:

> *Antes bien, nos recomendamos en todo como ministros de Dios, en mucha paciencia, en tribulaciones, en necesidades, en angustias; en azotes, en cárceles, en tumultos, en trabajos, en desvelos, en ayunos; en pureza, en ciencia, en longanimidad, en bondad, en el Espíritu Santo, en amor sincero, en palabra de verdad, en poder de Dios, con armas de justicia a diestra y a siniestra; por honra y por deshonra, por mala fama y por buena fama; como engañadores, pero veraces; como desconocidos, pero bien conocidos; como moribundos, mas he aquí vivimos; como castigados, mas no muertos; como entristecidos, mas siempre gozosos; como pobres, mas enriqueciendo a muchos; como no teniendo nada, mas poseyéndolo todo.*

El capítulo 11 registra, quizás, la descripción mejor conocida de las dificultades del apóstol:

¿Son ministros de Cristo? (Como si estuviera loco hablo). Yo más; en trabajos más abundante; en azotes sin número; en cárceles más; en peligros de muerte muchas veces. De los judíos cinco veces he recibido cuarenta azotes menos uno. Tres veces he sido azotado con varas; una vez apedreado; tres veces he padecido naufragio; una noche y un día he estado como náufrago en alta mar; en caminos muchas veces; en peligros de ríos, peligros de ladrones, peligros de los de mi nación, peligros de los gentiles, peligros en la ciudad, peligros en el desierto, peligros en el mar, peligros entre falsos hermanos; en trabajo y fatiga, en muchos desvelos, en hambre y sed, en muchos ayunos, en frío y en desnudez (11:23-27).

En resumen, la vida de Pablo estuvo llena de "debilidades… afrentas… necesidades… persecuciones [y] angustias" (12:10).

Pero lo que realmente rompió el corazón de Pablo no fue lo que el mundo le hizo, sino lo que la iglesia le hizo. En 11:28, después de que enumeró las pruebas que había padecido, escribió: "Además de otras cosas [de naturaleza completamente diferente], lo que sobre mí se agolpa cada día, la preocupación por todas las iglesias". Y ninguna le causaba más problemas que la iglesia de Corinto. Aquella en la cual había invertido casi dos años de su vida le había pagado con deslealtad. Habían permitido que falsos maestros llegaran a la congregación y atacaran el carácter y el ministerio de Pablo. Aún peor, algunos de los corintios creyeron las mentiras de ellos y se unieron en un motín contra él. Al parecer, uno de ellos había insultado y atacado verbalmente a Pablo (cp. 2:5-8, 10), durante la visita dolorosa del apóstol a Corinto. El hecho de que la mayoría de la iglesia no lo hubiera defendido de tales ataques lo hirió profundamente. La visita resultó tan desalentadora que no quería regresar a Corinto y exponerse a más dolor (2:1). Como resultado de la visita, escribió una carta en términos muy fuertes, reprendiendo a los corintios por su falta de afecto, deslealtad y falta de amor por él. Escribir tal carta había sido extremadamente doloroso para Pablo, como lo dijo en 2:4: "Porque por la mucha tribulación y angustia del corazón os escribí con muchas lágrimas".

Pablo envió la carta a Corinto con Tito, su hijo amado en la fe (Tit. 1:4), que también debía volver con la respuesta de los corintios. El apóstol salió de Éfeso (desde donde escribió la carta severa) y fue a Troas (un puerto marino en la costa este de Asia Menor), donde esperaba reencontrarse con Tito. Pero Pablo estaba tan ansioso por la situación en Corinto que no pudo ministrar en Troas (2 Co. 2:13), aunque el Señor le abrió allí una puerta (2:12). Sin poder descansar, incapaz de esperar más, el apóstol partió para Macedonia, ansioso por encontrarse con Tito antes de lo previsto y saber qué habían respondido los de Corinto a la carta severa (2:13).

En este punto (2:13) la narrativa se interrumpe y Pablo entra en un paréntesis prolongado sobre su ministerio (2:14—7:4). Aquí, en 7:5, el apóstol regresó a los eventos que siguieron al envío de la carta severa. **Cuando** fue **a Macedonia** desde Troas, en busca de Tito, **ningún reposo tuvo** su **cuerpo** (cp. 2:13). Nada cambió; no hubo alivio en su preocupación por Corinto. De hecho, tenía nuevas preocupaciones. ¿Qué pasaba si la carta severa había empeorado las cosas? ¿Sería irreparable la ruptura con los corintios? ¿Cómo tratarían a Tito? Como Pablo sabía, Corinto podía ser un ambiente hostil para un predicador solitario; ¿dejaría la iglesia solo a Tito para que se defendiera? La falta de alivio por la carga pesada del dolor y la preocupación minó el gozo de Pablo por el ministerio. Su experiencia reflejaba lo dicho en Proverbios 13:12: "La esperanza que se demora es tormento del corazón".

En lugar del alivio que esperaba, Pablo se encontró atribulado **en todo**. Describió tal aflicción primero como **de fuera, conflictos**. La palabra *machē* (**conflictos**) significa literalmente "peleas" o "riñas" y parece ser la fuente de la palabra *machaira* ("espada"). Describe una contienda fuerte (2 Ti. 2:23), una discusión (Tit. 3:9) o un pleito (Stg. 4:1). Probablemente se refiera a los macedonios que querían deshacerse de Pablo. Quizás lo recordaban como el agitador que inició un disturbio en Filipos, que salió milagrosamente de la cárcel por causa de un terremoto y después humilló a los magistrados de la ciudad exigiendo una disculpa pública por haberlo encarcelado equivocadamente (Hch. 16:16-40). Con seguridad no le darían la bienvenida a Pablo en su territorio y sí ejercerían una presión inmensa para que se fuera.

En tanto esperaba ansioso a Tito, **dentro** de él también lo asaltaron los **temores**. La palabra *phobos* (**temores**) es la fuente de la palabra española *fobia* y describe la ansiedad intensa de Pablo por la situación en la iglesia de Corinto. Las presiones externas e internas que enfrentaba lo atribularon al extremo de sentirse deprimido. La palabra *tapeinos* (**humildes**) se refiere a quienes están abatidos, descorazonados y en la indigencia, de forma tal que su condición provoca compasión (cp. Ro. 12:16). Pero son estos, precisamente, a quienes Dios consuela. En contraste con los dioses crueles del paganismo, Dios es consolador por naturaleza; es el "Dios de toda consolación" (2 Co. 1:3; cp. Is. 49:13; 2 Ts. 2:16).

La narración no termina con el desaliento de Pablo. **Dios, que consuela a los humildes,** lo **consoló con la** llegada **de Tito.** Por lo tanto, este es un pasaje de gozo, no de depresión. De hecho, en este pasaje se habla seis veces de consuelo y cinco de gozo o regocijo. En esta sección, Dios consuela al pastor ansioso y lleno de dolor, y le restaura el gozo.

La llegada **de Tito** llenó de gozo el corazón de Pablo. El apóstol se regocijó porque estaba seguro en la renovación de su comunión mutua. Sin embargo, no solo la presencia de Tito fue su consuelo, sino el informe que llevó de la situación en Corinto. Había aún problemas por resolver (en los cuales se enfocó Pablo en los capítulos 10—13). Pero la mayoría de los creyentes corintios se había arrepentido y reafirmado su lealtad al apóstol y a la verdad que él enseñaba, cosa que le produjo un alivio inmenso.

Esta sección tan personal ofrece ideas profundas para la restauración de las relaciones rotas. Enumera siete indicadores del genuino deseo de una auténtica restauración: lealtad, arrepentimiento, pureza, espiritualidad, unidad, obediencia y confianza. Y aunque el contexto es el de la relación entre el pastor y su congregación, estos principios son válidos para la restauración de cualquier relación rota.

LEALTAD

y no sólo con su venida, sino también con la consolación con que él había sido consolado en cuanto a vosotros, haciéndonos saber vuestro gran afecto, vuestro llanto, vuestra solicitud por mí, de manera que me regocijé aun más. (7:7)

Como ya se dijo anteriormente, el regreso de Tito consoló a Pablo. Pero no solo lo consoló **su** llegada, **sino también con la consolación con que él había sido consolado en cuanto a** los corintios. Tito compartía la preocupación de Pablo por la deserción de los corintios y, sin duda, veía con ansiedad su visita a Corinto, sin saber qué esperar. Pero los corintios le dieron consuelo y gozo por su actitud de arrepentimiento. Habían respondido adecuadamente a la carta severa.

Específicamente, Tito informó de tres características de la iglesia de Corinto que revelaron la lealtad de esta iglesia hacia Pablo: **afecto**, **llanto** y **solicitud**. Las tres juntas definen la lealtad; una palabra que está desapareciendo del vocabulario contemporáneo. En la sociedad posmoderna, donde reina supremamente el narcisismo egocéntrico, la lealtad se ve más como un pasivo que como un activo. Pero la lealtad es la virtud más deseable en cualquier relación humana. Por otro lado, la deslealtad devasta una relación.

La respuesta de los corintios a la carta severa no fue una aceptación a regañadientes de la autoridad apostólica de Pablo. En su lugar, había **afecto**, anhelo de verlo y de restaurar la relación con él. Pablo escribió la carta severa con "mucha tribulación y angustia del corazón… con muchas lágrimas" (2:4). Cuando los corintios se dieron cuenta de que su pecado había producido dolor y pesar en Pablo, respondieron con **llanto**. Les dolió la brecha en su relación con el apóstol y lamentaron profundamente su deslealtad hacia él. También expresaron **solicitud** para restaurar la relación con el apóstol y para defenderlo de futuros ataques. Esta **solicitud** fue una combinación de dos emociones igualmente fuertes:

amor y odio. La produce un amor fuerte que odia todo lo que pueda hacer daño al objeto de su afecto. El Señor Jesucristo expresó ambos aspectos de celo cuando limpió el templo; su amor apasionado por la casa del Padre le produjo odio por la iniquidad terrible que estaba profanando el templo (Jn. 2:13-17; cp. Sal. 69:9). La lealtad de los corintios hacia Pablo animó tanto al apóstol que se regocijó **aún más** que por el solo regreso de Tito.

ARREPENTIMIENTO

Porque aunque os contristé con la carta, no me pesa, aunque entonces lo lamenté; porque veo que aquella carta, aunque por algún tiempo, os contristó. Ahora me gozo, no porque hayáis sido contristados, sino porque fuisteis contristados para arrepentimiento; porque habéis sido contristados según Dios, para que ninguna pérdida padecieseis por nuestra parte. Porque la tristeza que es según Dios produce arrepentimiento para salvación, de que no hay que arrepentirse; pero la tristeza del mundo produce muerte. (7:8-10)

Los corintios respondieron bien a Dios, no solo a Pablo. Reafirmaron su lealtad al apóstol y reconocieron su deslealtad a él como un pecado contra Dios. Tal reconocimiento es esencial para restaurar las relaciones rotas.

Pablo sabía que había contristado a los corintios por **la carta** beligerante que les había enviado (2:4). Y el comentario parentético **no me pesa, aunque entonces lo lamenté** revela que experimentó un remordimiento temporal por haber escrito aquella carta. Mientras esperaba ansiosamente que Tito regresara con la respuesta de los corintios, al apóstol le preocupaba que la carta solo hubiera empeorado las cosas. En efecto, **aquella carta, aunque por algún tiempo,** los **contristó**. El texto griego dice "por una hora", una metáfora para un período de tiempo breve. El placer del pecado es breve, mientras que el dolor que produce perdura; el dolor del arrepentimiento es breve, mientras que el gozo que produce perdura.

A veces confrontar el pecado requiere ir más allá de la zona de confort del amor y la compasión. Pero es necesario porque el pecado es mortal. Pablo no disciplinaba de modo abusivo o con dureza; más bien, era reacio a hacerlo y no le producía ningún gozo el sufrimiento temporal de los corintios. Era como un padre con los sentimientos encontrados a la hora de disciplinar al hijo amado. Pero lo que lo motivó a escribir la carta severa fue su amor por ellos y por la verdad, y su miedo a las consecuencias del pecado. A pesar del remordimiento momentáneo, Pablo sabía que debía reprender a los corintios por su pecado.

Hay momentos en que las palabras fuertes y beligerantes son necesarias en el ministerio. El pecado se agazapa en la puerta, los falsos maestros están por todas partes y Satanás busca constantemente destruir la obra de Dios. El pastor fiel no debe evitar el llamar a su pueblo a la obediencia de las Escrituras. Dicha obediencia presupone el arrepentimiento verdadero, que solo puede llegar cuando hay tristeza por el pecado. Por lo tanto, Pablo podía gozarse **no porque** los corintios hubieran **sido contristados, sino porque** fueron **contristados para arrepentimiento**. Su lamento desapareció cuando vio los resultados de la tristeza.

El remordimiento de los corintios no era la tristeza de la autocompasión, de haber sido descubiertos, de desespero, de amargura, de orgullo herido o de manipulación. Su tristeza los llevó al **arrepentimiento** (*metanoia*; un cambio en el corazón y la vida; un giro del pecado a la santidad) que produjo un cambio auténtico. No se pusieron a la defensiva, no se victimizaron ni buscaron justificar su conducta pecaminosa. Su tristeza fue **según Dios**; fue la tristeza por el pecado, sanadora y transformadora, que Dios quería que sintieran, porque tal tristeza produce arrepentimiento.

El arrepentimiento de los corintios consoló a Pablo; lo alivió que no padecieran **ninguna pérdida** de **parte** suya y de sus compañeros de ministerio. Había muchas bendiciones que Dios podía derramar sobre los corintios a través de su ministerio. Si se hubieran alejado de él, habrían perdido estas bendiciones. La idea de padecer pérdida también aparece en 1 Corintios 3:15, donde se refiere al juicio futuro de las obras de los creyentes. La pérdida de las bendiciones del ministerio de Pablo habría resultado en que los corintios acumularan "madera, heno [y] hojarasca" (1 Co. 3:12). El amor desprendido de Pablo le produjo angustia porque los corintios pudieran quedarse sin las recompensas futuras (cp. 2 Jn. 8), no solo porque los corintios pudieran experimentar el castigo de Dios y perderse sus bendiciones presentes. No le preocupaba su pérdida, sino la de ellos.

Nadie que se arrepienta se lamentará o sentirá tristeza por ello, **porque la tristeza que es según Dios produce arrepentimiento para salvación, de que no hay que arrepentirse**. El **arrepentimiento** de los corintios los señalaba como creyentes genuinos, en la esfera de la **salvación**. Exige darle la espalda al pecado y mirar a Dios (1 Ts. 1:9). El arrepentimiento bíblico verdadero no es remordimiento humano, psicológico o emocional, que tan solo busca aliviar el estrés y mejorar las propias circunstancias. Aunque inevitablemente produzca el fruto de una vida transformada (cp. Mt. 3:8; Lc. 3:8; Hch. 26:20), no es un asunto de comportamiento sino espiritual. La **tristeza del mundo** (remordimiento, orgullo herido, auto-compasión, esperanzas no cumplidas) no tiene poder para sanar ni capacidad transformadora, redentora o salvadora. Esta **produce** culpa, vergüenza, resentimiento, angustia, desespero, depresión, desesperanza e, incluso, en algunos casos, como el de Judas (Mt. 27:3-5), **muerte**.

Este pasaje es incompatible con la enseñanza de que el arrepentimiento no es necesario para la salvación. La progresión que revela es obvia: la confrontación del pecado conduce a la tristeza, que lleva al arrepentimiento, que conduce a la salvación. Este pasaje tampoco permite definir el arrepentimiento tan solo como el cambio mental sobre la identidad de Jesús. El texto liga inextricablemente el arrepentimiento con la tristeza por el pecado. Por supuesto, el arrepentimiento no es una obra meritoria humana que obtenga la salvación. Como todos los aspectos de la salvación, el arrepentimiento es una obra de la gracia de Dios en el corazón humano (Hch. 5:31; 11:18; 2 Ti. 2:25). (Para una explicación sobre la necesidad del arrepentimiento para la salvación, véase John MacArthur, *El evangelio según Jesucristo* [El Paso: Casa Bautista de Publicaciones, 2003] y *The Gospel According to the Apostles* [El evangelio según los apóstoles] [Nashville: Word, 2000]).

PUREZA

Porque he aquí, esto mismo de que hayáis sido contristados según Dios, ¡qué solicitud produjo en vosotros, qué defensa, qué indignación, qué temor, qué ardiente afecto, qué celo, y qué vindicación! En todo os habéis mostrado limpios en el asunto. (7:11)

Para el gran alivio y gozo de Pablo, los corintios habían **mostrado** que estaban **limpios en el asunto**. La palabra *hagnos* (**limpios**) tiene la idea de puros (11:2; Fil. 4:8; Tit. 2:5; Stg. 3:17; 1 Jn. 3:3), libres de pecado (1 Ti. 5:22) y castos (1 P. 3:2). Los corintios demostraron la autenticidad de su arrepentimiento y pureza. Cuando Juan el Bautista llamó a sus oyentes a hacer "frutos dignos de arrepentimiento" (Mt. 3:8), los estaba llamando a santidad de vida.

Este versículo enumera siete características de la pureza que produce el arrepentimiento verdadero y proporciona la definición más clara de arrepentimiento en todas las Escrituras. Pablo presentó estas características con la frase exclamativa **porque he aquí**, que indicaba inmensa alegría. El apóstol estaba emocionado por el informe de Tito sobre cómo había mejorado la situación en Corinto. El uso repetido del comparativo **qué** antes de cada elemento subraya la emoción intensa que sentía Pablo.

Primero, la tristeza **según Dios** de los corintios produjo **solicitud** o afán de justicia de su parte. Terminó la indiferencia hacia Pablo y la complacencia de ellos con su propio pecado. Estaban ávidos por arreglar las cosas, por restituir, por restaurar la relación rota con el apóstol.

Segundo, el arrepentimiento auténtico de los corintios se manifestó en desear una **defensa**. La palabra *apologia* (**defensa**) es la fuente de la palabra española *apologética*, que literalmente significa "discurso de defensa". Describe la defensa que Pablo hizo de sí mismo antes de la muchedumbre en Jerusalén (Hch. 22:1; cp. 25:16), su defensa del evangelio (Fil. 1:7, 16) y su defensa ante las autoridades romanas (2 Ti. 4:16). Los corintios deseaban intensamente limpiar su nombre, eliminar el estigma de su pecado, librarse de su culpa y probar que eran dignos de confianza. Por lo tanto, se aseguraron de que todo el que había conocido de su pecado supiera ahora de su arrepentimiento.

Tercero, su arrepentimiento resultó en **indignación**. La palabra *aganaktēsis* aparece solamente aquí en el Nuevo Testamento. Está relacionada con el verbo *aganakteō*, que significa "estar indignado" o "estar airado" (Mt. 20:24; 21:15; 26:8; Mr. 10:14, 41; 14:4; Lc. 13:14). Los corintios estaban indignados por su pecado; les produjo ira haber traído tanta vergüenza sobre ellos, haber ofendido a Pablo y pecado contra Dios. Ahora odiaban el pecado que antes habían apreciado (cp. Ro. 6:21).

Cuarto, el **temor** de los corintios probó la autenticidad de su arrepentimiento. Tenían un temor reverente de Dios como Aquel que castiga y juzga. Su pecado atrevido y arrogante se había vuelto una preocupación solícita por no volver a desobedecerlo ni deshonrarlo.

Quinto, el arrepentimiento de los corintios resultó en un **ardiente afecto** o anhelo de ver restaurada su relación con Pablo.

Sexto, lo corintios experimentaron un **celo** renovado por la santidad (cp. véase la explicación de la solicitud en el v. 7 más arriba en este mismo capítulo).

Séptimo, la **vindicación** de los corintios evidenciaba la realidad de su arrepentimiento. Las personas verdaderamente arrepentidas tienen un deseo fuerte de ver que se haga justicia y de restituir por los males cometidos (cp. 2 Co. 2:6-7). En lugar de protegerse, aceptaron las consecuencias de sus pecados.

El arrepentimiento había traído pureza a los santos pecadores de la iglesia de Corinto, y cada aspecto de sus vidas lo reflejaba.

ESPIRITUALIDAD

Así que, aunque os escribí, no fue por causa del que cometió el agravio, ni por causa del que lo padeció, sino para que se os hiciese manifiesta nuestra solicitud que tenemos por vosotros delante de Dios. (7:12)

Los corintios eran carnales y andaban como hombres (cp. 1 Co. 3:3) por su inmadurez y su pecado. En consecuencia, habían perdido contacto con lo que sentían verdaderamente por Pablo. Por lo tanto, uno de los objetivos del apóstol era despejar las actitudes pecaminosas y carnales de ellos, y revelar a los corintios su actitud real para con él.

Pablo se dirigía a este punto eliminando primero otras razones potenciales para escribir. Tal enfoque indirecto sirvió para realzar el impacto dramático de sus palabras. Cuando escribió la carta severa, **no fue por causa del que cometió el agravio**. No escribió principalmente para condenar a quien le había causado tanta angustia durante su dolorosa visita a Corinto (2 Co. 2:1). Tampoco le preocupaba el **que lo padeció**, es decir, él mismo; no buscaba venganza personal. La razón más importante para escribir la carta severa es que se **hiciese manifiesta** a los corintios la **solicitud** de ellos **por** Pablo **delante de Dios.** [N. del T.: Nótese que, en traducciones más modernas, los sujetos activo y pasivo de la oración se invierten, haciendo clara la idea del autor: el v. 7:12*b* dice en NVI: "sino más bien para que delante de Dios se dieran cuenta por ustedes mismos de cuánto interés tienen en nosotros"].

El engaño del pecado había hecho que perdieran de vista la **solicitud** (avidez), lealtad y amor por Pablo y la verdad que predicaba. Estaban tan engañados que su actitud externa hacia el apóstol no coincidía con lo que sentían verdaderamente por él. Su carta volvió a remover las capas de engaño que se habían incrustado en sus corazones haciendo manifiesto el sentimiento que tenían por él. Les devolvió la vista espiritual y les permitió ver a Pablo como el siervo de confianza de Dios que siempre habían conocido.

UNIDAD

Por esto hemos sido consolados en vuestra consolación; pero mucho más nos gozamos por el gozo de Tito, que haya sido confortado su espíritu por todos vosotros. (7:13)

El arrepentimiento, la pureza y la fidelidad renovada de los corintios por Pablo eran razón suficiente para que él hubiera **sido consolado**. Pero más que por la **consolación** propia, se gozaba **mucho más** Pablo **por el gozo de Tito** por el arrepentimiento y la obediencia de los corintios. **Por** el arrepentimiento de ellos, el **espíritu** de Tito había **sido confortado**. Como se dijo en 2:6, los corintios habían demostrado su fidelidad a Pablo por la unidad con que disciplinaron al individuo que lo atacó. Su unidad fue especialmente reconfortante para Pablo y para Tito (cp. Sal. 133:1; Jn. 17:21; Ef. 4:3, 13; Fil. 2:2), pues la unidad era apremiante en la congregación de Corinto. La multiplicidad de facciones (cp. 1 Co. 1:10-13; 3:3-4; 11:18-19) resultó en la iglesia más caótica del Nuevo Testamento. Pero ahora se habían unido en busca de restaurar su relación con Pablo y aferrarse a su enseñanza.

Anapauō (**confortado**) se refiere aquí al alivio temporal en oposición a la paz permanente (cp. Mt. 26:45; Mr. 6:31; 14:41; Lc. 12:19; Ap. 6:11). Aunque Pablo estaba lleno de gozo por lo que sucedía en Corinto, era lo suficientemente sabio para darse cuenta de que aún existían focos de disensión. De hecho, más adelante en la epístola se dirigió a quienes disentían. Pero, por el momento, había una tregua en la que participaban la mayoría de los corintios.

Como ya se dijo, una de las señales del arrepentimiento genuino es el deseo de restituir el daño que ha causado el pecado. Los corintios arrepentidos buscaron a otros corintios que se habían vuelto contra Pablo y los animaron a arrepentirse. El movimiento se extendió hasta que abarcó a la mayoría de la iglesia, produciendo una unidad en la congregación que consoló a Pablo y a Tito.

OBEDIENCIA

Pues si de algo me he gloriado con él respecto de vosotros, no he sido avergonzado, sino que así como en todo os hemos hablado con verdad, también nuestro gloriarnos con Tito resultó verdad. Y su cariño para con vosotros es aun más abundante, cuando se acuerda de la obediencia de todos vosotros, de cómo lo recibisteis con temor y temblor. (7:14-15)

Como resultado del arrepentimiento de muchos de los corintios que se habían rebelado contra Pablo, ahora se sometían a él (cp. He. 13:17). Pablo confiaba en que eran creyentes auténticos y se arrepentirían cuando los confrontara con su pecado. Por lo tanto, antes de enviar a Tito, se gloriaba ante él porque los corintios responderían en obediencia. En un sentido, Pablo puso en juego su reputación de hombre con discernimiento y **no** resultó **avergonzado**. Tal **como en todo** habló a los corintios **con verdad** (cp. 2 Co. 2:17; 4:2; 6:7)**, también** su gloriarse **con Tito resultó verdad**. Los corintios vindicaron la veracidad y el discernimiento de Pablo con su respuesta obediente. Pablo se llenó de gozo al ver vindicada su convicción porque significaba que su integridad y, por lo tanto, su utilidad en cuanto a siervo de Dios permanecían intactas.

La recepción de los corintios de Tito, el representante de Pablo, **con temor y temblor** era una prueba más de su **obediencia**. Su obediencia había calmado los temores de Tito y le produjo un   afecto por la iglesia de Corinto. También permitió que Pablo y Tito velaran por las almas de los corintios "con alegría, y no quejándose" (He. 13:17).

El deseo de los corintios de obedecer la Palabra de Dios demostró la autenticidad de su arrepentimiento. Cuando alguien está verdaderamente arrepentido, se somete a los mandamientos de las Escrituras sin reticencias, advertencias o calificaciones. Tener una congregación de personas tan obedientes trae gran gozo a sus líderes.

CONFIANZA

Me gozo de que en todo tengo confianza en vosotros. (7:16)

La reafirmación de confianza de Pablo en los corintios puso punto final al asunto. La palabra **confianza** es traducción de *tharreō*, que significa "ser valiente", "ser audaz" o "atreverse". Pablo tuvo la valentía de confiar de nuevo en los corintios y se atrevió a creer que no le fallarían.

La confianza restaurada del apóstol es un digno punto culminante para la primera sección de esta epístola (caps. 1—7). El arrepentimiento de los corintios alentó a Pablo a compartir con ellos un proyecto que era cercano a su corazón: una colecta para los creyentes necesitados en la iglesia de Jerusalén (caps. 8—9). También le proporcionó la audacia para confrontar los restos de resistencia a su autoridad apostólica (caps. 10—13).

Un modelo bíblico para la generosidad

21

Asimismo, hermanos, os hacemos saber la gracia de Dios que se ha dado a las iglesias de Macedonia; que en grande prueba de tribulación, la abundancia de su gozo y su profunda pobreza abundaron en riquezas de su generosidad. Pues doy testimonio de que con agrado han dado conforme a sus fuerzas, y aun más allá de sus fuerzas, pidiéndonos con muchos ruegos que les concediésemos el privilegio de participar en este servicio para los santos. Y no como lo esperábamos, sino que a sí mismos se dieron primeramente al Señor, y luego a nosotros por la voluntad de Dios; de manera que exhortamos a Tito para que tal como comenzó antes, asimismo acabe también entre vosotros esta obra de gracia. Por tanto, como en todo abundáis, en fe, en palabra, en ciencia, en toda solicitud, y en vuestro amor para con nosotros, abundad también en esta gracia. No hablo como quien manda, sino para poner a prueba, por medio de la diligencia de otros, también la sinceridad del amor vuestro. (8:1-8)

La forma en que alguien ve el dinero es un barómetro eficaz de su espiritualidad. El dinero no es ni bueno ni malo en sí mismo; los corruptos pueden darle malos usos, mientras que los buenos pueden darle usos justos. Aunque el dinero es neutral moralmente, lo que la gente hace con su dinero refleja su moral interna. Jesús dijo: "Donde está vuestro tesoro, allí estará también vuestro corazón" (Lc. 12:34).

La Biblia no prohíbe la posesión del dinero; de hecho, enseña que "Dios... da el poder para hacer las riquezas" (Dt. 8:18) y "nos da todas las cosas en abundancia para que las disfrutemos" (1 Ti. 6:17). Por la bendición divina, muchos hombres piadosos en las Escrituras, como Job (Job 1:3), Abraham (Gn. 13:2), Isaac (Gn. 26:12-13), Jacob (Gn. 30:43), Booz (Rt. 2:1) y Salomón (1 R. 10:23), fueron extremadamente ricos. Dios prometió a su pueblo que su obediencia resultaría en bendición material y espiritual (Dt. 15:4-6; 26:15; 28:11).

Sin embargo, aunque la Biblia no prohíbe la posesión de dinero, prohíbe amarlo advirtiendo que la "raíz de todos los males es el amor al dinero, el cual codiciando algunos, se extraviaron de la fe, y fueron traspasados de muchos dolores" (1 Ti. 6:10). Poco después de esta cita, Pablo exhortó a Timoteo a enseñar "a los ricos de este siglo… que no sean altivos, ni pongan la esperanza en las riquezas" (v. 17). Amar al dinero es tener un afecto poco saludable por este y que lo que nos motive sea ir tras él. Tal motivación es la cumbre de la necedad. El libro de Proverbios aconseja: "No te afanes por hacerte rico; sé prudente, y desiste. ¿Has de poner tus ojos en las riquezas, siendo ningunas? Porque se harán alas como alas de águila, y volarán al cielo" (Pr. 23:4-5). Aunque Salomón fue uno de los hombres más ricos que haya existido, era lo suficientemente sabio para saber que "el que ama el dinero, no se saciará de dinero; y el que ama el mucho tener, no sacará fruto" (Ec. 5:10).

El amor de Acán por el dinero trajo desastre sobre él, su familia y su nación (Jos. 7:1-25). El amor de Balaam por el dinero hizo que intentara, neciamente, maldecir al pueblo escogido de Dios (Nm. 22—24), cosa que resultó en su muerte (Nm. 31:8). El amor de Dalila por el dinero la llevó a traicionar a Sansón (Jue. 16:4-6), lo cual produjo la muerte de miles (vv. 27-30). El amor de Judas por el dinero lo llevó a traicionar al Señor Jesucristo (Mt. 26:14-16) y lo condenó al tormento eterno en el infierno (Mt. 26:24; Hch. 1:25). El amor al dinero de Ananías y Safira les hizo mentir hipócritamente sobre lo que estaban dando (Hch. 5:1-2), con la consecuencia de que Dios los ejecutó (vv. 5, 10).

El amor al dinero hace que las personas se olviden de Dios (Dt. 8:11-14; Pr. 30:9), confíen más en las riquezas que en Dios (Job 31:24-28; Sal. 52:7; Pr. 11:28), se dejen engañar (Mr. 4:19), comprometan sus convicciones y se enorgullezcan (Dt. 8:14), roben a Dios (Mal. 3:8) e ignoren las necesidades de otros (1 Jn. 3:17; cp. Pr. 3:27). El amor al dinero hace que la gente que lo busque de manera ilegítima, como robando (ya sea directamente [Éx. 20:15; Ef. 4:28] o a través de fraude [Sal. 37:21; Os. 12:7; Am. 8:5; Mi. 6:11]), por usura (Éx. 22:25; Lv. 25:36-37; Neh. 5:7, 10; Sal. 15:5; Pr. 28:8) o por apuestas, que es confiar neciamente en el azar y no en la providencia divina.

La Biblia enumera varias formas aceptables de adquirir dinero, incluyendo regalos (Hch. 20:35; Fil. 4:16), inversiones (Mt. 25:27), ahorros (Pr. 21:20; 30:25), planeación estratégica (Pr. 27:23-24) y, principalmente, trabajo (Éx. 20:9; Pr. 6:6-8; 14:23; 24:30-34; 28:19; Ef. 4:28; 2 Ts. 3:10; 1 Ti. 5:8).

Quienes violan los principios bíblicos con respecto al dinero pueden descubrir que no tienen tanto. Los que están en esa situación necesitan considerar si en realidad necesitan más dinero o quieren más dinero. Deben reconocer también que sus recursos limitados pueden ser la forma en que Dios revela que sus prioridades están equivocadas. El mal uso de los recursos que Dios nos ha dado en el pasado, especialmente el abuso del crédito (cp. Pr. 6:1-5; 11:15; 17:18; 20:16; 22:7), puede conducir a una falta de recursos en el presente. También es posible carecer de dinero por tacañería (Lc. 6:38; Pr. 11:24), impulsividad o afán (Pr. 215:5), falta de disciplina (Pr. 10:4; 13:18), pereza (Pr. 14:23; 19:15; 20:13; 24:30-34), indulgencia (Pr. 21:17; 23:21) o por engañarse (Pr. 28:19).

La Biblia también da pautas sobre cómo gastar el dinero. Debe usarse para proveer la necesidades familiares personales (1 Ti. 5:8), pagar las deudas (Ro. 13:8) y ahorrar para el futuro (Pr. 21:20; 30:25). Los creyentes, habiendo satisfecho estas necesidades básicas, están listos para dar dinero a la causa del reino.

Aunque para muchos dar es una obligación, en realidad es un privilegio incalculable, porque es el canal por medio del cual Dios lleva las bendiciones prometidas a su pueblo. En Lucas 6:38, Jesús prometió esto: "Dad, y se os dará; medida buena, apretada, remecida y rebosando darán en vuestro regazo; porque con la misma medida con que medís, os volverán a medir". Pablo añadió: "El que siembra escasamente, también segará escasamente; y el que siembra generosamente, generosamente también segará" (2 Co. 9:6). Es muy significativo que la única cita del ministerio de Jesús que no está en los Evangelios, trata el asunto de dar: "En todo os he enseñado que, trabajando así, se debe ayudar a los necesitados, y recordar las palabras del Señor Jesús, que dijo: Más bienaventurado es dar que recibir" (Hch. 20:35).

Dar generosamente a Dios resulta en que Dios da más generosamente; es imposible dar más que Él. Las promesas asociadas con dar deberían estimular a los creyentes a ser dadores generosos en sacrificio. Tristemente, el atractivo poderoso de la propaganda del mundo, lo hábilmente llamativo de algunos ministerios aparentemente cristianos, la autocomplacencia y la falta de fe, son todas cosas que dificultan que los creyentes experimenten la bendición total de dar.

Los primeros creyentes no experimentaron ninguno de esos impedimentos. Dieron libremente de dos maneras. Primero, respaldaron económicamente a quienes eran responsables por liderar y servir en la iglesia. Pablo recordó esto en su primera carta inspirada a los corintios:

¿O sólo yo y Bernabé no tenemos derecho de no trabajar? ¿Quién fue jamás soldado a sus propias expensas? ¿Quién planta viña y no come de su fruto? ¿O quién apacienta el rebaño y no toma de la leche del rebaño? ¿Digo esto sólo como hombre? ¿No dice esto también la ley? Porque en la ley de Moisés está escrito: No pondrás bozal al buey que trilla. ¿Tiene Dios cuidado de los bueyes, o lo dice enteramente por nosotros? Pues por nosotros se escribió; porque con esperanza debe arar el que ara, y el que trilla, con esperanza de recibir del fruto. Si nosotros sembramos entre vosotros lo espiritual, ¿es gran cosa si segáremos de vosotros lo material? Si otros participan de este derecho sobre vosotros, ¿cuánto más nosotros? Pero no hemos usado de este derecho, sino que lo soportamos todo, por no poner ningún obstáculo al evangelio de Cristo. ¿No sabéis que los que trabajan en las cosas sagradas, comen del templo, y que los que sirven al altar, del altar

> *participan? Así también ordenó el Señor a los que anuncian el evangelio, que*
> *vivan del evangelio (1 Co. 9:6-14).*

A Timoteo le escribió: "Los ancianos que gobiernan bien, sean tenidos por dignos de doble honor, mayormente los que trabajan en predicar y enseñar" (1 Ti. 5:17).

Segundo, la iglesia primitiva daba para satisfacer las necesidades de los pobres. La mayoría de sus miembros eran de clases bajas (cp. 1 Co. 1:26) y muchos no podían satisfacer sus propias necesidades económicas. Como lo dijo Pablo en los capítulos 8 y 9 de esta epístola, tenía en mente este segundo aspecto de la ofrenda. No escribió nada con relación a los pobres de la congregación de Corinto; al parecer, los corintios eran fieles en el cuidado de ellos. El apóstol tampoco hablaba de dar a los pobres en general. Tenía específicamente en mente las múltiples necesidades de los santos en la iglesia de Jerusalén.

Desde que la iglesia de Jerusalén nació en Pentecostés, tuvo que enfrentarse a la pobreza extrema de sus miembros. Había tres razones principales para esta situación.

Primero, la iglesia de Jerusalén estaba constituida principalmente por peregrinos. Muchos, si no la mayoría de los primeros conversos, estaban de visita en Jerusalén para celebrar el día de Pentecostés cuando la iglesia nació. Eran judíos helénicos que vivían en tierras gentiles por las que el pueblo judío se había esparcido durante la diáspora. Hechos 2:9-11 los describe así: "Partos, medos, elamitas, y los que habitamos en Mesopotamia, en Judea, en Capadocia, en el Ponto y en Asia, en Frigia y Panfilia, en Egipto y en las regiones de África más allá de Cirene, y romanos [residentes de Jerusalén], tanto judíos como prosélitos, cretenses y árabes". En el día de Pentecostés se añadieron tres mil personas a la iglesia (Hch. 2:41). Poco después, el número de hombres en la iglesia llegó a cinco mil (Hch. 4:4) sin contar a las mujeres. Puesto que no había iglesias o cristianos en otras partes del mundo, los peregrinos convertidos permanecieron en Jerusalén. Solo allí podían sentarse bajo la enseñanza de los apóstoles y tener comunión con otros creyentes. La mayoría de ellos no eran ricos y no podían permanecer indefinidamente en las posadas de Jerusalén; y tampoco lo deseaban, dadas las características de las posadas típicas de la época. Muchos de los que se quedaban con familiares judíos terminaron marginados de la familia después de volverse cristianos y tuvieron que marcharse. No tenían otra opción que mudarse con los creyentes judíos que vivían en Jerusalén. Muchos de ellos también eran pobres, de modo que el alojamiento de miles de peregrinos conversos habría sido una gran dificultad para ellos.

Otra razón para la pobreza de la iglesia de Jerusalén fue la persecución. Los nuevos convertidos perdían sus trabajos o negocios, y sus amigos y familiares los desterraban. Tal como lo había predicho Jesús, se volvieron los marginados de la sociedad judía (Jn. 16:2).

La tercera razón por la cual era pobre la iglesia de Jerusalén era el ambiente económicamente pobre de la región. Los romanos extraían todo lo que podían de sus territorios conquistados, se apoderaban de sus recursos e imponían una carga pesada de impuestos. El resultado era una pobreza descontrolada en Israel. A los apuros económicos de la región se añadió la hambruna mundial predicha en Hechos 11:27-29.

La iglesia de Jerusalén hacía un esfuerzo generoso por satisfacer las necesidades de sus miembros pobres. Hechos 2:44-45 lo registra: "Todos los que habían creído estaban juntos, y tenían en común todas las cosas; y vendían sus propiedades y sus bienes, y lo repartían a todos según la necesidad de cada uno". Mientras que Hechos 4:32 añade: "Y la multitud de los que habían creído era de un corazón y un alma; y ninguno decía ser suyo propio nada de lo que poseía, sino que tenían todas las cosas en común". Dada la dedicación desinteresada para satisfacer las necesidades del otro, en los primeros días de la iglesia "no había entre ellos ningún necesitado" (Hch. 4:34). Pero, con el paso del tiempo, cuando las necesidades crecieron y la persecución arreció (cp. Hch. 8:1), la iglesia de Jerusalén terminó abrumada por las necesidades y con menos dinero del necesario para suplirlas.

Pablo reconoció la necesidad y determinó hacer una recolecta para la iglesia de Jerusalén con las iglesias de Asia Menor y Europa (Ro. 15:25-27). También buscaba fortalecer el lazo espiritual entre aquellas congregaciones primordialmente gentiles y la iglesia judía de Jerusalén. El apóstol sabía que la ofrenda de amor ayudaría a aliviar la sospecha, amargura y hostilidad con que los judíos y los gentiles se consideraban mutuamente. Expresaría tangiblemente la realidad espiritual de que, a través de la muerte de Jesucristo, "de ambos pueblos hizo uno, derribando la pared intermedia de separación" (Ef. 2:14).

Pablo escribió sobre esta colecta en su primera carta inspirada a los corintios (1 Co. 16:1-4). Pero les pidió participar mucho antes, durante su ministerio en Corinto. La rebelión contra Pablo había detenido temporalmente la recolecta y, desde que la relación se había restaurado, él los instruyó para continuar donde lo habían dejado. Le encargó a Tito la tarea de alentar a los corintios a comenzar la colecta cuando llevara la carta severa a Corinto (2 Co. 8:6).

En el capítulo 8, Pablo enumeró varios motivos para dar. El primero, porque dar es el comportamiento de los cristianos devotos (8:1-8), viene del buen ejemplo de las iglesias de Macedonia (Filipos, Tesalónica y Berea). Este pasaje revela que la gracia de Dios motiva el dar y que este trasciende las circunstancias difíciles, se hace con gozo, la pobreza no es obstáculo, es con generosidad, voluntario, proporcional y sacrificial, es un privilegio y un acto de adoración en sumisión a los pastores, es acorde con otras virtudes cristianas y evidencia amor.

LA GRACIA DE DIOS MOTIVA EL DAR

Asimismo, hermanos, os hacemos saber la gracia de Dios que se ha dado a las iglesias de Macedonia; (8:1)

La partícula *de* (**asimismo**) marca la transición de Pablo a un nuevo asunto. Ahora que la relación del apóstol con sus amados **hermanos** de Corinto se había restaurado (7:5-16), podía tratar con ellos sobre el tema de las donaciones. Comenzó llamando su atención a **la gracia de Dios que se ha dado a las iglesias de Macedonia**, a las que utilizó como un ejemplo de dar. La provincia romana de **Macedonia**, antiguo reino de Alejandro Magno, estaba ubicada en la parte norte de la Grecia moderna. Como ya se señaló anteriormente, las tres **iglesias de Macedonia** que Pablo tenía en mente eran Filipos, Tesalónica y Berea. La región de **Macedonia** estaba sumida en la pobreza, desolada por las guerras y saqueada por los romanos. Pero los creyentes macedonios, a pesar de su pobreza extrema, eran sorprendentemente generosos (cp. 11:9; Fil. 2:25; 4:15, 18).

Al parecer, los corintios no eran conscientes de la magnitud de la generosidad de los macedonios, lo que llevó Pablo a hacérselo **saber**. Lo que daban no estaba principalmente motivado por la filantropía o la bondad humana, sino por **la gracia de Dios** que obraba en sus corazones. Uno de los efectos de **la gracia** salvadora, transformadora y santificadora es el anhelo de dar generosamente y en sacrificio a quienes lo necesitan, especialmente a los otros creyentes.

Los macedonios no daban como lo suelen hacer los ricos del mundo: tan solo una muestra simbólica de sus riquezas, sin sacrificio. Tampoco daban como cristianos egoístas, cuyo amor por las cosas temporales iguala su amor por las cosas eternas. Para estos, dar es una batalla, porque aún se aferran a lo temporal. La iglesia de Macedonia dio generosa y abundantemente, coherente con el mandamiento de Cristo de buscar "primeramente el reino de Dios y su justicia, y todas estas cosas… serán añadidas" (Mt. 6:33). Pero Pablo apaga cualquier pensamiento de mérito humano haciendo notar que lo hicieron así porque la gracia de Dios los motivó (cp. Ef. 2:10).

DAR TRASCIENDE LAS CIRCUNSTANCIAS DIFÍCILES

que en grande prueba de tribulación, (8:2*a*)

El lenguaje fuerte de Pablo describe vívidamente la situación desesperada de los macedonios. La palabra *polus* (**grande**) significa "mucho" o "muchos" e indica la naturaleza extrema de su **tribulación**. La palabra *dokimē* (**prueba**) se refiere a una dificultad (cp. 2:9 del verbo relacionado *dokimazō* en 1 Corintios 3:13; 1 P. 1:7). La palabra *thlipsis* (**tribulación**) se refiere literalmente a la presión, como al exprimir uvas. En sentido figurado describe la presión espiritual que soportaron los macedonios por su pobreza y persecución.

Las Escrituras describen repetidamente el sufrimiento que soportaron las iglesias de Macedonia. Después de que Pablo y Silas predicaron inicialmente el evangelio en Tesalónica, sucedió esto:

> *Los judíos que no creían, teniendo celos, tomaron consigo a algunos ociosos, hombres malos, y juntando una turba, alborotaron la ciudad; y asaltando la casa de Jasón, procuraban sacarlos al pueblo. Pero no hallándolos, trajeron a Jasón y a algunos hermanos ante las autoridades de la ciudad, gritando: Estos que trastornan el mundo entero también han venido acá; a los cuales Jasón ha recibido; y todos éstos contravienen los decretos de César, diciendo que hay otro rey, Jesús. Y alborotaron al pueblo y a las autoridades de la ciudad, oyendo estas cosas (Hch. 17:5-8).*

Pablo también se refirió en sus epístolas a la persecución de las iglesias de Macedonia:

> *Y vosotros vinisteis a ser imitadores de nosotros y del Señor, recibiendo la palabra en medio de gran tribulación, con gozo del Espíritu Santo (1 Ts. 1:6).*

> *Porque vosotros, hermanos, vinisteis a ser imitadores de las iglesias de Dios en Cristo Jesús que están en Judea; pues habéis padecido de los de vuestra propia nación las mismas cosas que ellas padecieron de los judíos, los cuales mataron al Señor Jesús y a sus propios profetas, y a nosotros nos expulsaron; y no agradan a Dios, y se oponen a todos los hombres (1 Ts. 2:14-15).*

> *Nosotros mismos nos gloriamos de vosotros en las iglesias de Dios, por vuestra paciencia y fe en todas vuestras persecuciones y tribulaciones que soportáis (2 Ts. 1:4).*

> *Porque a vosotros os es concedido a causa de Cristo, no sólo que creáis en él, sino también que padezcáis por él (Fil. 1:29).*

Pero los macedonios se sobrepusieron a sus difíciles circunstancias. No permitieron que su situación tuviera un efecto negativo a la hora de dar. En medio de sus tribulaciones, pusieron la necesidad de otros, unos a quienes no conocían, por delante de las propias. Aunque su pobreza podría limitar la cantidad de su donación, no disminuía su amor. Los cristianos devotos dan sin importar la situación, porque las peores circunstancias no pueden menguar su devoción a Jesucristo.

DAR SE HACE CON GOZO

la abundancia de su gozo (8:2*b*)

La palabra *perisseia* (**abundancia**) significa "superávit" o "exceso". Pablo la usaba para describir la gracia salvadora que Dios derramó en los creyentes por medio de Jesucristo (Ro. 5:17). Los macedonios no dan a regañadientes, con renuencia, por obligación o bajo coacción. Tampoco los motivaba el miedo al castigo divino o no complacer a Pablo. Daban alegremente, con libertad, con gozo, sabiendo que "Dios ama al dador alegre" (2 Co. 9:7).

El gozo de los macedonios trascendía su dolor, tristeza y sufrimiento. Pablo escribió así a los tesalonicenses: "Y vosotros vinisteis a ser imitadores de nosotros y del Señor, recibiendo la palabra en medio de gran tribulación, con gozo del Espíritu Santo" (1 Ts. 1:6; cp. Hch. 5:41). Su capacidad de dar reflejaba esta realidad porque se despojaban gozosamente de lo poco que poseían. Se regocijaban de acumular tesoros en el cielo (Mt. 6:20; 19:21; Lc. 12:33) sabiendo que la mayor bendición es ser un dador, no un receptor (Hch. 20:35) y que Dios devolverá en gran medida (Lc. 6:38).

LA POBREZA NO DIFICULTA EL DAR

y su profunda pobreza (8:2*c*)

Para expresar cuán poco poseían los macedonios, Pablo describió su empobrecimiento con un lenguaje fuerte. La palabra **profunda** es traducción de la frase *kata bathos* (lit., "de acuerdo con la profundidad"). La expresión correspondiente en español sería "extremadamente profunda". Los elevados impuestos, la esclavitud, el bajo estatus económico y la persecución habían reducido a los creyentes macedonios a una **pobreza** abyecta. La palabra *ptōcheia* (**pobreza**) describe a quienes no tienen casi nada, que se ven forzados a pedir limosna para sobrevivir. Pablo utilizó esta palabra en 8:9 para describir la pobreza de Cristo cuando "se despojó a sí mismo, tomando forma de siervo, [y se hizo] semejante a los hombres" (Fil. 2:7). La palabra relacionada *ptōchos* se usa para describir a los ciegos y los cojos (Lc. 14:13, 21), a las viudas destituidas (Mr. 12:42) y al mendigo Lázaro (Lc. 16:20).

La confianza de los macedonios en que Dios supliría todas sus necesidades (Sal. 37:25; Fil. 4:19) los liberó para dar con generosidad. Los cristianos devotos no esperan a tener más dinero; dan a pesar de su pobreza, como la viuda pobre de Lucas 21:1-4. Jesús dijo en Lucas 16:10 lo siguiente: "El que es fiel en lo muy poco, también en lo más es fiel; y el que en lo muy poco es injusto, también en lo más es injusto". Dar no es cuestión de cuánto posee uno, sino una expresión del corazón amoroso y desinteresado. El hecho de que los macedonios no permitieron que su pobreza sofocara su generosidad los volvió modelos del acto cristiano de dar.

DAR ES UN ACTO DE GENEROSIDAD

abundaron en riquezas de su generosidad. (8:2*d*)

Pablo declaró ahora explícitamente lo que había sido implícito a través de todo el pasaje, acumulando palabras para expresar la profunda generosidad de los macedonios. La palabra **abundaron** es traducción de *perissueō*, la forma verbal del sustantivo que en este mismo versículo ya se había traducido "abundancia". Las Escrituras lo usan para describir los bienes excedentes de los ricos (Mr. 12:44), abundancia de posesiones materiales (Lc. 12:15), la gracia salvadora divina que abunda para los pecadores (Ro. 5:15; Ef. 1:7-8), la esperanza abundante que produce el Espíritu Santo (Ro. 15:13), el consuelo abundante que los creyentes tienen en Cristo (2 Co. 1:5) y la gracia abundante de Dios para con los creyentes (2 Co. 9:8). Aunque *ploutos* (**riquezas**) puede referirse a riquezas materiales (p. ej., Mt. 13:22; 1 Ti. 6:17; Stg. 5:2; Ap. 18:17), su uso más común en el Nuevo Testamento es para hablar de riqueza espiritual (p. ej., Ef. 1:7, 18; 2:7; 3:8, 16; Fil. 4:19; Col. 1:27; 2:2; He. 11:26), como en este caso.

Aunque los macedonios no eran ricos en posesiones materiales, poseían riqueza de **generosidad**. La palabra *haplotēs* (**generosidad**) también puede traducirse "sencillez" (Ef. 6:5) o "sincera" (2 Co. 11:3; Col. 3:22). Lo opuesto es duplicidad o tener doble ánimo. Quien tiene doble ánimo se encuentra con que su capacidad de dar está limitada, porque su preocupación por sí mismo y las cosas temporales entra en conflicto con la preocupación por los otros y el reino de Dios. Pero los macedonios no eran de doble ánimo y daban sin pensar en sí mismos o en este mundo. Su generosidad desinteresada era una aplicación práctica del mandamiento de Pablo: "Nada hagáis por contienda o por vanagloria; antes bien con humildad, estimando cada uno a los demás como superiores a él mismo; no mirando cada uno por lo suyo propio, sino cada cual también por lo de los otros" (Fil. 2:3-4).

DAR ES UN ACTO VOLUNTARIO

Pues doy testimonio de que con agrado (8:3*a*)

El uso que Pablo hace de *martureō* (**doy testimonio**) revela su experiencia de primera mano de la generosidad de los macedonios (cp. Fil. 4:15-18). Los macedonios daban por su propia iniciativa; por su propia motivación y espontaneidad.

La palabra *authairetos* (**con agrado**) se refiere a quien escoge un curso de acción. Su única aparición en otra parte del Nuevo Testamento es cuando Pablo habla de la elección de Tito sobre visitar Corinto (2 Co. 8:17). A los macedonios no se les forzó, manipuló o intimidó; ellos dieron libremente.

Es posible que Pablo, consciente de su extrema pobreza, ni siquiera les hubiera pedido que contribuyeran para los santos pobres de Jerusalén. Es evidente, por 8:10 y 9:2, que había pasado cerca de un año desde que les había hablado de la colecta por primera vez a los corintios. Cuando Pablo les contó a los macedonios el celo de los de Acaya (donde estaba ubicada Corinto) por contribuir, los macedonios también quisieron dar (9:2). Los sucesos ahora habían cerrado el círculo. El celo de los corintios había llevado inicialmente a que los macedonios dieran, y ahora Pablo los ponía como ejemplo de dar en sacrificio para que los corintios, que estaban rezagados, los imitaran.

A pesar de las afirmaciones de quienes abogan que el diezmo es obligatorio, el dar cristiano es totalmente voluntario. Pablo no exige una cantidad fija o un porcentaje de los macedonios o los corintios, tampoco lo hace ningún otro escritor del Nuevo Testamento. El argumento del diezmo tiene su base en una mala comprensión del Antiguo Testamento. Sus partidarios argumentan que el diezmo no solo fue un mandato de la ley mosaica, sino que existió antes que esta. Sostienen, pues, que el diezmo trasciende la ley y es una norma divina universal para dar.

Pero tal argumento aparentemente convincente tiene serios defectos. Primero, es un mal razonamiento asumir que una ordenanza es permanente solo porque existía con anterioridad a la ley. El sábado es anterior a la ley (Éx. 16:23-29) y, sin embargo, el Nuevo Testamento abroga su observancia obligatoria (Ro. 14:5-6; Gá. 4:10-11; Col. 2:16). Los sacrificios de animales también existían antes de la ley (Gn. 4:2-4; 8:20; 22:13; Éx. 10:25) y, sin embargo, quedaron eliminados por el sacrificio final de Jesucristo (He. 10:1-18).

Aunque el diezmo se menciona en el período premosaico, no era el mismo que ordenó después la ley de Moisés. En todos los períodos de la historia ha habido formas voluntarias y exigidas de dar. Los diezmos que dieron Abraham (Gn. 14:20) y Jacob (Gn. 28:22), como todas las ofrendas anteriores a Moisés, fueron voluntarios; no hay indicación de que Dios los ordenara. Ni dio tampoco Abraham el diezmo de todo lo que tenía, sino del botín que había ganado en batalla (He. 7:4). No hay constancia de que alguno de los dos volviera a diezmar; sus diezmos fueron eventos únicos.

Es evidente, a partir de la historia de José, que dar por obligación ya existía en este período. Por recomendación suya, el faraón recaudó impuestos del veinte por ciento en el pueblo de Egipto durante los siete años de abundancia. Esta comida se almacenó para los siguientes siete años de carencia que seguirían (Gn. 41:34; 47:24). Desde este período temprano de la historia de la humanidad emergió un principio importante: al Señor se le da libremente; al gobierno se le da por obligación.

El período entre Moisés y Jesús, cuando la ley estaba en vigencia, también tuvo aportaciones obligatorias y voluntarias. De acuerdo con Levítico 27:30-32, el diezmo, o la décima parte, pertenecía al Señor. En contraste con los diezmos de Abraham y Jacob, este era obligatorio (puesto que ya pertenecía al Señor; cp. Mal. 3:8), no una ofrenda voluntaria. Números 18:21 y 24 revelan que el diezmo era para sostener a los levitas en su servicio sacerdotal al Señor. Los levitas, especialmente en el tiempo anterior a la monarquía, constituían el gobierno de Israel, puesto que la nación era una teocracia. Por lo tanto, el diezmo era una forma de tributación. Adicionalmente, los israelitas debían pagar otro diezmo para financiar las fiestas religiosas (Dt. 12:10-11, 17-18). Había un tercer diezmo, requerido cada año, para sostener a los pobres (Dt. 14:28-29). Entonces, el aporte obligatorio o impuesto durante la era mosaica sumaba al menos el 23,3%, y quizás hasta el 25% si se tenían en cuenta otras ofrendas obligatorias (cp. Lv. 19:9-10; Neh. 10:32-33).

Las ofrendas voluntarias o libres también se entregaban en este período. Por ejemplo, durante la construcción del tabernáculo, "El Señor habló con Moisés y le dijo: 'Ordénales a los israelitas que me traigan una ofrenda. La deben presentar todos los que sientan deseos de traérmela'" (Éx. 25:1-2, nvi). En contraste con el aporte exigido, esta ofrenda era estrictamente voluntaria. Debía recolectarse entre "todos los que [sintieran] deseos de [llevarla]". De igual forma, el pueblo de Israel más adelante dio voluntariamente para financiar la construcción del templo (1 Cr. 29:1-9).

Al igual que en la era premosaica y la era de la ley, el Nuevo Testamento también describe lo que se da voluntariamente y lo que se da por obligación. Enseña, por mandamiento y por ejemplo, que los impuestos (lo que se da por obligación) han de pagarse al gobierno. Además de los impuestos que los israelitas debían pagar para sostener su teocracia, tenían que pagar impuestos también a sus gobernantes romanos, una carga pesada por la que estaban profundamente resentidos. Pero el Señor Jesucristo, en lugar de incitar a una rebelión fiscal, pagó sus impuestos:

> *Cuando llegaron a Capernaum, vinieron a Pedro los que cobraban las dos dracmas, y le dijeron: ¿Vuestro Maestro no paga las dos dracmas? Él dijo: Sí. Y al entrar él en casa, Jesús le habló primero, diciendo: ¿Qué te parece, Simón? Los reyes de la tierra, ¿de quiénes cobran los tributos o los impuestos? ¿De sus hijos, o de los extraños? Pedro le respondió: De los extraños. Jesús le dijo: Luego los hijos están exentos. Sin embargo, para no ofenderles, ve al mar, y echa el anzuelo, y el primer pez que saques, tómalo, y al abrirle la boca, hallarás un estatero; tómalo, y dáselo por mí y por ti (Mt. 17:24-27).*

Aunque Jesús estaba exento del impuesto del templo en cuanto que era Hijo de Dios, sin embargo, lo pagó. Tampoco criticó a los fariseos por pagar sus diezmos (Mt. 23:23), sino por ignorar los aspectos más importantes de la ley mosaica. Jesús también enseñó que los impuestos debían pagarse, aun a los odiados romanos:

> *Entonces se fueron los fariseos y consultaron cómo sorprenderle en alguna palabra. Y le enviaron los discípulos de ellos con los herodianos, diciendo: Maestro, sabemos que eres amante de la verdad, y que enseñas con verdad el camino de Dios, y que no te cuidas de nadie, porque no miras la apariencia de los hombres. Dinos, pues, qué te parece: ¿Es lícito dar tributo a César, o no? Pero Jesús, conociendo la malicia de ellos, les dijo: ¿Por qué me tentáis, hipócritas? Mostradme la moneda del tributo. Y ellos le presentaron un denario. Entonces les dijo: ¿De quién es esta imagen, y la inscripción? Le dijeron: De César. Y les dijo: Dad, pues, a César lo que es de César, y a Dios lo que es de Dios (Mt. 22:15-21).*

Pagar impuestos es dar "a César lo que es de César", y no es opcional. Aunque los gobiernos de hoy sean seculares, no teocracias, todavía son establecidos por Dios (Ro. 13:1) y los impuestos que imponen deben pagarse (Ro. 13:6-7).

El Nuevo Testamento también habla de dar libremente; como se dijo con anterioridad, los macedonios y los corintios no estaban obligados a dar. La cantidad que dé cada creyente es una determinación personal: "Cada uno dé como propuso en su corazón: no con tristeza, ni por necesidad" (2 Co. 9:7; cp. el ejemplo de Zaqueo [Lc. 19:8]). Los creyentes no deben tomar como base para dar el principio del diezmo en el Antiguo Testamento, sino el ejemplo del Señor Jesucristo, quien "por amor a [ellos] se hizo pobre, siendo rico, para que [ellos] con su pobreza [fuesen] enriquecidos" (2 Co. 8:9). (Para una mayor explicación sobre el diezmo, véase John MacArthur, *¿A quién pertenece el dinero?* [Grand Rapids: Portavoz, 2010]).

DAR ES UN ACTO PROPORCIONAL

han dado conforme a sus fuerzas, (8:3*b*)

Los macedonios dieron en proporción a lo que tenían, **conforme a sus fuerzas.** La palabra *dunamis* (**fuerzas**) significa literalmente "poder" o fuerzas y aquí se refiere a la capacidad o los medios de los macedonios para dar (cp. su uso en Mt. 25:15).

La Biblia no fija una cantidad o un porcentaje para dar (véase la explicación del diezmo más arriba). En su lugar, se da "según lo que uno tiene, no según lo que no tiene" (2 Co. 8:12), "según haya prosperado" cada persona (1 Co. 16:2). Cualquier cantidad fija o porcentaje puede ser un sacrificio para algunos y sin consecuencias para otros. Y como lo revela el próximo aspecto de lo que los macedonios daban, el acto de dar es un sacrificio.

DAR ES UN SACRIFICIO

y aun más allá de sus fuerzas, (8:3*c*)

Los macedonios daban de acuerdo con lo que tenían, pero en proporciones que implicaban sacrificio. Lo que dieron fue **más allá** de lo que se podría esperar racionalmente en una congregación tan pobre. La vida era difícil para ellos; como se dijo en el versículo 2, se enfrentaban pobreza y persecución extremas. Aun así, a pesar de sus desesperadas circunstancias, daban con gozo sin pensar en sí mismos, motivados por las necesidades de los santos pobres en Jerusalén (cp. He. 13:16). Creían en las promesas de Dios que supliría todas sus necesidades (Fil. 4:19) y rehusaban preocuparse por ellas (Mt. 6:25-34), poniéndose alegremente en una dependencia de Dios aún mayor. Como David, que no le daría al Señor nada que no le costara (1 Cr. 21:24), y la viuda pobre, que dio todo lo que tenía (Mr. 12:42-44), los macedonios dieron con abnegada generosidad.

DAR ES UN PRIVILEGIO, NO UNA OBLIGACIÓN

pidiéndonos con muchos ruegos que les concediésemos el privilegio de participar en este servicio para los santos. (8:4)

Pablo volvió a enfatizar que no había presionado de ninguna manera a los macedonios a que dieran. En su lugar, ellos le pidieron, le rogaron de hecho, que pudieran participar. La palabra *deomai* (**pidiéndonos**) es una palabra fuerte que significa "implorar" o "suplicar". Se usa en Lucas 5:12 para un leproso que imploró que Jesús lo sanara, en Lucas 9:38 para un padre desesperado que imploró que Jesús expulsara un demonio de su hijo, y en 2 Corintios 5:20 para rogar a los pecadores que se reconcilien con Dios. La frase **con muchos ruegos** podría traducirse "de la forma más insistente" y testifica aún más la intensidad del deseo de los macedonios por contribuir.

Lo que los macedonios buscaban con tanto anhelo era **el privilegio de participar en** el **servicio para los santos.** La palabra **privilegio** es traducción de *charis*, que se suele traducir "gracia". Literalmente, rogaron por la bendición de ayudar a satisfacer necesidades de creyentes que nunca habían conocido. No lo hicieron por obligación, sino con la generosidad de sus corazones transformados.

DAR ES UN ACTO DE ADORACIÓN

Y no como lo esperábamos, sino que a sí mismos se dieron primeramente al Señor, (8:5*a*)

La palabra **y** trae a colación la siguiente característica de cómo daban los macedonios. Su respuesta fue más de lo que Pablo esperaba. Había esperado una ofrenda, algo que dieran libremente, pero **a sí mismos se dieron primeramente al Señor**. La palabra **primeramente** (*prōtos*) no tiene el significado aquí de primero en el tiempo, sino de primero en prioridad (también se usa Mr. 6:21; Lc. 19:47; Hch. 13:50; 16:12; 17:4; 25:2; 28:7, 17). La primera prioridad de los macedonios era darse completamente al Señor, y después seguía dar económicamente a la iglesia.

El acto supremo de adoración no es dar dinero, asistir a la iglesia o cantar himnos, sino darse uno mismo. En Romanos 12:1-2, Pablo escribió:

> *Así que, hermanos, os ruego por las misericordias de Dios, que presentéis vuestros cuerpos en sacrificio vivo, santo, agradable a Dios, que es vuestro culto racional. No os conforméis a este siglo, sino transformaos por medio de la renovación de vuestro entendimiento, para que comprobéis cuál sea la buena voluntad de Dios, agradable y perfecta.*

Los creyentes, como "sacerdocio santo", deben "ofrecer sacrificios espirituales aceptables a Dios por medio de Jesucristo" (1 P. 2:5), el más importante de los cuales es darse a sí mismos. Los aportes económicos solo se vuelven un acto aceptable de adoración cuando provienen de una vida devota, ofrecida totalmente a Cristo.

DAR ES UN ACTO DE SUMISIÓN A LOS PASTORES

y luego a nosotros por la voluntad de Dios; de manera que exhortamos a Tito para que tal como comenzó antes, asimismo acabe también entre vosotros esta obra de gracia. (8:5*b*-6)

Habiéndose dado los macedonios al Señor, también se dieron a Pablo, Tito y Timoteo. De hecho, su devoción al Señor los llevó a someterse al liderazgo de sus pastores. Es **la voluntad de Dios** que los cristianos obedezcan a quienes están por encima de ellos en el Señor. Hebreos 13:17 instruye así a los creyentes: "Obedeced a vuestros pastores, y sujetaos a ellos; porque ellos velan por vuestras almas, como quienes han de dar cuenta; para que lo hagan con alegría, y no quejándose, porque esto no os es provechoso". Y Pedro exhortó así a sus lectores a estar "sujetos a los ancianos" (1 P. 5:5; cp. 1 Ts. 5:12-13).

Pablo exhortó **a Tito para que tal como comenzó antes, asimismo acabe también entre** los corintios **esta obra de gracia** de dar, confiado en que los corintios seguirían el ejemplo de los macedonios y se someterían a las directrices de sus pastores. Como ya se señaló anteriormente, Tito había comenzado alrededor de un año **antes** la obra de recolección de las ofrendas de los corintios (2 Co. 9:2). Había llegado recientemente a Corinto para llevar la carta severa, y Pablo lo había exhortado a ayudar a los corintios a completar su acto de dar. De modo que Pablo, por medio de sus cartas (cp. 1 Co. 16:2), y Tito, con su visita, habían informado a los corintios lo que se esperaba que hicieran.

DAR VA DE LA MANO CON OTRAS VIRTUDES CRISTIANAS

Por tanto, como en todo abundáis, en fe, en palabra, en ciencia, en toda solicitud, y en vuestro amor para con nosotros, abundad también en esta gracia. (8:7)

Dar no es algo que ocurra en el vacío, aislado de otras virtudes cristianas. No debe hacerse en contra de lo que diga el corazón porque sería hipocresía.

Cuando Pablo afirmó que los corintios abundaban **en todo** (cp. 1 Co. 1:4-7), pretendía un halago que animara a los vacilantes creyentes. Abundaban en fe salvadora, segura y santificadora; tenían confianza fuerte y dependencia en el Señor. La palabra *logos* (**palabra**) no se refiere a la capacidad oratoria sino a la doctrina, la "palabra [*logos*] de verdad" (2 Co. 6:7; cp. Col. 1:5; 2 Ti. 2:15; Stg. 1:18). La **ciencia**, el conocimiento, es la capacidad de aplicar la doctrina en los asuntos de la vida. La palabra **solicitud** (*spoudē*) significa "ímpetu", "energía" o "pasión espiritual" (cp. 2 Co. 7:11-12). La palabra **amor** (*agapē*) significa el amor noble del sacrificio con el que Pablo había inspirado en los corintios por medio de su ejemplo, enseñanza y predicación.

Pablo exhortó a los corintios a que abundaran **también en esta gracia** por las virtudes espirituales que ya poseían. La gracia de Dios había producido tales virtudes en ellos, y el apóstol quería que fluyera por lo que daban.

DAR ES UNA PRUEBA DE AMOR

No hablo como quien manda, sino para poner a prueba, por medio de la diligencia de otros, también la sinceridad del amor vuestro. (8:8)

Pablo recordó a los corintios que no hablaba **como quien manda**, para concluir la explicación de cómo dar ejemplarmente. Esto vuelve a enfatizar el principio fundamental de que dar a la iglesia es voluntario y libre. Si Pablo hubiera prescrito una cantidad o porcentaje fijo, lo que los corintios daban hubiera sido en obediencia a una orden.

En su lugar, Pablo retó a los corintios a probar, **por medio de la diligencia de otros, la sinceridad del amor** de ellos. Los otros aquí referidos son los macedonios; el apóstol urgió a los corintios a seguir el ejemplo de los macedonios y probar **también la sinceridad** de su **amor**. La prueba verdadera del amor no son los sentimientos, sino las acciones: "Si alguno dice: Yo amo a Dios, y aborrece a su hermano, es mentiroso. Pues el que no ama a su hermano a quien ha visto, ¿cómo puede amar a Dios a quien no ha visto? Y nosotros tenemos este mandamiento de él: El que ama a Dios, ame también a su hermano" (1 Jn. 4:20-21).

Los macedonios dieron voluntaria y generosamente, con sacrificio; y fueron un ejemplo no solo para los corintios sino para todos los creyentes. Es el camino para experimentar la bendición enriquecedora de Dios en el tiempo y en la eternidad.

La pobreza que nos hace ricos

22

Porque ya conocéis la gracia de nuestro Señor Jesucristo, que por amor a vosotros se hizo pobre, siendo rico, para que vosotros con su pobreza fueseis enriquecidos. (8:9)

Se cuenta la historia de un monarca persa que reinó con opulencia y esplendor, viviendo con riqueza y comodidades en el palacio real. Sin embargo, su preocupación por las personas normales y corrientes solía llevarlo a vestirse como pobre, salir del palacio y mezclarse con sus súbditos más humildes.

Un día visitó al hombre encargado de calentar el agua para los baños públicos. Vestido con ropas andrajosas, descendió por una escalera larga hasta un patio pequeño donde el siervo estaba sentado sobre una pila de cenizas atizando el fuego. El gobernante se sentó junto a él y los dos hombres empezaron a hablar. A la hora del almuerzo, el siervo le compartió su humilde comida de pan rústico y agua. Aunque el rey se tuvo que marchar, una y otra vez regresó con el corazón lleno de compasión por aquel hombre solitario. El siervo abría su corazón ante su buen y compasivo amigo que le aconsejaba sabiamente.

Finalmente el rey no pudo seguir el engaño y decidió revelar a su amigo su verdadera identidad. Entonces le pidió al siervo pobre que dijera qué podía regalarle. Para su sorpresa, el siervo no dijo nada; tan solo se sentó mirándolo con amor y asombro. El rey, pensando que el siervo no le había entendido, le ofreció riquezas, elevarlo a una posición noble o hacerlo gobernante de una ciudad. Pero él replicó: "Sí, señor mío, yo le entendí. Pero dejar su palacio para sentarse aquí conmigo, compartir mi comida humilde y escuchar los problemas de mi corazón… ¡ni siquiera usted podría darme un regalo más precioso que ese! A otros podría usted haber dado riquezas, pero a mí me dio de sí mismo. Solo le pido que nunca me niegue su amistad".

Esta parábola ilustra la encarnación del Señor Jesucristo, el Rey del cielo, quien dejó su trono de gloria para hacerse amigo de los pecadores. Como lo expresó tan elocuentemente el escritor del himno "Tú dejaste tu trono":

Tú dejaste tu trono y corona por mí,
al venir a Belén a nacer;
mas a ti no fue dado el entrar al mesón
y en establo te hicieron nacer.

Alabanzas celestes los ángeles dan,
en que rinden al Verbo loor;
más humilde viniste a la tierra, Señor,
a dar vida al más vil pecador.

En esta sección tan práctica de la explicación sobre cómo dar se encuentra escondido un tesoro doctrinal profundo. Como con 5:21, este versículo es una joya cristológica de valor incalculable, un diamante con muchas facetas que brilla mucho más que todo el resto de joyas a su alrededor. Este versículo es cautivador. Su vasto alcance, profundidad e impacto trascienden la simplicidad de las veintiuna palabras griegas que lo comprenden. Su verdad no está expresada en lenguaje teológico técnico; sus palabras no son complejas o confusas. Y aunque su mensaje puede captarse en una sola lectura, se necesita toda una eternidad para comprender la verdad que contiene. Describe el descenso de Cristo de las riquezas a la pobreza, de modo que los creyentes puedan ascender de la pobreza a la riqueza.

Como se explicó en el anterior capítulo de este volumen, el tema de los capítulos 8 y 9 de 2 Corintios es cómo dar desde la perspectiva cristiana. En aquella sección, Pablo explicó la ofrenda que estaba recogiendo para los santos pobres en Jerusalén. Para estimular a dar a los corintios, señaló el ejemplo de los macedonios, que dieron generosamente y con sacrificio, a pesar de su extrema pobreza (8:1-8).

Pero cuando el apóstol pensaba en que el amor se manifiesta al dar en sacrificio, su mente se vio atraída irresistiblemente al mayor ejemplo de tal amor y sacrificio que ha conocido el mundo: el Señor Jesucristo. A diferencia de los ricos de este mundo, que rara vez se empobrecen por dar, Él, el digno, se hizo pobre para hacer ricos a los indignos.

La palabra **porque** enlaza este versículo con el 8, donde Pablo escribió: "No hablo como quien manda, sino para poner a prueba, por medio de la diligencia de otros, también la sinceridad del amor vuestro". El apóstol no necesitaba ordenar a los corintios que dieran porque ellos conocían **la gracia de nuestro Señor Jesucristo**. Podrían no ser conscientes de lo que daban los macedonios, pero sabían que Cristo descendió del cielo y dio su vida en sacrificio por los pecadores. Tal regalo magnánimo eclipsa todos los otros y es el ejemplo que todos los cristianos deben seguir.

El apóstol utilizó el término **gracia** para referirse a lo que Cristo dio porque lo que lo motivó a darse a sí mismo fue su bondad espontánea e inmerecida con los pecadores, bondad que destilaba de su amor puro y no influenciado por nada. Tal acto del Salvador define, en el nivel más puro, qué es dar de gracia.

Pablo se refiere al **Señor Jesucristo** usando el nombre completo del Dios encarnado. Ese título abarca la plenitud de su persona y obra. La palabra **Señor** es el nombre sobre todo nombre que le dio el Padre porque logró la redención (Fil. 2:9); el nombre **Jesús** lo describe como Salvador de su pueblo (Mt. 1:21); y el nombre **Cristo** lo describe como Rey y Mesías ungido (Mt. 27:11; Jn. 18:37).

Las múltiples caras de la verdad contenidas en este versículo pueden clasificarse como sigue: la pobreza de Cristo, las riquezas de Cristo y el regalo de Cristo.

LA POBREZA DE CRISTO

que por amor a vosotros se hizo pobre, (8:9*a*)

Aunque Jesús poseía todas las riquezas de Dios desde la eternidad, **por amor a** los creyentes **se hizo pobre**. Algunos han entendido que esta declaración es una referencia a la pobreza económica de Cristo durante su vida terrenal. Agustín desafió a sus lectores a que imitaran las virtudes de Cristo, su pobreza inclusive, citando este versículo como prueba de la pobreza de Cristo (*Sobre la virginidad santa*, párrafo 28). En el sermón *Sobre las palabras del Evangelio, Lucas 14:16, "Un hombre hizo una gran cena"*, Agustín dijo: "Que vengan los pordioseros porque Él los invitó 'y, aunque era rico, se hizo pobre por causa nuestra, para que nosotros los pordioseros pudiéramos enriquecernos a través de su pobreza'" (párrafo 8). Juan Calvino escribió lo siguiente comentando este versículo:

> Vemos el nivel de miseria y carencia material que le esperaba desde que estaba en el vientre de su madre y oímos lo que dice Él de sí mismo: "Las zorras tienen guaridas, y las aves de los cielos nidos; mas el Hijo del Hombre no tiene dónde recostar la cabeza" (Lc. 9:58). De modo que Él santificó la pobreza en sí mismo, de modo que los creyentes ya no deben amilanarse por ella, y con su pobreza nos ha enriquecido de modo que no debe parecernos difícil tomar de nuestra abundancia lo que podamos gastar por amor a nuestros hermanos (*The Second Epistle of Paul the Apostle to the Corinthians and the Epistles to Timothy, Titus, and Philemon* [La segunda epístola del apóstol Pablo a los corintios y las epístolas a Timoteo, Tito, y Filemón] [Reimpresión, Grand Rapids: Eerdmans, 1973], p. 111).

Muchos asociaron esta presunta referencia a la pobreza de Jesús con el evangelio, como si obtener simpatía por la pobreza de Jesús tuviera algún valor redentor.

Pero este versículo no es un comentario al estatus económico de Jesús o a las circunstancias materiales de su vida. Fred B. Craddock comenta: "El evangelio no puede igualarse más a la pobreza de Jesús de lo que puede igualarse con el dolor que padeció en la cruz" ("The Poverty of Christ" [La pobreza de Cristo], *Interpretation 22* [Interpretación 22] [abr. 1968], p. 162). La verdadera pobreza del Señor no consistió en las circunstancias de siervo en las que vivió, sino en la realidad de que "siendo en forma de Dios, no estimó el ser igual a Dios como cosa a que aferrarse, sino que se despojó a sí mismo, tomando forma de siervo, hecho semejante a los hombres" (Fil. 2:6-7).

En realidad, Jesús no pasó su vida en miserable pobreza:

> En lo que concierne a la experiencia de Jesús, es cierto que Lucas resalta las circunstancias poco favorecidas en su nacimiento, pero no es esto indicación de pobreza en la santa familia, sino de las condiciones de hacinamiento de Belén en época del censo (Lc. 2:7). La ofrenda que hizo María por su purificación era permitida a quienes no podían costear un cordero (Lc. 2:24; cp. Lv. 12:6-8), y esto indica que la familia no era pudiente. Jesús era conocido como "el carpintero, hijo de María" (Mr. 6:3), y como artesano no debía contarse entre los pobres más humildes. Durante su ministerio en Galilea recordó a uno de los potenciales discípulos esto: "Las zorras tienen guaridas, y las aves de los cielos nidos; mas el Hijo del Hombre no tiene dónde recostar la cabeza" (Lc. 9:58). Sin embargo, no quiere esto decir que por ser Jesús un predicador itinerante estaba continuamente en situaciones económicas extremas. Todo parece indicar que los costos del ministerio itinerante de Jesús y la manutención de sus seguidores los proveían varios simpatizantes bien acomodados que habían sido receptores de su ministerio de sanidad (Lc. 8:1-3). Además, era costumbre de los judíos ser hospitalarios con los predicadores itinerantes (cp. Mt. 10:9-13) y Jesús disfrutó tal hospitalidad en varios hogares, especialmente en el de María y Marta (Lc. 10:38-42; Jn. 12:1-3). Entonces, con base en esta evidencia, Jesús no era más pobre que los judíos palestinos del siglo I, y vivía mejor que algunos (por ejemplo, los reducidos a la mendicidad). De hecho, Jesús y su grupo de discípulos tenían suficiente dinero para ayudar a quienes estaban en peor situación que ellos (cp. Jn. 12:3-6; 13:27-29) (Colin Kruse, *The Second Epistle of Paul to the Corinthians* [Segunda epístola de Pablo a los corintios], The Tyndale New Testament Commentaries [Comentarios Tyndale del Nuevo Testamento] [Grand Rapids: Eerdmans, 1995], p. 154).

El Señor no hizo ricos espiritualmente a los creyentes haciéndose pobre económicamente. En este versículo, Pablo utilizó los términos "pobre" y "rico" en un sentido espiritual, como lo hizo cuando se describió como pobre pero enriqueciendo a muchos (2 Co. 6:10).

El Señor Jesucristo **se hizo pobre** en su encarnación, cuando nació de una mujer (Gá. 4:4); "del linaje de David según la carne" (Ro. 1:3) y "fue hecho un poco menor que los ángeles" (He. 2:7, 9). Dejó la gloria del cielo (Jn. 17:5) y dejó de lado el uso libre de sus privilegios divinos. Pablo lo escribió así en la descripción teológica más profunda de la encarnación que puede encontrarse en las Escrituras:

> *El cual, siendo en forma de Dios, no estimó el ser igual a Dios como cosa a que aferrarse, sino que se despojó a sí mismo, tomando forma de siervo, hecho semejante a los hombres; y estando en la condición de hombre, se humilló a sí mismo, haciéndose obediente hasta la muerte, y muerte de cruz. Por lo cual Dios también le exaltó hasta lo sumo, y le dio un nombre que es sobre todo nombre, para que en el nombre de Jesús se doble toda rodilla de los que están en los cielos, y en la tierra, y debajo de la tierra; y toda lengua confiese que Jesucristo es el Señor, para gloria de Dios Padre (Fil. 2:6-11).*

Aunque Jesús existía eternamente "en forma de Dios", poseyendo todas las riquezas de la deidad, "se despojó a sí mismo" haciéndose hombre al tomar "forma de siervo [y ser] hecho semejante a los hombres". Sufrió la debilidad y limitaciones humanas; tuvo hambre (Mt. 4:2; 21:18), sed (Jn. 4:7; 19:28) y se cansó (Mr. 4:38; Jn. 4:6). Además, "fue tentado en todo según nuestra semejanza, pero sin pecado" (He. 4:15). Jesús se identificó tanto con su pueblo como su sumo sacerdote fiel que se hizo "obediente hasta la muerte".

Efesios 4:8-10 ofrece otra perspectiva del empobrecimiento de Cristo en la encarnación:

> *Por lo cual dice: Subiendo a lo alto, llevó cautiva la cautividad, y dio dones a los hombres. Y eso de que subió, ¿qué es, sino que también había descendido primero a las partes más bajas de la Tierra? El que descendió, es el mismo que también subió por encima de todos los cielos para llenarlo todo.*

La cita que hace Pablo del salmo 68:18, "Subiste a lo alto, cautivaste la cautividad, tomaste dones para los hombres", describe el regreso triunfante de Cristo al cielo, tras su victoria sobre las fuerzas del infierno en el Calvario. Por medio de su muerte en sacrificio libertó a los pecadores que habían estado cautivos por el pecado y Satanás. Después de ascender al cielo, prescindió del botín que obtuvo por su muerte y resurrección y "dio dones a los hombres". Pero el triunfo de Cristo en el Calvario solo fue posible porque "había descendido primero a las partes más bajas de la Tierra". Dejó la gloria del cielo y entró a un mundo de sufrimiento y muerte. El descenso de Jesús alcanzó su punto más profundo cuando, entre su muerte y resurrección, fue a la prisión donde están encarcelados los ángeles caídos más perversos. Allí les proclamó su triunfo sobre las fuerzas del infierno (cp. Col. 2:15; 1 P. 3:18-19).

En la encarnación de Cristo, el Dios eterno **se hizo pobre** asumiendo carne humana y humillándose hasta el punto de morir en la cruz. Así derrotó las potestades del infierno, alcanzando la redención que Dios le asignó, dando a su pueblo las incalculables riquezas de la salvación.

LAS RIQUEZAS DE CRISTO

siendo rico, (8:9*b*)

Aunque Jesús, en cuanto que es Dios, es dueño de todo lo que hay en el cielo y en la Tierra (Éx. 19:5; Dt. 10:14; Job 41:11; Sal. 24:1; 50:12; 1 Co. 10:26) sus riquezas no consisten principalmente en lo que es material. Las riquezas aquí consideradas son aquellas de la gloria sobrenatural de Cristo, su posición en cuanto Hijo de Dios y sus atributos eternos. La eternidad de Jesucristo es la verdad más crucial de toda la cristología y, por lo tanto, es también la verdad más crucial del evangelio. Si no es eterno, debió tener un comienzo y, por ende, es un ser creado. La eternidad de Cristo es una prueba clara, poderosa e irrefutable de su deidad, porque es un atributo que solo Dios posee.

A pesar de las falsas afirmaciones de los herejes a lo largo de la historia, la Biblia enseña que Jesucristo es eterno, y no solo en tanto que preexistente a la historia humana. No depende de nada más que de sí mismo para existir, ni hubo un momento en el cual la segunda persona de la Trinidad llegó a existir. Jesús no es una emanación, un semidios, el arcángel Miguel, un espíritu que Dios creó o un hombre exaltado; Él es el Creador (Jn. 1:3, 10; Col. 1:16; He. 1:2), no una criatura.

Miqueas 5:2 dice lo siguiente de Él en una profecía que predice su lugar de nacimiento: "Pero tú, Belén Efrata, pequeña para estar entre las familias de Judá, de ti me saldrá el que será Señor en Israel; y sus salidas son desde el principio, desde los días de la eternidad". Isaías 9:6 describe a Jesús como "Padre Eterno" de su pueblo. El Evangelio de Juan empieza diciendo: "En el principio [de la creación; cp. Gn. 1:1] era el Verbo, y el Verbo era con Dios, y el Verbo era Dios". Jesucristo existió desde toda la eternidad, porque en la creación del universo, cuando el tiempo empezó, Él ya existía. En Juan 8:58, Jesús declaró su existencia eterna a los judíos incrédulos: "De cierto, de cierto os digo: Antes que Abraham fuese, yo soy". Si tan solo hubiera querido afirmar su preexistencia, habría dicho "yo era", no "yo soy". En Juan 17:5 oró así: "Ahora pues, Padre, glorifícame tú al lado tuyo, con aquella gloria que tuve contigo antes que el mundo fuese".

Jesús, en cuanto que segunda persona eterna de la Trinidad, es tan **rico** como Dios Padre. Pablo escribió a los colosenses: "En él habita corporalmente toda la plenitud de la Deidad" (Col. 2:9) y Jesús es "el resplandor de [la gloria de Dios], y la imagen misma de su sustancia" (He. 1:3). Los argumentos sobre la eternidad y la deidad de Cristo son inseparables el uno del otro. Jesús ha de ser Dios porque las Escrituras revelan que es eterno y solo Dios puede ser eterno. Por lo tanto, es el dueño del universo y de todo lo que hay en este, posee todo poder y autoridad (Mt. 28:18) y debe ser honrado y glorificado (Jn. 5:23; Fil. 2:9-11). Charles Hodge, eminente teólogo del siglo XIX, escribió:

> Todos los nombres y títulos divinos se aplican a Él. Se le llama Dios, Dios poderoso, gran Dios, Dios sobre todas las cosas; Jehová; Señor; Señor de señores y Rey de reyes. A Él se adscriben todos los atributos divinos. Se le declara omnipresente, omnisciente, todopoderoso e inmutable; el mismo ayer, hoy y por los siglos. Se le describe como creador, sustentador y gobernante del universo. Todas las cosas fueron creadas por Él y para Él, y por Él todas las cosas existen. Es el objeto de la adoración de todas las criaturas inteligentes, aun las más altas; todos los ángeles (es decir, todas las criaturas entre Dios y el hombre) tienen la orden de postrarse ante Él. Es el objeto de todos los sentimientos religiosos; de reverencia, amor, fe y devoción. Todos los ángeles y hombres son responsables ante Él por su carácter y conducta. Exigió que los hombres lo honraran como honraban al Padre, que debían tener la misma fe en Él que tenían en Dios. Declara que el Padre y Él son uno, que quienes lo han visto, han visto también al Padre. Llama a todos los hombres a Él; promete y perdona sus pecados; promete enviarles el Espíritu Santo, darles descanso y paz, resucitarlos en el día final y darles vida eterna. Dios no es más y no puede prometer más o hacer más de lo que Cristo dijo que era, lo que prometió y lo que hizo. Por lo tanto, ha sido el Dios de los cristianos desde el inicio, por todos los siglos y en todo lugar (*Systematic Theology* [Teología Sistemática] [Reprint; Grand Rapids: Eerdmans, 1979], 2:382).

EL REGALO DE CRISTO

para que vosotros con su pobreza fueseis enriquecidos. (8:9*c*)

El propósito de la condescendencia de Cristo era que **con su pobreza** los pecadores pobres fuesen **enriquecidos**. No los hizo materialmente ricos pero les dio las bendiciones de la salvación: perdón, gozo, paz, vida eterna, luz y gloria. Pedro describió estas riquezas como "una herencia incorruptible, incontaminada e inmarcesible, reservada en los cielos para [los creyentes]" (1 P. 1:4).

Los pecadores necesitan desesperadamente las riquezas de Cristo porque están destituidos espiritualmente. Son "pobres en espíritu" (Mt. 5:3), mendigos sin nada que los haga recomendables. Pero, por medio de la salvación, los creyentes son "herederos de Dios y coherederos con Cristo" (Ro. 8:17), compartiendo sus riquezas porque Dios los hizo "participantes de la naturaleza divina" (2 P. 1:4). El objetivo final al salvarlos es hacerlos semejantes a Él (1 Jn. 3:2), reflejar su gloria en el cielo "para mostrar en los siglos venideros las abundantes riquezas de su gracia en su bondad para con [los creyentes] en Cristo Jesús" (Ef. 2:7).

No era esta la primera vez que Pablo describía a los corintios las riquezas que poseían en Cristo. En 1 Corintios 1:4-5 escribió: "Gracias doy a mi Dios siempre por vosotros, por la gracia de Dios que os fue dada en Cristo Jesús; porque en todas las cosas fuisteis enriquecidos en él" y en 3:22 añadió: "Sea Pablo, sea Apolos, sea Cefas, sea el mundo, sea la vida, sea la muerte, sea lo presente, sea lo por venir, todo es vuestro".

La verdad gloriosa de que los cristianos han sido bendecidos "con toda bendición espiritual en los lugares celestiales en Cristo" (Ef. 1:3), a través de su amor en sacrificio que lo llevó a vaciarse por completo, debería provocar gratitud en ellos. Sin embargo, más aún, debe también motivarlos a dar con sacrificio, libertad y generosidad a otros. Deben seguir el ejemplo del Señor Jesucristo, quien se hizo pobre para enriquecer a otros. ¿Cómo pueden recibir los cristianos todas las riquezas por las cuales Cristo se hizo pobre y no estar dispuestos a satisfacer las necesidades de los demás? Santiago escribió: "Si un hermano o una hermana están desnudos, y tienen necesidad del mantenimiento de cada día, y alguno de vosotros les dice: Id en paz, calentaos y saciaos, pero no les dais las cosas que son necesarias para el cuerpo, ¿de qué aprovecha?" (Stg. 2:15-16). El apóstol Juan agregó: "El que tiene bienes de este mundo y ve a su hermano tener necesidad, y cierra contra él su corazón, ¿cómo mora el amor de Dios en él?" (1 Jn. 3:17).

A algunos les puede parecer que la inclusión de este versículo aquí, con una verdad teológica tan profunda, en el contexto de dar, es incongruente. Pero tal cosa pierde de vista el hecho de que la verdad teológica no está aislada de la vida diaria, como lo explica Fred B. Craddock:

No hay nada mundano y externo a la preocupación y responsabilidad del cristiano. No hay dos mundos; sino uno solo. El dinero para ayudar a los pobres es tan "espiritual" como la oración… La ofrenda para los santos de Judea era para Pablo una implicación definitiva de la encarnación. No sorprende que la explicación de la una trajera a colación la otra. De hecho, la ofrenda proporcionó una oportunidad para enseñar el significado de la cristología, y la cristología informaba y provocaba la ofrenda ("The Poverty of Christ" [La pobreza de Cristo], *Interpretation* 22 [Interpretación 22], [abr. 1968], p. 169).

El tema de las ofrendas, aparentemente mundano, estaba en realidad conectado con la verdad central del cristianismo: que la pobreza voluntaria de Cristo hace ricos a quienes están destituidos espiritualmente.

Mayordomía con integridad

23

Y en esto doy mi consejo; porque esto os conviene a vosotros, que comenzasteis antes, no sólo a hacerlo, sino también a quererlo, desde el año pasado. Ahora, pues, llevad también a cabo el hacerlo, para que como estuvisteis prontos a querer, así también lo estéis en cumplir conforme a lo que tengáis. Porque si primero hay la voluntad dispuesta, será acepta según lo que uno tiene, no según lo que no tiene. Porque no digo esto para que haya para otros holgura, y para vosotros estrechez, sino para que en este tiempo, con igualdad, la abundancia vuestra supla la escasez de ellos, para que también la abundancia de ellos supla la necesidad vuestra, para que haya igualdad, como está escrito: El que recogió mucho, no tuvo más, y el que poco, no tuvo menos. Pero gracias a Dios que puso en el corazón de Tito la misma solicitud por vosotros. Pues a la verdad recibió la exhortación; pero estando también muy solícito, por su propia voluntad partió para ir a vosotros. Y enviamos juntamente con él al hermano cuya alabanza en el evangelio se oye por todas las iglesias; y no sólo esto, sino que también fue designado por las iglesias como compañero de nuestra peregrinación para llevar este donativo, que es administrado por nosotros para gloria del Señor mismo, y para demostrar vuestra buena voluntad; evitando que nadie nos censure en cuanto a esta ofrenda abundante que administramos, procurando hacer las cosas honradamente, no sólo delante del Señor sino también delante de los hombres. Enviamos también con ellos a nuestro hermano, cuya diligencia hemos comprobado repetidas veces en muchas cosas, y ahora mucho más diligente por la mucha confianza que tiene en vosotros. En cuanto a Tito, es mi compañero y colaborador para con vosotros; y en cuanto a nuestros hermanos, son mensajeros de las iglesias, y gloria de Cristo. Mostrad, pues, para con ellos ante las iglesias la prueba de vuestro amor, y de nuestro gloriarnos respecto de vosotros. Cuanto a la ministración para los santos, es por demás que yo os escriba; pues conozco vuestra buena voluntad, de la cual yo me glorío entre los de Macedonia, que Acaya está preparada desde el año pasado; y vuestro celo ha estimulado a la mayoría. Pero he enviado a los hermanos, para que nuestro gloriarnos de vosotros no sea vano en esta parte; para que como lo he dicho, estéis preparados; no sea que

si vinieren conmigo algunos macedonios, y os hallaren desprevenidos, nos avergoncemos nosotros, por no decir vosotros, de esta nuestra confianza. Por tanto, tuve por necesario exhortar a los hermanos que fuesen primero a vosotros y preparasen primero vuestra generosidad antes prometida, para que esté lista como de generosidad, y no como de exigencia nuestra. (8:10—9:5)

En la iglesia hay pocos temas más sensibles que el del dinero. Cualquier mención a dar, contribuir o recaudar fondos va a ser percibida por algunos de manera inapropiada, entrometida e incluso ofensiva. Los críticos acusan a los líderes de la iglesia de estar interesados en el dinero, usualmente malversando lo que reciben.

Desgraciadamente, hay algo de cierto en tales acusaciones. Muchos líderes parecen estar preocupados en conseguir dinero. Algunos son sinceros pero están equivocados y por su celo (o desespero) recurren a técnicas cuestionables para recaudar fondos. Pero algunos son completos charlatanes que estafan tozuda y cínicamente, sin ética, aun a los pobres, y están desesperados por llenar sus bolsillos y construir sus propios imperios. Como resultado de sus tácticas y campañas agresivas, se desvían millones de dólares en ardides que no promueven el reino de Dios.

Frente a tales abusos, algunos podrían pensar que es sabio evitar el asunto por completo. Pero esta no puede ser la solución correcta. Cada iglesia y cada creyente deben entender la voluntad divina con respecto al dinero, el uso que han de darle los creyentes y el que debe dársele en la iglesia. En particular, dar es un elemento importante del designio de Dios para la vida cristiana. "Dar" fomenta el reino de Dios, glorifica su nombre, satisface las necesidades de los demás y acumula tesoros en el cielo, produciendo bendición de Dios en esta vida y la venidera. Debe ser una característica regular de la adoración cada vez que la iglesia se reúne en el día del Señor.

Los cristianos deben ser mayordomos cuidadosos de los recursos que Dios les ha confiado. Deben ser sabios en obtener, ahorrar, invertir y gastar el dinero. Y, de igual manera, también deben ser sabios en dar su dinero. Este pasaje es una rica contribución a la enseñanza bíblica del privilegio de dar. Aparentemente, el texto no parece más que unas notas de paso sobre un acontecimiento que ocurrió hace dos mil años. Sin embargo, contiene principios prácticos que trascienden el tiempo y que definen la mayordomía de todos los creyentes. A través de estos versículos se define la mayordomía con integridad como un llamado a dar que es voluntario, dar con fidelidad para cumplir con el compromiso, dar en sumas que sean proporcionales a lo que cada uno tiene, dar que los recursos estén equilibrados en el cuerpo de Cristo, dar en sumisión a los pastores, dar responsablemente, dar como expresión de amor, dar para servir de ejemplo y dar para vencer el pecado de la codicia.

LA MAYORDOMÍA CON INTEGRIDAD ES
UN LLAMADO VOLUNTARIO

Y en esto doy mi consejo; porque esto os conviene a vosotros, que comenzasteis antes, no sólo a hacerlo, sino también a quererlo, desde el año pasado. (8:10)

Dar no requiere una cantidad o porcentaje fijo, sino que es totalmente voluntario (para una explicación sobre el diezmo, véase el capítulo 21 de este volumen). Pablo no presionó ni esperó que los macedonios dieran un porcentaje específico, sino que los elogió porque dieron "conforme a sus fuerzas" (8:3). Tampoco dio una orden en este texto a los corintios, sino que les dio su **consejo** sobre cómo dar.

El apóstol sabía que dar con sacrificio y generosidad convenía a los corintios. En 9:6 escribió: "El que siembra escasamente, también segará escasamente; y el que siembra generosamente, generosamente también segará". En Lucas 6:38, Jesús expresó el mismo principio: "Dad, y se os dará; medida buena, apretada, remecida y rebosando darán en vuestro regazo; porque con la misma medida con que medís, os volverán a medir". Cuando los creyentes dan generosamente, Dios los bendice generosamente. Los corintios, convencidos de esta verdad, dieron una ofrenda tan grande que Pablo se refirió a esta como una "ofrenda abundante" (2 Co. 8:20), capaz de suplir totalmente "lo que a los santos [faltaba]" (9:12).

Los programas de mayordomía con integridad no presionan a las personas a dar. Con demasiada frecuencia, los líderes manipuladores coaccionan a los demás a desprenderse de su dinero bajo la motivación errónea del miedo o el egoísmo. Cualquier forma de dar al Señor que sea obligatoria no es bíblica. La mayordomía con integridad no supone que las personas den por coerción externa, sino por devoción interna.

En lugar de exigir una cantidad específica a los corintios, Pablo les motivó al recordarles que ellos fueron los primeros que comenzaron **antes** a dar, **desde el año** anterior. La frase **desde el año pasado** presupone que hubieran pasado posiblemente más de doce meses. No solamente comenzaron a dar **antes, sino** que **también** fueron los primeros en desear hacerlo, lo cual revela una vez más que dieron libremente, no mediante coacción.

La cronología de las relaciones de Pablo con los corintios concerniente a la recolecta para la iglesia de Jerusalén puede resumirse de la siguiente forma. Después de que Pablo fundó la iglesia de Corinto en su segundo viaje misionero (Hch. 18:1-10), se quedó ministrando allí alrededor de veinte meses (Hch. 18:11, 18). Después dejó Corinto y partió para Éfeso, desde donde escribió una carta correctiva a los corintios (1 Co. 5:9) que probablemente enviara con Tito. Por ese tiempo, Pablo ya había diseñado su plan para ofrendar a los cristianos pobres de Jerusalén y Tito habló de esto a los corintios. La iglesia respondió positivamente, pero tenía algunas preguntas que Pablo respondió en 1 Corintios (16:1-4). Después de que los falsos maestros llegaron a Corinto y promovieron una rebelión contra Pablo, los corintios interrumpieron temporalmente su ofrenda. Pablo trató duramente dicha rebelión en su tercera carta, conocida como la carta severa (2 Co. 2:3-4) que escribió entre 1 y 2 Corintios. El apóstol recibió noticias alentadoras de parte de Tito (quien había llevado la carta severa a Corinto): que la mayoría de los corintios se había arrepentido de su deslealtad a él. Por lo tanto, cuando escribió 2 Corintios, su cuarta carta a esta iglesia, los instó a retomar la recolecta de las ofrendas (caps. 8—9). Lo hizo de acuerdo con el principio que mencionó en 1 Corintios 16:2: que todo lo que dieran debía ser voluntario; es decir, "según haya prosperado" cada persona.

LA MAYORDOMÍA CON INTEGRIDAD ES UN LLAMADO A SER FIEL EN CUMPLIR CON EL COMPROMISO

Ahora, pues, llevad también a cabo el hacerlo, para que como estuvisteis prontos a querer, así también lo estéis en cumplir (8:11*a*)

Uno de los aspectos más frustrantes del ministerio tiene que ver con el trato de quienes comienzan bien pero nunca terminan lo que empiezan. No es fácil seguir las cosas hasta completarlas; requiere disciplina, devoción y fidelidad. Hay muchos que comienzan, incluso hacen promesas de dar, pero no cumplen lo que prometieron. Todas las buenas intenciones de los corintios habrían significado poco si no completaban la recolecta, de modo que Pablo los urgió a llevarla **a cabo**. Su prontitud **a querer** no sería nada si no iban a **cumplir** el proyecto. Al apóstol le preocupaba que aunque estuvieran dispuestos no hicieran conforme a su disposición. Al final de 1 Corintios (16:2), instruyó a los corintios así: "Cada primer día de la semana cada uno de vosotros ponga aparte algo, según haya prosperado, guardándolo, para que cuando yo llegue no se recojan entonces ofrendas". Dar era algo que debía hacerse en el día del Señor de manera sistemática, ordenada y rutinaria; Pablo no quería que se hiciera una recolecta apresurada cuando llegara.

Como ya se señaló anteriormente, la interrupción en las donaciones de los corintios no fue por apatía o egoísmo, sino por la rebelión que incitaron los falsos apóstoles contra Pablo. Una de sus mentiras más enrevesadas era que Pablo ministraba por dinero; que Pablo andaba "con astucia" (2 Co. 4:2). Pero a diferencia de los falsos apóstoles, Pablo no era culpable de medrar "falsificando la palabra de Dios" (2:17). No obstante, las falsas acusaciones en su contra habían provocado dudas sobre su integridad entre los corintios, interrumpiendo así la recolecta. Nada paraliza más la voluntad de dar en las personas que la pérdida de la confianza en sus líderes. Pero ya era hora de que completaran lo que habían comenzado porque la relación entre ellos y el apóstol se había restaurado.

LA MAYORDOMÍA CON INTEGRIDAD ES UN LLAMADO A DAR PROPORCIONALMENTE A LO QUE CADA UNO TIENE

conforme a lo que tengáis. Porque si primero hay la voluntad dispuesta, será acepta según lo que uno tiene, no según lo que no tiene. (8:11*b*-12)

Aunque Pablo esperaba que los corintios dieran generosamente, no esperaba que dieran más allá de sus medios. La frase griega que se traduce **conforme a lo que tengáis** dice literalmente "de lo que tengan". Cuando el apóstol les escribió su primera carta inspirada les dijo: "Cada uno de vosotros ponga aparte algo, según haya prosperado" (1 Co. 16:2). Aun lo que los macedonios dieron tan ejemplarmente fue "conforme a sus fuerzas, y aun más allá de sus fuerzas" (2 Co. 8:3); es decir, dieron de lo que tenían, pero en cantidades que implicaban algún sacrificio, usando dinero que requerían para sus necesidades básicas. Pero si **la voluntad** (*prothumia*; "disposición", "deseo de ayudar", "celo") de dar en sacrificio y con generosidad única está **dispuesta**, la ofrenda **será acepta** para Dios porque los creyentes dieron más allá de lo esperado. Pero Dios espera que lo ofrendado sea **según lo que uno tiene, no según lo que no tiene**. Sin embargo, los creyentes no deben pedir prestado para dar. Endeudarse para dar y no tener capacidad de pago es una necedad.

Cuando los creyentes se sienten movidos a dar más allá de sus capacidades y a hacer sacrificios para incrementar su capacidad de dar, están siguiendo el ejemplo de la viuda pobre, de quien Jesús dijo: "De cierto os digo que esta viuda pobre echó más que todos los que han echado en el arca; porque todos han echado de lo que les sobra; pero ésta, de su pobreza echó todo lo que tenía, todo su sustento" (Mr. 12:43-44).

Algunos de los corintios podrían haber usado su falta de recursos como excusa para no dar. Es cierto que quienes, como la viuda pobre, tienen recursos mínimos, solo pueden dar lo mínimo, mientras que quienes tienen recursos más sustanciales pueden dar mayores cantidades. Pero con Dios la cantidad no es la cuestión sino la actitud del corazón. Él espera que los creyentes den en proporción a sus recursos, no más, pero tampoco menos. Cualquier ministerio que intente presionar a las personas a dar más allá de sus recursos está operando fuera de los límites de la mayordomía bíblica. Así también quienes no dan en proporción a sus recursos.

LA MAYORDOMÍA CON INTEGRIDAD ES UN LLAMADO A DAR DE MODO QUE HAYA RECURSOS EQUILIBRADOS EN EL CUERPO DE CRISTO

Porque no digo esto para que haya para otros holgura, y para vosotros estrechez, sino para que en este tiempo, con igualdad, la abundancia vuestra supla

la escasez de ellos, para que también la abundancia de ellos supla la necesidad vuestra, para que haya igualdad, como está escrito: El que recogió mucho, no tuvo más, y el que poco, no tuvo menos. (8:13-15)

Algunos de los corintios pueden haber estado reacios a dar por la acusación de favoritismo que los falsos apóstoles hicieron contra Pablo. Lo acusaron de tener prejuicios a favor de la iglesia compuesta principalmente de judíos en Jerusalén, puesto que él también era judío. De modo que, de acuerdo con la facción antipaulina, el objetivo del apóstol al recolectar la ofrenda era enriquecer por sus prejuicios a sus compatriotas judíos a expensas de las privaciones de los corintios.

Pablo, previniendo esta objeción, aseguró a los corintios que la colecta no era **para que haya para otros holgura**. Su meta no era aumentar el nivel de comodidad de los santos de Jerusalén causando **estrechez** y dificultad a los corintios. Su plan no era hacer ricos a los pobres y a los pobres ricos. En cambio, su objetivo era oponerse al favoritismo y traer un poco de **igualdad,** no en un sentido marxista o socialista de igualitarismo económico, sino de equilibrio de recursos. Pablo quería que quienes tenían más de lo que necesitaban ayudaran a quienes tenían menos de lo que necesitaban. Tal actitud es la marca del verdadero creyente. Juan escribió: "El que tiene bienes de este mundo y ve a su hermano tener necesidad, y cierra contra él su corazón, ¿cómo mora el amor de Dios en él?" (1 Jn. 3:17). Juan realmente cuestiona la salvación de este tipo de persona.

Pablo expresó este mismo principio a Timoteo, diciéndole que instruyera "a los ricos de este siglo… que no sean altivos, ni pongan la esperanza en las riquezas, las cuales son inciertas, sino en el Dios vivo, que [da a los creyentes] todas las cosas en abundancia para que las disfrutemos. Que hagan bien, que sean ricos en buenas obras, dadivosos, generosos" (1 Ti. 6:17-18). No hay nada de malo en ser rico si esta bendición viene de Dios. Pero los ricos no deben ser arrogantes ni confiar en sus riquezas. Más bien, deben ser "dadivosos [y] generosos". No había nada de malo en que los corintios tuvieran más que los creyentes de Jerusalén. Pero habría sido un error que no fueran generosos. Los cristianos no son individuos aislados, sino miembros de un cuerpo (Ro. 12:5). Por lo tanto, son responsables de satisfacer las necesidades de los demás.

Por supuesto, esto no quiere decir que la iglesia deba sostener a quienes deciden no trabajar. La Biblia no aprueba la indolencia. De hecho, Pablo hizo una declaración fortísima con respecto a quienes no quieren trabajar: "Si alguno no quiere trabajar, tampoco coma" (2 Ts. 3:10). La responsabilidad de la Iglesia no es ser indulgente con la pereza, sino satisfacer las necesidades básicas de quienes no están en capacidad de proveer sus propias necesidades.

Aunque en el **tiempo** presente **la abundancia** de los corintios suplía **la escasez** de los santos de Jerusalén, no necesariamente sería siempre ese el caso. Las fortunas en la vida podían cambiar y podría llegar el momento en que una persecución o un desastre empobreciera a los corintios. Si tal cosa ocurría, la **abundancia** de los santos de Jerusalén supliría **la necesidad** de los corintios.

Pablo ilustró esta idea con una cita del Antiguo Testamento. La trajo a colación con la conocida expresión **como está escrito**, la forma que tiene el Nuevo Testamento de introducir una cita del Antiguo Testamento (cp. 2 Co. 9:9; Mr. 1:2; 7:6; Lc. 2:23; 3:4; Jn. 6:31; 12:14-15; Hch. 7:42; 15:15; Ro. 1:17; 2:24; 3:4, 10; 4:17; 8:36; 9:13, 33; 10:15; 11:8, 26; 15:3, 9, 21; 1 Co. 1:31; 2:9; 10:7). La cita **el que recogió mucho, no tuvo más, y el que poco, no tuvo menos** viene del relato de los tiempos de Israel en el desierto. El Señor prometió enviarle pan del cielo al pueblo (Éx. 16:4) en respuesta a sus quejas (vv. 2-3). Cuando recolectaban el maná, "recogieron unos más, otros menos" (v. 17). Con todo, "no sobró al que había recogido mucho, ni faltó al que había recogido poco" (v. 18). Al parecer compartieron lo que recogían, de modo que cada persona y familia tenía suficiente para comer. Así es en el cuerpo de Cristo; quienes tienen en abundancia comparten con quienes están en necesidad, de modo que todos tengan suficiente.

LA MAYORDOMÍA CON INTEGRIDAD ES UN LLAMADO A DAR EN SUMISIÓN A LOS PASTORES

Pero gracias a Dios que puso en el corazón de Tito la misma solicitud por vosotros. Pues a la verdad recibió la exhortación; pero estando también muy solícito, por su propia voluntad partió para ir a vosotros. (8:16-17)

Aquí Pablo anticipó y respondió otra objeción potencial a la ofrenda; a saber, que el proyecto fuera solo suyo. Pero no era solo la pasión de Pablo: **Dios** había puesto **la misma solicitud** para el proyecto **en el corazón de Tito**. Tito, que los conocía muy bien y los amaba profundamente (cp. 7:15) también estaba comprometido de todo corazón con el esfuerzo por aliviar las cargas de los santos de Jerusalén. El hecho de que Dios hubiera unido tanto los corazones de Pablo y Tito era confirmación adicional de que esta colecta era su voluntad. Y la facción antipaulina no podía acusar a Tito de tener preferencias a favor de los judíos, porque él era gentil.

En caso de que alguien creyera que Pablo había forzado a Tito a involucrarse en el programa, el apóstol dijo que su amigo **recibió la exhortación** y que **estando también muy solícito, por su propia voluntad partió para ir a** los corintios. Pablo le pidió a Tito que participara y Tito **recibió** la invitación del apóstol. De tal forma apoyó el proyecto con tanta **solicitud** que salió rumbo a Corinto **por su propia voluntad**. La participación voluntaria de Tito con Pablo era evidencia adicional de la unanimidad entre los dos.

Los líderes contundentes y de convicciones férreas suelen tener la capacidad de imponer sus proyectos. Pero los programas de mayordomía que tengan algún sentido bíblico estarán a cargo de varios hombres piadosos. Las finanzas de la iglesia deben estar supervisadas por hombres sabios, teológicamente coherentes, maduros espiritualmente que estén de acuerdo en buscar la voluntad de Dios.

LA MAYORDOMÍA CON INTEGRIDAD ES UN LLAMADO A DAR CON RESPONSABILIDAD

Y enviamos juntamente con él al hermano cuya alabanza en el evangelio se oye por todas las iglesias; y no sólo esto, sino que también fue designado por las iglesias como compañero de nuestra peregrinación para llevar este donativo, que es administrado por nosotros para gloria del Señor mismo, y para demostrar vuestra buena voluntad; evitando que nadie nos censure en cuanto a esta ofrenda abundante que administramos, procurando hacer las cosas honradamente, no sólo delante del Señor sino también delante de los hombres. Enviamos también con ellos a nuestro hermano, cuya diligencia hemos comprobado repetidas veces en muchas cosas, y ahora mucho más diligente por la mucha confianza que tiene en vosotros. En cuanto a Tito, es mi compañero y colaborador para con vosotros; y en cuanto a nuestros hermanos, son mensajeros de las iglesias, y gloria de Cristo. (8:18-23)

No solamente Tito, a quien los corintios conocían bien y le tenían gran respeto, participaban en la recolecta, sino también un **hermano** cuyo nombre no se menciona y **cuya alabanza en el evangelio se** oía **por todas las iglesias**. Pablo lo había enviado a Corinto **juntamente con** Tito para ayudar en la colecta. La inclusión de este individuo tenido en tan alta estima señalaba la intención de Pablo de manejar las cosas con honradez e integridad absolutas, y evitaba toda crítica posible de que pudiera malversar los fondos.

Algunos han especulado que el **hermano** sin nombre aquí era Tíquico, otros que era Trófimo o Lucas. Pero tal especulación es inútil porque no se da el nombre. Ciertamente, los corintios lo reconocerían, al menos porque llegaba con Tito. Sin embargo, las palabras de Pablo implican que los corintios ya lo conocían como un distinguido predicador del evangelio. Pablo no lo escogió para que lo ayudara con la colecta por su buen juicio de negocios, sino por su madurez espiritual, su carácter incuestionable y su reputación de integridad. La participación de otro líder piadoso en la recolecta aumentaba aún más la credibilidad del proyecto. También era acorde con el patrón neotestamentario de confiar el dinero al liderazgo espiritual de la iglesia (cp. Hch. 4:37).

No solo habían escogido Pablo y Tito al hermano no nombrado para ayudar a supervisar la recolección, **sino que también fue designado por las iglesias como compañero de** ellos **para llevar este donativo**. No era simplemente otro de los protegidos del apóstol al que tuviera en su mano. El hecho de que **las iglesias** lo hubieran escogido protegía a Pablo y a Tito de cualquier acusación falsa de que estuvieran en un complot para malversar el dinero. La razón para la preocupación del apóstol no era que él y Tito no fueran dignos de confianza, sino que sus enemigos en Corinto no lo eran. No podía permitírseles hacer una acusación que confundiera más a los ya de por sí inestables corintios.

La recolecta iban a administrarla Pablo y sus compañeros **para gloria del Señor mismo**. Querían estar absolutamente seguros de que ningún reproche cayera en el nombre de Cristo. El predicador no nombrado actuaría como auditor externo y objetivo, asegurando que no pudiera hacerse ninguna crítica válida sobre el manejo del dinero. También querían **demostrar** la **buena voluntad** de los corintios para ayudar a los pobres, algo que Pablo siempre estuvo pronto a hacer (cp. Gá. 2:10).

De modo que Pablo, anticipando los ataques de sus enemigos en su credibilidad, procuró la inclusión del predicador piadoso que acompañara a Tito, **evitando que** alguien los censurara **en cuanto a esta ofrenda abundante que** administraban. Fue una salvaguarda sabia, pues sus enemigos en Corinto ya lo habían acusado de ser ministro por interés en el dinero. En 1 Corintios 9:3-15, Pablo escribió lo siguiente, defendiendo sus derechos y privilegios como apóstol:

Contra los que me acusan, esta es mi defensa: ¿Acaso no tenemos derecho de comer y beber? ¿No tenemos derecho de traer con nosotros una hermana por mujer como también los otros apóstoles, y los hermanos del Señor, y Cefas? ¿O sólo yo y Bernabé no tenemos derecho de no trabajar? ¿Quién fue jamás soldado a sus propias expensas? ¿Quién planta viña y no come de su fruto? ¿O quién apacienta el rebaño y no toma de la leche del rebaño? ¿Digo esto sólo como hombre? ¿No dice esto también la ley? Porque en la ley de Moisés está escrito: No pondrás bozal al buey que trilla. ¿Tiene Dios cuidado de los bueyes, o lo dice enteramente por nosotros? Pues por nosotros se escribió; porque con esperanza debe arar el que ara, y el que trilla, con esperanza de recibir del fruto. Si nosotros sembramos entre vosotros lo espiritual, ¿es gran cosa si segáremos de vosotros lo material? Si otros participan de este derecho sobre vosotros, ¿cuánto más nosotros? Pero no hemos usado de este derecho, sino que lo soportamos todo, por no poner ningún obstáculo al evangelio de Cristo. ¿No sabéis que los que trabajan en las cosas sagradas, comen del templo, y que los que sirven al altar, del altar participan? Así también ordenó el Señor a los que anuncian el evangelio, que vivan del evangelio. Pero yo de nada de esto me he aprovechado, ni tampoco he escrito esto para que se haga así conmigo; porque prefiero morir, antes que nadie desvanezca esta mi gloria.

Aunque Pablo tenía todo el derecho a recibir el respaldo económico de los corintios, no lo recibió. Quería desacreditar las falsas acusaciones de que ministraba por dinero.

Después, escribió en 2 Corintios:

> *¿Pequé yo humillándome a mí mismo, para que vosotros fueseis enaltecidos, por cuanto os he predicado el evangelio de Dios de balde? He despojado a otras iglesias, recibiendo salario para serviros a vosotros. Y cuando estaba entre vosotros y tuve necesidad, a ninguno fui carga, pues lo que me faltaba, lo suplieron los hermanos que vinieron de Macedonia, y en todo me guardé y me guardaré de seros gravoso (11:7-9; cp. 12:14-18).*

La precaución de Pablo estaba más que justificada porque esperaba que la donación de los corintios fuera grande. La palabra *hadrotēs* (**ofrenda abundante**) solo aparece aquí en el Nuevo Testamento. Si Pablo hubiera sido el embaucador que sus enemigos afirmaban falsamente, la ofrenda habría sido un blanco muy tentador.

Pablo procuraba **hacer las cosas honradamente, no sólo delante del Señor** (cp. la explicación dada anteriormente al v. 19) **sino también delante de los hombres**. Algunos podrán preguntarse por qué Pablo se preocupaba por lo que pensaran los hombres si actuaba de manera apropiada **delante del Señor**. No le interesaba complacer a los hombres (cp. 1 Co. 9:22; Gá. 1:10; 1 Ts. 2:4). Pero tampoco era que no le preocupara lo que pensaran los hombres; después de todo, eran ellos a quienes intentaba alcanzar con el evangelio. No podía permitir que las falsas acusaciones de sus enemigos pudieran desacreditarlo y hacerlo sospechoso ante el mundo que los observaba, y así menoscabar su predicación del evangelio (cp. Pr. 3:4; Ro. 12:17; 14:16; 1 Co. 9:22; 10:32-33).

Pablo envió **con** Tito y el predicador sin nombre a otro **hermano** cuyo nombre tampoco se menciona, resaltando aún más su preocupación por manejar la colecta con integridad. Una vez más, es inútil especular sobre su identidad; como ocurría con el predicador famoso ya mencionado, los corintios lo conocían y lo respetaban. Aunque no se le da nombre, se le elogia grandemente; Pablo lo describió como alguien **cuya diligencia** había **comprobado repetidas veces** (de *dokimazō*; aprobar después de evaluar) **en muchas cosas**. Su **diligencia** o celo se había incrementado dada **la mucha confianza que** tenía **en** los corintios. Había oído de su arrepentimiento y lealtad renovada a Pablo, cosa que lo hizo aún más dispuesto a participar.

Entonces Pablo menciona los miembros de su comité financiero y enfatiza una vez más que tenían un carácter noble e irreprochable. **Tito** no era solo el **compañero** (*koinōnos*) de Pablo en el ministerio, sino su **colaborador** (*sunergos*; cp. Ro. 16:3, 9, 21; Fil. 2:25; Col. 4:11; Flm. 1:24) **para con** los corintios. **Y en**

cuanto a los dos **hermanos** sin nombre, eran **mensajeros** (lit., "apóstoles") **de las iglesias**. Esta frase es la única en el Nuevo Testamento que los designa como autoridades oficiales representativas de las iglesias. No eran apóstoles de Cristo, como los doce y Pablo. No fueron testigos oculares de la resurrección del Señor resucitado, escogidos y comisionados por Él directamente (Mr. 3:13-19; Hch. 9:15) o través de quienes había ya Él comisionado previamente (Hch. 1:21-22). Las iglesias enviaron a estos dos hermanos fieles para ayudar con la colecta. Pablo los llamó a los tres **gloria de Cristo**, mostrando el alto calibre de los hombres a quienes la iglesia primitiva les había confiado el dinero. No puede haber mayor honor que este, y quienes vivan para dar **gloria a Cristo** no avergonzarán su nombre ni su iglesia.

LA MAYORDOMÍA CON INTEGRIDAD ES UN LLAMADO A DAR COMO EXPRESIÓN DE AMOR

Mostrad, pues, para con ellos ante las iglesias la prueba de vuestro amor, y de nuestro gloriarnos respecto de vosotros. (8:24)

Pablo ya había instruido a los corintios sobre la importancia y el procedimiento de la contribución. Había tomado todas las precauciones razonables para evitar cualquier apariencia de deshonestidad. Ahora era momento para que los corintios se mostraran **ante las iglesias** (lit., "ante la cara de las iglesias") de tal modo que estas pudieran ver su generosidad. Con ello, los corintios les mostrarían **la prueba de** su **amor**; como dijo Jesús: "Un mandamiento nuevo os doy: Que os améis unos a otros; como yo os he amado, que también os améis unos a otros. En esto conocerán todos que sois mis discípulos, si tuviereis amor los unos con los otros" (Jn. 13:34-35). Una iglesia amorosa es una iglesia generosa, y el amor generoso de los corintios validaría lo que Pablo se gloriaba con **respecto de** la obra de Cristo en ellos.

LA MAYORDOMÍA CON INTEGRIDAD ES UN LLAMADO A DAR PARA SERVIR DE EJEMPLO

Cuanto a la ministración para los santos, es por demás que yo os escriba; pues conozco vuestra buena voluntad, de la cual yo me glorío entre los de Macedonia, que Acaya está preparada desde el año pasado; y vuestro celo ha estimulado a la mayoría. Pero he enviado a los hermanos, para que nuestro gloriarnos de vosotros no sea vano en esta parte; para que como lo he dicho, estéis preparados; no sea que si vinieren conmigo algunos macedonios, y os hallaren desprevenidos, nos avergoncemos nosotros, por no decir vosotros, de esta nuestra confianza. (9:1-4)

La separación por capítulos del texto es desafortunada aquí, porque estos versículos continúan el pensamiento expresado al final del capítulo 8. Pablo confiaba tanto en los corintios que le parecía **por demás que** les escribiera en **cuanto a la ministración** (ofenda) **para los santos** de Jerusalén. Sabía de su **buena voluntad**, del celo e ímpetu de su respuesta original. Ello impulsó al apóstol a gloriarse **entre los de Macedonia**, porque **Acaya** (la provincia donde se ubicaba Corinto) estaba **preparada desde el año** anterior. De hecho, como se dijo en el capítulo 21 de este libro, el **celo** original de los corintios fue el ejemplo que había **estimulado a la mayoría** de macedonios a contribuir con tanto sacrificio en este proyecto.

Pero como ya se observó anteriormente, al parecer, la rebelión contra Pablo incitada por los falsos maestros había detenido sus donaciones. Por lo tanto, había **enviado a los hermanos** (Tito y los dos cuyos nombres se omiten) **para que** su gloriarse **de** ellos **no** fuera **vano en esta parte**; en otras palabras, **para que** tuvieran preparada la ofrenda. A Pablo le preocupaba que **algunos macedonios** fueran con él a Corinto (como de hecho ocurrió; cp. Hch. 20:2-4) y los hallaran **desprevenidos**. Si tal cosa ocurría, Pablo y los corintios terminarían avergonzados **de** su **confianza** en que tenían listas la ofrenda. Para prevenir tal vergüenza, el apóstol hizo un llamado a los corintios para que finalizaran lo que habían comenzado. Así como su ejemplo había promovido originalmente que los macedonios dieran, que completaran lo que empezaron también serviría de ejemplo. Dios desea que dar no sea algo marginal, sino ejemplar.

LA MAYORDOMÍA CON INTEGRIDAD ES UN LLAMADO A DAR PARA VENCER EL PECADO DE LA CODICIA

Por tanto, tuve por necesario exhortar a los hermanos que fuesen primero a vosotros y preparasen primero vuestra generosidad antes prometida, para que esté lista como de generosidad, y no como de exigencia nuestra. (9:5)

Por las razones arriba expuestas, Pablo tuvo **por necesario exhortar a los hermanos** (Tito y los dos cuyos nombres no se mencionan) **que fuesen primero a** Corinto **y preparasen primero** la **generosidad** de los corintios **antes prometida**. Era evidente que habían prometido una cantidad grande específica y Pablo quería asegurarse de que estuviera lista cuando él llegara.

Entonces Pablo les advirtió del único pecado que evitaría que cumplieran su compromiso: la codicia, el pecado que es el mayor obstáculo para dar. No cumplir el compromiso sería pecar por codicia, pues los corintios sabían que la colecta para los santos de Jerusalén era una obra divina y que se estaba haciendo de la forma requerida por Dios, porque ya se habían comprometido previamente a participar de esta [N. del T.: Versiones más modernas, como la

NVI, dicen al final del v. 5 "no como una tacañería" en lugar de "no como exigencia nuestra", como lo traduce la RVR-60. Esto explica que el autor centre su comentario aquí en la codicia].

Pocos pecados son más desagradables que la codicia; pocos pecados manifiestan más gráficamente el egoísmo y el orgullo que asirse a más a expensas de otros. La codicia está radicada en la misma fábrica de la naturaleza humana depravada. Jesús declaró: "Porque de dentro, del corazón de los hombres, salen… las avaricias" (Mr. 7:21-22). Los pecadores codician porque "tienen el corazón habituado a la codicia" (2 P. 2:14). La codicia (avaricia) es idolatría (Ef. 5:5; Col. 3:5) y quienes la practican habitualmente no heredarán el reino de Dios (1 Co. 6:10; Ef. 5:5). La codicia o la avaricia es una característica de la mente depravada (Ro. 1:28-29), lleva a que los hombres se opriman unos a otros (Mi. 2:2) y desprecia al Señor (Sal. 10:3). Los cristianos no deben juntarse "con ninguno que, llamándose hermano, fuere… avaro" (1 Co. 5:11).

Entonces la mayordomía con integridad está marcada por lo que se da voluntaria y fielmente, en proporción a lo que cada quien tiene, que los recursos estén equilibrados en el cuerpo de Cristo, en sumisión a los pastores piadosos que silencian a los críticos porque manejan con fidelidad el dinero. Está motivado por el amor ejemplar a Dios y al prójimo, y está completamente desprovisto de avaricia y codicia. Todo lo que se dé debe estar medido conforme a estas nobles medidas.

El camino a la prosperidad 24

Pero esto digo: El que siembra escasamente, también segará escasamente; y el que siembra generosamente, generosamente también segará. Cada uno dé como propuso en su corazón: no con tristeza, ni por necesidad, porque Dios ama al dador alegre. Y poderoso es Dios para hacer que abunde en vosotros toda gracia, a fin de que, teniendo siempre en todas las cosas todo lo suficiente, abundéis para toda buena obra; como está escrito: Repartió, dio a los pobres; su justicia permanece para siempre. Y el que da semilla al que siembra, y pan al que come, proveerá y multiplicará vuestra sementera, y aumentará los frutos de vuestra justicia, para que estéis enriquecidos en todo para toda liberalidad, la cual produce por medio de nosotros acción de gracias a Dios. Porque la ministración de este servicio no solamente suple lo que a los santos falta, sino que también abunda en muchas acciones de gracias a Dios; pues por la experiencia de esta ministración glorifican a Dios por la obediencia que profesáis al evangelio de Cristo, y por la liberalidad de vuestra contribución para ellos y para todos; asimismo en la oración de ellos por vosotros, a quienes aman a causa de la superabundante gracia de Dios en vosotros. ¡Gracias a Dios por su don inefable! (9:6-15)

A los tres "derechos inalienables" estadounidenses de "la vida, la libertad y la búsqueda de la felicidad" proclamados en la Declaración de Independencia nuestra sociedad añadió un cuarto: el derecho a la búsqueda de la prosperidad. La búsqueda precipitada de la riqueza es la pasión consumidora de esta época. Los supuestos gurús financieros producen un exceso de libros, publirreportajes y otros programas de televisión, sitios web, boletines y revistas. Algunos dan consejos que tienen sentido, aunque la mayoría promueve estrategias de tipo "hágase rico" muy dudosas. Pero todos afirman tener la hoja de ruta al Dorado de hoy día, aquella mítica ciudad de oro que los conquistadores españoles buscaban con tanto afán. Actualmente, las personas buscan su propio Dorado con la misma obstinación implacable que caracterizó a los conquistadores… y suelen obtener los mismos pobres resultados.

Tristemente, la iglesia ha caído presa de la misma búsqueda implacable materialista mundana. Algunos cristianos ven la riqueza como señal de la bendición divina y, por lo tanto, consideran que el éxito económico es una calificación esencial para ser líderes eclesiales.

El ejemplo más escandaloso de materialismo en nombre del cristianismo es, sin duda alguna, el movimiento herético Palabra de Fe o evangelio de la prosperidad. Sus defensores proclaman descaradamente que la voluntad de Dios para todos los creyentes es que sean ricos. Si reclaman las riquezas con fe y hablan positivamente de tenerlas, la sola confesión verbal creará la riqueza. Los maestros del movimiento Palabra de Fe insisten en que Dios está obligado a entregar los bienes cuando los creyentes los pidan. Son tan atrevidos que reemplazan al Dios soberano de las Escrituras (cp. Sal. 103:19; 1 Ti. 6:15) con la soberanía del creyente, que tiene el poder creador para hacerse rico y sano por medio de su propia fe. Dios se convierte en un genio de la lámpara utilitario que concede todos los deseos de los creyentes (para una crítica del movimiento Palabra de Fe, véase John MacArthur, *Los carismáticos* [El Paso: Casa Bautista de Publicaciones, 2003]; D. R. McConnell, *A Different Gospel* [Un evangelio diferente] [Peabody, Mass.: Hendrickson, 1988]).

Pero, a pesar de lo que los engañadores desvergonzados de la Palabra de la Fe proclamen, los creyentes no pueden crear su propia realidad para su propia indulgencia. Tal deseo orgulloso y egoísta no caracteriza a los creyentes genuinos. Es cierto que algunos hombres piadosos, como Abraham y Job, fueron inmensamente ricos. Pero Pablo se describe a sí mismo con estas palabras: "Padecemos hambre, tenemos sed, estamos desnudos, somos abofeteados, y no tenemos morada fija" (1 Co. 4:11), y Jesús dijo de sí mismo: "Las zorras tienen guaridas, y las aves de los cielos nidos; mas el Hijo del Hombre no tiene dónde recostar la cabeza" (Lc. 9:58). La Iglesia siempre ha estado compuesta por ricos (cp. Mt. 27:57; Hch. 4:36-37; 8:27; 10:1-2; 16:14-15; 17:4; 1 Ti. 6:17) y pobres (cp. Hch. 6:1; 1 Co. 1:26; 2 Co. 8:2), porque "el Señor da la riqueza y la pobreza; humilla, pero también enaltece" (1 S. 2:7, nvi) de acuerdo a su propósito soberano.

Sin embargo, ricos o pobres, la Biblia advierte sobre "el engaño de las riquezas" (Mr. 4:19) y exhorta así: "No te afanes por hacerte rico; sé prudente, y desiste. ¿Has de poner tus ojos en las riquezas, siendo ningunas? Porque se harán alas como alas de águila, y volarán al cielo" (Pr. 23:4-5). En Mateo 6:24, Jesús declaró: "No podéis servir a Dios y a las riquezas", y en Lucas 12:15 advirtió: "Mirad, y guardaos de toda avaricia". La avaricia es una característica de los incrédulos (Sal. 10:3; Ro. 1:29; 1 Co. 6:10; Ef. 5:3), especialmente de los falsos maestros (1 Ti. 6:5; Tit. 1:11; 2 P. 2:1-3, 14-15; Jud. 11), y es una forma de idolatría (Ef. 5:5; Col. 3:5). Jesús ordenó lo siguiente, en marcado contraste con el materialismo promovido por los maestros de la prosperidad: "No os hagáis tesoros en la tierra, donde la polilla y el orín corrompen, y donde ladrones minan y hurtan; sino haceos tesoros en el cielo, donde ni la polilla ni el orín corrompen, y donde ladrones no minan ni hurtan" (Mt. 6:19-20).

Dios tiene un plan de estabilidad económica muy diferente al del mundo o al del materialismo pseudocristiano. El plan de Dios requiere trabajo duro, inversiones sabias y ahorro cuidadoso. En contraste con la autoindulgencia de quien se centra en sí mismo, el medio para la prosperidad no está en la acumulación ambiciosa, sino en lo opuesto: dar con generosidad.

> *Honra al Señor con tus riquezas y con los primeros frutos de tus cosechas. Así tus graneros se llenarán a reventar y tus bodegas rebosarán de vino nuevo (Pr. 3:9-10, NVI)*

> *Hay quienes reparten, y les es añadido más; y hay quienes retienen más de lo que es justo, pero vienen a pobreza. El alma generosa será prosperada; y el que saciare, él también será saciado (Pr. 11:24-25).*

> *Servir al pobre es hacerle un préstamo al Señor; Dios pagará esas buenas acciones (Pr. 19:17, NVI).*

> *El que da al pobre no tendrá pobreza; mas el que aparta sus ojos tendrá muchas maldiciones (Pr. 28:27).*

> *Traigan íntegro el diezmo para los fondos del templo, y así habrá alimento en mi casa. Pruébenme en esto —dice el Señor Todopoderoso—, y vean si no abro las compuertas del cielo y derramo sobre ustedes bendición hasta que sobreabunde (Mal. 3:10, NVI).*

> *Dad, y se os dará; medida buena, apretada, remecida y rebosando darán en vuestro regazo; porque con la misma medida con que medís, os volverán a medir (Lc. 6:38).*

La idea clave de estos versículos es clara: cuanto más da alguien, más le devuelve Dios.

En este pasaje, Pablo expresó tal principio usando una imagen conocida de la agricultura: "**Pero esto digo: El que siembra escasamente, también segará escasamente; y el que siembra generosamente, generosamente también segará**". Todo agricultor reconoce que el tamaño de la cosecha es directamente proporcional a la cantidad de semilla sembrada. El agricultor que **siembra escasamente, también segará** una cosecha escasa; **y el que siembra generosamente,** segará **también** una gran cosecha. En el reino espiritual, el principio es que dar a Dios resulta en bendición de Dios; la palabra **generosamente** es traducción de *eulogia* que literalmente significa "bendición". Los dadores generosos cosecharán bendiciones generosas de Dios, mientras que los que retengan lo que dan temerosos a perder por el egoísmo, se perderán la ganancia.

En los capítulos 8 y 9, Pablo buscaba motivar a los corintios a completar su ofrenda para los miembros necesitados de la iglesia de Jerusalén. Primero, les recordó el ejemplo de los macedonios (8:1-9), después les hizo una exhortación directa (8:10—9:5) y en esta sección ha señalado los beneficios potenciales. Dios en su gracia promete una cosecha de acuerdo con lo que los creyentes siembren. No apela el apóstol, por supuesto, al interés egoísta. La promesa no es que Dios recompensará a los dadores generosos para que puedan gastar todo en sus propios deseos. El propósito real de la recompensa que Dios da en su gracia a los creyentes se hará evidente a medida que el pasaje vaya avanzando. Para motivar a los corintios a dar, Pablo aportó una descripción de cinco cosas en las cuales resultaría la cosecha: amor de Dios, generosidad de Dios, glorificar a Dios, amistad con Dios y semejanza a Dios.

AMOR DE DIOS

Cada uno dé como propuso en su corazón: no con tristeza, ni por necesidad, porque Dios ama al dador alegre. (9:7)

Es difícil imaginar una promesa más preciosa que ser el objeto personal del amor de Dios. Todos los reconocimientos, honores y recompensas del mundo dados a todos los filántropos no se acercan al privilegio del amor de Dios. Y aún así, es eso lo que promete al **dador alegre**. Dios ama al mundo en un sentido general (Jn. 3:16), pero tiene un amor más maravilloso y profundo por los suyos (Jn. 13:1; 1 Jn. 4:16) y un amor especial por **cada uno** de quienes dan con alegría.

Dar con alegría viene de adentro, del corazón; no es coerción externa. Comienza por dar **como se propuso en** el **corazón**. Una vez más, Pablo enfatiza la verdad de que el dar cristiano es estrictamente voluntario (véase la explicación de 8:3 en el capítulo 21 de este libro). Pero, aunque no es forzoso, tampoco es casual, descuidado o una ocurrencia momentánea. La palabra *proaireō* (**propuso**) solo se utiliza aquí en el Nuevo Testamento y tiene la idea de predeterminación. Aunque hay una alegría espontánea al dar, debe ser algo planeado y sistemático (1 Co. 16:2), no impulsivo y esporádico. Tampoco ha de darse **con tristeza**. La palabra *lupē* (**con tristeza**) también significa "pena", "aflicción" o "dolor". Dar no ha de hacerse con remordimiento, lamentación o renuencia, cual si hubiera luto por lo que se dio. Y, como ya se ha señalado anteriormente, no ha de darse **por necesidad** por alguna presión legalista externa.

La forma de dar que Dios aprueba es la del **dador alegre**. La palabra **alegre** es traducción de *hilaros*, de donde se deriva la palabra española *hilarante*. Los dadores felices y alegres, quienes se alegran por el privilegio de dar, son objeto especial del amor de Dios.

GENEROSIDAD DE DIOS

Y poderoso es Dios para hacer que abunde en vosotros toda gracia, a fin de que, teniendo siempre en todas las cosas todo lo suficiente, abundéis para toda buena obra; como está escrito: Repartió, dio a los pobres; su justicia permanece para siempre. Y el que da semilla al que siembra, y pan al que come, proveerá y multiplicará vuestra sementera, y aumentará los frutos de vuestra justicia, para que estéis enriquecidos en todo para toda liberalidad, (9:8-11*a*)

Aunque es posible dar sin amar, no es posible amar sin dar. Dios da a su Hijo a todos los creyentes, pero, como ya se dijo, bendice de manera única a los dadores alegres y generosos. De hecho, bendice a tales creyentes en una escala tan grande, inmensa y asombrosa que al idioma le hacen falta palabras para expresarlo. Pablo se apoyó en la hipérbole para expresar la magnanimidad de la generosidad divina, utilizando una forma de la palabra *pas* (**toda**) cinco veces en el versículo 8. Lo que Dios da en su gracia no tiene límites; se sale de la escala.

Puesto que dar parece resultar en que naturalmente se tiene menos, no más, es necesario tener fe para creer que dar desatará la bendición divina. Los cristianos deben creer que Dios es **poderoso** para hacer lo que ha prometido. La palabra *dunateō* (**poderoso es**) significa literalmente "tiene poder". El poder de Dios es grande (Dt. 4:37; 9:29; Neh. 1:10; Sal. 66:3; 79:11; Jer. 32:17; Nah. 1:3; Ap. 11:17) y se exhibe en la Creación, la providencia, los milagros, la salvación, la resurrección de Jesucristo y los creyentes, y en la destrucción eterna de los malvados en el infierno. Entonces no sorprende que Pablo expresara su preocupación con que la "fe [de los corintios] no [estuviera] fundada en la sabiduría de los hombres, sino en el poder de Dios" (1 Co. 2:5).

La sabiduría humana enseña que la prosperidad está en asirse a la riqueza, no en entregarla. Pero la fe confía en la promesa divina de bendecir al dador y en su poder para cumplir las promesas, sabiendo que "es poderoso para hacer todas las cosas mucho más abundantemente de lo que pedimos o entendemos" (Ef. 3:20), para guardarlos y preservarlos (2 Ti. 1:12; He. 7:25; Jud. 24), para ayudarlos cuando están en tentación (He. 2:18) y para levantarlos de la muerte (He. 11:19). Los creyentes, al igual que Abraham, deben estar "plenamente [convencidos] de que [es] también poderoso para hacer todo lo que [ha] prometido" (Ro. 4:21).

Dios da de manera magnánima para **que abunde en** los cristianos que dan generosamente **toda gracia**. Les da con tanta liberalidad y abundancia para que sus hijos **siempre** tengan **en todas las cosas todo lo suficiente**. En este contexto, la referencia es principalmente a los recursos materiales, porque la cosecha debe ser de la misma naturaleza que la semilla. Habiendo los creyentes sembrado riqueza material con lo que dan, segarán de vuelta una cosecha de bendición material. Dios repone con su gracia lo que ellos dan para que no les falte nada; y continuará proveyendo los medios al dador generoso para que este pueda seguir expresando tal generosidad.

Para los filósofos cínicos y estoicos de los tiempos de Pablo *autarkeia* (**suficiente**) significaba independencia de las personas y las circunstancias. Veían tal independencia como una característica esencial para la verdadera felicidad. Pero la suficiencia del creyente no viene de la independencia de las circunstancias, sino de la dependencia de Dios. Así lo escribió Pablo a los filipenses: "Mi Dios, pues, suplirá todo lo que os falta conforme a sus riquezas en gloria en Cristo Jesús" (Fil. 4:19).

La razón por la cual Dios devuelve a quienes dan no es para que las personas puedan gastarlo en sus propios deseos de automóviles, casas y joyas más grandes, como implican y ejemplifican falsamente los maestros de la prosperidad. Dios los provee para que abunden **para toda buena obra**. El Señor abastecerá a los dadores alegres con lo que necesiten para las buenas obras que honren al Señor. Él repone constantemente lo que ellos emplean de modo que el ciclo de dar y ministrar a otros pueda continuar. Los dadores generosos son las personas cuyas vidas están más llenas de obras de justicia.

Para evitar que alguien creyera que este era un nuevo plan radical de bienestar social que Pablo había fraguado, citó el salmo 112:9 para mostrar que siempre había sido el plan divino. La frase **como está escrito** es la forma usual en la cual el Nuevo Testamento presenta citas del Antiguo Testamento (Mr. 1:2; 7:6; Lc. 2:23; 3:4; Jn. 6:31; 12:14-15; Hch. 7:42; 15:15; Ro. 1:17; 2:24; 3:4, 10; 4:17; 8:36; 9:13, 33; 10:15; 11:8, 26; 15:3, 9, 21; 1 Co. 1:31; 2:9; 10:7). La **justicia** del que **repartió** y **dio a los pobres** es tal que **permanece para siempre**. Dios le repondrá y lo recompensará en el tiempo y en la eternidad.

Deuteronomio 15:10-11 también ilustra este punto. En el versículo 10, Dios declaró por medio de Moisés lo siguiente: "No seas mezquino sino generoso [con el pobre], y así el Señor tu Dios bendecirá todos tus trabajos y todo lo que emprendas" (NVI). Quienes eran generosos con los necesitados recibían las bendiciones materiales de Dios. Pero el propósito no era que fueran como el rico insensato de la parábola de Jesús que dijo: "Esto haré: derribaré mis graneros, y los edificaré mayores, y allí guardaré todos mis frutos y mis bienes; y diré a mi alma: Alma, muchos bienes tienes guardados para muchos años; repósate, come, bebe, regocíjate" (Lc. 12:18-19). El versículo 11 revela el propósito de la bendición divina. Moisés recordó a sus oyentes que "Gente pobre en esta tierra, siempre la habrá; por eso [les ordenó] que [fueran] generosos con [sus] hermanos hebreos y con los pobres y necesitados de [su] tierra". La reposición constante de Dios les permitía dar continuamente para satisfacer las necesidades de los otros.

Pablo reforzó esta idea con una tercera cita del Antiguo Testamento, esta vez de Isaías 55:10. Dar generosamente no empobrecerá a nadie porque es evidente que **el que da semilla al que siembra, y pan al que come, proveerá y multiplicará** la **sementera**. Dios es **el que da semilla al que siembra** porque Él creó toda la vegetación de la Tierra (Gn. 1:11-12). De modo que Dios provee el grano del que sale el **pan** para el **que come**. El mismo Dios que provee la semilla para la cosecha en el mundo natural **multiplicará** la **sementera** de los dadores generosos. Estos siembran la semilla y luego recogen la cosecha, que a su vez se convierte en más semilla para sembrar en un ciclo siempre creciente. La cosecha final de dar con generosidad no es solo la recompensa eterna, sino la bendición temporal en esta vida para quienes "[siembran] para [sí mismos] en justicia [y siegan para sí mismos] en misericordia" (Os. 10:12). Él hará que estén **enriquecidos en todo**, equipándolos **para toda liberalidad** en sus donaciones.

GLORIFICAR A DIOS

la cual produce por medio de nosotros acción de gracias a Dios. Porque la ministración de este servicio no solamente suple lo que a los santos falta, sino que también abunda en muchas acciones de gracias a Dios; pues por la experiencia de esta ministración glorifican a Dios por la obediencia que profesáis al evangelio de Cristo, y por la liberalidad de vuestra contribución para ellos y para todos; (9:11*b*-13)

La meta más noble de cualquier labor humana es que Dios reciba gloria (cp. 1 Co. 10:31). La liberalidad generosa de los corintios, **por medio** de Pablo, Tito y los otros participantes en la recolección de la ofrenda, ya estaba produciendo **acción de gracias a Dios** por parte de los beneficiados. Cuando los santos de Jerusalén recibieran el regalo de los corintios, también alabarían y exaltarían a Dios por motivar a los corintios a tanta generosidad.

La raza humana es como un niño desagradecido, y a Dios le duele y le ofende que haya quien "no [lo glorifique] como a Dios, ni le [dé] gracias" (Ro. 1:21). Por otro lado, dar gracias le produce gloria (2 Co. 4:15). En el versículo 12, Pablo describió la **ministración** de los corintios con la palabra *leitourgia* (**servicio**), que se refiere al servicio sacerdotal (cp. Lc. 1:23). La recolecta no era principalmente un programa social, sino un servicio espiritual a Dios.

Pablo esperaba que la ofrenda de los corintios fuera tan generosa que pudiera suplir **lo que** faltaba **a los santos**. La palabra traducida **suple** está compuesta por el verbo *plēroō* con dos preposiciones adicionales para darle énfasis. El apóstol enfatizó una vez más el gran tamaño de la donación de los corintios, a la que ya se había referido antes como "ofrenda abundante" (8:20). Sugiere esto que los corintios eran relativamente solventes en el aspecto económico. Corinto era una ciudad comercial importante y, evidentemente, la persecución no había afectado a la iglesia allí, como sí había empobrecido a las iglesias de Macedonia. La generosidad de los corintios satisfaría las necesidades, pero, lo que era más importante, **también** abundaría **en muchas acciones de gracias a Dios** cuando los creyentes pobres de Jerusalén alabaran a Dios por la ayuda de los corintios.

Tal ofrenda aportaría evidencia de la autenticidad de la salvación de los corintios. **Pues por la experiencia de esta ministración** (lo que dieron los corintios), las personas glorificarían **a Dios por la obediencia que** profesaron **al evangelio de Cristo**. Los creyentes judíos de la iglesia primitiva solían ver con recelo a los gentiles conversos. Muchos miembros de la iglesia de Jerusalén estaban horrorizados al enterarse que Pedro había predicado el evangelio a los gentiles (Hch. 11:1-3), y solo difícilmente se persuadieron de aceptar a los hermanos en Cristo (Hch. 11:4-18). Debe haber sido especialmente difícil para ellos creer que la fe de los corintios era auténtica. La reputación de inmoralidad de la ciudad era de todos conocida en el mundo romano, y el caos de la iglesia de Corinto habría hecho poco por apaciguar las sospechas de los creyentes judíos.

Pero lo que los corintios dieron con sacrificio demostraba tangiblemente el amor por sus hermanos y tal cosa era prueba de su autenticidad (1 Jn. 2:10; 3:17-18; 4:20-21). Probaba que eran "hacedores de la palabra, y no tan solamente oidores" (Stg. 1:22; cp. Ef. 2:10). La **obediencia** de los corintios demostró la autenticidad de su profesión de fe **al evangelio de Cristo**. Sus buenas obras no los salvaban, pero daban evidencia de que poseían una fe viva, no una fe muerta incapaz de salvar (Stg. 2:14-26). Para **todos** los que oyeran de la **liberalidad de la contribución** de los corintios, "la acción de gracias [sobreabundaría] para gloria de Dios" (2 Co. 4:15).

AMIGOS DE DIOS

asimismo en la oración de ellos por vosotros, a quienes aman a causa de la superabundante gracia de Dios en vosotros. (9:14)

Algunos pueden pensar que los creyentes pobres no tienen nada que ofrecer a los ricos, pero no es tal el caso. Las oraciones de los pobres son la recompensa de los ricos, y los creyentes de Jerusalén pagarían la generosidad de los corintios ofreciendo **oración de** los primeros **por** los segundos. Y no solo los santos de Jerusalén, sino el resto de los creyentes que oyeran sobre la fe genuina de los corintios y orarían por ellos. La unidad real en la Iglesia se fundamenta en la sana doctrina y en la oración mutua. La ofrenda de los corintios agrandaría el círculo de amigos comprometidos a orar por ellos; como dijo Jesús en la parábola del mayordomo infiel (Lc. 16:1-13), ganarían "amigos por medio de las riquezas injustas, para que cuando estas falten, [los recibieran] en las moradas eternas" (v. 9).

Y el resto de los creyentes no solo oraría por los corintios; también los amarían y tendrían una comunión más íntima con ellos. Tal deseo estaría estimulado cuando vieran **la superabundante gracia de Dios en** los corintios. Otros creyentes anhelarían orar por ellos y tener comunión con aquellos en quienes la gracia de Dios estaba obrando tan poderosamente.

SEMEJANZA A DIOS

¡Gracias a Dios por su don inefable! (9:15)

La conclusión de bendición es una de las declaraciones más ricas de las Escrituras. Por supuesto, el **don inefable** de Dios es su Hijo: el regalo más magnánimo, glorioso y maravilloso alguna vez entregado, el regalo que inspira todos los otros regalos.

Porque un niño nos es nacido, hijo nos es dado, y el principado sobre su hombro; y se llamará su nombre Admirable, Consejero, Dios Fuerte, Padre Eterno, Príncipe de Paz (Is. 9:6).

Porque de tal manera amó Dios al mundo, que ha dado a su Hijo unigénito, para que todo aquel que en él cree, no se pierda, mas tenga vida eterna. Porque no envió Dios a su Hijo al mundo para condenar al mundo, sino para que el mundo sea salvo por él (Jn. 3:16-17).

El que no escatimó ni a su propio Hijo, sino que lo entregó por todos nosotros, ¿cómo no nos dará también con él todas las cosas? (Ro. 8:32).

Pero cuando vino el cumplimiento del tiempo, Dios envió a su Hijo, nacido de mujer y nacido bajo la ley (Gá. 4:4).

En esto se mostró el amor de Dios para con nosotros, en que Dios envió a su Hijo unigénito al mundo, para que vivamos por él. En esto consiste el amor: no en que nosotros hayamos amado a Dios, sino en que él nos amó a nosotros, y envió a su Hijo en propiciación por nuestros pecados (1 Jn. 4:9-10).

El don de Dios del Señor Jesucristo es la base del dar cristiano. Jesús fue "el grano de trigo [que cayó] en la tierra y [murió]… pero si [murió], lleva mucho fruto" (Jn. 12:24). Dios, por así decirlo, plantó a Cristo como semilla y segó una cosecha de redimidos. Los creyentes están llamados a ser "imitadores de Dios como hijos amados" (Ef. 5:1), y nunca se asemejan más a Él que cuando dan.

Lo que sigue en la historia revela cómo respondieron los corintios a la petición de Pablo en los capítulos 8 y 9 en lo concerniente a la ofrenda. Poco tiempo después de escribir 2 Corintios, Pablo visitó Corinto, como lo había planeado (2 Co. 12:14; 13:1-2). Permaneció allí cerca de tres meses (Hch. 20:1-3), tiempo en el cual escribió Romanos. En dicha carta, Pablo reveló que los corintios habían respondido positivamente en la recolecta:

> *Mas ahora voy a Jerusalén para ministrar a los santos. Porque Macedonia y Acaya tuvieron a bien hacer una ofrenda para los pobres que hay entre los santos que están en Jerusalén. Pues les pareció bueno, y son deudores a ellos; porque si los gentiles han sido hechos participantes de sus bienes espirituales, deben también ellos ministrarles de los materiales (Ro. 15:25-27).*

No solamente habían contribuido, sino que "les pareció bueno"; eran dadores alegres, gozosos y felices. Estaban en el camino a la verdadera prosperidad.

Ganando la guerra espiritual 25

Yo Pablo os ruego por la mansedumbre y ternura de Cristo, yo que estando presente ciertamente soy humilde entre vosotros, mas ausente soy osado para con vosotros; ruego, pues, que cuando esté presente, no tenga que usar de aquella osadía con que estoy dispuesto a proceder resueltamente contra algunos que nos tienen como si anduviésemos según la carne. Pues aunque andamos en la carne, no militamos según la carne; porque las armas de nuestra milicia no son carnales, sino poderosas en Dios para la destrucción de fortalezas, derribando argumentos y toda altivez que se levanta contra el conocimiento de Dios, y llevando cautivo todo pensamiento a la obediencia a Cristo, y estando prontos para castigar toda desobediencia, cuando vuestra obediencia sea perfecta. (2 Co. 10:1-6)

Este pasaje comienza una nueva sección de esta epístola (para una refutación de la opinión de que los caps. 10—13 fueron originalmente una carta aparte, véase la introducción). La primera sección (caps. 1—7) se enfocó en asuntos relacionados con la restauración de la relación entre Pablo y la iglesia de Corinto. En vista de tal restauración, el apóstol consideró apropiado hablar de la participación de los corintios en las ofrendas a la iglesia de Jerusalén (caps. 8—9). En estas dos primeras secciones, las palabras de Pablo fueron en general amables, llenas de gracia y conciliadoras. Pero en esta sección final (caps. 10—13), su tono cambia abruptamente, y su lenguaje se vuelve fuerte, autoritativo y beligerante. Para entender por qué, es necesario revisar la situación de la iglesia de Corinto cuando Pablo escribió esta epístola.

Después de fundar la congregación y edificarla durante casi veinte meses (Hch. 18:1-18), Pablo salió a ministrar a otro lugar. Después de su partida, recibió la noticia de que habían surgido problemas serios en la congregación de Corinto, motivándolo a escribir una carta (no canónica) para corregirlos (1 Co. 5:9). Los informes de dificultades adicionales (1 Co. 1:11) y algunas preguntas que le plantearon los corintios (cp. 1 Co. 7:1) llevaron a Pablo a escribirles una segunda carta (1 Corintios). Sin embargo, pronto surgió un problema aún mayor. Los falsos apóstoles invadieron la iglesia de Corinto, atacando con vehemencia el ministerio de Pablo, sus credenciales apostólicas y su carácter.

Buscaban destruir su reputación y establecerse ellos como maestros con autoridad, para que los corintios creyeran sus malditas mentiras. Pablo respondió a la amenaza con una carta en términos muy fuertes, conocida como la carta severa (2 Co. 2:3-4), que produjo el arrepentimiento de la mayoría de la congregación. (La carta severa, como la carta a la cual Pablo se refiere en 1 Co. 5:9, no están incluidas en las Escrituras, y estas cartas nunca se han encontrado. Solo se sabe de su existencia por las referencias que da el apóstol sobre ellas).

Pero aun cuando él reconocía el arrepentimiento de la iglesia, era lo suficientemente sabio para tener muy claro que los falsos maestros aún eran una fuerza para tener en cuenta. Era probable que el arrepentimiento general de la congregación solo hubiera logrado que su veneno se encubriera. Algunos estaban esperando que el tiempo pasara, con el anhelo de reiniciar la rebelión contra Pablo. Mientras tanto, con toda seguridad seguían haciéndole la guerra tras bambalinas. El apóstol entonces inició una misión de búsqueda y destrucción para acabar con los últimos vestigios de resistencia y rebelión en Corinto. Su ataque tenía dos partes. El bombardeo preliminar, por así decirlo, venía en los últimos cuatro capítulos de esta epístola; el asalto final vendría cuando Pablo visitara Corinto un par de meses después (2 Co. 12:14; 13:1). Entonces, la última sección de esta epístola va dirigida a una minoría recalcitrante; a saber, los falsos apóstoles y el resto de sus engañados seguidores.

Es adecuado que Pablo haya comenzado esta sección con una analogía de guerra, una que él usaba con frecuencia para describir la vida cristiana. Por ejemplo, defendiendo su derecho al mantenimiento económico, había recordado a los corintios: "¿Quién fue jamás soldado a sus propias expensas?" (1 Co. 9:7). También exhortó así a Timoteo: "Tú, pues, sufre penalidades como buen soldado de Jesucristo. Ninguno que milita se enreda en los negocios de la vida, a fin de agradar a aquel que lo tomó por soldado" (2 Ti. 2:3-4; cp. Fil. 2:25; Flm. 2). Y le dijo: "Pelea la buena batalla de la fe" (1 Ti. 6:12; cp. 1 Ti. 1:18).

Cuando ya estaba frente a su muerte inminente, escribió triunfante: "He peleado la buena batalla, he acabado la carrera, he guardado la fe" (2 Ti. 4:7). Urgió a todos los creyentes a usar una armadura espiritual para que pudieran ser efectivos en su lucha contra las fuerzas de las tinieblas (Ef. 6:10-18; cp. Ro. 13:12; 1 Ts. 5:8). Desde que Pablo se convirtió en el camino a Damasco, su vida fue una lucha constante. Batalló contra las fuerzas del reino de las tinieblas, tanto las demoniacas (Ef. 6:12; cp. Hch. 26:16-18) como las humanas (cp. Hch. 9:23-24; 13:6-12, 45, 50; 14:2-5, 19; 17:5-9, 13; 18:12-17; 19:23-41; 20:3, 19; 1 Ts 2:14-16; 1 Ti. 1:20; 2 Ti. 4:14-15). Contendió con los falsos hermanos (2 Co. 11:26; Gá. 2:4) y los falsos apóstoles (2 Co. 11:13), aquellos lobos salvajes que amenazaban el rebaño de Dios (Hch. 20:29; cp. Mt. 7:15). También peleó contra las filosofías aberrantes del mundo (Col. 2:8; cp. Hch. 17:18). Sin embargo, Pablo nunca peleó por su honor; su objetivo siempre fue defender la verdad del evangelio y dar gloria a su Señor. Cuando, con renuencia, se defendió en esta epístola, solamente lo hizo para preservar su credibilidad como apóstol de Jesucristo, enviado a declarar la verdad del evangelio de Dios. El asunto era lo suficientemente crítico para vencer la renuencia de su humildad característica y motivarlo a defenderse.

Cuando comienza la batalla contra las fuerzas del mal en Corinto, Pablo aparece en su uniforme de soldado para establecer el ejemplo a todos los que siguen. Revela cuatro características de un soldado que puede triunfar en la guerra espiritual: es compasivo, valiente, competente y calculador.

ES COMPASIVO

Yo Pablo os ruego por la mansedumbre y ternura de Cristo, yo que estando presente ciertamente soy humilde entre vosotros, mas ausente soy osado para con vosotros; (10:1)

Como se dijo ya antes, este versículo marca la transición a la sección final de la epístola. Pero antes de que Pablo comience su asalto a los falsos apóstoles y sus seguidores, expresó su poca disposición para entrar en combate. Los buenos soldados no se agradan por usar su fuerza mortal y lo hacen solo con gran reticencia. Cuando Robert E. Lee revisó la carnicería que fue la batalla de Fredericksburgo, dijo de manera aleccionadora: "Es bueno que la guerra sea tan terrible; si no, nos aficionaríamos demasiado a ella" (James M. McPherson, *Battle Cry of Freedom* [El grito de batalla por la libertad], The Oxford History of the United States [La historia Oxford de los Estados Unidos] [Nueva York: Oxford Univ., 1988], p. 572). El poder del guerrero noble está restringido a su compasión y lo ejerce solo cuando no hay otra opción. Tal fue el espíritu con que Pablo presentó esta sección enérgica de su epístola.

Por supuesto, no quiere ello decir que Pablo dudara o menospreciara la autoridad que el mismo Señor le delegó. De hecho, audazmente comenzó con la frase **Yo Pablo**. A diferencia de los falsos apóstoles, Pablo no dependía de ninguna fuente humana en su autoridad; como ya había preguntado sarcásticamente a los corintios en esta misma carta: "¿Comenzamos otra vez a recomendarnos a nosotros mismos? ¿O tenemos necesidad, como algunos, de cartas de recomendación para vosotros, o de recomendación de vosotros?" (3:1). Sus palabras manifestaban la autoridad divina, y así también su poder, si es que necesitaba usarlo cuando visitara Corinto (13:1-3).

Pero antes de que Pablo ejerciera su poder apostólico, manifestó su compasión. Rogó a la minoría insubordinada, **por la mansedumbre y ternura de Cristo,** que terminaran su rebelión y se reconciliaran con la verdad. En lugar de buscar venganza personal sobre sus enemigos, les mostró la misma paciencia que el Señor Jesucristo había tenido con él (1 Ti. 1:16). La palabra *prautēs* suele traducirse como **mansedumbre** en el Nuevo Testamento. Se refiere a la humildad y actitud gentil que resulta de soportar con paciencia las ofensas. Entonces *prautēs* es la marca de quienes no están con iras, odios, amarguras o deseos de venganza. La palabra no denota debilidad, sino poder bajo control. *Epieikeia* (**ternura**) se traduce "equidad" o "bondad" (nvi) en su única otra aparición en el Nuevo Testamento (Hch. 24:4). Cuando se utiliza para personas con autoridad, significa "indulgencia" y describe a quienes por gracia rehúsan usar la medida total de sus derechos legales.

Por supuesto, nadie manifestó más perfectamente la actitud expresada en esas dos palabras que **Cristo**; nadie tenía más poder ni lo controló mejor. Pedro describió la ternura de Cristo y su poder controlado como un ejemplo que los creyentes deben seguir:

> *Porque esto merece aprobación, si alguno a causa de la conciencia delante de Dios, sufre molestias padeciendo injustamente. Pues ¿qué gloria es, si pecando sois abofeteados, y lo soportáis? Mas si haciendo lo bueno sufrís, y lo soportáis, esto ciertamente es aprobado delante de Dios. Pues para esto fuisteis llamados; porque también Cristo padeció por nosotros, dejándonos ejemplo, para que sigáis sus pisadas; el cual no hizo pecado, ni se halló engaño en su boca; quien cuando le maldecían, no respondía con maldición; cuando padecía, no amenazaba, sino encomendaba la causa al que juzga justamente (1 P. 2:19-23).*

Mateo 12:20 habla de la ternura de Cristo con el sufrimiento. "La caña cascada no quebrará, y el pábilo que humea no apagará". A la mujer sorprendida en adulterio se dirigió con ternura: "Mujer, ¿dónde están los que te acusaban? ¿Ninguno te condenó? Ella dijo: Ninguno, Señor. Entonces Jesús le dijo: Ni yo te condeno; vete, y no peques más" (Jn. 8:10-11). Oró por quienes lo crucificaron diciendo: "Padre, perdónalos, porque no saben lo que hacen" (Lc. 23:34). Incluso concluyó su maldición mordaz contra los líderes religiosos judíos con un lamento tierno y compasivo: "¡Jerusalén, Jerusalén, que matas a los profetas, y apedreas a los que te son enviados! ¡Cuántas veces quise juntar a tus hijos, como la gallina junta sus polluelos debajo de las alas, y no quisiste!" (Mt. 23:37).

Pablo sabía que el carácter de Cristo era la norma para todos sus soldados, pues Él les ordenó: "Llevad mi yugo sobre vosotros, y aprended de mí, que soy manso y humilde de corazón; y hallaréis descanso para vuestras almas" (Mt. 11:29). El apóstol buscaba imitar al Señor refrenando pacientemente su poder. A pesar de que algunos miembros de la congregación lo habían maltratado, el apóstol consideraba que usar la vara contra ellos solo era el último recurso (cp. 1 Co. 4:21).

De manera perversa, los enemigos de Pablo dieron un giro negativo a su compasión, condenándola burlonamente como debilidad cobarde. Lo acusaban con difamaciones diciendo que era **humilde entre** ellos**, mas ausente** era **osado**. La palabra *tapeinos* (**humilde**) se utiliza en otras partes del Nuevo Testamento en sentido positivo, pero los enemigos de Pablo la utilizaron en un sentido despectivo. Sus adversarios afirmaban que cuando Pablo estaba **entre** ellos era débil; en terminología de hoy, era flojo. Pero, ellos lo desdeñaban diciendo que apenas estuviera a una distancia en la que se sintiera a salvo, actuaría como un león.

Es cierto que Pablo era humilde. En 1 Corintios 2:3 escribió que había estado entre ellos "con debilidad, y mucho temor y temblor". Pero los falsos apóstoles tomaron la humildad genuina de Pablo, su falta de confianza en sí mismo en ausencia del poder de Dios, y la convirtieron en debilidad servil. No eran del todo diferentes a aquellos israelitas que esperaban que el Mesías vendría con poder a aniquilar a sus enemigos y rechazaron a Jesús cuando Él demostró que era "manso y humilde de corazón" (Mt. 11:29; cp. Is. 53; Zac. 9:9).

Alegar que Pablo era audaz cuando estaba ausente pero débil cuando estaba presente fue una jugada astuta. Podían tergiversar cualquier cosa que respondiera Pablo. Si reafirmaba su fuerza en sus cartas o defendía su mansedumbre en presencia de ellos, parecería que confirmaba los falsos alegatos. Por lo tanto, para responder a las acusaciones de sus oponentes mostró en la sección concluyente de esta epístola cómo era que sus palabras juntaban la fortaleza con la debilidad, demostrando que es posible ser un audaz guerrero de la verdad y, al mismo tiempo, ser compasivo.

ES VALIENTE

ruego, pues, que cuando esté presente, no tenga que usar de aquella osadía con que estoy dispuesto a proceder resueltamente contra algunos que nos tienen como si anduviésemos según la carne. (10:2)

Quienes creían que Pablo era un enclenque estaban drásticamente equivocados. Cuando todos los intentos de compasión se agotaran, él pelearía con fiereza para preservar su integridad por amor a la verdad. El registro bíblico de su vida valiente habla por sí solo. Enfrentó turbas hostiles, golpes, prisiones, disturbios, naufragios y complots contra su vida (11:23-33). Pablo proclamó valientemente el evangelio ante el sanedrín judío (Hch. 23), los gobernadores romanos (Hch. 24—25), el rey Herodes Agripa (Hch. 26) e incluso el emperador (Hch. 25:11; 27:24). También confrontó a quienes proclamaban falsas doctrinas (cp. Hch. 15:2). Y no se apabulló cuando tuvo que reprender públicamente a Pedro, el líder de los doce (Gá. 2:11-14).

Pablo los llamó al arrepentimiento por su deseo compasivo de perdonar a los rebeldes. Si lo hacían, **cuando** estuviera **presente, no** tendría **que usar de aquella osadía con que** estaba **dispuesto a proceder** dada su autoridad. La forma aorista del infinitivo *tharrheō* (**osadía**) es ingresivo y significa "volverse valiente". El apóstol les rogó que no lo forzaran a mostrar la valentía para confrontar de la cual era capaz. La palabra **resueltamente** es traducción de un sinónimo, *tolmaō*, que tiene la connotación de ser atrevido, de actuar sin miedo no importa cuáles sean las amenazas o las consecuencias. Cuando se trataba de defender la verdad, Pablo era absolutamente temerario. No se retiraría en una pelea con quienes amenazaban la iglesia; como escribió antes a los corintios: "Iré pronto a vosotros, si el Señor quiere, y conoceré, no las palabras, sino el poder de los que andan envanecidos" (1 Co. 4:19). Cerca del final de esta epístola escribió: "Por esto os escribo estando ausente, para no usar de severidad cuando esté presente, conforme a la autoridad que el Señor me ha dado para edificación, y no para destrucción" (2 Co. 13:10).

El apóstol pelearía esta guerra, si era necesario, **contra algunos que** lo tenían **como si** anduviese **según la carne**. Los falsos maestros y sus seguidores difamatorios acusaban a Pablo de vivir **según la carne**; es decir, de que lo controlaran los deseos pecaminosos de la incrédula humanidad y que surgen de un corazón corrupto. De acuerdo con ellos, estaba motivado por su malvado interés egoísta, persecución lujuriosa del dinero y deseos ilícitos.

A lo largo de toda la epístola, Pablo se defendió de aquellas acusaciones injuriosas, que eran el eje de la conspiración en su contra. En 2 Corintios 1:12 escribió: "Porque nuestra gloria es esta: el testimonio de nuestra conciencia, que con sencillez y sinceridad de Dios, no con sabiduría humana, sino con la gracia de Dios, nos hemos conducido en el mundo, y mucho más con vosotros". A diferencia de los falsos apóstoles, Pablo trataba la verdad con precisión: "Pues no somos como muchos, que medran falsificando la palabra de Dios, sino que con sinceridad, como de parte de Dios, y delante de Dios, hablamos en Cristo" (2:17). Tampoco tenía una vida secreta de pecado, habiendo renunciado "a lo oculto y vergonzoso, no andando con astucia, ni adulterando la palabra de Dios, sino por la manifestación de la verdad [recomendándose] a toda conciencia humana delante de Dios" (4:2). Rogó así a los corintios: "Admitidnos: a nadie hemos agraviado, a nadie hemos corrompido, a nadie hemos engañado" (7:2). Había advertido a los rebeldes. Si no se arrepentían, habría guerra; y Pablo estaba totalmente equipado para ganarla.

ES COMPETENTE

Pues aunque andamos en la carne, no militamos según la carne; porque las armas de nuestra milicia no son carnales, sino poderosas en Dios para la destrucción de fortalezas, derribando argumentos y toda altivez que se levanta contra el conocimiento de Dios, y llevando cautivo todo pensamiento a la obediencia a Cristo, (10:3-5)

Los campos de batalla de la historia están llenos de los restos de soldados valientes pero mal equipados. En la famosa batalla de Little Big Horn, George Armstrong Custer envió a sus hombres, con toda insensatez, contra una fuerza de guerreros sioux y cheyene. En la batalla, su regimiento terminó aniquilado, y murieron él y los doscientos diez hombres bajo su comando. Cuando los nazis *blitzkrieg* llegaron a Polonia, una brigada gallarda pero tonta de la caballería polaca atacó una formación de tanques alemanes. Las lanzas y espadas de los jinetes no eran reto para los cañones y máquinas de los *pánzer* y todos murieron masacrados.

El soldado cristiano debe estar apropiadamente armado para la lucha, además de ser compasivo y valiente. Si alguno de los adversarios de Pablo creía que no era un soldado competente, estaba a punto de darse cuenta a las malas de que no era así. El apóstol advirtió justamente a sus opositores que estaba armado "con armas de justicia" (6:7) y listo para la batalla. La declaración **pues aunque andamos en la carne, no militamos según la carne** es un juego de palabras. En el versículo 2, los falsos maestros habían acusado a Pablo de caminar en la carne en un sentido moral: que era corrupto e inmoral, que lo motivaban la lujuria, la avaricia y el orgullo. Pablo afirmó que andaba **en la carne** en sentido físico (esto es, que era un hombre), jugando con el uso moral que sus opositores dieron al término. Negó la falsa acusación de que era corrupto (cp. 1:12), pero reconoció la realidad de su humanidad. Como escribió en 4:7 no era sino una vasija de barro que vivía en una "morada terrestre" transitoria (5:1), con un "hombre exterior" que se iba "desgastando" (4:16).

Pero aunque Pablo caminara en la carne en un sentido físico, **no** militaba **según la carne**. Era humano, pero no batallaba usando armas humanas. *Strateuomai* (**militamos**) significa "entrar en batalla" o "servir en carácter de soldado". Todos los creyentes son soldados en la guerra espiritual contra el reino de las tinieblas; no hay excepciones ni aplazamientos. Pelean por la verdad de las Escrituras, el honor y la gloria del Señor Jesucristo, la salvación de los pecadores y la virtud de los santos. En Efesios 6:12, Pablo definió la batalla como una "lucha contra sangre y carne… contra principados, contra potestades, contra los gobernadores de las tinieblas de este siglo, contra huestes espirituales de maldad en las regiones celestes". Tales poderes demoniacos están detrás del sistema malvado del mundo.

Sin embargo, una guerra espiritual no puede pelearse con éxito con armas de la carne. Por lo tanto, las armas del arsenal de Pablo no eran producto del ingenio humano, la ideología humana o la metodología humana. La razón, sabiduría, planes, estrategias, organizaciones, habilidades, elocuencia, mercadeo, espectáculos religiosos, especulación filosófica o psicológica, rituales, pragmatismo o misticismo, todas cosas tan humanas, son armas ineficientes contra las fuerzas del reino de las tinieblas, los "principados… potestades… gobernadores de las tinieblas de este siglo [y] huestes espirituales de maldad en las regiones celestes" (Ef. 6:12). No pueden rescatar a los pecadores de "la potestad de las tinieblas" (Col. 1:13) o trasformar a los creyentes a la imagen de Cristo. Tales armas solo obtienen victorias superficiales, temporales y engañosas.

Pelear con éxito una guerra espiritual requiere armas del arsenal celestial. Solo las armas **poderosas en Dios** son adecuadas **para la destrucción de** las **fortalezas** de los enemigos. El término llevaría al lector del Nuevo Testamento a pensar en una fortificación formidable. Corinto, como la mayoría de ciudades en Grecia, tenía una acrópolis. La acrópolis era un lugar fortificado al cual se retiraban los habitantes cuando estaban bajo ataque y estaba ubicada en una montaña cercana a la ciudad. La palabra *ochurōma* (**fortalezas**) también se utilizó en el griego extrabíblico para referirse a una prisión. Los pueblos sitiados en una fortaleza eran allí prisioneros de las fuerzas que los atacaban. La palabra también se usaba para referirse a una tumba.

Las armas de la carne no puede atacar con éxito las fortificaciones formidables en las cuales los pecadores se encuentran atrapados. Estas armas impotentes no pueden llevar a **la destrucción de** tales **fortalezas**, que Pablo definió como **argumentos** (*logismos*), una palabra general que se refiere a cualquier pensamiento, opinión, razonamiento, filosofía, teoría, psicología, perspectiva, punto de vista y religión, sean humanos o demoniacos. Las **fortalezas** aquí consideradas no son demonios, sino ideologías. La noción de que en la guerra espiritual hay confrontación directa con los demonios es ajena a las Escrituras. Los cristianos que confrontan verbalmente a los demonios gastan energía y muestran su ignorancia sobre la guerra real. No estamos llamados a convertir demonios, sino pecadores. La batalla es más bien contra las ideologías falsas que hombres y demonios propagan para que el mundo las crea. Las almas condenadas están enclaustradas en las fortalezas de las ideas, que se han convertido en sus prisiones y, finalmente, en sus tumbas, a menos que la creencia en la verdad los libere.

Pablo también definió las fortificaciones de ideas de los pecadores como **toda altivez** —es decir, cualquier sistema de pensamiento no bíblico al que se exalta como la verdad— **que se levanta contra el conocimiento de Dios**. Esta es la clave. La guerra espiritual no es una batalla contra los demonios. Es una batalla por la mente de las personas que están cautivas por las mentiras que surgen en oposición a las Escrituras. En 1 Corintios 3:20, los llamó vanos pensamientos de los sabios: todas las ideologías antibíblicas, las religiones falsas y los evangelios falsos engendrados por Satanás. Pablo conocía bien esas fortalezas, porque toda la vida hasta su conversión vivió en una de ellas. Era un seguidor celoso del judaísmo de su época, que se había alejado de sus raíces veterotestamentarias y se había convertido en un sistema de rituales de obras de justificación. En Filipenses 3:4-6 describió la fortificación en la cual se apoyaba su confianza:

> *Aunque yo tengo también de qué confiar en la carne. Si alguno piensa que tiene de qué confiar en la carne, yo más: circuncidado al octavo día, del linaje de Israel, de la tribu de Benjamín, hebreo de hebreos; en cuanto a la ley, fariseo; en cuanto a celo, perseguidor de la iglesia; en cuanto a la justicia que es en la ley, irreprensible.*

Y escribió a los gálatas: "En el judaísmo aventajaba a muchos de mis contemporáneos en mi nación, siendo mucho más celoso de las tradiciones de mis padres" (Gá. 1:14). Tal celo lo llevó a "hacer muchas cosas contra el nombre de Jesús de Nazaret" (Hch. 26:9). Pablo "perseguía sobremanera a la iglesia de Dios, y la asolaba" (Gá. 1:13; cp. Hch. 8:1, 3; 9:1-2, 13-14, 21; 22:4-5; 1 Co. 15:9; Fil. 3:6; 1 Ti. 1:13). Pero, en el camino a Damasco, su fortaleza tan alardeada se derrumbó por el poder de Dios y terminó cautivo del Señor Jesucristo.

Al igual que Pablo, todos los incrédulos tienen antes de la salvación una fortaleza en la cual intentan ocultarse del verdadero conocimiento de Dios. Tales fortalezas tienen formas ilimitadas en la filosofía, la psicología, las religiones del mundo, los cultos, las formas de apostasía del cristianismo o el naturalismo evolutivo, y son las fuerzas predominantes en la cultura occidental de hoy día. El naturalismo, como su nombre lo indica, es la creencia en que la naturaleza es todo lo que existe. James Sire lo define con las siguientes proposiciones:

1. La materia existe eternamente y es todo lo que hay. Dios no existe.
2. El cosmos existe como una uniformidad de una causa y efecto natural en un sistema cerrado.
3. Los seres humanos son "máquinas" complejas; la personalidad es una interrelación de las propiedades físicas y químicas que aún no entendemos del todo.
4. La muerte es la extinción de la personalidad y la individualidad.
5. La historia es una fuente lineal de sucesos ligados por causa y efecto, pero sin ningún propósito dominante.
6. La ética solamente está relacionada con los seres humanos.
   (Véase el capítulo 4, "El silencio del espacio finito: naturalismo" en *The Universe Next Door* [El universo de al lado], segunda edición [Downers Grove: Intervarsity, 1988], pp. 61-83).

El naturalismo intenta fortificarse contra Dios sacándolo de la vida pública, de las políticas sociales, de los tribunales y eliminando toda influencia bíblica en la moral y la ética. Esta y todo el resto de ideologías mortales y engañosas deben destruirse y los pecadores encarcelados deben rescatarse.

El objetivo de nuestra guerra es cambiar la forma en que piensan las personas: derribar los **argumentos** que tengan liberándolos de la cautividad de las ideologías condenatorias, pero haciéndolos cautivos **a la obediencia a Cristo**. Para esto se necesita un arma adecuada. Para atacar y derribar las fortalezas de las falsas religiones, opiniones, creencias y filosofías, solo un arma será suficiente: la verdad. Es tan obvio que Pablo no lo menciona. Solo una cosa expone y corrige las mentiras: la verdad. Por consiguiente, la única arma ofensiva en la armadura del soldado cristiano es "la espada del Espíritu, que es la palabra de Dios" (Ef. 6:17). La guerra espiritual es un conflicto ideológico que ocurre en la mente atacando las fortalezas ideológicas de orgullo que erigen los pecadores contra la verdad. La palabra *aichmalōtizō* (**llevando cautivo**) significa literalmente "cautivar con lanza". Los creyentes destruyen las fortalezas del enemigo utilizando la verdad de Dios para libertar a los prisioneros y llevarlos a sujeción (**obediencia**) al Señor Jesucristo. Rescatan a los pecadores de la potestad de las tinieblas "arrebatándolos del fuego" (Jud. 23). Después de que Jesucristo hizo prisionero a Pablo en el camino a Damasco, él preguntó inmediatamente: "¿Qué haré, Señor?" (Hch. 22:10). La rebelión de su corazón orgulloso y pecador había terminado; las murallas de su fortaleza habían quedado en ruinas, y el Señor Jesucristo conquistó su corazón. Tal es la experiencia de todos los redimidos; la frase **obediencia a Cristo** es sinónimo de salvación (cp. Hch. 6:7; Ro. 1:5; 15:18; 16:26; He. 5:9).

La clave para tener éxito en la guerra espiritual es volverse más experto en blandir la espada de la Palabra de Dios contra las mentiras que creen los demás. Es imposible luchar contra el error sin conocer la verdad. Tal como los soldados entrenados utilizan constantemente sus armas, los soldados cristianos deben estudiar constantemente las Escrituras. Solo el poder de Dios puede derribar las mentiras de los sistemas satánicos falsos; "a los que se salvan, esto es, a nosotros, [el mensaje de la cruz] es poder de Dios" (1 Co. 1:18). El evangelio "es poder de Dios para salvación a todo aquel que cree" (Ro. 1:16; cp. 2 Co. 6:7; He. 4:12). Pablo exhortó a sus protegidos, Timoteo y Tito, a predicar "la palabra; [instar] a tiempo y fuera de tiempo; [redargüir, reprender, exhortar] con toda paciencia y doctrina… [hablar] lo que está de acuerdo con la sana doctrina" (2 Ti. 4:2; Tit. 2:1). Solo entonces serían capaces de obedecer su exhortación: "Tú, pues, sufre penalidades como buen soldado de Jesucristo" (2 Ti. 2:3).

ES CALCULADOR

y estando prontos para castigar toda desobediencia, cuando vuestra obediencia sea perfecta. (10:6)

El soldado competente entiende la importancia crucial de ser oportuno. En lugar de disparar a ciegas y arriesgarse a matar tropas amigas, espera hasta que el enemigo esté claramente a la vista. Pablo tuvo la valentía y la competencia

para castigar toda desobediencia en Corinto. El apóstol no permitiría que los portadores del error destruyeran la iglesia. Pero también tenía que hacer esperar la disciplina hasta que la **obediencia** de la iglesia fuera **perfecta**. Pablo no desataría su formidable poder apostólico sobre nadie sin que cada uno hubiera asumido una posición. De esta forma sería claro quién aceptaba la verdad y quién la rechazaba. Sería compasivo con los primeros, pero a los segundos se encontrarían con un Pablo valiente y altamente competente como opositor.

No es cuestión de si los cristianos lucharán la guerra espiritual por la verdad contra las mentiras; la batalla es inevitable. Pero quienes tienen éxito en el conflicto imitarán la compasión, valentía, competencia y precaución paulinas.

¿Cómo reconocer a un hombre de Dios?   26

Miráis las cosas según la apariencia. Si alguno está persuadido en sí mismo que es de Cristo, esto también piense por sí mismo, que como él es de Cristo, así también nosotros somos de Cristo. Porque aunque me gloríe algo más todavía de nuestra autoridad, la cual el Señor nos dio para edificación y no para vuestra destrucción, no me avergonzaré; para que no parezca como que os quiero amedrentar por cartas. Porque a la verdad, dicen, las cartas son duras y fuertes; mas la presencia corporal débil, y la palabra menospreciable. Esto tenga en cuenta tal persona, que así como somos en la palabra por cartas, estando ausentes, lo seremos también en hechos, estando presentes. Porque no nos atrevemos a contarnos ni a compararnos con algunos que se alaban a sí mismos; pero ellos, midiéndose a sí mismos por sí mismos, y comparándose consigo mismos, no son juiciosos. Pero nosotros no nos gloriaremos desmedidamente, sino conforme a la regla que Dios nos ha dado por medida, para llegar también hasta vosotros. Porque no nos hemos extralimitado, como si no llegásemos hasta vosotros, pues fuimos los primeros en llegar hasta vosotros con el evangelio de Cristo. No nos gloriamos desmedidamente en trabajos ajenos, sino que esperamos que conforme crezca vuestra fe seremos muy engrandecidos entre vosotros, conforme a nuestra regla; y que anunciaremos el evangelio en los lugares más allá de vosotros, sin entrar en la obra de otro para gloriarnos en lo que ya estaba preparado. Mas el que se gloría, gloríese en el Señor; porque no es aprobado el que se alaba a sí mismo, sino aquel a quien Dios alaba. (10:7-18)

Desde que Satanás engañó a Eva en el Edén, él ha estado atacando la verdad de Dios con mentiras. Satanás y los que enseñan sus doctrinas demoniacas han engañado a multitudes para que vayan por el camino ancho que lleva a la destrucción eterna. Por lo tanto, los líderes del pueblo de Dios deben proteger a quienes están bajo su cuidado de quienes quieren extraviarlos. A lo largo de toda la historia de la redención, los centinelas divinos han tocado la alarma, alertando al pueblo de Dios sobre el peligro siempre presente de los falsos maestros satánicos. Moisés previno a Israel así:

*Cuando en medio de ti aparezca algún profeta o visionario, y anuncie algún pro-
digio o señal milagrosa, si esa señal o prodigio se cumple y él te dice: "Vayamos a
rendir culto a otros dioses", dioses que no has conocido, no prestes atención a las
palabras de ese profeta o visionario. El Señor tu Dios te estará probando para saber
si lo amas con todo el corazón y con toda el alma (Dt. 13:1-3, NVI; cp. 18:20).*

Los profetas del Antiguo Testamento dieron la voz de alarma:

*Los profetas profetizaron en nombre de Baal, y anduvieron tras lo que no apro-
vecha (Jer. 2:8).*

*Los profetas profetizaron mentira, y los sacerdotes dirigían por manos de ellos; y
mi pueblo así lo quiso (Jer. 5:31).*

*El Señor me contestó: "Mentira es lo que están profetizando en mi nombre esos
profetas. Yo no los he enviado, ni les he dado ninguna orden, y ni siquiera les
he hablado. Lo que les están profetizando son visiones engañosas, adivinaciones vanas y delirios de su propia imaginación" (Jer. 14:14, NVI).*

*Yo estoy contra los profetas que cuentan sueños mentirosos, y que al contarlos
hacen que mi pueblo se extravíe con sus mentiras y sus presunciones —afirma
el Señor—. Yo no los he enviado ni les he dado ninguna orden. Son del todo
inútiles para este pueblo —afirma el Señor— (Jer. 23:32, NVI).*

*Así dice el Señor Todopoderoso, el Dios de Israel, acerca de Acab hijo de Colaías,
y de Sedequías hijo de Maseías, que les profetizan una mentira en mi nombre:
"Voy a entregarlos en manos de Nabucodonosor, rey de Babilonia, y él los
matará ante sus propios ojos" (Jer. 29:21, NVI).*

*Tus profetas vieron para ti vanidad y locura; y no descubrieron tu pecado para
impedir tu cautiverio, sino que te predicaron vanas profecías y extravíos (Lm.
2:14).*

*¡Ay, Israel! Tus profetas son como chacales entre las ruinas. No han ocupado su
lugar en las brechas, ni han reparado los muros del pueblo de Israel, para que
en el día del Señor se mantenga firme en la batalla. Sus visiones son falsas, y
mentirosas sus adivinaciones. Dicen: "Lo afirma el Señor", pero el Señor no los
ha enviado; sin embargo, ellos esperan que se cumpla lo que profetizan… esos
profetas de Israel que profetizaban acerca de Jerusalén, y tenían visiones falsas,
y anunciaban que todo andaba bien, cuando en realidad era todo lo contrario.
Lo afirma el Señor omnipotente (Ez. 13:4-6, 16, NVI).*

> *Como leones rugientes que despedazan a la presa, hay una conspiración de profetas que devoran a la gente, que se apoderan de las riquezas y de los objetos de valor, y que aumentan el número de viudas… Los profetas todo lo blanquean mediante visiones falsas y predicciones mentirosas. Alegan que lo ha dicho el* Señor *omnipotente, cuando en realidad el* Señor *no les ha dicho nada (Ez. 22:25, 28,* nvi*).*

> *Esto es lo que dice el* Señor *contra ustedes, profetas que descarrían a mi pueblo: "Con el estómago lleno, invitan a la paz; con el vientre vacío, declaran la guerra. Por tanto, tendrán noches sin visiones, oscuridad sin presagios". El sol se ocultará de estos profetas; ¡el día se les volverá tinieblas! Los videntes quedarán en vergüenza; los adivinos serán humillados. Dios les tapará la boca, pues no les dará respuesta (Mi. 3:5-7,* nvi*).*

El Señor Jesucristo advirtió solemnemente:

> *Guardaos de los falsos profetas, que vienen a vosotros con vestidos de ovejas, pero por dentro son lobos rapaces (Mt. 7:15; cp. Zac. 13:4).*

> *Respondiendo Jesús, les dijo: Mirad que nadie os engañe. Porque vendrán muchos en mi nombre, diciendo: Yo soy el Cristo; y a muchos engañarán… Y muchos falsos profetas se levantarán, y engañarán a muchos… Porque se levantarán falsos Cristos, y falsos profetas, y harán grandes señales y prodigios, de tal manera que engañarán, si fuere posible, aun a los escogidos (Mt. 24:4-5, 11, 24).*

Siguiendo el ejemplo del Señor, los apóstoles también advirtieron a los creyentes que estuvieran pendientes de los falsos maestros:

> *Porque yo sé que después de mi partida entrarán en medio de vosotros lobos rapaces, que no perdonarán al rebaño (Hch. 20:29).*

> *Mas os ruego, hermanos, que os fijéis en los que causan divisiones y tropiezos en contra de la doctrina que vosotros habéis aprendido, y que os apartéis de ellos. Porque tales personas no sirven a nuestro Señor Jesucristo, sino a sus propios vientres, y con suaves palabras y lisonjas engañan los corazones de los ingenuos (Ro. 16:17-18).*

> *Estoy maravillado de que tan pronto os hayáis alejado del que os llamó por la gracia de Cristo, para seguir un evangelio diferente. No que haya otro, sino que hay algunos que os perturban y quieren pervertir el evangelio de Cristo. Mas si aun nosotros, o un ángel del cielo, os anunciare otro evangelio diferente del que*

os hemos anunciado, sea anatema. Como antes hemos dicho, también ahora lo repito: Si alguno os predica diferente evangelio del que habéis recibido, sea anatema (Gá. 1:6-9).

Porque por ahí andan muchos, de los cuales os dije muchas veces, y aun ahora lo digo llorando, que son enemigos de la cruz de Cristo; el fin de los cuales será perdición, cuyo dios es el vientre, y cuya gloria es su vergüenza; que sólo piensan en lo terrenal (Fil. 3:18-19).

Pero el Espíritu dice claramente que en los postreros tiempos algunos apostatarán de la fe, escuchando a espíritus engañadores y a doctrinas de demonios (1 Ti. 4:1).

Mas los malos hombres y los engañadores irán de mal en peor, engañando y siendo engañados (2 Ti. 3:13).

Pero hubo también falsos profetas entre el pueblo, como habrá entre vosotros falsos maestros, que introducirán encubiertamente herejías destructoras, y aun negarán al Señor que los rescató, atrayendo sobre sí mismos destrucción repentina (2 P. 2:1).

Sabiendo primero esto, que en los postreros días vendrán burladores, andando según sus propias concupiscencias (2 P. 3:3).

Hijitos, ya es el último tiempo; y según vosotros oísteis que el anticristo viene, así ahora han surgido muchos anticristos; por esto conocemos que es el último tiempo (1 Jn. 2:18).

Amados, no creáis a todo espíritu, sino probad los espíritus si son de Dios; porque muchos falsos profetas han salido por el mundo (1 Jn. 4:1).

Porque muchos engañadores han salido por el mundo, que no confiesan que Jesucristo ha venido en carne. Quien esto hace es el engañador y el anticristo (2 Jn. 7).

Ninguna iglesia ha estado exenta de los ataques del enemigo a la verdad y, a todas luces, la congregación de Corinto no era la excepción. Los emisarios de Satanás habían llegado a Corinto afirmando ser apóstoles de Cristo y buscaban extraviar a la iglesia "de alguna manera… de la sincera fidelidad a Cristo" (2 Co. 11:3). Sabían que para hacerlo debían destruir la credibilidad de Pablo a los ojos de los corintios. Sus salvajes ataques al apóstol llevaron a que muchos miembros de la iglesia se amotinaran contra Pablo. Entonces él tomo una decisión drástica: escribir una carta con palabras severas (2:3-4) que llevaría a la mayoría de la congregación al arrepentimiento. Sin embargo, el apóstol era lo suficientemente sabio para darse cuenta de que la rebelión no había quedado completamente de lado; los falsos maestros aún estaban allí, esperando tomar de nuevo la iniciativa cuando se presentara la oportunidad. Por lo tanto, escribió esta epístola para defenderse de tales ataques.

Pablo no especificó la naturaleza exacta de la herejía condenatoria con la cual los falsos apóstoles planeaban seducir a los corintios. En cierto sentido, identificarla no es lo importante. A Satanás y sus demonios les tiene sin cuidado lo que crean las personas, en tanto que no crean la verdad. Sin embargo, hay varias características de los falsos maestros y de la herejía diseñada para seducir a los corintios que pueden deducirse de esta epístola.

Primero, los falsos maestros venían de fuera de la iglesia (11:4; cp. 10:14; Pablo fue el primero en predicar el evangelio en Corinto). Poco se sabe del trasfondo de ellos y de las grandes afirmaciones que hacían sobre sí mismos, por lo tanto, sus calificaciones y su autoridad no se pueden verificar. Como reza el dicho, los expertos vienen de fuera.

Segundo, afirmaban tener una autoridad apostólica superior a la de Pablo. En 11:5 aludió a tales afirmaciones para referirse sarcásticamente a ellos como "aquellos grandes apóstoles". Intentaban respaldar sus afirmaciones con cartas de recomendación falsas, supuestamente de la iglesia de Jerusalén (3:1; cp. Hch. 15:24).

Tercero, eran judíos (2 Co. 11:22) que afirmaban ser representantes verdaderos de la religión del Mesías. Buscaban imponer los usos judíos entre los gentiles de la congregación de Corinto. Sin embargo, eran en realidad culpables de predicar "otro Jesús" y "otro evangelio" (11:4).

Cuarto, mezclaban elementos de misticismo con el legalismo judío. Afirmaban tener un conocimiento superior y secreto, pero no eran más que "argumentos [vacíos] y... altivez que se levanta contra el conocimiento de Dios" (10:5).

Quinto, adoptaron la retórica y sofisticación que tanto apreciaba la cultura griega. Y acorde con esto, despreciaron a Pablo por ser "tosco en la palabra" (11:6).

Sexto, eran libertinos que promovían una ideología antinomiana y que producía el fruto de "inmundicia y fornicación y lascivia" (12:21) entre los corintios.

Finalmente, al igual que todos los falsos maestros, eran ministros por causa del dinero. Despreciaban el valor de las enseñanzas de Pablo porque no cobraba por hacerlo. Pablo escribió lo siguiente contrastando su humildad con el orgullo de ellos: "¿Pequé yo humillándome a mí mismo, para que vosotros fueseis enaltecidos, por cuanto os he predicado el evangelio de Dios de balde? He despojado a otras iglesias, recibiendo salario para serviros a vosotros" (11:7-8).

En los capítulos 1—9, Pablo derramó su corazón ante la mayoría arrepentida, pidiéndoles que continuaran confiando y siendo leales. En los capítulos 10—13 cambia su atención a los falsos maestros, refutando directamente los ataques contra él. Los últimos cuatro capítulos de esta carta son una defensa poderosa del apostolado de Pablo, y los versículos 7-18 son un eje de esta defensa. En este pasaje, Pablo exhortó a los corintios a hacerse un juicio justo con base en la clara evidencia. La versión Reina-Valera traduce la declaración inicial de Pablo, **Miráis las cosas según la apariencia**, como una declaración de un hecho. Pero *blepete* (**Miráis**) podría ser un verbo indicativo o uno imperativo. Parece mejor considerarlo imperativo (como ocurre, de manera incuestionable, en el resto de casos que Pablo utiliza esta forma) y traducir la frase (como lo hacen otras versiones) como una orden. Pablo ordenó a los corintios que miraran lo obvio, que consideraran los hechos y la evidencia que tenían frente a ellos. Si lo hacían, la conclusión obvia era que Pablo era un verdadero apóstol (cp. 1 Co. 9:1-2) y sus adversarios eran engañadores.

La mejor forma de evitar ser engañado por una falsificación es estudiar lo que es auténtico. De modo que Pablo defendió su autenticidad en estos versículos mostrando las señales de un verdadero hombre de Dios. Pablo aporta instrucción en discernimiento, tan necesaria hoy día, cuando el cristianismo está atiborrado de falsos maestros engañosos. En medio de los aullidos de los lobos satánicos (Jn. 10:27), los creyentes deben ser capaces de identificar la voz del Buen Pastor y de los pastores que Él ha nombrado. Un verdadero hombre de Dios puede reconocerse por su relación con Jesucristo, su impacto en la iglesia, su compasión por las personas, su desprecio a los métodos del mundo, su integridad y su humildad.

EL VERDADERO HOMBRE DE DIOS SE CONOCE POR SU RELACIÓN CON JESUCRISTO

Si alguno está persuadido en sí mismo que es de Cristo, esto también piense por sí mismo, que como él es de Cristo, así también nosotros somos de Cristo. (10:7*b*)

Como se dijo anteriormente, los falsos apóstoles decían ser emisarios de Jesucristo. Afirmaban con arrogancia que Él mismo los había comisionado, les había otorgado mayor autoridad y lo conocían mejor. El uso del singular **si alguno** podría indicar que Pablo estaba señalando al líder de los falsos apóstoles, que probablemente sería el más vociferante al hacer tales afirmaciones. El texto griego indica que se asume como cierta una condición; Pablo no tenía en mente una situación hipotética, sino real. Los falsos apóstoles de veras hacían tales afirmaciones.

Pero tal confianza estaba mal depositada; quien la tuviera solamente estaría **persuadido en sí mismo**. Las afirmaciones sobre representar a Cristo que hacían los falsos apóstoles carecían de evidencia objetiva que las respaldara. No tenían registro de pecadores convertidos, iglesias fundadas y santos edificados. Lo único que tenían era su jactancia vacía.

Sin lugar a dudas, cuando los falsos apóstoles afirmaban ser **de Cristo**, afirmaban mucho más que ser cristianos. Aseveraban que tenían una devoción única por Jesús, tal como quienes antes afirmaron ser de la facción "de Cristo" (1 Co. 1:12). También querían decir que eran los verdaderos apóstoles de Cristo y decían tener un conocimiento superior y trascendente de Él.

Al tiempo que los falsos apóstoles inflaban las credenciales sobre sí mismos, negaban completamente la autenticidad de Pablo. Según ellos, él era un engañador con una secreta vida de vergonzoso pecado, un hombre que predicaba mentiras por dinero. De tal forma que difícilmente podría considerársele cristiano, menos decir que tenía el mensaje verdadero de Dios que supuestamente poseía y menos aún ser apóstol. Las mentiras de ellos buscaban desacreditar a Pablo para convertirse en los maestros con autoridad en Corinto.

En este momento, Pablo no negó lo que afirmaban; lo haría después (2 Co. 11:13-15). Tan solo señaló que él también tenía un argumento válido para decir que pertenecía a Jesucristo. El apóstol retó a quien rechazara su apostolado a que pensara **por sí mismo, que como él es de Cristo, así también nosotros somos de Cristo**. Como era tan solo una afirmación por parte del falso maestro, debía saber que Pablo también podía hacer la misma afirmación. El asunto no podía decidirse sobre la base subjetiva de las convicciones personales, fueran las de Pablo o las de los falsos apóstoles. Como ya se señaló anteriormente, por tal razón Pablo llamó a los corintios a considerar la evidencia objetiva. Los hechos de su vida, su conversión y su ministerio eran asuntos de conocimiento público en las iglesias. Sus compañeros de viaje y Ananías podían verificar la sorprendente historia de su conversión dramática en el camino a Damasco. Bernabé, Silas, Lucas, Timoteo y todos los otros compañeros de ministerio podían dar testimonio, ciudad tras ciudad, de su predicación audaz del evangelio, de los conversos que ganó, y de las iglesias que fundó y edificó. A diferencia de los falsos apóstoles, las convicciones de Pablo estaban respaldadas por una evidencia impresionante e innegable (cp. 12:12).

Los verdaderos hombres de Dios tienen un íntimo caminar con Cristo y tal cosa es notoria en sus vidas. Los falsos maestros pueden tener la apariencia externa de ortodoxia, pero como dijo Jesús: "Por sus frutos los conoceréis. ¿Acaso se recogen uvas de los espinos, o higos de los abrojos?" (Mt. 7:16; cp. v. 20). A pesar de las afirmaciones de los falsos maestros, las doctrinas aberrantes se manifestarán inevitablemente en sus comportamientos pecadores y en las vidas de pecado de sus seguidores.

EL VERDADERO HOMBRE DE DIOS SE CONOCE POR SU IMPACTO EN LA IGLESIA

Porque aunque me gloríe algo más todavía de nuestra autoridad, la cual el Señor nos dio para edificación y no para vuestra destrucción, no me avergonzaré; (10:8)

Aunque Pablo era reticente a gloriarse **más todavía de** su **autoridad**, lo hizo porque las circunstancias lo llevaron a ello. Pablo **no** se avergonzaría de gloriarse porque su vida era irreprochable y sus credenciales apostólicas eran impecables. Nunca llegaría al punto de gloriarse por nada como los falsos apóstoles, porque el Señor le había dado su autoridad. Las afirmaciones de Pablo solo estaban limitadas por su humildad.

Pablo usaba su autoridad **para edificación** de los corintios **y no para** destruirlos, como lo hacían los falsos apóstoles, abusivos y destructivos. Inevitablemente, un verdadero hombre de Dios tendrá un impacto positivo en la iglesia que edifique, fortalezca y ayude a madurar. Pablo había predicado el evangelio con poder, había visto cómo muchos llegaban a la fe en Cristo, había establecido iglesias en gran parte del Imperio grecorromano, había entrenado líderes y había perfeccionado a los santos. Era innegable que su ministerio apostólico verdadero había resultado en progreso y fortaleza espirituales de la iglesia (12:19; Ef. 4:11-12).

De otra parte, invariablemente, los falsos maestros traen discordia, desunión, destrucción e, incluso, muerte a la iglesia. Su influencia divisoria va en contra de Aquel que es la cabeza de la Iglesia, que prometió edificarla (Mt. 16:18). Pablo los tenía en mente cuando advirtió: "Si alguno destruyere el templo de Dios, Dios le destruirá a él; porque el templo de Dios, el cual sois vosotros, santo es" (1 Co. 3:17). Pablo esgrimió su autoridad apostólica (cp. 1 Co. 3:5-6, 10) para edificar la iglesia, no para destruirla.

EL VERDADERO HOMBRE DE DIOS SE CONOCE POR SU COMPASIÓN POR LAS PERSONAS

para que no parezca como que os quiero amedrentar por cartas. (10:9)

Los falsos maestros tienden a centrarse en sí mismos, a ser avaros y abusivos. Los demás no suelen importarles, excepto como medio para conseguir sus objetivos. Suelen ser autoritarios, ensimismados e insensibles ante las necesidades de los otros.

Los falsos apóstoles intentaron perversamente adjudicar a Pablo los mismos males que eran para ellos conocidos por ser culpables de estos. Lo acusaban de ser un líder abusivo que intentó intimidar a los corintios hasta la sumisión. Sin duda, los falsos apóstoles señalaban la carta severa (2:3-4) como el ejemplo supremo del tratamiento abusivo que Pablo les daba. Pablo replicó tales falsos alegatos asegurando a los corintios **que no** quería parecer **como que** los quería **amedrentar por cartas**. No intentaba **amedrentar** a los corintios para que le obedecieran. Su objetivo era llevarlos al arrepentimiento, de manera que experimentaran las bendiciones de la salvación. Había sido firme porque así lo requería la situación, y la mayoría de los corintios había respondido positivamente a su corrección (7:8-10).

A Pablo no le gustaba disciplinar, como lo revela su agonía por la carta severa:

> *Mas yo invoco a Dios por testigo sobre mi alma, que por ser indulgente con vosotros no he pasado todavía a Corinto. No que nos enseñoreemos de vuestra fe, sino que colaboramos para vuestro gozo; porque por la fe estáis firmes. Esto, pues, determiné para conmigo, no ir otra vez a vosotros con tristeza. Porque si yo os contristo, ¿quién será luego el que me alegre, sino aquel a quien yo contristé? Y esto mismo os escribí, para que cuando llegue no tenga tristeza de parte de aquellos de quienes me debiera gozar; confiando en vosotros todos que mi gozo es el de todos vosotros. Porque por la mucha tribulación y angustia del corazón os escribí con muchas lágrimas, no para que fueseis contristados, sino para que supieseis cuán grande es el amor que os tengo (1:23—2:4).*

En 7:3 añadió: "No lo digo para condenaros; pues ya he dicho antes que estáis en nuestro corazón, para morir y para vivir juntamente". El apóstol prefería mucho más el espíritu de amor y mansedumbre que la vara de la corrección (cp. 1 Co. 4:21). Ya, a principios de esta epístola, había escrito: "Nuestras cartas sois vosotros, escritas en nuestros corazones, conocidas y leídas por todos los hombres; siendo manifiesto que sois carta de Cristo expedida por nosotros, escrita no con tinta, sino con el Espíritu del Dios vivo; no en tablas de piedra, sino en tablas de carne del corazón" (2 Co. 3:2-3). Y en 7:2 suplicó así a los corintios: "Admitidnos: a nadie hemos agraviado, a nadie hemos corrompido, a nadie hemos engañado", mientras que en 11:11 y en 12:15 declaró abiertamente su amor por ellos.

En los verdaderos hombres de Dios, la compasión es notoria. Les preocupan los demás "con el entrañable amor de Jesucristo" (Fil. 1:8). Pero nada es más característico de un falso maestro que la indiferencia o la malicia hacia las personas. La diferencia entre los dos es el contraste entre el buen pastor, que da su vida por las ovejas, y el asalariado, que no le preocupa el rebaño (cp. Jn. 10:11-13).

EL VERDADERO HOMBRE DE DIOS SE CONOCE POR SU DESPRECIO A LOS MÉTODOS DEL MUNDO

Porque a la verdad, dicen, las cartas son duras y fuertes; mas la presencia corporal débil, y la palabra menospreciable. (10:10)

Resulta evidente para todo el que lea **las cartas** del apóstol que eran **duras y fuertes**. No hay forma de negar el poder de su pluma inspirada, la claridad, racionalidad y espiritualidad de sus escritos, que resonaban con fervor y convicción de la verdad. Afirmar otra cosa sería absurdo, y los falsos apóstoles no pretendían negar lo obvio.

Pero tras conceder el impacto poderoso de los escritos de Pablo, ridiculizaban su **presencia corporal** diciendo que era **débil**, y su **palabra** diciendo que era **menospreciable**. Aunque no los impresionaba la apariencia física de Pablo, a lo que se referían con su **presencia corporal** era su personalidad, aura o comportamiento. De acuerdo con ellos, carecía de la clase de carisma y encanto personal que llevaba al respeto y lealtad. Sin duda, reforzaban esta afirmación describiendo la partida de Pablo de Corinto tras la visita triste (2:1) como una retirada ignominiosa. Desdeñaban del apóstol diciendo que era un pelele llorón y acobardado, que salió a rastras del pueblo después de que lo ofendieron. En la imaginación de ellos, tal cosa demostraba que carecía del poder de un gran líder.

Los falsos maestros pretendían que con sus críticas punzantes ellos parecieran fuertes y decididos, mientras que Pablo pareciera débil y sin carácter. Afirmaban que era reacio a lidiar con los asuntos que tenía delante. Tales críticas revelan su modelo inaceptable de liderazgo espiritual: una dictadura dominante. Jesús declaró a tales líderes: "Entonces Jesús, llamándolos, dijo: Sabéis que los gobernantes de las naciones se enseñorean de ellas, y los que son grandes ejercen sobre ellas potestad" (Mt. 20:25). Pero la perspectiva dominante del liderazgo es la antítesis de la perspectiva bíblica, donde el líder se considera un siervo:

> *Mas entre vosotros no será así, sino que el que quiera hacerse grande entre vosotros será vuestro servidor, y el que quiera ser el primero entre vosotros será vuestro siervo; como el Hijo del Hombre no vino para ser servido, sino para servir, y para dar su vida en rescate por muchos (20:26-28).*

No contentos con ridiculizar la presencia personal de Pablo, condenaban su **palabra** diciendo que era **menospreciable**. Querían decir con ello que carecía de las capacidades oratoria y retórica sofisticadas que tanto valoraba la cultura griega. Es cierto que el apóstol repudiaba la sofisticación grandilocuente —aunque con seguridad podía hablar así— y prefería predicar el evangelio con sencillez y poder. En 1 Corintios 2:1-5 explicó:

> *Así que, hermanos, cuando fui a vosotros para anunciaros el testimonio de Dios, no fui con excelencia de palabras o de sabiduría. Pues me propuse no saber entre vosotros cosa alguna sino a Jesucristo, y a éste crucificado. Y estuve entre vosotros*

con debilidad, y mucho temor y temblor; y ni mi palabra ni mi predicación fue con palabras persuasivas de humana sabiduría, sino con demostración del Espíritu y de poder, para que vuestra fe no esté fundada en la sabiduría de los hombres, sino en el poder de Dios.

Por otro lado, los falsos apóstoles usaban la oratoria pulida y manipulación habilidosa para influenciar y seducir a sus víctimas en aras de su propio prestigio y poder. No obstante, el verdadero hombre de Dios rehúsa usar tales métodos carnales. En su lugar, predica la Palabra de Dios con claridad y poder, de modo que la "fe [quienes lo oyen] no esté fundada en la sabiduría de los hombres, sino en el poder de Dios" (2:5).

EL VERDADERO HOMBRE DE DIOS SE CONOCE POR SU INTEGRIDAD

Esto tenga en cuenta tal persona, que así como somos en la palabra por cartas, estando ausentes, lo seremos también en hechos, estando presentes. (10:11)

A la **persona** que lo acusara de inconsecuente Pablo le pidió que tuviera **en cuenta** una cosa: **que así como** era **en la palabra por cartas, estando** ausente, **lo** sería **también en hechos, estando** presente. Más adelante en esta epístola, Pablo advirtió a los rebeldes de Corinto que no subestimaran su capacidad y disposición a lidiar con ellos con dureza:

He dicho antes, y ahora digo otra vez como si estuviera presente, y ahora ausente lo escribo a los que antes pecaron, y a todos los demás, que si voy otra vez, no seré indulgente; pues buscáis una prueba de que habla Cristo en mí, el cual no es débil para con vosotros, sino que es poderoso en vosotros (13:2-3).

La vida del apóstol fue completamente consecuente; era la misma persona **en hechos, estando** presente, que **por cartas, estando** ausente. No era hipócrita; era irreprochable en su integridad.

La vida y el ministerio de Pablo estuvieron sellados por la aprobación divina. Escribió así a los tesalonicenses: "Sino que según fuimos aprobados por Dios para que se nos confiase el evangelio, así hablamos; no como para agradar a los hombres, sino a Dios, que prueba nuestros corazones" (1 Ts. 2:4). Pero, en contraste con los verdaderos hombres de Dios, los falsos maestros suelen ser muy diferentes en privado a la imagen pública que proyectan. Los múltiples escándalos que han estremecido sus ministerios son el triste testimonio de ello.

EL VERDADERO HOMBRE DE DIOS SE CONOCE POR SU HUMILDAD

Porque no nos atrevemos a contarnos ni a compararnos con algunos que se alaban a sí mismos; pero ellos, midiéndose a sí mismos por sí mismos, y comparándose consigo mismos, no son juiciosos. Pero nosotros no nos gloriaremos desmedidamente, sino conforme a la regla que Dios nos ha dado por medida, para llegar también hasta vosotros. Porque no nos hemos extralimitado, como si no llegásemos hasta vosotros, pues fuimos los primeros en llegar hasta vosotros con el evangelio de Cristo. No nos gloriamos desmedidamente en trabajos ajenos, sino que esperamos que conforme crezca vuestra fe seremos muy engrandecidos entre vosotros, conforme a nuestra regla; y que anunciaremos el evangelio en los lugares más allá de vosotros, sin entrar en la obra de otro para gloriarnos en lo que ya estaba preparado. Mas el que se gloría, gloríese en el Señor; porque no es aprobado el que se alaba a sí mismo, sino aquel a quien Dios alaba. (10:12-18)

No hay virtud cristiana más noble que la humildad, la convicción auténtica de que somos completa y totalmente indignos de la bondad, misericordia y gracia de Dios. La Biblia hace un retrato abundante y diverso de la humildad. Los humildes reconocen su bancarrota espiritual (Mt. 5:3), se niegan a pensar de sí con más superioridad de la que deberían hacerlo (Ro. 12:3), se rinden humillados ante su Dios grande y glorioso en sumisión (Is. 6:5; Lc. 5:8), están ávidos a dar a Dios el crédito por todo lo bueno que hay en sus vidas (1 Co. 15:10), lo adoran verdaderamente (Sal. 95:6; 1 Co. 14:25), están convencidos de que no están por encima de alguna labor (Jn. 13:3-15) y reconocen que aún no son lo que deberían ser (Fil. 3:12-14). Los humildes no tienen disposición a alabarse, vanagloriarse o promoverse (2 Co. 11:30; cp. Gá. 6:14); de hecho, las menciones tienden a avergonzarlos (Pr. 27:2). No ocultan sus pecados y defectos ni se consideran superiores a los demás (1 Ti. 1:15), están dispuestos a servir (Mt. 23:11) y los satisface someter todos sus planes a la voluntad del Señor (Sal. 37:5; Pr. 16:3). Pablo resumió la actitud de una persona humilde cuando escribió esto: "No que seamos competentes por nosotros mismos para pensar algo como de nosotros mismos, sino que nuestra competencia proviene de Dios" (2 Co. 3:5).

Nada hace más notorio a un hombre de Dios que la actitud de humildad característica del Señor Jesucristo (Mt. 11:29; cp. 5:3; 18:4; Hch. 20:19). Nadie, excepto el Señor, tuvo mayor impacto en la Iglesia que Pablo. Sin embargo, se describió a sí mismo como un vaso de barro, como los que se usan para las tareas menos dignas de una casa (2 Co. 4:7), como un miserable (Ro. 7:24), el más pequeño de todos los santos (Ef. 3:8), el más pequeño de los apóstoles (1 Co. 15:9) y el primero de los pecadores (1 Ti. 1:15). Tal humildad, contrastada con el orgullo rampante de los falsos apóstoles (cp. Jer. 23:32; Dn. 11:36; Lc. 18:11-12; 2 P. 2:18; Jud. 16; 2 Ts. 2:3-4; Ap. 13:5-6) debería ser una prueba concluyente para los corintios del apostolado de Pablo.

Desafortunadamente, muchos de ellos no lo habían percibido aún. Por lo tanto, en los versículos 12-18, Pablo cierra esta sección que describe las señales de un verdadero hombre de Dios con una explicación extensa de la humildad. En este pasaje lleno de ironía y sarcasmo, el apóstol desinfló las afirmaciones pomposas de los falsos apóstoles y ofreció su humildad como prueba de su autenticidad. Los versículos 12-18 revelan cinco características del mensajero humilde a quien Dios ha cambiado y llamado.

EL HUMILDE MENSAJERO DE DIOS ES REACIO A COMPARARSE CON OTROS

Porque no nos atrevemos a contarnos ni a compararnos con algunos que se alaban a sí mismos; pero ellos, midiéndose a sí mismos por sí mismos, y comparándose consigo mismos, no son juiciosos. (10:12)

El fariseo que con orgullo y arrogancia oraba: "Dios, te doy gracias porque no soy como los otros hombres, ladrones, injustos, adúlteros, ni aun como este publicano" (Lc. 18:11) tipifica la actitud de los falsos maestros. En su afán por elevarse a sí mismos, derribarían a cualquiera que se atravesara en su camino. Los orgullosos y vanos falsos apóstoles de Corinto querían parecer superiores atacando a Pablo.

Pero Pablo se negó a este juego infantil de gratificación personal egoísta. No se defendería utilizando los criterios de ellos. En su lugar, escribió: "**Porque no nos atrevemos a contarnos ni a compararnos con algunos que se alaban a sí mismos**". La frase **no nos atrevemos** tiene el sentido de falta de osadía. El apóstol no tenía la intención de responder a los **que se alaban a sí mismos** recomendándose él a sí mismo; no deshonraría a Dios poniéndose al nivel de ellos (Pr. 26:5).

La norma de comparación de los falsos apóstoles era subjetiva, con base en factores superficiales y externos como la personalidad, el carisma y la capacidad oratoria. Inventaron una medición de grandeza que pudieran satisfacer y por esta se proclamaron superiores con orgullo. No obstante, **ellos, midiéndose a sí mismos por sí mismos, y comparándose consigo mismos,** carecían de juicio. Eran necios e irracionales. Quien es egoísta y busca su propia satisfacción siempre vive engañado.

En contraste, Pablo se medía con respecto a la medición divina. Ya les había dicho así a los corintios: "Yo en muy poco tengo el ser juzgado por vosotros, o por tribunal humano; y ni aun yo me juzgo a mí mismo. Porque aunque de nada tengo mala conciencia, no por eso soy justificado; pero el que me juzga es el Señor"

(1 Co. 4:3-4). Cuando Pablo enumeró sus credenciales apostólicas, enumeró las cosas por las que había sufrido (2 Co. 11:22-33) y su debilidad (11:30; 12:5, 9; Hch. 20:19). Los humildes están plenamente conscientes de cuánto les hace falta para satisfacer la medición divina, que es el Señor Jesucristo (1 Co. 11:1).

EL MENSAJERO HUMILDE DE DIOS ESTÁ DISPUESTO MINISTRAR DENTRO DE LOS LÍMITES

Pero nosotros no nos gloriaremos desmedidamente, sino conforme a la regla que Dios nos ha dado por medida, para llegar también hasta vosotros. (10:13)

Los falsos maestros tienden a la megalomanía y los enfurece que alguien limite sus designios ostentosos. Buscan continuamente ampliar su influencia y obtener mayores prestigio, fama y riqueza. Para tal fin, suelen exagerar y hasta falsificar sus calificaciones y talentos. Los falsos apóstoles presentaron a los corintios una trayectoria bien impresionante. Afirmaban tener más poder, erudición, oratoria e influencia que Pablo. Entonces usaban credenciales falsas para obtener influencia en la congregación de Corinto.

Pero Pablo se negó a gloriarse **desmedidamente**, no diría nada sobre sí mismo o su ministerio que no fuera cierto. Rehusó mentir y exagerar como los falsos apóstoles; su afirmación de su ministerio era veraz y precisa. En contraste con las pretensiones ambiciosas de los falsos maestros, él tenía contentamiento con satisfacer **la regla que Dios** le había **dado por medida**. Para utilizar la analogía de una carrera, Pablo seguía en su carril. Dios le había concedido en su soberanía un campo grande de servicio que describió en Romanos 1:5 así: "Por quien recibimos la gracia y el apostolado, para la obediencia a la fe en todas las naciones por amor de su nombre" (cp. Ro. 15:18; Hch. 22:21; 26:15-18). No se molestó por los límites que Dios le impuso; no quería tener un ministerio más importante que el que Dios pretendía. Pablo estaba perfectamente satisfecho con la esfera de influencia que Dios le había señalado. Se enfocaba en la excelencia, más que en el éxito; en la calidad de su ministerio, más que en el tamaño; en la profundidad más que en la amplitud.

Aun Jesús ministró dentro de los límites estrictamente definidos que determinó el Padre. Su ministerio estuvo limitado por la voluntad del Padre (Jn. 5:30; 6:38), sus tiempos (Jn. 2:4; 7:30; 8:20), su pueblo ("las ovejas perdidas de la casa de Israel" [Mt. 15:24]), su mensaje ("el evangelio del reino" [Mt. 4:23; 9:35; Lc. 4:18]) y sus prioridades (los doce apóstoles, no los ricos e influyentes).

Carecían de fundamento las afirmaciones de los falsos apóstoles según las cuales Pablo había sobrepasado sus límites, pues Dios había ordenado que la esfera de su ministerio llegara **también hasta** Corinto. Los corintios no podían alegar otra cosa porque sería como cortar la rama que los sostenía. Pablo era su padre espiritual (1 Co. 4:15) y la iglesia de Corinto debía su existencia al ministerio de él. Negar la legitimidad del apostolado de Pablo era negar la legitimidad de la salvación de ellos y de su iglesia.

EL MENSAJERO HUMILDE DE DIOS NO ESTÁ DISPUESTO A LLEVARSE EL CRÉDITO POR EL TRABAJO DE LOS DEMÁS

Porque no nos hemos extralimitado, como si no llegásemos hasta vosotros, pues fuimos los primeros en llegar hasta vosotros con el evangelio de Cristo. No nos gloriamos desmedidamente en trabajos ajenos, sino que esperamos que conforme crezca vuestra fe seremos muy engrandecidos entre vosotros, conforme a nuestra regla; y que anunciaremos el evangelio en los lugares más allá de vosotros, sin entrar en la obra de otro para gloriarnos en lo que ya estaba preparado. (10:14-16)

No podía acusarse a Pablo de haberse **extralimitado** cuando afirmaba que la esfera de su ministerio llegaba hasta Corinto. Como ya se dijo, fue el primero **en llegar hasta** ellos **con el evangelio de Cristo**. Y **no se** gloriaba **desmedidamente** por el hecho indiscutible que había fundado la iglesia de Corinto (1 Co. 3:6, 10; 4:15). No se había inmiscuido en el territorio de los falsos apóstoles; fue más bien al contrario. Ellos fueron los intrusos, no Pablo.

Los falsos apóstoles inventaron una letanía superficial de sus supuestos logros. A diferencia de Pablo no duraron en gloriarse de **trabajos ajenos**. Estaban ávidos por hacerse con los logros legítimos de los otros porque carecían de los suyos. Aunque, en realidad, no habían contribuido al crecimiento espiritual de los corintios, pues no era verdaderos siervos de Dios, estaban interfiriendo con lo que Pablo había alcanzado pues predicaban a otro Jesús y un evangelio falso (2 Co. 11:3-4). No eran sino parásitos que absorbían la vida espiritual de la iglesia, en contraste con el verdadero apóstol que la edificaba (cp. Ef. 2:20).

El plan y la esperanza de Pablo era que a medida que la **fe** de ellos creciera, su esfera terminara **muy** engrandecida **entre** ellos. Su meta era, con la ayuda de los de Corinto, anunciar **el evangelio en los lugares más allá de** ellos. Sin embargo, tal cosa no era posible en ese momento por el pecado, inmadurez y rebelión de los corintios. Tendría que esperar hasta que rechazaran completamente a los falsos apóstoles y regresaran a la sana doctrina y la vida santa.

Pablo nunca fue dado a dormirse en los laureles. Su espíritu inquieto lo llevaba más allá, a predicar el evangelio donde nunca se había proclamado. En Hechos 19:21, expresó su deseo de predicar el evangelio en Roma, pero no quería decir que iba a detenerse allí. Con la ayuda de los creyentes romanos planeaba alcanzar España (Ro. 15:24, 28). El apóstol quería que lo pusieran en marcha a su siguiente viaje misionero cuando ya se hubiera fortalecido en su fe. Pero sin importar adónde fuera Pablo, siempre quería estar en la esfera del ministerio que Dios había diseñado soberanamente para él. Rehusó humildemente seguir los pasos de otros hombres de Dios y recibir el crédito por las acciones de ellos.

EL MENSAJERO HUMILDE DE DIOS ESTÁ DISPUESTO A BUSCAR SOLAMENTE LA GLORIA DEL SEÑOR

Mas el que se gloría, gloríese en el Señor; (10:17)

Esta verdad esencial que aparece por todas las Escrituras es una severa reprensión a todos los falsos maestros que pretenden gloriarse de ellos mismos. En Salmos 20:7, David escribió: "Éstos confían en sus carros de guerra, aquéllos confían en sus corceles, pero nosotros confiamos en el nombre del Señor nuestro Dios" (NVI), y en Salmos 34:2 añadió: "Mi alma se gloría en el Señor; lo oirán los humildes y se alegrarán" (NVI). Y Dios declaró por medio del profeta Jeremías:

> *Así dice el Señor: "Que no se gloríe el sabio de su sabiduría, ni el poderoso de su poder, ni el rico de su riqueza. Si alguien ha de gloriarse, que se gloríe de conocerme y de comprender que yo soy el Señor, que actúo en la tierra con amor, con derecho y justicia, pues es lo que a mí me agrada —afirma el Señor" (Jer. 9:23-24, NVI).*

Pablo tenía tal mensaje en la cabeza cuando escribió este versículo, así como cuando antes ya les había dicho a los corintios: "Como está escrito: El que se gloría, gloríese en el Señor" (1 Co. 1:31). A los romanos escribió: "Tengo, pues, de qué gloriarme en Cristo Jesús en lo que a Dios se refiere. Porque no osaría hablar sino de lo que Cristo ha hecho por medio de mí para la obediencia de los gentiles, con la palabra y con las obras" (Ro. 15:17-18). E hizo el siguiente voto en Gálatas 6:14: "Pero lejos esté de mí gloriarme, sino en la cruz de nuestro Señor Jesucristo, por quien el mundo me es crucificado a mí, y yo al mundo".

Después de la muerte de Martín Lutero, sus amigos encontraron un pedazo de papel en su bolsillo en el cual el gran reformador había escrito: "Todos somos mendigos". Los hombres de Dios humildes reconocen que no tienen nada de qué jactarse. Si predican el evangelio es porque la Palabra de Dios es un fuego en sus huesos (Jer. 20:9) y se ven impulsados a predicar (1 Co. 9:16). Sirven en la iglesia solamente porque Cristo los pone en el servicio (1 Ti. 1:12), y cualquier éxito que tengan tan solo puede atribuirse a la gracia de Dios que obra en ellos (1 Co. 15:10). Claman con el salmista: "La gloria, Señor, no es para nosotros; no es para nosotros sino para tu nombre, por causa de tu amor y tu verdad" (Sal. 115:1, NVI).

EL MENSAJERO HUMILDE DE DIOS ESTÁ DISPUESTO A IR TAN SOLO POR LA GLORIA ETERNA

porque no es aprobado el que se alaba a sí mismo, sino aquel a quien Dios alaba. (10:18)

Los falsos maestros están completamente enfocados en el aquí y ahora, buscan la fama, los elogios, la notoriedad, el prestigio, la riqueza y el poder. Pero los verdaderos siervos de Cristo van tras su recompensa celestial (Mt. 5:12; Lc. 6:23; Col. 3:24; He. 11:26). Entienden que recomendarse a sí mismos carece de sentido, **porque no es aprobado el que se alaba a sí mismo**. No les interesa agradar a los hombres; a la larga, no tiene importancia que el mundo los condene o los recomiende. Lo que importa es **aquel a quien Dios alaba**; a quien le dice: "Bien, buen siervo y fiel… entra en el gozo de tu señor" (Mt. 25:21). Es esta la única evaluación que cuenta, como lo escribió Pablo en su anterior carta inspirada a los corintios:

> *Yo en muy poco tengo el ser juzgado por vosotros, o por tribunal humano; y ni aun yo me juzgo a mí mismo. Porque aunque de nada tengo mala conciencia, no por eso soy justificado; pero el que me juzga es el Señor. Así que, no juzguéis nada antes de tiempo, hasta que venga el Señor, el cual aclarará también lo oculto de las tinieblas, y manifestará las intenciones de los corazones; y entonces cada uno recibirá su alabanza de Dios (1 Co. 4:3-5).*

La iglesia enfrenta hoy día el mismo reto de siempre: separar los predicadores verdaderos de los engañadores falsos. La historia triste de la credulidad de los corintios se ha repetido a lo largo de todos los tiempos cuando los creyentes carentes de discernimiento caen por las mentiras de los falsos maestros. El resultado es que hay iglesias, instituciones educativas y denominaciones por todo el mundo que han abandonado la verdad bíblica. Los corintios deberían haber tenido la capacidad de diferenciar entre los líderes espirituales verdaderos y los falsos, al igual que la iglesia de hoy día. Los verdaderos hombres de Dios no están por el espectáculo; no intimidan a los demás; no buscan promocionarse; valoran la verdad lo suficientemente para no tolerar el error; buscan imitar la mansedumbre de Jesucristo; tienen una perspectiva alta de las Escrituras y predican el evangelio puro y no adulterado; están satisfechos con ministrar donde Dios los puso; llevan vidas consecuentes con sus enseñanzas; no se quedan con el crédito del trabajo del resto; y buscan la gloria eterna de Dios, no el aplauso temporal. "El que en esto sirve a Cristo, agrada a Dios, y es aprobado por los hombres" (Ro. 14:18).

¡Ojalá me toleraseis un poco de locura! Sí, toleradme. Porque os celo con celo de Dios; pues os he desposado con un solo esposo, para presentaros como una virgen pura a Cristo. Pero temo que como la serpiente con su astucia engañó a Eva, vuestros sentidos sean de alguna manera extraviados de la sincera fidelidad a Cristo. Porque si viene alguno predicando a otro Jesús que el que os hemos predicado, o si recibís otro espíritu que el que habéis recibido, u otro evangelio que el que habéis aceptado, bien lo toleráis; y pienso que en nada he sido inferior a aquellos grandes apóstoles. Pues aunque sea tosco en la palabra, no lo soy en el conocimiento; en todo y por todo os lo hemos demostrado. (11:1-6)

Tal vez la palabra más repugnante en cualquier idioma es la correspondiente a traidor. Hay pocas personas más despreciables que quienes traicionan a su familia, amigos, causa o nación. De hecho, los nombres de traidores infames como Benedict Arnold, Vidkun Quisling (colaborador de los alemanes para ocupar Noruega en la Segunda Guerra Mundial) y, el traidor por antonomasia, Judas Iscariote, se han vuelto sinónimos del término "traidor". En contraste, la lealtad y sus sinónimos —fe, fidelidad y devoción— se erigen como unas de las palabras más preciadas en cualquier idioma.

La Biblia enfatiza la importancia de la lealtad. Salomón escribió: "Muchos hombres proclaman cada uno su propia bondad, pero hombre de verdad, ¿quién lo hallará?" (Pr. 20:6). No todos los que proclaman lealtad la demuestran, pero "el que busca ser recto y leal, encuentra vida y honor" (Pr. 21:21, DHH). Salomón añadió que las personas con autoridad debían ser leales: "Lealtad y verdad guardan al rey, y por la justicia sostiene su trono" (Pr. 20:28, LBLA).

Pero la lealtad a Dios —que puede definirse como amarlo con todo el corazón, con toda el alma, con toda la mente y con todas las fuerzas (Dt. 6:5; Mr. 12:30)— tiene un alcance más importante que la lealtad a cualquier ser humano o causa. Tal lealtad no es barata ni puede asirse fácilmente. En Mateo 10:34-38, Jesús describió el precio que puede tener la lealtad a Él:

No penséis que he venido para traer paz a la tierra; no he venido para traer paz, sino espada. Porque he venido para poner en disensión al hombre contra su padre, a la hija contra su madre, y a la nuera contra su suegra; y los enemigos del hombre serán los de su casa. El que ama a padre o madre más que a mí, no es digno de mí; el que ama a hijo o hija más que a mí, no es digno de mí; y el que no toma su cruz y sigue en pos de mí, no es digno de mí.

La lealtad a Jesús puede ser una espada que rompe lazos familiares o cuesta vidas de personas, una verdad confirmada por los incontables miles de mártires que prefirieron morir a la deslealtad.

Las Escrituras enfatizan repetidamente la importancia de la lealtad a Dios. David exhortó a Salomón a servir a Dios "con corazón perfecto y con ánimo voluntario" (1 Cr. 28:9) y oró así a Dios: "Da a mi hijo Salomón corazón perfecto, para que guarde tus mandamientos, tus testimonios y tus estatutos" (1 Cr. 29:19). En la dedicación del templo, Salomón exhortó a Israel así: "Y ahora, dedíquense por completo al Señor nuestro Dios; vivan según sus decretos y cumplan sus mandamientos, como ya lo hacen" (1 R. 8:61, NVI). De algunos reyes del Antiguo Testamento, como Ezequías (Is. 38:3) y Asa (1 R. 15:14), se dice que sirvieron con "lealtad" (NVI) y "corazón… perfecto" al Señor. Otros, como Abiam (1 R. 15:1-3) y Amasías (2 Cr. 25:1-2) no le fueron leales. Trágicamente, Salomón se hizo desleal al Señor al final de su vida: "Cuando Salomón llegó a viejo, sus mujeres le pervirtieron el corazón de modo que él siguió a otros dioses, y no siempre fue fiel al Señor su Dios como lo había sido su padre David" (1 R. 11:4, NVI). Su deserción trágica muestra que la lealtad puede perderse a pesar de tener las mejores intenciones.

Tristemente, Israel tampoco permaneció leal al Señor, siguiendo el ejemplo de sus gobernantes infieles. Dios se lamentó por medio del profeta Oseas así: "¿Qué haré a ti, Efraín? ¿Qué haré a ti, oh Judá? La piedad vuestra es como nube de la mañana, y como el rocío de la madrugada, que se desvanece" (Os. 6:4). Y Dios declaró lo siguiente cuando llamó a Israel a que le volviera a ser fiel: "Porque más me deleito en la lealtad que en el sacrificio, y más en el conocimiento de Dios que en los holocaustos" (6:6, LBLA).

Al igual que Israel, la Iglesia ha demostrado en repetidas ocasiones ser infiel al Señor. Pablo confrontó la deslealtad de Pedro (Gá. 2:11-13) y reprendió a los gálatas por traicionar el evangelio de la gracia (Gá. 3:3). Pedro y Judas advirtieron de falsos maestros que desviarían a muchos de la verdad (2 P. 2:1-3, 10-22; Jud. 4-16). Santiago advirtió que quienes no fueran totalmente fieles al Señor no deberían esperar nada de Él (Stg. 1:5-8). Y cinco de las siete iglesias a las cuales Juan se dirige en Apocalipsis (Ap. 2—3) eran desleales al Señor Jesucristo.

Ninguno de los escritores del Nuevo Testamento estaba más preocupado por la lealtad que Pablo, y en ninguna parte le preocupaba más la deslealtad que en Corinto. Muchos de los corintios, engañados por las mentiras seductoras de algunos falsos, demoniacos y denominados a sí mismos apóstoles, se habían rebelado abiertamente contra Pablo. El apóstol había lidiado con el motín en una carta fuerte (2 Co. 2:1-4). Y por tal razón la mayoría de los corintios se arrepintieron y reafirmaron su lealtad a él (7:6-11). Sin embargo, Pablo sabía que la rebelión no estaba completamente sofocada, sino que se había vuelto clandestina. Por lo tanto, se dirigió a la mayoría de arrepentidos en la congregación de Corinto en los capítulos 1 al 9, instándolos a continuar leales a él. Y en los capítulos 10 al 13 se enfrentó firme y directamente con los falsos apóstoles y sus seguidores no arrepentidos, defendiéndose contra los ataques violentos a su carácter y ministerio.

A Pablo le parecía que defenderse era desagradable y no le gustaba recomendarse a sí mismo (2 Co. 10:12-13, 17-18; cp. Pr. 27:2). Con todo, no podía permitir que los falsos maestros destruyeran su reputación y socavaran su enseñanza. Ellos se habían exaltado promoviéndose (2 Co. 10:12) y los corintios estaban impresionados. Si Pablo no se defendía, lo eliminarían como fuente de la verdad divina y quedarían a merced de los falsos maestros. Su defensa no era para sí, sino para ellos, como lo explicó en 12:19: "¿Pensáis aún que nos disculpamos con vosotros? Delante de Dios en Cristo hablamos; y todo, muy amados, para vuestra edificación". Así, aunque a Pablo le resultara desagradable, tenía que defender su integridad; no por orgullo, por exaltarse o por su ego, sino porque el evangelio estaba en juego.

Al comienzo del capítulo 11 Pablo confrontó a los falsos apóstoles. Con renuencia, se comparó con ellos para que los corintios pudieran distinguir al mensajero de Dios y a los mensajeros falsos. Cuando comenzó a confrontar a los falsos apóstoles, reveló que su intención era hacer un llamado para que los corintios volvieran a la lealtad. Comenzó expresando que **ojalá** toleraran en su defensa lo que el apóstol llamó **un poco de locura**. Estaba a punto de responder a los necios como su locura merecía (Pr. 26:5). En realidad, habría preferido no escribir esta sección, pero la necedad de los corintios no le dejó opción. El apóstol suavizó su estallido reconociendo que en realidad **sí** lo estaban tolerando; una afirmación de la respuesta positiva de los corintios cuando los corrigió antes (2 Co. 2:1-4; 7:6-11; 1 Corintios). Pablo pidió la misma respuesta favorable al defenderse de los ataques de los falsos maestros y frente a la deslealtad de los necios corintios.

En los versículos del 2 al 6, Pablo hace una acusación formal que incluye cuatro cargos relacionados con la deslealtad de los corintios, cada uno se introduce con la conjunción griega gar ("de"). Pablo expresó su preocupación acerca de su deslealtad a Dios, Cristo, el evangelio y la verdad.

DESLEALTAD A DIOS

Porque os celo con celo de Dios; (11:2*a*)

Pensar que los corintios estaban siendo seducidos por el error rompía el corazón de Pablo. Así pues, lo que hubiera parecido a los corintios como exaltación de su parte era en realidad una preocupación extrema, movida por un **celo de Dios** (literalmente, los celos de Dios). El celo de Pablo de parte de Dios se hizo manifiesto en la indignación justa, dada la posibilidad de que los corintios desertaran.

El celo de Dios por su nombre santo y por su pueblo es un asunto importante del Antiguo Testamento. En Éxodo 20:5, Dios dijo: "Yo, el Señor tu Dios, soy un Dios celoso" (NVI). Éxodo 34:14 revela que uno de los nombres de Dios es "Celoso". Deuteronomio 4:24 describe al Señor como "fuego consumidor, Dios celoso" (cp. Dt. 5:9; 6:15; Jos. 24:19; Nah. 1:2), mientras Deuteronomio 32:16 y 21 revela que la idolatría del pueblo provoca su celo santo (cp. Sal. 78:58; 1 Co. 10:22). En Ezequiel 39:25, Dios declara: "Me mostraré celoso por mi santo nombre".

Como David, quien escribió en Salmos 69:9: "Porque me consumió el celo de [la casa de Dios]; y los denuestos de los que te vituperaban cayeron sobre mí" (cp. Jn. 2:17), Pablo sentía el dolor cuando deshonraban a Dios. El dolor producía que se agolpara sobre él cada día "la preocupación por todas las iglesias" (2 Co. 11:28), particularmente por los creyentes que eran débiles y proclives al pecado (11:29). Le preocupaba especialmente que los corintios ofrecieran a Dios la obediencia leal y amorosa, cosas en las cuales Él se regocija y de ellas es digno (cp. Dt. 6:5; 10:12; 11:1, 13, 22; 19:9; 30:16; Jos. 22:5; 23:11; Sal. 31:23; Mt. 22:37).

DESLEALTAD A CRISTO

pues os he desposado con un solo esposo, para presentaros como una virgen pura a Cristo. Pero temo que como la serpiente con su astucia engañó a Eva, vuestros sentidos sean de alguna manera extraviados de la sincera fidelidad a Cristo. (11:2*b*-3)

Pablo expresó su preocupación por la deslealtad de los corintios a Cristo usando la analogía del desposorio y el matrimonio. Como aún ocurre hoy día, los principales elementos de una boda judía eran el desposorio (compromiso) y la ceremonia como tal. El período de desposorio solía durar alrededor de un año (aunque a veces desposaban las parejas desde su niñez). La pareja desposada, aunque no tenía permitido consumar la unión física, eran considerados marido y mujer para todos los efectos legales; el desposorio podía romperse solo por la muerte o el divorcio, y la infidelidad en este período se consideraba adulterio (cp. Mt. 1:18-19). El período del desposorio culminaba con la ceremonia, marcando el cumplimiento del pacto.

Durante el período del desposorio, era responsabilidad del padre asegurar que su hija permaneciera fiel a su esposo prometido. Entonces él la presentaría a su esposo en la ceremonia de boda como una virgen pura.

Cuando Pablo predicó el evangelio a los corintios, los desposó **con un solo esposo**. En la salvación prometieron su lealtad a Cristo y Pablo quería asegurarse de que permanecieran fieles. Como su padre espiritual (1 Co. 4:15), estaba determinado a presentarlos **como una virgen pura a Cristo**. Los corintios, habiéndose comprometido con Él en la salvación (como todos los creyentes en la era de la Iglesia), se presentarán a Cristo en el rapto (cp. Jn. 14:1-3) y tendrán su cena de bodas durante el reino milenial (Ap. 19:7-9). La preocupación predominante de Pablo era que la iglesia permaneciera pura para su novio (cp. Ef. 5:25-27).

La palabra **temo** expresa el sentimiento de la preocupación paulina, en este pasaje y en toda la epístola. La defensa de su integridad y su ministerio, el llamado a los corintios a la lealtad y el enfrentamiento con los falsos maestros, todas eran cosas motivadas por el temor. La preocupación del apóstol estaba justificada porque los corintios habían demostrado una susceptibilidad alarmante a dejarse seducir dando la bienvenida a quienes predicaran otro Jesús y otro evangelio (2 Co. 11:4).

El temor de todo pastor es que alguna de sus ovejas se extravíe. Como ya se señaló anteriormente, el celo de Pablo por la pureza de ellos lo llevaba a que se agolpara sobre él cada día "la preocupación por todas las iglesias" (11:28). A lo largo de toda la historia, la deslealtad de muchos que proclaman ser seguidores de Cristo es desgarradora. Hay incontables iglesias que invocan el nombre de Cristo y se han dejado seducir por "espíritus engañadores y... doctrinas de demonios" (1 Ti. 4:1), haciéndose desleales a Él.

El engaño de Satanás al pueblo de Dios comenzó en el huerto del Edén, cuando **la serpiente** (Satanás; Ap. 12:9; 20:2) **engañó a Eva**. Ella no pretendía rebelarse contra Dios, pero como dijo Pablo a Timoteo, "la mujer, siendo engañada, incurrió en transgresión" (1 Ti. 2:14). Eva creyó que la información que recibió de Satanás era correcta y actuó conforme a ella. En Génesis 3:1, Satanás comenzó preguntándole: "¿Conque Dios os ha dicho: No comáis de todo árbol del huerto?". Satanás sabía que Dios había dicho aquello. Su pregunta pretendía sembrar duda en el mandamiento divino. Y una vez plantada la semilla de la duda en la mente de Eva, procedió a negar abiertamente la verdad de la palabra de Dios, declarándole descaradamente: "No moriréis" (3:4). Finalmente, en reemplazo, ofreció una mentira: "Sabe Dios que el día que comáis de él, serán abiertos vuestros ojos, y seréis como Dios, sabiendo el bien y el mal" (3:5). Eva quería lo mejor de Dios, de modo que el consejo de Satanás parecía perfecto. Después de todo, ¿qué podría ser mejor que ser como Dios? Eva, habiendo quedado completamente engañada, comió la fruta prohibida; y Adán también, aunque el engañado no fue él (1 Ti. 2:14). El resultado catastrófico es que toda la humanidad cayó en el pecado (Ro. 5:12-19; 1 Co. 15:21-22). Desde que Satanás engañó a Eva, los falsos maestros, siguiendo el patrón, han retratado el error como verdad y la verdad como error.

Pablo temía que los emisarios de Satanás, usando la misma **astucia** (cp. 2 Co. 11:13-15) con que el maestro del mal engañó a Eva, extraviaran los **sentidos** (la palabra griega podría traducirse "pensamientos") de los corintios, corrompiéndolos o arruinándolos con ello (el término griego para extraviar también tiene esas connotaciones). La falta de discernimiento es un problema importante en la Iglesia (Ef. 4:14), porque la batalla espiritual es ideológica (véase la explicación de 10:3-5 en el cap. 25 de este libro). La disposición de la Iglesia a tolerar el error en nombre de la unidad, junto con una falta de conocimiento bíblico y doctrinal, la ha incapacitado para discernir. El resultado es que muy a menudo resulta presa fácil de los lobos rapaces y hambrientos de los que advirtieron Pablo y Jesús (Mt. 7:15; Hch. 20:29), que la hieren, y debilitan su poder y testimonio.

La esencia de la vida cristiana es **la sincera fidelidad a Cristo**. Pablo dijo a los filipenses: "Para mí el vivir es Cristo, y el morir es ganancia" (Fil. 1:21; cp. Gá. 2:20; Col. 3:4). No amarlo sobre todas las cosas como Salvador y Señor es un acto de deslealtad. El peligro de los falsos maestros es que cambien el enfoque de Jesucristo a los rituales, ceremonias, buenas obras, milagros, experiencias emocionales, psicología, entretenimiento, causas políticas y sociales, cualquier otra cosa que distraiga al pueblo.

La lealtad al Señor Jesucristo no es negociable en la vida cristiana; hasta el punto que las Escrituras declaran lo siguiente: "El que no amare al Señor Jesucristo, sea anatema. El Señor viene" (1 Co. 16:22).

DESLEALTAD AL EVANGELIO

Porque si viene alguno predicando a otro Jesús que el que os hemos predicado, o si recibís otro espíritu que el que habéis recibido, u otro evangelio que el que habéis aceptado, bien lo toleráis; (11:4)

La palabra **si** podría traducirse mejor "puesto que", debido a que Pablo no estaba escribiendo sobre una situación hipotética. Los falsos maestros ya estaban en Corinto. Aunque Dios no los había enviado (cp. Jer. 23:21), los corintios les habían dado la bienvenida y dado una plataforma para que proclamaran su falso evangelio. Como se dijo en el capítulo 26, Pablo no dignificó la herejía de los falsos maestros explicándola con detalle. Pero aquí la resume en tres líneas generales.

Primero, los falsos apóstoles predicaban **otro Jesús**, no el verdadero Señor Jesucristo que Pablo había **predicado**. Una cristología aberrante siempre ha sido la marca de las religiones y los falsos cultos. En lugar de ver a Jesús como la segunda persona eterna de la Trinidad, que se hizo hombre y murió en sacrificio expiatorio por el pecado, lo ven como un profeta, un gurú, un avatar, un revolucionario político o social, el arcángel Miguel, un espíritu pequeño de Dios, una emanación divina… cualquier cosa, excepto el Dios verdadero hecho carne. Aunque los falsos apóstoles se identificaban externamente con Jesús, el Jesús que predicaban no era el de las Escrituras.

Segundo, los falsos apóstoles vinieron con el poder de **otro espíritu**, un espíritu demoniaco, no el Espíritu Santo de quien los corintios habían **recibido** la salvación. Toda enseñanza falsa al final proviene de Satanás y sus huestes demoniacas, a las que Pablo describió como "espíritus engañadores" (1 Ti. 4:1) y Juan llamó espíritus de error (cp. 1 Jn. 4:6, cp. 4:1).

La consecuencia lógica de proclamar otro Jesús en el poder de otro espíritu era que los falsos apóstoles predicaban **otro evangelio**. No predicaban el evangelio verdadero que los corintios habían **aceptado** cuando Pablo les predicó por primera vez. Como ya se señaló anteriormente, Pablo no define este falso evangelio. Sin duda negaba que la salvación fuera por gracia por medio de la fe sola y necesitaba la ayuda de las obras humanas. Increíblemente, los corintios toleraron bien la herejía condenatoria, en lugar de rechazarla; la toleraban, justificando así el temor de Pablo por la pureza de ellos.

DESLEALTAD A LA VERDAD

y pienso que en nada he sido inferior a aquellos grandes apóstoles. Pues aunque sea tosco en la palabra, no lo soy en el conocimiento; en todo y por todo os lo hemos demostrado. (11:5-6)

La renuencia de Pablo a vanagloriarse (cp. 10:12) le llevó a hacer una afirmación sarcástica y minimalista: que **en nada** había **sido inferior a aquellos grandes apóstoles** (lit. apóstoles "extraespeciales" o "superapóstoles"). No los estaba reconociendo como iguales, pues eran falsos (11:12-15) y él era apóstol de verdad (cp. 4:7-15; 6:4-10; 11:21-33; 12:12). Pero por causa del argumento, llamó a los corintios a darse cuenta de la realidad obvia, que **en nada he sido inferior a aquellos** "superapóstoles", como se consideraban a sí mismos de manera tan superficial.

Algunos comentaristas argumentan que la frase **grandes apóstoles** se refiere a los doce, aquí y en 12:11. Pero aunque es cierto que Pablo era completamente igual a los doce (12:12; cp. Gá. 2:6-9), hay varias consideraciones que hacen improbable que los tuviera aquí a ellos en mente. Primero, Pablo no se habría referido a los doce apóstoles con el término sarcástico "superapóstoles". Segundo, los falsos apóstoles son quienes claramente están en consideración en 11:4, pues Pablo nunca acusaría a los doce apóstoles de predicar otro Jesús u otro evangelio. El cambio abrupto a una mención a los doce apóstoles, en el versículo 5, habría sido confuso y carente de sentido. De modo que el contexto indica que el mismo grupo está considerándose en los versículos 4 y 5. Tercero, Pablo admite, en el versículo 6, que no es habilidoso en su discurso, comparado con los autoproclamados "superapóstoles". Pero eso no sería cierto si se comparara con los doce apóstoles, "que eran hombres sin letras y del vulgo" (Hch. 4:13). Finalmente, Pablo no habría dado por hecho que tenía un conocimiento espiritual superior al de los doce apóstoles (2 Co. 11:6).

Como se dijo en la explicación de 10:10, en el capítulo 26, los falsos apóstoles se burlaban de Pablo por ser **tosco en la palabra**. La palabra *idiōtēs* (**tosco**) tiene un matiz contencioso y refleja que los falsos apóstoles consideraban a Pablo un orador vulgar, aficionado y poco sofisticado. El apóstol reconocía que no le interesaban las habilidades retóricas y oratorias que tanto impresionaban a los griegos, porque no le preocupaba la técnica sino la verdad. No le interesaba ser un teatrero o manipular a su audiencia. Por lo tanto, su mensaje era el evangelio claro y sencillo. Pablo sabía que la elocuencia humana atraería a las personas al predicador, no a la cruz; por otro lado, la predicación fiel no lleva a admirar al predicador sino al Cristo que aquel proclama. El evangelio "es poder de Dios para salvación" (Ro. 1:16) y no necesita que los humanos lo embellezcan.

Pablo reveló su filosofía de predicación en su primera carta inspirada a los corintios:

Pues no me envió Cristo a bautizar, sino a predicar el evangelio; no con sabiduría de palabras, para que no se haga vana la cruz de Cristo. Porque la palabra de la cruz es locura a los que se pierden; pero a los que se salvan, esto es, a nosotros, es poder de Dios. Pues está escrito: Destruiré la sabiduría de los sabios, y desecharé el entendimiento de los entendidos. ¿Dónde está el sabio? ¿Dónde está el escriba? ¿Dónde está el disputador de este siglo? ¿No ha enloquecido Dios la sabiduría del mundo? Pues ya que en la sabiduría de Dios, el mundo no conoció a Dios mediante la sabiduría, agradó a Dios salvar a los creyentes por la locura de la predicación. Porque los judíos piden señales, y los griegos buscan sabiduría; pero nosotros predicamos a Cristo crucificado, para los judíos ciertamente tropezadero, y para los gentiles locura; mas para los llamados, así judíos como griegos, Cristo poder de Dios, y sabiduría de Dios… Porque lo insensato de Dios es más sabio que los hombres, y lo débil de Dios es más fuerte que los hombres. Así que, hermanos, cuando fui a vosotros para anunciaros el testimonio de Dios, no fui con excelencia de palabras o de sabiduría. Pues me propuse no saber entre vosotros cosa alguna sino a Jesucristo, y a éste crucificado. Y estuve entre vosotros con debilidad, y mucho temor y temblor; y ni mi palabra ni mi predicación fue con palabras persuasivas de humana sabiduría, sino con demostración del Espíritu y de poder, para que vuestra fe no esté fundada en la sabiduría de los hombres, sino en el poder de Dios (1 Co. 1:17-25; 2:1-5).

No obstante, Pablo no era un orador ineficaz; por el contrario, hablaba con tremendo poder e impacto. Pero no le interesaba la oratoria rimbombante o ser culturalmente relevante. Desdeñaba lo teatral, artificial y la astucia de los trucos manipuladores considerándolo "palabras persuasivas de humana sabiduría". Su meta era predicar el evangelio de Cristo con lucidez y convicción, utilizando toda su mente y su corazón por el poder de Dios, para que la fe de sus oyentes no estuviera fundamentada "en la sabiduría de los hombres, sino en el poder de Dios".

Aunque las habilidades comunicativas de Pablo podrían haber parecido deficientes a la medida de los falsos apóstoles, él **no** carecía de **conocimiento**. Los falsos apóstoles decían que tenían un conocimiento secreto que no estaba disponible a los no iniciados. Pero Pablo era un administrador "de los misterios de Dios" (1 Co. 4:1), con "conocimiento en el misterio de Cristo" (Ef. 3:4). Y tal fue el verdadero conocimiento espiritual que describió en 1 Corintios 2:6-16:

Sin embargo, hablamos sabiduría entre los que han alcanzado madurez; y sabiduría, no de este siglo, ni de los príncipes de este siglo, que perecen. Mas hablamos sabiduría de Dios en misterio, la sabiduría oculta, la cual Dios predestinó antes de los siglos para nuestra gloria, la que ninguno de los príncipes de este siglo conoció; porque si la hubieran conocido, nunca habrían crucificado al Señor de gloria. Antes bien, como está escrito: Cosas que ojo no vio, ni oído oyó, ni han subido en corazón de hombre, son las que Dios ha preparado para los que le aman. Pero Dios nos las reveló a nosotros por el Espíritu; porque el Espíritu todo lo escudriña, aun lo profundo de Dios. Porque ¿quién de los hombres sabe las cosas del hombre, sino el espíritu del hombre que está en él? Así tampoco nadie conoció las cosas de Dios, sino el Espíritu de Dios. Y nosotros no hemos recibido el espíritu del mundo, sino el Espíritu que proviene de Dios, para que sepamos lo que Dios nos ha concedido, lo cual también hablamos, no con palabras enseñadas por sabiduría humana, sino con las que enseña el Espíritu, acomodando lo espiritual a lo espiritual. Pero el hombre natural no percibe las cosas que son del Espíritu de Dios, porque para él son locura, y no las puede entender, porque se han de discernir espiritualmente. En cambio el espiritual juzga todas las cosas; pero él no es juzgado de nadie. Porque ¿quién conoció la mente del Señor? ¿Quién le instruirá? Mas nosotros tenemos la mente de Cristo.

Pablo predicaba la "sabiduría de Dios en misterio, la sabiduría oculta, la cual Dios predestinó antes de los siglos para nuestra gloria, la que ninguno de los príncipes de este siglo conoció". Era un conocimiento que "Dios [le] reveló… por el Espíritu… no con palabras enseñadas por sabiduría humana, sino con las que enseña el Espíritu".

Pablo no mantuvo su conocimiento en secreto, sino que **en todo y por todo** lo había **demostrado** a los corintios. Como lo había hecho en Éfeso, no rehuyó a anunciarles "todo el consejo de Dios" (Hch. 20:27). Había proclamado a los corintios "el misterio de Dios el Padre, y de Cristo" (Col. 2:2; cp. 1:27; 4:3; Ef. 3:4).

Con todo, a pesar del fundamento doctrinal sólido que Pablo había dado a los corintios, ellos estaban en peligro grave de dejarse seducir. El riesgo de alejarse de la verdad, dejarse confundir y hacerse desleales es una amenaza constante a la Iglesia de Jesucristo. Pablo reprendió con dureza a las iglesias de Galacia, expresando su sorpresa al ver que "tan pronto [se hubieran] alejado del que [los] llamó por la gracia de Cristo, para seguir un evangelio diferente" (Gá. 1:6). Cinco de las sietes iglesias a las cuales se dirigió Juan en Apocalipsis, iglesias fundadas bajo la influencia paulina, habían desertado. Este patrón trágico se ha repetido durante toda la historia de la Iglesia. Por lo tanto, la lealtad absoluta a Dios, a Jesucristo, al evangelio y a la verdad bíblica son principios no negociables para todo aquel que invoque el nombre de Cristo.

Señales distintivas de los verdaderos apóstoles y de los falsos

28

¿Pequé yo humillándome a mí mismo, para que vosotros fueseis enaltecidos, por cuanto os he predicado el evangelio de Dios de balde? He despojado a otras iglesias, recibiendo salario para serviros a vosotros. Y cuando estaba entre vosotros y tuve necesidad, a ninguno fui carga, pues lo que me faltaba, lo suplieron los hermanos que vinieron de Macedonia, y en todo me guardé y me guardaré de seros gravoso. Por la verdad de Cristo que está en mí, que no se me impedirá esta mi gloria en las regiones de Acaya. ¿Por qué? ¿Porque no os amo? Dios lo sabe. Mas lo que hago, lo haré aún, para quitar la ocasión a aquellos que la desean, a fin de que en aquello en que se glorían, sean hallados semejantes a nosotros. Porque éstos son falsos apóstoles, obreros fraudulentos, que se disfrazan como apóstoles de Cristo. Y no es maravilla, porque el mismo Satanás se disfraza como ángel de luz. Así que, no es extraño si también sus ministros se disfrazan como ministros de justicia; cuyo fin será conforme a sus obras… Pues toleráis si alguno os esclaviza, si alguno os devora, si alguno toma lo vuestro, si alguno se enaltece, si alguno os da de bofetadas. (11:7-15, 20)

Hay una famosa cita atribuida al promotor circense P. T. Barnum: "Cada minuto nace un tonto". Esta frase resume con precisión las grandes consecuencias de la caída. De modo que uno de los efectos más ubicuos de la depravación total es la credulidad. Aun hoy día, en la sociedad con más alto nivel de educación de la historia, la humanidad sigue siendo sorprendentemente crédula. Los estafadores se enriquecen por medio de argucias de inversión, organizaciones benéficas falsas, falaces reclamos de salud y muchos otros timos. Atrapan a sus víctimas por variados medios, inclusive anuncios, telemercadeo y el último giro de la alta tecnología, el correo electrónico basura.

Pero las maquinaciones mortales de Satanás son más peligrosas que las argucias baladíes de los charlatanes humanos. Las segundas cuestan a la persona su dinero; las primeras, su alma eterna (cp. Mt. 16:26). Los engaños de Satanás tienen éxito porque las personas que vienen a este mundo, son fácilmente embaucables y susceptibles a la tentación. Los no regenerados son "ajenos de la vida de Dios" (Ef. 4:18; cp. 2:12; Gá. 4:8; Col. 1:21) y, como no lo conocen (1 Ts. 4:5; cp. Ef. 2:12; 2 Ts. 1:8), están separados de la fuente de la verdad (cp. 2 Co. 4:4; Ro. 1:18; 2:8). Más aún, están bajo la influencia del "príncipe de la potestad del aire, el espíritu que ahora opera en los hijos de desobediencia" (Ef. 2:2; cp. 6:12; Jn. 8:44; 12:31; 1 Jn. 5:19), lo cual los hace vulnerables a las mentiras y el engaño que promueven los espíritus engañadores (1 Ti. 4:1; cp. 1 R. 22:22-23; 2 Ts. 2:9) y los malos hombres (2 Ti. 3:13).

Las maquinaciones engañosas de los demonios y las personas depravadas impregnan cada aspecto de la sociedad. La moral, la sociología, la educación, la política, la ciencia, las artes y especialmente la religión están completamente influenciadas por las afirmaciones falsas y engañosas generadas por el "padre de mentira" (Jn. 8:44). Como los no regenerados pertenecen al reino de Satanás (Col. 1:13), no pueden evitar ser víctimas de las argucias satánicas (2 Ti. 2:26), orquestadas por sus secuaces (Ef. 6:12), porque han dado su espalda a Dios y a la verdad (Ro. 1:18-32). Están engañados y seducidos desde el principio hasta el final de sus vidas (Ef. 2:2-3).

Pero es infinitamente más trágica la credulidad de la Iglesia que la credulidad de los no regenerados. La Iglesia es "columna y baluarte de la verdad" (1 Ti. 3:15), poseedora de "la palabra verdadera del evangelio" (Col. 1:5) que se encuentra en la Palabra de Dios, la Biblia, que es la verdad (Jn. 17:17; cp. Sal. 12:6; 19:7; 119:151). Su cabeza es el Señor Jesucristo, quien es "el camino, y la verdad, y la vida" (Jn. 14:6; cp. Jn. 1:17; Ef. 4:21), y ella tiene "la mente de Cristo" (1 Co. 2:16). Por lo tanto es inexcusable que los creyentes sean víctimas de "las asechanzas del diablo" (Ef. 6:11; cp. 2 Co. 2:11), que sean "niños fluctuantes, llevados por doquiera de todo viento de doctrina, por estratagema de hombres que para engañar emplean con astucia las artimañas del error" (Ef. 4:14; cp. 1 Co. 14:20. Explico el peligro de la falta de discernimiento de la Iglesia en mi libro *Reckless Faith: When the Church Loses Its Will to Discern* [Fe temeraria: Cuando la Iglesia pierde su disposición para discernir] [Wheaton, Ill.: Crossway, 1994]).

Quienes no entienden la verdad son incapaces de discernir el error. La ausencia de discernimiento es la consecuencia lógica de ignorancia de las Escrituras, porque el discernimiento requiere la aplicación del conocimiento bíblico. La ignorancia de la doctrina produce inmadurez espiritual, que lleva a falta de discernimiento y abre de par en par la puerta a las maquinaciones engañosas de Satanás.

A lo largo de toda la historia, los ataques más dañinos a la Iglesia no han provenido del ateísmo, escepticismo, humanismo o la persecución. La Iglesia ha sido asolada cuando los cristianos sin discernimiento se han dejado seducir por lo que parece verdad sin serlo. Quienes presentan una mayor amenaza para la iglesia no son quienes la atacan abiertamente. Quienes afirman ser representantes de Dios y enseñar la verdad de las Escrituras pero, en realidad, son engañadores, son quienes representan un peligro mayor (cp. Mt. 7:15-23; Gá. 1:6-9; 2 Ts. 2:1-3; 1 Ti. 4:1-2; Tit. 1:10-16; 2 P. 2:1-3; Jud. 4-16).

Cuando Pablo se estaba despidiendo de los ancianos de la iglesia de Éfeso, les advirtió sobre los peligros gemelos de los falsos maestros y los creyentes crédulos. El apóstol había edificado un fundamento sólido durante los tres años de ministerio en la iglesia de Éfeso (Hch. 20:31); no rehuyó a anunciarles "todo el consejo de Dios" (v. 27). A pesar de ello, Pablo sabía que aún eran vulnerables. Por lo tanto, ordenó a los ancianos:

Por tanto, mirad por vosotros, y por todo el rebaño en que el Espíritu Santo os ha puesto por obispos, para apacentar la iglesia del Señor, la cual él ganó por su propia sangre. Porque yo sé que después de mi partida entrarán en medio de vosotros lobos rapaces, que no perdonarán al rebaño. Y de vosotros mismos se levantarán hombres que hablen cosas perversas para arrastrar tras sí a los discípulos. Por tanto, velad, acordándoos que por tres años, de noche y de día, no he cesado de amonestar con lágrimas a cada uno (20:28-31).

Pablo señaló a los líderes la única fuente de protección, sabiendo que la iglesia sería atacada: "Ahora, hermanos, os encomiendo a Dios, y a la palabra de su gracia, que tiene poder para sobreedificaros y daros herencia con todos los santificados" (v. 32). La única forma de evitar el engaño es tener discernimiento, y la única forma de tener discernimiento es entender y practicar las Escrituras.

Tristemente, la falta de discernimiento había producido un caos en la iglesia de Corinto. Los falsos maestros querían seducir a los corintios y extraviarlos "de la sincera fidelidad a Cristo" (2 Co. 11:3). Pablo, como pastor vigilante, advirtió a su rebaño del peligro que aquellos representaban; de hecho, toda esta epístola es un antídoto a sus mentiras venenosas. En los capítulos 10—13 en particular, Pablo confrontó directamente a los falsos maestros.

Este pasaje presenta en duros términos el contraste entre Pablo, que proclamaba amorosa y humildemente la verdad, y los falsos maestros, que abusaban con engaños de los corintios. El asunto específico en mención era el dinero, siempre una motivación principal de los falsos maestros (Ro. 16:18; 1 Ti. 6:5; Tit. 1:11; 2 P. 2:3, 14; Jud. 11; cp. 1 Ti. 3:3; Tit. 1:7; 1 P. 5:3). Los falsos apóstoles en su avaricia tomaban el dinero de los corintios, Pablo no.

Cuando se acercaba a la tarea desagradable de comparar entre los falsos apóstoles y él, enumeró tres señales de un verdadero apóstol (humildad, verdad y amor) y las tres correspondientes de un falso apóstol (orgullo, engaño y abuso). El mismo criterio puede utilizarse hoy día para diferenciar los verdaderos hombres de Dios de los falsos maestros.

SEÑALES DE UN VERDADERO APÓSTOL

¿Pequé yo humillándome a mí mismo, para que vosotros fueseis enaltecidos, por cuanto os he predicado el evangelio de Dios de balde? He despojado a otras iglesias, recibiendo salario para serviros a vosotros. Y cuando estaba entre vosotros y tuve necesidad, a ninguno fui carga, pues lo que me faltaba, lo suplieron los hermanos que vinieron de Macedonia, y en todo me guardé y me guardaré de seros gravoso. Por la verdad de Cristo que está en mí, que no se me impedirá esta mi gloria en las regiones de Acaya. ¿Por qué? ¿Porque no os amo? Dios lo sabe. (11:7-11)

Cuando con renuencia tuvo que hablar de sí, Pablo describió en tres partes lo que es un hombre auténtico de Dios.

HUMILDAD

¿Pequé yo humillándome a mí mismo, para que vosotros fueseis enaltecidos, por cuanto os he predicado el evangelio de Dios de balde? He despojado a otras iglesias, recibiendo salario para serviros a vosotros. Y cuando estaba entre vosotros y tuve necesidad, a ninguno fui carga, pues lo que me faltaba, lo suplieron los hermanos que vinieron de Macedonia, y en todo me guardé y me guardaré de seros gravoso. (11:7-9)

Pablo comenzó su comparación con una pregunta llena de sarcasmo e ironía. ¿De verdad creían los corintios que había pecado Pablo humillándose a sí mismo **por cuanto** les había **predicado el evangelio de Dios de balde**? El apóstol implicaba con la pregunta que ellos estaban llamando pecado a su humildad. Está marcando un contraste con el versículo 6, donde reconoció que era "tosco en la palabra". El apóstol se estaba refiriendo a la acusación desdeñosa de los falsos maestros según la cual su "palabra [era] menospreciable" (10:10). Despreciaban a Pablo como si fuese un aficionado que carecía de las habilidades comunicativas sofisticadas de las cuales se jactaban de poseer, y Pablo les dice con mordacidad: "¿Es eso pecado?".

El "estatus de aficionado" de Pablo trajo a colación el asunto al cual aludía en el versículo 7. Los falsos apóstoles dieron un giro perverso a la actitud humilde de Pablo de no aceptar el dinero de los corintios. La cultura griega consideraba que un orador habilidoso era un profesional, alguien que vivía de los honorarios que cobraba. Al ministrar gratuitamente, decían ellos, el apóstol se contaba entre los aficionados que carecían de credenciales y, por tanto, no estaba calificado para que los corintios lo oyeran. Más aún, insinuaban, ¿cómo podía tener algún valor lo que Pablo predicaba si no cobraba por ello? El mismo apóstol había puesto el precio a su enseñanza: no cobraba nada porque carecía de valor. Sorprende que muchos corintios cayeran ante tan extravagante mentira.

La credulidad de los corintios en este asunto era inexcusable. Pablo les había explicado con detalle en su primera carta inspirada, por qué no recibió dinero de ellos:

> *Contra los que me acusan, ésta es mi defensa: ¿Acaso no tenemos derecho de comer y beber? ¿No tenemos derecho de traer con nosotros una hermana por mujer como también los otros apóstoles, y los hermanos del Señor, y Cefas? ¿O sólo yo y Bernabé no tenemos derecho de no trabajar? ¿Quién fue jamás soldado a sus propias expensas? ¿Quién planta viña y no come de su fruto? ¿O quién apacienta el rebaño y no toma de la leche del rebaño? ¿Digo esto sólo como hombre? ¿No dice esto también la ley? Porque en la ley de Moisés está escrito: No pondrás bozal al buey que trilla. ¿Tiene Dios cuidado de los bueyes, o lo dice enteramente por nosotros? Pues por nosotros se escribió; porque con esperanza debe arar el que ara, y el que trilla, con esperanza de recibir del fruto. Si nosotros sembramos entre vosotros lo espiritual, ¿es gran cosa si segáremos de vosotros lo material? Si otros participan de este derecho sobre vosotros, ¿cuánto más nosotros? Pero no hemos usado de este derecho, sino que lo soportamos todo, por no poner ningún obstáculo al evangelio de Cristo. ¿No sabéis que los que trabajan en las cosas sagradas, comen del templo, y que los que sirven al altar, del altar participan? Así también ordenó el Señor a los que anuncian el evangelio, que vivan del evangelio. Pero yo de nada de esto me he aprovechado, ni tampoco he escrito esto para que se haga así conmigo; porque prefiero morir, antes que nadie desvanezca esta mi gloria. Pues si anuncio el evangelio, no tengo por qué gloriarme; porque me es impuesta necesidad; y ¡ay de mí si no anunciare el evangelio! Por lo cual, si lo hago de buena voluntad, recompensa tendré; pero si de mala voluntad, la comisión me ha sido encomendada. ¿Cuál, pues, es mi galardón? Que predicando el evangelio, presente gratuitamente el evangelio de Cristo, para no abusar de mi derecho en el evangelio (9:3-18; cp. Mt. 10:10).*

Aunque tenía todo el derecho de segar lo material de parte de los corintios, escogió privarse de tal privilegio. Puesto que allí todo era nuevo y había otros maestros viajeros que exigían dinero, él quiso asegurarse de "no poner ningún obstáculo al evangelio de Cristo". La práctica de Pablo era que las iglesias nuevas que fundaba no lo sostuvieran por dos razones importantes. Primero, quería distanciarse de los engañadores, los que estaban en el ministerio por dinero. Segundo, trabajaba para dar ejemplo a los creyentes nuevos, como explicó a los tesalonicenses:

> *Ni comimos de balde el pan de nadie, sino que trabajamos con afán y fatiga día y noche, para no ser gravosos a ninguno de vosotros; no porque no tuviésemos*

derecho, sino por daros nosotros mismos un ejemplo para que nos imitaseis (2 Ts. 3:8-9; cp. Hch. 18:3; 20:34; 1 Co. 4:12; 1 Ts. 2:9).

Aunque Pablo no recibía dinero de las iglesias mientras las establecía, aceptaba el apoyo de las iglesias cuando salía. Así disponían de la capacidad de compartir su ministerio de plantar iglesias (véase la explicación del v. 9 más abajo).

Pablo se humilló **para que** los corintios fuesen enaltecidos. El evangelio elevaba a los corintios de la oscuridad a la luz (Hch. 26:18; Col. 1:13; Ef. 5:8; 1 Ts. 5:5; 1 P. 2:9), del pecado a la justicia (Ro. 6:18; 1 P. 2:24), del dominio de Satanás al reino de Cristo (Col. 1:13; cp. Hch. 26:18) y de la muerte a la vida (Jn. 5:24; 1 Jn. 3:14). La predicación gratuita de Pablo los había elevado de la condenación a la gloria. ¿Dónde estaba el pecado en ello?

En lugar de aceptar algún pago de ellos, Pablo había **despojado a otras iglesias, recibiendo salario para** servir **a** los corintios. La palabra *sulaō* (**despojado**) es un término fuerte, usado generalmente en contextos militares para hablar de saqueos o quitarle a un soldado muerto la armadura (Colin G. Kruse, *The Second Epistle of Paul to the Corinthians* [La segunda epístola de Pablo a los corintios], The Tyndale New Testament Commentaries [Comentarios Tyndale del Nuevo Testamento] [Grand Rapids: Eerdmans, 1995], p. 187). La palabra **salario** es traducción de *opsōnion*, y también aparece en Lucas 3:14 para hablar del pago o la ración de los soldados (cp. un uso semejante en 1 Co. 9:7).

Obviamente, Pablo estaba hablando metafóricamente y con ironía; en realidad él no había despojado o defraudado ninguna iglesia. Pero las ayudas que recibió de las iglesias pobres las hicieron aún más pobres, y en la humildad de Pablo, le parecía como si las estuviera despojando. Específicamente, el apóstol tenía en mente las iglesias ya pobres de Macedonia (Filipos, Berea y Tesalónica). No solo contribuyeron ellos a la ofrenda para la iglesia de Jerusalén (2 Co. 8:1-5; Ro. 15:26), sino que también respaldaron el ministerio de Pablo en más de una ocasión (Fil. 4:10, 14-18; cp. 1 Ts. 3:6 con Hch. 18:5).

Aún **cuando** Pablo **estaba entre** los corintios **y** tuvo **necesidad, a ninguno** fue **carga**. Mientras estuvo en Corinto montó un negocio de hacer tiendas (o de trabajo en cuero; Hch. 18:3). Sin embargo, o el negocio decayó o las exigencias del ministerio recortaron la cantidad de tiempo que podía dedicar a su trabajo. En cualquier caso, Pablo estuvo por un tiempo en una situación complicada, y tenía las necesidades básicas de su vida insatisfechas. Con todo, se negó a ser una **carga** (el verbo griego literalmente significa "entumecerse" y, por ello, volverse un peso muerto) para los corintios. Con el tiempo, Silas y Timoteo llegaron con los donativos de las iglesias de Macedonia, aliviando las necesidades de Pablo y permitiéndole dedicarse a tiempo completo al ministerio (Hch. 18:5). Tal como Pablo se había guardado **en todo** de ser **gravoso** a los corintios en el pasado, continuaría haciéndolo en su visita futura (2 Co. 12:14).

A diferencia de los apóstoles orgullosos y mentirosos, que no soñarían con rebajarse a trabajos manuales, Pablo se humilló a posiciones de un trabajador normal y corriente. Los verdaderos hombres de Dios no codician las "ganancias deshonestas" (1 Ti. 3:3) y lo único que buscan es la oportunidad de ejecutar fielmente su ministerio.

VERDAD

Por la verdad de Cristo que está en mí, que no se me impedirá esta mi gloria en las regiones de Acaya. (11:10)

Pablo podía afirmar con justicia que **la verdad de Cristo** estaba **en** él. No solo proclamaba la verdad, sino que vivía absolutamente en integridad. De otra forma, sería hipocresía, algo que Pablo aborrecía (cp. 4:2; Ro. 12:9).

Ya les había recordado en esta epístola a los corintios esto: "No somos como muchos, que medran falsificando la palabra de Dios, sino que con sinceridad, como de parte de Dios, y delante de Dios, hablamos en Cristo" (2 Co. 2:17). Había renunciado "a lo oculto y vergonzoso, no andando con astucia, ni adulterando la palabra de Dios, sino por la manifestación de la verdad [recomendándose] a toda conciencia humana delante de Dios" (4:2). Pablo ministraba en todo momento "en pureza, en ciencia, en longanimidad, en bondad, en el Espíritu Santo, en amor sincero, en palabra de verdad, en poder de Dios, con armas de justicia a diestra y a siniestra" (6:6-7) y, por lo tanto, podía afirmar: "En todo os hemos hablado con verdad" (7:14).

La **gloria** de Pablo no quedaría impedida porque no iba a cambiar su política. Continuaría ministrando sin cobrar, en Corinto y por todas **las regiones de Acaya**. Está claro que había otras iglesias en aquella región por las referencias de Pablo a "todos los santos que están en toda Acaya" (1:1) y a Febe, miembro de la iglesia en la cercana ciudad portuaria de Cencrea (Ro. 16:1). La inclusión de Pablo de las regiones aledañas sugiere que la influencia de los falsos apóstoles no se había confinado a Corinto.

Pablo era un hombre de integridad impecable, completamente fiel a sus convicciones, que tenían su base en la revelación divina. Tipifica él a todos los verdaderos hombres de Dios que demuestran humildad abnegada, cuyas vidas reflejan una devoción férrea a la verdad que proclaman.

AMOR

¿Por qué? ¿Porque no os amo? Dios lo sabe. (11:11)

Hubo otra acusación insidiosa de los falsos apóstoles por la negación de Pablo a aceptar dinero de los corintios. Decían ellos que no haberlo hecho mostraba que, en realidad, Pablo no amaba a los corintios y no quería nada que lo atara a ellos.

Pablo replicó a los falsos alegatos haciendo a los corintios las preguntas retóricas **¿Por qué** no tomé su dinero? **¿Porque no** [los] **amo?** Considerar siquiera la idea de que Pablo no los amara era absurdo a la luz de sus acciones y afirmaciones repetidas (cp. 2:4; 12:15; 1 Co. 4:21; 16:24). El hecho de que aquellos por los cuales se había sacrificado (cp. 2 Co. 1:6; 2:4; 4:8-15) sin pedir nada a cambio consideraran que ello era una prueba de que él no los amaba muestra el poder del engaño satánico.

Pablo apeló al Juez supremo debido a que los corintios dudaban de él y declaró enfáticamente: "**Dios lo sabe**". Philip E. Hughes escribe:

> No había profundidad a la que estos intrusos no estuvieran dispuestos a descender para distanciar al apóstol de sus amados hijos en el evangelio. Por lo tanto, Pablo pregunta aquí: "¿Por qué? ¿Porque no los amo?", y su protesta es: "Dios lo sabe". Es un reclamo real del corazón. Las palabras, las explicaciones y las justificaciones están fuera de lugar cuando hay una relación de amor entre un padre y sus hijos. Ante Dios, él y ellos no necesitaban persuasión de cuán cruel y condenablemente falsa era esta acusación. Ningún hombre sobre la Tierra tenía un corazón más cálido y devoto que el apóstol Pablo. El amor era el impulso de toda su vida y ministerio como apóstol de Cristo. De modo que deja la insinuación chocante y monstruosa de que no tiene amor por ellos al juicio de Dios, quien conoce todas las cosas y es el vindicador de la verdad. Y de este modo también lo deja a la conciencia de ellos (*The Second Epistle to the Corinthians* [La segunda epístola a los corintios], The New International Commentary on the New Testament [Nuevo comentario internacional del Nuevo Testamento] [Grand Rapids: Eerdmans, 1992], p. 390).

El hecho de que Dios conozca el corazón de los creyentes es su último refugio y consuelo cuando los acusan falsamente (cp. 11:31; 12:2-3). Y Pablo podía apelar a Dios con conciencia limpia (1:12) porque ministraba en su presencia (2:17; 4:2; 8:21; 12:19).

SEÑALES DE UN FALSO APÓSTOL

Mas lo que hago, lo haré aún, para quitar la ocasión a aquellos que la desean, a fin de que en aquello en que se glorían, sean hallados semejantes a nosotros. Porque éstos son falsos apóstoles, obreros fraudulentos, que se disfrazan como apóstoles de Cristo. Y no es maravilla, porque el mismo Satanás se disfraza como ángel de luz. Así que, no es extraño si también sus ministros se disfrazan como ministros de justicia; cuyo fin será conforme a sus obras… Pues

toleráis si alguno os esclaviza, si alguno os devora, si alguno toma lo vuestro, si alguno se enaltece, si alguno os da de bofetadas. (11:12-15, 20)

Del mismo modo en que la humildad, la verdad y el amor de Pablo retrataban a un verdadero hombre de Dios, así también el orgullo, el engaño y el abuso son características de los falsos apóstoles.

ORGULLO

Mas lo que hago, lo haré aún, para quitar la ocasión a aquellos que la desean, a fin de que en aquello en que se glorían, sean hallados semejantes a nosotros. (11:12)

El orgullo de los falsos apóstoles se manifestaba más claramente en su avaricia. Aunque querían desesperadamente parecer iguales a Pablo, la negación de Pablo a recibir dinero de los corintios era un problema grande para ellos. Estaban en un dilema porque ellos sí habían tomado dinero de los corintios. Si seguían haciéndolo, quedarían en una posición incómoda y vergonzosa en comparación con Pablo. Por otro lado, rehusar a un pago era impensable, porque hacían las cosas por dinero.

Mas a pesar de la presión de los falsos apóstoles, **aún** seguiría haciendo Pablo **lo que** estaba haciendo; no les daría **ocasión** de que fueran **semejantes a** Pablo **en aquello en que se** gloriaban. No sería él quien los sacaría del dilema cambiando su política de no recibir dinero de los corintios. El contraste entre su actitud desinteresada y la avaricia de los falsos apóstoles debería dejar claro a los corintios quién era el verdadero hombre de Dios. Pablo nunca fue una carga para ellos (v. 9), a diferencia del parasitismo de los falsos apóstoles.

ENGAÑO

Porque éstos son falsos apóstoles, obreros fraudulentos, que se disfrazan como apóstoles de Cristo. Y no es maravilla, porque el mismo Satanás se disfraza como ángel de luz. Así que, no es extraño si también sus ministros se disfrazan como ministros de justicia; cuyo fin será conforme a sus obras. (11:13-15)

Estos tres versículos son el corazón de esta sección. Pablo denunció a los falsos apóstoles con lenguaje fuerte y contundente porque la verdad estaba en juego. A diferencia de muchos hoy en día, Pablo no estaba dispuesto a sacrificar la verdad por la unidad. A través de toda esta epístola, había aludido a los falsos apóstoles refiriéndose a ellos como los "muchos, que medran falsificando la palabra de Dios" (2:17); como algunos que consideraban que Pablo andaba según la carne (10:2); como algunos que se alaban a sí mismos (10:12); como quienes predican "otro Jesús" y "otro evangelio" (11:4); y, sarcásticamente, como "grandes apóstoles" (11:5). Pero ahora había llegado el momento de ponerlos en evidencia directa y claramente.

La medida del amor de una persona por la verdad es la forma en la que reacciona cuando se le confronta con ella. Quienes más alto proclaman las virtudes de la tolerancia suelen ser los que más pierden cuando se les confronta por la verdad. Y, cuando el peso de la verdad cae sobre ellos, frecuentemente toman represalias con furia. Pero, cuando están en juego el honor de Dios y de Cristo, y la verdad del evangelio y las Escrituras, Pablo no se prestaba a ambigüedades. Pablo, demostrando lo que muchos con convicciones superficiales verían como sorprendente falta de tolerancia, expuso a los maestros engañadores como siervos de Satanás (v. 15), disfrazándose de verdaderos hombres de Dios.

Probablemente, Pablo acuñó el término *pseudapostolos* (**falsos apóstoles**) que no aparece en ninguna otra parte del Nuevo Testamento (cp. Ap. 2:2). Tales engañadores han acosado al pueblo de Dios a lo largo de toda la historia de la redención. El Señor advirtió por medio de Jeremías sobre los falsos profetas engañadores: "Falsamente profetizan los profetas en mi nombre; no los envié, ni les mandé, ni les hablé; visión mentirosa, adivinación, vanidad y engaño de su corazón os profetizan" (Jer. 14:14; cp. 23:14, 26). Jesús advirtió en el Sermón del Monte esto: "Guardaos de los falsos profetas, que vienen a vosotros con vestidos de ovejas, pero por dentro son lobos rapaces" (Mt. 7:15). En el discurso del monte de los Olivos, el Señor dijo que estarían especialmente activos al final de los tiempos: "Porque se levantarán falsos Cristos, y falsos profetas, y harán grandes señales y prodigios, de tal manera que engañarán, si fuere posible, aun a los escogidos" (Mt. 24:24; cp. 1 Ti. 4:1; 2 Ti. 3:13). El Concilio de Jerusalén advirtió sobre los falsos maestros que afirmaban que la iglesia de Jerusalén los había enviado: "Por cuanto hemos oído que algunos que han salido de nosotros, a los cuales no dimos orden, os han inquietado con palabras, perturbando vuestras almas" (Hch. 15:24). Juan advirtió: "Amados, no creáis a todo espíritu, sino probad los espíritus si son de Dios; porque muchos falsos profetas han salido por el mundo" (1 Jn. 4:1).

Los **obreros fraudulentos** hicieron el trabajo de disfrazarse **como apóstoles de Cristo** para engañar a los crédulos y carentes de discernimiento. Aunque descaradamente se decían iguales a Pablo y los doce apóstoles, en realidad eran **obreros fraudulentos**, siervos de **Satanás** que **se** disfrazaban **como apóstoles de Cristo**. La Biblia revela que el engaño es un distintivo de los falsos maestros. Pablo advirtió a los romanos que "tales personas no sirven a nuestro Señor Jesucristo, sino a sus propios vientres, y con suaves palabras y lisonjas engañan los corazones de los ingenuos" (Ro. 16:18). Escribió a Timoteo: "Los malos hombres y los engañadores irán de mal en peor, engañando y siendo engañados" (2 Ti. 3:13). Escribió a Tito: "Porque hay aún muchos contumaces, habladores de vanidades y engañadores, mayormente los de la circuncisión" (Tit. 1:10). El Nuevo Testamento advierte a los creyentes que no se dejen atrapar por ellos, porque representan un peligro constante (Mt. 24:4; Gá. 6:7; Ef. 5:6; Col. 2:4, 8; 2 Ts. 2:3; 1 Jn. 4:1).

Entonces **no es extraño** que los falsos maestros se disfracen de siervos de Dios **porque el mismo Satanás**, el gobernante de la potestad de las tinieblas (Lc. 22:53; Ef. 6:12; Col. 1:13), **se disfraza como ángel de luz**. Con tal disfraz aparece en la iglesia; no con tridente, cuernos y una cola puntiaguda como en la mitología. Satanás es más eficiente en la iglesia cuando no viene abiertamente como enemigo, sino como un falso amigo; no cuando persigue a la iglesia, sino cuando se une a ella; no cuando ataca el púlpito, sino cuando se sitúa en él.

Pero ni Satanás ni sus siervos continuarán para siempre con su farsa. Juan señala que Satanás quedará reducido a ataduras al comienzo del milenio:

> *Vi a un ángel que descendía del cielo, con la llave del abismo, y una gran cadena en la mano. Y prendió al dragón, la serpiente antigua, que es el diablo y Satanás, y lo ató por mil años; y lo arrojó al abismo, y lo encerró, y puso su sello sobre él, para que no engañase más a las naciones, hasta que fuesen cumplidos mil años; y después de esto debe ser desatado por un poco de tiempo (Ap. 20:1-3).*

El destino final de Satanás será la condenación eterna en el lago de fuego: "Y el diablo que los engañaba fue lanzado en el lago de fuego y azufre, donde estaban la bestia y el falso profeta; y serán atormentados día y noche por los siglos de los siglos" (Ap. 20:10).

La Biblia revela que un juicio igual de temible espera a todos los falsos maestros. En Mateo 7:21-23, el Señor Jesucristo advirtió solemnemente:

> *No todo el que me dice: Señor, Señor, entrará en el reino de los cielos, sino el que hace la voluntad de mi Padre que está en los cielos. Muchos me dirán en aquel día: Señor, Señor, ¿no profetizamos en tu nombre, y en tu nombre echamos fuera demonios, y en tu nombre hicimos muchos milagros? Y entonces les declararé: Nunca os conocí; apartaos de mí, hacedores de maldad.*

El destino de los falsos maestros **será conforme a sus obras**.

ABUSO

Pues toleráis si alguno os esclaviza, si alguno os devora, si alguno toma lo vuestro, si alguno se enaltece, si alguno os da de bofetadas. (11:20)

Este fue un versículo triste de escribir para Pablo, porque revela cuán seriamente fue la seducción a los corintios. Incluso toleraron voluntariamente el trato duro de los falsos apóstoles. La palabra **esclaviza** es traducción de *katadouloō*, un verbo que en su única otra aparición en el Nuevo Testamento se refiere a los judaizantes que esclavizaban a los gálatas (Gá. 2:4). El sistema falso de obras de justicia propagado por los maestros mentirosos había despojado a los corintios de su libertad en Cristo. La palabra griega que se traduce **devora** describe a los falsos apóstoles atacando a los corintios como si fueran animales depredadores. Podría ser una referencia a las exigencias de dinero que hacían (solo se utiliza en Mr. 12:40 y Lc. 20:47 para describir a los fariseos avaros que se apoderan de las casas de las viudas). Los corintios no hicieron nada mientras los falsos maestros tomaban lo que era de ellos (cp. 2 Co. 12:16) y se enaltecían en su orgullo y arrogancia. En definitiva, el maltrato que daban a los corintios parecían **bofetadas**, que era (y sigue siendo) un símbolo de una falta de respeto extrema (cp. 1 R. 22:24; Lm. 3:30; Lc. 22:64; Jn. 18:22; Hch. 23:2).

Hay tres principios valiosos que pueden extraerse del contraste de Pablo con los falsos apóstoles:

Primero, los creyentes no deben dejarse enredar por la labia fluida y astuta, aparentemente espiritual. Tal discurso puede enmascarar mentiras y engaño satánicos. Muchos falsos maestros utilizan términos bíblicos pero les confieren un significado radicalmente diferente.

Segundo, los creyentes deben ir más allá de las palabras de un maestro y examinar la vida de tal maestro. La religión es un gran negocio para los falsos maestros, pero quienes están dedicados a acumular riqueza y poder no son verdaderos siervos de Jesucristo (Mt. 6:24).

Finalmente, los creyentes deben evitar la tentación de hacer de la tolerancia una virtud. D. A. Carson comenta:

> El llamado a tolerancia ilimitada… presupone que el mal más grande es la convicción extrema de que ciertas cosas son verdaderas y sus opuestas son falsas… Pero si afirmamos que Dios se ha revelado supremamente a los hombres en su Hijo y en las palabras y proposiciones de las Escrituras, entonces… no tenemos derecho de tratar de manera opcional todo lo que Dios ha dicho (*From Triumphalism to Maturity* [Del Triunfalismo a la Madurez] [Grand Rapids: Baker, 1984], p. 101).

La tolerancia es la virtud suprema solamente para quienes carecen de convicciones fuertes.

Discernir los líderes espirituales verdaderos entre los falsos es vital para la salud de la iglesia. No ejercer el discernimiento es abrir de par en par las puertas del redil y permitir que los lobos salvajes de Satanás asuelen el rebaño de Dios.

Gloriarse humildemente **29**

Otra vez digo: Que nadie me tenga por loco; o de otra manera, recibidme como a loco, para que yo también me gloríe un poquito. Lo que hablo, no lo hablo según el Señor, sino como en locura, con esta confianza de gloriarme. Puesto que muchos se glorían según la carne, también yo me gloriaré; porque de buena gana toleráis a los necios, siendo vosotros cuerdos. Pues toleráis si alguno os esclaviza, si alguno os devora, si alguno toma lo vuestro, si alguno se enaltece, si alguno os da de bofetadas. Para vergüenza mía lo digo, para eso fuimos demasiado débiles. Pero en lo que otro tenga osadía (hablo con locura), también yo tengo osadía. (11:16-21)

La humildad es la virtud cristiana más noble. Es la única respuesta apropiada para entender de manera adecuada la gloria de Dios y tener un sentido auténtico de su majestad. La humildad produce un deseo profundo de adorar a Dios, honrarlo y buscar su gloria.

Sin embargo, John Piper señala que:

> La humildad no es una característica popular en el mundo moderno. No se pregona en los programas de entrevistas, no se celebra en los discursos de grado, no se recomienda en los seminarios sobre diversidad y no se enumera en los valores centrales corporativos. Y si usted se acerca a la sección enorme de autoayuda de su librería, encontrará pocos títulos que celebren la humildad.
>
> La razón básica no es difícil de entender: la humildad solo puede sobrevivir en la presencia de Dios. Cuando Dios se va, la humildad se va. De hecho, podría decirse que la humildad sigue a Dios como una sombra. Podemos esperar que nuestra sociedad aplauda la humildad tanto como veamos a Dios aplaudido.
>
> Hace poco, un artículo de opinión en mi periódico local captó la atmósfera de nuestros tiempos que asfixia de la humildad:

> *Hay algunos que se aferran ingenuamente a la memoria nostálgica de Dios. El feligrés promedio se toma unas pocas horas a la semana*

> *para experimentar lo sagrado… Pero el resto del tiempo está inmerso en una sociedad que ya no reconoce a Dios como una fuerza omnisciente y omnipotente digna de ser amada y adorada… Hoy somos demasiado sofisticados para Dios. Podemos valernos por nosotros mismos; estamos preparados y listos para elegir y definir nuestra propia existencia.*

En este ambiente, la humildad no puede sobrevivir. Desaparece con Dios. Cuando se rechaza a Dios, el dios segundón toma su lugar, es decir, el hombre. Y tal cosa, por definición, es lo opuesto a la humildad; a saber, el espíritu de altivez llamado orgullo. De modo que la atmósfera que respiramos es hostil a la humildad (*Future Grace* [Gracia venidera] [Sisters, Ore.: Multnomah, 1995], pp. 85-86. Cursivas en el original).

Todo pecado es una afrenta a Dios y representa un distanciamiento de Él. Por ejemplo, la codicia requiere dar la espalda a Dios y su provisión para buscar la satisfacción en las cosas materiales. La lujuria requiere dar la espalda al diseño de Dios para el sexo y buscar placer en las relaciones ilícitas. La ira requiere dar la espalda a la justicia y la retribución divinas para buscar la venganza personal. La impaciencia requiere dar la espalda a la soberanía de Dios para buscar el control de la vida. El temor requiere dar la espalda al poder Dios para sucumbir al terror de otros poderes. Pero el orgullo es la idolatría definitiva y, por lo tanto, el pecado más atroz, porque requiere reemplazar la vida centrada en Dios por la vida centrada en el yo.

Las Escrituras enfatizan la importancia de la humildad haciéndola mandamiento, exaltando sus bendiciones y ofreciendo ejemplos de personas humildes. Miqueas escribió en un resumen veterotestamentario de la vida piadosa lo siguiente: "¡Ya se te ha declarado lo que es bueno! Ya se te ha dicho lo que de ti espera el Señor: practicar la justicia, amar la misericordia, y humillarte ante tu Dios" (Mi. 6:8, nvi). Pablo ordenó a los filipenses: "No hagan nada por egoísmo o vanidad; más bien, con humildad consideren a los demás como superiores a ustedes mismos" (Fil. 2:3, nvi). Dijo a los colosenses: "Vestíos, pues, como escogidos de Dios, santos y amados, de entrañable misericordia, de benignidad, de humildad, de mansedumbre, de paciencia" (Col. 3:12).

Los humildes experimentan bendiciones abundantes. Dios los oye cuando oran (Sal. 10:17; cp. 9:12), disfrutan su presencia (Is. 57:15; cp. 66:2), los libra de los problemas (Job 22:29), son objeto de su preocupación (Sal. 138:6), los dirige y los enseña (Sal. 25:9), les permite experimentar su gracia (Stg. 4:6; 1 P. 5:5), les da sabiduría (Pr. 11:2) y les permite llevar vidas prósperas y longevas (Pr. 22:4). Paradójicamente, los humildes serán los más exaltados y los más honrados (Pr. 15:33; 18:12; 29:23; Mt. 23:12; Lc. 14:11; 18:14; Stg. 4:10), los más grandes en el reino de Dios (Mt. 18:4; cp. 20:26-28). Entre los suyos se encuentran Abraham

(Gn. 18:27), Jacob (Gn. 32:10), Job (Job 40:4), Moisés (Nm. 12:3), Gedeón (Jue. 6:15), Manasés (2 Cr. 33:12), Josías (2 Cr. 34:27), Daniel (Dn. 10:12), Pablo (Hch. 20:19) y, sobre todo, el Señor Jesucristo (Mt. 11:29; Fil. 2:8).

Por otra parte, el orgullo es el primer pecado, el que Satanás cometió (Is. 14:14; 1 Ti. 3:6). Las Escrituras advierten repetidamente sobre este (Pr. 21:4; cp. 1 S. 2:3; Sal. 75:5; Ro. 12:16; Stg. 4:16; 1 Jn. 2:16). Dios odia el orgullo (Pr. 6:16-17; cp. Sal. 5:5) y espera que su pueblo lo odie también (Pr. 8:13). El orgullo se expresa en la fanfarronería (1 S. 2:3; 2 Cr. 25:19); en la persecución de los malvados a los justos (Sal. 10:2); en el discurso malvado (Sal. 31:18); en las vidas de los malvados (Hab. 2:4; Ro. 1:30), especialmente los falsos maestros (1 Ti. 6:3-4) y será especialmente frecuente en los últimos días (2 Ti. 3:1-2).

El fruto malvado del orgullo incluye deshonra (Pr. 11:2), destrucción (Pr. 16:18; 18:12), oposición de Dios (Stg. 4:6), que Dios humille (Pr. 29:23; cp. Sal. 18:27; 2 S. 22:28; Dn. 4:37), contaminación (Mr. 7:21-23) y conflicto (Pr. 13:10; 28:25). El orgullo también impide que las personas busquen a Dios (Sal. 10:4) y lo conozcan (Sal. 138:6). Pero, lo más grave de todo, el orgullo resulta en juicio divino. Proverbios 16:5 advierte: "El Señor aborrece a los arrogantes. Una cosa es segura: no quedarán impunes" (NVI). Isaías también predijo el juicio de los malhechores orgullosos:

> *Los ojos del altivo serán humillados y la arrogancia humana será doblegada. ¡En aquel día sólo el Señor será exaltado! Un día vendrá el Señor Todopoderoso contra todos los orgullosos y arrogantes, contra todos los altaneros, para humillarlos (Is. 2:11-12, NVI).*

Malaquías 4:1 añade: "Miren, ya viene el día, ardiente como un horno. Todos los soberbios y todos los malvados serán como paja, y aquel día les prenderá fuego hasta dejarlos sin raíz ni rama —dice el Señor Todopoderoso" (nvi). David escribió: "Amen al Señor, todos sus fieles; él protege a los dignos de confianza, pero a los orgullosos les da su merecido" (Sal. 31:23, NVI), y en Salmos 94:2 el salmista oró así: "Engrandécete, oh Juez de la tierra; da el pago a los soberbios". Las Escrituras deploran el orgullo de individuos, como en los casos de Ezequías (2 Cr. 32:25), Nabucodonosor (Dn. 4:30; 5:20) y Belsasar (Dn. 5:22-23); y de naciones, como en los casos de Moab (Is. 16:6), Edom (Abd. 3), Babilonia (Jer. 50:29, 32) y, trágicamente, Israel (Is. 28:1; Jer. 13:9; Os. 5:5).

Nadie estuvo más convencido de la importancia de la humildad que Pablo. De hecho, después del Señor Jesucristo, ningún personaje del Nuevo Testamento aparece más humilde que él. Pablo buscó seguir el ejemplo de humildad de Cristo (Mt. 11:29), como lo hizo en todos los aspectos de la vida (1 Co. 11:1; cp. Ef. 5:1-2; Fil. 2:5), de modo que otros pudieran seguir su patrón (1 Co. 4:16; 11:1; Fil. 3:17; 1 Ts. 1:6; 2 Ts. 3:9).

La idea de gloriarse le parecía horrible por causa de su humildad. Con todo, fue exactamente eso lo que se vio obligado a hacer mientras escribía esta epístola. Como se ha señalado en capítulos anteriores, las credenciales apostólicas de Pablo estaban bajo el ataque masivo de los falsos apóstoles de Corinto. Lo habían acusado calumniosamente de ser un charlatán mentiroso y malvado, y buscaban destruir su credibilidad para reemplazarlo como los maestros autoritativos de la congregación de Corinto. De modo alarmante, muchos de los corintios habían creído las mentiras de los engañadores sobre Pablo. Tenía que tomar medidas, no por causa de su ego, sino por causa del evangelio. No podía permitir que los falsos maestros cortaran el acceso de los corintios a la verdad divina que él había proclamado.

La desinformación que difundían sobre Pablo incluía cosas como que él era demasiado normal y corriente y poco espectacular para ser un verdadero apóstol. Para contrarrestar estas mentiras, se vio forzado a presentar sus credenciales apostólicas, algo que hubiera preferido no hacer porque estas deberían ser obvias. Pablo se sentía más cómodo hablando de sus debilidades que de sus logros (2 Co. 4:7; 12:5, 9-10; cp.1 Co. 15:10; 1 Ti. 1:15-16), aunque lo que dijera sobre él fuera cierto (cp. 2 Co. 10:13-14).

La verdadera medida de la humildad de una persona es la capacidad para jactarse cuando sea necesario y seguir siendo humilde. Es fácil ser humilde en el fracaso, pero es mucho más difícil ser humilde en medio de un gran éxito. Pablo había sido eminentemente privilegiado por el Señor y su ministerio había sido monumentalmente exitoso; su desafío era decir lo verdadero y necesario, pero seguir siendo humilde. Cuando presentó sus credenciales apostólicas en 11:22—12:13, hizo justamente eso.

Pero, antes de jactarse, Pablo volvió a expresar por última vez su renuencia a hacerlo. Lo hacía bajo protesta, y solo porque la aceptación ingenua de los corintios a las mentiras de falsos apóstoles lo hacía necesario. En este prólogo a la defensa de su apostolado, Pablo dio dos razones por las cuales jactarse no es beneficioso: es necio y carnal.

GLORIARSE ES NECIO

Otra vez digo: Que nadie me tenga por loco; o de otra manera, recibidme como a loco, para que yo también me gloríe un poquito. Lo que hablo, no lo hablo según el Señor, sino como en locura, con esta confianza de gloriarme. (11:16-17)

La expresión **otra vez** señalaba a los corintios que volvieran a la explicación anterior de Pablo sobre la jactancia en 11:1. Se había desviado para explicar el asunto de la remuneración económica y para exponer a los falsos apóstoles como agentes disfrazados de Satanás (vv. 2-15).

Antes de que con renuencia lanzara su defensa, que consideraba necedad, locura, Pablo se distanció de los locos de verdad. No quería **que nadie** lo tuviera **por loco**, como los falsos maestros; no estaba acostumbrado a recomendarse a sí mismo como ellos. Pero si alguno de los corintios de verdad creía que él era un loco, Pablo pidió que le concedieran el mismo privilegio que a los falsos apóstoles y lo recibieran **como a** un **loco**. Los falsos apóstoles se gloriaban incesantemente; Pablo solo lo haría **un poquito**. El apóstol no era un loco; tan solo estaba respondiendo a los necios a la medida de su necedad (Pr. 26:5) para proteger a los corintios del desastre espiritual. Y era por la necedad de ellos al dejarse seducir por los falsos apóstoles que ahora Pablo necesitaba jactarse (2 Co. 12:11).

Los versículos 17 y 18 son un paréntesis en el que Pablo reconoció que **lo que** iba a hablar, **no lo** hablaba **según el Señor**. No estaba negando que lo aquí escrito fuera inspirado (cp. 2 P. 3:15-16), como han aseverado algunos necios. Lo que quería decir era que no estaba siguiendo nada que el Señor hubiera hecho, porque Jesús nunca se jactó. Tal cosa dificultaba las cosas para él, porque la meta suprema de su vida era ser como Cristo (cp. 2 Co. 11:1; Ro. 14:8; Fil. 1:21; 3:14).

Albert McShane escribe lo siguiente para resumir la intención de Pablo en este versículo:

> No debemos concluir de este versículo que tenemos una parte de las Escrituras que no es inspirada. [Pablo] tenía el permiso del Señor para escribir como lo hizo, pero confesaba que no es la forma usual en la cual se espera que sus siervos hablen. Si hubiera otro curso de acción con esperanza de éxito, este particular no debía tomarse. Los sabelo-todos de Corinto se habían alimentado demasiado en la mesa de los necios, de modo que él se vio impulsado a darles lo que pudieran digerir, aunque a él le pareciera desagradable, para que pudieran saborear la dieta normal de los santos (*What the Bible Teaches: II Corinthians* [Lo que la Biblia enseña: II Corintios] [Kilmarnock, Escocia: John Ritchie Ltd., 1986], p. 384).

Lo que Pablo dijo era cierto, y lo dijo sin orgullo y sin recomendarse a sí mismo. No obstante, lo exasperaba que los enemigos de la verdad lo hubieran forzado a la **locura** de gloriarse en su autoconfianza.

GLORIARSE ES DE LA CARNE

Puesto que muchos se glorían según la carne, también yo me gloriaré; porque de buena gana toleráis a los necios, siendo vosotros cuerdos. Pues toleráis si alguno os esclaviza, si alguno os devora, si alguno toma lo vuestro, si alguno

se enaltece, si alguno os da de bofetadas. Para vergüenza mía lo digo, para eso fuimos demasiado débiles. Pero en lo que otro tenga osadía (hablo con locura), también yo tengo osadía. (11:18-21)

Los **muchos** que **se** gloriaban **según la carne** (cp. 1 Co. 3:21; 5:6; Gá. 6:13) eran los falsos apóstoles, por supuesto. Su jactancia era mundana, vana y vacía, con base en sus logros humanos, como lo había sido Pablo antes de su conversión (cp. Gá. 1:14; Fil. 3:4-6). Los falsos apóstoles no podían jactarse en lo que Dios había hecho por medio de ellos, porque eran sus enemigos. Eran charlatanes, culpables de medrar "falsificando la palabra de Dios" (2 Co. 2:17); proclamaban a "otro Jesús" y "otro evangelio" (11:4); eran "falsos apóstoles, obreros fraudulentos, que se disfrazan como apóstoles de Cristo" (11:13). Como tales, solo podían jactarse en sus logros personales, que estaban motivados por sus deseos corruptos e impulsados por su padre, Satanás (cp. Jn. 8:44). Pablo se vio obligado **también** a gloriarse para contrarrestar sus falsas afirmaciones.

En los versículos 19-21, Pablo lanzó su descargo de responsabilidad final antes de comenzar a jactarse en el versículo 22. Empleó el lenguaje más mordaz que se puede encontrar en esta epístola; utilizó el sarcasmo para sacudir a los corintios de su aceptación complaciente de los falsos apóstoles. Sarcasmo es decir lo opuesto de lo que es cierto para impactar. Es la forma más fuerte y punzante de utilizar el lenguaje y, por lo tanto, la más eficiente por la que Pablo podía llegar a su objetivo. Por así decirlo, el apóstol abofeteó verbalmente a los corintios para hacerlos entrar en razón.

No fue esta la primera vez que Pablo se vio abocado a utilizar el sarcasmo para lidiar con los corintios. En 1 Corintios 4:8-10 lo utilizó para desinflar su orgullo arrogante:

> *Ya estáis saciados, ya estáis ricos, sin nosotros reináis. ¡Y ojalá reinaseis, para que nosotros reinásemos también juntamente con vosotros! Porque según pienso, Dios nos ha exhibido a nosotros los apóstoles como postreros, como a sentenciados a muerte; pues hemos llegado a ser espectáculo al mundo, a los ángeles y a los hombres. Nosotros somos insensatos por amor de Cristo, mas vosotros prudentes en Cristo; nosotros débiles, mas vosotros fuertes; vosotros honorables, mas nosotros despreciados.*

En 1 Corintios 6:5 los reprendió así: "Para avergonzaros lo digo. ¿Pues qué, no hay entre vosotros sabio, ni aun uno, que pueda juzgar entre sus hermanos?". Y después añadió en esta misma epístola: "Si alguno se imagina que sabe algo, aún no sabe nada como debe saberlo" (1 Co. 8:2).

Pablo comenzó provocando a los corintios por ser ellos **sabios** para **de buena gana** tolerar **a los** falsos y **necios** apóstoles. Sarcásticamente señaló que los corintios oirían con disposición a quienes los esclavizaban, explotaban, encerraban, dominaban y humillaban. Siendo ese el caso, seguro lo podían soportar a él.

Pablo también utilizó el verbo griego que se traduce **esclaviza** en Gálatas 2:4 para describir la trampa de los judaizantes a los gálatas en su falso sistema legalista. Los falsos apóstoles también habían atrapado a muchos de los corintios en la enseñanza herética que afirmaban. Seguramente Pablo tenía en mente el control abusivo que los falsos apóstoles ejercían sobre ellos —esclavizando los corintios a ellos—, algo que ni él (2 Co. 1:24) ni otro verdadero siervo de Dios haría (Mt. 20:25-26; 23:8-10; 1 P. 5:3). En cualquier caso, habían despojado a los corintios de su libertad en Cristo (cp. Mt. 11:28-30; Jn. 8:32, 36; Ro. 8:2; 1 Co. 9:19; Gá. 2:4; 5:1; 1 P. 2:16).

Los falsos maestros habían devorado a los corintios en el sentido de saquearlos económicamente (la misma palabra griega aparece en Mr. 12:40; cp. Sal. 14:4). A diferencia de Pablo, quien rehusó ser una carga para los corintios (2 Co. 12:14), los falsos apóstoles no eran siervos de "nuestro Señor Jesucristo, sino [de] sus propios vientres" (Ro. 16:18).

Los falsos maestros también habían sacado provecho o atrapado a los corintios. Estos habían sido capturados como un pez en un anzuelo (cp. Lc. 5:5, donde el mismo verbo griego se traduce "pescado") o como un animal en una trampa.

En marcado contraste con Pablo, que siguió el ejemplo de mansedumbre y ternura de Cristo en sus relaciones con los corintios (2 Co. 10:1), los falsos maestros se sobrevaloran a sí mismos. Pablo usó el mismo verbo traducido como "enaltece", en 10:5, para describir "argumentos y toda altivez que se levanta contra el conocimiento de Dios". Los falsos apóstoles estaban obsesionados con su propia importancia.

Abofetear a alguien era el insulto más grande (cp. 1 R. 22:24; Lm. 3:30; Mr. 14:65; Hch. 23:2). Es sorprendente que los corintios toleraran hasta la humillación más extrema de los falsos apóstoles. Puede que la expresión fuera metafórica o puede que hubieran llegado a golpear a algunos de los corintios físicamente para intimidarlos. En cualquier caso, los corintios permitieron que los humillaran. El tratamiento abusivo de los falsos apóstoles a los corintios deja claro que no eran verdaderos hombres de Dios (el término "no pendenciero" [1 Ti. 3:3, Tit. 1:7] significa literalmente "no uno que golpee").

El sarcasmo de Pablo alcanzó su apogeo cuando escribió el versículo 21: "**Para vergüenza mía lo digo,** [si el comportamiento de los falsos apóstoles era el normal, los apóstoles de verdad fueron] **demasiado débiles**". En realidad, su "debilidad" de no esclavizar, explotar, poner trampas, dominar y humillar a los corintios demostraba que era una fortaleza, una prueba de su autenticidad como apóstol y la evidencia de su amor por ellos.

La última frase de este pasaje, **pero en lo que otro tenga osadía… también yo tengo osadía**, marca la transición a la defensa del apostolado de Pablo que comienza en el versículo 22. Tal como los falsos apóstoles habían tenido la **osadía** de atacarlos, así Pablo **también** tendría la **osadía** de defenderse. Escribiría sin titubeos, confiado, con la esperanza de que los corintios se volvieran de los falsos apóstoles al verdadero. Su frase parentética **hablo con locura** evidencia el sarcasmo de esta sección.

A lo largo de la historia de la Iglesia, el pueblo Dios ha sufrido a manos de líderes falsos y abusivos. Philip E. Hughes escribe:

> Cuando miramos hacia atrás a más de diecinueve siglos de la historia de la Iglesia cristiana, no podemos evitar que nos golpee la forma en que la mayoría de veces muchos de sus seguidores parecen haberse contentado con tolerar débilmente las imposiciones y extorsiones de déspotas eclesiásticos cuyas vidas están en contradicción con la mansedumbre y bondad de Cristo, y cuya preocupación no era por las almas de los que perecían sino por el refuerzo de su propia reputación a los ojos del mundo. La Reforma del siglo XVI fue un rompimiento con este oscuro espíritu de tiranía y la recuperación, que vino gracias al regreso a la doctrina pura del Nuevo Testamento, a la libertad en el evangelio, que es un derecho de nacimiento de todo cristiano (*The Second Epistle to the Corinthians* [La segunda epístola a los corintios], The New International Commentary on the New Testament [Nuevo comentario internacional del Nuevo Testamento] [Grand Rapids: Eerdmans, 1992], p. 401).

Si iban a obedecer la exhortación de Pablo, debían estar "firmes en la libertad con que Cristo [los] hizo libres, y no [estar] otra vez sujetos al yugo de esclavitud" (Gá. 5:1). Los creyentes deben rechazar a los falsos maestros déspotas que buscan esclavizarlos. Su apasionado deseo de ver a su amada congregación de Corinto libre del azote de los falsos apóstoles abusivos lo motivó a defender detalladamente su apostolado, cosa que comienza en la siguiente sección de esta epístola.

Credenciales apostólicas **30**

¿Son hebreos? Yo también. ¿Son israelitas? Yo también. ¿Son descendientes de Abraham? También yo. ¿Son ministros de Cristo? (Como si estuviera loco hablo.) Yo más; en trabajos más abundante; en azotes sin número; en cárceles más; en peligros de muerte muchas veces. De los judíos cinco veces he recibido cuarenta azotes menos uno. Tres veces he sido azotado con varas; una vez apedreado; tres veces he padecido naufragio; una noche y un día he estado como náufrago en alta mar; en caminos muchas veces; en peligros de ríos, peligros de ladrones, peligros de los de mi nación, peligros de los gentiles, peligros en la ciudad, peligros en el desierto, peligros en el mar, peligros entre falsos hermanos; en trabajo y fatiga, en muchos desvelos, en hambre y sed, en muchos ayunos, en frío y en desnudez; y además de otras cosas, lo que sobre mí se agolpa cada día, la preocupación por todas las iglesias. ¿Quién enferma, y yo no enfermo? ¿A quién se le hace tropezar, y yo no me indigno? Si es necesario gloriarse, me gloriaré en lo que es de mi debilidad. El Dios y Padre de nuestro Señor Jesucristo, quien es bendito por los siglos, sabe que no miento. En Damasco, el gobernador de la provincia del rey Aretas guardaba la ciudad de los damascenos para prenderme; y fui descolgado del muro en un canasto por una ventana, y escapé de sus manos. Ciertamente no me conviene gloriarme; pero vendré a las visiones y a las revelaciones del Señor. Conozco a un hombre en Cristo, que hace catorce años (si en el cuerpo, no lo sé; si fuera del cuerpo, no lo sé; Dios lo sabe) fue arrebatado hasta el tercer cielo. Y conozco al tal hombre (si en el cuerpo, o fuera del cuerpo, no lo sé; Dios lo sabe), que fue arrebatado al paraíso, donde oyó palabras inefables que no le es dado al hombre expresar. (11:22—12:4)

Finalmente Pablo, aunque con renuencia, presenta sus credenciales apostólicas a los corintios y se defiende contra las mentiras de quienes negaban su autenticidad. Más allá de la percepción biográfica que esta sección aporta sobre la vida de Pablo, podría parecer que tiene poca relevancia práctica para hoy día. Sin embargo, no es ese el caso. Las tácticas de Satanás para atacar a los líderes del pueblo de Dios no han cambiado. Y el asunto de la autenticidad del apostolado paulino sigue siendo vital en la actualidad; él es una fuente autoritativa de la verdad divina por medio de todos sus escritos, cualquiera sea el tema. Y todas las Escrituras son útiles (2 Ti. 3:16). Esta sección también muestra cómo los cristianos más nobles manejan la adversidad extrema que enfrentan.

A pesar de que la aceptación ingenua de los corintios de las mentiras de los falsos maestros forzó a Pablo a defenderse, su humildad aún lo hacía renuente a presentar su caso. Por ello dio una serie larga de descargos sarcásticos (10:12—11:21) dejando claro que no le gustaba la jactancia a la que se había visto forzado. Pablo la consideraba necia y carnal, no acorde con el ejemplo del Señor Jesucristo. No obstante, el apóstol sabía que era necesario para proteger a los corintios —que de otra forma habrían quedado en el engaño y separados de la verdad divina que él proclamaba— y para honrar la verdad.

Comenzando en el versículo 23, Pablo presentó cuatro credenciales apostólicas que lo diferenciaban de los falsos apóstoles: su experiencia del sufrimiento, su experiencia de la compasión, su experiencia de la sumisión y su experiencia de lo sobrenatural. Estas demostraban poderosamente que Pablo era un auténtico apóstol de Cristo y que sus adversarios no lo eran. Pero, antes de demostrar su superioridad, Pablo respondió otra de las calumnias en el versículo 22. Mostró que no era inferior en ningún sentido a los falsos apóstoles con respecto al judaísmo.

A cada una de las preguntas que planteó, respondió con simpleza y con poder: **Yo también**. El término **hebreos** define al pueblo judío étnica y lingüísticamente. Algunos eruditos creen que el nombre se deriva del verbo hebreo cuyo significado es "cruzar", en referencia a sus orígenes más allá del río Éufrates (cp. Jos. 24:2). Es más probable que se derive de Heber (Gn. 11:15-17), en referencia a sus descendientes. El título se le dio a Abraham por primera vez (Gn. 14:13) y más adelante se usó cuando los extranjeros describían a los judíos (p. ej., Gn. 39:14, 17; 41:12; Éx. 1:16; 2:6; 1 S. 4:6, 9; 13:19; 14:11; 29:3) y cuando ellos se describían a sí mismos (p. ej., Gn. 40:15; Éx. 1:19; 2:7; 5:3; 1 S. 13:3; Jer. 34:14; Jon. 1:9).

En tiempos de Pablo, el término **hebreos** también diferenciaba a los judíos palestinos, cuyo idioma nativo era el hebreo o arameo, de los judíos helénicos de la diáspora, cuyo idioma era el griego (cp. Hch. 6:1). Los falsos apóstoles podrían haber cuestionado la autenticidad de Pablo diciendo que no era palestino como ellos y los doce apóstoles, sino helénico. Pero aunque Pablo nació en Tarso, una ciudad de Asia Menor, era "hebreo de hebreos" (Fil. 3:5); es decir, preservó la herencia tradicional judía de su familia. Como las personas más cultas de su época, hablaba griego (Hch. 21:37). Pero esto no quería decir que fuera un judío helénico; de hecho, la Biblia insinúa que el hebreo o el arameo, no el griego, era su idioma de nacimiento (cp. Hch. 21:40; 26:14). Más aún, aunque nació en Tarso, evidentemente llegó a Jerusalén siendo niño, su crianza ocurrió allí y también estudió allí, bajo Gamaliel (Hch. 22:3; 26:4).

El término **israelitas** (Éx. 35:29; 1 S. 2:14; 14:21; 29:1; 2 R. 3:24; Neh. 11:3; Ro. 9:4) designa al pueblo judío en el sentido de su descendencia de Jacob (Israel); de hecho, el Antiguo Testamento se refiere a ellos como "los hijos de Israel" más de seiscientas veces. También expresa su identidad teocrática en cuanto al pueblo escogido de Dios (Am. 3:2; cp. Éx. 19:5-6; Ro. 9:4-5).

Pablo, como los falsos apóstoles, era uno de los **descendientes de Abraham**. Era heredero de todos los privilegios y bendiciones del pacto que Dios prometió a Abraham (Gn. 12:1-3).

No fue esta la única vez que Pablo defendió su herencia judía. A las iglesias de Galacia escribió: "Porque ya habéis oído acerca de mi conducta en otro tiempo en el judaísmo, que perseguía sobremanera a la iglesia de Dios, y la asolaba; y en el judaísmo aventajaba a muchos de mis contemporáneos en mi nación, siendo mucho más celoso de las tradiciones de mis padres" (Gá. 1:13-14). En Filipenses 3:4-6, el apóstol también mencionó sus impresionantes calificaciones:

> *Aunque yo tengo también de qué confiar en la carne. Si alguno piensa que tiene de qué confiar en la carne, yo más: circuncidado al octavo día, del linaje de Israel, de la tribu de Benjamín, hebreo de hebreos; en cuanto a la ley, fariseo; en cuanto a celo, perseguidor de la iglesia; en cuanto a la justicia que es en la ley, irreprensible.*

Habiendo establecido que en ningún aspecto —fuera social, religioso, cultural, lingüístico o relativo al pacto— era de alguna forma inferior a los falsos apóstoles, presentó las credenciales que probaban que era en realidad superior a ellos.

SU EXPERIENCIA DEL SUFRIMIENTO

¿Son ministros de Cristo? (Como si estuviera loco hablo.) Yo más; en trabajos más abundante; en azotes sin número; en cárceles más; en peligros de muerte muchas veces. De los judíos cinco veces he recibido cuarenta azotes menos uno. Tres veces he sido azotado con varas; una vez apedreado; tres veces he padecido naufragio; una noche y un día he estado como náufrago en alta mar; en caminos muchas veces; en peligros de ríos, peligros de ladrones, peligros de los de mi nación, peligros de los gentiles, peligros en la ciudad, peligros en el desierto, peligros en el mar, peligros entre falsos hermanos; en trabajo y fatiga, en muchos desvelos, en hambre y sed, en muchos ayunos, en frío y en desnudez; (11:23-27)

Pablo podría haberse defendido apelando a sus logros y privilegios impresionantes. Podría haber señalado a su entrenamiento bajo Gamaliel, el famoso rabino, su asociación con las élites de Jerusalén (cp. Hch. 22:5) o su celo obvio por el judaísmo que se manifestó en la persecución de la iglesia (Hch. 8:1-3; 1 Co. 15:9; Gá. 1:13; Fil. 3:6). Pablo también podría haber señalado a todo lo que Dios hizo por medio de él después de su conversión, las ciudades en las que había predicado, los convertidos que había ganado y las iglesias que había plantado. En su lugar, presentó unas credenciales muy diferentes que, aunque fueran poco impresionantes para los parámetros del mundo, lo marcaban como un verdadero hombre de Dios.

Llamar a los falsos apóstoles **ministros de Cristo** aunque fuera por causa del argumento, era algo repudiable para Pablo, de modo que se apresuró a añadir: "**Como si estuviera loco hablo**". La palabra **loco** es traducción del verbo *paraphroneō*, que significa literalmente "estar fuera de sí" o "estar demente". Es una palabra más fuerte que *aphrosunē*, que el apóstol ya había utilizado antes para describir su necedad al jactarse (11:1, 17, 21). Si para Pablo jactarse era obra de necios, sugerir que los falsos apóstoles fueran siervos de Cristo era delirar en la locura. La frase también expresa la perspectiva de Pablo sobre su jactancia. Toda la discusión carecía de sentido, pero la falta de discernimiento de los corintios la había hecho necesaria.

La frase **yo más** marca el comienzo de la demostración de superioridad de Pablo sobre los falsos apóstoles. La primera credencial que presentó, su sufrimiento, parece algo inusual. La lista detallada de las cosas que había padecido lo hacía sonar más como alguien que necesitaba ayuda del Señor que como un apóstol de Jesucristo con poder y autoridad. ¿Cómo podría ser evidencia de su apostolado el hecho de que rivalizara con tantas personas y se metiera en tantas dificultades?

Sin embargo, sufrimiento fue exactamente lo que Jesús predijo para sus apóstoles. Antes de enviarlos a predicar, les advirtió:

> *He aquí, yo os envío como a ovejas en medio de lobos; sed, pues, prudentes como serpientes, y sencillos como palomas. Y guardaos de los hombres, porque os entregarán a los concilios, y en sus sinagogas os azotarán; y aun ante gobernadores y reyes seréis llevados por causa de mí, para testimonio a ellos y a los gentiles. Mas cuando os entreguen, no os preocupéis por cómo o qué hablaréis; porque en aquella hora os será dado lo que habéis de hablar. Porque no sois vosotros los que habláis, sino el Espíritu de vuestro Padre que habla en vosotros. El hermano entregará a la muerte al hermano, y el padre al hijo; y los hijos se levantarán contra los padres, y los harán morir. Y seréis aborrecidos de todos por causa de mi nombre; mas el que persevere hasta el fin, éste será salvo. Cuando os persigan en esta ciudad, huid a la otra; porque de cierto os digo, que no acabaréis de recorrer todas las ciudades de Israel, antes que venga el Hijo del Hombre. El discípulo no es más que su maestro, ni el siervo más que su señor. Bástale al discípulo ser como su maestro,*

y al siervo como su señor. Si al padre de familia llamaron Beelzebú, ¿cuánto más a los de su casa? (Mt. 10:16-25; cp. 21:33-39; 22:2-6; Jn. 15:18-21; 16:1-4, 33).

En lo que puede considerarse su sermón de ordenación, Jesús advirtió a los apóstoles que enfrentarían un ambiente hostil, "como a ovejas en medio de lobos". Por lo tanto, podían esperar el sufrimiento que Él había descrito: arrestos, golpes, traiciones, odios, persecuciones y calumnias. Alumbrar el reino de las tinieblas con la luz del evangelio inevitablemente genera una reacción hostil.

A esa promesa general de sufrimiento para los apóstoles, el Señor añadió una específica para Pablo. Cuando habló con Ananías, el Señor le dijo de Pablo: "instrumento escogido me es éste, para llevar mi nombre en presencia de los gentiles, y de reyes, y de los hijos de Israel; porque yo le mostraré cuánto le es necesario padecer por mi nombre" (Hch. 9:15-16). La vida de Pablo ejemplifica la verdad de 2 Timoteo 3:12: "Y también todos los que quieren vivir piadosamente en Cristo Jesús padecerán persecución". Los falsos apóstoles tenían sus cartas de recomendación (2 Co. 3:1), pero Pablo tenía "en [su] cuerpo las marcas del Señor Jesús" (Gá. 6:17). La primera credencial que enumeró fue el sufrimiento, porque eso es lo que Jesús dijo que caracterizaría a sus apóstoles. Los falsos maestros, por otro lado, buscan con frecuencia una vida cómoda y fácil. Y puesto que forman parte de su reino, Satanás no los ataca.

Esta es la cuarta y más detallada descripción del sufrimiento de Pablo en la epístola (cp. 2 Co. 1:4-10; 4:7-12; 6:4-10). Aunque da más pormenores de las dificultades de Pablo que aquellas que enumera Lucas en Hechos, no es más exhaustiva; la humildad del apóstol lo llevó a decir solo lo que fuera necesario para ilustrar su idea.

La palabra *kopos* (**trabajos**) describe el trabajo al nivel del sudor y el agotamiento. Aparece en 1 Corintios 15:58 y Pablo también la utilizó en una lista anterior de sus sufrimientos (2 Co. 6:5). El verbo relacionado describe el trabajo duro de Pedro y los otros pescadores (Lc. 5:5); el agotamiento de Jesús después de un largo viaje (Jn. 4:6); a quienes se esforzaban en la iglesia de Roma (Ro. 16:6, 12); los esfuerzos de Pablo en el ministerio, que sobrepasaban los de los demás (1 Co. 15:10), el trabajo duro de los líderes de Tesalónica (1 Ts. 5:12) y a los ancianos "que trabajan en predicar y enseñar" (1 Ti. 5:17). Además del esfuerzo intenso en el ministerio, Pablo trabajaba en su negocio para su propio sustento (cp. Hch. 20:34-35; 1 Co. 4:12; 1 Ts. 2:9).

De las **cárceles** registradas en Hechos (en Filipos [16:23-24], Jerusalén [22:24-29; 23:10, 18], Cesarea [23:35; 24:27] y Roma [28:16-31]) y su segundo encarcelamiento en Roma (2 Ti. 1:8), solo la de Filipos había tenido lugar cuando Pablo escribió este pasaje. No se sabe cuántas veces adicionales estuvo encarcelado; Clemente, padre de la iglesia de Roma, escribió al final del primer siglo que Pablo estuvo encarcelado siete veces.

Además de haber estado en la cárcel, recibió **azotes sin número**. Tantas veces fueron, oficial y no oficialmente, que el apóstol ni siquiera podía contarlas todas. Como se verá en los versículos 23-24, fueron de parte de sus compatriotas y de los gentiles.

Pablo vivía constantemente **en peligros de muerte**, sabiendo cada día que podía ser el último. En 1 Corintios 15:31 escribió: "Os aseguro, hermanos, por la gloria que de vosotros tengo en nuestro Señor Jesucristo, que cada día muero". Casi desde el momento de la conversión de Pablo, sus enemigos hicieron un complot para matarlo (Hch. 9:23, 29; 14:3-5; 17:4-5; 21:30-32; 23:12-21). Había disturbios cuando predicaba (Hch. 19:23-41), se formaban multitudes para perseguirlo (Hch. 17:5-9) y los gobernantes buscaban su vida (él describe uno de tales incidentes en 2 Co. 11:32-33). Con todo, nunca fluctuó en su compromiso ni comprometió el mensaje que predicaba.

Pablo pasó a describir dos ejemplos de los azotes mencionados en el versículo 23. **De los judíos cinco veces** recibió **cuarenta azotes menos uno**. Este particular castigo estaba descrito en la ley mosaica:

> *Si hubiere pleito entre algunos, y acudieren al tribunal para que los jueces los juzguen, éstos absolverán al justo, y condenarán al culpable. Y si el delincuente mereciere ser azotado, entonces el juez le hará echar en tierra, y le hará azotar en su presencia; según su delito será el número de azotes. Se podrá dar cuarenta azotes, no más; no sea que, si lo hirieren con muchos azotes más que éstos, se sienta tu hermano envilecido delante de tus ojos (Dt. 25:1-3).*

Los judíos de los tiempos de Pablo, en su celo legalista por la observancia externa de la ley, limitaron el número a **cuarenta azotes menos uno**, porque inadvertidamente podrían contar mal y dar más de cuarenta azotes. Tal como Jesús lo había advertido (Mt. 10:17; 23:34), los judíos incrédulos azotaban a los mensajeros que Él enviaba (cp. Hch. 5:40).

Pablo también experimentó el castigo corporal de parte de los romanos, en cuyas manos **tres veces** recibió azotes **con varas**. Tal castigo era el equivalente judío de los cuarenta azotes menos uno. El único incidente que Lucas registró en Hechos ocurrió en Filipos (Hch. 16:22-23, 37; cp. 1 Ts. 2:2). Pablo llevaba orgullosamente las cicatrices de sus azotes a manos de los judíos y los romanos como "las marcas del Señor Jesús" (Gá. 6:17).

Una vez lo apedrearon, lo sacaron a rastras de Listra, dándolo por muerto (Hch. 14:19). Tal incidente fue un acto de violencia de masas, no una lapidación judicial y formal (Lv. 24:14-16, 23; Nm. 15:35-36; Jos. 7:24-25), porque los romanos no les concedieron a los judíos el derecho a la pena capital (Jn. 18:31).

Entre los numerosos viajes de Pablo por mar (Hechos registra nueve antes de escribir 2 Corintios: 9:30; 11:25-26; 13:4, 13; 14:25-26; 16:11; 17:14-15; 18:18,

21-22; probablemente hubo al menos la misma cantidad después de que Pablo escribiera esta epístola), **tres veces** padeció **naufragio**. Esta cifra no incluye el naufragio en el viaje a Roma (Hch. 27), que no había ocurrido aún. Después de uno de esos naufragios, Pablo pasó **una noche y un día… como náufrago en alta mar** aferrándose a un vestigio del barco hasta que lo rescataron.

Pablo pasó a describir algunos de los **peligros** que encontró **en caminos muchas veces**, en los incontables viajes cortos que compusieron sus tres viajes misioneros y los muchos otros viajes que hizo. Vadear los múltiples **ríos** que cruzaban el camino de Pablo, lo puso **en peligros** constantes de ahogarse, puesto que los puentes eran pocos y las inundaciones frecuentes. Otra amenaza para los viajeros eran los **ladrones** que frecuentaban los caminos. El camino de Perge a Antioquía de Pisidia (Hch. 13:14), por ejemplo, atravesaba ríos peligrosos y cruzaba los montes de Tauro, que eran tristemente célebres por los bandidos que se refugiaban en ellos. Pablo bien podría haber tenido esto en cuenta cuando escribía esta sección.

También enfrentó constantemente la hostilidad de **los de** su **nación** casi desde el momento de su conversión. Aunque algunos de los judíos creyeron el evangelio que él predicaba y recibieron la salvación, la mayoría lo rechazaron y reaccionaron con violencia contra Pablo (cp. Hch. 9:23, 29; 13:6-8, 45; 14:2, 19; 17:5, 13; 18:6, 12-16; 19:9; 20:3, 19; 21:27-32; 23:12-22; 25:2-3; 28:23-28). Habiendo rechazado a Jesús como Mesías, odiaban el evangelio y buscaban silenciar la proclamación poderosa que Pablo hacía de este.

Pablo también enfrentó la hostilidad de **los gentiles**, especialmente en Filipos (Hch. 16:16-40) y Éfeso (Hch. 19:23-41; 1 Co. 15:32).

El apóstol no solo enfrentó peligros de diferentes personas, sino en diferentes lugares. Enfrentó **peligros** en casi todas las ciudades que visitó, inclusive Damasco (Hch. 9:20, 23), Jerusalén (Hch. 9:29; 21:27-32; 23:12-22), Antioquía de Pisidia (Hch. 13:14, 45), Iconio (Hch. 14:1-2), Listra (Hch. 14:19), Filipos (Hch. 16:16-40), Tesalónica (Hch. 17:5-8), Berea (17:13), Corinto (18:1, 6, 12-16) y Éfeso (Hch. 19:1, 9, 23-41; 1 Co. 15:32). Tampoco estaba seguro fuera de las ciudades, porque enfrentaba los **peligros** del **desierto**. Pablo no siempre iba por los caminos más transitados; a veces la necesidad lo llevaba por un viaje a través del campo. Cuando lo hizo, se enfrentó a la intemperie, a frío y calor extremos, a aguaceros torrenciales, a relámpagos peligrosos, a las inundaciones asociadas con las tormentas, y a las tormentas de nieve que amenazaban a los viajeros de las montañas en el invierno. También enfrentó las amenazas de animales salvajes; inclusive osos (cp. 2 R. 2:24), leones (cp. Jue. 14:5; 1 R. 13:24; 20:36; 2 R. 17:25) y serpientes venenosas (cp. Hch. 28:3-5). Finalmente, como ya se dijo, los viajes **en el mar** planteaban un peligro siempre presente de naufragio.

Pero el peligro más insidioso de todos eran los **falsos hermanos**, que se hacían pasar por creyentes y luego intentaban destruir el ministerio de Pablo.

Los falsos apóstoles de Corinto eran los principales ejemplos de tales falsos engañosos hermanos, como también lo eran los judaizantes (Gá. 2:4). Pablo hizo una advertencia a los ancianos de la iglesia de Éfeso, por la amenaza que representaban los falsos creyentes: "Y de vosotros mismos se levantarán hombres que hablen cosas perversas para arrastrar tras sí a los discípulos" (Hch. 20:30).

En 2 Corintios 11:27, Pablo pasó de los peligros que constantemente lo amenazaban a su **trabajo y fatiga**, que era la rutina normal de su vida (Hch. 20:34-35; 1 Co. 4:12; 1 Ts. 2:9; 2 Ts. 3:8). Obtener los medios para sostenerse él, y en ocasiones para sostener a los otros misioneros que estaban con él (Hch. 20:34), solía significar trabajo **en muchos desvelos**. Después de pasar los días predicando el evangelio, y enseñando y discipulando a los nuevos creyentes, solía tener que trabajar de noche (cp. 1 Ts. 2:9; 2 Ts. 3:8) en sus negocios (Hch. 18:3) para proveer para las necesidades de su vida.

A pesar de la diligencia de Pablo, el trabajo duro, las exigencias de su ministerio (cp. Hch. 20:7, 11, 31; 1 Ts. 3:10; 2 Ti. 1:3) a veces dificultaban que obtuviera él lo suficiente para su sustento. Como resultado, experimentó **hambre y sed** (cp. 1 Co. 4:11), **muchos ayunos** (2 Co. 11:9) y también **frío** y **desnudez** (cp. 2 Ti. 4:13).

El sufrimiento de Pablo lo alejaba de los falsos apóstoles y su amor por el dinero y las comodidades, señalándolo como un verdadero apóstol del Señor Jesucristo. También validaba la seguridad de su salvación, como testificó en Romanos 8:38-39: "Por lo cual estoy seguro de que ni la muerte, ni la vida, ni ángeles, ni principados, ni potestades, ni lo presente, ni lo por venir, ni lo alto, ni lo profundo, ni ninguna otra cosa creada nos podrá separar del amor de Dios, que es en Cristo Jesús Señor nuestro".

SU EXPERIENCIA DE LA COMPASIÓN

y además de otras cosas, lo que sobre mí se agolpa cada día, la preocupación por todas las iglesias. ¿Quién enferma, y yo no enfermo? ¿A quién se le hace tropezar, y yo no me indigno? (11:28-29)

Como todos los falsos apóstoles, estos manipulaban y abusaban de los corintios para sus propios fines egoístas... Por otra parte, a Pablo le preocupaba profundamente el bienestar de los corintios, como el de todas las iglesias. La frase **además de otras cosas** podría traducirse mejor "además de las cosas no mencionadas". En otras palabras, Pablo podría haber enumerado muchas más dificultades externas si su humildad se lo hubiera permitido. Sin embargo, todos ellos carecían de importancia en comparación con **la preocupación por todas las iglesias** que sentía **cada día**.

A Pablo le afligía profundamente la debilidad y el sufrimiento de la iglesia.

A los gálatas escribió así: "Hijitos míos, por quienes vuelvo a sufrir dolores de parto, hasta que Cristo sea formado en vosotros" (Gá. 4:19). Expresó su amor y preocupación por los tesalonicenses usando la metáfora del cuidado de una madre por sus hijos: "Aunque como apóstoles de Cristo hubiéramos podido ser exigentes con ustedes, los tratamos con delicadeza. Como una madre que amamanta y cuida a sus hijos" (1 Ts. 2:7, NVI). Más adelante añadió en el mismo capítulo:

> *Pero nosotros, hermanos, separados de vosotros por un poco de tiempo, de vista pero no de corazón, tanto más procuramos con mucho deseo ver vuestro rostro; por lo cual quisimos ir a vosotros, yo Pablo ciertamente una y otra vez; pero Satanás nos estorbó. Porque ¿cuál es nuestra esperanza, o gozo, o corona de que me gloríe? ¿No lo sois vosotros, delante de nuestro Señor Jesucristo, en su venida? Vosotros sois nuestra gloria y gozo (vv. 17-20).*

El apóstol dedicó su vida a los santos. Se angustiaba por ellos, oró por ellos y los exhortó. Tenía una gran carga por sus necesidades doctrinales, espirituales y morales. **La preocupación** que se agolpaba sobre Pablo disminuía su paz, gozo y satisfacción.

Pablo expresó aún más su preocupación apasionada por las iglesias haciendo dos preguntas retóricas. La primera: **¿Quién enferma, y yo no enfermo?** expresaba su empatía (cp. 1 Co. 12:26) con el dolor y sufrimiento de los creyentes inmaduros (1 Ts. 5:14; cp. Ro. 14:1; 15:1; 1 Co. 9:22). A los falsos maestros orgullosos y egoístas no les importan las luchas de los demás. Lejos de ayudar al débil, son opresivos y toman ventaja despiadadamente de ellos (Jer. 23:2; Ez. 34:2-6; Zac. 11:16; Mt. 23:2-4; Lc. 20:47).

A Pablo también le preocupaban los rebeldes (1 Ts. 5:14), como lo deja claro su segunda pregunta retórica: **¿A quién se le hace tropezar, y yo no me indigno?** La palabra **indigno** es traducción de una forma del verbo *puroō*, que significa literalmente "incendiar" o "inflamar". Pablo ardía de justa indignación cuando alguien llevaba al pueblo de Dios al pecado, como ocurrió con Jesús, que advirtió solemnemente: "Y cualquiera que haga tropezar a alguno de estos pequeños que creen en mí, mejor le fuera que se le colgase al cuello una piedra de molino de asno, y que se le hundiese en lo profundo del mar" (Mt. 18:6). El amor no es enemigo de la indignación moral, es su compañero. La santa indignación por quienes llevan a los creyentes al pecado es una expresión del más puro amor.

SU EXPERIENCIA DE LA SUMISIÓN

Si es necesario gloriarse, me gloriaré en lo que es de mi debilidad. El Dios y Padre de nuestro Señor Jesucristo, quien es bendito por los siglos, sabe que no

miento. En Damasco, el gobernador de la provincia del rey Aretas guardaba la ciudad de los damascenos para prenderme; y fui descolgado del muro en un canasto por una ventana, y escapé de sus manos. (11:30-33)

Para griegos y romanos, un líder era una persona con presencia atractiva y abrumadora, alguien que pudiera dominar una situación con la sola fuerza de su personalidad. De modo que los corintios podrían haber esperado que Pablo defendiera su apostolado mostrando su habilidad para hacerse cargo de cualquier situación. Sorprendentemente, Pablo dio más bien una ilustración vergonzosa de sus debilidades. Contó la historia de cómo huyó de Damasco en medio de la noche (Hch. 9:25) para evitar que lo mataran. Como siempre, **si** era **necesario gloriarse**, lo haría **en lo que** era **de** su **debilidad** (cp. 2 Co. 1:8; 3:5; 4:7-12; 5:1; 6:4-10; 7:5; 12:7-10; 13:4).

El hecho de que Pablo introdujera la historia aparentemente mundana de su huida con la declaración fuerte **El Dios y Padre de nuestro Señor Jesucristo, quien es bendito por los siglos, sabe que no miento** parece extraño. Cabría esperar que tan vehemente declaración sobre la veracidad de Pablo llevara directamente a una historia dramática de su visita al cielo (12:2ss.). El hecho de que utilizara aquí la declaración enfatiza la importancia de este suceso para él.

El Antiguo Testamento identifica a Dios con el Dios de Abraham, de Isaac y de Jacob (Éx. 3:6, 15-16; 4:5; Mt. 22:32; Hch. 3:13). Sin embargo, el Nuevo Testamento lo identifica como el **Padre de nuestro Señor Jesucristo** (2 Co. 1:3; Ro. 15:6; Ef. 1:3; 1 P. 1:3; cp. Jn. 20:17; Ef. 1:17). Nadie puede adorar verdaderamente a Dios sin creer que Él comparte su misma esencia y naturaleza con su Hijo Jesucristo, y que Jesús es Dios manifestado en la carne. Dios, **quien es bendito por los siglos** (cp. Dn. 2:20; Mr. 14:61; Ro. 1:25; 9:5; 1 Ti. 1:11), afirmaría que Pablo estaba comprometido con honrar y reverenciar a Dios, en cuya presencia y bajo cuya bendición vivía. El apóstol no mentiría en su testimonio de cómo Dios había librado su vida.

La huida que Pablo narró ocurrió después de su conversión en el camino a Damasco, cuando regresó a **Damasco** después de pasar tres años en la Arabia de los nabateos (Gá. 1:17-18). Los judíos incrédulos de Damasco hicieron un complot para matarlo, pues estaban enfurecidos por la predicación audaz y temeraria que hacía Pablo de Jesús como Mesías (Hch. 9:23-24). Como ocurriría durante todo el ministerio de Pablo, los judíos recurrirían a la ayuda de los gentiles (cp. Hch. 13:50; 14:2; 17:13; 18:12-16). No se sabe con certeza si Damasco estaba bajo el dominio de los nabateos o los romanos en aquella época. Si eran los primeros, el etnarca era **el gobernador de la provincia del rey Aretas**; si eran los segundos, el etnarca era el líder de la comunidad de nabateos damascenos y **Aretas** lo había puesto en el cargo. En cualquier caso, cooperó con los judíos en el intento de matar a Pablo y **guardaba la ciudad de los damascenos para** prenderlo. La voluntad del etnarca para ayudar a los judíos sugiere que el ministerio de Pablo durante estos tres años en Arabia había provocado la hostilidad de los nabateos.

Pablo escapó de Damasco y huyó a Jerusalén (Hch. 9:26) con la ayuda de los otros cristianos (Hch. 9:25), que lo descolgaron **del muro en un canasto por una ventana** (cp. Jos. 2:15). El hecho de que años más tarde usara este suceso para ilustrar su humildad revela cuán embarazosa fue esta experiencia indignante para él. D. A. Carson escribe: "Esta estrella de los altos círculos rabínicos, este fariseo honrado y educado, este hombre con acceso a los más altos oficiales de Jerusalén, escabulléndose de Damasco cual criminal, rebajado a desplazar el contenido de un apestoso canasto de pescado" (*From Triumphalism to Maturity* [Del triunfalismo a la madurez] [Grand Rapids: Baker, 1984], pp. 127-128).

Para que nadie no fuera a pensar muy alto de Pablo (él mismo inclusive), este incidente ilustra gráficamente la verdad de su debilidad aparte del poder de Dios. La historia pone en perspectiva la sorprendente visión que Pablo estaba por relatar. El hombre que ascendió al tercer cielo era el mismo que había descendido en un canasto ignominiosamente por los muros de Damasco.

SU EXPERIENCIA DE LO SOBRENATURAL

Ciertamente no me conviene gloriarme; pero vendré a las visiones y a las revelaciones del Señor. Conozco a un hombre en Cristo, que hace catorce años (si en el cuerpo, no lo sé; si fuera del cuerpo, no lo sé; Dios lo sabe) fue arrebatado hasta el tercer cielo. Y conozco al tal hombre (si en el cuerpo, o fuera del cuerpo, no lo sé; Dios lo sabe), que fue arrebatado al paraíso, donde oyó palabras inefables que no le es dado al hombre expresar. (12:1-4)

A primera vista, el relato de la visión de Pablo parece fuera de lugar en una sección que trata de sus sufrimientos y debilidades. Pero los griegos creían que quienes representaban verdaderamente a los dioses experimentarían visiones místicas, que algunos trataban de inducir por medio de orgías y borracheras. Entonces, sin duda, los falsos apóstoles afirmaban sus propias visiones y revelaciones. Los corintios, seducidos por sus falsas afirmaciones se postraron ante estos charlatanes mentirosos. De modo que fue necesario que Pablo relatara (con renuencia) su propia y auténtica visión.

Antes de describir la visión sobrenatural, Pablo añadió otro descargo de responsabilidad a los muchos que ya había escrito (especialmente en 10:13—11:21), indicando, una vez más, cuánto le desagradaba verse forzado a ello aun en este asunto. Reconoció que **no** le convenía gloriarse, **pero** era necesario. Ni siquiera lo relacionado **a las visiones y a las revelaciones** era útil a la hora de hablar, ni aun las sorprendentes que estaba por relatar. No beneficiaban a la iglesia (o Pablo ya habría hablado de esta visión en otros múltiples casos con anterioridad), porque no eran verificables ni podían repetirse, y podrían llevar al orgullo (cp. 12:7). Lo útil es la Escritura, "inspirada por Dios, y útil para enseñar, para redargüir, para corregir, para instruir en justicia" (2 Ti. 3:16). De modo que Pablo no encomendó a los ancianos de Éfeso a visiones y revelaciones extrabíblica, sino "a la palabra de su gracia, que [tenía] poder para [sobreedificarlos] y [darles] herencia con todos los santificados" (Hch. 20:32). La Biblia está completa y no necesita el suplemento de revelaciones adicionales, excepto la relativa al Señor Jesucristo en su segunda venida (1 Co. 1:7; 1 P. 1:7, 13; 4:13).

Pablo había recibido muchas visiones en su vida, seis de las cuales están registradas en Hechos (9:3-12; 16:9-10; 18:9-10; 22:17-21; 23:11; 27:23-24). También recibió por revelación el evangelio que predicó por revelación (Gá. 1:11-12). Pero la visión que estaba a punto de describir era la más sorprendente y notoria de todas. Con su humildad característica, lo relató en tercera persona escribiendo **Conozco a un hombre en Cristo**. Obviamente, Pablo era tal hombre, como lo indica el versículo 7.

La visión ocurrió **catorce años** antes de escribir 2 Corintios, que fue al final del 55 d.C., o al comienzo del 56 d.C., dejando algún tiempo entre el regreso de Pablo de Jerusalén a Tarso (Hch. 9:30) y la comisión que le dio el Espíritu Santo (Hch. 13:1-3). Poco se sabe de este período en la vida de Pablo, excepto que durante este ministró en Siria y Cilicia (Gá. 1:21). Dios puede haberle concedido esta experiencia personal para fortalecerlo contra el sufrimiento que experimentaría en sus viajes misioneros. Habiendo obtenido un vistazo del cielo que le esperaba, podría enfrentar el sufrimiento tan implacable y severo que le acompañaría por el resto de su vida. Ahora, después de catorce años de silencio, al parecer Pablo relataba la visión por primera vez.

No es exactamente clara cuál fue la realidad de la experiencia de Pablo, como lo enfatiza la repetición en la frase **si en el cuerpo, no lo sé; si fuera del cuerpo, no lo sé; Dios lo sabe**. No sabía **si** su cuerpo y alma fueron arrebatados **hasta el tercer cielo** o si su alma temporalmente salió **del cuerpo**. El verbo **arrebatado** traduce *harpazō*, el mismo verbo utilizado para el rapto en 1 Tesalonicenses 4:17. Pablo repentinamente pasó al **tercer cielo**, que trasciende el primer cielo (la atmósfera terrestre; Dt. 11:11; 1 R. 8:35; Is. 55:10) y el segundo cielo (el espacio interestelar e interplanetario; Gn. 15:5; Sal. 8:3; Is. 13:10), y es la morada de Dios (1 R. 8:30; Sal. 33:13-14; Mt. 6:9). El paralelismo de las dos frases exige que **paraíso** se iguale a **cielo** (véase Lc. 23:43; cp. Ap. 2:7; que dice que el árbol de la vida está en el paraíso con Ap. 22:2, 14, 19, que ocurre en el cielo). La palabra persa de la cual se deriva la palabra griega que se traduce **paraíso** significa "jardín cerrado". El máximo honor que un rey persa podría otorgar a sus súbditos era concederles el derecho de caminar con el rey en el jardín real en íntima compañía.

A diferencia de los charlatanes modernos, que afirman viajes al cielo y visiones de Dios, Pablo no dio una descripción detallada y sensacional de lo que vio o experimentó en el cielo, sino que solo mencionó lo que había oído. E incluso ello consistió de **palabras inefables que no le es dado al hombre expresar**. Lo que oyó fue en un idioma diferente a cualquiera en la Tierra. Aunque el apóstol entendía lo que habían dicho, no había palabras en el lenguaje humano para expresar la idea de lo que oyó, ni le fue **dado** a Pablo expresarse sobre ellas aunque hubiera sido posible. El velo entre la Tierra y el cielo sigue en su lugar. Lo que Dios quiere que se conozca del cielo está revelado en la Biblia; en cuanto al resto, "lo secreto le pertenece al Señor nuestro Dios" (Dt. 29:29, nvi).

La verdadera medida de un hombre de Dios no está en las visiones que dice haber tenido, las experiencias con Dios, la fuerza de su personalidad, el tamaño de su ministerio, sus grados académicos o cualquier otro criterio humano. El verdadero hombre de Dios está marcado por lo mucho que ha sufrido en la guerra contra el reino de las tinieblas, cuánto le preocupa su pueblo, cuán humilde es y con cuánta precisión trata la revelación sobrenatural que está en la Palabra de Dios (2 Ti. 2:15). Como Pablo, tales hombres soportan con paciencia el sufrimiento y la humillación de esta vida, sabiendo que "esta leve tribulación momentánea produce… un cada vez más excelente y eterno peso de gloria" (2 Co. 4:17).

¿Cómo usa Dios el sufrimiento?

31

De tal hombre me gloriaré; pero de mí mismo en nada me gloriaré, sino en mis debilidades. Sin embargo, si quisiera gloriarme, no sería insensato, porque diría la verdad; pero lo dejo, para que nadie piense de mí más de lo que en mí ve, u oye de mí. Y para que la grandeza de las revelaciones no me exaltase desmedidamente, me fue dado un aguijón en mi carne, un mensajero de Satanás que me abofetee, para que no me enaltezca sobremanera; respecto a lo cual tres veces he rogado al Señor, que lo quite de mí. Y me ha dicho: Bástate mi gracia; porque mi poder se perfecciona en la debilidad. Por tanto, de buena gana me gloriaré más bien en mis debilidades, para que repose sobre mí el poder de Cristo. Por lo cual, por amor a Cristo me gozo en las debilidades, en afrentas, en necesidades, en persecuciones, en angustias; porque cuando soy débil, entonces soy fuerte. (12:5-10)

La pregunta de por qué pasan cosas malas a personas aparentemente buenas es un tema que preocupa a muchos. Enfermedades, crímenes, hambre, pobreza, accidentes y desastres naturales parecen golpear sin ninguna razón, y afectan por igual a quienes son aparentemente inocentes y a los culpables.

Pero la Biblia enseña que a todas las personas les ocurren cosas malas porque todos son pecadores caídos que viven en un mundo caído. Nadie es inherentemente bueno: "No hay justo, ni aun uno" (Ro. 3:10). Por ello el sufrimiento es universal. De acuerdo con Job 5:7: "Pero como las chispas se levantan para volar por el aire, así el hombre nace para la aflicción". Jesús declaró: "En el mundo tendréis aflicción" (Jn. 16:33), y Pablo recordó lo siguiente a los cristianos: "Es necesario que a través de muchas tribulaciones entremos en el reino de Dios" (Hch. 14:22) porque "todos los que quieren vivir piadosamente en Cristo Jesús padecerán persecución" (2 Ti. 3:12).

Ni siquiera los siervos más nobles de Dios son inmunes al sufrimiento. Jonathan Edwards fue probablemente el más grande teólogo que haya visto Estados Unidos. Trabajó fielmente en calidad de pastor por más de veinte años en una iglesia de Northampton, Massachusetts. Su predicación tuvo un impacto profundo en el avivamiento del siglo XVIII conocido como el Gran Despertar.

Increíblemente, después de más de dos décadas de fiel ministerio, la congregación votó para que Edwards saliera de la iglesia. No lo hicieron por alguna mancha moral o alguna desviación doctrinal de Edwards, sino por su insistencia en que solo se permitiera que quienes hubieran hecho una confesión de fe pública fueran miembros de la iglesia y pudieran participar de la Santa Cena.

Al igual que Jonathan Edwards, Pablo experimentó el dolor más profundo en la vida: que aquellos a quienes cuidaba y para quienes ministraba lo rechazaran. El apóstol amaba a los corintios; les había llevado el evangelio, los había alimentado, enseñado y se había volcado a ellos. Estaba profundamente herido porque muchos de ellos lo habían abandonado para favorecer a los falsos apóstoles. De hecho, estaba experimentando el dolor más grande de su vida. Estaba tan preocupado que mientras esperaba ansioso el informe de Tito sobre la situación en Corinto, de modo extraño no aprovechó la puerta que se le había abierto para ministrar en Troas (2 Co. 2:12-13).

Como se dijo en 11:22-27, Pablo no era ajeno al sufrimiento físico. Con todo, su carga de preocupación por las iglesias era mucho más dolorosa (11:28-29). Sentía empatía por las debilidades de los creyentes y ardía de justa indignación cuando alguien los hacía pecar.

La manera en la que Pablo trata con el sufrimiento es un modelo para todos los creyentes. No hay texto en las Escrituras donde se muestre más poderosamente el propósito de Dios con el dolor del creyente que en este pasaje. Es una joya de extraá belleza forjada al calor abrasador de los capítulos 10—13, quizás el pasaje con más carga emocional en toda la literatura paulina. Desde el crisol del sufrimiento de Pablo emergen cinco razones por las que Dios permite el sufrimiento en las vidas de los creyentes: para revelar su condición espiritual, para hacerlos más humildes, para acercarlos a Él, para mostrar su gracia, y para perfeccionar su poder.

DIOS USA EL SUFRIMIENTO PARA REVELAR LA CONDICIÓN ESPIRITUAL DEL CREYENTE

De tal hombre me gloriaré; pero de mí mismo en nada me gloriaré, sino en mis debilidades. Sin embargo, si quisiera gloriarme, no sería insensato, porque diría la verdad; pero lo dejo, para que nadie piense de mí más de lo que en mí ve, u oye de mí. (12:5-6)

Las tribulaciones son la prueba más verdadera del carácter espiritual de una persona. Cuando la adversidad golpea, la fachada de paz y felicidad se elimina, revelando lo que está de verdad en el corazón. El Señor condujo a Pablo a un sufrimiento intenso, en parte para revelar su integridad y establecer así la credibilidad del apóstol.

Como ocurre en los versículos 2-4, Pablo se refirió humildemente a sí mismo en tercera persona escribiendo: **De tal hombre me gloriaré**. Hablando así de sí mismo también enfatizaba su pasividad en la visión. No hizo nada para que ocurriera; fue algo que Dios le concedió en su soberanía, no un reflejo de algún mérito de Pablo. Era un hombre normal y corriente que no se jactaría de sí mismo como si hubiese merecido la visión que Dios le había dado.

En lo que sí se jactaría Pablo sería **en** sus **debilidades**, porque eran prueba convincente de su apostolado. ¿De qué otra forma podría explicarse su impacto inmenso, excepto por el poder de Dios que obraba en él? Tal como lo decían sus enemigos con prontitud, "[su] presencia corporal débil, y [su] palabra menospreciable" (10:10). Pero lo que no entendieron era que, paradójicamente, Pablo era el más fuerte cuando era el más débil (12:10).

La jactancia de Pablo **no sería** insensata **porque**, a diferencia de los falsos apóstoles y sus afirmaciones engañosas, él **diría la verdad**; su visión realmente ocurrió y negarlo habría sido falsa humildad. **Pero** decidió sabiamente dejarla de lado, no tomándola como base del caso de su apostolado. El problema es que no era repetible, verificable y ni siquiera completamente comprensible. Utilizarla para probar su apostolado abriría la puerta a charlatanes que afirmaban tener autoridad para hablar en nombre de Dios con base en sus supuestas experiencias místicas. De otra parte, la visión no lo acercó más a Dios; de hecho, en realidad era una fuente de tentación para el orgullo (12:7).

A Pablo le preocupaba **que nadie** pensara **de** él **más de lo que** de él veía **u** oía. La verdadera medida de un hombre de Dios no está en sus supuestas experiencias místicas, sino en su vida piadosa y su fidelidad a la Palabra de Dios. La visión o revelación más espectacular y deslumbrante no es tan importante como el menor acto de justicia.

Dios sumió a Pablo en la tristeza más profunda y el dolor más severo para revelar con la mayor claridad que él era un auténtico hombre de Dios. El poder, la autoridad y la integridad espirituales y verdaderos no vienen de las visiones y las revelaciones, sino de la humildad piadosa (cp. 4:7; Col. 2:18-19).

DIOS UTILIZA EL SUFRIMIENTO PARA HACER HUMILDES A LOS CREYENTES

Y para que la grandeza de las revelaciones no me exaltase desmedidamente, me fue dado un aguijón en mi carne, un mensajero de Satanás que me abofetee, para que no me enaltezca sobremanera; (12:7)

La evidencia del éxito de Pablo en el ministerio era el poder del evangelio para transformar vidas que conducía a que él fundara iglesias y las edificara. Eran un monumento a su fidelidad y al poder de Dios que obraba a través de él. Ver que cualquiera de esas iglesias se extraviaba por los falsos maestros era una experiencia dolorosa y humillante para Pablo, sin embargo era una experiencia que necesitaba. Enfatizó dos veces en el versículo 7 que Dios permitió su **aguijón en la carne**... para que **no** se **exaltase desmedidamente**. Aunque era el más noble de todos los cristianos, no era impermeable a las luchas normales de la vida. Ciertamente, por causa de **la grandeza de las revelaciones** que había experimentado (Hechos registra seis visiones aparte de la relatada en este pasaje; también recibió el evangelio que predicaba por revelación [Gá. 1:11-12; cp. Ef. 3:3]), el orgullo era una tentación constante. Por lo tanto, para mantenerlo humilde, le **fue dado un aguijón en** la **carne, un mensajero de Satanás que** lo abofeteara.

Se ha debatido mucho la identidad de tal **aguijón en** la **carne**. Pablo no lo describió con detalle, lo cual indica que los corintios sabían qué era. La mayoría de los comentaristas supone que era una enfermedad física, como migraña, oftalmía, malaria, epilepsia, cálculos biliares, gota, reumatismo, algún trastorno intestinal o incluso algún impedimento para hablar. Tan amplio rango de posibilidades indica que las Escrituras no respaldan ninguna de esas posturas. (Aun si las palabras del apóstol en Gá. 6:11, "Mirad con cuán grandes letras os escribo de mi propia mano", indican un problema de los ojos, no hay nada en tal versículo que lo ligue con el aguijón en la carne del apóstol). La palabra *skolops* (**aguijón**) podría traducirse mejor como "estaca", lo cual indica gráficamente la intensidad del sufrimiento que le provocaba a Pablo; no era un aguijón pequeño, sino una gran estaca.

El apóstol reconocía que el **aguijón en** su **carne,** en última instancia, se lo había **dado** Dios (véase Job 1—2, donde Dios permitió que Satanás afligiera a Job para cumplir sus propósitos; cp. Gn. 50:20). La frase **en mi carne** también podría traducirse "por mi carne" o "por causa de mi carne". La palabra **carne** aquí podría entenderse no en un sentido físico, sino moral, en referencia a la humanidad de Pablo no redimida (cp. Ro. 6:19; 7:5, 18, 25; 8:4-9). El Señor permitió el sufrimiento intenso de Pablo para herir su carne orgullosa, para humillar a quien había tenido tantas revelaciones.

Lo mejor es entender el **aguijón** como **un mensajero de Satanás**, enviado para **que** lo abofeteara, uno que utilizaba a los engañadores para seducir a los corintios a rebelarse contra él. Hay por lo menos cuatro argumentos que apoyan esa interpretación. Primero, en una abrumadora mayoría la palabra *angelos* (**mensajero**) en el Nuevo Testamento (todo el resto de apariciones en los escritos paulinos inclusive) se refiere a ángeles. Un ángel enviado de Satanás, por supuesto, sería un demonio. Segundo, el verbo que se traduce **abofetee** siempre se refiere a un tratamiento duro hacia alguien (Mt. 26:67; Mr. 14:65; 1 Co. 4:11; 1 P. 2:20). Tercero, en ocasiones, el Antiguo Testamento se refiere metafóricamente a los oponentes como aguijones (p. ej., Nm. 33:55; Jos. 23:13; Jue. 2:3; Ez. 28:24). Finalmente, el verbo que se traduce **quite** en el versículo 8 siempre se usa en el Nuevo Testamento para referirse a alguien que se va. Es probable entonces que el **mensajero** demoniaco estaba atormentando a Pablo mientras habitaba en el líder de los falsos apóstoles (cp. 2 Co. 11:13-15; 1 Ti. 4:1). Una vez más, esto es consecuente con el testimonio de Pablo de que su sufrimiento más severo provenía de su preocupación por la iglesia (11:28-29).

El ataque de Satanás a Pablo no fue ajeno a la voluntad de Dios. Dios es soberano sobre toda la Creación y utilizará incluso las fuerzas del reino de las tinieblas para alcanzar sus propósitos justos (cp. Nm. 22:2—24:5; 1 R. 22:19-23; Lc. 22:31-32). Pablo era fundamental en el plan redentor de Dios, y Él lo mantendría humilde sin importar qué medios tuviera que usar para ello, un demonio inclusive. Si esto parece inusual, recuerde los relatos de Job (Job 1:6-12; 2:1-7) y Pedro (Lc. 22:31). En los dos casos, Dios permitió que Satanás produjera un sufrimiento devastador a sus santos para que alcanzaran una utilidad mayor. Esto es un buen recordatorio de la necedad de quienes tratan de decirle a Satanás y sus demonios qué hacer y adónde ir. Si pudiéramos dar órdenes a los demonios, podríamos impedir los propósitos divinos con nuestras suposiciones defectuosas.

DIOS UTILIZA EL SUFRIMIENTO PARA ACERCAR A LOS CREYENTES A ÉL

respecto a lo cual tres veces he rogado al Señor, que lo quite de mí. (12:8)

Frente a esta obra demoniaca en Corinto que le produjo mucho dolor, Pablo recurrió a la ayuda del "Padre de misericordias y Dios de toda consolación, el cual nos consuela en todas nuestras tribulaciones" (1:3-4). No buscaba una solución rápida a su problema mediante alguna técnica diseñada por la sabiduría humana. No intentaba atar a Satanás o expulsar demonios atacando la iglesia de Corinto. Pablo siguió el ejemplo del Señor Jesucristo que, en su momento de sufrimiento intenso en Getsemaní, también apeló tres veces a Dios para que lo librara (Mt. 26:36-44). Pablo se acercó a Dios en la intensidad de su dolor. Ese es el lugar más bendecido en el que puede estar un creyente, aunque usualmente no nos sintamos impulsados a acercarnos a Él si no estamos sufriendo.

La palabra **rogado** es traducción de una forma del verbo *parakaleō*, que se utiliza con frecuencia en los Evangelios para aquellos que apelaban a Jesús por sanidad (Mt. 8:5; 14:36; Mr. 1:40; 5:23; 6:56; 7:32; 8:22; Lc. 7:4; 8:41). Pablo era un modelo de oración persistente (cp. Gn. 18:23-32; Mt. 15:22-28; Lc. 11:5-10; 18:1; Col. 4:12), como queda claro del hecho de que **tres veces** rogó **al Señor** que se lo quitara. Aunque Dios no quitó el dolor de Pablo, no significa que no respondiera a su oración; la respuesta tan solo fue diferente a lo que el apóstol había pedido.

DIOS UTILIZA EL SUFRIMIENTO PARA MOSTRAR SU GRACIA

Y me ha dicho: Bástate mi gracia; (12:9*a*)

Las tres peticiones de Pablo por alivio tuvieron como resultado la misma respuesta del Señor. En cada oportunidad Dios respondió no quitando el dolor de Pablo porque, como ya se señaló anteriormente, tal dolor era provechoso espiritualmente. Revela esto el carácter verdadero de Pablo, manteniéndolo humilde y acercándolo íntimamente en oración a Dios. El Señor no le concedió a Pablo alivio eliminando su sufrimiento, sino dándole **gracia** suficiente para soportarlo.

El término rico y magnífico *charis* (**gracia**) aparece 155 veces en el Nuevo Testamento. Se utiliza la palabra **gracia** para describir un favor inmerecido de Dios a la humanidad. Es una fuerza dinámica que transforma totalmente la vida de los creyentes, a partir de la salvación (Hch. 15:11; 18:27; Ro. 3:24; Ef. 1:7; 2:5, 8; 2 Ti. 1:9; Tit. 2:11; 3:7), continúa a través de la santificación (2 P. 3:18) y la glorificación (Ef. 2:7). La gracia es lo que separa la fe del cristiano de todas las otras religiones. Dios es un Dios de gracia, benevolente y bueno, en contraste con los dioses de las religiones falsas que, en el mejor de los casos, son indiferentes y están en constante necesidad de adulación y apaciguamiento.

La Biblia enseña que todos los creyentes han recibido "gracia sobre gracia" por medio del Señor Jesucristo (Jn. 1:16), puesto que "la gracia y la verdad vinieron por medio de Jesucristo" (v. 17) y Él en cuanto Dios encarnado está "lleno de gracia y de verdad" (v. 14). De modo que Lucas escribe lo siguiente de los primeros cristianos: "Abundante gracia era sobre todos ellos" (Hch. 4:33). Pablo escribió sobre la "gracia en la cual estamos firmes" (Ro. 5:2); Santiago habló de la gracia que es mayor que el poder del pecado (Stg. 4:6; cp. Ro. 5:20) y Pedro describió "la multiforme gracia de Dios" (1 P. 4:10). No sorprende que Pablo la llamara "la superabundante gracia de Dios" en los creyentes (2 Co. 9:14) y confiaba en que "poderoso es Dios para hacer que abunde en vosotros toda gracia, a fin de que, teniendo siempre en todas las cosas todo lo suficiente, abundéis para toda buena obra" (2 Co. 9:8).

Tristemente, hoy día muchas iglesias evangélicas niegan en la práctica la suficiencia de la gracia de Dios para todos los problemas de la vida, y la acompañan con teorías humanistas de psicología. La idea de que la gracia de Dios es suficiente hasta para los asuntos más serios que enfrenten los creyentes se desdeña por anticuada, simplista e ingenua; como poner una tirita en una pierna rota. Los llamados psicólogos cristianos sugieren que la gracia divina puede ser suficiente para resolver los problemas superficiales, pero los asuntos más profundos necesitan terapia.

Tal cosa plantea preguntas complicadas. Si la Palabra de Dios no tiene las respuestas para todos los problemas de la vida, ¿cómo puede ser perfecta y capaz de trasformar totalmente el alma (Sal. 19:7-11)? ¿Pablo estaba equivocado cuando escribió bajo inspiración divina que "toda la Escritura es inspirada por Dios, y útil para enseñar, para redargüir, para corregir, para instruir en justicia, a fin de que el hombre de Dios sea perfecto, enteramente preparado para *toda* buena obra" (2 Ti. 3:16-17, cursivas añadidas)? ¿Por qué "la sabiduría… de lo alto" (Stg. 3:17) necesita complementarse con la necedad de la sabiduría humana (1 Co. 1:20-21; 2:5; 3:19)? Si los creyentes están completos en Cristo (Col. 2:10) y se les ha concedido en Él "*todas* las cosas que pertenecen a la vida y a la piedad" (2 P. 1:3, cursivas añadidas), ¿qué más necesitan? Cuando Pablo dijo: "*Todo* lo puedo en Cristo que me fortalece" (Fil. 4:13), ¿solo tenía en mente asuntos menores y superficiales? ¿Estaba equivocado cuando escribió: "No que seamos competentes por nosotros mismos para pensar algo como de nosotros mismos, sino que nuestra competencia proviene de Dios"? (2 Co. 3:5). ¿El Dios que "conoce los secretos del corazón" (Sal. 44:21) necesita las ideas de la psicología humanista para entender completamente los problemas de las personas? ¿"La palabra de Dios" en realidad es "viva y eficaz, y más cortante que toda espada de dos filos; y penetra hasta partir el alma y el espíritu, las coyunturas y los tuétanos, y discierne los pensamientos y las intenciones del corazón" (He. 4:12)? Si es una herramienta esencial para eliminar las barreras a la santificación, ¿cómo se santificaban las personas antes de la aparición de la psicología en los siglos XIX y XX? ¡Qué engaño más trágico para el pueblo de Dios es imaginarse que las respuestas a los problemas de la vida están fuera de su gracia ilimitada y suficiente para todo! (Trato la suficiencia de la gracia de Dios con más detalle en mi libro *Our Sufficiency in Christ* [Nos basta Cristo] [Dallas: Word, 1991]).

Cuando Dios declaró en respuesta a la oración de Pablo: "**Bástate mi gracia**", afirmó la total suficiencia de su gracia para cada necesidad de la vida; para creer en el evangelio; para entender y utilizar la Palabra en todos los asuntos de la vida; para vencer el pecado y la tentación; para soportar el sufrimiento, la desilusión y el dolor; para obedecer a Dios; para servirle eficazmente y para adorarlo. La gracia de Dios era suficiente para el dolor más profundo que Pablo (o cualquier otro creyente) pudiera experimentar.

La verdad reconfortante es que "no… ha sobrevenido [a los creyentes] ninguna tentación que no sea humana; pero fiel es Dios, que no [los] dejará ser tentados más de lo que [puedan] resistir, sino que dará también juntamente con la tentación la salida, para que [puedan] soportar" (1 Co. 10:13). La vía de escape es la vía de permanencia en la gracia. El escritor de Hebreos urgió a los creyentes sufrientes a acercarse "confiadamente al trono de la gracia, para alcanzar misericordia y hallar gracia para el oportuno socorro" (He. 4:16). Deuteronomio 33:26 recuerda a los creyentes esto: "No hay como el Dios de Jesurún, quien cabalga sobre los cielos para tu ayuda, y sobre las nubes con su grandeza". La promesa que Dios hizo a Josué de fortalecerlo con su presencia: "Mira que te mando que te esfuerces y seas valiente; no temas ni desmayes, porque Jehová tu Dios estará contigo en dondequiera que vayas" (Jos. 1:9) es válida para todos los creyentes, como lo es su promesa a Israel:

Pero ahora, así dice el Señor, *el que te creó, Jacob, el que te formó, Israel: "No temas, que yo te he redimido; te he llamado por tu nombre; tú eres mío. Cuando cruces las aguas, yo estaré contigo; cuando cruces los ríos, no te cubrirán sus aguas; cuando camines por el fuego, no te quemarás ni te abrasarán las llamas"* (Is. 43:1-2, nvi).

Si la gracia de Dios "fue más abundante" para salvar a Pablo (1 Ti. 1:14), ciertamente era suficiente para fortalecerlo en cualquier prueba que enfrentara después.

La siguiente anécdota de mi libro *Our Sufficiency in Christ* [Nos basta Cristo], ilustra la suficiencia de la gracia de Dios:

Se dice que, cierta noche, Charles Haddon Spurgeon iba cabalgando de vuelta a su casa tras un día de pesado de trabajo, sintiéndose débil y deprimido, cuando vino a su cabeza el versículo: "Bástate mi gracia".

Se comparó entonces inmediatamente con un pececito en el Támesis preocupado por secar un día el río de tantos sorbos de agua que tomaba. Entonces el Padre Támesis le dijo: "Bebe, pececito. Bástate mi caudal".

Después pensó en un ratoncito en los graneros de Egipto, preocupado porque sus mordiscos diarios agotaran las reservas y terminara muriéndose de hambre. Entonces viene José y le dice: "¡Anímate, raton-cito. Bástate con mis graneros!".

Luego pensó en un hombre que escalaba una montaña alta que-riendo alcanzar la cima y preocupado porque su respiración pudiera agotar todo el oxígeno en la atmósfera. Entonces el Creador hace retumbar su voz desde el cielo diciéndole: "Respira, oh hombre, y llena tus pulmones. Bástate mi atmósfera" (pp. 256-257).

DIOS UTILIZA EL SUFRIMIENTO PARA PERFECCIONAR SU PODER

porque mi poder se perfecciona en la debilidad. Por tanto, de buena gana me gloriaré más bien en mis debilidades, para que repose sobre mí el poder de Cristo. Por lo cual, por amor a Cristo me gozo en las debilidades, en afrentas, en necesidades, en persecuciones, en angustias; porque cuando soy débil, entonces soy fuerte. (12:9*b*-10)

Dios no solamente quería mostrar su gracia en la vida de Pablo, también quería mostrar su poder; no solamente quería que el apóstol fuera humilde, también quería que fuera poderoso. Era necesario que las llamas de la aflicción consumieran los desechos de orgullo y confianza en sí mismo de Pablo porque el **poder** de Dios **se perfecciona en la debilidad.** Pablo había perdido toda habilidad, humanamente hablando, de lidiar con la situación en Corinto. Les había visitado, había enviado a otros allí, y había escrito cartas a los corintios. Pero no fue capaz de arreglar totalmente la situación. Estaba en una posición donde todo lo que le quedaba era confiar totalmente en el poder y la voluntad de Dios.

Solo es cuando los creyentes se quedan sin respuestas, confianza y fuerza; sin ningún otro sitio adonde ir, sino a Dios; que están en posición de ser más eficaces. No hay nadie en el reino de Dios que sea tan débil que no pueda experimentar el poder de Dios, pero muchos confían demasiado en su propia fuerza. El sufrimiento físico, la angustia mental, la desilusión, la insatisfacción y el fracaso reducen las impurezas de las vidas de los creyentes y los hacen canales puros a través de los cuales puede fluir el poder de Dios.

Aunque las circunstancias de Pablo no habían cambiado, sí pudo exclamar: **"Por tanto, de buena gana me gloriaré más bien en mis debilidades, para que repose sobre mí el poder de Cristo".** En 1 Corintios 1:27 recordó a los corintios que "lo necio del mundo escogió Dios, para avergonzar a los sabios; y lo débil del mundo escogió Dios, para avergonzar a lo fuerte". El apóstol había ministrado entre los corintios "con debilidad, y mucho temor y temblor" (2:3). La debilidad de Pablo no era inducida por él mismo o artificial; no era un juego superficial psicológico de autoestima. Era real, Dios se la había dado. No amaba el dolor que le producían los falsos apóstoles, pues sabía que el origen era satánico. Con todo, lo aceptaba como medio por el cual Dios liberaba su poder por medio de él.

El versículo 10 resume la verdad de este pasaje. La palabra *eudokeō* (**de buena gana**) podría traducirse "con placer" o "con deleite". Lo emocionaban las **debilidades… afrentas… necesidades… persecuciones… angustias** que soportaba **por amor a Cristo**, no porque fuera masoquista, sino porque **cuando** era **débil, entonces** era **fuerte.**

Tener la perspectiva apropiada de las tribulaciones, pruebas y sufrimientos es la piedra angular de la vida cristiana. Enfocarse en los esfuerzos propios para eliminar las dificultades no es la respuesta. Los creyentes necesitan aceptar las pruebas que Dios les permite pasar, sabiendo que estas revelan el carácter de ellos, los hace humildes y los acerca a Dios, permitiéndoles su gracia y su poder en sus vidas. Deben prestar atención el consejo del apóstol Santiago cuando dijo: "Hermanos míos, tened por sumo gozo cuando os halléis en diversas pruebas, sabiendo que la prueba de vuestra fe produce paciencia. Mas tenga la paciencia su obra completa, para que seáis perfectos y cabales, sin que os falte cosa alguna" (Stg. 1:2-4).

Unicidad apostólica

32

Me he hecho un necio al gloriarme; vosotros me obligasteis a ello, pues yo debía ser alabado por vosotros; porque en nada he sido menos que aquellos grandes apóstoles, aunque nada soy. Con todo, las señales de apóstol han sido hechas entre vosotros en toda paciencia, por señales, prodigios y milagros. (12:11-12)

Uno de los fenómenos más perturbadores en el cristianismo contemporáneo es el movimiento carismático. Por medio de sus canales de televisión, teleevangelistas, servicios de sanidades y autores de éxitos de ventas, el movimiento se ha convertido en uno de los inventos más visibles del cristianismo para el mundo que lo observa. Ciertos énfasis caracterizan a este movimiento, notablemente el conocimiento por medio de la experiencia y la creencia en revelaciones, sanidades, desmayos y lenguas. Pero, en esencia, es la creencia en que la era apostólica no fue única, sino que es la norma de la Iglesia en todas las épocas. Como un corolario, algunos incluso tratan de convencer a los demás de que hay apóstoles hoy día, negando la unicidad de aquellos también. Algunos llegan a afirmar que tienen más poder e impacto en el mundo que los apóstoles de Jesucristo.

Pero la confusión por el papel único de los apóstoles no es nada nuevo. La iglesia primitiva tuvo que luchar con quienes afirmaban falsamente que eran apóstoles. El Señor Jesucristo felicitó a la iglesia de Éfeso porque "[probó] a los que se [decían] apóstoles, y no lo [eran], y los [halló] mentirosos" (Ap. 2:2). Al igual que la iglesia de Éfeso, los falsos apóstoles se habían infiltrado en la iglesia de Corinto (2 Co. 11:13). Sin embargo, muchos de los corintios habían aceptado a los engañadores mentirosos, pues carecían del discernimiento que sí tenía la iglesia de Éfeso. Como resultado, la iglesia de Corinto estaba en confusión y algunos de sus miembros creían los ataques de los falsos maestros al apostolado de Pablo.

El hecho de que tales ataques hayan ocurrido no es algo que sorprenda. Satanás, el padre de mentira (Jn. 8:44) y enemigo habitual de la verdad divina (Mr. 4:15; Lc. 22:3; Jn. 13:27; Hch. 5:3; 2 Co. 4:4; 1 Ts. 2:18; Ap. 20:3, 8, 10), siempre se ha opuesto a los mensajeros de Dios y a su mensaje. Una de sus tácticas es atacar la credibilidad del vocero de Dios (cp. Zac. 3:1; Lc. 22:31), de modo que los demás no crean su mensaje. Y, excepto por el Señor Jesucristo, dado su papel tan importante en la historia de la redención, nadie ha sido más sistemáticamente atacado por Satanás que Pablo.

Aunque Pablo se defendía de los corintios con renuencia, le parecía desagradable hacerlo y lo describió repetidamente como algo **necio** (cp. 2 Co. 11:1, 16-17, 21; 12:6). Estaba totalmente de acuerdo con el consejo sabio de Salomón: "Alábete el extraño, y no tu propia boca; el ajeno, y no los labios tuyos" (Pr. 27:2). Con todo, fueron los corintios quienes lo obligaron **a ello**, el silencio de ellos lo forzó a hablar. Pablo sabía que el asunto tenía una importancia crítica; la fidelidad continua de los corintios a Jesucristo estaba en juego (2 Co. 11:3)

Pero en lugar de que Pablo se defendiera de ellos, los corintios debían haberlo alabado. No había excusa para su confusión. Debían haberlo defendido; después de todo, él era su padre espiritual (1 Co. 4:15; cp. 9:2), quien había llevado el evangelio a Corinto (Hch. 18:1-8; 1 Co. 3:6, 10; 15:1; 2 Co. 10:14). Los falsos apóstoles tenían sus cartas de recomendación engañosas, pero los propios corintios eran la carta de recomendación de Pablo (3:2). Y el hecho de que los corintios supieran que las acusaciones contra Pablo eran falsas hacía que su silencio para defenderlo fuera aún menos excusable. Habían observado su vida durante el tiempo de su ministerio en medio de ellos (Hch. 18:11) y sabían que no había en él reproche. Quedarse callado cuando se difama la vida y el ministerio de los hombres piadosos es compartir la culpa con los detractores.

La verdad es que Pablo **en nada** había **sido menos que aquellos grandes apóstoles**. Como se dijo en la explicación de 11:5, en el capítulo 27 de este libro, la frase **aquellos grandes apóstoles** (o "superapóstoles") es una referencia sarcástica a los falsos apóstoles. Muy probablemente así se habían vendido. En realidad, aunque la humildad característica de Pablo lo hacía describirse como si fuera **nada** (cp. 4:7; 1 Co. 15:9), él era superior a ellos, puesto que solo él era un verdadero apóstol.

Aunque era humilde y reacio a jactarse, la aceptación ingenua por parte de los corintios a las afirmaciones de los falsos apóstoles no le dejó opción. Al comienzo del capítulo 10 confrontó directamente a los segundos, concluyendo tal confrontación en 11:22ss., con una presentación de sus credenciales apostólicas. En 12:12, Pablo presentó las pruebas irrefutables que lo hacían un verdadero apóstol y que, en un sentido amplio, también establecía la unicidad de los apóstoles. Mostró que los apóstoles poseían calificaciones y poderes únicos.

CALIFICACIONES ÚNICAS

Con todo, las señales de apóstol han sido hechas entre vosotros (12:12*a*)

Los apóstoles tuvieron un papel único, intransferible e irrepetible en la historia de la Iglesia. No entender tal rol es entender de modo incompleto la historia de la redención. La palabra **apóstol** es traducción de la palabra griega *apostolos* (del verbo *apostellō*, "enviar") y aparece ochenta veces en el Nuevo Testamento. El término, cuyo significado es "mensajero", "delegado" o "embajador" se utiliza principalmente en el Nuevo Testamento para designar a catorce hombres: los doce apóstoles (Mt. 10:2), Matías (Hch. 1:26) y Pablo (1 Co. 9:1). Su equivalente en arameo (probablemente el idioma que Jesús habló) es *šālîah*:

> [Un término que] se ha hecho importante en la exégesis del Nuevo Testamento. El judaísmo rabínico en los tiempos de Jesús reconocía con claridad la función del representante o delegado derivada de la antigua ley semítica en lo relativo a los mensajeros. Se expresa brevemente en el principio que aparece en la Mishná: "El agente de alguien (*šālîah*) es como aquel a quien representa" (Berajot 5:5, y otros). Por lo tanto, el mensajero se convierte en un delegado de quien lo envía en comisión (cp. 1 S. 25:40ss.; 2 S. 10:4, 6). Sin importar la personalidad del mensajero o de quién lo comisionó, sin importar siquiera la comisión, la expresión *šālîah* significa que una persona actúa con plena autoridad para otra (E. von Eicken, H. Lindner, "Apostle" ["Apóstol"] en Colin Brown, ed., *The New International Dictionary of New Testament Theology* [Nuevo diccionario internacional de teología del Nuevo Testamento] [Grand Rapids: Zondervan, 1975], pp. 1:127-128).

Por lo tanto, Jesús podía decir a los doce apóstoles: "De cierto, de cierto os digo: El que recibe al que yo enviare, me recibe a mí; y el que me recibe a mí, recibe al que me envió" (Jn. 13:20; cp. He. 3:1).

Además de los doce apóstoles y Pablo, el Nuevo Testamento llama a otros individuos "mensajeros [apóstoles] de las iglesias" (2 Co. 8:23). En tal pasaje, la frase se refiere a los hermanos no nombrados que ayudaron a Tito con la recolecta en Corinto. Bernabé (Hch. 14:4, 14); Andrónico, Junias y otros (Ro. 16:7); Santiago, el hermano del Señor (Gá. 1:19); y Epafrodito (Fil. 2:25); eran todos también apóstoles de las iglesias. A diferencia de los doce apóstoles y Pablo, a ellos no los comisionó personalmente Jesucristo. En su lugar, las iglesias los escogieron para servir como representantes oficiales autorizados.

Pablo realizó **entre** los corintios **las señales** que eran la marca de un verdadero **apóstol** de Jesucristo. La voz pasiva del verbo que se traduce **han sido hechas** enfatiza que era el poder de Dios que obraba a través de Pablo lo que le permitía realizar estas **señales**. Los apóstoles eran conductos del poder divino, no magos engañadores. Otra razón por la cual los corintios han debido defender a Pablo es que lo vieron de primera mano realizando las **señales** (véase más arriba la explicación del v. 11). Además de las señales, maravillas y milagros sobrenaturales, que se explicarán más abajo, la Biblia enumera otras **señales** o características adicionales de los apóstoles.

Primero, Dios escogió soberanamente a los apóstoles para su ministerio. El Señor dijo a Ananías: "Instrumento escogido me es [Pablo], para llevar mi nombre en presencia de los gentiles, y de reyes, y de los hijos de Israel" (Hch. 9.15). Pablo reflexionó sobre su elección divina con respecto a la salvación y su servicio apostólico en Gálatas 1:15: "Dios… me apartó desde el vientre de mi madre, y me llamó por su gracia". En la primera carta inspirada a los corintios afirmó que recibió el llamado "a ser apóstol de Jesucristo por la voluntad de Dios" (1 Co. 1:1; cp. Ro. 1:1; 2 Co. 1:1; Ef. 1:1; Col. 1:1; 1 Ti. 1:1). Recordó a Timoteo: "Yo fui constituido predicador y apóstol (digo verdad en Cristo, no miento), y maestro de los gentiles en fe y verdad" (1 Ti. 2:7; cp. 2 Ti. 1:11). Dios también escogió a los otros apóstoles (Hch. 10:41; 1 Co. 12:28).

Segundo, el Señor Jesucristo nombró personalmente a los apóstoles. Lucas 6:13 registra lo siguiente: "Llamó a sus discípulos, y escogió a doce de ellos, a los cuales también llamó apóstoles". En Juan 15:16 dijo a los apóstoles: "No me elegisteis vosotros a mí, sino que yo os elegí a vosotros, y os he puesto para que vayáis y llevéis fruto, y vuestro fruto permanezca". Jesús escogió en su soberanía a Judas, quien lo traicionaría: "Jesús les respondió: ¿No os he escogido yo a vosotros los doce, y uno de vosotros es diablo? Hablaba de Judas Iscariote, hijo de Simón; porque éste era el que le iba a entregar, y era uno de los doce" (Jn. 6:70-71). Pablo habló a los ancianos de Éfeso sobre "el ministerio que [recibió] del Señor Jesús, para dar testimonio del evangelio de la gracia de Dios" (Hch. 20:24). Y Jesús le dijo en su conversión en el camino a Damasco: "Para esto he aparecido a ti, para ponerte por ministro y testigo de las cosas que has visto, y de aquellas en que me apareceré a ti" (Hch. 26:16). Y escribió a los romanos: "Por [Jesucristo] recibimos la gracia y el apostolado, para la obediencia a la fe en todas las naciones por amor de su nombre" (Ro. 1:5). "Pablo [fue] apóstol (no de hombres ni por hombre, sino por Jesucristo y por Dios el Padre que lo resucitó de los muertos)" (Gá. 1:1). Y añadió a Timoteo: "Doy gracias al que me fortaleció, a Cristo Jesús nuestro Señor, porque me tuvo por fiel, poniéndome en el ministerio" (1 Ti. 1:12). El llamado de Cristo a los apóstoles fue la ejecución de la elección eterna de Dios.

Tercero, los apóstoles habían sido testigos oculares de la vida, muerte y resurrección de Cristo. Hechos dice lo siguiente tras la deserción y el suicidio de Judas:

En aquellos días Pedro se levantó en medio de los hermanos (y los reunidos eran como ciento veinte en número), y dijo: Varones hermanos, era necesario que se cumpliese la Escritura en que el Espíritu Santo habló antes por boca de David acerca de Judas, que fue guía de los que prendieron a Jesús, y era contado con nosotros, y tenía parte en este ministerio. Este, pues, con el salario de su iniquidad adquirió un campo, y cayendo de cabeza, se reventó por la mitad, y todas sus entrañas se derramaron. Y fue notorio a todos los habitantes de Jerusalén, de tal manera que aquel campo se llama en su propia lengua, Acéldama, que quiere decir, Campo de sangre. Porque está escrito en el libro de los Salmos: Sea hecha desierta su habitación, y no haya quien more en ella; y: Tome otro su oficio (Hch. 1:15-20).

El reemplazo de Judas debía satisfacer requisitos muy específicos:

Es necesario, pues, que de estos hombres que han estado juntos con nosotros todo el tiempo que el Señor Jesús entraba y salía entre nosotros, comenzando desde el bautismo de Juan hasta el día en que de entre nosotros fue recibido arriba, uno sea hecho testigo con nosotros, de su resurrección. Y señalaron a dos: a José, llamado Barsabás, que tenía por sobrenombre Justo, y a Matías. Y orando, dijeron: Tú, Señor, que conoces los corazones de todos, muestra cuál de estos dos has escogido, para que tome la parte de este ministerio y apostolado, de que cayó Judas por transgresión, para irse a su propio lugar. Y les echaron suertes, y la suerte cayó sobre Matías; y fue contado con los once apóstoles (vv. 21-26).

Los candidatos debían haber acompañado a Jesús y los apóstoles durante el ministerio terrenal del Señor, "comenzando desde el bautismo de Juan hasta el día en que de entre nosotros fue recibido arriba" en su ascensión. El Señor reveló soberanamente su voluntad en suerte y "Matías… fue contado con los once apóstoles".

Pedro dijo a quienes se reunieron en la casa de Cornelio que los apóstoles fueron "testigos de todas las cosas que Jesús hizo en la tierra de Judea y en Jerusalén" (Hch. 10:39). Específicamente, los apóstoles fueron testigos oculares de la resurrección de Jesús: "A éste levantó Dios al tercer día, e hizo que se manifestase; no a todo el pueblo, sino a los testigos que Dios había ordenado de antemano, a nosotros que comimos y bebimos con él después que resucitó de los muertos" (vv. 40-41).

Pablo no estuvo entre los seguidores de Jesús durante su ministerio terrenal, con todo no fue menos que un apóstol. Preguntó a los corintios: "¿No soy apóstol?… ¿No he visto a Jesús el Señor nuestro?" (1 Co. 9:1). Cuando Pablo hizo el recuento de las apariciones de Cristo tras su resurrección, concluyó: "Al último de todos, como a un abortivo, me apareció a mí" (1 Co. 15:8). Además de la visión inicial de Pablo en el camino a Damasco, Hechos registra que él vio al Cristo resucitado tres veces más (18:9-10; 22:17-21; 23:11).

Cuarto, los apóstoles recibieron el evangelio por revelación directa de Jesucristo, no de otros hombres. El Señor enseñó a los doce apóstoles durante su tiempo en la Tierra (p. ej., Mt. 20:17-19; Jn. 13—17), los cuarenta días entre su resurrección y ascensión inclusive (Hch. 1:1-3). Aunque Pablo no aprendió de Cristo durante el ministerio terrenal del Señor, recibió directamente de Él el evangelio. En Gálatas 1:11-12 escribió: "Mas os hago saber, hermanos, que el evangelio anunciado por mí, no es según hombre; pues yo ni lo recibí ni lo aprendí de hombre alguno, sino por revelación de Jesucristo". Cuando escribió a los corintios sobre la Santa Cena, Pablo dijo:

> *Porque yo recibí del Señor lo que también os he enseñado: Que el Señor Jesús, la noche que fue entregado, tomó pan; y habiendo dado gracias, lo partió, y dijo: Tomad, comed; esto es mi cuerpo que por vosotros es partido; haced esto en memoria de mí. Asimismo tomó también la copa, después de haber cenado, diciendo: Esta copa es el nuevo pacto en mi sangre; haced esto todas las veces que la bebiereis, en memoria de mí (1 Co. 11:23-25).*

En la sinopsis del evangelio que había predicado a los corintios les recordó: "Porque primeramente os he enseñado lo que asimismo recibí" (1 Co. 15:3). Pablo escribió a los efesios: "por revelación me fue declarado el misterio, como antes lo he escrito brevemente, leyendo lo cual podéis entender cuál sea mi conocimiento en el misterio de Cristo" (Ef. 3:3-4). También afirmó que el evangelio, "que en otras generaciones no se dio a conocer a los hijos de los hombres… ahora es revelado a sus santos apóstoles y profetas por el Espíritu" (v. 5).

Quinto, los apóstoles eran el fundamento de la Iglesia. En Efesios 2:20, Pablo escribió que la Iglesia estaba edificada "sobre el fundamento de los apóstoles y profetas, siendo la principal piedra del ángulo Jesucristo mismo" (cp. Mt. 16:18). Dios dio apóstoles a la iglesia "a fin de perfeccionar a los santos para la obra del ministerio, para la edificación del cuerpo de Cristo" (Ef. 4:12). Desde los primeros días de la iglesia, los creyentes "perseveraban en la doctrina de los apóstoles" (Hch 2:42). Los apóstoles tendieron el fundamento doctrinal de la Iglesia, codificado en el Nuevo Testamento. Quienes los siguieron edificaron sobre tal fundamento. Y este fundamento, establecido una vez y para siempre (Jud. 3), no necesita de apóstoles autoproclamados que lo vuelvan a establecer una vez más hoy día. Los apóstoles salieron de la escena —y sin reemplazo— después de haber dado a la Iglesia la Palabra de Dios en el Nuevo Testamento (2 P. 1:19).

Sexto, los apóstoles recibieron deberes ministeriales únicos. Su primera responsabilidad fue dejarse discipular por el Señor. Marcos 3:14 dice que Jesús "estableció a doce, para que estuviesen con él". Debían ser modelos de piedad que los otros creyentes siguieran. Por lo tanto, Pablo exhortó a los corintios así: "Sed imitadores de mí, así como yo de Cristo" (1 Co. 11:1; cp. 1 Co. 4:16; 1 Ts. 1:6).

La segunda responsabilidad esencial de los apóstoles era predicar el evangelio. Marcos 3:14 dice que Jesús no solo llamó a los doce apóstoles para discipularlos, sino "para enviarlos a predicar". Lucas 9:2 registra que "envió [a los doce apóstoles] a predicar el reino de Dios, y a sanar a los enfermos". Los apóstoles ejecutaron fielmente el mandamiento de Jesús. Hechos 4:33 registró que "con gran poder los apóstoles daban testimonio de la resurrección del Señor Jesús". Pedro dijo a los gentiles que se reunieron en la casa de Cornelio que Jesús "mandó [a los apóstoles] que [predicaran] al pueblo, y [testificaran] que él es el que Dios ha puesto por Juez de vivos y muertos" (Hch. 10:42). Junto con la responsabilidad de predicar el evangelio a los incrédulos, también enseñaban a los creyentes. Como ya se dijo, su enseñanza fue el fundamento de la Iglesia. En 2 Pedro 3:2, Pedro exhortó a sus lectores a tener "memoria de las palabras que antes han sido dichas por los santos profetas, y del mandamiento del Señor y Salvador dado por vuestros apóstoles". Pablo escribió dos veces sobre su llamado a ser "predicador, apóstol y maestro de los gentiles" (2 Ti. 1:11; cp. 1 Ti. 2:7).

La tercera responsabilidad de los apóstoles, que se examinará con más detalle más adelante en este capítulo, era ejercer su poder divino en el reino de lo sobrenatural. Jesús dio a los doce apóstoles "autoridad para… echar fuera demonios" (Mr. 3:15; cp. 6:7; Mt. 10:1, 8; Lc. 9:1). Pablo también tenía esta autoridad, como lo demostró al expulsar el demonio de la esclava de Filipos (Hch. 16:16-18; cp. 19:11-12). Los apóstoles también recibieron el poder de sanar a los enfermos. En Lucas 9:1, Jesús llamó "a sus doce discípulos, les dio poder y autoridad sobre todos los demonios, y para sanar enfermedades" (cp. Mt. 10:1; Mr. 6:13; Hch. 3:1-8; 9:34-41). Pablo también demostró la señal apostólica de las sanidades (Hch. 14:8-10; 28:8).

Finalmente, los apóstoles recibieron colectivamente la tarea de escribir el Nuevo Testamento. Es cierto que no todos los apóstoles escribieron libros del Nuevo Testamento. Sin embargo, todo el Nuevo Testamento está compuesto de escritos de los apóstoles (Pablo, Pedro, Juan, Mateo) o asociados cercanos de ellos (Marcos, Lucas, Santiago, Judas). Jesús prometió a los apóstoles: "El Consolador, el Espíritu Santo, a quien el Padre enviará en mi nombre, él os enseñará todas las cosas, y os recordará todo lo que yo os he dicho" (Jn. 14:26; cp. 16:13). Pablo, en cuanto que apóstol, escribió bajo la inspiración divina, como lo observó en 1 Corintios 2:13: "Lo cual también hablamos, no con palabras enseñadas por sabiduría humana, sino con las que enseña el Espíritu, acomodando lo espiritual a lo espiritual".

Séptimo, a los doce apóstoles tienen prometido un lugar único de honor en el futuro. A la pregunta de Pedro: "He aquí, nosotros lo hemos dejado todo, y te hemos seguido; ¿qué, pues, tendremos?" (Mt. 19:27), Jesús prometió a los doce: "De cierto os digo que en la regeneración, cuando el Hijo del Hombre se siente en el trono de su gloria, vosotros que me habéis seguido también os sentaréis sobre doce tronos, para juzgar a las doce tribus de Israel" (v. 28). Los doce apóstoles, Matías inclusive en reemplazo de Judas, cumplirán un papel especial en el reino milenial: gobernar las doce tribus de Israel.

Los apóstoles también recibirán un honor especial en la ciudad celestial. Juan vio en su visión de la Nueva Jerusalén que "la ciudad tenía doce cimientos, y sobre ellos los doce nombres de los doce apóstoles del Cordero" (Ap. 21:14). Aunque las Escrituras no dan detalles, Pablo también será grandemente honrado en el reino milenial y en el estado eterno.

Los requisitos estrictos para el oficio apostólico son tales que solamente los doce apóstoles y Pablo estaban calificados. Por lo tanto, son falsas las afirmaciones de apostolado que otros han hecho a lo largo de la historia de la Iglesia.

PODER ÚNICO

por señales, prodigios y milagros. (12:12*c*)

Estas palabras "no describen tres clases de milagros, sino los milagros en general, considerados desde tres aspectos: su capacidad de autenticar el mensaje ('señales'), evocar asombro ('prodigios') y mostrar el poder divino ('milagros')" (Murray J. Harris "2 Corinthians" [2 Corintios] en Frank E. Gaebelein. ed., *The Expositor's Bible Commentary* [Comentario bíblico del expositor] [Grand Rapids: Zondervan, 1976], p. 10:398). Los **milagros** sobrenaturales efectuados por los apóstoles eran **señales** que los mostraban como mensajeros auténticos de Dios. Eran **prodigios** que generaban asombro y sorpresa, llamando la atención de quienes los veían al mensaje que los apóstoles proclamaban.

Los milagros no son la norma en todos los períodos de historia de la Iglesia y tal cosa debe ser obvia del hecho de que Pablo los mencionara como una de las señales de un apóstol. Si fueran algo común y corriente, difícilmente podrían haber diferenciado a los apóstoles de los creyentes normales y corrientes. La rareza de las señales, al igual que su alcance inusual, las hacía señales definitivas de los apóstoles. Los milagros tampoco se han esparcido caprichosamente a lo largo de la historia de la redención. Las Escrituras revelan un triple propósito de las señales, prodigios y milagros que los confina a períodos específicos.

Primero, los milagros introducen eras sucesivas de la revelación divina. Los milagros registrados en las Escrituras ocurrieron durante tres períodos de tiempo: el tiempo de Moisés y Josué, el tiempo de Elías y Eliseo, y el ministerio de Cristo y los apóstoles. Dios acreditó su entrega de la ley con algunos milagros en tiempos de Moisés y Josué. Los milagros realizados por Elías y Eliseo simbolizaron la segunda gran era de la revelación veterotestamentaria: los profetas (cp. Mt. 5:17; 7:12; 22:40). Los milagros que Dios realizó por medio de ellos los autenticaban como profetas que hablaban por Dios (véase la explicación abajo). Con todo, estos períodos tuvieron pocos milagros.

De lejos, el mayor número de milagros en la historia de la redención ocurrió durante el tiempo de Cristo y los apóstoles. La encarnación de la segunda persona de la Trinidad y la llegada del día de la redención, así como la revelación del Nuevo Testamento y de la Iglesia, desencadenaron un fluido de milagros sin igual antes o en este período.

Aunque todos los milagros son obras sobrenaturales de Dios, no todas las obras sobrenaturales de Dios son milagros. Estas señales, prodigios y milagros fueron actos sobrenaturales que Dios hizo *a través de agentes humanos*. La razón está en el segundo propósito de los milagros: autenticar a los mensajeros de Dios. Los milagros estaban diseñados para actuar como señales asombrosas que llevaran a la conclusión a los demás que el mensaje de quienes los realizaban venía de Dios. De modo que estas expresiones del poder de Dios como la Creación, el diluvio u otros actos de juicio divino son hechos sobrenaturales de Dios, pero no señales ni prodigios. Entonces las señales y los prodigios son una subcategoría de los actos sobrenaturales de Dios.

Dios le concedió a Moisés poderes milagrosos para probar a los israelitas que era el mensajero divino (Éx. 4:1-9; cp. Hch. 7:36). La capacidad de Elías para hacer descender fuego del cielo demostró que era un hombre de Dios (2 R. 1:10, 12; cp. 1 R. 18:36-38), al igual que la restauración a la vida del hijo de la viuda (1 R. 17:17-24). Pedro declaró, en el sermón del día de Pentecostés, lo siguiente: "Varones israelitas, oíd estas palabras: Jesús nazareno, varón aprobado por Dios entre vosotros con las maravillas, prodigios y señales que Dios hizo entre vosotros por medio de él, como vosotros mismos sabéis" (Hch. 2:22; cp. Mr. 6:2; Lc. 19:37; Jn. 3:2; 5:36; 7:31; 10:25, 38; 11:47; 12:37; 14:11; Hch. 10:38). La autenticación de los apóstoles fue la misma que la de los antiguos voceros de Dios. Hebreos 2:3-4 advierte:

> *¿cómo escaparemos nosotros, si descuidamos una salvación tan grande? La cual, habiendo sido anunciada primeramente por el Señor, nos fue confirmada por los que oyeron, testificando Dios juntamente con ellos, con señales y prodigios y diversos milagros y repartimientos del Espíritu Santo según su voluntad.*

Hechos 2:43 registra lo siguiente: "Sobrevino temor a toda persona; y muchas maravillas y señales eran hechas por los apóstoles" (cp. Hch. 4:30; 5:12). Cuando Lucas estaba describiendo el ministerio de Pablo y Bernabé en Iconio observó que "el Señor… daba testimonio a la palabra de su gracia, concediendo que se hiciesen por las manos de ellos señales y prodigios" (Hch. 14:3; cp. 15:12; 19:11). Pablo recordó a los romanos:

> *Tengo, pues, de qué gloriarme en Cristo Jesús en lo que a Dios se refiere. Porque no osaría hablar sino de lo que Cristo ha hecho por medio de mí para la obediencia de los gentiles, con la palabra y con las obras, con potencia de señales y prodigios, en el poder del Espíritu de Dios; de manera que desde Jerusalén, y*

*por los alrededores hasta Ilírico, todo lo he llenado del evangelio de Cristo (Ro.
15:17-19).*

Y escribió a los tesalonicenses: "Pues nuestro evangelio no llegó a vosotros en palabras solamente, sino también en poder, en el Espíritu Santo y en plena certidumbre" (1 Ts. 1:5). Aunque Hechos no registra ninguno de los milagros de Pablo en Corinto, está claro que los hizo. De otra forma, no tendría sentido cuando afirmó: "**Las señales de apóstol han sido hechas entre vosotros… por señales, prodigios y milagros**".

Finalmente, Dios utilizó los milagros para revelar la verdad sobre Él a quienes los observaban. Dios ordenó esto a Moisés: "Así que ve y diles a los israelitas: "Yo soy el Señor, y voy a quitarles de encima la opresión de los egipcios. Voy a librarlos de su esclavitud; voy a liberarlos con gran despliegue de poder y con grandes actos de justicia" (Éx. 6:6, nvi). En Éxodo 34:10, dijo Dios:

Mira el pacto que hago contigo… A la vista de todo tu pueblo haré maravillas que ante ninguna nación del mundo han sido realizadas. El pueblo en medio del cual vives verá las imponentes obras que yo, el Señor, haré por ti (nvi).

Nehemías 9:10 dice: "Hiciste señales y maravillas contra Faraón, contra todos sus siervos, y contra todo el pueblo de su tierra, porque sabías que habían procedido con soberbia contra ellos; y te hiciste nombre grande, como en este día". El salmo 135:9 revela que Dios "envió señales y prodigios en medio de… Egipto, contra Faraón, y contra todos sus siervos". Jeremías escribió: "Tú hiciste señales y portentos en tierra de Egipto hasta este día, y en Israel, y entre los hombres; y te has hecho nombre, como se ve en el día de hoy" (Jer. 32:20).

Los apóstoles tuvieron un lugar único, intransferible y altamente privilegiado en la historia de la Iglesia. Nunca se pretendió que el apostolado fuera una institución perpetua; de hecho, hay indicaciones claras en el Nuevo Testamento de que la era apostólica se acercaba a su fin. De acuerdo con Hechos 5:16, todos los enfermos que se acercaban a los apóstoles recibían sanidad. Sin embargo, al final de la vida de Pablo la situación había cambiado dramáticamente. Timoteo, su hijo amado en la fe, enfrentaba una enfermedad recurrente. Pero, en lugar de curarlo, Pablo le aconsejó que tratara su enfermedad con vino (1 Ti. 5:23). Y Pablo tampoco pudo sanar a Trófimo, uno de sus compañeros cercanos, y tuvo que dejarlo enfermo en Mileto (2 Ti. 4:20).

Los primeros días de la iglesia de Jerusalén estuvieron marcados por las señales y prodigios (Hch. 2:43; 5:12). No obstante, Hechos no registra milagros en aquella ciudad tras el martirio de Esteban (Hch. 6:8). Algunos podrían argumentar que los apóstoles salieron de la ciudad y, por lo tanto, no estaban presentes para hacer milagros. Sin embargo, permanecieron en Jerusalén después del comienzo de la persecución asociado con la muerte de Esteban (Hch. 8:1). El carácter invencible y sobrenatural otorgado a los apóstoles durante los primeros años (cp. Hch. 12:6-11) también fue desapareciendo gradualmente y casi todos los apóstoles murieron martirizados. Finalmente, el escritor de Hebreos habló de los apóstoles ("los que oyeron" al Señor) y de las señales y prodigios que realizaron en tiempo pasado (He. 2:3-4). El tiempo de los apóstoles y los milagros asociados con ellos habían pasado ya.

Los apóstoles fueron únicos por su papel fundamental y sus calificaciones en el plan de Dios para la Iglesia. Habiendo establecido el fundamento doctrinal sólido para la Iglesia, salieron de la escena y no tuvieron reemplazo. Apóstoles, señales, prodigios y milagros no son norma para la iglesia de hoy día. La norma es la Biblia, que está completa (Jud. 3; Ap. 22:18), permanece para siempre (Is. 40:8; Mt. 5:17-18; 24:35) y es "inspirada por Dios, y útil para enseñar, para redargüir, para corregir, para instruir en justicia, a fin de que el hombre de Dios sea perfecto, enteramente preparado para toda buena obra" (2 Ti. 3:16-17).

Preocupaciones del verdadero pastor

33

Con todo, las señales de apóstol han sido hechas entre vosotros en toda paciencia, por señales, prodigios y milagros. Porque ¿en qué habéis sido menos que las otras iglesias, sino en que yo mismo no os he sido carga? ¡Perdonadme este agravio! He aquí, por tercera vez estoy preparado para ir a vosotros; y no os seré gravoso, porque no busco lo vuestro, sino a vosotros, pues no deben atesorar los hijos para los padres, sino los padres para los hijos. Y yo con el mayor placer gastaré lo mío, y aun yo mismo me gastaré del todo por amor de vuestras almas, aunque amándoos más, sea amado menos. Pero admitiendo esto, que yo no os he sido carga, sino que como soy astuto, os prendí por engaño, ¿acaso os he engañado por alguno de los que he enviado a vosotros? Rogué a Tito, y envié con él al hermano. ¿Os engañó acaso Tito? ¿No hemos procedido con el mismo espíritu y en las mismas pisadas? ¿Pensáis aún que nos disculpamos con vosotros? Delante de Dios en Cristo hablamos; y todo, muy amados, para vuestra edificación. (12:12-19)

La iglesia de hoy enfrenta una crisis de identidad generada por la inundación de una gran cantidad de literatura que promueve una infinidad de enfoques, estilos y técnicas diferentes sobre el ministerio pastoral y el liderazgo de la iglesia. Los pastores enfrentan un desconcertante número de opciones cuando buscan la clave para hacer crecer sus propias iglesias. Leen libros, asisten a seminarios, siguen programas por los gurús del crecimiento eclesial y siguen el patrón de liderazgo de pastores exitosos. Pero suele ocurrir que estos programas, métodos y artilugios no alcanzan resultados espirituales, robando a pastores y congregaciones las verdaderas bendiciones de Dios.

Con base en la enorme cantidad de material disponible, el ministerio pastoral parecería de verdad complicado. Sin embargo, en realidad es muy simple, para confusión de muchos. Los principios y directrices para el ministerio exitoso que aparecen en las Escrituras son suficientes para equipar completamente al hombre de Dios (2 Co. 3:5-6; cp. 2 Ti. 3:16-17). La iglesia necesita entender y obedecer la verdad bíblica, en lugar de estudiar demografía y técnicas de mercadeo, o buscar tocar las fibras culturales. Los métodos y las tendencias vienen y van, y los programas nuevos y sensacionales de hoy día serán los experimentos fallidos del mañana. Pero los principios de la verdad piadosa y la virtud que caracterizan el ministerio eficaz son atemporales. El poder y la eficacia en el ministerio provienen de un corazón justo delante de Dios y preocupado apasionadamente por el plan divino para su pueblo (para ver un tratamiento de los principios bíblicos del ministerio, véase John MacArthur, ed., *El ministerio pastoral: Moldeando el ministerio pastoral del siglo xxi con principios bíblicos*, [Barcelona: Editorial Clie, 2005]).

Nadie da un mejor ejemplo del líder espiritual piadoso que el apóstol Pablo. En esta sección tan personal de la más pastoral de sus cartas, no comparte una filosofía personal del ministerio ni delinea una metodología para el crecimiento de la iglesia. En su lugar, abre su corazón revelando sus aspiraciones y motivaciones espirituales. El éxito de Pablo en el ministerio fue el desbordamiento de su vida santa. Era un hombre enfocado en los objetivos correctos, dirigido por las pasiones correctas, y motivado por los deseos correctos.

El trasfondo de esta sección, como en toda la epístola, es el ataque devastador de los falsos apóstoles a la iglesia de Corinto. Como se dijo en los capítulos previos de este libro, atacaron con fiereza la credibilidad de Pablo, forzándolo a defenderse con sus credenciales apostólicas. Esta sección continúa la aguda diferenciación entre Pablo y los falsos apóstoles, contrastando su perspectiva correcta del ministerio con la equivocada de ellos. Revela cinco preocupaciones vitales del corazón de Pablo con respecto al mundo, a él, al ministerio, al Señor y a la iglesia. En todas estas áreas, las actitudes piadosas de Pablo se contrastan con las impías de los falsos apóstoles, que son una tipificación de todos los falsos maestros.

Primero, en lo relativo al mundo, los falsos maestros son orgullosos. Buscan fama, popularidad y prestigio; engañan a las multitudes y se promueven al centro de atención.

Segundo, en lo que concierne a sí mismos, los falsos maestros son egoístas. Sus prioridades más altas son la comodidad y prosperidad personal.

Tercero, en lo relacionado con el ministerio, los falsos maestros son engañosos. Como sucedió con los falsos apóstoles de Corinto, pueden tejer una red altamente sofisticada de mentiras. A menudo logran embaucar a otros en sus iniciativas engañosas, por lo que reciben una fachada de credibilidad.

Cuarto, en lo concerniente a Dios, los falsos maestros son blasfemos e irreverentes. No tienen en cuenta a Dios, su verdad, su Palabra o su gloria.

Finalmente, en lo que tiene que ver con la iglesia, los falsos maestros son destructivos. Usan a las personas, abusan de ellas, y los llevan al pecado y al error.

Este pasaje expone las preocupaciones de Pablo en cuanto a un verdadero hombre de Dios. En contraste con las cinco actitudes equivocadas que marcan a los falsos maestros, Pablo y todos los verdaderos hombres de Dios se conocen por su preocupación con respecto al mundo (fidelidad), a ellos mismos (sacrificio), al ministerio (honradez), al Señor (reverencia) y a la iglesia (edificación).

LA PREOCUPACIÓN DE PABLO CON RESPECTO AL MUNDO: LA FIDELIDAD

en toda paciencia, (12:12*b*)

La meta de Pablo era ser fiel al Señor, a diferencia de los falsos apóstoles, que buscaban riqueza, fama y poder. Y por estar determinado a ser leal a la voluntad de Dios sin importar el costo, mostró las señales de un apóstol (ver el capítulo 32 de este volumen) **en toda paciencia**. A pesar de toda la hostilidad, oposición y persecución que enfrentó del mundo, permaneció fiel.

La palabra *hupomonē* (**paciencia**) significa, literalmente, "seguir debajo". Pablo soportó la oposición del mundo a través de todo su ministerio sin abandonar su posición. Como escribió a los romanos, sabía que "la tribulación produce paciencia" (Ro. 5:3). Ya había escrito con anterioridad en esta epístola: "Pero si somos atribulados, es para vuestra consolación y salvación; o si somos consolados, es para vuestra consolación y salvación, la cual se opera en el sufrir [*hupomonē*] las mismas aflicciones que nosotros también padecemos" (2 Co. 1:6). Y se refirió a sí mismo como siervo de Dios "en mucha paciencia" (6:4).

El Señor Jesucristo predijo la persecución a sus apóstoles. En Juan 15:18-21 les advirtió:

> *Si el mundo os aborrece, sabed que a mí me ha aborrecido antes que a vosotros. Si fuerais del mundo, el mundo amaría lo suyo; pero porque no sois del mundo, antes yo os elegí del mundo, por eso el mundo os aborrece. Acordaos de la palabra que yo os he dicho: El siervo no es mayor que su señor. Si a mí me han perseguido, también a vosotros os perseguirán; si han guardado mi palabra, también guardarán la vuestra. Mas todo esto os harán por causa de mi nombre, porque no conocen al que me ha enviado.*

Más adelante, en el mismo discurso del aposento alto, añadió el Señor:

> *Os expulsarán de las sinagogas; y aun viene la hora cuando cualquiera que os mate, pensará que rinde servicio a Dios… Estas cosas os he hablado para que en mí tengáis paz. En el mundo tendréis aflicción; pero confiad, yo he vencido al mundo (16:2, 33; cp. Mt. 10:14; Lc. 9:5; Jn. 21:18-19).*

Pablo, como los doce apóstoles, ministraba con gozo bajo coerción constante y persecución implacable. Así lo escribió en su primera carta inspirada a los corintios: "Os aseguro, hermanos, por la gloria que de vosotros tengo en nuestro Señor Jesucristo, que cada día muero" (1 Co. 15:31). Vivía cada día sabiendo que podía ser el último; la turba en el siguiente pueblo donde predicara (cp. Hch. 17:5-9; 19:23-41) podría quitarle la vida, o uno de los numerosos complots de los judíos contra su vida (Hch. 20:19), al final, podría tener éxito. No sorprende que la aflicción de Pablo fuera un asunto constante en esta epístola. En 1:3-9 la describió con detalle:

> *Bendito sea el Dios y Padre de nuestro Señor Jesucristo, Padre de misericordias y Dios de toda consolación, el cual nos consuela en todas nuestras tribulaciones, para que podamos también nosotros consolar a los que están en cualquier tribulación, por medio de la consolación con que nosotros somos consolados por Dios. Porque de la manera que abundan en nosotros las aflicciones de Cristo, así abunda también por el mismo Cristo nuestra consolación. Pero si somos atribulados, es para vuestra consolación y salvación; o si somos consolados, es para vuestra consolación y salvación, la cual se opera en el sufrir las mismas aflicciones que nosotros también padecemos. Y nuestra esperanza respecto de vosotros es firme, pues sabemos que así como sois compañeros en las aflicciones, también lo sois en la consolación. Porque hermanos, no queremos que ignoréis acerca de nuestra tribulación que nos sobrevino en Asia; pues fuimos abrumados sobremanera más allá de nuestras fuerzas, de tal modo que aun perdimos la esperanza de conservar la vida. Pero tuvimos en nosotros mismos sentencia de muerte, para que no confiásemos en nosotros mismos, sino en Dios que resucita a los muertos (cp. 4:7-12; 6:4-10; 7:5; 11:22-33; 12:7-10; Hch. 9:16).*

Los voceros de Dios siempre han enfrentado oposición y hostilidad. Dios advirtió a Jeremías: "Tú, pues, ciñe tus lomos, levántate, y háblales todo cuanto te mande; no temas delante de ellos, para que no te haga yo quebrantar delante de ellos… Y pelearán contra ti, pero no te vencerán; porque yo estoy contigo… para librarte" (Jer. 1:17, 19). Y dio este encargo a Ezequiel: "Y tú, hijo de hombre, no les temas, ni tengas miedo de sus palabras, aunque te hallas entre zarzas y espinos, y moras con escorpiones; no tengas miedo de sus palabras, ni temas delante de ellos, porque son casa rebelde" (Ez. 2:6). Juan el Bautista fue el hombre más grande que vivió hasta su época (Mt. 11:11); con todo, sufrió prisiones (Mt. 14:3) y martirio (Mt. 14:10).

La persecución al predicar la Palabra tiene tres motivos. Primero, Dios la puede traer voluntariamente para cumplir su propósito: probar la fidelidad de sus predicadores, quebrantar su orgullo, humillarlos y acercarlos más a Él. Pablo ya había reconocido el propósito de Dios al permitir que el mensajero de Satanás lo afligiera:

> *Y para que la grandeza de las revelaciones no me exaltase desmedidamente, me fue dado un aguijón en mi carne, un mensajero de Satanás que me abofetee, para que no me enaltezca sobremanera; respecto a lo cual tres veces he rogado al Señor, que lo quite de mí. Y me ha dicho: Bástate mi gracia; porque mi poder se perfecciona en la debilidad. Por tanto, de buena gana me gloriaré más bien en mis debilidades, para que repose sobre mí el poder de Cristo. Por lo cual, por amor a Cristo me gozo en las debilidades, en afrentas, en necesidades, en persecuciones, en angustias; porque cuando soy débil, entonces soy fuerte (12:7-10).*

La persecución también ocurre porque el mundo está en inalterable oposición a Dios; sin embargo, Él la permite. Puesto que la Palabra expone y juzga el pecado, quienes la proclaman enfrentarán la hostilidad del mundo.

Satanás, que está detrás del sistema mundial, también persigue a los mensajeros de Dios. Se opone amargamente a la Iglesia y busca destruirla. Su plan es derribar primero a los pastores y luego dispersar el rebaño (cp. Zac. 13:7; Mt. 26:31).

Por otra parte, los falsos profetas no enfrentan esta oposición. El mundo los acepta con entusiasmo porque no predican la verdad, sino mentiras engañosas y condenatorias. De hecho, son parte del mundo. Satanás tampoco los persigue, pues le sirven y sería contraproducente atacarlos (cp. Mt. 12:26).

El mundo ve a los ministros verdaderos de Jesucristo como sus enemigos, porque proclaman la Palabra de Dios y llaman a los pecadores al arrepentimiento. El mundo odia a quienes llevan el mensaje de la luz y la verdad, porque odia la Verdad y la Luz (Jn. 3:20; cp. 15:18-19; 17:14; Mt. 10:22; 24:9; Lc. 6:22; 1 Jn. 3:13). Sin embargo, es esencial que a los predicadores se les odie solamente por la causa de Cristo, no por obrar mal; la predicación del evangelio debe ser su única ofensa. Al igual que Pablo, deben estar determinados a no dar "a nadie ninguna ocasión de tropiezo, para que [su] ministerio no sea vituperado" (2 Co. 6:3; cp. 1:12; 8:20; 1 Co. 9:12; 10:32-33).

Los siervos de Dios buscan la recompensa eterna porque el mundo no tiene nada duradero para ofrecerles. Jesús dijo a sus seguidores: "Bienaventurados sois cuando por mi causa os vituperen y os persigan, y digan toda clase de mal contra vosotros, mintiendo. Gozaos y alegraos, porque vuestro galardón es grande en los cielos" (Mt. 5:11-12). En 1 Corintios 3:8, Pablo escribió: "el que planta y el que riega son una misma cosa; aunque cada uno recibirá su recompensa conforme a su labor". Y al final de su vida escribió triunfante a Timoteo así: "Por lo demás, me está guardada la corona de justicia, la cual me dará el Señor, juez justo, en aquel día; y no sólo a mí, sino también a todos los que aman su venida" (2 Ti. 4:8). El escritor de Hebreos recordó a sus lectores que Dios "es galardonador de los que le buscan" (He. 11:6).

Los falsos maestros trabajan para recibir recompensas terrenales; los verdaderos predicadores trabajan fielmente por una recompensa celestial. Pablo estaba determinado a permanecer leal a su llamado, a pesar de la hostilidad del mundo, sabiendo que "esta leve tribulación momentánea produce en nosotros un cada vez más excelente y eterno peso de gloria" (2 Co. 4:17; cp. Ro. 8:18; 1 P. 4:13).

LA PREOCUPACIÓN DE PABLO CON RESPECTO A SÍ MISMO: EL SACRIFICIO

Porque ¿en qué habéis sido menos que las otras iglesias, sino en que yo mismo no os he sido carga? ¡Perdonadme este agravio! He aquí, por tercera vez estoy preparado para ir a vosotros; y no os seré gravoso, porque no busco lo vuestro, sino a vosotros, pues no deben atesorar los hijos para los padres, sino los padres para los hijos. Y yo con el mayor placer gastaré lo mío, y aun yo mismo me gastaré del todo por amor de vuestras almas, aunque amándoos más, sea amado menos. Pero admitiendo esto, que yo no os he sido carga, (12:13-16*a*)

Miqueas 3:2-3, 5 describe gráficamente la avaricia, codicia y egocentrismo de los falsos maestros:

> *Ustedes odian el bien y aman el mal; a mi pueblo le arrancan la piel del cuerpo y la carne de los huesos; ustedes se devoran a mi pueblo, le arrancan la piel, le rompen los huesos; lo descuartizan como carne para la olla, como carne para el horno... Esto es lo que dice el Señor contra ustedes, profetas que descarrían a mi pueblo: "Con el estómago lleno, invitan a la paz; con el vientre vacío, declaran la guerra" (NVI, cp. Ez. 34:2-3; Zac. 11:16; Mr. 12:38-40).*

Los verdaderos hombres de Dios son lo opuesto; son abnegados y sacrificados. Una de las acusaciones más difamatorias de los falsos apóstoles contra Pablo es que había tratado a los corintios con superioridad egoísta. Tal acusación era falsa, como lo revela la pregunta de Pablo: **¿En qué habéis sido menos que las otras iglesias...?** Como lo muestra el versículo 12, Pablo había ministrado en Corinto tal como lo había hecho en otras iglesias (cp. Ro. 15:19).

En lo único que trató diferente a los corintios es que **no** les fue **carga**; lo único que no recibieron de él fue una factura. Aunque tenía todo el derecho a tal sostenimiento (1 Co. 9:1-18), escogió no aceptarlo, prefiriendo así diferenciarse de los falsos apóstoles amantes del dinero. Por supuesto, estos tomaban todo lo que podían de los corintios (cp. 2 Co. 11:20) y odiaban a Pablo porque los hacía parecer malos. Y para salvar su reputación intentaban darle otro sentido al desinterés económico de Pablo. Primero argumentaron que rechazó el dinero de los corintios porque sabía que su ministerio no valía nada. La segunda acusación, más siniestra, era que Pablo no quería el dinero de los corintios porque no los amaba y no quería quedar obligado a ellos. Pero, como ya lo había mostrado él, tales acusaciones eran completamente falsas. En 11:7-9 escribió:

> *¿Pequé yo humillándome a mí mismo, para que vosotros fueseis enaltecidos, por cuanto os he predicado el evangelio de Dios de balde? He despojado a otras iglesias, recibiendo salario para serviros a vosotros. Y cuando estaba entre vosotros y tuve necesidad, a ninguno fui carga, pues lo que me faltaba, lo suplieron los hermanos que vinieron de Macedonia, y en todo me guardé y me guardaré de seros gravoso (cp. la explicación de este pasaje en el capítulo 28 de este volumen).*

Haciendo uso una vez más del sarcasmo (cp. 11:19-21; 1 Co. 4:8-10) para que los corintios reflexionaran, Pablo exclamó: **¡Perdonadme este agravio!** Los falsos apóstoles afirmaban que él había tratado mal a los corintios porque no había recibido dinero de ellos, y esto era ridículo. La única cosa que no pudieron hacer los corintios fue quedarse con la carga de respaldar a Pablo y a sus compañeros.

Pablo fundó la iglesia de Corinto en su primera visita a la ciudad (Hch. 18); su segunda visita fue la de la dolorosa disciplina descrita en 2:1 (cp. 13:2). Cuando visitó Corinto **por tercera vez** siguió negándose a ser **gravoso** para la iglesia. El amor pastoral y desinteresado de Pablo por los corintios significaba que **no** buscaba **lo** que les pertenecía, **sino a** ellos. No quería su dinero; quería sus corazones. Quería sus vidas para el reino de Dios y que vivieran en obediencia justa a la Palabra para la gloria de Dios.

Pablo ilustró este punto utilizando una analogía del cuidado de los padres por los hijos, y señaló la verdad axiomática que **no deben atesorar los hijos para los padres, sino los padres para los hijos.** Por supuesto, los corintios eran hijos espirituales de Pablo (1 Co. 4:15), y él estaba dispuesto a sacrificarse por ellos. Escribió que **con el mayor placer** gastaría **lo** suyo, **y aun** él **mismo** se gastaría **del todo por amor** a sus **almas.** La forma superlativa del adjetivo *hēdeōs* (**con el mayor placer**) solamente aparece aquí en el Nuevo Testamento. Pablo no estuvo reacio ni dubitativo a la hora de sacrificarse por los corintios; antes bien, la posibilidad de gastar y gastarse **del todo por a amor a** ellos le emocionaba y le llenaba de gozo. La palabra **gastaré** es traducción de una forma del verbo *dapanaō*, que significa "gastar con holgura". Marcos 5:26 utiliza el verbo para referirse a una mujer que había gastado todo su dinero en médicos; y en Lucas 15:14 describe el derroche del hijo pródigo. La palabra *ekdapanaō* (**me gastaré del todo**) solo aparece aquí en el Nuevo Testamento. Es una forma más fuerte de *dapanaō* y significa "gastarse completamente". Pablo estaba dispuesto a sacrificarse completamente por los suyos hasta que no le quedara nada para dar. Escribió esto a los filipenses: "Y aunque sea derramado en libación sobre el sacrificio y servicio de vuestra fe, me gozo y regocijo con todos vosotros" (Fil. 2:17; cp. Col. 1:24). Siguió el ejemplo del Señor Jesucristo, quien dijo de sí mismo: "Porque el Hijo del Hombre no vino para ser servido, sino para servir, y para dar su vida en rescate por muchos" (Mr. 10:45).

Tristemente, los corintios respondieron inversamente al amor sacrificial de Pablo por ellos, y esto llevó al apóstol a afirmar patéticamente con el corazón: "**Aunque amándoos más, sea amado menos**". La relación iba en retroceso; cuanto más afecto les daba Pablo, menos le devolvían (cp. 2 Co. 6:11-13). Pablo había derramado su vida por la iglesia de Corinto, trabajando con gozo y sacrificándose por ellos. Lo único que les pedía a cambio era su amor, y ellos no querían dárselo.

Pablo estaba triste pero resuelto, a pesar de la respuesta decepcionante de los corintios a su amor sacrificial por ellos. **Pero admitiendo esto** —a pesar de que ellos no le devolvieran amor—, Pablo no les fue una **carga**. El amor de ellos podría haber menguado, pero el suyo no. A pesar de la timidez, frialdad y el desafecto de ellos, él seguiría amándolos sacrificialmente.

LA PREOCUPACIÓN DE PABLO CON RESPECTO AL MINISTERIO: LA HONRADEZ

sino que como soy astuto, os prendí por engaño, ¿acaso os he engañado por alguno de los que he enviado a vosotros? Rogué a Tito, y envié con él al hermano. ¿Os engañó acaso Tito? ¿No hemos procedido con el mismo espíritu y en las mismas pisadas? (12:16*b*-18)

Si Pablo estuviera planeando defraudar a los corintios, como acusaban los falsos apóstoles, no era nada obvio qué era lo que estaba fraguando. Como se ha señalado en el apartado anterior, no tomó nada de ellos. La idea de una estafa que lo lucrara era absurda y Pablo volvió a reprender a los corintios por su ingenuidad, escribiendo sarcásticamente lo siguiente: "**Sino que como soy astuto, os prendí por engaño**". Sin duda, eso era lo que los falsos apóstoles estaban diciendo sobre él. La palabra *panourgos* (**astuto**) solamente se utiliza aquí en todo el Nuevo Testamento y significa literalmente "listo para lo que sea". Tiene la connotación negativa de "inescrupuloso", "mañoso" o "engañador". La palabra *dolos* (**engaño**) se refiere literalmente a la carnada utilizada en la pesca. Según los falsos maestros, Pablo estaba dispuesto a hacer cualquier cosa para enganchar a los corintios con sus maquinaciones engañosas.

Para explicar la contradicción obvia de que Pablo no había tomado dinero de los corintios, los falsos apóstoles insistieron en que la trampa aún no se había manifestado. Pablo ya había descrito con detalle la recolecta que estaba ocurriendo entre los santos pobres de Jerusalén (caps. 8—9). Según los falsos apóstoles, ahí estaba el engaño de Pablo: el dinero recolectado en Corinto nunca llegaría a Jerusalén. Afirmaban que más bien terminaría en los bolsillos de Pablo. Después de todo, sería lo que habrían hecho de estar en su lugar. Los falsos apóstoles proyectaban su propia avaricia en Pablo y suponían que estaba actuando como lo harían ellos. Eran un ejemplo claro de que "todas las cosas son puras para los puros, mas para los corrompidos e incrédulos nada les es puro; pues hasta su mente y su conciencia están corrompidas" (Tit. 1:15).

Para refutar las acusaciones escandalosas de los falsos maestros, Pablo recordó a los corintios que no actuaba solo en la recolecta. No era solamente que no hubiera defraudado personalmente a los corintios, sino que quienes él había enviado a Corinto no los engañaron. Al acusar la intención de Pablo, acusaban también a los otros compañeros de ministerio involucrados en la recolecta. Si, como los falsos apóstoles insistían, Pablo había planeado malversar la recolecta, no lo podría haber hecho solo. Tendrían que estar conspirando él y sus compañeros de ministerio. Por supuesto, tal cosa hacía las acusaciones más inverosímiles. **Tito**, a quien los corintios conocían bien (cp. 8:23), participaba en la recolecta (cp. 2 Co. 8:6, 16). Además, dos hermanos en Cristo no nombrados (8:18-19, 22) lo estaban ayudando. Uno de ellos era un "hermano cuya alabanza en el evangelio se [oía] por todas las iglesias" (8:18) y "que también fue designado por las iglesias como compañero de [la peregrinación de Pablo] para llevar este donativo [recolectado]" (8:19); el otro era un hombre "cuya diligencia [habían] comprobado repetidas veces en muchas cosas" (8:22). La idea de que tres individuos tan respetados se unieran para defraudar a los corintios era completamente absurda. Y si ellos no estaban involucrados en un engaño, ¿cómo podría estarlo Pablo? Pablo los recriminó así: "**¿No hemos procedido con el mismo espíritu y en las mismas pisadas?**". Todos habían actuado con la misma integridad y honradez con los corintios y ellos lo sabían.

La honradez es una característica no negociable del verdadero hombre de Dios. Pablo escribió a los romanos: "Verdad digo en Cristo, no miento, y mi conciencia me da testimonio en el Espíritu Santo" (Ro. 9:1). Ya antes había dicho en esta carta: "El Dios y Padre de nuestro Señor Jesucristo, quien es bendito por los siglos, sabe que no miento" (2 Co. 11:31). Aseguró esto a los gálatas: "En esto que os escribo, he aquí delante de Dios que no miento" (Gá. 1:20). Y escribió a Timoteo: "Para esto yo fui constituido predicador y apóstol (digo verdad en Cristo, no miento), y maestro de los gentiles en fe y verdad" (1 Ti. 2:7).

La sinceridad completa de Pablo lo llevó a declarar: "Porque nuestra gloria es esta: el testimonio de nuestra conciencia, que con sencillez y sinceridad de Dios, no con sabiduría humana, sino con la gracia de Dios, nos hemos conducido en el mundo, y mucho más con vosotros" (2 Co. 1:12). Y "renunciamos a lo oculto y vergonzoso, no andando con astucia, ni adulterando la palabra de Dios, sino por la manifestación de la verdad recomendándonos a toda conciencia humana delante de Dios" (4:2). Los corintios sabían que había ministrado en medio de ellos sin engaños.

LA PREOCUPACIÓN DE PABLO CON RESPECTO
AL SEÑOR: LA REVERENCIA

¿Pensáis aún que nos disculpamos con vosotros? Delante de Dios en Cristo hablamos; (12:19*a*)

Pablo no quería que los corintios malinterpretaran la defensa extensa de su apostolado e integridad. No estaba en un juicio ante ellos y ellos no eran sus jueces. Menos aún estaba excusándose por las manchas en su carácter y los lapsos en su conducta, como insinuaban los falsos apóstoles.

Ellos pensaban **aún** (a lo largo de toda la epístola) **que** Pablo se estaba disculpando **con** ellos. Pero, en realidad, Pablo estaba ante un tribunal divino: **delante de Dios** estaba él hablando **en Cristo** (cp. 2:17). Dios es el único auditorio que debe preocupar al predicador fiel. Pablo lo dejó bien claro cuando escribió 1 Corintios 4:3-5:

> *Yo en muy poco tengo el ser juzgado por vosotros, o por tribunal humano; y ni aun yo me juzgo a mí mismo. Porque aunque de nada tengo mala conciencia, no por eso soy justificado; pero el que me juzga es el Señor. Así que, no juzguéis nada antes de tiempo, hasta que venga el Señor, el cual aclarará también lo oculto de las tinieblas, y manifestará las intenciones de los corazones; y entonces cada uno recibirá su alabanza de Dios.*

Ya lo había dicho en esta epístola: "Porque es necesario que todos nosotros comparezcamos ante el tribunal de Cristo, para que cada uno reciba según lo que haya hecho mientras estaba en el cuerpo, sea bueno o sea malo" (2 Co. 5:10). Y escribió a Timoteo: "Te encarezco delante de Dios y del Señor Jesucristo, que juzgará a los vivos y a los muertos en su manifestación y en su reino, que prediques la palabra; que instes a tiempo y fuera de tiempo; redarguye, reprende, exhorta con toda paciencia y doctrina" (2 Ti. 4:1-2). Más adelante, en el mismo capítulo, Pablo recordó esto a Timoteo: "Por lo demás, me está guardada la corona de justicia, la cual me dará el Señor, juez justo, en aquel día; y no sólo a mí, sino también a todos los que aman su venida" (v. 8). Pablo sabía que solo Dios emitiría el veredicto sobre su vida, y tal veredicto sería: "Bien, buen siervo y fiel; sobre poco has sido fiel, sobre mucho te pondré; entra en el gozo de tu señor" (Mt. 25:21).

LA PREOCUPACIÓN DE PABLO CON RESPECTO
A LA IGLESIA: LA EDIFICACIÓN

y todo, muy amados, para vuestra edificación. (12:19*b*)

La meta de Pablo en todo lo que hacía con relación a la iglesia de Corinto, al ministrarlos y al defenderse, era la **edificación** de ellos. También era esa la meta del Señor Jesucristo, que prometió: "Edificaré mi iglesia; y las puertas del Hades no prevalecerán contra ella" (Mt. 16:18).

Surge entonces naturalmente la pregunta: ¿por qué se molestó en defenderse? Lo hizo porque si se dejaba desacreditar, los corintios no lo escucharían; si no lo escuchaban, no escucharían la verdad de la Palabra de Dios que él enseñaba; y si no oían la Palabra de Dios, no podían crecer espiritualmente.

El término **amados** recordaba los corintios que, aunque a veces lo exasperaran, él los amaba como a hijos espirituales. No pretendía usar su autoridad apostólica para destruirlos; Dios le había dado su autoridad "para edificación [de ellos] y no para [su] destrucción" (2 Co. 10:8; cp. 13:10). Los corintios no serían los jueces de Pablo, pero sí eran su responsabilidad espiritual.

Tal realidad marca la transición a la sección final de esta epístola que trata con la edificación de la iglesia y la santificación de sus miembros. Los elementos de una iglesia santificada serán el asunto de los capítulos finales de este libro.

El patrón de la santificación: Arrepentimiento 34

Pues me temo que cuando llegue, no os halle tales como quiero, y yo sea hallado de vosotros cual no queréis; que haya entre vosotros contiendas, envidias, iras, divisiones, maledicencias, murmuraciones, soberbias, desórdenes; que cuando vuelva, me humille Dios entre vosotros, y quizá tenga que llorar por muchos de los que antes han pecado, y no se han arrepentido de la inmundicia y fornicación y lascivia que han cometido. (12:20-21)

El papel del pastor está hoy en una encrucijada. A medida que la iglesia se hace más mundana, también ocurre lo mismo con la descripción del pastor. A menudo es visto (por sí mismo o por su congregación) como gerente, animador, recolector de fondos, maestro de ceremonias o psicólogo.

Ninguna de estas perspectivas está en armonía con el modelo de liderazgo bíblico. La función principal del pastor o anciano registrada en las Escrituras puede resumirse en una palabra: edificación. La principal preocupación es la madurez espiritual de los creyentes bajo su cuidado, como lo dejó claro Pablo en Efesios 4:11-13:

> *Y él mismo constituyó a unos, apóstoles; a otros, profetas; a otros, evangelistas; a otros, pastores y maestros, a fin de perfeccionar a los santos para la obra del ministerio, para la edificación del cuerpo de Cristo, hasta que todos lleguemos a la unidad de la fe y del conocimiento del Hijo de Dios, a un varón perfecto, a la medida de la estatura de la plenitud de Cristo.*

En su sentido más amplio y más importante, el papel del pastor es la edificación de la iglesia que produce la madurez de los santos y los ayuda a ser más como Jesucristo.

El énfasis bíblico en la madurez espiritual está en agudo contraste con el de muchas iglesias. Los asuntos mundanos de la vida (enfermedades, problemas económicos, dificultades conyugales y familiares, y los asuntos políticos y sociales— son su principal preocupación. Pero el papel de la iglesia no es que sus miembros se sientan más cómodos en un mundo en el que son "extranjeros y peregrinos" (1 P. 2:11; cp. 1:1, 17; 1 Cr. 29:15; He. 11:13), sino prepararlos para su verdadero hogar en el cielo (Sal. 73:25; Mt. 6:20; 19:21; Lc. 6:22-23; 12:21, 33; 2 Co. 4:18; 5:1-4, 8; Fil. 3:20; Col. 1:5; 1 P. 1:4).

Como cualquier verdadero hombre de Dios, la preocupación apasionada del apóstol era el bienestar espiritual de los creyentes. Sus esperanzas, miedos, deseos y expectativas estaban enfocadas en la santificación de ellos. Expresó esa preocupación en un término que marca esta sección de su epístola: "edificación" (2 Co. 12:19; 13:10). Entre las dos citas describió el proceso de santificación. En los versículos 20-21 delineó el primer paso para alcanzar tal objetivo: el arrepentimiento.

El arrepentimiento es un elemento esencial del evangelio, puesto que nadie puede llegar a Jesucristo sin un cambio completo de corazón, mente y voluntad que constituye el arrepentimiento. El arrepentimiento es el eje del evangelio proclamado por Juan el Bautista (Mt. 3:2, 8), el Señor Jesucristo (Mt. 4:17; Mr. 1:15; Lc. 13:3, 5; 15:7, 10), los doce apóstoles (Mr. 6:12; Hch. 2:38; 3:19; 11:18) y el apóstol Pablo (Hch. 17:30; 20:21; 2 Co. 7:9-11; 2 Ti. 2:25). Es el centro de la gran comisión que dio Cristo a la Iglesia (Lc. 24:47).

Sin embargo, a pesar de la importancia crítica del arrepentimiento, es un asunto innecesariamente malentendido y controversial en el cristianismo contemporáneo. Algunos quieren eliminar cualquier lazo entre el arrepentimiento y el pecado, definiéndolo tan solo como un cambio de mentalidad en cuanto a quién es Cristo. Tan solo lo ven como sinónimo de fe que no requiere alejarse del pecado. Un defensor de este punto de vista escribe: "El arrepentimiento es un cambio de mente, no un cambio en la vida personal" (Thomas L. Constable, "The Gospel Message" [El mensaje del evangelio] en Donald K. Campbell, ed., *Walvoord: A Tribute* [Walvoord: Un tributo] [Chicago: Moody, 1982], p. 207).

Pero las Escrituras no saben de arrepentimiento que no implique apartarse del pecado. En el Antiguo Testamento, Isaías se lamentó así: "Que abandone el malvado su camino, y el perverso sus pensamientos. Que se vuelva al Señor, a nuestro Dios, que es generoso para perdonar, y de él recibirá misericordia" (Is. 55:7, nvi). En Lucas 5:32 el Señor también ligó el arrepentimiento y el pecado declarando: "No he venido a llamar a justos, sino a pecadores al arrepentimiento". Como se señaló anteriormente, Jesús declaró en el relato de Lucas de la Gran Comisión que "se predicase en su nombre *el arrepentimiento y el perdón de pecados* en todas las naciones, comenzando desde Jerusalén" (Lc. 24:47; cursivas añadidas). Pablo le dijo al rey Agripa que el mensaje que proclamaba "que [las personas] se arrepintiesen y se convirtiesen a Dios, haciendo obras dignas de arrepentimiento" (Hch. 26:20; cp. Mt. 3:8). Las Escrituras caracterizan a los incrédulos como aquellos que "no se arrepintieron de sus obras" (Ap. 16:11; cp. 9:20-21). (Defino extensamente el arrepentimiento en mis libros *El evangelio según Jesucristo* [El Paso: Casa Bautista de Publicaciones, 2003] y *The Gospel According to the Apostles* [El evangelio según los apóstoles] [Nashville: Word, 2000]).

El arrepentimiento es el primer paso necesario en el proceso de santificación, porque el pecado inhibe el crecimiento espiritual. El pecado es cualquier cosa que desagrade a Dios, y nada que lo desagrade puede contribuir al proceso de santificación. El arrepentimiento, al igual que la fe, no es una conversión de una sola vez sino una característica de vivir el cristianismo (cp. 1 Jn. 1:9). Por lo tanto, un papel esencial del pastor está en el trato con el pecado. Su profunda preocupación debe ser llamar a los creyentes al arrepentimiento.

El apóstol señaló dos consecuencias dañinas de la impenitencia para motivar a los corintios al arrepentimiento: los problemas que estas causan y el dolor que le producían a él.

LOS PROBLEMAS PROVOCADOS POR LA FALTA DE ARREPENTIMIENTO DE LOS CORINTIOS

Pues me temo que cuando llegue, no os halle tales como quiero, y yo sea hallado de vosotros cual no queréis; que haya entre vosotros contiendas, envidias, iras, divisiones, maledicencias, murmuraciones, soberbias, desórdenes… la inmundicia y fornicación y lascivia que han cometido. (12:20, 21*b*).

Los temores de Pablo en lo relacionado con los pecados de los corintios estaban bien fundamentados, si se tiene en cuenta la historia de ellos. Pablo ya había lidiado extensamente con el pecado en la congregación de Corinto en su primera carta inspirada y en la carta severa (2:3-4), e incluso visitó Corinto para confrontar el pecado y la rebelión de ellos en persona (2:1). Entonces, con buena razón, temía **que cuando** los visitara por tercera vez (12:14; 13:1) aún hubiera pecado impenitente en la congregación. El apóstol sabía que había mucha posibilidad de ello, aunque la mayoría de la congregación se había arrepentido (cp. 7:6-11) y él había expresado su confianza en ellos (7:16). El pecado y el error no mueren fácilmente, y los falsos maestros seguían merodeando, difundiendo su herejía mortal. Como bien sabía Pablo, el error teológico lleva inevitablemente al pecado en la práctica.

La palabra **temo** es una traducción de una forma del verbo *phobeō*, del cual se deriva la palabra *fobia*. Se refiere a ansiedad, miedo o duda profundos e intensos y expresa la gran preocupación de Pablo por la situación en Corinto. Como escribió en 11:29: "¿A quién se le hace tropezar, y yo no me indigno?". No hay nada más doloroso para el pastor fiel que el pecado impenitente entre su rebaño.

El uso de la expresión **me temo que cuando llegue** muestra la moderación y ternura de Pablo. En lugar de hacer una denuncia completa de los corintios, el apóstol tan solo expresa su preocupación y recelo. Cuando llegara a Corinto, iba a determinar cuál era la condición espiritual de ellos y tomaría las decisiones correspondientes. Mientras tanto, escribiría esta epístola para comenzar el proceso de erradicar, de raíz, las malas hierbas nocivas del pecado impenitente en la iglesia.

Primero que todo, Pablo temía específicamente que cuando llegara **no** hallara a los corintios **tales como** quería. Por supuesto, quería que ellos crecieran en gracia, llegaran a ser más como Jesucristo y se arrepintieran de su pecado; su temor era que el crecimiento espiritual de ellos se viera obstaculizado por no arrepentirse de su pecado. Si ese era el caso, los corintios hallarían un Pablo que **no** querían. En lugar de una afirmación en amor, vendría con disciplina férrea. Como preguntó explícitamente en 1 Corintios 4:21: "¿Qué queréis? ¿Iré a vosotros con vara, o con amor y espíritu de mansedumbre?", la elección era de ellos. Si se arrepentían de su pecado, llegaría en amor y mansedumbre. Si no, vendría con la vara de la disciplina.

Pablo enumeró algunos de los pecados que causarían que esta reunión fuera trágica y problemática, para que los corintios estuvieran advertidos. Como ocurre con las listas de pecado que hizo en otras partes (p. ej., Ro 1:28-31; 1 Co. 6:9-10; Gá. 5:19-21; Col. 3:8-9), esta no era exhaustiva, pero era típica de los pecados con que luchaban los corintios. Estos pecados pueden dividirse en dos grandes categorías.

En el primer grupo están los pecados de conflictos personales que destruyen la unidad de la iglesia y que Pablo quería preservar a toda costa (Ef. 4:3, 13; cp. Jn. 17:21; 1 Co. 1:10). Eran típicos del comportamiento egoísta, pagano y causante de divisiones de la sociedad corintia, y la influencia destructiva de los falsos apóstoles los exacerbaba. Es evidente que tales pecados existían en la iglesia de Corinto porque también habló de ellos en 1 Corintios.

La palabra *eris* (**contiendas**) describe las disputas, conflictos y riñas que resultan de la enemistad y las disensiones. De acuerdo con Romanos 1:29, las **contiendas** son características de los incrédulos y Pablo advirtió a los cristianos romanos que las evitaran (Ro. 13:13). Gálatas 5:20 las incluye entre obras de la carne y en Filipenses 1:15 caracterizan a quienes predican a Cristo por razones egoístas. El apóstol también advirtió que los falsos maestros (1 Ti. 6:4) y la falsa enseñanza (Tit. 3:9) producían **contiendas**. Pablo ya había advertido a los corintios en cuanto a este pecado en 1 Corintios 1:11 y 3:3.

La palabra *zēlos* puede tener una connotación positiva de celo piadoso (2 Co. 7:7, 11; 9:2; 11:2; Jn. 2:17), pero aquí tiene el significado negativo de **envidias**: el egocentrismo avaro y de sobreprotección que hace a alguien ver a los demás cual rivales en potencia. En el Nuevo Testamento caracterizaba, entre otros, al sumo sacerdote y los saduceos (Hch. 5:17), y a los judíos incrédulos de Antioquía de Pisidia (Hch. 13:45). Pablo advirtió a los romanos sobre la envidia

(Ro. 13:13) y la enumeró entre las obras de la carne (Gá. 5:20). Santiago advirtió a sus lectores que las **envidias** eran señal de sabiduría terrenal y diabólica (Stg. 3:14-16, NVI). Y la envidia también había logrado adentrarse en la iglesia de Corinto (1 Co. 3:3).

La palabra **iras** es traducción de *thumos*, que significa "rabias" o "iras violentas", la clase de iras que estallan en un instante. Fue una característica de la sinagoga enardecida en Nazaret cuando se llenaron de rabia por la enseñanza de Jesús (Lc. 4:28), de la multitud pagana que se agolpó en Éfeso (Hch. 19:28) y de Satanás (Ap. 12:12). También es una de las obras de la carne (Gá. 5:20) y, por lo tanto, los creyentes deben evitarla (Ef. 4:31; Col. 3:8). Aunque la palabra no aparece en 1 Corintios, con seguridad los corintios mostraban **iras** entre ellos (cp. 1 Co. 6:1ss.).

La palabra *eritheia* (**divisiones**) describe las rivalidades ambiciosas, actitudes facciosas, divisiones y partidismos. Pablo lo usaba para quienes "por egoísmo rechazan la verdad" (Ro. 2:8, NVI) y para quienes predicaban "a Cristo por ambición personal" (Fil. 1:17, NVI). También es *eritheia* una de las obras de la carne y caracteriza la sabiduría terrenal y diabólica (Stg. 3:14, 16). Es lo opuesto a la "humildad" (Fil. 2:3). Una vez más, aunque la palabra no aparece en 1 Corintios, el concepto sí (cp. 1 Co. 1:11ss.; 3:4ss.; 11:19).

La palabra **maledicencias** es traducción de la palabra onomatopéyica *katalalia* ("insultos", "informes malignos"), y solamente aparece aquí y en 1 Pedro 2:1. El verbo relacionado *katalaleō* se traduce como "[hablar] mal unos de otros" en Santiago 4:11 (NVI). Pablo advirtió a los corintios que no se asociaran con un "maldiciente", usando una palabra griega diferente (1 Co. 5:11; cp. 6:10). En contraste con las **murmuraciones**, que son difamaciones calladas, sutiles y a las espaldas (el verbo griego que se traduce **difamaciones** significa "susurrar"), la maledicencia es vilipendiar abierta y públicamente. Las dos surgen de las **soberbias** (cp. 1 Co. 4:6, 18-19; 5:2; 8:1) y terminan en **desórdenes**. El resultado eran las divisiones que plagaban la iglesia de Corinto (1 Co. 11:18).

En el versículo 21, Pablo pasó a los tres pecados que destruyen la pureza de la iglesia. Los tres se refieren a inmoralidad sexual, que era común en la cultura pagana e idólatra de Corinto; al extremo que el verbo "corintear" significaba "acostarse con una prostituta" (cp. R. C. H. Lenski, *The Interpretation of the Acts of the Apostles* [Interpretación de los Hechos de los Apóstoles] [Minneapolis: Augsburg, 1961], p. 744).

La palabra *akatharsia* (**inmundicia**) se asocia con frecuencia en el Nuevo Testamento al pecado sexual. En Romanos 1:24, Pablo escribió sobre la humanidad no regenerada: "Dios los entregó a la inmundicia, en las concupiscencias de sus corazones, de modo que deshonraron entre sí sus propios cuerpos". Gálatas 5:19 menciona la **inmundicia** como una de las obras de la carne, mientras que Efesios 4:19 caracteriza a los no regenerados así: "Después que perdieron toda sensibilidad, se entregaron a la lascivia para cometer con avidez toda clase de impureza". "Inmundicia... ni aun se nombre entre [los creyentes]" (Ef. 5:3); pues deben "[hacer] morir... lo terrenal en [ellos]: fornicación, impureza, pasiones desordenadas, malos deseos y avaricia, que es idolatría" (Col. 3:5), porque "no nos ha llamado Dios a inmundicia, sino a santificación" (1 Ts. 4:7).

La palabra **fornicación** es traducción de *porneia*, la fuente de la palabra *pornografía*. Se refiere a cualquier acto sexual externo al matrimonio. Pablo escribió en 1 Tesalonicenses 4:3 esto: "Pues la voluntad de Dios es vuestra santificación; que os apartéis de fornicación" (cp. Ef. 5:3; Col. 3:5). La **fornicación** era parte integral del paganismo (cp. Hch. 15:20, 29; 21:25). En 1 Corintios 5:1, Pablo expresó su sorpresa y desaliento porque los corintios necios la habían tolerado en su congregación: "De cierto se oye que hay entre vosotros fornicación, y tal fornicación cual ni aun se nombra entre los gentiles; tanto que alguno tiene la mujer de su padre". Les dijo claramente que "el cuerpo no es para la fornicación, sino para el Señor" (1 Co. 6:13) y les advirtió lo siguiente: "Huid de la fornicación. Cualquier otro pecado que el hombre cometa, está fuera del cuerpo; mas el que fornica, contra su propio cuerpo peca" (1 Co. 6:18).

La palabra *aselgeia* (**lascivia**) describe el pecado sexual público, desenfrenado y flagrante. La Nueva Traducción Viviente la traduce "placeres sensuales"; otras versiones la traducen como "vicios". En Romanos 13:13, Pablo la asoció con los pecados públicos como "glotonerías", "borracheras" y "lujurias"; mientras que Pedro la ligó a "concupiscencias, embriagueces, orgías, disipación y abominables idolatrías" (1 P. 4:3). La **lascivia** también es una de las obras de la carne (Gá. 5:19) y caracteriza el comportamiento de los no regenerados (Ef. 4:19), particularmente de los falsos maestros (2 P. 2:2, 18; Jud. 4). Pedro también la usó para describir el vicio homosexual tan maligno de los hombres de Sodoma, que intentaron violar a los ángeles (2 P. 2:7).

El gran temor de Pablo con los corintios era que, influenciados por los falsos maestros, recayeran en los pecados **que** habían **cometido** previamente. Pablo, como cualquier pastor digno de su título, tenía una apasionada preocupación para que su pueblo viviera con santidad. Tal preocupación dolorosa por la santificación de ellos fue lo que hizo que los llamara al arrepentimiento.

EL DOLOR PROVOCADO POR EL PECADO DE LOS CORINTIOS POR EL QUE NO SE HABÍAN ARREPENTIDO

que cuando vuelva, me humille Dios entre vosotros, y quizá tenga que llorar por muchos de los que antes han pecado, y no se han arrepentido (12:21*a*)

Por supuesto que ningún pastor espera de manera realista que su pueblo no tenga pecado. Con todo, cuando pecan, su corazón anhela que se arrepientan y la comunión con Dios y otros creyentes quede restaurada (cp. Gá. 6:1). Para tal fin, ora por ellos, los exhorta y los llama al arrepentimiento.

Pablo temía **que cuando** volviera a Corinto se encontrara con que **muchos de los que antes** habían **pecado** aún **no se** habían **arrepentido**. El participio en tiempo perfecto *proēmartēkotōn* (**los que antes han pecado**) se refiere a quienes habían pecado en el pasado y siguieron haciéndolo en el presente. En otras palabras, describe a quienes estaban continuamente en el pecado y se negaban a arrepentirse. Si Pablo encontraba que tal era la situación en Corinto, le afectaría en dos maneras.

Primero, lo humillaría profundamente. Su credibilidad estaba en juego pues, como ya lo había dicho en esta epístola, los corintios eran sus "cartas… conocidas y leídas por todos los hombres" (2 Co. 3:2). Que la iglesia de Corinto, en la cual había ministrado Pablo por casi dos años, estuviera señalada por pecados de los cuales no se habían arrepentido, le produciría vergüenza. También daría argumentos a los críticos que atacaban su autenticidad. Pablo había aprendido una lección valiosa sobre la humildad (12:7-10). Pero una cosa es que fuera Dios quien humillara; otra muy diferente era que la falta de arrepentimiento de los corintios le produjera humillación. Para un pastor, el pecado por el que su congregación no se ha arrepentido es causa de dolor, aflicción y desaliento. Es algo que le rompe, le quita las fuerzas y, si no lo confronta, puede terminar expulsándolo de la iglesia e incluso del ministerio. Es entonces comprensible que Pablo estuviera ansioso por lo que encontraría cuando llegara a Corinto.

Segundo, el pecado por el que la congregación de Corinto no se había arrepentido era una fuente de gran tristeza para Pablo. No dijo que estaría enojado con quienes no se arrepintieran, sino **que** lloraría **por** ellos. La palabra *pentheō* (**llorar**) se refiere a una lamentación proveniente de un dolor o pena profundos, no una simple tristeza superficial. Pablo estaba tan afligido en el corazón por la situación en Corinto que estaba deprimido (7:6). Ahora temía a la tristeza que experimentaría si volvía a encontrarse con pecadores no arrepentidos en la iglesia de Corinto. El apóstol no quería experimentar una tristeza como la que había vivido en su última visita (2:1).

La preocupación del pastor fiel por el arrepentimiento de su pueblo es reflejo de la del Señor por su Iglesia. En las cartas a las siete iglesias (Ap. 2—3), el Señor Jesucristo llamó repetidamente al arrepentimiento y advirtió sobre las consecuencias de no hacerlo. Su mensaje a la iglesia de Éfeso fue: "Recuerda, por tanto, de dónde has caído, y arrepiéntete, y haz las primeras obras; pues si no, vendré pronto a ti, y quitaré tu candelero de su lugar, si no te hubieres arrepentido" (Ap. 2:5). A la iglesia de Pérgamo advirtió así: "Por tanto, arrepiéntete; pues si no, vendré a ti pronto, y pelearé contra ellos con la espada de mi boca" (Ap. 2:16). Sobre Jezabel, la falsa profetisa en la iglesia de Tiatira dijo: "Le he dado tiempo para que se arrepienta, pero no quiere arrepentirse de su fornicación. He aquí, yo la arrojo en cama, y en gran tribulación a los que con ella adulteran, si no se arrepienten de las obras de ella" (Ap. 2:21-22). Exhortó a la iglesia de Sardis así: "Acuérdate, pues, de lo que has recibido y oído; y guárdalo, y arrepiéntete. Pues si no velas, vendré sobre ti como ladrón, y no sabrás a qué hora vendré sobre ti" (Ap. 3:3). El Señor recordó a la iglesia de Laodicea: "Yo reprendo y castigo a todos los que amo; sé, pues, celoso, y arrepiéntete" (Ap. 3:19). De modo que Jesús tuvo que reprender a cinco de las siete iglesias por albergar el pecado sin arrepentimiento. Solo las iglesias fieles de Esmirna y Filadelfia escaparon del llamado al arrepentimiento, no porque sus miembros no pecaran, sino porque se arrepentían.

El llamado de Pablo al arrepentimiento no solo hacía eco al del Señor Jesucristo, sino al Padre, a quien David confesó: "Al corazón contrito y humillado no despreciarás tú, oh Dios" (Sal. 51:17; cp. Is. 57:15; 66:2). La promesa a quienes se arrepientan es el perdón completo de Dios en su gracia (Pr. 28:13; 1 Jn. 1:9). Quienes no se arrepientan enfrentarán la disciplina, que es el tema del siguiente capítulo.

El patrón de la santificación: Disciplina

35

Esta es la tercera vez que voy a vosotros. Por boca de dos o de tres testigos se decidirá todo asunto. He dicho antes, y ahora digo otra vez como si estuviera presente, y ahora ausente lo escribo a los que antes pecaron, y a todos los demás, que si voy otra vez, no seré indulgente; (13:1-2)

Desde 1790, el Presidente de los Estados Unidos ha pronunciado el mensaje del "estado de la Unión" al Congreso y al pueblo de los Estados Unidos, como lo requiere la Constitución. En su mensaje, el Presidente resume sus preocupaciones, metas, prioridades y los planes para la nación. Como ciudadanos leales (Ro. 13:1-7; 1 P. 2:17), los cristianos deberían estar preocupados por el estado del país. Pero aquellos cuya "ciudadanía está en los cielos" (Fil. 3:20; cp. Ef. 2:19) deberían estar mucho más preocupados por el estado del reino de Dios.

De hecho, el estado actual de la iglesia es causa de grave preocupación, y ha llevado a extensos llamados al avivamiento. Hay seminarios, conferencias y libros que ofrecen sugerencias para rehacer a la iglesia de modo que pueda promocionarse mejor a la sociedad contemporánea. Los supuestos expertos dan la terrible voz de alarma en cuanto a que la misma existencia de la iglesia está amenazada. E insisten en que, si ha de sobrevivir, debe reinventarse. Debe hacerse más relevante culturalmente y mejorar la presentación y promoción de su mensaje. Argumentan que la iglesia debe mejorar en atender las necesidades de las personas y debe alcanzarlas con formas más eficientes de comunicación que las empleadas hasta ahora.

Para tal fin, se han propuesto varias innovaciones para salvar a la Iglesia del olvido que la amenaza, según estos autodenominados expertos. Algunos sugieren que se desarrollen iglesias virtuales en Internet. Efectivamente, serían versiones tecnológicamente actualizadas de la iglesia local, donde la gente podría adorar sin exponerse a la interacción con otros. Tales "iglesias virtuales" también ofrecerían la conveniencia de permitir que las personas "adorasen" desde la comodidad de sus hogares. Y, si el servicio no satisficiera sus necesidades, sencillamente podrían cerrar el navegador de Internet.

Algunos reemplazarían las iglesias más tradicionales con foros más agradables, de menos confrontación, como las iglesias en las casas. Creen que el poco nivel de control, la falta de estructura y autoridad, y la ausencia de tradiciones históricas y teológicas de tales ambientes harían que los no creyentes se sintieran más cómodos. En caso de que se mantenga la estructura de la iglesia tradicional, deben hacerse cambios importantes. Los predicadores deben cambiarse por presentadores, que no usen notas y no se oculten tras el púlpito. Se supone que tal cosa generaría una respuesta más positiva de los oyentes. Los sermones son obsoletos porque la comunicación de una sola vía no es eficaz. Más aun, las referencias excesivas a las Escrituras deberían evitarse, porque distraen a los iletrados bíblicamente. La exposición sistemática de la Biblia también debería desaparecer, porque la mayoría va esporádicamente a la iglesia y le parece irritante perderse los mensajes de una serie.

Francamente, afirmar que la iglesia pudiera desaparecer a menos que se haga algo nuevo, del estilo recomendado por los llamados expertos, es atrevido e irresponsable, si no blasfemo. ¿Se frustraría el plan de Dios desde el pasado eterno de llamar un pueblo, redimirlo y llevarlo a la gloria si la iglesia no hiciera algo nuevo para satisfacer las esperanzas del mundo? ¿Ha de declararse ineficaz la Iglesia que Jesús prometió edificar y de la cual dijo que "las puertas del Hades no [prevalecerían] contra ella" (Mt. 16:18) por la falta de sensibilidad cultural y conocimientos de mercadeo? ¿Permitirá el Señor Jesucristo que su Iglesia, a la cual compró con su propia sangre (Hch. 20:28; 1 P. 1:18-19), quede relegada al basurero de la historia por la ineptitud de la Iglesia misma?

Las teorías de los expertos en crecimiento de la iglesia moderna preguntan crucialmente quién determina lo que ha de ser una iglesia. Muchos de los cambios sugeridos mencionados anteriormente son el resultado de las encuestas. La idea es que la iglesia, como cualquier negocio, debe saber qué quieren sus clientes y dárselo. Solo así puede esperar que siga siendo relevante. Y puede ser una buena estrategia de mercadeo, pero pasa por alto el hecho de la Iglesia no es un negocio que venda un producto. Las prioridades de la Iglesia no las determinan las encuestas de incrédulos o cristianos marginales, sino la Palabra de Dios verdadera, que revela la voluntad del cabeza de la Iglesia: el Señor Jesucristo.

Por lo tanto, lo que la iglesia necesita desesperadamente es una exposición teológica consecuente, fiel y clara de lo que el Señor ha revelado en las Escrituras. Solo entonces estará equipada para contrarrestar eficazmente las crisis espirituales y morales de nuestro tiempo. La Iglesia debe someterse a la autoridad de las Escrituras. Cuando lo hace, el resultado no es solamente información coherente, sino santidad, que es la clave para la bendición y el impacto en el mundo.

Aunque las Escrituras son claras en cuanto a que la santidad es central en la voluntad del Señor para la vida de la Iglesia, el principio más ignorado en el movimiento del crecimiento eclesial es la confrontación, restauración o disciplina de quienes pecan. Inmiscuirse en la privacidad de las personas y hacerlos responsables por su comportamiento parece ser el colmo de la necedad, algo que con certeza alejará a las personas y destruirá la iglesia. La confrontación del pecado parece anticuado en esta época de relativismo y ambigüedad moral. Las personas quieren libertad para hacer lo que les plazca. Las iglesias se han vuelto comunidades de miembros independientes, que tienen responsabilidades mínimas ante Dios y aún menos ante los otros hermanos. El resultado es que una generación completa de pastores y miembros de iglesia no tienen experiencia en que la iglesia confronte el pecado de las personas y las llame al arrepentimiento o a su separación de la iglesia; por lo tanto, no se trata personalmente el pecado, algo que es tan esencial para la virtud espiritual de los santos.

El problema más grande que enfrenta la iglesia no es la insensibilidad cultural, sino la insensibilidad al pecado. El desinterés al confrontar a los pecadores de la iglesia para que se arrepientan y para que se restauren, o para excluirlos si no se arrepienten, es el síntoma más visible de la decadencia moral y espiritual. Es su fracaso más desastroso, pues señala falta de preocupación por la santidad, por no mencionar falta de reverencia hacia el Señor de la Iglesia y compromiso superficial con las Escrituras. Que la iglesia no practique la disciplina en la iglesia es la evidencia más clara de su mundanalidad y una gran razón para sentirse impotente.

La primera instrucción del Señor Jesucristo con respecto a la Iglesia tenía que ver con la disciplina en ella, lo cual resalta su importancia:

> *Por tanto, si tu hermano peca contra ti, ve y repréndele estando tú y él solos; si te oyere, has ganado a tu hermano. Mas si no te oyere, toma aún contigo a uno o dos, para que en boca de dos o tres testigos conste toda palabra. Si no los oyere a ellos, dilo a la iglesia; y si no oyere a la iglesia, tenle por gentil y publicano (Mt. 18:15-17).*

La visión del Cristo glorificado en Apocalipsis 1:12-16 simboliza la preocupación por la pureza de la Iglesia que se expresa en Mateo 18. Sus cabellos blancos (v. 14) recuerdan al Anciano de días de la visión de Daniel (Dn. 7:9) y simbolizan su sabiduría divina. Sus ojos como de llama de fuego (v. 14), que penetran las profundidades de su Iglesia, revelan la omnisciencia de Cristo. Tales atributos lo equipan para juzgar a su Iglesia; juicio que describen sus pies semejantes al bronce bruñido (v. 15).

De modo que la disciplina de la iglesia no es opcional, sino un elemento crítico de la vida de la iglesia que su Señor prescribió y practicó. Dios se toma la disciplina tan en serio que Él mismo quitó la vida de dos pecadores prominentes de la iglesia primitiva que no se habían arrepentido (Ananías y Safira; Hch. 5:1-11).

La iglesia de la muy impía ciudad de Corinto enfrentaba una crisis. La mayoría de sus miembros habían llegado a Cristo desde el paganismo y la idolatría, y traían a la iglesia algunas de las prácticas inmorales asociadas a su antiguo estilo de vida. En 1 Corintios, Pablo confrontó una larga letanía de iniquidades a las que aún se aferraban. Como si no fuera suficiente, los falsos maestros que habían invadido la iglesia de Corinto la estaban llevando a aún más pecado. El apóstol estaba profundamente preocupado, y no era por la relevancia cultural de la iglesia, sino por su santidad. Sabía que si los corintios no llevaban vidas pías, la iglesia deshonraría al Señor y sería espiritualmente ineficaz. Una iglesia que tolera el pecado mina el evangelio, pues este proclama la transformación en Cristo que resulta de vivir en justicia obediente (cp. Ro. 6:16-18).

Pablo, en 2 Corintios 11:2, había expresado su preocupación por la pureza de los corintios, donde escribe: "Porque os celo con celo de Dios; pues os he desposado con un solo esposo, para presentaros como una virgen pura a Cristo". La preocupación de Pablo reflejaba la del Señor de la Iglesia, que deseaba "presentársela a sí mismo [como] una iglesia gloriosa, que no tuviese mancha ni arruga ni cosa semejante, sino que fuese santa y sin mancha" (Ef. 5:27). La Iglesia verdadera está compuesta solo por creyentes y su objetivo principal no es hacer que los incrédulos se sientan cómodos, sino que los creyentes maduren espiritualmente.

En esta epístola, donde se refleja la preocupación intensa en el corazón de Pablo, el objetivo era edificar a los corintios y redireccionar sus corazones alejándolos de las mentiras venenosas de los falsos maestros. La sección concluyente (2 Co. 12:19—13:10) se enfoca en varios elementos clave del proceso de la santificación. Pablo se refirió el primero de estos en 12:20-21 (véase el capítulo 34). En 13:1-2 dio el siguiente paso lógico en el proceso de la santificación: la disciplina en la iglesia, que trata el asunto de qué hacer con quienes han pecado y rehúsan arrepentirse. El apóstol analiza el propósito y el método de la disciplina en la iglesia.

EL PROPÓSITO DE LA DISCIPLINA EN LA IGLESIA

Esta es la tercera vez que voy a vosotros… He dicho antes, y ahora digo otra vez como si estuviera presente, y ahora ausente lo escribo a los que antes pecaron, y a todos los demás, que si voy otra vez, no seré indulgente; (13:1*a*, 2)

La razón más importante para la disciplina en la iglesia está en el continuo encargo divino a su pueblo: "Seréis santos, porque yo soy santo" (Lv. 11:44; cp. v. 45; 19:2; 20:7, 26; Éx. 22:31; Nm. 15:40; Dt. 6:17-18; 7:6; 1 P. 1:15-16; 2:9-12). A veces la disciplina en la iglesia es necesaria para ayudar a los creyentes a limpiarse "de toda contaminación de carne y de espíritu, perfeccionando la santidad en el temor de Dios" (2 Co. 7:1).

Dios disciplina a su pueblo para que ellos puedan participar de la santidad de Él (He. 12:10). Job 5:17 señala: "He aquí, bienaventurado es el hombre a quien Dios castiga; por tanto, no menosprecies la corrección del Todopoderoso". El salmista declaró: "Bienaventurado el hombre a quien tú, JAH, corriges" (Sal. 94:12). Pablo recordó lo siguiente a los corintios: "Mas siendo juzgados, somos castigados por el Señor, para que no seamos condenados con el mundo" (1 Co. 11:32). El escritor de Hebreos urgió a sus lectores a no olvidar esto: "Habéis ya olvidado la exhortación que como a hijos se os dirige, diciendo: Hijo mío, no menosprecies la disciplina del Señor, ni desmayes cuando eres reprendido por él; porque el Señor al que ama, disciplina, y azota a todo el que recibe por hijo" (He. 12:5-6; cp. Pr. 3:11-12). En Apocalipsis 3:19, el Señor Jesucristo declaró: "Yo reprendo y castigo a todos los que amo; sé, pues, celoso, y arrepiéntete".

Dios ha dado a la iglesia la responsabilidad de disciplinar a los miembros que están en pecado, como parte de dicho proceso. Como se señaló anteriormente, la primera instrucción que dio Jesús a la Iglesia requería disciplina (Mt. 18:15-17). Es un elemento tan básico de la vida eclesial que Pablo se enojó cuando los corintios no la practicaron. Los reprendió duramente por no disciplinar a uno de sus miembros, que estaba viviendo en inmoralidad y no se había arrepentido:

De cierto se oye que hay entre vosotros fornicación, y tal fornicación cual ni aun se nombra entre los gentiles; tanto que alguno tiene la mujer de su padre. Y vosotros estáis envanecidos. ¿No debierais más bien haberos lamentado, para que fuese quitado de en medio de vosotros el que cometió tal acción?… No es buena vuestra jactancia. ¿No sabéis que un poco de levadura leuda toda la masa? Limpiaos, pues, de la vieja levadura, para que seáis nueva masa, sin levadura como sois; porque nuestra pascua, que es Cristo, ya fue sacrificada por nosotros… Os he escrito por carta, que no os juntéis con los fornicarios; no absolutamente con los fornicarios de este mundo, o con los avaros, o con los ladrones, o con los idólatras; pues en tal caso os sería necesario salir del mundo. Más bien os escribí que no os juntéis con ninguno que, llamándose hermano, fuere fornicario, o avaro, o idólatra, o maldiciente, o borracho, o ladrón; con el tal ni aun comáis. Porque ¿qué razón tendría yo para juzgar a los que están fuera? ¿No juzgáis vosotros a los que están dentro? Porque a los que están fuera, Dios juzgará. Quitad, pues, a ese perverso de entre vosotros (1 Co. 5:1-2, 6-7, 9-13).

Pero la situación en Corinto no era única. Pablo esperaba que todas las iglesias practicaran la disciplina. Escribió esto a los tesalonicenses:

Pero os ordenamos, hermanos, en el nombre de nuestro Señor Jesucristo, que os apartéis de todo hermano que ande desordenadamente, y no según la enseñanza que recibisteis de nosotros… Si alguno no obedece a lo que decimos por medio de

> *esta carta, a ése señaladlo, y no os juntéis con él, para que se avergüence. Mas*
> *no lo tengáis por enemigo, sino amonestadle como a hermano (2 Ts. 3:6, 14-15).*

Y exhortó a Tito, que estaba supervisando las iglesias de la isla de Creta, así: "Al hombre que cause divisiones, después de una y otra amonestación deséchalo, sabiendo que el tal se ha pervertido, y peca y está condenado por su propio juicio" (Tit. 3:10-11).

Hay al menos dos razones importantes para practicar la disciplina en la iglesia, aparte de la obvia de obediencia a las Escrituras. Primero, es necesaria para mantener la pureza de la comunión eclesial y para mostrar que la iglesia se toma en serio las enseñanzas de la Biblia con respecto al pecado. La segunda razón, que también es una meta de la disciplina en la iglesia, es que el creyente pecador se arrepienta y restaure al lugar de bendición de Dios. Algunos denuncian la práctica de la disciplina en la iglesia como una intrusión en la vida privada de las personas. Pero, en realidad, es la expresión más grande de amor, porque el amor busca proteger al objeto de su afecto de lo que pueda dañarlo. Y nada es más dañino para los creyentes que el pecado no confesado, porque los despoja de las bendiciones divinas y trae castigo sobre ellos.

Pablo no solo predicó la disciplina en la iglesia, sino que también la practicó. Ya había expulsado a un pecador no arrepentido de la iglesia de Corinto (1 Co. 5:3-5; cp. 1 Ti. 1:20) y ahora avisaba con anterioridad que disciplinaría cuando volviera. Queriendo evitar a los corintios el dolor del castigo, Pablo había evitado confrontarlos. En 2 Corintios 1:23 les recordó esto: "Mas yo invoco a Dios por testigo sobre mi alma, que por ser indulgente con vosotros no he pasado todavía a Corinto". Había **dicho antes** a los miembros pecadores de la congregación de Corinto (cuando estuvo presente la segunda vez, durante la visita triste; cp. 2:1) que se arrepintieran. Y aunque seguía **ausente** de Corinto, había advertido ya **a los que antes pecaron** (cp. 12:21)**, y a todos los demás** pecadores no arrepentidos, que **la tercera vez** que llegara **no** sería **indulgente** con nadie. La palabra *pheidomai* (**indulgente**) es fuerte; se utilizaba en el griego clásico para hablar de ser indulgente con la vida de alguien en el campo de batalla. Conllevaba la idea de tener misericordia de un enemigo. Cuando Pablo decía que no sería indulgente con ellos no los estaba amenazando ociosamente; quienes rehusaban arrepentirse obtendrían exactamente lo que su pecado había invocado.

Se había acabado el tiempo de la gracia, la misericordia y la paciencia. No habría más advertencias; cuando él volviera trataría con los pecadores de Corinto. Si no se arrepentían, no disfrutarían la visita de Pablo (12:20). Como padre fiel (1 Co. 4:14-15), Pablo no podía dejar a sus hijos espirituales en estado de desobediencia; tenía que disciplinarlos y llevarlos al lugar de obediencia y bendición. Su falta continua de arrepentimiento traería acción por parte del apóstol.

Para la gloria de Dios, la pureza de la iglesia, el bienestar de los pecadores creyentes y el testimonio del evangelio, Pablo no dudaría en confrontar el pecado de las iglesias bajo su cuidado. Como se dijo con anterioridad, ya había reprendido a los corintios por no disciplinar al hombre que vivía en inmoralidad (1 Co. 5). En una sección de la carta a los gálatas en la que Pablo habló en términos muy fuertes, los reprendió por tolerar a los falsos maestros que llevaban error doctrinal y pecado a la iglesia:

> *Estoy maravillado de que tan pronto os hayáis alejado del que os llamó por la gracia de Cristo, para seguir un evangelio diferente. No que haya otro, sino que hay algunos que os perturban y quieren pervertir el evangelio de Cristo. Mas si aun nosotros, o un ángel del cielo, os anunciare otro evangelio diferente del que os hemos anunciado, sea anatema. Como antes hemos dicho, también ahora lo repito: Si alguno os predica diferente evangelio del que habéis recibido, sea anatema (Gá. 1:6-9).*

La disposición de Pablo para confrontar a los pecadores probaba que no le interesaba agradar a los hombres: "Pues, ¿busco ahora el favor de los hombres, o el de Dios? ¿O trato de agradar a los hombres? Pues si todavía agradara a los hombres, no sería siervo de Cristo" (v. 10). De hecho, Pablo confrontó temerariamente hasta al apóstol Pedro, el líder de los doce apóstoles, y al gran predicador y obrador de milagros en los primeros días de la iglesia:

> *Pero cuando Pedro vino a Antioquía, le resistí cara a cara, porque era de condenar. Pues antes que viniesen algunos de parte de Jacobo, comía con los gentiles; pero después que vinieron, se retraía y se apartaba, porque tenía miedo de los de la circuncisión. Y en su simulación participaban también los otros judíos, de tal manera que aun Bernabé fue también arrastrado por la hipocresía de ellos. Pero cuando vi que no andaban rectamente conforme a la verdad del evangelio, dije a Pedro delante de todos: Si tú, siendo judío, vives como los gentiles y no como judío, ¿por qué obligas a los gentiles a judaizar? (Gá. 2:11-14).*

A los tesalonicenses dijo con franqueza: "Porque también cuando estábamos con vosotros, os ordenábamos esto: Si alguno no quiere trabajar, tampoco coma" (2 Ts. 3:10). Y expulsó a Himeneo y a Alejandro de la iglesia de Éfeso (1 Ti. 1:20).

Pablo era compasivo y ministraba con ternura, mansedumbre y humildad (cp. 2 Co. 10:1). Amaba a los corintios (12:15). Pero a diferencia de muchos en la iglesia actual, Pablo no veía conflicto entre el amor y la disciplina. La disciplina es expresión del amor porque Dios disciplina a quienes ama (Pr. 3:11-12). Pablo era absolutamente intolerante con el pecado, porque sabía que infectaría, enfermaría, debilitaría y finalmente destruiría a la iglesia. J. Carl Laney escribe:

La iglesia actual sufre de una infección, y se la ha permitido extender. Como un forúnculo que no se trata y que supura pus infestado de gérmenes y contamina todo el cuerpo, así la iglesia se ha contaminado por el pecado y por haber comprometido la moral. La iglesia se ha debilitado por esta úlcera desagradable como una infección que debilita el cuerpo y destruye sus mecanismos de defensa. La iglesia ha perdido su poder y eficacia en el servicio como vehículo para el cambio social, moral y espiritual. Esta enfermedad se debe, al menos en parte, al rechazo de la disciplina espiritual (*A Guide to Church Discipline* [Guía para la disciplina en la iglesia] [Minneapolis: Bethany House, 1985], p. 12).

El pecado del que aún no se producido arrepentimiento también despoja a los creyentes del placer de Dios. Isaías escribió: "La mano del Señor no es corta para salvar, ni es sordo su oído para oír. Son las iniquidades de ustedes las que los separan de su Dios. Son estos pecados los que lo llevan a ocultar su rostro para no escuchar" (Is. 59:1-2, nvi). Pablo amaba demasiado a los corintios como para ignorar el pecado que destruía las vidas de los individuos, y destruía el poder y el testimonio de la iglesia.

EL MÉTODO DE DISCIPLINA EN LA IGLESIA

Por boca de dos o de tres testigos se decidirá todo asunto. (13:1*b*)

La disciplina en la iglesia no es una cacería de brujas, donde se destruyen las reputaciones de las personas por acusaciones ligeras y sin fundamento. Dios es un Dios de justicia (Is. 30:18) y ha diseñado un proceso de disciplina que es meticuloso y justo. El castigo de Pablo a los pecadores no arrepentidos de Corinto se ejecutaría estrictamente de acuerdo con la ley de Dios, como lo aseguró la cita que hizo a los corintios de Deuteronomio 19:15. La palabra *rhēma* (**hecho**) puede referirse a las acusaciones en un procedimiento judicial. El Evangelio de Mateo la usa con relación a la disciplina de la iglesia en 18:16, donde también se cita Deuteronomio 19:15, y en 27:12-14, donde se refiere a los cargos contra Jesús en su juicio ante Pilato.

La ley veterotestamentaria afirmaba que nadie podría ser declarado culpable de un delito a menos que la culpa del acusado se confirmara **por boca de dos o de tres testigos**. Además de Deuteronomio 19:15, que Pablo había citado, Números 35:30 dice: "Cualquiera que diere muerte a alguno, por dicho de testigos morirá el homicida; mas un solo testigo no hará fe contra una persona para que muera". Deuteronomio 17:6 expone tal principio: "Por dicho de dos o de tres testigos morirá el que hubiere de morir; no morirá por el dicho de un solo testigo" (cp. Jn. 8:17; He. 10:28).

El mismo requisito de testigos múltiples es cierto en el proceso de la disciplina en la iglesia. No se debe expulsar a nadie de la iglesia sin haber completado un proceso de cuatro pasos. Primero, alguien que conozca a un cristiano en pecado debe reprenderlo en privado (Mt. 18:15; Gá. 6:1). Si se niega a arrepentirse, quien lo confrontó debe hacerlo de nuevo, pero esta vez con una o dos personas más que sirvan de testigos (Mt. 18:16). Si aún se niega a arrepentirse, toda la iglesia debe llamarlo al arrepentimiento (Mt. 18:17). Si ignora el llamado de la iglesia, debe expulsársele y tratársele como a un incrédulo (Mt. 18:17). En 1 Timoteo 5:19, Pablo repitió el principio de requerir múltiples testigos, esta vez con relación a las acusaciones contra los líderes de la iglesia: "Contra un anciano no admitas acusación sino con dos o tres testigos". Los pecados que llevan a un proceso disciplinario incluyen los errores doctrinales serios (1 Ti. 1:18-20), los que amenazan la unidad de la iglesia (Tit. 3:10) y los relacionados con la pureza (1 Co. 5).

Una iglesia sin disciplina es tan vergonzosa y trágica como un niño malcriado (Pr. 10:1, 5; 17:21, 25; 29:15). Trae reproche al nombre de Jesucristo, y pena al Buen Pastor y los pastores debajo de Él. Si la Iglesia no se toma en serio el pecado como para actuar en su contra, ¿cómo puede esperar que el mundo considere con seriedad el evangelio de la salvación del pecado? Si la Iglesia ha de honrar a Jesucristo y ha de tener un testimonio poderoso en el mundo, debe comprometerse con la confrontación de los miembros que están en pecado. Solo entonces puede llamárseles a santidad y a progresar hacia la madurez espiritual.

El patrón de la santificación: Autoridad

36

pues buscáis una prueba de que habla Cristo en mí, el cual no es débil para con vosotros, sino que es poderoso en vosotros. Porque aunque fue crucificado en debilidad, vive por el poder de Dios. Pues también nosotros somos débiles en él, pero viviremos con él por el poder de Dios para con vosotros. (13:3-4)

Los estadounidenses siempre han sido un pueblo ferozmente independiente. Habiendo derrocado la monarquía británica, la naciente república estadounidense agonizaba por cuánto poder debía conceder la Constitución al gobierno central y cuánto debería reservarse a los estados. El asunto de los derechos de los estados no se resolvió completamente sino hasta la Guerra Civil. Los pioneros, colonizadores y vaqueros que exploraron el Oeste y se asentaron allí fueron legendarios por su autosuficiencia, espíritu independiente y actitud despreocupada hacia la autoridad. Tal vez el ejemplo más patente de desprecio a la autoridad en la historia estadounidense reciente fue el movimiento contracultural de los años 60.

Como ocurrió con otras tendencias sociales, la perspectiva negativa de la autoridad espiritual se ha abierto camino al interior de la iglesia. Algunos, en su celo por hacer la iglesia más llamativa para los no cristianos, han argumentado por una descentralización de la autoridad. Proponen quitar la autoridad de las manos de los ancianos y pastores y dársela a la congregación. Quieren una estructura organizacional que sea más horizontal y menos vertical.

Tales propuestas equivalen a una rebelión trágica contra las Escrituras y el Señor de la Iglesia. La Iglesia no es una democracia, sino una monarquía; los creyentes son súbditos del reino de Dios Padre (cp. Mr. 12:34; Lc. 4:43; 6:20; Jn. 3:3; Hch. 1:3; 8:12; 19:8; 28:31; 1 Ts. 2:12) y el Señor Jesucristo (cp. Mt. 13:41; 16:28; Col. 1:13; Ef. 5:5; 2 Ti. 4:1; 2 P. 1:11). La única autoridad verdadera en la Iglesia proviene de su Cabeza, Jesucristo (Ef. 4:15; 5:23) y Él la delega a quienes predican y enseñan su Palabra; a saber, pastores y ancianos. Argumentar a favor de la descentralización de la autoridad de la Iglesia, rechazando a los líderes ordenados por Dios, equivale a rechazar la autoridad de Cristo, su Cabeza.

Como la predicación bíblica verdadera tiene su base en la Palabra de Dios, que es autoritativa, también la primera es autoritativa. La meta del predicador no es que las personas se sientan bien consigo mismas, y mucho menos entretenerlas. Debe presentar con precisión la Palabra de Dios y llamar a la obediencia: que las personas se sometan a la autoridad de las Escrituras o las rechacen. Lo mismo es cierto a la hora de proclamar el evangelio a los incrédulos. Dios no comparte su mensaje como una opción a considerarse, ni *sugiere* que los incrédulos se arrepientan; Él *ordena* "a todos los hombres en todo lugar, que se arrepientan" (Hch. 17:30; cp. Mt. 3:2; 4:17; Mr. 6:12). Los sermones, despojados de su elemento autoritativo, se vuelven falsificaciones débiles de la predicación bíblica verdadera.

El Señor Jesucristo determinó el ejemplo que todos los predicadores deben seguir. En la conclusión del Sermón del Monte, "la gente se admiraba de su doctrina; porque les enseñaba como quien tiene autoridad, y no como los escribas" (Mt. 7:28-29; cp. Mr. 1:22, 27). Hasta sus enemigos reconocían su autoridad y le preguntaban: "¿Con qué autoridad haces estas cosas, y quién te dio autoridad para hacer estas cosas?" (Mr. 11:28). Jesús derivaba su autoridad en su ministerio terrenal del Padre, como lo deja claro este intercambio con sus críticos, registrado en Juan 7:14-18:

> *Mas a la mitad de la fiesta subió Jesús al templo, y enseñaba. Y se maravillaban los judíos, diciendo: ¿Cómo sabe éste letras, sin haber estudiado? Jesús les respondió y dijo: Mi doctrina no es mía, sino de aquel que me envió. El que quiera hacer la voluntad de Dios, conocerá si la doctrina es de Dios, o si yo hablo por mi propia cuenta. El que habla por su propia cuenta, su propia gloria busca; pero el que busca la gloria del que le envió, éste es verdadero, y no hay en él injusticia.*

En Juan 8:28, Jesús dijo: "Cuando hayáis levantado al Hijo del Hombre, entonces conoceréis que yo soy, y que nada hago por mí mismo, sino que según me enseñó el Padre, así hablo" (cp. vv. 38, 40). En Juan 12:49 añadió: "Porque yo no he hablado por mi propia cuenta; el Padre que me envió, él me dio mandamiento de lo que he de decir, y de lo que he de hablar".

Siguiendo el ejemplo de Jesús, los predicadores del Nuevo Testamento también proclamaron la Palabra de Dios con fuerza vinculante,. Jesús dijo a sus discípulos que llevar a cabo la Gran Comisión requería enseñar a los demás "que guarden todas las cosas que [Él había] mandado" (Mt. 28:20). Pablo instruyó así a Tito: "Esto habla, y exhorta y reprende con toda autoridad. Nadie te menosprecie" (Tit. 2:15). E instruyó a Timoteo: "Esto manda y enseña" (1 Ti. 4:11). Pedro escribió: "Si alguno habla, hable conforme a las palabras de Dios" (1 P. 4:11).

El Señor de la Iglesia delega la autoridad de las Escrituras a los líderes. Es importante recordar que su autoridad no se deriva de la fuerza de su personalidad, sus habilidades de comunicación, su carisma personal, su ordenación o su educación. Tampoco les confiere la autoridad una jerarquía eclesiástica, una denominación o incluso una iglesia. Los pastores y los ancianos no derivan su autoridad de alguna experiencia espiritual que hayan tenido, supuestamente. La única fuente de autoridad para quienes enseñan y predican es la Palabra de Dios. Por lo tanto, lo que la Iglesia necesita desesperadamente no es el diálogo descentralizado, sino la exposición y proclamación cuidadosa, clara y autoritativa de las Escrituras.

No debe sorprender que las encuestas digan que los feligreses quieren menos autoridad en sus iglesias. Quienes no son cristianos y quienes son creyentes marginales se oponen a ubicarse bajo las exigencias vinculantes de las Escrituras. De modo que quienes predican autoritativamente la Palabra con convicción e impulsan a sus oyentes a obedecerla no son populares entre los incrédulos y los desobedientes. Y tal predicación, que significa que una persona está diciendo a las demás lo que es cierto y lo que hay que hacer, va en contra de la perspectiva prevalente en nuestra cultura, la cual afirma que las opiniones de todos son igualmente válidas. La autoridad se está minando en todos los niveles de la sociedad por varias razones.

Primero que todo, la rebelión contra la autoridad divina es la esencia misma del pecado. Por lo tanto, rechazar la autoridad es natural a la humanidad caída. Satanás comenzó la rebelión contra la autoridad divina, deseando con orgullo hacerse "semejante al Altísimo" (Is. 14:14; cp. Ez. 28:12-16). Eva inauguró la rebelión en el ámbito humano (Gn. 3:6) y, cuando Adán se unió a su rebelión, la raza humana cayó en el pecado (Ro. 5:12, 14; 1 Co. 15:22). El resultado es que "habiendo [los pecadores] conocido a Dios, no le glorificaron como a Dios" (Ro. 1:21). Rehúsan obedecer su ley y hacer su voluntad porque así es su estilo de vida.

Otro factor contribuyente al declive de la autoridad es la ausencia de absolutos morales. Habiendo las personas rechazado el parámetro divino objetivo revelado en las Escrituras, no les quedan sino opiniones subjetivas; la moralidad está determinada por el consenso popular. Obviamente, no puede haber autoridad si no hay absolutos que la hagan cumplir. Como Israel durante el período caótico de los jueces, "cada uno hacía lo que bien le parecía" (Jue. 17:6). Cuestionar la opinión del otro es intolerable.

El hecho de que los padres no disciplinen a los hijos también ha llevado a socavar la autoridad. Una generación completa que creció sin disciplina paterna ahora está educando otra generación de hijos indisciplinados. La descomposición del hogar debido a la inmoralidad sexual, el homosexualismo, el divorcio y las madres trabajadoras ha tenido un impacto devastador en los hijos. Estos, no habiendo aprendido disciplina, virtud y autocontrol en la unidad más básica de la sociedad, la familia, están mal preparados para aceptar la autoridad en otros ambientes. Los hijos rebeldes presentan una amenaza tan seria para toda estabilidad social que, bajo la ley mosaica, se castigaban con la muerte:

> *Si alguno tuviere un hijo contumaz y rebelde, que no obedeciere a la voz de su padre ni a la voz de su madre, y habiéndole castigado, no les obedeciere; entonces lo tomarán su padre y su madre, y lo sacarán ante los ancianos de su ciudad, y a la puerta del lugar donde viva; y dirán a los ancianos de la ciudad: Este nuestro hijo es contumaz y rebelde, no obedece a nuestra voz; es glotón y borracho. Entonces todos los hombres de su ciudad lo apedrearán, y morirá; así quitarás el mal de en medio de ti, y todo Israel oirá, y temerá (Dt. 21:18-21; cp. Éx. 21:15, 17; Lv. 20:9; Pr. 30:17).*

Finalmente, el énfasis exagerado en los derechos personales derivado del humanismo ha erosionado la autoridad. La sociedad está envuelta en un mar narcisista de libertad personal que es hostil a quien sea y lo que sea que limite dicha libertad. Dar órdenes a las personas es políticamente incorrecto.

Uno de los muchos problemas que plagaban la iglesia de Corinto era la rebelión, fomentada por falsos apóstoles, en contra de la autoridad apostólica de Pablo. Como ya se dijo en capítulos anteriores, sabían que antes de que pudieran reemplazarlo como maestros con autoridad en Corinto, tenían que socavar tal autoridad. Por lo tanto, argumentaban que Pablo no podía ser un apóstol verdadero porque, a diferencia de ellos, carecía de autoridad apostólica. Por ejemplo, argumentaban que no tenía cartas de recomendación apropiadas (cp. 2 Co. 3:1-2) para autenticar sus afirmaciones de apostolado. Pero Pablo era un verdadero apóstol y la autoridad que tenía se la había concedido el Señor Jesucristo (10:8; 13:10). De modo que "delante de Dios, [hablaba] en Cristo" (2:17). No tenía una vida secreta de pecado, habiendo renunciado "a lo oculto y vergonzoso, no andando con astucia, ni adulterando la palabra de Dios, sino por la manifestación de la verdad [recomendándose] a toda conciencia humana delante de Dios" (4:2). A diferencia de los falsos maestros (cp. Jer. 5:30-31), Pablo no predicaba en su propia autoridad. Él "no [se predicaba a sí mismo], sino a Jesucristo como Señor, y a [él] como [siervo de los corintios] por amor de Jesús" (2 Co. 4:5; cp. 1 Ts. 2:13). Siempre había ministrado "en pureza, en ciencia, en longanimidad, en bondad, en el Espíritu Santo, en amor sincero, en palabra de verdad, en poder de Dios, con armas de justicia a diestra y a siniestra" (2 Co. 6:6-7).

En este pasaje, Pablo describe el ataque a su autoridad, y luego reafirma su privilegio y deber de hablar la verdad de Dios con autoridad.

EL ATAQUE A LA AUTORIDAD DE PABLO

pues buscáis una prueba de que habla Cristo en mí, (13:3*a*)

La meta de todo predicador fiel es permitir que Cristo hable por medio de él. No ocurre esto por medio de la voz audible, sino por la proclamación de la Palabra de Dios. Por lo tanto, una marca segura de un verdadero hombre de Dios es que maneja con precisión la Palabra de Dios (2 Ti. 2:15).

Aunque Pablo había predicado la verdad a los corintios, algunos cuestionaban su autoridad apostólica, pues estaban influenciados por los falsos maestros. No los impresionaba la ternura y amabilidad de Pablo (2 Co. 10:1) y las confundían con debilidad. Lo que querían era ver que Pablo desplegaba su poder y aplastaba a sus oponentes. David E. Garland escribe:

> La ternura y la amabilidad no eran virtudes de la cultura de Corinto, que estaba marcada por las batallas de supremacía social sobre los demás. Apalear sin misericordia a los rivales sociales era la norma. Por lo tanto, quizás los corintios estaban esperando un milagro de poder de parte de Pablo contra los adversarios que se le oponían con tanta fiereza. Tal vez creyeron que un apóstol sería mucho más duro, gritón, audaz y fogoso. Desataría truenos y rayos, granizos de ira y tempestades embravecidas que asolaran a la oposición. Algo semejante a lo que le había ocurrido a Elimas, que se quedó ciego por intentar boicotear a Pablo (Hch. 13:11), habría servido para convencerlos de que el poder de Cristo de verdad obraba en él (*2 Corinthians* [2 Corintios], The New American Commentary [Nuevo comentario estadounidense] [Nashville: Broadman & Holman, 1999], p. 543).

Los corintios hacían bien en buscar **una prueba de que**, en efecto, hablaba **Cristo en** los apóstoles (cp. Ap. 2:2); por desgracia los estaban midiendo con los parámetros equivocados. Algunos exigían pruebas convincentes del apostolado de Pablo, porque él no desplegaba los rasgos fuertes de personalidad que marcaban a los arrogantes y orgullosos falsos apóstoles (cp. 2 Co. 11:20-21; 12:13).

En realidad, Pablo ya había ofrecido una prueba concluyente de su autenticidad. En 12:12 recordó a los corintios: "Con todo, las señales de apóstol han sido hechas entre vosotros en toda paciencia, por señales, prodigios y milagros" (véase la explicación de este versículo en el capítulo 32). Además, que los corintios dudaran de la autenticidad de Pablo como apóstol significaba que dudaban también de su autenticidad como cristianos, pues él fue el instrumento que Dios utilizó para salvarlos y santificarlos. Efectivamente, estaban cortando la rama en la que estaban sentados (véase la explicación de 13:6 en el capítulo 37). Peor aún, cuestionar el apostolado de Pablo era cuestionar la autoridad del Señor Jesucristo, que personal y sobrenaturalmente lo había escogido, comisionado y enviado.

Pablo no fue el primero de los siervos de Dios cuya autoridad fue cuestionada. Coré, Datán y Abiram "se reunieron para oponerse a Moisés y a Aarón, y les dijeron: '¡Ustedes han ido ya demasiado lejos! Si toda la comunidad es santa, lo mismo que sus miembros, y el Señor está en medio de ellos, ¿por qué se creen ustedes los dueños de la comunidad del Señor?'" (Nm. 16:3, NVI). Hasta la hermana y el hermano de Moisés se rebelaron contra su autoridad: "Moisés había tomado por esposa a una egipcia, así que Miriam y Aarón empezaron a murmurar contra él por causa de ella. Decían: '¿Acaso no ha hablado el Señor con otro que no sea Moisés? ¿No nos ha hablado también a nosotros?'" (Nm. 12:1-2, NVI). Números 20:3 registra que el pueblo comenzó a reclamarle a Moisés: "¡Ojalá el Señor nos hubiera dejado morir junto con nuestros hermanos!" (NVI). Moisés les respondió con rabia: "¡Escuchen, rebeldes! ¿Acaso tenemos que sacarles agua de esta roca?" (v. 10, NVI). En Juan 2:18, los judíos le dijeron a Jesús: "¿Qué señal nos muestras, ya que haces esto?" (cp. 6:30; Mt. 12:38; 16:1; Mr. 8:11; Lc. 11:29). Dios hizo con Pablo como había hecho con sus otros siervos cuando alguien cuestionaba su autoridad: obró poderosamente por medio de él para eliminar toda duda de su autoridad apostólica.

LA AFIRMACIÓN DE LA AUTORIDAD DE PABLO

el cual no es débil para con vosotros, sino que es poderoso en vosotros. Porque aunque fue crucificado en debilidad, vive por el poder de Dios. Pues también nosotros somos débiles en él, pero viviremos con él por el poder de Dios para con vosotros. (13:3*b*-4)

Si los corintios exigían más evidencia de la autoridad apostólica de Pablo, él les daría más evidencia. Pero no les gustaría. Cuando volviera a Corinto, demostraría su poder apostólico y autoridad no siendo indulgente con quien no se arrepintiera (13:2). Si Pablo no los encontraba como quería; es decir, arrepentidos, ellos también lo encontrarían como no querían. Vendría cargando la vara autoritativa de la disciplina, y no el espíritu de amor y mansedumbre (cp. 1 Co. 4:21).

Verdaderamente, el Señor Jesucristo **no** fue **débil para con** los corintios, puesto **que** fue **poderoso** para obrar en ellos la redención y la santificación. Como se dijo anteriormente, los falsos apóstoles criticaron severamente a Pablo por ser débil. Aunque bombardeó a los corintios desde una distancia prudente con "cartas… duras y fuertes", los falsos apóstoles declararon que era de "presencia corporal débil, y [de] palabra menospreciable" (2 Co. 10:10). Carecía de la personalidad carismática y potente, y de las capacidades retóricas sofisticadas de la cultura griega que se esperaban de un gran maestro.

De hecho, la debilidad de Pablo, humanamente hablando, está presente en toda la epístola. Comenzó hablando de sus aflicciones (1:3-10). Después habló de las lágrimas que había derramado por el tratamiento áspero que recibió durante su triste visita a Corinto (2:4). En 6:4-10, 11:23-33 y 12:7-10 describió su sufrimiento y debilidad, y reconoció que estaba deprimido (7:6). También admitió que estuvo entre ellos "con debilidad, y mucho temor y temblor" (1 Co. 2:3). El apóstol resumió su debilidad describiéndose metafóricamente como vaso de barro (2 Co. 4:7).

Pablo se compara a sí mismo con Cristo que, en su humanidad, asumió la debilidad. Cristo en la encarnación "se despojó a sí mismo, tomando forma de siervo, [haciéndose] semejante a los hombres" (Fil. 2:7). No nació en una familia rica ni se crío en un palacio real. Antes de que Jesús comenzara su ministerio público, fue carpintero (Mr. 6:3), como su padre lo había sido (Mt. 13:55). Vivió humildemente durante su ministerio terrenal, sin un lugar permanente de residencia (Mt. 8:20) y, en el momento de su muerte, poseía poco más que la ropa que tenía puesta (Mt. 27:35; Mr. 15:24; Lc. 23:34; Jn. 19:24). De hecho, **fue crucificado en debilidad**; "se humilló a sí mismo, haciéndose obediente hasta la muerte, y muerte de cruz" (Fil. 2:8; cp. Hch. 2:23; 4:10; 5:30). La crucifixión de Jesucristo es la evidencia suprema e inequívoca de su debilidad. Su naturaleza humana era tan débil que era completamente susceptible a la muerte.

Pero la historia no termina con la muerte de Cristo. Él **vive por el poder de Dios**, que lo levantó de los muertos (Ro. 1:4; 7:4; 8:34; 10:9; 1 Co. 6:14; 15:4, 20; Gá. 1:1; Col. 2:12; 1 P. 1:21). Tal fue el mensaje triunfante que predicaron los primeros cristianos con tanta audacia (Hch. 2:24, 32; 3:15, 26; 4:10; 5:30; 10:40; 13:30, 33, 37). Tal como la muerte de Cristo mostró su debilidad humana, su resurrección demostró su poder divino.

Pablo también experimentó la misma combinación de debilidad y fuerza que se vio en Jesús. Pablo **también** fue débil **en él**; ministró con temor y temblor, y sufrió constantes tristezas, dolores y desilusiones. Con todo, Pablo viviría **con él**; esto es que, como todos los creyentes, él era poseedor de la vida de resurrección, estaba resucitado con Cristo para gloria eterna. Así lo explicó a los romanos:

Porque somos sepultados juntamente con él para muerte por el bautismo, a fin de que como Cristo resucitó de los muertos por la gloria del Padre, así también nosotros andemos en vida nueva. Porque si fuimos plantados juntamente con él en la semejanza de su muerte, así también lo seremos en la de su resurrección; sabiendo esto, que nuestro viejo hombre fue crucificado juntamente con él, para que el cuerpo del pecado sea destruido, a fin de que no sirvamos más al pecado. Porque el que ha muerto, ha sido justificado del pecado. Y si morimos con Cristo, creemos que también viviremos con él; sabiendo que Cristo, habiendo resucitado de los muertos, ya no muere; la muerte no se enseñorea más de él. Porque en cuanto murió, al pecado murió una vez por todas; mas en cuanto vive, para Dios vive. Así también vosotros consideraos muertos al pecado, pero vivos para Dios en Cristo Jesús, Señor nuestro (Ro. 6:4-11).

La debilidad de Pablo no menoscababa el poder de Dios que fluía a través de él; al contrario, permitía que el poder de Dios operara libremente en su vida (2 Co. 12:9-10).

Pablo, volviendo a su advertencia, dijo a los corintios que **el poder de Dios** que lo resucitó con Cristo y le dio vida eterna se utilizaría **para con** ellos cuando él volviera a visitarlos. El apóstol iría con la autoridad y el poder divino de Cristo y trataría con firmeza a quienes persistían en su rebelión pecaminosa. Sería como el Señor cuando advirtió a la iglesia de Pérgamo: "Por tanto, arrepiéntete; pues si no, vendré a ti pronto, y pelearé contra ellos con la espada de mi boca" (Ap. 2:16). Philip E. Hughes escribe:

El apóstol discierne una analogía entre el escenario más pequeño y localizado de su relación con la iglesia de Corinto y el drama cósmico en el que su Maestro, Cristo, es el actor principal. A la debilidad de la cruz en la primera venida de Cristo seguirá el poder manifiesto de su autoridad mayestática como Señor de señores y Rey de reyes en su segunda venida, cuando aparecerá como Juez de todo el mundo (cp. Ap. 19:11ss.)... Denney escribe: "La cruz *no* agota la relación de Cristo con el pecado; Él pasó de la cruz al trono, y cuando vuelva lo hará como Juez... Cuando *Cristo* vuelva, no será indulgente. Las dos cosas están juntas en Él: la paciencia infinita de la cruz y la justicia inexorable del trono". De modo que también Pablo, que era uno con su Maestro en la "debilidad" de la compasión, paciencia y longanimidad, deseando el arrepentimiento de todos, también era uno con Él en el "poder" de la autoridad y el juicio. En su visita previa apareció marcado por la debilidad; pero quienes lo desafiaban en Corinto se encontrarían con que su segunda visita estaría marcada por el poder (*The Second Epistle to the Corinthians* [La segunda epístola a los corintios], The New International Commentary on the New Testament [Nuevo comentario internacional al Nuevo Testamento] [Grand Rapids: Eerdmans, 1992], pp. 479-480. Cursivas en el original).

Cuando Pablo regresara a Corinto, lo haría en juicio del pecado, tal como el Señor Jesucristo lo haría cuando regresara a la Tierra en juicio. Entonces la autoridad del apóstol se haría patente.

Si los pastores y los ancianos deben llamar a la iglesia al arrepentimiento, y disciplinar a quienes se niegan a arrepentirse, deben poseer autoridad divina para hacerlo. La autoridad se apoya en la Palabra de Dios, haciendo esencial que se predique y aplique con claridad, convincentemente y con convicción. Como se verá en el siguiente capítulo, quienes insisten en rechazar la autoridad de las Escrituras cuestionan la autenticidad de su salvación.

El patrón de la santificación: Autenticidad

37

Examinaos a vosotros mismos si estáis en la fe; probaos a vosotros mismos. ¿O no os conocéis a vosotros mismos, que Jesucristo está en vosotros, a menos que estéis reprobados? Mas espero que conoceréis que nosotros no estamos reprobados. (13:5-6)

En la sección final de esta epístola (12:20—13:10), Pablo se enfoca en varios asuntos de gran importancia en la vida de la iglesia. Como todos los verdaderos hombres de Dios, anhelaba que su pueblo madurara en Cristo. Así las cosas, en los capítulos precedentes de este libro se ha explicado la importancia vital de asuntos como el arrepentimiento, la disciplina y la autoridad bíblica.

Pero tal explicación presupone que las personas a quienes se está dirigiendo el apóstol son cristianos auténticos. Por desgracia, no es este el caso de la iglesia. En cualquier congregación habrá "falsos hermanos" (11:26; Gá. 2:4), cizaña entre el trigo (Mt. 13:25-30, 36-42). Por lo tanto, el centro de la preocupación de un pastor por el bienestar espiritual de su pueblo es que estén espiritualmente vivos. Obviamente, si no están vivos, no pueden arrepentirse verdaderamente, aceptar la disciplina o someterse a la autoridad. La meta de Pablo con respecto a los corintios, como ocurre con el resto de creyentes, era que vivieran en el nivel más alto de madurez espiritual. Pero, para que crecieran en Cristo, primero tenían que estar en Él. Por lo tanto, Pablo les hizo un llamado a examinarse y determinar su verdadera situación espiritual.

Hacerlo tiene una importancia crítica, puesto que quienes lo hacen equivocadamente enfrentan una tragedia eterna. Oirán del Señor Jesucristo las palabras más terribles, horripilantes y estremecedoras imaginables: "Nunca os conocí; apartaos de mí, hacedores de maldad" (Mt. 7:23). Hay un sentido en que la iglesia es el lugar más peligroso para quien no es cristiano aún. Oír la verdad y no responder a ella trae consigo mayor responsabilidad y un juicio más severo.

Cuando Pablo pidió a los corintios que revisaran el inventario espiritual de sus vidas, los llamó a la fe auténtica y elogió los beneficios de este tipo de fe.

EL LLAMADO A LA FE AUTÉNTICA

Examinaos a vosotros mismos si estáis en la fe; probaos a vosotros mismos. (13:5*a*)

Los corintios estaban exigiendo pruebas del apostolado de Pablo, impulsados por las insinuaciones malignas de los falsos apóstoles. Con renuencia, él se defendió, no por sí mismo, sino por su Señor y para que los corintios no terminaran apartados de la verdad que les predicó. Pero en este pasaje dio la vuelta a su argumentación y retó a sus acusadores a examinarse a sí mismos. El texto griego ubica los pronombres antes de los verbos para enfatizar y la lectura literal sería así: "Vosotros examinaos si estáis en la fe". Los corintios necesitaban examinar la autenticidad de su propia salvación, en lugar de cuestionar con arrogancia y necedad la autenticidad de la relación de Pablo con el Señor. Los términos conocidos del Nuevo Testamento (*peirazō*) (**examinaos**) y *dokimazō* (**probaos**) aquí son sinónimos. Conllevan la idea de examinar algo para determinar su autenticidad. El examen era para determinar **si** los corintios estaban **en la fe**. La palabra *pistis* (**fe**) no se refiere aquí al elemento subjetivo de la creencia, sino al cuerpo objetivo de la verdad cristiana, la fe cristiana.

El llamado al autoexamen que hace Pablo no era un concepto nuevo. Job suplicó a Dios: "¿Cuántas iniquidades y pecados tengo yo? Hazme entender mi transgresión y mi pecado" (Job 13:23; cp. 31:4-6). En Salmos 17:3, David declaró: "Tú has probado mi corazón, me has visitado de noche; me has puesto a prueba, y nada inicuo hallaste". En Salmos 26:2, David clamó: "Examíname, Señor; ¡ponme a prueba! purifica mis entrañas y mi corazón" (NVI). En, quizás, el más conocido ejemplo de autoexamen del Antiguo Testamento, tenemos la oración de David: "Examíname, oh Dios, y conoce mi corazón; pruébame y conoce mis pensamientos; y ve si hay en mí camino de perversidad, y guíame en el camino eterno" (Sal. 139:23-24). En Lamentaciones 3:40, Jeremías exhortó a sus compatriotas israelitas así: "Hagamos un examen de conciencia y volvamos al camino del Señor" (NVI). Mientras que el Señor hizo el siguiente reto a Israel: "Meditad bien sobre vuestros caminos" (Hag. 1:5, 7). Cuando Pablo describió el autoexamen como un prerrequisito para participar de la Santa Cena, escribió: "Por tanto, pruébese cada uno a sí mismo, y coma así del pan, y beba de la copa… Si, pues, nos examinásemos a nosotros mismos, no seríamos juzgados" (1 Co. 11:28, 31).

Al igual que Pablo, el escritor de Hebreos entendió bien el peligro del autoengaño. Algunos de los destinatarios de su epístola estaban intelectualmente convencidos de la verdad del evangelio, pero no se habían comprometido con Cristo. Los llamó a examinar el peligro de dicha posición en una serie de pasajes de advertencia que muestran claramente el gran riesgo de estar en la iglesia, pero no en Cristo.

La primera de estas advertencias está en Hebreos 2:1-3:

Por tanto, es necesario que con más diligencia atendamos a las cosas que hemos oído, no sea que nos deslicemos. Porque si la palabra dicha por medio de los ángeles fue firme, y toda transgresión y desobediencia recibió justa retribución, ¿cómo escaparemos nosotros, si descuidamos una salvación tan grande? La cual, habiendo sido anunciada primeramente por el Señor, nos fue confirmada por los que oyeron.

La expresión "por tanto" devuelve al lector a la majestad y la gloria de Jesucristo expresada en el capítulo 1. A Él se le revela como "heredero de todo" (v. 2), quien "hizo el universo" (v. 2), "el resplandor de [la gloria de Dios], y la imagen misma de su sustancia" (v. 3) y Aquel que "sustenta todas las cosas con la palabra de su poder" (v. 3). Después de haber "efectuado la purificación de nuestros pecados" en la cruz, Cristo se levantó de los muertos y ascendió "a la diestra de la Majestad en las alturas" (v. 3). Jesucristo es superior a los ángeles (vv. 4-7), puesto que es Dios (v. 8), gobernante supremo del universo (v. 13), y juzgará a quienes no lleguen a depositar su fe en Él.

El escritor también señaló una segunda razón para no rechazar el evangelio, recordando a sus lectores lo siguiente: "Si la palabra dicha por medio de los ángeles [el Antiguo Testamento; cp. Hch. 7:53; Gá. 3:19] fue firme, y toda transgresión y desobediencia recibió justa retribución, ¿cómo escaparemos nosotros, si descuidamos una salvación tan grande?" (He. 2:2-3). Dios dio la ley por medio de Moisés, pero el evangelio por medio de Jesucristo (Jn. 1:17). Si no escaparon del castigo quienes rechazaron el Antiguo Testamento, ¿cómo lo harán quienes rechazan el evangelio?

Finalmente, el escritor advirtió a sus lectores que eran responsables porque el evangelio que habían oído fue anunciado "primeramente por el Señor", después confirmó "por los que oyeron [los apóstoles], testificando Dios juntamente con ellos, con señales y prodigios y diversos milagros y repartimientos del Espíritu Santo según su voluntad" (He. 2:3-4). No podían alegar ignorancia, porque habían visto el evangelio verificado por señales sobrenaturales.

Por causa de la majestad de Cristo, el ejemplo de lo que ocurrió a quienes rechazaron la ley veterotestamentaria, y la predicación poderosa y probada por los milagros de los apóstoles, quienes rechazan el evangelio no tienen excusa.

Hay una segunda advertencia proveniente de Hebreos 3:6—4:2, 6-12:

Pero Cristo como hijo sobre su casa, la cual casa somos nosotros, si retenemos firme hasta el fin la confianza y el gloriarnos en la esperanza. Por lo cual, como dice el Espíritu Santo: Si oyereis hoy su voz, no endurezcáis vuestros corazones, como en la provocación, en el día de la tentación en el desierto, donde me tentaron vuestros padres; me probaron, y vieron mis obras cuarenta años. A causa de lo cual me disgusté contra esa generación, y dije: Siempre andan vagando en su corazón, y no han conocido mis caminos. Por tanto, juré en mi ira: no entrarán en mi reposo. Mirad, hermanos, que no haya en ninguno de vosotros corazón malo de incredulidad para apartarse del Dios vivo; antes exhortaos los unos a los otros cada día, entre tanto que se dice: Hoy; para que ninguno de vosotros se endurezca por el engaño del pecado. Porque somos hechos participantes de Cristo, con tal que retengamos firme hasta el fin nuestra confianza del principio, entre tanto que se dice: Si oyereis hoy su voz, no endurezcáis vuestros corazones, como en la provocación. ¿Quiénes fueron los que, habiendo oído, le provocaron? ¿No fueron todos los que salieron de Egipto por mano de Moisés? ¿Y con quiénes estuvo él disgustado cuarenta años? ¿No fue con los que pecaron, cuyos cuerpos cayeron en el desierto? ¿Y a quiénes juró que no entrarían en su reposo, sino a aquellos que desobedecieron? Y vemos que no pudieron entrar a causa de incredulidad. Temamos, pues, no sea que permaneciendo aún la promesa de entrar en su reposo, alguno de vosotros parezca no haberlo alcanzado. Porque también a nosotros se nos ha anunciado la buena nueva como a ellos; pero no les aprovechó el oír la palabra, por no ir acompañada de fe en los que la oyeron… Por lo tanto, puesto que falta que algunos entren en él, y aquellos a quienes primero se les anunció la buena nueva no entraron por causa de desobediencia, otra vez determina un día: Hoy, diciendo después de tanto tiempo, por medio de David, como se dijo: Si oyereis hoy su voz, no endurezcáis vuestros corazones. Porque si Josué les hubiera dado el reposo, no hablaría después de otro día. Por tanto, queda un reposo para el pueblo de Dios. Porque el que ha entrado en su reposo, también ha reposado de sus obras, como Dios de las suyas. Procuremos, pues, entrar en aquel reposo, para que ninguno caiga en semejante ejemplo de desobediencia. Porque la palabra de Dios es viva y eficaz, y más cortante que toda espada de dos filos; y penetra hasta partir el alma y el espíritu, las coyunturas y los tuétanos, y discierne los pensamientos y las intenciones del corazón.

El escritor recordó, a su audiencia principalmente judía, uno de los sucesos más trágicos de su historia. Citó el salmo 95, que describe la incredulidad y rebelión de Israel en el desierto después de que Dios los liberó de Egipto. Aunque los israelitas vieron las obras milagrosas divinas hechas para ellos, muchos todavía se negaban a creer. Como resultado, Dios sentenció a los rebeldes incrédulos, que "siempre [andaban divagando en su] corazón, y no [habían] conocido [sus] caminos", a morir en el desierto y no entrar jamás en la tierra prometida (cp. 1 Co. 10:1-5). Simbolizan estos a quienes se acercan pero, por causa de su pecado e incredulidad, nunca entran en el reposo final de la salvación.

Con base en tan aleccionador ejemplo, el escritor de Hebreos advirtió a sus lectores: "Mirad, hermanos, que no haya en ninguno de vosotros corazón malo de incredulidad para apartarse del Dios vivo; antes exhortaos los unos a los otros cada día, entre tanto que se dice: Hoy; para que ninguno de vosotros se endurezca por el engaño del pecado" (He. 3:12-13), y: "Si oyereis hoy su voz, no endurezcáis vuestros corazones, como en la provocación" (v. 15). Su gran temor era "que permaneciendo aún la promesa de entrar en su reposo, alguno de vosotros parezca no haberlo alcanzado" (4:1). Quienes estaban en la iglesia, habían oído "la buena nueva como [los israelitas en el desierto]; pero no les aprovechó el oír la palabra, por no ir acompañada de fe en los que la oyeron" (v. 2). Oír el evangelio pero no llegar a la fe tan solo incrementa la condenación de una persona. Quienes están externamente involucrados en la iglesia, pero por desobediencia, amor al pecado e incredulidad no aceptan a Cristo, no entrarán en el descanso eterno del cielo. Cuanto más tiempo estén expuestos al evangelio sin comprometerse con este, más se endurecerán sus corazones. Así que el escritor de Hebreos urgió a sus creyentes: "Procuremos, pues, entrar en aquel reposo, para que ninguno caiga en semejante ejemplo de desobediencia" (v. 11).

Tal vez la advertencia más familiar de Hebreos está en 6:4-9:

Porque es imposible que los que una vez fueron iluminados y gustaron del don celestial, y fueron hechos partícipes del Espíritu Santo, y asimismo gustaron de la buena palabra de Dios y los poderes del siglo venidero, y recayeron, sean otra vez renovados para arrepentimiento, crucificando de nuevo para sí mismos al Hijo de Dios y exponiéndole a vituperio. Porque la tierra que bebe la lluvia que muchas veces cae sobre ella, y produce hierba provechosa a aquellos por los cuales es labrada, recibe bendición de Dios; pero la que produce espinos y abrojos es reprobada, está próxima a ser maldecida, y su fin es el ser quemada. Pero en cuanto a vosotros, oh amados, estamos persuadidos de cosas mejores, y que pertenecen a la salvación, aunque hablamos así.

En 6:1, el escritor se dirigió a quienes estaban en el límite, quienes se habían involucrado superficialmente en la iglesia pero no habían llegado a la fe en Cristo. Los exhortó: "Por tanto, dejando ya los rudimentos de la doctrina de Cristo, vamos adelante a la perfección; no echando otra vez el fundamento del arrepentimiento de obras muertas, de la fe en Dios". Necesitaban ir más allá de la enseñanza incompleta del Antiguo Testamento sobre el Mesías venidero, el arrepentimiento y la fe en Dios, y aceptar la plenitud del evangelio neotestamentario de Jesucristo.

Aunque no eran salvos, habían experimentado una oportunidad espiritual importante. Eran unos "iluminados" (entendían intelectualmente el evangelio), habían gustado el "don celestial" (experimentado algunos de los beneficios que traía Cristo incluso a quienes no eran salvos; p. ej., sanidades y liberación de demonios), "fueron hechos partícipes del Espíritu Santo" (por los dones milagrosos que operaban en la iglesia o por experimentar su convicción de pecado, que puede resistirse; cp. Hch. 7:51) y habían gustado "la buena palabra de Dios y los poderes del siglo venidero" (los dones milagrosos a los que hace referencia He. 2:4). Debe anotarse que ninguno de estos términos hace referencia a la salvación en alguna parte de las Escrituras.

Quienes no se comprometían estaban en una posición desastrosa. Si recaían después de experimentar los beneficios espirituales, sería imposible renovarlos otra vez "para arrepentimiento, crucificando de nuevo para sí mismos al Hijo de Dios y exponiéndole a vituperio". Tales apóstatas no pueden redimirse porque rechazaron el evangelio a pesar de entenderlo completamente.

El escritor señaló que solo hay dos clases de personas en la iglesia, por medio de una sencilla ilustración de agricultura. De modo semejante a la parábola del sembrador de Jesús (Mt. 13:18-23), estaban representados por dos tipos diferentes de terrenos. Cuando la lluvia —que simboliza el evangelio— cae en buena tierra —que representa a los creyentes verdaderos—, "produce hierba provechosa a aquellos por los cuales es labrada [y] recibe bendición de Dios" (He. 6:7). De otro lado, la tierra que carece de valor —que representa a quienes oyen y entienden el evangelio pero lo rechazan— "produce espinos y abrojos [y] es reprobada, está próxima a ser maldecida, y su fin es el ser quemada" (v. 8).

Hebreos 10:26-31 reitera el peligro al que se enfrentan quienes entienden el evangelio pero no se comprometen con Cristo como Señor:

> *Porque si pecáremos voluntariamente después de haber recibido el conocimiento de la verdad, ya no queda más sacrificio por los pecados, sino una horrenda expectación de juicio, y de hervor de fuego que ha de devorar a los adversarios. El que viola la ley de Moisés, por el testimonio de dos o de tres testigos muere irremisiblemente. ¿Cuánto mayor castigo pensáis que merecerá el que pisoteare al Hijo de Dios, y tuviere por inmunda la sangre del pacto en la cual fue santificado, e hiciere afrenta al Espíritu de gracia? Pues conocemos al que dijo: Mía es la venganza, yo daré el pago, dice el Señor. Y otra vez: El Señor juzgará a su pueblo. ¡Horrenda cosa es caer en manos del Dios vivo!*

Quienes se niegan a arrepentirse y confesar que Jesús es el Señor morirán en sus pecados, a pesar de haber conocido el evangelio. No hay más Salvador que Jesucristo y no hay otro sacrificio por los pecados. "En ningún otro hay salvación; porque no hay otro nombre bajo el cielo, dado a los hombres, en que podamos ser salvos" (Hch. 4:12).

Quienes rechazan a Cristo enfrentan "una horrenda expectación de juicio, y de hervor de fuego que ha de devorar a los adversarios". La referencia, proveniente de Isaías 26:11, es a cuando Dios destruya eternamente a sus enemigos en el infierno (cp. Mt. 5:22; 18:9; Mr. 9:43; Ap. 19:20; 20:14-15; 21:8). Si quienes no cumplían la ley mosaica debían morir sin misericordia, el escritor pregunta: "¿Cuánto mayor castigo pensáis que merecerá el que pisoteare al Hijo de Dios, y tuviere por inmunda la sangre del pacto en la cual fue santificado, e hiciere afrenta al Espíritu de gracia?". La realidad aleccionadora es que cuanto más grande sea la exposición de alguien al evangelio, más severo será el castigo si lo rechaza. Permitirles seguir sin llamarles la atención en su rechazo del evangelio solo incrementa su condenación. La iglesia debe llamarlos, sabiendo que "horrenda cosa es caer en manos del Dios vivo". Debe recordarse a los incrédulos que sentarse bajo la predicación del evangelio es comportamiento de alto riesgo, porque el rechazo intensifica el castigo eterno.

Hay una advertencia final del escritor de Hebreos: "Mas el justo vivirá por fe; y si retrocediere, no agradará a mi alma. Pero nosotros no somos de los que retroceden para perdición, sino de los que tienen fe para preservación del alma" (10:38-39). El justo, que vive por la fe, es lo opuesto al apóstata, que carece de fe. Quienes se asocian externamente con la iglesia, asienten intelectualmente al evangelio pero "retroceden" del compromiso completo con Jesucristo enfrentan la aterradora realidad de la "perdición", el castigo eterno en el infierno. Pero el justo experimentará la "preservación del alma" para dicha eterna en el cielo (cp. Col. 1:5; 1 P. 1:4).

Antes de que la tormenta del juicio divino explote sobre ellos, necesitan examinar el fundamento de su vida espiritual. Solo sobrevivirá lo que se edifique sobre el cimiento de la fe salvadora en Jesucristo (cp. Mt. 7:24-27).

LOS BENEFICIOS DE LA FE AUTÉNTICA

¿O no os conocéis a vosotros mismos, que Jesucristo está en vosotros, a menos que estéis reprobados? Mas espero que conoceréis que nosotros no estamos reprobados. (13:5*b*-6)

Pablo esperaba confiadamente que cuando los corintios se examinaran, reconocieran **que Jesucristo** estaba **en** ellos. "Cristo en vosotros" (Col. 1:27), es la gran verdad del evangelio. Pablo escribió a los gálatas: "Con Cristo estoy juntamente crucificado, y ya no vivo yo, mas vive Cristo en mí; y lo que ahora vivo en la carne, lo vivo en la fe del Hijo de Dios, el cual me amó y se entregó a sí mismo por mí" (Gá. 2:20). Él habita en los corazones de los redimidos (Ef. 3:17; cp. Jn. 6:56; 14:20; 15:4-5; 17:23, 26; Col. 3:11; 1 Jn. 3:24) y tal realidad es su esperanza de gloria eterna (Col. 1:27; cp. Ro. 8:9-11). La vida trasformada que resulta (2 Co. 5:17) es una prueba reconocible de la verdadera salvación.

La afirmación neotestamentaria según la cual alguien puede saber si es salvo está en contradicción directa con la enseñanza de la iglesia católica romana. Roma sostiene oficialmente que "nadie puede saber con la certeza de la fe, que no puede sujetarse a errores, si ha obtenido la gracia de Dios" (Capítulo ix del Decreto Concerniente a la Justificación, promulgado por el Concilio de Trento; como está citado en John C. Olin, ed., *A Reformation Debate: John Calvin and Jacopo Sadoleto*] [Un debate sobre la Reforma: Juan Calvino y Jacopo Sadoleto] [Reimpresión; Grand Rapids: Baker, 1976], p. 122). El Canon 16 de los Cánones Concernientes a la Justificación, promulgado en el Concilio de Trento, añade: "Si alguien dice con certeza infalible y absoluta que tendrá el gran don de la perseverancia, a menos que lo haya recibido por revelación especial, será anatema" (como está citado en Olin, *A Reformation Debate*, p. 133). La negación de la seguridad de la salvación no solamente es contraria a la enseñanza de Pablo en este pasaje, sino a todo el resto del Nuevo Testamento. Romanos 8:16 declara: "El Espíritu mismo da testimonio a nuestro espíritu, de que somos hijos de Dios" y el apóstol Juan asegura repetidamente a sus lectores que podían saber si tenían la vida eterna:

> *Y en esto sabemos que nosotros le conocemos, si guardamos sus mandamientos... Nosotros sabemos que hemos pasado de muerte a vida, en que amamos a los hermanos. El que no ama a su hermano, permanece en muerte... Estas cosas os he escrito a vosotros que creéis en el nombre del Hijo de Dios, para que sepáis que tenéis vida eterna, y para que creáis en el nombre del Hijo de Dios (1 Jn. 2:3; 3:14; 5:13).*

El llamado de Pablo a los corintios para examinarse a ver si de verdad eran salvos habría carecido de fundamento si tal cosa no pudiera saberse. El apóstol confiaba en que la mayoría de los corintios descubriría que su fe era genuina y experimentaría las bendiciones de la ya mencionada seguridad. Quienes terminaran **reprobados** también podrían experimentar las bendiciones si se arrepentían y ejercían la fe genuina en Cristo.

Pero Pablo también se beneficiaría cuando la mayoría se examinara y descubriera si su fe era real. De hecho, tal cosa probaría que era un verdadero apóstol porque ellos eran fruto de su ministerio. Los corintios estaban en medio de un dilema, como lo señala D. A. Carson:

> Si los corintios declaraban que no pasaban la prueba, entonces Pablo quedaría humillado, sin duda (cp. 2 Co. 12:21); pero en tal caso los corintios no estarían en posición de señalar a nadie. Si, de otra parte, sentían que pasaban la prueba, entonces Pablo sería la última persona a la que podrían condenar porque él inició la evangelización entre ellos (*From Triumphalism to Maturity* [Del triunfalismo a la madurez] [Grand Rapids: Baker, 1984], p. 179).

Si dudaban del apostolado de Pablo, tendrían que dudar de su mensaje. Pero si dudaban de su mensaje, también tendrían que dudar de su conversión. La prueba más convincente del apostolado de Pablo eran las vidas transformadas de los corintios; si de verdad eran salvos, él debía ser un verdadero apóstol. Pablo sabía que la mayoría de los corintios eran creyentes genuinos y, por lo tanto, conocía **que** él **no** estaba reprobado.

¿Qué deben mirar quienes se examinen a sí mismos? ¿Cuáles son las señales de una fe salvadora auténtica? Las respuestas populares quizás incluyan hacer una oración, venir al altar, tener una experiencia emocional, ser bautizado, asistir a una iglesia, llevar una vida externa de buena moral, sentir convicción de pecado o conocer hechos sobre Jesús. Sin embargo, ninguno de estos puntos son señales auténticas de la fe salvadora. Las Escrituras no enseñan en ninguna parte que la simple confesión de fe (Lc. 8:13-14), el bautismo (Ef. 2:8-9), ser parte de la iglesia visible (Mt. 13:25-30, 36-42), sentir convicción de pecado (Mt. 27:3-5) o tan solo creer en los hechos del evangelio (Jn. 8:31; Stg. 2:19) salven a nadie.

Hasta los demonios creen (Stg. 2:19), pero eso no los salvará. Su conocimiento de las realidades espirituales sobrepasa el de cualquier humano. Están completamente convencidos de la verdad que conocen. Les aterroriza el juicio de Dios (cp. Mt. 8:29) por el sentimiento abrumador de su culpa (cp. Lc. 8:31; saben que merecen que los envíen al abismo). Están profundamente involucrados en las actividades religiosas del mundo (Dt. 32:17; 1 Co. 10:20-21). También reconocen la superioridad total de Jesucristo (Mr. 1:24). Pero, a pesar de todo ello, están eterna y completamente condenados.

De la misma manera, las personas pueden tener conocimiento de las verdades espirituales (Ro. 1:21), creer la verdad (Jn. 2:23-25), temer el juicio divino (cp. Ap. 6:15-17; 9:20-21), sentir culpa (Hch. 24:25; la culpa de Félix lo hizo tener miedo), desear la vida eterna (el joven rico deseaba la salvación, pero no la obtuvo; Mt. 19:16, 22), ser religioso externamente (como los escribas y los fariseos; Mt. 5:20) y afirmar la superioridad de Jesucristo (la misma multitud que lo exaltó como Mesías el domingo de la semana de pasión [Mt. 21:9], gritó por su sangre el viernes [Mt. 27:22-25]) y, con todo esto, aún morir en sus pecados.

Las siguientes son algunas señales clave de la fe que salva. (Para una explicación más completa de las señales de la verdadera fe, véase John MacArthur, *Salvos sin lugar a dudas* [Grand Rapids: Portavoz, 2015]; Gardiner Spring, *The Distinguishing Marks of Christian Character* [Los rasgos distinctivos del carácter cristiano] [Philipsburg, N. J., Presb. & Ref., s.f.]; Matthew Mead, *The Almost Christian Discovered* [El descubrimiento de una persona casi cristiana] [Reimpresión; Beaver Falls, Pa.; Soli Deo Gloria, s.f.].

Primero, la fe auténtica está marcada por la penitencia. Jesús dijo en las bienaventuranzas: "Bienaventurados los pobres en espíritu, porque de ellos es el reino de los cielos" (Mt. 5:3). La fe verdadera produce un sentimiento verdadero de pecado que hace a los creyentes lamentarse por su pecado (v. 4), hace que sean humildes (v. 5) y hace que reconozcan y confiesen sus transgresiones. David escribió en uno de sus salmos penitenciales: "Pero te confesé mi pecado, y no te oculté mi maldad. Me dije: 'Voy a confesar mis transgresiones al Señor', y tú perdonaste mi maldad y mi pecado" (Sal. 32:5, NVI). Quienes confiesan los pecados son quienes obtienen misericordia y perdón (Pr. 28:13; cp. 2 S. 12:13; 24:10). El apóstol Juan escribió:

> *Pero si andamos en luz, como él está en luz, tenemos comunión unos con otros, y la sangre de Jesucristo su Hijo nos limpia de todo pecado. Si decimos que no tenemos pecado, nos engañamos a nosotros mismos, y la verdad no está en nosotros. Si confesamos nuestros pecados, él es fiel y justo para perdonar nuestros pecados, y limpiarnos de toda maldad. Si decimos que no hemos pecado, le hacemos a él mentiroso, y su palabra no está en nosotros (1 Jn. 1:7-10).*

Quienes rehúsan dejar su pecado muestran evidencia de que no han experimentado la transformación que tiene lugar en la salvación. Después de su conversión, Pablo expresó la actitud normal de los santos hacia sus pecados: "¡Miserable de mí! ¿Quién me librará de este cuerpo de muerte?" (Ro. 7:24). Los creyentes verdaderos desean lo que es justo y puro, mientras que reconocen la fuerza poderosa del pecado en su naturaleza, que aún funciona porque todavía no han sido glorificados. Saben que lo que está mal en ellos no es falta de autoestima, maltrato de otros o trauma de la niñez, sino pecado. Odian su condición caída porque tal cosa deshonra al Dios que aman y sirven. Arthur Pink observa:

> Una de las pruebas más seguras a implementar en la conversión profesa es la actitud del corazón hacia el pecado. Donde se ha plantado el principio de santidad, necesariamente habrá aversión a todo lo que no sea santo. Si nuestro odio por el mal es auténtico, agradecemos aun cuando la Palabra repruebe el mal que no sospechábamos (*Profting from the Word* [Beneficiándonos de la Palabra] [Edimburgo: Banner of Truth, 1977], p. 13).

Segundo, la fe genuina está marcada por un deseo de justicia. En Mateo 5:6, Jesús dijo que los redimidos son "los que tienen hambre y sed de justicia". Los creyentes verdaderos no solo están marcados por su aversión al pecado, sino por su atracción a la justicia. Su justicia es interna, no externa, como la de los escribas y fariseos (cp. Mt. 5:20). La justicia externa no mata; la interna no odia (vv. 21-22). La justicia externa no comete pecados sexuales; la justicia interna no comete lujuria (vv. 27-28). La justicia externa evita hábilmente falsas promesas, mientras todavía engaña a los demás; la justicia interna no miente (vv. 33-37). La justicia externa limita su venganza a lo prescrito por la ley; en la justicia interna no hay en absoluto represalias (vv. 38-42). La justicia externa ama a sus amigos y odia a sus enemigos; la justicia interna ama a sus amigos y a sus enemigos (vv. 43-47). La justicia externa se exhibe delante de los hombres (Mt. 6:1); la justicia interna añora la perfección, tal como el Padre celestial es perfecto (5:48).

Aquellos cuya fe es auténtica buscan abstenerse de la maldad (2 Ti. 2:19), mientras que quienes tienen un fe falsa "profesan conocer a Dios, pero con los hechos lo niegan, siendo abominables y rebeldes, reprobados en cuanto a toda buena obra" (Tit. 1:16). El apóstol Juan declaró que "todo el que hace justicia es nacido de él" (1 Jn. 2:29; cp. 3:5-7, 10). La fe salvadora auténtica produce un anhelo profundo del corazón de obedecer a Dios.

Tercero, la fe auténtica está marcada por la sumisión a la autoridad divina. Los pecadores son rebeldes contra Dios; los santos son sus siervos por su propia voluntad. Jesús dejó claro que quienes fueran sus discípulos debían someterse sin reservas a Él, sin importar el costo:

> *Grandes multitudes iban con él; y volviéndose, les dijo: Si alguno viene a mí, y no aborrece a su padre, y madre, y mujer, e hijos, y hermanos, y hermanas, y aun también su propia vida, no puede ser mi discípulo. Y el que no lleva su cruz y viene en pos de mí, no puede ser mi discípulo. Porque ¿quién de vosotros, queriendo edificar una torre, no se sienta primero y calcula los gastos, a ver si tiene lo que necesita para acabarla? No sea que después que haya puesto el cimiento, y no pueda acabarla, todos los que lo vean comiencen a hacer burla de él, diciendo: Este hombre comenzó a edificar, y no pudo acabar. ¿O qué rey, al marchar a la guerra contra otro rey, no se sienta primero y considera si puede hacer frente con diez mil al que viene contra él con veinte mil? Y si no puede, cuando el otro está todavía lejos, le envía una embajada y le pide condiciones de paz. Así, pues, cualquiera de vosotros que no renuncia a todo lo que posee, no puede ser mi discípulo. Buena es la sal; mas si la sal se hiciere insípida, ¿con qué se sazonará? Ni para la tierra ni para el muladar es útil; la arrojan fuera. El que tiene oídos para oír, oiga (Lc. 14:25-35).*

El joven rico se negó a someterse a la autoridad de Cristo y le volvió la espalda (Mt. 19:16-22). Por supuesto, aunque nadie entiende, en el momento de la salvación, todo lo que implica la sumisión a Dios, quienes desean el perdón y el cielo a cualquier costo se someterán a su voluntad, trajere lo que trajere para ellos.

Cuarto, la fe auténtica está marcada por la obediencia. Jesús señaló enfáticamente: "¿Por qué me llamáis, Señor, Señor, y no hacéis lo que yo digo?" (Lc. 6:46). "No todo el que me dice: Señor, Señor, entrará en el reino de los cielos, sino el que hace la voluntad de mi Padre que está en los cielos" (Mt. 7:21; cp. vv. 22-27). A quienes profesaban fe en Jesús, Él les dijo: "Si vosotros permaneciereis en mi palabra, seréis verdaderamente mis discípulos" (Jn. 8:31). En el discurso del aposento alto Jesús enseñó a sus discípulos:

> *Si me amáis, guardad mis mandamientos… Respondió Jesús y le dijo: El que me ama, mi palabra guardará; y mi Padre le amará, y vendremos a él, y haremos morada con él. El que no me ama, no guarda mis palabras; y la palabra que habéis oído no es mía, sino del Padre que me envió (Jn. 14:15, 23-24; cp. 15:10).*

Juan se hizo eco de las palabras de su maestro muchas décadas después cuando escribió:

> *Y en esto sabemos que nosotros le conocemos, si guardamos sus mandamientos. El que dice: Yo le conozco, y no guarda sus mandamientos, el tal es mentiroso, y la verdad no está en él; pero el que guarda su palabra, en éste verdaderamente el amor de Dios se ha perfeccionado; por esto sabemos que estamos en él… Y el que guarda sus mandamientos, permanece en Dios, y Dios en él. Y en esto sabemos que él permanece en nosotros, por el Espíritu que nos ha dado… En esto conocemos que amamos a los hijos de Dios, cuando amamos a Dios, y guardamos sus mandamientos. Pues este es el amor a Dios, que guardemos sus mandamientos; y sus mandamientos no son gravosos (1 Jn. 2:3-5; 3:24; 5:2-3).*

Aquellos cuya fe sea real serán "hacedores de la palabra, y no tan solamente oidores" que se engañan a sí mismos (Stg. 1:22).

Finalmente, la fe auténtica está marcada por el amor, a Dios y a los demás. A los elegidos los caracteriza su amor por Dios (Ro. 8:28). De acuerdo con Santiago 2:5, Dios ha prometido su reino a quienes lo amen (cp. 1 Co. 2:9). Los creyentes demuestran que son hijos de Dios porque lo aman (1 Jn. 5:2). En contraste, quienes tienen una falsa fe no tienen el amor de Dios en ellos (Jn. 5:42; cp. 8:42). Más bien, aman al mundo (Stg. 4:4; 1 Jn. 2:15-16).

El amor a los otros creyentes también es una característica de quienes poseen fe auténtica. "Sabemos que hemos pasado de muerte a vida, en que amamos a los hermanos. El que no ama a su hermano, permanece en muerte" (1 Jn. 3:14). Por otra parte, la falsa fe se caracteriza por la falta de amor:

> *El que dice que está en la luz, y aborrece a su hermano, está todavía en tinieblas. El que ama a su hermano, permanece en la luz, y en él no hay tropiezo. Pero el que aborrece a su hermano está en tinieblas, y anda en tinieblas, y no sabe a dónde va, porque las tinieblas le han cegado los ojos (1 Jn. 2:9-11).*

El verdadero inventario espiritual no se enfoca en el comportamiento externo o las actividades religiosas, sino en las actitudes internas del corazón.

Las palabras de Jesús a la iglesia de Sardis, "Yo conozco tus obras, que tienes nombre de que vives, y estás muerto" (Ap. 3:1), se erigen como una advertencia aleccionadora a quienes profesan una fe que no poseen. No hay cantidad de resolución o participación religiosa externa que pueda transformar el corazón; solamente en Cristo las personas llegan a ser nuevas criaturas (2 Co. 5:17). En las palabras del gran escritor de himnos Isaac Watts:

> ¡Cuán impotente la culpable naturaleza está!, inconsciente de su carga;
> el corazón que no cambia no puede nunca elevarse a la felicidad y a
> Dios.
> La voluntad perversa, las pasiones ciegas por caminos de ruina se
> pierden;
> la razón degradada no puede nunca hallar el camino seguro, el
> estrecho.
>
> ¿Puede algo bajo el poder divino mi obstinada voluntad subyugar?
> Es tuya, Todopoderoso Salvador, tuya, para dar forma de nuevo a mi
> corazón.
> Oh, cambia estos desdichados corazones nuestros y dales vida divina;
> entonces nuestros poderes y pasiones, Todopoderoso Señor, serán
> tuyos.

El patrón de la santificación: Obediencia e integridad **38**

Y oramos a Dios que ninguna cosa mala hagáis; no para que nosotros aparez-camos aprobados, sino para que vosotros hagáis lo bueno, aunque nosotros seamos como reprobados. Porque nada podemos contra la verdad, sino por la verdad. Por lo cual nos gozamos de que seamos nosotros débiles, y que voso-tros estéis fuertes; y aun oramos por vuestra perfección. Por esto os escribo estando ausente, para no usar de severidad cuando esté presente, conforme a la autoridad que el Señor me ha dado para edificación, y no para destrucción. (13:7-10)

El Nuevo Testamento abunda en imágenes y metáforas que describen los debe-res y responsabilidad de los pastores y los ancianos. Se les describe como líderes (He. 13:17, 24), supervisores (Hch. 20:28; Fil. 1:1; 1 Ti. 3:1-2; Tit. 1:7), pastores (Hch. 20:28; 1 P. 5:2), maestros (Hch. 13:1; 1 Co. 12:28; Ef. 4:11), personas que alertan (1 Ts. 4:6), siervos (1 Co. 3:5; Col. 1:7; 1 Ti. 4:6), mayordomos (Tit. 1:7), consoladores (2 Co. 1:4) y ejemplos (Fil. 3:17; 2 Ts. 3:7, 9; 1 Ti. 4:12; Tit. 2:7; 1 P. 5:3).

Pero la imagen que junta todas estas otras es la de padres. Los padres —como los pastores— lideran, supervisan, pastorean, enseñan, advierten, sirven, tienen una mayordomía, consuelan y son ejemplo para sus hijos. Por su parte, los pas-tores son como los padres de su familia espiritual, la iglesia (cp. 1 Co. 4:14-15; 2 Co. 12:14).

En 1 Tesalonicenses 2:7-12, se consideran los aspectos maternales y paterna-les de la metáfora para el liderazgo espiritual:

Antes fuimos tiernos entre vosotros, como la nodriza que cuida con ternura a sus propios hijos. Tan grande es nuestro afecto por vosotros, que hubiéramos querido entregaros no sólo el evangelio de Dios, sino también nuestras propias vidas; porque habéis llegado a sernos muy queridos. Porque os acordáis, hermanos, de nuestro trabajo y fatiga; cómo trabajando de noche y de día, para no ser gravosos a ninguno de vosotros, os predicamos el evangelio de Dios. Vosotros sois testigos, y Dios también, de cuán santa, justa e irreprensiblemente nos comportamos con vosotros los creyentes; así como también sabéis de qué modo, como el padre a sus hijos, exhortábamos y consolábamos a cada uno de vosotros, y os encargábamos que anduvieseis como es digno de Dios, que os llamó a su reino y gloria.

Los pastores, "como la nodriza", cuidan con ternura a su pueblo, sienten un afecto profundo por ellos y se sacrifican en sus trabajos por ellos. También exhortan, consuelan y les hacen encargos "como el padre a sus hijos". El resultado es creyentes que caminen "como es digno de Dios, que [los] llamó a su reino y gloria".

Tal equilibrio amoroso de cuidado tierno e instrucción fuerte señala al pastor fiel. Al verdadero hombre de Dios no le preocupa edificar su reputación, incrementar el tamaño de su congregación o cualquier otra meta egoísta. Como ocurrió con Pablo, su pasión consumidora era llevar a sus hijos espirituales a la madurez. El apóstol expresó la profundidad de esta preocupación cuando escribió a los gálatas: "Hijitos míos, por quienes vuelvo a sufrir dolores de parto, hasta que Cristo sea formado en vosotros" (Gá. 4:19).

En el cierre de su carta, Pablo resumió los elementos necesarios para el crecimiento espiritual. Si los creyentes han de volverse como Jesucristo, deben tratar con su pecado. Por lo tanto, explicó el asunto vital del arrepentimiento en 2 Corintios 12:20-21, expresando su preocupación porque los corintios se volvieran del pecado y buscaran la piedad. Los creyentes que no se arrepienten necesitan que la iglesia los aliente a hacerlo mediante el proceso de disciplina (13:1-2). Tal como los niños no pueden llegar a la madurez sin someterse a la autoridad y disciplina paternas, los creyentes deben someterse a quienes están en autoridad en la iglesia (13:3-4). Y puesto que los creyentes deben ser hijos auténticos antes de que puedan madurar espiritualmente, deben examinarse para estar seguros de que son salvos de verdad (13:5-6).

En este pasaje, Pablo concluye con el cuerpo de su carta tratando dos elementos esenciales en el proceso de santificación: la obediencia y la integridad.

OBEDIENCIA

Y oramos a Dios que ninguna cosa mala hagáis; no para que nosotros aparezcamos aprobados, sino para que vosotros hagáis lo bueno, aunque nosotros seamos como reprobados. Porque nada podemos contra la verdad, sino por la verdad. Por lo cual nos gozamos de que seamos nosotros débiles, y que vosotros estéis fuertes; (13:7-9*a*)

Uno de los deberes más esenciales del pastor es orar por su pueblo, y las cartas de Pablo reflejan su constante intercesión por las iglesias. Oró para que los efesios supieran "cuál es la esperanza a que él [los había] llamado, y cuáles las riquezas de la gloria de su herencia en los santos, y cuál la supereminente grandeza de su poder para con [los que creen]" (Ef. 1:18-19). El apóstol pidió que en los filipenses abundara "aun más y más en ciencia y en todo conocimiento, para que [aprobaran] lo mejor, a fin de que [fueran] sinceros e irreprensibles para el día de Cristo" (Fil. 1:9-10). Su petición por los colosenses fue:

Que [fueran] llenos del conocimiento de su voluntad en toda sabiduría e inteligencia espiritual, para que [anduvieran] como es digno del Señor, agradándole en todo, llevando fruto en toda buena obra, y creciendo en el conocimiento de Dios; fortalecidos con todo poder, conforme a la potencia de su gloria, para toda paciencia y longanimidad (Col. 1:9-11).

Y escribió a los tesalonicenses: "Orando de noche y de día con gran insistencia, para que veamos vuestro rostro, y completemos lo que falte a vuestra fe" (1 Ts. 3:10), mientras que en la segunda epístola añadió:

Por lo cual asimismo oramos siempre por vosotros, para que nuestro Dios os tenga por dignos de su llamamiento, y cumpla todo propósito de bondad y toda obra de fe con su poder, para que el nombre de nuestro Señor Jesucristo sea glorificado en vosotros, y vosotros en él, por la gracia de nuestro Dios y del Señor Jesucristo (2 Ts. 1:11-12).

El apóstol también oraba por los individuos de cada iglesia, como Timoteo (2 Ti. 1:3) y Filemón (Flm. 4).

Como una sombra oscura sobre este pasaje y sobre la epístola entera, estaban los falsos apóstoles que influenciaban la iglesia de Corinto. Muchos miembros de la congregación se habían quedado encandilados por ellos y, con ello, estos habían tenido éxito parcial en socavar la lealtad de la iglesia a Pablo. Los falsos maestros lo habían atacado con saña, negando que fuera un verdadero apóstol de Cristo. Se las arreglaron para engatusar a algunos de los corintios para que buscaran pruebas de que Cristo hablaba en él (2 Co. 13:3). Tal cuestionamiento de la autoridad apostólica de Pablo era disparatado pecado. Había ministrado entre los corintios durante casi dos años (cp. Hch. 18:11, 18), realizando las señales de un apóstol (2 Co. 12:12). Habían visto prueba suficiente de la autenticidad de Pablo en la regeneración de ellos mismos.

Cuando Pablo escribió esta epístola para afirmar su autenticidad frente a los ataques de los falsos apóstoles, no estaba protegiendo celosamente su reputación personal. Pero era consciente de que si la iglesia le daba la espalda, se la estaría dando a Cristo.

Humanamente hablando, habría sido natural que Pablo quisiera ir a Corinto y exhibiera su poder convincentemente. Después de todo, los falsos apóstoles y sus seguidores se habían burlado de él despreciándolo como un débil y un cobarde (cp. 1 Co. 2:3). Reafirmar con audacia su autoridad y ponerlos en su lugar habría sido gratificante. Pablo estaba dispuesto a mostrar su poder apostólico si era necesario (aunque no para obtener venganza de sus enemigos, por supuesto; cp. Ro. 12:19), como ya lo había dejado claro (2 Co. 12:20; 13:2; cp. 1 Co. 4:21). Pero su preocupación por los corintios no necesariamente requería que los presionara. Más bien, oraría **a Dios que ninguna cosa mala** hicieran, **sino** que hicieran **lo bueno**. Su oración era que la obediencia de los corintios le hiciera innecesario ir a ejercer su autoridad y disciplinarlos; pero, si le tocaba ir, que se hubieran arrepentido para que no hubiera ningún enfrentamiento. El deseo profundo de Pablo por los corintios, como ocurría con lo filipenses, era que fueran "sinceros e irreprensibles para el día de Cristo, llenos de frutos de justicia" (Fil. 1:10-11). Como padre amoroso, estaba más preocupado por la obediencia de los hijos que por su propia reputación.

Como ya se señaló anteriormente, era esencial que los corintios aceptaran a Pablo como verdadero apóstol. Rechazarlo a favor de los falsos maestros sería rechazar la verdad del evangelio por las mentiras de Satanás. De modo que era crucial para Pablo que los corintios lo aprobaran por quien realmente era, un apóstol de Jesucristo. Sin embargo, mostrando una notable abnegación, la principal meta de Pablo **no** era **que** él apareciera aprobado. Irónicamente, tan importante como era por las razones ya mencionadas, Pablo felizmente aparecería reprobado, si la obediencia de los corintios le hacía innecesario desplegar su poder apostólico. La pureza y obediencia de ellos era más importante que la forma en que los hombres lo vieran. Aunque los falsos apóstoles y sus seguidores engañados lo siguieran considerando descalificado para ser apóstol; si la mayoría viviera en obediencia a la verdad, Pablo quedaba contento. El apóstol sabía que no importaba lo que los hombres pensaran de él, puesto que Dios era su Juez (1 Co. 4:3-4).

El alcance de la abnegación de Pablo puede verse en Romanos 9:1-3, tal vez la declaración más asombrosa que se haya escrito: "Verdad digo en Cristo, no miento, y mi conciencia me da testimonio en el Espíritu Santo, que tengo gran tristeza y continuo dolor en mi corazón. Porque deseara yo mismo ser anatema, separado de Cristo, por amor a mis hermanos, los que son mis parientes según la carne". La preocupación de Pablo por sus hermanos judíos incrédulos era tan intensa que, si fuera posible, él estaría dispuesto a ir al infierno si eso garantizara que ellos irían al cielo. La preocupación del apóstol reflejaba la de Moisés, que pidió algo semejante a sus compatriotas israelitas en Éxodo 32:32: "Que perdones ahora su pecado, y si no, ráeme ahora de tu libro que has escrito".

Pablo **nada** podía **contra la verdad**, se regocijaba en ella (1 Co. 13:6), buscaba manifestarla (2 Co. 4:2), siempre hablaba con ella (2 Co. 7:14) y la vivía con completa integridad (2 Co. 11:10). La palabra *alētheia* (**verdad**) aquí se refiere a la revelación completa de Dios en las Escrituras (cp. 6:7; Jn. 17:17; Col. 1:5; 2 Ti. 2:15; Stg. 1:18). Si los corintios vivieran en obediencia a la verdad, Pablo no podría disciplinarlos, ni lo haría. De otra parte, no titubearía en actuar decisivamente **por la verdad** si algunos de los corintios persistían en la desobediencia. Amar la verdad significaba honrarla, y Pablo no titubeaba para confrontar a quienes se desviaran de ella. En 1 Corintios 5:3-5 había entregado a Satanás al hombre que estaba en una relación con la esposa de su padre. En Gálatas 2:11-14 reprendió públicamente a Pedro por su hipocresía, mientras que en 1 Timoteo 1:20 expulsó a Himeneo y a Alejandro de la iglesia por sus errores.

La voluntad de Pablo para que lo percibieran como débil en tanto sus hijos fueran fuertes (cp. 1 Co. 4:9-13) lo llevó a escribir: "**Nos gozamos de que seamos nosotros débiles, y que vosotros estéis fuertes**". Su preocupación era que los corintios fueran obedientes y **fuertes** (cp. 1 Co. 16:13; Ef. 6:10; 2 Ti. 2:1). No le importaba parecer débil a los ojos del mundo, aun cuando en realidad ministraba en el poder de Dios (2 Co. 4:7; 6:7; 13:4). Había aprendido que la debilidad era el camino al poder; era su debilidad humana lo que permitía que la fuerza de Dios fluyera a través de él. Ya había escrito en esta carta: "Por tanto, de buena gana me gloriaré más bien en mis debilidades, para que repose sobre mí el poder de Cristo. Por lo cual, por amor a Cristo me gozo en las debilidades, en afrentas, en necesidades, en persecuciones, en angustias; porque cuando soy débil, entonces soy fuerte" (12:9-10).

INTEGRIDAD

y aun oramos por vuestra perfección. (13:9*b*)

Esta cualidad de la integridad o de perfección resume los elementos previamente mencionados: arrepentimiento (12:20-21), confrontación del pecado a través de la disciplina de la iglesia (13:1-2), sumisión a la autoridad (13:3-4), autenticidad (13:5-6) y obediencia (13:7-9*a*). La palabra *katartisis* (**perfección**) solo aparece aquí en el Nuevo Testamento, y significa "adecuado", "completamente calificado" o "suficiente". El verbo relacionado *katartizō* (cp. v. 11) tiene la idea básica de poner las cosas en orden, o en su lugar apropiado, o restaurar o arreglar algo que estaba quebrado. En Mateo 4:21 se usa para cuando Santiago y Juan estaban remendando sus redes. Pablo la utilizó en Gálatas 6:1 para describir la restauración de un creyente pecador a la comunión con Dios.

Tal vez la palabra *integridad* es la que mejor expresa el significado de *katartisis* en este pasaje. Una persona íntegra es aquella cuyos pensamientos, creencias, palabra y acciones están todas en perfecta armonía. Para el cristiano, la integridad requiere que cada área de la vida esté en sumisión a la verdad de la Palabra de Dios, donde nada sea inconsecuente o esté sin sincronizar. Una persona íntegra no es como Locuacidad en *El Progreso del Peregrino*, a quien describían quienes lo conocían como un santo por fuera, pero un demonio en casa.

La integridad puede ilustrarse con el proceso de preparación del pan. Si tan solo se pusieran en la olla agua, harina, levadura, azúcar, sal y otros ingredientes, y se depositaran en el horno, lo que resultaría no sería pan. Un paso absolutamente esencial en el proceso de preparación del pan está en la mezcla de los ingredientes. Así, también, todos los "ingredientes" diferentes de la vida del creyente deben mezclarse apropiadamente para producir integridad.

La meta de la integridad es ser como el Señor Jesucristo, puesto que Él es el retrato perfecto de la integridad, quien "no conoció pecado" (2 Co. 5:21; cp. Is. 53:9; He. 7:26; 1 P. 2:22; 1 Jn. 3:5). Esta era una petición frecuente de Pablo cuando oraba por los creyentes. En Colosenses 1:28-29, el apóstol resumió el papel de su ministerio como "[anunciar a Cristo], amonestando a todo hombre, y enseñando a todo hombre en toda sabiduría, a fin de presentar perfecto en Cristo Jesús a todo hombre; para lo cual también trabajo, luchando según la potencia de él, la cual actúa poderosamente en mí". A los gálatas escribió: "Hijitos míos, por quienes vuelvo a sufrir dolores de parto, hasta que Cristo sea formado en vosotros" (Gá. 4:19). Y así describió a Epafras a los colosenses: "Siempre [rogó] encarecidamente por [los colosenses] en sus oraciones, para que [estuvieran] firmes, perfectos y completos en todo lo que Dios quiere" (Col. 4:12).

El salmo 15 resume sucinta y acertadamente la integridad. Allí escribió David:

> *¿Quién, Señor, puede habitar en tu santuario?*
> *¿Quién puede vivir en tu santo monte?*
> *Sólo el de conducta intachable,*
> *que practica la justicia*
> *y de corazón dice la verdad;*
> *que no calumnia con la lengua,*
> *que no le hace mal a su prójimo*
> *ni le acarrea desgracias a su vecino;*
> *que desprecia al que Dios reprueba,*
> *pero honra al que teme al Señor;*
> *que cumple lo prometido*
> *aunque salga perjudicado;*
> *que presta dinero sin ánimo de lucro,*
> *y no acepta sobornos que afecten al inocente.*
> *El que así actúa no caerá jamás (NVI).*

La integridad fluye desde el corazón y abarca cada aspecto de la vida.

El nombre de Daniel, santo del Antiguo Testamento, es prácticamente sinónimo de integridad, convicción y de una vida comprometida con Dios. Ni la fascinación de la riqueza fabulosa de la corte de Nabucodonosor ni la tentación de ceder a las exigencias de los babilonios para poder alcanzar poder político e influencia, ni la amenaza del horno de fuego o el foso de los leones pudieron persuadirlo. Daniel permaneció completamente devoto a la Palabra de Dios a través de toda su larga vida. (Para una explicación mayor sobre la integridad, véase mi libro *El poder de la integridad* [Grand Rapids: Portavoz, 1999]).

Pablo concluye, en el versículo 10, el cuerpo principal de la epístola con lo que podría considerarse un resumen de una frase sobre todo este tratado: "**Por esto os escribo estando ausente, para no usar de severidad cuando esté presente, conforme a la autoridad que el Señor me ha dado para edificación, y no para destrucción**". Su objetivo al escribir era que **cuando** estuviera **presente** con ellos otra vez en su próxima visita (12:14; 13:1), **no** necesitara **usar de severidad** al confrontarlo (cp. Tit. 1:13, donde aparece la misma palabra griega que aquí se tradujo **severidad**). Prefería utilizar mucho más la **autoridad** positiva **que el Señor** le había **dado para edificación** de los corintios (cp. Ro. 14:19), **y no para** la negativa **destrucción** de ellos.

Entonces les dejó una advertencia final. Si la situación lo exigía —si algunos de los corintios persistían en su pecado y resistencia a la Palabra y a la voluntad del Señor—, no titubearía en actuar. La palabra *kathairesis* (**destrucción**) también habría podido traducirse "demolición". Pablo la utilizó en 10:8, donde también habló de utilizar su autoridad para edificar a los corintios, no para destruirlos. Esperaba fervientemente que atendieran a sus reprensiones en esta carta, para que su tercera visita fuera diferente de la segunda, que fue tan dolorosa y triste para él (2:1).

¿Tuvo éxito Pablo? ¿Atendieron los corintios su admonición y se volvieron de los falsos maestros? ¿Dieron la bienvenida a Pablo en la tercera visita? El apóstol, como prometió, volvió a visitar Corinto. Hechos 20:2-3 registra que pasó tres meses en Grecia. Puesto que el versículo 2 dice que llegó a Grecia desde Macedonia (la parte norte de Grecia; v. 1) y que cuando salió de la ciudad volvió por Macedonia, "Grecia" (v. 2) debe referirse a Acaya (la parte sur de Grecia). Sin duda, Pablo pasó la mayoría de dicho trimestre en Corinto, pues la ciudad está localizada en Acaya. Aunque el Nuevo Testamento no ofrece detalles específicos de tal visita, cuatro líneas de evidencia sugieren que los corintios respondieron positivamente a esta carta y la visita de Pablo fue tan gozosa como él esperaba.

Primero, Pablo escribió a los romanos durante este período de tres meses en Corinto (cp. las referencias, en Ro. 16, a Febe, Gayo y Erasto, todos los cuales estaban asociados con Corinto). En ninguna parte de Romanos expresó Pablo preocupación por la situación presente. Tal cosa implica que las cosas estuvieron calmadas y pacíficas mientras estuvo en Corinto.

Segundo, Pablo escribió a los romanos sobre su plan de visitar España vía Roma (Ro. 15:24). Si las cosas aún seguían caóticas en Corinto, es poco probable que tuviera planes inminentes de salir de allí.

Tercero, Romanos 15:26-27 indica que los de Acaya (como se dijo anteriormente, Corinto quedaba en Acaya) habían respondido al llamado de Pablo con respecto a la recolecta para la iglesia de Jerusalén (2 Co. 8—9). Es muy probable que los corintios no hubieran contribuido (particularmente entregando el dinero a Pablo) si aún tuvieran dudas con respecto a si de verdad era un apóstol.

Finalmente, la inclusión de 2 Corintios en el canon del Nuevo Testamento es argumento a favor de que los corintios respondieron favorablemente a la carta. Si la carta no hubiera alcanzado su propósito, es poco probable que la iglesia la hubiera aceptado como parte de las Escrituras.

Esta carta, en la cual Pablo abre su corazón a los corintios, logró la meta de reconciliarlos con él. Como el resto de las Escrituras, alcanzará infaliblemente el motivo para el cual la diseñó Dios. Así lo declaró por medio del profeta Isaías:

> *Porque como desciende de los cielos la lluvia y la nieve, y no vuelve allá, sino que riega la tierra, y la hace germinar y producir, y da semilla al que siembra, y pan al que come, así será mi palabra que sale de mi boca; no volverá a mí vacía, sino que hará lo que yo quiero, y será prosperada en aquello para que la envié (Is. 55:10-11).*

El patrón de la santificación: **39**
Perfección, afecto y bendición

Por lo demás, hermanos, tened gozo, perfeccionaos, consolaos, sed de un mismo sentir, y vivid en paz; y el Dios de paz y de amor estará con vosotros. Saludaos unos a otros con ósculo santo. Todos los santos os saludan. La gracia del Señor Jesucristo, el amor de Dios, y la comunión del Espíritu Santo sean con todos vosotros. Amén. (13:11-14)

Al pelear "la buena batalla de la fe" (1 Ti. 6:12), los cristianos enfrentan tres enemigos implacables: el mundo, la carne y el diablo. El mundo es hostil con los creyentes (como lo fue con el Señor; Jn. 7:7), porque aunque alguna vez fueron parte de él (Ef. 2:2), ya no lo son. Jesús advirtió a sus seguidores: "Porque no sois del mundo, antes yo os elegí del mundo, por eso el mundo os aborrece" (Jn. 15:19; cp. 17:14; 1 Jn. 3:13). Los cristianos no deben amar al mundo (1 Jn. 2:15-16; cp. Stg. 4:4) o conformarse a él (Ro. 12:2), sino vencerlo (1 Jn. 5:4).

La carne es la humanidad irredenta del hombre. A diferencia de los ataques externos del mundo, ataca desde adentro a las personas donde son débiles (Mt. 26:41; Ro. 6:19). En vista de esto, Pedro advirtió a los creyentes así: "Os ruego… que os abstengáis de los deseos carnales que batallan contra el alma" (1 P. 2:11). La carne es inherentemente mala (Ro. 7:18), hostil a Dios (Ro. 8:7-8) y produce obras horriblemente malas (Gá. 5:19-21). Los redimidos no viven "según la carne, sino según el Espíritu" (Ro. 8:9) y no deben vivir "como… carnales" (1 Co. 3:1; cp. Ro. 8:12-13). Para tal fin, no deben proveer "para los deseos de la carne" (Ro. 13:14) y deben limpiarse de toda contaminación (2 Co. 7:1).

La misión principal de Satanás, el diablo, es manipular el mundo y la carne para atacar a los creyentes. El que había sido el más exaltado de todos los seres creados, "querubín grande [y] protector" (Ez. 28:14; la referencia es a la posición privilegiada de Satanás como ángel guardián del trono de Dios), ahora es el paradigma del mal. Jesús declaró que no hay verdad en él, sino que es mentiroso por naturaleza (Jn. 8:44). De hecho, "se disfraza como ángel de luz"

(2 Co. 11:14) para cegar "el entendimiento de los incrédulos, para que no les resplandezca la luz del evangelio" (2 Co. 4:4). El acusador (Ap. 12:10), tentador (1 Ts. 3:5), estorbador (1 Ts. 2:18), es en efecto un adversario formidable, que amenaza con devorar a los creyentes si ignoran sus maquinaciones (2 Co. 2:11; Ef. 6:11). Si los creyentes van a resistirlo con éxito (Stg. 4:7; 1 P. 5:8-9), deben vestirse "de toda la armadura de Dios" (Ef. 6:11) y no darle la oportunidad de que los ataque (Ef. 4:27).

La iglesia de Corinto, como todos los creyentes, estaba sitiada por tres adversarios formidables. El sistema del mundo era excepcionalmente malvado en Corinto, una de las ciudades más corrompidas del mundo antiguo. La ciudad era tan malvada que, en el griego, "corintianizar" significaba acostarse con una prostituta. Por desgracia, gran parte del mal que permeaba la cultura continuaba encontrando un asidero en la carne de los corintios, aun después de su salvación. Como resultado, estaban siendo víctimas de los pecados que se permitían antes de llegar a Cristo. Y el diablo, que se especializa en la religión falsa, hizo sentir su presencia a través de los falsos apóstoles que engañaron a muchos corintios. Como todos los creyentes, los corintios enfrentaban tres enemigos.

Cuando ya la carta magnífica de Pablo se acercaba a su fin, él ofreció un resumen final de sus preocupaciones por la iglesia de Corinto. La preocupación principal de Pablo no era su prosperidad, éxito, salud, comodidad, autoestima o prestigio. En su lugar, enumeró tres metas dignas que todo pastor debería tener para su congregación: perfección, afecto y bendición. Junto con el arrepentimiento (2 Co. 12:20-21), la disciplina (13:1-2), la sumisión a la autoridad (13:3-4), el autoexamen (13:5-6), la obediencia (13:7-9a) y la integridad (13:9b), conforman una defensa fuerte contra el mundo, la carne y el diablo.

PERFECCIÓN

Por lo demás, hermanos, tened gozo, perfeccionaos, consolaos, sed de un mismo sentir, y vivid en paz; y el Dios de paz y de amor estará con vosotros. (13:11)

La expresión **por lo demás** introduce los comentarios de despedida de Pablo a sus **hermanos** amados de Corinto (cp. 1:8; 8:1). La clave para entender este versículo está en la palabra **perfeccionaos**. La palabra *katartizō* (**perfeccionaos**) es la forma verbal del sustantivo *katartisis* (v. 9). No tiene aquí el sentido de añadir algo que falte, sino de organizar las cosas o ajustar las que no estén ajustadas. Por ejemplo, se utiliza para hablar de los pescadores que remiendan sus redes (Mt. 4:21). Pablo exhortó a los corintios a remendar sus caminos, a enderezarlos, y restaurar la armonía entre ellos. Estar completo en términos espirituales es algo que se da en la iglesia, individual y colectivamente, cuando está en total conformidad con la Palabra de Dios. Equipar a los santos para hacerlo es responsabilidad de los líderes de la iglesia (cp. Ef. 4:11-16).

La forma imperativa del verbo *katartizō* indica que los creyentes recibieron la orden de procurar la integridad; no es opcional. A medida que vayan creciendo en gracia, han de revaluar sus prioridades, alinear su comportamiento con las Escrituras y restaurar la integridad espiritual. Los errores teológicos deben corregirse; el conocimiento bíblico debe incrementarse; el pecado debe tratarse; las relaciones rotas deben restaurarse; y la pereza, la indiferencia y la apatía deben volverse servicio devoto y vigoroso. Pablo escribió en la primera carta inspirada a los corintios esto: "Os ruego, pues, hermanos, por el nombre de nuestro Señor Jesucristo, que habléis todos una misma cosa, y que no haya entre vosotros divisiones, sino que estéis perfectamente unidos en una misma mente y en un mismo parecer" (1 Co. 1:10). A los tesalonicenses escribió esto: "[Oramos] de noche y de día con gran insistencia, para que veamos vuestro rostro, y completemos lo que falte a vuestra fe" (1 Ts. 3:10). El evangelismo poderoso resulta de la integridad espiritual; es el flujo natural de una iglesia que está en santa armonía con la voluntad de Dios.

Ciertamente, los corintios debían poner en orden las cosas y arrepentirse de su pecado, rechazar a los falsos maestros y volverse a Pablo, al reconocerlo como el apóstol auténtico que era y al someterse a la verdad de Dios que él predicaba. Pablo les dio cuatro exhortaciones adicionales para ayudarlos a caminar con la verdad de Dios: cuatro mandamientos expresados por cuatro verbos en imperativo.

El primero es tener gozo. Algunas traducciones (p. ej., las versiones inglesas *King James* y *New International Version*) traducen *chairete* (**tened gozo**) como "adiós", puesto que la palabra también se usa como saludo (así ocurre en Mt. 28:9) y despedida. En tal sentido es semejante a la palabra hebrea *shalom*, que significa "paz" literalmente, pero también se usa para "hola" y "adiós". Usar *chairete* como saludo era apropiado porque el gozo es esencial en la vida de la iglesia.

A los cristianos debe caracterizarlos el gozo. Es uno de los frutos que produce en la vida el Espíritu Santo que habita en ellos (Gá. 5:22). Pablo ordenó esto a los filipenses: "Regocijaos en el Señor siempre. Otra vez digo: ¡Regocijaos!" (Fil. 4:4; cp. 2:18, 28; 3:1). En 1 Tesalonicenses 5:16 escribió simplemente: "Estad siempre gozosos". Pedro exhortó a sus lectores a gozarse (1 P. 4:13). El gozo es parte del legado que dejó el Señor Jesucristo a sus seguidores; dijo en el aposento alto a los apóstoles: "Estas cosas os he hablado, para que mi gozo esté en vosotros, y vuestro gozo sea cumplido" (Jn. 15:11), y les prometió: "Os volveré a ver, y se gozará vuestro corazón, y nadie os quitará vuestro gozo" (Jn. 16:22). Pidió al Padre que tuvieran el gozo de Jesús "cumplido en sí mismos" (Jn. 17:13). Las Escrituras describen así el gozo de los creyentes: grande (Lc. 24:52; Hch.

15:3), abundante (2 Co. 8:2), sobreabundante (7:4), alegre (Lc. 6:23), inefable (1 P. 1:8) y lleno de temor (Sal. 2:11).

El gozo cristiano no es una felicidad superficial y atolondrada que puede terminar devastada por cosas como la enfermedad, las dificultades económicas, las relaciones rotas o las incontables vicisitudes y desilusiones de la vida. En su lugar, fluye de una confianza inquebrantable en que Dios está eternamente en el control de todo aspecto de la vida de sus hijos amados, confianza enraizada en el conocimiento de su Palabra. El carácter divino, la obra salvadora de Cristo, la obra de santificación del Espíritu Santo, la providencia divina, las bendiciones espirituales, la promesa de la gloria futura, las oraciones respondidas y la comunión cristiana son todas causa de regocijo.

La segunda exhortación es a someterse. La palabra *parakaleō* (**consolaos**) puede referirse a hablar con autoridad (cp. Lc. 3:18; Hch. 2:40; 20:1-2; Ro. 12:8; 1 Co. 1:10; 4:16; 14:31; 1 Ts. 4:1; 2 Ts. 3:12; 2 Ti. 4:2; Tit. 1:9; 2:15; 1 P. 5:1, 12) y una mejor traducción aquí probablemente sea "exhórtense", "amonéstense". La sumisión a la autoridad era esencial si los corintios querían poner en orden su iglesia. Por esa razón Pablo les dijo en 1 Corintios 4:14 esto: "No escribo esto para avergonzaros, sino para amonestaros como a hijos míos amados".

El mandamiento a ser **de un mismo sentir** revela la tercera exhortación: estar comprometidos con la verdad. La frase griega que se traduce "**sed de un mismo sentir**" significa literalmente: "pensar lo mismo" o "tener las mismas convicciones y creencias". La conformidad a la cual llamó Pablo es la antítesis de una tregua superficial con base en que la doctrina divide y la opinión de todos es igualmente válida. Tampoco es un acuerdo pragmático con quienes no quieran contender "ardientemente por la fe que ha sido una vez dada a los santos" (Jud. 3). Pablo llamó a los creyentes a tener una comprensión común de la verdad de la Palabra de Dios y a conformarse a ella.

Pablo exhortó a los filipenses así: "Solamente que os comportéis como es digno del evangelio de Cristo, para que o sea que vaya a veros, o que esté ausente, oiga de vosotros que estáis firmes en un mismo espíritu, combatiendo unánimes por la fe del evangelio" (Fil. 1:27). La conformidad con la verdad debe surgir de "la unidad de la fe", con base en el verdadero "conocimiento del Hijo de Dios"; cosa que resulta en madurez espiritual "a la medida de la estatura de la plenitud de Cristo" (Ef. 4:13). Pablo enseñó que el mismo sentir proviene de una comprensión común de las Escrituras:

> *Porque las cosas que se escribieron antes, para nuestra enseñanza se escribieron, a fin de que por la paciencia y la consolación de las Escrituras, tengamos esperanza. Pero el Dios de la paciencia y de la consolación os dé entre vosotros un mismo sentir según Cristo Jesús, para que unánimes, a una voz, glorifiquéis al Dios y Padre de nuestro Señor Jesucristo (Ro. 15:4-6).*

Cuando los creyentes unidos acaten las Escrituras, serán "entre [ellos de] un mismo sentir según Cristo Jesús", y "unánimes, a una voz, [glorificarán] al Dios y Padre de nuestro Señor Jesucristo". La Iglesia está llamada a ser "baluarte de la verdad" (1 Ti. 3:15), no a menospreciar la importancia de la doctrina.

A diferencia de la conformidad forzosa en algunos cultos y religiones falsas, debe entenderse que la Biblia no llama a la sumisión tonta a algún sistema religioso o autoridad. El mismo apóstol Pablo "nada [podía] contra la verdad, sino por la verdad" (2 Co. 13:8). La Iglesia no se adhiere a unos parámetros humanos arbitrarios, sino a la Palabra del Dios viviente.

La última exigencia que hizo Pablo a los corintios fue la unidad, que subyace el mandamiento de que vivieran **en paz**. La paz y la unidad fluyen lógicamente de la comprensión común de la Palabra de Dios y el sometimiento a ella. Con todo, los creyentes deben buscar la paz (Ro. 14:19) y ser diligentes en preservarla (Ef. 4:3). Por otra parte, quienes enseñen falsas doctrinas "para arrastrar tras sí a los discípulos" (Hch. 20:30), destrozarán la unidad de la iglesia. Pero cuando las mentes de los creyentes están fijadas firmemente en la verdad, la iglesia experimentará unidad y paz.

La promesa maravillosa que sigue a la obediencia de estas exhortaciones es la bendición divina de contar con la presencia del **Dios de paz y de amor**. Solo aquí se le llama Dios **de amor** en todas las Escrituras, aunque en varias partes se le llama "Dios de paz" (Ro. 15:33; 16:20; Fil. 4:9; 1 Ts. 5:23; He. 13:20). Como tal, Él es la fuente de las dos cosas en sus hijos obedientes. Cuando la iglesia vaya tras la integridad espiritual, experimentará la presencia enriquecedora y poderosa de Dios.

Por otra parte, las iglesias que carezcan de gozo, sumisión, verdad y unidad se descubrirán carentes de la bendición divina. El Señor de la Iglesia declaró lo siguiente a la de Éfeso: "Recuerda, por tanto, de dónde has caído, y arrepiéntete, y haz las primeras obras; pues si no, vendré pronto a ti, y quitaré tu candelero de su lugar, si no te hubieres arrepentido" (Ap. 2:5). Que se les quite la luz es lo opuesto a tener a Dios en medio de ellos. Jesús advirtió a la iglesia de Pérgamo lo siguiente: "Por tanto, arrepiéntete; pues si no, vendré a ti pronto, y pelearé contra ellos con la espada de mi boca" (Ap. 2:16). En lugar de paz, traería guerra. El Señor declaró a la iglesia de Sardis: "Acuérdate, pues, de lo que has recibido y oído; y guárdalo, y arrepiéntete. Pues si no velas, vendré sobre ti como ladrón, y no sabrás a qué hora vendré sobre ti" (Ap. 3:3). Obviamente, un ladrón no trae paz, y así también el Señor no irá en paz a las iglesias desobedientes. Finalmente, advirtió a la iglesia nauseabundamente tibia de Laodicea esto: "Por cuanto eres tibio, y no frío ni caliente, te vomitaré de mi boca" (Ap. 3:16). En lugar de disfrutar su presencia bendecida, terminarían alejados de Él.

Por supuesto, no se trata de que las iglesias sean perfectas para que puedan disfrutar la presencia de Dios. No hay iglesias perfectas, porque están compuestas de pecadores imperfectos. Pero quienes con diligencia procuren la integridad disfrutarán la rica recompensa de la presencia de Dios en **paz** y **amor.**

AFECTO

Saludaos unos a otros con ósculo santo. Todos los santos os saludan. (13:12-13)

Un beso u **ósculo** era una forma general de saludo en el antiguo Oriente Próximo (cp. 2 S. 15:5; 20:9; Mt. 26:48; Lc. 7:45). Solía ser un abrazo juntando las mejillas entre miembros del mismo sexo. En la iglesia primitiva era más que una formalidad del estilo apretón de manos en la cultura occidental de hoy día. El **ósculo santo** tomó una importancia especial como expresión física del amor fraterno y del afecto mutuo entre los miembros de la iglesia (Ro. 16:16; 1 Co. 16:20; 1 Ts. 5:26). David E. Garland observa: "Un ósculo *santo* representa algo más que un uso social. Es una señal de comunión entre personas de contextos sociales, nacionalidades, razas y géneros mezclados que estaban unidos como una nueva familia en Cristo" (*2 Corinthians* [2 Corintios], The New American Commentary [Nuevo comentario estadounidense] [Nashville: Broadman & Holman, 1999], p. 554. Cursivas en el original). El hecho de que fuera un beso **santo** elimina cualquier sugerencia de impureza sexual. Por desgracia, poco a poco se volvió parte institucionalizada y formal de la liturgia eclesial, perdió su verdadero significado y, finalmente, desapareció por completo de la iglesia. Sin embargo, hoy día se vuelve a practicar en algunas iglesias.

El amor fraterno que Jesús ordenó que los creyentes demostraran (Jn. 13:34-35) debe mostrarse a todos niveles. Requiere servicio y ministerio sacrificial por el prójimo y satisfacción compasiva de sus necesidades. Pero el amor fraterno también requiere afecto; de hecho, Pedro lo llamó "ósculo de amor" (1 P. 5:14). Solía ocurrir durante la Santa Cena, momento en el cual los pecadores arrepentidos eran restaurados visiblemente a la comunión por medio de un abrazo físico. Pablo quería que los corintios, llenos de conflictos, divisiones y pecados, manifestaran su afecto abiertamente, porque sabía que tal cosa ayudaría a derrumbar las barreras entre ellos.

Aunque la distancia impedía que **todos los santos** que estaban con Pablo cuando escribió esta epístola pudieran dar un beso santo a los corintios, les enviaron saludos (les enviaron su amor) a los hermanos de Corinto. Deberían haber sido macedonios pues, como se mencionó en la introducción, Pablo escribió 2 Corintios desde Macedonia (probablemente Filipos). Entonces el amor fraterno no debe estar limitado a los miembros de la misma congregación; ha de compartirse con todos los creyentes.

BENDICIÓN

La gracia del Señor Jesucristo, el amor de Dios, y la comunión del Espíritu Santo sean con todos vosotros. Amén. (13:14)

Pronunciar una bendición es invocarla solemnemente, algo que Pablo hacía de manera frecuente en sus epístolas (p. ej., Ro. 1:7; 16:20; 1 Co. 1:3; 16:23; Gá. 1:3-4; 6:18; Ef. 1:2; 6:23-24; Fil. 1:2; 4:23; Col. 1:2; 1 Ts. 1:1; 5:28; 2 Ts. 1:2; 3:18; Flm. 3). Sin embargo, ninguna bendición del Nuevo Testamento es tan rica y profunda teológicamente como esta. Es la única que menciona las tres personas de la Trinidad. Esta magnífica bendición tiene dos características importantes que llaman a un examen más detallado.

Primero, como se señaló anteriormente, es una bendición trinitaria, con lo cual refleja una verdad que es central a la fe cristiana. Pablo no da aquí una exposición sistemática y formal de la doctrina de la Trinidad; esta declaración trinitaria tan solo fluyó de él naturalmente y sin inhibiciones, tal como toda bendición en la vida cristiana fluye del Dios trino.

Obviamente, la doctrina de la Trinidad es esencial en la fe cristiana. Quienes la niegan, caen en idolatría por adorar un dios inexistente y falso, privándose con ello de la posibilidad de la salvación. Aunque las Escrituras no contienen una declaración teológica formal y precisa de la doctrina de la Trinidad en una única declaración, sí enseñan claramente, y sin lugar a equívocos, que el Dios verdadero existió eternamente en tres personas coiguales y coeternas. La prueba bíblica de la doctrina de la Trinidad puede resumirse en un sencillo silogismo: la Biblia enseña que solo hay un Dios. Y, sin embargo, llama Dios a tres personas. Por lo tanto, las tres personas son el mismo único Dios.

Es innegable que las Escrituras enseñan que solo hay un Dios. Dios declara en Deuteronomio 32:39 lo siguiente: "Ved ahora que yo, yo soy, y no hay dioses conmigo". David exclamó: "Porque tú eres grande, y hacedor de maravillas; solo tú eres Dios" (Sal. 86:10). Dios dejó claro por medio del profeta Isaías que ni ahora ni antes ni después habrá otro Dios: "Vosotros sois mis testigos… y mi siervo que yo escogí, para que me conozcáis y creáis, y entendáis que yo mismo soy; antes de mí no fue formado dios, ni lo será después de mí" (Is. 43:10). A los corintios, rodeados de idolatría pagana, Pablo les dijo: "Acerca, pues, de las viandas que se sacrifican a los ídolos, sabemos que un ídolo nada es en el mundo, y que no hay más que un Dios" (1 Co. 8:4). (Véase también Dt. 4:35, 39; 6:4; 1 S. 2:2; 2 S. 7:22; 22:32; 1 R. 8:23, 60; 2 R. 19:15, 19; 2 Cr. 6:14; Neh. 9:6; Sal. 18:31; Is. 37:16, 20; 44:6, 8; 45:5-6, 21; 46:9; Jl. 2:27).

La Biblia llama Dios al Padre en pasajes como 1 Corintios 15:24; Gálatas 1:1, 3; Efesios 6:23; Filipenses 1:2 y Judas 1, cosa que pocos disputarían.

Al Hijo también se le llama Dios, a pesar de las enseñanzas de varios cultos demoniacos de lo contrario. Juan empezó su Evangelio con una afirmación poderosa de la deidad de Cristo: "En el principio era el Verbo [Jesucristo; v. 14], y el Verbo era con Dios, y el Verbo era Dios" (Jn. 1:1). Tomás, el otrora escéptico (Jn. 20:25), exclamó cuando vio al Cristo resucitado: "¡Señor mío, y Dios mío!" (v. 28). Romanos 9:5 dijo que Jesús "es... bendito por los siglos", mientras que Tito 2:13 y 2 Pedro 1:1 se refieren a Él como "nuestro gran Dios y Salvador". Dios Padre lo llama Dios al Hijo en Hebreos 1:8, diciendo de Él: "Tu trono, oh Dios, por el siglo del siglo; cetro de equidad es el cetro de tu reino".

Al Espíritu Santo también se le llama Dios. En Hechos 5:3, Pedro preguntó a Ananías: "¿Por qué llenó Satanás tu corazón para que mintieses al Espíritu Santo, y sustrajeses del precio de la heredad?". Pero en el siguiente versículo le dijo: "No has mentido a los hombres, sino a Dios". 2 Corintios 3:18 llama "Señor" al Espíritu.

De modo que las Escrituras enseñan claramente la realidad profunda e incomprensible del Dios trino (cp. Is. 48:16; Mt. 28:19; Lc. 3:21-22; 1 Co. 12:4-6).

Pero esta bendición, además de trinitaria, también es redentora. En la salvación es cuando más claramente puede verse la Trinidad. El **amor de Dios** Padre lo llevó a planear la redención y elegir a quienes serían salvos (Jn. 3:16; Ro. 5:8-10). La salvación se efectuó para los redimidos por medio de la **gracia del Señor Jesucristo** al morir en sacrificio por los pecados (Ro. 5:6; 1 Co. 15:3; 1 P. 3:18; 1 Jn. 2:2). Como resultado de la salvación, los creyentes entran en **la comunión del Espíritu Santo** que habita en ellos (Ro. 8:9, 11; 1 Co. 6:19; Gá. 4:6) y los ubica en el cuerpo de Cristo (1 Co. 12:13).

La bendición de Pablo es una conclusión adecuada para esta epístola: a pesar de todas sus reprensiones duras por la necedad y pecado de los corintios, termina de esta manera. El deseo del apóstol era que los corintios se pusieran en una posición tal que les permitiera experimentar todas las bendiciones que la salvación trae consigo. Con dicha meta en mente defendió su comisión y su mensaje, los reprendió, los animó y oró por ellos. No puede haber mayor meta para el pastor fiel que su pueblo conozca la plenitud de las riquezas que Dios les concede por medio de la redención.

Bibliografía

Barclay, William. *Comentario al Nuevo Testamento: Corintios.* Terrassa: Clie, 1985.

Barnett, Paul. *The Second Epistle to the Corinthians* [La segunda epístola a los corintios]. The New International Commentary on the New Testament [Nuevo comentario internacional al Nuevo Testamento]. Grand Rapids: Eerdmans, 1997.

Barrett, C. K. *The Second Epistle to the Corinthians* [La segunda epístola a los corintios]. Black's New Testament Commentary [Comentario de Black al Nuevo Testamento]. Peabody, Mass.: Hendrickson, 1997.

Carson, Donald A. *Del triunfalismo a la madurez.* Barcelona: Publicaciones Andamio, 1994.

Craddock, Fred B. "The Poverty of Christ" [La pobreza de Cristo]. *Interpretation* [Interpretación], tomo 22, abril de 1968, pp. 158-170.

Garland, David E. *2 Corinthians* [2 Corintios]. The New American Commentary [El Nuevo Comentario Estadounidense]. Nashville: Broadman & Holman, 1999.

Guthrie, Donald. *New Testament Introduction* [Introducción al Nuevo Testamento]. Edición revisada. Downers Grove, Ill.: InterVarsity, 1990.

Harris, Murray J. "2 Corinthians" [2 Corintios] en Gabelein, Frank E., ed. *The Expositor's Bible Commentary* [Comentario bíblico del expositor], vol. 10. Grand Rapids: Zondervan, 1976.

Hughes, Philip E. *The Second Epistle to the Corinthians* [La segunda epístola a los corintios]. The New International Commentary on the New Testament [Nuevo comentario internacional del Nuevo Testamento]. Grand Rapids: Eerdmans, 1992.

Kistemaker, Simon J. *2 Corintios.* Grand Rapids: Libros Desafío, 2004.

Kruse, Colin G. *The Second Epistle of Paul to the Corinthians* [La segunda epístola de Pablo a los corintios]. The Tyndale New Testament Commentaries [Los comentarios Tyndale del Nuevo Testamento]. Grand Rapids: Eerdmans, 1995.

Lenski, R. C. H. *The Interpretation of St. Paul's First and Second Epistles to the Corinthians* [Interpretación de la primera y segunda epístola de san Pablo a los corintios]. Minneapolis: Augsburg, 1963.

Martin, Ralph P. *2 Corinthians* [2 Corintios]. Word Biblical Commentary [Comentario bíblico Word]. Waco: Word, 1986.

McShane, Albert. *What the Bible Teaches: II Corinthians* [Lo que la Biblia enseña: II Corintios]. Kilmarnock, Escocia: John Ritchie Ltd., 1986.

Pfeiffer, Charles F. y Howard F. Vos. *The Wycliffe Historical Geography of Bible Lands* [Geografía histórica Wycliffe de las tierras bíblicas]. Chicago: Moody, 1967.

Robertson A. T. *The Glory of the Ministry* [La gloria del ministerio]. Nueva York: Revell, 1911.

Tasker R. V. G. *The Second Epistle of Paul to the Corinthians* [La segunda epístola de Pablo a los corintios]. The Tyndale New Testament Commentaries [Los comentarios Tyndale del Nuevo Testamento]. Grand Rapids: Eerdmans, 1975.

Trench, Richard C. *Synonyms of the New Testament* [Sinónimos del Nuevo Testamento]. Reimpresión. Grand Rapids: Eerdmans, 1983.

EDITORIAL
PORTAVOZ

NUESTRA VISIÓN

Maximizar el efecto de recursos cristianos de calidad que transforman vidas.

NUESTRA MISIÓN

Desarrollar y distribuir productos de calidad —con integridad y excelencia—, desde una perspectiva bíblica y confiable, que animen a las personas a conocer y servir a Jesucristo.

NUESTROS VALORES

Nuestros valores se encuentran fundamentados en la Biblia, fuente de toda verdad para hoy y para siempre. Nosotros ponemos en práctica estas verdades bíblicas como fundamento para las decisiones, normas y productos de nuestra compañía.

Valoramos la excelencia y la calidad
Valoramos la integridad y la confianza
Valoramos el mérito y la dignidad de los individuos
  y las relaciones
Valoramos el servicio
Valoramos la administración de los recursos

Para más información acerca de nuestra editorial y los productos que publicamos visite nuestra página en la red: www.portavoz.com